한국민주화운동사 3

서울의 봄부터 문민정부 수립까지

민주화운동기념사업회 한국민주주의연구소 엮음

돌베
개

한국민주화운동사 3
― 서울의 봄부터 문민정부 수립까지

민주화운동기념사업회 한국민주주의연구소 엮음

2010년 11월 25일 초판 1쇄 발행
2025년 1월 31일 초판 6쇄 발행

펴낸이 한철희 | 펴낸곳 주식회사 돌베개 | 등록 1979년 8월 25일 제406-2003-000018호
주소 (10881) 경기도 파주시 회동길 77-20 (문발동)
전화 (031) 955-5020 | 팩스 (031) 955-5050
홈페이지 www.dolbegae.co.kr | 전자우편 book@dolbegae.co.kr

책임편집 소은주 | 편집 김태권·이경아·좌세훈·권영민·조성웅·김진구·김혜영·최혜리
표지디자인 박대성 | 본문디자인 박정영·이은정 | 마케팅 심찬식·고운성·조원형
제작·관리 윤국중·이수민 | 인쇄·제본 상지 P&B

ISBN 978-89-7199-323-1 (세트)
ISBN 978-89-7199-415-3 (93910)

이 도서의 국립중앙도서관 출판시도서목록(CIP)은 e-CIP 홈페이지
(http://www.nl.go.kr/ecip)에서 이용하실 수 있습니다.(CIP제어번호: CIP2010004113)

한국민주화운동사 **3**

발간사

분단과 전쟁, 독재. 해방 이후 한국 사회는 온갖 격변의 소용돌이를 겪으면서 정치적 민주화와 경제성장을 이루었다. 짧은 기간에 정치, 경제, 사회, 문화 등 각 분야에서 세계적으로 주목할 만한 성과를 이룩할 수 있었던 것은 여러 국내외적 요인들 때문이었지만, 그중에서도 반세기에 걸쳐 치열하게 전개된 민주화운동의 역할을 주목하지 않을 수 없다. 한국민주화운동의 역사는 독재체제에 끊임없이 도전한 개인들과 조직들의 희생과 치열한 논쟁, 성찰의 과정이었으며, 시민들의 피와 땀으로 이루어낸 거대한 드라마였다.

그동안 분단된 한국 사회에서 국가권력은 국가의 형성과 민주화운동에 관하여 자신의 입장을 합리화하는 맥락에서 정의해왔고, 시민사회는 개인적 권리와 국민적 시민권을 옹호하면서 이에 맞서왔다. 민주화 이후 이런 간극은 많이 좁혀졌지만, 아직도 우리의 과거를 어떻게 기억하고 표상화할 것인가를 둘러싼 논쟁이 진행되고 있다. 민주화운동의 역사를 올바로 기록하고 정립하는 것 또한 현재진행형으로서의 민주화운동의 일부일 뿐 아니라 보다 더 발전된 사회를 만들기 위한 기억투쟁으로서 의미를 지닌다.

민주화운동의 역사를 기록하고 정리하는 것은 첫째 민주화운동 참여자의 자기학습 과정이며 동시에 내적 성찰의 근거를 마련하는 것이고, 둘째 동시대인이면서도 민주화운동의 밖에 있던 이들과의 소통을 위한 것이며, 셋째 민주화운동을 경험하지 못한 새로운 세대를 향한 것이기도 하다. 정의롭고 자유롭게 소통하는 기억의 공동체를 확산해가는 것은 민주주의의 가치를 공유한 공동체를 확대·재생산하는 길이다. 한국의 민주화운동사는 나아가 국내를 넘어서서 아직 충분한 민주주의를 성취하지 못한 사회의 교과서이기도 하다.

이러한 문제의식에서 민주화운동기념사업회 한국민주주의연구소는 『한국민주화운동사』를 발간하기로 결정하고, 2007년부터 집필작업에 착수하였다. 한국민주화운동에 대해서는 많은 연구들이 진행되었으며, 그 연구성과 또한 상당히 축적되어 있지만, 그럼에도 『한국민주화운동사』를 발간하는 것은 분산되어 있는 한국민주화운동에 대한 연구성과들을 모아 보다 체계적으로 정리해보고자 하는 취지에서였다. 그리하여 『한국민주화운동사』를 세 개의 시기로 구분하고, 이 분야를 전문적으로 연구한 학자들을 필자로 위촉하였으며, 토론을 통하여 전체 체계를 구성하였다. 제1권은 한국전쟁 시기부터 제3공화국 시기까지 전개되었던 민주화운동을 다루었고, 제2권은 1970년대 이른바 유신체제하의 민주화운동을 다루었다. 제3권은 유신정권 붕괴 이후부터 최초의 민주주의적 정부라고 할 수 있는 문민정부 수립까지 전개된 민주화운동을 다루고 있다.

이번에 발간하는 『한국민주화운동사』 제3권은 다음과 같이 네 개의 국면으로 구분하여 서술하였다. 첫째는 5·18광주민중항쟁기, 즉 1979년 10·26정변 이후 '서울의 봄' 시기부터 전두환 정권이 들어서기 이전까지의 국면, 둘째는 전두환 정권기, 셋째는 6월민주항쟁기, 다시 말해 박종철 고문사망사건이 일어난 시기부터 87노동자대투쟁까지의 국면, 넷째는 노태우 정권기이다. 그리고 이런 시기구분 외에 1980년대에 일어난 각각의 부문운동을 별도로 서술하였다.

1부 1장에서는 신군부가 정권을 장악해가는 과정과 이에 대한 민주화세력의 대응, '서울의 봄' 시기에 신군부에 맞서 전개한 민주화투쟁 등에 대해 서술하였으며, 2장에서는 신군부의 정권장악에 맞서 싸운 광주시민들의 5·18민중항쟁을 새로운 시각에서 분석하였다.

2부 1장에서는 전두환 정권의 등장과 체제정비, 지배정책과 지배구조 등을 분석하였으며, 2장에서는 전두환 정권하에서 전개된 반독재민주화투쟁을 1980년대 초기(1980. 6~1983. 12), 유화국면 이후의 고조기(1983. 12 ~1984. 12), 2·12총선과 약진기(1985. 1~1985. 9), 개헌투쟁기(1985. 9~ 1986. 12)로 나누어 서술하였다.

3부 1장에서는 1987년 1월 박종철고문사망사건에서 6·29선언에 이르기까지의 기간에 전개된 민주항쟁을 서술하였으며, 2장에서는 6·29선언 이후 터져 나온 노동자들의 반독재민주화투쟁을 조망하였다. 3장에서는 6· 29선언 이후 전개된 민주화 이행과 그 한계를 재조명하였다.

4부 1장에서는 1990년 초의 3당 합당을 통한 보수세력 통합과정을 분석하였으며, 2장에서는 민주화 이후에 전개된 민주화운동과 1991년 5월투쟁, 새로운 시민운동의 등장 등에 대해 서술하였다.

5부에서는 1980년대 각 부문에서 전개된 다양한 반독재민주화투쟁에 대해 서술하였는데, 1장에서는 종교계에서 전개된 민주화운동, 2장에서는 언론·출판계에서 전개된 민주화운동, 3장에서는 교육계·학계에서 전개된 민주화운동, 4장에서는 문화예술운동, 5장에서는 인권운동, 6장에서는 노동운동, 7장에서는 농민운동, 8장에서는 도시빈민운동, 9장에서는 여성운동, 10장에서는 통일운동 등을 다루었다.

『한국민주화운동사』 전3권을 간행하기까지 많은 분들이 협조와 수고를 아끼지 않았다. 이 기획은 원래 성공회대학교의 정해구 교수가 민주화운동기념사업회 한국민주주의연구소장으로 재직하면서 이루어졌고, 제1권을 발행하였다. 뒤이어 서울대학교의 정근식 교수가 연구소장에 취임한 후 제2권과 제3권의 발행을 맡아주었다.

제3권의 경우, 정해구(총론, 제3부 제3장), 허은(제1부 제1장), 김영택(제1부 제2장), 고원(제2부 제1장), 이기훈(제2부 제2장), 서중석(제3부 제1장), 노광표(제3부 제2장, 제5부 제6장), 정상호(제4부 제1장), 조현연(제4부 제2장), 강인철(제5부 제1장), 김서중(제5부 제2장), 김민곤(제5부 제3장), 박인배(제5부 제4장), 이정은(제5부 제5장), 권영근(제5부 제7장), 김수현(제5부 제8장), 신상숙(제5부 제9장), 김지형(제5부 제10장) 박사가 필자로서 참여했다. 또한 정해구, 안종철, 정용욱, 고원, 정상호, 정근식, 이호룡 박사가 편찬위원으로 참여했고, 서중석, 정해구, 안종철, 신명호, 김태일, 김광운, 정용욱, 허성우, 이수인, 박용규, 고원, 황병주, 유경순, 이기훈, 정호기 박사가 개별 원고의 감수를 맡아주었다. 최종적으로 연구소 책임연구원인 이호룡 박사가 종합적인 교열감수를 하였다. 각 장·절의 집필은 필자들이 맡았지만 그 과정에서 여러 번에 걸친 토론과 수정이 있었다. 그런 점에서 이 책은 여러분의 정성이 담긴 공동작업의 결과라 할 수도 있다. 쉽지 않은 과정이었음에도 『한국민주화운동사』 제3권 간행에 참여해주신 분들과, 이 책의 출판을 맡아준 도서출판 돌베개에도 감사의 마음을 전한다.

"만일 한 사람이 꿈을 꾸면 한 사람의 꿈으로 남을 뿐이지만, 모든 사람이 같은 꿈을 꾸면 그것은 현실이 된다." 브라질의 운동가였던 카마라 대주교의 말이다. 아직 한국의 민주주의가 충분치는 않지만, 지난 시기에 민주주의를 향한 꿈을 현실로 만들어낸 모든 분들께 이 성과를 바치고자 한다.

2010년 11월
민주화운동기념사업회 이사장 함세웅

차례

제2부 전두환 정권과 반독재민주화투쟁

제3부 6월민주항쟁과 민주화 이행

제1장 6월민주항쟁

제2장 87노동자대투쟁

제3장 민주화 이행, 성취와 한계

표 차례

사진 출처

* 이 책에 실린 사진들은 모두 민주화운동기념사업회에서 제공한 자료입니다.

한국민주화운동사 1 차례

발간사
총론

제2부 4월혁명 직후의 민주화운동

제3부 박정희 정권과 유신 이전의 민주화운동

제2부 긴급조치 9호와 유신 후기 반독재민주화투쟁

제3부 각 부문에서의 민주화운동

제1장 종교계의 민주화운동

제2장 언론·출판계의 민주화운동

제3장 지식인과 문화예술인의 민주화운동

총론

1980년대 민주화운동: 배경, 전개과정, 성과와 한계

1980년대 민주화운동의 배경

서구 민주주의의 역사에 비한다면 한국 민주주의의 역사는 매우 짧은 편이다. 서구의 민주주의가 시민혁명 이후 200~300년의 역사를 가진 데 비해, 1945년 일제에서 해방된 한국의 민주주의는 이제 겨우 60년의 역사를 지니고 있기 때문이다. 하지만 짧은 역사에도 불구하고 한국의 민주주의는 그동안 급속한 발전을 이룩했다. 한국 민주주의가 이처럼 단기간 내에 빠르게 발전할 수 있었던 것은 다른 무엇보다도 독재체제에 저항하여 민주화운동이 강력하게 전개되었기 때문이다.

우선 1960년에 발생한 4월혁명은 이승만 반공독재를 붕괴시켰고, 이후 박정희 개발독재에 저항하여 전개되었던 민주화운동은 1979년 부마항쟁을 거쳐 유신체제를 내부로부터 붕괴하게끔 만들었다. 그러나 부마항쟁이 유신체제에 파열구를 낸 것은 사실이지만, 민주화세력이 그 자체의 역량으로 유신체제를 붕괴시켰던 것은 아니다. 그 결과, 신군부세력에 의해 유신체제가 재편되기에 이르렀다. 이에 반독재민주화투쟁은 5·18민중항쟁으로 다시 한번 불타올랐다. 그러나 5·18민중항쟁은 신군부의 집권을 막지 못했다. 5·18민중항쟁에 대한 신군부세력의 유혈적인 진압에 의해 새로이 출발하지 않을 수 없었던 1980년대 민주화운동은 전두환 독재정권의 강력한 탄압 속에서 전개되었다. 따라서 그 과정에서 많은 피해와 희생을 감수해야 했다. 그럼에도 급속한 성장을 이루며 강력하게 전개되었던 1980년대 민주화운동은 마침내 1987년 6월민주항쟁으로 이어졌다.

그런 점에서 민주화운동은 단기간 내에 한국 민주주의가 급속히 발전할 수 있는 기본적인 동력을 제공했다고 할 수 있다. 특히 과거 민주화운동의 연장선상에서 전개된 1980년대의 민주화운동은 전국에 걸쳐 수백만 명의 국민이 참가했던 6월민주항쟁을 통해 마침내 민주화 이행을 가능하게 만들었다. 그런 점에서 1980년대의 민주화운동이 한국 민주화운동사에서 차지하는 의의는 매우 크다.

그렇다면 1980년대 민주화운동은 어떠한 환경에서 시작되었나? 1979년 10·26정변으로 유신독재의 박정희 대통령이 갑작스럽게 사망함으로써 1980년 '서울의 봄'은 도래했고, 당시 민주화의 전망은 비교적 낙관적이었다. 하지만 이 같은 낙관적 분위기는 박정희 사망 이후 과도정권으로 등장한 최규하 정권이 민주화 일정을 지체시키는 가운데, 1979년 12·12군사반란을 통해 군 내부를 장악하고 있던 신군부세력에 의한 쿠데타의 위협이 점차 현실화되면서 급격하게 변화하였다.

물론 신군부세력의 쿠데타 가능성이 보다 분명해진 5월 초에 대규모 가두시위로 발전한 학생시위는 민주화 일정을 조속하게 추진할 것을 요구하고 나섰다. 하지만 이 같은 항의시위에도 불구하고 민주화 일정은 더 이상 진척되지 못했다. 이미 12·12군사반란을 통해 군 내부를 장악하고 있던 신군부세력이 5·17쿠데타를 감행했기 때문이다. 뿐만 아니라, 신군부세력은 쿠데타 과정에서 유신체제 연장에 항의하여 발생한 5·18민중항쟁에 대해 공수부대까지 투입하는 유혈진압을 자행했다. 이로 인해 5·18민중항쟁은 막대한 희생을 남기며 좌절되지 않을 수 없었다. 이로써 박정희 사망으로 인한 낙관적 분위기 속에서 시작되었던 '서울의 봄'의 민주화는 결국 광주의 깊은 상처만을 남긴 채 물거품이 되었다.

5·18민중항쟁을 진압한 신군부세력은 국가보위비상대책위원회(약칭 국보위)를 수립하여 집권을 위한 체제정비에 나섰다. 우선 국보위는 그들에게 비판적인 정치인들의 정치활동을 금지시켰고, 공무원과 언론 그리고 노동계에 대해 대대적인 '정화'淨化와 '숙정'肅正의 조치를 취했다. 다음으로 국보위는 '사회악 일소'라는 명분 아래 약 4만 명의 시민들에게 삼청교육을 시행했고, 그 결과 다수의 사상자가 발생했다. 나아가 신군부세력은 이 같은 체제정비를 바탕으로 1981년 초 헌법을 개정하고, 이에 따른 간접선거를 통해 전두환을 대통령으로 선출했다. 이로써 광주항쟁 직후 기존의 유신헌법에 의해 임시적으로 대통령 자리를 차지했던 전두환은 새로운 헌법에 의거하여 7년 임기의 대통령에 다시 취임했다.

1980년대 민주화운동은 이처럼 '서울의 봄' 시기 민주화 노력이 실패한 가운데, 그리고 5·17쿠데타와 5·18민중항쟁에 대한 유혈진압을 통해 등장한 신군부세력의 가혹한 탄압이 자행되는 가운데 출발하지 않을 수 없었다. 그런 점에서 1980년대 민주화운동의 출발은 매우 어려운 환경에서 이루어졌다. 그러나 보다 장기적인 관점에서 본다면 그러한 환경은 역설적이게도 1980년대 민주화운동의 성장에 새로운 자극과 동력을 제공해주는 것이기도 했다. 신군부세력의 불법적인 쿠데타와 그 과정에서 이루어졌던 광주시민들에 대한 유혈진압이 전두환 정권의 정당성을 치명적으로 약화시켰기 때문이다. 또한 신군부세력의 쿠데타와 광주항쟁에 대한 유혈진압은 그것을 경험했던 시민들과 민주화운동세력에게 저항의 강력한 정당성과 도덕성을 부여해주었기 때문이다.

1980년대 민주화운동의 전개와 6월민주항쟁

1980년대 민주화운동은 다음과 같은 몇 시기를 거쳐 전개되었다. 첫번째 시기는 신군부 정권의 등장으로부터 1983년 말 전두환 정권에 의해 유화조치가 취해지기 이전까지이다. 이 기간에 민주화운동은 전두환 정권의 극심한 억압과 탄압으로 인해 침체되지 않을 수 없었다. 두번째 시기는 유화조치 이후 1985년 말까지로, 이 기간에 민주화운동의 성장은 폭발적인 모습을 보여주었다. 세번째 시기는 대통령 직선제 개헌 요구가 본격화된 1986년 초 이후 같은 해 말까지로, 이 시기에는 대통령 직선제 개헌문제가 민주화의 최대 이슈로 등장했다. 네번째 시기는 1987년에 들어 박종철고 문사망사건이 발생하고 전두환 정권에 의해 4·13호헌조치가 이루어짐으로써 이에 대한 국민적 항거로서 6월민주항쟁이 발발하기까지이다. 다섯번째 시기는 6월민주항쟁을 통한 민주화 이행 이후부터 1993년 2월 문민정부가 수립되기 전까지이다.

이와 관련하여 6월민주항쟁에 이르렀던 민주화운동의 과정을 간략하게 살펴보면 다음과 같다. 우선 5·17쿠데타와 5·18민중항쟁에 대한 유혈진압을 통해 권력을 장악했던 만큼, 신군부세력의 전두환 정권은 집권 초기에 강압적인 통치를 시행했다. 이에 따라 대대적인 탄압을 면치 못했던 민주화운동세력은 그 활동을 제대로 전개할 수 없었다. 그러나 1983년 말 전두환 정권은 제적학생 복적과 해직교수 복직을 허용하는 등 강압통치를 상당 정도 완화시켰다. 이른바 유화조치였다. 그들이 이와 같은 조치를 취했던 것은 그들의 지배가 어느 정도 안착된 것으로 판단했고, 특히 1986년의 아시안게임과 1988년의 서울올림픽 대회를 성공적으로 치르기 위해서는 국내의 안정된 모습을 대내외에 과시할 필요가 있었기 때문이다.

그러나 역설적이게도 유화조치는 사회의 각 부문에서 민주화운동이 폭발적으로 성장하는 계기가 되었다. 우선 학원자율화운동 또는 학원민주화운동 등 학내투쟁으로부터 시작되었던 학생운동은 전두환 독재정권에 대한 직접적인 저항운동으로 발전했다. 또한 노동운동을 필두로 농민과 도시빈민들의 생존권투쟁도 급속히 확대되었다. 특히 당시의 노동운동은 노·학 연대투쟁의 모습을 보여주었는데, 이를 위해 다수의 학생들이 학교를 떠나 노동현장에 투신했다. 유화조치 이후 재야세력의 민주화운동도 활성화되었는데, 1984년 6월 '민중민주운동협의회'(약칭 민민협) 결성과 10월 '민주통일국민회의'(약칭 국민회의) 결성이 그 결과였다. 뿐만 아니라 같은 해 5월에는 전두환 정권에 의해 제도정치권에서 배제되었던 정치인들을 중심으로 '민주화추진협의회'(약칭 민추협)가 결성되었다.

민주화운동의 폭발적인 성장은 1985년에 들어 1980년대 민주화운동의 발전을 상징적으로 보여준 주요 사건들의 발생으로 이어졌다. 우선 2·12총선에서 민추협을 기반으로 새롭게 결성된 신한민주당은 관제 야당 격인 민주한국당을 누르고 제1야당으로 복귀했다. 다음으로 신군부세력의 5·18민중항쟁 진압을 지원했던 미국에 대한 항의로서 5월에는 학생들에 의한 서울미문화원점거농성사건이 발생했다. 이는 이후 한국에서 반미운동이 본격화되는 계기가 되었다. 노동운동의 경우에도 4월에는 대우자동차 노동자들의 파업이, 6월에는 구로동맹파업이 발생했는데, 이는 과거와는 달리 남성노동자 중심의 대규모 사업장에서도 파업이 발생할 수 있고, 특정 지역을 중심으로 정치지향적인 연대파업도 가능하다는 사실을 보여주었다. 마지막으로 9월에는 민민협과 국민회의가 통합하여 민주화운동의 중심기구로서 '민주통일민중운동연합'(약칭 민통련)이 결성되었다.

유화국면에서 민주화운동이 이같이 폭발적으로 성장하면서 민주화운동세력의 관심은 점차 개헌문제로 집중되었다. 전두환 정권의 임기가 끝나감에 따라 대통령 선출방식을 둘러싼 개헌문제가 민주화에 있어 결정적인 관건이 되었기 때문이다. 특히 1986년 봄에 시도되었던 '직선제 개헌 1천만 명 서명운동' 과정에서 신민당 주도로 전국의 각 지방에서 추진되었던 개헌추진위원회 결성식에는 광주에서 30만 명이 모이는 등 수많은 시민들이 집결했는데, 이는 이후 개헌정국이 본격화되는 계기가 되었다. 이후 개헌정국은 국회에서는 개헌협상을 중심으로, 국회 밖에서는 전두환 정권의 탄압과 이에 대한 민주화운동세력의 저항을 중심으로 전개되었다.

우선 대통령 직선제 개헌운동의 급속한 확산에 대응하여 전두환 정권은 야당을 국회의 개헌협상에 끌어들이고자 했다. 그리하여 국회에서는 1986년 5월 이후 내각제 개헌을 주장하는 민정당과 대통령 직선제 개헌을 주장하는 신민당 사이에 개헌협상이 시작되었다. 그러나 개헌특별위원회를 중심으로 이루어졌던 국회의 개헌협상은 이후 별다른 성과를 내지 못하였다. 그것은 내각책임제를 주장하는 민정당의 입장과 대통령 직선제를 주장하는 신민당의 입장이 좀처럼 좁혀지지 않았기 때문이다. 국회의 개헌협상이 성과를 내지 못한 또 다른 원인은 전두환 정권이 개헌협상 자체에 목적을 두었다기보다는, 야권을 국회 내 개헌협상에 끌어들여 야권과 재야세력을 분리시키려는 의도를 지니고 있었기 때문이다.

한편, 국회에서 여야 간 개헌협상이 진행되던 이 기간에 전두환 정권은 야당과 분리된 재야세력에 대해 대대적인 탄압에 나섰다. 따라서 민통련을 비롯한 각종 운동단체들에 대한 강력한 탄압이 이루어졌고, 이에 따라 각종 공안사건들이 양산되었다. 뿐만 아니라 1986년 말 전두환 정권은 민주화운동을 압박하기 위해 매카시즘적 반공분위기를 조성하고 나섰다. 10월에 정부당국에 의해 발표된 금강산댐을 이용한 북한의 수공水攻 위협, 11월에 유포되었던 김일성 사망설 등이 그것이었다. 게다가 그러한 분위기는 11월에 들어 건국대에서 개최된 '전국 반외세 반독재 애국학생투쟁연합'(약칭 애학투) 집회에 대한 전두환 정권의 대대적인 진압작전으로 이어졌다. 진압 당시 정부당국은 건국대 애학투 집회를 '공산혁명분자난동사건' 으로 규정했다.

개헌정국에서 야당과 분리된 민주화운동세력에 대한 전두환 정권의 이 같은 대대적인 탄압은 그것이 매우 극단적이었던 만큼 이에 따른 심각한 인권침해의 후유증을 남겼다. 김근태고문사건, 부천경찰서 성고문사건 등이 그 대표적인 경우였다. 특히 탄압과정에서 흔히 자행된 고문은 1987년 1월 박종철고문사망사건으로 이어졌다. 한편, 이 무렵 국회에서 진행되던 개헌협상 역시 지지부진을 면치 못하고 있었다. 이에 1987년 4월 전두환 정권은 더 이상의 개헌논의를 중단하고 기존의 헌법절차에 의해 다음 대통령 선거를 치를 것임을 천명했다. 4·13호헌조치가 그것이었다.

그러나 역설적이게도 박종철고문사망사건과 4·13호헌조치는 민주화 운동에 시민들이 직접 참여하는 계기를 제공했다. 개헌협상에 대한 시민들의 기대가 무너지고 고문사망사건까지 발생하는 상황에서 이제 시민들은 반독재투쟁에 직접 나서지 않을 수 없었기 때문이다. 1987년에 들어 대규모 시민이 참여하는 민주화투쟁의 징후는 조금씩 그 모습을 드러내고 있었다. 우선 2월 7일 개최된 '고 박종철 범국민추도회'에는 경찰의 원천 봉쇄에도 불구하고 전국 16개 지역에서 약 6만 명의 시민들이 모였다. 시민들이 대거 항의시위에 참여하는 양상은 3월 3일 '고문추방 민주화 국민 평화대행진'에서도 이어졌다. 4·13호헌조치에 대해서도 이를 규탄하는 내용의 성명이 사회 각계각층으로부터 봇물처럼 터져 나왔다.

5월 18일 천주교정의구현전국사제단의 김승훈 신부는 그동안 당국에 의해 이루어진 박종철고문사망사건 은폐기도의 내막을 폭로했는데, 그러지 않아도 전두환 정권에 대한 시민들의 분노가 확산되어가는 상황에서 그 폭로는 이에 불을 붙이는 결과를 가져왔다. '호헌반대 민주헌법쟁취 국민운동본부'(약칭 국본)는 '박종철 고문살인 은폐조작 규탄 및 민주헌법쟁취 범국민대회'(약칭 범국민대회)를 6월 10일에 개최할 것을 결정하였다. 6월 10일의 범국민대회로부터 시작되어 이후 6·29선언 발표일인 29일에 이르도록 20일간에 걸쳐 전개된 6월민주항쟁은 전국에서 수백만 명의 시민들이 참여하였다.

구체적으로, 6월민주항쟁은 다음과 같이 3단계를 거쳐 전개되었다. 첫 단계는 6·10범국민대회로부터 6월 18일까지의 기간이다. 전국 22개 지역에서 24만여 명이 참여했던 6·10범국민대회는 항쟁의 성공 가능성을 보여주었는데, 특히 10일 저녁부터 15일까지 계속된 명동성당 농성은 항쟁의 확산에 결정적인 도화선이 되었다. 항쟁의 두번째 단계는 18일 '최루탄 추방 결의대회'로부터 6월 26일까지의 기간이다. 30~40만여 명의 시민들이 참여한 부산을 비롯하여 전국 16개 지역에서 50만여 명의 시민들이 참여한 가운데 진행된 18일의 '최루탄 추방 결의대회'는 사실상 경찰의 진압을 무력화시켰다. 항쟁의 세번째 단계는 26일 '국민평화대행진'으로부터 29일의 6·29선언까지이다. 전국 34개 시와 4개 군에서 140만여 명의 시민들이 참여한 가운데 전개된 26일의 시위는 이제 막다른 골목에 내몰린 전두환 독재정권에 대한 마지막 타격이 되었다.

결국 20일간에 걸쳐 전국 곳곳에서 수백만 명이 참여했던 6월민주항쟁은 마침내 전두환 정권으로 하여금 대통령 직선제 개헌 수용 등 8개 항의 6·29선언을 공표하지 않을 수 없게 만들었다. 이로써 길게는 4월혁명 이후부터 전개되었고, 짧게는 광주항쟁 이후 새로이 출발했던 민주화운동은 6월민주항쟁의 국민적 항거를 통해 탈독재 민주화의 결정적 계기를 만들어낼 수 있었다. 한편 6·29선언 이후 7~9월 사이에는 전국에 걸쳐 노동자대투쟁이 전개되었는데, 이는 6·29선언으로 독재권력이 이완된 상황에서 그동안 누적되어왔던 노동자들의 불만과 요구가 한꺼번에 분출되었기 때문이다.

민주화 이행의 성공과 민주정부 수립의 실패

전두환 정권으로 하여금 대통령 직선제 개헌을 수용케 함으로써 6월민주항쟁은 결국 성공할 수 있었다. 그렇다면 6월민주항쟁이 성공할 수 있었던 원인은 무엇인가? 그것은 우선 1980년대 민주화운동이 유화국면을 통해 폭발적으로 성장할 수 있었기 때문이다. 즉, 유화국면에서 민주화운동은 청년학생들과 재야세력을 넘어 사회운동세력과 야권까지 포괄하는 민주화의 연합운동으로 성장했다. 다음으로 6월민주항쟁이 성공할 수 있었던 것은 민주화운동이 대통령 직선제 개헌요구를 국민적 관심사로 만들었기 때문이다. 즉, 개헌정국에서 민주화운동은 당면의 목표로서 최소강령적 수준의 대통령 직선제 개헌을 전면에 내세움으로써 일반국민들의 광범위한 지지를 이끌어낼 수 있었다. 그러나 6월민주항쟁이 성공할 수 있었던 가장 직접적인 원인은 박종철고문사망사건과 4·13호헌조치를 계기로 민주화운동이 대규모 국민이 참여하는 민주화투쟁으로 발전하기에 이르렀기 때문이다.

물론 6월민주항쟁 당시 전두환 정권은 대규모 시위로 경찰력이 무력화된 상황에서 군 병력 투입을 고려했다. 그러나 1980년 광주항쟁 당시와는 달리 그 투입이 가져올 엄청난 유혈사태를 감안했을 때, 그리고 그로 인한 진압의 실패 가능성까지 감안했을 때, 그들은 그러한 선택을 감행할 수 없었다. 더구나 광주항쟁 당시 신군부세력의 광주항쟁 진압을 지원했던 미국은 6월민주항쟁에 즈음하여 태도를 바꾸었다. 즉, 광주항쟁 이후 그 진압에 대한 미국 지원의 책임을 물어 한국에서 급속하게 확산된 반미운동을 염두에 두지 않을 수 없었던 그들은 전두환 정권의 군 투입을 반대했다. 이 같은 상황에서 전두환 정권은 결국 군 투입을 포기하고 대통령 직선제 개헌을 수용하기에 이르렀다. 물론 그 수용은 민주화운동 진영의 대통령 후보로 예상되던 김영삼과 김대중의 분열 가능성도 계산한 것이었다.

아무튼, 대통령 직선제 개헌을 수용한 6·29선언에 의해 민주화 이행의 일정은 본격화될 수 있었다. 민주화운동 진영이 기대했던 민주화 이행의 경로는 6·29선언에 따른 헌법개정이 이루어지고, 개정헌법에 의한 대통령 선거에서 민주화운동 진영의 후보가 승리함으로써 민주정부를 수립하는 것이었다. 그러나 실제로 이루어졌던 민주화 이행은 민주화운동 진영의 이 같은 기대에 부응하지 못했다. 김영삼과 김대중 양 김이 분열함으로써 1987년 12월에 치러진 제13대 대통령 선거에서 민주화운동 진영이 패배하지 않을 수 없었기 때문이다. 따라서 6·29선언에 의해 시작된 민주화 이행은 독재세력의 노태우가 민주적 절차를 통해 합법적으로 집권하는 것으로 마무리되었다.

대통령 직선제 개헌에는 성공했지만 민주화 이행과정에서 민주정부를 수립하는 데에는 실패했던 이 같은 결과는 1987년의 민주화를 불완전한 민주화로 만들었다. 그리고 그것은 다음과 같은 점에서 민주화 이후의 한국 사회에 깊은 영향을 미쳤다. 첫째는 기존의 독재세력이 합법적인 선거 경쟁을 통해 재집권에 성공할 수 있었기 때문에 민주화에도 불구하고 독재청산은 최소한에 그치게 되었다는 점이다. 물론 1988년 4월에 치러진 제13대 국회의원 총선 결과 여소야대의 국회가 등장함에 따라 노태우 정권은 광주항쟁의 진상규명과 전두환 정권의 5공 비리 등에 대해 일련의 청산작업에 착수하지 않을 수 없었다. 그러나 노태우 정권에 의해 마지못해 수용된 그 시도는 최소한의 성과에 그쳤을 뿐이다.

둘째는 김영삼과 김대중 양 김이 갈라서면서 민주화운동 진영 역시 분열되지 않을 수 없었다는 점이다. 사실 1980년대 민주화운동의 급속한 성장과 6월민주항쟁의 성공에는 야당세력까지 포괄하는 최대 민주화연합의 구축이 결정적인 역할을 수행했다. 그러나 대통령 선거를 앞두고 양 김이 분열함에 따라 민주화운동 진영도 분열되었다. 물론 대통령 선거 이후 민주화운동 진영은 민주화운동의 새로운 연합을 구축하고자 했고, 이는 1989년 1월 '전국민족민주운동연합'(약칭 전민련) 결성으로, 1991년 12월에는 '민주주의민족통일전국연합'(약칭 전국연합) 결성으로 이어졌다. 그러나 보다 거시적인 차원에서 볼 때, 민주화 이후의 민주화운동은 과거와는 다른 형태의 운동으로 변화되고 있었다. 즉, 민주화로 인한 시민사회의 발전 속에서 민주화운동은 점차 사회 각 부문의 시민운동과 민중운동으로 분화되어갔던 것이다.

셋째는 대통령 선거과정에서 지역주의가 전면 동원되었고, 그것이 민주화 이후 지역주의 정당체제를 틀 지음으로써 민주화 이후의 정당정치가 지역주의에 속박되도록 만들었다는 점이다. 뿐만 아니라 민주정의당과 통일민주당 그리고 신민주공화당이 서로 합당하여 민주자유당을 결성했던 1990년 1월의 3당 합당은 패권적 영남지역주의를 구축함으로써, 민주화 이후에도 과거 독재세력의 후신인 보수세력이 강력한 영향력을 행사할 수 있는 기반을 제공해주었다. 반면, 민주화운동 진영은 민주화에도 불구하고 제도정치권에서 여전히 소수세력으로서의 지위를 벗어나지 못했다.

그러나 1987년의 민주화가 불완전했고 이에 따라 이상과 같은 여러 가지 문제들이 야기되었음에도, 그것은 수십 년 동안 지속되었던 권위주의체제의 독재정권을 퇴진시켰다. 그리고 민주화 이행 이후 새 정부는 국민 다수의 선택에 의한 민주적 절차에 의해 구성될 수 있었다. 그런 점에서 1987년의 민주화는 한국 민주주의 역사에서 탈독재 민주화의 결정적인 전환점이 되었다고 할 수 있다. 뿐만 아니라, 1987년 민주화의 효과는 아래로부터의 통일운동의 분출과 그 강화에도 영향을 미쳤다. 1988년 서울올림픽 남북공동개최문제를 둘러싸고 민간통일운동이 전면적으로 부상했기 때문이다. 그리고 이는 1980년대 말과 1990년대 초 사회주의권의 붕괴에 따른 국제적인 탈냉전의 분위기 속에서 남북 당국 간의 본격적인 남북대화로도 이어졌다.

1980

1

신군부의 등장과
5·18민중항쟁

신군부의 등장과 '서울의 봄'·10·26 이후 유신체제의 대응과 12·12군사반란·한국민주화운동의 김재규와 신군부의 권력 추구
·민주투쟁의 확산과 학생들의 개헌쟁취투쟁·박정희의 지역주의 김대중 역할·5·18민중항쟁의 발발과 전개·광주시민들의 분
의 지배구조·1980년대 학생운동의 시작·'부활'과 '학림'·광주수감의 받을와 시민들의 무장투쟁·5·18민중항쟁의 의의와 예화론·5공화국의 성립과 전두환 정권
운동의 고조·2·12총선과 민주화운동의 약진·한양안경부 반대투쟁·6·10국민대회·민통련 결성·개헌정국에서의 민주화운동·박종철 고문사건과 민주대연합 구축
호헌조치 철폐투쟁·5·18고문조작 폭로와 민주대연합 결성·명동성당 농성과·개헌정국의 변화와 운동·정치권의 정당운동·수권이후 이후 민주화
중권 의미와 민주화운동의 이완·1987년 노동자대투쟁 1987년 한반의 등장·세I3대 대통령 선거와 김영삼·김대중의 의의·6·29선언의 의의·이
민주경부 수립의 실패와 지역주의정치의 등장·3당 합당과 공안통치를 통한 보수세력의 재편·현정사상 최초의 여소야대를 기록한
1980년의 4·26 총선·역소야대 국회의 여원의 범·세도 개혁·6공 정권 내부 분열의 심화·노태우 정부의 내용·공안경국과 3당 합당
·방북사건과 1차 공안정구·3당 합당을 통한 보수대연합·1091년 5월투쟁과 2차 공안정구·보수대연합의 귀결, 김영삼 정부의 출범

1992

제1장

신군부의 등장과 '서울의 봄'

1

10·26정변 이후 유신세력의 대응과
12·12군사반란

한·미 정부의 대처와 '통대선거' 실시

박정희 대통령의 죽음이 확인된 직후인 1979년 10월 27일 새벽 4시, 제주도를 제외한 전국에 비상계엄이 선포되었다. 이로 인해 통행금지가 두 시간 앞당겨졌고, 전국의 대학이 휴교에 들어갔으며, 언론검열이 실시되었다. 헌법에 명시된 절차에 따라 최규하 국무총리가 대통령권한대행을 맡았고, 계엄사령관에 정승화 육군참모총장이 임명되었다. 정승화는 전두환 보안사령관이 올린 합동수사본부 설치안을 승인하고 전두환을 본부장으로 임명했다. 최규하 대통령권한대행은 27일 오전 국민들에게 동요하지 말 것과 미국 정부가 즉각적인 협조와 지지를 하기로 했다는 내용을 담은 특별담화를 발표했다.(『동아일보』 1979년 10월 28일자)

　미국 정부는 한반도 정세 변화에 촉각을 세우고 재빨리 대응조치를 취했다. 한국은 미국의 동북아 군사안보 전략의 핵심적인 위치에 있었다. 한국의 최고 통수권자가 살해된 것은 미국의 대한반도 전략상의 이해뿐 아니라 동북아시아 전체의 이해에 직접적인 위기가 초래된 것이나 다름없었

비상계엄령의 선포로 배치된 계엄군과 탱크

다. 10·26정변 직후 미 국방부는 곧바로 주한미군에 비상경계령을 하달했고, 백악관에서는 카터의 지시로 안보 담당 관계자들이 비상대책회의를 열었다.

10·26정변 직후 카터 정부의 일차적 관심은 북한의 동향을 파악하고 견제하는 것이었다. 10월 27일 미 국무부는 북한에 한국의 사태를 이용하려 들지 말라고 경고했다. 28일에는 브라운 미 국무장관이 대한방위공약을 지키기 위해 군사적 조치를 취하고 있다고 강조했다.(『동아일보』1979년 10월 28일자) 10·26정변 당시 미국에 있던 한미연합사 사령관 위컴도 특별기편으로 신속히 한국으로 돌아와 대한방위공약에 따라 어떠한 위협에도 즉각 대처할 것이라고 밝혔다.

미국은 북한이 별다른 이상 징후를 보이지 않자 곧바로 한국 정세에 관심을 돌렸다. 대통령 국장國葬에 참석하기 위해 내한한 미 국무장관 밴스는 고위당국자들과 연이어 회담을 가졌다. 미국은 정국의 향배에 가장 큰 변수인 군부의 동향과 정국의 안정을 가져올 최규하 대행체제의 능력을 확인하고 싶었던 것이다. 회담 이후 밴스는 한국 군부가 현 정부를 지지하고 헌법절차를 준수한다는 사실을 확인했으며, 정부의 대처도 훌륭했다는 소감을 밝혔다.(『조선일보』 1979년 11월 4일자) 밴스의 발언으로 미루어 보면, 미국은 급박한 상황이 일단 안정된 것으로 판단하고 정국의 추이를 지켜보겠다는 입장을 취했음을 알 수 있다.

미국 정부로부터 민주화를 위해 유신헌법을 폐기하고 그 후에 대통령 선거를 해도 반대하지 않는다는 입장들이 한국의 언론을 통해 흘러나왔지만, 유신세력들의 입장은 달랐다. 1979년 11월 10일 최규하는 대통령 선거와 관련한 '특별담화'를 발표했다. 최규하는 담화에서 1980년 1월 25일에 끝나는 권한대행 잔여임기를 채우지 않고, 그 이전에 조기선거를 실시하겠다고 밝혔다.*

그런데 최규하는 특별담화에서 국가 안위가 위기에 처한 상황에서 헌법문제를 포함한 정치발전문제는 '신중하고도 질서정연' 하게 다루어져야 한다는 견해를 밝혔다.(『조선일보』 1979년 11월 4일자) 개헌신중론을 강조한 것에서 짐작할 수 있듯이, 특별담화의 초점은 유신헌법을 전면적으로 개정하지 않고 기존 틀 안에서 대통령 선거를 치른다는 점을 공표하는 데 있었다.

헌법과 대통령 선거제도를 근본적으로 개편하지 않은 채 실시되는 조기선거는 당연히 유신세력의 재집권을 위한 형식적 절차에 불과했다. 이는 유신체제 철폐와 민주화로의 이행에 대한 시대적 열망을 거스르는 것이었다. 1979년 11월에 실시된 여론조사에 따르면, 조사대상자의 약 73%

---

* 유신헌법은 대통령 유고 시 통일주체국민회의에서 3개월 이내에 선거를 실시한다고 규정하고 있었다. 따라서 1980년 1월 25일이 법정시한이었다.

가 경제성장보다 민주화가 중요하다고 인식하고 있었다.(오창언, 2001,
283쪽) 12월 6일 통일주체국민회의 선거를 거쳐 최규하가 10대 대통령으
로 선출되었다.

　10·26정변 이전 부마항쟁과 같은 유신반대투쟁이 급격히 분출되었
고, 10·26정변 이후에도 '유신잔당' 퇴진과 '통대선거'● 반대가 드높았다.
이 상황에서 통일주체국민회의를 통해 재집권을 한 유신세력들은 유화조
치를 취하지 않을 수 없었다. 최규하는 대통령 선거 다음 날인 12월 7일 긴
급조치 9호 해제를 발표했다. 이로써 문익환 목사, 함세웅 신부 등 긴급조
치 위반자 68명이 석방되었다.(『동아일보』 1979년 12월 8일자)

12·12군사반란과 신군부의 군권장악

박정희 정권하에서 '하나회'라는 군내파벌이 형성되었다. 박정희 대통령
은 군 출신 인사들을 정치권력기구에 충원시켜, 통치기반 확립에 적극 활
용했다. 군 출신 인사들은 박정희가 행정부 및 입법부를 장악하는 데 필요
한 주요 자원이었다. 박정희는 주로 군 인사정책을 통해 군부를 관리했다.
박정희는 자신에 대한 충성도와 군부 내 파벌관계를 고려해 철저하게 상
호 견제의 원칙하에 군 주요 보직을 관리했다. 박정희는 군부 지휘 계통을
참모총장으로 대표되는 공식지휘 계통과 보안사령관으로 상징되는 정보
통제기구 계통으로 이원화하여 관리해나갔다.(양병기, 1993, 183~184쪽)

　민정 이양 이후 박정희는 김종필과 엮여 있던 육사 8기생들을 견제하
며, 자신의 연고인 영남 출신으로 새로운 군 인맥을 형성해나갔다. 이러한

● '통대선거'란 통일주체국민회의 대의원들이 대통령을 뽑는 간접선거방식을 말한다.

과정에서 두각을 나타낸 것이 경상도 출신 육사 11기생들이었다. 11기는 4년제 정규 군사엘리트 교육을 최초로 받으며 동료의식을 키워왔던 기수였다.(강창성, 1991, 354~360쪽)

육사 11기 영남계 출신들은 '칠성회'를 조직했다. 이후 이들은 정규 육사 출신들을 계속 포섭하며 조직을 확대한 뒤 '하나회'로 개칭했다. 지연·학연으로 뭉친 이들은 하나회라는 사조직의 이해를 우선시했고, 정계·재계와 긴밀한 인적 네트워크를 형성했다. 박정희는 하나회 회원들에게 특전을 베풀며 자신의 확실한 친위세력으로 만들었다.(강창성, 1991, 364쪽) 하나회는 1973년 '윤필용사건'으로 그 실체가 드러났지만, 박정희의 묵인 속에 해체되지 않은 채 존속할 수 있었다. 일부 친윤필용계 회원만이 제거되고, 하나회 핵심인 전두환, 노태우 등 친박종규 계열의 소장 장교들은 군에 남았다.(강창성, 1991, 372~373쪽) 이들이 이후 강경 소장파 장성 집단인 이른바 '신군부'를 형성했다.

10·26정변 이후 정치적 격변은 기본적으로 유신세력과 민주화운동세력의 대립구도로 전개되었지만, 유신세력과 민주화운동세력 내에서도 10·26정변 이후 정국에 대한 대처방안을 놓고 분화가 진행되었다. 유신세력을 대표하는 집단은 이후 신군부로 명명된 소장파 정치군인들이었다. 군부는 10·26정변 이후 계엄상태에서 막강한 영향력을 행사하는 위치가 되었다. 군부는 권력장악을 추구한 강경파와 민간정부의 집권을 지지한 온건파로 나뉘었다. 전자는 유신정권하에서 박정희가 친위세력으로 양성했던 하나회였고, 후자는 10·26정변 직후 정승화를 중심으로 계엄사령부를 구성했던 이들이었다.(김준, 2007, 15쪽)

10·26정변 이후 단행된 군 인사로 공식지휘 계통을 맡은 정승화 육군참모총장 등은 대체로 소위 '온건파'로 분류될 수 있는 사람들이었다. 이들은 '비교적 정치적 색채가 약하고', 유신헌법을 폐지하고 새로운 헌법을 제

정하여 민간정부를 수립하는 것을 지지하는 입장에 있었다. 당시 군의 주된 분위기는 군이 정치적 중립을 견지해야 한다는 것이었다.(강창성, 1991, 383쪽)

하지만 12·12군사반란을 일으켰던 군부 강경파 그룹은 유신헌법 조기철폐를 반대하고 권력장악을 추진했다. 미국 언론은 1979년 11월 초에 이미 한국 군부의 대표적 매파가 전두환임을 명시적으로 지적했다.(신현익, 2006, 80쪽) 소장파 군인들은 10·26정변 이후 자신들이 제거될 가능성이 있다는 위기감을 갖고 있었다. 이들의 위기감은 자신들과 대립적인 군 장성(이건영과 장태완)의 핵심 보직 임명, 전두환 좌천설* 등으로 한층 심화되었다.(강창성, 1991, 385쪽) 11월 중순경부터 전두환, 노태우(9사단장), 황영시(1군단장), 유학성(국방부군수차관보) 등 군내 강경파는 군권장악을 위한 준비를 해나갔다. 결국 이들은 12월 12일 군사반란을 단행했다. 이날은 최규하 정부의 새로운 조각 발표가 예정된 바로 전날이었다. 전방 군단장 및 사단장, 육군 최고 정예부대장들이 군권을 장악하기 위해 수도경비사령부 30경비단에 모여 반란을 지휘했다. 이 과정에서 반란 주동자들은 임의로 부대를 이탈하고 병력을 동원하여 정식 군 지휘 계통을 붕괴시켰다. 반란이 성공하자마자 신군부는 육군참모총장, 수도경비사령관, 특전사령관 등 군내 핵심 요직을 장악했다.

미국은 12·12군사반란에 불쾌한 감정과 우려를 감추지 않았다. 미 국무부 대변인은 12·12군사반란을 놓고, 그간 한국에서 고무되어왔던 민주화가 "다른 방향으로 나아갈 가능성을 시사하기 때문에 우려의 대상이 되고 있다"라는 요지의 견해를 밝혔다.(『동아일보』 1979년 12월 13일자)

---

* 정승화 계엄사령관은 '하나회'를 견제하기 위해 12월 13일 개각과 함께 전두환을 동해안경비사령관으로 좌천시키려 했는데, 김용휴 국방부차관에 의해 신군부 측에 누설되었다.(국방부과거사진상규명위원회편, 2007, 334쪽)

그러나 이와 같은 우려 표명은 수사적인 언급에 그쳤다. 1979년 중반 카터 정부는 이미 군사주의로 회귀했고, 외교정책도 이란의 몰락을 경험하며 보수주의로 경도되기 시작했다. 미국은 한국의 민주화보다 한국의 안정을 중시했다. 미 국방부는 12·12군사반란 이전에 민주화운동세력이 계엄령에 도전하며 불안을 가중시키는 것을 부정적으로 받아들이고 있다는 입장을 현지책임자에게 분명히 전달했다.(이삼성, 1993, 115~116쪽) 반공 보루의 안정을 중시한 주한미군도 12·12군사반란이 일어나자 곧바로 반란을 용인하는 입장을 취했다.● 12·12군사반란 직후 신군부는 권력의 막후 실세로 등장했다. 미국은 12·12군사반란 이후 당시의 권력 상황을 최규하를 수반으로 하는 '형식적 정부'와 신군부의 '실질적 권력'이 작동하는 '이중권력구조'dual authority structure라고 지칭했다.(김동성, 1994, 45쪽)

미국은 신군부의 12·12군사반란 직후 압력조치로 '연례 한미안보협의회의 무기한 연기'와 '계엄해제를 조건으로 한 군사원조 심의 보류' 등을 취했다. 이는 형식적 조치에 불과했으나 학생운동권 내에서 5·18민중항쟁 이전까지 미국을 민주화의 후원국으로 인식하는 경향이 지속되는 데 일정한 영향을 미쳤다. 학생들은 5·18민중항쟁 이전에 미국의 압력으로 민주화를 달성할 수 있다는 인식을 거부했지만, 미국의 압력이 적어도 민주화 달성에 일정 정도 기여할 것이라는 생각은 가지고 있었다.(일송정 편집부 편, 1988, 23쪽)

● 한미연합사 사령관 위컴은 미군의 명령체계를 무시한 쿠데타에 매우 불쾌해했지만, 12월 13일 다음과 같은 내용의 보고서를 올렸다. "우리는 곧 등장할 새로운 통치세력과 친밀한 관계를 형성하면서, 최근 이루어졌던 정치발전이 어느 정도 복구될 수 있을지, 그리고 북한의 침략 가능성이 수그러질 정도로 군과 정계의 안정이 이루어질 수 있을지를 지켜보아야 할 것이다." (존 위컴, 2000, 116~117쪽)

2
10·26정변 이후 민주화세력의 대응과 '통대선출 저지 국민대회'

정치세력의 동향과 개헌논의 전개

유신체제를 구축한 박정희는 사실상 3부의 권력을 완전히 장악하고 무소불위의 권한을 행사했다. 그러므로 박정희의 갑작스러운 죽음과 이에 따른 권력의 공백은 정치권에 커다란 혼란과 변화를 불러일으킬 수밖에 없었다. 박정희가 당 총재로 있었던 공화당은 공석이 된 총재를 새로 선출해야 했으며, 의원직을 박탈당했던 전 신민당 총재 김영삼과 연금조치를 받았던 김대중 등은 정치활동을 재개하기 위해 움직였다.

10·26정변 이후 총재권한을 되찾은 김영삼은 1979년 11월 4일, 최규하 과도정부에 3개월 이내 헌법을 개정한 후 2개월 이내 신헌법에 의한 직접선거로 대통령을 선출할 것을 요구했다. 11월 16일 국회에서 신민당의 입장을 이민우가 대표로 밝혔다. 신민당은 박정희 사후 정국은 신헌법에 따라 새로운 정권이 수립될 때까지의 '과도기'이며, 최규하 대통령권한대행도 중립적 입장에서 정권교체를 수행하는 것 이상을 해서는 안 된다고 못 박았다.(김삼웅 편저, 2001, 34~36쪽) 또한 10·26정변 관련 수사가 종

결된 이상 비상계엄은 더 이상 유지될 필요가 없다고 강조했다. 끝으로 최규하에게 "양심적 정치범의 즉각 석방" "긴급조치 위반자들에 대한 사면복권" "김대중 사면복권" "학원의 자유 보장" "11월 13일 민주화 조치를 요구하다 연행된 9명의 인사들의 즉각 석방" 등을 요구했다.(김삼웅 편저, 2001, 41~43쪽)

공화당은 11월 10일 당무회의를 거쳐 통일주체국민회의 후보를 내지 않기로 결정하고, 12일 신임 총재로 김종필을 선출했다. 11월 18일에는 김종필과 김영삼이 회동했고, 11월 23일에는 최규하와 김영삼이 회동했다. 김대중은 12월 8일에야 연금이 해제되어 다른 이들보다 정치활동이 다소 늦었다.* 최규하는 대통령 취임식에서 잔여임기를 채우지 않고 가능한 한 빨리 개헌과 총선을 하겠다고 언명했다.(『동아일보』 1979년 12월 21일자)

이른바 3김을 중심으로 한 정치권은 12·12군사반란을 심각하게 받아들이지 않고, 헌법개정 및 정권교체를 위한 정치일정에 관심을 쏟았다.(심지연, 2004, 283~284쪽) 1979년 12월 27일 신민당이 헌법개정공청회를 개최했고, 1980년 1월 16일에는 국회 헌법개정심의특별위원회가 첫 공청회를 가졌다. 여기에 홀부르크 미 국무부 동아시아차관보, 레스터 울프 미 하원 국제관계위원회 아시아태평양소위원회 위원장 등이 방한하여 낙관적 분위기 조성에 일조했다. 이들은 주요 정치인사와 회동한 뒤, 정국은 안정되어 있으며 "민주 절차를 빠른 시일 내에 진행하기를 희망한다"라는 내용의 발언을 했다.(『동아일보』 1980년 1월 16일·19일자)

김영삼은 1980년 1월 19일 정부가 과도기간을 너무 길게 잡고 있다고 언급하고, 필요한 시기에 임시전당대회를 통해 대통령 후보지명을 하겠다

---

* 김대중과 재야인사들의 정치활동에 대한 제약이 공식적으로 없어진 것은 1980년 2월 29일 복권조치가 행해진 이후이다. 이날 최규하 정부는 정치인, 재야인사, 학생 등 687명을 복권시켰다.(『조선일보』 1980년 3월 1일자)

는 입장을 밝혔다.(『동아일보』 1980년 1월 19일자) 김영삼을 중심으로 한 신민당은 정권교체에 대한 기대를 갖고 가능한 한 정치일정을 단축하는 데 관심을 두었던 것이다.

김대중을 중심으로 한 이른바 동교동계는 계엄령 즉각 철회, 최규하 대통령 대행체제의 퇴진, 거국민주내각 구성 등을 요구하는 11월 12일의 '민주주의와 민족통일을 위한 국민연합'(약칭 '민주통일국민연합')*의 성명에 동참했다. 하지만 '통일주체국민회의 대의원에 의한 대통령 보궐선거 저지를 위한 국민대회'(YWCA위장결혼식사건)에는 신민당과 마찬가지로 참여하지 않았다.(김준, 2007, 19쪽)

1980년 1월로 접어들자 신민당 내 소장 의원들**이 범민주세력 통합을 촉구했다. 1979년 12월 29일 김영삼과 김대중은 내외신 기자들에게 민주주의를 위해 두 사람이 단결할 것이라는 내용의 합의사항을 밝혔지만(김삼웅 편저, 2001, 90쪽) 대동단결은 제대로 진척되지 않고 있었다. 소장 의원들은 재야인사까지 포괄하는 민주화운동세력의 대통합을 이루고, 범민주세력이 단결한 이후 대통령 후보단일화를 이루어내야 한다고 역설했다.(『동아일보』 1980년 1월 19일자) 1980년 2월 25일 후보단일화 추진을 위한 서명운동이 시작되었다. 이에 양 김은 3월 6일 단독회담을 갖고 대통령 후보 과열경쟁을 삼가고, 재야민주화세력과 합심해서 민주회복에 주력한다는 데 합의를 보았다. 그러나 두 사람은 모두 집권에 대한 야망을 포기할 의사는 전연 없었다. 이는 재야세력 통합에 대한 양 세력의 입장차로 표출

---

* '민주주의와 민족통일을 위한 국민연합'은 1979년 3월 거의 모든 민주화운동 조직과 지도자들이 참여한 가운데 결성되었다. 윤보선, 함석헌, 김대중을 공동의장단으로 선임한 '민주통일국민연합'에는 종교계 인사에서부터 정치인사 그리고 교수·문인 등의 지식인 집단까지 폭넓게 참여하고 있었다. 또한 원로 명망가들도 있었지만, 1970년대 대학생으로서 반유신투쟁을 전개했던 청년층도 주요한 구성원이었다.

** 이들 소장 의원들은 정대철, 조세형, 김제만, 김영배, 김형광, 김동욱, 유용근 등 초선·재선 의원 8명이다.

되었다.(심지연, 2004, 289~290쪽)

한편, 김종필을 중심으로 한 공화당도 소장 의원들을 중심으로 정풍운동을 전개하며 새로운 이미지를 구축하고자 했다. 하지만 공화당이 추진한 당 개혁은 정풍대상자로 지목된 인사들에게 당내 요직을 다시 맡기는 수준을 벗어나지 못했다.(『동아일보』 1979년 12월 26일자) 이는 공화당 지도부가 여전히 과거와 절연할 의지가 없음을 보여주는 것이었다.

정권교체와 집권 가능성을 낙관했던 신민, 공화 양 정당들은 새 헌법시안에 관심을 쏟았다. 1979년 12월 말부터 국회 헌법개정심의특별위원회 주관 아래 개헌공청회가 중앙 및 지방에서 열렸다. 개헌공청회는 대중적 관심을 모으며 계엄하에서 정권교체와 민주화에 대한 기대를 높이는 데 일조했다. 1980년 1월 16일 세종문화회관에서 첫 공청회가 열렸고, 이후 공청회는 광주, 대전, 부산 등 전국의 주요 도시를 순회하며 개최되었다. 부산에서 열린 공청회에는 3,000여 명의 시민들이 참석했다. 순회공청회는 여섯 차례 진행된 후 1월 29일 완결되었다. 공청회에 참여한 거의 모든 이들이 강조한 것은 사법권 독립, 지방자치제 실시, 헌법에 명시된 기본권 보장 등이었다.(『조선일보』 1980년 1월 30일자)

2월 9일 양 당은 대통령 중심제, 대통령 직선제, 임기 4년에 1차 중임, 통대선출의원제 폐지 등 거의 대부분의 내용에서 일치하는 헌법시안을 마련했다.(『동아일보』 1979년 2월 9일자) 2월 25일에는 서울시내 인촌기념관에서 김종필, 김대중, 김영삼 3자 회동이 있었다. 이 자리에는 주한 미대사, 주한 일본대사, 정일권 전 국회의장 등이 참석했으며, 향후 정국을 낙관적으로 전망하는 인식이 분위기를 이끌었다.

재야세력과 '통대선출 저지 국민대회'

1979년 11월 10일 최규하가 유신헌법대로 통일주체국민회의를 통해 대통령을 선출한다는 내용의 특별담화를 발표하자, 재야민주화운동세력은 즉각 항의하고 나섰다. 11월 12일 '민주통일국민연합' 공동의장단(윤보선, 함석헌, 김대중)은 성명서를 발표하여 최규하의 특별담화문을 비판하고, 민주화를 위해 민주헌법을 3개월 이내에 제정할 것, 최규하 대행체제의 즉각 사퇴와 과도정부로서의 거국민주내각 구성, 반독재·반유신 민주화 인사들 석방과 복권·복직, 계엄령 즉각 해제 등을 이행할 것을 강력히 요구했다.* 이와 함께 '민주통일국민연합'은 당면요구를 관철하기 위해 이상의 기본 입장에 동의하는 모든 세력들과 협의할 용의가 있다는 의사를 밝혔다.

해직교수, 자유실천문인협의회, 민주청년협의회와 동아투위·조선투위도 "나라의 민주화를 위하여"라는 제목의 성명서를 발표했다. 이들은 성명서에서 긴급조치 9호와 계엄령 해제, 양심수 즉각 석방을 촉구했다. 이 성명과 관련하여 서남동, 김찬국, 이우정, 김병걸 등이 조사를 받았고, 이부영은 11월 17일 계엄포고령 제1호 위반으로 구속되었다.(한국기독교사회문제연구원 편, 1983, 387쪽)

한편, 광주지역의 민주화운동단체들도 11월 28일 통대선거 결사반대를 주장했다. 광주기독교연합회, 천주교정의구현전국사제단, 전남해직교수협의회, 자유실천문인협의회 전남지부, 민주청년협의회 전남지부, 기독교장로회 전남청년연합회 등 6개 단체가 모여 "민주주의를 향하여 힘차게 나아가자"라는 제목의 결의문을 발표했다. 이들은 11월에 들어서면서 발

---

* 예춘호는 이 성명서가 박종태, 양순직, 백기완, 김관석, 김상현, 김윤식 등이 윤보선의 자택에서 회합하여 작성 발표한 것이라 했다.(예춘호, 1996, 67쪽) 그는 회고록에서 발표날짜를 11월 11일로 적고 있는데, 여타 자료집에서 모두 11월 12일로 기록하고 있어 여기서도 12일로 기록한다.

표된, 민주화를 요구하는 각 성명서를 전폭적으로 지원하고, '통대에 의한 대통령 선출'이라는 '사기극'에 결사반대한다고 천명했다. 또한 "과감하고 혁신적인 범국민적 합의 방안에 의한 민주 거국내각이 민주화의 주도적 역할을 담당해야" 한다고 강조했다.(『1970년대 민주화운동』5, 1629쪽)

재야민주화운동세력은 유신체제를 해체하고 민주화를 달성하기 위해서는 행동실천이 필요하다고 판단하고, '통대선출 저지 국민대회'를 준비했다.* 재야민주화운동세력은 계엄령하에서 시위를 전개하기 위해 YWCA에서 11월 24일 결혼식을 가장한 집회를 준비했다.** 그런데 모든 세력들이 여기에 동참했던 것은 아니다. '민주통일국민연합'은 10·26정변 이후 국면에 대한 대처를 놓고 의견이 갈려 있었다. 점진적 입장을 취한 이들은 자신들의 역할을 헌법개정과 선거를 통한 새로운 정부 구성을 촉구하고 감시하는 데 맞추었다. 반면, 민주화를 위해서는 적극적인 투쟁을 전개해야 한다는 판단을 내린 이들도 있었다. YWCA에서 개최된 '통대선출 저지 국민대회'는 후자에 의해 추동된 것이다.

민주청년협의회 홍성엽과 윤정민(가상인물)의 결혼식이 있다는 전단이 10여 일 전부터 배포되었다. 당일 500명 이상의 사람들이 결혼식장에 모여들었다. 신랑 입장과 동시에 사방에서 "취지문" "통대 저지를 위한 국민선언" "거국민주내각 구성을 위한 성명서" 등의 유인물이 배포되었고, 곧이어 통일주체국민회의 대의원에 의한 대통령 간접선출방식을 반대한다는 내용의 취지문이 낭독되었다. 국민대회를 준비한 주체들은 성명서에서 부패를 자행하고 특권을 향유한 이들에게 합법적 절차를 통한 '준엄한

* 조성우는 YWCA사건이 박정희 국장을 치른 후 한 달 뒤에나 일어났던 이유를, 달리 말하면 민주화운동세력의 움직임이 늦었던 이유를 민주화운동권 내에서 10·26정변 직후 낙관적 전망이 지배하고 있었기 때문이라고 구술했다.(고려대학교민주동우회 편, 2008, 305쪽)
** 이 사건의 내용에 대해서는 『1970년대 민주화운동』 4, 1769~1780쪽 참조.

심판'을 내릴 것과, 민주정부 출범 시기까지 과도기를 담당할 '거국민주내각'을 수립할 것을 역설했다. 끝으로 민주화 이행에 외세가 개입하는 것을 일체 거절한다는 입장을 밝혔다.(김삼웅 편저, 2001, 218~219쪽)

국민대회를 준비한 주체들은 "통대 저지를 위한 국민선언"에서 "'선대통령 선출, 후 개헌'이라는 기만적인 정치일정을 내걸고 유신독재의 연장을 획책하고 있는" 이들의 계획을 단호히 '분쇄'하기 위해 대회를 개최한다고 그 취지를 밝혔다. 민주화운동세력이 볼 때 통일주체국민회의를 통한 대통령 선거는 유신잔당들의 "부패한 특권 지배를 끝내 온존시키겠다는 반민주적, 반민족적, 반국가적인 망국의 발상"일 따름이었다. 민주주의로의 진전이냐 유신체제로의 퇴행이냐를 가르는 분수령에서 '통대선거'는 민주화운동세력이 더 이상 용납할 수 없는 사안이었다.

하지만 계엄군의 무력진압으로 대회장소는 쑥대밭이 되었다. YWCA를 빠져나온 일부 참석자들은 코스모스 백화점 앞으로 모여 다시 시위를 전개했다. 150여 명의 시위대열이 형성되었고, 이들은 유신철폐와 통대반대의 구호를 외치며 조흥은행 본점까지 가두시위를 전개했다. 하지만 이 시위대열도 곧 계엄군에 의해 해산되었다. 계엄군은 사건 관련자 140명을 검거하고, 조사과정에서 고문과 비인간적 능욕을 가했다.(정승화, 1987, 132~136쪽) 주동자로 분류된 18명 중 14명이 수경사 계엄군법회의에 구속 송치되었고,* 67명은 즉결심판에 넘겨져 15~20일의 구류처분을 받았다.**

---

* 구속자는 전 국회의원 양순직, 박종태, 백범사상연구소장 백기완, 동아투위 임채정, 민청협 소속 이우회, 최열, 양관수, 최민화, 강구철, 홍성엽, 기독청년협의회 소속 김정택, 이상익, 권진관, 김윤환 등이었다. 윤보선, 함석헌, 김병걸, 박종렬은 불구속 처리되었다.(한국기독교사회문제연구원 편, 1983, 389쪽)
** 집회에 직접 참여하지는 않았지만 YWCA사건을 설명하고 관련 유인물을 배포했다는 이유로 11월 26일 청주도시산업선교회의 정진동 목사와 조순형 전도사가 검거되었다. 또한 감리교 소속 청년 박일순 등 세 명이 11월 28일 대회 선언문을 광화문 일대에 살포하려다가 검거되고 즉결심판에 넘겨져 구류선고를 받았다.

YWCA사건 이후 점진주의 경향을 지닌 교수, 성직자, 정치인들은 1980년 2월 29일 김대중 복권과 더불어 그의 주변에 모여들어 신당을 창당하고자 하는 움직임을 보였다.* '민주통일국민연합'을 이끌었던 재야인사들은 신군부의 김대중내란음모조작사건으로 대대적인 검거를 당하기 직전까지, 계엄해제와 민주화로의 이행을 천명하며 활동을 지속했다. 1980년 3월 2일에는 3·1절을 기념하여 계엄해제를 촉구하는 선언("3·1절에 고함")을 발표했고, 5월 7일에는 기독교회관에서 문익환, 이문영, 고은, 계훈제, 김승훈, 심재권, 김병권 등 30여 명이 내외신 기자 앞에서 "민주화 촉진 국민선언"을 발표했다.** 재야민주화인사들은 이 선언문에서 민주정치 발전을 저해하는 비상계엄령 즉각 해제, 유신체제 옹호 발언을 일삼는 신현확 국무총리의 즉각 퇴임, 군의 명예를 실추시키는 전두환 보안사령관의 모든 공직 사퇴, 모든 양심적 정치범 즉각 석방, 독재연장을 옹호하는 언론방송인들의 반성 촉구, 유정회와 통일주체국민회의 즉각 해산, 정부 개헌심의위원회 해산*** 등을 주장했다.(예춘호, 1996, 96쪽) 적극적 투쟁을 강조한 학생운동 출신의 청년세대들은 집단적으로 복학하여 학내에서 학생운동을 지도하고자 했다.(김준, 2007, 22쪽)

---

* '민주통일국민연합'을 이끌었던 재야인사들 중 함석헌, 윤보선의 경우 김대중이 추진한 '민주화추진 전국 국민운동'에 결합하는 것에 반대했다. 윤보선은 김대중이 추진하는 국민운동은 대통령 선거유세로 볼 수밖에 없기 때문에 반대한다는 견해를 밝히고, "민주화를 위한 국민운동은 적절한 시기가 왔을 때 본격화하는 것이 바람직하다"라며 유보 입장을 취했다.(『조선일보』, 1980년 5월 2일자) 윤보선은 이미 김대중이 신민당 입당을 포기하고 독자노선을 걸을 때부터 비판적 입장을 취했다.(『동아일보』, 1980년 4월 9일자; 예춘호, 1996, 81~82쪽)
** 서명자는 윤보선, 함석헌, 김대중, 고은, 김병걸, 안병무, 김용식, 문익환, 김승훈, 오태순, 예춘호, 서남동, 김종완, 김택암, 한완상, 이태영, 함세웅, 계훈제, 이문영, 장덕필, 한승헌 등이다.
*** 정부개헌심의위원회는 3월 14일 개회한 위원회로, 앞서 살펴본 국회개헌특위와 다른 것이다. 민주화운동세력은 정부가 정부개헌심의위원회를 통해 이원집정부제와 중선구제를 추진하며 민주헌법 제정을 거스르고 있다고 비판했다.

3
학원민주화운동의 전개와
신군부의 집권 추진

학생회 부활과 학원민주화운동 전개

10·26정변 이후 학생들은 유신체제의 질곡에서 벗어나 학생활동의 완전한 자율화와 학원민주화를 요구하였다. 즉, 유신체제하에서 곪아왔던 학원의 부정부패와 반민주적 측면들을 전면 개혁하자는 것이었다. 더불어 학생들은 긴급조치 9호 선포와 함께 완전히 해체되었던 학생자치조직을 복구해나갔다. 새로운 국면에서 학생들은 더 이상 소수 서클 중심의 투쟁을 전개할 필요가 없게 되었다.

학생들은 새롭게 열린 공간에서 학원민주화를 목표로 한 운동을 전개했다. 1979년 11월 22일 서울대에서 10개 서클의 대표들이 모여 "학도호국단 폐지" "구속 학생 석방과 복학" "학내 언론자유 보장" "사복경찰의 구내출입 금지" 등을 요구했다. 서울대 학생들의 학원민주화 주창에 호응하여 고려대, 연세대, 숙명여대 등의 학생들도 학원민주화 선언을 발표했다.

1980년 2월 29일 최규하 정부의 복권조치로 해직교수와 학생들이 다시 학교로 돌아와 새로운 바람을 불어넣었다. 신학기가 개강되자마자 각 대학에서는 학생회가 부활했다. 부활한 (총)학생회는 유신체제 아래서 악화될 대로 악화된 학생활동의 자율성을 확보하고, 부정·부패로 얼룩진 학원운영을 개혁하기 위한 운동을 전개했다. 이러한 학생운동의 흐름은 1980년 4월까지 이어졌다.

1980년 2월 16일 문교부는 학도호국단의 간부 선출을 임명제에서 선거제로 바꾸고, 학생 군사교육을 호국단 기능에서 제외하는 방안을 발표했다.(『조선일보』 1980년 2월 17일자) 이에 야당은 문교부가 발표한 학생자율화 조치가 미흡하다고 지적하고 완전한 자율화를 촉구했다.(『동아일보』 1980년 2월 18자) 이와 같은 문교부의 미봉적인 조치에 학생들은 크게 반발했다. 고려대·동국대·서울대·성균관대·이화여대의 학생회부활추진위원회가 2월 22일 공동성명서를 발표했다. 학생들은 문교부가 학도호국단에 대한 비판을 운영상의 문제 정도로 호도하고 있다고 지적하며, 비민주적 기구로서 유신정권 연장에 일익을 담당했던 학도호국단은 폐지되어야 한다고 강조했다.(김삼웅 편저, 2001, 359쪽)

1980년 4월 3일 서울대는 부활한 총학생회를 인정하고, 학도호국단 관련 학칙을 삭제하기로 결정했다.＊ 같은 달 7일 전국 9개 국립대학 학생처장단은 서울대에서 모임을 갖고, 서울대에 이어 학도호국단 규정을 학칙에서 삭제하기로 결정했다. 한편 3월 27일 연세대에서, 3월 28일 서울대와 이화여대에서 총학생회가 잇따라 발족했다. 서울의 나머지 대학들도 4월 초에 단과대학과 총학생회 회장 선거를 실시하기로 일정을 잡았다. 대학가는 각종 서클이 활발하게 활동하고, 유신체제에서 중단되었던 학술대회와 단과대학 학회보 등이 부활되어 학생자치활동에 활기를 불어넣었다.

＊ 삭제된 조항들은 학도호국단 설치, 단비, 호국단에 소속되지 않은 학생단체조직에 대한 문교부장관의 승인을 언급한 3개 조항이다.(『한국일보』 1980년 4월 4일자)

학생자치활동이 활발해지면서 학원정상화의 움직임들이 본격적으로 전개되었다. 유신체제 유지에 발 벗고 나섰던 어용교수들뿐 아니라 족벌체제, 사기업화, 주주총장 등 그동안 누적되었던 사립학교들의 학원문제가 폭로되었다. 4월 1일 전국 14개 대학에서 학생들이 학원자율화, 어용교수 퇴진, 교권확립 등을 외치며 시위를 전개했다.(『조선일보』 1980년 4월 2일자) 학원민주화운동이 격렬한 양상으로 전개된 학교들은 특히 학교 운영 주체와 소유주가 분리되지 않고 이른바 '족벌체제'를 구축한 대학들이었다.(『조선일보』 1980년 4월 11일자)

학원민주화투쟁에 집중하던 학생운동 진영은 대정부 민주화투쟁으로 급격히 전환하기 전인 1980년 4월에 병영집체훈련 거부투쟁을 대대적으로 전개했다. 병영집체훈련 거부는 성명서 형태로 간헐적으로 제시되다가, 4월 10일 성균관대생들이 입영훈련을 거부하면서 본격화되었다. 이는 유사한 양상을 보이고 있던 타 대학들로 곧 확산되었다. 병영집체훈련 거부는 학원민주화운동과는 달리 새로운 국면으로 넘어가는 계기 역할을 하는 측면이 있었다. 병영훈련 거부는 비리재단, 어용교수들을 상대로 한 학원민주화투쟁과 달리 정부를 상대로 하는 투쟁이었기 때문이다.

문교부는 학생들에게 병영집체훈련에 참가할 것을 강력히 권고했다. 하지만 학생들의 병영집체훈련 거부투쟁 열기를 누그러뜨리지는 못했다. 4월 24일 서울대 총대의원회는 1학년 대상 병영집체훈련을 거부할 것을 결의했고, 성균관대 1학년생 200여 명은 입소훈련을 거부하면서 농성을 벌였다. 서강대 1학년생 260여 명도 입소를 거부하며 농성에 돌입했다. 서강대생 700여 명은 4월 16일 학교 강당에서 "입영집체훈련에 관한 서강인의 결의"를 채택하고 19일부터 철야농성을 전개했다.(『동아일보』 1980년 4월 25일자)

4월 30일 계엄사는 노사분규, 학원소요에 강력히 대처하겠다는 입장을 발표했고, 병영집체훈련과 관련하여 북과 대치하고 있는 환경에서 학생들은 소정의 군사훈련을 이수해야 한다고 강조했다. 계엄사 발표 이후 문교부장관 김옥길은 학생들의 요구를 수용할 수 없으며 모든 것은 법대로 처리하겠다는 입장을 밝혔다.(『조선일보』 1980년 4월 17일자) 5월 1일 김옥길은 병영집체교육은 일단 현행대로 실시하고, 교내 교육시간을 단축하는 미봉책을 제시했다.

5월로 접어들자 학생들은 병영집체훈련 거부투쟁이 정치적으로 악용될 것을 우려하며 병영입소를 하기로 결정했다. 하지만 이는 학생운동의 침체를 의미하는 것이 아니었다. 이후 학생운동은 학내문제에서 민주화 일정 추진에 전력을 기울이는 정치투쟁으로 선회했다.[*]

한편, 이 시기 대학교수들도 사태를 더 이상 방관하지 않고 학원민주화 달성을 요구했다. 4월 24일 서울시내 14개 대학 소속 교수 361명이 "최근 학원사태에 관한 성명서"를 발표했다.[**] 교수들은 성명서에서 족벌운영 사학경영자의 퇴진, 대학군사운영제의 근본적인 개선 촉구, 교수임용제 철폐, 교수회의의 민주적 기능 확대, 교수협의회 발족 등을 요구했다.(『조선일보』 1980년 4월 25일자)

1980년 4월까지 전개된 학원민주화투쟁을 정리하면 〈표1〉과 같다.

[*] "대학만이 민주화의 길 밝힐 최후 보루"(1980. 5. 1, 연세대 총학생회); "민족적 양심의 전위로 이 투쟁에 앞장을"(1980. 5. 2, 서울대 총학생회); "비상계엄해제를 위해 싸우자"(1980. 5. 7, 연세대 비상계엄해제·유신잔재청산투쟁위원회) 등이 정치투쟁으로의 선회를 명확하게 보여주고 있다.

[**] 서울대 의대 구내 함춘당에서 변형윤(서울대), 조기준(고려대), 길현모(서강대), 이우성(성균관대), 유인호(중앙대), 조유한(숭전대), 이효재(이화여대) 등 교수 일곱 명이 대표로 성명서를 발표했다.

표1 1980년 4월까지 전개된 학원민주화운동

일자	대학	시위내용
1979. 11. 22	서울대	10개 서클 대표가 '학원민주화를 위한 성명서'를 발표하고 총장에게 전달
	연세대	유신체제 즉각 청산을 요구하는 선언문 배포, 김재훈 등 3인 구속
1979. 11. 23	서울대	농과대 소속 각과 회장단이 '학원 민주 성명에 대한 지지 선언서'를 발표. 정기영, 김의경 등이 계엄포고령 위반으로 구속
1979. 11. 26	고려대	15개 서클 공동명의로 '1979년 학원민주화 선언' 발표, 학원민주화 등 8개 항 결의
1979. 11. 27	숙명여대	9개 서클 공동명의로 학원민주화를 위한 성명 발표
1979. 11. 30	전남대	2,000여 명 시위, 1명 구속, 1명 부상
1979. 12. 5	전북대	1,500여 명 시위, 유신잔당 퇴진 요구
1979. 12. 5	군산대	학원자율화를 주장하는 유인물 배포
1980. 2. 12	서울대	단과대 학생 대표 학원민주화 결의
1980. 2. 24	서강대	학생회부활추진위 결의문 발표
1980. 3. 28	각 대학	명지대생 100여 명 이사장실 점거·철야농성, 중앙대 약대생 100여 명 폭력교수의 공개사과를 요구하며 농성, 동덕여대 400여 명 학생처장 등 3명의 사퇴를 요구하며 농성, 한신대 학원자율화 추진위원회 결성, 서울대 학생회 부활, 조선대생 2,000여 명 '학원민주화 및 정상화를 위한 선언문' 채택
1980. 4. 1	각 대학	경희대, 대구계명대 등 전국 14개 대학에서 어용교수 퇴진·학원자율화 등을 요구하며 시위농성
1980. 4. 2	홍익대, 경기대, 한국체대, 서일공전	학원민주화 시위 전개
1980. 4. 3	세종대, 홍익대	학원민주화 시위 전개
1980. 4. 7	경희대, 유도대	학원민주화 시위 전개
1980. 4. 9	국제대, 홍익대, 한양대	국제대·홍익대 학원민주화 시위, 한양대 농성학생폭행사건 발생
1980. 4. 10	한양대, 중앙대	한양대생 1,500여 명 농성학생폭행사건에 깡패들이 개입했다고 주장, 김준연 총장의 해명을 요구하며 총장실 점거. 중앙대생 총장 사퇴, 재단과 학교운영의 분리를 주장
1980. 4. 11	서울 9개 대학 대표	학원사태에 대한 공동성명 발표
1980. 4. 13	성균관대	군대교육 반대 유인물 배포
1980. 4. 19	서강대	서강대생 150여 명 병영집체훈련 전면 폐지를 요구하며 농성
1980. 4. 22	숭전대, 한양대	학원민주화 시위
1980. 4. 23	서울대	서울 농대생들이 어용교수 퇴진을 요구하며 농성
1980. 4. 24	서울 소재 대학 교수	서울시내 종합대학 교수 361명 '최근 학원사태에 관한 성명서' 발표. 학원민주화의 시급성 지적
1980. 4. 24	서울대, 성균관대, 서강대, 항공대	서울대 총대위원회 병영집체훈련 거부, 성균관대·서강대 1학년생 병영집체훈련 거부, 항공대 학원민주화 요구 농성

일자	대학	시위내용
1980. 4. 28	서울대, 국민대	서울대 농대생 300여 명이 어용교수 퇴진을 요구하며 본관건물 점거농성. 서울대 학생운영위 병영집체훈련 무기한 연기 결의. 국민대 학원민주화 농성
1980. 4. 29	건국대	건국대생 20여 명 이사진 전원 사퇴 요구하며 농성

출처: 이하 제1장에 제시된 〈표〉의 내용은 『조선일보』; 『동아일보』; 한국기독교사회문제연구원 편, 1983; 『암흑 속의 햇불』 4; 민주화운동기념사업회 연구소 편, 2006 등을 참조하여 작성한 것임.

야당세력 통합 실패와 신군부의 정권장악 추진

집권세력의 반동적 회귀 조짐은 신군부가 장악한 계엄사령부와 신현확 국무총리가 일련의 구체제 옹호 발언을 하면서 뚜렷하게 드러나기 시작했다. 12·12군사반란 이후 계엄사령부는 2월 9일 정치발전이 국가안보태세를 약화시키는 결과를 초래해서는 안 된다고 언급하며, "현존 사회질서를 어기는 무분별한 행동은 결코 용납될 수 없다"라고 강조했다.(『조선일보』 1980년 2월 10일자) 한편, 신현확은 3월 11일 일본 『산케이신문』과의 단독회견에서 급속한 민주화는 사회혼란을 초래하므로 단계적으로 추진할 것이라고 언급하고, '유신체제'를 놓고 "국방력의 충실, 경제발전을 위해 필요한 것이었다"라고 평가했다.(『조선일보』 1980년 3월 13일자) 다음 날 그는 해외공관장회의에 참석하여 안보를 우선시해야 한다고 다시 강조했다.

야당은 신현확의 발언에 대해 강력히 반발했다. 신민당 총재 김영삼은 3월 13일 확대간부회의를 열고 대정부투쟁을 강력하게 벌이겠다는 입장을 밝혔고, 김대중계도 같은 입장을 취했다. 언론에서는 신현확을 비롯한 과도정부 핵심 세력이 유신체제를 옹호하는 발언을 하여 대통령 후보문제를 둘러싼 김영삼·김대중 양 세력 간의 갈등은 소강상태에 접어들었다고 분석했다.(『동아일보』 1980년 3월 14일자) 신민당은 15일 민주화촉진 궐기대회를 개최하고, 정부에서 제기하는 이원집정부제 구상과 유신체제 옹호 발언 등을 비판하며 대정부 공세수위를 높여갔다.(『동아일보』 1980년 3월 17일자)

그럼에도 '당권파'(김영삼계)와 '비당권파'(김대중계)의 갈등은 근본적으로 해소되지 않았다. 그 결과, 남원·이리·고창 등 지구당 개편대회에서 크고 작은 충돌과 폭력사태가 끊이지 않았다. 3월 19일 남원지구당 개편대회의 경우, "전라도민은 똘똘 뭉쳐 김대중 선생을 대통령 후보로 밀어야 한다"와 같은 지역주의를 조장하는 원색적인 선동연설이 행해질 정도였다. 결국 3월 21일 구미와 김천 지구당 개편대회 와중에 양측이 충돌하여 40여 명이 중경상을 입는 유혈극이 발생했다.(『동아일보』 1980년 3월 21일자)

신민당은 지구당 개편대회에서 발생한 폭력사태의 책임을 물어 지구당 위원장을 제명했다. 김대중도 후보단일화를 위해 최선을 다하고 있다는 입장을 밝히기도 했으나, 끝내 통합을 이루지는 못했다. 4월 7일 김대중은 신민당 입당포기를 선언했다. 김대중은 현 시국이 범민주권 통합을 이루어야 하는데, 신민당이 재야인사를 영입하는 데 소극적이어서* 입당을 포기한다고 설명했다.(『동아일보』 1980년 4월 7일자; 김삼웅 편저, 2001, 159~160쪽) '민주통일국민연합' 집행위원회는 4월 10일 모임을 갖고 김대중의 신민당 입당포기를 지지한다는 입장을 표명했다. '민주통일국민연

---

* 재야인사 영입 절충점과 관련하여 당권파와 비당권파의 해석은 판이하게 달랐다. 당권파는 이들이 당초 김대중계의 요구대로 100여 명까지 받아들이기로 했고, 이들에 대한 자격심사를 하자는 것도 "김 씨 측에서 먼저 했었다"라고 설명하며, 김대중의 입당포기 선언을 납득할 수 없다고 했다. 반면, 비당권파는 재야인사 영입 인원을 100여 명으로 한정하려는 것은 신민당이 재야인사 영입을 달갑지 않게 여기는 것이라고 주장했다.(『동아일보』 1980년 4월 7일자) 김대중의 입당포기 선언은 100여 명 정도의 재야인사 영입으로는 세력균형에 큰 변화를 가져오지 못한다는 점과, 제도권에 들어가기보다 정면투쟁을 통해 국민의 심판을 받는 것이 낫다는 입장을 취해온 재야강경파들의 입장을 고려한 선택으로 판단된다.

합'은 대통령 후보 개인을 지지하는 것이 아니라, 정체상태에 있는 '민주통일국민연합'이 다시 활기를 가져올 수 있는 계기로서 환영한다고 밝혔다.(『동아일보』 1980년 4월 11일자)

야당세력이 '정권교체와 집권'에 관심을 쏟으며 갈등하고 통합을 이루지 못할 때,* 신군부세력은 정권을 장악하기 위한 준비를 착실히 했다. 『뉴스위크』지는 전두환을 비롯한 군부 강경파들이 1981년 민주적 방식에 따라 구성되는 정부를 지지할 것이라는 약속을 하여 정가를 고무시키고 있다는 내용의 보도기사를 내기도 했으나(『조선일보』 1980년 4월 11일자), 군부 강경파들은 이미 다른 길을 가고 있었다. 1980년 2월 신군부는 학원 개학에 앞서 주요 부대에 소요와 폭동에 대비한 폭동진압훈련을 마치도록 했다.(박만규, 2003, 212~215쪽) 3월 6일에는 노태우 수도경비사령관의 소집으로 공수부대장들과 치안본부장, 서울시경국장이 참석하여 수도권의 소요사태에 대한 대비태세를 점검했다. 이 회의에서는 문제 학생과 교수를 사회로부터 격리하고, 군을 투입할 경우에는 강경한 방식을 취할 필요가 있다는 결론을 내렸다.(재향군인회 편, 1997, 218~219쪽)

1980년 4월 14일 전두환 보안사령관이 공석 중이던 중앙정보부장서리에 취임했다. 이로써 그는 국무회의에 참여할 수 있는 공식권한을 확보했다.** 이미 군을 장악하고 있던 전두환은 중앙정보부장서리에 취임함으로써 정국을 주도하며 집권을 본격적으로 추진해갈 기반을 마련한 것이다.(재향군인회 편, 1997, 223쪽) 전두환을 중심으로 한 신군부 핵심에서는 이미

* 신민당과 공화당 양당 모두 당내 통합을 이루지 못하고 혼란을 거듭했다. 신민당은 언급한 바와 같이 김영삼계와 김대중계의 갈등이 있었고, 공화당은 이후락 등 부정·부패 의원 출당과 당내 정풍을 요구하는 정풍파 의원들의 공세로 혼란을 거듭하고 있었다.(『조선일보』 1980년 3월 21일자)
** 전두환의 중앙정보부장서리 취임은 해외로부터도 비상한 관심을 끌었다. 일본 언론들도 전두환의 중앙정보부장서리 취임을 크게 보도하며, 이는 전두환이 현직 군인으로서 대통령의 중요 정책 결정에 참여할 수 있게 되었고, 군부에 의한 중앙정보부 관리가 노골화될 것임을 의미한다고 해석했다.(『동아일보』 1980년 4월 15일자)

3월부터 이른바 'K-공작계획'이라고 불리는 정권장악 계획을 추진했다.*

4월 30일 계엄사령부는 전군지휘관회의를 개최하고, 노동문제, 학원소요, 일부 정치인의 정치집회에 대해 단호히 대처할 것을 결의했다. 기존까지 자신의 입장을 드러내지 않았던 신군부가 전면에 나서기 시작한 것이다. 계엄철폐, 전두환 퇴진 등의 구호가 대학가에서 터져 나오기 시작하자, 5월 초 보안사령부 참모들로 구성된 기획팀은 '계엄 전국 확대' '국가보위비상대책위원회 설치' 등 권력장악 '시나리오'를 작성했다.(조선일보사 편, 1999, 202~205쪽) 이른바 '시국수습방안'으로 불리는 '시나리오'의 주요 내용은 대학가의 시위를 진압하기 위한 계엄 전국 확대, 소극적인 내각을 통제하기 위한 비상기구 설치, 계엄해제를 요구할 가능성이 있는 국회의 해산 등이었다.(재향군인회 편, 1997, 225쪽)

전두환의 중앙정보부장서리 취임, 신현확 국무총리의 정부 주도 개헌 발언 등이 잇따라 터져 나오자, 정계와 민주화운동세력은 대통령 선거와 정권교체라는 사안에서 한발 물러나 민주화가 위협받는 현실에 주목하기 시작했다. 서울대 총학생회는 4월 16일 "현 시국에 대한 토론과 성토"라는 주제로 시국토론회를 개최했다. 2,000여 명의 학생들이 참석한 이 토론회에서 학생들은 계엄 즉각 해제, 정부 주도의 개헌작업 중단, 언론자유 보장 등을 요구했다.(『조선일보』 1980년 4월 17일자) 한편, 김대중도 유신세력이 반민주화를 위한 음모를 획책하고 있다고 주의를 환기시켰다. 그는 "근거 없는 낙관론으로 일관하다 반년을 허송하여 유신세력으로 하여금 반격에 나설 수 있는 여유를 주게" 되었으며, 그 결과 시국을 '안개정국'으로 만들게 되었다고 때늦은 반성을 했다.(『조선일보』 1980년 4월 25일자)

---

* 권정달은 K-공작계획이란 신군부만이 유일한 대안임을 여론에 주입시켜 집권기반을 다지기 위한 계획이었다고 증언했다.(조선일보사 편, 1999, 197~198쪽)

4
민중투쟁의 확산과
학생들의 계엄철폐투쟁

사회경제 현실과 노동자 생존권투쟁 확산

1980년이 되면서 서민생활은 더욱 힘들어졌다. 1월에 환율, 금리, 정유와 공산품 가격 등이 매우 큰 폭으로 올랐다. 도매물가가 2월 한 달 동안에만 14.9%나 상승했다. 이는 1955년 1월의 17.7% 상승 이후 가장 높은 상승률이었다. 민생대책의 부재 속에 이루어진 물가상승은 곧 서민생활의 악화를 의미했다. 이러한 서민의 처지와 달리 대기업과 정유회사들은 금리인상과 석유가격인상으로 특혜를 보고 있다는 비판을 받았다.(『동아일보』 1980년 2월 6일자)

이를 바탕으로 신규 노조 건설과 기존 노조 민주화, 임금 및 근로조건 개선, 체불임금 지급, 휴·폐업 반대, 해고노동자들의 복직을 위한 투쟁 등 광범위한 영역에 걸쳐 노동운동이 급격히 분출했다. 1980년에 들어서부터 같은 해 4월 말까지 809건에 달하는 노사분규가 발생했다.* 이는 1979년 1년 동안 발생한 총 105건의 노사분규 건수와 크게 대비되었다.

10년 동안 노조결성이 사실상 금지되었던 마산수출자유지역에서 처음으로 노조가 결성되었다. 일본인 기업체인 북룡주식회사 노동자 150여 명은 1980년 3월 31일 연합노조 경남지부 수출자유지역 북룡분회를 결성했다.(『조선일보』 1980년 4월 2일자) 마산지역의 일본 기업들은 노동자들의 노조결성을 방해하기 위해 휴업했다. 노총 경남협의회는 1979년에만 2,300여만 원의 흑자를 내고 6년 동안 과실果實 송금액이 총 투자액의 배가 되는 북룡기업이 휴업을 단행한 것은 이해할 수 없는 조치라고 하면서, 종업원들에게 3년 동안의 생계비를 지급해줄 것을 요구했다.(『조선일보』 1980년 4월 17일자)

청계피복지구 연합노조 노동자 160여 명은 임금인상, 상여금 지급, 최저생활 보장 등을 요구하며 4월 9일 밤부터 농성을 벌였다. 농성 노동자들은 4월 8일 "노동자는 기계가 아니다. 무엇이 우리를 분노케 하는가"라는 제목의 성명서에서 불황을 구실로 최저 생존을 위한 임금 지불을 묵살하는 사업주의 처사를 더 이상 묵과할 수 없다고 밝혔다.(김삼웅 편저, 2001, 458~459쪽) 청계피복지구 노동자들은 16인 미만의 영세업체에서 일하고 있어 퇴직금, 근로시간 등 근로기준법상의 혜택을 거의 받지 못했다. 4월 12일 농성을 벌이던 청계피복지구 노동자들은 다른 노동자들과 합세하여 노동청과 사업주 측의 무성의를 비난하면서 가두시위에 나섰다가 경찰과 충돌했다. 이어 4월 14일에는 전태일 추모식을 갖고 가두시위를 전개했다. 청계피복지구 노동자들의 투쟁은 17일 노사 양측이 노동청 조정안을 받아들이기로 합의함으로써 일단락되었다. 청계피복지구 노동자들 이외에도 민영탄광 광부, 금융노총, 진해화학지부 조합원 등이 임금인상투쟁을 벌였다.(『동아일보』 1980년 4월 19일자)

● 『동아일보』 1980년 5월 2일자. 노사분규 발생의 압도적 요인은 체불임금이었고, 그다음 요인이 임금인상, 휴·폐업 반대 등이었다.(『조선일보』 1980년 4월 25일자)

4월 21일 이른바 '사북항쟁'이 발생했다. 강원도 정선의 동원탄광 광부 3,500여 명이 "어용노조 지부장 사퇴" "임금인상" 등을 요구하며 시위를 벌였다. 이 시기 대부분의 탄광노동자들은 매우 열악한 작업환경에서 고된 노역을 하는데도 생계비에도 못 미치는 임금을 받았다. 반면, 민영 탄광업자들은 임금인상 요구를 빌미로 정부에 탄값 인상을 요구한 뒤 이를 실제 임금인상에 반영하지 않았다. 또한 기업주들은 정부보조금 등 다양한 특혜를 누리며 부를 축적했다.

4월 21일 동원탄광 광부들의 시위를 감시하다 발각된 경찰이 차량을 몰고 달아나다가 시위대를 치었다. 하지만 경찰은 그대로 달아났고, 이에 시위는 걷잡을 수 없는 격렬한 양상으로 전개되었다.* 거액의 노조비를 착복하는 어용노조, 억압적 태도로 일관하며 사업주만을 옹호해온 공권력 등에 대한 분노가 일거에 표출되었던 것이다. 시위대와 진압경찰은 사망자(경찰)가 발생할 정도로 크게 충돌했지만, 강원도지사의 중재로 광부대표와 노조 대표가 합의를 보며 사태를 원만하게 수습해나갔다.

한편, 노동자들의 시위도 격렬해져갔다. 4월 25일과 26일 서울 구로구 오류동 소재 일신제강 종업원 500여 명이 농성을 벌였고, 일신제철, 국제실업, 동양나일론 울산공장 등 전국에서 분규가 진행되었다. 원진레이온 노동자 50여 명도 28일부터 농성에 돌입했다. 부산 동강제철 노동자 1,000여 명은 4월 29일 임금인상, 상여금인상을 요구하며 농성을 벌이다 진압경찰과 충돌했다. 흥분한 노동자들은 시위 도중에 경리부 등 회사 사무실에 불을 질렀다.(『동아일보』 1980년 4월 30일자)

'사북항쟁'의 폭력적 양상을 집중 보도했던 언론은 노동자들의 시위에

---

* 사북사건의 세부적인 양상에 대해서는 진실·화해를위한과거사정리위원회 편, 2008 「'80년 사북사건」 『2008년 상반기 조사보고서』 3; 탁경명, 2007 『80년 4월의 사북 — 사북사태와 그후』, 강원일보사 등을 참조.

대해서도 과격성을 크게 부각시켰다. 학생들은 노동자들의 시위가 과열되자 언론이 단순히 결과만을 보고 폭동 내지 난동으로 보도하고 있다고 비판했다.(『조선일보』 1980년 5월 2일자)*

앞서 언급했듯이, 계엄사령부는 4월 30일 사회혼란을 초래하는 요소에 대해 국가안보 차원에서 단호한 조치를 취할 것임을 밝혔다. 치안본부도 노동운동에 강경 대응하겠다는 입장을 밝혔다. 치안본부는 사북 동원탄좌, 동북제강 부산제강소, 인천제철, 원진레이온 분규 관련자들을 '난동자'로 규정하고 수사에 착수했다.(『조선일보』 1980년 5월 3일자) 5월 6일에는 '사북항쟁'에 대한 군·검·경 합동수사단이 협상타결과 상관없이 미리 분류한 '난동 주동자'들을 본격적으로 체포했다. 피의자들은 영장도 없이 강제연행을 당했고, 수사과정에서도 반인륜적인 고문을 당했다.(진실·화해를위한과거사정리위원회 편, 2008, 215~216쪽) 신군부는 '사북항쟁' 이래 노동자들의 생존권투쟁을 폭력적 사회혼란 요인으로 규정하며, 전면적인 사회개입의 명분으로 삼았다.

학생들의 계엄철폐투쟁과 '서울역 회군'

1979년 말 학생들이 학원민주화투쟁에만 집중하고, 사회민주화문제에 대해서 방관했던 것은 아니다. 집권세력이 유신체제를 유지하려는 움직임을 보이자 학생들은 유신잔재철폐를 주창했다. 비록 학생운동의 중심은 학원민주화에 있었지만, 학생들은 11월 말부터 유신체제 해체와 군의 엄정 중

---

* 1980년 4월 동아·조선 자유언론투쟁위원회가 '언론'이 여전히 '유신언론'의 작태에 빠져 반민중적 입장에서 여론을 호도하고 있다고 질타한 사실도 주목할 필요가 있다.(김삼웅 편저, 2001, 294~303쪽)

립 등을 지적하고 있었다. 고려대생들은 11월 26일 학원민주화에 대한 강조와 함께 유신체제를 유지하려는 기도를 절대 용납하지 않겠다는 입장을 담은 선언문을 발표했다. 이들은 "YH사태, 부산·마산 민중봉기, 10·26정변 등으로 그 허구성이 확연히 드러난 유신체제는 더 이상 연장될 수 없으며, 이를 유지하려는 어떠한 대내외적인 기도도 용인하지 않을 것"이라고 천명했다.(『1970년대 민주화운동』 5, 1941쪽) 11월 30일 전남대생 2,000여 명이 조기개헌과 군의 중립을 외치며 시위를 벌였고, 전북대 학생 1,500여 명도 12월 5일 "민주학생선언"을 뿌리고, 유신잔당 퇴진, 통대선거 반대, 거국내각 구성들을 주장하며 시위를 전개했다.

1980년 4월까지 학생운동은 학원민주화투쟁을 중심으로 전개되었지만, 당시 학생운동권 모두가 학원민주화투쟁 집중에 동의한 것은 아니었다. 12·12군사반란 이후 유신세력의 재등장이 확연해지면서, 학생들은 투쟁방법론을 놓고 크게 두 입장으로 갈렸다. 즉, 학생 대중의 정치의식과 투쟁역량을 고양시키는 데 주력해야 한다는 입장('단계적 투쟁론')과, 적극적인 대중집회와 가두시위를 벌여 유신세력의 재집권 음모를 폭로해야 한다는 입장('전면적 투쟁론')이 그것이었다.(일송정 편집부 편, 1988, 14~15쪽)

1980년 4월 이후 유신세력의 재집권 음모가 노골화되고, '사북항쟁'과 노동운동이 고조되면서 학생운동 내에서 전면적 반독재투쟁을 주창하는 이들이 힘을 받았다. 1980년 2월 29일 복권조치를 계기로 대거 학교로 복귀한 복학생들* 중 '민주통일국민연합'의 행동주의파와 입장을 같이한 학생들이 '전면적 투쟁론'을 제기했다.(조희연, 1988, 131~132쪽) 이들은 학

---

* 이미 1980년 1월 22, 23일 각 대학에서는 유신시대 학원민주화운동을 전개하고 긴급조치로 제적된 학생들을 복학시키기로 결정했다. 복학 통지를 받은 학생 수는 서울대 296명, 고려대 84명, 연세대 56명, 경북대 34명, 서강대 27명, 이화여대 14명 등이다.(민주화운동기념사업회 연구소 편, 2006, 375쪽) 2월 29일 정부는 유신반대투쟁을 전개하다 처벌을 받은 정치인·종교인·학생·교직자·언론인 등 총 687명에 대한 일반·특별 복권을 단행했다.

생 대중조직에 대한 영향력과 실질적 집행력이 부재했지만, 신군부의 전면화와 사회투쟁의 고조를 배경으로 학생회 집행부에 정치투쟁으로 전환할 것을 강력하게 요구했다. 5월로 접어들며 각 대학에서 "계엄철폐"를 본격적으로 외치고 이를 위한 민주화대행진을 전개한 것도 이들의 문제제기가 반영된 결과였다.*

계엄철폐를 요구하는 목소리는 이미 4월부터 제기되었다. 4월 16일에는 서울대 학생들이, 4월 30일에는 고려대 학생들이 계엄철폐를 요구하는 내용의 결의문을 발표했다. 그러나 5월에 접어들면서 학생운동의 방향이 계엄철폐투쟁으로 전환하고, 학생들은 계엄철폐와 민주화 달성을 위한 행동투쟁을 적극적으로 전개하기 시작했다. 투쟁의 양상도 교내에서 성토와 농성을 벌이는 차원에서 벗어나 교문 밖 진출을 시도하기 시작했다. 5월 1일 서울대 긴급조치 위반 복교생 300여 명은 '민주화를 위한 시국성토대회'를 개최하고, 비상계엄 즉각 해제를 요구했다. 성토대회를 마친 시위대는 1,500여 명으로 불어났고, 교문에서 경찰과 대치했다. 성균관대생 1,500여 명도 입영훈련을 거부한 1학년생들에게 징병검사 영장을 발부한 것에 크게 반발하고, "영장철회" "계엄해제"를 외치며 교문 앞까지 진출하여 경찰과 투석전을 벌였다.(『조선일보』 1980년 5월 2일자)

서울과 지방의 각 대학가에서는 5월 2~3일을 기해 일제히 시국선언문을 발표하고, 5월 초순을 민주화투쟁 기간으로 정해 교내에서 계엄해제와 민주화 일정 촉진을 요구하는 시위와 강연 행사 등을 벌였다. 각 대학의 학생들은 "유신잔당 퇴진" "계엄해제" "과도정부 금년 내 종식과 민간정부

---

* 고려대에서는 전면적 투쟁론의 입장을 지닌 복학생 그룹이 5월 2일 석탑축제 전야제에서 시위를 전개하며 분위기를 반전시켰다.(고려대학교 100년사 편찬위원회 편, 2005, 258쪽) 서울대 학생들이 병영입소 거부에서 계엄철폐로 전환한 것은 복학생들의 강한 압력이 적지 않은 영향을 미쳤다고 한다.(신준영, 1990, 173쪽)

출범" "노동3권 보장" 등의 구호를 외쳤다. 학생들의 정치투쟁 확산은 그 동안 혼란상태에 있었던 제도권 정당을 비롯한 각계각층에 강력한 자극제 가 되었다.

서울대에서는 5월 2일 1만여 명의 학생들이 모여 학생총회를 개최했 다. 이날 1학년생들은 입영훈련에 참가하고, 나머지 학년의 학생들과 복학 생들은 철야농성에 들어가기로 결의한 뒤 교내에서 '민주화대행진'을 가 졌다. 학생들은 "비상계엄을 해제하라"라는 플래카드를 들고 교문까지 행 진을 벌였다. 이날 서울대 학생들은 전두환을 '유신잔당의 수괴'로 지칭하 면서, 모든 '반동적 야욕'을 포기하고 즉각 공직에서 사퇴할 것을 요구했 다.(김삼웅 편저, 2001, 385~387쪽) 같은 날 성균관대생 1,500여 명은 비상 학생총회 명의로 비상계엄 즉각 해제를 요구하는 내용의 성명서를 발표하 고 시위를 벌였다. 이들은 경찰과 투석전을 벌이며 가두진출을 시도했다. 충남대생 3,000여 명도 학원민주화와 계엄 즉각 해제를 요구하며 역시 가 두진출을 시도했다.

5월 2일에도 "계엄해제" "유신잔재 청산" "과도기간 단축" 등을 요구 하는 학생들의 시위가 이어졌다. 서울대생 3,000여 명, 고려대생 1,500여 명이 2일 저녁부터 밤새워 시위를 전개했다. 이외에도 전북대, 경북대 학 생들이 시위를 벌였다. 특히 전북대 학생들은 경찰과 투석전을 벌이는 시 위를 전개한 후, 다시 시내에서 연좌농성을 벌이며 경찰과 대치하기까지 했다.(『동아일보』 1980년 5월 3일자)

연세대 학생들은 '민주화 큰잔치'라는 이름으로 6일부터 민주화대행 진을 전개했다. 연세대생들은 비상학생총회를 개최하여 그간 근거 없는 '낙관론'에 빠져 유신세력을 가볍게 본 태도를 강하게 비판하고, 모든 역량 을 "비상계엄해제" "전두환 퇴진" "구속인사 석방"에 기울여야 한다는 내 용의 성명서를 발표했다.(김삼웅 편저, 2001, 403~406쪽) 비상총회에 참석한 6,000여 명 중 1,000여 명이 교문까지 진출하여 경찰과 대치했다. 일부 학생들은 도서관에서 철야농성을 벌였다.

한국외국어대 학생 1,500여 명도 민주화촉진대회를 개최했고, 이화여대 학생 1,500여 명도 5월을 '민주화투쟁의 달'로 삼고 첫날인 6일 시국성토대회를 가졌다. 같은 날 동국대 학생들도 '민주화를 위한 학원대회'를 개최하고 철야농성을 벌였다. 이외에도 한신대, 전북대, 충남대 학생들이 농성을 계속했다. 시위는 전국 대학으로 확산되었다.

이와 같이 대학생들은 '민주화대행진' '민주화투쟁의 달' '민주화실천주간' '민주혁명운동기간' 등을 설정하고 단계적이며 조직적으로 운동을 전개하기 시작했다.(『동아일보』 1980년 5월 7일자) 계엄철폐를 외치는 전국 학생들의 시위 흐름은 5월 10일까지 그대로 이어졌다. 이 와중에 각 대학의 교수들도 계엄해제와 민주화를 위한 시국선언을 연이어 발표했다. 5월 7일 연세대, 외국어대 교수들이 계엄해제를 촉구하는 시국선언을 발표한 이후 각 대학의 교수들이 비상계엄 조기해제와 학원민주화를 요구하는 내용의 시국선언문을 연이어 발표했다. 대학교수들의 시국선언을 정리하면 다음의 〈표2〉와 같다.

5월 중순에 들어서면서 학생들은 그동안 자제해오던 도심에서의 시위를 전개했다. 전국 23개 대학 총학생회장들이 5월 9일 오후부터 10일 새벽까지 고려대 학생회관에 모여 시국, 학원, 언론 등 현안문제를 논의한 뒤 성명서를 발표했다. 학생회장단은 당분간 비폭력적인 방법으로 교내시위를 전개하겠다는 입장을 밝혔다. 학생들은 비상계엄이 존속할 이유가 없다고 주장하고, 중선거구제 개헌구상을 비판했다. 또한 사북 탄광노동자들의 정당한 투쟁을 '난동'으로 몰아가고 있다고 언론을 비판했다.(『동아일보』 1980년 5월 10일자) 5월 11일에 개최된 전국 대학 학생회장단 회의는 교외시위 자제를 다시 한번 확인했다. 즉, 5월 11일 오후부터 12일 새벽까

표2 각 대학 교수들의 민주화를 위한 시국선언 발표

일자	대학	시위내용
1980. 5. 7	외국어대, 연세대	외국어대 교수, 계엄해제와 민주화 촉구 성명서 발표 연세대 교수 531명, "민주화를 위한 교수선언문" 채택
1980. 5. 8	이화여대	이화여대 교수 300여 명, 계엄해제와 민주화를 위한 선언문 발표
1980. 5. 9	중앙대	중앙대 교수 250명, "민주화를 위한 시국선언" 발표
1980. 5. 9	한신대	한국신학대 교수 16명, 계엄해제를 요구하는 결의문 발표
1980. 5. 10	동국대	동국대 교수 198명, 시국선언문 발표
1980. 5. 12	인하대	인하대 교수 140여 명, 교수협의회 결성 후 언론자유를 요구하는 시국선언문 발표
1980. 5. 12	고려대	고려대 교수 236명, 교수협의회 발족 후 성명서 발표
1980. 5. 13	전남대	전남대 교수협의회 구잔재 청산을 요구하는 시국선언문 발표
1980. 5. 13	부산대	부산대 교수 300여 명, 시국성명서 발표

지 전국 26개 대학 학생회장단이 서울대에서 회합을 가졌는데, 이 회합에서도 회장단은 '교외시위 자제' 입장을 밝혔다. 회장단은 당시 유포되었던 군부쿠데타 설에 대해 "군부에 빌미를 주어서는 안 된다"라는 데 의견을 모았다.(일송정 편집부 편, 1988, 11~20쪽) 그러나 이러한 결정과 상관없이 13일부터 연세대를 주축으로 하는 6개 대학 학생 3,000여 명이 종로 등 시내 중심가에서 가두시위를 벌였다.

가두시위 유보 입장을 취했던 전국 학생회장단이 13일 밤 고려대 학생회관에 다시 모였다. 이 모임에 참석한 전국 27개 대학 총학생회장들은 격렬한 토론을 벌인 후 "우리의 평화적 교내시위는 이제 끝났다. 교문을 박차고 나가 싸울 것이다"라고 결의했다.(『동아일보』1980년 5월 14일자)

5월 14일과 15일 전국의 대학생들은 대대적인 연합가두시위를 전개했다. 언론의 추계에 따르면, 14일 서울시내 21개 대학 소속 7만여 명의 학생들이 가두로 진출했고, 지방에서는 3만여 명의 학생들이 거리로 나와 가두시위를 전개했다. 낮부터 교문을 나온 서울지역 대학생들은 내리는 비를

서울역 앞에서 비상계엄철폐를 요구하는 서울시내 대학생들의 연합시위 광경

무릅쓰고 밤 10시까지 광화문, 종로, 시청, 서울역, 영등포 등 도심에서 시위를 전개했다.

　15일에는 서울의 35개 대학과 지방의 24개 대학에서 나온 학생들 수만 명이 전국 주요 도시의 거리를 메웠다. 이날 학계·언론계·법조계·종교계·문단의 지식인 134명도 시국선언을 발표했다. 이들은 선언서에서 민주화와 생존을 위한 학생·노동자들의 투쟁이 전국으로 확산되어가는 것은 "민주 발전을 저해하는 비상계엄의 장기화로 빚어진 필연적인 사태"라면서, 비상계엄령을 즉각 해제할 것을 요구했다.(김삼웅 편저, 2001, 324쪽)

　서울의 경우 학생들이 서울역과 남대문 사이에 집결하여 일부는 경찰의 시청 앞 저지선을 뚫기 위해 격렬한 공방전을 벌였고, 나머지 대다수는 서울역 앞 광장에 연좌하여 계엄철폐, 신현확과 전두환의 퇴진 등을 요구하며 농성을 벌였다. 이날 언론은 서울역에 집결한 학생 수가 최고 7만여 명에 달했다고 추산했다.

하지만 당시 서울역에 모인 학생들을 지도할 수 있는 역량을 가진 집단은 없었다. 서울역에 모인 학생들의 생각은 군인들이 개입하면 막는다는 것이 전부였고, 현장지도부에게도 구체적인 계획은 부재했다. 학생회장단은 농성 몇 시간 만에 내무부장관과 전화 통화를 하여 학교로 안전히 귀환하는 것을 보장받는 선에서 타협을 보고, 학생들을 설득하여 각 대학으로 돌아가게 했다. 고려대 총학생회장 등이 철수반대 입장을 내놓기도 했지만, 회장단의 철수 결정을 뒤집지는 못했다.(고려대학교민주동우회 편, 2008, 429쪽)

학생들은 대규모 가두시위를 전개했지만 시민들이 시위에 결합하지는 않았다. 학생들은 이를 보고 이는 시국의 엄중함에 대한 무지에서 비롯된 것으로 판단했다. 따라서 학생들은 시위보다 대국민 홍보가 더욱 중요하다고 보았다. 이들은 15일 밤부터 16일 아침에 걸쳐 가졌던 서울지역 총학생회 회장단회의에서 가두시위를 중지하고 정상수업을 받으면서 대국민 홍보를 계속한다는 방침을 결의했다.

서울역 회군과 서울지역 총학생회 회장단회의 결정과 상관없이 5월 16일 전남지역의 대학들을 중심으로 일부 대학들이 가두시위를 전개했다. 16일 저녁부터 17일 오후까지 이화여대에서 전국 55개 대학 학생 대표 95명이 '제1회 전국 대학 총학생회장단회의'를 개최했다. 이들은 5월 22일까지 비상계엄해제, 연내 정권이양을 위한 정치일정의 조속한 천명 등을 요구하고, 이러한 요구들이 관철되지 않을 때는 행동을 취하기로 결의했다. 대학생들의 사회민주화운동을 정리하면 다음의 〈표3〉과 같다.

학생들의 계엄철폐투쟁이 고조되면서 극소수 극우 강경파를 제외한 모든 세력이 계엄해제와 민주화로의 이행을 위한 정치일정을 조속히 밟아갈 것을 요구했다. 신민당은 5월 14일 소속 의원 전원의 이름으로 "비상계엄해제 촉구안"을 국회에 제출했다. 16일에는 김영삼과 김대중이 정국수

표3 1980년 대학생들의 계엄철폐·민주화 요구투쟁

일자	대학	시위내용
1980. 4. 16	서울대, 세종대	총학생회 주최로 서울대생 2,000여 명이 시국토론회 개최. 계엄 즉각 해제를 요구하는 결의문 채택. 세종대생, 학원정상화 청원서 문교부에 제출
1980. 4. 30	고려대	고려대 총학생회, 제1차 민주화공개토론회 직후 계엄령 해제와 병영집체훈련 거부 등을 요구하는 결의문 발표
1980. 5. 1	성균관대, 서울대	성균관대생 1,500여 명이 집체훈련 영장철회와 계엄해제 등을 요구하며 가두진출 시도. 10·26 이후 학생과 경찰이 처음으로 충돌. 서울대, 긴급조치 위반 복교생 300여 명 주도 아래 시국성토대회 개최. 비상계엄 즉각 해제, 이원집정부제 구상 철회 결의
1980. 5. 2	서울대, 고려대, 성균관대, 전북대	서울대생 1만여 명이 '민주화대총회' 개최, 계엄해제 요구, 이 중 2,000여 명이 철야시위. 고려대생 1,000여 명이 저녁 8시 시위, 계엄철폐·정치일정 단축 등을 요구, 이 중 300여 명은 철야농성. 성균관대생들은 1일에 이어 2일에도 1,500여 명이 시위. 전북대 800여 명이 가두시위, 36명 연행
1980. 5. 2	서울대	'제3차 민주화대총회' 개최. 계엄연장을 근로자와 학생에게 전가하는 것을 비판
1980. 5. 5	고려대	축제기간 시위를 벌여온 고려대생 1,000여 명이 강당에 모여 사회민주화투쟁 전개의 결의를 밝히는 시국선언문 발표
1980. 5. 6	외국어대, 숭전대, 연세대, 한국신학대, 이화여대, 동국대, 전북대, 충남대, 충북대, 조선대	연휴 이후 각 대학에서 민주화와 비상계엄철폐를 요구하는 시위 확산
1980. 5. 8	국민대, 숙명여대, 동국대, 홍익대, 인하대, 서울대	비상계엄철폐 요구. 숙명여대생들이 해고된 여성근로자 복직 요구. 숙명여대 교수 80여 명이 학원민주화와 관련한 결의문 발표
1980. 5. 9	서울대, 한신대, 외국어대, 연세대, 고려대, 이화여대, 숙명여대, 건국대, 단국대, 조선대, 전남대, 경북대	계엄철폐, 노동3권 보장 등을 요구하며 시위 전개. 연세대는 민주화투쟁선언문 발표
1980. 5. 10	전국 총학생회장단	전국 23개 대학 총학생회장, 9일 오후 5시부터 10일 오전 4시까지 11시간 동안 고려대 학생회관에서 모임 개최. 비상계엄의 존속 근거가 없다고 주장. 비폭력 교내시위 전개 천명
1980. 5. 13	전국 총학생회장단	전국 27개 대학의 학생들이 13일 10시 고려대 학생회관에서 가두진출 여부를 놓고 토론, 가두시위 결정
1980. 5. 13	연세대, 서강대, 고려대, 이화여대	연세대생·서강대생들이 주축이 된 서울시내 6개 대학 2,500여 명이 세종로 일대에서 가두시위. 고려대생 3,000여 명, 교내 횃불시위. 이화여대생 2,300여 명, 연좌데모. 성균관대생 1,000여 명, 연좌농성
1980. 5. 14	전국 32개 대학	서울시내 21개 대학 7만여 명과 지방 11개 대학 3만여 명, 계엄철폐 가두시위

일자	대학	시위내용
1980. 5. 15	전국 59개 대학	서울 35개 대학, 지방 24개 대학에서 나온 수만 명이 이틀째 가두시위 전개. 5만여 명(경찰 추산), 서울역 운집
1980. 5. 16	서울지역 총학생회장단	서울시내 대학 총학생회장단 16일 새벽 가두시위 자제 결의
1980. 5. 16	고려대, 전남 광주시내 9개대학, 수원지역 대학	고려대생 2,000여 명, 수유리 4·19기념탑까지 침묵시위. 전남대·조선대·광주교대 등 9개 대학 2만여 명, 도청 앞 시국성토대회 이후 횃불가두시위. 서울대 농대·수의대, 아주공대, 경희대 수원캠퍼스, 수원공업전문대학, 장안실업전문대학 등 수원지역 6개 대학 3,500여 명, 1시간여 가두시위. 충남대·목원대 3,000여 명, 가두시위. 단국대학교 천안캠퍼스 300여 명, 가두시위

습대책을 논의하고 "비상계엄령 즉시 해제" "모든 정치범 석방 복권" "정치일정 연내 완결 확정" 등의 내용을 담은 6개 항의 시국수습대책을 공동 발표했다. 같은 날 공화당조차도 정치일정을 단축하고 계엄해제 시점을 명확히 해야 한다는 입장을 밝혔다.(『동아일보』 1980년 5월 16일자) 한편 언론계, 학계, 문단, 종교계의 지식인 134명이 현 상황은 '비상계엄령'의 장기화에 따른 결과이므로 비상계엄을 즉각 해제하고, 사회 모든 분야에서 민주화를 즉각 이행할 것을 촉구하는 시국선언을 발표했다.(『암흑 속의 횃불』4, 280~281쪽)

그러나 계엄철폐와 조속한 민주화 이행에 대해 전 사회적으로 일치된 바람을 강력히 표출하고 있음에도 신군부를 중심으로 한 집권세력은 이를 외면하며 전혀 다른 시국관을 펼쳤다. 신현확 국무총리는 북의 남침 위협을 강조하며 학생들의 시위로 "경제가 다시 수렁에 빠져 자칫하면 파국이 올 것"이라는 내용의 담화문을 발표했다.(『동아일보』 1980년 5월 16일자) 유신세력들은 북의 위협, 경제파국 논리 등을 동원하며 민주화 열망을 억누르고자 했고, 명실상부하게 정권을 장악하고자 했던 신군부는 광주에서 대학살을 서슴없이 선택했다.

제**2**장

5·18민중항쟁

1
5·18민중항쟁*의 배경

박정희의 지역주의와 김대중 억압

지역감정이 현실적으로 본격화된 것은 박정희가 쿠데타로 집권한 후 민정에 참여하면서부터였다. 1963년 10월 15일 실시된 제5대 대통령 선거에서 박정희는 전국에서 470만 표를 얻어 455만 표를 얻은 윤보선을 15만 표차로 누르고 당선되었다. 서울에서 윤보선에게 2대 1 비율로 참패한 박정희가 당선될 수 있었던 것은 영남과 호남의 압도적 지지가 있었기 때문이다. 하지만 대통령에 취임한 박정희는 정부 인사와 경제시책에서 철저하게 호남을 차별하는 지역주의정책을 펼치고 나왔다.

정부 인사의 대표적 차별사례로는 군부의 장성 진급과 공직 인사에서

---

* 1980년 5월 18일에 일어난 광주시민들의 투쟁의 명칭으로 연구자와 관련자에 따라 5·18민주화운동, 5·18광주민중항쟁, 5·18민중항쟁, 광주민중항쟁, 광주민주화운동, 광주시민항쟁, 광주사태 등 다양한 용어가 사용되었으나, 5·18민중항쟁, 5·18광주민주화운동 등 몇 가지 용어로 수렴되었다. 본고에서는 주로 '5·18민중항쟁'이라는 용어를 사용하지만, 당시의 계엄사와 언론이 일관되게 '광주사태'로 표현했기 때문에 그때의 상황을 생동감 있게 전달할 필요가 있는 부분에서는 '광주사태'라는 용어도 병용하기로 한다. 5·18관련법에서는 '5·18민주화운동'으로 개념을 규정하고 있다.

찾을 수 있다. 대구를 포함한 경상북도 출신의 장성 수는 호남 출신 장성 인원 전체의 열 배를 넘었다. 그리고 한국 군부의 최대 요직으로서 국내 정치에 막강한 영향력을 행사하는 육군참모총장의 경우 박정희 정권 이래 20명 중 경상도 출신이 아닌 사람은 두세 명밖에 되지 않았지만, 그중에서도 전라도 출신은 한 명도 없었다. 단지 역대 공군참모총장 중 두 명, 해병대사령관 중 한 명만이 전라도 출신이었을 뿐이다.

정부의 4대 권력 요직 중 중앙정보부장·검찰총장·국세청장에도 전라도 출신은 한 명도 없었고, 치안본부장에 겨우 한 명이 임명되었으나 그것도 10개월 단명으로 끝났다. 정치 및 행정 엘리트관료(장관·차관, 처장, 청장)들도 총 432명 중 전라도 출신은 13.2%(57명)로 경상도 출신 30.1%(130명)의 절반에도 미치지 못했다.(최영진, 1999, 105쪽) 제5공화국 때는 더욱 심해 총 156명의 고위관료 중 영남 출신 42.9%(67명), 호남 출신 9.6%(15명)로 무려 4대 1 이상의 격차를 보였다. 1988년 5월 현재 서울시청 서기관급 이상 공무원 299명 중 경상도 출신이 50%에 가까운 반면, 전라도 출신은 10%에도 미치지 못했다. 정부투자기관 26개의 임원도 영남 출신이 35.4%로 1위였고, 호남 출신은 7.8%로 최하위였다.(문석남, 2001, 223쪽) 다만 정책적 차원과 직접적인 연관성이 적은 법원의 판사 이상만이 경상도 출신 20.6%(18명), 전라도 출신 23%(20명)로 나타났을 뿐이다.(문석남, 2001, 223~224쪽) 이같이 우대받는 경상도 출신들은 박정희 통치기간 내내 정치·군사·경제·사회·관료 등 모든 분야에서 지배적인 엘리트계층을 이룰 수 있었다. 이러한 과정에서 이들과 경쟁적 관계에 있는 전라도 출신들이 소외되는 것은 당연한 귀결이었다.

지역차별 현상은 인사정책에서만 나타난 것이 아니다. 생존과 직결되는 경제정책에서 더욱 두드러지게 나타났다. 특히 박정희 집권 초기인 민정 제1기의 4년 동안 지나치게 눈에 띄었다. 공업단지와 산업단지 조성이 영남에 치우치고 고속도로 건설, 도로 포장 등 인프라 구축도 영남에 집중되었다. 대일청구권 자금을 통한 사회간접투자나 항만시설, 철도·통신 사업 국고보조금 배정 등 각 분야에서 영남 우대와 호남 소외 현상이 두드러졌다. 제3, 4공화국이 끝난 직후인 1981년 들어 전라도에 500명 이상 고용하는 공장은 36개로 영남 159개의 22%에 불과했다.(김동욱, 1990, 89쪽) 1978년 당시 광주시민 1인당 연간소득은 전국 평균 61만 9,037원의 74.5%인 46만 1,451원에 지나지 않았고, 같은 해 광주 노동자의 월평균 임금은 전국 7만 4,121원의 절반이 안 되는 47.3%인 3만 5,073원이었다.

박정희는 전라도는 입지조건상 농업지대로 발전시켜야 한다고 했지만, 실질적인 농업분야 지원에서도 전라도를 철저하게 도외시했다. 심지어 농업 생산기반에 대한 투자도 곡창지대인 전라도보다 경상도에 더 치중했다. 예를 들면 민정 초기 4년 동안 박정희 정권이 시행한 관개사업으로 완성한 수리조합이 영남에는 72개소였지만, 호남에는 3분의 1도 안 되는 23개소에 불과했다.

이러한 지역차별정책의 결과는 호남 출신 영세민 비율이 전국 최고인 12.6%(1981년)와 16.6%(1990년)로 전국 평균 6.9%(1981년)와 7.7%(1990년)의 두 배를 넘는 것으로 나타났다.(김만흠, 1997, 213쪽) 특히 공업시설은 물론 농업생산성 향상에서도 푸대접받는 전라도에서는 가난한 농촌을 지킬 수 없어 고향마을을 떠나는 이농현상이 홍수처럼 벌어졌다. 1940년대의 경상도 인구와 엇비슷했던 전라도 인구는 박정희의 지역주의정책이 펼쳐지기 시작한 1960년대 이후 계속 감소추세를 나타내더니 2000년대 들어 경상도 인구의 40% 이하로 격감하고 말았다.

이 같은 박정희의 지역차별에 대한 반발은 필연적이었다. 그것은 곧 '호남푸대접시정대책위원회'를 비롯하여 '호남권익보장투쟁위원회' '호남지방근대화추진위원회' 등을 결성하는 것으로 표출되었다. 1967년 호남 사람들은 광주·전주에서 각기 모임을 갖고, '호남푸대접시정대책위원회'를 동시에 출범시킨 후 공동으로 정부와 투쟁할 것을 다짐하는 도민운동을 벌였다.〔박선홍(전 광주상공회의소 사무국장)과 위증(동 총무과장) 증언(2006년 3월 2일)〕 그리고 호남 출신 국회의원들이 정부를 상대로 편향적인 정책시행을 시정해주도록 요구하는가 하면, 호남 사람 개개인이 박 대통령에게 호소와 항의를 겸하는 서신을 보내기도 했다. 『전북일보』의 진기풍 편집국장이 쓴 「박 대통령 각하에게 보내는 글」(『전북일보』 1966년 4월 13일자)과, 양동균 『전남일보』 부주필의 「호남 푸대접의 진상은 어떤가」(『신동아』 1968년 11월호)가 대표적이다. 이 같은 일련의 호남푸대접시정운동은 1967년에 실시된 제6대 대통령 선거에서 그대로 드러나 박정희를 찍지 말자는 공감대로 작용했다.

박정희의 지역주의에 대한 호남인의 불만은 3선 개헌안 국민투표에서 여실히 나타났다. 1969년 10월 17일 실시된 3선 개헌안 국민투표 때 광주 갑구에서 서울 일부 지역을 제외하고는 전국에서 유일하게 반대표가 더 많이 나왔다. 이때부터 광주는 전국적으로 반박정희 정서가 강한 야당도시로 인식되었고, 그중에서도 광주 갑구(동구)는 '호남 정치 1번지'라는 별칭이 따라붙었다.(강성재, 1987, 260~261쪽)

박정희 정권의 김대중 탄압은 호남 사람들을 더욱 화나게 만들었다. 박정희는 야당의 신예 정치인 김대중이 장차 자신을 위협하는 도전자로 압박해올 것을 예견했음인지, 김대중이 국회의원에 당선되지 못하도록 총력을 기울였다. 1971년 대통령 선거 당시에는 김대중 후보의 자택에서 폭발물이 터지고, 정일형 선거대책본부장의 집에서 원인 모를 화재가 발생하는 등 중앙정보부를 비롯한 국가정보기관이 조직적·폭력적으로 선거에 개입하는 경향이 노골화되었다. 관권개입과 금품살포, 지방색 조장과 중상모략, 여기에 김대중을 빨갱이로 몰아세우는 용공조작까지 행해졌다.

박정희는 그 후에도 국회의원 선거유세를 다니는 김대중을 교통사고로 위장해 살해하려 들었고, 1973년 8월 8일 일본 도쿄에서 납치해 동교동 자택에 연금하기도 했다. 이들은 당초 김대중을 납치해 옆방에서 살해한 후 토막 낸 시체를 바다에서 처치하려고 했으나, 뜻하지 않게 실패하고(김경재, 2009, 171쪽) 동교동 자택에 연금하는 것으로 막을 내렸다. 이와 동시에 김대중은 정치활동이 일체 금지되었다. 심지어 박정희는 1974년 2월 김대중이 요청한, 위중한 부친의 병문안은 물론 장례식 참석조차 허용하지 않았다.(김대중, 1997, 208쪽) 그 이후에도 박정희 정권은 김대중에 대해 구속과 연금을 반복하면서 탄압했다. 김대중은 10·26정변 한참 후에야 연금에서 풀려나고 사면·복권되었다.

김대중은 박정희 정권으로부터 주어지는 핍박에 맞서 싸우는 과정에서 전라도 사람들로부터 장차 거목으로 성장할 수 있는 정치인으로 인정받기 시작했다. 김대중은 국회의원이 되기 이전 30대 젊은 나이에 민주당 대변인으로 활동하는 동안 당시 권위 있는 『사상계』지에 기고하면서 명성을 얻기 시작했다. 또한 6대 국회의원 당시 초선의원으로서 계산이 어려운 예산안 심의에서 정확한 숫자를 제시하며 예리한 질의를 펼침으로써 박정희 대통령은 물론 경제 관련 부처 장관들을 혼쭐나게 하는 실력을 유감없이 발휘하면서부터 김대중의 성가는 더욱 높아졌다. 특히 1967년 6월 8일 실시된 제6대 국회의원 총선거에서 박정희 대통령이 겨우 2선 출마에 불과한 그를 낙선시키고자 다수 국무위원들을 대동하고 두 차례나 목포 선거구에 내려가 소국무회의를 여는 등 관권·금권을 총동원하는 총력전을 펼쳤는데도 당선되는 기적을 이루어내자, 전라도 사람들은 사실상 김대중을 그들의 영웅 내지 희망으로 여기기 시작했다. 1971년 대선을 치르며 신선한 진보적 남북관계정책을 제시하여 국민들의 열광 속에 박정희 후보를 압도했는데도 94만 표차로 패배한 데 대해, 전라도 사람들은 금권 및 관권을 동원한 부정선거가 아니었다면 당선되었을 것이라며 대선 결과에 쉽게 승복하지 않은 채 김대중에 대한 우상심리만 더욱 굳혀갔다. 이후 더욱 심해진 박정희의 차별 및 억압 정책을 겪은 전라도 사람들은 이를 극복하기 위해 유신체제에 반대하는 민주화운동을 줄기차게 벌여나갔다.

10·26정변 이후 김대중은 전라도 사람들의 '희망'이 되었다. 하지만 1980년 5·17쿠데타와 함께 신군부는 전라도 사람들이 자신들의 '지도자'로 여기던 김대중을 체포했고, 이 소식은 전라도 사람들을 더욱 분노케 했다. 나중에 발표된 혐의는 '광주폭동배후조종혐의', 즉 '내란음모혐의'였다. 그리고 사형이 선고되었다.

10·26정변 이후 광주지역의 민주화운동

1979년 10월 26일 발생한 박정희대통령피살사건은 그가 18년 동안 펼쳐온 철권통치가 막을 내리게 되었음을 의미했다. 국민들은 특히 7년 동안 지속되어온 유신체제가 사라짐은 물론 정상적 민주주의체제로 전환되리라는 기대에 부풀어 있었다. 최규하 대통령권한대행이 10·26정변 다음 날인 27일 발표한 "국가비상시국에 관한 특별담화"에서도 '유신'이라는 용어는 찾아볼 수 없었다. 그만큼 유신체제는 국민들로부터 심한 거부감에 부닥쳐 있었다. 국민들은 11월 3일 '국장'이 치러진 후 말을 마음대로 할 수 있고 언론의 자유도 되살아나고 있음을 실감할 수 있었다.

그러나 11월에 접어들어 정국을 관망하던 재야인사들은 심상치 않은 징후에 직면했다. 유신헌법에 의해 대통령을 뽑겠다는 것, 그리고 "유신헌법 개정 불가" "전두환 정권장악" "2원집정제 개헌" 등의 소문이 파다하게 퍼지고 있었기 때문이다. 이를 좌시할 수 없다고 본 윤보선·함석헌 등 재야인사 500여 명은 11월 24일 서울 YWCA에서 결혼식을 위장해 '통대에 의한 유신대통령 선출반대 국민대회'를 열었다. 이를 전후해서 유신체제 당시 지하로 잠적했던 민주화운동, 특히 학생운동권이 다시 활기를 띠었다. 11월 22일, 서울대·고려대·연세대·서강대에서는 학도호국단 해체, 해직교수 복직과 어용교수 추방, 민주화 억압 총장과 학장 퇴진, 구속 학생 석방과 복학조치 등 학원민주화를 요구하고 나섰다. 더욱이 학생운동은 학내문제에서 민주회복이라는 정치운동으로 점차 발전되는 가운데 부산·대구·광주 등의 지방으로 확산되어갔다.

특히 광주에서는 11월 28일, 금남로 1가 광주 YWCA회관에서 광주기독교연합회·천주교정의구현전국사제단·전남해직교수협의회·자유실천문인협의회 전남지부·민주청년협의회 전남지부·기독교장로회 전남청년연합회 등 6개 단체 공동으로 '통일주체국민회의 대의원에 의한 대통령선거 분쇄 시민대회'가 열렸다. 서울 YWCA의 '유신대통령 선출반대 국민대회' 나흘 뒤였다. 대회는 "민주주의를 향하여 힘차게 나아가자"(『5·18광주민주화운동자료총서』 1, 384쪽)라는 제목의 선언문 낭독으로 시작되었다. 서울처럼 결혼식으로 위장한 것이 아니라 당당하게 개최하고 "통대에 의한 대통령 선출반대"의 구호를 목청껏 외쳤다. 참석자들은 YWCA회관 안팎은 물론 도로까지 꽉 메워 초만원을 이루었다. 이들은 "유신헌법에 의한 대통령 선거반대" "유신잔당 처벌" "민주세력 거국내각 구성" 등을 요구하며 가두시위를 벌였다. 시위에는 3만 7,000여 명이라는 대규모 인원이 참가했다. 행인들도 박수를 보내며 속속 시위대열에 합류했다. 이날 광주 YWCA집회는 4월혁명 이후 처음일 정도로 계엄군 및 경찰과 격렬하게 충돌한 끝에 19명이 연행되었다. 11월 30일에는 전남대 학생 2,000여 명이 이틀 전 열렸던 광주 YWCA집회에서 요구한 사항을 재차 외치면서 가두시위를 벌였다. 광주 YWCA시민대회와, 전남대 학생들의 계속된 집회와 시위는 10·26정변 이후 광주에서 열렸던 수많은 민주화운동의 결정판이기도 했지만, 그 연장선상에서 다음 해 5월 들어 잇따라 열린 학생들의 민주성회의 불씨로 작용했다.

12월 6일 통일주체국민회의 대의원들에 의해 대통령으로 정식 선출된 최규하는 다음 날 긴급조치 9호를 해제하는 한편, 김대중에 대한 연금해제와 민주화운동으로 구속된 인사들의 형집행정지 및 사면조치를 취하는 등 국민들의 민주화 여망에 조금씩 부응하는 듯했다.(『동아일보』 1979년 12월 6일자) 이에 따라 재야인사들은 앞으로 민주화가 이루어질 경우 김대중을 대통령 후보로 내세우기로 합의했다. 이러한 김대중에 대한 기대와 운동은 그동안 박정희의 지역주의와 김대중 억압에 반발해온 전라도 사람들의 소망으로도 달아올랐다.(村常男·山本剛士, 1987, 315~316쪽)

이 같은 국민들의 민주화 열망과는 달리 신군부에 대한 반갑지 않은 풍문이 갖가지 형태로 쏟아졌다. 대구교도소에 수감 중이던 유신반대 민주인사들이 박정희 국장 시 묵념을 하지 않았다는 이유로 구타를 당했다는 소문도 퍼져 나왔다. 더욱이 YWCA 위장결혼식 참석자들에 대해 혹독한 고문을 가하면서 "유신이 죽은 줄 아느냐" "유신은 살아 있다"라는 소리를 공공연히 쏟아냈다는 소문은 재야인사들을 더욱 당혹케 했다. 수많은 국민들과 학생·재야인사들은 유신잔당, 특히 새로 등장한 신군부의 행보에 의혹의 눈을 떼지 못하는 가운데, 전국 곳곳에서 신군부 퇴진과 민주화를 요구하는 시위를 날마다 벌이며 '진정한 민주화'의 목소리를 높여나갔다.

대학 교정은 유신체제 당시 중앙정보부에 의해 학생 어용기구로 발족했던 학도호국단이 해체되는 등 민주화 열기로 가득했다. 신학기인 1980년 3월 28일 서울대를 시발로 4월까지 전국 각 대학의 총학생회가 부활함으로써 학내 민주화운동은 더욱 활기를 띠었다. 5월로 접어들면서 대학가와 재야민주인사들 사이에서는 계엄령 즉각 해제, 유신잔당 퇴진, 전두환·신현확 사퇴, 정부 주도 개헌 중단, 정치일정 단축, 노동3권 보장 등 정치문제에 대한 본격적인 목소리를 높여나가는 분위기였다.

전남대도 예외는 아니었다. 광주에서는 3월 들어 유신반대투쟁을 벌이다 구속되었거나 해직 또는 제적되었던 교수와 학생들이 복직·복학되면서 대학가에는 '학원자유화' 또는 '학원민주화' 바람이 세차게 불었다.* 특히 정동년 등 노장 복학생들이 중심이 되어 날마다 계엄령 해제와 유신헌법 철폐, 어용교수 퇴진 등 학교 안팎의 민주화를 요구하는 교내시위를 벌였다. 유신체제하에서 민주화운동에 앞장섰다가 제적된 후에도 민주운동은 물론 들불야학운동까지 참여했던 박관현이 3월에 복학함과 동시에 총학생회 회장에 당선되면서 전남대의 민주화 열기는 더욱 활기를 띠었다. 전남대생들은 5월 3일 3,000여 명이 "계엄령 해제" "유신헌법 개정" 등을 요구하는 시국성토회를 여는 것을 비롯하여 거의 날마다 교내시위를 벌였다. 또한 조선대생들도 5월 9일 2,000여 명이 학원민주화를 요구하는 시위를 벌이는 등 주로 학내문제를 다루었지만, '민주투쟁위원회'를 구성하는 등 정치문제에 대한 관심도 한층 높아졌다. 5월 13일 전남대·조선대·동신전문대 등 시내 9개 대학 학생 대표 11명은 15일부터 도청 광장에서 합동으로 민주성회를 연 다음 시내시위를 벌이기로 합의하고, 몇 가지 강령을 채택했다.

이튿날인 5월 14일 오전 10시쯤 전남대 학생 6,000여 명은 교내 운동장에 모여 시국대회를 열었다. 오후 1시쯤 대회가 끝나갈 무렵, 성급한 일부 학생들이 교문 밖으로 뛰쳐나갔다. 당초 이들은 가두시위를 계획하고 있지 않았다. 박관현 총학생회장 주도하에 5월 3일부터 14일까지 교내시

---

* 전남대는 3월 4일 이후 정동년·박관현 등 30명, 조선대는 5명을 복학시켰다.

위만을 가진 후, 다음 날인 15일부터 본격적인 가두시위를 벌일 예정이었으나, 일부 학생들이 하루를 기다리지 못하고 뛰쳐나간 것이다. 교문 밖을 에워싸고 있던 경찰의 저지가 완강한 듯했지만, 학생들은 어쩐지 쉽게 가두로 나갈 수 있었다. 학생들은 광주역 광장에서 일단 대열을 정비한 후 스크럼을 짜고 "비상계엄 해제하라" "유신잔재 청산하자"라는 구호를 외치며, 광남로와 금남로를 거쳐 도청 광장까지 진출하여 분수대 주변을 둘러쌌다. 이때가 오후 3시쯤이었다. 총학생회장 박관현은 시민들에게 오후 6시까지 집회를 마치겠다고 약속한 후 민주성회를 진행했다.

　전남대생들은 다음 날로 예정된 연합시위에 대비해 전남대·조선대 등 광주지역 9개 대학 학생 대표들이 공동으로 서명한 "제2시국선언문"(『5·18광주민주화운동자료총서』1, 725~726쪽) 낭독으로 민주성회를 시작했다. 학생들은 갖가지 성명서와 선언문을 낭독한 다음, "계엄철폐" "전두환 물러가라" 등의 구호를 외쳤다. 학생들은 오후 6시가 되자 당초에 약속한 대로 교가를 합창하는 것으로 민주성회를 끝내고 귀교 길에 올랐다. 이에 앞서 박관현 총학생회장은 "만일 정부가 어떤 특단 조치와 함께 휴교령을 내리면, 다음 날 아침 교문에 자동적으로 모여 시위를 벌이되, 여의치 않을 경우 낮 12시 도청 광장에 모이자"라는 약속을 공개적으로 선언함과 동시에, "반드시 지켜야 한다"라는 당부를 덧붙였다.• 학생들은 금남로와 제봉로 두 길로 나누어 갖가지 구호를 외치며 전남대 교정으로 돌아왔다. 대부분의 학생들은 귀가했지만 일부 학생들은 강당에 남아 철야농성에 들어갔다.

• 이 공개약속은 전남대 학생회에서 단독 결정했다는 설과, 13일 광주시내 각 대학 학생회대표들의 모임에서 결정했다는 설로 양분되어 있다. 그러나 전남대 교문으로 모이라는 것으로 보아 전남대 학생회에서 결정했을 가능성이 높다. 만약 시내 각 대학 학생회 대표회의에서 합의했다면, 특정 대학인 전남대 교문이 아니라 각 대학 학생들이 집결하기 쉬운 공통적인 장소, 예를 들면 도청 광장이나 광주역 광장, 또는 금남로 3가의 가톨릭회관 앞을 선택했을 개연성이 높기 때문이다.

학생들은 이날 '민주성회' 및 가두시위를 질서정연하게 진행했고, 경찰은 시위 저지를 포기한 듯 사실상 수수방관한 채 시위행렬을 따라가며 호위(?)하는 모양새였다. 이 같은 일은 곧이어 열린 15일과 16일 횃불시위 때도 마찬가지였다. 시민들은 경찰의 강력한 저지작전으로 인해 난마와 같았던 종전 시위와는 달리, 그들의 방관 아래 비교적 질서 있게 줄지어 걸어가면서 구호를 외치는 학생시위대에 박수를 보냈으며, 일부 시민들은 이에 동조하였다. 외견상으로는 최루탄과 돌멩이가 난무하던 유신체제 때나 그 전해 11월의 시위와는 전연 다른 양상을 보이고 있었다.

다음 날인 15일, 조선대·광주교대와 각 전문대학 등 시내 8개 대학 학생들도 당초 예정했던 대로 시위에 나섰다. 더욱이 전날 전남대 학생들의 질서정연한 시위와 도청 앞 광장의 민주성회가 성공적으로 치러졌다는 소식은 다른 대학 학생들에게 대단한 부러움으로 여겨졌다. 이날 다시 가세한 전남대생들을 비롯하여 조선대·광주교대, 그리고 시내 모든 전문대학 학생들은 도청 광장을 향해 일제히 자기 학교를 출발했다. 특히 전남대생들은 50여 명의 교수들에게 "민주화운동 동참"이라는 리본을 달아주었다. 4월혁명 이후 처음으로 학생과 교수가 동참하는 시위로 발전하게 된 것이다. 오후 2시 30분, 1만 5,000여 명으로 늘어난 각 대학 학생들은 도청 광장의 분수대를 중심으로 둘러앉아 민주성회를 진행했다. 전날의 대회가 전남대생들만으로 열렸다면 이날의 대회는 명실공히 광주시내 대학생 전체의 총회라고 할 수 있었다. 유신체제 이후 숱한 시위가 있었지만, 대학생들이 시내 한자리에 모여 그것도 경찰의 저지 없이 차분하게 시국집회를 가진 것은 처음 있는 일이었다. 총 지휘는 전남대 총학생회장 박관현이 맡았다.

대회는 전남대 대의원총회 이름으로 작성된 "결전에 임하는 우리의 결의"(『5·18광주민주화운동자료총서』 1, 728쪽)를 낭독하는 것으로 시작되었다. 이어 조선대·광주교대 민주투위의 "선언문", 전남대의 "대학의 소리", 광주교대 학생들의 "시민들에게 드리는 글", 동신전문대 학생들의 "시국선언문" 등이 낭독되었다. 오후 6시가 되자 당초 약속대로 민주성회를 끝낸 박관현 전남대 총학생회장은 전날 전남대생들에게 선언한 "특단의 조치가 내려지면 다음 날 시위하자"라는 약속을 시내 전체 대학생들에게 공개적으로 다시 천명했다. 학생들은 이튿날 밤 횃불시위를 갖기로 결의한 후, 학교별로 대형 태극기를 앞세우고 자기 학교로 돌아가 해산했다. 특히 전남대 교수들은 학생들 앞에서 줄지어 시위대열을 이끌고 학교로 돌아갔다. 일부 학생들은 학교에 남아 다음 날 횃불시위 준비에 들어갔다. 이날도 시민들은 학생들의 시위에 관심을 갖고 열렬한 박수를 보냈다. 학생들은 시민들의 호응도가 생각보다 열렬했지만* 자기들만의 '순수성'을 유지하려고 노력했다.

5월 10일부터 15일까지 잇따라 시위를 벌인 서울의 대학생들이 시위 자제를 결의한 것과는 달리, 광주에서는 이미 계획했던 대로 다음 날 횃불시위를 벌인 다음 중단하기로 결의하고 준비에 들어갔다. 16일 오후 4시가 되자 시내 각 대학 학생들은 예정대로 도청 광장으로 모여들었다. 전남대·조선대·광주교대·동신전문대·조선대공전·기독병원간호전문대·성인경상전문대·서강전문대·송원전문대 등 광주 시내 9개 대학의 학생들과, 전남대 50여 명을 비롯한 각 대학의 교수들이 참여해 학생들의 시위를 더욱 돋보이게 했다. 시민들까지 3만여 명이 참여해 도청 광장을 꽉 메운 가운데 시국성토대회가 시작되었다. 이날은 마침 5·16쿠데타가 일어난 지

---

* 전남대생들이 양동시장통을 지날 때는 상인들이 박수로 환영했고, 임동의 전남·일신방직공장 근처를 지날 때는 여성근로자들이, 도심에서는 넥타이를 맨 회사원들이 함성을 지르며 열렬히 환영했다.(임낙평, 1987, 107쪽) 시위현장에서도 시민들은 뜨거운 호응을 하거나 즉흥연설을 하기도 했다.(전남사회운동협의회 편, 1985, 24쪽)

19년째가 되는 날이어서, 학생들은 5·16쿠데타를 응징하는 뜻으로 '5·16 화형식'을 가진 다음, 유신체제하에서 민주화투쟁을 벌이다 제적되었던 복학생을 대표하여 전남대 정동년(38)이 "시국선언문"을 낭독한 것을 비롯해 갖가지 선언문과 성명서, 그리고 "국군에 보내는 메시지"(『5·18광주민주화운동자료총서』1, 735쪽)가 낭독되었으며, 수많은 구호들이 소리높이 쏟아져 나왔다.

학생들은 어둠이 깔린 오후 8시가 되자 400여 개의 횃불과 피켓·플래카드를 들고 가두시위에 들어갔다. 조선대 학생을 선두로 한 1개조는 금남로를 거쳐 유동삼거리(지금은 사거리)를 돌아 광주천변을 따라 현대극장을 지나 다시 금남로로 해서 도청 광장으로 돌아오는 코스였고, 전남대 학생들이 앞장선 다른 1개조는 노동청과 문화방송 앞길을 통과해 광주고교·계림동을 거쳐 산수동 오거리를 지나 도청 광장으로 되돌아오는 코스였다. 시내는 온통 횃불로 뒤덮인 것처럼 보였다. 약 1시간 40분 동안 시위를 벌인 학생들은 다시 도청 광장에 모여 갖가지 구호를 외쳤다.

학생들의 민주성회와 시위진행은 질서정연했다. 특히 16일의 횃불시위는 한 차원 높은 시위문화를 구현했다. 대부분의 시민들은 거리에서 발걸음을 멈추고 횃불시위대에 박수를 보내 격려했고, 일부는 행렬을 따라가며 구호를 함께 외치기도 했다. 학생들은 당초 시민들의 호응도를 알아보기 위해 밤 9시를 기해 시내 전역에서 소등을 할 계획을 세웠지만, 시민들에게 불안감을 줄 우려가 있다는 일부 반론에 따라 철회했다.

3일 동안 시위를 벌인 학생들은 자신들의 요구에 대한 정부 측 반응과 계속된 시위로 인한 피로를 푸는 한편, 전국의 다른 대학과 보조를 맞추기 위해 일단 중단하기로 결의했다. 사흘간의 시위를 이끈 박관현 전남대 총학생회장은 "휴식 기간이라도 특단의 조치가 내려지면 다음 날 시위를 벌이자"라는 14일과 15일에 선언했던 공개약속을 광주시내 모든 학생들에게 또다시 천명했다. 밤 10시쯤 시위를 끝낸 학생들은 타다 남아 버려진 유인물을 비롯한 횃불뭉치, 종이 부스러기나 담배꽁초 등 온갖 쓰레기를 치우고 밤 11시가 넘어 귀가했다. 일부 학생들은 다음 날 새벽 다시 나와 덜 치워진 거리를 말끔히 청소했다.

　연일 진행된 민주성회와 시위는 해방 후 전국적으로 벌어졌던 어느 시위보다 규모와 질서 면에서 가장 모범적으로 치러졌다는 평가를 받았다. 여기에는 학생들의 투철한 민주의식과 함께 이번 시위를 지휘한 전남대 등 각 대학 학생회 지도부의 탁월한 리더십과 치밀한 계획성이 크게 작용했음은 두말할 나위도 없다.

2

5·18민중항쟁의 발발과 전개

공수부대의 살인적 체포작전과 '피의 일요일'

1980년 5월 18일 아침, 국민들은 아침 TV뉴스를 통해 5·17쿠데타 소식을 접했다. 전남대 학생들은 정부로부터 '특단의 조치'가 내려졌음을 직감하고 식사를 마치자마자 학교로 향했다. 그러나 교문에는 "정부 조치로 휴교령이 내려졌으니 가정학습하기 바란다"라는 총장 명의의 공고문이 나붙어 있는 가운데, 교문 양쪽에는 공수부대원들이 늘어서서 학생들의 출입을 철저히 통제하고 있었다. 굳게 닫힌 교문 앞에 모인 학생들 중에는 도서관에 들어가 공부하려는 사람도 있었지만, 엊그제 3일간 있었던 시위 때마다 '정부의 특단 조치가 내려지면 다음 날 시위하자'던 박관현 총학생회장의 공개약속을 이행하기 위해 모여든 학생들이 대부분이었다. 정문을 지키고 있던 11명의 공수부대원을 지휘하던 소령 계급장의 장교가 핸드마이크를 통해 "휴교 조치로 들어갈 수 없으니 돌아가라"는 소리를 위압적으로 질렀다. 그러나 학생들은 이에 불응했고, 그는 '공격'명령을 내렸다. 사병들은 학생들에게 달려들어 머리, 어깨, 가슴, 뒤통수를 진압봉으로 두들겨 패거나 개머리판으로 내리치고 군홧발질을 마구 해댔다.(『5·18청문회 회의록』 22호, 1988년 12월 22일, 서명원 증언)

점점 늘어난 학생들은 길가에 있는 돌멩이를 던져 이에 대항하기도 했다. 그러나 강도 높게 훈련받은 공수부대원의 상대가 될 수는 없었다. 학생회 간부 등 특정한 리더가 없는 학생들은 어찌해야 할지 몰라 허둥대다 "여기만 있지 말고 도청 광장으로 나가자"라는 어느 학생의 외침에 따라 시내로 향했다. 그동안 400여 명으로 늘어난 학생들은 가까운 광주역 광장에서 전열을 재정비한 다음 시내 중심가를 향해 출발, 오전 11시 무렵 금남로 3가 가톨릭회관 앞에 도착했다.* 1,000여 명으로 불어난 학생들은 가톨릭회관 앞에서 연좌시위를 벌이는 한편, 도청 광장으로의 진출을 시도했다. 그러나 며칠 전과는 달리 경찰의 저지는 완강하다 못해 필사적이었다. 이를 당해내지 못한 학생들은 충장로를 비롯한 시내 중심가 여기저기로 분산해 산발적인 시위를 벌이며 "계엄령 해제하라" "김대중 석방하라" 등의 구호를 외쳤다. 시민들은 그때까지 발표가 없어 알지 못하고 있던 김대중 체포 소식에 깊은 관심을 나타내기 시작했다.(임낙평, 1987, 13쪽; 재향군인회 편, 1997, 253~254쪽) 자신들의 우상을 억압하는 데 대한 심리적 반응이었다.

그러나 학생들의 시위는 경찰의 강력한 진압에 밀려 40~50명 단위로 분산되었고, 이합집산을 거듭하면서 시위는 점차 수그러들고 있었다. 그런 가운데 오후 3시 40분, 유동삼거리와 충장로 입구에 각각 1개 중대가량의 공수부대원들의 모습이 보이기 시작했다.(국방부과거사진상규명위원회 편, 2007, 63쪽; 김영택, 1996, 33쪽) 이날 오후 2시 30분 헬기를 타고 전남대와 조선대 숙영지로 찾아와 "경찰이 수세에 몰려 있으니 오후 4시부터

* 가톨릭회관 앞 금남로에 도착한 시간은 대략 11시 무렵으로 추정될 뿐 정확한 시간은 나와 있지 않다.

제35대대는 충장로를 중심으로, 제33대대는 금남로 5가 쪽에서 시위대를 해산시키라"는 정웅 제31사단장의 명령을 받고 출동한 병력이었다.*

유동삼거리에 나타난 공수부대원들은 도보로 450m 거리의 누문동 62번지와 북동 180번지를 연결하는 횡단보도로 진출하여 3열 횡대로 도열했다.** 그들은 착검한 M16소총을 등 뒤에 대각선으로 둘러멘 채 한 손에는 진압봉을, 다른 한 손에는 방패를 들고 있었다. 오후 4시 정각,*** 1/2톤급 초록색 탑 차량 스피커에서 나온 "시민 여러분, 집으로 돌아가십시오"라는 단 한마디의 선무방송 직후 몇 초도 채 지나지 않은 상태에서 "거리에 나와 있는 사람 전원 체포하라"는 명령이 떨어졌다.**** 공수부대원들의 일부는 처음 자세 그대로 한 손에는 진압봉을, 다른 한 손에는 방패를 들었고, 다른 일부 병력은 착검한 소총을 앞으로 겨누어 잡고 시민들에게 달려들었다.

공수부대가 유동삼거리 쪽에서 접근해오자 시위하던 학생 대부분은 잽싸게 빠져나가고, 7~8명의 학생들만 남아 두어 마디 구호를 외치고 있을 뿐 대부분 구경하는 시민들이었다. 한마디 주의사항조차 없이 내려진 명령을 받은 공수부대원들은 이미 예정되어 있던 것처럼 착검한 M16소총을 등에 메거나 손에 든 채 앞에 있는 시민들에게 달려들어 진압봉과 소총 개머리판을 휘둘렀다. 심지어 소총에 꽂힌 대검으로 내리치는 모습도 보

---

* 『5·18청문회 회의록』 20호, 1988년 12월 20일, 권승만 증언. 제7공수여단 소속인 이들은 5·17조치에 따라 전날 주둔지인 전북 익산을 출발, 18일 새벽 1시 10분, 제33대대는 전남대와 광주교대, 제35대대는 조선대와 전남대 의대에 도착했다.

** 계엄사는 공수부대 첫 투입지역을 가톨릭센터 앞과 충장로로 기록하고 있다.(국방부, 1985, 24쪽)

*** '시위진압작전'이라 불리는 공수부대의 '살육작전' 또는 '체포작전'이 개시된 시간은 자료에 따라 달리 기록되어 있다. 하지만 국방부과거사진상규명위원회는 제7공수여단의 「전투상보」(보안사, 『383-1980-106』, 237쪽)를 인용하면서 공식적인 작전시간을 16:00로 확인했다.(국방부과거사진상규명위원회 편, 2007, 63쪽) 현장취재에 임하고 있던 필자도 당시 손목시계의 시간에 따라 작전개시 시간을 오후 4시 정각으로 분명하게 메모했다.

**** "체포하라"는 명령 이외에 "시위 진압" 또는 "시위대 해산" 등 '시위'라는 용어는 한마디도 없었다.

였다.

상대는 비단 학생들만이 아니라 눈에 띄는 사람이면 남녀노소 가리지 않았다. 그리고 피투성이가 되거나 의식을 잃으면 무조건 끌어다 바로 눈앞에 있는 군용차량 위로 던지다시피 실었다. '해산'이 아닌 '체포'작전의 명령이 수행되고 있었던 것이다.* 붙잡히지 않으려는 시민들은 급한 대로 점포나 사무실은 물론 북동이나 누문동 골목집으로 달아나 숨기에 바빴다.(신복진, 2006, 36쪽)

바로 같은 시각, 11대의 군용차량이 도착해 수많은 군인들을 쏟아냈다. 이들도 '체포'작전에 뛰어들어 도망가는 시민들의 뒤를 쫓아가 진압봉이나 개머리판을 휘둘렀다. 대위·중위급 장교들과 상사·중사급 하사관들은 몽둥이나 네모진 각목, 심지어 장작개비를 손에 들고 체포작전을 더욱 공격적으로 펼치라고 다그쳤다.

횡단보도 바로 옆 북동 276번지 건물 2층, 동아일보사 광주지사에 두 명의 공수부대원이 착검한 M16 소총을 앞으로 겨누어 잡고 들어와 옆방에 숨어 있는 세 명의 젊은이들을 두들겨 팬 다음 끌고 나갔다. 이들은 다시 들어와 업무에 종사 중인 정은철 총무(22)의 뒷덜미를 낚아채 쓰러뜨린 후 두 발을 하나씩 붙잡고 거꾸로 끌고 나갔다. 그들은 세번째로 다시 들어와 배달 학생 박준하(광주공고 1년)를 진압봉으로 때리고 짓밟은 다음 끌고 나가다 계단에서 실신하자 그대로 놔두고 가버렸다.

바로 그때 지나가던 택시가 공수부대원들에게 붙잡혔다. 한눈에 보아도 신혼부부가 분명한 젊은 남녀가 끌려나와 진압봉과 군홧발 공격을 받

---

* 제11공수여단 김 모 하사(당시의 계급)는 2006년 9월 6일 국방부과거사진상규명위원회 조사관에게 "시위진압이 처음부터 해산 위주 아닌 체포 위주였기 때문에 과격진압이 되었다"라고 진술했다. 이에 따라 국방부과거사진상규명위원회는 "광주시내에 투입된 공수부대원들이 시위 해산 목적이 아닌 체포 위주로 실제 진압했기에 과잉진압이 발생했다"라고 결론지었다.(국방부과거사진상규명위원회 편, 2007, 65쪽)

았다. 신랑은 "아이쿠, 눈이야" 하고 외마디소리를 지르며 땅바닥으로 뒹굴었고, 예쁜 치마저고리가 갈기갈기 찢긴 신부는 자신의 몰골은 돌아보지 않은 채 신랑을 붙잡고 연신 "사람 살려, 사람 살려" 하며 울부짖었다. 또한 11대의 군용트럭 대열 맨 뒤 천막이 벗겨진 차량 위에는 피투성이가 된 22~23세가량의 청순한 여성이 마구 찢긴 베이지색 옷자락 사이로 젖가슴이 드러나고 아랫도리는 완전히 벗겨져 넋을 잃은 채 본능적으로 치부를 가리기 위해 두 다리를 꼬았다. 이를 본 공수부대원들은 "물건 좋다"며 희희낙락했다. 이때 이 여성에게 간호사 가운을 던져주려던 바로 옆 서석병원 사무장이 붙잡혀 역시 진압봉과 군홧발 세례를 받았다. 이 건물 저 건물에서 "나쁜 놈들" 하는 야유소리가 터져 나오자 한 공수부대원이 그 여성에게 간호사 가운을 던져주며 "꺼져"라고 소리쳤다.(『5·18청문회 회의록』 25호, 1989년 1월 26일, 김영택 증언)

공수부대원들은 이곳에서 150m쯤 거리에 있는 광주일고 교실에 들어가 고등학교 정규과정 수업을 받고 있던 방송통신고 학생들을 마구 두들겨 팬 뒤 끌고 갔다. 같은 시각 같은 학교 운동장에서 열리고 있던 조선대 의과대학 동문 체육대회가 끝나갈 무렵, 공수부대원들이 들이닥쳐 마구 짓밟고 구타했다. 선배들의 체육대회를 거들던 의과대학 4학년 이민오(26)는 달려오는 공수부대원들을 피해 교장 관사로 도망쳤으나 곧 붙잡혀 무수히 구타당한 뒤 끌려갔다. 그는 다음 날(19일) 밤 상무대 영창에서 다시 두들겨 맞은 후유증으로 췌장 및 비장파열과 복막염을 일으켜 사경을 헤맸으나, 육군통합병원에서 대수술을 받고 간신히 살아났다.(국방부과거사진상규명위원회 편, 2007, 70쪽)

공수부대원이 북동우체국 옆 마지막 골목집으로 뛰어들어 집에 있던 할머니에게 "금방 도망 온 학생이 어디 있느냐"라고 묻고, 할머니가 모른다고 대답하자 할머니를 진압봉으로 실신시킨 다음 방 안을 뒤져 학생을 끌고 갔다. 또한 버스터미널 뒷골목으로 달아나던 고등학생이 붙잡혀 살려달라고 애원하는 모습을 자기 집 대문에서 지켜보던 60대 노인이 "놔주라"고 타이르다가 진압봉에 얻어맞고 피를 토하며 쓰러졌다. 그리고 학생도 실신한 채 끌려갔다.(전남사회운동협의회 편, 1985, 49~50쪽)

네 살 때 뇌막염치료약물을 잘못 복용한 탓으로 벙어리·귀머거리가 된 김경철(28)*은 이날 오후 금남로 지하상가 공사장 부근에서 공수부대원들에게 붙잡혀 수없이 두들겨 맞고 짓밟혀 나동그라지면서도 농아장애자 증명을 보이며 애원했으나 소용없었다. 거짓으로 농아장애자 흉내를 내며 장난친다고 계속 두들겨 패던 공수부대원들은 그가 실신해 길바닥에 쓰러지자 그대로 놔두고 가버렸다. 이를 보다 못한 시민들이 지나가는 소형 트럭에 실어 적십자병원으로 옮겼으나 다음 날 새벽 3시쯤 숨졌다.(서울지검, "5·18공소장"; 5·18광주민중항쟁유족회 편, 1989, 253쪽) 행인들은 물론 이 건물 저 건물 안에 있던 수많은 사람들이 이런 광경들을 지켜보았다. 시민들은 살기등등한 공수부대원들의 만행에 아연실색했지만, 감히 나와서 만류하거나 제지하지는 못했다.(『5·18청문회 회의록』 25호, 1989년 1월 26일, 김영택 증언; 서울지검, "5·18공소장")

횡단보도 바로 앞 도로에 정차해 있던 두 대의 트럭에는 피투성이인 채 '체포'되어 온 사람들이 가득히 실려 있었다. 그들은 그 후 어디로 끌려 갔는지 행방이 묘연했다.(김영택, 2004, 100쪽; 전남사회운동협의회 편, 1985, 49쪽) '5월 18일 광주, 피의 일요일'은 이렇게 시작되었다.

---

* 계엄사는 김형열(23)로 기록하고 있다.(국방부, 1985, 27쪽)

광주시민들의 분노와 지도자 없는 항거

다음 날인 19일 오전 9시가 조금 지나자 학생과 시민들이 골목길을 이용해 금남로 3가 가톨릭회관 앞으로 모여들었다. 공수부대원들은 3,000~4,000명으로 불어난 길가의 사람들을 향해 돌격하는 자세로 진압봉을 휘둘러댔다. 그런데도 시민들은 자꾸 모여들었다. 대학생들보다 소상인이나 자유업에 종사하는 젊은이들이 더 많았고, 거기에 허름한 부녀자나 중년의 남자들, 심지어 10대의 중국집 배달 소년이나 60이 넘은 노인들도 눈에 띄었다. 삽시간에 5,000여 명으로 불어난 시위 군중은 공수부대에 대항하고자 금남로 지하상가 건설 공사장에서 각목과 쇠파이프 등을 뜯어내어 무기로 삼았다. 그런데도 공수부대원들은 전날보다 더욱 과격하게 개머리판과 진압봉을 휘두르고 심지어 대검으로 내리치기도 했다. 이들은 아침에 서울에서 내려온 제11공수여단 소속이었다.(정상용·유시민 외, 1990, 203쪽; 재향군인회 편, 1997, 260~261쪽) 전날 오후 3시 30분, 이들이 주둔하고 있던 서울 동국대로 찾아간 정호용 특전사령관으로부터 "광주에 투입된 제7여단 애들(공수부대원—인용자)이 고전하고 있고, 유언비어까지 나돌아 어려운 상황이니 출동하라"는 명령을 받고, 이날 아침 광주에 도착하자마자 투입된 병력이었다.(『5·18청문회 회의록』 20호, 1988년 12월 20일, 최웅 증언) 그러나 18일 오후 3시 30분은 공수부대가 유동삼거리와 충장로 입구에 도착하기 전이어서 시위진압은 물론 체포작전 자체도 개시되지 않아 "우리 애들이 밀리"기는커녕 유언비어도 유포되지 않은 상태였다.

공수부대의 살육적 체포작전은 이에 반발하는 선량한 시민들을 자꾸 '성난 민중'으로 변모시키기에 충분했다. 그렇다고 학생과 시민들로 이루어진 순수한 민중들이 공수부대원들의 살인적인 폭력성을 당해낼 수 있는 것은 아니었다.

금남로에서 40대로 보이는 부부가 붙잡혔다. 이 부부는 얼마나 두들겨 맞았는지 피가 줄줄 흐르는 머리를 감싼 채 끌려가고 있었다.(황종건·김녕만, 1994, 35쪽; 나경택, 2007, 103쪽; 신복진, 2006, 49쪽) 또 금남로 3가 미도장여관(그 후 폐업) 입구에서는 김영대(32) 등 종업원 네 명과 40대의 투숙객 두 명이 공수부대원으로부터 역시 개머리판과 진압봉으로 두들겨 맞고 군홧발질을 당한 후 옷이 벗겨져 팬티만 입은 채로 끌려갔다.(정동년 외, 1996, 364쪽) 또한 금남로 1가 YWCA 건물 옆길에서 무등고시학원 쪽으로 걸어가던 20대와 40대의 모녀로 보이는 두 여인이 공수부대원으로부터 진압봉으로 두들겨 맞았다. 마침 학원에서 나오던 학생들이 이 광경을 보고 야유를 퍼붓자, 공수부대원들은 학원 안으로 들어가 학생들을 짓밟은 후 10여 명을 끌고 갔다.

금남로에서 살인적인 체포작전을 벌이던 공수부대원들은 자신들의 소행이 시민들의 눈에 띄는 것을 의식했음인지 마이크를 통해 모든 주택과 빌딩을 향해 "문을 닫아라" "커튼을 쳐라" "내려다보면 쏘아버리겠다"라고 위협했다. 심지어 얼룩무늬 군복에 별 하나가 붙은 베레모를 쓴 장군이 지휘봉을 들고 금남로 2가와 3가 사이 양쪽 건물을 올려다보며 "내다보지 마라" "쏘아버리겠다"라고 소리쳤다.[*]

공수부대가 점심식사를 하러 잠시 철수하자 기다렸다는 듯이 수많은 사람들이 쏟아져 나왔다. 공수부대 대신 경찰이 최루탄을 쏘며 진압에 나섰으나, 시민들은 돌멩이와 화염병으로 맞섰다.[**] 금남로 3가에서 경찰과 대치하던 시민들은 가톨릭회관 차고에 있던 기독교방송국CBS 취재차량을

---

[*] 베레모를 쓴 장군(준장)은 필자가 직접 목격했다.
[**] 5·18민중항쟁 기간 중 시위용 화염병이 등장한 것은 이번이 처음이었다. 이 화염병은 윤상원 등 녹두서점 거점의 재야청년들이 제작해 제공한 것으로 전해졌다. 이들은 화염병 이외 소식지 제작에도 착수했다. 그러나 5·18민중항쟁 전반기에는 그 실체를 드러내지 않아 누구인지를 아무도 몰랐다.(박호재·임낙평, 1991, 226·230쪽)

끌어내 시동을 건 채 시트에 기름을 붓고 불을 붙여 경찰 저지선을 향해 발진시켰다. 어제오늘의 참담한 광경에 벙어리가 된 언론에 대한 분노가 폭발하는 듯했다. 또한 제일교회 증축 공사장에서 굴리고 온 드럼통에 불을 붙여 역시 경찰 쪽으로 굴렸다. 드럼통은 굉음과 함께 폭발하며 까만 연기를 하늘 높이 내뿜었다. '성난 민중'들의 분노가 하늘을 찔렀다.

19일 오후 4시 30분, 계림동파출소와 광주고 사이 중간도로를 지나가던 공수부대 장갑차 한 대가 '사람의 벽'에 가로막히면서 보도난간에 부딪혀 멈춰 서자, 부녀자들까지 끼어 있는 시민들이 우르르 몰려들어 장갑차 양쪽 감시경을 돌로 깨어버렸다. 안에 타고 있던 장교 등 아홉 명은 밖으로 나오려 했으나, 시민들이 "저놈들 죽여라"라고 외치자 두 명은 달아나고 일곱 명은 다시 안으로 들어갔다. 시민들은 근처 페인트 가게에서 구해온 석유통을 장갑차 밑에 뿌리고 불을 붙였으나 발화되지 않았다. 다시 짚더미를 가져다 불을 질렀으나 역시 점화되지 않았다. 이번에는 불붙은 짚더미를 들고 올라가 덮개를 열고 그 안에 집어넣으려 했다. 위기감을 느낀 공수부대원들은 안에서 갑자기 덮개를 열고 하늘을 향해 공포탄을 쏘았다. 그래도 흩어질 기미를 보이지 않자 이번에는 곧바로 시민을 향해 발사했다. 조선대부고 3학년 김영찬(19)이 손과 대퇴부에 세 발을 맞고 쓰러졌으나 다행히 인근에 있던 공중보건의 정은택에 의해 급히 병원으로 옮겨졌다. 장갑차는 그 틈을 타 쏜살같이 달아났다. 5·18민중항쟁 최초의 발포였다.(김충근, 1997, 219쪽)

18일과 19일 이틀 동안 사망자는 농아장애자 김경철과 19일 오후 희생된 김안부(34) 등 두 명이지만, 연행되어간 사람은 수없이 많았다. 그런데도 가족들에게 통보조차 해주지 않아 집집마다 자식의 행방을 찾느라 아우성이었다.* 연행된 사람들은 주로 조선대와 전남대 체육관, 상무대 영

---

* 이틀 동안 연행한 공식인원은 발표되지 않았으나 보안사는 내부적으로 18일 245명, 19일 405명 등 모두 654명을 연행한 것으로 집계했다.(국방부과거사진상규명위원회 편, 2007, 70쪽)

창에 구금된 채 형용할 수 없을 정도의 혹독한 기합과 고문을 받았으며, 무참하게 살해된 사람도 상당수 있었던 것으로 밝혀졌다.*

3일째인 20일 오전, 금남로 한복판에서는 30명이 넘는 젊은 남녀가 4열로 줄지어 서서 팬티와 브래지어만 걸친 알몸으로 기합을 받고 있는 광경이 벌어지고 있었다. 줄 앞에는 각기 벗은 옷과 신발, 핸드백과 휴대품이 놓여 있었다. 거의가 20대 젊은 사람들이었고, 두어 명쯤 30대도 있었으며, 10여 명의 여성들도 끼어 있었다. 공수부대원들이 몽둥이를 들고 빙둘러서 있는 가운데, 하사관으로 보이는 한 군인이 줄 가운데 서서 "엎드려뻗쳐, 다섯 번 굴러, 쭈그리고 앉아, 한 발로 서, 옆으로 누워" 등을 외치며 갖가지 동작을 강요했다. 만약 구령에 조금이라도 따라하지 않거나 느리게 할 경우 몽둥이와 회초리가 여지없이 날아들었다. 몽둥이를 맞고 피를 흘리는 사람도 있었고, 어느 젊은이 등에는 회초리로 갈겨진 벌건 줄이 쭉쭉 그어져 있었다. 특히 여성들이 팬티와 브래지어 바람으로 중심가인 금남로 큰길 한복판에서 봉변을 당하는 차마 볼 수 없는 광경까지 연출되었다.** 이 광경은 많은 사람들에 의해 목격되었다. 특히 가톨릭회관 6층에 있는 천주교광주대교구청에서 이영수·조철현 신부를 비롯한 수녀와 일반신도들이 내려다보았다. 이 광경을 본 조철현 신부는 "내가 비록 성직자지만 옆에 총이 있었다면 쏴버리고 싶은 심정"이었다고 술회했다.(『광주일보』 1989년 2월 17일자)

더욱이 계엄사령부는 20일 오후 3시, '광주사태' 초반에 사용하던 것

---

* 5월 19일 오후 6시쯤 용봉동 롯데제과 광주지점 앞에서 붙잡혀 조선대 체육관으로 끌려간 강길조(38)는 날마다 혹독한 기합을 받으면서 젊은 사람들이 숨져가는 것을 목격했다고 증언했다.

** 이들은 팬티와 브래지어 차림으로 도청으로 끌려가 다시 기합을 받은 후 풀려났다.(황종건·신복진·김준태·나경택·김녕만, 2004, 52~53쪽) 계엄사는 이 사실을 "공수부대원들이 아들딸들을 대검으로 마구 찔러 죽이고 브래지어와 팬티만 입힌 채 장난질했다"라는 유언비어 사례로 왜곡하여 발표하기도 했다.(『조선일보』 1980년 6월 6일자)

보다 길이가 더 길고 두툼한 진압봉 2,313개를 광주로 공수하여 현장 공수 부대원(7공수 420개, 3공수 710개, 11공수 638개, 전교사 545개)들에게 나눠 주었다.(국방부과거사진상규명위원회 편, 2007, 73쪽) 이는 계엄사가 '광주사태'를 원만하게 수습하려는 것보다는 더욱 가중시키려는 의도를 가지고 있었음을 말해준다. 이러한 사실은 21일 '광주사태'를 원만하게 수습하려 던 윤흥정 전남북계엄분소장을 경질하고, 다음 날(23일) 후임자로 임명 된 소준열 소장에게 "우리 애들 사기 죽이지 말라"며 "과잉진압을 더욱 강 력하게 밀어붙이라"는 내용의 메모를 보낸 전두환 보안사령관의 의중이나 (서울지검, "5·18공소장"; 재향군인회 편, 1997, 299쪽) 21일 "왜 1개 대대의 탱크와 무장 헬기를 동원하지 않느냐"라는 황영시 육군참모차장의 다그침 에도 그대로 드러나 있다.(국방부과거사진상규명위원회 편, 2007, 78쪽; 서 울지검, "5·18공소장"; 재향군인회 편, 1997, 289쪽)

오후가 되면서 도청 광장 부근으로 모여든 시민들은 금방 2만~3만여 명으로 늘어났다. 시민들은 드럼통을 굴리면서 군경 저지선으로 접근하거 나, 화염병과 돌멩이를 던지기도 하고, 쇠파이프·각목·쇠갈퀴 등을 휘두 르기도 했다. 신군부가 주장한 대로 시민들은 '민중'의 또 다른 형태인 '폭 도'로 변해버린 것이다.

하지만 이렇게 방대하게 사흘째 벌어지고 있는 범시민적 항쟁인데도 앞장서서 규모 있게 이끄는 지도자는 한 사람도 없었다. 분노의 공감대가 이루어져 모여든 시민들, 이들 앞에 나와 구호를 외치고 이끄는 사람도 있 었으나, 그 선동자는 그때일 뿐, 계속해서 주동자나 선동자 노릇을 하는 것 은 아니었다.* 계엄사는 "북괴의 조종을 받은 폭동"이라고 공언하면서, 오

---

* 학생운동 지도부에 대한 체포와 피신으로 인해 지휘체계나 배후조직을 만들기는 사실상 불가능한 상태 였다. 당시 전남대 12명, 조선대 10명 등 모두 22명의 체포대상자 중 정동년 등 12명이 체포되고 10명은 피신한 상태였다. 학생회 간부들은 체포대상이 아니더라도 시위에 참가하거나 시위를 이끌 여건이 되 지 못해 일단 피신, 관망하는 입장이었다.(국방부과거사진상규명위원회 편, 2007, 61쪽)

히려 있지도 않은 유언비어 유포를 내세우는가 하면, 남파간첩을 왜곡하거나 교도소습격사건을 조작해 발표했다. 하지만 그러한 조직적 징후는 그 어디에서도 나타나지 않았다.*

* 5월 21일, 22일에 이희성 계엄사령관과 문화공보부는 담화문을 발표하고, '광주사태'는 "북괴의 간첩 또는 불순분자들의 소행이고 터무니없는 악성 유언비어 유포 때문"이라고 천명했다. 그러나 간첩 또는 불순분자 소행이나 터무니없는 악성 유언비어 유포는 오히려 계엄사가 조작해 발표하면서 '폭도들의 소행'이라고 전가했다. 예를 들면 5월 25일 아침 8시쯤 도청에서 경비를 맡고 있던 무장시위대원 장계범(23)이 오른쪽 뒤 어깨 부분에 "독침에 찔렸다"라고 소리쳤고, 옆에 있던 무전사 정한규(23·운전사)가 장계범의 어깨를 빨아대는 시늉을 한 후, 전남대병원에서 치료를 받는 척하다가 그날로 사라졌다. 장계범은 나중에 항쟁주체들이 연행돼 조사를 받던 계엄사에서 연락원 노릇을 하고 있음이 목격됨으로써, 독침사건은 계엄사가 '광주사태'를 '북괴에 의한 폭동'으로 몰아가기 위해 조작한 사건이었음이 밝혀졌다. 또한 23일 서울에서 체포된 북한의 간첩 이창룡은 '광주사태'와 전연 관련 없이 남파됐음에도 "광주에 침투하여 유언비어를 유포하고 시위 군중을 선동하여 살인방화를 조장하도록 남파되었다"라고 거짓 발표했다.(『동아일보』 1980년 5월 24일자) 그리고 계엄사령부는 6월 9일 (1) 고려연방제는 통일을 위한 밑거름이다. (2) 김일성 치하에서 살아보았느냐, 현 통치보다는 김일성 치하가 나을 것이다. (3) 학생데모는 민족의 역사를 바른길로 이끌어주려는 인민해방운동이다. (4) 광주사태는 권력에 짓눌려온 민중의 의거이며, 민중의 의거가 전국에 확산된다면 전국적으로 통일이 될 수 있다. (5) 월남이 망했다고 하나 분명히 분단월남은 통일되지 않았는가. (6) 계엄군이 여학생의 유방을 도려냈으며, 광주시민을 대검으로 무수히 찔렀다. (7) 계엄군에게 환각제를 먹여 얼굴이 벌겋게 된 군인이 광주시내를 누볐다. (8) 택시운전사가 부상자 4명을 병원에 싣고 갔는데, 계엄군이 이 운전사를 공개처형했다는 8개의 유언비어 사례와 함께 이를 광주에서 듣고 서울에 유포시켰다는 혐의로 동아일보사 심송무 등 8명의 기자를 구속했다고 발표했다.(『동아일보』 1980년 6월 9일자; 『조선일보』 1980년 6월 10일자) 그러면서 이러한 유언비어를 '폭도'들이 조작해 퍼뜨린 것이라고 전가했다. 그러나 8개 가운데 (7)만 유포된 것이 사실이고 (1), (2), (3), (4), (5)는 '광주사태' 기간 중 단 한 번도 유포된 적이 없었다. (6)과 (8)은 실제 존재했던 사실에 "유방을 도려냈다" "공개처형했다"라는 참혹한 대목을 첨가하여 계엄사가 유언비어로 조작·왜곡해 '폭도들의 소행'이라고 발표한 것이다. 심지어 19일 오후 4시 30분 계림초등학교와 광주고교 사이에서 시위 군중들에 둘러싸여 억류된 장갑차가 발포해 김영찬(조선대 부속고교생)이 부상당한 것을 "군에서는 데모 진압병력에 실탄을 지급하지 않아 5월 19일 발포한 사실이 전무하였음을 감안할 때, 고교생은 특정 데모세력에 의해 무성권총(無聲拳銃)으로 사격, 계엄군이 발포한 것으로 선동하기 위한 지능적 수법으로 판단된다"라고 기술했다.(『383-1980-89』의 113쪽을 인용해 작성한 보안사 『광주사태 일일속보철』(1980년 5월 20일); 국방부과거사진상규명위원회 편, 2007, 79·115·117쪽) 보안사는 이를 사실로 조작하기 위해 당시 김영찬을 병원으로 옮긴 공중보건의 정은택을 유언비어 유포죄로 소환하기도 했다.(『연합뉴스』 2007년 5월 11일자) 또한 국방부는 "좌익수 170명 등 2,700명이 수감돼 있는 광주교도소를 폭도들이 다섯 차례나 습격했다"라며 있지도 않은 광주교도소습격사건을 조작해 발표했다.(국방부, 1985, 47쪽) 결국 이 사건도 국방부과거사진상규명위원회의 조사결과, 조작되었음이 밝혀졌다.(국방부과거사진상규명위원회 편, 2007, 118쪽)

운전기사들의 봉기와 민중항쟁으로의 확산

19일 공수부대원들은 학생들을 실어 나르고 부상당한 시민들을 병원으로 옮겨준다는 이유로 시내버스와 택시를 세우고 손님뿐 아니라 운전기사까지 마구 구타했다. 이에 분개한 택시기사들 사이에서 "한번 항거해보자"는 마음이 하나로 통했다. 20일 아침식사를 위해 신안동 어느 해장국집에서 우연히 만난 5~6명의 택시기사들은 "일할 맛이 나지 않는다" "한번 뭉쳐보자"는 말들을 무심코 나누었다. 그러다가 그날 당장 오후 2시 이후에 봉기를 결행하기로 합의하고, 집결장소는 주차하기 좋고 공수부대원들의 눈에 띄지 않는 무등경기장으로 정했다. 오후 4시 무렵부터 약속장소에 택시는 물론 버스와 트럭 200여 대가 모여들었다. 오후 5시 30분, 운전기사들은 일제히 헤드라이트를 켜고 도청 광장을 향해 출발했다. 이는 결속력이 강한 운전기사들 사이에서 공수부대의 만행에 대한 분노의 공감대가 이루어진 결과였다. 이들이 일어선 것은 학생과 시민들이 민주화를 외치다 다치고 죽는 데 동조한 측면도 없지 않지만, 그보다는 당장 자신들이 당한 억울함과 분통에 사로잡혀 폭발한 것이다.

헤드라이트를 켠 200여 대의 차량행렬이 무등경기장을 떠나 금남로 5가를 거쳐 1가까지 진출한 것은 7시 무렵이었다. 길거리로 몰려든 시민들은 순식간에 수만 명을 이루어 차량시위대와 함께 전진하면서, "이기자, 이겨야 한다"라고 외치며 박수와 환호로 격려했다. 일방적으로 당하기만 했던 시민들은 차량시위가 벌어지자, 이제 "우리도 해볼 수 있다"는 자신감이 생기는 듯 한결 고무된 모습이었다.

시위대는 도청 광장과 전일빌딩 사이의 공수부대 저지선을 돌파하기 위해 대형 버스 네 대를 맨 앞에 세우고 전진하기를 거듭했다. 화물차와 택시들이 뒤를 이었다. 시민들은 그 뒤를 따르며 구호를 함께 외쳤다. 시위대열을 저지하려는 공수부대와 경찰은 '차량저지 특공대'를 급조해 선두차량의 유리창을 부수고 최루탄을 던져 넣었다. 오후 7시 45분, 공수부대는 전일빌딩 앞에 장갑차로 바리케이드를 쳤다. 선두의 대형 버스나 성난 민중들이 장갑차로 가로막은 공수부대 저지선을 뚫고 더 이상 전진하는 것은 불가능했다. 시위대와 공수부대는 20여 미터의 간격을 두고 대치했다. 공수부대 뒤쪽에 있던 경찰이 페퍼포그로 최루탄 가스를 마구 뿜어대자 시위대원들은 이를 흠뻑 뒤집어써야 했다. 그런데도 대형 버스와 화물차를 앞세운 시위대는 공수부대 대열을 향해 한 발자국씩 다가들며 육박전을 벌이고 나섰다. 수십 대의 차량 사이에는 머리가 깨지거나 어깨를 다친 피투성이 부상자들이 쓰러져 있었다. 부상당한 운전기사를 부둥켜안은 안내양 차림의 10대 소녀는 "앰뷸런스를 보내 달라"고 절규하고 있었다.(『1980년대 민주화운동』 6, 76쪽)

차량시위대와 수많은 시민들은 공수부대의 극력 저지로 도청 광장으로 들어가는 것이 불가능해지자 금남로 길목을 포기하고 경찰이 지키고 있는 노동청 길을 택했다. 길 폭이 넓어 차량으로 밀어붙일 수 있다고 본 것이다. 경찰은 최루탄을 쏘아대면서 갑자기 몰려오는 차량시위대를 필사적으로 저지하고 나섰다. 10여 대의 버스를 앞세운 수많은 시위대원들이 갖가지 구호를 외치며 저지선을 무너뜨리려고 안간힘을 쓰고 있는 가운데, 노동청 길목은 훨훨 타오르는 건물과 차량의 불길로 대낮 같았다.

밤 9시를 조금 넘어 시위대 차량들이 총공세를 펼치고 나섰다. 바로 이때 시동이 걸린 시위대 버스 한 대가 경찰 저지선으로 돌진했다. 최루탄 가스에 놀란 운전기사가 운전대를 놓아버린 것이다. 저지선상에 있던 함평경찰서 강정웅(39)·박기웅(40)·이세웅(31)·정충길(40) 등 네 명의 경찰관이 깔려 숨지고 다섯 명이 중경상을 입었다. 네 구의 시신이 먼저 도청 현관으로 운반되어 오고, 나중에 다섯 명의 부상자가 도착했다. 부상자를 급히 병원으로 이송해야 할 모든 길은 시위대열로 꽉 막혀 있었다. 경찰 측에서 스피커를 통해 호소하자 시위대원들은 순순히 비켜주었다.

이날 밤 운전기사들의 궐기는 광주시민들의 항거를 '민중항쟁'으로 승화시키는 결정적 계기가 되었다. 여기에 혜성같이 등장한 전옥주(본명 전춘심)는 소형 화물차에 매달린 스피커를 통해 애절한 목소리로 모든 시민들을 거리로 뛰쳐나오게 만들어 광주 시가를 온통 들끓게 했다.(김영택, 1996, 87·105쪽; 국방부, 1985, 38쪽) 밤 9시 50분쯤 궁동 쪽에서 갑자기 새빨간 불기둥이 솟아올라 광주문화방송국MBC을 휘감아버렸다. 시위 군중들은 저녁 7시 뉴스에서 계엄사의 거짓투성이 발표문을 보도한 데 분노를 느낀 나머지 광주문화방송국에 불을 질러버린 것이다. 이날 오후 전남북계엄분소가 '광주사태' 이래 처음으로 담화문 형식의 보도문을 통해 한승철 등 167명을 석방했다며 명단을 공개했는데, 시민들은 계엄분소가 이들을 주모자요 범법자로 규정한 데 분개했다. 또한 새벽녘이 되었을 때 3,000여 명의 시민들은 광주역에서 건너다보이는 광주방송국KBS 건물 역시 "거짓말 방송국" "전두환 꼭두각시 방송국"이라며 화염병을 던져 불태웠다.(재향군인회 편, 1997, 278쪽; 정동년, 1996, 413쪽)

자정이 넘었는데도 시민들의 수는 점점 늘어나 노동청 쪽에 2만여 명이 다시 모여들어 경찰 저지선을 밀어붙이고 있었다. 전옥주는 마이크를 통해 "도와주세요. 경찰관 아저씨, 아저씨들은 우리 편입니다"라며 울부짖었다. 전옥주는 시위대열을 광주세무서 앞으로 이끌면서 "세무서를 불질러버리자. 세금 걷어 국민 잡는 공수부대를 키웠으니 세무서도 나쁜 ×들이다"라고 외쳤다. 시민들은 웅성거리며 몰려가 먼저 광주세무서 별관인 단층 목조건물에 화염병을 던졌다. 본관은 다음 날 낮에 불타게 된다.

계엄사는 19일과 20일 아침, 이미 추가로 투입한 제11공수여단, 제3공수여단 외에 서울에 주둔하고 있던 보병 제20사단을 광주에 또다시 투입했다. 차출된 3개 연대 및 사단직할부대 병력 4,946명(장교 279명/사병 4,667명)은 시차를 두고 열차 편으로 21일 아침 송정리역에 도착해 전교사에 배속되었다. 아침 8시쯤 도착한 제20사단 제61연대는 광주교대로 이동하던 중 돌고개 근빙에 바리케이드를 치고 도로를 차단하고 있던 수백 명의 시위대원들에게 저지당해 상무대로 되돌아가야 했고, 고속도로를 타고 광주에 도착한 제20사단 지휘부 차량들은 광주공업단지 입구에서 50여 명의 시위대원들로부터 화염병 공격을 받고 지프차 14대 모두를 탈취당했다. 시위대원들은 탈취한 지프차를 타고 광주공업단지에 있는 아시아자동차공장으로 몰려가 버스·지프·장갑차·가스차 등 260여 대의 각종 차량을 끌고 나왔다.(『5·18청문회 회의록』21호, 1988년 12월 21일, 박준병 증언)

21일 아침 6시 30분쯤 밤을 새워 시위를 벌이고 있던 시민들은 대형 태극기에 덮인 시체 두 구를 손수레에 태우고 가톨릭회관 앞에서 공수부대와 맞섰다. 사망자가 없다는 발표에 대한 항의의 뜻이었다. 어느 때보다 이른 아침인데도 금남로 3가 일대에는 많은 사람들이 모여들었고, 시간이 갈수록 늘어나 오전 9시쯤에는 5만여 명으로 불어났다. 청바지와 빨간 점퍼에 머리를 길게 늘어뜨린 전옥주가 구호를 외치며 시위대열을 주도했다. 이에 대해 이의를 다는 사람은 아무도 없었다.

그때 뒤에서 누군가가 "우리 더 이상 사상자가 생기지 않도록 계엄군 측과 협상합시다"라는 주장을 펴고 나왔다. 그러자 "옳소" 하는 외침과 동시에 "무작정 이렇게 밀고 나갈 것이 아니라 당국이 사과를 한 후, 우리의 명예를 회복시켜준다면 타협하는 것이 좋지 않겠느냐"라는 의견도 제시되었다. '군의 사과와 시민의 명예회복'이 기본적 타협조건이었다. 이는 전날 밤새 밀어붙이며 함성을 지르던 들뜬 흥분과는 180도 달라진 자세로서 차분하게 가라앉은 분위기였다. 즉석에서 협상대표로 뽑힌 전옥주·김범태(조선대 법과 1)·김상호(전남대 상대 2) 외 1명(신원불명) 등 네 명이 여러 의견을 종합했다. (1) 유혈사태에 대한 도지사의 사과, (2) 연행된 시민·학생을 즉시 석방하되 여의치 않으면 소재 파악이라도 해줄 것, (3) 공수부대는 오늘(21일) 정오까지 시내에서 철수할 것, (4) 전남북계엄분소장과의 협상을 주선해줄 것 등 4개 항으로 요약된 협상안을 가지고 공수부대 대열을 통과해 도청으로 들어가 장형태 전남도지사를 만났다. 협상은 순조롭게 진행되었다. 장형태는 (1)항은 얼마든지 받아들이되, (2)항과 (3)항은 자신이 결정할 소관은 아니지만 적극 건의하겠고, (4)항은 반드시 성사되도록 주선하겠다고 약속했다.* 장형태는 합의된 사항을 시위대열 앞에서 직접 발표해달라는 협상단의 요구를 수락하고, 도청 현관에 나와 마이크가 준비되기를 기다리고 있었다.(김영택, 1996, 99쪽 사진) 그러나 그는 어찌된 일인지 시민들 앞에 끝내 나오지 않았다.** 이에 실망한 시민들은 공수부대를 마주보며 한 발자국씩 자꾸 다가갔고, 공수부대 대열은 광주관광호텔까지 밀렸다. 시민들과 공수부대원들 사이는 부딪힐 만큼 가까운 5m 정도로 좁혀졌다. 오전 10시 10분쯤 광장 끝 쪽 상무관 앞에 있는 공수

---

* 이때가 오전 9시 조금 지나서였다.〔『죽음을 넘어 시대의 어둠을 넘어』(전남사회운동협의회 편)는 9시 50분으로 기록하고 있다〕도청까지 뒤따라간 필자는 협상을 마치고 나오는 전옥주·김범태·김상호 외 1명을 도청 본관 현관에서 약식으로 단독 인터뷰하며 협상의 성사 사실과 네 명의 협상대표 인적사항을 확인하던 중, 이들이 급히 시위대열 쪽으로 뛰어가는 바람에 나머지 한 명의 신원을 파악하지 못했다.(정상용·유시민 외, 1990, 216쪽은 전옥주·김범태·김상호 세 명으로, 전남사회운동협의회 편, 1985, 110쪽은 전옥주·김범태 두 명으로 표기) 네 명의 협상대표가 대치하고 있던 공수부대 대열을 통과해 도청 안으로 들어갈 수 있도록 주선한 사람은 중령계급과 지휘관 휘장을 달았던 두 명의 대대장(제61대대장 안부웅 중령, 제35대대장 김일옥 중령) 중 한 사람이었다.(김영택, 1996, 99쪽) 그 후 안부웅 중령은 "여자와 남자 3, 4명 정도가 시위대 대표로 나와 제35대대장의 안내로 도청에 들어갔다"라고 말해 자기들이 장형태 도지사에게 안내한 것처럼 언급했다.(조갑제, 2007b, 52쪽) 그러나 대치하고 있던 공수부대 대열을 협상 대표들이 통과할 수 있도록 조치한 것은 사실이지만, 도청까지 직접 안내한 것은 아니었다.
** 일부에서는 협상이 결렬된 것으로 기록하고 있으나(전남사회운동협의회 편, 1985, 110쪽) 그런 것은 아니었다. 협상대표들의 요구를 모두 받아들인 장형태 지사는 시위대열 앞으로 나와 발표하려고 마이크를 준비토록 지시한 후 대기 중이었지만, 웬일인지 끝내 나오지 않고 지사실로 돌아간 후 헬기를 타고 선무방송에 나섰다. 그는 계엄사 측의 요구로 시위대 앞 설명을 포기한 것으로 보인다.

부대원들에게 실탄이 지급되었다. 실탄은 이미 전날인 20일 밤에 지급된 바 있으나 공개적으로 지급된 것은 처음이었다.* 뒤쪽에서 실탄을 받은 3개 소대가량의 병력이 맨 앞으로 나와 시위대와 맞섰다.

공수부대의 발포와 시민들의 무장투쟁

21일 정오가 지나고 오후 1시가 다 되어갈 무렵 도청 광장은 어쩐지 어수선하면서도 긴장감이 감돌았다. 일촉즉발의 분위기였다. 공수부대원들은 시위대원들에게 자꾸 밀려 도청 광장 안으로 물러나 있었다. 12시 58분, 갑자기 광성여객주식회사 관광버스 두 대가 쏜살같이 시위대열 옆을 통과해 공수부대가 장악하고 있는 도청 광장 한가운데로 진입해 분수대를 돌고 있었다. 공수부대는 여기에 즉각 발포했다. 공수부대 측은 살아남기 위해 자위권 발동 차원에서 본능적으로 발포했다고 주장했다.(『5·18청문회 회의록』 26호, 1989년 1월 27일, 안부웅 증언) 동시에 다른 쪽에서도 총소리가 들려왔다.** 그 총성은 그렇게 많지 않았다. 두 대의 버스 중 한 대는 다

---

* 당시 61대대장 안부웅 중령은 국회 5·18청문회에서, 이때 지급된 실탄은 1인당 10발씩 총 1,680발이며, 제31사단으로부터 공급을 받았다고 답변했다.(『5·18청문회 회의록』 26호, 1989년 1월 27일, 안부웅 증언) 그러나 제31사단장 정웅은 역시 국회 5·18청문회에서, "바로 그때 31사단 병력은 도청 광장에 없었기 때문에 31사단이 공수부대에 실탄을 지급했다는 증언은 사실과 다르다"라고 증언했다.(『5·18청문회 회의록』 21호, 1988년 12월 21일, 정웅 증언) 그러나 필자가 목격한 바로는 31사단이 실탄을 지급했는지 여부는 알 수 없으나, 소수였지만 전교사 또는 31사단 병력으로 보이는 일반군복을 입은 병력이 있었음은 분명하다.

** 이 총소리에 대해 항쟁주체 측은 이미 다른 곳에 배치된 공수부대원들의 발포라고 주장하는 반면, 공수부대 측은 이미 무장한 시위대 측의 대응발포라고 주장했다. 그러나 항쟁에 가담했던 민중들은 물론, 당시 주상섭 전남경찰국 통신과장도 "이때까지 시위대원들의 무기탈취나 무장은 전연 없었기 때문에 시위대원의 대응발포는 터무니없다"라고 말했다. 또한 항쟁주체로서 시민학생투쟁위원회 부위원장을 맡았던 정상용은 국회 청문회에서 "이 총소리는 또 다른 쪽의 공수부대가 쏜 총소리였다"라고 증언했다.(『5·18청문회 회의록』 26호, 1989년 1월 27일, 정상용 증언) 이 같은 항쟁주체 측의 주장에 대해 현장지휘관이었던 최웅 제11공수여단장은 시위대의 대응발포라고 주장했다. 최웅 여단장은

시 시위대열 쪽으로 돌아왔지만, 다른 한 대는 분수대 옆에 멈춰 섰다. 운전기사가 총탄에 맞아 숨진 것이다. 또다시 숨 돌릴 틈도 없는 12시 59분, 아시아자동차회사에서 끌고 나온, 앞이 뾰쪽한 해병대용 장갑차 한 대가 전속력으로 질주해 들어갔다.* 관광버스 진입 때 물러났다가 즉각 앞쪽으로 다시 나와 있던 공수부대 대열이 재빨리 흐트러지면서 황급히 피했지만 미처 물러나지 못한 두 명의 사병이 장갑차에 치었다. 권상운 상병은 즉사하고, 다른 한 명은 중상을 입었다. 관광버스와 장갑차의 기습은 대치상황을 급전직하로 몰아넣었다. 즉각적인 발포로 이어졌기 때문이다.(정상용·유시민 외, 1990, 218쪽, 이 책에는 사망한 사병 이름을 권용운으로 기록)

바로 이어 오후 1시 정각, 도청 옥상 네 방향으로 설치되어 있는 스피커를 통해 가사 없는 애국가가 장중하게 울려 퍼졌다. 동시에 수백 발의 총성이 일제히 울렸다. 애국가에 맞춘 발포명령인지 여부는 아직도 밝혀지지 않았지만, 애국가가 울림과 동시에 요란한 총성이 한꺼번에 울린 것은 분명했다. 애국가가 발포명령이었다는 주장은 이 때문에 제기되었다.(김영택, 1988, 103쪽; 광주광역시 5·18사료편찬위원회 편, 1998, 119쪽; 정상용·유시민 외, 1990, 219쪽; 김충근, 1997, 223쪽) 19일 이후 산발적으로 터진

"옥상으로부터 무장한 시위대원들이 사격한 것은 틀림없습니다. 시위대는 그 전날 밤(20일 밤) 각 관공서를 습격하고 예비군 무기를 탈취한……, 결국 시민이 무장했다는 이야기가 되겠습니다"라고 국회에서 증언했다.(『5·18청문회 회의록』 20호, 1988년 12월 20일, 최웅 증언) 또한 평화민주당 최봉구 의원은 "5월 21일 13시 30분 현재 시위 군중들이 총을 쏘았다는 기록이 제7여단 전투상보에 나와 있다"라고 확인했다.(『5·18청문회 회의록』 26호, 1989년 1월 27일, 최봉구 질의) 하지만 제2군사령부와 계엄사령부의 "상황일지"는 "21일 15시 50분 이후 시위대의 무기탈취사건이 있었다"라고 기록하고 있다. 이에 의하면 무장시위대는 오후 3시 50분 이후에야 출현할 수 있었다. 따라서 시위대 측의 대응 발포가 아니라 다른 공수부대의 발포임이 분명한 것으로 보인다.
* 필자의 취재수첩에는 12시 58분 광성여객주식회사 소속 관광버스 두 대가 먼저 도청 광장으로 진입했고, 1분 후인 12시 59분 장갑차가 진입한 것으로 분명하게 메모되어 있다. 버스가 먼저, 장갑차가 나중에 진입하는 현장을 도청 3층에서 직접 목격하면서 기록했기 때문에 이 사실은 정확하다. 정상용·유시민 외, 1990, 218쪽에는 두 대의 버스가 기습한 내용은 없고, 해병대용 장갑차가 기습한 것으로만 기록되어 있다. 다른 자료들도 마찬가지다.

도청 앞 광장으로 희생자들의 관을 옮기는 유가족들

총성은 있었지만 이렇게 많은 총소리가 한꺼번에 울린 것은 처음이었다. 이때의 발포는 사전경고성 공포인 듯 모두가 공중으로 발사되었다. 이 총성은 진압봉, 개머리판, 군홧발, 대검을 이용한 물리적 폭력에 의한 '살육'을 현대적 무기인 총탄을 동원한 본격적 '살육'으로 전환했음을 의미하는 신호이기도 했다. 21일 오후 3시 이전의 발포사례는 〈표4〉와 같다.

발포가 시작되자 시민들은 다소 동요의 빛을 보이는 듯했다. 그러나 오후 1시 10분쯤 1,000여 명이 금남로 3가 양쪽 보도에 다시 모여들었다. 공수부대도 장갑차 한 대씩을 금남로와 노동청 쪽으로 각각 돌려놓았고, 10여 명의 저격수들이 금남로 쪽 큰길을 향해 '앉아 쏴' 자세를 취한 채 오가는 시민들을 예의 주시하고 있었다. 이때 금남로 3가 큰길 양쪽 인도에서 대형 태극기를 흔들며 갖가지 구호를 외쳐대던 젊은이들이 차분하게 애국가를 부르기 시작했다. 최후의 결전을 앞두고 마지막으로 불러보는

표4 21일 오후 3시 이전의 발포사례

시간	내용
19일 16시 30분	계림동, 제11여단 제63대대 소속 장갑차(장교 1명, 사병 9명)가 이동 중 시민들에 포위된 채 방화 위협을 받자 M16으로 발포, 김영찬 총상
20일 20시 30분	시위대가 불을 붙인 드럼통을 굴리며 돌진해오자 광주역을 수비 중이던 제3공수여단 제16대가 발포
20일 22시 30분	광주역과 광주시청 앞에서 시위대와 대치하고 있던 제3공수여단 제11·12·15 대대병력이 M60기관총·권총·M16소총으로 위협사격
20일 23시	도청 앞에서 10만여 명의 시위대와 대치 중이던 제3공수여단 제11대대 병력이 M16소총으로 위협발사
20일 24시	광주역 앞에서 시위차량과 대치 중이던 제3공수여단 제12·15대대 소속 장교들이 발포, 김재화·김만두·김재수·이북일 등 4명 사망, 최영철 등 20여 명 부상
21일 12시	광주역 부근 신안동 굴다리에서 제3공수여단 제13대대 장교들이 시위대에 발포, 같은 시간 광주역에서 제3공수여단 병력이 발포
21일 12시 58분	도청 광장으로 기습 진입한 관광버스 2대에 제11공수여단 병력이 발포, 운전기사 1명 즉사
21일 12시 59분	도청 광장으로 기습해오는 시위대 장갑차에 제11공수여단 병력이 발포
21일 13시 정각	도청 광장에서 제7, 제11공수여단 병력이 애국가에 맞춰 M60기관총과 M16소총으로 일제히 공중에 발포
21일 13시 10~30분	금남로 3가 도로상에서 구호를 외치는 시위대에 제11공수여단 병력이 정조준하여 일제히 발포함으로써 많은 사상자 발생
21일 13시 30분~15시	전남대 정문 주변에서 제3공수여단 병력이 시위대에 발포, 최미애 외 1명(성명 미상) 사망, 5명 부상

출처: 재향군인회 편, 1997, 291~292쪽; 김영진, 1989, 222~230쪽; 정상용·유시민 외, 1990, 217~235쪽: 서울 지검 및 국방부 검찰부 발표문: 서울고법 항소심 판결문: 필자의 취재 등을 종합

애국가인 듯 잠시 숙연한 분위기가 감돌았다. 몇 사람이 다시 구호를 외치고 있는 가운데 5~6명의 젊은이들이 큰길 복판으로 뛰쳐나갔다. 그중 한 명은 대형 태극기를 들고 있었다. 도청 광장으로부터 300여 미터 떨어진 금남로 한복판에서 태극기를 흔들며 "전두환 물러가라" "계엄령 해제하라"는 구호를 외쳐댔다. 이때였다. 갑자기 "따당" "따당" 요란한 총성이 울렸다. 태극기를 흔들며 구호를 외쳐대던 몇 명이 그대로 쓰러졌다. 머리와 가슴과 다리에서 붉은 피가 쏟아졌다. 사격자세를 취하고 있던 공수부대 쪽에서 집중 발포한 것이다. 시위대원을 향해 공개적으로 가해진 정조준

발사였다. 몇 명이 뛰어나가 시체와 부상자들을 들어냈다. 또 다른 5~6명이 역시 태극기를 들고 나가 흔들면서 구호를 외쳐댔다. 또다시 사격이 가해졌다. 그들도 맥없이 쓰러졌다. 그러면 또다시 들어내고 다시 태극기를 흔들며 구호를 외치고, 또 쓰러졌다. 비극의 시위는 대여섯 번이나 되풀이되었다. 그때마다 총알은 여지없이 날아들었다. 구호만을 외치며 순수하고 평화적인 시위를 벌이고 있는 시민들에게 정조준해서 총탄을 퍼붓는 비극적 상황은 주위에서 만류하는 웅성거림이 있고 나서야 중단되었다.(김영택, 2004, 175쪽; 정상용·유시민 외, 1990, 219쪽)

반복되던 젊은이들의 시위가 끝날 무렵 어디서 나타났는지 알 수 없는 시위대의 해병대용 장갑차 한 대가 또다시 공수부대원들이 점거하고 있는 도청 광장으로 질주해 들어갔다. 머리에 흰 띠를 두르고 장갑차 위에서 태극기를 흔들며 "광주 만세"를 외치던 그 젊은이는 윗도리를 완전히 벗어버린 채였다. 즉각적인 공수부대의 총격을 받은 그의 머리가 푹 고꾸라졌다. 또한 이 장갑차를 향해 일제히 가해진 총격으로 충장로 입구 도심빌딩 5층에 살고 있던 황호정(62)이 총탄을 맞고 그 자리에서 숨졌다.* 동구청 앞에서 학생 4명 등 7명이 총에 맞아 쓰러져 있다는 보고도 도청에 들어갔다.

오후 2시 35분, 공수부대원들은 분수대에서 가까운 금남로 쪽에 민간인 소형 트럭과 버스로 바리케이드를 치고 3,000여 명으로 늘어난 시민들을 지켜보고 있었다. 시민들은 공수부대의 발포 때문에 300~400m 정도 거리를 두고 웅성거리는 상태였다. 도청 별관과 수협 전남지부, 도심빌딩을 비롯한 인근 건물 옥상에는 얼룩무늬 군인들이 사격자세를 취하고 있었다. 이들은 충장로와 학동 쪽 입구를 비롯한 도청 부근을 오가는 행인들

---

* 황호정은 어린 손주와 조카들이 창문을 열고 밖을 내다보려 하자 이를 만류하고 창문을 닫으려는 순간 총격을 받았다. 이 총격사건을 놓고 "군이 직접 사격한 것"이라는 주장과 "유탄"이라는 주장이 엇갈려 있다.

에게 무조건 발포했다. 도청 인근에 있는 점포나 주택들은 모두 문을 닫아야 했다. 그때까지 남아 있던 도청 직원들도 실내로 들어가야 했고, 곧 도청을 떠나야 할 상황이 되어갔다.

군의 공식적인 발포는 곧 상대방에 대한 무차별 사살을 의미했다. 타협의 여지를 배제한 채 무조건 총탄으로 굴복시키려는 의도였다. 군의 요구대로 무조건 순응하든가, 아니면 죽어도 좋으니 끝까지 저항하든가의 두 갈래 갈림길에 선 가운데, '적극적 민중'으로 탈바꿈한 광주시민들은 후자를 택했다.[*] "한국전쟁 이후 일찍이 겪어보지 못한 공수부대의 만행이 극도에 달해 있었기 때문에 광주시민들은 모두 한 덩어리가 되어 항쟁에 참여하게 되었으며, 시민들은 우리가 했던 일들에 대해 자랑스러워하고 있다"라는 어느 여교사의 표현처럼 후자의 선택은 필연적인 귀결이었다. 〔『슈투트가르터 차이퉁』 1980년 5월 27일자(유지훈 편역, 1998, 340쪽 수록)〕

학생과 젊은이들은 오후 1시를 기해 공식적인 발포가 시작되자 무기를 확보하기 위해 각 방면으로 흩어져나갔다. 이제 총이 아니면 공수부대에 대항할 수 없다고 판단한 것이다. 공수부대의 발포가 본격화되는 오후 1시부터 1시간 남짓 머뭇거리던 시위대원들은 '이에는 이'라는 강경대응의 상징인 무기의 필요성을 절감하고 수십 대의 차량들을 몰고 시외로 빠져나갔다. 우선 광주에서 가까운 화순과 나주 지역 예비군 무기고에 집중했다. 광주시내 예비군 무기들은 이미 대피시킨 상태였다. 시위대원들이 가장 먼저 시도한 것은 화순탄광의 다이너마이트 확보였다. 그들에게는 다이너마이트야말로 공수부대가 주둔하고 있는 도청을 폭파시켜버리기에 아주 좋은 무기라고 여겨졌다. 10여 대의 차량을 타고 화순탄광으로 달려

---

[*] "우리는 왜 총을 들 수밖에 없었는가?"(『1980년대 민주화운동』 6, 174쪽; 『5·18광주민주화운동자료총서』 2, 63쪽); 조비오(조철현), "내가 비록 성직자지만 옆에 총이 있었다면 쏴버리고 싶은 심정이었다."(『광주일보』 1989년 2월 17일자)

간 시위대원들은 광부들의 도움을 받아 60여 개의 다이너마이트와 카빈소총 64정을 입수했다. 돌아오면서 화순경찰서 무기고에서 카빈과 M1 소총 200여 정, 수류탄 230여 개, 실탄 1만 4,000여 발, 동복·능주 지서에서 카빈 및 M1 소총 1,300여 정과 실탄 2만 2,000여 발을 탈취했다. 또한 광주시 소태동에 있는 석탄공사 화약고를 기습하여 TNT 3만 7,000여 개와 뇌관을 손에 넣었다. 나주 방면으로 달려간 시위 군중들은 나주경찰서 본서와 금천·다시·영산 지서, 영강동·금성동·중앙동 파출소에서 카빈소총 1,200여 정, M1소총 255정, 권총 25정, 공기총 151정과 탄약 6만 7,000여 발을 탈취해 오후 4시 전후에 돌아왔다.(국방부과거사진상규명위원회 편, 2007, 29쪽) 또 다른 젊은이들은 장성·영광·담양·보성·무안·영암·함평은 물론 멀리 강진·해남·완도·곡성·구례까지 쫓아가 무기와 탄약을 탈취해 광주로 돌아와 다른 젊은이들에게 나눠주었다. 그리고 그곳에 '광주의 살육'을 전하며 항쟁의 당위성을 역설했다. 무기를 확보하기 위해 사방으로 쏟아져간 이들은 '5·18민중항쟁'의 도내 확산에 결정적 역할을 했다. 그 가운데서도 목포를 비롯한 도내 곳곳의 시위와 항쟁을 더욱 격렬하게 벌이는 동기가 되었다.(재향군인회 편, 1997, 283쪽) 특히 목포는 김대중 출신 지서여서 '광주 살육'에 직접적인 자극을 받아 어느 지역보다 극심하게 시위를 벌였다.

21일 오후 공수부대가 발포하자 광주 시위대원 200여 명은 이에 대항할 무기를 탈취하고자 일반버스와 화물자동차 다섯 대에 나누어 타고 광주를 빠져나가 나주와 함평, 무안을 거쳐 목포 입구에 도착했다. 이들은 무기탈취에 앞서 목포시민들의 궐기를 촉구하여 도내로 확산시키는 것도 중요하다고 판단하고, 차량시위를 벌이며 시내로 진입하면서 광주에서 있었던 공수부대의 만행 참상과 피해 상황을 마이크를 통해 자세하게 전했다. 그들은 동시에 "김대중 석방하라" "계엄령 해제하라" "살인마 전두환 물러가라"라는 구호를 목청껏 외치며 목포시민들의 궐기를 촉구했다. 10·26정변 이후 김대중에 대해 한껏 기대를 걸고 있던 목포시민들은 그의 구속 소식에 다시 한번 분통을 터뜨리며 광주 시위대를 환영했다. 광주 시위대원들이 목포역 광장에 도착할 무렵 2만여 명의 시민들이 삽시간에 모여들었다. 일부 시민들은 광주 시위차량에 "비상계엄 해제" "김대중 석방" 등의 현수막을 달아주는가 하면 빵과 음료수를 건네주기도 했다. 오후 3시가 되어 광주 시위차량들이 20여 명의 목포 젊은이들을 싣고 광주로 되돌아갔다. 시민들은 태원여객 소속 시내버스를 동원하여 가두행진을 벌이며 "김대중 석방"과 "계엄철폐"를 외치는 한편, "목포시민들의 단결된 힘을 보여주자"라고 호소했다. 이들은 유달산 입구에 있는 KBS방송국에 들어가 방송을 시도하려 했으나 뜻을 이루지 못했다. 이곳 KBS와 MBC TV방송은 20일부터 방송이 중단되어 있었다. 일부 시위행렬은 시청으로 몰려가 유리창과 기물을 파손하기도 했고, 밤 9시경에는 대부분의 경찰들이 광주로 징발되어 텅 비다시피 한 경찰서에 들어가 유리창과 기물을 부수고 경찰 트럭 한 대와 호송차 한 대를 불태웠다. 밤중이 되면서 무안·함평 시위대들이 몰려와 목포 시위대에 합류하는 바람에 시위는 더욱 격렬해졌다.

다음 날인 22일 새벽 0시를 기해 일부 시민들은 귀가했으나, 학생과 젊은이들은 더욱 격렬한 시위를 벌이며 밤을 새웠다. 아침 7시쯤 시민들은 다시 목포역 광장으로 모여들었다. 낮 12시경에는 오창환 목포대학장과 안철 등 목사·재야인사·정당인들이 모여 (1) 치안은 유지되어야 한다, (2) 시민 이름으로 궐기대회를 갖는다, (3) 정치보복은 없어야 한다, (4) 계엄군은 목포진입을 하지 않아야 한다, (5) 식량은 확보되어야 한다 등을 결의하고, 모든 것을 재야인사인 안철에게 위임했다. 이에 따라 오후 2시부터 1만여 명의 시민들이 목포역 광장에 모여 '제1차 민주헌정 수립을 위한 시민 궐기대회'를 열었다. 이 자리에서 안철 시민민주투쟁위원회위원장은 "광

군용차량을 타고 광주시내를 순찰하는 시민군

주시민 학살은 반역사적·반민족적 음모"라고 규탄하면서 목포시민들의 긍지를 살리자고 호소했다. 대회를 끝낸 시민들은 시위를 벌이고 나섰다. 시민궐기대회와 시가시위는 23일에 이어 날마다 벌이는 가운데 28일 새벽까지 계속되었다.

27일 새벽 광주에서는 계엄군이 시내에 진입하여 도청을 장악하고 시민군을 제압했는데도, 목포에서는 오전 11시 '제5차 민주헌정을 위한 목포시민 궐기대회'를 열고, "우리 겨레와 자유 세계인들에게 보내는 목포시민 결의문"을 채택하면서 항쟁을 계속하기로 다짐했다. 이에 따라 오후 8시부터는 횃불시위까지 벌이며 28일 새벽까지 밤을 새워 계속했다. 그러나 경찰과 해군 병력으로 구성된 계엄군에 의해 진압되었다.

해남에서는 21일 낮 12시 반 삼산면 대흥사에서 박충하 해남청년회의소 회장 등 11명이 긴급이사회를 갖고 시위를 벌이기로 결의한 가운데, 오후 2시 반쯤 광주에서 온 시위버스 한 대가 읍민들의 궐기를 호소하고 나섰다. 이에 따라 오후 3시 무렵 3,000여 명의 읍민들이 해남읍 성내리 교육청 앞 광장에 모여 성토대회를 가진 다음 시가시위에 들어갔다. 오후 5시쯤 광주에서 또 다른 시위대 차량 한 대가 도착했는가 하면, 해남 젊은이들은 버스 15대와 화물차 5대를 징발하여 해남읍, 삼산면, 화산면, 현산면, 북평면, 송지면 등 해남군 일원에서 시위를 벌인 후 완도읍까지 진출해 시위했다. 다음 날인 22일은 새벽부터 역시 해남읍, 마산면, 황산면, 문내면, 화원면을 돌며 시위를 벌인 데 이어, 강진·나주를 거쳐 목포까지 진출했다. 23일 새벽에는 옥천면 우슬재에서 계엄군 1개 중대의 공격을 받고 다수의 사상자를 내기도 했고, 24일에는 완도에서 해남으로 오던 시위버스 7대가 군부대 앞을 통과하다 충돌 직전까지 이르렀으나 군부대장과 해남읍 유지들의 조정과 설득으로 무사했다.

이 밖에 함평·무안·화순·나주·영암·강진·장흥 등 도내 몇몇 군청소재지에서도 크고 작은 시위가 일제히 벌어졌다. '광주사태'는 광주에 국한된 것이 아니라 도내 각 지역으로 확산된 것이다. 지역유지들은 민주인사 석방, 독재자 추방, 농어민 보호, 광주사태 희생자 보상, 계엄해제 등을 외치며 시위를 벌였다.

이제 총을 든 시민들은 맨손으로 시위를 하고 항의하는 보통사람의 '민중'이 아니라 무장한 시민, 이른바 '시민군'이라는 새로운 양태의 무장세력으로 전환되었다.* 그러나 제2차 세계대전의 유물로서 명중률이 형편없는 M1과 카빈 소총으로 무장한 시민군이 강도 높은 훈련과 고성능 무기

---

* 시위대가 광주 교외에서 탈취한 무기를 가지고 광주로 돌아왔으나 아직 체제정비가 되지 않은 상태였으므로 엄격한 의미의 '시민군'이라기보다는 '무장시위대'라는 표현이 적절하지만, 여기서는 편의상 '시민군'이라는 표현을 썼다. '시민군'은 공수부대가 퇴각한 후 '시민공동체'의 자치시대로 들어간 5월 22일 편성되기 때문에 엄격한 의미의 '시민군'은 이때 출범하게 된다.

로 무장한 공수부대원의 적수가 될 수는 없었다. 제2차 세계대전이 끝난지 35년이 지난 1980년대에 M1과 카빈 소총은 세계 어느 분쟁지역에서도 사용되지 않는 고물무기였다. 이러한 무기로밖에 무장할 수 없는 '시민군'이 되어 다시 광주로 돌아온 시위대원들은 비처 선열소자 갖추지 못한 상태에서 공수부대의 무차별 총격에 부닥쳐야 했다.* 시가전이나 교전이라기보다는 저격수들의 발포에 대한 대응발사였다.**

더욱이 이들은 한 번도 훈련을 제대로 받아본 적이 없는 '오합지졸'에 불과했다. 비록 군에 복무했던 예비군들이 주도하고 있었으나, 총을 한 번도 만져보지 못한 10대의 중고교생이나 새파란 20대들이 대부분이었다. 계엄군이 철수한 직후인 오후 5시 30분쯤 학동 쪽 도청 옆길에서 10대 소년 세 명이 카빈소총 3정을 들고 함부로 노리쇠를 당기며 행인들에게 총 쏘는 법을 가르쳐달라고 애원하고 있었다. 이렇게 총을 휴대한 시민군은 무질서하고 위험했다. 교전이나 총격전은 엇비슷한 전열을 갖추고 벌이는 전투나 게릴라식 무력저항을 말한다. 그러나 공수부대원들의 만행에 분노한 시민들이 거리로 나와 저항했던 것처럼 이 소년들을 비롯한 젊은이들도 삶과 죽음을 의식하지 못하고 무작정 뛰어든 항거였다. '계란으로 바위 치기'라는 말에 걸맞은 무모한 공격이요 도전이었다. 도저히 승리할 가능

---

* 이들이 무기를 탈취하여 광주로 되돌아온 시간은 일정치 않다. 여기서 오후 4시 전후로 명기한 것은 무기탈취 팀 주력이 돌아온 대충의 시간을 말하는 것이고 그 이전에도 산발적으로 돌아와 공수부대의 발사에 대응했다.(『1980년대 민주화운동』 6, 88~90쪽; 정동년 외, 1996, 122쪽; 재향군인회 편, 1997, 282~283쪽) 계엄사령부의 "상황일지"(1980년 5월 21일자)에는 "21일 15시 50분 이후에야 무기탈취사건이 있었다"라고 기록되어 있다. 이들이 탈취한 무기수량은 카빈소총 3,646정, M1소총 1,235정, M16소총 34정, 권총 42정, 공용화기 51정, 엽총 395정, 수류탄 562개, 폭약 3,000상자, 탄약(소화기용) 28만 8,630발 등이다.(「광주 15년: 총 누가 쏘았나」『한국논단』 1995년 5월호) 그러나 탈취한 무기와 탄약량에 대한 기록 역시 항쟁주체에 따라 각각 달리 기록하고 있어 정확한 숫자는 알 수 없다.

** 계엄군과 시민군 사이의 교전 유무를 둘러싸고 이견들이 있다. 이에 관해서는 김영택, 2010, 380~383쪽 참조.

성이 없다고 판단되는 상황에서 분출한 분노와 오기였다.(김영택, 2004, 183~184쪽; 이광영·전춘심 외, 1990, 240쪽)

오후 4시 43분이었다. 전남대 부속병원 12층 옥상에서 젊은 사람 서너 명이 무엇인가 열심히 손놀림하는 모습이 도청 옥상이나 건물 안에 있는 공수부대원과 도청 직원, 기자들의 눈에 들어왔다. 도청 건물뿐 아니라 주변 건물 옥상이나 전남대병원을 오가는 사람들, 도청이 자리잡고 있는 광산동을 비롯한 서석동·학동·금남로 일대에 거주하거나 지나다니는 사람들의 눈에도 띄었다. 그들은 공수부대원들의 발포를 우려한 듯 몸을 움츠리고 있었다. 한참 동안 부산하게 움직이던 공수부대원들 사이로 두 대의 LMG(기관총) 총신이 드러났다. 도청과 그 인근 옥상에 있는 계엄군을 겨냥해 가설했음이 분명했다. 시민군이 명중률이 형편없는 M1이나 카빈 소총으로 무장한 것과는 달리, 중장비인 자동화기를 갖추고 공수부대를 본격적으로 겨냥하게 되었다는 사실은 중요하다. 게릴라로 변신한 시민군이 총격전이나 시가전을 전제로 한다는 것을 의미하기 때문이다. 다행스러운 것은 이곳에 기관총이 설치된 후 공수부대가 금방 철수한 탓도 있었지만, 이들은 시민들의 피해를 우려했음인지 기관총탄을 한 발도 발사하지 않았다. 도청의 공수부대는 한때 이곳의 기관총을 제거하기 위한 특공대를 편성하기도 했지만 곧바로 포기하고 철수했다.*

21일 오후 5시 25분, 도청 직원들은 공수부대의 발포대상이 되어 있는 정문을 피해 뒷담을 넘어 철수했다. 이에 앞서 도청에 있던 제7공수여단 제35대대와 제11공수여단 3개 대대 병력은 오후 5시쯤 도청 주변 건물 옥상의 저격수들을 내려오게 한 후, 오후 5시 30분 장갑차를 앞세운 도보행

---

* 일부 자료에는 기관총으로 도청과 군 헬기를 향해 발포했다고 기록되어 있다. 이와 관련한 논란에 대해서는 김영택, 2010, 383~384쪽 참조.

군으로 노동청·전남공고 앞을 거쳐 조선대 캠퍼스로 철수했다. 이들은 시위대의 공격에 대비하여 공포탄을 발사하면서 철수했고, 다른 병력들도 도보와 차량을 이용하여 시 외곽으로 빠져나갔다. 또한 차량부대는 장갑차를 선두로 지원동 제2수원지 부근으로 철수했다가 다음 날 주남마을에서 다른 부대와 합류했다. 주남마을로 이동하는 길목인 전남대병원과 남광주역시장·숭의실업고등학교 부근을 거쳐 목적지로 향하던 일부 병력은 무장시위대로부터 불의의 기습을 받아 세 대의 군용차량이 전복되는 바람에 장교 한 명과 사병 한 명이 숨지고 여섯 명이 부상을 당했다. 공수부대는 학동과 지원동 일대를 장갑차로 오가며 길 양쪽 주택가에 기관총과 M16소총을 난사해 안방까지 총알이 날아들도록 보복했다.* 제3공수여단은 이날 오후 4시 30분쯤 제15대대를 선두로 전남대를 출발, 오후 5시 20분쯤 광주교도소에 도착해 제31사단 병력과 교대한 후 계속 이곳을 경비하는 임무에 들어갔다.

　　이날 시내에서 철수한 공수부대를 비롯한 47개 대대 2만 317명의 계엄군**은 송정리 방면의 화정동, 화순 방면의 지원동, 목포 방면의 대동고등학교 앞, 여수·순천 방면의 문화동, 제31사단 방면의 오치동, 장성 방면의 동운동 길과, 교도소 일대 등 7개 외곽지점을 거점 삼아, 광주를 외부로부터 완전히 고립시키는 봉쇄작전에 돌입했다. 여기서 주목해야 할 것은 공수부대를 비롯한 계엄군의 광주시내에서의 철수는 무장시위대의 공격이 두려워서가 아니라, 27일 결행할 '폭동진압작전', 이른바 '상무충정작전'을 펼치기 위해 잠시 병력을 시 외곽으로 빼낸 사실을 대법원이 확인했다는 점이다.(한상범 외, 1997, 371~372쪽)

　　이로써 도청 건물은 텅 빈 상태가 되었다. 시위대원들은 공수부대가

---

* 중앙고속 버스기사 전정호(55세)는 회사에 두고 온 새 고속버스가 걱정되어 출근했다가 퇴근하기 위해 돌아오던 지원동 집 근처에서 공수부대원이 난사한 M16소총의 탄환을 가슴에 맞고 숨졌다.

완전히 철수한 줄도 모르고 있다가 오후 8시쯤에야 알아차리고 도청으로 들어갔다. 도청을 중심으로 한 시내에서 공수부대를 비롯한 계엄군 및 경찰과 공직자들이 모두 철수함에 따라 광주시내는 대한민국 통치권상의 치안 및 행정 공백기를 맞았다.

시민공동체의 자치활동과 수습대책위원회

카빈, M1 등 낡고 빈약한 소총으로 무장한 '시민군', 허름한 옷차림에 가무잡잡한 얼굴들이지만 투지가 당당한 '시민군'은 22일 아침 텅 빈 도청으

•• 광주에 동원된 계엄군은 다음의 표와 같다.

표5 '광주'에 동원된 계엄군

부대	대대	인원(장교/사병)	비고(장교/사병)
특전사	3공수여단	265/1,212	10개 대대(504/2,901)
	7공수여단	92/780	
	11공수여단	147/909	
20사단	60연대	87/1,563	9개 대대(279/4,667)
	61연대	85/1,535	
	62연대	86/1,449	
	사단직할	21/120	
전교사	31사단	55/1,367	28개 대대(3,940/8,062)
	보병학교	1,923/864	
	포병학교	1,165/1,700	
	기갑학교	357/1,775	
	화학학교	75/293	
	직할대	365/2,063	
계	47개 대대	4,723/15,630	47개 대대

출처: 국방부과거사진상규명위원회 편, 2007. 93·124쪽

로 들어왔다. 비록 오합지졸이지만 '시민군'이라는 새로운 용어를 창출하면서 5·18민중항쟁의 상징으로 떠오른 이들이 '광주'를 지키고 질서를 바로잡는 시민공동체 자치시대의 파수꾼으로 등장한 것이다.

이 같은 시민군을 맨 처음 이끈 사람은 어느 특정한 지도자가 아니라 엉뚱하게도 청소년티를 벗지 못한 20세의 김원갑이었다. 그는 21일 새벽부터 하루 종일 아시아자동차 공장에서 탈취해온 8톤 트럭을 타고 화정동·사직공원·서방동·유동 등 시 외곽을 돌며 "비상계엄 해제하라" "김대중 석방하라"라고 목청껏 외치던 단순한 시위대원에 불과했다. 그러던 그는 이날 공수부대가 모두 철수했음을 확인한 밤 8시쯤 도청으로 들어가 밤을 새우고, 다음 날 아침 광주공원에 있는 시민회관으로 달려갔다. 김원갑은 이곳을 중심으로 웅성거리던 무장시위대원 500여 명이 우왕좌왕하는 모습을 보고 "이럴 것이 아니라 대열을 정비해야 한다"라고 역설한 끝에 이에 동의하는 대부분의 무장시위대를 이끌고 아침 일찍 도청으로 들어갔다. 김원갑은 몇몇 젊은이들과 함께 도청에 들어온 무장시위대를 조직적인 무장세력으로 편성해야 한다고 강조한 끝에 이들에게 '시민군'이라는 공식이름을 붙였다. 그리고 이들과 함께 시위대원들이 탈취해온 차량 78대에 일련번호를 매겨 장부에 적고 구체적인 임무를 부여했다. 또한 그는 시민군을 인솔하고 시내 요소요소에 바리케이드를 치는 한편, 40여 명의 시민군에 차량 다섯 대씩을 묶어 1개조로 편성해 계엄군의 7개 외곽지점에 대응하는 화정동(송정리 방면)·백운동(목포 방면)·동운동(장성 방면 및 고속도로 진입로)·지원동(화순 방면)·문화동(여수·순천 방면)·오치동(31사단 방면) 및 광주교도소 인근에 배치하고, 남은 200여 명은 도청 정문과 후문 및 그 주변 경계에 임하도록 정비해 항쟁체제를 갖춤으로써 사실상 시민군의 리더가 되었다. 그는 이날 오후 구성된 학생수습위원회의 요구를 받아들여 시민군 지휘권을 김창길 위원장에게 넘긴 다음, 시민군 본부가 있는 광주공원과 항쟁본부인 도청을 오가며 측면으로 지원하는 임무를 맡았다.(월간조선사 편, 2005, 170~172쪽; 정동년 외, 1996, 137~139쪽)

22일 아침부터 금남로와 도청 광장에는 수많은 시민들이 모여들기 시작했다. 그렇게도 진입하려고 몸부림쳤던 도청 광장에 마음대로 들어갈 수 있게 된 시민들은 분수대를 중심으로 옹기종기 쭈그리고 앉아 항쟁본부가 된 도청 쪽에서 어떤 조치나 발표가 있기를 기다리는 모습들이었다. 낮 12시 정각이었다. 도청 옥상의 깃봉에 검은 리본을 단 태극기가 반기로 게양되었다. 공수부대의 '살육작전'으로 숨져간 영령들을 추념하기 위한 것이었다. 조기가 게양되면서 애국가가 울려 퍼졌다. 도청 광장과 주변 도로에 아무렇게나 앉거나 서 있던 시민들은 엄숙하게 일어나 도청 옥상 태극기를 향해 왼쪽 가슴에 손을 얹고 애국가를 따라 불렀다.

바로 이때 젊은 청년들이 화물자동차에 매단 스피커를 통해서 병원에 피와 의약품이 바닥나 중상자들이 제대로 치료를 받지 못해 생명이 위태롭다며 헌혈을 호소하고 나섰다. 그러자 너도나도 몰려들었다. 화물자동차는 헌혈 희망자를 가득 태우고 전남대 부속병원으로 돌아갔다. 곧이어 적십자병원의 또 다른 헌혈차가 도청 광장에 정차하자 팔을 걷어붙이고 헌혈하겠다는 사람이 줄을 이었다. 황금동 술집 여종업원들을 비롯한 많은 헌혈자들이 병원으로 직접 찾아오기도 했다.

광주시내 각 병원은 부상자들로 초만원이었다. 20일까지는 진압봉으로 두들겨 맞은 사람, 군홧발로 짓밟힌 사람, 개머리판으로 짓이겨진 사람, 대검에 찔렸거나 베인 사람 등 타박상 또는 자상 환자가 많았다. 그러다가 21일 발포가 시작된 후에는 총상 환자들로 가득 찼다. 전남대 부속병원·적십자병원·기독병원을 비롯한 시내 각 종합병원은 물론 자그마한 개인병원에도 '체포작전'의 피해 환자들이 줄을 이었다.*

이때 난데없이 4톤급 화물차에 30~40대 부녀자들이 가득 타고 도청 안으로 들어왔다. 부녀자들은 밥통과 바구니, 그리고 큰 물통에 밥과 반찬, 국 등 식사를 마련해 왔다. 밥만 있는 것이 아니라 떡도 있었고, 빵·우유·음료수도 있었다. 뿐만 아니라 솥·냄비·그릇·석유곤로·쌀·김치·된장·고추장도 들고 왔다. "아무리 여자라고 해도 젊은 사람들이 고생하고 있는디, 보고만 있을 수 있당가요"라며 밥을 직접 지어주겠다는 것이었다. 음식점들이 휴업해 식사문제로 고심하고 있던 항쟁본부로서는 반갑기 그지없는 일이었다.

이에 앞서 아침 8시 10분쯤 정시채 부지사를 비롯한 6명의 도청 간부와 일부 직원들이 출근했다.** 정시채 부지사는 이미 도청 서무과 바로 옆 사무실에 나와 있던 이종기·이기홍·조철현·최한영·윤영규·신용순·장휴동 등 각계 인사들과 함께 오전 내내 '광주사태'를 어떻게 풀어갈 것인가를 진지하게 논의했다. 이들은 점심 직후까지 계엄사에 요구할 협상조건들을 숙의하는 한편, 학생들이나 시민들로부터 신뢰받을 수 있는 인사 15명으로 '시민수습대책위원회'를 구성했다. 수습위원장에는 윤공희 대주교와 최한영이 추대되었으나 고령을 이유로 사양함에 따라 이종기 변호사가 맡았다. 수습위원들은 우선 (1) 사태수습을 위한 군 투입 금지, (2) 연행자 전원 석방, (3) 군의 과잉진압 인정, (4) 사후보복 금지, (5) 상호 책임 면제, (6) 사망자 보상, (7) 이상 요구사항이 관철되면 무장해제 등 정부당국에 요구할 7개 항을 채택했다. 이들은 이 협상안을 가지고 상무대에 있는 전남북계엄분소를 방문했다. 그러나 8명의 시민수습위 대표들을 맞은 소준

- 예를 들면 5월 18일 오후 4시 정각, 체포작전이 시작된 현장 바로 앞에 있었던 서석병원 김상수 원장(수모당하는 여성에게 간호사 가운을 입히라고 보낸 사람)은 군의관 중령 출신답게 제33대대장 권승만 중령을 설득해 그들이 차량에 억류하고 있던 중환자 22명을 골라 자신의 병실에 입원시켜 20일 동안 무료로 치료해주는 한편, 항쟁기간 내내 280명을 역시 무료로 치료해주었다.(김영택, 1996, 41쪽)
- •• 출근한 간부직원은 문창수 기획관리실장·범택균 내무국장·김경수 비상기획관·나승포 서무과장·이용호 지방과장 등이다.

열 계엄분소장은 의외로 냉랭했다. 그는 계엄사령부와 협의해야 한다며 협상 자체를 수용하지 않았다. 수습위원회는 당국과의 대화를 통해 평화적 수습을 모색했지만 계엄분소가 이를 냉혹하게 거부해버린 것이다. 나중에는 김기석 부사령관이 대신 대응했으나 냉랭하기는 마찬가지였다.(정상용·유시민 외, 1990, 244쪽) 자신들의 공격적 '과잉진압'에 반발한 시민들의 분노를 '북괴에 의한 폭동'으로 몰아붙인 끝에 일방적으로 진압한 후, 이를 명분으로 삼아야 할 신군부로서는 아예 처음부터 협상 자체를 받아들일 수 없는 입장이었다. 무조건 밀어붙이는 작전을 펼쳐 '폭동'을 진압하고자 하는 그들의 의도를 광주시민들이 알아차린 것은 한참 뒤였다.(윌리엄 글라이스틴, 2000, 185쪽)

시민수습위원들이 협상을 거부당하고 돌아온 것은 네 시간 만인 오후 5시를 넘어서였다. 장휴동 위원에 이어 이종기 위원장이 분수대 위에 올라섰다. 그는 계엄분소 관계자들을 만났으나 그들과 아무것도 합의된 바가 없다고 보고했다. 그의 보고를 전해 들은 시민들은 술렁거리며 분노하기 시작했다. 그리고 "굴욕적 협상 결사반대"를 외치고 나섰다.

시민수습위 협상대표들이 상무대에서 돌아오지 않고 있던 오후 4시 무렵, 전남대 농과대학 3학년 김창길은 도청 광장에 모여 있는 시민들에게 "이번 사태는 대학생들이 책임져야 할 사안이기 때문에 우리들이 수습하겠다"라고 천명한 끝에 김창길 등 전남대 학생 5명, 김종배 등 조선대 학생 5명이 위원이 되고, 전남대 송기숙·명노근 교수를 고문으로 추대해 학생수습대책위원회를 구성했다. 살인적 '과잉진압'으로 빚어진 '광주의 살육'을 수습하기 위해 광주 자체의 합의로 이루어진 시민수습대책위원회와 학생수습대책위원회가 출범한 것이다.

그러나 두 수습위는 시민들의 필사적·극한적 저항의 당위성이 어떤 근거와 이치를 안고 그토록 엄청난 사태로 발전했는가에 대한 핵심을 제대로 파악하지 못하는 듯했다. 광주시민들이 왜 분노했는가, 지도자도 배후조직도 없이 어떻게 폭발했는가의 본질을 전연 꿰뚫어보지 못하고 있었다. 더욱이 계엄사가 당초 의도한 대로 '폭도'들을 상대하지 않겠다는 입장을 고수하고 있어 수습위의 행동반경은 겨우 어정쩡한 미완의 총기회수에 그쳐야 했다. 두 수습위는 온건한 타협과 강력한 투쟁이 맞서는 갑론을박 끝에 몇 차례의 개편을 거치게 되지만, 결국 별다른 임무를 수행하지 못한 채 일부 소신 있는 젊은이들만 최후의 길목에서 결사항전을 선택하게 된다.(정동년, 1996, 148~149쪽; 『1980년대 민주화운동』 6, 97~99쪽)

계엄군이 철수한 후 시골로 나가려는 사람, 학교 다니는 자식들의 안위가 궁금해 들어오려는 사람들이 줄을 이었다. 그러나 계엄군은 차량 통행은 물론 도보로 내왕하는 것까지 철저히 봉쇄하고 무차별 총격을 가했다. 심지어 소형 트럭을 몰고 가족과 함께 광주를 빠져나가 고향 진도로 내려가겠다고 애원하는 김성수 일가족을 되돌아가게 한 후, 뒤에서 집중사격을 가해 한 가정을 완전히 파멸시켜버리는 패륜도 서슴없이 저질렀다.(김성수, 1989)

이런 줄도 모르는 시위대원 18명은 23일 시민군 본부에 등록된 제103호 소형 버스를 타고 화순으로 달렸다. 버스가 지원동 주남마을 앞에 이르렀을 때 이곳을 봉쇄하고 있던 공수부대원들로부터 집중공격을 받았다. 이 중 15명은 마을 앞 현장과 차 안에서 숨지고, 여고생 한 명과 남자 두 명이 붙잡혔다. 그러나 중상을 입은 채수길과 양민석 등 남자 두 명은 주남마을 뒷산에 주둔 중인 11공수여단 본부 상황실로 끌려간 후 사살되고,* 여

---

* 당초 중상자였던 두 사람은 김 모 소령에 의해 주남마을 11공수여단 본부로 이송되었다. 그러나 상사로부터 책망을 받은 김 모 소령은 정 모 중사 등 세 명에게 그들을 '안락사'시키라고 지시했다. 이에 정 모 중사 등은 그들을 리어카에 실어 본부 상황실 부근으로 데리고 가 사살한 후 주남마을 뒤 헬기장 부근에 암매장했다. 그들은 5·18이 끝나고 일주일 후인 6월 2일 마을 주민들의 신고로 시신이 발굴되어 망월동 시립묘지에 안장되었다가 2002년 유전자 감식을 통해 신원이 확인되었다.(국방부과거사진상규명위원회 편, 2007, 98쪽)

학생인 홍금숙만 살아남았다.(『5·18청문회 회의록』 26호, 1989년 1월 27일, 홍금숙 증언; 국방부과거사진상규명위원회 편, 2007, 95~100쪽)

　24일 오후 제11공수여단은 56대의 트럭에 분승한 뒤 장갑차를 앞세우고 광주비행장으로 이동했다. 이동하는 도중 광주시 진월동 원제부락 저수지 옆길을 통과하면서 먹을 감고 있던 10여 명의 어린이들에게 발포했다. 어린이들은 허둥대며 제방 쪽으로 헤엄쳐 가 몸을 숨겼으나, 미처 피하지 못한 방광범(13)은 여수로濾水路에서 머리에 총탄을 맞고 숨졌다. 이들은 바로 이웃인 진제마을 앞으로 계속 전진하다가 이번에는 마을 뒷동산에서 놀고 있던 서너 명의 어린이들을 향해 또다시 발포했다. 어린이들은 허겁지겁 달아났으나 벗겨진 고무신 한 짝을 뒤돌아 줍던 전재수(10)가 재차 발사한 총탄을 아랫배에 맞고 그 자리에서 숨졌다.(5·18광주민중항쟁유족회 편, 1989, 269~270쪽)

　이 부대는 다시 효덕초등학교 앞을 지나 효천역 500m 전방에 이르는 광주~목포 간 국도를 천천히 전진할 무렵, 마을 양쪽에 매복해 목포 방면 길목을 지키고 있던 보병학교 교도대 병력으로부터 집중사격을 받았다. 무장시위대로 오인한 보병학교 병력이 행렬선두에 있던 장갑차APC와 후속차량 세 대에 90mm 무반동총 공격을 가했다. 공수부대 병력도 즉각 반격에 나섰다. 한참 동안 총격전을 벌이던 보병학교 병력은 자신들의 오인을 뒤늦게 알아차리고 슬그머니 빠져나갔다. 이 오인 총격사건으로 장교 한 명을 포함한 아홉 명이 희생되고 33명이 중경상을 입었다. 그런데도 사건은 아무 죄도 없는 선량한 시민을 학살하는 엉뚱한 보복으로 이어졌다. 공수부대원들은 인근 마을 김금순(57)의 집을 덮쳐 그 아들 권근립(27)과 옆방에 세 들어 사는 임병철(25)·김승후(19) 등 세 명의 젊은이를 끌고 가 즉결처분을 해버린 것이다.(5·18광주특위 현장검증소위에서 김금순이 한 증언)

광주시내에서 엄청난 살육과 항쟁이 벌어지고 있는데도, 계엄사에 의해 '광주'에 대한 보도를 철저히 통제받고 있던 국내 언론들은 침묵을 지키고 있어야 했다.* '광주사태'가 발발하자 국내 각 언론사는 물론 세계 주요 매체들은 많은 취재진을 보내 취재에 임하고 있었지만, 사흘째인 20일까지도 '광주'에 관한 단 한 줄의 기사나 사진이 보도되지 않았다. 이 때문에 전남북계엄분소의 거짓 '보도문'을 방송한 광주 MBC와 KBS 방송국이 20일 밤 분노한 시민들에 의해 불태워졌고, 지방지는 21일부터 발행을 자진 중단해야 했다. 일부 국내 신문이나 방송기자들은 항쟁본부인 도청 출입조차 자유롭지 못했다. 심지어 길거리에서 취재하다가 봉변당하는 일도 비일비재했다. 이 같은 엄격한 통제로 '광주 살육'의 소식이 언론에 전연 보도되지 않았다. 이에 항쟁주체 측이나 학생들은 자체 유인물, 즉 소식지를 발간하기 시작했다.

최초의 유인물은 광주 살육이 시작된 다음 날인 19일 새벽 '광주시민민주투쟁회'와 '조선대민주투쟁회'가 발행한 "호소문"과 "민주시민들이여"라는 제목의 두 가지 유인물이었다. 또한 3일째 되던 20일 새벽 가랑비가 내리는 가운데 시내 일원에 뿌려진 "민족의 영혼은 통곡한다"라는 제목의 유인물은 전남대 총학생회 학생들에 의해 밤을 새워 제작되어, 어둠과 비 오는 틈을 타서 집집마다 살포되었다. 이러한 유인물은 5·18민중항쟁 10일

---

* 신군부는 언론을 통제만 했던 것이 아니다. 자기들 편에 유리하도록 조작하고 왜곡하기도 했다. 5·18민중항쟁의 진실이 드러날 것을 우려한 그들은 박충훈 국무총리서리나 최규하 대통령의 광주시내 진입을 극력 저지했음은 물론, 5·18민중항쟁이 한창 진행되고 있던 5월 23일 국방부 출입기자단 21명을 '광주'로 안내하여 국군통합병원에서 자기네들끼리 충돌하여 치료 중이던 군인들(33명)의 치료 장면, 병원 앞에서 군인과 '폭도'(시민군)가 대치하고 있는 외곽 초소 장면, 불타버린 MBC 건물, 도청 주변 시위대들의 동정, 시가지 차량 및 시민 움직임, 차량 소실 현장과 광주시가지 항공사진을 촬영케 하고, 허위·왜곡 사실들을 브리핑하여 5·18민중항쟁의 부정적인 장면들을 '폭도'들의 행위로 부각시켜 보도토록 유도했다. 또한 24일에는 '광주사태 언론인 취재유도계획'을 마련하고, 국방부 출입기자와 사회부기자 등 총 49명을 초청, 이른바 촌지로 1인당 20만~30만 원씩(총 820만 원) 지급하고 광주에서 취재토록 하는 계획을 세우기도 했다.(국방부과거사진상규명위원회 편, 2007, 117~118쪽)

동안 50여 가지가 등장했다.(광주광역시 5·18사료편찬위원회 편, 2001, 378 ~380쪽) 가장 대표적인 것은 『투사회보』였다. 『투사회보』는 "모든 소식이 끊겼으니 시민들에게 올바른 행동지침을 전달해주어야 할 소식지가 필요 하다"라고 역설한 윤상원의 제의에 따라 제작되었다. 16절 갱지 양면에 프 린트된 『투사회보』 제1호는 공수부대 철수 전날인 20일 아침 배포되었고, "민주투사들이여! 더욱 힘을 내자! 승리의 날은 오고야 만다!"로 시작된 제2호는 철수 후인 22일 아침 여성근로자들에 의해 배포되었다. 이 회보에 는 21일의 상황이 적혀 있어 '광주 살육'에 대한 소식에 굶주려 있던 시민 들에게 눈과 귀의 역할을 톡톡히 했다. 『투사회보』는 8호까지 발행되었고, 9호와 10호는 『민주시민회보』로 이름이 바뀌어 발행되었다. 하지만 10호 는 27일 새벽 상무충정작전을 펼치던 계엄군에 의해 압수되었다.

자유롭지 못한 언론의 보도는 필연적으로 '풍문'과 '소문'이라는 유언 비어를 나돌게 했다. 항쟁 이틀째인 19일 금남로를 중심으로 거리에 나와 있는 시민들에게 "공수부대원에게 환각제를 먹였다" "독한 술을 먹였다" "경상도 군인이 전라도 사람 씨를 말리러 왔다"라는 풍문이 파다하게 나돌 았던 것도 그중 하나였다. 공수부대원 가운데 경상도 출신들의 억양 강한 말씨로 인해 "일부러 경상도 출신만 뽑아 보냈다"라는 오해를 낳게 한 것 이다. 이 때문에 항쟁 초기 경상도 사람에 대한 지역감정이 고조되었다. 경 남 번호판을 단 두 대의 트럭이 시위 군중들에 의해 불타고 금남로 5가의 금성사 대리점이 기습당한 연유도 여기에 있었다. 이러한 지역감정적 오 해를 해소하기 위한 학생들의 계몽활동이 즉각 발동되면서 더 이상 악화 되는 것을 막을 수 있었다. 학생들은 지역감정을 원천적으로 차단하기 위 해 21일에도 금남로 시위대열을 향해 또다시 호소하기도 했다. 계엄군이 철수한 22일 가톨릭회관 옆 시멘트 담벼락에 "너와 나는 한 형제, 칼부림 이 웬 말이냐. 지방색이 웬 말이냐"라고 쓰인 표어가 붙어 있었던 것도 그러한 노력의 일환이었다. 누런 갱지에 쓰인 표어는 이곳만이 아닌 시내 곳곳에서 발견되었다. 지역감정을 조장하는 풍문이나 유언비어는 시민들을 더욱 당혹시키기에 충분했으나, 항쟁주체 측에서 수시로 스피커를 통해 자제하도록 당부하면서 더 이상 악화되지는 않았다.

뒤늦었지만 5·18민중항쟁에 대한 보도는 닷새 후 석간『동아일보』가 물꼬를 텄다. 5·18민중항쟁 보도를 전면 통제하는 데 대한 항의의 뜻으로 19일부터 사설 없는 신문을 나흘째 발행하던 동아일보사 편집국은 22일 오전 1면과 사회면 전체를 '광주'로 꽉 메운 지면을 검열반에 내밀었다가 삭제와 다시 쓰기가 반복된 끝에 세번째 만에 통과되었다. 그리하여 무려 네 시간이나 지연된 오후 5시가 되어서야 "광주사태 닷새째"라는 제목의 광주 기사로 가득 채워진『동아일보』가 발행되었다. 소문으로만 듣던 '광주'의 소식을 처음 접한 서울시민들은 놀라움을 금치 못했다. 가판 40여만 부가 순식간에 팔려나갔다. 신문은 밤을 새워 전국으로 수송되었다. 광주에도 다음 날인 23일 오전 "광주사태 엿새째"라는 제목으로 바뀌어 도착했으나, 계엄군의 외곽 봉쇄로 시내에 들어오지 못하다가 오후 2시쯤에야 간신히 10여 부만 항쟁본부가 있는 도청 안으로 들어왔다. 항쟁본부에서는 도청 옥상의 스피커를 통해『동아일보』보도내용을 시민들에게 알렸다. 그러나 시민들은 불만이 대단했다. 시민들의 요구나 발발의 당위성보다 계엄사의 주장이 더 많이 실려 있었기 때문이다. 많은 '진실'이 검열과정에서 삭제되어버려 어쩔 수 없는 노릇이었지만, 시민들은 자신들의 참된 항쟁이 왜곡되어 보도된 데 대해 심한 불쾌감을 느꼈다. 다만『동아일보』가 미흡한 대로 '광주사태'를 보도하자, 다른 신문들도 뒤를 따랐다. 이후 신문과 방송들은 그런대로 날마다 '광주'에 관해 보도할 수 있었다.

'광주사태'가 8일째로 접어들고 있던 25일 오후 6시 최규하 대통령이 폭우를 무릅쓰고 주영복 국방부장관을 비롯한 관계장관과, 이희성 계엄사령관 등 군 지휘관들을 대동하고 경비행기로 상무대에 도착해 소준열 전남북계엄분소장과 장형태 전남도지사로부터 '광주사태'의 상황과 수습방안에 관한 보고를 받았다. 그러나 '광주사태' 당사자인 시민들은 물론 수습위원들마저 만나지 않고 돌아가 밤 9시 KBS뉴스를 통해 일방적으로 계엄사의 주장만을 되풀이한 "광주시민에게 고하는 특별담화문"을 발표했다.(1980년 5월 25일 밤 9시 KBS뉴스; 『조선일보』 1980년 5월 26일자) 최 대통령은 이 담화문에서 "아무쪼록 냉정과 이성을 되찾아주기 바란다"라고 호소했다. 그렇지만 이 담화문에는 사건의 핵심, '광주사태'의 원인과 근본적인 치유방안에 대한 제시가 전연 없어 오히려 시민들을 실망시키고 말았다. 국가통치권자인 대통령으로서 원인 진단은 물론, 국민들을 위로하고 안심시키려는 의지는 어느 문맥에서도 찾아볼 수가 없었다. 그는 비행기로 잠시 내려왔다가 '광주사태'를 저지른 군부와 관변 측 관계자들만 만나고 돌아가 미리 작성된 담화문을 녹음하여 발표했다.

군부의 권유를 받고 광주를 방문한 최규하 대통령은 당초 시내에 들어가 수습위 당사자들을 만나려 했지만 군부 측의 극력 반대로 뜻을 이루지 못했다. 수습위원을 포함한 항쟁 당사자들을 '폭도'로 규정한 신군부 입장에서는 그들과 대화한다는 것 자체가 '폭도'가 아님을 국민들에게 알리는 결과가 되는 데다 최 대통령의 시내 진입은 '광주사태'의 진실이 공개되는 것을 의미하기 때문에 극력 만류하지 않을 수 없었을 터이다.

담화문 방송을 지켜본 시민수습위원들은 도청에서 흥분된 토론을 벌인 후, (1) 금번 사태는 정부의 과오라는 것을 인정해야 한다, (2) 사죄하고 용서를 청해야 한다, (3) 모든 피해는 국가가 보상해야 한다, (4) 여하한 보복도 있을 수 없다는 것을 밝혀야 한다 등의 4개 항을 담은 "최규하 대통령 각하께 드리는 호소문"을 만장일치로 채택하고, 수습위원 25명 전원이 서명했다. 여기에는 최규하 대통령으로 하여금 정부의 과오를 인정한 다음,

'광주사태'를 수습하도록 종용하는 의미가 담겨 있었다. 이 호소문에서 수습위원들은 "지금이라도 늦지 않습니다. 진실 속에서만이 불신이 제거되며, 민족적 화해와 참된 국민총화가 이루어질 것입니다"라고 호소했다.(윤공희 외, 1989, 58쪽)

이에 앞선 23일 오후 도청 광장에서 제1차 민주수호범시민궐기대회가 열린 데 이어 24, 25일에도 계속 열렸다. 항쟁주체들은 언제 끝날지 모르는 항쟁을 효과적으로 벌이기 위해서는 시민 상호 간의 공감대와 동의가 필요하다고 보았다. 그러기 위해서는 항쟁주체 측의 분명한 입장 정리가 있어야 했고, 투쟁의 성격이 확립되어야 했다. 운동의 열기가 식지 않고 지속되려면 궐기대회를 통해 시민들의 의식을 다지는 절차도 필요했다. 시간이 갈수록 학생수습위나 시민수습위의 평화적 타협론에 회의적이었던 일부 강경파 학생 및 운동권 재야청년들은 발언의 수위를 높여 '명예로운 투쟁'을 강조하고 나섰다. 이들은 투항을 의미하는 무기의 무조건 반납과 평화적 협상론을 배제해야 한다는 시민들의 합의된 의견을 도출하려 애썼다. 이러한 강경분위기는 시간이 흐를수록 더욱 가속되었다. 학생수습위 회의가 매일 밤늦게까지 거듭되었으나 무기반납문제를 놓고 격론만 되풀이되었다. 회의를 주재하던 김창길 위원장은 "만약 무기를 반납하지 않으면 광주시내는 피바다가 된다. 그러니 무기를 반납해야 한다"라고 역설했고, 김종배 부위원장은 "무기반납은 시민의 피를 팔아먹는 행위"라고 반격했다. 결국 "이 엄청난 사태를 이대로 수습한다는 것은 불가능하다"라는 강경론에 힘이 실려 "흘린 피의 대가를 받을 때까지 투쟁하자"라는 쪽으로 급선회했다. 강경파들은 무기반납을 주장하는 김창길 대신 이에 반대하는 부위원장 김종배(조선대 3)를 새로운 위원장으로 선임하는 한편, 김화성, 박남선, 황금선 등 기성인을 포함한 범청년시민기구로 확대·개편하고, 명칭도 수습보다 투쟁에 무게를 둔 '학생시민투쟁위원회'로 바꾸었다. 이후 타협의 여지를 완전히 배제하는 투쟁노선을 강화하며 최후의 결전을 향해 가파르게 치달았다.(정동년 외, 1996, 181쪽)

막바지에 이르러 강도사건 등 치안상의 문제가 잇따라 발생하자, 시민들의 불안감은 더해갔다. 처음에는 2,500여 정이 넘는 총기가 아무런 통제 없이 나돌고 있는 상황인데도 강도사건이 겨우 다섯 건밖에 없었다는 사실에 고무되기도 했고, 무려 700여 개소나 되는 금융점포에 보유되어 있던 1,500억 원의 현금이 고스란히 보존되고, 수많은 금은방들이 건재했다는 사실에 모든 시민들은 자부심을 느꼈다. 특히 계엄군의 시 외곽 봉쇄로 생필품 반입이 순조롭지 않아 어려움을 겪고 있던 시민들은 쌀·반찬·연탄 등을 서로서로 나누어 먹고 쓰는 아름다운 모습을 보여주기도 했다. 더욱이 평화적 수습을 모색하던 온건파 학생 대표들은 TNT 등을 지켜달라고 김성용 신부 등 시민수습위원들에게 호소하는 성숙한 지혜를 발휘했다. 성직자들은 자신의 교회 청년신도 10여 명을 불러 TNT가 저장돼 있는 도청 별관 지하실로 보냈다. 그러나 이미 항쟁본부를 장악한 강경파 젊은이들 쪽에서는 계엄군이 끝내 진공해올 경우 최후까지 항쟁하겠다는 다짐과 함께 이 TNT와 다이너마이트를 폭파하겠다는 위협을 통해 상무충정작전*을 늦춰보려는 계획을 한때 검토하기도 했다. 하지만 이들은 "폭도라는 말을 듣지 않기 위해 TNT와 다이너마이트를 폭파하지 않기로 했다"며 한 발 물러섰다.

● '상무충정작전'은 5월 27일의 진압을 승인한 육군본부의 작전명칭이다. 당시 이희성 계엄사령관은 5월 25일, "① 5월 18일부터 시작된 광주지구 및 그 일원의 소요사태는 23일 이후 이성을 되찾아가는 징후가 보임. ② 폭도들은 아직도 상당수의 무기를 통제하고 있고, 주요 도로변에는 기관총을 배치하고 각종 장애물을 구축하는 등 양민을 협박하며 난동을 부리고 있음. ③ 군은 양민들에게 피해를 주지 않고 민족의 비극을 막기 위해 선무작전, 봉쇄작전을 실시하여 대부분의 시민들이 이성을 찾도록 지도했고, 비상한 자제로서 민족 역사상 오점을 피하도록 해왔음"이라는 상황에 따라 별명(別命)이 없는 한 5월 27일 0시 이후에 진입작전을 실시하도록 전남북계엄분소장인 전투병과교육사령관에게 명령했다.(월간조선사 편, 2005, 210~211쪽 참조) 상무충정작전에 대해 대법원은 "5월 21일 철수한 것은 27일 재진입작전을 전제로 실시한 것이기 때문에 1980년 5월 27일 광주에서 단행된 '상무충정작전'은 많은 인명살상을 예상한 '내란목적 살인죄'에 해당한다"라고 판시했다.(한상범 외, 1997, 371~372쪽)

계엄군의 '폭동진압작전'과 항쟁의 종결

폭동진압 명분을 찾던 신군부에 의해 짜인 결전의 날을 기다리던 계엄군은 27일 새벽 '상무충정작전'을 서두르고 나섰다. 이와 달리 도청 안에 있던 윤상원을 비롯한 학생시민투쟁위원회 강경파들은 "최후 결전만은 재고해야 한다"라는 온건파 학생수습위원들이나 시민수습위원들의 권유를 거부한 채 최후 항전을 다짐하고 나섰다. 그러면서도 고등학생 등 10대 소년들과 여성들에게는 귀가를 강력하게 종용했다. 이에 따라 YWCA에 있던 일부 10대들이나 여학생들에 대한 안전조치는 어느 정도 취할 수 있었다. 그러나 항쟁본부인 도청 안에 있던 고교생들은 아무도 이를 귀담아듣지 않아 모두의 마음을 무겁게 했다.

시 외곽을 포위하고 있던 계엄군은 새벽 0시 1분, 진압작전을 개시하고 도청을 향해 일제히 옥죄어들었다. 계엄군이 서방동·농성동·지원동을 비롯한 광주시내로 들어오는 문턱에 들어선 것은 새벽 3시였다. 이날 '상무충정작전'에는 6,000여 명의 병력이 투입되었다. 마치 적국과의 전투를 치르는 것처럼 담대하고 치밀한 대규모 작전이었다. 무기라야 쓸모없는 카빈과 M1 소총으로 무장한 157명의 오합지졸들을 향해 투입된 엄청난 병력은 최신 무기의 총탄을 마구 쏟아냈다.

농성동 쪽에서 총소리가 간헐적으로 들려오던 새벽 2시 20분, 지산동을 거쳐 산수동 쪽으로 나가는 차량 스피커에서 "시민 여러분, 지금 계엄군이 쳐들어오고 있습니다. 우리를 도와주십시오" "우리는 끝까지 광주를 사수할 것입니다" "시민 여러분, 우리를 잊지 말아주십시오"라는 가냘픈 여성의 목소리가 애절하게 울려왔다.* 계엄군의 이동은 곧 시민군의 무전을 통해 도청 안의 항쟁본부로 보고되었다.

제3공수여단 제11대대 제1지구대 특공조는 27일 새벽 1시쯤, 행동을 개시하여 새벽 4시쯤 도청 후문 쪽 콘크리트 담을 넘었다. 그 순간 도청 본관 옥상과 각층 및 후문에 설치된 기관총, 그리고 도청 앞 전일빌딩 옥상, 상무관, 경찰국 건물 옥상에 있는 시민군으로부터 무차별 공격을 받았다. 그러나 후문을 차단하고 본관 2층을 기습하여 무기고와 탄약실을 제압함으로써 5시 21분, 도청 본관을 장악하는 데 성공했다. 두 명이 부상당했지만, 끝까지 저항하던 윤상원 등 시민군 열세 명을 사살하고 100여 명을 체포했다.

제7공수여단 제33대대 제8지구대 및 9지구대 6개 중대 병력으로 편성된 특공조는 새벽 1시쯤 시민군 본부인 광주공원을 장악하는 과정에서 15명가량의 시민군으로부터 기습을 받아 한 명이 희생되고 세 명이 부상을 입었다. 특공조는 즉각 반격에 나서 시민군 한 명을 사살하고, 새벽 5시 6분쯤 광주공원을 점거했다. 광주공원에는 무장한 시민군이 대부분 도청으로 이동한 후여서 큰 충돌 없이 쉽게 장악할 수 있었다.

제11공수여단 제61대대 제4중대 병력으로 편성된 특공조는 새벽 3시 30분 도청 뒤를 돌아 새벽 4시 46분 제1목표인 전일빌딩과 관광호텔을 큰 저항 없이 점거했다. 이어 아침 6시 20분 가벼운 총격전 끝에 YWCA 건물을 장악했다.

제20사단 제61연대 병력은 광주 서구를 제외한 전 지역에서 새벽 2시부터 새벽 5시 10분까지 도청을 탈환하는 공수부대 특공조를 지원하는 역할을 수행했다. 이 병력이 광주고등학교와 계림초등학교를 통과할 무렵 시민군과의 교전이 벌어져 계엄군과 시민군이 각각 한 명씩 희생되고 시민군 15명이 체포되었다.(재향군인회 편, 1997, 307~309쪽)

이상의 상무충정작전에 투입된 실제 계엄군의 병력은 광주사태에 동

● 김영택, 1988, 2쪽. 목소리의 주인공은 송원전문대생 박영순과 목포전문대생 이경희였다. 27일 새벽 2시쯤 계엄군 측으로부터 상무충정작전 개시 통보를 받은 학생시민투쟁위원회는 이 사실을 시민들에게 알리도록 홍보부 박영순·이경희 두 여학생에게 가두방송토록 조치했음이 확인되었다.

원된 2만 317명 중 일부인 6,168명이었으며, 이 가운데 공수부대원은 모두 317명이었다.(재향군인회 편, 1997, 306~307쪽) 특히 이날 도청을 비롯한 4개 주요 목표지점 점령은 공수부대원 317명의 특공조가 담당했다. 공수부대 특공조는 제20사단 병력으로 위장하기 위해 모두 공수부대의 전통적 얼룩무늬 복장을 벗고 일반군인들의 평범한 녹색 군복으로 갈아입은 뒤 투입되었다. 제20사단 병력 등 다른 보병부대 병력은 지원 또는 경계임무를 맡았을 뿐 작전 자체에 참여하지는 않았다. 그들은 공수부대 특공조를 지원하거나, 점령한 후 인계받는 형식으로 이 작전에 임했다.

신군부의 범죄혐의 조작과 보복적 극한 처벌

1980년 5월 27일 아침 7시 30분, 도청 앞마당에서는 스피커를 통해 군가가 울려 퍼졌다. 도청을 비롯한 시가 전역을 장악한 계엄군이 울리는 승리의 노래였다. 곧이어 장갑차와 탱크를 앞세우고 헤드라이트를 켠 20여 대의 트럭 위에 집총한 군인들을 가득 태우고 시가를 누비며 시위를 벌였다. 이로써 5월 18일 시작된 '광주사태'는 열흘 만에 막을 내렸다.

항쟁이 끝난 이틀 후 도청 앞 상무관에 안치되어 있던 129구의 시체가 짐짝처럼 덤프트럭에 실려 망월동으로 옮겨졌다. 아무도 지켜보지 않는 가운데 '장례'는 마치 진짜 '폭도들'의 시체처럼 숨조차 제대로 쉴 수 없는 공포와 불안 속에서 치러졌다. 다른 곳에서 발견된 시신도 바로 망월동으로 옮겨졌다.

5월 31일, 계엄사령부는 "광주사태의 전모"를 발표했다. 계엄사는 이 발표문을 통해 민간인 144명, 군인 22명, 경찰 4명 등 170명이 숨지고, 민간인 127명, 군인 109명, 경찰 144명 등 380명이 부상했으며, 총 1,740명을 연행했다고 밝혔다.* 이 가운데 정동년 등 175명을 101일이 지난 9월 5일 내란음모 및 포고령 위반으로 계엄보통군법회의에 구속 기소하고, 위계룡 등 174명을 기소유예로 석방했다. 이에 따라 훈방 또는 석방된 사람은 모두 1,565명이었다. 이들 가운데 527명은 5월 27일 재진압작전 및 그후 연행된 사람들이고, 1,213명은 5월 18일부터 26일까지 연행된 사람들이다. 여기에는 마구잡이로 연행되었다가 민심수습 차원에서 수시로 방면된 사람은 포함되어 있지 않다. 또한 그 후에도 광주항쟁과 관련되어 연행된 경우가 많아 연행자 수는 들쭉날쭉 바뀌어 정확하지 않다. 예를 들면 보안사 기록은 5월 18일부터 6월 27일까지 모두 2,699명을 검거해서 2,144명을 훈방한 것으로 되어 있고, 전남합동수사단 기록은 2,522명을 검거해서 1,906명을 훈방하고 616명을 송치한 것으로 되어 있다.(국방부과거사진상규명위원회 편, 2007, 69~70·114쪽)

5·18민중항쟁으로 구속 기소된 175명에 대한 선고공판이 10월 25일 상무대 보통군법회의 법정에서 열렸다. 1부와 2부로 진행된 보통군법회의 재판부는 정동년(전남대 복학생)·김종배(학생시민투쟁위원장)·박남선(투쟁위 상황실장)·배용주(광주고속 운전기사)·박노정(복음인쇄소) 등 다섯 명에게 사형을 선고했다. 이들에 대한 최종심은 1981년 3월 31일 열렸다. 대법원은 상고를 기각, 고등군법회의에서 내란죄와 살인죄를 적용, 정동년·배용주·박노정에게 선고된 사형을 확정했다. 당초 1심에서 사형이 선고된 김종배와 박남선은 고등군법회의에서 무기징역이 선고되었다. 또한 홍남순(변호사)·정상용(투쟁위 외무부위원장)·허규정(투쟁위 홍보부장)·윤석루

* 그 뒤 사망자 수는 여러 차례 바뀐 후 194명으로 확정되었다. 이 194명이 제5공화국을 거쳐 제6공화국에 이르기까지 정부당국이 인정한 '광주사태'에서의 공식 사망자 수가 된다. 그러나 그 뒤 부상했다가 사망한 사람, 추후 실종으로 확인된 사람 등 '광주' 사망자는 계속 늘어났고, 지금은 5·18유족회가 밝힌 당시 사망자 166명, 상이 후 사망자 375명, 행방불명자 65명, 군경 사망자 27명 등 모두 633명이 5·18민중항쟁에서 희생된 공식 사망자 수로 되어 있다.(『광주일보』 2005년 9월 14일자)

(투쟁위 기동타격대장)를 비롯한 일곱 명에게 무기징역이 선고되었다. 이 밖에 김상윤(전남대 복학생)·김성용(천주교 신부)·명노근(전남대 교수)·김운기(조선대 복학생)·이재호·양희승·전춘심(전옥주)·김영철·윤강옥·정해직·양강섭 등 11명에게 징역 20년에서 10년까지, 그리고 나머지 152명에게는 10년에서 5년의 실형이나 집행유예가 선고되었다.

　사실상 신군부는 혹독한 고문을 통해 이들의 범죄혐의를 일방적으로 조작해 기소하고, 군사재판 과정에서 법정최고형으로 선고함으로써, 아무 죄가 없는 광주시민들로 하여금 이중적 고통을 당하게 했다. 사형선고를 받은 정동년의 경우 5·18민중항쟁에 참여한 죄(?)를 저지를 기회조차 없었다. 그 이전에 체포되었을 뿐 아니라 조작된 김대중내란음모사건과도 무관했다. 계엄사는 유신체제를 반대하는 민주화운동에 투신했을 뿐인 정동년을 5·17쿠데타와 동시에 연행하여 혹독한 고문을 가해 조작한 혐의조서에 강제로 서명케 하고 사형을 선고했다. '광주사태' 관련자에 대한 대법원 확정판결 전날인 1981년 3월 30일 윤공희 대주교는 남동성당에서 열린 월요미사 강론을 통해, '광주사태'와 관련되어서는 어떠한 처벌을 받아서도 안 되며, "광주사태로 인해 구속되어 있는 모든 사람들은 죄인이 아니다"라고 역설했다.

　계엄사는 1980년 10월 30일 군법회의 선고에 대한 관할권자의 확인과정을 통해 88명을 형집행정지로 석방하고, 김창길 등 16명에게는 감형 조치했다. 신군부는 1980년 10월과 12월, 1981년 4월, 그리고 1982년 12월 24일, 2년 만에 4차에 걸쳐 '광주사태' 관련자 전원을 석방함으로써 사실상 모두 무죄임을 스스로 인정했다.

3
5·18민중항쟁의 의의와 명예회복

5·18민중항쟁의 성격과 의의

광주항쟁은 초기인 18일과 19일의 살인적인 '체포작전' 과정에서 그 성격을 쉽게 찾을 수 있다. 이틀 동안 수도 없이 저질러진 '천인공노할 만행'이 광주시민들을 격앙시키는 결정적 계기가 되었고, 이를 불씨로 삼은 운전기사들이 궐기하면서 시민들의 도전적 응전으로 발전한 끝에 20일 밤 터진 '광주의 함성'에 탄력을 받아 '민중항쟁'으로 승화되었기 때문이다. 여기에 '과잉진압'이라는 이름 아래 저질러진 '살육작전'에 항거하는 5·18민중항쟁 초기의 가장 두드러진 특징은 바로 무조직·무지도자 상태였다는 점이다. 처음에는 난데없는 공수부대의 만행을 규탄하기 위해 전개된 상황이어서 어떤 조직을 갖출 수가 없었다. 전남대 및 조선대 학생회 조직이나 재야민주세력은 전날 밤 대부분 체포되거나 도피한 상태였으므로 저항세력을 조직화할 수 있는 시간이 없었고 인적 구성 또한 불가능했다.

더욱이 신군부는 자신들이 저지른 살육만행에 수동적으로 저항한 광주시민들에 대해 '북괴의 조종에 의한 폭동'을 일으켰다고 그 책임을 전가했지만, 결국 그들은 21일 시내에서 공수부대를 철수시킴으로써 '북괴의 사주를 받은 폭동'이 아니라는 사실을 스스로 인정했다. 이 때문에 '광주사태'의 성격은 한마디로 '민중항쟁'이라 할 수 있다.

5·18민중항쟁은 10·26정변으로 붕괴된 유신체제라는 절대적 권력기반의 기득권을 계속 차지하려는 하나회 정치군인들, 이른바 신군부가 국민들의 민주화 열망을 깔아뭉개고 폭력적 다단계 쿠데타를 통해 정권을 찬탈하는 과정에서 '폭동진압' 명분 쌓기용으로 벌인 살인적 '체포작전'에 대한 시민들의 결사항거였다. 환언하면 5·18민중항쟁은 '10일'이라는 극히 짧은 기간에 자행된 공수부대의 무자비한 '체포작전'에 분노한 시민들이 배후조직이나 지도자도 없이 '성난 민중'으로 돌변하여 격렬하게 항거한 사건이었다. 또한 시민들이 학생들의 시위에 동조한다거나 민주회복이라는 거창한 구호를 외치기에 앞서, 당장 자신의 생명을 보전하고 가족과 이웃의 안위를 방위하고자 무자비한 만행을 저지르는 공수부대원을 향해 돌을 던지고 악을 썼던 격렬한 현장이었다.

5·18민중항쟁은 길게는 50년, 짧게는 15년이라는 세월 동안 힘겹게 펼쳐져오던 민주화운동을 매듭짓게 한 원심력으로 작용했다는 점, 성공한 쿠데타를 단죄하는 기폭제가 되어 그동안 난무했던 국가폭력을 종식시키게 했다는 점에서 커다란 역사적 의의를 지닌다. 200~300년이 소요됐던 서구와는 달리 반세기라는 극히 짧은 기간에 민주주의를 성취하고, 동시에 경제도약의 기적까지 이룩했다는 국제사회의 경탄은 여기에서 연유한다.

한국전쟁 이후 가장 격동적인 사건으로 여겨지는 5·18민중항쟁은 30년 세월이 흐르는 동안 많은 변화를 몰고 왔다. 그중에서도 폭력적 군사독재의 악몽에서 벗어나 진정한 민주정권을 탄생시킴으로써 끝내 민주회복을 이룩했다는 점이 가장 큰 변화이자 의의라 할 수 있다. 5·18민중항쟁은 "민주주의는 피를 먹고 자란다"라는 영국의 격언이 대한민국에서도 그대로 적용되어 열매 맺게 한 살아 있는 역사현장이 되었다. 5·18민중항쟁은 4월혁명 및 6월민주항쟁과 더불어 1960년부터 1987년까지 부단하게 벌어진 평화적 정권교체라는 소망을 달성하려는 민주화운동 과정에서 가장 큰 이정표로 자리매김되었다. 반민주적 독재정권에 능동적으로 도전해 승리한 4월혁명 및 6월민주항쟁과는 달리 5·18민중항쟁은 국가공권력의 폭력적 도발에 대한 수동적 항거로 출발해 민주화운동 과정상의 '항쟁'으로 승화시키는 데까지는 성공했으나 끝내 패배했다는 데서 그 의미가 다르지만, 5·18민중항쟁의 패배와 좌절은 결코 그대로 끝나지 않았다는 데 더욱 큰 의미가 부여되어 있다. 광주학살 진상규명운동 과정에서 촉발한 독재정권 타도투쟁은 새로운 민중운동으로 승화되어 간단없이 용해된 변혁운동으로 발전했고, 1972년 이후 15년간 지속되던 유신 및 폭력 정권의 종식을 불러온 6월민주항쟁의 승리를 이끌어낸 원동력으로 작용했다는 점에서 현대사적 의의를 지니고 있다.

당초 광주살육을 통해 정권을 탈취한 신군부는 자신들이 희생양으로 삼은 '광주'를 철저하게 억압했다. 그들이 씌운 '폭도'라는 억울한 누명을 벗겨주기는커녕, 오히려 시련과 아픔을 더욱 강요하며 실제적 '폭도'로 자리매김하려 했다. 일말의 양심은커녕 패륜적 작태를 서슴없이 자행한 신군부는 '광주'의 진실까지 완전히 뭉개버리려 했다.

5·18민중항쟁 희생자 유족이나 부상자, 구속자들을 비롯한 광주시민들에게는 이 같은 폭압을 넘어 '살육의 현장'을 모든 국민과 세계인에게 그대로 전달해야 하는 과제 수행이 더욱 급선무로 다가왔다. 여기에 앞장서준 종교계의 성직자들을 비롯한 전국의 양심세력과 젊은 지성들의 열정이 용해되어 분출된 힘은 '광주의 진실'을 풀어나가는 밑거름이 되었다. 진상규명운동은 곧 민주화운동, 나아가 독재정권 타도투쟁이었다. 광주학살 진상규명을 외치며 살신성인하는 젊은이들이 속출하는 안타까움이 계속

되고 있는 가운데, 전두환 불법정권 타도투쟁은 극한으로 치달았다.

그리고 젊은 지성들은, '광주사태'의 평화적 타결을 중재하여 한국의 민주주의 신장을 도모해달라는 광주시민들의 바람을 외면한 채, '동북아 안보'를 구실삼아 패륜적인 정치군인들의 손을 들어준 미국을 규탄하는 반미운동에 앞장섰다. 한꺼번에 벌어진 '광주학살 진상규명운동' '민주화운동' '반미운동'은 한 몸통 속에서 용해된 새로운 민중운동으로 승화되어 1980년대의 순수하고 적극적인 '민중의 시대'를 열었다. 온 국민을 하나로 일체화시킨 민중운동은 끊임없이 전두환 폭력정권을 위협했다. 마침내 그들이 자행한 박종철고문사망사건은 모든 국민을 한 덩어리로 뭉치게 하는 밀알로 작용하여 6월민주항쟁을 성공으로 이끌었다.

5·18민중항쟁은 지난 반세기 동안 이승만·박정희·전두환이 부단하게 행사한 국가폭력으로 인해 실종됐던 민주주의를 되찾는 역사발전에 주도적 역할을 했음은 물론이다. 한 걸음 더 나아가 암울했던 한국 현대사의 한 복판에서 1980년대 민중운동의 밑바탕으로 작용하여 축적된 일체감·자신감·생동감을 더욱 샘솟게 했다.

5·18민중항쟁의 명예회복

엊그제 같았던 '5·18민중항쟁'이 벌써 30주년이 되었다. 우여곡절을 겪은 끝에 1995년 들끓었던 국민여론이 수용돼 '5·18특별법'이 제정되고, 국민들은 물론 전 세계인들이 지켜보는 가운데 진실을 밝혀내고 관련자들의 잘잘못을 분별하는 역사 정리작업을 마무리한 바 있다. 그러나 정권장악을 위해 당초부터 '시위진압'이 아닌 '살육작전'을 펼치도록 계획하고 명령한 사람은 물론 발포명령자도 가려내지 못한 채 얼버무린 과거사 정리로 끝나버렸다. 피해자들에 대한 명예회복 정도가 다행이라면 다행이라 할 수 있다.

　6월민주항쟁의 승리에 따라 1987년 12월 18일 실시된 국민들의 직접선거에서 대통령으로 당선된 노태우는 민주화합추진위원회(약칭 민화위)를 구성해 7년 동안 금기시되었던 '광주사태'를 용해하고자 노력했다. 그러나 제5공화국 연장선상에 놓여 있던 그로서는 역시 한계가 있었다. 다만 1988년 11월 18일부터 1989년 2월 24일까지 99일 동안 여야 합의하에 열린 '국회5·18광주민주화운동진상조사특별위원회' 청문회에서 64명의 관계자들로부터 증언을 청취함으로써 진상에 대한 대체적인 의문을 푸는 데 어느 정도 기여한 것은 분명하다. 그렇지만 '광주학살'을 자행한 신군부 요인들이 주류를 이루고 있는 민주정의당의 광주시민들에 대한 폄훼적인 발언과 진상규명에 대한 무성의, 군부의 자료제출 기피, 현장당사자들의 진솔하지 못한 증언 등은 많은 아쉬움을 남겼다. 다시 말하면 '광주'의 진실을 규명하는 데는 민화위에서 겪었던 대로 너무나 많은 한계가 노정돼 '체포작전'을 계획하고 지령한 사람이나 최고 발포명령자 등 핵심을 가려낼 수가 없었다. 이 때문에 '광주'에서는 진상규명과 당사자들의 법적 책임문제를 들고 나왔다. 1993년 2월 14일 '광주'에서는 특별검사제 도입, 가해자 고소고발, 망월동 묘역 성역화, 명예회복 등 15개 항의 합의문을 작성하고 공동 대응하기로 입장을 정리했다.

　노태우의 뒤를 이어 대통령에 취임한 김영삼은 5월 13일 5·18특별담화문을 발표했다. 김 대통령은 '광주항쟁'에 대해 최상의 수식어를 동원하고, 희생자에 대한 심심한 애도는 물론 광주시민을 향한 경건한 위로와 찬사를 아끼지 않았다. 그리고 "오늘의 정부는 광주민주화운동의 연장선상에 있는 민주정부"라면서, 기념일 제정, 명예회복, 묘역 성역화, 피해자 보상, 부상자 치료, 해직자 복직, 행불자 추가신고 등 가능한 모든 조치를 취하겠다고 공언했다. 하지만 그는 "암울했던 시절의 치욕을 다시 들추어내어 갈등을 재현하거나 누구를 벌하는 것은 바람직하지 않아 용서와 화해로써 일단 덮어두고, 광주에 대한 평가는 후세의 역사에 맡기자"라고 결론 지었다. 즉, 12·12군사반란을 '하극상에 의한 쿠데타적 사건', 광주항쟁을 '오늘의 정부를 있게 한 민주화투쟁'으로 분명하게 규정하면서도 진상규명이나 가해자 처벌을 비껴가려 했다. 이에 대해 '광주' 쪽에서는 진상규명과 가해자 처벌 없는 기념일 제정이나 묘역 성역화는 아무런 의미가 없다고 강력하게 반발하며, 선 진상규명, 후 명예회복을 요구하고 나섰다. 여기에 덩달아 전국 각계각층의 반발과 항의도 만만치 않았다. 그것은 '12·12, 5·18 고소고발사건'으로 제기되었다.

검찰은 광주학살에 대한 본격적인 수사에 착수하지 않을 수 없게 되었다. 1993년 7월 19일 정승화 전 육군참모총장 등의 고소·고발에 따라 12·12군사반란에 대한 검찰의 수사가 착수되었고, 1년 4개월 만인 1994년 10월 29일 그 결과가 발표되었다. 검찰은 "12·12사건은 명백한 군사반란행위였지만, 사건 관련자들을 기소할 경우 불필요한 국력을 소모할 우려가 있기 때문에 기소유예 처분키로 했다"라고 결론지었다. 이 소식을 접한 국민들은 경악했다. 그렇게 단순하게 마무리할 수 없다는 것이 국민들의 보편적 의식이었다. 이에 앞선 1994년 5월 13일 정동년 광주민중항쟁연합 상임의장과 김상근 '5·18진상규명과 광주항쟁정신계승국민위원회' 공동대표 등 322명과 시민 3만 1,000여 명이 공동으로 전두환·노태우·정호용을 비롯한 35명을 서울지검에 고소·고발했다. 피고발인들은 '광주사태'에 투입된 대대장급 이상 지휘관들로서 죄목은 '내란 및 내란목적 살인죄'였다. '광주사태' 당시 구속자들에게 적용했던 것과 똑같은 죗값을 이들에게 되돌려 줘야 한다는 취지였다. 이 고발사건에 대해 1년 2개월 동안 수사를 벌인 서울지검은 1995년 7월 18일 "피고소·고발인들이 80년 당시 벌인 각종 행위와 조치는 정치적 변혁과정에서 새 헌법질서 형성의 기초가 된 일들"이라, "이는 군을 배경으로 새로운 정권과 헌법질서를 창출한 정치적 변혁과정들로서 사법심사의 대상이 되지 않는다"라고 발표하고, "성공한 쿠데타는 처벌할 수 없다"라며 '공소권 없음' 결정과 동시에 불기소처분을 내렸다.

검찰의 불기소처분이 내려진 이튿날인 7월 19일 광주시민 3,000여 명이 서울로 올라와 명동성당에서 "5·18진상규명과 관련자 처벌"을 주장하며 농성에 들어간 것을 시작으로 그동안 참아왔던 온 국민의 분노가 드디어 터져 나왔다. 거의 날마다 각계각층에서 불기소처분에 대한 항의와 특별법 제정을 촉구하는 시위가 벌어지고 성명이 잇따라 발표되었다. 1995년 7월 31일, 고려대 교수 131명이 김영삼 대통령의 "5·18평가, 역사에 맡긴다"라는 내용의 성명 철회, 검찰 불기소처분의 부당성, 5·18특별법 제정과 관련자 처벌 등을 주장하는 내용의 성명을 발표했다. 고려대 교수들의 성명은 '특별법'을 제정해서라도 광주 살육의 관련자 처벌은 물론 피해자들에 대한 명예회복과 보상이 뒤따라야 한다는 쪽으로 여론을 몰아 급물살을 타게 하는 결정적 계기가 되었다. 이에 자극받은 다른 대학 교수들의 성명이 줄을 잇는 가운데 각계각층의 성토 또한 더욱 거세졌다. 무려 117일 동안 나라 안은 온통 '5·18특별법' 열기로 가득했다.

특별법 제정과 관련자 처벌, 명예를 회복시키라는 국민들의 요구가 들끓자 우선 국회에서 5·18특별법안에 대한 심의에 착수했다. 12·12와 5·18 역시 역사적 심판만이 아닌 현실적 심판이 불가피하다는 쪽으로 기울었다. 이에 김영삼 대통령은 드디어 11월 24일 12·12와 5·18에 대한 평가를 역사에 맡기겠다는 내용의 성명을 철회하고 5·18특별법을 제정하겠다는 내용의 성명을 발표하기에 이르렀다. 5·18특별법이 제정되고 시행되는 과정을 도표로 나타내면 〈표6〉과 같다.

동시에 불기소처분에 대한 특별검사제 도입설에 당황한 서울지검은

5·18특별법 제정을 촉구하며 구호를 외치는 집회 참가자들

재빠르게 12·12군사반란과 '5·18내란'에 대한 전면 재수사에 착수했다. 헌법재판소도 12·12와 5·18 불기소처분에 대한 헌법소원사건 평의회를 열고 검찰의 '공소권 없음'은 부당하다고 결정했다. 이렇게 해서 12·12와 5·18에 대한 특별법 제정과 관련자 처벌 및 명예회복문제는 대세를 이루었다.

12월 17일 보상법을 개정한 국회는 12월 21일 '헌정질서 파괴범죄의 공소시효 등에 관한 특별법'(법률 제5028호)과 '5·18민주화운동 등에 관한 특별법'(법률 제5029호), 이른바 2대 5·18특별법을 의결했고, 정부는 즉각 공포했다. 피고인 측에서 '5·18민주화운동 등에 관한 특별법' 제2조가 위헌소지가 있다는 취지로 헌법재판소에 제소했으나, 다음 해 2월 16일 "위헌소지가 없다"라는 결정이 내려져 5·18관련자들에 대한 사법처리는 특별법에 의해 예정대로 진행될 수 있었다.

표6 5·18특별법 제정 및 명예회복 과정

일시	내용
1993. 2. 14	광주 5·18단체들, 가해자 고소고발·특검제 도입·명예회복 등 15개 항 합의
3. 17	김영삼 대통령, 유족들의 거부로 5·18묘역 참배 좌절
5. 13	김영삼 대통령, 5·18평가 후세에 맡긴다는 내용의 특별담화문 발표
7. 19	정승화 등 22명, 전두환·노태우 전 대통령 등 38명을 12·12군사반란 혐의로 검찰에 고소
1994. 5. 13	5·18민중항쟁 피해자 322명과 시민 3만여 명, 전두환·노태우·정호용 등 35명을 내란혐의로 고소
10. 29	검찰, 12·12군사반란에 대해 '기소유예' 결정과 수사결과 발표
1995. 7. 18	검찰, 5·18사건에 대해 "성공한 쿠데타 처벌할 수 없다"라며 '공소권 없음' 결정, 불기소처분
7. 19	광주시민 3,000여 명, 명동성당에서 "광주진상규명"을 외치며 시위
7. 31	고려대 교수 131명, 5·18특별법 제정과 관련자 처벌 촉구 성명
10. 19	박계동 전 의원, 노태우 전 대통령의 비자금 폭로
11. 16	검찰, 노태우 전 대통령을 수뢰 혐의로 구속
11. 24	김영삼 대통령, 5·18특별법 제정 천명
11. 30	검찰, 12·12, 5·18 특별수사본부 발족과 동시에 재수사 착수
12. 3	검찰, 전두환 전 대통령을 반란혐의로 구속
12. 21	5·18특별법 제정 공포, 헌정파괴범 공소시효 특별법 제정
1996. 2. 16	헌법재판소, 5·18특별법 합헌 결정
2. 28	검찰, 12·12, 5·18 사건 관련자 전두환 등 16명 기소
8. 5	검찰, 12·12, 5·18 사건과 관련, 전두환에 사형, 노태우에 무기징역 구형
8. 26	서울지법, 12·12, 5·18 사건 1심 선고. 전두환 사형, 노태우 징역 22년 6월
12. 16	서울고법, 12·12, 5·18 사건 항소심 선고. 전두환 무기징역, 노태우 징역 17년
12. 23	전두환·노태우, 상고 포기. 검찰, 상고
1997. 4. 17	대법원 상고심 선고. 전두환 무기징역, 노태우 징역 17년
12. 22	전두환·노태우 사면·복권 및 석방

출처: 안병욱, 2001, 983쪽을 보완한 것임.

이에 따라 12·12군사반란과 광주학살을 주도했던 신군부 정치군인들이 줄줄이 법정에 서게 되었다. 1996년 8월 26일 열린 1심 공판은 전두환 사형, 노태우 17년형을 선고했고, 다음 해 4월 17일 대법원은 전두환 무기징역, 노태우 17년의 항고심 형량을 확정함으로써 "성공한 쿠데타 주역도 단죄된다"라는 새로운 역사를 창출했다. 그러나 아무런 사과나 고해가 없는 이들에 대한 사면·복권이 반역사적 또는 정략적으로 이루어짐으로써 많은 아쉬움을 남긴 역사 정리가 되고 말았다.

1980

1992

신군부의 등장과 '서울의 봄' • 10 · 26정변 이후 유신세력의 대응과 12 · 12군사반란 • 학원민주화운동의 진가와 신군부의 권력 추진 • 민주통일의 전산과 한생들의 개현제요청 • 박정희의 지역주의와 김대중 • 5 · 18민중항쟁의 발발과 전개 • 광주시민들의 분노와 지도자 없는 항거 • 군수부대의 발포와 시민들의 무장투쟁 • 5 · 18민중항쟁의 성립과 전두환 정권의 지배구조 • 1980년대 학생운동의 시작 · 부림'과 '학림' • 부산 미문화원 방화사건 • 정치권의 변화와 민주화 결성 • 유화국면 이후 민주화운동의 고조 • 2 · 12총선과 민주화운동의 약진 • 학원안정법 반대투쟁 • 민통련 결성 • 개헌정국에서의 민주화운동 • 마중철 고문사건과 민주대현합 구축 • 4 · 13호헌조치 철폐투쟁 • 5 · 18고문조작 폭로의 민주대현합 강화 • 6 · 10국민대회 • 명동성당 농성과 박종이무의 시위 • 6 · 29건언과 6월항쟁의 의의 • 6 · 29선언의 호책 의미와 민주화현합의 이완 • 1987년 노동자대투쟁 • 헌법 개정과 1987년 현법이 등장 • 제13대 대통령 선거와 강압상 · 김대중의 분열 • 세야협의 분열 • 중앙정부 수임이 실체와 지역주의 정치의 등장 • 3당 합당과 공안통치를 통한 보수대약권 대세 • 전정사상 최조의 여소야대를 가거로 • 1988년의 4 · 26 총선 • 여소야대 국회의 설화 • 노태우 정부의 대응 • 공안정국과 3당 합당 • 방북사건과 1차 공안정국 • 3당 합당을 통한 보수대약당 • 1991년 5월투쟁과 2차 공안정국 • 보수대약당의 귀결, 김영삼 정부의 출범

2

전두환 정권과
반독재민주화투쟁

제**1**장

5공화국의 성립과 전두환 정권의 지배구조

1
5·17쿠데타 이후
권력기반 구축작업

1980년 5·17쿠데타와 광주학살로 국민들의 민주화 요구를 짓밟고 실질적으로 권력을 장악한 전두환 신군부세력은 처음부터 매우 강력한 철권통치를 자행하였다. 그리고 강력한 철권통치를 바탕으로 권력기반을 공고히 하기 위해 일련의 작업들을 진행하였다. 이를 위해 먼저 전두환은 최규하 대통령에게 국가보위비상대책위원회(약칭 국보위)라는 비상대책기구가 필요하다고 건의했고, 최규하 대통령으로서는 건의라고는 하지만 거부할 수 없는 강압적인 상황에서 그것을 재가하지 않을 수 없었다. 국보위 설치계획은 이미 5·17쿠데타 이전부터 보안사 안가에서 이루어지고 있었다. 원래 국보위는 1961년 5·16쿠데타 때의 국가재건최고회의 같은 초법적 비상기구로 구상되었는데, 쿠데타 이후를 대비하여 계획된 군부에 의한 국정주도기관이었다.*

　국가보위비상대책위원회(약칭 국보위)는 5월 31일 국무회의 의결을 거쳐 대통령 자문보좌기관으로 발족되었다. 명목상 국보위는 대통령이 위원장이 되고 국무총리·부총리 겸 경제기획원장관, 외무부장관, 내무부장관, 법무부장관, 국방부장관, 문교부장관, 대통령비서실장, 계엄사령관, 합동참모회의 의장, 각 군 참모총장, 국군보안사령관과 대통령이 임명하는 10인 이내의 위원으로 구성되었다. 하지만 실질적 권한은 국보위로부터 위임받은 사항을 심의·조정하는 상임위원회에 있었는데, 상임위원회는 상임위원장과 30인 이내의 임원으로 구성되었다.** 국보위 상임위원회는 상임위원장을 비롯하여 13개 분과위원장과 사무처장, 그리고 16명의 무임소 상임위원으로 구성되었는데, 이 중 상임위원장, 7개 분과위원장, 12명의 무임소 상임위원이 현직 군인이었다. 그리고 상임위원회 안에 13개 분과위원회를 설치하여 업무를 분담하였으며, 각 분과위원회는 분야별 소관 사항에 관한 기획·조정·통제 업무를 관장하였다. 당시 국보위 상임위원회는 국가의 모든 업무·통제 기능을 담당할 만큼 실질적인 최고 권력기관이

---

* 조갑제, 2005b, 181쪽. 국보위 설치는 5월 17일 오전 9시쯤 청와대에서 최광수 비서실장 주재로 개최된 수석비서관 회의에서 제안되었다. 이 자리에서 최 실장은 보안사가 기초해 온 대통령 특별선언문의 초안을 서기원 대변인에게 건네주면서 선언문을 작성하라고 지시했는데, 보안사의 초안 내용은 다음과 같은 것이었다. "첫째, 지역 비상계엄을 전국으로 확대한다. 둘째, 국회를 해산하고 모든 정치활동을 중지시킨다. 셋째, 현행 헌법의 일부 기능을 정지시킨다. 넷째, 헌법상 국회·정부·법원의 관할로 되어 있는 행정·사법 업무에 대한 통제·조정·감독을 위해 국가보위비상대책위원회를 설치한다. 다섯째, 정치풍토를 쇄신하고 권력형 부조리를 과감히 척결한다."(조갑제, 2005b, 183~184쪽)

** 국가보위비상대책위원 중 당연직 위원은 최규하(위원장, 대통령), 박충훈(국무총리서리), 김원기(부총리 겸 경제기획원 장관), 박동진(외무부장관), 김종환(내무부장관), 오탁근(법무부장관), 주영복(국방부장관), 이규호(문교부장관), 이광표(문공부장관), 전두환(중앙정보부장서리 및 국군보안사령관), 최광수(대통령비서실장), 이희성(계엄사령관 및 육군참모총장), 유병현(합동참모회의 의장), 김종곤(해군참모총장), 윤자중(공군참모총장), 임명직 위원으로는 백석주(육군 대장), 김경원(대통령 특보), 진종채(육군 중장), 유학성(육군 중장), 윤성민(육군 중장), 황영시(육군 중장), 차규헌(육군 중장), 김정호(해병 중장), 노태우(육군 소장), 정호용(육군 소장) 등이었다.(『동아일보』 1980년 5월 31일자) 상임위원은 전두환(상임위원회 위원장), 이기백(운영위원장, 육군 소장), 문상익(법무위원장, 대검찰청 검사), 노재원(외무위원장, 외무부 기획관리실장), 이광노(내무위원장, 육군 소장), 김재익(경과위원장, 기획원 기획국장), 심유선(재무위원장, 육군 소장), 오자복(문공위원장, 육군 소장), 김주호(농수산위원장, 농수산부 차관보), 조영길(보사위원장, 해군 준장), 이우재(교통위원장, 육군 준장), 이규효(건설위원장, 건설부 기획관리실장), 금진호(상공자원위원장, 상공부 기획관리실장), 김만기(정화위원장, 중앙정보부 감찰실장), 정관용(사무처장, 공무원교육원 부원장), 이희근(무임소 상임위원, 공군 중장), 신현수(육군 중장), 차규헌(육군 중장), 정원민(해군 중장), 강영식(육군 중장), 박노영(육군 중장), 김윤호(육군 중장), 권영각(육군 소장), 김홍한(육군 소장), 노태우(육군 소장), 정호용(육군 소장), 김인기(공군 소장), 안치순(대통령 정무비서관), 민해영(대통령 경제비서관), 최재호(대통령 민정비서관), 신현수(대통령 사정비서관) 등이었다.(『매일경제』 1980년 6월 5일자)

었는데, 신군부집단의 수장인 전두환은 자신이 위원장을 맡고 쿠데타를 주도한 측근들로 상임위원회를 채웠다.(강준만, 2003a, 193~194쪽) 노태우(육사 11기), 정호용(육사 11기), 이희성(육사 8기), 차규헌(육사 졸업) 등이 그런 측근들이었다.(진덕규, 2000, 317쪽). 이로써 전두환은 보안사령관과 중앙정보부장서리에 이어 국보위 상임위원장까지 차지함으로써 무소불위의 정치권력을 손아귀에 넣을 수 있게 되었다.

국보위 설치 이후 신군부집단은 "안보태세 강화·경제난국 타개·사회안정으로 정치발전을 이룩하고, 사회악 일소로 국가기강을 확립한다"라는 명분으로 공직자 숙정肅正·중화학공업 투자 재조정·졸업정원제 실시와 과외금지·출판 및 인쇄물 제한·삼청교육 실시 등 권력기반 구축을 위한 제반조치를 신속하게 실시하였다. 신군부집단은 민주화운동에 대해서도 혹독하고 비열한 탄압을 자행하였다. 그들은 1980년 5월 17일 쿠데타를 일으키면서 이미 김대중 등을 체포하였는데, 1980년 6월 17일에는 부정축재·국기문란·시위주도·배후조종 등의 혐의로 정치인·교수·목사·언론인·학생 등 329명의 민주인사들을 지명 수배하였다. 그리고 1980년 7월 4일 계엄사는 이른바 '김대중 일당의 내란음모사건'이라는 것을 조작·발표하고 수많은 민주인사를 체포·고문·투옥하였다. 이 사건을 조작한 동기는 광주시민들이 벌인 민주항쟁의 정당성을 왜곡하고, 그들이 당시 광주에서 자행한 시민 학살행위를 합리화하기 위해서였다. 광주시민들의 민주항쟁을 '공산주의와 연계되어 있는 김대중이 배후조종한 내란음모의 산물'로 몰면 그들의 행동을 합리화할 수 있으리라는 계산에서였다. 그래서 신군부는 김대중이 "국민연합을 전위세력으로 하여 대학의 복학생들을 행동대원으로 포섭, 학원소요사태를 폭력화하고 민중봉기를 꾀함으로써 유혈혁명사태를 유발, 현 정부를 타도한 후, 김대중을 수반으로 하는 과도정권을 수립하려 했다"라는 식으로 몰아갔다.

신군부는 이런 각본을 성립시키기 위해 김대중을 비롯한 민주인사들에게 모진 고문을 가하였는데, 무차별 각목 폭행, 천장에 거꾸로 매달아 코에 물 붓기, 손톱 발톱 구둣발로 짓밟기 등 잔인하기가 가히 상상을 초월하는 것이었다.(강준만, 2003a, 200~201쪽) 이렇게 해서 사건을 날조한 신군부는 철저한 각본에 의거하여 재판을 진행시켜 김대중에게 사형을 선고하는 등 민주화세력을 가혹하게 탄압하였다.

또 신군부집단은 민심을 얻기 위한 목적으로 과거 유신세력에 대한 숙청작업을 전개하였다. 1980년 6월 18일 3공화국과 4공화국의 대표적 부정축재자로 지목했던 이후락, 김진만 등 10여 명의 부정축재액을 발표했다. 그 총액은 이후락 194억 원, 김진만 103억 원 등 모두 853억 원이었다.(강준만, 2003a, 197쪽) 6월 24일에는 김종필·이후락·김진만·박종규 등 유신세력의 핵심 인사들로 하여금 모든 공직에서 사퇴한다는 발표를 하게 하였다. 이어 7월 9일에는 장관과 차관급 인사 38명을 포함하여 2급 이상 고급 공무원 232명의 숙청대상자 명단이 국보위 명의로 발표되었고, 7월 15일에는 3급 이하 행정부 공무원 4,760명, 7월 19일 금융기관 임직원 1,819명, 7월 31일 농·수협 1,212명, 교육 공무원 611명에 대한 숙청이 단행되었다. 공무원과 정부투자기관 및 산하단체 임직원 등 8,877명을 숙청했다. 이 과정에서 국보위는 언론을 동원하여 자신들의 활동을 미화하였다. 특히 『조선일보』는 국보위의 활동을 미화하는 일에 적극 나섰는데, 공무원 숙청에 대해서도 "성실하게 일하는 공무원이 보장받고 잘사는 그런 공무원 사회를 건설하는 바탕이 마련되었다"라고 찬양을 일삼기도 하였다.

쿠데타 이후 권력을 장악한 신군부는 자신들의 구미에 맞게 언론을 철저하게 통제하였다. 그들은 이를 위해 민주적 성향의 언론인들을 완전히 제거하는 한편, 부패한 사주들에 대해서는 그들의 약점을 잡아 언론장악 음모에 이용하였다. 그래서 1980년 6월 9일 "악성 유언비어를 유포시켜 국론 통일과 국민적 단합을 저해하고 있는 혐의가 농후하여 부득이 8명의 언론인을 연행, 조사할 방침"이라면서, 서동구(『경향신문』조사국장), 이경일(『경향신문』외신부장), 홍수원·박우정·표완수(『경향신문』외신부 기자), 노성대(문화방송 보도국 부국장), 오효진(문화방송 사회부 기자), 심송무(『동아일보』사회부 기자) 등을 구속했다. 또 7월 30일에는 신군부가 신문협회에 '자율정화 결의'를 하도록 강요하였고, 이에 의거하여 수백 명의 기자들을 해직시켰다. 언론인 해직은 국보위의 지시로 보안사 준위 이상재가 만든 '언론대책반'이 "언론계 자체 정화 계획서"를 작성하여 수행하였다. 그 "계획서"는 정화대상자들을 "언론계의 반체제인사, 용공 또는 불순한 자, 이들에게 직·간접적으로 동조한 자, 부조리 및 부정축재한 자, 특정 정치인과 유착되어 국민을 오도한 자"로 규정하였는데, 실질적으로는 민주화의 기운을 언론으로부터 완전히 추방하기 위한 음모였다. 그 결과 해직된 언론인은 933명이나 되었는데, 이는 전체 기자의 30%에 해당하는 것으로 가히 '언론대학살'이라 불릴 만한 것이었다. 한편 1980년 7월 31일에는 일간지를 제외한 정기간행물 172종을 강제 폐간시켰는데, 이 가운데는 『기자협회보』『월간중앙』『창작과 비평』『뿌리깊은나무』『씨울의 소리』 등 당시 사회적으로 큰 영향력을 갖고 있던 비판적 성향의 잡지들이 포함되어 있었다.

또 국보위는 교육개혁이라는 미명하에 학원을 장악하기 위한 일련의 조치를 진행하기도 하였다. 국보위는 1980년 7월 30일 과외금지를 골자로 하는 "교육정상화 및 과열과외 해소방안"과, 대학입시 본고사를 폐지하고 졸업정원제를 실시한다는 내용의 "대학입시제도 개혁안"을 발표했다. 그중 과외금지조치는 과외비 부담이 날로 가중되어가는 당시 상황에서 국민들로부터 좋은 호응을 얻기도 하였으나, 실제로는 불법과외를 단속한다는 명목으로 국민의 일상생활에 대한 국가권력의 감시와 통제를 용이하게 하려는 데 목적이 있었다. 또 졸업정원제는 고등교육에 대한 국민의 욕구를 충족시키고 고급 인력에 대한 사회적 수요에 부응한다는 그럴듯한 명분을 내세웠지만, 실제로는 졸업을 위한 학점경쟁을 유도하여 대학생들이 시위와 같은 정치참여에 가담하지 못하도록 하려는 데 목적이 있었다. 그 외에도 신군부는 전국 4년제 대학에서 '국민윤리'를 필수과목으로 하여 이데올로기 비판교육을 강화하고, 초·중·고등학교에서는 '국민정신교육 9대 덕목'을 설정하여 주입교육을 시키는가 하면, 1980년 2학기부터는 어용학생 조직인 학도호국단을 부활시켰다. 바로 신군부는 일련의 교육정책으로 학원에서 정치적 저항의 성장을 무력화하고 독재정권에 순응하는 인간을 양성하기 위한 학원장악 프로그램을 추진하였다.

또한 신군부는 사회정화라는 미명하에 야만적인 인권유린을 자행하였다. 삼청교육대가 대표적인 사례이다. 이는 사회에 공포분위기를 조성하는 한편, 신군부의 권력장악 정당성을 연출하기 위한 과정에서 수만 명의 애꿎은 민간인들이 희생된 사건이다. 후일 국방부과거사진상규명위원회가 발표한 바에 의하면, 삼청교육은 전두환 당시 국보위상임위원장 재가를 거쳐 이루어졌다.● 삼청교육은 1980년 8월 4일 불량배 등 각종 사회악을 단시일 내에 효과적으로 정화하여 사회개혁을 이룬다는 명분 아래 발표된 계엄포고 제13호를 근거로 한 것인데, 이를 주관한 국보위 사회정화위원회는 '삼청계획 5호'라고 이름을 붙였다. 그리하여 '삼청계획'에 따라 조직폭력배, 상습폭력배 등에 대한 대대적인 소탕작전을 전개하였다. 그러나 실제로 국보위가 이른바 불량배들을 검거하기 시작한 시점은 '계엄포고 13호'가 발령된 8월 4일이 아니라 그 이전 8월 1일부터였다. 국보위

● 국방부과거사진상규명위원회는 삼청교육은 국무회의 의결을 거치지 않은 채 실행에 옮겨졌는데, 이는 내란죄에 해당한다고 결론 내렸다.

줄 맞춰 운동장으로 집결하고 있는 삼청교육대 수용자들

는 8월 1일부터 이듬해 1981년 1월 25일까지 총 6만 755명을 법원이 발부한 영장 없이 붙잡았다. 피검거자들은 보안사령부 요원, 중앙정보부 요원, 검사, 경찰서장, 헌병대 요원, 지역정화위원 등으로 구성된 심사위원회에서 A, B, C, D 4등급으로 분류되었다. A급 3,252명은 군법회의 회부, B급과 C급 3만 9,786명은 각각 4주 교육 후 6개월간 노역, 2주의 교육 후 훈방조치, D급 1만 7,717명은 경찰에서 훈방되었다. 삼청교육 대상자는 경찰서당 일률적으로 배당되었는데, 그 때문에 삼청교육 입소자들 가운데는 억울하게 검거된 사람들이 많았다. 동네 사람들의 평판과 사적 감정에 따른 고발에 의존하거나, 단지 외모가 불량하다거나 술을 많이 먹었다는 이유만으로 삼청교육대에 끌려가는 경우들이 숱하게 많았다. 국방부과거사진상규명위원회의 삼청교육대사건 조사결과 발표에 따르면, 1980년 8월 4일부터 1981년 12월 5일까지 삼청교육대 수용자 4만 명 가운데 중학생 17명을 포함해 980명이 학생이었고, 여성도 319명에 이른 것으로 밝혀졌다.

삼청교육은 연병장 둘레에 헌병을 배치하고 엄중한 집총 감시를 하는 가운데 진행되었으며, 순화교육이라는 미명하에 자행된 구금, 강제노역, 구타, 기합 등 가혹행위로 교육 중 수십 명의 사망자가 발생했다고 전해진다. 삼청교육은 고된 체력훈련으로, 유격체조, 기초 장애물 극복, 땅에 착지하는 '공수 접지훈련' 등으로 이루어졌다. 구타와 육체적 고통을 가하는 얼차려가 빈번했고, 특히 지시 불이행이나 태도불량자 등에게는 '잠 안 재우기' '알몸 상태에서 물 붓기' '문신 속 동물 때려잡기' 등 온갖 인권유린 행위가 빈번했다. 혹독한 순화교육을 받고도 '미순화자'로 분류되면 전방 군부대에서 근로봉사를 해야 했다. 이 인원만 1만 16명이었는데, 이들은 도로 보수, 진지 구축, 통신선 매설 등의 작업에 투입됐고, 역시 구타와 얼차려가 일상적으로 자행되었다. 당국은 근로봉사의 불법성을 피하기 위해 '지원서'를 제출받았으며, 이른바 '순화 불능자'를 격리하기 위해 1980년 12월 18일 '사회보호법'을 제정해 7,578명에 대해 보호감호 처분을 내렸다. 보호감호 처분을 내리는 과정에서도 '부칙'을 통해 편법 처분을 내리는 바람에 재판 한 번 받아보지 못하고 강제 수용돼야 했다.(『경향신문』 2006년 11월 11일자) 국방부가 공식적으로 발표한 바에 따르면, 삼청교육으로 인한 사망자는 54명이었다. 하지만 2002년 의문사진상규명위원회는 삼청교육과 그로 인한 후유증 등으로 사망에 이른 사람이 339명, 불구가 된 사람은 2,700명에 달한다고 발표하였다.

한편, 사회정화와 삼청교육은 정치적 보복과 노동운동 탄압용으로 이용되기도 했다. 1980년 7월부터 12월까지 시행된 '정화조치'의 일환으로 많은 노동운동 지도자들이 체포되거나 직장에서 쫓겨났다. 그리고 이 과정에서 1970년대 말 민주노조운동의 선두에 섰던 원풍모방, 반도상사, 대한전선, 콘트롤데이타, 청계피복 등의 노조 지도자들이 삼청교육대에 끌려가기도 했다.

그 후 신군부정권은 사회정화 업무의 효율적인 수행이라는 명분 아래, 1980년 11월 1일 국무총리 소속으로 '사회정화위원회'라는 것을 만들었다. 사회정화위원회는 '사회기강' 차원에서 학교 주변의 폭력·유해환경 및 불법과외 단속 등을 추진했고, 질서 확립, 부정심리 추방 등 관제 의식개혁운동을 전개하기도 했다. 이는 자신들을 사회정화라는 역사적 임무를 띠고 등장한 국가적 지도세력으로 보이기 위한 것에 다름 아니었다. 오히려 그들은 입으로는 사회정화를 외치면서 부패의 싹을 틔우고 있었는데, 미국『워싱턴포스트』지 기자로서 한국을 취재했던 돈 오버도퍼는 "당시 미국 대사관 측은 전두환 대통령과 그의 측근들이 추종자들에게 자신들이 '정화'한 선임자들보다 훨씬 더 많은 돈을 뿌리고 있음을 알고 몹시 실망했다"라고 쓰고 있다.(돈 오버도퍼, 2002, 212쪽)

이상에서 살펴본 것처럼, 전두환 신군부세력은 초법적 기구를 동원하여 각종 악법을 제정·개정하고, 자신들의 권력장악에 방해되는 모든 세력을 숙청하는 작업을 진행하였다. 민주화운동세력에 대해서는 투옥, 연금, 고문, 추방, 검열, 징집 등 국민들이 공포를 느낄 정도로 철저한 탄압을 가하였다. 그런 점에서 전두환 신군부세력은 본질적으로 박정희 유신독재체제의 계승자였다.

2
전두환 정권의 등장과 체제정비

철권통치로 권력기반을 구축하는 데 어느 정도 성공한 신군부집단은 허수
아비나 다름없었던 최규하 대통령을 하야시키고 전두환을 대통령으로 추
대하였다. 최규하 대통령을 하야시키는 과정에서 신군부 인사들은 매우
노골적인 압박을 가하였다. 예를 들어 권정달 보안사 정보처장은 청와대
에서 일하는 동향 인물을 찾아왔다가 만난 한 비서관에게 "어이, 최 대통
령보고 빨리 그만두라고 해. 우리는 갈 길이 바빠"라고 말하기까지 하였
다. 신군부 측의 이런 식의 메시지는 최광수 비서실장과, 최 대통령과 개인
적으로 친분이 있는 김정열 전 국방부장관을 통해서도 전달된 것으로 알
려져 있다.(조갑제, 2005b, 210쪽) 결국 1980년 8월 16일 최규하 대통령은
특별담화를 발표한 뒤 청와대를 떠났다.

최규하 대통령의 하야 후 1980년 8월 27일 열린 통일주체국민회의에
서 전두환은 단일후보로 나서 총 투표자 2,525명 중 2,524표의 찬성과 1명
의 무효표로 11대 대통령에 당선되었다. 이때 대부분의 언론들은 앞 다투
어 전두환을 미화하는 작업에 발 벗고 나섰다. 예를 들어 『조선일보』는 8월
28일자 사설에서 "우리는 우선 전두환 대통령의 당선을 온 국민과 더불어

축하하며, 그 전도에 영광이 있기를 희원해 마지않는다. (중략) 전 대통령의 취임으로 바야흐로 새 시대 역사는 개막되고 있으며, 국민들은 전 대통령 정부에 새로운 소망과 기대를 걸고 (후략)"라고 했으며, 『동아일보』는 8월 28일자 기사에서 "전 대통령이 등장한 것은 한국 정치의 고질병이었으며 종래 구정권들이 바로잡지 못했던 정권 차원만의 정치성, 관료성, 사대성, 허위의식에 대한 실천적 반론"이라는 말로 전두환을 미화하였다.(강준만, 2003a, 233~234쪽)

전두환은 대통령 취임 이후 9월 29일 개헌심사위원회를 발족하여 개헌작업을 진행하였다. 그의 11대 대통령 당선은 국민적 저항에 부딪혀 몰락한 유신체제의 헌법하에서 이루어진 것이었으므로, 새로운 시대의 새로운 정권이라는 이미지를 만들기 위해서는 개헌을 추진할 필요가 있었다. 권정달의 진술에 따르면, 전두환의 지시로 국보위 법사위에서 개정헌법의 초안을 작성하고, 보안사에 따로 만든 사무실에서 권정달의 통제하에 우병규, 박철언이 신군부 측의 의사를 반영하여 이 초안을 수정함으로써 개헌안이 만들어졌다. 그리고 국보위 법사위에서 헌법개정안 골격이 마련된 뒤에는 전두환의 주재로 노태우 소장, 권정달 정보처장, 정도영 보안처장, 허삼수 인사처장, 이학봉 대공처장, 허화평 보안사령관 비서실장 등이 모여 막바지 정지작업을 벌이기도 했다. 이 과정에서 대통령 선출방식, 대통령 임기를 놓고 신군부 인사들 사이에 이견이 나타나기도 했는데, 전두환이 최종 낙점하는 식으로 조정이 이루어졌다.*

신군부정권은 이렇게 해서 만들어진 제5공화국 헌법개정안을 1980년 9월 29일 공고했는데, 그 주요 내용은 다음과 같은 것이었다. 먼저 제5공

---

* 김영삼 정권 시절 진행되었던 5·18사건 수사과정에서 당시 보안사 핵심 5인방 중 한 사람이었던 권정달 보안사 정보처장이 검찰에서 진술한 내용이다.

화국 헌법안은 1인 장기집권을 배격한다는 명분으로 대통령의 임기를 7년 단임으로 하고 중임을 금지하였다. 그리고 국회의원의 1/3을 대통령이 추천하게 한 제도를 폐지하였다. 또한 대통령의 일반법관 임명권을 폐지하고 그 권한을 대법원장에게 부여하였다. 이처럼 제5공화국 헌법안은 형식적으로는 유신헌법의 여러 독소 조항을 제거하거나 완화하였다. 그러나 제5공화국 헌법은 유신헌법의 가장 핵심적 독소 조항인 대통령 간접선거 방식을 고수함으로써 신군부의 정권연장을 용이하게 만들었다. 후일 1987년 민주항쟁에서 "대통령 직선제 쟁취"가 주요 슬로건으로 등장한 것도 제5공화국 헌법의 이런 문제점 때문이었다. 또 제5공화국 헌법은 국회의원 총수의 3분의 1에 달하던 유정회 의원직 대신에 같은 수의 전국구 의원직을 두어, 전국구 의원직의 3분의 2를 제1당이 배당받고, 나머지 3분의 1을 지역구 선거에서 5석 이상 차지한 정당들이 의석비율로 배분받도록 하였는데, 제1당이 배분받는 의석 3분의 2는 사실상 대통령이 지명할 수 있는 의석 수였다. 그 외에도 제5공화국 대통령은 유신시대와 마찬가지로 대법원장과 대법원 판사에 대한 실질적 임명권을 갖도록 되어 있었다. 대법원장과 대법원 판사의 임기는 6년과 10년에서 각각 5년으로 단축되었는데, 이는 차기 대법원장 및 대법관의 임명에도 전두환의 통제를 따르도록 하려는 의도가 깔려 있었다고 볼 수 있다. 이처럼 제5공화국의 대통령은 국회해산권을 갖지 못한 것을 제외하고는 유신체제의 대통령과 대동소이한 권한을 행사했다. 국회는 제4공화국 시대와 달리 헌법상 국정조사권을 부여받았으나 대통령으로부터 독립적일 수 없었고, 법원은 유신공화국에서와 마찬가지로 사실상 권력의 시녀로 전락할 수밖에 없는 구조였다.(이정복, 2006, 685쪽)

전두환 정권은 이 같은 헌법개정안을 1980년 10월 22일 국민투표에 부쳐 확정했는데, 95.5%의 투표율과 91.6%의 찬성률을 기록하였다. 10월

27일부터 발효된 제8차 개정헌법에 따라 전두환은 국회, 정당, 통일주체국민회의를 해산했고, 국가보위입법회의라는 것을 설치하여 국회의 기능을 대신하게 했다. 국보위가 제5공화국을 출범시키기 위한 정치적 정지작업을 수행하였다면, 국가보위입법회의는 5공화국의 출범 이후 전개될 정치의 틀을 강압적으로 재조정하는 역할을 담당하였다. 국가보위입법회의는 81명으로 구성되었다.* 이들은 모두 전두환이 임명한 사람들이었는데, 조선일보사 사주 방우영과 송지영·김윤환·남재희 등 조선일보사 간부들, 서

---

* 국가보위입법의원의 명단은 다음과 같다.(『매일경제』 1980년 10월 28일자)

정계(20명): 정래혁(제10대 국회의원, 민주공화당), 박명근(제10대 국회의원, 민주공화당), 남재희(제10대 국회의원, 민주공화당), 정석모(제10대 국회의원, 민주공화당), 장승태(제10대 국회의원, 민주공화당), 채문식(제10대 국회의원, 신민당), 한영수(제10대 국회의원, 신민당), 고재청(제10대 국회의원, 신민당), 유한열(제10대 국회의원, 신민당), 오세응(제10대 국회의원, 신민당), 손세일(전 동아일보 논실위원), 권중돈(전 국방부장관, 신민당), 유옥우(전 신민당의원), 김윤환(제10대 국회의원, 유정회), 신상초(제10대 국회의원, 유정회), 이종률(제10대 국회의원, 유정회), 김철(구舊통일사회당), 이태구(구통일당), 조종호(윤보선 전 대통령 비서실장), 진의종(전 보건사회부장관)

경제계(3명): 정수창(대한상공회의소 회장), 유기정(중소기협 회장), 박태준(한국철강협회 회장)

학계(13명): 김상협(고려대 총장), 정의숙(이화여대 총장), 권이혁(서울대 총장), 서명원(충남대 총장), 안세희(연세대 총장), 박봉식(서울대 교수, 국제정치학), 박승재(한양대 교수, 정치학), 김대환(이화여대 교수, 사회학), 나창주(안보연구원장, 정치학), 김만제(한국개발원장, 경제학), 한기춘(전 연세대 교수, 경제학), 박일경(명지대 교수, 헌법), 윤근식(성균관대 교수, 정치학)

법조계(8명): 정희택(변호사), 김태청(변호사), 이진우(변호사), 윤길중(변호사), 김사룡(변호사), 이병호(변호사), 이범렬(변호사), 임영득(변호사)

종교계(8명): 강신명(목사), 이병주(성균관 재단이사장), 이영복(천도교 교령), 서경보(불교, 철학박사), 조향록(목사), 김달출(신부, 매일신문 사장), 김봉학(YMCA 이사장), 이종흥(신부)

여성계(4명): 김정례(여성유권자연맹 회장), 김행자(이화여대 교수, 정치학), 안목단(군경미망인회 회장), 이경숙(숙명여대 교수, 정치학)

노동계(1명): 정한주(노총 위원장)

문화·사회계(9명): 이호(대한적십자사 총재), 송지영(문예진흥원장), 정범석(대한교련 회장), 박인각(이북5도 대표), 김준(새마을연수원장), 권정달(예비역 군인), 박윤종(전 광주시장), 이정식(실업인), 이종찬(전 주영참사관)

언론계(3명): 방우영(조선일보사 사장), 이원경(합동통신사 회장), 이진희(문화방송·경향신문사 사장)

향군 대표(2명): 이맹기(재향군인회 회장), 이형근(반공연맹 이사장)

국보위 대표(10명): 이광노(전 국보위 내무위원장), 이기백(전 국보위 운영위원장), 심유선(전 국보위 재무위원장), 조영길(전 국보위 보사위원장), 이우재(전 국보위 교통위원장), 김영균(전 국보위 법사위원장), 노재원(전 국보위 외무위원장), 박종문(전 국보위 농수산위원장), 정태수(전 국보위 문공위원장), 서동렬(전 국보위 국방연락실장)

울신문사 사장 이진희 등 신군부정권을 찬양하는 데 열을 올렸던 사람들이었다. 또 친여 성향의 인사들뿐 아니라 과거 야당에 몸담았던 인사들과 심지어 혁신계를 자처하는 사람들도 여기에 참여하여 전두환 정권의 들러리 역할을 마다하지 않았다.

국가보위입법회의는 제11대 국회가 개원하기까지 156일 동안 215건의 안건을 접수하여 100% 가결했다. 한마디로 입법회의는 신군부정권의 거수기에 지나지 않았던 것이다. 국가보위입법회의의 주요 활동사항은 다음과 같은 것들이다. 먼저 국가보위입법회의는 11월 3일 기성 정치인의 활동을 8년간 금지하는 것을 주 내용으로 하는 '정치풍토 쇄신을 위한 특별조치법안'을 가결했으며, 이에 따라 11월 12일 835명의 정치활동 금지 대상자가 공포되었다. 이어 11월 29일 집회 및 시위에 대한 규제를 강화한 '집회 및 시위에 관한 법률 개정안'을 가결했으며, 12월 26일에는 언론기본법·공정거래법·중앙정보부법을 의결하고, 대통령선거법 등 17개 법안을 통과시켰으며, 노동조합법 개정안 등 5개의 노동관계법 및 개정안을 가결했다. 12월 5일 형사소송법 개정안을 의결하였고, 12월 30일 반공법을 폐지하여 국가보안법으로 흡수한 국가보안법 개정안을 통과시켰다. 이때 통과된 국가보안법은 불고지죄를 통합하고 형량을 전체적으로 높이는 등 독소 조항이 강화되었는데, 그 기본 골격은 2000년대까지도 그대로 유지되었다. 이 외에 정당 자격요건을 완화한 반면, 국회의원 선거 유효투표 2% 미만 득표 정당의 등록을 취소하는 정당법 개정안, 정치자금의 범위를 확대하고 중앙선거관리위원회의 감독 기능을 강화한 정치자금법 개정안, 상습범·범죄단체의 두목·심신장애자·마약중독자 등을 감호·교화한다는 보호처분제도와 사회보호법안, 농어촌후계자 육성기금법안 등 총 118건의 법률안과 동의안을 처리하였다. 국가보위입법회의는 신군부정권의 출범을 위한 제반 법과 제도를 정비하였으며, 신군부의 원활한 민정이양을 위한 모든 조처를 마련한 후, 1981년 4월 10일 11대 국회 개원을 하루 앞두고 해산되었다.

당시 무자비한 진압으로 5·18민중항쟁이 일단락된 후 미국은 전두환 등 신군부세력들에 대해 냉담한 태도로 일관했다. 미국은 예정됐던 경제사절단의 방한을 무기한 연기했고, 한국 정부에 대한 두 건의 융자 지급을 보류할 것을 아시아개발은행에 요청했다. 글라이스틴 주한 미국대사는 전두환을 만나 한국의 정치적 민주화를 촉구했고, 한·미 안보협력관계를 '악용'했다는 미국 측의 견해를 강조했다.(돈 오버도퍼, 2002, 207쪽) 그러나 미국의 태도는 소극적이었고 다소 일관성도 부족했다. 주한미군사령관 위컴은 1980년 8월경의 인터뷰에서 "한국은 정치적 자유화에 앞서 국가 안보와 사회 안정이 반드시 선행되어야 한다. 나는 한국인들이 민주주의를 실천할 수 있는 준비가 돼 있는지 확신이 서지 않는다"라고 하면서, "전두환이 합법적으로 정권을 장악해 광범한 국민의 지지를 획득하고 한반도의 안보 상황을 저해하지만 않는다면, 미국은 그의 대통령 취임을 지지할 것"이라고 말했다.(돈 오버도퍼, 2002, 211쪽) 미국 정보보고서는 "전두환은 미국의 경고와 상관없이 자기가 내키는 대로 할 수 있다고 생각하고 있다"라고 썼고, 미국 국가안보회의 위원 도널드 그레그는 "우리의 영향력은 한계가 있었고, 전두환은 바로 이런 점을 정확하게 파악하고 있다"라고 평했다.(돈 오버도퍼, 2002, 208쪽)

미국의 태도는 1980년 11월 4일 미국 대통령 선거에서 카터 행정부가 패배하고 공화당의 레이건이 당선됨으로써 전두환 정권에 우호적으로 바뀌었다. 일찍이 미국 정부의 인정을 받아내기 위해 노력해오던 전두환 정권의 노력이 결실을 맺기 시작한 것이었다. 전두환은 한·미 정상회담을 미국에 요청했고, 이에 미국 레이건 행정부는 전두환의 방미 요청을 수용하는 대신 김대중에 대한 사형선고가 감형되어야 한다는 조건을 내걸었다.

결국 전두환 정권이 미국의 제안을 받아들임으로써 전두환의 방미가 성사되었다. 미국 백악관은 레이건 대통령 취임식이 거행된 바로 다음 날인 1981년 1월 21일 전두환의 방미가 곧 이루어질 것이라고 발표했다. 그로부터 사흘 후 전두환은 계엄령을 해제하고 김대중의 형량을 사형에서 무기징역으로 감형한다고 발표했다. 취임선서를 한 지 채 2주도 지나지 않은 2월 2일 레이건 대통령은 백악관 외교사절 출입구까지 몸소 나와 전두환 일행을 영접했다. 한·미 정상회담에서 레이건 행정부는 전임 카터 행정부와는 달리 주한미군을 철수할 계획이 전혀 없음을 공개적으로 선언하였고, 실제로 그 후 레이건은 오히려 주한미군을 4만 3,000명으로 증원하기까지 하였다. 또 그동안 연기됐던 군사 및 경제협력회의를 이른 시일 안에 재개할 것임을 선언했다.[*] 레이건의 환대는 한국 사람들에게 전두환의 정권장악이 기정사실화됐음을 확인시켜준 의미를 갖고 있었다. 레이건 행정부의 핵심 인물인 알렉산더 헤이그는 레이건에게 올린 비밀 메모에서 "(한국 대통령의 방미는—인용자) 양국 관계가 오랜 긴장상태에서 벗어나 정상화됐음을 상징"하는 동시에, "전두환의 한국 내 입지를 공고히 해주면서 전두환 정권의 합법성을 세계적으로 인정받"게 되었다는 것을 의미한다고 썼다. 그러나 전두환에 대한 레이건의 이 같은 후원은 한국인들의 마음속에 적개심과 배신감을 키우는 씨앗이 되었고, 전두환이 주동한 12·12군사반란과 5·18민중항쟁에 대한 잔인한 진압조치에 미국도 책임이 있다는 인식을 더욱 깊게 했다.(돈 오버도퍼, 2002, 216~218쪽)

한편, 전두환 정권은 권력기반 구축을 위한 정지작업으로 1980년 11월 12일 국가보위입법회의의 이름으로 10대 국회의원 835명을 정치규제 대

---

[*] 레이건 대통령의 한·미 정상회담 수용과 환대에 대한 보답으로 전두환은 그때까지 양국 간의 첨예한 갈등 현안이었던 핵 개발 포기를 약속했고, F-16 전투기 구입과 쌀 수입 등도 약속했다.(이흥환, 2002, 46~49쪽; 강준만, 2003b, 25쪽)

상자로 발표했다. 이들 가운데 569명이 재심을 청구했고, 그 가운데 268명이 구제되었다. 이 과정에서 전두환 정권은 정치규제에서 구제해주는 대신 5공 헌법안에 대한 찬성의 글을 각 언론사에 게재토록 하는 충성도 검사까지 하였고, 실제로 많은 이들이 그 검사를 통과했다.(강준만, 2003b, 19쪽; 한국일보정치부, 1994, 322쪽)

그리고 이런 기반 위에서 대통령 선거를 앞둔 1981년 1월 15일 전두환 정권은 신군부 인사들과 유신체제의 구여권 인사들, 그리고 순응적 지식인들을 주축으로 민주정의당(약칭 민정당)을 창당하고, 전두환을 당 총재 및 대통령 후보로 선출하였다. 집권여당인 민정당은 처음부터 신군부세력의 일부 엘리트들이 실권을 장악하였다. 그런 점에서 민정당은 제3공화국의 집권여당인 공화당에 비해서도 힘과 자율성이 부족하였고, 대통령에게 훨씬 더 의존적이었다.(김영명, 2006, 269쪽) 권정달의 진술에 의하면, 민정당 창당작업은 1980년 9월 초순경부터 진행되었다.* 신당을 창당하기 위해 보안사와 중앙정보부에서 보관하고 있던 정보자료를 중심으로 참여 대상 인사 선정작업을 했고, 10월 22일부터 대상자들과 본격적으로 접촉하기 시작했다.

한편, 전두환 정권은 집권당뿐 아니라 심지어는 야당까지도 직접 창당하는 세계사적으로도 유례를 찾아보기 어려운 작업을 추진하였다. 민정당을 창당한 이틀 뒤에는 유치송을 총재로 한 민주한국당(약칭 민한당), 그로부터 또 일주일 뒤에는 김종철을 총재로 한 한국국민당(약칭 국민당)을 창당했다. 이들 정당 창당작업은 정보기관들이 개입하여 주도했다. 민정당은 보안사가 주도하였고, 민한당과 국민당은 중앙정보부가 실질적으로 창

---

* 신당 창당은 이미 전두환이 대통령이 되기 전인 1980년 6월경부터 전두환의 지시로 추진되었다는 주장도 있다.

당을 주도했다. 그런 점에서 민한당과 국민당은 완전히 관제 야당이라 할 수 있다. 민한당과 국민당은 존립기간 내내 전두환 정권에 수동적으로 끌려 다니는 수준을 넘어서 능동적으로 협조하는 야당으로 기능하였다.

이상과 같은 일련의 정지작업을 거쳐 전두환은 2월 25일 새로운 헌법에 의한 대통령 선거를 실시하였다. 대통령 선거는 대통령 선거인단의 간접선거로 이뤄지는 것으로 미리 짜인 각본에 따라 진행되었다. 이 선거에는 민한당 유치송, 국민당 김종철, 민권당의 김의택이 후보로 나섰다. 선거 결과, 총 선거인 5,271명의 참가자 가운데 전두환이 90.2%인 4,755표를 얻었고, 유치송이 404표로 7.7%, 김종철이 81표로 1.6%, 김의택이 26표로 0.5%를 각각 득표하였다. 그리하여 전두환은 유신체제하의 통일주체국민회의와 별반 다를 바 없는 체육관 선거를 통해 1981년 3월 3일 제12대 대통령으로 취임하였다.

대통령 선거 한 달 후인 3월 25일에는 제11대 국회의원 총선거가 치러졌다. 92개 지역구에서 184명을 뽑는 이 선거에서 민정당은 90명, 민한당은 57명, 국민당은 18명, 민권당과 민주사회당 및 신정당이 각각 2명, 민주농민당과 원민당이 각각 1명, 무소속이 11명 당선되었다. 이때 득표율은 민정당 35.6%, 민한당 21.6%, 국민당 13.3%였다. 여기에 민정당이 전국구 의석 92석 가운데 3분의 2인 61석을 자동으로 차지하였고, 민한당이 24석, 국민당이 7석을 배정받았다. 그리하여 이들 3개 정당의 최종 의석은 민정당 151석, 민한당 81석, 국민당 25석이 되었다. 결국 단순 산술로만 계산해도 35.6%의 득표율로 54.7%라는 과반의석을 차지하였으며, 거기에다가 야당들은 관제 야당들이었으므로 전두환 정권에게 정치권이란 언제 어디서든 마음대로 요리할 수 있는 대상일 뿐이었다.

전두환 정권은 정치권뿐 아니라 사법부까지도 자신의 뜻대로 요리하였다. 사법부에 대한 통제는 국가안전기획부(구중앙정보부, 약칭 안기부)가

주로 맡았는데, 안기부는 대법원을 시켜 전 관할법원에 시국사건에 대한 안기부의 방침을 시달하고, 심지어 학생시위의 대부분을 담당하는 서울형사지법에 대해서는 '직접 조정'을 하기도 했다. 일례로 안기부는 1983년 3월에서 4월까지 세 차례에 걸쳐 서울형사지방법원장에게 학내시위 주동자로 재판을 받게 될 대학생들에 대해 '3년 이상 선고'라는 지침을 제시하면서, 이들의 공판을 기소 즉시 시작하여 조기에 마무리하라고 조정한 사실이 있다. 이처럼 안기부가 행사한 재판조정은 재판결과에 거의 정확하게 반영되어 나타나기도 했다.(『한겨레신문』 2009년 10월 13일자)

안기부가 사법부를 통제하기 위해 온갖 압력을 넣다가 여의치 않으면 문제법관 리스트를 만들고 그들의 일거수일투족을 미행·감시한 사실이 국정원 존안자료에서 드러났다. 가령 1983년 9월 날짜 미상 "문제법관 이일규 신원 및 동향감시 결과보고"라는 문서에는 이일규 대법원 판사의 일거수일투족을 미행·감시한 결과가 정리되어 있다. 매일 몇 시에 출근해서 몇 시에 퇴근하는지, 식사는 주로 어디에서 하는지, 주말에는 무엇을 하는지 등을 일일이 미행을 통해 조사·기록하였으며, 부인 명의로 대전에 토지 3필지를 소유하고 있다는 사실까지 조사해서 적어놓았다. 이 보고서에는 이일규 판사의 사진, 주택 사진, 자동차의 뒷모습 사진, 그가 자주 가는 한정식집 사진 등이 첨부되어 있다.(『한겨레신문』 2009년 11월 24일자)

3
국민의 비판의식 마비를 겨냥한
사회문화정책

전두환 정권은 제도권 정치판을 완전히 장악하면서, 동시에 일반 시민단체들도 꼼짝 못하게 만들어 비판의 목소리를 내지 못하게 하였다. 제5공화국 시기에 민간단체들은 거의 대부분 자율성을 가질 수 없었다. 국가의 노동통제는 유신체제 때보다 더 강력해졌다. 전두환 정권은 1980년 12월 노동관계 법률을 개정하여 노사협의회 제도와 기업별 노동조합 조직을 강요하는 등 국가의 통제를 더욱 체계화하였다. 그에 따라 산별노조 결성이 금지되었을 뿐 아니라, 개별 기업 수준에서도 신규 노조 인가조건이 까다롭게 되었다. 그리고 심지어는 191명의 노조 지도자를 지도부에서 추방하였고, 개별 지역노조 106개를 폐쇄 조치하였다. 그 결과, 전국 노동조합원 수는 1979년 110만 명에서 1983년에는 78만 5,000명으로 격감하게 되었다.(김영명, 2006, 274쪽) 농업협동조합과 수산업협동조합도 유신체제하에서와 마찬가지로 관계부처의 지도와 감독을 받았다. 다만 재벌기업 등의 경제단체들만은 사정이 좀 달랐다. 그들은 종종 국가권력의 경제적 개입에 불만을 표하면서, 관 주도 경제체제를 민간 주도 경제체제로 전환할 것을 강력하게 요구하였다.(이정복, 2006, 685쪽) 더구나 재벌기업들은 새마을사업, 일해재단 건립 등을 위한 기금모집에서 대표적으로 나타났던 준조세 관행에 불만을 품기도 하였다. 이런 일들은 재벌들이 그동안의 경제성장을 통해 발언권이나 영향력이 점점 커지고 있고, 국가의 일방적 지시와 자본가의 복종이라는 구도가 조금씩 변하고 있음을 나타내는 것이었다.(김영명, 2006, 273쪽)

하지만 전두환 정권은 민간사회에 대해 강력하게 억압하는 체제를 고수하면서도, 박정희 유신독재체제와의 차별성을 강조할 필요성을 절실하게 느끼고 있었다. 왜냐하면 박정희 유신독재체제가 붕괴된 것은 단순히 우연한 계기 때문이 아니라, 국민의 비판과 저항에 직면하였기 때문이라는 것을 스스로도 잘 알고 있었기 때문이다. 또한 정권장악 과정에서 저지른 반민주적이고 반인륜적인 행위로 인한 정당성 결여를 포장해야 할 필요성 또한 크게 느끼고 있었다.

그래서 전두환 정권은 국민들의 불만을 다른 곳으로 유도함으로써 강압적인 통치와 사회적 모순을 은폐하고자 하였고, 그를 위해 여러 가지 사회문화정책들을 진행시켰다. 먼저 전두환 정권은 심한 규제와 제약 위주였던 박정희 정권의 문화정책들을 다소 완화하여 일명 '3S정책'(스포츠·스크린·섹스)이라는 것을 추진했다. 그것은 광주학살이라는 만행을 저지른 정권의 이미지에 부드러운 가면을 씌우고 국민의 정치의식을 마비시키기 위한 것이었다.(강준만, 2003b, 48쪽)

바로 그 같은 목적으로 개최된 것이 소위 '국풍81'이라는 대규모 관제 놀이행사였다. '국풍81'은 1981년 5월 28일부터 6월 1일까지 서울 여의도에서 민속제, 전통예술제, 젊은이 가요제, 연극제, 국풍장사 씨름판, 팔도 굿, 남사당놀이 등의 행사와 '팔도 명물장'을 열어 1,000만 명에 달하는 구경꾼들을 끌어들였다. 원래 이 행사는 KBS의 방송 프로그램으로 기획되었으나 청와대 정무비서관이었던 허문도의 주도로 관제 행사로 탈바꿈되었다. 이 행사를 통해 전두환 정권은 비판적 문화인들을 포섭·회유하고 서울대 학생들을 동원하려 하였다. 그러나 이것이 여의치 않자 군인과 공무원을 학생으로 위장시켜 동원하기도 하였다.

1981년 9월 30일, 전두환 정권은 국가기관과 민간 재벌기업인 등을 총동원하여 박정희 정권 시절에 추진하다 중단된 올림픽 유치를 성사시켰다. 애초 서울시와 경제관료들은 서울올림픽 개최를 반대했으나, 전두환, 노태우, 허화평 등 신군부 핵심 인사들이 강력히 주장해서 관철된 것이다. 1988년 서울올림픽 유치를 성사시킨 전두환 정권은 그해 11월 26일 내친 김에 1986년 아시안게임 유치까지 추진하여 성공시켰다. 서울올림픽과 아시안게임 유치 확정 후부터 이들 행사는 정권의 안정과 홍보에 이용되기 시작하였다. 관제 매스컴들은 입만 열면 "세계 속의 한국 부각"이니 "민족 우수성 과시"니 하면서 올림픽 찬가들을 외쳐대기에 여념이 없었다. 그리고 반정부활동들은 조국의 영광에 반하는 것으로 간주되었고, 그에 대한 반민주적이고 억압적인 조치들이 올림픽과 아시안게임이라는 이름으로 정당화되었다.

하지만 다른 한편에서는 올림픽과 아시안게임 유치가 전두환 정권에 하나의 족쇄로 작용하기도 했다. 즉, 민주화운동에 대한 노골적 탄압이 대외적 이미지를 손상하는 측면이 있었던 것이다. 신군부 인사들은 서울올림픽을 구상할 때 그것이 국내 민주화를 촉진하는 역할을 할 수 있을 것이라는 점은 고려하지 못했다.

1982년 3월 23일에는 프로야구가 출범하였다. 프로야구는 1981년 9월 서울올림픽이 확정된 직후부터 추진되었다. 프로야구는 전두환의 강력한 의지에 힘입어 탄생되었는데, 전두환은 프로야구단을 운영하는 기업들에 대대적인 홍보와 면세조치, 선수들의 군복무 혜택 등 여러 가지 특혜를 제공하도록 지시하였다. 그리하여 프로야구 창단을 추진한 지 불과 6개월 만에 프로야구가 출범하게 되었다. 프로야구는 흥행을 위해 온갖 수단을 동원하였다. 기본적으로 지역연고제를 채택하였으며, 어린이들을 동원하기 위해 '어린이 회원제'를 고안하였는가 하면, 황금시간대에 프로야구를 중계하도록 전두환이 직접 지시를 내렸다. 그 결과, 프로야구 출범 후 스포츠 중계시간이 1981년 9월 8%에서 1982년 9월에는 20%를 넘을 정도로 전두환 정권은 국민들이 스포츠에 열광하게끔 만드는 일에 열성이었다.(고광헌, 1988, 149쪽) 프로야구 홍보에 신문들도 총동원되었는데, 스포츠 전문 일간지와 종합 일간지의 스포츠 면은 프로야구를 가장 큰 비중으로 다루었고, 유명선수들의 일거수일투족이 연일 크게 보도되었다.

그 외에도 전두환 정권은 학생 교복을 폐지하고 두발을 자유화하는 조치를 취하기도 했다. 또 1982년 1월 5일에는 해방 후 36년 만에 전방 접경지역과 후방 해안지역을 제외한 전국에서 야간통행금지를 해제하였다. 통행금지 해제로 국민들은 일시에 해방감에 빠져들었고, 해방감을 만끽하려는 시민들을 대상으로 한 유흥 향락문화가 급속하게 번성하기 시작했다. 디스코텍, 룸살롱, 숙박업소들이 활황 붐을 타기 시작했다. 또 통행금지 해제와 함께 전두환 정권은 에로영화에 대한 검열을 크게 완화하였다. 그리하여 〈애마부인〉〈엠마뉴엘〉 같은 도색영화들이 상영될 수 있었다. 이들 도색영화들은 흥행 돌풍을 일으켰는데, 〈애마부인〉은 서울극장에서 넉 달 가까이 상영되어 당시로서는 기록적이라 할 수 있는 31만 명의 관객을 동원했으며, 〈엠마뉴엘〉은 개봉 첫날 밀려드는 인파 때문에 극장 유리창이 깨질 지경이었다.(강준만, 2003b, 88~89쪽) 하지만 영화검열 완화는 표현의 자유를 보장하는 조치와는 거리가 멀었다. 정치성과 사회성이 담긴 내용에 대해서는 아주 사소한 문제까지 검열의 잣대를 들이대었다. 예를 들어 1982년 영화감독 배창호는 『꼬방동네 사람들』이라는 사회성 짙은 이동철의 소설을 영화화했는데, 시나리오 사전심의에서 무려 67개의 수정을 강요받았다. "가난한 사람들을 다룬 소설의 원제목을 쓰지 마라" "요강을 방에 두지 마라" 등이 꼬투리의 내용이었다.(강준만, 2003b, 91쪽)

이런 일련의 사회정책들은 일상생활에서의 감정과 행동에 대한 고도의 통제를 일삼았던 박정희 유신독재체제와의 차별성을 연출하면서, 사람들에게 전두환 정권이 자유체제라는 인상을 심어주기 위한 것이었다. 다른 한편에서는 물질주의적이고 쾌락주의적인 오락문화 확산을 통해 정치에 대한 국민들의 관심을 다른 곳으로 돌리게 하고 사회에 대한 비판의식을 마비시키려 한 의도도 내재되어 있었다. 그리하여 이런 전두환 정권의 시도는 어느 정도 효과를 내는 듯도 하였다. 즉, 전두환 정권이 1980년의 고도로 혼란스러웠던 사회질서를 폭력적 힘으로 재확립하고 정권의 기반을 상당히 안정적으로 구축한 것처럼, 3S정책의 일환으로 추진했던 각종 오락문화정책 프로그램들이 잇따라 크게 흥행을 거두어 사람들이 여기에 도취하는 것처럼 보이기도 했던 것이다.

4
민주주의 탄압과 유화조치의 양면성

전두환 정권은 3S정책을 추진하여 국민들의 비판의식을 마비시키려고 시도하는 한편, 민주화운동에 대해 치밀하고 혹독한 탄압을 계속 자행하였다. 당시 민주화운동에 대한 대표적인 탄압사례로 녹화사업을 들 수 있다. 녹화사업은 1981년부터 1983년 사이에 진행되었는데, 학생운동 가담자들을 강제로 입영시켜 학생운동의 경력을 반성하고 체제를 긍정하도록 역逆의식화한 다음, 학원 프락치로 활용하는 사업이었다. 녹화사업의 실상을 몇 가지 소개하자면 다음과 같다.

전두환 정권은 시위를 주도하는 문제학생으로 지목되거나 시위현장에서 체포된 학생들을 경찰서에서 조사한 후 그 자리에서 바로 입영시켰다. 그 같은 입영조치는 당시의 병역법에도 위배되는 불법행위였다. 병역법 시행령 19조에 의하면, 대학에 재학 중인 학생은 퇴학이나 휴학 등의 학적변동이 없는 한 신체검사와 입영을 연기할 수 있도록 규정하고 있었으며, 입대하고자 하는 경우에도 신체검사 예정일 20일 전에 신체검사 통지서를 송달하고 입영예정일 30일 전에 입영영장을 송달하도록 하고 있었기 때문이다. 전두환 정권은 심지어 3대 독자이거나 신체조건이 나빠 현역 입영대상이 아닌 대학생들도 어김없이 징집하였다. 일례로 고려대생 이강호는 시력이 나빠 입영면제대상이었음에도 1983년 4월 1일 징집되었고, 한양대생 이태문과 한영현은 간질과 늑막염을 앓고 있었는데도 강제 입영되었다. 1983년 5월 26일 고려대 교내시위에서 연행된 이정록은 소아마비 장애를 가지고 있었음에도 강제 징집되는 일이 벌어지기도 했다.(『1980년대 민주화운동』 8, 935~941쪽) 이렇게 해서 강제 징집된 학생들은 이른바 '녹화사업'의 대상이 되었다.

국군보안사령부는 녹화사업을 전담할 부서를 만들고, '학원소요 관련자들에 대한 정훈교육 계획'에 의해 강제 입영된 이른바 '특수학적변동' 대상자들에게 '녹화사업'을 실시했다. 우선 강제 입영한 병사들은 어느 날 갑자기 보안부대로 소환되어 15일에서 30일간 조사를 받았다. 많은 양의 자술서를 반복적으로 쓰게 했고, 입대 이전의 활동사항, 선후배 관계, 동아리의 활동에 대해 집중적인 조사를 받았으며, 가혹행위를 당하기도 했다. 또 일부에게는 특별휴가를 주어 내보낸 다음, 대학 선후배들을 만나 정보를 수집하여 보안부대에 보고하게 하는 프락치 행위를 강요하기도 했다. 국방부의 공식발표에 의하면, 1981년 9월부터 1984년 11월까지 447명이 강제 징집되었고, 256명이 녹화사업의 대상이 되었다.* 녹화사업은 보안사령부, 치안본부, 안기부, 문교부, 검찰, 대학 등 권력기관들이 총동원되어 진행되었으며, 그 대상이 된 젊은이들은 정신적·육체적으로 심각한 고통을 겪었다. 특히 강제 징집된 병사들 가운데 정성희(연세대 81학번), 이윤

---

* 이 숫자에는 문무대사건 강제 입영자 109명이 빠져 있다. 문무대사건이란 당시 남자 대학생들은 1학년 과정 중 일주일간 문무대에서 병영집체훈련과 2학년의 전방입소가 필수이수과목이었는데, 1981년 문무대에 입소 중이던 고려대 1학년생들이 훈식 도중 애국가와 교가를 부르며 시위를 벌였고, 이에 대해 대규모 징계가 뒤따라 109명이 권고휴학 및 제적을 당한 사건이다.(고려대학교 100년사 편찬위원회 편, 2005, 269쪽) 한편, 당시 보안사 담당과장의 증언에 의하면 녹화사업 심사자만 1,000명이 넘었다고도 한다.(『한국일보』 2002년 8월 27일자)

성(성균관대 81학번), 김두황(고려대 80학번), 한영현(한양대 81학번), 최온순(동국대 81학번), 한희철(서울대 79학번)이 녹화사업 과정에서 의문의 죽음을 당했다.(전재호, 2002, 202쪽; 서중석, 2007, 178쪽)

그 밖에도 학생운동과 노동운동 활동가들을 대거 검거·구속한 무림·학림 사건이 일어나기도 했다. 1980년 12월 서울대에서는 전두환 정권의 광주학살에 대한 항전의 목소리가 높아지는 가운데, 서울대 학생식당 앞에서 "반파쇼 학우 투쟁선언"이라는 제목의 유인물을 뿌리던 이들이 붙잡혔는데, 이들을 조사하는 과정에서 지하서클 지도부가 적발되었다. 이를 계기로 서울대생 9명이 구속되고 70~80여 명이 강제징집을 당하면서 사회적 파장을 일으킨 '무림사건'이 터졌다.

무림사건·이후 학생운동권이 빠르게 세력을 회복해 광주학살을 끊임없이 폭로하는 등 투쟁을 벌이자, 경찰은 이태복, 이선근 등 무림사건 관련자들과는 다른 계열의 학생운동, 노동운동조직 지도부를 적발하였다. 경찰은 학생들[學]의 조직[林]이라는 뜻으로 '학림사건'이라 이름 붙였는데, 이 사건으로 학생운동 관련자 500여 명, 노동운동 관련자 350여 명이 연행되었다. 그중 핵심 활동가 28명이 구속되었으며, 나머지는 석방 후 학교와 회사에서 제적 또는 해고되었다. 이들 구속자들에 대해 언론은 보도 한 줄 하지 않았다.

또 1981년 9월에는 '부림사건'이 발생하였다. 이 사건은 부산의 학림사건이라는 의미에서 부림이라는 명칭이 붙었는데, 부산지역 민주인사들이 이적 표현물을 학습했다는 이유로 정부전복집단으로 매도되어 총 22명이 구속된 용공조작사건이었다. 이 사건의 관계자들은 영장 없이 체포·구속되어 짧게는 20일부터 길게는 장장 63일 동안, 몽둥이 등에 의한 구타와 '물고문' '통닭구이 고문' 등 살인적 고문을 통해 공산주의자로 조작됐다.

1981년 7월에는 '아람회사건'이 터졌다. 아람이라는 아기의 돌잔치에 고등학교 동창생 친목계원들이 모였다가 손님들 사이에서 광주항쟁에 관한 이야기가 나왔는데, 이것이 빌미가 되어 돌잔치에 모인 사람들에게 '반국가단체'를 조직했다는 혐의가 씌워졌고, 그 반국가단체의 명칭이 '아람회'가 된 사건이다.(한홍구, 2009, 104쪽) 이들은 어느 날 갑자기 원인도 모른 채 연행되어 구속영장도 없이 불법 구속된 상태에서 구타, 물고문 등을 당하였고, 반국가단체를 결성한 것으로 조작되었다.(박원순, 2006, 104쪽)

전두환 정권은 반공 이데올로기를 정권안보에 이용하기 위해 간첩조직사건을 만들어내기 시작했다. 1980년대 초반 이른바 '간첩단'사건이나 조직사건들 중 상당수는 정통성 없는 정권이 스스로 집권의 명분을 위해 만들어낸 허구였다.(『한겨레신문』 2009년 11월 3일자) 전두환 정권은 1982년 한 해에만 모두 12건의 간첩단사건을 발표했는데, 그중 상당수는 고문과 가혹행위를 통해 조작해냈을 가능성이 매우 높은 것들이었다.(박원순, 1992, 387쪽) 1982년 9월 10일 안기부가 발표한 '송 씨 일가 간첩단사건'은 당시 안기부가 간첩사건을 성립시키기 위해 얼마나 무리수를 두었는지를 생생하게 보여준다. 이 사건은 한국전쟁 때 충청북도 인민위원회 상공부장으로 활동하다 월북한 후 남파된 송창섭에게 포섭된 송 씨 일가가 25년간 간첩활동을 해왔다는 것이다. 이들은 정계, 군, 산업계, 공직계, 학원에 침투하여 국가기밀을 수집·보고했고, 대학생 자녀들까지 간첩조직에 끌어들여 학원 동향을 보고하는 한편, 악성 유언비어를 날조하고 학생들을 자극·선동했다고 발표되었다. 하지만 이 사건은 최초의 연행자인 송기복의 경우 무려 116일간 불법 구금되어 모진 고문을 당하는 등 무리수가 있었고, 대법원은 무죄판결을 내려 서울고등법원으로 파기 환송하였다. 이에 크게 당황한 안기부는 이 판례가 굳어진다면 앞으로 간첩사건 조사가 불가능하다고 보고 유죄판결을 내리도록 전력을 다해 법원에 압력을 가하였다. 안기부의 개입으로 고등법원이 재항소심에서 대법원의 판결을 치받아

다시 유죄판결을 내렸다. 하지만 대법원은 재상고심에서 다시 무죄를 선고했다. 고등법원이 재재항소심에서 다시 유죄판결을 내리자 대법원이 재재상고심에서 마침내 유죄판결을 내려 2년 4개월 동안 장장 일곱 차례에 걸친 재판 끝에 관련자들의 유죄가 확정되었다. 송 씨 일가 간첩단사건은 고문에 의해 조작된 간첩사건을 둘러싸고 1980년대 초반의 안기부와 사법부와 검찰이 어떻게 행동했는지를 보여주는 가늠자이다.(『한겨레신문』 2009년 11월 3일자)

1980년대 초 민주화운동 진영은 전두환 정권의 폭력적 탄압 속에서도 정권의 취약한 정당성을 집요하게 공격하며 점차 활기를 띠어가고 있었다. 무엇보다 군부통치의 시대적 역행성으로 인해 전두환 정권의 물리적 억압조치들은 점점 더 한계점에 봉착해가고 있었다. 다시 말해 유신의 붕괴로 군부통치가 끝났어야 할 시점에 폭력으로 군부가 다시 권력을 장악했다는 사실 자체에 근본적인 문제점이 있었던 것이다. 군부통치의 종식은 국민의 여망과 정치적 정당성에서뿐 아니라 정치, 경제, 행정적인 효율성 면에서도 역사적인 당위였다.(김영명, 2006, 275쪽) 그래서 신군부는 일시적으로 무력을 사용하여 정권을 장악할 수 있었으나, 집권과정에서 그 정당성이 끊임없이 의문시되었다. 이에 전두환 정권은 유신독재체제하에서처럼 일방적 탄압의 지속만으로는 한계가 있다는 것을 깨닫고 1983년 말부터 유화정책을 시도하였다. 여기에는 1984년 5월로 예정되어 있던 교황 방문과 1986년 아시안게임을 앞두고, 군사반란과 광주학살로 집권한 정권이라는 이미지를 개선할 필요성에서 기인한 면도 있었다.

전두환 정권은 유화정책의 일환으로 학원자율화 조치를 발표하였다. 학원자율화 조치로 그때까지 학원에 상주하던 경찰병력이 철수하였다. 또 100명에 가까운 해직교수를 복직시키고, 1,300여 명의 시국 관련 제적생을 복학시켰다. 대신에 학생시위가 발생할 경우에 대비해서 전두환 정권은 각 대학에 학생선도위원회와 홍보위원회를 설치하여 시위 가담자들에 대한 경고장을 가정으로 발송하거나 지도를 강화하는 식으로 대응하였다.

그러나 민주화운동세력은 넓혀진 합법공간을 활용하면서 이전보다 훨씬 적극적으로 시위를 벌여나가는 등 전두환 정권의 정당성을 끊임없이 공격했기 때문에 전두환 정권은 유화책과 탄압책 사이에서 우왕좌왕할 수밖에 없었다. 학원으로 복귀한 제적생들이 전국적인 학생운동조직을 결성하였고, 노동단체와 재야단체들이 속속 결성되었다. 게다가 1984년 하반기에는 자율적인 학생회가 부활하면서 광주학살문제가 거론되기 시작하였다. 그래서 새로운 시대를 대변하는 세력인 것처럼 자신을 포장하려던 전두환 정권의 시도는 근본적 한계를 드러낼 수밖에 없었다. 전두환 정권은 태생적으로 박정희 유신독재체제의 후견을 받고 성장했을 뿐 아니라, 1980년 민주화의 봄을 짓밟고 등장한 정치군부집단에 불과했기 때문이다.

5
부패와 비리사건으로 얼룩진 전두환 정권

전두환 정권은 권력을 장악하는 과정에서부터 "정의사회 구현"과 같은 구호들을 내걸고 자신들이 마치 사회정화의 사명을 띠고 등장한 집단인 것처럼 행세하였다. 그러나 실제로는 나중에 민주화 이후 5공 청산과정에서 적나라하게 드러난 바와 같이 그들 자신이 부정부패의 온상에 지나지 않았다. 전두환 정권은 출범한 지 얼마 되지도 않아 부패와 관련한 많은 의혹에 시달리기 시작했다. 바로 단군 이래 최대의 사기사건으로 불리는 이철희·장영자사건이 그것이었다.

1982년 5월 7일 대검중앙수사부는 이철희와 장영자를 구속했다. 사채시장의 큰손이던 장영자는 자금압박에 시달리는 회사와 접촉해 현금을 빌려주고 몇 배의 약속어음을 받아냈다. 그리고 이렇게 받아낸 약속어음을 할인해 다른 회사에 빌려주는 식으로 사용된 어음 총액이 무려 7,111억 원이었고, 이 가운데서 6,404억 원을 썼다.(『서울경제』 2009년 10월 19일자) 이 사건으로 은행장 두 명과 기업체 간부, 전직 기관원, 대통령의 처삼촌에 이르기까지 30명이 구속됐다. 대형 상장사인 일신제강과 공영토건은 부도가 났다. 그런데 이 사건에서 의문으로 제기된 것은 은행장과 기업인들이 장영자의 말 한마디에 넘어가 빌린 돈의 몇 배에 달하는 어음을 끊어주었다는 것인데, 이 때문에 청와대 배후설이 강하게 제기되었다. 더구나 이때 전두환의 처인 이순자의 삼촌 이규광이 함께 구속되었는데, 이는 전두환의 친인척이 이권에 연루되었다는 징황을 말해준다. 이 사건으로 전두환 정권의 주요 요직에 있던 자들이 해임되어 교체되는 등 커다란 지각변동을 겪게 되었다. 이 사건의 여파로 당시 권력실세였던 허화평, 허삼수 등은 대통령의 처삼촌을 구속시키는 데 결정적 역할을 수행했다는 이유로 전두환 부부의 미움을 사 권력의 핵심에서 밀려났다. 또 안기부장 유학성은 "영부인(이순자)도 자중해야 한다"라는 진언을 남기고 안기부장직을 떠나기도 했다.(노재현, 1994, 367~368쪽) 어쨌든 이철희·장영자사건을 계기로 이때부터 국민들의 숫자 감각을 무디게 만들 만큼 대형 부패사건이 줄을 이었고, 전두환 정권은 이로 인해 커다란 정치적 타격을 받게 되었다.

이 사건을 계기로 전두환 정권은 1982년 7월 3일 쇄신의지를 보이고자 금융실명제 실시를 발표하고, 이를 추진하기도 했다. 금융실명제는 "모든 금융거래를 실명으로 하고, 금융소득에 대해 종합과세를 하는 것"을 골자로 하고 있었다. 금융실명제는 전두환의 후원 아래 당시 경제참모였던 김재익 대통령경제수석과 강경식 재무부장관 등에 의해 주도되었다. 그러나 금융실명제 실시는 쿠데타 핵심 측근이었던 허삼수(당시 사정수석), 허화평(당시 정무수석)과 민정당의 반대로 유야무야되고 말았다. 이들의 반대논리는 실명제가 채택되더라도 정치와 경제의 관계로 보아 실천되지 못할 것으로 판단했기 때문이었다.(조갑제, 2005b, 205쪽) 그 속내를 풀이하면 이미 5공화국의 권부權府가 검은 돈을 매개로 하여 극소수 기득권층과 끈끈하게 엮여가고 있는 상황에서, 실명제는 그 유착관계를 햇볕으로 드러내게 하여 정권에 엄청난 부담을 줄 수밖에 없다는 것이다. 특히 민정당이 금융실명제 실시를 노골적으로 반대했는데, 검은 돈의 정치권 유입이 차단될 경우에 가장 큰 타격을 입게 되기 때문이었다. 결국 민정당의 반대에 밀려 청와대 비서실도 금융실명제 추진을 포기하는 쪽으로 돌아서게 되었고, 금융실명제는 애초 강력한 철권통치자의 의중에 따라 추진된 것이었음에도 이미 결정한 정책을 번복하는 일이 벌어졌다. 이는 전두환 정권이 새로운 시대를 열 의지도 능력도 결여되어 있음을 스스로 드러낸 것이나 다름없었다.

그 후로도 명성사건과 영동진흥개발사건 등 대형 금융부정사건이 잇따라 발생하였고, 이순자의 부친인 이규동이 명성그룹의 뒤를 봐주고 있다는 의혹이 확산되면서 온 사회가 대통령의 친인척문제로 들끓게 되었다. 이로써 전두환 정권이 내걸었던 "정의사회 구현"이라는 구호는 서서히 퇴색해갔다.(이덕주, 2007, 394쪽) 이처럼 전두환 정권은 고도의 언론검열과 공포정치를 자행하였음에도, 정권이 지닌 태생적 한계로 인해 도덕성의 기반에 심각한 균열이 생기기 시작하였고, 이와 함께 정권에 대한 비판여론도 점점 확산되어갔다. 후일 5공화국 청산과정에서도 적나라하게 드러났듯이 전두환 정권은 비록 겉으로는 부패 척결과 정의사회 구현을 내걸고 있었지만, 그들 집단 스스로가 광범위한 부패·비리를 저지르고 있었던 것이다. 전두환 스스로가 5공화국 시절에 직접 거둔 정치자금만 해도 비자금, 새마을성금, 일해재단기금, 새세대심장재단기금 등을 합쳐 최소한 1조 원에 가까운 것으로 추정되었다. 전두환 정권은 자신들이 마치 새 시대 새 세력인 것처럼 열심히 포장하려 했지만 정경유착과 정실情實주의로 얽혀 있는 집단의 한계를 벗어날 수는 없었다.

제 **2** 장
전두환 정권하의 반독재민주화투쟁

1

1980년대 초기의 민주화운동
(1980. 6~1983. 12)

1980년대 학생운동의 시작 — '무림'과 '학림'

1980년 5월 17일 신군부는 비상계엄을 전국으로 확대하고 주요 정치지도
자들을 구속, 연금하였다. 민주화를 위한 희망은 사라졌고 민주화운동세
력들은 극심한 탄압을 받게 되었다. 특히 신군부는 김대중내란음모사건을
조작하여 민주화운동 관계자들을 구속하고 모진 고문을 가했다. 광주에서
시민들의 저항이 거세지자 5월 22일 계엄사령부는 이 모든 사태가 김대중
의 배후조종에 의해 일어났다고 발표했다. 1980년 7월 4일 신군부는 김대
중, 문익환, 예춘호, 이해동 등 36명을 군법회의에 이송했다. 이들 가운데
학생운동 관련자인 조성우, 이신범, 이해찬, 설훈 등은 고려대와 서울대에
서 1970년대에 제적되었다 복학하여 학생운동에 참여하고 있었으며, 심재
철은 서울대 총학생회장이었다. 김대중과 문익환이 내란을 일으켜 정부를
타도하려 했다는 이 조작된 재판으로 김대중은 1980년 9월 1심에서 사형
을 언도받고, 이해찬, 이신범, 설훈, 조성우도 징역 10~15년의 중형을
선고받았다.

한편, 5월 31일 신군부는 전두환을 상임위원회 위원장으로 하여 국가보위비상대책위원회(약칭 국보위)를 발족시켰다. 국보위는 일종의 혁명위원회로서 무소불위의 권력을 행사했다. 언론인들을 구속하거나 회사에서 추방하였고, 『창작과 비평』『문학과 지성』 등의 잡지를 폐간시켰으며, 언론기관들을 강제로 통폐합하였다. 뿐만 아니라 민주화운동에 관련되었다는 것만으로 수많은 교수와 학생들을 대학에서 쫓아냈다. 또 불량배를 일소한다는 명목하에 4만여 명을 재판도 없이 군부대에 감금하고 기합과 고문을 자행한 이른바 '삼청교육'을 실시했다. 노동·농민 운동가들도 삼청교육대에 연행되어 극심한 고통을 겪기도 했다. 특히 노동계는 이른바 '노동계 정화조치'에 의해 노동조합 지도자들이 강제로 사표를 쓴 뒤 쫓겨났고, 산별노조가 없어졌으며, 많은 회사의 노동조합들이 해산당했다.

정당의 활동이 봉쇄되고 언론이 기능을 상실했으며 민주화운동 조직들이 파괴되었다. 학생운동도 학생회 간부나 선배 그룹들이 대규모로 구속되거나 수배된 데다, 휴교조치로 아예 학교의 문이 닫힌 상태였으므로 신군부에 대해 조직적인 저항을 펼칠 수 없었다. 그러나 많은 사람들이 목숨을 걸고 광주의 진실을 전하려 싸웠다.

1980년 5월 29일 이화여대 학생 최정순이 연흥극장 옥상에서 유인물을 뿌리고 시위를 주도하다 구속되었다. 이날 한빛교회 대학생회와 고려대 기독학생회 회원들이 모임을 갖다 "8백만 서울시민에게 고함"이라는 제목의 유인물이 발각되어 구속되기도 했다. 5월 30일 기독교회관 옥상에서 서강대 무역학과 4학년에 재학 중이던 EYC 농촌간사 김의기가 "유신괴수가 쓰러졌지만 그 잔당들이 혹독한 탄압과 유혈참극을 일으키고 있다"라는 내용의 "동포에게 드리는 글"을 뿌리고 투신, 사망했다. 5월 31일에는 인천시내 고등학교와 전주 신흥고에 광주항쟁 관련 반정부 유인물이 살포되었다. 노동운동가 김종태는 6월 7일 이해학 목사에게 "광주시민의 넋을 위로하며"라는 제목의 글을 남긴 다음, 6월 9일 이대 앞 네거리에서 "우리는 어떠한 책동도 용납할 수 없음을 경고한다" "유신잔당 물러가라" "노동3권 보장하라" "비상계엄 해제하라"를 외치며 분신했는데, 결국 6월 14일 사망했다.〔전국민족민주유가족협의회·전국민족민주열사회생자추모(기념)단체연대회의 공편, 1997, 29쪽〕 6월 13일에는 서울대 대학원생 이호열 등이 화신백화점 앞에서 광주항쟁의 진상을 폭로하는 유인물을 뿌리고 시위를 시도하다 실패하고 구속되었다.(『1980년대 민주화운동』 8, 824~828쪽) 7월 4일에는 광주일고 13회 동문들이 광주항쟁의 진상을 알리는 유인물을 대량 제작하여 서울시내에 살포하다 발각되어 구속되었다. 8월에는 서울대 학생 신근수(경제 2)와 정재홍(사회 2)이 "학생은 학원으로 군인은 전선으로 전두환은 지옥으로"라는 스티커를 시내 공중전화 부스에 붙이다 체포되었으며, 이우재(서울대 동양사 4), 곽한왕(인하대 국어 3), 양홍영(인하대 기계 3) 등이 인천시내 주택가에 유인물을 뿌리다 구속되었다.

1980년 9월 3일부터 7일 사이에 전국의 각 대학들은 109일이 넘는 휴교를 끝내고 2학기를 시작했다. 그러나 대학가의 분위기는 암울하기 짝이 없었다. 긴급조치 9호 시절의 감시체제가 모두 되살아났고, 전경이 아예 학교 안에 상주하였다. 9월 24일에는 문교부가 학생지도에 교수책임제를 도입하고 재임용 기준에서 학생지도와 수업실적에 가장 큰 비중을 두겠다고 발표하는 등 교수들을 학생운동 탄압의 도구로 삼고자 했다. 이미 대학가는 긴급조치 9호 시절보다 더한 감시체제에 들어가고 구속된 학생들에게는 가혹한 처벌이 기다리고 있었음에도, 광주항쟁의 진상규명과 민주화를 요구하는 시위는 끊이지 않았다. 1980년 5월 17일 이후 1983년 말까지 3년 반 동안 반정부시위로 제적된 학생이 1,363명에 달했다.〔『민주화운동 관련 사건·단체사전 편찬을 위한 기초조사 연구(1980년대) 보고서』 1, 91쪽〕

사복경찰들이 학교 도처에 상주하는 상황에서 대규모 시위는 불가능했으므로 학생들은 전두환 정권을 규탄하는 내용의 유인물을 배포하거나 소규모 시위를 벌였다. 9월에는 경희대, 연세대, 성균관대에서, 10월에는 한신대, 홍익대, 한성대, 고려대, 서울시립대, 동국대에서, 11월에는 숙명여대, 동덕여대, 서울대, 연세대 등에서 전두환 정권을 규탄하는 시위가 벌어졌다. 1980년 후반기에 전개된 반정부투쟁은 옆의 〈표1〉과 같다.

특히 9월 8일 경희대 학생들의 시위에서는 "살인마 전두환을 민족의 이름으로 처단하자"라는 제목의 유인물이 살포되었다. 시위를 주도한 김경(영어교육 3)은 학생들의 참여를 끌어내기 위해 손목의 동맥을 끊으려 하기도 했다. 이어 10월 17일에는 고려대에서 500여 명이 참여한 대규모 시위가 발생했다. 이 시위는 유신체제하에서 제적되었다가 복학한 김관회, 최봉영, 박구진, 이상진, 전성 등이 주도했다. 이들은 수업이 끝날 때쯤 강의실 앞에서 "반파쇼 민주화의 횃불을 높이 들자"라는 제목의 선언문을 뿌리고 구호를 외치며 학생들을 모으기 시작했다. 본관과 중앙도서관 등 교내를 누비며 대열을 이룬 학생들은 교내에 진입한 경찰에 의해 강제 해산될 때까지 시위를 계속했다. 이날 시위로 고려대 학생 46명이 구속되었고, 문교부는 다음 날 고려대에 휴교령을 내렸다. 고려대는 11월 6일에야 다시 학교 문을 열 수 있었다.(고려대학교 100년사 편찬위원회 편, 2005, 264 ~265쪽) 이날 서울대 농대에서도 반정부시위가 벌어졌다. 이날의 강력한 반독재시위는 학생운동 전체에 자극이 되었다.(『6월항쟁을 기록하다』 1, 181쪽) 1980년 초기의 상황에서는 전면적인 시위가 어려웠던 터라 광주항쟁의 진실과 전두환 정권의 실체를 파헤치고 민주주의를 위한 투쟁을 촉구하는 유인물을 대학가에 살포하는 것이 1983년까지 대학가에서 중요한 투쟁방법이 되었다.

한편, 학생운동 내부에서는 지난 패배에 대한 반성과 향후 과제에 대한 논의가 진행되었다. 특히 '서울역 회군'으로 신군부의 계엄확대에 아무

표1　1980년 하반기 대학가의 주요 반정부투쟁

일자	학교	투쟁내용
9. 8	경희대	문리대 건물 앞에서 유인물을 뿌리며 계엄해제 등 구호 외침. 김경 외 6명 구속
9. 15	연세대	노영민(경영 3) 등이 강의실과 화장실에 유인물 배포
9. 18	성균관대	최경환(수학 2)이 건물 벽에 반정부 구호를 씀.
9. 25	적십자간호전문대	유인물 배포
9. 29	숭전대	채플시간에 계엄해제, 독재타도 유인물 배포
	서강대	방인혁(외교 3)이 교내 반정부 유인물 배포
10. 8	한신대	광주항쟁 중에 숨진 유동운의 추도식에서 선언문 낭독. 계엄철폐 등 요구하며 경찰과 충돌. 교내 농성을 계속하다 해산. 학생 146명이 전원 연행되고 휴교령이 내려짐.
10. 10	동덕여대	유인물 살포, 시위 실패
	홍익대	유인물 "십자가의 성전을 선언한다" 살포
	한성대	유인물 살포 시위 실패
10. 17	고려대	"반파쇼 민주화의 횃불을 높이 들자"라는 제목의 선언문을 살포하고 게릴라식 교내시위. 12명 구속. 다음 날부터 고려대에 휴교령이 내려짐.
	서울대 농대	전두환 처단 주장 유인물 배포
	경기공전	"경기 민주학우여"라는 제목의 유인물 배포. 7명 구속
10. 24	동국대	문무대 입소식 중이던 1학년에게 선언문을 배포하며 시위
11. 6	성균관대	문과대 건물 앞에서 10여 분간 시위. 강흥구 등 6명 구속
11. 10	숙명여대	"한민족의 갱생을 위하여"라는 제목의 유인물 배포하며 교내시위. 전은주(국문 4) 등 5명 구속
11. 18	연세대	"유신잔당 물러가라"는 현수막을 내걸고 시위. 도서관, 상경대, 식당 등 세 곳에 유인물 배포. 이상헌 등 5명 구속. 문교부, 연세대에 계고장 발부
12. 3	세종대	유인물 배포
12. 11	서울대	"반파쇼학우투쟁선언문"을 살포하며 시위. 무림사건의 계기

출처: 『1980년대 민주화운동』 8, 840~853쪽

저항도 하지 못하고 학생운동세력이 무너져버린 것에 대한 비판이 강력하게 제기되었다. 공개적인 토론이 불가능했으므로 주로 각 대학별로 지하조직화한 학생운동세력들 사이에서 서울역 회군에 대한 평가와 향후의 진로를 둘러싸고 격렬한 논쟁이 벌어졌다. 대표적인 것이 서울대 학생들의 무림-학림 논쟁이었다. 당시 학생운동 진영에서 일부가 주류의 장기적 역

량강화론을 비판하고 적극적이고 선도적인 투쟁을 주장하면서 논쟁이 시작되었다.

이 무렵 전체적으로 학생운동의 주축을 이루던 것은 이념서클(학회) 참가사들이었다. 서울대를 예로 들면 한국사회연구회(약칭 한사), 홍사단 아카데미(약칭 아카) 등 학생운동을 주도하던 몇몇 이념서클들이 있었고, 그중에서도 두드러진 학회의 대표자 한 사람씩이 모여 비밀조직, 즉 '언더'under를 구성하여 서울대 학생운동 전체의 방향을 논의하고 결정했다. 1980년에는 한사가 서울대 총학생회를 비롯하여 운동의 주도권을 장악하고 있었다. 단과대학에는 단과대별로 언더가 따로 구성되어 학생운동의 조직을 유지하고 있었다.(긴급조치9호철폐투쟁30주년기념행사추진위원회편, 2005, 466~469쪽)

휴교령이 해제된 1980년 9월 7일 서울대 전체 '언더' 지도부는 77학번들로 구성되어 있었는데, 이들은 신군부가 학생운동세력을 대대적으로 수사할 꼬투리를 찾고 있으니 시위를 자제하고 역량을 보존해야 한다고 생각했다. 이들은 학생운동세력의 가장 큰 임무는 민중적 역량을 강화하고 노동자·농민을 조직화하기 위해 집단적·조직적으로 노동현장에 침투할 준비를 하는 것이므로, 조직을 위태롭게 할 수 있는 불필요한 시위를 감행할 필요는 없다고 판단했다.

그러나 이런 역량보전론은 학생운동 진영 내부에서 강력한 비판을 받았다. 나중에 '학림'이라고 불리게 되는 그룹들이 학생운동은 전체 운동에서 선도적 정치투쟁을 맡아야 한다고 주장했다. 광주에서 전두환 정권의 만행에 분노하고 있던 학생 대중들 또한 여기에 동조하여 학생운동 지도부에 즉각적인 투쟁을 요구하기 시작했다. 서울대의 언더 지도부는 이런 요구를 수용하고 운동의 침체상태를 극복하기 위해 시위를 감행하기로 결정했다. 12월 11일 남명수가 서울대 학생회관 앞에서 "전두환 타도" 등의 구호를 외치고 "반파쇼학우투쟁선언"을 뿌리며 시위를 주도했다. 현장에서 남명수 외에 10여 명이 연행되었다.(유시춘 외, 2005b, 294쪽) 이들은 선언문에서 국내 매판지배세력, 즉 국내 매판독점자본과 매판관료집단, 매판군부를 '우리의 적'으로 규정하고, 매판파쇼정권을 지지하는 미국과 일본이 우방일 수 없다고 단언했다. 또 민중이 주체가 되는 통일민족국가 수립이 우리의 궁극적 과제이며, 그것은 노동자·농민 등 근로대중과 진보적 지식인세력이 외세와 국내 매판지배세력을 완전히 축출할 때 이루어진다고 했다.

그런데 전두환 정권은 이 문건을 문제 삼아 서울대 학생운동권을 발본색원하고자 했다. 12월 13일 조간신문에는 서울대 학처장회의와 경찰이 분석한 유인물 내용이 대문짝만하게 보도되었다. 일반적으로 시위기사가 보도조차 되지 않던 것과는 달리 유인물의 내용이 구체적으로 인용되었다. 그러나 경찰이 분석한 내용만이 보도되었다. 미국에 화살을 돌리는 등 내용과 용어가 학생의 수준을 벗어난 '불온유인물'이 서울대에 뿌려졌다는 것이었다.(『동아일보』 1980년 12월 13일자) 그러나 이 유인물의 제목 아래 "팔레비와 소모사를 능가하는 악랄한 살인마 전두환에 맞서서 이 땅의 민주주의와 통일을 위해 몸 바친 2,000여 광주의 넋 앞에 이 글을 바친다"라는 구절이 있었던 것은 단 한 줄도 보도되지 않았다.

경찰은 체포된 시위주동자들을 무자비하게 고문하면서 대대적인 수사를 벌였다. 고문기술자 이근안이 직접 나서서 고문을 담당하기까지 했고, 결국 서울대의 '언더'조직의 지도부만이 아니라 그 기반이 되었던 학회들의 회원 현황, 학회들 사이의 연락체계까지 모두 드러났다. 이후 대규모 검거사태가 벌어졌고, 이미 학생운동 현장에서 떠났던 사람들까지 속속 체포되었다. 당시 공안당국은 이 언더조직이 마치 안개처럼 모호하게 연결되어 있다고 해서 '무림'霧林이라고 불렀다. 무림사건으로 9명이 구속되고

90여 명이 강제 입영되었다.

한편, 일부 학생운동세력은 학생운동의 선도성을 강조하면서 즉각적이고 첨예한 정치투쟁을 전개할 것을 주장했다. 대표적인 인물이 이선근(서울대 경제 4)이었다. 이선근은 1980년 5월 이후 흥사단아카데미의 선배였던 이태복(도서출판 광민사 사장)과 향후 운동의 방향을 논의하면서, 학생운동은 문제제기 집단으로서 끊임없는 정치투쟁을 통해 문제를 제기하고, 노동운동은 그 성과를 받아 역량을 강화하면서 궁극적 문제해결 집단이 되어야 한다는 데 인식을 같이했다. 이를 위해 전국적인 학생운동조직과 노동자조직을 준비하고자 했다. 이태복은 이미 1979년 말부터 광주의 윤상원을 포함하여 전국의 노동운동가들과 만나면서 전국적인 노동자조직을 준비, 1980년 5월 3~5일 전국민주노동자연맹(약칭 전민노련)을 결성한 상태였다. 5월 이후 전두환 정권의 서슬 퍼런 탄압 속에서도 전민노련은 조직을 확대하는 한편, 학생운동에서도 새로운 조직 건설을 시도하고 있었다.(이태복, 2002, 127쪽)

이태복이 전민노련에 주력하는 동안 이선근은 새로운 학생운동조직을 건설하면서 중요 사항을 이태복과 협력하기로 했다. 이선근은 자신이 몸담고 있던 대학 간 연합서클인 흥사단아카데미를 기반으로 1980년 9월부터 서울대, 성균관대, 이화여대 등 서울의 학교는 물론이고, 부산과 광주에서도 학생운동가들을 모아 조직을 건설하려고 노력했다.(이태복, 1994, 276~278쪽) 이들은 1981년 2월 27일 전국민주학생연맹(약칭 전민학련)을 결성했다.

전민학련은 "학원의 자유와 사회의 민주화를 위해 한국 민주주의의 보루로서 기만과 폭력에 가득 찬 현 정권의 위기를 심화시켜 민주화의 열기를 불태울 것"을 목표로 삼았다. 전민학련은 중앙위원회를 구성하고, 그 산하에 '지부-지회-분회-지반'의 하부조직을 두었다. 지부는 서울, 경기, 부산, 경북 등 대도시의 대학소재지 지역을 단위로 하고, 지역 내 몇 개 대학을 묶어 지회를 구성했으며, 각 대학에 분회를 두고 대학마다 몇 개의 지반을 만들었다. 전민학련의 경인지부 산하에는 신촌지회(연세대, 이화여대), 관악지회(서울대), 중앙지회(성균관대, 동국대, 성신여대), 청량리지회(외국어대, 경희대) 등이 조직되어 있었다.(민가협·민족민주운동연구소 편, 1989, 43~44쪽)

전민학련은 비합법조직으로 철저한 비밀주의를 유지하려 했다. 극에 달한 군사독재의 탄압을 견디면서 민주화운동을 계속했던 지하조직 전민학련의 회원들은 독재정권을 타도하기 위한 모든 형태의 투쟁에 헌신하고 조직의 결정을 준수할 것을 다짐했다. 1981년 신학기가 되자 전민학련은 전국의 대학에서 시위를 주도했다. 이들은 1981년 3월부터 6월까지 서울대, 부산대, 동국대, 성균관대 등 대학가에서 모두 30여 차례의 반정부시위를 벌였다.(『6월항쟁을 기록하다』 1, 173~174쪽) 1981년도 대학가의 주요 반정부시위는 다음의 〈표2〉와 같다.

그러나 1981년 6월 10일경 이태복과 이선근이 남영동 치안본부에 연행되었다. 이어 전민학련과 전민노련 관계자들이 줄줄이 연행되어 악명 높은 남영동 대공분실에서 엄청난 고문을 받았다. 근 두 달 동안 아무도 만날 수 없었고, 언론 또한 완전히 통제되었다. 전민학련은 "국가를 변란할 목적의 반국가단체"로 규정되었고, 이태복은 무기징역을, 이선근은 징역 7년을 선고받았다. 경찰은 전민학련을 학생들의 조직이라는 의미에서 '학림'學林이라고 불렀다.

무림사건과 학림 사건은 1980년 5월 이후 고립되거나 침묵하고 있던 학생운동세력이 군사정권에 대한 투쟁을 본격적으로 시작하고 있음을 보여주는 계기가 되었다. 많은 학생들이 구속되거나 강제로 입영되는 피해를 입기는 했으나, 엄청난 학원사찰과 탄압으로도 학생들의 분노가 사라

표2 1981년 3~6월 대학가 주요 시위*

일자	대학	내용
3. 19	서울대	문용식(국사 3)·박태견(국문 4), "반파쇼민주투쟁선언문" 살포. 1,000여 명의 학생이 모여 대규모 시위. 61명 연행, 7명 구속
3. 30	성균관대	집시법 철폐, 학원사찰 철폐 등의 구호를 외치며 400여 명 시위. "반파쇼 시국선언" "반파쇼 민주투쟁 강령" 등 유인물 배포. 윤익수(철학 4), 이현배(사학 4) 등 구속
4. 14	서울대	전두환 파쇼 독재정권 타도를 주장하는 "다시 자유의 종을 난타하라"를 배포. 1,500~2,000여 명 시위. 유기홍(국사 4) 등 구속
5. 6	연세대	"81연세대 반파쇼 구국투쟁선언문" 살포. 우원식(토목 2) 등 3명 구속
	동국대	"동대 민주학우 반파쇼 5월 투쟁선언문" "전 동국인의 뜨거운 가슴에 고함" 등 유인물을 뿌리고 나무 위에 올라가 시위 주도. 노세극(행정 4) 등 3명 구속
5. 7	성균관대	이정현(경영 3) 등이 "81민주학우투쟁선언문"을 뿌리며 시위 선동
	중앙대	"반파쇼 민주선언" "병든 대학에 고하는 양심선언문" 등을 배포하며 시위
5. 11	부산대	중앙도서관에서 유인물 300장 배포, 책가방을 불사르며 시위
5. 12	성균관대	"학우여 반파쇼 투쟁의 대열로 나서자" 유인물 살포. 대열을 형성하여 종로 4가 동대문 경찰서까지 진출
	서울대	"광주 반파쇼 민주항쟁 1주년을 맞이하여" 등 유인물 살포하며 50여 명이 시위
5. 20	고려대	중앙도서관에 현수막을 내걸고 유인물을 살포하며 시위
5. 27	서울대	광주항쟁 희생자 위령제가 저지되자 침묵시위. 김태훈 "전두환 물러가라"를 세 번 외친 후 투신, 사망. 학생 강제해산
5. 28	서울대	김재철(토목공학 4), 도서관 벽에 "파쇼 타도, 전두환 타도"를 쓰고 전단 살포. 2,000여 명의 학생이 시위. 신림사거리와 여의도 광장에서 가두시위
5. 29	서울대	김태훈 장례식을 위해 1,500여 명의 학생 집결. 경찰의 저지로 실패. 하교하던 학생 500여 명이 신림사거리에서 시위. 박순섭(건축 4) 등 3명 구속. 서울대 당국은 시위를 막기 위해 도서관 폐쇄
	이화여대	학교 대운동장에서 축제행사 이후 축제 전면 거부와 동맹휴학을 주장하는 "이화의 학우에게"를 배포하고 구호를 외치며 시위. 황말희, 우명숙 등 구속
6. 4	이화여대	학원사찰 폐지와 노동3권 보장 등을 주장한 "이화민주투쟁선언문" 배포. 조기숙(무용 4), 김정신(정외 4) 등 구속
6. 12	부산대	2,000여 명이 집결하여 시위. 유창현, 최병철 등이 구속

• 교내시위가 불가능했던 이 시기에 주된 투쟁 양상 중 하나는 경찰의 눈을 피해 강의실 같은 곳에 반정부 유인물을 뿌려두는 것이었다. 이런 투쟁 양상은 너무 많기 때문에 일일이 정리하지 않는다.

지지 않았음을 보여주는 것이기도 했다. 5·18민중항쟁을 통해 군사독재정권의 불법성, 폭압성이 여실히 드러났으므로 학생들은 "파쇼정권 분쇄" "전두환 정권 타도" 등 1970년대 유신철폐보다 훨씬 더 단호하고 행동적인 구호를 외치기 시작했다.

이들은 사회의 전체적 변혁을 지향하면서 학생운동과 전체운동, 특히 노동운동과의 관계에 대해서도 훨씬 더 구체적으로 모색하기 시작했다. 특히 서울의 봄과 광주항쟁에서 무엇을 배울 것인가에 대해 논쟁하면서 1980년대 학생운동은 이전보다 훨씬 이념 지향적인 성격을 띠기 시작했다. 한반도를 둘러싼 국제관계, 한국 사회 지배블록의 성격, 민중의 상황과 수행해야 할 변혁의 단계 등에 대해 이전보다 훨씬 급진적이고 전면적인 해결책을 모색하기 시작했던 것이다.

한편, 이 시기부터 광주항쟁이 학생운동, 나아가서는 민주화운동 전체의 가장 큰 원동력이 되었던 것도 주목해야 한다. 가장 먼저 광주는 분노와 자책감, 살아남은 자의 슬픔의 원천이었다. 학생들은 이제 갓 싹트기 시작한 민주화의 희망을 짓밟은 정권, 부당한 권력에 항의하는 수많은 시민들을 학살한 정권을 도저히 용서할 수 없었다.

또한 광주는 학생들에게 자신들의 운동을 절실히 돌아보는 계기가 되기도 했다. 5월 15일의 서울역 회군과 5·17쿠데타 이후 광주항쟁이 발생했고, 결과적으로 광주만이 고립된 채 군부에 저항했으므로 학생운동세력들은 자신들의 한계와 책임을 의식하지 않을 수 없었다.(오하나, 2010, 35쪽; 김기식, 1997, 48쪽) 이렇게 1980년 5월의 광주는 당시 국가권력의 폭압성을 단적으로 보여주는 것이지만, 동시에 새로운 투쟁을 가능하게 하는 원천이기도 했다. 즉, 노골적인 진압군의 폭력에도 한 치의 물러남도 없이 저항했던 광주시민의 모습은 1980년대 학생운동이 미래를 위한 변혁의 주체로서 상정한 '민중'의 현실적 근거가 되었다. 학생운동가들에게 1980년대는 폭압의 시대인 동시에 변혁의 시대이기도 했다. 이들에게는 1980년대에도 1980년 5월 광주의 상황이 계속되고 있었던 것이다.

우선 1981년 광주항쟁 1주년을 맞이하며 학생들의 반정부투쟁은 더욱 격렬하게, 또 더 많은 학생들의 지지를 얻으며 전개되었다. 1981년 5월 12일 성균관대 경제학과 4학년 권선준과 심재환은 가정대 옥상과 교수회관 옥상에서 "5월 광주항쟁을 기억하자"라는 플래카드를 내걸고 유인물을 뿌리며 교내시위를 주도했다. 교내에 집결한 학생들은 경찰과 격렬한 투석전을 벌이며 종로 4가까지 진출했는데, 이는 1980년 5월 이후 최초의 가두시위였다. 이들은 "학우여 반파쇼투쟁의 대열로 나서자"라는 제목의 선언문에서 "광주시민의 피어린 항쟁은 이 땅의 민주주의를 수호하려는 반파쇼투쟁"이었지만, 전두환 정권이 "대검과 방망이로 무자비하게 나섰으며, 더욱이 M16과 기관총마저 난사"했다고 규탄했다.

5월 27일 김태훈(서울대 경제 4)이 전두환 정권의 퇴진을 요구하며 투신, 목숨을 잃었다. 이날 서울대 학생 1,000여 명은 광주항쟁 희생자 위령제를 지내려 했으나 경찰의 제지로 실패하자, 아크로폴리스 광장 주변에서 침묵시위를 벌이고 있었다. 도서관에서 원서를 번역 중이던 김태훈은 침묵시위를 벌이던 학생들이 경찰에게 끌려가며 위령제가 무산되는 것을 본 뒤, 6층에서 "전두환 물러가라"를 세 번 외치고 창밖으로 몸을 던졌다. 학생들이 모여들자 경찰은 곧바로 강제해산에 들어가 90여 명이 연행되었으며 두 명이 구속되었다. 충격적인 광경을 본 서울대 학생들은 28일과 29일 연이어 대규모 시위를 벌였다. 28일에는 경찰의 삼엄한 경계를 뚫고 2,000여 명의 학생들이 집결하여 반정부시위를 벌였다. 이들 중 150여 명은 신림동에서 가두시위를 벌이고, 이날 밤 여의도 광장에서 당시 신군부가 5·18 1주년을 맞아 국민의 관심을 돌리기 위해 열고 있던 국풍81축제 반대시위를 벌이기도 했다.(『암흑 속의 햇불』 4, 444쪽) 5월 29일 학생들은 김태훈의 장례식을 치르고자 했으나 경찰이 이를 저지했다. 교문을 막아 학생들이 한꺼번에 밖으로 빠져나가지 못하도록 했다. 그러나 하교하던 학생 500여 명이 신림사거리에서 다시 시위를 벌이기도 했다. 이렇게 시위가 고조되자 국회의 대정부질의에서도 학원가의 시위문제가 제기되는 등 정권의 가혹한 언론통제 속에서도 학생들의 민주화운동은 서서히 사회적 쟁점으로 부각되기 시작했다.

저항이 격렬해지자 정권은 조직사건을 만들어내기 시작했다. 1980년대 초반 이른바 '간첩단'사건이나 조직사건들 중 상당수는 정통성 없는 정권이 스스로 집권의 명분을 위해 만들어낸 허구였다. 1981년 연세대 경제학과에 유학을 와 있던 재일교포 김태홍을 간첩으로 몰아서 만든 재일교포유학생간첩단사건, 부산의 양서협동조합 회원들이 만든 독서모임을 국가전복과 사회주의 건설을 모의한 국가변란조직으로 만든 부림사건 등이 대표적인 사례였다.

부림사건의 예를 살펴보자. 무림·학림 같은 조직에 의해 부산에서 일어난 사건이라고 해서 부림이라고 이름을 붙였지만, 무림이나 학림과 달리 부림사건은 그 실체가 없었다. 1981년 5~6월에 부산대에서 대규모 학생시위가 발생하자 수사에 착수한 경찰은 이호철을 주모자로 지목했다. 그런데 이호철이 전민학련, 즉 학림사건에 깊이 관계되어 있다는 것이 밝혀지자, 공안당국은 이를 계기로 부산에서 민주화운동세력을 일소하려고 작심했다. 1981년 9월부터 다음 해 4월까지 부마항쟁으로 구속되었다가 석방된 사람, 부산양서협동조합원, 시위에 참가했던 대학생들을 잡아들였다. 잡혀온 사람들 가운데는 재판정에서 처음 본 사람도 있을 정도였지만, 수사관들은 갖은 고문을 통해 독서토론모임을 반국가단체로 만들었다. 이 전까지 평범한 변호사였던 노무현은 문재인, 김광일과 함께 이 사건 재판의 무료변론을 맡으면서 인권변호사의 길을 걷게 되었다.

표3 1981년 9월부터 12월까지 전개된 대학가의 주요 시위

일자	대학	투쟁내용
9. 9	전남대	"반파쇼 민족해방학우투쟁선언" 발표. 경찰과 투석전, 일부는 시내로 진출
9. 17	서울대	인문대에서 "학원반파쇼투쟁선언" 등 살포. 300여 명 시위
9. 19	서울대	"때려잡자 전두환 박살내자 파쇼집단" 등의 내용이 담긴 유인물 살포 시위
9. 28	서울대 농대	"9·28망국해방투쟁선언문", 허수아비 화형식. 태극기 들고 시위
9. 29	경희대, 외국어대	경희대와 외국어대 학생들, 연합시위. 반파쇼투쟁선언서 살포
	전남대	격렬한 교내시위, 경찰과 투석전, 일부 가두 진출
10. 6	성균관대	파쇼타도와 이규호 문교부장관 퇴진을 요구하는 유인물 살포. "타도파쇼"의 현수막을 내걸고 1,000여 명 시위
10. 7	성균관대	교내시위
	서강대	교내시위, 유인물 "반민주 독재집단을 강타하자" 배포
10. 21	한양대	체육대회 중 유인물 살포. 나무 위에 올라가 구호 외침.
10. 23	서울대	도서관 3층 난간에서 유인물 배포. 주태진 등 5명 구속, 20여 명 지도휴학
10. 26	서울대	학도호국단이 주최하는 축제 반대시위. 1,000여 명의 학생이 축제 반대시위에 참가. 7명 제적, 무기정학 47명
10. 27	이화여대	법대 앞에서 1시간 동안 교내시위
10. 29	고려대	도서관 앞에서 300여 명 시위. 올림픽 개최 포기 등 주장
11. 9	고려대	문무대사건. 제적 19명, 무기정학 1명, 지도휴학 89명, 총 109명 징계
11. 25	연세대	도서관 4층에서 양경희(아동 3)가 유인물을 낭독하고 뛰어내림. 1,000여 명 시위
	서울대	햇불과 확성기를 들고 1시간 동안 시위

대전지방 젊은 개신교도들의 신앙공동체를 공산주의 반국가단체로 조작했던 '한울회'사건, 공주사대 학생수련회를 공산주의 혁명단체로 만들어낸 '금강회'사건, 고등학교 동창들이 교사와 가졌던 모임을 반국가단체로 만들었던 '아람회'사건, 고등학교 교사들이 반국가단체를 만들었다고 조작한 '오송회'사건 등이 모두 조작된 조직사건들이었다. 전두환 정권은 1982년 한 해에만 모두 12건의 간첩단사건을 발표했는데, 그중 상당수는 조작의 가능성이 매우 크다.(박원순, 1992, 387쪽) 이런 상황에서도 1981년 하반기 대학가의 시위는 계속되었다. 1981년 하반기에 전개된 대학가의 주요 시위는 위의 〈표3〉과 같다.

부산미문화원방화사건

5·18민중항쟁은 민주화운동 진영의 인식과 실천의 여러 면에서 큰 영향을 미쳤지만, 가장 두드러진 것은 미국에 대한 인식의 변화였다. 많은 사람들이 미군이 국군의 작전통제권을 쥐고 있는 상황에서, 미국의 승인이 없었다면 광주항쟁을 무력으로 진압하는 것은 불가능했을 것이라고 생각하기 시작했다. 특히 글라이스틴 주한미군사령관이 한미연합사령부 통제하에 있던 20사단의 광주 투입을 승인한 사실은 미국의 의도에 대한 의구심을 더욱 깊게 했다. 더구나 미국의 레이건 정권은 미국, 일본과 정치적·군사적 유착을 계속 강화하고 있던 전두환 정권을 적극 지지함으로써 독재정권에 힘을 실어주고 있었다. 전두환은 1980년 8월 대통령에 취임한 직후부터 미국 방문을 추진해왔다. 권력의 정당성이라는 측면에서 치명적인 약점을 안고 있던 전두환 정권으로서는 국제사회에서는 물론, 국내 정치 안정을 위해서도 미국의 승인을 공식적으로 얻는 것이 절실했다. 미국 정부는 레이건이 대통령에 취임한 직후에 전두환을 초대했고, 1981년 1월 28일부터 2월 3일까지 전두환은 미국을 공식 방문할 수 있었다. 이렇게 미국이 전두환 정권을 감싸려는 태도를 보이자 미국을 우방이라고 할 수 없다는 생각이 더욱 강해졌다.

따라서 민주화운동 진영에서는 미국이 광주학살에 책임이 있다는 사실을 국민들에게 알리는 한편, 미국 정부에 대해서도 1980년 광주에서 발생한 사태에 대해 책임을 묻고 전두환 정권을 계속 지지하는 것에 경고를 보내야 한다는 생각을 가진 사람들이 점점 더 늘어났다. 이런 생각을 실천에 옮기려는 시도가 처음으로 행해진 곳은 광주였다. 브라운 미국 국방장관의 방한을 앞둔 1980년 12월 9일, 가톨릭농민회 회원 정순철이 광주 미문화원에 불을 질러 비디오실 내부 20평 정도가 탔다. 그러나 피해가 크지 않자 미국에 관한 문제가 쟁점화되는 것 자체를 꺼렸던 전두환 정권은 이 사건에 대한 보도를 완전히 통제하여 일반인들은 알지 못했다.

충격을 주었던 것은 부산미문화원방화사건이었다. 1982년 3월 18일 오후 2시, 부산의 고신대 학생 문부식이 지휘하는 가운데 김은숙, 이미옥, 최인순, 김지회 등이 부산 미문화원에 뛰어들어가 인화물질을 복도에 붓고 불을 붙였다. 유승렬과 박원식, 최충언 등은 부근 국도극장과 유나백화점에서 "미국은 더 이상 한국을 속국으로 만들지 말고 이 땅에서 물러가라"와 "살인마 전두환 북침 준비 완료"라는 제목의 두 가지 유인물을 살포했다. "미국은 더 이상 한국을 속국으로 만들지 말고 이 땅에서 물러가라"는 "해방 후 지금까지 한국에 대한 미국의 정책은 경제수탈을 위한 것으로 일관"되어왔으며, 미국이 "소위 우방이라는 명목하에 국내 독점자본과 결탁하여" 매판문화를 형성하고, 파쇼 군부정권을 지원하여 민족분단을 고정화했다고 주장했다. 따라서 "민족의 장래는 우리 스스로 결단해야 한다는 신념을 가지고, 이 땅에 판치는 미국 세력의 완전한 배제를 위한 반미투쟁을 끊임없이 전개"해야 하며, 이를 위해 "미국 문화의 상징인 부산 미국문화원을 불태움으로써 반미투쟁의 횃불"을 든다고 밝혔다.(동아일보사 편, 1990, 116쪽) "살인마 전두환 북침 준비 완료"에는 민주주의를 원하는 광주시민을 무참하게 학살한 전두환 정권을 타도할 것을 호소하고, 미국과 일본은 더 이상 한국을 속국으로 만들지 말고 물러가라고 요구하는 등의 9개 항이 담겨 있었다.

광주에서 화재가 너무 작게 나서 사람들의 주목을 끌지 못하였던 터라, 이들은 한낮 현관에서 방화를 시도했다. 그러나 이들의 예상보다 불이 급격히 번지는 바람에 화재가 한 시간 만에야 진화되었는데, 이미 동아대 학생 장덕술이 목숨을 잃고 세 사람이 중경상을 입은 후였다.

사건 직후 정권은 즉시 용의자들을 대대적으로 검거하기 시작했다. 시국사건 용의자들에 대한 검문검색을 강화하고 제보자에게 2,000만 원의 현상금을 내걸었다. 곧이어 목격자가 나타났고, 3월 30일 이미옥이 체포되었으며, 문부식과 김은숙이 전국에 공개 수배되었다. 문부식과 김은숙은 원주교구의 최기식 신부를 찾아갔다. 최기식 신부는 함세웅 신부와 의논했고, 함 신부는 청와대 수석비서관과 이들의 자수를 논의했다. 김수환 추기경이 대통령과 면담하여 자수를 받아들이고 선처하겠다는 약속을 받았다. 그리하여 4월 1일 문부식과 김은숙이 원주에서 자수했다. 그러나 전 정권은 약속을 지키지 않았다. 오히려 경찰은 4월 2일 문부식의 배후로 광주항쟁 수배자 김현장을 검거했고, 5일에는 원주교구의 최기식 신부를 범인은닉 혐의로 구속했다.(『1980년대 민주화운동』 8, 898쪽) 김현장은 1981년 가을 문부식에게 광주미문화원방화사건을 알려주고 광주항쟁에 대한 미국의 책임을 거론하기는 했으나, 3월 18일의 방화사건에 직접 관여한 것은 아니었다. 그러나 이전부터 독재정권에 비판적이던 가톨릭 교단을 손볼 기회만 찾고 있던 정권의 입장에서 이 사건은 절호의 기회였다. 그리하여 어떻게든 김현장을 배후조종자로 만들기 위해 고문기술자들을 동원하여 구속된 사람들에게 무자비한 고문을 가했다. 동시에 정부당국자들은 가톨릭 교단이 불순분자들을 숨겨주어 반정부활동의 온상이 되고 있다고 비난을 퍼부었고, 언론들도 여기에 가담했다. 성직자라고 해서 법적 면책이 주어지지는 않으므로 최기식 신부가 성직자로서 양심에 따라 행동했다 하더라도 구속되는 것이 당연하며, 도리어 가톨릭교회에 "친공적인 폭력론자들만은 교회의 감싸줌의 대상에서 분명히 제외된다는 원칙을 재확인하라"라고 요구했다.(「데스크 칼럼」, 『조선일보』 1982년 4월 7일자; 「사설」 『조선일보』 1982년 4월 9일자)

이에 대해 천주교정의구현전국사제단은 사제를 찾아와 도움을 구하는 사람에게 돌을 던질 수 없는 것이 사제의 입장이라 하였고, 가톨릭 주교회의도 교회나 사제는 교회법에 따라 범죄자라 하더라도 도움을 요청하는 사람들을 언제나 도와야 한다고 하면서 최 신부를 옹호했다. 4월 15일 개신교와 가톨릭의 연합선교단체인 한국교회사회선교협의회는 성명서를 발표하여 방화사건으로 젊은이들이 희생된 것은 유감이지만, 부산미문화원 방화사건의 근본적인 원인에는 광주에서 군부가 무력 진압하는 것을 미국이 용인한 것과, 레이건 정부의 당국자들이 한국에 대해 모욕적인 언사를 한 일이 있었음을 인정해야 한다고 주장했다. 또 교회의 사회선교단체들을 불순단체인 양 여론을 호도하는 정부도 비판했다. 한때 검찰이 이 성명서 관계자들을 소환하기도 했지만, 정부나 가톨릭 수뇌부 모두 사건이 더 이상 확대되는 것을 원하지 않아 공방은 이 정도에서 끝나게 되었다.(『조선일보』 1982년 4월 22일자)

1982년 8월 11일 이 사건 관련자들에게 중형이 선고되었다. 김현장, 문부식은 사형을, 김은숙·이미옥은 무기징역을, 나머지 관련자들은 징역 3년부터 15년까지 선고받았고, 최기식 신부에게는 징역 3년에 자격정지 3년이 선고되었다.

부산미문화원방화사건의 영향을 받아 강원대에서 반미시위가 일어났다. 1982년 4월 22일 강원대 교내에서 500여 명의 학생이 모여 "강원대 민주화 투쟁선언" "부산 동지들의 투쟁에 찬사를 보낸다"라는 제목의 두 종류의 성명서를 뿌리고 성조기를 불사르면서 시위를 벌였다. 이들은 성명서에서 학원자유 보장과 파쇼체제 타도를 주장했는데, 여기에 "양키 고홈"의 구호가 포함되어 있어 사회적으로 큰 반향을 일으켰다. 이 사건으로 이재용(경영 3), 정재웅(경영 3) 등 8명의 학생이 구속되고, 12명이 강제 징집되었다.(『1980년대 민주화운동』 7, 903~904쪽)

부산미문화원방화사건은 민주화운동에 여러 가지 영향을 미쳤다. 그동안 운동세력들 사이에서만 논의되던 광주항쟁과 그에 대한 미국의 책임문제가 공개적으로 논의되기 시작했다. 미국의 대외정책을 제국주의로 파악하는 시각이 급속히 확산되었으며, 이에 따라 민주화를 위해서는 반드시 자주화가 이루어져야 한다는 주장이 더욱 설득력을 가지게 되었다. 또 한편 사제의 양심과 종교적 의무마저도 인정하지 않는 국가보안법 체제와 전두환 정권의 반인권적 본질이 여실히 드러나면서 종교계에서 민주화의 필요성을 더욱 절감하게 된 사건이기도 했다.

학생운동의 대중적 기반 확대

이른바 무림사건과 학림사건을 겪으면서 학생운동 지도부 조직이 타격을 받게 되자, 1982년 학생운동 진영은 우선 학내 일상적인 활동을 통해 대중적인 저변을 확대하는 데 주력했다. 소책자(팸플릿)를 통해 학생운동의 노선문제가 본격적으로 다루어지기 시작한 것도 이 무렵이었다.

「야학비판」이라는 소책자는 '무림'의 입장을 계승했다. 이들은 시위만능주의를 비판하고 노동운동을 중심으로 한 주체역량을 건설하는 데 집중해야 한다고 주장했다. 학생운동 출신들이 대규모 노동현장에 진출해야 하므로 학생운동은 일상투쟁, 야학운동은 교육, 노동운동은 경제투쟁을 통해 대중역량을 확보한 다음, 운동의 지도중심체를 형성해야 한다는 것이었다. 다시 말해 학생운동은 전체 운동의 주도체이지만 전위 배출의 임무에 충실해야 한다는 주장이었다.(김민호, 1988, 100쪽) 실제 이 시기 학생운동을 이끌어간 주류는 극악한 탄압 속에서도 많은 학생들과 접촉하면서 이들의 지지를 이끌어내야만 하므로 대중적이고 공개적인 조직을 충분히 활용해야 한다고 보았다. 단과대학이나 대학 전체의 동아리, 학과 학생들의 학회를 적극적으로 활용하는 것은 물론이려니와, 기존의 어용 학도호국단 조직에도 진출하고자 했다. 이런 노력을 통해서 학생운동의 역량이 비교적 충실히 축적되었다. 특히 졸업정원제로 급격히 수가 늘어난 대학생들은 다양한 대학생활의 영역에서 광주항쟁의 진실과 군부독재의 실체를 파악할 수 있었다. 이것은 곧 학생운동의 투쟁력을 강화하는 것으로 연결되었다.(강신철 외, 1988, 29~33쪽)

그러나 이런 대중투쟁노선 또는 단계적 투쟁노선에 대한 비판도 강력히 대두했다. 1982년은 이철희·장영자사건 등 전두환 정권의 취약함이 여지없이 드러나는 시기였음에도, 학생운동이 여기에 적절히 대응하지 못했다는 것이었다. 특히 「학생운동의 전망」이라는 소책자는, 학생운동은 다른 운동 부문이 가지고 있지 못한 투쟁역량으로 전체 운동을 이끄는 선도적 정치투쟁을 벌여 대중에게 지속적으로 문제를 제기하는 것이 가장 큰 임무라고 주장했다. 실제로 1982년 상반기에는 시위가 그다지 많지 않았다. 4월에는 고려대와 외국어대 학생들의 시위가 있었고, 5월에는 10일 청주의 청주대·충북대·청주사대 학생들의 연합시위 시도, 고려대·숙명여대·동국대 학생들의 교내시위 정도가 있었을 뿐이다. 그리고 6월에도 연세대, 외국어대, 경희대 학생들의 교내시위가 있었지만 활발하지는 않았다.

그러나 학생대중조직을 장악하고 다양한 학생활동과 행사를 벌이면서 역량을 축적한 학생운동세력은 1982년 하반기 대규모 연합시위와 함께 교내시위를 재개했다. 1982년 하반기 학생들의 주요 반정부시위 양상은 옆의 〈표4〉와 같다.

9월에는 일본의 교과서 왜곡에 대한 반대시위가 자주 벌어졌다. 특히 9월 27일 서울 종로, 시청 앞, 청계천 등에서 서울대, 고려대, 연세대, 성균관대, 이화여대 등 학생 1만여 명이 참여한 가운데 대규모 시위가 벌어졌다. 1980년 5월 이후 최초의 대학 간 연합시위가 성공을 거둔 것이었다. 1982년 11월 3일 학생의 날 기념 연합시위도 그런 의미에서 매우 중요하

표4 1982년 하반기 학생들의 주요 반정부시위

일자	학교	투쟁 양상
9. 8	고려대	일본 교과서 왜곡에 대한 정부의 대응 비판
9. 9	중앙대	교내시위, "학우에게 보내는 글"
9. 14	감신대	부당한 학생제적에 항의농성
9. 15	전남대	교내시위
9. 15~16	서울대	이틀 간 연속 시위. "경제협력 중지, 교과서 왜곡 시정, 일제 타도"라는 현수막 게시
9. 21	연세대	교내시위
9. 22	성균관대	교내시위 이후 일부 가두시위
	단국대	교내시위
	이화여대	교내시위
	동국대	교내시위
9. 24	서울대	교내시위
9. 27	대학 연합	종로, 시청 앞에서 1만여 명의 학생들, 일본 교과서 왜곡 규탄시위
10. 5	성균관대	교내시위
	숙명여대	교내시위
10. 6~11	경희대	대규모 학내시위. 건축과 폐지문제로 시작된 농성이 학원자율화, 파쇼정권 타도 등으로 확대되며 매일 500~1,000여 명이 경찰과 투석전
10. 13	연세대	교내시위
10. 13~15	전남대	박관현 사망 규탄시위
11. 2	성균관대	교내시위 및 가두시위
11. 3	서울시립대	교내시위
	경북대	교내시위, "우리는 왜 끌려가야만 하나?"
	이화여대	교내시위
	서울대	교내시위, 학도호국단 총학생장 김상준(사회 3), 총부학생장 송태수(계산통계 3) 등 간부 4명 지도휴학
	중앙대	교내시위
	전북대	교내시위
	고려대	교내시위
	충북대	교내시위
	대학 연합	종로 2가 가두시위
11. 4	고려대	교내시위
	충북대	교내시위
11. 17	성균관대	교내시위
	경북대	교내시위

출처: 『1980년대 민주화운동』 8, 916~924쪽

다. 이날 서울시내 대학생 1,500~2,000여 명이 종로 2가와 3가를 오가며 "전두환 타도하고, 노조 탄압 중지하라"라는 현수막을 들고 유인물을 살포하며 대규모 시위를 벌였다. 400여 명의 학생들이 연행되기는 했지만, 교과서 왜곡 규탄과는 달리 전두환 정권 타도를 대놓고 주장하는 시위를 여러 대학 학생들이 연합하여 대규모로 도심에서 벌일 수 있었다는 것은 학생운동세력에 큰 자신감을 주었다.

한편, 군사독재정권에 대한 투쟁으로 구속되는 학생들이 늘어나면서 교도소 내부에서도 투쟁이 전개되었다. 이미 1981년 10월 6일 안양교도소에 수감 중이던 학생 17명이 부식 개선과 면회 등을 요구하며 농성을 벌였고(『1980년대 민주화운동』 8, 880쪽), 11월 3일에는 고려대생 강응식이 성동구치소에서 순화교육을 거부했다.(『1980년대 민주화운동』 8, 884쪽) 그리고 1982년에는 광주교도소에서 처우개선을 요구하는 양심수들의 단식투쟁이 전개되었다. 1980년 당시 전남대 학생회장이었던 박관현은 7월 8~20일까지 단식을 했고, 다시 9월 2일부터 20일까지 단식투쟁에 돌입했다. 그러나 교도소 측은 10월 4일 박관현을 징벌방에 가두고 접견을 금지했다. 그의 건강은 급격히 악화되어 10월 10일 전남대병원에 입원했으나, 10월 12일 끝내 사망했다.

박관현의 죽음이 알려지자 전국의 대학가에서 격렬한 항의시위가 벌어졌다. 10월 13일부터 15일까지 전남대에서 대규모 규탄시위가 벌어져 10여 명이 구속되었으며, 서울대, 이화여대, 성균관대 등에서도 박관현의 죽음에 대한 진상규명을 요구하고 군사정권을 규탄하는 내용의 유인물이 뿌려졌다.(『1980년대 민주화운동』 8, 910~911쪽)

1983년에는 학생들의 반정부시위가 크게 늘어났다. 패밀리 또는 언더팀under team이라고 불린 지하학생운동조직이 모든 대학에서 광범위하게 확산되었다. 이들은 기관의 감시를 피해 세미나를 진행하면서, 한국 사회

표5 1983년 상반기 대학가의 주요 시위*

일자	투쟁행태	학교
3. 7	교내시위	동국대
3. 14	교내시위	경남대
3. 22	교내시위	성균관대(100여 명 참가, 다수 학생 부상), 서강대
3. 23	교내시위	숭전대(학도호국단 간부 참가, 9명 강제징집)
3. 31	교내시위	이화여대(졸업정원제 폐지, 학원자유 보장 등 주장)
4. 7	교내시위	이화여대
4. 8	교내시위	서울대(오전에 1,000여 명 시위, 오후에 1,500여 명 농성)
4. 12	교내시위	숙명여대
4. 15	교내시위	고려대
4. 20	교내시위	연세대, 전북대(2,000여 명 시위)
4. 21	교내시위	연세대
5. 2	교내시위	고려대
5. 6	교내시위	서울대(여학생 추행사건 항의)
5. 9	교내시위	한양대
5. 11	교내시위	서울대, 서강대, 전남대
5. 13	교내시위	서울대
5. 18	교내시위	서울대
	가두시위	고려대(도서관 앞에서 시작하여 신설동까지 진출), 성균관대(수원역까지 진출하여 경찰과 투석전, 학생처장·사무처장 경질)
5. 23	교내시위	경희대, 성균관대
5. 24	교내시위	서울대
5. 25	교내시위	중앙대
	가두시위	이화여대, 성균관대
5. 26	교내 및 가두시위	고려대(도서관 학생회관에서 교내시위, 동대문역과 청량리역 부근에서 가두시위, 민정당사와 경찰서 유리를 깸.)
5. 27	교내 및 가두시위	서울대(교내시위 이후 종로 3가에서 200여 명이 폭력정권 퇴진 요구)
5. 30	교내시위	건국대
6. 1	교내시위	중앙대
6. 3	교내외 시위	연세대(폭력적·반민중적 전두환 정권의 부정부패 규탄. 1,000여 명 산발적 시위, 300여 명 신촌로터리를 통해 가두시위 끝에 구타 연행됨.)
6. 8	교내시위	서울대(전 학도호국단 회장과 총무 주도. 학원사찰 중지, 언론각성, 구속노동자 석방 등 요구), 숭전대(어용 학도호국단 해체, 노조탄압 중지, 김영삼 구명 등 800여 명 시위)
6. 14	교내시위	이화여대(700여 명 시위, 300여 명 연행)
6. 16	가두시위	연합시위(종로 5가, 국도극장 앞. 독재타도, 자유언론 보장, 김영삼 단식사건 해명 등 요구)

일자	투쟁행태	학교
6. 16	교내시위	경희대, 성균관대
6. 21	교내시위	외국어대
6. 23	교내시위	동국대
6. 28	교내시위	외국어대

의 현실에 대해 비판적인 안목을 키우고 미래를 위한 역사적 주체로서 '민중'을 재발견했다. 또한 선후배 사이에 강력한 유대를 형성함으로써 투쟁의 공동체를 형성했으며, 1983년 무렵부터 본격적으로 확산된 농촌활동(농활)이나 공장활동(공활)은 투쟁의 이념적 근거로서 민중공동체를 확인할 수 있는 기회이기도 했다. 대학가에서 전두환 정권에 대한 저항이 계속 확대되었던 것은 대부분의 학생들이 태생적 한계를 가진 전두환 정권의 폭압에 반발하면서 학생운동에 대해 심정적으로 동조하고 있었기 때문이기도 했다.(김원, 1999, 129쪽) 1983년 상반기에는 학원민주화와 강제징집 중지, 광주항쟁의 진실 규명, 폭력정권 퇴진, 김영삼 단식 등이 시위과정에서 쟁점으로 제기되었다.

1983년 하반기에 학생들의 반정부시위는 더욱 늘었다. 9월 1일 KAL기 격추사건, 10월 9일 아웅산묘지폭발사건 등으로 한반도를 둘러싼 냉전적 대립과 갈등이 더욱 고조되고 반공 이데올로기도 강화되었지만, 민주화를 요구하는 교내외시위는 거의 매일 여러 학교에서 일어나기 시작했다. 저항이 격화되고 그 사회적 기반 또한 강력해지고 있다는 사실이 여러 면에서 확인되었다. 우선 투쟁 양상에서는 몰래 유인물을 배포하는 것보다 학

* 1983년부터는 교내시위가 급격히 늘어나기 시작했다. 따라서 학교별 투쟁 양상보다는 날짜별 각 학교의 시위들을 정리하여 표로 제시했다.

생들을 규합하여 시위를 벌이는 것이 압도적으로 많아졌다. 교내시위라도 제대로 벌이기 위해서는 벌떼처럼 달려드는 경찰과 기관원, 교직원들의 방해를 뿌리치고 대열을 지어야 했다. 학생 대중의 적극적인 참여 없이는 불가능한 일이었다. 또 이전부터 학생운동의 전통이 강했던 몇몇 학교를 벗어나 시위가 거의 모든 학교로 확산되기 시작했고, 여자대학들도 연이어 교내시위를 벌이기 시작했다는 점 또한 중요하다. 학생운동에 대한 심정적 지지가 점차 적극적인 행동으로 변화하고 있다는 사실을 반영하는 것이었다. 1983년 하반기에 전개된 대학가의 주요 시위는 다음의 〈표6〉과 같다.

시위가 늘어나면서 희생도 점점 더 커졌다. 교내시위마다 적게는 한두 명에서 많게는 10여 명이 구속되었다. 제적되는 학생 수도 늘었다. 1981년 300명, 1982년 198명이던 제적생의 수는 1983년 327명이 되었다. 이 무렵의 학교는 시위에 대비한 상시 감시체제하에 놓여 있었다. 학교 도처에 이른바 기관원들이 깔려 있었으니, 심지어 총장비서실에 보안사, 안기부, 치안국, 시경, 경찰서, 문교부 상주연구원 등 10여 명이 상주하고 있을 지경이었다.* 사복경찰들이 학교에 깔려 있다가 시위를 진압하는 것은 물론이었고, 1981년 2학기 이후에는 교수들도 불려나왔다. 교수들이 학생시위 대열을 에워싸야 했고, 혹시라도 자신의 지도학생이 시위에 참가하고 있다면 끌고 나오는 역할까지 맡아야 했다. 학생운동에 참여한 학생들은 등급을 나누어 학과장이나 지도교수가 정기적으로 지도하고 보고하도록 했으며, 지도학생이 문제를 일으키면 교수들이 징계를 받기도 했다.(전재호, 2002, 198쪽)

시위가 시작될 기미만 보여도 무자비한 진압이 자행되었으며, 연행된

---

* 김준엽, 1990, 206쪽. 김준엽은 1982년 7월부터 1985년 2월까지 고려대 총장으로 재직했다.

표6 1983년 하반기 대학가의 주요 시위

일자	투쟁행태	학교
9. 13	교내시위	서울대, 강원대
9. 15	교내시위	외국어대
9. 16	교내시위	연세대, 한양대
9. 26	교내시위	성균관대
9. 28	교내시위	외국어대, 동국대, 숙명여대, 서울대
9. 29	교내시위	외국어대, 경희대, 서강대, 동덕여대, 연세대, 전남대
9. 30	교내시위	서강대, 서울대
9. 30	연합가두시위	서울대, 연세대, 고려대, 성균관대 학생 참여. 종로와 명동, 신촌 일대에서 시위
10. 4	교내시위	동덕여대, 홍익대
10. 5	교내시위	성심여대
10. 6	교내시위	중앙대, 인하대, 감신대
10. 7	교내시위	부산대
10. 15	교내시위	성신여대
10. 18	교내시위	경희대
10. 23	교내시위	충남대
10. 27	교내시위	중앙대
10. 30	교내시위	전남대
11. 1	교내시위	전북대
11. 2	교내시위	숭전대, 청주대, 성균관대 수원캠퍼스(도서관 3층에서 구호를 외치던 한덕권이 추락했으나, 경찰은 주동자 체포 후에야 병원으로 이송), 고려대
	가두시위	서강대(신촌시장 앞에서 가두시위)
11. 4	교내시위	서울대, 숙명여대, 충남대
11. 7	교내시위	서울여대
11. 8	교내시위	서울대(시위를 주도하던 황정하 추락 사망), 감신대
11. 9	교내시위	서울시립대, 성균관대, 숭전대, 연세대, 이화여대. 레이건 방한에 즈음하여 시위 격화
11. 10	교내시위	서강대, 한양대, 광운대, 서울대
11. 11	교내시위	서울대, 성균관대, 고려대, 전남대, 숙명여대
	가두시위	서울대(고속버스터미널 앞에서 유인물 살포 후 시위)
	가두시위	서울시내 대학생, 1983년 최대 규모의 레이건 방한 반대 가두시위
11. 17	교내시위	이화여대
	가두시위	고려대
11. 18	교내시위	부산대
11. 25	교내시위	서울대, 연세대

학생들은 구타와 불법감금, 가혹행위에 시달렸다. 특히 학내에 상주하는 경찰을 피해가면서 교내시위를 벌이는 일은 몹시 위험했다. 1982년부터 교내시위가 부쩍 늘어나면서 경찰의 진압도 더 무자비해졌기 때문이었다. 학생들은 학교 안의 도서관이나 학생회관에서 줄을 타고 내려오면서 시위를 주도하는 위험을 무릅쓰기도 했다. 이 와중에 경찰들이 시위를 진압하고 주동자를 검거하려고 덤비면서 학생들이 다치기도 했다. 1982년 9월 9일 중앙대 교내시위에서 이근원(문예창작 3)이 도서관 옥상에서 밧줄에 매달려 유인물을 뿌리고 구호를 외치며 시위를 주도했는데, 경찰이 건물 유리창을 깨고 강제로 끌어내리는 와중에 오른팔에 유리조각이 박혀 20여 바늘을 꿰매는 중상을 입었다.(『1980년대 민주화운동』 8, 916쪽) 1983년 5월 11일 서강대와 전남대 학생들의 교내시위는 각각 주동자들이 창틀에 밧줄로 몸을 묶거나, 도서관 4층에서 등산용 밧줄을 타고 내려오면서 시위를 주도했다. 도서관에서 내려오며 전남대 시위를 주도한 이수영(경제 4)은 도중에 추락하여 상처를 입고 체포되기도 했다.(『1980년대 민주화운동』 8, 939쪽) 정권의 무자비한 탄압은 죽음을 부르는 사고를 불러왔다. 1983년 11월 7일 서울대 도서관에서 줄을 타고 내려오면서 시위를 주도하던 황정하(도시공학 4)가 추락하여 중상을 입고 입원했으나, 11월 16일 사망한 것도 이런 와중에 일어난 비극이었다. 서울대병원 영안실에 있던 황정하의 시신은 사망한 지 여섯 시간 만에 경찰에 의해 화장되고 유골만이 가족에게 전해졌다. 운동권이 장악하고 있던 서울대 학도호국단은 황정하의 추락사는 기관원들의 과잉저지 때문에 일어난 것으로 규정하고, 학내 기관원의 사찰을 중지할 것을 촉구하는 내용의 성명을 발표하기도 했다.

한편, 시위를 주도하는 문제학생으로 지목되거나 시위현장에서 체포된 학생들은 경찰서에서 조사한 후 그 자리에서 바로 입영시켰다. 강제징집이 늘어나자 1982년 3월 24일 고려대, 4월 9일 외국어대 등에서 강제징집을 거부하는 시위가 일어나기도 했다. 강제 징집된 학생들은 보안사가 실시하는 이른바 '녹화사업'의 대상이 되었다. 녹화사업이란 보안사가 시위로 강제 입영된 학생들 또는 입대 전 학생운동에 참여했던 병사들을 대상으로 특별정훈교육이라는 명분하에 정보를 수집하고 프락치활동을 강요하는 것이었다.

청년운동의 도약 — 민청련 결성과 활동

1970년대 후반 학생운동에 참여했던 젊은이들 중 학생시절만이 아니라 대학을 졸업하고 나서도 민주화운동에 계속 헌신하려는 사람들이 늘어났다. 이들 중 5·18민중항쟁 이후 1983년에 접어들면서 민주화운동을 본격적으로 전개할 공개적인 정치투쟁조직이 필요하다고 느낀 사람들이 이범영, 이해찬, 조성우 등을 중심으로 대중이 참여할 수 있는 공개적인 민주청년들의 단체를 만드는 데 의견을 같이하는 사람들을 모으기 시작했다. 서울대 학생운동에서 각 학번을 대표할 만한 사람들과, 다른 대학에서 학생운동을 주도했던 사람들이 모였다. 이들은 진보적 지식청년을 중심으로 민주화운동단체를 결성하기로 합의하고 김근태를 의장으로 추대했다. 단체의 이름은 1970년대 말에 활동하던 민주청년협의회의 이름을 이어 민주화운동(전국)청년연합(약칭 민청련)으로 결정했다.

1983년 9월 30일 민청련 창립대회가 열렸다. 민청련은 당대의 현실을 "민족의 존립 자체가 위협받고 있는 상황"으로 파악했다. 또 민청련의 주체로서 민주청년들의 역사적 임무는 "민중운동의 흐름 속에서 양심적인 지식인, 종교인, 정치인, 노동자, 농민들과의 연대를 강화하면서 민주주의와 민족통일을 위한 새로운 사회건설에 온몸으로 매진"하는 것이라고 보

있다. 이들은 "창립선언문"에서 다음과 같이 자신들의 목표를 밝혔다.

— 민족통일의 대과업을 성취하기 위하여 참된 민주정치는 반드시 확립되어야 한다.
— 평등하고 인간적인 생활을 위한 민주자립경제가 이룩되어야 하며, 부정부패특권정치는 마땅히 청산되어야 한다.
— 역동적이고 건강한 민중의 삶을 위하여 자생적이고 창조적인 문화, 교육체제가 형성되어야 한다.
— 국제평화와 민족생존을 위해 냉전체제의 해소와 핵전쟁의 방지가 이루어져야 한다.(『암흑 속의 햇불』5, 588~589쪽)

이와 같이 민청련은 민주주의와 민족통일 실현, 경제적 평등과 자립경제, 민중의 복지를 위한 문화교육, 냉전반공질서 해소와 평화 정착을 내세웠다. 학생이 아니라 이미 사회에 진출해 있는 '청년'들의 힘을 조직화함으로써 다른 사회운동의 각 분야와 연대하여 독재정권과 싸우는 정치적 투쟁의 길을 제시했다는 점에서 민청련 조직은 획기적인 사건이었다. 민청련은 구체적으로 투쟁성 회복과 청년 내부역량 체계화, 다른 민주화운동 세력과의 굳건한 연대, 대중운동에의 참여와 지원, 운동방향 모색과 방법 개발을 위한 조사 및 연구 활동을 진행했다. 우선 1984년 3월부터 기관지 『민주화의 길』과 『민중신문』 등을 발간하여 당시 국내외 상황에 대한 정세 분석, 이를 토대로 한 민중운동의 방향 제시, 관제 언론에 대항하는 선전활동 등을 진행했다.(『6월항쟁을 기록하다』1, 215~216쪽)

민청련은 시민들에게 광주항쟁의 진상을 알리기 위해 여러 가지 활동을 벌였다. 1984년 5월 14일에는 광주 망월동 묘역에서 열린 '광주민주화운동 추모식'에 참여하고 광주시내에서 가두시위를 벌였다. 이어 5월 19일에는 서울 흥사단 강당에서 추모식을 개최했다.(『6월항쟁을 기록하다』 1, 217쪽) 광주항쟁의 진상을 보여주는 사진, 수기, 일지 등을 담은 자료집을 발간했으며, 진혼굿을 벌이고 사진·판화전도 열었다. 이는 광주항쟁에서 자행된 국가폭력과 시민적 저항의 진상을 대중적으로 공개한 첫 사진전이었다.

또한 민청련은 점차 활기를 띠어가던 농민, 노동, 종교, 언론 등 각 부문운동을 함께 묶어 더욱 강력히 싸워나갈 수 있는 연대의 틀을 만드는 데 주력했다. 이후 민중민주운동협의회와 민주통일민중운동연합 등 재야통합단체 결성에서도 민청련이 커다란 역할을 했다. 그리고 1970년대 학생운동의 경험을 쌓은 청년운동가들이 모인 민청련은 민주화운동의 노선과 전략에 대해 체계적인 이론을 제시하는 데도 큰 역할을 했다.(『6월항쟁을 기록하다』 1, 219쪽)

정치권의 변화와 민추협 결성

전두환 정권은 1983년 2월 정치활동 피규제자 중 452명을 2차에 걸쳐 해금하였다. 그러나 김대중, 김영삼, 김상현, 김덕룡 등 야당의 핵심 인사 99명은 여전히 정치활동이 금지되어 있었다. 가택연금 상태였던 김영삼 전 신민당 총재는 5·18민중항쟁 3주년을 맞이한 1983년 5월 18일 "단식에 즈음하여"라는 제목의 성명을 발표하고 무기한 단식투쟁에 돌입했다. 이 성명에서 김영삼은 자신의 단식은 5·17쿠데타로 민주주의가 파괴되고 광주시민이 무참히 살상당하는 지경에까지 이른 데 대한 자책과 참회의 뜻을 표시하는 것이며, 반민주적인 독재와 인권유린 및 정치적인 탄압에 대한 항의와 규탄의 표시이고, 민주정치를 확립하기 위한 정치적 요구라고 밝히면서, 구속인사 전원 석방과 전면 해금, 해직교수와 근로자 및 제적학생 복직·복교·복권, 언론 자유, 개헌 및 국보위 제정 법률 개폐 등을 요구했다.

김영삼의 단식은 민주화를 요구하는 정치세력의 연대와 공동투쟁을 가능하게 했다. 정권은 언론을 통제하여 김영삼의 단식을 알리지 못하게 했으나 AP통신을 통해 전 세계에 알려졌다. 또 국내에서 구전을 통해 이 사실을 알게 된 정치인들이 동조에 나섰다. 5월 26일 이민우, 황낙주, 박용만, 김동영, 최형우, 정재원, 김동욱, 김영배, 김상진, 김록영, 이우태, 김덕룡, 명화섭, 이무부, 박희부, 윤혁표, 백영기, 김병환, 김봉조, 최기선, 홍사일 등 전 신민당 의원 21명이 김영삼단식투쟁대책위원회를 조직했다. 이들은 6월 1일 김영삼의 단식투쟁을 지지하는 내용의 시국선언을 발표했다.

김영삼의 단식은 김영삼과 김대중이 연대하는 계기가 되기도 했다. 그 전해인 1982년 12월 23일 형집행정지로 출옥하여 미국에 가 있던 김대중은 한국 정부에 김영삼의 단식을 국민들에게 알려 상응한 조치를 취할 것을 요구하고, 미국은 한국의 민주회복 없이는 한국의 안전보장을 기대할 수 없다는 것을 알아야 한다는 내용의 성명을 발표했다. 곧 미국에서도 '김영삼 총재 단식투쟁 전미全美대책위원회'가 조직되어 6월 4일 백악관까지 데모행진을 하는 등 연대투쟁을 시작했다. 1983년 5월 31일에는 함석헌, 홍남순, 문익환, 이문영, 예춘호, 김철 등이 전두환 정권은 합법성과 도덕성을 결여하고 있어 모든 문제에 대해 전혀 감당할 능력이 없다는 내용의 긴급민주선언을 발표하고, NCC 인권위원회 사무실에서 단식농성에 들어갔다. 이들은 6월 18일까지 단식농성을 계속했다.(김정남, 2002, 460~461쪽) 단식 23일 만인 1983년 6월 9일, 김영삼은 단식을 중단했다. 김영삼은 6월 30일 성명을 발표하여 단식 중 미국에 있는 김대중 동지와 민주주의에 대한 신념으로 하나된 것에 기쁨을 표시하고, 단식에 동참해준 함석헌, 문익환, 홍남순, 예춘호, 김철, 윤반웅 목사에 감사하며 자신들의 제1의

투쟁목표는 헌법개정투쟁이라고 밝혔다.(『1980년대 민주화운동』 8, 946쪽)

단식을 계기로 김영삼과 김대중 사이에 조직적이고 실질적인 연대를 위한 논의가 전개되었다. 이것은 정치권 내에서 민주화세력들을 최대한 결집하려는 노력이기도 했다. 박정희 정권 후반부터 경쟁과 협력을 반복하던 김영삼과 김대중은 10·26정변 이후 야권의 대통령 후보 자리를 놓고 치열한 경쟁을 벌였다. 이들은 단일화 협상이 실패하고 두 계파 사이에 상호 비난이 고조되면서 완전히 갈라선 적도 있었지만, 5·17쿠데타 이후 정치권에서 축출된 뒤에는 김영삼의 단식을 계기로 전두환 정권에 대항하는 연합전선을 모색하게 되었던 것이다.

1983년 8월 15일 김영삼과 김대중은 공동명의로 "민주화투쟁은 민족의 독립과 해방을 위한 투쟁"이라는 제목의 성명을 발표했다. 이 성명은 "민족의 독립을 위해서 전체 민족이 하나가 되어 투쟁해야 했듯이, 민주주의를 위한 투쟁에서도 우리는 혼연일체 하나가 되어야" 하며, 이를 위해 김영삼, 김대중 두 사람은 "온 국민의 민주화에 대한 열망 앞에서" "백의종군하는 자세로 하나가 되어 손잡고 우리 민족사의 지상과제를 향하여 함께 나아가려" 한다고 밝혔다.〔"김대중·김영삼 8·15공동선언"(동아일보사 편, 1990, 30~35쪽)〕

단식투쟁을 계기로 만들어진 '김영삼단식투쟁대책위원회'는 '민주국민협의회추진위원회'로 발전했다. 이 민주국민협의회는 민주화추진협의회(약칭 민추협)의 모체가 되었다. 1983년 가을부터 본격적으로 모색된 김영삼과 김대중의 연합전선은 1984년 5월 18일 민추협이 결성되는 것으로 결실을 맺었다. 민추협에는 김영삼이 공동의장, 김상현이 공동의장 대리, 김대중이 고문(미국에서 귀국한 후인 1985년 3월 18일부터는 공동의장)이 되었다. 민추협은 분열되었던 김영삼계와 김대중계가 통합하여 공동으로 반정부투쟁을 전개하는 기반이 되었다.

2
유화국면 이후 민주화운동의 고조
(1983. 12~1984. 12)

유화국면의 시작

1983년 하반기 대학가에서 시위가 연일 계속되면서 전두환 정권으로서는 특단의 대책을 세우지 않을 수 없었다. 대학생들이 정치적 쟁점에 대해 목소리를 높이고 학교 밖으로의 진출을 시도하면서 학생시위에 대한 대책이 필요했다. 12·12군사반란과 5·18민중항쟁의 유혈진압을 통해 집권한 전두환 정권은 태생적으로 합법성, 정통성에 치명적인 약점이 있었다. 게다가 이철희·장영자사건 등 집권 이후 돌출하기 시작한 권력형 부정비리사건으로 시민들 사이에서도 정권에 대한 염증이 커져가고 있었다. 이제 학생운동의 영향력은 대학생들 사이에만 국한되지 않았다. 그 이전에도 학생운동은 민주화운동에서 차지하는 비중이 가장 컸지만, 학생운동이 정치에 개입할 수 있었던 것은 특정한 정치적 쟁점이 부각될 때뿐이었다. 1970년대에 들어서서 학생운동 진영은 지속적으로 유신반대투쟁을 벌이고자 노력했지만, 조직력이나 대중들을 움직일 수 있는 힘이 부족했으므로 소규모의 일회적인 투쟁이 많았다.

그러나 1980년대의 학생운동은 스스로의 대중적 기반을 확대하면서 가장 먼저 정치적 쟁점을 제기하고, 수많은 교내시위와 가두시위, 선전전을 통해 반독재투쟁을 끊임없이 지속했다. 특히 구속과 제적, 강제징집 등 학생들 개개인의 큰 희생에도 불구하고 저항이 멈추지 않자, 전두환 정권으로서는 다른 방식의 대응을 고려하지 않을 수 없었다. 억압을 강화할수록 도리어 저항이 강력해진다는 것을 인지한 전두환 정권으로서는 학생운동에 대한 유화책을 택하지 않을 수 없었던 것이다.(김원, 1999, 189쪽)

게다가 국제사회의 시선과 미국의 압력도 무시할 수 없었다. 1983년 11월 레이건 미국 대통령의 방한, 다음 해 예정되어 있던 교황 요한 바오로 2세의 방한 등을 위해 당시 전두환 정권은 폭압체제를 완화하고 자유화를 추진한다는 인상을 국제사회에 심어주어야 했다. 목전에 닥쳐온 86아시안게임이나 88올림픽도 부담이었다. 그러지 않아도 국민을 살육한 무자비한 독재자라는 이미지로부터 벗어나야 할 상황에서 더 무자비한 탄압을 강행할 수는 없었다. 또 불황에서 허덕이던 경제가 성장세로 돌아서면서 자신감을 가진 전두환 정권은 좀더 안정적인 지배체제 구축을 위해 일련의 유화조치를 실시하게 되었다.

그 결과, 1983년 12월 21일 이른바 학원자율화 조치가 발표되었다. 이날 권이혁 문교부장관은 전국 대학 총·학장 회의에서 5·17 이후 1983년 말까지 학원에서 제적된 학생 1,363명에 대해 학교 재량으로 복교를 허용하고, 학원 대책도 처벌 위주에서 '선도' 위주로 바꿀 것이라고 밝혔다. 이어 12월 22일 공안 관련자 172명이 특별사면과 형집행정지로 석방되고 142명이 복권되었는데, 그중에는 학생운동으로 수감 중이던 131명도 포함되어 있었다.* 해직교수의 복직도 부분적으로 허용되었으며, 1984년 2월 29일에는 학원에 상주하던 사복경찰 병력이 철수했다.(『6월항쟁을 기록하다』 1, 249쪽) 이어 3월 1일에는 구속학생 158명이 석방되었고, 정치활동

피규제자 99명 중 15명을 제외한 84명이 1차로 해금되었으며, 학원사태 관련자 159명이 특사로 풀려났다.(윤상철, 1997b, 92쪽)

학생회의 부활과 정치투쟁의 고조

학원자율화투쟁과 총학생회 건설　　　학생운동 진영은 새로운 국면에 대응하기 시작했다. 우선 새롭게 열린 공간에 어떻게 대응하고 활용할 것인지부터 논의하고 준비해나갔다. 학생운동으로 제적되었던 학생들이 복교대책위원회를 만들고, 학교로 돌아가 민주화투쟁을 계속할 준비를 하기 시작했다. 1984년 1월 14일 서울대 제적생 130여 명이 총회를 열고 "진정한 복교를 위하여"라는 제목의 결의문을 채택했다. 이들은 이 결의문에서 "복교문제는 사회의 전반적인 민주화와 직결된다"라고 전제하고, 복교조치는 원상회복 이외의 아무것도 아니며, 학원민주화가 선행되어야 하고, 모든 부문에서 권리회복과 민주주의의 제도적 보장이 이루어져야 한다고 주장했다. 서울대 외 성균관대, 동국대, 한양대, 이화여대, 고려대 등 여러 대학의 제적생들도 학교별로 복학추진위원회나 복교대책위원회를 만들었으며, 1월 25일에는 경인지구의 20개 대학의 제적학생들이 통합 복교대책위원회를 만들었다. 2월 11일에는 전국적인 조직으로 '제적생 복교 추진 지역대표자 전국협의체'가 결성되었다.

　한편, 1984년 3월 9일 서울대의 학원자율화추진위원회(약칭 학자추)를

● 학생운동 관계자 외에 이른바 부산미문화원방화사건, 남민전사건, 부림사건, 전민학련사건, 아람회사건 등에 관련된 인물들도 석방되었다.

시작으로 각 대학에서 학자추나 학원민주화추진위원회(약칭 학민추)가 결성되었다. 학생운동세력이 학도호국단을 장악한 학교에서는 학도호국단과 학자추가 보조를 맞추어 학원자율화 완전 실시, 강제징집과 지도휴학철폐투쟁을 전개했다. 일부 학교에서는 학도호국단과 학자추가 경쟁하면서 학생들에게 신임투표를 실시하여 누가 더 신뢰받는지 확인하기도 했으나, 학생운동세력이 학자추를 통해 자율적인 학생회를 건설하는 것이 대세로 자리잡았다.

1984년 3월 9일 가장 먼저 학자추를 결성한 서울대에서는 학자추와 학도호국단이 함께 자율화를 추진해나갔다. 4월 2일 서울대 학자추와 학도호국단의 간부들이 학내문제를 조속히 개선할 것과 4·19기념제 개최를 승인해줄 것을 요구하며 단식농성을 벌였다. 학교 곳곳에 학교당국의 자율화조치를 요구하는 대자보들이 나붙었다.* 고려대에서도 3월 9일 학원자율화문제로 공개토론회가 개최된 이후 학생총회와 학도호국단 회의에서 자율화추진위원회 결성을 결정하고, 4월 11일 선거를 통해 단과대 대표 12명, 동아리 대표 5명, 학내언론 대표 2명으로 학자추 위원들을 선출했다. 연세대는 3월 학도호국단이 중심이 되어 학민추를 결성하고, 제적생의 무조건 복교와 지도휴학제 폐지, 학내언론 활성화를 요구했다. 서강대에서는 3월 30일 학자추가 결성되어 학자추와 학도호국단 각각에 대한 신임투표를 실시했다. 4월 3~4일에 진행된 신임투표에서 투표학생의 88.9%가 학도호국단을 불신임했고 73.4%가 학자추를 신임했다.

학원자율화를 위해 자율적인 학생기구로서 학생회를 부활시키려는 시

---

* 경찰이 철수한 이후 학생들은 자신들의 주장을 담은 게시물을 학교 안에 걸어둘 수 있게 되었다. 그러자 1984년 무렵부터 큰 종이에 운동의 현안에 대한 이론적 주장이나 기존 언론에서 다루지 않는 문제들을 폭로하는 내용을 써서 학교 강의동 출입문이나 벽에 부착하는 '대자보'가 대학가에 붙기 시작했다. 선전의 수단으로서 대자보의 등장 또한 1980년대 학생운동의 특징이다.(강신철 외, 1988, 346쪽)

도와 함께 학생운동을 탄압하는 도구가 되었던 지도휴학제와 강제징집제 철폐투쟁이 벌어졌다. 지도휴학제란 학생 본인의 의사와 상관없이 "정상 수업을 받을 수 없거나 지도상 불가피하다고 판단될 때" 총(학)장이 직권으로 휴학을 명할 수 있도록 한 제도로, 1980년 이후 학생들을 강제 입영 시키는 근거가 되었다. 1984년 3월 9일 고려대 학도호국단은 공개토론회에서 강제징집 결사반대를 표명하고, 4월 6일 강제징집제 철폐를 요구하는 시위를 벌였으며, 4월 17일에는 강제징집 중 사망한 김두황의 추도식을 열었다. 성균관대에서도 1984년 4월 3일 1,000여 명의 학생들이, 강제 징집된 뒤 사망한 이윤성의 추도식을 열고 강제징집 철폐를 요구하며 교내시위를 벌였다. 연세대에서도 학민추가 4월 20일 강제징집 중에 목숨을 잃은 정성희의 추도식을 거행하고 지도휴학제 폐지를 요구했다. 5월 4일 서울지역 5개 대학의 학민추와 학도호국단이 연합하여 고려대에서 '강제징집 사망학생 6인에 대한 합동위령제'를 거행하고, 강제징집과 지도휴학제 철폐, 인권탄압과 언론탄압 중지를 요구하며 철야농성을 벌였다.(강신철 외, 1988, 347쪽)

상주하고 있던 경찰이 철수한 1984년 이후 해마다 5월이 되면, 학생운동 진영은 공개적으로 광주항쟁의 진상을 밝히고 전두환 정권의 만행과 불법성, 비도덕성을 규탄하는 데 온 힘을 다했다. 1984년 5월 17일 서울대, 고려대, 연세대, 성균관대, 서강대, 외국어대, 중앙대, 한양대, 동국대, 건국대, 국민대, 동덕여대 등 서울시내의 많은 대학에서 학생들이 격렬한 교내시위를 벌인 다음, 서대문로터리, 청계천 5가 등에서 가두시위를 전개했다. 이어 5월 18일에는 서울대 학생 5,000여 명이 광주민주항쟁영령위령제를 지내고 파고다공원에서 민주의 날 전야제를 가졌으며, 서울 동부지역 4개 대학 학생 2,500여 명이 외국어대에 집결하여 광주학살규탄대회를 열고 경찰과 투석전을 벌였다.(『민주화운동 관련 사건·단체사전 편찬을 위한 기초조사 연구(1980년대) 보고서』1, 117~118쪽) 이날 전국에서 22개 대학의 학생들이 5·18민중항쟁을 기념하는 집회를 열거나 가두시위를 벌였다.(강신철 외, 1988, 347쪽)

1984년 7월 7일 정부는 한일외무장관회담 개최와 전두환 대통령의 방일계획을 발표했다. 전두환 정권은 9월 6~8일의 대통령 방일을 통해 한미일 군사협력을 강화하면서 경제안보협력이라는 명분하에 일본으로부터 7년간 40억 달러의 민간차관을 제공받기로 했다. 학생운동 진영은 전두환 대통령의 방일이 군사적으로는 한반도 핵기지화를 강화하여 핵전쟁 가능성을 높이고, 경제적으로는 일본 자본 및 국내 독점자본이 노동수탈을 강화하는 계기가 될 것이라고 파악했다.(강신철 외, 1988, 70쪽) 이에 따라 2학기가 시작되는 시점에 전두환 대통령의 방일반대투쟁이 본격화되기 시작했다. 1984년 8월 29일 고려대 학자추의 주최로 '한일관계 토론회'가 열렸다. 2,500여 명이 참가한 이날 토론회에서 9개 대학의 학자추는 "현 정권의 매국 방일을 즉각 철회하라" "일본은 과거의 역사적 과오를 솔직히 인정하고 한반도 재침 기도를 즉각 중지하라" "우리는 반민족적 방일을 반대하며, 매국방일 반대 특별위원회의 구성을 제안한다"라는 내용의 공동결의안을 발표했다.(『고대신문』 1984년 9월 3일자) 이어 이들은 거리로 진출하여 서울역 광장과 새로나백화점 앞에서 가두시위를 벌였고, 일본대사관 공보관 앞에서도 경찰과 투석전을 벌이며 시위를 전개했다.(『동아일보』 1984년 9월 5일자) 8월 30일에는 서울시내 10개 종교·학생 단체 회원 800여 명이 명동성당 문화관에서 열린 월례강좌에 참석한 뒤 "대통령 방일 반대" 등을 주장하며, 성당 구내에서 경찰과 대치했다. 이들은 철야농성까지 벌였다. 방일반대시위는 9월 초까지 계속되었다. 1984년 9월 4일 성균관대에서 19개 대학 학생들이 연합 방일반대 가두시위를 벌였다. 전두환이 일본을 방문한 9월 6일에는 재야인사 77명이 '일본재침략저지 민족운동대회'와 '민족궐기대회'를 개최했고, 민추협도 방일을 반대하는 내용의 성명을 발표했다.

그런데 9월 4일 방일반대시위에 참가했던 여학생들이 경찰서에 연행, 구류처분을 받는 과정에서 전경들에게 성추행을 당하는 사태가 벌어졌다. 피해 여학생들이 이 사태를 폭로하자 성추행 규탄투쟁이 벌어졌다. 실제로 전두환 정권하에서 공권력에 의한 여학생 성추행은 빈번히 발생했고, 이 시점에 본격적인 폭로와 규탄투쟁이 벌어졌다. 10월 20일 14개 대학의 여학생회 연합이 여대생 추행사건 규탄대회를 벌였다. 이어 11월 3일 서대문경찰서에서도 연행된 고려대 여학생에 대한 성추행사건이 발생하여, 11월 16일 이에 대한 내외신 기자회견이 열렸다. 11월 20일에는 여학생 성추행사건 규탄대회가 개최되고 대책협의회가 결성되었다. 이 투쟁은 자율적인 총여학생회 건설로 이어졌다.(『고대신문』 1984년 11월 19일자)

1984년 2학기에는 부활한 총학생회를 중심으로 학생운동이 전개되었다. 먼저 고려대에서 총학생회가 부활했다. 고려대는 총학생회 선거준비위원회를 구성하고, 단과대학 학생회장 선거를 거쳐 9월 17일 선거를 실시하여 김영춘(영문과 4)을 총학생회장으로 선출했으며, 9월 20일 정식으로 총학생회가 출범했다. 이어 9월 25일에는 연세대 총학생회(총학생회장 송영길)가 출범했으며, 9월 27일에는 서울대 총학생회(총학생회장 이정우)가 출범했다. 이어 경희대, 외국어대, 건국대, 전남대 등 여러 대학에서도 학도호국단이 해체되고 총학생회가 설립되었다.

그러나 문교부나 대학당국은 총학생회를 인정하지 않았다. 대학당국은 총학생회와의 대화를 거부했고 예산도 인정하지 않았다. 10월 연세대, 고려대 등에서는 연이어 학생회를 인정할 것을 요구하는 집회와 시위가 벌어졌다. 총학생회를 인정하는 문제만이 아니라 학교의 독단적인 의사결정에 반대하는 학내 민주화운동이 많은 학교에서 본격적으로 시작되었다.

총학생회 건설과정에서 '서울대프락치사건'이 발생했다. 사복경찰이 철수했다고는 하지만 학원에는 아직 사찰기관들의 정보원이 항상 학생들을 감시하고 있었고, 또 협박을 받거나 매수된 일부 사람들이 경찰이나 정보기관에 정보를 제공하는 일이 드물지 않았던 터라 학생들이 '프락치'에 민감하던 시절이었다. 1984년 9월 서울대에서 가짜 학생들이 발각되면서 벌어진 프락치사건으로 서울대 학생운동 지도부가 다수 제명·구속되었다. 서울대는 9월 29일, 학도호국단 총학생장으로 총학생회 탄생의 산파 역할을 했던 백태웅과 총학생회장 이정우, 부총학생회장 백기영, 사회대 학생회장 오재영을 제명하고, 10월 4일에는 복학생협의회장 유시민, 학자추 위원장 남승우를 또 제명했다. 서울대 학생들은 학원수호 비상총회를 열고 징계철회를 요구하며 법대부터 시험거부에 나섰다. 10월 24일 서울대 당국은 경찰 진입을 요청하여 6,400여 명의 경찰병력이 다시 서울대 교정에 진주했다. 그러나 중간고사 거부는 학교 전체로 확산되어 한때 결시율이 80%를 넘기도 했다. 서울대는 교내에서 학생자치활동을 전면 중지시키는 강경조치를 취했으나, 오히려 학생들의 적대감만 키웠다. 10월 26일 서울대생 2,000여 명이 경찰이 진주한 학교 안에서 대규모 시위를 벌여 239명이 연행되었다. 또 10월 28일에는 서울대생 350여 명이 민한당에서 진상규명을 요구하는 농성을 벌였다.(『1980년대 민주화운동』 8, 993쪽) 연세대·고려대 학생들도 총학생회를 인정할 것을 요구하며 시위를 벌였고, 10월 19일에는 서울지역 7개 대학 학생들이 서울대에서 '부마항쟁 5주년 기념 반독재민주화연합투쟁 실천대회'를 개최하고, 학생회 인정, 부당징계 철회, 불법구금 중단, 각종 악법 폐지, 민중생존권 보장 등을 요구했다.

이제 대학가에서 자치적인 총학생회는 거스를 수 없는 대세가 되었다. 특히 1984년 이후 지방에도 자치적인 학생회가 급속히 확산되기 시작했다. 상대적으로 학생운동의 영향력이 크지 않았던 작은 대학에서도 1984

년 이후 민주적 총학생회를 건설하기 위한 노력이 시작되었고, 1985∼1986년 이후 거의 모든 대학에서 결실을 맺었다. 이제 대학은 민주화운동의 굳건한 근거지이자 원동력으로 자리잡게 되었다.

민추위 그룹과 민투학련　　　　한편, 유화조치는 학생운동 내부의 이론논쟁도 격화시켰다. 유화국면 자체의 성격, 즉 유화조치가 행해진 주요 원인을 어떻게 파악하는가, 또 이에 대응해서 민주화운동은 어떻게 조직하고 투쟁해야 하는가를 둘러싼 논쟁이 치열하게 전개되었다. 이 논쟁과정에서 어떤 입장을 취하느냐에 따라 민주화운동세력들은 조직을 달리하게 되었다. 정권의 가혹한 탄압으로 공개적인 토론과 논의가 불가능한 상황에서 노선의 분화에 따라 운동을 주도하는 비합법 그룹들이 발생하게 되었고, 이들 사이에서 논쟁은 더욱 격렬하게 진행되었다.

　대표적인 것이 이른바 MT-MC 논쟁이었다. MT('민투'의 영어 이니셜)란 「깃발」이라는 소책자를 발간하던 민주화추진위원회(약칭 민추위) 그룹의 문제의식을 수용한 학생운동 활동가를 말한다.* 민추위는 학생운동이나 노동운동이 각각의 개별적 부문운동이 아닌 전체 혁명운동의 한 주체로 자리잡아야 하고, 이를 위해 전체 혁명운동의 전략전술을 민족민주혁명NDR으로 정식화했다. 학림 그룹의 문제의식을 계승하여 발전시킨 민추위의 NDR론은 이후 삼민투와 제헌의회 그룹의 기본 노선으로 연결되었다.

　이 MT그룹과 구분하여 서울대를 비롯한 학생운동권의 주류 그룹은

---

* 이들을 '깃발' 그룹이라고도 한다. 민추위 그룹은 1984년 이후 전개된 유화국면에서 민족민주혁명론과 전위적 기간조직, 반합법투쟁전술을 반독재민주연합전선을 위한 실천적 무기로 제시하면서 등장했다.(월간중앙 편, 1990, 244∼246쪽)

MCMain Current라고 지칭했다.(사회와사상 편, 1989, 40~41쪽) MC그룹은 1983년 말 이후의 유화국면이 미국과 일본의 정책변화에 의해 초래된 것이며, 종속적 파시즘인 전두환 정권으로서는 이를 수용할 수밖에 없으므로 유화국면이 장기화될 것이라고 파악하고, 학생회 건설과 대중적 기반 확대에 주력했다.

이에 비해 민추위는 전두환 정권이 더 이상 폭력적 탄압만으로 민주세력을 억누를 수 없어 민주세력과 국민 대중을 분리하려는 의도로 유화정책을 쓰고 있다고 판단했다. 따라서 전면적인 정치투쟁을 통해 전두환 정권의 기만적 통치술의 정체를 드러내는 것이 급선무라고 보았다. 민추위 그룹은 기존 운동권 주류들이 학생운동 내부의 역량을 축적하기 위해 학생회 강화를 주된 목표로 삼은 것을 '대중추수주의'라고 비판하고, 선도적 정치투쟁이야말로 학생운동의 임무이며, 이를 위한 조직체로서 투쟁위원회를 조직해야 한다고 주장했다. 민추위 그룹은 우선 각 학교에 학생회와 투쟁위원회를 따로 조직해야 한다고 보았다. 즉, 학생회는 합법적 대중조직으로서 학생운동의 대중적 기반을 넓혀나가고, 투쟁위원회는 선도적 정치투쟁을 주도해야 한다는 것이었다. 그리고 이 학교별 투쟁위원회를 전체적으로 이끌어가는 비합법전위조직으로 민추위를 구성하는 것이 민추위의 투쟁모델이었다.(일송정 편집부 편, 1988, 67~68쪽)

민추위는 문용식(위원장), 안병룡, 윤성주, 황인상, 박승현 등이 중심이 되었다. 이들은 1984년 가을, 자신들의 입장을 담은 팸플릿 「깃발」 1, 2호를 발행하여 배포하면서 급속히 조직을 확대했다. 「깃발」은 학생운동 진영 내에서 열렬한 논쟁을 불러일으켰고, 그 속에서 민추위 그룹은 급속히 지지기반을 확대하고 이들을 하부조직으로 편입시켰다. 1984년 10월 12일 서울대를 시작으로 연세대, 고려대, 성균관대 등에서 「깃발」의 노선에 동조하는 학생운동가들이 총학생회와 별개로 '민주화투쟁위원회'를 조직했다. 이 학교별 민주화투쟁위원회들이 11월 2~3일 연세대에서 거행된 학생의 날 기념 연합집회에서 민주화투쟁학생연합(약칭 민투학련)을 결성하는 주체가 되었다.(민가협·민족민주운동연구소 편, 1989, 101~104쪽)

민투학련은 전두환 정권의 반민주성·반민중성을 드러내는 정치투쟁으로서 정권의 상징적인 핵심 지역에 대한 점거농성을 전개했다. 대표적인 것이 11월 14일 전개된 민정당 중앙당사 점거투쟁이었다. 고려대, 연세대, 성균관대의 민투학련 소속 학생 264명은 열세 시간 동안 안국동의 민정당 중앙당사를 점거하고 민정당 해체를 요구하며, 당사 철문에 "노동법 개정하라" "전면 해금 실시하라"라는 현수막을 내걸었다. 이들은 "우리는 왜 민정당사를 찾아왔는가"라는 제목의 유인물에서 총학생회 인정, 문교부장관 문책, 전면 해금 실시, 최저임금으로 일당 4,000원 보장, 비례대표 원칙을 무시한 선거법 개정, 학도호국단 폐지 등을 내걸고, 당시 민정당 대표 권익현과의 면담을 요구했다. 이들의 요구조건은 민중생존권 보장과 함께 전면 해금, 선거법 개정 등 다분히 2·12총선을 의식한 측면이 강했다. 여러 분야의 민주화세력을 반군사독재 연합전선으로 이끌어내면서 학생운동에도 명확한 정치적 방향성을 부여할 의도를 가지고 있었다.(민가협·민족민주운동연구소 편, 1989, 105쪽)

권익현은 폭도와의 타협은 없다며 이들의 요구를 일언지하에 거절하고 경찰투입을 요청했다. 11월 15일 새벽 4시 30분 중무장한 경찰대가 민정당사의 벽을 부수고 진입하여 이들을 전원 연행하였다. 이 사건으로 19명이 구속되고 180명이 구류처분을 받았다.

민추위는 선도적 정치투쟁을 담당하는 민주화투쟁위원회(약칭 민투) 외에도 민중운동에 대한 지원투쟁을 담당하는 노동문제투쟁위원회(약칭 노투), 대중에 대한 홍보를 담당하는 홍보위원회, 대학 간 연대와 연합투쟁을 위한 학간學間 연락책 등 4개 기구와, 기관지 「깃발」 배급 팀의 조직을 운영했다. 특히 민중지원투쟁은 민추위가 중점을 두었던 분야로 1984년 하반기부터 본격화되었다.(민가협·민족민주운동연구소 편, 1989, 108~109쪽) 흔히 '생산지'라고 불린 공단지역에서 직접 노동자계급과 연대하는 시위가 주요한 투쟁형태로 부각되었다. 청계피복노조 합법성 쟁취대회가 대표적인 노학연대시위였다. 1984년 9월 19일 '청계피복노조 합법성 쟁취 1차 대회'가 경찰의 원천봉쇄로 무산되자, 학생과 노동자 2,000여 명이 동대문 일대에서 가두시위를 벌였다. 경찰의 폭력으로 부상자가 속출하는 가운데 122명이 연행되었다. 10월 12일 다시 제2차 '청계피복노조 합법성 쟁취를 위한 노동악법 개정 촉구대회'가 개최되자 여기에도 학생들은 적극적으로 참여했다. 2,000여 명의 노동자와 학생들이 이번에는 서울 퇴계로 일대와 광화문, 문래동 등 도심 곳곳에서 격렬한 가두시위를 벌였다. 10월 26일 가리봉오거리에서 벌어진 노동악법 개정투쟁, 10월 27일 구로공단·부평역 시위, 11월 13일 남대문시장과 구로공단 시위, 12월 7일 신답역 시위 등이 노동자와 학생들이 연합하여 벌인 시위의 대표적인 사례들이다. 11월 13일의 투쟁에서는 전태일 열사 14주기 추도식 이후 학생들과 노동자들이 함께 시위를 벌였다.(강신철 외, 1988, 348~349쪽; 민가협·민족민주운동연구소 편, 1989, 109쪽) 민추위 계열의 학생들은 1985년에도 3월 목동빈민지원투쟁, 5월 메이데이 노학연대 시위, 6월 구로연대파업에 대한 동참시위 등에 적극적으로 참여했다.

　　노동운동과 학생운동의 연계, 즉 노학연대는 이미 전민노련, 전민학련 시절부터 강력하게 제기되어왔다. 전민노련의 조직이 붕괴된 이후 전국적인 조직이 아니라 개별적인 소그룹을 통해 노동현장의 역량을 강화하려는 시도가 주류를 이루었다. 소그룹별로 야학과, 대학생들의 방학 중에 실시되는 공장활동·학습활동 등을 전개하고, 이 소그룹을 통해 학생운동가들이 노동현장으로 뛰어드는 것이 일반적 현상이 되었다. 1983년 이른바 '야학연합회'사건으로 소그룹들이 타격을 받기는 했지만, 전반적으로 학생운동가들의 노동현장 투신은 더욱 늘어났다. 이들은 고졸이나 중졸로 학력을 낮추어 공단이나 대공장에 취업한 뒤 노동조합의 결성과 활동을 주도했다. 이에 따라 이른바 학생운동권의 '위장취업'이 경찰과 정보기관의 주된 감시대상이 되었다. 대우자동차 노동자들의 파업 등이 표면에 나타난 사건이었지만, 훨씬 더 많은 수의 학생들이 노동현장에 뛰어들고 있었다. 정확한 수는 알 수 없지만, 1984년 무렵 이미 수천 명의 학생 출신 노동자들이 있었을 것으로 추정한다.(오하나, 2010, 45~53쪽) 이들의 활동이 밑거름이 되어 1984년에만 134개 노조 1만 7,091명이 새로 조직되었다. 협진양행 노동자들의 노동조합 결성 시도나, 1985년 대우자동차 부평공장 노동자들의 파업투쟁은 모두 학생 출신 노동자가 관여한 주요 사건들이었다.

노학연대에 의한 활동에서 가장 중요한 사건 중의 하나인 구로연대파업도 이런 상황에서 발생했다. 대우어패럴은 당시 한국에서 내로라하던 대우그룹 계열의 의류봉제 수출회사로 종업원이 2,000여 명에 이르는 큰 회사였지만, 임금이나 노동조건이 아주 열악했다. 대우어패럴 노동자들은 1984년 여름 노동조합을 결성한 이후 1985년 봄 두 차례의 파업으로 임금 인상투쟁을 성공적으로 이끌었다. 이 투쟁의 여파로 경찰이 1985년 6월 22일 김준용 노조 위원장 등 간부들을 연행했다. 이에 대우어패럴노동조합은 물론이고 다른 민주노조들이 함께 노조탄압에 항의하는 연대파업에 돌입했다. 노조들의 연대투쟁은 신속하게 번져나갔고, 노학연대투쟁으로 발전했다. 가리봉오거리와 공단 입구에서 학생들과 노동자 수백 명이 참가한 가두시위가 벌어졌으며, 민통련과 민청련 등 22개 민주민권운동단체 대표들이 기자회견을 열고 연대파업 지지농성에 돌입했다. 대우어패럴 노동자들은 6월 29일 관리자들과 구사대에 의해 강제 해산되었으며, 투쟁과정에서 43명이 구속되고 700여 명이 일자리를 잃었다. 그러나 구로지역

동맹파업은 노동조합이 단위사업장의 영역을 떠나 다른 노동조합과 연대하여 조직적으로 투쟁하고, 학생운동 등 다른 민주화운동세력과 연대투쟁을 벌이기 시작했다는 점에서 중요한 의미를 가지고 있다.

한편, 1985년 8월 25일 노동운동탄압저지지원위원회, 구로지역노조민주화추진위원회, 청계피복노동조합, 노동자연대투쟁연합이 연합하여 서울노동운동연합(약칭 서노련)을 결성했다. 서노련은 노동조합이 아닌 새로운 형태의 대중정치조직으로 변혁 지향적인 노동운동조직의 시작이었다. 서노련은 기관지 『서노련신문』을 발간해 노동자들에게 정치의식을 심어주는 데 주력했다. 김문수, 심상정 등이 신문 팀의 중심이었는데, 서노련이 제시하는 정세분석과 운동노선은 학생운동에도 영향을 미쳤다.(유시춘 외, 76~81쪽; 동아일보사, 1990, 308~309쪽)

이렇게 학생운동 출신들이 노동현장에 투신하는 일이 늘어난 까닭은 학생과 지식인층 전반이 민주화를 위해서는 사회 전반에 급진적이고 혁명적인 변화가 불가피하며, 이를 위해서는 학생운동으로 그치는 것이 아니라 노동자, 농민 등 기층 민중이 중심이 되어야 한다고 생각했기 때문이다. 이때 민중은 이전보다 훨씬 더 계급적인 개념으로 이해되었고, 사회를 변화시키기 위한 운동 또한 '과학'적인 이론과 전략전술에 입각해서 수행되어야 한다고 보는 관점이 널리 확산되었다.

민청련의 활동과 재야운동 조직화　　민청련은 창립 이래 민주화운동의 방향과 이론을 모색하면서 각 부문 운동을 연결하고 활성화하는 역할을 수행했다. 우선 이론 부문의 역할을 살펴보자. 민청련이 창립되고 활발한 활동을 벌여나가는 동안 민주화운동의 정세 또한 격변하고 있었다. 이런 변화 속에서 개별적인 상황에 대한 전술논쟁이 깊어짐에 따라 운동 전반의 전략적 기본 방침을 정립하는 것이 시급한 과제로 제기되었다. 따라서 민청련은 민주화운동의 전략을 더 체계적이고 구체적으로 개발하고자 하는 이론적 노력의 중심이 되었다. 흔히 C-N-P 논쟁[*]이라고 하는 것은 1984년 무렵 민청련이 치열한 내부토론을 거쳐 대체로 민족민주혁명론을 전략적 방침으로 정하면서, 이와 다른 두 입장을 시민민주혁명론, 민중민주혁명론으로 정리하며 알려진 것이다.

그런데 이 C-N-P 논쟁은 무림-학림 논쟁이나 '깃발' 논쟁처럼 실제 각 이론을 주장하는 세력들이 각각 입장을 내세우며 논쟁을 벌였던 것은 아니다. 민청련이나 민추위의 구성원들이 NDR론을 올바른 노선으로 정립하면서, 그 좌우 편향을 각각 PDR과 CDR로 정리해서 도식화한 것에 가깝다. 이 무렵 운동가들은 한국 사회의 반민주적이고 반민중적인 현실이 기본적으로 어떤 대립구도에서 나타나는지를 '모순'이라는 개념으로 파악하려 했다. 예를 들어 NDR론은 한국 사회에 민족적 모순과 파쇼적 모순이 겹쳐져 있다고 보았다. 즉, 한국 사회에서 기본적인 대립구도는 제국주의 및 그와 결합한 군부파쇼가 한편이 되고 여기에 민중이 저항하는 것이라는 관점이다. 군부파쇼에 대항하는 이 싸움의 주체는 노동자, 농민 등 기층 민중들이며, 노동자계급이 주도역량이 되고 학생과 급진적 청년층이 선도역량이 된다. 이 싸움에서는 파쇼와 기층 민중 사이에서 동요하는 중간계급을 민중 편으로 끌어들이는 것이 운동의 중요한 과제가 된다. CDR론은 파쇼와 싸우는 민중 속에 중간계급을 포함시켜야 한다는 관점이다. PDR

---

[*] C-N-P 논쟁이란 시민민주혁명론(Civil Democratic Revolution), 민족민주혁명론(National Democratic Revolution), 민중민주혁명론(People's Democratic Revolution)의 첫 글자를 따서 만든 용어다.(권형철 편, 1990) 흔히 알려진 C-N-P 논쟁은 민청련 및 민추위 사건 공소장에 도식화된 것을 토대로 재구성한 것이므로 고문에 의해 조작되거나 지나치게 도식화된 요소도 적지 않을 것이다. 양재원, 1989, 105~109쪽; 권형철 편, 1990, 49~57쪽 등을 참조할 것.

론은 반대로 자본 대 민중 간의 대결이 가장 핵심적인 대립구도이며, 중간층은 신뢰할 수 없다는 관점이다. 세계적 수준에서 자본주의와 한국 사회의 현실을 분석하여 변혁의 주체와 성격을 도출해내려 한 이들의 시도는 이후 1990년대까지 민주화운동의 전략에 크나큰 영향을 미쳤다. 또 기층민중이라는 변혁의 원칙적 주체를 도출하는 것에 만족하지 않고, 실제 사회를 변화시키는 과정에서 어떤 제휴와 연대를 추구해야 할지 다루기 시작했다는 점에서 이론적으로 큰 진전을 이룬 것이었다.

한편, 재야의 여러 부문운동을 통합하는 협의체를 건설하려는 노력이 민청련을 중심으로 진행되어, 1984년 6월 29일 민중민주운동협의회(약칭 민민협)를 구성했다. 민민협은 크게 농민, 노동자, 청년, 해직언론인, 성직자로 나뉜 각 부문운동단체가 회원이 되었고, 대표위원으로 김승훈 신부, 김동완 목사, 이부영 동아투위 위원이 선출되고, 김근태 민청련 의장이 서기가 되었다. 민민협의 중앙위원회는 농민운동, 노동운동 부문에서 각각 5명 이하의 위원을 선출하고, 청년운동 부문에서 3명 이하, 일반운동 부문에서 각각 2명 이하의 위원을 선출해 구성했다. 민민협은 10월에는 기관지 『민중의 소리』를 창간하기도 했다.(『6월항쟁을 기록하다』 1, 219쪽) 그러나 단체 간의 협의체적 성격이 강했던 민민협은 정치투쟁의 효율성, 집중성면에서 많은 한계를 가질 수밖에 없었다.

한편, 특별한 단체에 소속되지 않아 민민협에 참가하지 않았던 명망있는 재야인사들은 1984년 9월 전두환 방일을 반대하는 '매국방일 저지투쟁'을 계기로 10월 민주통일국민회의(약칭 국민회의)를 결성했다. 대중운동단체의 연합과 명망가들의 조직인 두 단체는 상호 보완적인 면이 강했으므로 바로 통합이 논의되기 시작하여, 결국 다음 해인 1985년 민주통일민중운동연합(약칭 민통련, 의장 문익환)이 결성되었다.

3

2·12총선과 민주화운동의 약진

(1985. 1~1985. 9)

2·12총선

1985년 초로 예정된 국회의원 총선거는 선거에 직접 참여할 전두환 정권이나 야당, 그리고 민추협 같은 정치세력만이 아니라 학생과 재야, 청년운동, 노동운동 등에도 정권의 부도덕성, 반민주성을 밝히고 민주화운동 진영의 역량을 강화할 중요한 계기였다. 선거가 다가오면서 정치활동 피규제자들에 대한 해금 요구가 날로 거세지자, 전두환 정권은 선거를 목전에둔 1984년 11월 30일 제3차로 정치활동 규제를 해제하여 84명을 해금했다. 재야나 학생들의 요구를 받아들이는 척하면서 야당의 분열을 노린 것이었다. 실제로 전통적인 야당의 핵심인 김영삼, 김대중, 김덕룡 등 15명은 여전히 정치활동이 금지되어 있었다.

1984년 12월 11일 민추협은 군사독재의 종식을 위해 새로운 정당을창당하여 다음 해 12대 총선에 참여하겠다고 선언했다. 12월 19일 민한당소속 국회의원 10명이 집단 탈당하여 합류했고, 12월 20일 이민우를 창당준비위원장으로 하여 신한민주당(약칭 신민당) 창당발기인 대회를 열었다.

1985년 1월 18일 2·12총선을 불과 25일 앞두고 신한민주당의 창당대회가 열려 총재에 이민우, 부총재에 김녹영, 조연하, 이기택, 김수한, 노승환 등 5명을 선출했다.*

선거 직전에 창당된 신한민주당으로서는 1985년 2월 12일 12대 선거가 불리하기 짝이 없었으나, '대통령 직선제 개헌' '국정감사권 부활' '지방자치제 전면 실시' '언론기본법 폐지 및 노동관계법 개폐' 등의 선거공약을 내세우고 뛰어들었다. 신민당은 이 선거에서 예상외의 돌풍을 일으켰다. 유세장에서 신민당 후보들은 정권의 비리를 정면으로 공격하고, 광주학살에 대한 책임을 물었다. 김대중이 선거 4일 전인 1984년 2월 8일 미국에서 귀국하여 신민당 바람에 힘을 실었다.

한편, 학생들도 선거에 어떻게 대응해야 할지 부심했다. 일부에서는 선거거부론(총선보이콧전술)을 제기하기도 했지만, 총선 자체를 반민정당 전선 형성에 활용해야 한다는 인식 자체에는 큰 차이가 없었다.(강신철 외, 1988, 81쪽) 예를 들어 민추위 그룹은 선거란 지배체제 재생산과정이지만, 다른 한편으로는 대중의 치열한 투쟁의 산물이라고 보았다. 민추위에서 배포한 팸플릿 「총선투쟁지침」은 야당인 신민당과의 연대를 포함하는 여러 부문운동과의 연대를 구축하며, 대중적 관점에 맞는 슬로건으로 정권의 의도를 분쇄하고 정치의식을 고양하는 것이 총선투쟁의 목적이라고 밝혔다. 실제 다수의 학생운동세력이 '전국 대학연합 선거대책위원회'(약칭 선대위) '민주총선쟁취 학생연합' '민정당재집권 저지투쟁연합' 등이 벌이는 총선투쟁에 합류했다.

1984년 12월 12일 서울대에서 선대위가 결성되어 1985년 1월 14일 민

---

* 신민당의 총재단은 김영삼계 1명, 동교동계 2명, 비민추협 3명으로 안배했고, 14명의 정무위원도 민추협과 비민추협의 비율을 5:5로 구성했다.(이영훈, 2000, 171쪽)

주총선쟁취 학생연합 1차 대회를 열고 본격적인 총선투쟁에 돌입했다. 1월 내내 이들은 가두시위와 홍보전을 벌였고, 1월 29일에는 연세대에서 민주총선쟁취 학생연합 2차 대회를 열었다. 이 대회에는 서울지역 6개 대학의 1,000여 명이 참가하여 선거법 개정과 전면 해금 실시를 요구했다. 2월 5일에는 국민회의가 주최한 민주제도 쟁취를 위한 국민대회에 참가하여(실제로는 원천 봉쇄되었다) 파고다공원 앞에서 가두시위를 벌였다.

무엇보다 효과적이었던 것은 총선 유세장에서의 활약이었다. 대학생들은 총선의 정치적 공간을 적극적으로 활용하여 유인물을 배포하고 가두시위를 벌이면서, 반민정당, 군부독재 재집권 반대, 민중생존권 보장을 주장했다. 서울 동작구 유세장에서 민정당 허청일 후보의 연설 도중 이철우(중앙대 신방 4)와 서정호(서울대 공법 4) 두 학생이 단상에 뛰어올라 "군사독재 결사반대"를 외치며 암모니아 병을 투척했던 것도 이런 분위기에서 일어난 일이었다.(『한국일보』1985년 2월 6일자) 학생들은 선거유세장을 전두환 정권의 부패와 실정을 폭로하는 공간으로 활용했다. 신민당 후보가 전두환 정권을 공격할 때면 박수와 환호로 힘을 불어넣었는데, 전두환 정권에 염증을 내고 있던 시민들도 여기에 합류했다. 조직적으로 입장을 정하고 참여했던 것은 아니지만, 총선 국면에서 대학생들의 유세장 활동은 신민당이 황색 돌풍을 일으키며 승리를 거두는 데 큰 역할을 했다.

84.2%의 높은 투표율을 보인 이 총선에서 신민당은 서울에서 국회의원 전원이 당선되는 등 대도시에서 압승을 거두었다. 전체적으로 민정당 148석(지역구 87석, 전국구 61석), 신민당이 67석(지역구 50석, 전국구 17석), 민한당 35석(지역구 26석, 전국구 9석), 국민당 20석(지역구 15석, 전국구 5석)으로 신민당은 창당된 지 3주 만에 제1야당으로 등극했다. 민정당의 득표율이 35.25%에 불과한 데 반해 신민당은 29.26%, 민한당 19.68%, 국민당 9.16%로 야당의 득표율이 58%에 달했다. 특히 서울지역에서 신민

당의 득표율은 42.7%로 민정당의 27.0%를 압도했다. 민한당으로 당선된 국회의원들도 속속 신민당에 합류하였고, 5월 9일에는 민한당 부총재 이태구가 입당하여 실질적인 야권통합이 이루어졌다. 신민당은 거대야당이 되었을 뿐 아니라 선명야당의 깃발을 높이 들고 헌법개정운동에 나서게 되었다.

전학련과 삼민투

2·12총선의 결과는 1985년의 학생운동을 더욱 활발하게 했다. 대학의 교내시위나 가두시위는 이제 일상적인 일이 되었기 때문에 일일이 나열하는 것 자체가 별다른 의미가 없을 지경이었다. 특히 시위가 격화되는 5월에는 전국의 거의 모든 대학에서 동시다발적으로 시위가 벌어지기도 했다. 학생회가 합법화되면서 지하의 소그룹 수준에 머물던 지방대학의 학생운동 그룹들도 학생회 선거를 통해 대중적 지지를 얻으면서 급격히 성장하기 시작했다.

대학의 학생회가 합법적인 위치를 얻게 되자 전국적인 수준에서 학생운동에 통일을 기하고자 하는 시도가 강화되었다. 원래는 1985년 3월 26일 경인지역 19개 대학 학생 대표들이 서울대에서 모여 연합결의대회를 가질 예정이었으나 무산되었다. 4월 10일 다시 서울대에서 경인지역 12개 대학 대표가 모였으며, 이 자리에서 '경인지구 학생연합회'(약칭 경인학련)가 결성되었다.(『조선일보』 1985년 7월 19일자) 이어 1985년 4월 17일 고려대 학생회관 앞 민주광장에서 2,000여 명의 학생들이 모여 전국학생총연합(약칭 전학련, 의장 김민석 서울대 총학생회장)의 결성식을 열었다. 이들은 창립선언문에서 "5월 광주민중항쟁 등 죽음 같은 지난 세월에 주체할 수 없는 분노로 반역사적 정권에 심판을 내리고, 통일민주 조국의 건설을 위해 장엄한 투쟁의 대열을 형성하여 지체 없는 투쟁의식을 드높이기 위해 전학련을 창립한다"라고 밝혔다. 그리고 전학련의 산하에 '민족통일·민주쟁취·민중해방특별위원회'(약칭 삼민특위)를 설치했다. 하지만 출범 당시 전학련은 하부조직을 건설하지 못한 상태였으며, 삼민특위도 실질적인 투쟁력을 갖추지는 못했다. 그러나 전학련은 점차 지역별 학생연합, 그리고 서울의 경우 지역별 평의회를 구성하면서 전국의 62개 대학 학생회→지역별 평의회 또는 지역별 학생연합→전학련의 체계를 완성했다. 5월 6일 고려대에서 열린 전학련 제2차 대회에서는 삼민특위를 민족통일·민주쟁취·민중해방투쟁위원회(약칭 삼민투, 위원장 허인회 고려대 총학생회장)로 개편했다.

　전학련은 4월 19일 수유리의 4·19묘지에서 독자적인 4·19기념식을 열고 가두시위를 벌였다. 그 전해인 1984년부터 이미 대학별로 4·19기념식을 계기로 민주화를 요구하는 투쟁을 벌이기는 했지만, 전학련의 출범으로 훨씬 더 조직적이고 규모도 큰 기념식과 시위가 가능해졌다. 학교별로 기념식을 마친 학생 7,000여 명은 4월 19일 오후 4시 4·19묘지에 집결하여 기념식을 마치고 경찰과 투석전을 벌였으며, 각 학교가 지역별로 분담하여 이날 저녁 늦게까지 가두시위를 벌였다. 저녁 6시 30분 500여 명의 학생들이 삼양동로터리 부근에서 시위를 벌였고, 7시에는 남가좌역 앞에서 서강대와 이화여대 학생들이 시위를 벌였으며, 7시 20분에는 방산시장 앞에서 서울대 학생들이, 8시 35분에는 강남터미널 앞에서 300여 명의 학생들이 시위를 벌였다. 이날 이후, 학교별로 기념시위를 벌이고 4·19묘지에 모여서 합동기념식을 거행한 다음, 시내에서 가두시위를 벌이는 '4·19투쟁'의 전형적인 형태가 정착되어갔으며, 이는 1990년대까지 유지되었다.(『민주화운동 관련 사건·단체사전 편찬을 위한 기초조사 연구(1980년대)

5·18민중항쟁 5주년을 맞이하는 1985년 5월에는 광주학살원흉처단 투쟁이 전국적으로 확산되었다. 4·19투쟁을 잇다시피 하여 '5월투쟁'이 시작되었는데, 전학련은 5월 6일 고려대에서 열린 제2차 대회에서 "오월 투쟁선언"을 발표했다. 그리고 14일 연세대에서 열린 제3차 대회에서는 전두환 정권이 광주학살에 대한 책임을 계속 회피할 경우에는 전면적 투쟁을 전개할 것이라고 경고했다.

이후 본격적으로 광주항쟁 진상규명과 원흉처단을 요구하는 5월투쟁이 시작되었다. 특히 1985년부터는 부활한 각 대학 총학생회들이 5월 대동제를 광주항쟁의 진상을 알리고 학살원흉처단을 요구하는 투쟁의 계기로 삼았다. 예를 들어 1985년 5월 16일 성균관대 학생 3,000여 명은 문행대동제 행사의 마지막 일정을 마치고 교내시위를 벌였는데, 그중 1,500여 명은 저녁 8시 50분 광주항쟁 진상규명을 요구하면서 교문 밖 진출을 시도하다가 이를 저지하는 경찰과 투석전을 벌였다. 시위가 끝난 다음 일부 학생들은 총학생회 사무실에서 철야농성을 벌이기도 했다. 이날 밤 서울대생 500여 명도 관악캠퍼스 노천극장에서 민속가면극연구회 주최 탈춤공연을 보고 난 다음 광주항쟁 진상규명을 요구하는 교내시위를 벌였고, 건국대생 1,500여 명도 "광주항쟁 진상규명" 등의 구호를 외치며 교내시위를 벌인 뒤, 횃불을 들고 교문으로 진출하여 가로막는 경찰과 화염병을 동원한 공방전을 벌였다. 이 무렵부터 대학가에는 5월에 대동제 행사→교내시위→가두진출 시도→경찰과 공방전→교내농성으로 이어지는 일련의 투쟁과정이 정착되었고, 투쟁 규모와 횟수도 비교할 수 없이 확대되었다.

5월 16일에는 성균관대 외에도 전국에서 광주항쟁의 진상규명과 학살원흉처단을 요구하는 시위가 전개되었다. 서울에서는 14개 대학 8,000여 명의 학생들이, 지방에서는 25개 대학 7,000여 명의 학생들이 시위에 참가했다. 다음 날인 5월 17일에는 80개 대학 4만여 명의 학생들이 시위에 참가했다.(『민주화운동 관련 사건·단체사전 편찬을 위한 기초조사 연구(1980년대) 보고서』 1, 149쪽)

　광주항쟁 진상규명 요구투쟁은 미문화원 점거농성으로 정점에 달했다. 미문화원 점거투쟁은 전학련이 주도한 5월투쟁의 일환이지만, 실제로 결행한 것은 각 대학의 5월투쟁위원회들이었다. 1985년 봄, 서울지역의 각 대학에는 5월투쟁을 전담할 투쟁위원회가 조직되어 있었다.* 서울대에서는 '민중민주화와 민족자주통일을 위한 투쟁위원회'(공동위원장 함운경, 김연형), 고려대에서는 '반외세반독재민주화투쟁위원회'(위원장 이정훈), 연세대에서는 '광주학살원흉처단위원회'(위원장 박선원), 성균관대에서는 '민족통일·민주쟁취·민중해방투쟁위원회'(위원장 고진화)가 각각 5월투쟁을 주도하고 있었는데, 5월 16일 이 5개 대학 투쟁위원회 위원장들과 실무 책임자들이 모여 미문화원 점거농성을 기획했다.

　이들은 1985년 5월 23일 12시 5분, 미문화원 진입을 결행했다. 서울대, 고려대, 연세대, 성균관대, 서강대 등 서울시내 5개 대학 학생 73명이 서울의 미문화원 정문을 경비하던 전경을 밀치고 들어가 2층 도서관을 점거한 다음 열람객들을 나가게 하였다. 그리고 출입문에 바리케이드를 설치하고 현수막을 내걸었다. 이어 신문사에 전화를 걸어 미문화원 점거 사실, 점거 주체와 배경을 설명했다. 이들은 또 미국 측 관계자를 만나 광주학살의 책임에 대해 미국이 해명하고 사과할 것을 요구하기 위해 농성한다는

---

* 당시 공안당국의 수사 결과에는 전학련 산하 삼민투가 미문화원 점거투쟁을 주도한 것으로 되어 있지만, 당시 투쟁을 주도했던 함운경, 홍성영 등의 증언에 의하면, 투쟁은 각 대학의 투쟁위원회가 연합하여 진행했으며, 전학련 삼민투가 조직적으로 각 대학 투쟁위원회를 이끌 상황은 아니었다고 한다.(『6월항쟁을 기록하다』 1, 277~278쪽) 흔히 서울대 삼민투로 알려진 '민중민주화와 민족자주통일을 위한 투쟁위원회'는 MT와 MC 계열이 함께 구성하여 공동의장제로 운영했고, 그 산하에 광주항쟁계승위를 놓고, 그 안에 '광주항쟁진상조사위원회'와 '광주학살원흉처단위원회'를 설치했다.

것을 밝히고, 이를 위해서 자신들에게 주한 미국대사와의 면담, 내외신 기자회견을 보장해달라고 요구했다.(『6월항쟁을 기록하다』 1, 258~265쪽)

또한 이들은 '전국학생총연합 광주학살원흉처단 투쟁위원회'의 명의로 배포한 "우리는 왜 미문화원에 들어가야만 했나"라는 제목의 유인물을 통해 광주항쟁을 무력으로 진압한 것과 관련하여 미국의 책임을 묻고자 농성을 시작한다고 밝혔다. 한국군의 작전권이 실질적으로 한미연합사령관에 있고 한미연합사령관은 주한미군사령관이 겸하고 있었으므로, 1980년 5월 미국은 이 처참한 학살을 막을 수 있는 위치에 있었다는 것이다. 학생들은 왜 미국은 제7공수특전단과 제20사단의 병력투입에 동의했는지에 대해 질문하면서, 미국도 광주학살에 대한 책임을 져야 한다고 주장하고, 광주학살 지원에 대해 미국 행정부의 공개사과, 전두환 정권에 대한 지원 중단, 한미관계의 올바른 정립을 위한 진지한 노력 등을 요구했다.(동아일보사 편, 1990, 126~127쪽)

이에 미국은 한국 경찰을 투입하여 학생들을 강제로 해산시키기보다는 대화로 해결하고자 했다. 미대사관 관계자들과 학생들이 요구조건과 철수를 놓고 협상을 하면서 단식농성이 계속되었다. 곧 수많은 내외신 기자들이 몰려들었다. 이날 오후 2시 전화가 끊기자 창문을 통해 기자들과 필담을 나누며 자신들의 주장을 전달했다. 학생 대표인 서울대 삼민투 위원장 함운경이 작은 창틀에 매달려 기자들과 대화를 시도하기도 했다. 이로써 학생들은 전 세계의 이목을 집중시키는 데 성공했고, 광주항쟁의 진실과 책임문제를 본격적으로 제기할 수 있었다.

5월 24일 오전 11시 클리블랜드 부대사가 학생들을 만나 해산을 설득했고, 오후 6시 20분에는 주한 미대사 워커가 미국은 광주학살에 책임이 없다는 내용의 친서를 보냈다. 더 이상 투쟁을 계속하기 어렵다고 판단한 학생들은 1985년 5월 26일 내외신 기자 8명과 회견을 한 다음, 12시 6분

농성을 풀고 미문화원을 나와 경찰버스에 올랐다. 73명의 학생 중 25명이 구속되고 43명은 구류처분을 받았으며 5명은 훈방되었다.(『민주화운동 관련 사건·단체사전 편찬을 위한 기초조사 연구(1980년대) 보고서』 1, 152~156쪽; 『6월항쟁을 기록하다』 1, 258~275쪽) 구속된 학생들은 재판과정에서도 투쟁을 그치지 않았다. 7월 15일 열린 첫 공판에서 이들은 독재정권 타도를 외치고 전두환을 재판정에 세우기 전에는 재판을 받을 수 없다고 선언했다. 이 재판에 방청객으로 왔던 구속학생의 부모와 민가협 회원들은 법정에서 함께 구호를 외치고 노래를 불렀으며, 재판이 끝난 다음 미대사관으로 행진을 시도하다 연행되기도 했다.(유시춘 외, 2005b, 53~55쪽)

미문화원 점거농성은 더 이상 한국이 반미 무풍지대가 아님을 여실히 보여준 사건이었다. 학생들은 스스로 반미가 아니라고 했지만, 이들은 광주항쟁 무력진압에 대한 미국의 공개사과를 강력하게 요구하면서, 더 이상 미국이 영원한 우방이 될 수 없다는 사실을 시민들에게 알리려 했다. 한편, 이들의 투쟁은 광주의 문제를 더욱 널리 알리는 계기가 되었다. 미문화원 점거농성 직후 소집된 6월 임시국회에서 1980년 광주가 단연 이슈가 되어 치열한 여야 간 공방이 벌어졌고, 아무리 폭압적인 수단으로도 더 이상 광주를 감추는 것은 불가능하게 되었다.

하지만 그만큼 학생운동에 대해서는 강력한 탄압이 가해졌다. 미문화원 점거농성 이후 전두환 정권은 전학련의 삼민투를 배후조종세력으로 지목하고 국가보안법상의 이적단체로 규정했다. 삼민투는 물론이고 전국 대학의 학생운동세력에 대한 수배와 검거가 시작되었다. 1985년 7월 18일까지 검찰은 19개 대학의 학생운동 관계자 86명을 수사대상자로 삼아 이 중 63명을 검거하고 56명을 구속·기소했으며, 13명에게는 국가보안법을 적용했다. 전학련 의장 김민석(서울대 사회 4)이 집회 및 시위에 관한 법률 위반으로 구속되었고, 삼민투 위원장 허인회(고려대 정외 4) 등은 여전히 수배 중이었다.* 투쟁에 직접 관계한 학생들은 물론 민추위 간부들이 대거 체포되었고, 1985년 8월 말에는 위원장 문용식이 체포되었다.(민가협·민족민주운동연구소 편, 1989, 109쪽)

7월 20일 전두환 정권은 이른바 '깃발사건'의 전모를 발표했다. 경찰은 삼민투의 배후로 민추위를 지목했고, 다시 그 뒤에 민청련이 있는 것으로 조작했다. 민추위 관계자들은 물론, 민청련의 김근태 의장과 이을호 정책실장이 체포되어 엄청난 고문을 당했고, 민추위 홍보위원회 소속으로 학외 유인물을 담당하다 수배 중이던 우종원은 1985년 10월 경부선 철로변에서 의문의 시신으로 발견되었다.**

학원안정법 반대투쟁

1985년 상반기, 학생들의 반독재민주화투쟁이 점점 더 고양되면서 정권은 점차 위기의식을 느끼기 시작했다. 전두환 정권은 우선 학생들의 삼민이념을 좌경용공으로 몰아세우는 한편, 기왕에 내세우고 있던 '학원자율화'의 허울을 벗고 대학가에 대한 통제를 강화하여 학생운동의 기세를 꺾으려 했다. 1985년 6월 29일 새벽, 경찰은 서울시내 주요 대학을 기습하여 학생들을 연행하고 학생회 간부들을 구속했다. 치안본부장은 학교의 요청 없이도 학교 안에 공권력을 투입할 것이라고 밝혔으며, 7월 22일 문교부는 1985년 2학기에는 "학내 소요에 선별적으로 공권력을 투입할 것"이라고 밝혔다.(고려대학교 100년사 편찬위원회 편, 2005, 298~299쪽)

* 『조선일보』 1985년 7월 9일자. 고려대 총학생회장이던 허인회는 9월 총학생회를 인계하고 자진 출두하여 구속되었다.(고려대학교 100년사 편찬위원회 편, 2005, 300쪽)
** 2002년 의문사진상규명위원회는 우종원의 죽음에 대해 진상규명 불능이라는 판단을 내렸다.

전두환 정권은 학생운동을 완전히 질식시키기 위해 이른바 '학원안정법' 제정을 시도했다. 문교부가 1985년 8월 8일 발표한 학원안정법 시안은 우선 문교부에 학생선도교육위원회를 설치하여 좌경의식을 가진 학생에 대해 선도교육을 실시하고, 학원소요를 자율적으로 예방 수습하는 차원에서 각 학교의 총·학장들에게 소요단체를 폐쇄할 수 있는 권한을 부여한다는 것이었다.(『동아일보』 1985년 8월 8일자)

청와대 정무수석비서관이었던 허문도가 1960년대 말 일본에서 한시법으로 운영되던 '대학 운영에 관한 임시조치법'을 근거로 제시한 아이디어에 안기부장 장세동이 합세하여 구체화한 것이 학원안정법이었다.(박보균, 1994, 342쪽) 이 법안이 발표되자마자 대학가는 물론 재야에서 강력히 반발하기 시작했다. 방학 중이었음에도 각 대학에서는 학생운동 탄압 저지를 위한 투쟁위원회를 구성하고 반대집회를 열기 시작했다. 8월 12일에는 민통련 등 39개 단체가 '학원안정법 반대 투쟁위원회'를 결성했으며, 8월 15일에는 서울지역 12개 대학 학생들이 학원안정법 반대 연합시위를 벌였다. 17일에는 안병무(한신대), 김성식(경희대), 이효재(이화여대), 송기숙(전남대), 김윤수(영남대), 명노근(전남대), 이상신(고려대), 유인호(중앙대), 성내운(연세대), 김찬국(연세대), 정윤형(홍익대), 장을병(성균관대), 이만열(숙명여대), 이남덕(이화여대) 등 14명의 대학교수들이 학원안정법 제정에 반대하는 내용의 성명을 발표했다.(동아일보사 편, 1990, 199쪽) 8월 19일에는 서울지역의 12개 대학 학생들이 학원안정법에 반대하는 야간 가두시위를 벌이기도 했다. 이렇듯 격렬한 반발에 부딪히자 전두환 정권도 학원안정법을 결행하기는 어려웠다. 결국 8월 17일 청와대의 확대당정회의에서 학원안정법은 사실상 폐기되었다.

학원안정법 제정 시도에서 볼 수 있듯이, 학생운동에 대한 전두환 정권의 탄압은 더욱 극심해졌으며, 이에 맞서는 학생들의 투쟁 또한 격화되었다. 1985년 9월 17일 경원대 법학과 2학년 송광영이 학교 교정에서 분신을 시도했다. 중학교를 졸업한 후 재단사로 일하며 청계피복노조 활동에도 참여했던 그는 검정고시를 보고 늦게 대학에 들어와 '경제문제연구회' 등 동아리를 만들어 민주화운동에 참여하고 있었다. 온몸에 석유를 뿌리고 불을 붙인 그는 달려가며 "학원안정법 철회하고 학원 탄압 중지하라" "민중생존권 수호하고 독재정권 타도하자"라는 구호를 외치다 쓰러져 병원으로 옮겨졌으나 10월 21일 사망했다.

민주화운동세력 결집—민통련 결성

1985년 3월 민민협과 국민회의가 통합되어 민주통일민중운동연합(약칭 민통련)이 출범했다. 1984년 말부터 민민협과 국민회의 양측에서 통합논의가 활발히 진행되었다. 통합을 위해서 여러 가지 쟁점이 제기되었으나, 1985년 2·12총선 이후 강력한 야당으로 신민당이 부상하면서 재야민주세력에도 강력한 통합체가 조속히 만들어져야 한다는 주장이 강해졌다. 이에 통합이 우선적으로 시도되었다. 그리하여 1985년 2월 26일 민민협 중앙위원회의 결의와 2월 27일 국민회의 확대집행위원회 결의를 근거로 3월 29일 통합대회를 열고 민통련이 출범했다. 그러나 통합과정에서 드러난 쟁점이 해소되지 않은 상태였기 때문에 출범 당시의 민통련에는 민청련과 개신교 단체들이 불참했다.

민통련은 2·12총선에 나타난 국민들의 민주화 열망에 부응하여 범민주세력의 전열을 정비하고, 군사독재 종식을 위한 민주·민권·민족통일운동에 총력을 기울일 것을 결의했다. 특히 민통련은 민중·민주·통일운동을 총체적으로 선도할 조직으로서의 자기위상을 정립했다. 민통련의 과제는 민주화와 민족통일이며, 이를 달성하기 위해서는 장외 재야정치운동단체로서 민중노선을 지향한다고 밝혔다. 당시 상황에서 제도권 내의 정치세력으로서는 도저히 민주화를 성취할 수 없으므로, 민통련은 재야민주화운동단체로 존재해야 한다는 것이었다. 민통련이 민족통일과 민주화운동의 주체가 민중이어야 한다는 '민중'노선을 밝힌 것은 매우 중요한 운동이념상의 전진이었다.

하지만 민청련과 개신교 단체들이 불참했고, 지방 가맹 단체들은 역량을 발휘하지 못했다. 그리고 대중투쟁역량도 불비한 상태였다. 이런 문제점은 1985년 9월 민청련과 서노련, 그리고 개신교운동단체들이 가입하면서 해소되었다. 민통련은 1985년 9월 20일 2차 통합대회를 열고 민청련 등 11개 단체들을 새롭게 포괄하면서 그야말로 "해방 후 가장 폭넓은 계층, 부문, 지역 간의 운동틀"을 구성하게 되었다.〔『민주화운동 관련 사건·단체 사전 편찬을 위한 기초조사 연구(1980년대) 보고서』 2, 82~83쪽〕

민통련은 상임위원회로 부문운동단체들을 포괄했고, 각 지역조직을 통해 개인회원을 받아들였다. 또 기관지 『민주통일』과 신문 『민중의 소리』를 통해 국민들에게 민주화운동을 알리는 데 힘을 쏟았다. 그리고 노동자들의 파업투쟁과 농민들의 소몰이투쟁(1985년 외국산 소와 쇠고기 수입으로 소값이 폭락하자 농민들이 이에 항의하며 소를 몰고 장터를 돌았던 투쟁), 철거민들의 철거반대투쟁 등 기층 대중의 생존권투쟁에도 지원을 아끼지 않았다. 특히 1985년 9월 민청련과 개신교 단체들이 가입하면서 조직적인 면에서 그 역량이 훨씬 강화되었다. 민통련 운영에서 민청련 회원들이 결정적으로 중요한 역할을 수행했다.

민청련은 1985년 6월 구로동맹파업과 같은 민중의 투쟁이 있을 때마다 홍보물을 만들어 대국민 선전활동을 벌였고, 이를 통해 민주화운동 진영의 결속과 민중세력의 연대를 강화했다. 전두환 정권이 미문화원점거농성사건을 빌미로 민주화운동 전반에 대해 혹독한 탄압을 가하려 하던 1985년 7월, 민청련은 EYC(기독청년협의회), 전학련과 함께 '민중민주운동 탄압저지를 위한 공동대책위원회'를 구성하여 투쟁했다.

정권은 곧 탄압의 칼끝을 민청련에 겨누었다. 삼민투, 민추위 관계자들을 마구 잡아들인 경찰은 전학련 삼민투의 배후에 민추위가 있고, 그 뒤에 민청련이 있는 것으로 그림을 그려놓고, 거기에 꿰맞추기 위해 체포된 사람들을 고문하기 시작했다. 1985년 9월 4일 민청련 의장 김근태는 치안본부 대공분실로 끌려갔다. 이날부터 9월 20일까지 김근태는 모두 10여 차례의 물고문과 전기고문을 당하며 공산주의자임을 자백하라고 강요당했다. 9월 26일 천신만고 끝에 부인 인재근이 김근태를 찾아 고문당한 사실을 알아냈다. 민청련과 구속학생학부모협의회가 고문사실을 폭로했지만, 국내 언론에서는 한 줄도 보도할 수 없었다. 김근태는 12월 12일에야 처음으로 변호인들을 만날 수 있었고, 12월 19일 공판의 모두 진술에서 고문사실을 폭로했다. 그의 변호인들은 12월 30일 후일 고문기술자 이근안을 포함한 8명의 고문경찰들을 고발했으나, 검찰은 고발내용을 무혐의 처리했다.(유시춘 외, 2005b, 59~61쪽)

전두환 정권은 민청련을 이적단체로 규정하고, 학생운동조직인 민추위가 민청련의 지도를 받아 각종 학원시위를 주도했다고 발표했다. 의장 김근태, 상임부의장 이을호와 김희상, 김종복, 최민화, 권형택 등 민청련 간부들이 구속되거나 수배되었다. 하지만 민청련은 와해되지 않았고, 오히려 고문폭로투쟁을 통해 더욱 강력한 반독재투쟁에 나섰다.

김근태의 고문사실 폭로를 계기로 야당과 재야가 공동전선을 펼치게 되었다. 하지만 2·12총선으로 제1야당이 된 신민당이 원내에서 여당과 협상을 벌이면서 재야와 신민당 사이에는 노선분열이 드러났다.

1985년 10월 17일 민통련, 민추협, 성직자들이 연대하여 '고문 및 용공조작 저지 공동대책위원회'를 구성하고, 11월 8일 혜화동성당에서 보고대회를 열기로 했다. 이 보고대회 자체는 경찰에 의해 원천 봉쇄되어 제대로 이루어지지 못했지만, 이런 노력은 1986년 3월 민주화를 위한 국민연락기구를 만드는 밑거름이 되었다. (유시춘 외, 2005b, 62쪽)

4
개헌정국하의 민주화운동
(1985. 9~1986. 12)

개헌정국 전개와 개헌논의 시작

군사정권의 장기집권을 보장하고 있던 5공화국 헌법을 개정하는 문제는
2·12총선 직후부터 야당은 물론 민주화운동 내부에서 꾸준히 제기되었다.
신민당은 총선 당시 직선제 개헌을 공약으로 내세우고 있었던 터라 8월 말
부터 개헌추진본부까지 구성해놓고 있었지만, 본격적으로 개헌을 추진할
동력을 얻지 못하고 있었다. 대통령선거인단 선거제도를 개선하되 간선제
는 유지한다는 여당의 제안은 도저히 받아들일 수 없는 것이었고, 학생운
동과 재야, 노동운동 등 민주화운동세력들이 강력하게 제시하던 정권퇴진
및 민중적 개헌논의 또한 수용할 수 없었다. 무엇보다 당시 신민당은 민추
계와 비민추계의 대립, 김영삼과 김대중의 역할분담론 등으로 표류하면서
직선제 개헌 자체에 대한 당내 합의도 제대로 이끌어내지 못하고 있었다.
1985년 9월 신민당이 정기국회에서 '개헌을 위한 특별위원회' 설치를 공
식적으로 제안하면서 개헌에 대중들의 관심이 집중되었지만, 신민당은 여
전히 당내 지도력 부재로 동요하고 있었다.

민주헌법쟁취 제1차 실천대회의 모습

　　이에 대해 민주화운동세력들은 전두환 정권이 물러나는 것을 전제로
하여 완전한 민주정부 수립, 나아가서는 민중민주주의 실현까지 목표로
삼는 개헌론을 제기했다. 우선 1985년 8월 민청련이 '민주제 개헌운동'을
제기했다. 기관지 『민주화의 길』 8월 10일자에 실렸던 민청련의 개헌안은
전두환 정권의 퇴진을 전제로 하여, 군사정권의 퇴진→민주적 과도정부
수립→대통령 직선제를 중심으로 하는 민주제 헌법 확정→국민의 직접선
거를 통한 대통령 선출과 민주적 민간정부 수립의 일정을 제시했다.*

　　민통련은 1985년 11월 20일에 '민주헌법쟁취위원회'를 구성했으며,
12월 2일에는 신민당에 대해 "군사정권과 타협을 통한 민주화의 환상을
포기하고, 국민이 바라는 민주헌법 쟁취투쟁에 동참할 것"을 촉구하면서,

---

* 민청련은 1986년 3월 6차 총회에서 직선제 개헌론을 공식적으로 철회하고 헌법제정회의 소집을 주요
　주장으로 채택했다.(『6월항쟁을 기록하다』 1, 241쪽)

"모든 국민의 여망인 군사독재 타도와 민주헌법 쟁취를 위해 모든 국민과 더불어 적극 투쟁할 것"을 결의했다.(윤상철, 1997b, 132~133쪽)

이후 재야와 학생운동 및 노동운동 등의 각 진영에서 다양한 민주제 개헌론을 제기했다. 이들은 공통적으로 군사독재를 타도하는 것에 의해서만 민주제 개헌이 가능하며, 개헌투쟁을 위해서는 야당세력과 연대하되 그 연대는 민중운동세력이 우위에 있어야 된다고 보았다.

하지만 민주화운동세력 간에도 개헌에 대한 입장 차이는 컸다. 직선제 개헌을 중시한 초기 민청련이나 민통련의 개헌론과 달리, 야당 정치세력과 민중운동 간의 차이를 명확히 해야 한다고 생각했던 노동운동세력 일부에서는 민중·민주·민족통일의 삼민헌법쟁취투쟁론을 내세우기 시작했다. 이 논의는 서노련이 주도했는데, 1985년 10월 5일에 서노련, 인천노동자복지협의회, 한국기독노동자총연맹, 안양지역 노동3권 쟁취위원회 등이 연합하여 '전국노동자 민중·민주·민족통일헌법 쟁취위원회'를 결성했다. 이들은 결성선언문에서 "현 정권이 장기집권하려는 속셈을 가지고 개헌을 이야기하는 것을 용납할 수 없으며, 신민당의 직선제 개헌도 우리의 목표가 아니다. (중략) 민중이 주인되는 새로운 사회를 약속하는 민중·민주·민족통일헌법의 쟁취만이 진정한 우리의 나아갈 길이다"라고 단언했다.

이 입장은 학생운동 진영에도 수용되었다. 전학련은 10월 26일 연세대에서 전국대표자회의를 개최하고 서명운동을 결의했다. 다음 날인 27일에는 8개 대학에서 3,000여 명의 학생들이 삼민헌법 쟁취와 수입개방 압력 철회를 요구하는 시위를 벌였다.(강신철 외, 1988, 123쪽) 10월 29일 서울지역 6개 대학에서 '삼민헌법쟁취투쟁위원회'를 발족하고 삼민헌법쟁취 실천대회를 개최했다. 이어 11월 12일에는 삼민헌법쟁취범국민투쟁위원회 소속 서울대, 한신대, 성균관대 학생 25명이 노동부 수원지방사무소를 기습 점거하고, "삼민헌법 쟁취" "재벌헌법 타도" "미국의 수입개방 반대"

"농가부채 탕감" 등을 요구했다.(『동아일보』 1985년 11월 12일자) 다음 날인 11월 13일 전학련과 서노련이 함께 시도한 제기동 가두시위에서도 독재헌법 철폐와 민중·민중·민족통일헌법 쟁취의 요구가 드높았다.

11월 18일에는 전학련 산하 '군부독재타도 및 파쇼헌법철폐 투쟁위원회' 위원장 김의겸(고려대 법학 4)을 비롯한 서울시내 14개 대학의 학생 191명이 민정당 중앙정치연수원을 기습 점거하다 여섯 시간 후 전원 연행·구속되었다. 이들은 민정당 중앙정치연수원 2층 사무실들을 점거하고, "군부독재타도" "파쇼헌법철폐" 등 7개의 현수막을 내걸었으며, 20개 항의 요구사항을 제시했다. 요구사항의 첫번째와 두번째는 군사독재정권 퇴진과 파쇼헌법철폐였지만, 광주 진상규명과 원흉처단, 권력형 부조리 공개, 외채 동결, 노동탄압 중지 등도 포함되어 있었다. 특히 삼민헌법 쟁취가 아니라 파쇼헌법철폐를 구호로 내세웠다는 점이 중요한 변화였다.

서노련 등이 제기한 삼민헌법쟁취투쟁론은 파쇼헌법철폐론으로 전환되었다. 파쇼헌법철폐론을 주장한 학생들은 5공화국 헌법은 재벌헌법=특권·독점헌법이며, 민족을 팔아먹는 매판헌법이고, 민족통일을 가로막는 분단헌법이라고 규정했다. 이런 파쇼헌법을 철폐하는 투쟁이야말로 헌법문제의 핵심이니, 무엇보다 헌법문제 해결의 절차에 초점을 맞추어야 한다고 보았다. 국회에서 진행 중이던 제도정치권 내에서 개헌논의는 무시되어야 하며, 무엇보다 먼저 군사독재를 타도하여 파쇼헌법을 철폐하고 민중이 민주헌법 제정의 주체가 되어야 한다는 것이었다.(『6월항쟁을 기록하다』 1, 240쪽)

한편, 개헌을 둘러싸고 뚜렷한 방향을 잡지 못하고 동요하던 신민당은 1985년 12월 김대중과 김영삼이 1985년 12월 초 민추협을 중심으로 '민주제 개헌 1,000만 명 서명운동'을 벌이기로 결정하면서 본격적으로 개헌운동에 나서게 되었다. 전두환 정권은 서명운동에 강경하게 대응할 것을 거듭 천명했다. 개헌서명을 위해 옥내집회를 열어도 집회 및 시위에 관한 법률을 적용할 것이며, 가두서명을 받을 경우 1년 이하의 징역에 처하고, 호별 방문으로 서명을 권유하면 주거침입죄를 적용하고, 심지어 시민이 개헌청원에 서명하는 것조차도 불법행위방조죄로 처벌할 것이라고 위협했다. 실제로 경찰은 개헌서명운동 기사가 실린 신민당 기관지를 압수하고 서명 주도 인사들을 가택연금 조치하는 등 서명운동을 사전에 차단하고자 했다. 급기야 전두환 대통령은 1986년 1월 16일 국정연설을 통해 88올림픽을 핑계로 삼아 1989년까지 개헌논의를 유보해야 할 것이라고 밝혔다. 하지만 이 선언은 오히려 개헌 요구에 불을 붙이는 결과를 초래했다.

먼저 학생운동권에서 독자적으로 헌법철폐를 위한 서명운동을 시작했다. 1986년 2월 4일 전학련 소속 서울시내 14개 대학의 학생 1,000여 명이 서울대에 모여 '헌법철폐 및 헌법제정 국민의회 쟁취를 위한 범국민서명운동추진본부'(위원장 오수진 전학련 2기 의장)를 결성했다. 그리고 전국에 지부를 설치하여 1,000만 명 서명운동을 펼칠 것을 결의했다. 이들은 범국민서명운동취지문에서 지방자치제 즉각 전면 실시, 언론·출판·집회·결사의 자유 보장, 대학 자치 및 학생 정치활동의 자유 보장, 사법부 독립, 노동 3권 보장 등을 주장했다.〔『민주화운동 관련 사건·단체사전 편찬을 위한 기초조사 연구(1980년대) 보고서』 2, 89쪽〕

2월 12일에는 신민당과 민추협이 대통령 직선제 개헌 1,000만 명 서명운동을 시작했다. 전두환 정권은 경찰병력을 동원해 신민당사와 민추협 사무실을 봉쇄하고 김영삼과 김대중을 가택 연금하는 등 초강경조치를 취했으나, 개헌 요구를 봉쇄할 수는 없었다. 3월 8일 신민당은 헌법개정추진위원회 서울시지부 현판식을 기점으로 장외에서 개헌운동을 본격적으로 시작했다.

개헌서명운동은 야당이나 학생운동권뿐 아니라 사회 각계로 확산되었다. 종교계에서는 먼저 3월 9일 김수환 추기경이 '정의와 평화를 갈구하는 9일 기도' 후 직선제 개헌을 촉구했으며, 3월 13일에는 한국기독교교회협의회가 개헌서명운동에 동참할 것을 발표했다. 4월 4일 성공회 정의실천사제단 소속의 신부 24명이 시국성명서를 발표했고, 4월 13일에는 명동성당이 개헌서명운동에 돌입했다. 5월 9일에는 대한조계종 승려 152명이 시국선언문을 발표했다. 여성계에서도 4월 3일 '민주헌법 쟁취 범여성추진위원회'를 결성했다. 가장 활발했던 것은 교수들의 시국선언이었다. 3월 28일 고려대 교수 28명의 시국선언문 "현 시국에 대한 우리의 견해"가 도화선이 되어 4월 2일에는 한신대 교수들이, 4월 11일에는 성균관대와 서울대 교수들이 시국성명을 발표했다. 이어 5월 15일까지 감신대, 외국어대, 이화여대, 인하대, 서강대, 숭전대, 경희대, 방송통신대 교수들이 연이어 시국성명을 발표했다. 4월 29일에는 외국어대 대학원생, 5월 2일에는 서울대 대학원생, 5월 12일에는 건국대 대학원생들이 시국선언을 발표했다. 6월 2일에는 23개 대학의 교수 265명의 연합시국선언이 발표되었다. 〔『민주화운동 관련 사건·단체사전 편찬을 위한 기초조사 연구(1980년대) 보고서』 1, 189쪽〕

한편, 1985년 하반기에는 IMF-IBRD 서울 총회와 수입개방 반대투쟁도 전개되었다. 1985년 10월 8일 서울에서 국제통화기금IMF-세계은행IBRD 총회가 개최되었다. 전두환 정권은 IMF-IBRD 서울 총회를 86아시안게임과 88올림픽을 위한 예행연습이며 세계 금융인의 축제라고 선전했으나, 학생운동세력들은 전두환 정권의 경제적 종속성을 폭로할 기회라고 여기고 맹렬한 반대투쟁을 벌였다. 1985년 9월 27일에는 종로와 남대문 일대에서, 총회 당일인 10월 8일에는 서울지역 12개 대학의 2,500여 명의 학생들과, 지방 5개 대학의 900여 명의 학생들이 교내외시위를 벌였다. 11일에는 '전국 노동자 삼민헌법쟁취투쟁위원회'와 전학련이 '미국의 경제침략 규탄과 외채정권 타도를 위한 범민중 궐기대회'를 개최하고 대림시장 앞에서 가두시위를 벌였다.

11월 4일에는 수입개방을 반대하는 점거농성이 두 곳에서 일어났다. 고려대생 30여 명이 새마을운동 중앙본부를 점거했고, 전학련 소속 학생들이 미국 상공회의소 서울사무소를 점거했다. 서울대, 연세대, 서강대, 중앙대, 동국대, 단국대, 이화여대 등 지역 7개 대학 학생 14명은 오전 11시 미국 상공회의소 서울사무소를 점거하고, "미국의 수입개방 요구 철회" 등의 구호를 외치며 농성을 벌이다 두 시간여 만에 경찰에 전원 연행되었다. 한편, 이날 점거에 맞추어 전학련은 "미국에 대한 공개질의서"를 채택하고 미국 상품 화형식을 벌이기도 했다.(강신철 외, 1988, 122쪽)

투쟁의 고양과 정권의 탄압

'자주화'의 문제와
학생운동의 노선분화

1986년에 들어서면서 학생운동 내부의 노선분화는 더욱 두드러졌다. 대체로 1985년 하반기 무렵 학생운동에서는 NDR론이 큰 영향을 미치고 있었다. 전학련의 투쟁방침도 대체로 NDR론의 연장선에 있었다. 그런데 1985년 하반기부터 반미주의를 강조하면서 대두한 반제민중민주주의변혁론AIPDR 그룹이 각 대학의 학생운동 참여자들 사이에서 세를 확대해갔다. 1985년 2학기 대학가에서 "반제민족해방투쟁의 기수로 부활하자"라는 제목의 문건이 급속히 번져나갔다. 비밀리에 유통되는 것이기는 했지만 학생운동의 지하조직들에서는 너도나도 이 문건을 읽었다.

이 문건의 모태가 되었던 것은 서울대의 동아리 단재사상연구회(약칭 단사)였다. 1985년 말부터 단사 그룹은 반제투쟁의 중요성을 이론적으로 정리하고 이를 널리 알리는 데 주력했다. 흔히 '강철의 해방서시'로 알려져 있던 이 문건은 한국이 "미 제국주의와 그 앞잡이가 파쇼적으로 지배하는 신식민지 사회"이며, "모든 한국 현대사는 미 제국주의와 한국 민중 간의 투쟁의 역사"라고 선언했다. 그리고 당시의 정국을 미 제국주의가 총체적 위기에 빠져 있는 한국의 신식민지 파쇼체제를 개편하려는 국면으로 파악했다. 따라서 운동의 주된 목표는 미 제국주의의 '파쇼체제 안정화(재편) 음모'를 저지하는 것이어야 한다고 주장했다. 이런 점에서 경제침략 저지 투쟁을 더욱 강화해야 하고, 무엇보다 '미 제국주의에 대한 불타는 적개심'을 거듭 강조했다. 단사 그룹이 생산한 문건은 1985년 2학기와 겨울방학 기간에 배포되었다.

이들은 반미자주화투쟁을 최상위에 두고 반파쇼민주화투쟁과 함께 조국통일촉진투쟁을 주요한 투쟁목표로 삼았다. 또한 반종파투쟁과 운동가의 도덕성을 강조하는 품성론을 제기하면서, 학생운동은 '사상운동'이 되어야 한다고 주장했다. 이들의 주장은 1986년에 접어들면서 민족해방민중민주주의혁명론NLPDR으로 정식화되었고, 이들은 NL그룹으로 불렸다. NL 그룹은 1986년 각 대학별로 선도적인 학생투쟁조직을 결성했다. 이 학생투쟁조직에는 NL이론에 공명하는 열정적인 학생운동가들이 참여해 통일된 강령과 규약, 그리고 생활수칙까지 제정하여 실행하고자 했다. 서울대 구국학생연맹(약칭 구학련), 고려대 애국학생회(약칭 애학회), 연세대 구국학생동맹(약칭 구학동) 등이 이런 투쟁조직들이며, 일반적으로 혁명적 대중조직RMO으로 그 성격이 규정되었다.

서울대 구학련은 단사 그룹이 중심이 되어 1986년 3월 29일 "조국의 빛나는 자주적 평화통일을 쟁취하기 위해" 조직되었다. 이들은 "미제와 그 괴뢰정권에 대한 불타는 적개심"과 "불요불굴의 투지"와 "필승의 신념"을 가지고 투쟁할 것을 결의했다.(민가협·민족민주운동연구소 편, 1989, 147쪽)

결성식에서 구학련의 조직원들은 자주국가 수립과 민주적 권리 쟁취, 조국통일을 위한 투쟁을 규정한 강령과, 반미구국투쟁에 대한 헌신, 회비납부, 규율준수, 비밀사수, 결정집행 의무를 규정한 규약을 채택했다.(강신철 외, 1988, 171~172쪽)

고려대의 경우, 1984년부터 전체 학생운동의 역량을 5개의 섹트sect로 나누고, 섹트의 대표자로 투쟁지도부를 구성하는 시스템을 구축했다. 그러나 1985년 하반기부터 1986년 상반기까지 시스템 내부에서 향후 노선과 조직방침을 놓고 두 노선이 대립하게 되었다. 이런 분열을 극복하기 위해 학생운동가들은 비합법신문을 통해 논쟁을 벌였는데, 그 결과 내놓은 대안이 혁명적 대중조직으로서의 애국학생회(약칭 애학회) 건설이었다. 애학회는 1986년 9월 8일 창립대회를 열어 반미자주화·반파쇼민주화 구국투쟁의 선봉이 될 것을 선언하고 강령과 규약, 생활수칙을 채택했다.(강신철 외, 1988, 215~223쪽) 연세대에서는 서울대나 고려대보다는 조금 늦게 1986년 1학기 말부터 본격적으로 NL세력이 형성되었다. 이들은 1986년 8월 초 조직건설준비위원회를 건설하고, 그해 9월 15일 구국학생동맹(약칭 구학동)을 결성했다.(강신철 외, 1988, 232~240쪽)

구학련, 애학회, 구학동은 비합법조직이었으므로 실제로 학생 대중들을 결집하여 투쟁을 이끌어갈 공개된 투쟁기구가 필요했다. 이를 위해 NL그룹은 각 대학별로 '반미자주화반파쇼민주화투쟁위원회'(약칭 자민투)를 조직했다.* 서울대 자민투의 경우 산하에 반전반핵투쟁위원회, 조국통일투쟁위원회, 노동자해방지원연대투쟁위원회, 민주헌법쟁취투쟁위원회, 미제의 경제침략저지투쟁위원회 등을 두었다. 이들은 1985년 하반기의 투쟁을 비판하면서, 개헌투쟁조차도 '반미투쟁'의 관점에서 전개해야 하며,

---

* 대학마다 이름이 다르기도 했으나 대체로 NL그룹의 공개조직을 자민투로 인식하고 있었다.

무엇보다 '반제직접투쟁'과 '반전반핵투쟁'을 전개해야 한다고 생각했다.

개헌정국의 전개와는 별개로 우선 이들은 한미안보연례회의와 팀스피리트 합동훈련 등을 한반도의 평화를 위협하고 독재체제를 강화하기 위한 것으로 보고 이를 반대했으며, 특히 문무대와 전방 입소를 계기로 직접 반미투쟁을 시도했다.(고려대학교 100년사 편찬위원회 편, 2005, 304~305쪽) 1986년 3월 18일 서울대에서 '반전반핵평화옹호투쟁위원회'(위원장 이재호)가 발족되어 청계천 5가 미군부대 앞에서 팀스피리트 훈련 반대 가두시위를 벌인 것이 대표적 사례이다. 그리고 4월 4일에는 서울대 자민투가 결성식을 가졌다.

당시 대학 2학년 남학생들은 의무적으로 일주일간 전방 군부대에 입소하여 군사훈련을 받도록 되어 있었다. 학생운동세력들은 노선과 무관하게 이 전방입소교육을 거부하고 있었지만, 특히 NL계열은 이것을 용병교육이라고 보고 전면 거부투쟁에 나섰다. 1986년 4월 7일 성균관대 2학년 학생 500여 명이 전방입소 거부를 선언했고, 100여 명은 교내에서 철야농성에 들어갔다. 이후 전국의 대학으로 전방입소 거부투쟁이 확산되었다. 특히 자민투가 주도권을 장악했던 대학에서 전방입소 거부투쟁은 더욱 격렬하게 전개되었다.

서울대 학생들의 전방입소교육은 4월 28일부터 5월 3일까지 예정되어 있었다. 서울대 총학생회와 자민투는 총학생회장을 위원장으로 하고 이재호를 공동부위원장으로 하는 '전방입소훈련 전면 거부 및 한반도 미제 군사기지화 결사저지를 위한 특별위원회'를 구성했다. 특별위원회는 입소대상 학생들이 4월 28일부터 중앙도서관에서 농성에 들어갈 계획을 세웠으나, 학교 측이 도서관을 휴관하면서 실패로 끝났다. 다시 연건동 의대 도서관에서 농성할 계획을 세웠으나, 사전에 정보가 유출되어 의대 주변에서 검문검색이 강화되었고, 이로 인해 이 또한 수포로 돌아갔다. 결국 입소 당

일인 1986년 4월 28일 김세진과 이재호가 책임을 지고 신림사거리에서 연좌농성을 시도하기로 결정했다. 28일 아침 9시 신림사거리 가야쇼핑센터 앞에 400여 명의 학생들이 모여들었고, 맞은편 빌딩 옥상에서 이재호와 김세진이 핸드마이크로 구호를 외치며 집회를 이끌었다. 경찰이 학생들을 강제로 끌고 갔으며 건물 옥상에도 진입했다. 경찰이 다가오자 김세진과 이재호는 온몸에 시너를 뿌리고 다가오지 말라고 했으나, 경찰은 체포를 시도했다. 두 사람은 몸에 불을 붙였고 병원으로 후송되었으나 5월 3일과 26일에 각각 사망했다.(유시춘 외, 2005b, 138~142쪽)

이런 상황에서도 NL그룹은 꾸준히 전국적 학생운동조직 건설을 시도했다. 1986년 8월 1일에는 10여 개 대학 학생들이 고려대에 모여 '민주기만헌법특위 분쇄와 미제의 경제침략 저지를 위한 청년학도 궐기대회'를 개최했다. 8월 14일에는 한양대에서 경인지역 학생들이 모여 8·15기념투쟁을 벌였다.(강신철 외, 1988, 255쪽)

한편, MT그룹을 중심으로 반파쇼투쟁을 강조하던 그룹은 1986년 3월 서울대 인문대를 시작으로 성균관대, 연세대 등 각 대학별로 '반제반파쇼민족민주투쟁위원회'(약칭 민민투)를 결성했다. 민민투는 자민투의 투쟁노선을 비판하면서 계속 헌법의 문제를 중심으로 다루었다. 이들은 당시 한국 사회가 신식민지 예속국가독점자본주의 단계에서 군부파쇼가 국가권력을 장악하고 있다고 규정하고, 자민투의 반제직접투쟁론, 구체적으로는 반전반핵평화투쟁이 국가권력의 문제에 전혀 접근하지 못하고 있다고 비판했다. 이들은 당시 국면에서 민중의 정치의식은 헌법을 통해 분출할 것이므로, 이를 혁명적으로 이끌기 위해서는 "매판정치군부 처단"과 "민족민주헌법 쟁취"를 목표로 하여 '헌법제정민중회의' 소집을 요구하는 투쟁을 전개해야 한다고 주장했다.

민민투 그룹은 당시 민중들의 체제변혁에 대한 강한 의지가 개헌국면을 이끌어가는 원동력이라고 보았다. 이런 위기 상황에서는 외세와 전두환 정권은 물론이고 신민당 등 보수자유주의 정치세력들까지 민중의 체제 변혁 의지를 왜곡하고 체제 안으로 끌어들이려 할 수밖에 없다는 것이다. 이들은 개헌문제를 국회 안에서만 해결하려는 것이 그 전형적인 본보기라고 생각했다. 그리고 참된 민주주의를 실현하기 위해서는 민중들이 직접 권력을 장악하고 체제를 변혁시켜야 한다고 생각했다. 따라서 당시 운동세력의 과제도 민중들이 직접 권력을 장악하여 체제를 변혁할 수 있도록 그 혁명적 열기를 고취하는 데 있는 것으로 파악했다. 운동세력이 헌법의 내용을 거론하는 것은 큰 의미가 없으므로 기존 정치권의 개헌논의를 일체 무시하고, 군사독재를 타도하고 민중이 주체가 되는 민주헌법을 제정해야 한다는 것이다. 이들은 민중의 혁명의지를 신민당과 같은 개량주의적인 정치세력의 굴레에서 해방해낼 투쟁조직으로 '헌법제정민중회의'를 구성하고자 했다.

이들은 1986년 4월 29일 연세대에서 30개 대학 민민투의 연합으로 전국반제반파쇼민족민주학생연맹(약칭 민민학련)을 결성했다. 민민학련은 학생들의 투쟁을 이끄는 주체이기도 하지만, 헌법제정민중회의가 구성될 때 그 산하의 학생평의회가 될 조직이었다.

민민학련은 창립선언문에서 민족민주이념으로 무장한 통일적 지도체로서 전학련과 삼민투의 정통적 계승자를 자처하며 연대운동의 새 지평을 열 것이라고 밝혔다. 민민학련은 서울대, 고려대, 연세대, 성균관대 등 각 대학의 민민투 위원장 네 명을 공동의장으로 두고 중앙위원회를 구성했으며, 경인지구, 영남지구, 중부지구, 호남지구 평의회를 조직했다. 민민학련은 산하에 '친미주구 일당 처단과 민주적 권리 쟁취를 위한 투쟁위원회'와 '노동자해방운동지원 연대투쟁위원회'를 두었고, 『민족민주선언』을 기관지로 발행했다.

그런데 1986년 5~6월 사이 민민투 그룹의 전술과 조직에서 전환이 이루어졌다. 1986년 상반기까지는 민중의 혁명적 열기를 진정한 혁명적 열기로 고양하기 위해 헌법제정민중회의를 쟁취하는 것이 핵심이라는 주장이 대세를 이루었지만, 하반기에는 제헌의회소집론이 주류가 되었다. 이에 따라 민민투의 주도권은 제헌의회소집론을 제시한 CA그룹이 장악했다.(동아일보사 편, 1990, 138~140쪽: 강신철 외, 1988, 148~151쪽)

자민투와 민민투의 논쟁은 운동노선과 방침에 대한 인식을 심화시켰다는 면에서는 긍정적이었다. 그러나 두 그룹 간의 지나친 대립으로 많은 학생들이 혼란을 일으켰다. 논쟁은 소모적이었고 발전적인 대안을 제시하지 못했으며 대중들도 분열했다. 1986년 하반기, 두 그룹은 분산된 채 각각 투쟁을 전개할 수밖에 없는 상황에 처했다.

개헌현판식과 인천 5·3항쟁　　각 지방에서 신민당의 개헌추진위원회 지부 결성대회와 개헌현판식이 본격적으로 열리자 수많은 시민과 학생들이 모여들었다. 이는 전두환 정권의 통치에 얼마나 많은 사람들이 염증을 느끼고 있으며 민주정부를 얼마나 간절히 원하는지를 단적으로 보여주는 것이었다. 보통 극장이나 강당에서 열린 결성대회장이 꽉 찼던 것은 물론이고, 대회장 주변의 길이 시민과 학생들로 메워졌다. 1986년 3월 23일 부산 대한극장에서 열린 대회부터 수만 명의 시민들이 참여했고, 대회가 끝난 뒤 대학생들이 중심이 되어 가두시위를 벌였다. 30일 광주 YMCA에서 열린 개헌추진위원회 전남도지부 결성대회에서 그 열기는 정점에 달했다. 김대중은 강제로 귀가당해 참석하지 못했지만, 이민우와 김영삼 등 신민당 지도부와 의원들이 대거 참석한 가운데 대회가 열리는 동안 광주시내의 금남로, 충장로, 도청 광장이 시민들로 가득 들어차 교통이 마비되었다. 많은 경우 30만 명까지 참가했다고 하는 이 현판식 덕분에 프로야구가 열리던 무등구장에 관중이 줄어들 지경이었다고 한다. 결성대회와 현판식이 끝난 다음에도 시민들은 연좌농성을 벌였고, 대학생들은 스크럼을 짜고 도청으로 진출을 시도하다 경찰과 충돌했다. 시위대는 도청 앞 광장에서 자정까지 다섯 시간 동안 도로를 점거하고 농성을 벌이며 광주직할시 승격을 기념하는 아치를 불태우기도 했다. 이날 시민 69명이 연행되고 32명이 구속되었는데, 치안본부장은 일체의 불법시위를 용납하지 않을 것이며, 비디오 판독을 통해 배후조종자와 주동자를 추적하여 엄단할 것이라고 밝혔다. 그리고 심야까지 시위를 벌인 사람들 가운데 '용공분자'가 포함되어 있을 가능성을 배제할 수 없다고 위협하기도 했다.(『동아일보』1986년 3월 31일자; 『6월항쟁을 기록하다』 4, 348쪽)

그러나 여전히 신민당의 개헌추진위원회 결성대회에는 많은 학생과 시민들이 몰려들었다. 학생들은 대회장 주변에서 시위와 농성을 벌이면서 유인물을 뿌리며 자신들의 주장을 펼쳤고, 대회가 끝나면 모여든 시민과 학생들이 가두시위를 벌이는 것이 상례처럼 되었다. 특히 민통련은 4월 초 집행부 회의에서 신민당 개헌추진위원회 결성대회에 주도적으로 참여하기로 결정했다.(『6월항쟁을 기록하다』 4, 349쪽) 이에 따라 4월 5일 대구 대회부터 대회장소 밖에서는 민통련 본부와 경북지부, 학생운동세력이 집회를 주도했다. 대구 신민당 개헌추진위원회 결성대회장 밖 주변 도로 100여 미터에 학생과 시민들이 들어찼다. 이날 대회가 열리기 전인 오후 1시 40분 대학생들이 헌법철폐 등의 구호를 외치며 가두시위를 벌였고, 대회가 계속되는 동안에도 연좌농성과 가두시위를 전개했다. 대회가 끝난 6시 30분부터 대학생들은 대열을 이루어 독재타도, 헌법철폐 등의 구호를 외치며 가두시위를 벌였다. 이 시위에 시민 5,000여 명이 함께하면서 시청 앞까지 이르렀고, 밤 8시 무렵에는 대구시청 앞에서 대학생과 시민 1,500여 명이 연좌농성을 벌였다. 일부는 시청 점거를 시도하기도 했다. 이날 141명의 시민과 학생이 연행되어 16명에게 구속영장이 청구되고 38명은 즉심에 넘겨졌다.(『동아일보』 1986년 3월 6일자) 이런 가두시위는 민통련의 지역조직인 지역운동협의회가 주도했으며, 각 지역 대학의 학생운동세력들이 적극 참여했다.

대전과 청주에서도 각각 4월 19일과 4월 26일에 수만 명이 참가하는 대규모 집회가 열렸다. 신민당의 공식적인 행사가 끝나자 학생과 시민들이 참여하는 대규모 시위가 벌어졌다.

한편, 신민당은 장외 개헌추진대회를 주최하여 정부를 압박하려 했다. 하지만 지방대회에서 학생운동·노동운동 세력이 독자적이고 강력한 대중 동원력과 급진적 경향을 보이자, 재야나 학생운동·노동운동 세력과 거리를 두기 시작했다. 4월 28일 김세진, 이재호의 분신 이후 김영삼과 김대중은 학생들의 반미, 분신 등에 대해 우려를 나타냈다. 4월 29일 양 김 씨와 민통련 간의 비상설연락기구인 민주화를 위한 국민연락기구(약칭 민국련)는 "일부 급진세력의 반미 반핵 해방 논리 등의 주장을 반대한다"라는 내용의 성명을 발표했다. 민통련은 이 성명이 민통련의 입장과 기본적으로 배치된다며 민국련을 탈퇴하는 한편, 이에 대한 책임을 지고 지도부가 총사퇴했다.

다음 날인 4월 30일 청와대에서 열린 3당 대표 회동에서 전두환은 국회에서 여야가 합의하면 임기 중에도 개헌할 용의가 있음을 밝혔다. 여기에 이민우는 과격한 학생운동과 결별하겠다는 의사를 표시했다. 이후 신민당은 여당과의 협상에 매달리게 되었고, 이에 재야, 학생운동, 노동운동 단체들은 신민당의 타협적인 태도를 더욱 강하게 비판하기 시작했다.(윤상철, 1997b, 137~138쪽)

1986년 5월 3일로 예정된 신민당 인천 개헌추진위원회 경기·인천지부 결성대회는 신민당만이 아니라 재야와 노동운동·학생운동 단체들도 모두 촉각을 곤두세우고 준비했다. 하지만 이 인천대회에 대응하는 민주화운동세력들의 입장은 심하게 분열되어 있었다. 신민당과 민통련 사이뿐아니라, 민통련과 서노련 및 인천지역노동자연맹(약칭 인노련) 사이에도 입장 차이는 컸다. 신민당과의 연대를 포기하지 않은 민통련에 비해 서노련, 인노련이나 학생들은 신민당을 기회주의세력으로 규정하여 이들을 비판하고 노동자의 독자적 정치세력화를 위한 기회로 삼고자 했다.

애초에 신민당은 개헌추진위원회 결성대회를 인천 시민회관에서 열고, 신민당 인천시 지부까지 행진할 계획을 세우고 있었다. 민통련은 인천대회 준비를 인천지역사회운동연합(약칭 인사연)에 일임했는데, 인사연은 신민당 행사가 끝나면 시민회관 앞 사거리를 점거하고 민주헌법 제정을 요구하며 무기한 철야연좌농성에 돌입한다는 계획을 세웠다. 원래 민통련은 평화시위를 준비했으며 피켓과 플래카드 외에는 아무런 시위용품도 준비하지 않았다. 그러나 학생들이나 노동자들은 전혀 그렇게 생각하지 않았고, 그 점은 경찰도 마찬가지였다.

결과적으로 대회는 신민당이나 민통련의 계획대로 전혀 진행되지 않았다. 이날 오전부터 엄청난 수의 사람들이 모여들어 인천 시민회관 앞을 메웠지만, 경찰은 불심검문도 출입통제도 하지 않았다. 수도권 일대의 민주화운동단체란 단체는 다 인천 시민회관 앞으로 모여든 것 같았다.

12시에 1,000여 명의 노동자들이 시민회관 앞으로 몰려나오면서 시위가 시작되었다. 인노련과 학생들이 중심이 된 시위대는 "생활임금 쟁취하자" "미제 축출 파쇼 타도"를 외치기 시작했다. 참석한 운동단체들은 리어카를 연결하고 그 위에 앰프를 설치한 연단을 만들어 연설을 시작했다. 시민회관 건너편 주안1동 성당에서 나온 인사연과 민통련 시위대는 이들과 따로 집회를 열어야 했고, 신민당 지도부는 시민회관에 입장도 하지 못했다. 오후 1시쯤 참석자는 5만여 명으로 늘어났다. 전날 밤새 만들어놓았던 화염병이 사방에서 경찰이 들어오지 못하게 지키고 있던 노동자와 학생들에게 배달되었고, 격렬한 충돌이 곳곳에서 일어났다. 근처 민정당사가 불타올랐고, 1시 30분부터 경찰은 최루탄을 난사하기 시작했다. 최루탄에 맞서 보도블록과 화염병이 날아다녔다.

운동단체마다 제각각의 구호들을 외쳤다. 민통련은 "민주헌법 쟁취"를 내세웠지만, 서노련, 인노련 등 노동운동 진영과 학생운동권에서는 이날을 신민당의 기회주의적 속성을 폭로하는 장으로 삼고자 했다. 그리고 각 단체의 유인물 50여 종이 배포되었다. "삼반(반민주, 반민족, 반민중) 정권과 야합하여 이 땅의 노동자, 농민, 빈민의 투쟁을 외면하고, 개헌을 사리사욕적 집권 놀음에 악용하는 신민당에게 민중의 이름으로 경고한다" "신민당이여! 민정당 의원 멱살만 잡지 말고, 미 제국주의의 앞잡이 군사파쇼정권 타도의 대열에 동참하라" "삼반 정권과 신민당의 타협을 배후조종하는 미 제국주의 몰아내자" 등의 구호와 유인물들이 난무했다.

전두환 정권은 민통련을 5·3항쟁의 배후로 몰아 대대적인 탄압에 나섰다. 다음 날 텔레비전에는 불타는 민정당사와 경찰차, 엉망이 된 인천시내 모습이 계속 방영되었고, 5·3항쟁은 폭력봉기로 묘사되었다. 위기감이 고조되면서 중산층 시민들도 충격을 느끼게 되었다.* 5·3항쟁은 1980년 5월 이후 최대의 시위였으며, 민주화운동세력들의 대중동원능력을 보여준 투쟁이었다. 또 노동자들이 독자적인 정치세력으로 성장할 수 있는 가능성을 보여주는 계기가 되기도 했다. 그러나 민주화운동 내부의 분열을 여

---

* 인천 5·3항쟁의 경과는 유시춘 외, 2005b, 143~148쪽; 이경재, 1987, 197쪽; 김지선, 2000; 김영곤, 2007; 황광우, 2007 등을 종합하여 서술했다.

실히 드러내고 관념적 과격성을 드러냄으로써, 대중이 등을 돌리게 하고 탄압의 빌미를 제공한 사건이기도 했다.

전두환 정권은 5월 5일과 8일에 민통련과 인사연 간부, 학생, 노동자들에 대해 수배령을 내렸다. 5월 21일 민통련 의장 문익환이 구속되었고, 22일에는 정책실장 장기표를 비롯한 주요 간부 전원이 구속되었다. 민통련만이 아니라 서노련도 대대적인 탄압을 당해 5월 3일부터 6일 사이에 핵심적인 인물들이 모두 보안사에 구금되었다. 5·3항쟁과 관련해 모두 129명이 구속되고 60여 명이 수배되었다.

1986년 5월은 광주항쟁에 대한 추모와 분노의 열기가 정점에 달한 시기이면서, 동시에 민주화운동세력에 대한 정권의 탄압이 극에 달한 때였다. 5월 3일 인천집회 이후 야당은 재야나 학생운동과 거리를 두고자 했고, 재야인사들이나 학생운동가들은 연이어 수배되고 구속당했다. 김세진은 5월 3일 세상을 떠났고, 이재호는 중태에 빠져 있었다.

1986년 5월 20일 서울대에서는 5월제 행사의 일환으로 3,000여 명의 학생들이 모인 가운데 문익환 목사가 "광주항쟁의 역사적 재조명"이라는 주제로 강연을 진행했는데, 이때 학생회관 4층 옥상 난간에서 "파쇼의 선봉 전두환을 처단하자" "폭력경찰 물러가라" "미 제국주의 물러가라" "어용교수 물러가라" 등의 구호가 들렸고, 곧 한 사람이 불덩어리가 되어 떨어졌다. 서울대 학생 이동수(원예과 1)가 스스로 불을 붙이고 몸을 던진 것이었다. 이동수는 급히 병원으로 후송되던 중 목숨을 잃었다. 이날 현장을 목격했던 사람들은 말할 것도 없지만 소식을 들은 사람들도 큰 충격을 받았다. 이동수의 분신 이후 박혜정, 이경환 등 많은 사람들이 연이어 자신의 목숨으로 폭력정권에 대해 항거했다. 어두운 시대에 양심을 가지고 살기가 얼마나 어려운 것인지, 학살을 통해 집권한 정권의 일상적 폭력을 차마 더 이상 지켜볼 수 없었던 탓일 것이다.

다음 날 서울대 학생 2,000여 명은 '이동수 열사 분신 경과보고대회 및 비상학생총회'를 열고 수업거부를 결의했다. 이튿날에는 900여 명의 학생들이 도서관을 점거하고 농성을 벌였다. 이들은 이동수 분향소를 설치하고 문익환 목사 강제연행 경과보고대회를 열었다. 이어 5월 23일에는 민족민주열사위령제를 지내고 '민주헌법 및 민족자주화를 위한 범국민대토론회'를 개최하여 투쟁을 계속했다.

애학투련과 제헌의회 그룹　　　　인천 5·3항쟁 이후 신민당은 급속히 원내 합의개헌으로 기울었다. 미국을 방문하고 돌아온 이민우 신민당 총재는 5월 29일 노태우, 6월 3일 전두환과 단독회담을 열고 국회 내에 개헌특위를 구성하는 것에 합의했다. 이어 7월 23일 국회에 개헌특위가 발족되었다. 하지만 민정당이 내각제 개헌을 추진하고 있었기 때문에 개헌특위는 별 성과를 내지 못했다. 8월 국회 개헌특위는 활동을 중지하고 공전상태에 들어갔다. 이에 따라 학생운동권에서도 국회 헌법특위 분쇄투쟁이 벌어졌다. 1986년 8월 1일 9개 대학 1,000여 명의 학생들이 고려대에 모여 '기만적 헌법특위 분쇄와 아시안게임 결사저지를 위한 100만 학도 실천대회'를 열었다.

　1986년 2학기가 시작되면서 각 대학 학생들은 본격적으로 아시안게임 반대투쟁을 벌였다. 전두환 정권이 9월 말 열리는 아시안게임을 정권홍보를 위해 악용하는 것에 반대하는 범국민토론회, 교내시위, 가두시위가 연이어 벌어졌다. 9월 11일 전국의 대학가에서 아시안게임 저지와 헌법특위 분쇄를 요구하는 시위가 벌어졌고, 연세대 등 5개 대학 학생 70여 명이 민정당의 윤길중과 이세기 의원 등의 사무실에 돌과 화염병을 투척했다. 9월 16일에는 서울지역 15개 대학 학생 1,500여 명이 고려대에 모여 '전학련

(전국학생회연합—인용자) 결성 촉구 및 아시아경기 결사저지를 위한 애국청년학도 서울지역 실천대회'를 개최했다. 10월 4일에는 서울시내 성동구 화양리에서 아시안게임 반대투쟁이, 21일에는 종로구 숭인동에서 '미일의 경제침략 저지 범국민운동연합결성 지지투쟁'이 벌어졌다.

한편, 1986년 2학기에는 반외세자주화 투쟁노선의 우위가 완연해졌다. 그런데 구학련 대자보사건이 발생하여 NL계열은 정권의 반공 이데올로기 공세를 받게 되었다. 1986년 10월 13일 서울대 인문관 벽에 북한의 『민주조선』 10월 5일자 사설을 그대로 옮겨 실은 대자보가 붙어 있는 것이 발견되었다. 치안본부는 이 대자보를 즉각 수거한 후 구학련 조직부장 황인욱이 이 대자보 작성작업을 주도했다고 발표했다. 구학련은 기관지 『해방선언』에서 이 대자보가 북한의 주장을 옮긴 것을 시인했지만, 정권의 반공사상이야말로 사기사상이라고 반론을 펼쳤다. 하지만 이 반론은 정권으로 하여금 반공 이데올로기 공세를 더욱 강력하게 하는 빌미를 제공했다.

그런가 하면, 10월 13일 신민당의 유성환 의원이 국회에서 "이 나라의 국시는 반공이 아니라 통일이며, 어떤 체제도 민족에 우선할 수 없다"라고 발언했다. 민정당은 유 의원의 발언이 한국의 국시와 자유민주주의체제를 근본적으로 부정하고, 반국가단체의 노선과 주장에 전적으로 동조하고 있다고 단정했다. 검찰은 국회 회기 중임에도 유 의원을 국가보안법 위반 혐의로 구속하고자 했다. 10월 16일 민정당이 날치기로 유 의원의 구속동의안을 통과시킨 뒤, 10월 17일 새벽 유성환 의원은 구속되었다.

10월 24일 서울지검 공안부는 이른바 '마르크스·레닌주의당 결성기도사건'이라는 것을 발표했다. 이 또한 운동 진영을 좌경폭력세력으로 몰아가기 위한 것이었다. 검찰은 서울대 등 9개 대학의 운동권 출신 학생들이 사회주의 국가를 건설하기 위해 전국적 통일지도부인 마르크스·레닌주의당을 건설하려 했다며, 대학생, 교사, 노동자 101명을 적발하고 27명을 검거했다고 발표했다. 그러나 실제로는 김선태 등 학생 출신 노동현장 활동가들이 만든 소규모 그룹을 전국적 혁명조직으로 부풀렸던 것에 불과했다. 검찰은 검거자 중 13명만 기소했고, 발표했던 사실들 중 상당 부분에 대한 공소를 취하했다.

이렇게 정권의 물리적·이데올로기적 공세가 강화되는 가운데서도 학생운동은 조직을 강화하기 위해 노력했다. 우선 NL계열의 학생운동세력들은 전국의 주요 대학에서 주도권을 장악하면서 NLPDR노선에 입각한 전국적인 학생운동조직 건설을 시도했다. 1986년 여름방학 중에 각 대학 NL그룹의 대표들이 모여 연락망을 구성하고 전국적 차원에서 학생운동을 이끌어갈 지도조직을 만들었다. 이 조직은 학생운동에 적극적으로 참여하는 선진적인 학생들이 함께 싸우는 반합법적인 투쟁위원회들의 연합조직을 만들고, 이것과는 별개로 전국학생회연합(약칭 전학련)을 새로 건설하려고 했다.

이들은 우선 지역별로 투쟁위원회 연합을 조직했는데, 1986년 10월 초부터 서울의 서부·동부·북부·남부 지역 '반외세 반독재 애국학생 투쟁연합'을 결성하고, 나아가 10월 28일에는 건국대에서 '전국반외세반독재애국학생투쟁연합'(약칭 애학투련) 결성식을 개최하기로 했다. 애학투련은 전국 8개 지역 26개 대학의 투쟁위원회가 연대한 조직으로 중앙의장단은 지역의장단의 대표들로 구성되며, 지역의장단은 지역 내 각 대학의 투쟁위원회 위원장들로 조직되었다. 애학투련은 "미제의 식민지 통치를 분쇄하고 전두환 군부독재를 타도하여, 민족자주와 민중민주주의 정권을 수립"하고, "전두환 일당의 독재정치를 타파하고 사회의 민주화를 이룩"하며, "한반도의 분단구조를 철폐하고 한민족의 염원인 조국통일을 실현"한다는 등의 투쟁목표를 설정했다.(강신철 외, 1988, 260~261쪽)

애학투련의 결성식이 예고되었던 1986년 10월 28일, 건국대에는 아침부터 많은 학생들이 모여들었다. 경찰은 이미 정보를 알고 있었지만 학생들의 진입을 제지하지 않았다. 하지만 정오 무렵 경찰은 학교의 모든 출입문을 봉쇄하기 시작했다. 1시에 출범식이 시작된 후 경찰은 학교 안으로 진입하여 집회장소에 최루탄을 난사하며 학생들을 체포하려 했다. 집회 참가자들이 최루탄을 피해 건물로 쫓겨들었고, 경찰은 건물 안에도 최루탄을 난사했다. 건국대 측은 총장까지 나서서 학생들의 안전한 귀가와 자진해산을 전제로 경찰병력 철수를 요청했다. 하지만 경찰은 이를 묵살하고 학교구내의 전기와 수도를 끊어버렸다. 10월 31일 오전 8,500여 명의 경찰병력과 무장헬기가 동원되었다. 헬기가 건물 옥상에 소이탄을 퍼부었고, 고가사다리차를 타고 옥상으로 올라간 경찰은 소방호스로 최루액을 쏟아 부었다. 이날 1,525명이 연행되었는데, 이 중 1,288명이 구속되었으며, 29명에게는 국가보안법이 적용되었다. 그 결과, 단일사건으로 세계 최다 구속자라는 기록을 세웠다. NL계열의 학생운동은 극심한 타격을 입었다.

이후 NL계열에서는 1986년 학생운동이 일반대중으로부터 유리되어 진행된 것에 대한 반성의 목소리가 높아졌다. 학생운동조직 내에 설치된 상설적인 반합법투쟁위원회를 해소하고, 공개적·합법적 학생대표기구인 학생회를 중심으로 하며, 그 주변에 다양한 대중조직을 구성해야 하고, 투쟁의 형태와 방법도 대중의 요구에 맞추어 구사되어야 한다는 것이었다.

민민투 계열은 1986년 하반기에 들어 상반기의 노선을 자기비판하고 제헌의회Constitutional Assembly 소집을 요구하는 투쟁을 전개하기 시작했다.(권형철 편, 1990, 155쪽) 이들은 1986년 상반기에 구성된 이른바 '제헌의회 그룹'의 영향을 받았다. 최민, 김철수, 윤성구, 민병두, 김성식 등 전민학련, 민추위, 서노련에 관계했던 사람들은 1986년 당시의 정세와 변혁운동의 과제를 함께 논의했는데, 올바른 전술적 슬로건은 '민중대표가 참여하는 제헌의회 소집을 통한 민중민주헌법 제정'이어야 한다는 데 의견을 같이했다. 이들은 제헌의회소집론을 선전하는 동시에, 이 노선에 동의하는 사람들을 조직화하고, 그 사상적 동질성을 강화하기 위해 정치신문을 발행할 중앙지도부를 건설하려고 했다. 1986년 5~6월 최민 등은 "혁명운동의 기수를 제헌의회 소집으로"와 "무엇이 프롤레타리아의 혁명적 진군을 막고 있는가"라는 제목의 두 가지 문건을 발간했다.

이들은 1986년이 헌법문제와 관련하여 '혁명을 예고하는 시기'로 혁명이냐 개량이냐를 결정하는 중대한 시점이라고 보았다. 바로 이때 민중은 스스로 권력의 주인으로 조직되어야 하며, 그것은 불철저한 개헌이 아니라 전면적인 국회해산과 제헌의회 소집을 통해 이루어져야 한다고 보았다. 제헌의회를 소집하여 민주주의민중공화국을 건설하는 투쟁을 벌여야 하며, 따라서 제헌의회는 이전의 헌법제정민중회의와 달리 반드시 '임시혁명정부'와 함께 실현되어야 한다고 했다. 따라서 운동의 주된 표어도 "파쇼하의 개헌 반대, 혁명으로 제헌의회"로 제시되었다.

이들은 중앙지도부를 실천적 지도부와 사상적 지도부로 구성했고, 실천적 지도부에 경인지방위원회, 영남지방위원회를 두었으며, 위의 두 문건 외에도 『노동자의 길』, 『민족민주선언』 등의 신문도 발행하여 학생운동 내에서 영향력을 확대해나갔다. 이후 학생운동권에서는 NL과 다른, 민족민주혁명과 제헌의회 소집을 주장하는 그룹을 제헌의회(CA) 그룹이라 지칭했다.*

제헌의회 그룹의 지원을 받은 민민투 계열의 학생들은 1986년 하반기

---

* 제헌의회 그룹의 노선을 잘 드러내주는 문건은 "혁명운동의 기수를 제헌의회 소집으로"이다. 흔히 '기수'라고 하는 이 문건은 민주주의 혁명에서의 프롤레타리아의 지도성을 강조하는 한편, 불철저한 부르주아지(신민당이 대표적이다)의 정체를 대중에게 폭로하고 단호히 투쟁할 것을 주장한다는 점에서 두드러졌다. "혁명운동의 기수를 제헌의회 소집으로"와 "무엇이 프롤레타리아의 혁명적 진군을 가로막고 있는가"의 전문은 『민주화운동 관련 사건·단체사전 편찬을 위한 기초조사 연구(1980년대) 보고서』 1, 238~245쪽에 수록되어 있다.

제헌의회 소집을 주장하면서 가두시위를 격렬하게 벌였다. 이들은 특히 신민당이 민정당과 합의해 설치한 국회 헌법특위의 반민중성을 폭로하고 제헌의회 소집을 요구하는 구호를 외쳤다. 1986년 6월 23일 민민투의 학생들과 서노련 해고노동자 7명이 신민당 노승환 의원의 사무실을 점거하여 제헌의회 소집을 요구하는 내용의 유인물을 살포하고 나흘간 단식농성을 벌였다. 민민투 그룹은 성남, 영등포, 신길동, 상계동 등 노동자 밀집지역이나 철거지역에서 가두시위를 자주 벌였다.

7월 18일 성남 상대원시장 앞에서 서울대와 성균관대 민민투 소속 학생 100여 명이 헌법특위 분쇄와 제헌의회 소집을 요구하면서 가두시위를 벌였다. 이어 7월 30일에는 서울대에서 '헌법특위 분쇄와 제헌의회 소집을 위한 범국민 실천대회'를 열었다. 8월 3일에는 각 대학 민민투 학생 500여 명이 상계동 철거 중단과 제헌의회 소집을 요구하는 내용의 유인물을 살포하며 시위를 벌였고, 이튿날인 8월 4일에는 성균관대에서 '헌법특위 분쇄와 제헌의회 소집을 위한 전민학련 북부지역평의회 제7차 실천대회'를 개최했다.

2학기에도 가두시위를 계속했는데, 10월 15일에는 영등포 대림시장 앞에서 서울대, 중앙대, 동국대 학생 400여 명이 제헌의회 소집을 요구하는 시위를 벌였다. 특히 11월 13일에는 신길동에서 제헌의회 그룹의 전력을 동원한 대규모 가두시위가 전개되었다. 서울대 등 8개 대학 민민투가 참가한 이날 시위에서 학생과 노동자들은 "해방의 그날을 위해 제헌의회 소집투쟁의 깃발 아래 궐기하자"라는 제목의 유인물 1만여 장을 살포했다. 이들은 "군사독재 타도하고 제헌의회 소집하자" "민중혁명 가로막는 미·일 제국주의 축출하고 제헌의회 소집하자" 등의 구호를 외치면서 경찰과 충돌하는 등 격렬한 시위를 벌였다. 이날의 시위로 경찰차량 세 대가 전소되었으며, 많은 학생과 노동자들이 구속, 수배되어 타격을 입었다.

확대되는 민주화운동
―정권위기의 확산

인천 5·3항쟁 이후 정권의 탄압은 갈수록 심해졌고, 민주화운동세력이 받은 타격은 컸다. 5·3항쟁, 서노련, 자민투, 민민투, 건국대사건, 신길동 가두시위 등 연이은 투쟁의 과정에서 많은 운동가들이 체포되었고, 학교와 직장에서 쫓겨났다. 건국대사건 이후 민통련이 11월 3일 "군부독재의 건국대 연합집회에 대한 폭력적 탄압을 규탄한다"라는 제목의 성명을 내자, 전두환 정권은 11월 4일 민통련이 있던 분도빌딩 건물을 봉쇄했으며, 8일에는 민통련 본부와 서울·강원·경북·경남 지부 등에 해산명령을 내렸다. 이에 앞서 11월 7일에도 서노련, 청계피복노조, 인노련 등 14개 노동단체에 해산명령을 내렸다.(『6월항쟁을 기록하다』 2, 357쪽)

그러나 이런 강경대응은 정권의 명백한 위기를 반영하는 것이었다. 이미 시민들 사이에서는 쿠데타와 학살을 통해 집권한 전두환 정권의 독재에 대한 염증이 확산되고 있었다. 시민들의 이런 저항감은 KBS-TV의 시청료거부운동으로 표출되었다. 시청료거부운동은 1980년대 초중반부터 확산되어왔지만, 1986년 1월 20일 'KBS-TV 시청료 거부 기독교 범국민운동본부'(본부장 김지길 한국기독교교회협의회 회장)가 발족되면서 본격화되었다. 운동본부는 KBS의 왜곡된 방송행태를 낱낱이 고발하면서, 2월 14일 "KBS-TV를 보지 않습니다"라는 문구가 들어간 스티커 5만 부와 홍보전단 1만 부를 제작·배포했다. 스티커와 전단은 순식간에 동이 났다. 이에 "상업광고 편파보도 KBS-TV 시청료를 낼 수 없습니다"라고 쓴 새 스티커와 전단을 새로 제작해 배부했다. 그러자 성금을 기탁하거나 자원봉사를 신청하는 사람들이 쇄도했다.(『동아일보』 1986년 4월 8일자)

한편, 1986년 6월 성고문사건이 터졌다. 1985년 봄 서울대 의류학과 4학년 권인숙은 친지의 이름으로 부천의 가스배출기 제조업체에 취업했다. 1980년대 많은 대학생들이 그랬듯이 '위장취업'을 했던 것이다. 1986년

6월 주민등록증 위조 혐의로 부천서에 연행된 권인숙에게 부천서 형사 문귀동은 인천 5·3항쟁 관련자들의 행방을 추궁하면서 입에 담지 못할 성고문을 자행했다. 권인숙은 극도의 절망감과 수치심을 극복하고 이 사실을 폭로하여 싸움으로써 다시는 이런 희생자가 나오지 않도록 해야 한다고 결심했다. 며칠 후 조영래, 홍성우, 이상수 등의 변호사들에게 이 사실을 알렸다. 파문은 엄청나게 커졌다. 조영래 외에 166명이 변호인단으로 참여했고, 학생·노동·인권·종교·여성 단체들이 규탄집회를 열었다. 그러나 검찰은 성고문 가해자인 문귀동에게 기소유예 처분을 내리고, 권인숙이 운동권의 상습화된 의식화투쟁의 일환으로 혁명을 위해 '성적 수치심'까지 이용하는 거짓말쟁이라고 매도했다. 각 신문들은 앵무새처럼 "성적 모욕은 없고 폭언·폭행만" 있었다고 보도했다. 진실을 밝히는 용기를 가진 사람을 두 번 세 번 죽이는 일을 서슴지 않던 시절이었다.(유시춘 외, 2005b, 150~154쪽; 서중석, 2007, 188~189쪽)

위기의식을 느낀 독재권력은 갈수록 거칠게 대응했다. 1986년 민주화운동세력은 내부의 갈등과 노선대립으로 여기에 효과적으로 대응하지 못했다. 하지만 이런 불일치들은 그만큼 민주화운동이 성숙하고 다양해졌다는 의미이기도 했다. 여러 의견대립이 있었음에도 민주화를 향한 요구는 더욱 거세졌고, 투쟁의 의지도 더 강하게 타올랐다. 이제 민주화는 '운동권'의 문제가 아니라 모든 사람의 열망이 되었다.

3

6월민주항쟁과
민주화 이행

제**1**장

6월민주항쟁

1
박종철 고문사망과 민주대연합 구축

박종철고문사망사건

6월민주항쟁은 개헌, 박종철고문사망사건과 밀접히 관련되어 있다. 전두환 대통령 임기가 1988년 2월에 만료되므로, 1987년에 대통령을 선출하지 않으면 안 되게 되어 있었다. 따라서 1987년은 당시 헌법에 따라 대통령을 선출하느냐, 직선제 개헌에 의해 민주화로 가느냐의 갈림길에 놓인 해였다. 1980년 10월에 공포된 헌법에 의하면, 5,000명 이상으로 구성되는 대통령 선거인단이 7년 단임의 대통령을 선출하게 되어 있었다. 그렇지만 1985년 2월 12일 치러진 국회의원 선거에서 김대중·김영삼을 지도자로 하여, 선명야당을 표방하면서 급속히 만들어진 신민당이 유세장에서 바람을 일으켜 제1야당이 되었을 뿐 아니라, 이 선거 이전에 제1야당으로 신군부정권에 야합했던 민한당을 흡수·통합하면서 정국은 큰 변화를 맞이했다.

신민당은 1985년 12월 국회에 개헌특별위원회를 설치하려다가 실패하자, 2·12총선 1주년을 맞이하는 1986년 2월 12일 1,000만 명 개헌서명운동을 전개했다. 그해 3월부터 서울, 부산, 광주, 대구, 대전, 청주 등지에서 개최된 개헌현판식에는 수만 명에서 수십만 명에 이르는 시민이 참여해 성황을 이루었다. 시민들은 1972년 10월 유신쿠데타 이후 빼앗긴 대통령 직접선거를 바라고 있었고, 더 이상 '체육관 대통령'을 용납하려고 하지 않았다. 이 시기에는 학생과 재야의 민주화운동과 반미자주화운동, 그리고 노동운동·농민운동·문화운동 등 각 부문에서의 민주화운동이 활기차게 펼쳐졌다. 1986년 4월 30일 전두환 대통령은 여야가 개헌에 대해 합의를 해 건의하면 수용할 의사가 있다고 밝혀 개헌논의는 새로운 단계에 진입하는 것 같았다.

그러나 개헌정국은 1986년 인천 5·3항쟁 이후 파란을 거듭했다. 인천 5·3항쟁에 이어 5월 27일 김대중과 김영삼이 전격적으로 국회 헌법특위에 신민당이 참여하겠다고 발표하면서 야당과 재야·학생 간의 협조체제에는 균열이 갔고, 전두환 정권은 학생과 재야를 혹독하게 탄압했다. 그리고 6월 24일 여야는 국회 헌법개정특별위원회 구성을 의결했다. 이어 다음 달에 개헌특위가 발족되었으나, 국회 개헌특위는 공전할 수밖에 없었다. 전두환 정권과 여당이 주장하는 내각제로의 '합의' 개헌과, 김대중과 김영삼이 추진하는 대통령 직선제 개헌 사이에는 타협의 여지가 없었던 것이다.

10월 무렵부터 전두환 정권은 정국의 주도권을 장악하기 위해 학생과 재야민주세력뿐 아니라 야당에 대해서도 초강경 일변도로 나갔다. 10월 중순 유성환 의원이 국회 본회의에서 국시가 반공보다 통일이라고 발언하자, 전 정권은 그것을 트집잡아 유 의원을 전격 구속했다. 비슷한 시기에 학생들이 관련된 소위 좌경용공사건이 꼬리에 꼬리를 물고 언론에 대서특필되더니, 10월 말에는 7,900여 명의 경찰을 투입해 1,525명을 연행하고 1,288명을 구속한 건국대사건이 일어났다. 11월 29일에는 3만 2,000명의 경찰을 동원하여 신민당이 중심이 되어 열려고 한 '대통령직선제개헌 쟁취 및 영구집권음모 분쇄 범국민대회'를 원천 봉쇄했다. 거기에다가 2·12

총선에서 회오리바람을 일으켰던 신민당의 총재 이민우가 12월 24일 내각제 개헌에 대한 협상을 긍정적으로 검토할 수 있다고 발표했다. 이 '이민우 구상'으로 야당은 자중지란에 휩싸였고, 개헌문제는 혼미상태에 빠졌다.

그런데 1987년 벽두에 전두환 정권을 일거에 수세에 몰아넣고 민주화운동을 촉진시킨 사건이 발생했다. 박종철고문사망사건이 그것이다. 박종철고문사망사건은 야당과 재야민주화운동세력의 민주대연합을 성사시키고, 새로운 형태의 시위투쟁을 등장시켰다. 이 사건이 일어났던 당시에는 한 학생의 죽음이 5·18고문사망 은폐조작 폭로로 이어져 6월민주항쟁을 일으키는 데 도화선이 되리라고는 전두환 정권은 물론이고 야당이나 학생, 재야인사들 어느 누구도 전혀 예상하지 못했다.

서울대 언어학과 3학년 박종철(21세)이 1월 14일 치안본부 남영동 대공분실(갈월동 소재)에서 고문으로 사망한 사건은 하마터면 묻힐 뻔했다. 경찰은 가족한테만 연락하고 이 사실이 알려지는 것을 막으려 했다. 그런데 그가 사망한 다음 날인 1987년 1월 15일『중앙일보』기자가 오전에 대검찰청 청사에서 우연히 한 학생이 경찰에서 조사받다 죽었다는 것을 알았다. 그날『중앙일보』석간신문 일부에 이 기사가 사회면 2단 기사로 보도되었다. 이것을 본『동아일보』는 즉각 취재에 들어가 그 날짜 지방판 사회면에 두번째 큰 기사로 내보냈다. 이렇게 신문에 보도가 되었는데도 검찰과 경찰 관계자들은 오후 내내 아는 것이 없다고 잡아뗐다. 저녁때가 되어서야 강민창 치안본부장이 "심문 시작 30분 만인 14일 오전 11시 20분경에 수사관이 주먹으로 책상을 '탁' 치며 추궁하자 '억' 하며 쓰러졌다"라고 발표했다. 더 이상 숨길 수 없는 상황으로 몰리자 고문으로 인한 사망이 아니라 쇼크사라고 주장한 것이다.

부산에 사는 박종철 가족은 14일 저녁 7시쯤 누가 만나자는 전화를 받았다. 저녁 10시경 박종철의 부친 박정기는 대공과 형사와 동행하여 밤기차를 타고 다음 날 새벽 남영동 대공분실로 갔다. 아들이 죽었다는 것을 알았으나, 경찰은 오후 3시까지 그를 영안실로 보내주지 않았다. 1월 16일 박종철의 시신은 벽제화장장에서 한 줌의 재로 변했다. 이때까지 박종철 부모는 아들이 쇼크로 죽은 줄만 알았다.

쇼크사라는 강민창 치안본부장의 발표는 적당히 넘어갈 수도 있었다. 하지만 1월 16일 다른 신문과 달리 『동아일보』는 이 사건을 크게 다뤘다. 사설에서 당국의 발표가 경악과 의문을 북돋우고 있다고 지적하고, 박종철 사망 사실이 외부에 알려지지 않도록 왜 숨겨왔는지 모르겠다면서 사실을 숨김없이 밝히라고 역설했다. 10, 11면에서는 15일 밤 한양대 부속병원에서 부검을 할 때 신체에 여러 개의 피멍 자국이 있었다는 것 등을 상세히 보도했다. 한 걸음 더 나아가 외부인으로는 최초로 박종철의 시신을 본 의사 오연상의 검안소견서가 17일자 신문에 보도되었는데, 쇼크사가 아니라 고문에 의한 사망임을 시사했다. 이 날짜의 『동아일보』는 김중배 칼럼 등 여러 글에서 고문사라는 주장을 강력히 폈다.

더 이상 쇼크사로 위장할 수 없게 되자 강민창 치안본부장은 19일 조한경 경위와 강진규 경사를 특정범죄가중처벌법 위반 혐의로 구속했다고 발표했다. 20일 전두환 대통령은 박종철고문사망사건에 대해 유감을 표시하고 내무부장관과 치안본부장을 경질했는데, 내무부장관에는 뜻밖에도 정호용을 기용했다. 그는 노태우 민정당 대표와 가까운 사이였다. 노태우 계가 요직을 맡은 것이다.

박종철 고문사망에 대한 항의시위는 『중앙일보』에 보도가 나간 직후부터 시작되었다. 1월 15일 오후 8시경 구속자 가족들이 기독교회관에서 철야농성을 벌였다. 다음 날 오전 10시경에는 남영동 대공분실 앞에서 50여 명의 여성들이 시위행진을 가졌고, 오후에는 민주화실천가족협의회 회원 40여 명이 대공분실 앞에서 농성하다가 16명이 연행되었다. 한국기독교교회협의회KNCC 고문폭력대책위원회에서도 신속히 대응했고, 기독교 학생총연맹 소속 대학생 30여 명이 16일 밤부터 철야농성에 들어갔다. 이날 오전 서울대 언어학과 사무실에 빈소가 차려졌다. 같은 날 미 국무부는 조사가 철저히 이루어지길 기대한다는 내용의 성명을 냈다. 1월 17일 서울대 언어학과에서는 과 차원의 추모제를 가졌다. 언어학과 사무실 주위에는 박종철의 고문사망은 "민주화운동 전반에 대한 살인행위"라고 쓴 대자보가 붙어 있었다.

사태는 확대되어갔고, 민주대연합 방향으로 진전되었다. 1월 17일부터 신민당의 태도가 달라졌다. 16일만 해도 박찬종 인권위원장이 조사단을 구성한 것을 보고 추인하는 정도였으나, 박종철의 죽음이 단순한 사망이 아니라는 쪽으로 가닥이 잡히자 17일 확대간부회의가 열렸고, 임시국회를 열어 국정조사권 발동을 위한 진상조사특별위원회를 구성할 것을 요구했다. 김대중, 김영삼도 민첩하게 움직였다. 이민우 총재의 내각제 개헌 검토 주장이 나오는 등 당내 자중지란이 일면서 직선제 개헌안을 추진할 뾰족한 대응방법이 없어 고민하던 두 김은 박종철고문사망사건이 파장을 불러일으키자 직선제 개헌에 이 사건을 접목시켜 대여투쟁을 강화하고자 했다. 1월 19일 신민당은 내무부장관과 치안본부장 파면을 요구했다. 민주화추진협의회(약칭 민추협)는 김대중·김영삼 공동의장 참여하에 20일 농성에 들어갔고, 신민당도 특위 설치가 어렵게 되자 28일부터 농성을 벌였다.

1월 17일 '고문 및 용공조작 저지 공동대책위원회'(약칭 고문공대위)에서는 박종철고문사망사건과 관련하여 고문폭로대회를 갖기로 했다. 6월민주항쟁에서 구심적 역할을 한 민주헌법쟁취국민운동본부의 전신이라고도 할 만한 고문공대위는 민주화운동청년연합(약칭 민청련) 의장 김근태가 남영동 대공분실에서 심한 고문을 당한 사실이 바깥에 알려지면서, 신민당·민추협의 정치인과 민주통일민중운동연합(약칭 민통련) 등 재야단체, 천주교·개신교·불교 등의 종교단체가 1985년 11월 발족시킨 단체다. 고문공대위는 1986년 7월에 부천경찰서 권인숙성고문사건과 관련해 명동성당에서 '고문·성고문·용공조작 범국민대회'를 주최한 것을 제외하면 주목받을 만한 활동을 많이 하지는 못하였다. 명동성당 범국민대회도 경찰의 원천봉쇄로 경찰과 심한 몸싸움을 벌이다 무산된 바 있었다. 그렇지만 고문공대위에 참여한 각 부문 실무대표 등은 꾸준히 만나서 활동했고, 이들은 박종철고문사망사건과 6월민주항쟁에서 중요한 역할을 하였다.

1월 17일 고문공대위가 개최하기로 한 박종철고문사망사건 관련 고문폭로대회는 당시에 별다른 주목을 받지 못했다. 그러나 박종철고문사망사건과 관련해 야당과 재야가 고문공대위를 중심으로 공동투쟁을 전개하고, 여기에 학생들이 가담한 것은 새로운 형태의 민주대연합이 이루어진 것을 의미했다. 1986년 전반기 야당이 개헌현판식을 가질 때 재야와 관계를 갖기도 했지만, 이 시기에는 대체로 상호 독자적으로 움직였고, 협조할 때에도 다분히 동상이몽적이었다. 그렇지만 1987년 초 박종철고문사망사건 이후 이루어진 민주대연합은 단일한 조직을 통해 공동협조가 잘 되었고 단일한 목적을 향해 활동했다. 이제 1980년대 민주화운동은 새로운 단계에 접어들고 있었다.

1월 23일 검찰은 수사관례를 깨고 박종철고문사망사건으로 구속된 조한경 등 두 명의 경찰을 참석시키지 않고 또 검찰과 경찰 관계자들만 참여한 가운데, 삼엄한 경비를 해가며 갈월동 소재 치안본부 대공수사2단 조사실에서 실황조사를 하였다. 현장검증 아닌 현장검증이었다. 왜 이렇게 처리하지 않으면 안 되었는가는 5월 18일에 가서야 알게 되었다. 24일 검찰은 두 명의 경관을 기소했는데, 공소장이 경찰 발표와 거의 같았다.

이 무렵에도 박종철고문사망사건에 대한 항의집회와 시위는 계속되었다. 전두환의 초강경 탄압으로 얼어붙었던 대학이 1월 중순부터 깨어나고 있었다. 1월 19일 일요일인데도 고려대에서 박종철고문사망사건에 항의하는 학생들이 시위를 벌였고, 연세대·서강대·이화여대에 대자보가 붙었다. 1월 20일 서울대 차원에서 박종철 추모제가 열렸고, 이어서 성토대회와 시위가 있었다. 같은 날 서강대·성균관대·연세대·동국대·한양대에서도 추모제, 규탄대회, 시위 등이 열렸다. 전국 17개 대학에서 항의시위가 있었던 23일경부터 학생들의 시위 양상이 달라졌다. 지역별로 여러 대학이 함께 '연합시위'를 벌인 것이다.

　박종철고문사망사건은 종교계의 비상한 관심을 모았다. 박종철 부모가 독실한 불교신자인 것도 작용해 불교계 청년과 승려들이 21, 22일에 추모 및 항의 법회 등을 가졌다. 새문안교회, 영락교회, 구세군강남영문, 대한기독교 감리회 등 비교적 보수적이면서도 영향력이 있는 개신교 교회에서도 추모예배 또는 성명서 발표가 있었다. 반향은 천주교에서 가장 컸다. 유신체제에 강력히 맞서 싸운 천주교정의구현전국사제단을 비롯해 천주교사회운동협의회, 천주교정의평화위원회, 그리고 각 성당에서 추도미사를 갖거나 항의성명을 발표했다. 1월 26일 김수환 추기경, 윤공희 대주교, 지학순 주교 등 100여 명의 사제단 공동집전으로 정의평화위원회가 명동성당에서 박종철 추도와 고문근절을 위한 인권회복 미사를 가진 뒤 2,000여 명의 신자가 150여 명의 사제·수녀를 앞세우고 명동 일대에서 큰 규모의 침묵시위를 벌였다. 같은 날 부산교구 주교좌성당에서는 30여 명의 사제가, 인천교구에서는 3개 성당이 추모미사에 이어 시위, 규탄대회 등을 가졌다. 여성단체, 노동단체에서도 잇따라 시위가 일어났다.

　박종철고문사망사건이 발생하자마자 신문이 크게 보도하고, 보수적인 개신교 교회까지 가세해 즉각 추모와 항의의 물결이 거세게 일어난 것은 전두환 정권이 몹쓸 짓을 했다는 생각이 들었기 때문만은 아니었다. 1월 15일 신문에 보도될 때부터 신문사에는 특히 자녀를 둔 여성들의 전화가 빗발쳤다. 대학생을 자식으로 두었음직한 한 주부는 "이 땅의 어느 부모에게도 이번 일은 결코 남의 일로 여겨질 수 없을 것"이라고 말하고, 자식을 키우는 것이 두렵다고 울먹였다. 시위 주동자로 끌려가거나 수배되는 학생의 부모는 제한되어 있었다. 그렇지만 자신의 자식이 박종철처럼 수배 중인 선배나 친구 때문에 끌려가는 것은 모든 학생의 부모가 부닥칠 수 있는 일이었다.

박종철고문사망사건이 학생·시민들에게 큰 영향을 주게 된 데는 언론의 역할이 컸다. 『동아일보』 1월 16일자와 17일자를 받아보았을 때, 학생이나 시민들은 끓어오르는 분노를 느끼지 않을 수 없었을 것이다. 『중앙일보』 등 몇몇 신문사 기자들은 사주 측과 전두환 정권의 눈치를 보면서 그들 나름대로 보도를 하려고 했다. 기자들, 그중에서도 20, 30대 기자들이 열심이었다. 이들은 1986년에 있었던 KBS시청료거부운동이나 민주언론운동협의회(약칭 민언협)의 '보도지침' 폭로 등에서 많은 영향을 받았다. 하지만 자신이 대학에 다니면서 유신체제나 전두환·신군부정권에 대해 가졌던 저항감과 이념서적이나 선배로부터 받은 영향, 그리고 전두환 정권의 사실왜곡 지시에 더 이상 굴복할 수만은 없다는 자괴감과 반성이 더 큰 작용을 했다.

그리고 이 시기에는 권력이 회유하거나 윽박지르더라도 양심에 어긋나는 행위를 해서는 안 된다는 시민의식이 자리잡아가고 있었다. 맨 처음 박종철 시신을 본 검안의 오연상이나 부검의 황적준 등은 용기를 가지고 압력에 굴하지 않고 자신의 소신대로 이야기하였다. 박종철의 하숙집 주인아주머니도 경찰의 위협에 굴하지 않고 끝까지 자신이 아는 사실을 말했다.

2·7추도대회와 3·3평화대행진

1월 17일 고문폭로대회를 개최하고자 했던 고문공대위는 1월 20일 그것을 구체화해 음력설인 1월 29일 이전에 고문종식을 위한 국민대회를 개최하기로 했다. 1월 24일 대다수가 고문공대위와 관련이 있는 각계 단체 대표, 원로들이 '박종철 군 국민추도회 준비위원회' 발기식을 가졌다. 이 무렵 고문공대위 실무대표들은 고문수사에 분노한 시민들이 직접 참여하는 방식을 논의했다. 그리하여 국민 한 사람 한 사람을 추도위원으로 모셔 국민추도회를 갖기로 했다.

1월 27일 새로운 투쟁방식이 제시되었다. 이날 민추협 사무실에서 김대중, 김영삼, 계훈제, 송건호 등이 참석해 '고 박종철 군 국민추도회 준비위원회'를 발족했다. 준비위원회는 2월 7일을 박종철에 대한 국민추도일로 선포하고, 2월 7일 오후 2시에 명동성당에서 추도회를 개최함과 동시에 전국 각지에서 추도식을 갖는다고 발표했다. 나아가 준비위원회는 모든 국민은 2월 7일 오후 2시 각자의 위치에서 추도 묵념을 올리고, 박종철을 추모하는 뜻으로 검은색 또는 흰색 리본을 달며, 모든 자동차는 오후 2시에 추모 경적을 울리고, 모든 교회와 사찰 등 종교기관에서 같은 시간에 추모 타종을 한다는 참가요령을 제시했다. 시민들의 반응은 좋았다. 여러 민주운동단체 관계자들은 물론이고 일반시민들이 준비위원으로 참여하겠다는 의사를 밝혔는데, 2월 2일까지 2만 명이 넘었다. 고문공대위 실무대표들은 성금계좌도 개설했는데, 2월 5일까지 628건에 241만 5,000원이 답지했다. 2월 2일 준비위원회는 국민추도회는 서울뿐 아니라, 직할시·도청소재지·기타 지방도시에서 거행한다고 발표했다.

종교계 등 각계 민주화운동세력도 즉각 호응했다. 천주교정의구현사제단은 2월 4일 전국의 사제단에 준비위원회에서 마련한 참가요령에 따라

박종철 국민추도회에서 군부독재를 타도하자는 피켓을 들고 있는 사제들

적극 참가할 것을 권고했다. 추도미사도 각지에서 올렸다. 1월 27일 원주
교구 사제단, 2월 2일 마산교구 사제단 공동집전으로 미사를 올렸다. 같은
날인 2월 2일 대전에서는 대전교구 정의구현사제단과 여러 민주화운동단
체가 기독교 봉사회관에서 범도민대회를 개최하고자 하였다. 하지만 경찰
이 원천봉쇄를 하였고, 이에 주최 측은 대회를 서대전사거리에서 강행했
다. 광주에서는 2월 4일 윤공희 대주교를 비롯해 성직자와 신도 2,000여
명이 미사를 갖고 성명서를 발표했다.

　교수들도 움직였다. 2월 3일 한신대 교수단 54명이 "우리의 견해"를
발표했고, 서울대 교수 100여 명은 2월 5일 박종철 추모의 뜻으로 밤 9시
까지 퇴근하지 않았다. 덕성여대 교수 10명도 2월 6일 성명서를 발표했다.

　2·7추도대회에 대해 전두환 정권은 초강경 태도로 나왔다. 경찰은 2월
초부터 재야단체 압수수색에 들어갔고, 서울시경은 2월 5일과 6일 밤 두

차례에 걸쳐 1만 6,000여 명을 동원해 2,700여 곳에서 일제히 검문검색을 했다. 전국 105개 대학도 이틀 동안 수색을 당했다. 2월 6일 아침부터 명동성당 일대 출입을 통제했고, 김대중, 김영삼, 함석헌 등 정치인과 재야인사들은 가택 연금되었다. 2월 7일에는 경찰병력 12만 명 가운데 5만여 명이 투입되었고, 이 중 3만 6,000명이 서울에, 전경 기동대 등 8,000명이 명동 일대에 배치되었으며, 명동 일대는 교통이 통제되었다. '전경의 벽'이 명동을 둘러싼 가운데 상점들이 대부분 철시했고, 노점상은 쫓겨났다. 명동이 아니더라도 도심 곳곳에서 검문이 행해졌다.

명동성당에서는 추도회 시작 세 시간 전에 성당 직원이 나타나 신도와 시민을 안내하려 했으나, 경찰은 성당 주변 골목에 서 있는 사람까지 내쫓았다. 낮 12시 50분경 명동입구 롯데쇼핑 앞길에서 시민과 재야인사 200여 명이 경찰과 몸싸움을 벌였다. 경찰이 최루탄을 쏘아대자 부근의 시민들이 야유를 퍼부었다.

서울의 경우 시민들 표정이 과거와 달랐다. 서울 사람들은 1960년의 4·19시위와 4·26시위 당시에는 시위를 지지하거나 참여했지만, 그 이후에는 대개 방관하였다. 그런데 이날은 달랐다. 시위대에 박수를 치거나 시위대열에 직접 뛰어들어 참여했다. 한두 군데를 제외하고는 투석도 없이 주최 측 제안대로 평화적으로 시위를 했다. 주최 측도 놀랐고 신민당은 고무되었다.

시위는 서울시내 곳곳에서 일어났다. 오후 1시경 프라자호텔에서 조선호텔, 롯데호텔, 을지로 입구, 광교에 걸친 지역에서 2,000여 명이 명동성당으로 향하다가 경찰의 제지를 받자 산발적으로 시위했다. 신민당·민추협 관계자들, 재야인사들이 검은 리본을 달고 명동성당으로 향하였지만 역시 제지당했다. 광교사거리에서는 한때 꽤 많은 차량이 경적을 울렸다.

시민들 반응은 남대문시장 일대에서 가장 컸다. 이곳에서는 오후 1시

30분경부터 숨바꼭질 시위가 계속되었다. 상인들은 1979년 부마항쟁 시부산 상인들처럼 최루가스에도 불구하고 자리를 뜨지 않았다. 경찰 진입로를 가로막으면서 "학생들이 무슨 죄가 있느냐" "경찰은 물러가라"라고 외쳤고, 학생들 연행을 몸으로 저지했다. 오후 3시 30분경에는 무술경관들이 학생들로 보이면 마구잡이로 연행하고 불응하면 주먹을 휘둘렀다.

지방에서도 여러 곳에서 시위가 있었다. 추도식이 열리게 되어 있던 부산 대각사 주변은 아침 7시부터 서울 명동처럼 경찰 2,000명이 겹겹이 에워쌌다. 정오가 조금 지나 신민당 당원들과 학생들이 대각사로 들어가려고 경찰과 몸싸움을 벌였다. 오후 1시 20분경 창선동 국민은행 앞에서 수백 명의 학생들이 "종철이를 살려내라"라는 플래카드를 앞세우고 시위에 들어갔다. 부산민주협의회 회원인 송기인 신부 등과 신민당원, 구속자 가족 30여 명, 산발적으로 시위를 벌이다 합류한 300여 명 등은 남포동 부산극장 앞에서 오후 2시에 추도식을 가졌으며, 이어서 노무현 변호사, 김광일 변호사가 연설했다. 뒤늦게 온 경찰이 최루탄을 난사하자, 추도식에 모인 사람들은 "독재타도" "고문추방"을 외치며 시위를 벌였다. 여기에 시민들이 가세하여 충무로에서 시청으로 이어진 간선도로를 메웠다. 오후 5시까지 시위는 산발적으로 계속되었다. 전경들이 부산 사리암 주위를 차단한 상태에서 박종철 어머니와 누이는 스님이 종치기를 두려워하자 둘이서 통분을 삼키며 종을 울렸다.

광주에서는 경찰이 추도식 장소인 광주 YMCA 건물을 봉쇄하자 건너편에 집결한 재야인사, 시민, 학생 1,500여 명이 경찰과 몸싸움을 벌였다. 오후 2시 시내, 교회, 성당 등 30여 곳에서 차량들이 동시에 경적을 울리자 시민들이 박수를 치며 시위를 벌였다. 대구에서는 YMCA 회관이 봉쇄되자 노상에서 추도식을 올리다 경찰과 충돌했다. 인천의 경우 천주교 인천교구 가톨릭회관 6층에서 오후 2시부터 1시간 40분 동안 추도식을 가졌다.

춘천교구, 전주교구에서도 추도미사가 있었다. 경찰은 2월 7일 민주화운동단체 사무실 4곳, 교회와 성당 13곳, 신민당 당사 52곳 등 전국 69곳에서 추도집회가 열렸고, 798명을 연행했다고 발표했다. 이 중에 34명이 구속되었다.

2·7추도대회는 이전의 시위와 여러 면에서 달랐다. 동시다발의 형태로 전국 주요 도시에서 추진되었다. 고문공대위 실무대표들이 준비일정을 잡아나갔고, 참가방법도 미리 정해졌다. 서울, 부산, 광주 등지에서 시민들의 호응이 눈에 띄게 있었다는 것도 특기할 만했다. 신민당은 예상보다 시위규모가 큰 것에도 고무되었지만, 그 전해의 인천 5·3항쟁과 달리 야당과 재야·학생 간에 분열이 생기지 않은 데 안도하였다.

그렇지만 전두환 정권은 2·7추도대회를 역전시킬 카드를 가지고 있었다. 북한의 김만철 일가 11명이 청진항을 출발한 지 24일 만인 2월 8일 밤 김포공항에 도착했다는 기사가 2월 9일자 신문에 대문짝만하게 실렸다. 과거의 '좌경용공사건'보다 위력이 훨씬 커 매스컴은 꽤 오랫동안 김 씨 일가의 동정을 크게 보도했다. 그 반면 민주화운동은 거의 보도되지 못했고, 보도되더라도 조그맣게 실렸기 때문에 눈에 띄지 않았다.

2·7추도대회 이후에도 고 박종철 군 국민추도회 준비위원회는 활동을 계속했다. 2월 8일 2·7추도대회의 후속모임으로 성공회대성당에서 김성수 주교와 박형규 목사 등 500여 명이 참석한 가운데 횃불순행을 가졌다. 2월 9일 준비위원회는 이날부터 박종철의 49재가 있는 3월 3일까지를 박종철을 추모하고 민주화를 다짐하는 '고문추방 및 민주화를 위한 국민결의기간'으로 정했다. 2월 17일에는 3월 3일에 '고문추방 민주화 국민평화대행진'을 갖는다고 발표했다. 2·7추도대회와 같은 운동을 벌이기로 한 것이다.

그 뒤 준비위원회는 행동지침을 발표했는데, 3월 3일에 도보로 '평화적' 행진을 하겠다는 점을 특별히 강조했다. '평화'를 각별히 강조한 것은 전두환 정권이 민주화운동을 폭력, 좌경용공 등으로 몰아붙이는 것에 대한 대응이자 전 정권이 얼마나 폭력적이고 고문을 일삼는 정권인지를 백일하에 밝히기 위해서였다. 또한 준비위원회는 3월 3일 낮 12시에 시민들 각자가 자신들이 서 있는 그 자리에서부터 인도를 따라 3·1운동 진원지인 탑골공원을 향해 행진하여 오후 1시 탑골공원에 모여 추도묵념을 가질 것을 제시했다. 2월 27일에는 정오부터 1시까지 평화대행진에 소형 태극기를 들고 참여할 것을 제안하고, 준비위원회 공동위원장 37명은 서울역 등 6개 지점에서 맨 앞에 서서 행진하겠다고 밝혔다.

2·7추도대회와 3·3평화대행진 사이에도 추도집회와 시위가 계속되었다. 김수환 추기경은 2월 14일 '민주화와 회개를 위한 9일 기도회'를 2월 28일부터 3월 8일까지 천주교 모든 본당과 신학교, 수도단체에서 가질 것을 요청했다. 이 요청에 사제들은 물론이고 평신도사도직협의회 등에서도 적극 호응했다. 또 그와 별도로 안동·청주·대구교구 등에서 추도미사와 횃불시위 등 각종 시위를 전개했다. 개신교에서도 청주, 태백, 부산, 온양 등지에서 연합 또는 단독으로 추도회를 갖거나 시위를 했다. 불교계도 정토구현전국승가회, 민중불교운동연합(약칭 민불련), 대학생불교연합회(약칭 대불련) 등을 중심으로 '고 박종철 영가 49재봉행준비위원회'를 구성하여 활동에 나섰다. 그렇지만 경찰은 병력을 대규모로 동원하여 부천 석왕사에서 열린 '고 박종철 군 천도재 및 진혼굿'과 개신교의 집회 등을 원천 봉쇄했다. 민추협 사무실에서 2월 25일 갖기로 한 '고문살인 용공조작 등 인권유린 폭로 규탄대회' 역시 원천 봉쇄되었다. 경찰은 6,600명을 동원하여 도로를 차단하고 행인 출입을 막았으며, 김대중을 가택 연금하였다. 김영삼 등은 사무실이 있는 빌딩 앞에서 구호를 외치며 경찰과 몸싸움만 벌였다.

2·7추도대회와 마찬가지로 3·3평화대행진 때도 경찰은 전날부터 1만

2,000명의 병력을 동원해 서울시내 요소요소에서 검문검색을 했다. 3월 3일 경찰은 세종로 등 서울 4대문 안 18곳에 8,000명의 병력을 배치하는 등 서울에 2만 2,000여 명, 전국에 6만여 명의 병력을 배치했다. 도심의 5층 이상 건물의 옥상은 봉쇄되었다. 종로 2가와 탑골공원 일대는 철시했다. 조계사 정문은 아침 일찍부터 출입이 통제되었다.

49재봉행준비위원회의 지선 스님 등 승려 20여 명과 민불련과 대불련 소속 30여 명이 10시 55분경 조계사 입구에서 경찰과 몸싸움을 벌이는 가운데 부근에서 신도 등이 합세하였다. 200여 명이 참가한 가운데 11시 40분경 가나약국 앞길 노상에서 49재 천도재를 거행했다. 신민당 이민우 총재와 간부들은 11시 20분경 탑골공원으로 향했으나 경찰에 저지당해 당사 계단에서 49재를 가졌다. 종로 4가 로터리 주변에 있던 신민당 의원 10여 명은 세운상가 쪽에서 나온 학생 200여 명과 함께 소형 태극기를 흔들며 탑골공원으로 향하다 경찰에 의해 해산당했다. 전날에 소형 태극기와 '평화의 기'를 각각 1,000여 장씩 배포한 민추협 회원 200여 명 또한 경찰에 의해 제지당했다. 경찰은 학생이건 시민이건 10여 명 이상이 모여 있으면 최루탄을 쏘아댔다. 정오 조금 지나 청계 4가 부근에서 학생 등 2,000여 명이 약 40분간 가두시위를 벌였다. 이에 시민들이 박수를 치며 동조하였고, 경찰이 학생들을 뒤쫓아 잡으면 야유를 보냈다. 시위는 시내 곳곳에서 저녁까지 계속되었다.

부산 사리암에서는 박종철의 부모, 가족, 친지들과 해인사 주지 명진 스님, 통도사 주지 청하 스님 등 400여 명이 모여 49재를 올렸다. 오후 5시경부터 미화당백화점 앞 등 여러 곳에서 시위가 벌어졌다. 광주에서는 광주사암寺庵연합회가 49재를 주최하였다. 오후 4시 40분경부터 9시까지 산발적으로 시위가 전개되었다. 대구의 경우 시민이 동참한 가운데 대구백화점 부근에서 가두행진을 시작했으나 경찰에 의해 해산되었다. 대전, 전주 등지에서도 시위가 벌어졌고, 교도소에서는 양심수들이 호응투쟁을 벌여 단식에 들어갔다.

3월 3일 전국 46개의 대학에서 6,000여 명이 교내에서 49재 등을 가진 뒤 시위에 나섰다. 3·3평화대행진은 2·7추도대회보다 더 평화적이었으나 참여도가 약했다. 경찰은 439명을 연행해 20여 명을 구속했다. 3월에 들어오면서 학생들은 징계에 항의하는 등 교내투쟁에 치중했다.

4·13호헌조치 철폐투쟁

전두환이 4·13호헌조치를 하지 않았더라면 6월민주항쟁이 일어났을까. 4·13호헌조치는 박종철고문사망사건에 이어 다시 민심에 불을 질렀다.

내각제와 타협하려는 '이민우 구상'에 부정적이던 김영삼과 김대중은 직선제 개헌을 강력히 추진하고자 4월 8일 신당 창당을 선언했다. 그러자 74명의 신민당 소속 의원 중 63명이 4월 9일 창당주비위원회에 참석했다. 창당주비위원회는 김영삼을 중심으로 4월 13일 통일민주당 발기인대회를 개최했다. 발기인대회는 원래 예정된 장소가 봉쇄되어 민추협 사무실에서 열렸다.

전두환 대통령은 신당 창당 발기인대회가 열린 4월 13일에 맞춰 특별 담화를 발표했다. 이날 그는 "이제 본인은 임기 중 개헌이 불가능하다고 판단하고, 현행 헌법에 따라 내년 2월 25일 본인의 임기 만료와 더불어 후임자에게 정부를 이양할 것"이라고 말해, 이제 대통령 선거방식이 바뀌어야 하고 더 이상 전두환식 통치는 받아들이기 어렵다고 생각하던 시민들에게 찬물을 끼얹었다. 개헌은 88올림픽 뒤로 미뤄졌다.

전두환이 김영삼과 김대중의 신당 창당으로 내각제로의 합의제 개헌이 불가능하다고 판단하여 '4·13호헌조치'를 내렸다는 주장도 있으나, 호헌조치는 그 이전에 결정이 나 있었다. 그는 2·7추도대회가 보름쯤 지난 2월 23일 개헌논의를 유보하는 내용의 특별성명을 낼 것이라고 말했다고 한다.(박철언, 2005a, 250쪽) 3월 9일에는 김성익 비서에게 '개헌논의 중지 선언'에 대비한 초안을 마련하라고 지시했다. 그때는 국가안전기획부에서도 초안이 마련되어 있었다.(김성익, 1992, 308쪽) 결국 호헌조치는 언제 발표할 것인가의 문제만 남아 있었던 것이다. 전두환은 4월 8일 신당 창당 선언이 있자 신당 발기인대회가 열리는 4월 13일을 발표날짜로 잡고, 4월 9일 이례적으로 특별성명을 내 신당 창당 선언은 합의개헌 말살기도라고 비난하였다.

전두환이 호헌조치를 내놓게 된 데에는 미국의 태도도 작용했다. 여야가 개헌문제를 둘러싸고 첨예하게 대립하면서 미국은 한국 문제에 관심을 기울였고, '이민우 구상'에 호의를 표했다. 1987년 2월 시거 국무부 아시아-태평양담당 차관보는 '여야 간의 합의개헌'을 촉구했고, 다음 달 한국에 들른 클라크 국무부 차관보는 '이민우 구상'에 관심을 보였다. 3월 6일 이목을 집중시키면서 내한한 슐츠 국무장관 역시 여야 간의 타협을 권고했다. 이러한 타협은 직선제에서 한 발 물러서라는 주장이었다. 슐츠 발언에 전두환 정권과 민정당은 반색했고, 김대중과 김영삼은 실망했다. 전두환은 김대중과 김영삼이 미국의 권고를 무시하고 신당을 창당했기 때문에 호헌조치를 한 것으로 내세우면 미국이 강하게 반발하지는 않을 것으로 판단했다.

경찰이 2·7추도대회와 3·3평화대행진을 봉쇄한 것도 전두환이 4·13 조치를 취하는 데 영향을 미쳤다. 전두환은 자신이 얼마나 많은 병력을 동원해 두 대회를 봉쇄했는가 하는 문제는 그다지 중시하지 않았다. 똑같이 대규모로 경찰병력을 동원했는데도 불구하고, 1986년 11월 29일 신민당 중심의 대통령 직선제 개헌쟁취 범국민대회와 달리, 2·7추도대회와 3·3 평화대행진에는 적지 않은 시민들이 호응을 보였고 시위에 참여하기도 했을 뿐 아니라, 서울과 중요 도시에서 시위가 동시다발적으로 일어났는데도 그러한 점을 진지하게 고려하지 않았다. 호헌조치를 하겠다는 결심이 워낙 강했기 때문에 냉정한 판단이 작용할 여지가 좁았던 것이다. 이미 전두환 정권에 대한 시민들의 태도가 달라졌다는 것은 2·12총선과 1986년 봄과 여름에 있었던 KBS시청료거부운동에서 드러났다. 다만 1986년 하반기에 워낙 초강경 일변도로 밀어붙였기 때문에 학생들도, 재야단체도, 시민들도 주춤했을 뿐이었지, 전두환 정권에 대한 시각이 바뀐 것은 아니었다.

4·13호헌조치가 나온 것은 기본적으로 전두환이 호헌만이 퇴임 후 자신의 안전을 보장해줄 수 있을 것이라고 믿었기 때문이다. 1986년 4월 30일 여야가 개헌을 합의하면 수용하겠다고 말한 것은 부산, 광주 등 중요 도시에서 일어난 개헌의 열기를 약화시키고, 야당을 장외투쟁에서 원내로 끌어들이기 위해서였다. 전두환과 민정당이 주장한 합의개헌은 다름 아닌 내각제 개헌이었다. 그것은 내각제 개헌만이 직선제를 회피할 수 있는 유일한 개헌방안이었고, 이승만 정권 말기에 자유당 소속 의원들이 판단하였던 이유와 비슷하게, 내각제에서는 선거방식만 유리하게 해놓으면 여당으로 계속 집권할 수 있을 것이라 계산했기 때문이었다.

어떻든 국민의 다수는 더 이상 국민을 우롱하는 '체육관 대통령'을 원하지 않았고, 민정당도 거듭해서 합의개헌을 하겠다고 다짐했기 때문에, 많은 사람들은 개헌을 기정사실로 여기고 있었다. 때문에 최대한 합의개헌을 존중하는 척하며 시간을 끌다가 더 이상 시간이 허용치 않아서 우선 현행 헌법으로 대통령을 뽑고난 뒤 개헌을 하는 수밖에 없다는 식으로 끌고 가야 했다. 그렇지만 전두환은 1980년 12·12쿠데타에서 보여준 것처럼 선제공격이 최선의 길이라고 믿고 있었다. 그는 개헌논의를 할 수 있는 시간이 여러 달 남았는데도 불구하고 일반사람들이 박종철고문사망사건을 잊을 만할 때 신당 창당에 맞춰 조급하게 호헌문제를 터트린 것이다.

4·13호헌조치에 대해 반공·어용·경제 단체들은 지지를 표명했다. 그러한 단체들 가운데는 대한상공회의소, 한국무역협회, 한국경영자총협회, 이북5도민회중앙연합회, 실향민호국운동중앙협의회, 한국반공연맹, 대한노인회 등 경제단체 또는 각종 안보궐기대회나 독재권력의 창출과 지지에 앞장섰던 단체가 많았다. 서울의 주요 신문도 『동아일보』를 제외하고는 대개 직접, 간접으로 지지를 표명했다. 『조선일보』는 4월 14일자 사설 "4·13 결단을 보고─정국의 전환과 향후의 문제점"에서 대통령 단임 실천을 크게 평가했다.(정상모, 2007, 120~122쪽) 하지만 미국은 전두환의 성급한 행위를 달가워하지 않았다. 미 국무부는 즉각 "다음 정부가 개방적이고 넓은 기반을 갖는 것이 중요하다고 생각한다"라고 논평했다.

4월 13일 호헌발표 당일부터 4·13호헌조치에 대한 반대투쟁이 시작되었다. 이날 대한변호사협회가 개헌은 누구도 중지할 수 없다는 내용의 성명을 냈고, 전북인권선교협의회는 결연히 투쟁할 것을 선언했다. 4월 14일에는 KNCC, 전국목회자정의평화실천협의회, 광주NCC 인권위원회, 기독교장로회전북노회 등 개신교 단체에서 호헌철회 또는 직선제 쟁취 등을 주장하는 내용의 성명을 냈다. 4월 19일에는 민주언론운동협의회, 민중문화운동협의회 등 문화운동 6개 단체가 공동으로 장기집권 음모를 규탄했다.

4월 19일 서울 국립4·19민주묘지 주변에서는 3·3평화대행진 이후 처음으로 규모가 큰 격렬한 시위가 벌어졌다. 오후 2시부터 시작된 민통련 주최의 4·19기념식은 각 참여단체들이 성명서를 낭독하면서 두 시간 이상 진행되었다. 4시 30분경 3,000여 명의 시위대가 시내로 진출하고자 하였다. 이에 경찰은 최루탄을 일제히 발사하였으며, 시위대와 충돌했다. 전경들은 시위자를 체포하기 위해 여기저기서 개인 집 담장을 뛰어넘었다. 이날 358명(학생 289명)이 연행되었다.

4월 21일과 22일에는 파급력이 큰 호헌반대투쟁이 전개되었다. 박종철 고문사망 이후 결속력이 강한 민주화운동을 펼쳐온 천주교가 강경투쟁에 나섰다. 21일 광주대교구 소속 19명의 사제가 4·13조치는 "유신 이래 독재권력에 의해 빼앗긴 정부를 선택할 국민의 권리를 되찾자는 민의를 배반한 것"이라고 지적하고, 29일까지 단식농성을 벌이겠다고 선언했다. 곧이어 전주교구에서 신부 18명이 24일부터 5월 4일까지 단식농성에 들어갔다. 규모가 큰 사제 단식농성은 서울에서 있었다. 서울대교구에서는 신부 62명이 단식기도에 참여했다. 그 뒤를 이어 원주교구 16명, 인천교구 36명, 춘천교구 15명, 마산교구 11명, 부산교구 30명, 대전교구 30명, 수원교구 38명, 청주교구 11명이 단식에 돌입했다. 천주교정의평화위원회는 4월 중순부터 호헌철폐 및 민주제 개헌지지 서명운동을 벌였던바, 5월 4일까지 571명의 신부가 서명했다고 밝혔다.

개신교 목회자들도 단식기도에 돌입했다. 4월 27일 전남 목회자정의평화실천협의회 소속 목사 29명이 단식에 돌입했다. 그리고 5월 4일에는 서울 목회자협의회 소속 목회자 30여 명이 삭발하고 무기한 단식기도에 들어갔으며, 각 지역의 목회자들(인천 32명, 춘천 14명, 부산 15명, 공주 30명, 서울예장목회자협의회 34명, 대전 33명, 충주 14명, 광주 30명)도 단식에 들어갔다. 이 밖에 많은 목회자와 단체에서 호헌반대 성명을 내거나 단식을 했다. 불교계에서도 정토구현승가회 등 불교 4개 단체 소속 40여 명이 4월 30일 철야농성을 벌였다. 함석헌, 송건호, 박형규 등 재야인사 28명도 4월 22일부터 단식농성에 들어갔다.

한편, 교수들은 4월 22일부터 시국성명을 발표하기 시작했다. 교수들의 시국성명은 특히 파급력이 컸다. 교수들의 시국성명은 1986년에도 가장 먼저 했던 고려대 교수 30명의 "개헌문제에 관한 우리의 견해"라는 제목의 성명서 발표로부터 시작되었다. 그 뒤를 이어 4월 28일 광주가톨릭대에서 16명이, 그다음 날 서강대 교수 28명이 성명서를 냈다. 4월 30일에는 성균관대에서 43명, 가톨릭대에서 15명이 발표한 것에 이어, 서울대에서는 122명이 5월 1일에 "현 시국에 대한 우리의 견해"를 발표했다. 1986년에도 교수들은 3월 28일부터 5월 15일까지 29개 대학에서 783명이 시국선언문 발표에 참여하였고, 성균관대, 외국어대, 서울대 등의 대학원생이 시국선언에 나섰는데, 이번에 규모가 훨씬 커진 것이다. 교수들의 성명은 전국 각 대학으로 파급되어 5월 30일까지 50개 대학에서 1,530명이 참여했다. 대학원생들은 교수들의 시국선언을 지지하는 성명서를 냈다.

4·13호헌조치 반대투쟁은 전국 각지에서 그야말로 각계각층의 여러 직업인들이 참여했다. 1919년 3·1운동 이후 처음 보는 놀라운 현상이었다. 여성단체연합, 민중미술협의회 등 6개의 문화단체, 문인, 연극인, 화가·미술평론가·조소공예가·사진작가·만화가 등 미술인과 법조인, 민주화실천가족운동협의회, 서대문구치소 양심수, 해직교사, 전·현직 의원, 의사, 약사, 한의사, 간호사, 영화인, 대중연예인 등이 호헌반대 성명서를 발표했다. 5월 7일에는 전국금융노조연맹 산하 13개 노조가 한국노총의 호헌지지 성명을 반대하는 내용의 성명서를 냈다.

김영삼 등의 신당은 김대중이 자택에 연금되고 이철 의원이 전격 기소되는 등 전두환 정권의 모진 탄압을 받으면서도 전열을 정비해나갔다. 4월 17일 김영삼 통일민주당창당준비위원장은 현행 헌법 아래에서는 대통령선거에 불참하겠다고 선언했다. 지구당 창당 행사장에는 백주에 각목과 쇠파이프를 든 깡패들이 난동을 부렸다. 이와 같은 방해공작에도 불구하고 창당작업은 진척되어 문민정치, 직선제, 국민저항권 등이 명시된 정강시안 발표에 이어 4월 29일 소속의원 67명이 원내교섭단체 등록을 마쳤고, 5월 1일 드디어 창당대회를 가졌다.(총재 김영삼) 그런데도 민정당은 통일민주당을 대화의 파트너로 인정하려 하지 않았고, 검찰은 김영삼 총재 취임사와 정강정책이 국가모독이라며 관계자들을 조사하겠다고 계속해서 위협했다.

1987년 새 봄을 맞아 학생운동권에도 변화가 있었다. 1986년 하반기 서울대는 NL(민족해방)계의 구국학생연맹사건으로 된서리를 맞아 움츠러들었으며, 10월 31일에는 1,525명이 연행되어 1,288명이 구속된 건국대사건이 발생했다. 이후 각 대학 NL계는 선도적 정치투쟁, 전위조직노선 중심의 학생운동을 반성하고 대중 중심의 운동으로 전환했다. 그해 11월 총학생회 선거가 있었던 대학에서는 NL계와 제헌의회파로 불리는 CA계가 맞서 NL계가 대부분 승리했다. 1987년 3월의 총학생회 선거에서도 서울대, 고려대, 연세대 등 주요 대학에서 대동단결과 대중노선을 주창한 NL계가 승리했다. NL계가 학생회를 장악한 대학들은 대부분 학내에서 대중규합에 힘썼고, 4·19기념식 때만 가두투쟁을 전개했을 뿐이다. 5월 초 서울지역을 동·서·남·북으로 나누어 각 지구 대표자협의회 발족식을 가진 학생들은 5월 8일 서울지역대학생대표자협의회(약칭 서대협)를 조직했다. 서울에서 학생들의 주력조직이 탄생한 것이다. 이 협의회 발족식에 참석한 18명의 각 대학 총학생회장은 경찰에 의해 긴급 수배되었다.(이인영, 1997, 66~72쪽; 김병식, 2007, 184~191쪽)

학생들의 대중노선은 반드시 성공적이었다고 보기는 어렵다. 서대협은 5월 18일부터 23일까지를 5·18주간으로 선포하고 대학별로 다양한 문화행사를 가졌다. 이 기간에 정치투쟁은 약했고, 학생들의 문화행사 참여도 적극적이지 않았다. 학생 대중의 적극적인 참여는 다른 계기, 곧 5·18 고문조작 폭로에 의한 새로운 상황에 크게 힘입었다.(한국기독교사회문제연구원 편, 1987a, 240~241쪽)

5·18고문조작 폭로와 민주대연합 강화

5월 18일, 전국 62개 대학에서 2만 2,000여 명이 5·18추모집회를 갖거나 시위에 나섰다. 전날 36개 대학에서 1만 3,000여 명이 추모집회·시위에 참여한 것보다 더 컸고, 이해 들어 가장 큰 규모의 시위였다. 광주 원각사에서는 대한불교청년회 광주지구 주관으로 '5·18추모법회'를 열었다. 그런데 법회 도중 무장전경들이 사과탄을 법당 마당과 대웅전에 터트리며 난입하여 청년회원 13명을 연행한 것이 불교계를 자극했다. 이에 대한 규탄집회와 농성이 불교단체와 사찰로 이어져 1986년 9·7해인사 승려대회 이후 꾸준히 커가던 불교계의 민주화운동 토대를 한층 넓혔다.

5·18민중항쟁 7주년이 되는 1987년 5월 18일은 민주화운동사에서 또하나의 전기를 마련한 의미 있는 날이었다. 이날 4·13호헌조치 반대투쟁을 한 단계 끌어올리고 민주화운동을 크게 고양시킨 고문조작 폭로가 행해졌다. 오후 6시 30분 2,000여 명의 신자와 재야인사들이 참석한 가운데 명동성당에서 '광주민주항쟁 제7주기 미사'가 열렸다. 김수환 추기경의 강론과 미사가 끝나고, 제2부 행사가 시작되었다. 정의구현사제단을 대표해 김승훈 신부가 "박종철 군 고문치사사건의 진실이 조작되었다"라는 내용의 원고를 읽었다. 참석한 모든 사람을 깜짝 놀라게 한, 엄청난 위력의 폭탄선언이었다.

김승훈 신부는 박종철을 고문하여 사망에 이르게 한 진짜 범인은 경위 황정웅, 경사 방근곤(경장 반금곤의 오기임), 경장 이정오(이정호의 오기임)로서, 그들이 현재 경찰 신분을 유지하고 있다고 지적하고, 사건의 조작을 담당하고 연출한 사람들은 치안본부 대공수사2단장 전석린 경무관, 유정방 경정 등이라고 밝혔다. 그리고 강민창 전 치안본부장이 사건은폐 및 범인조작에 개입한 흔적이 확실하다고 말했다. 정의구현사제단의 발표는 구속된 두 경찰관이 감방 안에서 말한 것에 많이 의존했기 때문에, 관련된 경찰관 이름에 부분적으로 착오가 있었고, 이미 구속된 두 경찰관도 박종철 고문사망과 관련이 있는데도 그 점을 제대로 지적하지 못한 점을 제외하고는 나중에 거의 다 사실로 드러났다.

언론은 정의구현사제단의 발표를 짧게 보도했고, 검찰은 처음에는 '상식적으로 불가능한 일'이라고 언급했으나, 사제단 발표가 너무나 상세했기 때문에 모른 체할 수 없었다. 검찰은 5월 21일 오후 6시 기자회견을 통해 고문경관이 세 명 더 있다고 발표했다. 다음 날인 5월 22일『동아일보』는 1면 머리기사로 치안본부 5차장 박처원 치안감이 참석한 경찰 간부모임에서 범인축소 조작이 있었다는 놀라운 사실을 보도했다. 이날부터『동아일보』를 위시해서 언론은 박종철 사망 직후처럼 대대적으로 고문 은폐·축소 조작에 대해서 보도했다.

5월 22일 서울대 등 전국 18개 대학에서 5,800여 명이 4·13철회 요구, 고문축소 조작 규탄시위를 벌였다. 대학가가 뜨거워지고 있었다. 이날 고위당정회의가 오전과 오후에 걸쳐 두 차례나 열렸다. 오전 회의에서는 공범 세 명을 추가 구속하는 것으로 수사를 종결지을 것으로 알려졌는데, 오후 회의에서 분위기가 바뀌어 '상급자의 축소 조작 모의'까지 수사하는 것으로 급선회했다. 민정당의 노태우 대표, 이춘구 사무총장은 정부 측 책임을 추궁했다. 23일『동아일보』는 김성기 법무부장관, 서동권 검찰총장이 경찰의 범인 축소·은폐를 석 달 전부터 알면서 묵인했다고 1면 톱으로 보도했다. 민심은 걷잡을 수 없이 악화되고 있었다. 통일민주당은 내각 총사퇴를 거듭 요구했다.

5월 26일 오전 긴급 소집된 임시국무회의에서 내각 일괄사표 제출이 있었고, 규모가 큰 개각이 진행되었다. 국무총리와 부총리, 안기부장, 내무부장관, 법무부장관, 재무부장관, 법제처장, 검찰총장 등이 바뀐 대폭 개각이었다. 총리에 전두환의 신임이 컸던 노신영이 물러나고 전남 출신의 온건한 이한기가 임명된 것, 내무부장관에 전북 출신의 합리적인 고건이 임명된 것도 눈에 띄지만, 특히 안기부장이 바뀐 것은 의미가 컸다. 전두환의 분신으로 3년 7개월 동안 경호실장을 지냈고, 2년 3개월간 안기부장으로 있으면서 초강경 일변도로 권력을 휘둘렀던 장세동이 물러난 것은 박종철 고문사망 문책인사에서 내무부장관이 되었던 정호용의 동반퇴진 공작이 주효했기 때문이었다.(박보균, 1994, 67~70쪽) 새로 안기부장이 된 안무혁은 상대적으로 온건했고, 노태우 쪽에 가까웠다. 언론은 이번 개각으로 노태우 중심으로 결속했다는 인상을 준다고 평했다. 안기부 제1차장, 치안본부장, 서울시경 국장까지 바뀌어 시위 대응과 관련된 부처의 책임자가 전부 바뀜으로써 '권력 핵심'에서 새로 팀워크가 이루어지는 데 시간이 필요했다는 점도 6월민주항쟁과 관련해 생각해야겠지만, 노태우 쪽과 같이 새로 정권을 맡겠다는 자들이 점차 물러나지 않을 수 없게 된, 전두환 권력을 보위했던 자들과는 정국 운영이나 시국 판단에 상당히 차이가 있었다는 점을 중시해야 할 것이다. 검찰은 5월 29일 대공수사의 대부로 불렸던 치안본부 5차장 박처원 치안감 등 경찰 고위간부 세 명이 사건조작음모에 가담했다고 발표하고, 박처원 등 관련자들을 구속했다. 강민창 당시 치안본부장은 1988년 1월에 가서야 박종철 사체 부검의사 황적준의 일기장이 근거가 되어 직권남용 등의 혐의로 구속되었다.

1987년 5월에는 야당·재야·학생들의 민주대연합이 강화되었다. 2·7 추도대회 등으로 정당·재야 인사들 및 고문공대위 실무대표들의 관계는 더욱 공고해졌다. 재야 측 각 부문 실무대표들은 자신들의 지도부에 협의 내용을 보고하면서 논의를 해나갔다. 새 단체를 조직하는 데 제일 크게 논란이 된 것은 정치인 문제였다. 개신교 측은 정치인과 협력은 하되 같은 틀에 묶는 것은 문제가 있다고 보았고, 민통련은 야당이 책임 있게 참여하는 연합전선이 필요하다고 역설했다. 야당도 망설였으나 천주교 측이 민주세력을 망라하자고 주장해 정치인이 조직에 참여하는 것으로 합의를 보았다. 조직은 '위원회'나 '연합'이 아닌 '운동본부'로 하기로 결정했다. 5월 20일 각 부문의 실무대표 약 15명이 모여 명칭을 '호헌철폐 및 민주헌법쟁취 국민운동본부'로 합의했다.(황인성, 1997, 41~42쪽) 바야흐로 6월민주항쟁에서 구심적 역할을 하는 '국본'이 탄생하고 있었다.

5월 27일 아침 7시에 새 단체 발기인대회 장소는 경찰이 눈치 채지 못하고 있는 사이에 향린교회로 정해졌다. 전국에서 2,191명의 발기인을 대표해 계훈제, 박형규, 김상근, 최형우, 김동영, 양순직 등 150여 명의 각계 인사들이 모였다. 원래 결성대회는 다음 날 가질 예정이었으나, 전두환 정권의 방해를 생각해 발기인대회와 함께 가지기로 했다. 경찰은 새 단체 쪽에서 기자들에게 발기인대회 개최 사실을 알릴 때까지 모르고 있었다. 발기인대회에서는 조직명칭을 '민주헌법쟁취국민운동본부'(약칭 국본)로 확정하고, 4·13조치는 건국정신과 민주화를 부정하는 것이므로 도덕적·법률적으로 당연히 무효라고 선언했다. 그리고 현행 헌법 및 집시법, 언론기본법, 형법과 국가보안법의 독소 조항, 노동관계법 등 모든 악법의 민주적 개정과 무효화를 위한 범국민적 운동을 벌이고, 5·18민중항쟁 등 각종 사건의 진상을 규명하고, 민주인사 석방 및 복권 실현을 위해 노력할 것을 다짐했다. 또한 시청료거부운동, 특정 신문과 신문인 규탄 등 자유언론쟁취 운동을 제창했다. 국본은 단순히 헌법만 바꾸자는 것이 아니었다. 실질적으로 민주화가 이루어질 수 있는 전반적인 변화를 요구하고 있었다.

국본 발기인은 지역대표 352명, 천주교·개신교·불교 등 종교계 대표 683명, 각계 대표 943명, 정치인 213명 등 총 2,191명이었다. (그 후 법조계 73명이 추가되어 2,264명이 되었다.) 함석헌·홍남순·강석주·문익환·윤공희·김지길·김대중·김영삼 등 8명의 고문, 박형규·김승훈·지선·계훈제·

이우정·송건호·박용길·고은·양순직·김명윤·한승헌 등 11명의 상임공동대표, 각계로 구성된 공동대표와 집행위원으로 구성되었다. 상임집행위원으로는 각 부문별로 두 명씩 32명을 선출했다.(위원장 오충일 목사)

한편, 2·7추도대회 등을 이끈 박종철 군 국민추도회 준비위원은 135명 중 이민우가 빠져 134명이 되었다. 이들은 5월 23일 회합을 갖고, 전당대회를 열어 민정당 대통령 후보를 정하는 6월 10일에 범국민적 규탄대회를 갖기로 했다. 그런데 국본이 5월 27일 출범함에 따라 주최단체를 국본으로 변경해 6월 10일에 '고문살인 은폐 규탄 및 호헌철폐 국민대회'를 치르기로 했다.

5월 18일의 고문 은폐·축소 조작 폭로로 정국과 사회분위기가 바뀌면서, 4·13호헌조치 반대투쟁에 고무되었던 학생들은 문화행사나 학내문제 투쟁에서 '고문·학살정권' 규탄과 군부독재정권 타도로 투쟁의 중심이 옮겨졌다.

5월 23일 민통련은 탑골공원에서 '광주민중항쟁 7주년 범국민 민주영령 추모대회'를 주최하려 했지만, 경찰이 1만 5,000명의 병력을 동원해 저지했다. 그러자 행인들 속에 섞여 있던 300여 명의 학생들이 공원 앞 6차선 도로를 점거해 "호헌철폐, 독재타도"를 외치며 연좌시위를 벌였고, 그러자 순식간에 학생과 시민 2,000여 명이 그 일대 사거리를 꽉 메웠다. 완전무장을 한 경찰이 최루탄을 무수히 쏘아댔고, 전경들이 방패로 내리치며 연행하려고 했지만, 거대한 사슬로 묶은 듯 100여 명의 학생들이 비를 맞으면서도 완강히 버텼다. 학생들이 전경에게 질질 끌려가면서 "독재타도"를 외치자, 지켜보던 시민들이 전경들을 향해 야유를 보내며 거칠게 항의했다. 이날 1,284명이 연행되고 6명이 구속되었다.

5월 25일 전국에서 24개 대학 7,500여 명의 학생들이 교내에서 박종철사건 조작 규탄, 호헌철폐 등을 외치며 시위를 벌였다. 서울대 분위기도 점차 뜨거워졌다. 26일 300여 명이 아크로폴리스 광장 앞에서 박종철사건 철저규명 등을 외치며 3일간 수업을 거부하기로 결의했다. 이날 전국에서 27개 대학 6,700여 명의 학생들이 시위를 했다. 국본이 결성된 27일 서울 대생 5,000여 명이 다시 박종철고문사망사건 범인조작 규탄대회를 열고 1,000여 명이 가두시위를 벌였다. 이날은 전날보다 시위학생이 늘어나 27개 대학에서 1만 1,000여 명의 학생들이 각종 집회와 시위를 가졌다. 28일 서울대생 1,500명이 가두투쟁 보고대회를 갖고 동맹휴업투쟁을 전국민투쟁으로 연결시킬 것을 촉구했다.

5월 8일 학생들은 총학생회 차원의 연대조직이자 전국학생연합조직을 지향하는 과도적인 조직으로 서대협을 결성했지만, 선도투쟁을 담당할 특별위원회나 각 특위 간의 연대문제에서 합의를 보지 못하고 논란을 벌이고 있었다. 5월 29일 서울지역 대학의 특별위원회 연합체로 '호헌철폐와 민주개헌 쟁취를 위한 서울지역학생협의회'(약칭 서학협)를 결성하고 그 산하에 6·9, 6·10총궐기위원회를 두었다. 학생들의 대중노선은 바로 민주대연합으로 연결될 수 있었다. 서학협은 발족선언문에 국본 가입을 명기했으나 받아들여지지 않았다. 그렇지만 학생·재야·야당 간의 민주대연합은 실질적으로 이루어져 있었고, 서대협·서학협은 국본과 보조를 맞추며 전 역량을 6월민주항쟁에 쏟았다. 지방 학생들 또한 그 지역 국본에 가입하기도 했지만, 그러한 것에 상관없이 일체가 되어 싸웠다. 서대협·서학협이 자신들의 주요 정치이념인 민족 자주를 내세우지 않고 민주대연합에 충실하게 군부독재 타도와 직선제 쟁취에 나선 것도 6월민주항쟁의 역량을 최대화하는 데 기여했다. 그러나 그것을 기계적으로 따랐고, 지나칠 정도로 비폭력을 주장함으로써 때로는 대중의 역동성에 따라가지 못하고 경직되어 있다는 비판을 받기도 했다.

학생들의 시위는 5월 29일에도 27일과 비슷한 규모로 계속되었다. 6월에 들어와 각 대학 총학생회는 6월투쟁에 최대한의 역량을 동원하기 위한 활동에 들어갔다. 6월 1일 서대협 소속 13개 대학 총학생회장과 간부 20여 명이 각 대학 총학생회 사무실에서 호헌철폐와 군부독재 종식을 위한 단식농성을 시작했다. 같은 날 고려대 학생 200여 명이 경찰에 연행된 총학생회장이자 서대협 의장인 이인영을 석방할 것을 요구하는 시위를 가졌다. 6월 5일에는 고려대생 3,000여 명이 총학생회장 석방 등을 요구하며 교내시위를 벌였다. 이에 앞서 고려대생 500여 명은 서대협 총학생회장 15명을 포함한 20개 대학 200여 명의 학생들과 합류해 고려대 학생회관에서 철야농성을 했다. 6일에는 서울대, 연세대 등 서울시내 29개 대학 2,000여 명의 학생들이 고려대에서 서대협 주최의 연합대동문화제에 참석했다. 6월 10일을 앞두고 대학은 뜨거워져갔다.

6월 9일 드디어 벅찬 기대를 안고 서울, 부산 등 전국의 각 대학은 '6·10규탄대회 총궐기를 위한 실천대회'를 열고, 6·10대회 참가를 결의하는 출정식을 가졌다. 그런데 이날 뜻밖의 사건이 발생했다. 이한열이 최루탄에 맞아 중태에 빠진 것이다. 연세대에서 오후 2시에 열린 '구출학우 환영 및 6·10대회 출정을 위한 연세인 총궐기대회'는 민가협의 구속자 어머니들이 40여 명 참석해 더욱 뜨거웠다. 식이 끝난 뒤 학생들은 스크럼을 짜고 교문으로 나섰다. 지랄탄과 사과탄이 날아오고 격렬한 공방이 계속되었다. 일진일퇴의 공방이 이어지면서 오후 5시 5분경 학생 50여 명이 교문 밖 5m 지점까지 진출했다가 경찰 최루탄에 쫓겨 학교 안쪽으로 뛰어들어가는 순간, 최루탄 10여 발이 뿌연 공기를 가르며 직격으로 날아들면서 최루탄 하나가 이한열의 뒷머리를 강타했다. 경영학과 2학년생인 이한열은 그날 '백골단'의 기습에 대응하기 위해 각목이나 화염병으로 무장하여 전면에 배치된 학생 중 한 명이었다.

우리나라의 근현대사는 3·1운동, 6·10만세운동, 4월혁명이 말해주듯

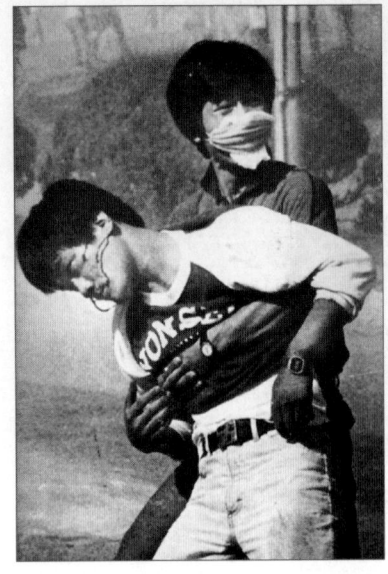

6·10대회 당시 최루탄에 맞아 피를 흘리며 축 늘어진
이한열을 한 학생이 안고 가는 모습

한 사람의 죽음이 중요한 역할을 했다. 6월민주항쟁에서는 박종철과 이한
열 두 학생이 그러한 역할을 했다. 이한열의 뒷머리에서 나온 피가 얼굴로
흘렀고, 코에서도 피가 나는 상태에서 몸이 축 늘어졌다. 축 늘어진 이한열
을 한 학생이 안고 가는 모습은 1960년 4월 19일 아침신문에 실린, 깡패들
에 의해 고려대 시위학생들이 습격당한 사진이 '피의 화요일'인 4·19에 영
향을 미친 것과 비슷하게, 6월민주항쟁 내내 학생들과 시민들의 가슴에 살
아남아 있었다. 신문은 거의 매일 3, 4단 그리고 뒤에 가서는 1단으로 죽어
가는 이한열의 상태를 실황 중계하듯 보도했다. 1987년 1월부터 6월민주
항쟁에 이르기까지 박종철의 죽음이 산 자를 계속해서 깨어 있게 하여 거
리로 나서게 했는데, 6월 9일부터 병실에서 이한열이 죽어가는 모습도 산
자로 하여금 오열을 삼키며 거리에서 자욱한 최루탄 가스를 뚫고 "독재타
도"를 외치게 했다.

2
6월민주항쟁의 전개

항쟁의 시작—6·10국민대회

5월 27일 결성되어 6월 1일 기독교회관 312호실에서 현판식을 가진 국민 운동본부는 6월 5일에 고문과 공동대표 명의로 "6·10국민대회에 즈음하여 국민께 드리는 말씀"과 "6·10국민대회 행동요강"을 발표했다. 행동요강의 주요 내용은 다음과 같다.

1. 6월 10일 오전 10시 이후 각 부문별, 단체별로 고문살인 조작 규탄 및 호헌철폐 국민대회를 개최한 후 오후 6시를 기하여 성공회대성당에 집결, 국민운동본부가 주관하는 국민대회를 개최한다.

2. ① 오후 6시 국기하강식을 기하여 전 국민은 있는 그 자리에서 애국가를 제창하고

② 애국가가 끝난 후 자동차는 경적을 울리고

③ 전국 사찰·성당·교회는 타종을 하고

④ 국민들은 형편에 따라 만세삼창(민주헌법 쟁취 만세, 민주주의 만세,

대한민국 만세)을 하든지, 제자리에서 1분간 묵념을 함으로써 민주쟁취의 결의를 다진다.

⑤ 국민대회는 우천 불구 진행한다.

3. 경찰이 폭력으로 대회 진행을 막는 경우

① 전 국민은 비폭력으로 이에 저항하며

② 연행을 거부하고

③ 연행된 경우에도 일체의 묵비권을 행사한다.

4. 전 국민은 오후 9시부터 9시 10분까지 10분간 소등하고 KBS·MBC 뉴스 시청을 거부함으로써 국민적 합의를 깬 민정당의 6·10전당대회에 항의하고, 민주쟁취의 의지를 표시할 수 있는 기도, 묵상, 독경 등의 행동을 한다. (중략)

9. 각 도시 등 지방에서도 위와 같은 행동요강으로 국민대회를 진행하되 시간과 장소는 지역의 편의에 따라 할 것이며, 각계각층이 총망라하여 준비위원회를 구성하여 국민대회를 가져주기 바란다.

이 외에도 국본은 행동요강에서 경찰의 방해로 국민대회가 무산되면 부문별, 단체별로 편리한 장소에서 익일 아침 6시까지 단식농성을 하고, 국민대회 참가를 권유하는 '전 국민 전화 걸기'를 전개하고, 반드시 평화적으로 참여하라고 당부했다.(5·6·7항) 그리고 성공회대성당에서의 대회 식순은 추후 발표하겠다고(8항) 밝혔다.

6·10대회장인 성공회대성당에는 6월 7일부터 9일까지 가택연금을 피해 박형규, 계훈제, 양순직, 김명윤, 오충일, 금영균, 제정구, 지선 스님, 진관 스님, 유시춘 등 국본 간부 20여 명이 미리 들어가 있었다. 같은 날 전두환 정권은 서울에서 일제 검문을 시작했다. 6월 8일 내무부장관과 법무부장관 합동으로 6·10대회는 불법이므로 원천 봉쇄하겠다는 내용의 담화를

발표했다. 이날 오후부터 국본과 민주당은 6·10국민대회 안내와 참여를 촉구하는 내용의 전단을 뿌렸다. 경찰은 6·10갑호 비상령이 내려진 가운데 5만 8,000명을 투입하여 6·10봉쇄작전에 들어갔다. 성공회대성당 등을 봉쇄하고 민추협과 110개 대학을 야간에 전격 수색했으며, 6월 9일 아침부터 재야인사들을 가택 연금했다.

6월 10일 오전 10시 '민정당 제4차 전당대회 및 대통령 후보 지명대회'가 일사천리로 진행되었다. 6월 2일 공식적으로 민정당 간부들에게 노태우가 자신의 후계자라고 말했던 전두환은 전당대회장에서 "정치권 밖에서 폭력으로 혼란을 조성하는 일은 평화적 정부교체를 방해하는 행위로서 어떠한 희생이 있더라도 단호히 대처할 것"이라고 천명했다. 대통령 후보로 지명된 노태우는 지명수락 연설에서 "양 대사(대통령 선거와 88올림픽) 이후에 내각제 합의개헌을 관철하겠으며, 민주발전을 위해 누구와도 대화하겠다"라고 말했다. 『조선일보』는 5면의 대부분을 노 후보의 인생과 정치철학 소개에 할애했다.

같은 시각에 열린 민주당·민추협의 영구집권음모규탄대회에서 김영삼 민주당 총재는 "지금 이 시간 민정당은 4천만 국민의 뜻을 무시한 채 역사 속의 치욕스럽고 부끄러운 '돌아올 수 없는 다리'를 건너고 있다"라고 지적했다. 경찰에 의해 이 규탄대회에 들어가지 못한 200여 명의 당원은 "더 이상 못 속겠다. 거짓정권 물러가라"라고 외치며 시위했다. 규탄대회장 부근에 수백 명의 시민들이 몰려와 무교동 일대는 교통 혼잡이 벌어지는 가운데, 경찰과 당원들 사이에 밀고 밀치는 몸싸움이 일어나자, 일부 시민은 당원들에게 박수를 보내고 연행하는 경찰에게 야유를 보냈다. 민추협의 고성능 스피커 세 대는 카랑카랑한 여성의 목소리로 시민의 호응 속에 "행동하는 국민 속에 박종철은 부활한다" "고문당하고 있는 우리의 아들딸들을 즉각 내놓아라" "직선제 민주개헌을 실시하자"라고 계속 외쳐댔다.

성공회대성당 출입문 위에는 "고문살인 은폐 및 호헌철폐 국민대회"라고 쓰인 대형 플래카드가 내걸렸다. 국본은 민정당 전당대회가 열리는 시각인 10시에 맞춰 옥외 스피커를 통해 민정당 대통령 후보 선출 무효화를 선언했다. 국본은 "국민 합의를 배신한 4·13호헌조치의 무효를 전 국민의 이름으로 선언한다"라는 제하의 국민대회 선언문과 결의문 등을 미리 배포했는데, 선언문에서 "오늘 우리는 전 세계 이목이 주시하는 가운데 40년 독재정치를 청산하고 희망찬 민주국가를 건설하기 위한 거보를 전 국민과 함께 내딛는다……. 꽃다운 젊은이를 야만적인 고문으로 죽여놓고…… 국민을 속이려 했던 현 정권에게 국민의 분노가 무엇인지를 분명히 보여주고, 국민적 여망인 개헌을 일방적으로 파기한 4·13폭거를 철회시키기 위한 민주장정을 시작한다"라고 엄숙히 선언했다. 결의문에서는 "이 땅에 진정한 민주헌법을 확립하고 민주정부를 수립하기 위해 온 국민이 참여할 수 있는 평화적인 모든 수단과 방법을 총동원할 것"이라고 다짐했다.

경찰은 서울시내에 160개 중대 2만 2,000여 명을 배치했다. 대회장 주변과 성공회대성당으로 통하는 골목 세 개는 오전 8시부터 철제 바리케이드를 치고 완전 통제하였다. 당국은 버스·택시 회사에 차량경음기를 제거하고 운전기사 교대시간을 바꾸게 했다. 행인들의 애국가 제창을 막기 위해 일선 동사무소, 파출소, 각급 학교는 매일 오후 6시 하기식에 맞춰 확성기를 통해 해오던 애국가 옥외방송을 중단하도록 지시했다.

오후 1시경부터 서울시내 여러 곳에서 가두시위가 벌어졌다. 오후 4시 45분경 을지로 2가 로터리에서 서울대, 성균관대, 총신대 학생 500여 명이 "우리의 소원은 민주"라는 노래를 부르며, "호헌철폐, 독재타도" 등의 구호를 외치자, 맞은편 롯데쇼핑센터 앞에 모여 있던 군중들이 태극기를 흔들며 호응했다. 학생들은 차도를 점거하고 연좌농성을 벌이다가 경찰이 사과탄을 마구 쏘자 5시 10분경 흩어졌다. 이태영, 이우정 등 여성단체 회

도로를 점거한 시위대를 진압하기 위해 돌진하는 경찰들

원들과 민가협 회원 200여 명은 5시경부터 삼성본관 빌딩 앞에서 "성공회 쪽으로"라는 구호를 외치다 제지당했다. 이들은 최루탄에도 흩어지지 않고 길바닥에 주저앉아 노래를 부르며 격렬히 저항했다. 경희대, 외국어대 학생 500여 명은 5시 6분경 성북역과 인천 사이를 왕래하는 전동열차를 신이문역에서 가로막아 세우고 남영역에서 하차해 "호헌철폐" 구호를 외치며 철로변 자갈을 집어던지는 등 경찰과 싸웠다. 이로 인해 5시 35분경부터 30분간 열차운행이 중지되었다.

오후 5시경 한승헌, 홍성우, 황인철, 강신옥, 고영구, 하경철, 조영래, 이상수 등 국본 참여 변호사 27명은 변호사회관에서 성명서를 읽은 뒤 성공회대성당으로 향했다. 이들은 광화문사거리에서 저지당하자 태평로파출소 앞에서 몸싸움을 벌이다가 다시 변호사회관으로 돌아와 다음 날까지 농성했다. 김영삼 총재와 국회의원, 민추협 회원 50여 명은 5시 35분경 노란 완장을 차고 차량 세 대를 앞세워 군중 450여 명과 함께 성공회대성당 쪽으로 행진했다. 이 무렵 지하철 1호선의 서울역, 시청역, 종각역과 2호선의 을지로입구역 등 11개 역이 폐쇄되었다.

1926년 6·10만세운동으로부터 꼭 61년째인 6월 10일, 하루 종일 겹겹이 에워싸인 채 오후 6시 국기하강식에 맞춰 성공회대성당에서는 국본 간부들과 성공회 성직자 등 70여 명이 오충일 국본 상임집행위원장의 사회로 국민대회를 진행했다. 확성기를 통해 애국가가 울려 퍼졌고, 이어서 해방 후 42년간의 독재에 종식을 고하고 새로운 민주정치의 장을 열게 하기 위해, 그리고 분단 42년을 상기하자는 뜻에서 종소리가 42번 울렸다. 이 시간 태평로 거리 연도는 시민들로 가득 메워졌다. 시민들이 모이는 것을 막기 위해 경찰이 최루탄을 터뜨렸으나, 시민들은 야유를 퍼부으며 골목으로 흩어졌다가 다시 모였다. 6시 성공회대성당의 종소리가 울리자 남대문 쪽에서 태평로로 달려오던 민주당 지도부의 차를 비롯해 여러 대의 차량이 경적 울리기를 선도했다. 그러자 시내버스 등 차량들이 경적을 울렸고, 버스 안의 승객을 비롯해 시민들이 박수를 치면서 "독재타도" "호헌철폐" 등의 구호를 외쳤다. 김영삼 총재 일행은 성공회대성당 앞까지 갔으나 경찰의 제지를 받았다. 그곳에서 몸싸움을 벌였으나 결국 뚫지 못하고 삼성본관 빌딩 쪽으로 갔다.

이날 저녁과 밤 시위는 예전과 달랐다. 신세계백화점, 롯데쇼핑, 회현동과 퇴계로, 남대문시장 일대에서 시가전을 방불케 하는 시위가 벌어졌다. 회현동 일대에 운집해 있던 학생·시민 등 3,000여 명이 신세계백화점 뒤 고가도로를 점거하면서 남산3호터널에서 신세계백화점 앞 로터리 일대에 이르기까지 '격전'이 계속되었다. 이 공방전에서 전경들의 저지망이 붕괴되었고, 전경 40여 명이 시위 군중에 둘러싸여 구타당하기도 했다. 한때 남산3호터널에서 롯데쇼핑에 이르는 거리는 2만여 명의 시위대에 의해 거리가 점거되었다. 8시경에는 500여 명의 학생들이 퇴계로 2가 파출소를 점거했다가 경찰에 의해 밀려났으나, 다시 2,000여 명의 시위대가 점거했다. 이때 전경 20여 명이 시위대에 붙잡혀 무장 해제되었다. 회현고가도로 일대는 꽤 오랫동안 교통이 마비되었다. 부근의 점포에 있던 상인들은 학생들을 숨겨주고 셔터를 내린 후 음료수를 제공했다.

저녁 9시가 되자 국본의 행동요강에 맞춰 여러 아파트지역에서 잠시 불빛이 사라졌다. 9시 30분경부터 도심 시위가 다소 소강상태에 들어갔다. 9시 40분경 신세계백화점 앞 인도에서 2,000여 명의 시민과 학생이 침묵시위를 했다. 10시경 갑자기 2,000여 명의 학생이 종로 2가에 다시 몰려들어 관철동 일대 골목에서 경찰과 쫓고 쫓기며 11시경까지 시위를 벌였다.

8년 전에 부마항쟁이 일어났던 부산지역에서는 오후 3시 30분 부산대 등 주요 대학의 학생들이 교내에서 출정식을 갖는 것으로 투쟁이 시작되었다. 6시 국기하강식에 맞춰 대각사 주변 곳곳에서 군중들이 애국가를 합창하고, "독재타도" "민주헌법 쟁취" 등의 구호를 외쳤다. 비슷한 시간에 광복로 입구의 로얄호텔 앞, 아카데미극장 앞, 자갈치시장 등지에서 시위가 벌어졌다. 8시 30분경에는 시위 군중들이 보수동 로터리에 집결해 투석전과 연좌시위를 하면서, 전경 1개 소대를 무장 해제시키고 전경차량 한 대를 탈취했다. 시위는 11시까지 계속되었다. 마산에서는 3·15탑 부근이 완전 봉쇄된 가운데 오후 7시경 시위대 1,500여 명이 공설운동장에 진입했고, 이로 인해 대통령배 축구대회가 중단되었다. 운동장 안까지 최루가스가 뒤덮이자 경기장 관중들이 합세했다. 시내 중심가 곳곳에서 자정을 넘어서까지 시위가 계속되었다. 대구에서는 오후 5시 40분경부터 시내 30여 군데에서 시위가 있었다. 포항과 울산, 안동에서, 그리고 예정에 없던 경주에서도 시위가 벌어졌다.

오후 5시부터 시작된 광주 시위는 6시 정각 가톨릭센터에서 녹음된 타종이 방송되자 군중이 5,000여 명으로 불어나 태극기를 손에 들고 애국가를 제창했다. 광주공원 부근에서는 밤 10시경 1만여 명의 군중이 시위했고, 다음 날 새벽 5시까지 산발적으로 시위가 있었다. 전주에서는 오후 5시 20분경부터 10시 30분까지 시위가 있었다. 익산에서는 정오에 원광대생들이 출정식을 갖는 것으로 시작해 오후 6시에는 원광대생과 시민 5,000여 명이 도심지에서 시위했다. 시위대는 7시경 1만여 명으로 불어났다. 오후 5시 40분경부터 시작된 대전의 시위는 9시 10분경 4,000~5,000명이 되었다. 청주와 천안, 춘천과 목포, 군산에서도 시위가 있었다.

한편, 오후 4시경부터 시작된 인천의 시위는 주안역, 백운역, 부평시장, 부평4공단, 청천동 등지에서 시민·학생·노동자 등 1만여 명이 집결해 시위를 벌였다. 시위는 밤 11시 30분경까지 계속되었다. 오후 5시 45분경 경원대 학생들의 교내시위로 시작된 성남 시위는 밤 9시 20분경 2만여 명으로 증가했다. 경찰병력은 군중에 파묻혀 보이지 않았고, 수적 열세에 몰려 한때는 최루탄을 발사하지도 못했다. 11시 20분경에는 대중집회를 개최했다. 수원에서도 시위가 있었다.

서울뿐 아니라 성남, 인천, 광주 등 여러 지역에서 시민들이 6·10국민대회에 적극 참여하였는데, 부마항쟁이나 광주항쟁을 제외하고는 이러한 사례를 찾아보기는 어렵다. 22개 도시가 같은 시간에 동일한 행동방침으로 시위를 한 것은 처음 있는 일이었다. 서울, 인천, 성남, 대전 등지에서는 직접민주주의라고 할 만한 대중집회가 열렸다.

서울시경의 한 간부가 "경찰로서 가장 힘들고 길게 느껴졌던 하루였다"라고 말한 것처럼, 동시다발적으로 시위가 크게 일어나면 경찰병력으로 대처하는 데 한계가 있다는 것을 6·10국민대회는 보여주었다. 서울과 성남, 마산 지역에서는 한때 전경이 무장 해제당했다. 16개 파출소가 파손되었고, 부산에서는 민정당사 세 곳이 공격당했다. 경찰차량 6대가 전소되고 17대가 파손되었다.(한국기독교사회문제연구원 편, 1987a, 60쪽) 서울에서 2,392명이, 전국에서 3,831명이 연행되었다. 치안본부는 시위가 전국 20개 도시 104곳에서 벌어졌고, 시위운집 인원은 4만 500여 명이라고 발표했지만, 국본은 22개 도시에서 30만 명이 참여했다고 주장했다.(유시춘, 2007, 230쪽)[*]

민정당은 대통령 후보 선출대회를 가진 날인데도 착잡하고 어수선했다. 특히 저녁에 남산 아래에 있는 힐튼호텔에서 축하연을 가질 때에는 당혹감을 감출 수 없었다. 사회자가 하객들에게 〈선구자〉를 합창하자고 했지만 왠지 어색했다. 노태우 내외가 호텔에 들어섰을 때부터 안에까지 최루가스 냄새가 났다. 7시 10분경 전두환 대통령이 참석해 축배제의를 하자 박수는 쳤지만, 호텔을 나설 때 모두들 손수건으로 코를 막고 재채기를 해댔다. 노태우는 집에 돌아와서 고민에 빠졌다.(조갑제, 2007a, 156쪽)

올림픽 예행연습으로 서머타임이 실시된 데다 하지 무렵이어서 저녁이 되어도 해가 중천에 떠 있어 한낮과 같았고, 8시가 되어도 밝았다. 날씨도 좋아서 저녁·밤 시위를 전개하기에 딱 좋았다. 6월민주항쟁은 주로 저녁과 밤에 큰 시위가 많았다.

항쟁으로의 발전—명동성당 농성과 넥타이부대 시위

아무도 6·10대회가 6월민주항쟁으로 발전하리라고 예측하지 못했다. 국본에서 핵심적인 실무간부로 활동한 황인성은 이렇게 썼다.

[*] 황인성은 24만여 명으로(황인성, 1997, 51쪽), 한국기독교사회문제연구원은 40만여 명으로(한국기독교사회문제연구원 편, 1987a, 8쪽) 기록하였다.

국민운동본부는 이날 전국적인 대회 진행 상황이 2·7, 3·3대회를 훨씬 뛰어넘은 성공적인 대회임을 확인했지만, 이날 점화된 불꽃이 바로 전국에서 2주일 이상 타오르는 독재타도의 화염으로 변화될 것이라고까지는 예상치 못하고 있었다. 다만 6·10대회로 국민의 호헌철폐 의지를 강력하게 표출시키는 계기는 마련하되, 지도부의 구속 등을 초래하고 전민주세력과 군사정권과의 대치선이 더욱 첨예화되는 속에서 계획적이고 체계적인 투쟁을 전개하지 않으면 안 될 것으로 예상되었다. 따라서 성공회대성당에 들어가는 지도부와 바깥에서 이후 계속 투쟁을 담당할 사람들 간에 역할 분담이 이루어져 있었다.(황인성, 1997, 51쪽)

현대 한국 사회에는 시위가 많았지만, 시위가 연일 계속되었던 적은 많지 않다. 4월혁명의 경우 4월 11일부터 13일까지 계속된 제2차 마산 시위가 제일 길었고, 1964년 한일회담 반대투쟁에서 며칠간 서울에서 시위가 계속된 적이 있었다. 부마항쟁의 경우 부산에서 10월 16일부터 18일까지, 마산에서 18일부터 20일 새벽까지 시위가 있었다. 광주항쟁이 5월 18일부터 27일 새벽까지 계속된 것은 특기할 만한 것이다. 3·1운동과 6월 민주항쟁은 비슷한 점이 많은데, 연속적으로 전국 각지에서 시위가 전개되었다는 점에서도 유사성이 있다.

역사는 필연과 우연이 서로 얽히며 전개된다지만, 6·10국민대회가 6월 민주항쟁으로 진전되는 데는 명동성당 농성과 명동 일대에서의 넥타이부대 시위가 중요 계기가 되었다. 명동성당 농성이나 넥타이부대 시위는 우연적인 면도 있지만, 전두환·신군부의 과거행태와 호헌조치를 보면서, 특히 6·10항쟁의 치열함을 목도하면서 필연적으로 일어날 수밖에 없었다.

명동성당 앞마당에서는 6월 10일 오후 4시 반경에 천주교도시빈민사목협의회와 이곳에서 천막생활을 하던 상계동 철거민들이 국민대회 참가에 앞서 자체 집회를 가졌다. 또한 경찰에 밀린 300여 명이 경찰의 차단으로 갇힌 상태에서 이곳에서 연좌시위를 벌였다. 6시 이후 시민들과 신자 및 수녀들이 합세해 9시경까지 시민토론회 등을 가졌다. 10시 이후 퇴계로 쪽에서 밀린 학생들이 몰려와 1,000여 명으로 불어났고, 11시 반경에는 중앙극장 쪽과 로얄호텔 쪽에 입간판 등으로 바리케이드를 쳤다. 농성자들은 서대협 대표, 청년 대표, 시민 대표 등 일곱 명으로 임시집행부를 구성했다.

6월 11일 새벽 4시부터 집행부는 농성해제문제를 가지고 토론을 벌였다. 일부 학생들은 해산을 주장했으나, 집행부와 무관한 일반학생들과 시민 측이 반론을 제기했다. 인명진 국본 대변인이 농성은 국본과 무관하다고 발언한 것이 전해져 비판을 받기도 했다. 오랜 토론 끝에 최소한 12일 12시까지 농성한다는 절충안에 합의를 보았다. 6·10국민대회에 흐뭇한 표정을 짓던 민주당 의원들은 11일 아침 농성 소식을 듣고 표정이 달라졌다. 긴급 총재단·정무회의가 열렸다. 민주당은 농성으로 무슨 일이 일어나지 않을까 두려워했고, 농성자들이 자신들의 편이라는 확신도 서지 않았다.

11일 시위대가 레이건과 전두환, 노태우의 허수아비를 바리케이드 앞에서 화형시켰는데, 이에 자극을 받은 경찰이 10시 55분경 바리케이드와 플래카드를 제거하기 위해 최루탄을 쏘며 밀고 들어갔다. 하지만 500명쯤 남은 농성자들이 화염병과 돌로 완강히 맞서는 바람에 경찰은 밀려났다. 명동 일대에 자욱한 최루가스로 행인들은 눈을 뜰 수 없었고, 상가는 반쯤 철시한 상태였다. 오후 2시경 경찰은 성당 측에 농성자 전원을 연행하겠다고 통고하고 맹공격을 퍼부었다. 우박처럼 쏟아지는 최루탄에 바리케이드가 무너지고, 시위대는 정문 앞까지 밀렸다. 성당 앞마당에까지 최루탄이 떨어졌다. 이에 김병도 명동성당 주임신부가 항의하고 농성자들이 격렬히 저항하자 경찰은 다시 물러섰다.

명동성당은 '태풍의 눈'이 되어 있었다. 명동투쟁 때문에 상황이 어떻

명동성당 앞마당을 가득 메운 시위대

게 될지 우려하는 국본 관계자도 있었다. 계획에 없었던 뜻밖의 사태였기 때문이다. 서대협도 명동투쟁이 빨리 끝나기를 바랐다. 서대협의 공식적인 투쟁이 아니었고, 조직에 소속되지 않은 대중들의 자발적인 투쟁이 어떻게 될지 몰랐기 때문이다. 국본 관계자나 서대협은 계엄령 같은 비상사태가 벌어질지 모른다는 우려도 들었다.〔『말』제12호(1987. 8. 1), 7쪽〕

　반면, 농성투쟁을 적극 지원하는 쪽도 있었다. 서울대, 경희대, 외국어대, 시립대 등 7개 대학의 학생들이 명동농성 학우 구출투쟁 출정식을 갖고 명동 등 도심지로 나왔다. 오후 5시경 1,000여 명의 학생들이 남대문시장에서 시위를 벌였다. 6시경에는 미도파백화점과 백병원 쪽에서 시민과 학생들이 손을 흔들며 응원했다. 이에 농성시위대들은 더욱 고무되었고, 이들은 바리케이드를 넘어 로얄호텔 쪽 명동거리로 진출하기도 했다. 명동성당 문화관과 성당 마당에서 농성하는 시위자들의 식사는 옆에서 천막농성을 하고 있는 상계동 주민들이 제공했다.

사태가 커지자 명동성당 김병도 주임신부는 김수환 추기경의 재가를 얻어 50여 명의 수도권 사제를 명동성당으로 불렀다. 이들은 성당 구내에 최루탄을 쏜 것에 대한 항의로 철야농성을 하기로 결의하고, 시위대가 안전하게 귀가할 때까지 미사를 드리기로 했다. 오후 8시 미사가 진행되는 동안 시위대는 성당 입구의 바리케이드를 경계로 하여 시민들과 시국토론을 하며 경찰과 대치했다. 얼마 후 최루탄과 화염병이 난무하는 공방전이 벌어졌다.(나도은, 2007, 260~266쪽) 명동성당 주변은 2,300명의 경찰에 의해 에워싸였다. 진입이 임박했다는 소식을 기자들이 전해줘 농성장에는 팽팽한 긴장이 감돌았다. 이날 대전에서 충남대생, 익산에서 원광대생, 경주에서 동국대생, 성남에서 경원대생과 노동자, 안산에서 학생과 시민, 순천에서 순천대생이 가두시위를 했다.

12일 새벽 4시에 서울교구 사제단회의가 비상 소집되었다. 40여 명의 신부들은 이 회의에서 학생들의 민주화투쟁을 적극 지지하고, 이에 동참할 것이며, 이들을 사제의 양심으로 끝까지 보호할 것 등 4개 항을 결의했다. 농성에 대한 천주교의 공식지지였다. 농성시위대 또한 폭력적 시위를 자제하기로 했다. 12시경 바리케이드도 한 곳만 남기고 철수했고, 무수한 최루탄 파편과 돌이 나뒹구는 마당과 입구를 청소했다. 서울시경 조종석 국장은 '명동성당 집단 난동사태'는 6·10대회와 달리 체제전복을 꾀하는 국기문란행위라고 하면서, 이들 '극렬 불순분자들'은 각종 폭력시위를 주동했던 좌경운동권의 핵심 세력으로 추정된다고 설명하고 단호히 대처하겠다는 내용의 특별성명을 발표했다.

12일 오전, 사무원 등 일반시민들이 명동성당 쪽으로 몰려들기 시작했다. 넥타이부대가 나타난 것이다. 명동 일대는 인파로 뒤덮이고 있었다. 12시 45분경 농성자들이 대열을 갖추고 정문으로 나오자 시민들의 박수와 환호, 만세소리가 명동을 축제의 분위기로 만들었다. 일부 시민들은 주변 건물에서 창문을 열거나 옥상에 올라가 손을 흔들었다. 그들이 던진 화장 지로 명동 일대가 하얗게 변했다. 은행과 증권, 보험회사 사무원들은 오후 2시 조금 지나 한쪽에서 "독재타도"를 외치자 따라서 구호를 외쳤다. 시민들은 빵, 돈 봉투, 의약품, 속옷, 양말, 우유 등을 농성장에 던져 넣었다. 또하나 농성자들을 감격시키는 일이 일어났다. 성당 옆에 있는 계성여고 학생들이 점심 도시락을 모아 "훌륭한 오빠, 언니들이 자랑스럽다"라는 내용의 쪽지와 함께 담 너머로 보냈다. 성금도 쪽지와 함께 들어오기 시작했다. 농성 5일 동안에 무려 2,000여만 원이 답지했다. 당황한 경찰은 1,300명 가까운 병력으로 농성자들과 시민들을 차단했다. 계성초등학교와 계성여 중고에는 수업을 가정학습, 야외학습 등으로 대체하도록 했다. 인근 상가와 은행 사무실은 개점 휴업상태였다. 4시경 경찰 저지선을 뚫고 들어온 수녀, 사제, 신자들이 침묵시위를 벌였다. 이들과 시민, 미사를 마치고 성당에서 나온 신자들이 어우러져 1만여 명이 넘는 대규모 시국토론회가 벌어졌다.

명동에서 시청 앞에 이르는 거리에서 시위가 벌어졌고, 시위대에 대한 시민들의 동조가 뚜렷했다. 학생·시민들은 경찰의 진압에 재빨리 흩어졌다가 다시 모여 거리를 점거했다. 시위는 점차 확산되고 있었다. 시청 민원실 앞길에서 경찰이 학생들을 향해 최루탄을 쏘려 하자 시민 1,000여 명이 거세게 항의했다. 미문화원 앞, 조선호텔 앞, 프라자호텔 앞, 신세계백화점 앞에서도 비슷한 현상이 일어났다. 시민들은 경찰이 자신들을 향해 최루탄을 쏘면 흩어졌다가 다시 모이는 등 좀처럼 떠나지 않았다. 오후 6시경 학생 1,000여 명이 청계천 1·2가에서 시위를 벌이자 3·1고가도로 위를 달리던 차량들이 일제히 정차해 시위현장을 내다보느라고 교통이 마비되었다. 명동성당 농성에 동조하는 시위가 밤늦게까지 도심 여러 곳에서 일어났고, 시위대가 곳곳에서 차도를 점거했다. 경찰은 학생 327명 등 437명을 연행했다. 이날 전국 37개 대학에서 2만 800여 명이 교내에서 시위를 벌였고, 시위 참가자 총수는 5만 7,000명이었다.

세브란스병원에서는 이한열이 사경을 헤매고 있었다. 연세대에서는 3,000여 명이 '살인적 최루탄 난사에 대한 범연세인 규탄대회'를 가졌다. 부산, 마산, 익산에서도 시위가 있었다.

12일 자정 무렵에 고위당정회의가 열렸고, 13일 새벽을 기해 비상계엄을 선포하고 경찰이 농성장에 진입한다는 소식이 전해지면서, 농성장에는 아연 긴장이 감돌았다. 13일 새벽 1시 지나 함세웅 신부가 들어와 농성장에 경찰이 진입할 경우 사제단이 앞장서서 저지할 것임을 밝혔다. 농성자들은 처절하게 싸우다 끌려간다는 원칙을 세웠다. 그러나 경찰의 강제진입은 없었다. 농성자들은 신자와 시민들이 자유롭게 접근할 수 있도록 남은 하나의 바리케이드를 철거했다. 13일 오후 2시 함 신부가, 정부가 농성자들의 안전귀가를 보장했다고 전해왔다.

명동성당 부근 사무실의 회사원들과 시민들은 이날도 뜨겁게 반응했다. 농성대가 명동성당 언덕에 올라서자 사무실 창문이 열리면서 박수와 환호가 쏟아졌다. 점심식사 후 사무원들은 농성자들과 함께 구호를 외치기도 했다. 오후 5시경 성당 입구에서 시민·학생들이 노래를 부르며 농성자들을 격려했다. 학생들은 이날도 시위를 벌였다. 6월 10일 이후에도 학생들은 매일같이 남대문시장의 미로 같은 골목에서 시위를 이어갔고, 상인들은 학생들을 지원하면서 대중집회에 참여하기도 했다. 서울시경 조종석 국장은 명동성당에 경찰이 난입하지 않을 것이라고 다짐했다. 오후 10시경 명동성당 농성자들은 촛불기도회가 끝난 후 신자·시민들과 함께 촛불평화대행진을 가졌다. 이날 부산에서도 12일에 이어 학생시위가 계속되었고, 마산에서는 경남대생들이, 안산에서는 한양대생들이 시위를 벌였다. 전국에서 시위에 참가한 사람은 12일보다 절반이 준 1만 3,000여 명이었다.

자정이 조금 지난 14일 0시 30분, 조 국장은 해산 뒤에도 학생들을 처벌하지 않겠다는 상부의 방침을 명동성당 측에 전달했다. 상부의 방침은 청와대의 결정을 의미했다. 당정회의는 6월 10일부터 계속되었다. 6월 13일 아침 9시 30분에 청와대에서 열린 시국관계 책임자회의에서 고건 내무부장관은 6월 12일 시민들의 호응이 두드러졌고, 경찰은 피로감에 싸여 있으며, 군중들의 야유로 위축되어 있다고 보고했다. 이한기 국무총리는 경찰이 명동성당에 진입하면 심각하니 자진해서 해산하게 하는 것이 좋겠다고 진언했다. 그다음 날 일요일 같은 시간에 시작되어 11시 10분경 끝난, 치안 관계자와 군 책임자까지 참석한 청와대 회의에서 전두환 대통령은 "명동성당은 오늘 자정을 기해 전부 풀어주시오. 안 잡을 테니 나가라고 해요"라고 지시했다.(김성익, 1992, 390~397쪽) 전두환은 13일 밤늦게 일단 체포하지 않겠다는 방침을 정한 것으로 보인다.

14일 아침 농성자는 여자를 포함해 약 350명이었다. 오전 10시경부터 시민·학생들의 집회가 열렸다. 명동성당 일대는 연설과 토론이 활발한 대중집회장이 되었다. 오후 2시부터 시국대토론회가 시작되었다. 시민들이 농성자를 보호하기 위해 성당 입구에서 집회장소까지 인간바리케이드를 만들었다. 조종석 국장의 전달에도 불구하고, 14일 오전 정부방침은 오락가락하는 것 같았다. 오후 1시 가까이 되어서야 전두환은 '전권위임자'를 함세웅 신부에게 보내 다음 날 정오까지 농성을 풀면 사법조치를 취하지 않겠다고 통고했다.

오후 6시경 비가 내리기 시작했으나 명동성당에 모인 시민들은 헤어질 줄을 몰랐다. 빗줄기가 굵어지자 성당 입구를 가로질러 명동거리를 가득 메우며 촛불행진을 시작했다. 함세웅 신부의 요청에 따라 오후 10시 조금 지나 경찰이 철수했다. 농성장에서는 밤새도록 철수문제를 가지고 토론을 벌였다. 15일 오전 8시경 1차 투표를 했으나, 찬성이건 반대건 과반

수 미달로 다시 투표에 들어갔다. 9시경 3차 투표에서 찬성 119, 반대 94로 농성해산이 결정되었다. 김수환 추기경이 농성자 모두와 일일이 악수를 나누었다. 농성자들은 '명동투쟁 민주시민, 학생 일동'의 이름으로, 농성을 푼 것은 "명동투쟁에서 고양된 민주화투쟁의 열기를 민족민주운동세력의 더욱 높은 연대투쟁으로 승화시켜…… 군부독재의 종식을 쟁취하기 위해서"임을 밝힌 "명동투쟁을 마치면서"를 발표하고, 오후 4시 시민들의 환호성 속에 구호를 외치고 버스에 탔다.

6월 10일 밤부터 6월 15일까지 계속된 명동성당 농성투쟁과 넥타이부대를 주력으로 한 시민들의 시위는 6·10국민대회를 6월민주항쟁으로 진전시키는 역할을 수행했다. 6월 13일 토요일과 14일 일요일에는 거리에서의 시위가 주춤하는 듯했지만, 6월 15일부터 시위는 한층 격화되었다. 15일 오후 1시경부터 약 2만 명의 시민들이 성당 입구 쪽 로얄호텔에서 코스모스백화점까지 운집해 학생들과 함께 구호를 외치고 애국가를 불렀다. 시민들은 상인들보다 넥타이를 단정히 맨 회사원들이 많았다. 명동성당에서 시위자들이 떠난 이후에도 시민들은 성당 부근을 떠나지 않고, "호헌철폐, 독재타도"의 구호를 외쳤다. 저녁 8시 정의구현사제단이 명동성당에서 사제 400여 명이 참석한 가운데 '나라의 민주화를 위한 특별미사'를 두 시간 동안 열었다. 10시경부터는 천주교 신자, 신부, 수녀 4,000여 명이 한 손에는 촛불을 들고, 다른 한 손으로는 V자를 그리며 기도회를 가졌고, 이어 명동 일대에서 두 방향으로 행진을 했다. 학생과 시민 8,000여 명이 그 뒤를 따르면서 시위를 벌였다. 연세대에서는 7,000여 명이 노천극장에서 비상총회를 열었고, 1,000여 명이 학교 밖으로 나와 격렬한 시위를 벌였다. 이한열은 7일째 사경을 헤매고 있었다.

6월 15일 대규모 시위는 대전에서도 있었다. 충남대 학생들이 오후 4시경 유성으로 진출해 시가지를 거의 점거하다시피 했다. 경찰과 격렬한 공방이 오갔고, 경찰 가스차 한 대가 불탔다. 경찰은 8시경 평화행진을 할 것을 제시하여, 시민이 포함된 시위대는 2km를 행진해 대전역에 이르렀다. 대전역 시위에는 충남대와 한남대 학생들의 시위행렬에 더욱 많은 시민이 가담해 시위대는 1만여 명으로 불어났다. 이들은 밤 10시 40분 '호헌철폐를 위한 범대전시민 궐기대회'를 열고 자진 해산했다. 천안에서도 정오 조금 지나 학생들이 도심지 곳곳에서 시위를 벌이며 민정당 사무실에 돌과 화염병을 던졌고, 집기 등을 부수고 간판을 불태웠다.

부산에서는 부산대, 동아대, 부산산업대, 동의대, 수산대, 외국어대 학생 4,000여 명이 서면과 도심 곳곳에서 시위를 전개했다. 대구에서는 경북대 학생 3,000여 명과 영남대 학생 2,000여 명이 연합시위를 가졌고, 광주에서는 전남대 학생 1,000여 명이 시위에 나섰다. 익산에서는 원광대생들이 14일 시위에 이어 15일에는 군산까지 진출했다. 이 밖에 인천과 진주에서도 시위가 일어나는 등 전국 59개 대학에서 학생 9만 200여 명이 시위를 벌였고, 140개소에서 시민을 포함하여 총 10만 4,000여 명이 시위에 참가했다. 15일 시위에서도, 대전 유성이 특히 그러했지만, 지방 여러 곳에서 경찰력 부족으로 대학생들이 대거 거리로 나올 경우 막을 엄두를 내지 못했다. 경찰로서는 아예 막지 않고 학생들이 목적지까지 평화적으로 시위하도록 놔두는 수밖에 없었다.

항쟁의 확대 — 6·18최루탄추방대회

국본은 6월 16일 오전 공동대표회의를 갖고 18일을 '최루탄 추방 국민결의의 날'로 정했다. 여기에는 최루탄 부상자의 회복을 기원하는 뜻이 담겨 있었다. 행동지침으로 18일 오후 6시 모든 차량은 일제히 경적을 울리며,

밤 10시에 전 국민이 10분간 일제히 소등할 것 등을 제시했다. 6·10국민대회와 비슷한 지침이었다. 6월 18일에 연동교회에서 한국교회여성연합회·KNCC여성위원회 등 여성단체가 중심이 되어 최루탄 추방공청회를 열기로 한 것도 국본에서 18일을 최루탄 추방의 날로 정하는 계기가 되었다.

최루탄 문제는 시위가 있을 때마다 제기되었다. 특히 6월 9일 시위에서 이한열이 최루탄을 맞아 중태에 빠지면서 국민적 관심사로 떠올랐다. 최루탄추방운동은 어머니들이 앞장섰다. 6월 8일 교회여성지도자협의회에서는 최루탄 추방에 여성과 어머니들이 앞장서기로 결의했다. 어머니들은 학생이나 전경이나 다 자식이라면서 "어머니들이 앞장서서 최루탄추방운동을 벌이고 학생들의 화염병 사용도 자제하도록 설득하자"라는 내용의 성명서를 채택했다. 6월 12일 한국교회여성연합회 등 3개 여성단체가 최루탄추방서명운동, 최루탄 제조업체 및 계열사 상품 불매운동 등 구체적인 활동방안에 대해 논의했다. 민주당도 이날 '최루탄문제대책특별위원회'를 구성했다.

6월 16일 시위는 15일보다 전체 참가자 수는 적었으나 새로운 양상을 보였다. 지방에서 큰 규모로 시위했고, 부산과 대전, 진주 등지에서 경찰버스, 파출소 등이 불타거나 파손되었다. 6·10국민대회 때는 조용했던 진주에서 파출소 습격 등 이전에는 찾아볼 수 없던 격렬한 시위가 일어났다.

부산의 경우 부산대 등 9개 대학에서 6,000여 명의 학생들이 비상학생총회를 가졌다. 오후 7시경 부산대생 등이 가두시위를 벌이면서 경찰버스 한 대가 전소되었고, 파출소 두 곳이 습격당했다. 9시 30분경에는 시위대 300여 명이 가톨릭센터 앞에서 연좌시위를 벌여 교통이 마비되었다. 시위는 11시 40분경까지 계속되었다.

15일 대규모 시위가 전개된 대전에서는 16일 오전 9시 30분경에 대전대생들이 집회를 가진 이후 시위는 계속 확대되었다. 오후에는 4개 대학

6,000여 명의 학생들이 시위에 나섰다. 8시 50분경 전경들이 길을 비켜준 가운데, 학생들은 스크럼을 짜고 도청 쪽으로 나아갔고, 대전역에도 집결했다. 9시 15분경에는 1만여 명의 시민들이 중앙로를 가득 메웠다. 이들은 박수치고 구호를 외치며 행진을 했다. 새벽 2시경까지 시위가 계속되어 중앙로 주변과 정동, 중동, 은행동 일대는 최루가스로 뒤덮였다.

진주에서는 오전 10시경 경상대생 3,000여 명이 시청 앞과 시내 간선 도로에서 시위를 시작했다. 시위대는 오후 2시 30분경 역전파출소를 습격해 내부를 전소시켰다. 잇따라 수정파출소 등 3개 파출소를 습격했고, 오토바이 두 대를 부수고 서류를 불태웠으며, 300여 명은 개양검문소에 화염병을 던져 전소시켰다.

이날 서울, 대구, 수원, 인천, 천안 등 전국 8개 도시 122개소에서 1만 7,400여 명이 시위를 벌였다. 학생·시민의 가두시위로 파출소 7개소, 검문소 3개소, 지서 3개소가 습격당했고, 파출소 1개소가 불탔다. 그리고 경찰 트럭, 오토바이, 버스 등 네 대가 불탔고, 한 대가 파손되었으며, 민정당 지구당사 세 곳에 화염병이 투척되었다. 경찰은 6월 9일부터 48시간 시한부로 내렸던 갑호비상령을 무기한 연장했다.

17일 부산, 대전, 진주에서 시위가 더욱 격화되었다. 오후 2시경 경상대 학생 1,200여 명은 남해고속도로진출조 등 3개 조組를 편성해 시위에 들어갔다. 300여 명이 오후 4시 20분경 트럭 두 대를 탈취해 남해안고속도로 두 곳을 장악하고 차량통행을 통제하며 3시간 30분 동안 시위하여 당국을 긴장시켰다. 7시 40분경에는 진주-삼천포 간 국도로 진입했고, 8시 36분에는 마산발 진주행 열차를 점거하여 48분 동안 멈추게 했다.

부산에서도 6월 16일 철야시위에서 학생 350여 명이 경찰에 밀려 17일 가톨릭센터에 들어가 농성을 시작했다. 이 농성은 이 지역 항쟁의 구심점이 되었다. 오후에 도심에서 시위가 계속되었고, 밤 10시 이후에는 시위대가 3만여 명이나 되었다. 대전에서는 이전과 달리 학생·시민과 경찰 간에 치열한 공방전이 벌어졌다. 밤 9시경에는 시위대가 7,000여 명으로 증가했다. 이날 시위로 은행동파출소가 전소되고 파출소 7개소가 파손되었으며 경찰 차량 네 대가 불에 탔다. KBS 대전총국과 민정당사도 심하게 파손되었다.

17일 대구에서 학생·시민 8,000여 명이, 인천에서 학생 2,000여 명이, 성남에서 2,000여 명의 학생들이 격렬히 시위했고, 광주·마산·천안·원주·익산에서도 시위가 계속되었다. 서울에서 28개 대학 2만 7,350명의 학생들이, 지방에서 45개 대학 2만 5,450명의 학생들이 시위에 참가했다. 이날 문교부 종용에 따라 34개 대학이 조기방학에 들어갔고, 서울대 등 61개 대학도 뒤따를 것으로 보도되었다.

6월 18일 국본의 결정대로 전국 16개 도시, 247개소에서 최루탄 추방 시위와 집회가 열렸다. 서울에서는 경찰이 최루탄 추방공청회 대회장인 종로 5가 연동교회 일대를 철통같이 에워싼 가운데, 오후 2시경부터 이 부근에 학생, 시민과 여성단체 회원들이 나타나 오후 4시경까지 "최루탄을 몰아내자" "호헌철폐" 등의 구호를 외치며 시위를 벌였다. 이어 이우정, 박용길, 박영숙 등 여성단체 대표와 회원, 구속자 가족 등 300여 명이 "최루탄을 쏘지 마세요"라는 어깨띠를 두르고, "내가 낸 세금이 우리 자녀 죽인다" 등의 피켓 30여 개를 들고서 시민·학생 600여 명과 함께 노상 공청회를 열었다.

오후 7시 30분경 남대문시장과 퇴계로 방면에 학생 3,000여 명이 몰려와 명동 쪽에서 오던 2,000여 명과 합세해 신세계백화점 앞 차도를 완전 점거했다. 여기에 시민이 합세해 시위대는 2만여 명이 되었다. 신세계백화점 부근에서 2,000여 명의 시위대는 전경 60여 명의 무장을 완전 해제하여 불태우고 전경들을 분수대에 몰아넣었다. 8시경부터 서울역 일대에 시위대가 형성되어 조금 뒤 1만여 명이 되었다. 이들은 서울역과 도로를 점거했고, 이 와중에 경찰버스와 예비군 수송버스가 전소하고 남대문경찰서와 역전파출소가 심하게 파손되었다. 을지로, 청계천 등 다른 곳에서도 시위가 있었다.

6월 18일의 최대 시위는 박정희 유신체제 붕괴의 직접적 요인인 부마항쟁이 발발한 부산에서 일어났는데, 부마항쟁 때보다 훨씬 많은 인파가 몰려 시위가 대규모로 전개되었다. 18일에 들어서면서 택시가 50~300대씩 떼 지어 도로를 차단하며 '경적시위'를 벌인 것은 5·18민중항쟁을 방불케 했다. 오후 4시부터 학생·시민들이 서면 로터리에 집결하기 시작해 오후 7시경에는 8차선 도로 4km를 완전히 메웠다. 엄청난 인파였다.* 파출소 12개소가 파손되었고, 경찰버스 한 대가 전소(두 대는 파손)되었다. 자정을 넘기면서 시위는 더욱 격렬해졌다. 시위대는 대형 트럭, 트레일러 10여 대를 탈취하여, 합세한 200여 대의 택시와 함께 시청으로 돌진해 새벽 3시까지 시청을 위협했다. 이날 일부 시위는 시민봉기의 모습을 보여주었다. 당국은 바짝 긴장했다.

대구의 경우 학생과 시민 1만여 명이 시위에 참가했다. 2개 파출소가 불타고 3개 파출소가 파손되었으며 경찰서장이 부상을 입었다. 중앙 중심가 상점은 거의 철시했다. 광주에서는 학생과 시민 3,000여 명이 저녁 8시

---

* 당시 모인 인원은 다음과 같이 자료마다 다르게 기록되어 있다.
부산민주운동사편찬위원회 편, 1998 『부산민주운동사』, 548쪽: 서면에 30만 명 이상
고호석, 2007 「부산의 6월항쟁」 『6월항쟁을 기록하다』 4, (사)6월민주항쟁계승사업회·민주화운동기념사업회, 47쪽: 부산 중심가에 30만 명의 인파
『말』 제12호, 13쪽: 국본은 40만 명, 신문사는 8만 명으로 추정
한국기독교사회문제연구원 편, 1987a 『6월민주대투쟁』, 민중사, 64쪽: 30만 명
『동아일보』 1987년 6월 19일자 11면: 5만여 시위 군중, 지켜보던 시민 3만여 명 등 8만여 명
『조선일보』 1987년 6월 19일자 11면: 3만여 명
『조선일보』 1987년 6월 20일자 10면: 5만 명

부터 도심 20여 곳에서 시위를 가졌다. 인천에서는 오후 6시부터 곳곳에서 시위가 있었다. 1,200여 명이 다음 날 새벽 3시 반까지 철야 횃불시위를 벌였고, 공단파출소가 습격을 당했다. 수원에서는 학생·교수·목사·신도 등 3,400여 명이 시위를 벌였다. 춘천에서는 강원대와 한림대 3,000여 명의 학생들이 효자동 8호 광장에서 경찰을 무장 해제시켰고, 교통초소 등을 공격했다. 원주, 진주, 마산, 김해, 성남, 울산, 목포, 대전, 익산, 군산 등지에서도 시위가 있었다.

6월 18일 이전의 시위도 국본에서 통제한다는 것은 쉬운 일이 아니었지만, 18일과 그 이후의 시위는 더 어려웠다. 시위는 지역을 달리하면서 확대되어갔다. 부산에서의 시위는 입에서 입으로 전해졌고, 비상계엄령이나 비상조치설이 유포되었다. 주한미군의 AFKN 방송자막에 미군 "외출금지" 공지公知가 흘렀다. 전국에서 1,487명이 연행되었고, 파출소 21개소, 경찰차량 13대가 불에 타거나 파손되었다.

6월 19일 아침 8시 반 전두환 대통령은 집무실에서 군 동원 필요성의 건의를 받고, 10시 반 안기부장, 국방부장관, 3군 참모총장 등 안보관계 고위책임자들을 소집했다. 이 자리에서 전두환은 서울, 부산, 대구, 광주, 대전 등지로 군을 이동시키라고 지시했다. 그러나 이 명령은 오후 4시 반경 유보됐다.(김성익, 1992, 418~420쪽) 전 대통령은 오후에 릴리 주한 미대사를 통해 레이건 미국 대통령의 친서를 받았다.

18일을 전후한 시점에는 국본도 중대한 기로에 놓여 있었다. 고양되는 투쟁을 발전시켜 전두환퇴진투쟁으로 몰고 가느냐, 아니면 위기감이 감도는 상황에서 정치적 협상을 할 것이냐를 놓고 서로 의견이 갈렸다. 노태우 민정당 대표는 야당총재들과의 연쇄회담을 제의했고, 민주당은 그것을 거부하고, 폭력 자제를 호소하면서 영수회담을 제의했다. 국본 논의에서 신중론을 제기했던 민주당이 격렬한 시위로 새로운 사태가 초래되는 것이 아닌가 의구심을 가지면서 정치협상 쪽으로 기운 것이다.

　6월 15일경부터 18일까지 부산권과 대전에서 큰 시위가 일어났다면, 6월 19일경부터는 광주, 전주 등 호남권에서 시위가 커졌다. 6월 19일 오후 5시 10분경부터 시작된 광주 시위는 시민들이 대거 참여해 10시경 1만여 명으로 늘어났다. 시위대는 밤늦게까지 곳곳에서 시위를 벌였다. 시위는 다음 날 오전 8시경까지 계속되었다. 경찰은 이날 광주에서 63회에 걸쳐 4만 5,000여 명이 시위한 것으로 집계했다. 20일 저녁과 밤에 시위는 한층 커졌다.* 이날 시위도 다음 날 새벽까지 계속되었다. 21일 일요일 오후 10시 10분경에도 3만여 명이 광주공원 일대에 운집했다.(한국기독교사회문제연구원 편, 1987a, 194~195쪽) 목포와 순천에서도 19일부터 21일까지 시위가 있었다. 특히 21일 순천대생과 시민, 개신교 신자들이 격렬한 야간시위를 벌였다. 이들은 시청을 두 차례에 걸쳐 공격했고 집기 등을 파손했으며, 파출소 두 곳을 불태웠다. 시위대는 그다음 날 새벽 2시 30분경에 해산했다. 전주에서는 19, 20일 시위대가 3,000여 명을 오르내렸는데, 21일에는 6,000여 명으로 증가했다. 익산에서는 6월 10일부터 원광대생들의 교내시위 또는 가두시위가 하루도 빠짐없었는데, 19, 20일에는 시내에서 격렬한 시위가 있었다. 21일 이리(익산의 과거 명칭)·익산(익산군을 가리킴)기독교연합회가 주최한 기도회에 참여한 시민과 학생 1만여 명은 목사 300여 명을 선두로 행진과 가두시위를 가졌다. 군산에서는 19, 20일에 군산대생 중심의 시위가 있었다.

　6월 19일 부산에서는 우중에도 도심 곳곳에서 대규모 시위를 벌였고, 대전, 성남, 대구, 청주 등지에서도 격렬히 시위했다. 인천, 춘천, 원주, 안

---

* 한국기독교사회문제연구원 편, 1987a, 193쪽에는 가장 많이 모였을 때 약 20만 명으로 추정된다고 기술했고, 『말』 제12호, 24쪽에는 거의 10만에 육박하는 인파로 기술되어 있다.

양, 울산, 충주에서도 시위가 있었다. 경찰은 이날 서울에서 26개 대학 2만 6,900명, 지방 38개 대학 1만 6,700명 등 64개 대학에서 4만 3,700여 명의 학생들이 교내에서 집회 및 시위를 가진 것으로 발표했다.

토요일인 20일에는 부산, 대구, 청주에서 큰 시위가 있었다. 부산에서는 20일 시민과 학생 7,000여 명이 시내버스 48대 등 차량 50여 대를 앞세우고 경찰 저지선을 돌파하려고 했다. 시위는 비 내리는 다음 날 새벽까지 계속되었다. 대구에서도 20일 대학생 중심으로 격렬한 시위가 벌어져 파출소 4개소가 불탔다. 청주에서도 3,000여 명이 격렬히 시위를 벌여 파출소 2개소가 불탔다. 20일 대전, 인천, 춘천, 성남 등지에서도 시위가 계속되었다. 경찰은 호남권을 포함해 12개 도시 185개소에서 2만 600여 명이 시위한 것으로 집계했다.

광주와 마찬가지로 부산에서의 시위는 수그러들지 않았다. 21일에도 격렬한 시위가 벌어져 다음 날 새벽 2시까지 주요 간선도로 일부를 점거했고, 파출소 1개소가 불탔으며, 1개소가 파손되었다. 제주대생 100여 명도 시위에 참가했는데, 1948년 제주4·3사건 이후 처음 보는 반정부시위였다. 청주와 안동에서도 시위가 있었다. 경찰은 21일 서울을 비롯한 9개 도시 59개소에서 8,900여 명이 가두시위를 한 것으로 집계했다.

대단원—6·26평화대행진

국본 상임집행회의에서는 6월 17일에 6월 26일 '민주헌법쟁취를 위한 국민평화대행진'을 갖자는 데 합의를 본 바 있었다. 김영삼 민주당 총재가 영수회담을 제안했던 19일 밤에 상임공동대표와 상임집행위원 연석회의가 열렸다. 상집위원들의 26일 평화대행진 제안에 대해 민주당의 최형우 등과 김대중 쪽에서 나온 양순직 등이 비상조치의 가능성을 제기하면서 영수회담을 기다려보자고 강하게 주장했고, 종교계 일부도 신중론을 폈다. 양측 의견이 팽팽히 맞선 가운데, 다음 날 새벽에 가서야 22일까지 정부 반응을 기다려보고, 4·13조치 철회 등 민주적 조치가 없으면 23일에 26일 평화대행진 계획을 공표하기로 합의했다. 20일 아침 국본에서는 4·13조치 철회 등 민주화조치를 수용하지 않으면, 23일에 대행진의 날짜와 방법, 국민행동수칙 등을 발표하겠다고 밝혔다.(황인성, 1997, 56~57쪽) 김영삼은 21, 22일 잇따라 국본에 참여한 개신교 지도자들을 만나 여야 영수회담 등 정치대화로 풀어야 한다고 역설하고, 대행진은 강경조치 명분을 줄 수 있다고 주장하면서 대행진 연기를 요청했다.

6월 22일 노태우 민정당 대표가 4·13조치에 대해 신축성을 가질 수 있다는 시사를 했을 뿐, 전두환 정권은 그때까지 어떠한 구체적 조치도 취하지 않았다. 이날 밤 국본의 상임공동대표와 상집위원들이 다시 모여 논의했는데, 23일에 대행진 계획을 발표해야 한다는 주장이 강세를 보였다. 그리하여 23일에 발표를 하되, 민주당 측 요청에 응해 대행진에 앞서 김영삼 총재와의 영수회담에서 전두환 정권이 민주화조치를 확고히 보여준다면, 그것을 적극 지지할 것이라는 단서를 발표문에 삽입하기로 했다. 6월 23일 국본은 26일 오후 6시 전국에서 동시에 '민주헌법쟁취를 위한 국민평화대행진'을 실시하겠다고 발표했다. 그리고 행동지침으로 오후 6시 국기하강식과 동시에 애국가를 제창하고, 전국의 교회와 사찰에서는 타종, 차량은 경적을 울리며, 밤 9시에는 10분간 TV를 끄고 소등할 것 등을 제시했다. 서울의 경우 동대문, 시청 앞, 안국동, 신세계백화점, 영등포시장 등 각 구별로 주민들이 모일 곳을 정했다. 최종 집결지는 탑골공원으로 정하고, 그쪽을 향해 태극기와 손수건을 흔들며 행진하도록 했다. 며칠 후 국본은 부산은 부산시청, 광주는 전남도청 앞, 대전은 대전역 광장 등으로 최종 집결지를 정하고, 집결시간도 지역 실정에 맞춰 포항과 수원은 오후 7시, 성남은 오후 8시로 정했다. 24일 국본은 시위 도시가 13개에서 22개로 늘어났다고 발표했다.

6월 22일 부산에서 뜻밖의 사건이 발생했다. 6월 16일에 철야시위를 하던 시위대가 경찰에 밀려 17일 아침 가톨릭센터에 들어가 농성하면서 부산지역 시위의 구심적 역할을 했는데, 6월 22일 부산시경으로부터 안전귀가를 보장받은 농성 학생·시민 200여 명이 밤 9시 40분경 집으로 돌아가다가, 10시 30분경 학생·시민 10여 명과 이들의 안전귀가를 위해 함께 버스에 탔던 신부 두 명이 경찰로부터 최루탄 세례를 받은 뒤 무차별 구타를 당해 네 명이 중상을 입는 등 크게 다친 것이다. 뿐만 아니라 폭행당한 뒤 전원이 남부서에 연행되어 11시 20분경까지 있었다. 다음 날부터 부산교구 소속 신부 80여 명이 무기한 항의농성에 돌입했다.

광주에서는 22일에도 오후 6시부터 다음 날 새벽까지 1만 5,000여 명이 도로를 점거하고 햇불시위를 벌였다. 전주에서는 4,000여 명이 다음 날 새벽까지 곳곳에서 격렬한 시위를 벌여 파출소 4개소가 불타고, KBS와 MBC 건물이 파손되었다. 제주도에서는 전날보다 훨씬 많은 2,000여 명의 제주대생들이 거리로 나와 시위를 벌였다. 연세대생 2,000여 명도 거리로 진출해 전경 1개 중대 150명을 무장 해제시켰고, 연희파출소를 점거했다. 서울 새문안교회에서는 목회자와 신도 1,000여 명이 기도회를 마친 뒤 플래카드·나무십자가·촛불 등을 들고 시위에 나서 10분간 교회 앞 8차선을 점거했다. 대구에서는 1만여 명이 시위에 참가했고, 인천, 원주, 수원, 익산, 천안 등지에서도 시위가 있었다. 공주에 있는 공주사대 학생들도 시위에 나섰다. 경찰은 이날 14개 도시 108개소에서 1만 1,780명이 가두시위를 벌인 것으로 추산했다. 또한 103개 대학 중 90개 대학이 조기방학에 들어간 것으로 집계되었다. 사실상 거의 모든 대학이 조기방학에 들어갔는데, 여러 대학에서 총학생회 주도로 비상연락망을 짰다.

6월 23일 연세대 노천극장에서 서대협 주최로 '호헌철폐와 독재종식을 위한 서울지역 청년학도 결의대회'가 열려, 서울대, 연세대, 고려대, 서강대, 이화여대 등 25개 대학에서 2만여 명의 학생들이 참석해 보고회 및 시국토론회를 갖고 행동방침을 논의했다. 오후 1시경부터 연세대 곳곳에서 "호헌철폐" "한열이를 살려내라"고 외치던 학생들은 노천극장에서 열리는 '서울지역 청년학도 결의대회'에 참가하여, "독재타도" "직선제 쟁취" 등의 구호 아래 26일 평화대행진에 참가할 것을 결의했다. 그리고 비상조치가 내려지면 매일 정오까지 각각의 학교로 등교하고 오후 6시에 명동에 집결하기로 했다. 서울대, 연세대, 서강대 등의 제헌의회계는 서대협의 온건노선을 비판하고 강경히 투쟁할 것을 주장했다.

6월 23일 최대 규모의 시위는 전주에서 일어났다. 천주교 사제단·수녀·신도의 촛불대행진에 학생들이 가세해 1만 5,000여 명에 이르는 시위대가 형성되어 경찰은 어떻게 할 바를 몰랐다. 광주에서는 6월 20일부터 시작한 철야시위가 23일까지 계속되었고, 이날 택시 250여 대가 합세했다. 여수에서는 시위대가 오후 8시 30분경 5,000여 명이 되었고, 연도에 있는 시민들이 3만여 명이나 되었다. 1948년 여순사건 이후 최대의 인파였다. 부산, 대구, 원주, 익산, 제주, 안동, 순천에서도 시위가 일어났다.

6월 24일 드디어 전두환과 김영삼의 영수회담이 있었다. 이 자리에서 김 총재는 4·13조치 철회 등 민주화조치를 하고 직선제 개헌을 하거나, 그러지 않을 경우 직선제 개헌과 내각제에 대한 선택적 국민투표를 받아들일 것을 요구했다. 그러나 전 대통령은 4·13조치는 사실상 철회했으나, 후자에 대해서는 아무런 반응이 없었다. 영수회담 직후 민주당은 6·24회담이 실패했다고 단정하고 6·26평화대행진에 참여하겠다고 발표해 전두환 정권을 궁지에 몰아넣었다. 6월 25일 김대중 연금이 해제되었다.

6월 24일에도 광주는 철야시위를 벌였다. 오후 8시 20분경 시위대는 2만여 명으로 증가했고, 고교생들도 합세했다. 전주는 23일의 대규모 시위에 이어 24일에도 한때 시위 인원이 1만 5,000여 명이 되었다. 원주에서는 천주교와 개신교가 각각 촛불시위와 횃불시위를 벌였고, 서울, 익산, 여수에서도 시위가 계속되었다.

6월 25일 익산, 서울, 전주, 안동, 성남, 광주에서 격렬한 시위가 있었고, 원주, 인천, 제천 등지에서도 시위가 있었으나, 대부분의 대학은 26일의 평화대행진 출정식을 갖느라고 바빴다. 국본은 전단 60만 장, "국민에게 드리는 말씀" 5만 장, 기관지 『국민운동』 창간호 10만 부를 제작했다. 광주에서도 국본은 전단 20여만 장을 배포했다.

전두환 정권은 경찰 5만 6,000여 명을 24곳의 평화대행진 집회·시위 예상 도시에 배치했다. 서울에서는 경찰 2만여 명을 동원해 원천봉쇄에 들어갔다. 김대중은 26일 아침 7시에 다시 연금되었다. 전국에서 일제 검문 검색을 실시했고, 전국 각 대학은 교직원을 동원해 수색을 벌여 시위용품을 '수거'했다. 서울에서 경찰은 시위대의 유인물 살포 등에 대비해 4대문 안 고층건물의 옥상을 25일 폐쇄했고, 민정당사와 미대사관저 경비를 강화했다. 국민평화대행진 집결지인 탑골공원 인근 종로 2가, 종각 지하상가는 26일 아침부터 상점의 3분의 1이 철시했다. 탑골공원은 문이 닫힌 채 아침 7시부터 전경이 출입을 통제했고, 정문 앞에 전경 호송버스 세 대로 바리케이드를 쳐놓았다.

6·26국민평화대행진은 전국 34개 도시, 4개 군에서 거의 같은 시간에 동시다발적으로 진행되었다. 경찰의 원천봉쇄 방침에도 불구하고, 100여만 명*의 시민과 학생이 참여한 시위로, 4월혁명 이후 최대 규모였을 뿐 아니라, 역사상 최대 규모의 시위였다. 서머타임 실시와 따뜻한 날씨로 6월 민주항쟁 내내 야간성 시위가 많았는데, 이러한 시위는 6·26평화대행진에

서울 도심 일대를 가득 메운 6·26평화대행진 참가자들과 대치 경찰들

서 절정에 달한 듯했다. 6·26대행진은 6월민주항쟁의 대단원답게 치열하고 장엄하였다.

　김영삼 민주당 총재는 부총재와 당원 등 200여 명과 함께 오후(26일 시위는 오후에 일어난 것이므로 이후 '오후'는 별도로 표기하지 않음) 5시 50분경 태극기를 앞세우고 민추협 사무실을 나와 시청 쪽으로 행진했다. 경찰이 태극기를 빼앗고 최루탄을 쏴 저지하자, 민주당과 민추협 간부들은 민추협 사무실에서 27일 아침까지 폭력저지 규탄농성에 들어갔다.

　학생과 시민의 시위는 5시 30분경 신세계백화점 앞에서 시작해 서울역, 영등포역, 동대문 일대로 확대되었다. 5시 50분경 신세계백화점 분수대 주변에 3,000여 명이 집결해 시위를 벌였으나 경찰의 최루탄 발사로 흩

● 한국기독교사회문제연구원 편, 1987a, 69쪽. 이 자료에는 경찰 집계(5만 8,000명)와 『동아일보』 집계(20만 명)도 소개되어 있다.

어져 기습시위로 들어갔다. 태평로 중앙극장 앞과 시청 앞에서도 1,000명에서 3,000명에 이르는 시위대가 시위를 벌였다. 7시경까지 이 지역에서는 차량의 경적이 계속 울렸고, 시민들이 박수를 치거나 참여했다. 최대의 격전은 서울역을 중심으로 전개되었다. 7시 10분경부터 시위대가 계속 서울역 쪽으로 몰려와 7시 45분경 서울역과 고가도로를 점거했으나, 최루탄 난사로 시위대는 서부역 쪽으로 밀렸다. 8시경 서울역, 서부역, 고가도로, 남대문, 남산거리 일대에 3만 명 정도가 운집해 경찰의 지랄탄 발사에 맞서 백병전을 방불케 하는 일진일퇴의 치열한 공방전을 세 시간 동안 거듭했다. 시위대는 역 광장 바리케이드로 도로를 점거, 차량통행을 막고 도로변에서 연좌시위를 벌였다. 그리고 지나가는 버스에 매직펜으로 "안 속는다 영수회담" "한열이를 살려내라" 등의 구호를 적었다. 7시 45분경 영등포 로터리 일대에도 시위대 2만여 명이 운집했다. 동대문과 동대문시장, 종로 5가, 서울운동장, 그 부근의 청계고가도로에서도 차량의 경적시위 등 시위가 벌어져 8시 40분경에는 1만 5,000여 명의 시위대가 형성되었다. 밤 11시까지 신설동과 서울운동장 앞 도로를 10여 차례 점거하는 등 격전을 벌였다. 다음 날 새벽 1시쯤 신설동 로터리 일대에서 운전기사들이 자신의 영업용 택시 300여 대로 도로를 완전 점거한 채 애국가를 합창하고 경적을 울리며 시위했다. 20개 대학 2,000여 명의 학생들은 한양대, 연세대, 고려대에 모여 철야토론회를 가졌고, 명동성당에서도 철야농성이 있었다.

부산에서는 가톨릭센터 농성귀가폭행사건에 항의하다 고가차도에서 추락, 사망한 이태춘 위령미사를 겸한 특별미사가 4시에 열렸고, 5시 45분경 신부와 수녀 350여 명이 "폭력 종식" "군부독재 타도"의 피켓을 들고 침묵시위를 하면서 시위가 시작되었다. 7시 40분경에는 서면 로터리와 도로 등 서면 일대에 4만여 명의 시위대가 운집했다. 이날 시위에는 버스, 택시, 트레일러 등의 운수노동자도 가담했다. 시위는 다음 날 새벽까지 계속되었다. 마산에서도 경남대와 창원대 학생과 시민 2만여 명이 평화대행진이 무산되자 가두시위에 들어갔다. 시위는 자정 무렵까지 계속되었다. 진주, 울산, 김해, 진해, 거창 등지에서도 시위가 있었다.

대구에서는 6시경 중앙로에서부터 시위가 커져 2·28기념탑으로 행진하고, YMCA 앞에서 연좌시위를 벌이다가 대구백화점 앞에 다시 집결해 30분간 격렬히 시위했다. 10시 55분경 시위대는 민정당 대구 제3지구당을 기습, 점거했다. 포항, 김천, 영천 등지에서도 시위가 있었다.

광주에서는 5시 30분경에 시위가 대규모로 확대되기 시작해 한일은행 사거리에 6시경에는 2만여 명, 7시 20분경에는 10만 명을 헤아리는 인파가 시위를 벌었다. 고교생, 노동자, 농민들도 시위에 참여했다. 시위는 다음 날 새벽까지 계속되었다. 여수에서는 수산전문대생, 시민, 민주당원 등 1만여 명이 4차선 도로를 점거한 채 격렬한 시위를 벌였다. 시위는 다음 날 새벽까지 전개되었다. 목포, 순천, 무안, 완도, 광양에서도 시위가 전개되었다.

전주에서는 7개 대학 학생들과 성직자, 시민들이 7시 조금 지나 관철동사거리를 점거, 연좌한 채 '민주헌법쟁취 전북도민평화대행진' 발대식을 치렀다. 8시경부터 시위대가 커져 수만 명이 금암 로터리 등 주요 도로를 누비며 행진했다. 10시 30분경 시위대는 세 갈래로 나뉘어 행진하다 최루탄에 흩어졌지만, 11시경 다시 횃불을 들고 중심가에서 시위했다. 시위는 다음 날 새벽까지 계속되었다. 농민들도 시위에 참여했다. 6·10국민대회 이후 거의 매일같이 시위를 가진 원광대생들은 이날도 시위에 적극 참여했다. 1만여 명의 시위대는 익산역에서 국민은행에 이르는 1.5km를 두 시간 동안 행진했다. 군산에서도 김봉욱 의원과 민주당원들이 가세한 대규모 시위가 벌어졌다.

대전에서는 6시경부터 경찰이 최루탄을 쏘지 않고 관망하는 가운데

흥명상가에서 대전역 사이의 도로를 꽉 메우며 시위를 벌였다. 대전기독여성모임회원들은 "지랄탄 1발 쌀 7가마"라고 쓰인 피켓을 들고 시위했다. 최루탄에 쫓기며 산발적인 시위가 밤늦도록 벌어졌다. 청주에서는 평화대행진이 무산되자 도청 앞 등 도심지에서 자정까지 시위했다. 천안에서는 2,000여 명의 시위대가 3.3km 행진을 마치는 사이에 3,000명으로 늘었다. 이들은 고속터미널과 역 광장 사이의 4차선 도로와 인도를 메운 채 연좌시위를 벌였다. 공주와 제천에서도 시위가 있었다.

인천에서는 1만여 명의 시민·노동자·학생들이 부평로 일대의 도로를 점거하고 대중집회를 갖는 등 여러 곳에서 시위를 전개했다. 10시 30분경 퇴근하던 노동자들이 참여하면서 노동자 시위가 눈에 띄었다. 수원은 천주교 수원교구 12개 성당의 신부와 신자가 특별미사를 끝낸 뒤 시위가 커졌다. 남문 쪽에서 3,000여 명이, 북문 쪽에서 1,000여 명이 시위를 벌였다. 지역적 특성 때문에 다소 늦게 시작한 성남에서는 8시에 기도회로 시작해 9시경에 1만 5,000여 명이 인하병원 앞에서 고개 너머 종합시장에 이르는 2km를 행진했다. 수원과 비슷하게 자정 넘어서도 시위가 계속되었다. 안양에서는 학생들과 노동자들이 새벽 4시경까지 시위를 벌였다.

춘천과 원주에서도 시위가 전개되었는데, 원주 시위에서는 성직자들이 앞장섰다. 태백에서도 시위가 있었고, 제주 서귀포에서도 1,000여 명이 시위를 벌였다.

6·10국민대회, 6·18최루탄추방대회 때와 비슷하게 서울 영등포·동대문, 성남 종합시장, 인천 부평로, 부산 서면 로터리, 대구 YMCA 앞, 전주, 광주, 포항 등 곳곳에서 대중정치집회가 있었던 것도 민주화운동다웠다. 대중집회는 도로나 광장을 연좌 점거한 상태에서 대개 학생과 시민들의 군부독재 성토, 정치적 연설과 선동, 구호 제창, 일반시민들의 즉석연설 등이 어우러졌다.

서울에서는 신세계백화점-서울역 일대, 영등포 로터리 일대, 동대문 일대 등 3개 지역으로 나누어 동시다발적으로 시위를 벌였는데, 이처럼 이 날 시위는 조직적이었다. 뿐만 아니라 간부급 학생이 흰 장갑을 끼고 곳곳에서 시위대를 이끌며 구호와 노래를 통일시켰다. 상인들도 익숙해져 최루탄이 터지면 셔터를 내리고, '가스 안개'가 걷히면 다시 장사를 했다. 차량들 또한 시위대 행렬을 잘도 헤치고 다녔다.

장대하게 펼쳐진 시위행렬은 "독재타도" "직선제 쟁취"를 쉼 없이 외치면서 전국 방방곡곡에서 민주화를 요구했다. 대도시와 지방 곳곳의 도심지가 상당 기간 마비되었고, 대부분의 도시에서 시위대는 경찰을 밀어붙였다. 경찰이 저지하기란 쉽지 않다는 것이 분명해졌다. 6월 도처에서 들고일어난 야간성 항쟁에 경찰은 지칠 대로 지쳐 있었다. 군대를 동원하지 않으면 전두환 정권은 버티기가 어렵다는 것이 특히 6·26국민평화대행진에서 드러났다.

6·26평화대행진은 규모는 컸으나 『조선일보』조차 덜 과격했다고 보도할 정도로 과격성은 줄어들었다. 이날 시위로 남대문경찰서와 안양경찰서, 파출소 29개소, 경찰차량 20대, 익산시청과 천안시청 등 4개의 시청, 안양 등의 민정당사 4개소, 마산의 88선전탑 등이 불에 타거나 파손되었고, 경찰 573명이 부상당한 것으로 발표되었다. 경찰은 서울에서 2,139명, 전국에서 3,467명을 연행했다.

3
6·29선언과
6월민주항쟁의 의의

6·29선언

6월 27일 오전 8시 국본은 상임공동대표회의를 갖고 "현 정부는 이제 국민의 뜻에 승복, 새 헌법에 의한 정부이양 일정을 구체적으로 밝히라"라고 요구하고, "위대한 민주 승리의 날이 눈앞에 다가오고 있다"라고 천명했다. 이날 오후와 밤에도 대구, 광주, 청주, 인천에서 격렬한 시위가 벌어졌다. 6월 28일 천주교 부산교구 중앙성당에서는 신도 1만여 명이 참여한 가운데 이갑수 주교와 사제 80여 명의 공동집전으로 특별미사를 갖고, "분명한 민주화 일정이 발표될 때까지 농성을 계속하겠다"라고 선언했다. 이날 서울에서 대한예장(개혁), 서울제일교회, 새문안교회 등에서 기도회 및 시위가 있었고, 청주와 군산에서도 학생들이 격렬히 시위했다. 다음 날 전두환과 신군부는 6월민주항쟁에 굴복해 6·29선언을 발표했다.

민주화 일정은 6월 29일 오전 9시 5분 민정당 중앙집행위원회 회의에 참석한 노태우 대표에 의해 발표되었다. 그는 준비한 6·29선언을 읽어 내려갔다. 8개 항으로 된 6·29선언의 요지는 다음과 같다.

첫째, 조속히 대통령 직선제 개헌을 하고 새 헌법에 의한 대통령 선거를 통해 1988년 2월 평화적 정부 이양을 실현한다.

둘째, 자유로운 출마와 공정한 경쟁이 보장되도록 대통령선거법을 개정한다.

셋째, 김대중 씨 등을 사면 복권하고, 시국 관련 사범들을 석방한다.

넷째, 국민의 기본권을 신장시키기 위해 제도적 개선을 촉구하며, 인권침해를 시정한다.

다섯째, 언론자유의 창달을 위해 관련 제도와 관행을 획기적으로 개선하며, 언론기본법은 개정되거나 폐지되어야 한다.

여섯째, 지방자치제와 대학의 자율화 및 교육자치제를 조속히 실현한다.

일곱째, 정당의 건전한 활동을 보장하며, 대화와 타협의 정치풍토를 마련한다.

여덟째, 과감한 사회정화 조치를 강구한다.

노태우의 6·29선언에 대해 각계는 환영의 뜻을 표했다. 국본은 6·29선언이 국민의 뜻을 받아들이기로 결정한 것으로 이해하고 환영했다. 김영삼과 김대중도 환영했다. 『동아일보』는 6월 29일자에서 민의의 표출을 정면으로 받아들이는 '정공법'의 자세가 아니고서는 현 시국을 수습할 방법이 없다고 파악했기 때문이라고 분석했다. 사실 전두환 대통령이건 노태우 민정당 대통령 후보건 들은 적도 본 적도 없는 엄청난 규모의 6월민주항쟁에 직면해서, 직선제를 수용하는 것을 제외하고는 다른 출구가 없었다.

전두환은 호헌을 견지하는 것만이 퇴임 후 쿠데타나 광주민중항쟁, 권력남용 등으로 걸려들지 않을 수 있다고 믿고 있었지만, 1986년 벽두에 불어오는 개헌바람이 워낙 거세 민심을 회유하지 않을 수 없었다. 또 신민당을 재야·학생으로부터 분리해 장내로 끌어들이는 것이 득책이라고 판단하고 4월 30일 여야가 개헌에 합의하면 수용하겠다는 의사를 표시했다. 그렇지만 민정당의 내각제와 김대중·김영삼의 직선제는 전혀 합의될 수 없는 사안이었다. 그렇다고 김영삼과 김대중이 제안한 선택적 국민투표를 받아들일 수도 없었다. 강권에 의해 이승만의 3·15선거와 같은 부정선거를 저지르지 않는 한 국민투표에서 내각제가 직선제를 물리칠 수 없다는 것은 불 보듯 뻔했다. 그래서 전두환은 성급하게 4·13호헌조치를 내렸으나, 6월 24일 영수회담에서 철회할 수밖에 없었고, 그 경우 남은 방안은 단 하나밖에 없었다.

누가 보더라도 6월민주항쟁에서 경찰이 밀리는 것은 분명했다. 신문사 기자도 논설위원도 그렇게 파악했고, 경찰 간부도 대처능력에 한계가 있다고 토로했으며(『동아일보』1987년 6월 26일자), 이미 6월 18일의 최루탄추방대회 이전에 고건 내무부장관도 그렇게 얘기한 바가 있었다. 전두환도 경찰이 밀리고 있다고 몇 번이나 털어놓았다.(김성익, 1992, 390·396·410쪽)

경찰이 밀리면 남은 수단은 군을 동원하는 방법 하나뿐이었다. 계엄령설 또는 모종의 비상조치설은 6월 18일경부터 '신빙성 있게' 나오기 시작해 그날 밤에 부산에서 있었던 시위를 얘기하면서 파다하게 퍼져나갔다. 전두환은 6월 19일 오전 회의에서 군 동원령을 내리고 부산 도착시간까지 지시했지만, 오후에 철회했다.

왜 전두환은 군을 동원하지 않았을까. 많은 사람들이 미국의 영향력을 지적했다. 미국은 1979년 10·26정변 이후 민주화에 호의적이지 않았다. 12·12군사반란을 묵인했고, 5·17쿠데타를 방조했으며, 광주에 군을 보내는 것을 승인했고, 유혈사태를 조장하고 묵인했다. 그런데 바로 이러한 미국의 행위가 거센 반미자주화운동을 불러일으켰고, 학생 측이건 재야 측이건 NL 쪽을 운동권의 주류로 부상하게 만들었다. 미국은 합의개헌문제에서 '이민우 구상' 쪽에 기울어 있었고, 6월민주항쟁에서도 양측에 다 같이 자제를 권고했다. 그러다가 6월 19, 20일경부터 군 동원에 신중을 기할 것을 요구했고, 군이 안 나설 것이 확실한 시점에 군의 개입을 명백히 반대했다. 미국은 광주항쟁에서의 자국의 행위가 무엇을 초래했는지를 잘 알고 있었기 때문에 군 출동에 신중한 태도를 보였다.

그러나 『뉴욕타임스』가 6월 18일자에서 온건파의 목소리를 근거로 계엄령 실시 가능성이 희박하다고 분석한 것이 시사하듯 여러 가지 요인이 작용했다. 88올림픽도 계엄령을 막는 데 한 요인이 되었다. 6월 18일경부터 미국 언론이 한국 문제와 올림픽의 관계를 언급하기 시작했고, 올림픽 관계자들도 그러한 언급을 했다. 남북이 대치한 상태에서 계엄령 같은 살벌한 조치가 취해진다면 올림픽 개최가 어려울 수 있었다.

계엄령을 선포하려면 국무위원의 서명이 필요한데, 5월 25일 핵심 요직 개각으로 기용된 인물 중에는 성향이 온건하거나 합리적인 사람들이 있었고, 전두환의 분신인 장세동 대신 안기부장을 맡은 안무혁은 노태우 계였다. 온건성과 합리성을 대표하는 광주 출신의 총리서리 이한기는 6월 13일 회의에서 명동 농성장에 경찰이 진입하는 것을 반대했고, 26일 간부회의를 주재한 자리에서도 "무력을 최대한 자제하여야 한다"라고 말했다.

권력에서 떠나는 자와 권력을 맡으려는 자는 아무리 동지적 관계였고 광주 참극에 공동책임이 있다고 하더라도 입장이 다를 수밖에 없었다. 노태우 대표, 이춘구 사무총장 등 민정당 당직자들은 4·13호헌조치를 따라갔으나, 어느 정도 정치적 현실감각이 있었고, 너무 큰 부담을 안고 무리하게 정권을 잡는 것을 피하고자 했다. 그들은 계엄령과 같은 비상조치가 내려질 경우 정국이 어떻게 될지, 자신들이 권력을 잡을 수 있을지 낙관할 수 없었다. 6월 21일 민정당의 일요일 긴급 의원총회에서도 비상조치는 자제해야 한다는 의견이 많았고, 의원 분임토의에서 서울시 출신의원 열네 명 중 다섯 명이 직선제를 지지했다.

군의 출동에 대해 군 내부에서 반대 목소리가 높았다는 점도 각별히 주목할 필요가 있다. 노태우계의 군 장성이나 육사 20기 준장급이 반대했다는 주장도 있지만(박보균, 1994, 183·185쪽; 오병상, 1995, 64쪽) 군부 전체가 군 동원에 부정적이었다고(『말』 1987년 8월호, 119쪽; 박보균, 1994, 186쪽) 보는 편이 더 타당할 것이다. 군은 광주 참극 이후 군에 대한 시선이 어떠한지를, 또 정권이 바뀌면 어떻게 될지 알 수 없다는 것을 생각하고 있었는데, 6월민주항쟁 상황은 그보다 더 큰 비극을 몰고 올 수 있다는 점을 고려하지 않을 수 없었다.

전두환 대통령도 군 동원을 내켜하지 않았다. 그가 호헌조치를 취한 것은 광주 참극에 대한 책임 추궁과 밀접한 관계가 있다. 그만큼 그 자신도 제2의 광주 참극이 일어나는 것은 피하려고 했다. 전두환이 군을 동원하지 않은 또 하나의 이유는 군 출동을 실제로 두려워했기 때문이다. 그는 6월 17일 청와대회의에서 비상계엄을 선포하지 않겠다고 언명한 바 있었다. 1986년 11월에도 군이 무서운 단체라고 말했지만, 6·29선언 전날인 6월 28일에도 군대가 나오면 항상 쿠데타의 위험이 있다고 토로했다.(김성익, 1992, 209·409·436쪽) 12·12군사반란에서 자신이 저지른 하극상을 다른 군인이 하지 말라는 법은 없었다.

이와 같은 여러 요인이 작용해서 군은 출동하지 않았다. 그렇지만 6월민주항쟁에 군이 나오지 못하게 막은 제일 큰 원동력은 1980년대의 민주화운동·반미자주화운동의 원동력이었던 광주의 참혹한 사태, 시민과 학생들의 불굴의 항쟁에 대한 기억이었고, 6월민주항쟁의 전개과정을 볼 때 군이 출동할 경우 이번에는 광주 참극보다 훨씬 더 가공할 사태가 초래될 수 있다는 두려움이었다. 군인도 전두환도 국무위원도 민정당 간부도 미국도 그것을 무시할 수는 없었다. 또 6월 26일 오후 8시에 서울교구 정의구현사제단은 성명서를 발표해 "군을 동원할 경우 십자가의 수난을 각오하고 예루살렘에 입성하시던 그리스도의 길을 따르는 사제적 양심과 결단으로 국민불복종운동을 전개해나갈" 것임을 다짐했는데, 군 출동은 필연적으로 국민적 저항을 불러오게 되어 있었다.

노태우와 전두환 중 누가 6·29선언을 주도한 것인가 하는 문제는 당사자 또는 관계자들의 증언이 다르기 때문에 확단하기 어렵다. 전두환은 노태우에게 6월 15일경 직선제를 수용하라고 얘기했다고 주장하고(김성익, 1992, 450쪽), 6월 17일 검토해보라고 했다는 설도 있으나(오병상, 1995, 59쪽), 노태우는 전두환이 6월 24일 처음으로 말했다고 증언했다.(조갑제, 2007, 160쪽) 6·29선언 문안을 작성한 노태우 직계인 박철언은 23일 노태우가 자신에게 그 전날(22일) 전두환 대통령이 직선제를 하자고 하더라고 말한 것으로 기록했다.(박철언, 2005a, 261쪽) 이들의 주장으로 미루어볼 때 전두환이 노태우에게 6월 15일 아니면 그 직후 직선제도 생각해보라고 했지만, 적극적으로 직선제 수용문제를 검토하도록 말한 시점은 22~24일경으로 보인다. 그러나 전두환과 노태우는 6월 24일 전두환과 김영삼이 회동할 때도 직선제 수용을 굳히지는 않았다. 직선제 수용이 확고했더라면 6·26평화대행진을 막고 김영삼과 재야·학생들을 분리시키기 위해서라도 어떤 방식으로든지 의사표현이 있었을 것이다. 전두환은 22일부터 26일까지 야당 대표와 종교계 지도자 등 사회 중요 인사들과 만나 의견을 들었다. 그리고 노태우와 전두환 양측은 6·26평화대행진을 목도하고 27, 28일 문안을 검토해 29일 아침에 발표했다.

노태우건 전두환이건 직선제를 수용한 것은 직선제 선거에서 승리할 수 있다고 자신한 점도 작용했다. 직선제 선거에서 승리하기 위해서는 반드시 김대중과 김영삼 두 사람 다 출마해야 했다. 흥미로운 사실은 직선제 얘기를 꺼낼 때 전두환과 노태우는 김대중을 사면·복권시켜야 한다고 주장하거나(김성익, 1992, 451쪽) 생각했다는(조갑제, 2007, 161쪽) 점이다. 전두환은 6월 27일 아침에 이종율과 김성익 두 비서에게 "앞으로 상황이 어려우면 적절한 시기에 직선제를 해버리자"라고 말했다가(김성익, 1992, 428쪽), 6월 28일 아침에는 다음 날 노 대표가 직선제를 하자고 발표할 것이라고 언명하면서 두 김이 대통령 선거에 안 나올 리가 없다고 단언했고(김성익, 1992, 434쪽), 그날 오후에는 "김대중을 풀어주면 김영삼과 부딪치게 돼. 직선제를 받는 것은 야당과 언론의 급소를 찌르자는 거야"라고 말했다.(김성익, 1992, 440쪽)

6월민주항쟁의 의의

6월민주항쟁은 여러모로 3·1운동과 유사한 점이 있다. 3·1운동이 한반도 방방곡곡에서 일어났다면, 6월민주항쟁은 남한의 거의 모든 도시와 일부 군청소재지에서 일어났다. 또 6·10국민대회와 6·18최루탄추방대회, 6·26 평화대행진은 전국 각 도시에서 같은 시간에 일어났던바, 1986년 이전에는 찾아보기 어려운 현상이었다. 3·1운동에는 여러 계층이 참여했다. 극소수 친일파와 대지주를 제외하고는 각계각층이 들고일어났다. 6월민주항쟁은 3·1운동과 달리 농민은 전주 등 몇 군데에서만 참여했지만, 각계각층이 참여했다고 말해도 결코 과장이 아니다. 인천과 성남 등 노동자들이 많은 도시에서 노동자가 집단적으로 참여한 것도 과거에는 보기 드문 경우였다. 3·1운동에서는 종교인이 여러 지역에서 주도적인 역할을 했고, 교당이나 교회가 거점이 되기도 했는데, 6월민주항쟁에는 천주교, 개신교, 불교의 사제, 목회자, 승려, 신도가 다수 참가했고, 그것도 조직적으로 참여한 경우가 많았으며, 성당과 교회, 사찰, 그 밖의 종교 관련 기관이 대단히 중요한 역할을 하거나 도시의 중요 거점 역할을 했다.

6월민주항쟁에 시민들이 다수 참여하거나 동조했다는 점도 주목된다. 4월혁명 이후 30여 년 동안 시위가 빈번했지만, 대개는 학생운동의 성격이 강했고, 시민들이 참여한 것은 부마항쟁과 광주민중항쟁을 꼽을 수 있을 정도다. 6월민주항쟁에 시민이 참여한 데는 1986~1988년 3년간에 GNP 성장률이 연평균 13%를 오르내리는 '단군 이래 최대 호황'이라는 경제적 조건도 작용했다. 4월혁명, 부마항쟁, 5·18민중항쟁은 경기침체나 경제악화가 시민 참여의 한 요인이 되었지만, 보수적인 기독교도들이나 일반시민들이 6월민주항쟁에 다수 참여한 것은 전두환의 통치방식이 자신들의 생활수준과 맞지 않는다는 감각이 한몫하였다.

6월민주항쟁에 참여한 시민 가운데는, 상호 겹치는 경우가 많지만, 넥타이부대로도 불린 20·30대의 화이트칼라층과 중간계층이 열성적이었다. 6월민주항쟁에 참여한 학생과 이들 중간계층, 넥타이부대는 이후 민주주의 확장에 중심적인 역할을 하였고 시민운동에도 참여했다. 시민운동이 6월민주항쟁 이후 본격적으로 전개된다는 점도 주목할 만하다.

6월민주항쟁은 3·1운동, 4월혁명, 부마항쟁, 5·18민중항쟁보다 조직적이었고, 처음부터 목적의식이 뚜렷했다. 6월민주항쟁에서는 어느 때보다도 정치인과 재야, 학생 간에 민주대연합이 잘 이루어졌다. 국본이 지정한 날에 동시다발적으로 움직였고, 국본의 행동지침에 상당 부분 따랐다. 학생들의 경우 더욱 조직적이어서 연합집회도 많이 가졌고, 대학끼리 집결장소를 정하기도 했다. 서울이건 지방이건 대중정치집회가 적지 않았던 것도 과거에 보기 드문 현상이었다.

6월민주항쟁은 3·1운동과 해방이 그랬던 것처럼 커다란 변화를 가져왔다. 정치만 그러한 것이 아니고 사회 여러 부문도 그러했다. 정치에서 상당 부분 제도적 민주주의가 이루어졌고, 지방자치도 30여 년 만에 단계적이기는 하지만 실현되었다. 6월민주항쟁의 후속으로 87노동자대투쟁이 일어나면서 노동부문에서 민주주의가 확장되었고, 농민부문에서도 민주주의가 진전되었으며, 빈민활동도 활발해졌다. 대학을 비롯해서 적지 않은 사회단체나 조직, 기관에서 민주화가 상당 부분 이루어졌다. 자유도 큰 폭으로 획득되었다. 언론·교육·학문·예술의 자유가 크게 확대되었다. 노래도 영화도 상당 부분 부르고 싶은 것을 부르고, 보고 싶은 것을 볼 수 있게 되었다. 6월민주항쟁과 87노동자대투쟁에 이어 1988년에는 통일운동이 거세게 일어났다. 국가보안법은 살아 있었지만, 일정 기간 극우반공세력의 수구냉전 이데올로기는 일단은 뒤로 물러날 수밖에 없었고, 북에 대한 객관적인 이해가 깊어졌으며, 남북관계가 개선되기 시작했다.

6월민주항쟁에는 한계도 내포되어 있었다. 1986년의 개헌운동에서도 그랬지만, 김대중, 김영삼 등 정치인은 직선제 개헌 이외의 주장을 하는 것을 경계했다. 그러나 직선제는 1972년 유신쿠데타 이전으로 돌아가는 것이었다. 서대협 등 학생운동세력은 미약하게 반미 등을 외치긴 했으나, 민주대연합을 기계적으로 추수하였다는 인상을 주었고, 평소 주장대로 야당이나 재야세력을 '견인'해내지 못했다. 기독교 보수세력이 6월민주항쟁에 참여한 것도 전두환 정권 부정, 직선제 쟁취 수준을 넘어서는 데 제약요인이 될 수 있었다. 국본도 서대협보다 진취적이기가 어려웠는데, 6월민주항쟁이 끝났을 때 사실상 활동에 종언을 고했다는 것 자체가 국본의 한계를 드러낸 것이다. 이러한 점들이 실질적 민주주의를 심화시키는 데 어려움을 조성했다. 독소 조항이 남겨진 채 노동법이 개정되었고, 국보법 개폐문제도 별다른 진전을 보지 못하였으며, 이승만·박정희·전두환, 특히 박정희의 유산을 청산하는 데 무력했다. 또 김대중과 김영삼이 각각 입후보하는 것도 막지 못해 민주화가 뒤틀리게 되었다.

제**2**장

87노동자대투쟁

1
노동자대투쟁의 전야:
6월민주항쟁과 노동운동

1987년 1월 15일 박종철고문사망사건 폭로를 계기로 민주화투쟁은 역사적인 6월민주항쟁으로 발전하였다. 이런 상황에서 전두환 정권은 3저 호황*에도 불구하고 임금억제정책을 천명했다. 1987년의 임금인상투쟁은 이와 같이 민주화투쟁의 격화 및 대호황이라는 유리한 조건과 임금억제정책이라는 불리한 조건이 교차하는 가운데 시작되었다. 임금인상투쟁 시기가 다가오자 몇몇 노동운동단체들은 각종 결의대회 등을 개최하여 노동자들의 임금인상투쟁 열기를 북돋았다. 노동자들은 임금인상, 체불임금 청산, 노동조건 개선, 노동조합 결성, 노조 민주화 등을 요구조건으로 하여 투쟁을 벌였다. 그러나 6개월간의 노동쟁의는 124건에 불과했고, 투쟁 양상도 그다지 격렬하지 않았다. 임금인상 결과도 사용자 측이 제시한 수준 아래에 머물렀다.

　그럼에도 1987년 상반기 투쟁에서는 새로운 양상이 나타나고 있었다. 노동운동의 불모지대였던 거대재벌의 중화학공업 노동자들의 집단행동이

---

* 국제금리, 유가, 원화가치가 낮은 여건 속에서 맞은 호황.

그것이었다. 현대그룹의 경우 울산의 현대중전기, 현대자동차, 현대엔진에서 노동자들의 집단행동이 일어났다. 대우그룹에서는 1985년 대우자동차 노동자들의 파업에 이어 창원 대우중공업 노동자들이 파업을 벌였고, 옥포 대우조선에서도 노조를 결성하고자 하는 움직임이 일었다. 종업원 7,000여 명의 부산 대양고무에서도 임금인상투쟁이 있었고, 대한조선공사 노동자들은 '조공노조정상화추진위원회'를 결성하여 『조공노동자신문』을 발행하였다. 경기도 시흥(지금의 광명시 소하동)의 기아산업에서도 2,000여 명의 노동자들이 어용노조와 낮은 수준의 임금인상을 규탄하는 집회가 열렸다. 물론 이들 움직임은 중심 세력이 분명하게 구축되지 않은 상태에서의 느슨한 투쟁이었고, 성과 면에서도 두드러진 것은 없었다. 그러나 노동자들의 참여율은 매우 높았고 결속력도 매우 강하게 나타남으로써, 일정한 계기만 주어진다면 언제든지 조직적인 투쟁으로 나설 수 있으리라는 점을 예고해주고 있었다.

한편, 박종철 고문살해 사실 폭로와 4·13호헌조치로 반독재투쟁은 범국민적으로 확산되었고, 마침내 역사적인 6월민주항쟁으로 발전해갔다. 이 과정에서 재야노동운동가들은 5월 27일 결성된 '민주헌법쟁취국민운동본부'에 발기인으로 참여하였다. 6월 10일 이후 민주화투쟁이 전국적으로 확산되어가는 중에도 노동자들은 초기에는 적극적으로 가담하지 못했고, 참가한 경우도 개별적이었으나, 항쟁 후기로 가면서 인천, 성남, 부산, 안양, 마산, 울산 등 공업지대에서 생산직 노동자들의 가두투쟁 참여가 두드러졌다. 인천지역에서는 6월민주항쟁의 막바지에 이르러 가두시위 중 창립대회(6. 26)를 가진 '인천지역민주노동자연맹'이 노동자들에 대한 지도를 맡고 나섰다. 일부 공업지역에서는 지식인, 해고자 출신의 활동가들이 투쟁의 일선에서 적극적 역할을 하기도 했으며, 운수노동자들은 시위가 전국적으로 발전하는 데 주된 동력이 되었다.(신금호, 1989, 689~690

쪽) 서울의 제2금융권 사무직 노동자들은 한국노총의 4·13호헌조치 지지에 강하게 반발하면서 '넥타이부대'를 형성하여 시위를 벌였다. 이들은 명동성당 철야농성에 가담하기도 하였다.

그럼에도 6월민주항쟁 과정에서 노동자들은 권력의 통제와, 자본에 의해 강요된 잔업과 철야노동을 떨치지 못한 채 주도적 역할을 하지 못했다. 시위에 참가한 노동자들도 대부분 단순한 시위대의 일부였을 뿐, 조직적으로 참여하지도 않았고 계급적 입장에서 자신들의 요구를 주장한 것도 아니었다. 파업과 같은 조직적이고 위력적인 고유한 투쟁을 벌이지도 못했다. 그러나 노동자들은 민주항쟁의 한가운데서 민주주의에 대한 자각과 투쟁의 자신감을 획득할 수 있었다.

6월민주항쟁은 전두환 정권의 6·29선언과 함께 대단원의 막을 내렸다. 민주화운동세력은 기나긴 투쟁의 여정 끝에 숨고르기에 들어갔다. 그러나 노동자들에게는 직접적인 탄압의 주인공만 바뀌었을 뿐, 절박한 삶의 과제를 해결할 수 있는 구체적인 성과는 주어지지 않았다. 마침내 노동자들은 자신들의 문제를 해결하기 위해 스스로 떨쳐 일어나기 시작했다. 1987년 6월 말부터 10월 초까지 전국적으로 전 산업에 걸쳐 격렬하게 전개되었던 노동자대투쟁이 그것이다.

2
87노동자대투쟁의 개념과 의미

1987년 6월 29일, 거대한 민주대항쟁에 밀려 전두환 정권이 항복을 선언하자 최루탄 포연으로 뒤덮였던 온 나라가 잠시 정적에 잠겨들었다. 이 정치적 정적을 깨고 분노와 저항의 함성을 터트리며 일어선 사람들은 노동자들이었다. '6·29선언' 이후 석 달 남짓 노동자들은 여러 형태의 투쟁을 통해 그야말로 질풍노도처럼 권력과 자본의 견고한 전제와 억압의 성채를 무너뜨리면서 전국을 휩쓸었다. 이것이 87노동자대투쟁이다.

노동자들은 6·29선언 직후부터 3개월여 동안 전국에서 투쟁을 전개했다. 6월 29일부터 10월 4일까지 노동자들이 일으킨 노동쟁의는 총 3,255건이었고, 여기에 참가한 노동자는 121만 8,000여 명이었다. 노동쟁의 건수는 전년도인 1986년의 276건에 비해 12배나 늘어난 것이고, 1977년부터 1986년까지의 10년 동안 발생한 노동쟁의 발생 건수와 참가자 수 1,638건, 22만 8,000여 명에 비하면 각각 2배, 5.3배에 이르는 수준이었다.(노동부 편, 1988, 15쪽) 가히 전례를 찾아볼 수 없는 폭발적인 투쟁이다.

87노동자대투쟁은 전두환 군사정권의 장기집권 음모에 맞서 "호헌철폐, 독재타도"를 외치며 전 국민이 떨쳐 일어나 대통령 직선제를 쟁취한

'6월민주항쟁의 승리'와 그에 이은 '억압적 통제기구의 이완'이라는 열린 공간을 타고, '3저 호황'임에도 저임금·장시간 노동·병영적 노동통제로 억압받아온 노동자들이 인간다운 삶을 쟁취하고자 떨쳐 일어난 일종의 노동항쟁이었다.(김유선, 1998, 27쪽) 이러한 폭발적인 투쟁에 6월 29일의 항복으로 위력을 상실한 국가권력은 과거와 같은 폭압적 제지를 할 수 없었고, 이를 배경으로 노동자들은 투쟁을 확대해나갈 수 있었다.

100여 년에 걸친 한국 노동운동의 역사 가운데 노동자 대중이 대규모 투쟁을 벌인 예는 수차례 있었다. 1929년의 원산총파업, 1945년 8월 이후 해방공간에서의 노동자들의 투쟁, 1960년 4월혁명 직후 노동자들의 투쟁, 그리고 1980년 봄의 투쟁들이 그 주요 사례들이라 할 수 있다. 그러나 이 투쟁들은 그 치열성에 비해 노동운동으로서의 발전적 지속성을 갖지 못했고, 오히려 권력의 반격에 의해 좌절되거나 반동으로 그 결과가 나타나기도 했다.

이에 비해 1987년 여름 노동자들의 투쟁은 노동운동을 질적으로 전환하고 고양시켰을 뿐 아니라, 노사관계를 크게 변화시킨 분수령이었다. 이것은 노동운동이 1960년대와 1970년대의 잠재적 역량 축적을 바탕으로 1980년대 전반기의 준비기 또는 진통기를 지나면서 이룩한 성과이다. 그리고 그동안 성장한 노동운동 역량은 6월민주항쟁을 계기로 노동자대투쟁으로 발현되었다. 그런 점에서 87노동자대투쟁은 이전 시기 노동운동이 전진한 결과임과 동시에 그 이후 노동운동 발전을 위한 중대한 계기가 되었다.(김금수, 1995, 28쪽)

노동자대투쟁은 6월민주항쟁의 연장선상에서 일어난 노동계의 민주화투쟁이었다. 노동자들이 6월민주항쟁 과정에 주체적으로 참여한 것은 아니지만, 6월민주항쟁은 노동자대투쟁이 일어날 수 있는 여건을 결정적으로 제공했다. 그것은 6월민주항쟁이 노동자를 직접적으로 억압해온 국가권력을 후퇴시켰고, 6월민주항쟁 후반으로 갈수록 노동자들의 참여가 늘어났다는 사실에서 보는 바와 같이, 노동자들이 항쟁 참여를 통해 자신들의 처지를 자각하고 떨쳐 일어나는 계기를 제공했기 때문이다.

아울러 87노동자대투쟁은 6·29선언의 허구성을 극복하고 민주화의 실질적인 조건을 충족시키기 위한 항쟁이었다. 6·29선언은 국민들의 치열한 민주화투쟁에 굴복하여 그 요구를 받아들인 것이었으나, 다른 한편으로는 대중의 투쟁을 위축시키기 위한 '고도의 전술' 혹은 군부의 재집권을 위한 '고도의 각본'이기도 하였다.(조희연, 1995, 297쪽) 특히 노동자들은 6·29선언이 노동탄압에 대한 반성이나 노동기본권 보장 전망을 전혀 제시하고 있지 않기 때문에 자칫하면 절차적·정치적 민주화에 머물 수 있는 위험성을 내포하고 있는 것으로 이해했다. 따라서 노동자 스스로 실질적·사회적 민주화를 쟁취해야 하는 과제를 떠안을 수밖에 없다고 보았다.

이 시기 대규모 노동자들의 투쟁은 여러 가지 용어로 표현되고 있다. 처음에는 '1987년 여름의 노사분규'(노동부 편, 1988) '7, 8월노동자투쟁'(신금호, 1989) '노사대분규'(강순희, 1998) '노동자 대중투쟁'(한국기독교사회문제연구원 편, 1987b) '7, 8월노동자파업'(한국노총 편, 1988) '8월사태'(경총 편, 1988) 등으로 불리다가, 김금수(1988)와 장명국(1989) 등이 '노동자대투쟁'으로 명명한 이후 김유선(1998), 최영기(2001), 이원보(2004) 등도 이를 따르고 있다. 각기 처지와 관점에 따라 규정하고 있지만 일반적인 의미에서의 노사분규나 파업으로 보는 것은 상황을 지나치게 단순화한 것으로 보인다. 따라서 '노동자대투쟁'으로 부르는 것이 일반적이라고 생각된다. 그것은 이 시기의 투쟁이 그 규모나 양상에 있어서 과거 어느 시기와도 비견될 수 없을 만큼 폭발적이고 광범했을 뿐 아니라, 단순한 노사 간의 분쟁이나 단체행동으로서의 범위를 크게 넘어서서 노동자 스스로가 들고일어나 노동운동 대전환의 거대한 분수령을 이루었기 때문이다.

3
87노동자대투쟁의 특징

87노동자대투쟁은 휴화산의 폭발과 같은 양상을 보였지만 그것은 결코 일시적으로 돌출된 현상이 아니라 역사의 산물이었다. 즉, 1987년 이전의 노동정책과 노무관리 그리고 노동자의 상태에 대한 격렬한 저항이었던 것이다. 그리고 이후 노사 간 힘의 관계를 역전시키는 중요한 계기가 되었다. 노동자들은 법전에만 장식되어 있는 노동기본권을 현실로 보장할 것을 요구했고, 스스로의 권익을 확보할 수 있는 강력한 수단으로서의 노동조합을 재조직했다. 노동자들은 오랫동안 자신들을 억눌러왔던 모순들을 제거하기 위한 투쟁을 통해 스스로 노동정치의 주체임을 확인하였다. 말하자면 한국의 노동자계급이 자발적인 대중투쟁을 통해서 종래 정부와 자본이 구축한 억압적 통제체제를 깨뜨리고, 노동운동의 자율적 공간을 넓힘으로써 노동체제가 새롭게 개편되도록 한 주체적 개입이었다.(장홍근, 1999, 79쪽) 87노동자대투쟁의 특징을 정리하면 다음과 같다.[*]

---

[*] 87노동자대투쟁의 전개과정에 대해서는 5부 6장을 참고할 것.

투쟁의 규모와 범위:

전국, 전 산업에 걸친 사상 최대의 대중투쟁

1987년 노동자대투쟁은 '6·29선언' 이후 7~9월에 집중하여 발생했다. 87노동자대투쟁은 제조업, 특히 현대엔진, 현대미포조선, 현대중공업 등 울산 현대그룹의 중공업 대기업 사업장에서 촉발되어 전국·전 산업·전 규모에서 전개된 사상 최대의 대중투쟁이었다. 이 투쟁은 한국에서 노동자계급이 형성된 이래 최대 규모의 노동쟁의이자 대중적 항거였다.(김금수, 1995, 30쪽) 그것은 무엇보다 앞서 든 투쟁건수와 참가 노동자 수에서 잘 나타난다. 특히 참가 노동자 수는 1987년 8월 말 현재 상용노동자 10인 이상 사업체에 종사한 노동자 333만 4,000여 명의 36.8%에 해당하는 인원이다.(노동부 편, 1987, 15쪽) 이 시기 노동자들의 투쟁은 '폭발적 확산과 급속한 위축'이라는 특징을 보였다.(노중기, 1997, 189쪽) 그것은 국가권력과의 관계에서 비롯된 측면이 많다. 곧 국가권력의 억압적 통제기구가 후퇴하느냐 개입을 재개하느냐에 따라 노동자들의 투쟁이 폭발적으로 확산되었다가 급속하게 위축된 것이다. 이러한 현상은 사업장 차원에서 막 노동조합을 결성하기 시작한 노동운동 역량을 감안할 때 필연적인 것이었다고 할 수 있다.

지역별 파업 발생건수와 참가자 수를 보면, 공단이 밀집한 부산·경남 등 영남권과 서울·인천·경기 등 수도권은 물론, 전라·충청·강원·제주에 이르기까지 전국의 모든 지역에서 파업이 전개되었다. 그러나 파업 발생건수는 서울·인천·경기 등 수도권이 1,413건(43.7%), 부산·경남 등 영남권이 690건(21.3%)이고, 파업 참가자 수는 부산·경남 등 영남권이 53만 명(43.3%), 서울·인천·경기 등 수도권이 39만 명(32.1%)에 이르는 등 이들 2개 권역이 전체 파업 발생건수와 참가자 수의 3분의 2를 차지하였다.(김금수, 2004, 122쪽) 이것은 수도권과 영남권에 공단이 밀집해 있어 투쟁이 확산되는 데 유리한 조건이었기 때문이며, 특히 경남은 중공업 거대사업장이 밀집해 있어 파업 참가자 수가 39만 명(32.2%), 건별 파업 참가자 수가 1,120명으로 다른 지역을 크게 상회하고 있다. 따라서 1987년 노동자대투쟁은 모든 지역에서 빠짐없이 전개되었으며, 특히 울산·마산·창원 등 경남지역에서 일어난 노동자투쟁이 전체 투쟁을 촉진했을 뿐 아니라 그 규모와 지속성, 파급력에 있어서 대투쟁을 주도했다고 할 수 있다.

한편 산업별 파업 발생건수와 참가자 수를 살펴보면, 제조업 이외에 운수업, 광업, 도소매업, 금융업, 서비스업, 전기·가스·수도 사업, 건설업에 이르기까지 모든 산업에서 파업이 전개되었다. 그러나 파업 발생건수는 제조업이 1,740건(53.8%), 운수업이 1,186건(36.7%)으로 이들 2개 산업이 90.5%를 차지하고, 파업 참가자 수는 제조업이 99만 명으로 80.8%를 차지하고 있다. 따라서 87노동자대투쟁은 모든 산업에서 전개되었으나, 제조업 특히 경남지역 중공업 노동자들이 대투쟁을 주도했다고 할 수 있다.(김금수, 2004, 123쪽)

또한 규모별 파업 사업장 분포와 비중을 살펴보면, 300인 미만 중소영세업체도 파업 발생건수가 2,514건(77.8%)일 정도로 파업은 전 규모에 걸쳐 광범위하게 전개되었다. 그러나 규모별 사업체 수 대비 파업 발생건수를 살펴보면, 1,000명 이상 대기업은 전체 사업체 374개 가운데 50%가 넘는 200개 사업체에서 파업이 발생했다. 더욱이 건별 파업 참가자 수 추이를 살펴보면, 노동자대투쟁 초기인 7월 넷째 주에는 5,000명을 넘다가 8월 넷째 주 이후에는 100~200명 수준으로 감소하고 있는데, 이것은 초기에 대기업 사업장에서 발생한 파업이 점차 중소영세업체로 확산되었음을 의미한다.

이처럼 87노동자대투쟁은 첫째 지역과 산업, 사업체 규모에 관계없이 전 지역, 전 산업, 전 규모에서 전개되었고, 둘째 경남지역, 제조업(중공업), 대기업 노동자들이 주도했다고 할 수 있다. 이에 따라 1987년 노동자대투쟁을 기점으로 한국 노동운동은 기존의 '섬유봉제·전기전자 등 경공업 여성노동자들'로부터 '자동차·조선·기계금속 등 중공업 남성노동자'들로 주도세력이 바뀌게 될 것임을 예고하였다.

요컨대 전국·전 산업에 걸친 노동자대투쟁은 그동안 오래도록 억눌려왔던 노동자들의 불만과 요구가 잠재적인 형태로 존재해오다가 거의 동시적으로 표출된 결과이다.

노동자의 요구: "인간답게 살고 싶다"　　노동부 집계에 따르면, 1987년 노동자대투쟁 과정에서 제시된 노동자들의 요구사항은 총 1만 4,957개에 이르고, 쟁의행위가 수반된 노사분쟁의 경우만도 1만 4,678건에 이르는데, 하나의 사업장에서 평균 4~5개의 요구가 제기되었다. 쟁의행위가 수반된 경우만을 보면, 임금 및 제 수당에 관련된 것(임금인상, 상여금인상, 각종 수당인상, 퇴직금인상)이 7,372개로 전체의 50.2%이며, 임금 이외의 노동조건 개선(근로시간 단축, 휴일 휴가, 작업환경, 근로자 후생복지)이 3,656건으로 24.9%, 그리고 노조활동 및 단체협약에 관한 요구사항(단체협약 체결, 노조결성, 노조활동, 노조민주화 등)과 경영 및 인사에 관한 요구사항(부당해고 금지, 해고자 복직, 차별제도 금지, 인사제도, 휴폐업, 조업단축, 인간적 대우 등)이 거의 비슷한 수준으로 각각 1,203건과 1,202건으로 8.1%씩 차지하고 있다. 이 밖에도 부당노동행위로 인한 불이익 사항 구제를 비롯해 체불임금 지급 등 기타 요구사항은 1,245건(8.4%)이었다. 이들 요구조건을 통해서 본 노동자대투쟁의 특징은 다음과 같이 요약할 수 있다.

첫째, 노동자들은 생존권과 노동권 등 기본 권리 보장을 요구하며 투쟁했다. 이것은 한국 자본주의 변화의 필연적인 산물이었다. 1960년대 이후 한국 자본주의가 급속히 전개됨에 따라 한편으로는 자본축적이 확대되고, 다른 한편으로는 노동자계급의 양적 성장과 질적 구성의 변화가 진전됨으로써 기본적인 사회관계인 노동-자본관계의 모순이 점차 심화·확대되었다. 특히 1980년대 진행된 한국 자본주의의 전개는 대외종속의 심화와 독점강화를 그 특징으로 하였다. 이것은 부의 편재와 경제잉여의 해외 유출을 가져왔고, 노동자계급의 절대적·상대적 빈곤을 낳았다. 말하자면 자본축적과 한국 자본주의 재생산기구를 유지하기 위한 자본 측의 논리가 관철됨으로써 노동자들의 저임금·장시간 노동, 산업재해 발생의 대형화·심각화, 상대적 과잉인구의 광범한 존재와 고용형태의 불안정성, 노동복지의 빈곤이 고착화되는 한편, 국가권력을 매개로 한 노동통제 기제가 강화되었다.(김금수, 1988, 161쪽) 이런 배경하에 전개된 노동자대투쟁의 주요 목표는 일차적으로 생존권을 비롯한 기본 권리 보장이 될 수밖에 없었다.

둘째, 노동자들은 자신들의 일터인 노동현장의 민주화를 요구했다. 곧 노동자들은 군대식 규율 아래, 사무·관리직과 직장·반장의 가혹한 인격적 통제에 의존해온 억압적·병영적 노무관리 철폐를 요구한 것이다. 이 요구는 구체적으로 조장·반장 교체, 인격적 모욕 중지, 부당한 인사이동 및 인사고과 철폐, '두발 자유화', 강제 체조시간 폐지, 출퇴근 복장 자유화, 강제잔업 철폐, 산업재해 방지·환경보호 시설 설치 등 작업현장에서 나타나는 가부장제·군사문화적 노무관리제도 폐지로 나타났다. '임금 이외의 근로조건 개선'으로 표현되는 이러한 요구는 단순한 처우개선 요구가 아니라 현장 노무관리체제 전반에 대한 강력한 문제제기였고(노중기, 1997, 198쪽), '현장민주화'에 대한 절박한 염원의 표현이라 할 수 있다. 1987년 이전의 작업장 체제는 '권위적 단순통제'의 유형에 드는 것이었다. 갈등 조절과 합의된 의사소통 기제들이 부재한 가운데 노사 간의 갈등은 그것에 대한 강력한 통제요인이 제거되기만 하면 폭발적으로 분출할 가능성을 항상

안고 있는 상황이었다.(박준식, 1996, 39쪽)

셋째, 집단적 노사관계 민주화가 노동자대투쟁의 핵심 요구사항이었으며, 구체적으로는 노조결성과 조합활동 보장, 단체협약 체결, 어용노조 민주화 등으로 나타났다. 현대중공업, 현대자동차, 대우조선, 대우자동차, 대우중공업, 삼성중공업, 한국중공업, (주)통일 등 당시 노동자대투쟁을 주도한 대기업에서는 거의 예외 없이 노조결성 보장이나 어용노조 퇴진을 둘러싼 노사분쟁이 뒤따랐다. 노동자들은 일회성 임금인상이나 노동조건 개선에 머무르지 않고, 지속적으로 노동조건을 개선하고 노동현장을 민주화할 수 있는 조직적 틀로서 노조를 결성하는 것을 중시했다. 사용자들이 임금인상과 노동조건 개선은 부분적으로 수용하더라도 노조결성은 최대한 저지하려 한 것은 이 때문이다. 1987년 6·29선언 이후 10월 31일까지 노사분쟁 발생 사업장 가운데 신규 노조가 결성된 사업장은 총 683건으로 노사분쟁 발생건수의 20.6%에 해당한다.(노동부 편, 1988, 55쪽)

넷째, 노동자들은 각종 차별 철폐를 또 하나의 중요한 요구로 제기했다. 구체적으로는 생산직과 사무직, 남성과 여성 간 각종 차별제도와 비인간적 대우를 철폐할 것을 요구했고(노중기, 1997, 199쪽), 여기에는 관리자의 폭언·폭행, 차별적 식당 이용, 차별적 작업복·명찰 착용 등 다양한 내용들이 중첩되어 있었다. 이처럼 노동자들은 임금인상 이외에 작업장에서 행해지는 각종 차별대우와 비민주적 관행 철폐, 전근대적 노동통제 근절을 절실하게 요구했다. 즉, 당시 노동자들은 자신의 생활터전인 현장의 억압적·병영적 노무관리 체제에서 형성된 각종 불합리한 관리체제 철폐를 집중적으로 제기했는데, 이들 요구는 파업현장에서 가장 많이 외쳐진 "인간답게 살고 싶다"라는 구호가 말해주듯 '생존권 확보와 노동현장 민주화'로 집약할 수 있다.

투쟁방식: 선파업농성시위
후교섭 형태의 탈법적 투쟁

1987년에 발생한 3,749건의 노사분쟁 가운데 94.1%가 불법 쟁의행위였고, 합법적 절차를 거친 쟁의행위는 5.9%에 불과했다. 따라서 1987년 노동자대투쟁 당시 3,235건의 파업 가운데 합법적 절차를 밟은 쟁의행위는 극히 적은 수에 불과한 것으로 볼 수 있다. 당시 법률에 의하면 합법적 파업은 노조의 쟁의신고에 대한 노동위원회의 적법성 심사를 거친 뒤 일반사업은 30일, 공익사업은 40일의 냉각기간이 지나야 가능했다. 이 법규정대로라면 사실상 쟁의행위는 불가능했다. 노동자들은 이러한 법절차를 무시하고 파업·농성·시위와 같은 쟁의행위를 벌이면서, 노조를 결성하고 그다음에 협상을 요구하는 형태로 행동했다. 쟁의행위 형태는 단순한 파업 또는 작업거부보다는 대부분 사업장 안팎의 점거농성과 시위 등의 격렬한 집단행동이 수반되었고, 투쟁 양상 또한 완강하고 장기지속적인 것으로 나타났다.(노중기, 1997, 202~204쪽)

당시 파업은 기존의 노동조합이 주도한 파업은 아니었다. 노동조합이 있는 사업장에서 1,770건(54.7%), 노동조합이 없는 사업장에서 1,465건(45.3%)의 파업이 발생했는데, 노동조합이 있는 사업장에서도 이제 막 노동조합을 결성했거나 집행부와는 별개로(또는 대립적으로) 현장노동자들이 파업을 주도한 경우가 대부분이었다. 또한 '선협상 후파업'과 같은 통상적인 교섭절차를 거치는 경우는 드물었고, 대부분 '선파업농성 후협상'으로 진행되었다. 그런 점에서 노동자대투쟁은 종래의 투쟁들에 비해서는 훨씬 더 대중적이고 대규모로 진행되었지만, 계획적이고 조직적이기보다는 대부분 자연발생적인 투쟁형태를 나타냈다. 노동자들은 자주적 또는 자율적으로 투쟁을 전개했지만, 개개의 투쟁은 사업장별로 이루어졌고, 연대투쟁과 통일투쟁의 면에서는 극히 초보적이거나 취약한 모습을 드러냈다. 파업전술 면에서는 전체 파업 사업장 3,235개 가운데 2,968개 사업장(92%)에서 사업장 내 농성이 전개되었고, 사업장 밖에서 농성을 한 경우도 638개(20%)에 이르렀다. 따라서 당시 파업은 사업장 내 연좌농성sit-down strike을 주된 방식으로 취하면서, 가두집회와 시위를 부분적으로 감행했다고 볼 수 있다.

투쟁의 주도세력:
중화학공업 분야의 대기업 생산직 노동자

1987년 여름 석 달 동안 전개된 쟁의행위를 산업별로 보면 제조업이 1,740건으로 전체의 53.8%를 차지하고, 다음이 운수업으로 36.7%를 나타내고 있다. 쟁의행위 참가자 수에서는 제조업의 경우가 99만 명으로 전체의 80.8%를 차지하고 있으며, 조립금속·기계·전기기계·기타 화학 등의 중화학공업 분야의 비중이 높았다. 또 쟁의행위 발생을 규모별로 보면, 사업체 수에서는 300인 미만의 중소영세 사업체가 77.8%에 이른다. 그러나 1,000명 이상 대규모 사업체 374개 가운데 50%가 넘는 200개 사업체에서 노사분쟁이 발생했다. 이 같은 사실은 섬유, 봉제, 전자업종의 여성노동자들이 기존의 노동운동을 주도했던 데 비해, 1987년 노동자대투쟁은 이전과는 다른 노동자 집단이 노동운동의 새로운 주도세력으로 등장하였음을 의미한다.(노중기, 1997, 194쪽) 새로운 주도세력이란 중화학공업 대기업 생산직 남성 노동자들이었다.

1987년 노동자대투쟁은 중화학공업지역에서 폭발하여 경공업지역이나 기타 지역으로 확산되는 양상을 보였고, 대기업 노동자들의 투쟁이 요구사항을 관철하는 데 선도적인 역할을 하였다. 이는 이전과는 다른 특징으로 향후 노동운동의 주축이 바로 경공업 중소기업에서 중화학공업 대기업으로, 여성노동자 중심에서 남성노동자 중심으로 바뀌었음을 의미한다.(장홍근, 1999, 78쪽) 이런 사실은 중화학공업의 발전이 전체 산업을 주도함에 따라 점차 고도로 생산이 집적된 대규모 사업장이 생산의 중심부로 정착하게 되었다는 것과, 그와 같은 생산과정에서 결합되고, 훈련되고, 조직된 남성노동자들이 노동운동의 주력으로 대두하였음을 말해주는 것이다.

새로운 지역·그룹·산업별 연대투쟁 시도　　　　　1987년 노동자대투쟁에서 노동자들은 지역별, 재벌그룹별, 산업별 연대투쟁을 시도했다. 지역별 동맹파업의 형태는 울산, 광주, 부산, 전주, 서울, 군산, 포항, 안양 등지의 운수노동자 동맹파업에서 잘 나타났고, 재벌계열사 동맹파업은 대우중공업의 경우 창원, 인천, 영등포와 안양 등 4개 사업장 동맹파업과, 현대그룹 계열회사 내 울산지역 하청업체 노동자들의 동맹파업, 울산 현대정공과 창원 현대정공 동맹파업 등에서 나타났다.(한국노동조합총연맹 편, 1988, 25쪽) 이런 지역·그룹 차원의 투쟁은 이후 지역 노조협의회, 그룹 노조협의회 등 조직화 추진으로 연결되었고, 이후 민주노조운동을 이끌어가는 핵심적 조직체계가 성장하는 계기가 되었다.(장홍근, 1999, 77~78쪽)

　　물론 대부분의 투쟁이 조직적으로 짜임새 있게 진행된 것은 아니었다. 그럼에도 파업투쟁의 과정에서 단위사업장의 범위를 넘어서 주로 지역 차원에서 노동자들 또는 노조들 사이에 다양한 연대의 형식들이 형성되고 있었다. 한 공장의 파업은 곧바로 인근 사업장들로 확산되었는데, 먼저 나선 사업장에서 일어난 투쟁과 조직화는 곧 다른 사업장의 노동자 조직화와 동원의 모델이 되었고, 요구의 내용과 수준, 동원된 노동자들의 행동방향 역시 대부분 이웃 사업장의 그것을 준거로 하고 있었다. 조직적 지도와 조율보다는 '서로가 서로에게 배우는 방식'이 일반적이었으며, 움직일 수 있었던 사업장과 그렇지 못한 사업장, 성공한 사업장과 실패한 사업장의 노동자들 사이에서 자연스러운 비교가 이루어지고, 이 비교는 곧 다음 행위의 자극제가 되었다.(임영일, 1998, 90~91쪽)

이처럼 87노동자대투쟁 당시 노동자들은 단위사업장의 범위를 넘어서 서로 자극과 교훈을 주고받으면서 다양한 연대의 형식들을 형성해가고 있었다. 하지만 이 시기의 연대투쟁은 국가와 자본의 통제에 대응한 전술적 차원에서 매우 부분적으로 이루어졌다. 그런 면에서 87노동자대투쟁 당시의 노동자들의 연대투쟁은 향후 연대투쟁의 시발점이라 할 수 있다.(노중기, 1997, 204쪽)

6월민주항쟁의 역동성을 계승한 민주화투쟁　　　노동자대투쟁은 6월민주항쟁을 계승·발전시킨 투쟁이면서 민중운동 또는 사회운동의 발전을 촉진했다. 6월민주항쟁의 과정에서 노동자들은 조직적인 형태로 참가하지는 못하였지만, 민주화투쟁에 광범하게 참여함으로써 자신들의 요구를 확인하고 정치적 자각을 높이게 되었으며, 민주항쟁의 승리를 계승하여 노동자대투쟁을 제기하게 되었다. 또 노동자대투쟁은 이후 전체 민중운동의 발전을 촉진하는 추진력이 되었다.(김금수, 1988, 163~164쪽)

노동자대투쟁은 당시 제기된 주요 요구사항에서 보듯 임금인상과 노동권 보장, 노조설립 인정과 노조민주화, 억압적 노무관리 철폐와 차별타파 등 작업장 민주주의를 포함해 넓은 의미의 민주화를 위한 저항이라는 성격을 띠었다. 그리고 노동자대투쟁은 6·29선언으로 집약되는 절차적·정치적 민주주의를 넘어서서, 노동자들이 일하는 노동현장에 민주주의를 정착시키고, 실질적·사회적 민주주의를 쟁취하기 위한 투쟁의 첫걸음이기도 했다. 그런 점에서 노동자대투쟁은 투쟁의 장소와 투쟁 주체를 달리하여, 보다 불리한 정치적 환경 속에서 노동자들이 수행한 또 다른 6월민주항쟁이었다. 6·29선언으로 그 성격이 왜곡되고 잘못 해석된 측면이 있지만, 노동자대투쟁은 본질적으로 6월민주항쟁의 연속선상에서 발생한 민주화투쟁이었다. 그러므로 1987년의 민주화투쟁은 6월민주항쟁과 87노동자대투쟁이라는 두 개의 축으로 재규정되어야 할 것이다.(노중기, 1997, 213쪽)

4
87노동자대투쟁의 의의와 한계

이상에서 본 바와 같이 1987년 7~9월에 걸쳐 전개된 노동자대투쟁은 한여름 작렬하는 태양만큼이나 뜨겁고 격렬했다. 노동자대투쟁은 6월민주항쟁을 계승·발전시킨 투쟁이면서 민중운동 또는 사회운동의 발전을 촉진했다. 6월민주항쟁 과정에서 노동자들은 조직적인 형태로 주도하지는 못했지만, 민주화투쟁에 광범하게 참여함으로써 자신들의 요구를 확인하고 정치적 자각을 높이게 되었으며, 민주항쟁의 승리를 계승하여 노동자대투쟁을 전개하게 되었다.

노동자대투쟁은 생존권과 노동권 보장, 억압적 노무관리 철폐와 차별타파 등 작업장 내 민주주의를 포함해 넓은 의미의 민주화를 위한 저항이라는 성격을 띠었다. 또한 노동자대투쟁은 6·29선언으로 집약되는 절차적·정치적 민주주의를 넘어서서, 노동자들이 일하는 노동현장에 민주주의를 정착시키고 실질적·사회적 민주주의를 쟁취하기 위한 투쟁의 첫걸음이기도 하였다. 그런 점에서 노동자대투쟁은 투쟁의 장소와 투쟁주체를 달리하여, 보다 불리한 정치적 환경 속에서 노동자들이 수행한 또 다른 6월민주항쟁이었다.

노동자들은 짧은 석 달 동안의 투쟁을 통해 장기간 유지되어온 노동통제체제를 무너뜨리고 노동기본권을 억압해온 노동관계법을 무력화했다. 또한 노동자대투쟁은 역사적인 맥락에서 볼 때, 한국에서 근대적 임노동자가 형성된 이후 노동자계급이 추진한 최대 규모의 저항활동이었다.(김동춘, 1995, 100쪽) 노동자대투쟁을 통해 임금과 노동조건을 사용자 측이 일방적으로 결정해온 관행 대신, 노사 당사자 사이의 단체교섭으로 결정하는 노사관계 관행이 확산되었다.(장홍근, 1999, 79쪽)

아울러 노동자대투쟁은 광범한 노동자를 단련시키고 의식과 조직을 발전시킨 중요한 계기가 되었다. 노동자들은 스스로 투쟁의 전면에 나섬으로써 자신들을 억압하는 체제와 각종 제도의 구조를 인식하게 되었고, 투쟁을 통해 노동자 자신들의 힘과 단결이 갖는 큰 의미를 깨닫게 되었다. 또한 투쟁을 통해 사회적 무력감이나 패배주의를 상당 부분 극복할 수 있었고, 투쟁과정에서 조직적 지도성의 중요성과 넓은 범위에 걸친 연대의 필요성을 인식하게 되었다. 그리고 노동조합운동은 노동자대투쟁을 통해 비로소 대중조직운동으로서 명실상부하게 자립할 수 있게 되었으며, 이를 바탕으로 권력과 자본으로부터 집중된 엄청난 탄압을 극복하고 민주노조운동의 흐름을 형성하였다.(박석운, 1997, 12쪽) 이와 함께 노동자대투쟁은 노동자 자신들의 투쟁이 권력과 자본에 대한 대응이라는 성격을 갖는다는 것을 확인할 수 있었고, 정치투쟁의 중요성과 그것의 추진을 위한 조직적 정비의 필요성도 자각할 수 있게 됨으로써 노동자계급의 정치적 진출을 위한 대중적 토대를 마련하는 계기가 되었다.(김금수, 1988, 164쪽)

이와 같이 노동자대투쟁은 그야말로 '십 년을 하루에 뛰어넘은' 거대한 대중운동의 비약이었으며, 노동자의 조직, 투쟁, 정치역량, 운동이념 등 한국 노동운동의 여러 측면에서 새로운 변화를 가져오는 역사적 계기를 만들어냈다. 노동자대투쟁은 수십 년에 걸쳐 방치되었던 노동자들의 무권리에 대한 항거였으며, 기업과 정부와 맞부딪쳐 협상함으로써 노동정치의 가능성이 발견된 공간이었다. 그런 점에서 1987년은 정치의 발견, 인권의 발견, 노동자 힘의 발견이 압축적으로 나타났던 '역사적 시간'이었다.(최영기 외, 2001, 154쪽)

그럼에도 노동자대투쟁은 몇 가지 측면에서 한계를 드러냈다. 먼저 임금인상 등 노동조건 개선에 있어서 뚜렷한 성과를 거두지는 못했다. 투쟁은 열심히 했지만, 무엇을 얼마나 요구해야 할지 준비와 경험이 없었고, 노동조합이 주도한 투쟁도 아니었기 때문이다.(김유선, 1998, 4쪽) 조직과 투쟁의 측면에서 자연발생적 경향이 강했고, 조직적 지도력이 취약하여 매우 강고한 투쟁을 벌이고도 투쟁성과가 광범한 조직적 역량의 결집·강화로 이어지지 못했다. 투쟁은 사업장 단위에서 고립분산적으로 진행되었으며, 연대투쟁이나 공동투쟁이 전면적으로 추진되지 못했고, 사업장 차원의 열악한 노동조건과 억압적·병영적·비인간적 노무관리에는 저항했지만, 계급적·제도적 요구 관철로 발전하지는 못했다. 이것은 노동자들이 노동자대투쟁의 규모와 강도에 비해 작업장 수준에서만 노동정치를 이해한 결과였다.(최영기 외, 2001, 152쪽) 특히 노동자대투쟁의 후반기로 가면서 지배층의 이데올로기 공세에 대해 노동자들의 대응은 속수무책에 가까웠다. 자신들의 요구가 사회적 공익이나 공동선과 표리관계에 있다는 점에 대한 주체적·객관적 인식이 부족한 상태로 진행되다 보니 자칫 '집단이기주의'로 몰릴 위험도 있었다.(박석운, 1997, 13쪽)

또한 노동자대투쟁은 투쟁방향이 목적의식적으로 진행되지는 못했다. 노동자들의 폭발적인 자발적 진출이 사태 전반을 압도한 데 비해, 이를 올바른 방향으로 이끌어갈 조직적 세력은 준비되어 있지 않았거나 역부족이었다. 당시 몇몇 공개·반#공개 단체들*이 결성되었지만 노동자대투쟁을 이념적·조직적으로 지도하기보다는 투쟁의 외곽에서 상담 등의 실무적 차원에서 지원하는 정도였다. 그만큼 선진적 노동자층은 그 기반도 협소했을 뿐 아니라 수년간의 정치주의적 노동운동이 가져다준 편향을 시정하는 데 시간을 보내야 했으며, 대중적 지도력 또한 거의 갖추지 못하고 있었다.(엄주웅, 1994, 165~166쪽) 결국 대중투쟁의 추진과 관련하여 활동경험과 지도력을 갖추지 못한 노조 간부와 활동가들은 장기적인 투쟁을 이끌면서 올바른 전술을 진행하지 못하는 경우가 많았으며, 심지어 투쟁의 목표와 방향을 바르게 설정하지 못한 나머지 투쟁을 성공적으로 마무리하지 못한 사례도 많았다. 그 결과, 투쟁의 장기성과 완고함에 비추어 노동자 대중의 정치적 각성과 진출은 바람직한 수준에까지는 이르지 못했다.(신금호, 1989, 600쪽)

노동자대투쟁에서 나타난 이들 한계는 당시 노동운동의 전반적 발전단계를 반영한 당연한 귀결로 볼 수 있을 것이다. 그리고 그것은 노동자대투쟁 이후 새로운 조직과 이념, 투쟁전략과 전술의 전개과정에서 노동자계급 스스로가 해결하지 않으면 안 될 과제라고 할 수 있을 것이다.

<small>＊ 6~7월에 결성된 '인천지역민주노동자연맹' '민주헌법쟁취노동자공동위원회' '노동조합민주화실천위원회' '인천지역해고노동자협의회' '해고자복직투쟁위원회' 등이 그것들이다.(신금호, 1989, 591~592쪽)</small>

1

6·29선언의 이중적 의미와
민주화연합의 이완

6·29선언을 통해 6월민주항쟁의 가장 핵심적인 요구였던 대통령 직선제 개헌이 전두환 정권에 의해 수용됨으로써, 이제 이를 바탕으로 민주화를 실현하는 후속조치들이 필요하게 되었다. 그중 무엇보다도 먼저 추진되어야 했던 것은 헌법개정이었다. 대통령 직선제를 비롯하여 민주화의 내용을 헌법개정에 반영함으로써 민주적 헌정체제를 구축할 필요가 있었기 때문이다. 이에 뒤이어 이루어져야 할 조치는 개정헌법에 근거하여 대통령선거를 실시하고, 그 당선자로 하여금 민간정부를 구성토록 하는 것이었다. 그럼으로써 쿠데타가 아니라 국민의 직접적인 선출에 의해 구성되고 이를 통해 정당성을 가진 민간정부가 탄생할 수 있었기 때문이다. 그리고 이상의 과정이 성공적으로 끝났을 때 비로소 권위주의체제로부터 민주주의체제로의 이행, 즉 민주화 이행democratic transition*은 일단 마무리된다

* 이와 관련하여 1970년대 중반 이후 남유럽과 남미 등 여러 나라들의 민주화 이행의 경험에 바탕을 둔 '민주화 이행론'이 등장했다. 이에 따르면, 민주화 이행은 권위주의체제의 온건파의 주도로 자유화(liberalization)가 이루어지면서 시작된다. 그리고 그 과정에서 권위주의체제의 온건파와 민주화운동세력의 온건파가 민주화(democratization)에 대한 타협, 즉 협약(pact)을 맺게 된다. 그리고 이 같은 협약에

고 할 수 있었다.

물론 민주화 이행의 경험이 처음인 것은 아니다. 과거에도 유산된 민주화 이행의 경험이 있었기 때문이다. 우선 1960년 4월혁명 발생 후 일련의 과정을 거쳐 장면의 민주당 정권이 등장한 바 있었다. 따라서 당시에 민주화 이행은 일단 성공적이었다. 하지만 민주당 정권은 채 1년도 못 되어 1961년 5·16군사쿠데타에 의해 무너졌다. 다음으로 1979년 10·26정변 이후 다시 한번 민주화 이행의 기회가 찾아왔다. 1979~1980년 '서울의 봄' 시기의 민주화 이행이 바로 그것이었다. 그러나 당시의 민주화 이행은 신군부세력에 의한 12·12군사반란과 5·17군사쿠데타에 의해 도중에 무산되었다. 따라서 6월민주항쟁에 따른 민주화 이행은 과거 두 번에 걸친 실패의 경험에 이어 다시 세번째로 시도된 민주화 이행이었다.

그렇다면 6월민주항쟁 이후 본격적으로 시작된 민주화 이행은 어떻게 진행되었나? 이 장에서는 바로 그 이행의 구체적인 과정을 살펴보고자 한다. 여기에서 우리가 주목할 것은 민주화 이행이 6월민주항쟁의 결과로서 시작되었지만, 그것은 그 이행의 시작과 더불어 새롭게 등장할 민간정부 구성과 그 권력장악을 둘러싸고 각 정치세력들이 상호 경쟁하고 갈등하는 또 하나의 정치과정이었다는 점이다. 따라서 당시 민주화 이행의 과정은 각 정치세력들이 한편으로는 민주화의 조건들을 협상하면서도, 다른 한편으로는 새 정부의 주도권을 장악하기 위해 치열한 경쟁을 치르는 과정이 아닐 수 없었다. 그뿐 아니라 민주화 이행의 시기는 6·29선언으로 인한 개

의거하여 민주화가 진전되면서 이후 정치의 틀을 결정짓는 '정초선거'(founding election)를 치르게 되는데, 정초(定礎)선거를 통해 새로운 민간정부가 성공적으로 등장했을 때 민주화 이행은 완료되는 것으로 이해되었다.(O'Donnell, Guillermo & Schmitter, Phillippe, C., 1986) 그러나 한국의 민주화 이행은 권위주의체제의 온건파에 의해 자유화 조치가 시작되었다기보다는, 오랜 기간에 걸쳐 성장해온 민주화 운동이 대규모 대중 참여의 민주항쟁으로 이어지고 독재정권이 그 항쟁의 압력을 더 이상 거부하지 못하고 마침내 민주화의 요구를 수용하게 되었을 때 비로소 시작되었다는 특징을 지니고 있다.

방적 분위기 속에서 시민사회의 각종 요구들이 분출하는 시기이기도 했다. 87노동자대투쟁이 그 대표적인 사례였다. 따라서 이 장에서는 이 같은 민주화 이행의 구체적인 과정과 그 과정을 통해 만들어졌던 결과가 어떤 것이었는지를 살펴보고자 한다. 그러나 그 구체적인 과정을 살펴보기에 앞서 전두환 정권이 6·29선언을 통해 민주화 이행과정에서 무엇을 의도했는지, 그리고 6월민주항쟁에 뒤이어 분출된 87노동자대투쟁 과정에서 조성되었던 정세가 이후 민주화 이행과정에 어떠한 영향을 미치게 되었는지를 먼저 살펴볼 필요가 있다. 그것은 6·29선언을 통해 전두환 정권이 의도했던 바가 이후 민주화 이행과정에서 양 김의 분열로 현실화되었고, 87노동자대투쟁 과정에서 조성되었던 정세가 민주화 이행과정에 또 다른 영향을 미쳤기 때문이다. 즉, 6월민주항쟁 이후 이 같은 요인들에 의해 형성된 새로운 여건은 민주화 이행과정에서 재집권을 원했던 독재세력과 이에 대항하여 민주정부를 수립하고자 했던 민주화세력 간의 경쟁과 갈등에 또 다른 영향을 미치게 되었던 것이다.

우선 대통령 직선제를 수용한 6·29선언은 그 선언을 준비할 단계에서부터 민주화세력의 대통령 후보로 예상되었던 김영삼과 김대중의 분열을 의도하고 있었다. 이와 관련하여 6·29선언의 준비에 관한 여러 자료와 연구(김성익, 1992, 423~455쪽; 오병상, 1995, 57~62쪽; 박철언, 2005a, 262~268쪽; 정대화, 1995, 122~124쪽)에 따르면, 대통령 직선제 수용은 6월 중순경부터 전두환 대통령에 의해 본격적으로 검토되기 시작했고, 이어 전두환은 여러 차례에 걸쳐 그 수용을 노태우 대표에게 설득했던 것으로 보인다. 그러나 민정당의 차기 대통령 후보로 내정되어 있었던 노태우는 전두환의 이 같은 제안에 대해 처음에는 그 수용을 주저하는 입장이었다. 물론 그것은 대통령 직선제를 통한 승리의 가능성이 불투명했기 때문이다. 그러나 마침내 노태우도 대통령 직선제를 수용하기에 이르렀고, 그것은 6·29선언으로 나타났다.

　여기에서 주목할 것은 독재세력이 대통령 직선제를 수용하더라도 김영삼과 김대중이 분열하게 되면 그들이 대통령 선거에서 승리할 수 있을 것이라고 전망하고 있었다는 점이다.(윤상철, 1997b, 167~168쪽) 이를테면 전두환에게 대통령 직선제 수용이 불가피하다면서 그것을 수용할 것을 강력하게 종용했던 김용갑 민정수석은 "양 김 동시 출마면 필승"이라고 주장했다.(오병상, 1995, 59쪽) 또한 24일 전두환에게 대통령 직선제 수용을 건의했던 이만섭 국민당 총재도 "각하께서 하신 일이 많고 올림픽도 잘 치러야 되겠고, 민주주의 전통을 살려나가자면 직선제를 해서 나가는 게 국민이 안정을 바라기 때문에 좋다고 봅니다. 깨끗이 직선을 해서 국민 심판을 받도록 하시지요. 그래서 동교동, 상도동 머리 처박고 싸우게 하고, 이쪽은 정정당당하게 물가안정, 올림픽 가지고 심판받는 게 좋습니다"라고 말했다.(김성익, 1992, 424쪽) 전두환 역시 28일 "김대중은 직선제가 되면 대통령 선거에 안 나가겠다고 했지만 안 나올 리 없다. 김영삼도 마음을 비웠다고 했지만 그렇지 못할 것"이라고 말했다.(김성익, 1992, 434쪽)

　따라서 양 김의 동시 출마를 위해 무엇보다도 우선적으로 중요했던 것은 김대중을 사면·복권시키는 일이었다. 그리고 그것은 6·29선언에 분명하게 반영되었다. 즉, 6·29선언은 그 8개 항 중의 셋째 항에서 김대중에 대한 사면·복권의 의사를 분명하게 밝히고 있었다. 그리고 이에 대한 후속 조치로서, 전두환은 7월 1일 "국민 간의 반목과 대립을 해소하고 국민적 화해와 단합을 위해서 대폭적인 사면과 복권을 단행할" 것을 천명했다.(『중앙일보』 1987년 7월 1일자) 그 결과 7월 10일 김대중을 비롯하여 2,335명에 대한 사면·복권이 이루어졌고, 복역 중인 357명의 시국사범이 석방되었다. 수배 중이던 270명의 시국사범에 대해서도 그 수배가 해제되었다. 물론 김대중에 대한 사면·복권 조치가 이처럼 신속하게 이루어진 것은 대통령 직선제를 수용했던 6·29선언에 따라 당연히 취해졌어야 할 조치였다. 그러나 그 조치는 다른 한편으로 향후 치러질 대통령 선거에서 김영삼과 김대중의 분열을 유도하고자 하는 의도를 반영하고 있었다.

다음으로 87노동자대투쟁에 대한 전두환 정권의 대처 역시 이를 통해 민주화운동세력의 지지기반을 분열시키기 위한 고도의 심리전을 내포하고 있었다. 전두환 정권의 그러한 태도는 노동자대투쟁이 급격히 격화되었던 8월 중순 이후에 구체화되었다. 이와 관련하여 전두환 정권은 노동자대투쟁 발생 초기 이에 대해 비교적 방관하는 태도를 보였다. 단지 민주화 과정에서 과도한 욕구가 분출되는 상황을 우려하는 정도의 태도를 보였을 뿐이다. 그러나 노동자대투쟁이 격화되자 전두환 대통령은 8월 21일 하계 기자회견을 통해 "이제는 좌경문제의 실체와 심각성을 정확히 인식하고 확고한 입장을 가져야 할 때"라며, '좌경세력' 대두에 대해 단호히 대처하겠다는 입장을 표명했다.(『동아일보』 1987년 8월 21일자) 이를 계기로 정부 당국은 노동자대투쟁에 대해 강경한 탄압정책으로 돌아섰다. 정부당국의 태도는 여기에 그치지 않았다. 언론을 동원하여 민주화의 분위기를 틈탄 '좌경세력'의 대두를 경고하는 한편, 이에 대한 정부당국의 단호한 대처 의지를 표명함으로써 노동자대투쟁에 대한 중산층의 공포심을 조장하고 나섰다.

전두환 정권의 이 같은 태도는 실제로 '좌경세력'이 등장했기 때문이라기보다는 점차 격화되었던 노동자대투쟁을 활용하여 이에 대한 중산층의 공포심을 조장함으로써 노동자층과 중산층을 분리시키는 한편, 6월민주항쟁을 가능케 했던 민주화연합을 이완시키기 위한 것이었다. 대통령 직선제 수용으로 민주화의 요구가 일정 정도 수용된 상황에서 노동자대투쟁을 '좌경세력'의 대두로 호도하고자 했던 전두환 정권의 이 같은 시도는 상당한 효과를 볼 수 있었다. 6월민주항쟁에 대해 지지 의사를 표명했던 상당수의 중산층이 '9월 위기설' '10월 위기설' 등이 확산되는 가운데 '과격한' 노동자대투쟁에 대해 우려의 눈길을 보내기 시작했기 때문이다. 그런 점에서 중산층이 생각했던 민주화는 대통령 직선제의 수용에 한정되었을 뿐, 그 이상은 아니었다. 결국 노동자대투쟁은 고립되지 않을 수 없었고, 6월민주항쟁을 통해 고조되었던 국민들의 열기 또한 점차 약화되었다.

2
헌법개정과 1987년 헌법의 등장

87노동자대투쟁에 대한 전두환 정권의 '좌경세력' 공세 속에서 중산층이 민주화연합에서 점차 이탈하는 상황이 전개되면서도, 다른 한편에서는 헌법개정을 향한 구체적인 일정이 시작되고 있었다. 이와 관련하여 개헌협상은 다음과 같은 3단계의 과정을 거쳐 이루어졌다. 제1단계는 개헌협상의 준비기로 6·29선언 이후 7월 24일 민정당·민주당의 양 당에 의해 8인정치회담 구성 합의가 이루어지까지의 시기로서, 민정당과 민주당이 각각 자당의 개헌안을 마련했던 단계이다. 제2단계는 8월 3일부터 8인정치회담이 개시되어 8월 31일 개정헌법의 전문 및 본문 130개 조항에 완전 합의하기까지의 시기로서, 8인정치회담에 의해 개헌협상이 집중적으로 진행되었던 단계이다. 제3단계는 헌법 부칙 협상기로서 9월 2일 노태우·김영삼 회담 이후 9월 16일까지 개정헌법에 따른 정치일정이 합의되었던 단계이다.(동아일보사, 1988, 50~53쪽)

이 같은 과정에서도 드러나듯이, 개헌협상은 제도정치권의 민정당과 민주당에 의해 주도되었다. 반면, 6월민주항쟁의 주도세력이었던 재야세력은 개헌문제에 거의 관여하지 않았다. 물론 6월민주항쟁을 주도했던 국민운동본부는 7월 13일 그 산하에 헌법개정특별위원회를 설치했고, 8월 4일에는 '헌법개정요강'이라는 자료를 발간하기도 했다. 이 요강은 헌법개정의 기본 원칙으로 통일 지향성, 권력 분립, 기본권 보장 확립, 경제적 평등을 바탕으로 하는 균등사회 구현 등을 제시했다.(민족민주운동연구소 편, 1989a, 340~350쪽) 또한 그들은 8월 24일 '민주헌법 쟁취를 위한 개헌안 쟁점 토론회'를 개최하기도 했다.

하지만 헌법개정에 대한 국민운동본부의 관심은 여기에서 그쳤다. 개헌협상은 제도정치권에 맡긴 채 이미 그들의 관심은 대통령 선거 쪽으로 기울고 있었다. 민주화의 각종 요구가 반영되고 향후 등장할 민주주의체제를 틀 지을 개헌협상의 과정에 재야세력이 관심을 가지지 않았던 이유는 무엇인가? 우선 그것은 제도정치권의 정당들이 개헌협상의 주도권을 선점하고 나섰기 때문이다. 6월민주항쟁에 의해 대통령 직선제가 수용된 상황에서 제도정치권의 정당들은 민주화 이행을 위협할지도 모를 거리의 항쟁이 지속되는 것을 더 이상 원하지 않았다. 민주당이 87노동자대투쟁에 대해 별다른 관심을 보이지 않았던 것은 바로 이 때문이었다. 오히려 그들은 민주화 이행의 개헌협상에 집중하고자 했고, 이를 통해 정국의 주도권을 유지하고자 했다. 그러나 개헌협상에 재야세력이 무관심했던 것은 재야세력 자체에도 그 원인이 있었다. 즉, 그들에게는 그들이 직접 개헌협상에 참여해야 한다는 의식이 거의 없었고, 그들 스스로 개헌협상은 제도정치권의 몫으로 생각하고 있었다.

이렇게 제도정치권의 민정당과 민주당이 개헌협상을 주도하는 가운데 그 구체적인 과정은 다음과 같이 단계적으로 이루어졌다. 우선 개헌협상의 제1단계에서는 민정당과 민주당이 각자 자신의 개헌안 시안을 마련했는데, 다음의 〈표1〉은 양 당이 제출한 개헌안 시안의 주요 쟁점을 비교한 것이다.

표1 민정당과 민주당 개헌안 주요 쟁점 비교

분야	항목	현행	민정당 안	민주당 안
전문	계승정신	3·1운동	상해임시정부, 3·1운동, 4·19	상해임시정부, 3·1운동, 4·19, 5·18
	제5공화국	명시	명시	삭제
	저항권/문민정치/ 정치보복 금지	없음	없음	신설
총강	군인의 정치개입 금지	없음	없음	신설
	위헌정당 해산 제도	인정	인정	불인정
기본권	선거연령	20세	20세	18세
	공무원의 노동3권	법률로 정한 자만 인정	법률로 정한 자만 인정	삭제
	단체행동권의 제한 또는 불인정 범위	국가, 지방자치단체, 국·공영기업체, 방위 산업체, 공익사업체	방위산업체	삭제
	최저임금제	없음	명시	명시
	근로자의 경영참가권, 이익균점권	없음	없음	신설
국회	국정감사권	없음	부활, 감사대상 범위와 절차는 법률에 위임	전면 부활
대통령· 정부	부통령제	없음	없음	신설
	대통령 임기, 중임 제한	7년 단임	6년 단임	4년 1차 중임
	대통령의 입후보 조건	정당 또는 대통령 선거인 추천	5년 이상 국내 거주	정당 추천
	국회해산권	인정	인정	불인정
법원· 헌재	위헌법률심사	법원에서 위헌으로 인정된 때 헌법위원회에 제청	헌법재판소에 제청	대법원에서 최종 심사
	헌법재판기관	헌법위원회	헌법재판소	대법원, 탄핵심판위원회
경제	경제에 대한 규제·조정	국민경제의 균형발전을 위한 필요한 규제·조정 및 독과점 폐단 규제·조정	분배의 균형 유지, 시장지배와 경제력 남용 방지, 산업민주화를 위한 규제·조정 인정	현행과 동일 (다만 경제력 남용에 의한 분배구조 왜곡에 대한 규제·조정)

출처: 『한국일보』 1987년 8월 4일자의 표 '민정·민주 양당 개헌안 쟁점 대비'와 동아일보사, 1988, 52쪽의 표 '민정·민주당 개헌안 주요 내용 및 쟁점 대비표'를 이용하여 작성

우선 양 당의 개헌안 시안은 정도의 차이는 있었지만 대체적으로 다음과 같은 방향에서는 일치했다. 첫째는 많은 유보조건 또는 단서조건이 붙어 있었던 기본권 조항에 있어 이 조건들을 약화시키거나 삭제함으로써 기본권을 강화하고자 했다는 점이다. 둘째는 대통령 권한을 약화시킴으로써 권력집중으로 인한 독재의 가능성을 줄이고자 했다는 점이다. 셋째는 국회와 사법부의 권한을 강화함으로써 삼권 간의 견제와 균형이 가능하도록 만들고자 했다는 점이다.

그러나 양 당은 다음과 같은 구체적인 사안에 대해서는 의견의 차이를 보였다. 첫째, 헌법 전문과 관련하여 민정당은 3·1운동과 상해임시정부의 법통성 그리고 4·19 정도만을 언급하고 '제5공화국 창건'을 삽입하고자 했다. 반면, 민주당은 4·19정신에 더해 5·18정신과 문민정치, 국민저항권, 정치보복 금지 등을 전문에 명시함으로써 민주화의 정신을 보다 분명하게 천명하고자 했다. 둘째, 기본권 조항과 관련하여 민주당은 그 유보조건이나 단서조건을 대부분 삭제함으로써 그 보장범위를 확대하고자 했고, 민정당은 그 확대의 폭을 제한하고자 했다. 특히 선거연령의 18세로의 인하, 공무원의 노동3권, 단체행동권 제한 범위, 그리고 근로자의 경영참여권과 이익균점권 등에 대해서는 양 당의 입장 차이가 분명했다. 그 밖에도, 양 당은 국회의 권한과 관련해서 국정감사권 부활 범위에 대해, 헌법재판과 관련하여 그 관할기관을 어디로 할 것인가를 두고 상호 간에 이견을 보였다.

그러나 다른 무엇보다도 양 당이 가장 큰 입장 차이를 보였던 것은 대통령 임기와 부통령제 신설문제였다. 이에 대해 민정당은 부통령 없는 6년 단임제의 대통령제를 주장했는데, 이는 대통령 7년 단임제를 규정했던 기존 헌법의 연장선상에서 대통령의 임기를 6년으로 줄인 것이라 할 수 있었다. 반면, 민주당은 1986년 국회 개헌특위의 협상과정에서 마련했던 개헌안을 바탕으로 4년 중임의 대통령제와 부통령제 도입을 주장했다.

개헌협상의 제2단계는 양 당이 제시한 이상과 같은 개헌안 시안을 바탕으로 8인정치회담에서 그 협상에 착수함으로써 시작되었다. 8월 3일부터 시작하여 약 한 달 동안 집중적으로 이루어졌던 8인정치회담은 우선 14일까지 1차 독회를 통해 110개의 이견 조항 가운데 55개 조항에 대해 합의를 하거나 의견 접근을 이루었다. 그러나 당시까지 헌법 전문, 대통령 임기, 부통령제 도입 여부, 대통령 후보의 국내 거주 요건, 선거연령, 부칙의 정치일정 등의 문제는 여전히 해결되지 못하고 있었다. 그러나 8월 말까지 이루어졌던 2차 협상에서는 부칙의 정치일정문제만 제외하고는 모든 문제가 타결되었다. 다시 말해 8인정치회담은 헌법 전문과 관련하여 민주당이 5·18 부분을 양보하는 대신 민정당도 '제5공화국 창건' 명기를 양보하기로 했고, 총강에서 군의 정치적 중립을 명기하기로 했다. 또한 대통령 임기는 5년 단임제로 절충하는 한편 부통령제는 두지 않기로 했으며, 선거연령은 헌법 조항에서 삭제하고 하위법에서 규정하기로 합의했다.(동아일보사, 1988, 51쪽)

개헌협상의 제3단계에서는 부칙의 정치일정에 관한 협상이 추진된 시기였다. 이와 관련하여 9월 2일에 개최되었던 노태우·김영삼 회담은 10월 말까지 개헌안의 국회 통과와 국민투표를 마무리 짓고, 12월 20일 전에 대통령 선거를 실시하기로 합의했다. 또한 8인정치회담은 새 헌법 발효시기를 1988년 2월 25일로 하는 데 합의했고, 제13대 국회의원 총선 시기에 대해서도 새 헌법 공포일로부터 6개월 이내에 실시하는 것으로 합의하였다. 이로써 개헌협상은 정치일정과 관련된 부칙에 대해서까지 합의를 이룸으로써 9월 16일 완전히 타결될 수 있었다. 이에 8인정치회담에서 합의된 내용을 넘겨받은 국회의 헌법개정특별위원회는 9월 17일 전문과 본문 10장 130조와 부칙 6조로 구성된 개헌안을 국회에 제출했고, 이 개헌안은 10월 12일 여야 합의로 국회를 통과했다. 그리고 국회를 통과한 개헌안은 10월

27일 국민투표에서 93.1%의 찬성을 얻어 29일 최종적으로 공포되었다. 이로써 헌정사상 처음으로 여야 합의에 의한 개헌을 이룰 수 있었고, 그 결과 6월민주항쟁의 요구가 반영된 민주헌법으로서 1987년 헌법이 비로소 등장하기에 이르렀다.

헌법개정을 통해 새롭게 등장한 1987년 헌법의 주요 내용은 다음과 같다. 우선 1987년 헌법은 6월민주항쟁의 최대 요구였던 대통령 직선제를 수용함으로써 국민의 정부 선택권을 보장했다. 1987년 헌법은 5년 임기의 대통령 단임제를 채택했는데, 이는 "단임 정신은 절대 양보할 수 없다"라는 민정당의 입장과, 원래의 민주당 안과는 달리 5년 단임제 수용 의사를 적극적으로 밝혔던 김영삼 민주당 총재의 입장이 절충되었기 때문이다.(『중앙일보』 1987년 8월 13일자; 『동아일보』 1987년 9월 1일자) 특히 그 과정에서 민주당의 양 김과 민정당이 5년 단임제에 비교적 쉽게 합의할 수 있었던 것은 그 누구도 대통령 당선을 자신할 수 없었던 당시의 상황에서 각 후보들이 대통령 5년 단임제에 쉽게 동의했기 때문이다. 즉, 그들은 이번 대통령 선거에서 실패한다 할지라도 차기 대통령 선거에 가능한 한 빨리 도전할 수 있기를 원했던 것이다. 그런 점에서 대통령 5년 단임제 합의는 정략적이었다.

다음으로 1987년 헌법은 그 전문에서 "불의에 항거한 4·19민주이념을 계승"한다는 점, "조국의 민주개혁"이라는 사명 등을 언급함으로써 독재권력에 대한 국민의 저항권과 민주주의 발전을 위한 개혁의지를 분명하게 천명했다. 그리고 총강에는 군의 정치적 중립을 명시했다. 또한 1987년 헌법은 국민 기본권 강화와 관련하여 법률과 적법한 절차에 의하지 않고는 처벌·보안처분을 받지 않도록 했고, 체포·구속·압수·수색에는 적법한 절차에 따라 발부된 영장을 제시하도록 했으며, 체포·구속 시 그 이유와 변호인의 조력을 받을 권리를 고지할 의무 및 가족에 대한 통지 의무를 신설했고, 구속자에 대해 구속적부심사 청구가 가능토록 했다. 또한 1987년 헌법은 언론·출판에 대한 허가나 검열, 집회·결사에 대한 허가를 금지하는 규정을 신설했다. 나아가 1987년 헌법은 단체행동권 행사에 대한 법률유보 조항을 삭제했다. 그렇지만 법률이 정하는 주요 방위산업체에 종사하는 근로자에 대해서는 단체행동권을 제한하거나 인정하지 않을 수 있도록 했다. 또한 1987년 헌법은 최저임금제를 도입했다. 그러나 1987년 헌법은 근로자의 경영참여권과 이익균점권은 받아들이지 않았다.

한편, 1987년 헌법은 권력 분립과 관련해서 대통령의 권한을 축소하고 의회와 사법부의 권한을 증대시킴으로써 3권 간의 견제와 균형을 도모했다. 이를 위해 대통령의 권한 규정에서 비상조치권과 국회해산권을 폐지했고, 국회의 권한과 관련해서는 국정감사권을 부활함으로써 국회가 행정부를 견제할 수 있도록 했다. 또한 1987년 헌법은 사법부의 실질적인 독립을 도모하는 한편, 헌법의 실효성을 제고하고자 노력했는데, 그것은 법관의 임명절차 개선과 헌법재판소 신설로 나타났다. 특히 새로이 신설된 헌법재판소는 법률의 위헌 여부, 탄핵, 정당 해산, 국가기관 상호 간의 권한쟁의, 헌법소원 등에 대한 심판권을 보유하게 되었다.(이상 1987년 헌법에 대한 자세한 내용은 김영수, 2001, 700~710쪽 참조)

따라서 1987년 헌법은 전반적으로 국민의 기본권을 확대하는 한편, 권력구조와 관련해서 대통령 권한을 축소하는 동시에 입법부와 사법부의 권한을 강화함으로써 통치권력의 분립과 균형을 도모하고자 했다고 할 수 있다. 다음의 〈표2〉는 개헌을 통해 새롭게 만들어진 신헌법과 구헌법의 내용을 비교한 것이다.

그럼에도 1987년 헌법에는 문제가 없지 않았다. 앞에서 언급한 바대로 가장 커다란 문제는 여야의 정략적 이해 속에서 마련된 5년 임기의 대통령 단임제였다. 이후 그것은 대통령 임기 말의 권력누수 현상(레임덕),

표2 신·구 헌법 대비표

분야	항목	신헌법	개정 전
전문	상해임시정부 법통	명시	없음
	저항권	"불의에 항거한 4·19"로 규정, 그 취지를 반영	없음
총강	군의 정치개입 금지	"정치적 중립은 준수된다"로 반영	없음
기본권	공무원의 노동3권	법률로 규정	법률로 정한 자만 인정
	단체행동권의 제한 범위	법률이 정하는 주요 방위산업체	국가·지방자치단체·국공영기관·방위업체·공익사업체
	최저임금제	신설	없음
국회	국정감사권·조사권	국정감사권 신설. 조사권 존치. 절차는 법률로 정함. 수사재판 중인 사건 간섭 금지 삭제	국정조사권만 부여, 수사재판 중인 사건 간섭 금지 명시
대통령·정부	대통령 선거방법	직선	간선
	대통령 임기, 중임 제한	5년 단임	7년 단임
	비상조치권	비상조치권 폐지. 긴급재정경제 처분 및 명령권 부여	비상조치권 부여
헌재	관장기관	헌법재판소	헌법위원회
	관장사항	위헌법률 심사·탄핵·정당 해산·기관 간의 쟁의·헌법소원	위헌법률 심사·탄핵·정당 해산
경제	경제에 대한 규제·조정	경제력 남용 방지와 경제주체 간의 조화를 통한 산업민주화를 위해 규제·조정 인정	사회정의 실현. 국민경제의 균형발전과 독과점폐단방지를 위해 규제·조정 인정

출처: 동아일보사, 1988, 53쪽의 표 '신구헌법 대비표'를 이용하여 작성

그리고 대통령 선거와 국회의원 총선 주기가 각각 5년과 4년으로 불일치하는 데서 비롯된 정치적 갈등과 혼란의 한 원인이 되었다. 다음으로 1987년 헌법은 국민의 기본권 강화를 위해 여러 조치를 규정했지만, 노동자의 경영참여권과 이익균점권 등이 배제됨으로써 노동자들의 권한 확대에는 큰 진전을 이루지 못했다. 그 밖에도 1987년 헌법은 5·18민중항쟁과 6월민주항쟁의 결과로 등장했음에도 헌법 전문에 5·18민중항쟁과 6월민주항쟁의 정신에 대해 아무런 언급을 남겨놓지 않았다.

3
제13대 대통령 선거와
김영삼·김대중의 분열

이상과 같이 8인정치회담과 국회에서 헌법개정이 진행되는 동안, 다른 한 편에서는 12월 16일에 치러질 제13대 대통령 선거를 앞두고 선거경쟁이 본격화되기 시작했다. 이와 관련하여 당시의 선거정국은 대략 두 단계로 나누어볼 수 있는데, 첫 단계는 민주화운동 진영의 대통령 후보단일화 문제가 주된 관심사였던 10월 말까지의 기간이고, 두번째 단계는 민주화운동 진영의 대통령 후보단일화 노력이 무산된 가운데 대통령 후보들의 선거운동이 전면화되었던 10월 말 이후부터 12월 16일 대통령 선거 투표일까지의 기간이다. 이 같은 선거정국에서 관심의 초점은 당연히 선거를 통해 재집권을 노리는 독재세력과 6월민주항쟁을 민주정부 수립으로까지 연결하고자 했던 민주화세력 간의 경쟁에 맞추어졌다. 그러나 선거정국 초기에 보다 많은 관심을 끌었던 것은 민주화운동 진영의 김영삼과 김대중의 후보단일화 문제였다. 민주화운동 진영의 대통령 후보로서 그들이 분열할 경우 선거 패배와 함께 민주화세력에 의한 민주정부 수립은 무산될 가능성이 높았기 때문이다.

우선 6·29선언 이후 집권세력의 이점을 누리면서 누구보다도 먼저 선거 준비에 임할 수 있었던 것은 민정당의 노태우 후보였다. 이미 6월 10일의 전당대회에서 민정당의 대통령 후보로 지명된 바 있었던 그는 대통령 직선제 수용의 6·29선언에 대해서도 그것이 자신의 결단에 의한 것이라는 상황을 연출해냈다. 물론 그것은 사실이 아니었다. 앞에서 살펴본 바와 같이 대통령 직선제 수용은 오히려 전두환의 적극적 권유에 의한 것이었고, 노태우는 마지못해 이를 수용했기 때문이다. 그러나 실제의 진상과는 관계없이 독재세력은 6·29선언을 노태우의 결단에 의한 것으로 연출함으로써 노태우 후보의 이미지를 변화시키는 데 상당 정도 성공했다. 이어 8월 5일 민정당 총재에 취임했던 노태우는 9월 13~19일 사이 미국과 일본 방문길에 올랐다. 한국의 가장 가까운 우방이자 가장 강력한 후원국인 이들 나라를 방문함으로써 대통령 후보로서 그들로부터도 충분한 인정을 받았다는 이미지를 만들어내기 위해서였다.

민정당 노태우 후보의 선거운동이 순조롭게 출발했던 데 비해 민주화운동 진영의 선거운동은 그 출발부터 장애에 직면했다. 민주화운동 진영의 대통령 후보단일화 문제를 놓고 김영삼과 김대중의 양 김 분열이 본격화되었고, 따라서 민주화운동 진영 전체도 이에 휘말려들지 않을 수 없었기 때문이다. 우선 민주당의 김영삼 총재는 후보단일화 문제에서 김대중에 비해 유리한 입장에 있었다. 그것은 1986년 말에 김대중이 대통령 불출마를 선언한 적이 있었고, 조속한 후보단일화를 요구하는 분위기도 김영삼에게 유리하게 작용하고 있었기 때문이다. 또한 민주당 내 세력관계에 있어서도 그는 김대중보다 유리한 상황에 있었다. 따라서 김영삼은 후보단일화 문제를 민주당 내부문제로 묶어두는 한편, 양 김의 협상을 통해 이 문제를 해결하고자 했다.

반면, 김영삼에 비해 상대적으로 선명하고 진보적인 이미지를 가진 데다 대중연설에 능했던 김대중은 후보단일화 문제를 민주당 밖의 국민적 심판에 의해 결정짓고자 했다.(한국기독교사회문제연구원 편, 1988e, 21쪽) 당시 상황에서 김대중에게 무엇보다도 필요했던 것은 스스로에게 족쇄가 되고 있던 대통령 불출마 선언을 번복하는 일이었다. 이와 관련하여 건국 대애학투사건이 발생하고 민주화운동세력에 대한 전두환 정권의 탄압이 극심했던 1986년 말의 상황에서 11월 5일 김대중은 대통령 직선제 개헌이 이루어질 경우 자신은 대통령에 출마하지 않을 것이라 약속한 바 있었다. 물론 그것은 이를 통해 전두환 정권의 탄압을 완화하는 한편, 당시 교착상 태에 있던 개헌협상의 돌파구를 마련하기 위한 것이었다.* 그러나 김대중 은 6·29선언으로 변화된 상황에서 자신의 약속을 번복하고자 했고, 결국 7 월 17일 이를 공식적으로 발표했다. 번복의 이유로 다음과 같은 논거를 제 시했다. 즉, 당시의 약속은 전두환 대통령이 자발적으로 대통령 직선제를 수용했을 경우에만 유효한 것인데, 4·13호헌조치로 전두환이 이를 거부했 기 때문에 자신의 불출마 약속도 이미 백지화되었다는 것이다.(동아일보 사, 1988, 55쪽)

그러나 후보단일화의 여론 압박에 직면했던 김대중은 8월 8일 일단 민 주당에 입당하지 않을 수 없었다. 김대중의 입당으로 후보단일화 문제는 이제 당내문제가 되었고, 김영삼은 민주당 대통령 후보 조기단일화를 주 장했다. 하지만 김대중은 이에 맞서 36개 미창당 지구당 정비를 주장하는 등 조기단일화를 가능한 한 늦추고자 했다. 뿐만 아니라 김대중은 당내의 불리함을 상쇄하기 위해 민주당 밖에서 자신에 대한 대중적 지지를 확인 시키고자 했다. 그리고 이를 통해 단일화 경쟁에서 주도권을 잡고자 했다.

* 4·13호헌조치 직후인 5월 1일 통일민주당이 창당되었는데, 그 취임사에서 김영삼 총재도 현행 헌법에 의한 선거인단 선거, 체육관 선거에는 참여하지 않을 것이라 천명했다. 그러나 대통령 직선제 개헌이 이루어질 경우 불출마하겠다는 김대중의 발언에 비해, 현행 헌법에 의해 선거인단 선거가 치러질 경우 대통령에 불출마하겠다는 이 발언은 별다른 문제가 되지 않았다.

그리하여 김대중은 9월 8~9일 자신의 연고지인 광주와 목포를 방문했으며, 거기서 50만 명 이상의 인파를 결집시켜 자신의 지지세를 과시했다. 이어 김대중은 12일에는 대전을, 26일에는 인천을 방문함으로써 자신에 대한 대중들의 지지를 보여주고자 했다.

10월 들어 양 김의 후보단일화 성사 가능성은 더욱 희박해졌다. 우선 김영삼은 10일 민주당 후보로서 대통령에 출마할 것을 공식 선언했고, 이어 17일에는 부산 수영만에서 대규모 군중집회를 개최했다. 100만 명 이상의 인파가 집결했던 이 집회는 50만 명의 인파를 불러 모았던 9월 8~9일 김대중의 광주와 목포 집회에 대응하기 위한 것이었다. 물론 양 김의 이 같은 집회는 자신에 대한 국민의 지지세를 보여줌으로써 후보단일화의 주도권을 행사하고자 하는 의도에서 비롯되었다. 그렇지만 자신의 연고지역에서 개최되었던 양 김에 의한 이 같은 대규모 대중동원의 집회는 이후 선거운동 과정에서 지역주의를 전면적으로 불러내는 계기가 되었다. 이 같은 상황에서 김대중은 결국 10월 28일 자신의 대통령 출마와 이를 위한 신당 창당을 공식 선언했고, 이에 따라 30일에는 평화민주당 창당 발기인대회가 개최되었다. 김영삼 역시 11월 9일 전당대회를 통해 통일민주당의 공식적인 대통령 후보로 나섰다.

이로써 6·29선언 이후 수많은 논란과 갈등을 불러일으키며 추진되었던 민주화운동 진영의 후보단일화는 끝내 실패로 돌아갔다. 돌이켜보면, 양 김의 분열은 이번이 처음은 아니었다. 박정희 사망으로 인해 민주화 일정이 진행되던 1980년 '서울의 봄' 시기에도 양 김은 분열된 모습을 보인 바 있었다. 당시의 경쟁에서도 김영삼은 자신이 총재로 있던 신민당의 유리한 기반을 이용하고자 했고, 연금에서 해제되어 복권된 김대중은 이에 반발하여 결국 신민당 입당을 포기한 바 있었다. 그런 점에서 볼 때, 반독재민주화투쟁 과정에서는 서로 협력했을지라도 대권 앞에서는 서로 양보할 생각을 갖지 않았던 것이 그들의 원래 모습이었다고 할 수 있다. 6·29 선언을 준비하면서 전두환 정권이 양 김의 분열을 기대하고 예상했던 것은 잘못된 판단이 아니었다. 그것은 양 김의 성격을 꿰뚫는 정확한 판단이었다.

후보단일화가 무산된 가운데 11월에 들어 대통령 선거의 구도는 4파전의 모습을 띠었다. 민주정의당의 노태우 후보, 통일민주당의 김영삼 후보, 평화민주당의 김대중 후보가 유력한 후보로서 경쟁하고, 여기에 신민주공화당을 창당한 김종필 후보도 가세했기 때문이다. 그리고 이 같은 구도에서 각 정당 후보들이 무엇보다도 먼저 의존했던 전략은 자신의 지역연고를 바탕으로 유권자를 동원하고자 했던 지역주의였다. 우선 평민당의 김대중 후보 측은 주로 호남 지역주의에 의존하여 '4자 필승론'을 주장했다. 즉, 자신들이 호남과 서울 지역에서 확실한 우위를 점할 수 있으며, 여기에 더해 재야세력, 근로자, 학생층의 광범위한 지지를 받을 수 있다는 것이었다. 따라서 영남에서 김영삼 후보가, 충남에서 김종필 후보가 노태우 후보의 표를 분산시켜줄 경우 선거의 승산은 자신들에게 있다는 것이 그들의 주장이었다.(한국기독교사회문제연구원 편, 1988e, 288쪽) 이에 비해 '군정종식론'을 내걸었던 김영삼 후보 측은 부산·경남의 지역 기반에 더해 비교적 온건한 지지층을 결집시키고자 했다.

한편, 민정당의 노태우 후보 측 역시 대구·경북의 지역주의에 주로 의존했다. 이와 함께 그들은 영남과 호남의 지역주의를 동원하여 이들을 상호 대립하게 만들어 경쟁을 격화시킴으로써 양 김에 대한 지지를 분산시키는 '분할지배' divide & rule 전략을 추구했다. 즉, 당시의 선거운동에서 가장 강력한 영향을 미칠 수 있었던 것은 텔레비전 방송이라 할 수 있는데, 집권당으로서 텔레비전 방송에 영향을 미칠 수 있었던 그들은 각 후보들이 상대 지역에서 유세할 때 발생했던 정체불명의 집회방해 장면을 번갈아 방영함으로써 영·호남의 지역감정에 불을 지폈다. 이를테면 텔레비전 방송은 노태우 후보와 김영삼 후보의 호남 유세 때 발생했던 집회방해 장면과, 김대중 후보의 부산 유세 때 발생했던 집회방해 장면을 번갈아 보여주었는데, 이는 영남과 호남의 지역감정을 고조시키고 대립시키는 데 결정적인 역할을 수행했다. 당시에 발생했던 정체불명의 집회방해는 자연발생적이라 하기에는 의심스러운 점이 많았다. 다른 한편, 민정당의 노태우 측은 '안정론'을 내세워 보수적인 유권자 층의 지지를 끌어내고자 했다.

이상과 같은 각 후보의 전략을 바탕으로 선거운동이 본격화되었을 때 가장 먼저 기세를 올린 것은 민주당의 김영삼 후보 진영이었다. 즉, 김영삼 후보는 11월 9일 민주당의 대통령 후보 지명대회에서 정승화 전 육군참모총장을 전격 입당시켜 상임고문으로 추대했다. 또한 장성급 군 출신 인사들과 광주항쟁 당시 항쟁지도부의 위원장을 맡았던 김종배도 민주당에 입당했다. 이 같은 조치들은 1979년 12·12군사반란 당시 그 피해자였던 정승화를 통해 신군부세력의 만행을 드러내고자 했던 것인데, 이는 '군정종식론'을 내건 김영삼 후보의 지지율을 잠시 급상승시켰다. 하지만 지지율 상승은 이후 지속되지 못했다. 그것은 뒤이어 김영삼 후보의 여성 편력, 통일교 자금 수수설과 관련한 흑색선전이 쏟아져 나왔고, 김대중 후보가 10·26 직후 계엄사령관이었던 정승화를 정치군인으로 비판하고 나서면서 정승화의 민주당 입당 효과가 약화되었기 때문이다.(동아일보사, 1988, 57쪽; 한국기독교사회문제연구원 편, 1988e, 289쪽)

선거일이 가까워지면서 각 후보들의 선거운동은 대규모 대중동원의 세몰이 싸움으로 이어졌다. 여기에서 누구보다도 먼저 그 기세를 올렸던 것은 김대중 후보 측이었다. 즉, 11월 29일 여의도 광장 유세에서 김대중 후보는 130만 명 이상(이하 『동아일보』 추계)의 인파를 끌어들였다. 또한 12월 13일 보라매공원에서 개최된 김대중 후보의 제2차 서울대회에서도

150만 명의 인파가 운집하였다. 2차에 걸친 김대중 후보의 서울 집회에서 이 같은 대규모 인파가 모일 수 있었던 것은 호남 출신의 유권자들과 비교적 진보적인 유권자들로 구성된 김대중 후보 지지자들의 결집도가 상대적으로 높았기 때문이다. 또한 그것은 지방에서부터 그 열기를 고조시켜왔던 김대중 후보 측이 최종적으로 막판 뒤집기를 위해 서울 집회에 총력을 기울인 결과이기도 했다.

하지만 대규모 인파를 끌어들인 것은 김대중 후보의 집회만이 아니었다. 12월 5일 김영삼 후보의 서울 여의도 광장 집회 역시 130만 명에 가까운 인파가 모였다. 양 김의 이 같은 집회에 대해 노태우 후보 역시 대규모 대중집회로 대응했다. 그리하여 12월 12일 130만 명을 훨씬 넘는 인파가 여의도 광장에 모인 가운데 노태우 후보는 '올림픽 후 중간평가'라는 마지막 카드를 던졌다. 집권세력의 이점을 충분히 활용할 수 있었던 노태우 후보의 여의도 광장 집회에는 행정지원 속에서 수도권의 금융기관, 기업체 종업원 등이 조직적으로 동원된 것으로 알려졌다.

대통령 선거운동의 마지막은 대한항공 858편 여객기 폭파사건의 폭파범으로 체포된 마유미(한국명 김현희)가 장식했다. 11월 29일 115명을 태우고 이라크 바그다드를 출발하여 서울로 향했던 대한항공 858편 여객기가 인도양 상공에서 폭파되어 사라졌는데, 그 범인으로 지목되어 체포된 마유미가 서울로 압송되어 대통령 선거 바로 전날인 15일, 김포공항에 그 모습을 나타냈던 것이다. 물론 그것은 이를 통해 국민들의 안보심리를 자극함으로써 선거 결과에 영향을 미치고자 했던 노태우 후보 측의 마지막 선거운동이었다.

4

재야세력의 분열

1980년대 민주화운동에서 재야세력의 역할은 결정적이었다. 우선 그들은 1985년 3월 '민중민주운동협의회'와 '민주통일국민회의'를 통합하여 '민주통일민중운동연합'(약칭 민통련)을 결성했다. 뿐만 아니라 재야세력은 1987년 5월 '민주헌법쟁취국민운동본부'(약칭 국본)를 결성하여 6월민주항쟁을 주도하기에 이르렀다. 그런 점에서 민통련과 국본으로 이어졌던 재야세력의 민주화운동은 1980년대 민주화운동에서 그 중심적인 역할을 수행했다고 할 수 있다. 그러나 6·29선언에 의해 대통령 직선제가 수용되고, 이에 따라 헌법개정과 대통령 선거 등 민주화 이행의 정치일정이 진행됨에 따라 정국의 주도권은 제도정치권으로 넘어갔다. 이 같은 상황에서 민주화운동 진영의 대통령 후보로서 양 김의 후보단일화가 실패하자, 그 여파 속에서 재야세력 역시 분열하지 않을 수 없었다.

이와 관련하여 국본은 8월 4일 제1차 전국 총회를 개최하여 하반기 국민운동의 방향과 과제를 제시했는데, 그 기본 방침은 다음과 같았다. 첫째, 국민 대중을 부문별, 지역별로 국민운동전선 속에 결집시켜 국민운동을 강화한다. 둘째, 선거 승리를 위해 그리고 군사독재정권의 계엄령에 대비하기 위해 국민 대중의 참여를 촉발할 수 있는 다양한 대중집회와 대중투쟁을 만들어나간다. 셋째, 민주세력의 선거 승리를 위해 행동 통일을 이룩한다. 넷째, 민주화의 실질적 과제로서 민중생존권투쟁을 적극 옹호하고 방어한다. 이처럼 국본은 제1차 전국 총회에서, 6·29선언을 통해 열려진 공간 속에서 민주화운동의 조직을 확대하고 이를 통해 대중들의 참여와 투쟁을 강화함으로써 국민운동을 전개해나가는 것으로 1987년 하반기 투쟁의 활동방향을 정리했다.(민족민주운동연구소 편, 1989a, 336~338쪽)

물론 국본 전국 총회는 후보단일화에 대해서도 언급했다. 후보단일화 문제가 아직은 본격화되지 않았던 당시에 그것은 원칙적인 수준을 넘지 않았다. 하지만 선거정국이 점차 본격화되면서 국본은 후보단일화 문제에 보다 많은 관심을 기울이지 않을 수 없었다. 그 결과, 국본 정책협의회는 9월 7일 첫째, 후보는 단일화되어야 하고, 둘째, 방식은 합의에 의해, 셋째, 시기는 가급적 빨리 등의 후보단일화를 위한 3대 원칙을 결의했다. 이어 21일 개최된 국본 상임공동대표·상임집행위원 연석회의도 양 김에게 10월 5일까지 합의에 의해 단일화할 것을 공식적으로 요구했다.(한국기독교사회 문제연구원 편, 1988e, 23쪽)

이상과 같이 재야세력을 대표하는 국본은 여러 차례에 걸쳐 양 김에게 후보단일화를 촉구하고 압박했다. 그러나 국본은 현실적으로 양 김에게 후보단일화를 강제할 수 있는 힘과 수단을 갖지 못했다. 이 같은 현실에서 국본은 점차 후보단일화 문제에서 발을 빼지 않을 수 없었다. 물론 10월 13일 국본의 연석회의는 후보단일화를 다시 한번 촉구했지만, 그것은 매우 미온적이었다. 오히려 10월 13일 국본 연석회의의 결정은 거국중립내각 수립과 선거감시운동에 그 초점을 맞추고 있었다.(한국기독교사회문제 연구원 편, 1988e, 23쪽) 그것은 국본의 활동이 후보단일화 운동에서 거국중립내각 수립과 선거감시운동으로 변화하고 있음을 보여주었다. 그리고 그 연장선에서 국본은 31일 전국 12대 도·시에 걸쳐 '거국중립내각 수립과 양심수 석방을 위한 국민대회'를 개최하였다.

하지만 사태는 후보단일화 노력 포기에 그치지 않았다. 재야세력의 후보단일화 포기가 곧 재야세력의 분열로 이어졌기 때문이다. 재야세력에서 특정 후보에 대한 지지 움직임이 가장 먼저 이루어진 곳은 민통련이었다. 민통련 중앙위원회는 10월 12일 특정 후보를 지지할 것인지와, 지지한다면 누구를 지지할 것인지를 놓고 투표를 했다. 그 결과, 김대중에 대한 비판적 지지가 결정되었다. 물론 민통련의 결정이 하루아침에 이루어졌던 것은 아니다. 9월 초 이래 민통련은 "추상적인 단일화 촉구가 아니라 현실적이고 구체적인 단일화 방안을 마련"하고자 산하 단체들의 의견을 수렴해왔고, 9월 28일에는 양 김 정책을 비교하기 위해 '양 김 씨 초청 세미나'를 개최했다. 그리고 의견수렴 절차의 최종적 결과로 10월 12일 비판적 지지의 결정이 나왔던 것이다.(한국기독교사회문제연구원 편, 1988e, 41~43쪽)

민통련은 10월 13일 "범국민적 대통령 후보로 김대중 고문을 추천한다"라는 성명을 통해 김대중에 대한 비판적 지지의 근거를 다음과 같이 밝혔다.

> 민통련은 김대중 고문이 민주화를 실현하기 위한 구상, 군사독재 종식의 결의, 민생문제 해결책, 평화적 민족통일의 정책, 5월 광주민중항쟁의 계승과 그 상처의 치유책 등에 있어서 **상대적으로 적극적인 자세를 보이고 있다는 판단을 근거로**, 김 고문을 범국민적 후보로 추천하는 것이 현 단계에서 택할 수 있는 바람직한 방책이라는 데 합의했다.(6월민주항쟁10주년사업범국민추진위원회 편, 1997, 593쪽, 굵은 글씨는 필자의 강조)

후보단일화 문제에 대해 국본이 별다른 역할을 하지 못하는 가운데 민통련에서 나온 이 같은 결정은 재야세력을 극심한 혼란과 갈등의 늪에 빠뜨렸다. 그 결과, 재야세력은 결국 다음과 같은 세 흐름으로 분열되지 않을 수 없었다.

첫째는 김대중 후보에 대한 비판적 지지의 흐름이었다. 이미 10월 12일 민통련의 결정으로 그 모습을 드러냈던 이 흐름은 이후 군정종식을 위한 반노태우투쟁과 국민여론에 의한 단일화 노력으로 이어졌고, 그것은 마침내 11월 20일 '김대중 선생 단일후보 범국민추진위원회'(약칭 김추위) 결성으로 이어졌다. 김추위는 창립선언문에서 군부독재 종식과 군의 정치 개입 금지, 광주학살 해결, 농민과 노동자 생존권 보장, 민족통일의 네 가지 과제를 해결하는 데 있어 김대중 후보가 김영삼 후보에 비해 더 적합하다는 판단에서 김대중 후보를 범국민세력의 단일후보로 추대한다는 점을 밝혔다. 또한 김추위는 선거운동의 결과, 국민의 지지가 약한 후보를 사퇴시켜 군부독재를 청산해야 한다고 주장했다.(한국기독교사회문제연구원 편, 1988e, 43~44쪽; 한국기독교사회문제연구원 편, 1988g, 214쪽) 학생운동을 이끌었던 '서울지역대학생대표자협의회'(약칭 서대협)와 '전국대학생대표자협의회'(약칭 전대협)도 이 흐름에 동참했다.

둘째는 후보단일화의 흐름이었는데, 이 흐름은 10월 12일 민통련 중앙위원회 결정에 대한 반발로부터 비롯되었다. 우선 민통련의 결정 직후 민통련 가맹단체 중 6개 단체가 그 결정과정에 대해 의문을 표시하면서 총회소집을 요구하고, 민통련 회원 44명이 그 결정에 반대하는 내용의 성명서를 발표하는 등, 민통련 내부에서 이에 반대하는 의견이 속출했다. 이어 10월 31일에는 각계 민주인사 122명이 성명서를 발표하여 민통련의 특정 후보 지지를 비판하고 후보단일화를 주장하였다. 이러한 주장들은 선거경쟁이 4파전으로 갈 경우 민주화운동 진영의 선거 승리가 불가능하다는 판단에 근거하고 있었다. 민통련 중앙위원회의 결정에 반대하는 이 같은 움직임은 가톨릭농민회(약칭 가농)의 주도에 의해 또 하나의 흐름으로 결집되었다. 가농 회장단은 11월 5일 후보단일화를 위해 단식농성에 돌입했으며, 13일에는 가농 주최로 명동성당에서 '군부독재 종식을 위한 후보단일화 쟁취대회'가 개최되었다. 이어 11월 23일 명동 YWCA강당에서 가농의 주도하에 각계 인사 1,000여 명이 참여한 가운데 '군정종식 단일화쟁취 국민협의회'(약칭 국협)가 결성되었다. 12월 6일 국협은 연세대에서 5,000여 명이 모인 가운데 가농, 국본 노동자위, 국본 부천지부, 노동자 선대위, 서울지역 비상 대학생대표자협의회(약칭 서비협), EYC, 전국 구속청년학생협의회(약칭 구청협), 기독교도시빈민선교협의회(약칭 기빈협), 천주교도시빈민사목협의회(약칭 천도빈), 전국대학생연합회(약칭 전대련), 전국농민협회, 서울 민통련, 인천 해고노동자협의회 등 13개 단체와 함께 '군정종식 단일화쟁취 비상국민대회'를 개최했다.(한국기독교사회문제연구원 편, 1988e, 83~88쪽)

셋째는 독자후보론의 흐름이었다. 이 흐름은 양 김의 후보단일화에 대한 의구심과 민중의 정치세력화에 대한 관심 그리고 일부 운동단체들의 김대중 지지 결의에 대한 반발 등이 반영된 것이었다. 이 흐름에는 백기완을 중심으로 한 선거운동본부 상층부, 범제헌의회CA 계열, 인천지역민주노동자연맹(약칭 인민노련) 등이 그 주축을 이루었다. 이 같은 독자후보론의 흐름은 11월 12일의 '백기완 선생 대통령 후보 임시추대위원회'(약칭 백추위) 결성과, 27일의 '민중대표 백기완 선생 대통령 후보 선거운동 전국본부'(약칭 백본) 결성을 통해 그 구체적인 모습을 드러냈다. 백본은 결성 직후인 12월 6일 서울 대학로에서 10만 명의 시민들이 참여한 가운데 '군정 종식과 민주연립정부 쟁취 범국민결의대회'를 개최하였다.(한국기독교사회문제연구원 편, 1988e, 111~114, 136~140쪽)

이상에서 살펴본 바와 같이, 민주화운동 진영의 후보단일화에 성공하지 못한 재야세력은 그 입장에 따라 각각의 흐름으로 분열되지 않을 수 없었다. 재야세력이 분열된 가운데 대통령 선거 투표일에 임박하여 후보단일화를 위한 마지막 노력이 시도되었다. 즉, 후보단일화를 요구하는 13개 단체와 백본이 공동 제안하고 국협이 이를 추인함으로써 12월 9일 비상정치협상이 제안되었던 것이다. 이와 더불어 백본의 백기완 후보는 후보단일화를 위해 10일 민주당의 김영삼 후보와 회동을 가졌고, 11일에는 평민당의 김대중 후보와 회동을 가졌다. 하지만 김대중 후보는 비상정치협상 시도와 백기완 후보의 노력을 자신에 대한 후보 사퇴의 압력으로 인식하고, 이 제안을 공식적으로 거부했다. 그 결과, 국협은 12월 12일 후보단일화 노력이 최종적으로 실패했음을 밝히고 국민들은 승리에 가까운 쪽으로 투표해줄 것을 호소했다. 같은 날 백기완 후보 역시 민주연립정부 실패를 자인하면서 후보 사퇴 의사를 밝혔다. 이로써 재야세력의 후보단일화를 위한 마지막 노력은 물거품으로 돌아갔다.

5
민주정부 수립의 실패와
지역주의 정치의 등장

1987년 12월 16일 제13대 대통령 선거가 실시되었다. 그 결과, 선거 참여
유권자의 36.6%의 지지를 획득한 민정당의 노태우 후보가 제13대 대통령
으로 당선되었다. 이에 비해 각각 28.0%와 27.1%를 획득한 민주당의 김영
삼 후보와 평민당의 김대중 후보는 2위와 3위에 그쳤다. 이에 따라 민주화
진영은 1980년 5·18민중항쟁 이후 치열하게 전개되었던 민주화운동과 대
통령 직선제를 관철시켰던 1987년의 6월민주항쟁에도 불구하고, 민주화
이후의 정치과정을 틀 지을 정초선거로서의 제13대 대통령 선거에서 패배
하고 말았다. 물론 개표과정에서 구로구청 부정선거 논란이 야기되고 이
를 규탄하는 항의농성이 발생했지만, 그것은 공권력에 의해 이내 진압되
었다. 그리고 이후 구로구청 부정선거문제는 더 이상 국민의 관심을 끌지
못했다. 많은 국민들이 양 김 분열로 민주화운동 진영이 대통령 선거에서
패배했다고 보는 상황에서 구로구청 부정선거문제는 국민적 관심사가 되
기 어려웠던 것이다.

그렇다면 민주화운동 진영은 왜 패배했는가? 우선 6월민주항쟁 당시
항쟁에 참여하고 이를 지지했던 중산층의 일부가 민주화연합의 대열에서

이탈하고 있었던 데에서 그 한 원인을 찾을 수 있을 것이다. 앞에서 언급한 바와 같이 그들은 87노동자대투쟁에 대해 지지를 보내지 않았다. 오히려 정부당국의 '좌경세력' 공세 속에서 그리고 그 이후 노태우 후보 측의 안정화 논리에 의해 민주화연합에서 점차 이탈해갔다. 하지만 대통령 선거 패배의 가장 큰 원인은 김영삼과 김대중의 분열에 있었고, 양 김의 분열을 저지하지 못하고 그 스스로마저 분열했던 재야세력에 있었다. 양 김 분열로 인한 패배의 결과는 양 김이 얻은 득표율 자체가 잘 설명해준다. 김영삼 후보가 얻은 28.0%의 득표율과 김대중 후보가 얻은 27.1%를 합할 경우, 전체 득표율은 55.1%에 달했는데, 이는 노태우 후보가 얻은 36.6%를 훨씬 상회하고 있었다. 물론 실제로 양 김의 후보단일화가 이루어졌을 경우 양 김 지지율을 단순 합산한 결과가 그대로 나왔으리라 예상할 수는 없다. 하지만 양 김이 후보단일화에 성공했다면 민주화운동 진영이 대통령 선거에서 적어도 패배하지는 않았으리라는 점은 분명했다.

6개월 전 국민운동본부의 주도 아래 전국에 걸쳐 수백만 명의 국민들이 민주화항쟁에 동참함으로써 6월민주항쟁은 6·29선언을 쟁취해낼 수 있었다. 그리고 그것은 헌법개정을 통해 국민들이 직접 대통령을 선출할 수 있는 민주화 이행의 정치일정을 가능하게 만들었다. 그러나 중산층 일부가 이탈하고 특히 양 김이 분열한 가운데 진행된 대통령 선거는 결국 민주화운동 진영의 패배로 귀결되었다. 요컨대, 6월민주항쟁은 선거를 통해 국민이 직접 대통령을 선출하게 만들었다는 점에서 민주화 이행을 성공시켰다. 그러나 민주화운동 진영은 끝내 자체 분열함으로써 민주세력에 의한 민주정부 수립에는 성공하지 못했던 것이다.

1987년 정치변동의 이러한 결과는 이후 우리 정치에 다음과 같은 영향을 미쳤다. 우선, 독재세력의 후계세력이 합법적인 선거경쟁을 통해 재집권에 성공했기 때문에 민주화 이행에도 불구하고 철저한 독재청산은 사실상 어렵게 되었다는 점이다. 물론 민주화 이후 독재청산 요구는 지속적으로 제기되었다. 그렇지만 그 청산은 부분적으로밖에 이루어지지 않았고, 그것조차도 상당 기간을 필요로 했다. 그것은 민주화 이행과정에서 독재세력이 대통령 선거 승리를 통해 살아남을 수 있었기 때문이다.

다음으로 6월민주항쟁 이전 최대 민주화연합을 형성했던 민주화운동세력은 양 김의 분열로 인해 갈라서지 않을 수 없었으며, 대통령 선거 패배로 깊은 좌절감에 빠졌다. 그러나 독재세력의 후계세력이 집권함으로써 철저한 독재청산이 어려웠을지라도, 그리고 대통령 선거 패배로 인해 민주화운동세력이 분열되고 좌절감에 빠졌을지라도, 이제 과거와 같은 공공연한 권위주의 통치는 더 이상 어렵게 되었다. 비록 불완전할지라도 민주주의의 합법적 절차에 의해 권위주의체제의 민주화가 이루어졌고, 재집권에 성공한 보수세력 역시 이러한 상황에 적응하지 않을 수 없었기 때문이다.

다른 한편, 제13대 대통령 선거 결과는 지역주의가 전면 동원되었음을 보여주었는데, 각 정당의 후보들이 자신의 연고지역에서 획득한 득표율을 살펴보면 다음의 〈표3〉과 같다.

〈표3〉에 의하면, 호남지역에서 김대중 후보가 약 80~90%대의 득표율을 기록했고, 대구·경북지역에서 노태우 후보가 거의 70%에 육박하는 득표율을 기록했으며, 부산·경남지역에서 김영삼 후보가 약 50~60%대의 득표율을 기록했다. 호남에서 지역주의가 보다 강하게 표출된 까닭은 영남에 비해 호남의 소외의식이 더 컸기 때문이다. 반면 호남에 비해 영남의 지역주의는 상대적으로 약하게 나타났는데, 그것은 이 지역에서 노태우 후보와 김영삼 후보가 표를 나누어 가졌을 뿐 아니라 지역적 소외감이 호남보다 덜했기 때문이다. 지역주의의 등장은 영·호남지역에 그치지 않았다. 대통령 선거 결과는 그 정도가 덜하기는 하지만 충남에서조차 지역주의가 등장하고 있음을 보여주었기 때문이다. 신민주공화당의 김종필 후보

표3 제13대 대통령 선거 결과(지역별) (단위: %)

지역 / 후보		노태우	김영삼	김대중	김종필
수도권	서울	30.3	29.1	32.6	8.2
	인천	39.4	30.0	21.3	9.2
	경기	41.5	27.5	22.3	8.5
강원		59.3	26.1	8.9	5.4
충청권	충남	26.2	16.1	12.4	45.0
	충북	46.9	28.2	11.0	13.5
호남권	광주	4.8	0.5	94.4	0.2
	전남	8.2	1.1	90.3	0.3
	전북	14.1	1.5	83.5	0.8
경북권	대구	70.7	24.3	2.6	2.1
	경북	66.4	28.2	2.4	2.6
경남권	부산	32.1	56.0	9.1	2.6
	경남	41.2	51.3	4.5	2.6
제주		49.8	26.8	18.6	4.5
전국		36.6	28.0	27.1	8.1

출처: 정해구·김혜진·정상호, 2004, 134쪽

가 충남지역에서 얻은 45%에 달하는 득표율이 바로 그 증거였다.(정해구·
김혜진·정상호, 2004, 135쪽)•

   그렇다면 민주화 이행과정의 대통령 선거에서 지역주의가 갑작스럽게
등장한 까닭은 무엇인가? 이와 관련해서는 다음과 같은 두 흐름의 견해가
있다.(이하 정해구, 2003, 261~262쪽 참조) 그 하나는 지역주의 발생의 근
원을 사회경제적인 차원에서 찾으면서, 지역주의적 선거를 그것의 정치적
표출로 이해하고자 하는 주장이다. 이에 따르면 지역주의의 발생은 박정

• 지역주의의 전면 등장은 제13대 대통령 선거만으로 끝나지 않았다. 그 이듬해 1988년 4월 26일에 치러
진 제13대 국회의원 총선에서도 마찬가지로 지역주의가 전면 동원되었고, 총선 결과 역시 지역주의에
좌우되었다. 그런 점에서 지역주의는 제13대 대통령 선거의 일회성 결과가 아님이 드러났다. 이후 우리
정치는 20년 이상 지난 지금에 이르기까지 지역주의에서 벗어나지 못하는 모습을 보여주고 있다.

희 정권 시기 이루어진 지역적 불균등 개발에서 비롯되었으며, 그것의 정치적 표출은 부분적으로는 1967년과 1971년의 대통령 선거에서, 그리고 전면적으로는 1987년의 대통령 선거에서 이루어졌다는 것이다. 지역주의의 등장에 대한 또 다른 흐름의 주장은 그 원인을 정치적 차원에서 찾는 것으로서, 민주화 이후 지역대결 양상으로 전개된 선거경쟁 구도가 유권자 대중의 지역주의적 배열을 초래하게 되었고, 그 결과 지역주의 투표행태가 나타나게 되었다는 주장이다. 전자의 주장이 아래로부터의 사회경제적인 원인을 중시하는 주장이라면, 후자의 주장은 위로부터의 정치적 동원을 강조하는 주장이라 할 수 있을 것이다.

지역주의 발생의 잠재적 구조가 박정희 정권 시기의 지역적 불균등 개발, 그리고 이를 바탕으로 이루어진 인구이동과 사회적 계층화 과정에서 형성되었을지도 모른다. 또한 영·호남 간의 대립적 정서는 광주항쟁의 경험 속에서, 즉 가해자로서의 영남과 피해자로서의 호남이라는 인식의 형태로 잠재되었을 수도 있다. 하지만 지역주의가 정치적으로 분명하게 표출된 것은 1987년 대통령 선거를 통해서였다. 지역주의의 전면적인 표출은 그것이 민주화 이행과정에서 이루어졌던 대통령 선거구도의 지역적 재편과 이에 따른 정치적 동원과 밀접한 관계가 있음을 말해준다. 그리고 일단 정치적으로 표출된 지역주의는 상대 지역의 지역주의를 자극함으로써 상호 경쟁적으로 강화되지 않을 수 없었다. 1987년의 대통령 선거과정에서 호남지역과 영남지역에서 그리고 심지어는 이에 자극을 받은 충청지역에서까지 지역주의가 등장한 것은 바로 이와 같은 과정의 결과라 할 수 있었다.

아무튼, 1987년의 제13대 대통령 선거는 국민 직선에 의한 대통령 선거가 마지막으로 치러졌던 1971년 이후 무려 16년 만에 치른 것이다. 그런 만큼 그것은 국민들의 뜨거운 관심 속에서 치러졌고, 선거정국 내내 지속되었던 1노 3김의 첨예한 경쟁과 대립은 국민들의 관심을 더욱 고조시켰다. 그 결과, 1987년의 제13대 대통령 선거는 89.2%에 달하는 높은 투표율을 보여주었다.* 그리고 그것은 비록 지역주의에 기반을 둔 것이었을지라도 민주화 이후의 정당정치가 이제 그 대중적 기반을 가지게 되었음을 여실히 드러냈다.

* 제13대 대통령 선거 이후 역대 대통령 선거 투표율은 점차 떨어졌는데, 제13대(1987) 89.2%, 제14대(1992) 81.9%, 제15대(1997) 80.7%, 제16대(2002) 70.8%, 제17대(2007) 63.0%였다.

4

노태우 정권과
반독재민주화투쟁

1980 신군부의 등장과 '서울의 봄' · 10 · 26정변 이후 유신세력의 대응과 12 · 12군사반란 · 학원민주화운동의 전개와 신군부의 집권 추진
· 민주통합의 환산과 학생들의 개헌철의투쟁 · 박정희의 지역주의와 긴대중 연합 · 5 · 18민중항쟁의 발발과 진격 · 광주시민들의 분
의 지배구조 · 1980년대 학생운동의 시작 · '무림'과 '학림' · 공수부대의 반포와 시민들의 무장투쟁 · 5 · 18민중항쟁의 의의와 역대화원 · 5공화국의 성립과 전두환 정권
운동의 고조 · 2 · 12총선과 민주화운동의 야진 · 학원안정법 · 부산 미문화원 방화사건 · 인천반 경성과 · 정치권의 결성 · 유화국면 이후 민주화
총학련조취 전예투쟁 · 5 · 18교도조사 폭로와 민주대연합 강화 · 6 · 10국민대회 · 명도성민 · 녹성반 박물이부터 시위 · 6 · 29선언과 6월항쟁의 의의 · 4 · 13
중건 의미의 민주화연합의 이운 · 1987년 노동자대투쟁 · 현법 개정과 18987년 한대의 등장 · 제3대 대통령 선거와 긴대중 · 긴대중의 분열 · 제야세력의 분열
민주정부 수립의 실패와 지역주의정치의 등장 · 3당 합당과 공의통합 통한 보수세력 세력 · 한청시산 최초의 여소야대를 가져운
1988년의 4 · 26총선 · 여소야대 국회에서의 반 · 제도 개혁 · 6공 정권 내부 분열이 심화 · 노태우 정권의 대응 · 공안정국과 3당 합당
· 방북사건과 13차 공안정국 · 3당 합당을 통한 보수대연합 · 1991년 5월투쟁과 2차 공안정국 · 보수대연합의 귀결, 김영삼 정부의 출범 **1992**

제1장
3당 합당과 공안통치를 통한 보수세력 재편

1

봇물처럼 터진 민주화운동과
야당의 5공 청산 요구(1988~1989)

헌정사상 최초의 여소야대를 가져온 1988년의 4·26총선

야권의 분열 속에 치러진 1988년의 13대 총선은 1987년 12월의 대통령 선거와 마찬가지로 전국적 조직과 자금동원에서 앞선 민주정의당(약칭 민정당)의 승리로 귀결될 것으로 예측되었다. 이러한 전망은 선거전문가뿐 아니라 여야 모두의 대체적인 견해였다. 당시 민정당뿐 아니라 선거전문가들도 지역 출신 후보자가 경쟁하는 총선에서는 지방색이 나타나지 않을 것이고 야권의 분열로 표가 분산될 것이므로, 민정당의 과반수 의석 확보는 무난하리라고 전망하고 있었다.(한국기독교사회문제연구원 편, 1988h, 15쪽) 당시 한국갤럽의 여론조사는 민정당의 예상득표율이 39.8%로 대선에 비해 3% 이상 증가할 것으로 예상하였다. 이에 비해 민주당의 경우는 5% 이상, 평민당의 경우는 10% 이상 하락할 것으로 예상하였다. 이러한 표의 분포대로라면 민정당의 예상의석 수는 60%를 쉽게 넘을 것으로 전망되었다.(『조선일보』 1988년 4월 20일자) 이러한 여론조사를 근거로 당시 최병렬 정무수석은 대통령에게 전체 224개 지역구에서 53%인 119석에서 민

정당 후보가 당선될 것이라고 보고하였다.(박철언, 2005a, 311쪽)

반면, 야당 진영은 공천배분 문제로 통합논의가 최종적으로 결렬되면서 심각하게 분열된 상태로 총선을 맞게 되었다. 당시 야당들의 목표는 총선에서의 승리가 아니라 제1야당의 지위를 확보함으로써 훗날 야권통합 때 유리한 입지를 차지하는 것이었다. 하지만 분열로 인한 대선 실패에 대한 책임론 대두로 김대중과 김영삼이 2선으로 물러난 상황이었기 때문에 임시지도부가 선거를 지휘하는 상황이 되었다. 선거가 다가오면서 대다수 지지자들로부터 대선 당시의 단일화 실패에 대한 극심한 불신과 비난 여론이 고조되어 비관적 전망이 지배적인 상황이었다. 이러한 상황에서 야권은 대선 당시의 동원전략이었던 지역주의에 호소하는 한편, 대통령 선거 부정과 5공 비리를 제기함으로써 대중들의 민주화 욕구를 자극하는 수동적 전략을 구사하고 있었다.(윤상철, 1997b, 219쪽)

그러나 선거 결과, 다음의 표가 보여주는 것처럼 예측을 깨고 헌정사상 처음으로 여소야대 정국이 초래되었다.* 구체적인 내용을 살펴보면, 야당이 득표율에 있어서 66%로 34%인 여당에 비해 거의 두 배에 달하는 압승을 거두었을 뿐 아니라, 의석 수에서도 172:125로 1.4배에 달하는 성과를 거두었다. 이러한 점은 향후 정치지형이 야당이 주도하는 정국으로 넘어갈 것이라는 사실을 예견해주고 있었다.

예상을 깨고 야당이 승리한 데에는 몇 가지의 원인이 존재하였다. 가장 중요한 원인은 지난 대선에서 드러났던 지역주의적 투표 경향이 13대

---

* 사실 한국 정치사에서 야당의 득표율이 여당을 능가한 것은 13대 총선이 처음은 아니었다. 1950년 5월 30일의 제2대 총선과 1978년의 제10대 12·12총선에서도 야당의 득표율이 집권당을 앞선 바 있다. 그러나 무려 11개 정당이 원내에 진출하였던 2대 5·30선거에서는 전시상황이라는 요인과 아울러 정당정치의 미발전으로 여야 사이에 엄격한 구분이 존재하지 않았으며, 10대 12·12총선에서는 신민당의 득표율이 집권 공화당보다 1.1% 앞섰지만 실제 결과는 중선거제와 유정회라는 왜곡된 제도 탓에 여당은 개헌선에 육박하는 안정의석(56%)을 확보하였다. 따라서 한국 의정사상 득표율과 의석 수 모두에서 실질적으로 야당이 여당을 능가한 것은 13대 총선이 처음이라 하겠다.

표1　제13대 총선 결과

		민정당	평민당	민주당	공화당	기타	합계
득표율(%)		33.9	19.2	23.8	15.5	7.3	100.0
의석 수	지역구	87	54	46	27	10	224
	전국구	38	16	13	8	0	75
	합계	125	70	59	35	10	299
지역별 의석 수	수도권	32	18	15	9	3	77
	대구 경북	25	0	2	2	0	29
	부산 경남	13	0	23	0	1	37
	광주 전라	0	36	0	0	1	37
	대전 충청	9	0	2	15	1	27
	강원 제주	8	0	4	1	4	17

출처: 중앙선거관리위원회 편, 1988『제13대 국회의원 선거총람』

총선에서 더욱 심화되었다는 점이다.(문용직, 1993) 13대 총선은 직전의 1985년 총선이나 혹은 그 이전 어떤 선거에서도 볼 수 없었던 강력한 분할 투표를 분명하게 나타내주었다. 평민당은 호남지역에서 37개 의석 전부를 석권하였고, 민정당이 대구·경북에서 29개 의석 가운데 25개 의석을 차지하였으며, 민주당은 부산·경남의 37개 의석 중 23개를 획득하였고, 공화당이 대전·충청의 27개 의석 가운데 15개를 차지하였다. 특히 이러한 해석은 당시의 언론보도에서 극명하게 드러났다. 13대 총선 결과는 "지역감정을 떠나 해석하기 어려운 것이며, 지역의식의 강력한 표출과 그에 따른 각 정당의 지역당적 성격 강화는 실로 경악할 만한 일"(『중앙일보』 1988년 4월 27일자)이라는 것이다. 두번째 요인은 1987년의 6월민주항쟁에서 대통령 선거에 이르기까지 국민들의 민주화 욕구가 4·26총선에서 분출하였다는 점이다.(정대화, 1995, 177쪽) 4개월 전의 대선 결과는 야권 후보의 난립 속에서 군부 출신인 노태우 후보의 당선으로 귀결되었지만, 그 선거조차도 유권자의 63.4%는 야당 후보를 지지했고, 특히 전체 유권자의 무려

55.1%가 양 김을 지지하였다. 그런 점에서 1987년 대선과 1988년 총선이 공통적으로 보여준 것은 유권자들의 민주 지향성이었다고 할 수 있다.

세번째 요인은 그동안 학계와 정치권에서 간과되어왔던 것으로서, 새롭게 도입된 선거구제의 제도적 효과이다. 선거를 불과 석 달 앞두고 선거법 협상이 전개되었는데, 당시 민정당은 1구 1~4인을 선출하는 혼합선거구제를 당론으로 확정하였고, 민주당은 기존의 당론이었던 소선거구제에서 인구비례에 따라 2~4인을 뽑는 중선거구제로 입장을 바꾸었다. 평민당은 철저한 소선구제를 주장하였다. 민정당은 소선구제로는 안정의석을 확보할 수 없다고 보고 중대선거구제를 밀어붙이려 했으며, 민주당과 공화당도 비슷한 책략을 갖고 있었다.(김원기, 1993, 98쪽) 평민당 일부에서도 당 소속의원들은 당선 가능성 등을 고려해 중선구제를 택할 것을 건의하였는데, 이에 대해 김대중은 중선거구제는 "여당과 동반 당선되겠다는 유신시대의 사고발상"이라며 반대했다.(동아일보사 편, 1988, 77쪽) 김대중과 김영삼의 회동에서 김영삼이 소선거구제를 수용함으로써 돌파구가 마련되었다. 김영삼은 야권통합의 대의와 명분을 고려하여 자신이 대국적 견지에서 소선거구제를 수용하였다고 회고하였으나, 평민당은 민주당이 민정당과 야합하였다는 비난이 두려워 민주회복의 명분으로 선회한 것으로 해석하였다.(김영배, 1995, 175쪽) 결국 민정당은 1988년 3월 8일 새벽 소선구제를 골자로 하는 선거법을 본회의에 기습 상정하여 통과시켰다. 소선구제를 수용하였음에도 이를 기습 통과시킨 데에는 제1당에 전국구 의석의 절반을 배정하는 방식에 대한 야당의 강력한 문제제기와 소선구제에 대한 민정당 내부의 서울, 부산, 호남 의원들의 불만 때문이었다.(심지연, 2004, 375쪽)

결국 13대 총선은 어떤 단일요인보다는 위에서 설명한 요인들의 우연한 결합이 가져온 결과라 할 수 있다. 먼저, 1987년의 대통령 선거와 마찬가지로 1988년의 총선 결과 역시 민주화에 대한 국민들의 요구와 이해가 여전히 지속되고 있다는 것을 보여주었으며, 여소야대 현상은 민주 대 반민주의 대립구도에서 민주화를 대변해온 야당에 대한 상대적으로 높은 지지를 반영한 것이라 평가할 수 있다. 동시에 여소야대 현상은 지역분할 체계와 소선구제라는 새롭게 도입된 제도의 조합이 야기한 예기치 못한 결과이기도 하였다. 즉, 노태우 정권은 대통령 선거에서는 견고한 지역분할 구도를 활용하여 간발의 차로 승리할 수 있었지만, 거꾸로 어느 일방의 완전 독과점을 허용하지 않는 바로 그 같은 지역분할 체계 때문에 총선에서는 과반수 의석조차 획득할 수 없게 되었던 것이다.

여소야대 국회에서의 법·제도 개혁

제13대 총선으로 형성된 여소야대라는 새로운 환경은 급격한 정치 환경의 변화를 가져왔다. 오랜 권위주의 국가의 폭력성과 국정 운영의 안정성을 빌미로 제1당에 전국구 의석의 절반을 우선 할당하는 제도적 왜곡 탓에 1972년 유신체제의 수립 이후 15년 동안 의회와 정당의 기능이 침체되어 왔지만, 여소야대는 야당으로 하여금 헌정사상 처음으로 정국의 주도권을 확보하게끔 만들었다.

여소야대 국면이 노태우 정권에 전례 없이 심각한 위기를 제공하게 된 일차적 원인은 단순히 '야'가 크다는 양적 의미가 아니라, '야'의 정책 연대와 공조 속에서 '여'가 수세적으로 분열되고 있다는 질적 성격에 있었다. 기본적으로 당시 야3당의 공조나 정책연합을 주도한 것은 평민당의 김대중과 민주당의 김영삼이었다. 지난 대선에서 두 정치지도자의 권력욕 때문에 단일화에 실패하였고, 평화적 민주정권 수립이라는 역사적 과제를 좌절시킨 정치적 책임은 양 김 모두가 분담해야 한다는 지배적 여론은 거꾸로 양 김의 공조를 불가피하게 만들었다. 공화당 김종필의 경우, 이 단계에서 야권공조의 주요 목표가 대통령의 자의적 권력행사에 대한 견제수단 확보와 과거 권력형 비리에 대한 규명이었다는 점에서, 달리 말하자면 탈이념적 이슈와 대여공격용 의제라는 점에서, 야권공조를 마다할 리가 없었다. 처음부터 김종필의 공화당은 소수 정당으로서 정부와 야당을 번갈아가며 일면 압박, 일면 협조의 캐스팅보트를 행사하고자 하였다.

여소야대 국면의 정치적 효과는 장기간의 권위주의 통치에 익숙해 있던 국민들로 하여금 의회의 막강한 기능과 역할에 대해 다시 생각해보게 만들 정도로 즉각적이고도 가시적이었다. 이 시기에 이르러 의회의 권한과 역할을 확대함으로써 대통령 권력을 제한하기 위한 다양한 입법조치들에 대한 제도화가 이루어지기 시작하였다. 1988년 7월 2일 국회의 임명동의 절차를 거치는 노태우 대통령의 첫 인사조치인 정기승 대법원장 임명동의안 부결은, 노 정권의 권력행사가 여소야대에 의해 근본적으로 제약받고 있음을 단적으로 입증해주었다. 노 정권은 서울형사지방법원장을 역임하였던 정기승 대법관을 내정하였으나, 야3당은 주로 시국사건을 맡아온 내정자가 독재정권에 우호적인 판결을 내려온 전력이 있다는 이유를 들어 임명동의안을 부결했다.* 아울러 노 정권에 대한 제도적 차원의 도전 중에서 가장 중요한 요소는 의회의 권한강화와 관련된 입법조치들과 관련이 있다. 여기에는 국정조사와 국정감사 실시, 대법원장과 감사원장을 비롯한 고위공직자 임명에 대한 국회의 임명동의권, 청문회제도 도입, 그리

* 정기승 대법원장 임명동의안은 출석 의원 295명 중 찬성 141, 반대 및 기권 154로 부결되었다. 이에 노 대통령은 재야의 이일규 변호사를 재임명하여 압도적 찬성으로 통과시켰다. 과거에도 임명동의안(1952년 이윤형 부통령)이 부결되고 야당이 제출한 해임건의안(1971년 오치성 내무부장관, 1969년 권오병 문교부장관)이 통과된 예가 있었으나, 대부분의 경우는 여소야대가 아니라 여당 내부의 이탈표에 의한 것이었다.

고 이렇게 새롭게 도입된 제도들을 뒷받침하기 위한 '증언감정법' 제정 등
이 포함되어 있다. 그 결과, 1988년 가을의 제144회 정기국회에서는 유신
체제의 등장과 동시에 폐지되었다가 16년 만에 부활된 국정감사가 10월
4일부터 20일 기간으로 실시되었다. 국정감사는 가을로 예정되어 있던 5공
청산 청문회의 전초전적인 성격을 가지고 있었다. 그리고 감사과정에서 5공
청산의 주요 쟁점이었던 새세대육영회와 새세대심장재단의 모금과정에서
기업에 대한 강압과 비리가 부각되었고, 이는 결국 이순자의 육영회 회장
직 사퇴로 이어졌다.* 여소야대 정국에서 개정된 국회법으로 무장한 야당
이 의회를 장악한 이상 노태우 정권의 권력행사는 합법적으로 통제될 수
밖에 없었다. 이념적으로 예민한 이슈인 "양심수 석방 결의안"이 야3당의
공조로 통과되는 상황에까지 이르렀는데, 이러한 상황에 대해 6공화국에
서 안기부장을 지낸 박세직은 "노 대통령은 여소야대라는 정치구조 속에
서 꼼짝달싹도 못하는 상태"에 있었다는 말로 당시 정부가 처한 곤혹스러
운 입장을 설명하였다.(김현섭·이용호, 1994, 54쪽)

아울러 여소야대의 정치적 효과는 과거 독재정권하에서 정권유지를
위해 일방적으로 채택된 각종 악법을 개폐하는 것으로 명시적으로 나타났
다. 법·제도 개선 중에서 법률개정은 국회에 설치된 '비민주법률 개폐 특
별위원회'의 심의를 거쳐 본회의에서 처리되는 방식으로 진행되었다. 특히
유신과 제5공화국을 거치면서 졸속으로 처리되었거나 비민주적으로 만들
어진 법률을 개폐하는 것에 관심이 집중되어 1988년 7월의 143회 임시국
회에서는 '헌법재판소법' '안기부법' '정당법' '집시법' 등 무려 16개의 개

---

* 당시 밝혀진 모금 액수는 다음과 같다. 일해재단 598억 원, 새세대심장재단 298억 8,200만 원, 새세대육
영회 236억 원, 새마을성금 1,526억 원 등 총 2,659억 원에 달한다. 기부액수는 일해재단 이사회가 기업
에 통보하였고, 전달은 대통령과 재벌 총수와의 독대 형식을 통해 이루어졌다. 상당 액수는 재단의 고
유사업보다는 소위 대통령의 통치자금으로 사용되었다. 이에 대해서는 「대통령의 정치자금과 재벌회
장의 비자금」(『월간조선』 1992년 3월호)을 참조할 것.

혁입법이 공동 발의되었다. 1989년 2월에는 비민주법률개폐특위의 활동에 따라 '정당법' '집시법' '사회보호법' 등에 대한 개정안이 통과되었으며, 5공과 6공의 갈등의 진원지였던 '국가원로자문회의법'은 폐지되었다. 이러한 추세 속에서 13대 국회에 상정된 법률안의 65%가 3당 합당 이전인 초반 2년 동안에 제출되었고, 그 후 2년 동안에 35%가 제출되었다. 13대 국회에 제출된 의원입법의 규모가 이전 국회의 평균치인 460건의 두 배 이상인 938건이라는 점, 특히 전반기 동안에 법률안이 집중적으로 상정되었다는 점, 그리고 처리된 법률안의 상당 부분이 개혁입법이라는 점에서 여소야대하에서 국회의 위상이 강화된 것을 확인할 수 있다.

한편, 여소야대로 야당이 정국 주도권을 장악한 국회는 국민적 관심이 큰 이슈와 관련하여 각종 특별위원회 설치를 주도하였다. 이러한 특위 구성과 활동은 명칭에서 알 수 있듯이, 이제 막 출범한 노태우 정권으로서는 필사적으로 피하고 싶은 것이었다. 왜냐하면 5공 비리, 광주문제, 선거 부정, 악법 개폐 등은 정부의 실정失政과 권력형 비리를 만천하에 노출시킬 개연성이 매우 짙은 사안이었기 때문이다.

이 가운데 특히 국민적 관심을 모은 것은 모두 9회 개최된 '5공 비리 특위'와 18회 열린 '광주 특위'였다. 먼저 1988년 7월 임시국회 기간에 시작된 5공 비리 특위는 조사대상 선정문제로 팽팽하게 대립하다가 일해재단 등 총 44건의 조사대상을 확정했다. 5공 비리 특위는 광주 특위에 비해서 상대적으로 순조롭게 진행되었는데, 이유인즉 5공 비리가 기본적으로 전두환 전前 대통령에 국한된 문제인 반면, 광주문제는 현직 대통령도 관련된 문제라는 두 사안의 성격상의 차이 때문이었다.

1988년 8월 3일 야3당이 전격 제안한 전두환 전 대통령 등 16명의 출국금지 요청안이 본회의를 통과한 것은 여소야대의 위력이 발휘된 일대 사건이었다. 야당의 제안을 투표나 물리력으로 저지할 수 없었던 여당은

민정당 의석이 모두 비어 있는 5공 특위 청문회장의 모습

의사일정에 없던 안건을 기습 제의해 처리를 강행한 것은 절차를 무시한 것이라 반발하고 표결에 참여하지 않았다. 여당이 불참한 가운데 야당만의 표결로 안건이 통과된 것은 의정사상 처음 있는 일이었다.(심지연, 2004, 381쪽) 이후 법원은 전직 대통령에 대한 예우를 근거로 전두환 부부를 제외하고 14명에 대해 출국을 금지시켰다. 조사대상자가 무소불위의 권력을 행사하였던 대통령의 친인척과 5공의 실세였다는 점에서 출국금지 조치만으로도 세간의 관심을 불러일으켰다. 아울러, 공표된 친인척들의 의혹이 쌀 수입에서부터 특혜 인수, 그리고 재산 해외도피에 이르기까지 엄청나게 방만하였다는 점에서 많은 국민들의 분노를 촉발하였다.

올림픽이 끝난 11월에 들어 동시에 열린 5공 비리 청문회와 광주 청문회는 전 국민의 이목을 끌어모았다. 퇴임 후 거처로 구상되었다던 일해재단(현 세종연구소)의 사치스러운 내실 전경이 공개되었고, 대통령 친인척들의 축재와 권력형 특혜가 고발되었다. 아웅산 참사 유족 지원을 명분으로 설립된 일해재단은 처음부터 연구목적이 아니라 전두환 전 대통령의 퇴임 뒤 수렴청정을 위한 것이었다. 598억 원의 기금과 20만 평이 넘는 대지에 두 개의 초호화판 영빈관까지 갖추고 있었으며, 연구인력은 20명인데 비해 관리인력은 120명이나 되는 기형적 구조를 하고 있었다. 무엇보다도 광주청문회에서 피해자들의 육성 증언을 통해 그동안 소문으로만 맴돌던 5·18민중항쟁에 대한 폭력적인 무력진압의 실상이 생생하게 드러나 국민들에게 큰 충격을 주었다.

6공 정권 내부분열의 심화: 5공 청산과 중간평가

여소야대라는 정치사회의 압박과 더불어 민주화운동과 시민운동으로 상징되는 시민사회의 도전 앞에서 노태우 정권은 심각한 위기의식을 느끼게 되었다. 이 시기에 정부와 여당을 더욱 곤혹스럽게 만든 것은 당시 최대 현안이었던 5공 청산과 중간평가 문제로 인한 정권 내부의 분열이었다.

1987년 대선이 접전의 양상을 띠자 집권여당의 노태우 후보는 그해 12월 12일 여의도 유세에서 임기 중 중간평가를 공약으로 내걸었다. 6공 정부가 출범하자마자 중간평가 실시 여부와 방법을 놓고 정치권은 일대 논란에 휩싸였다. 야당은 중간평가를 조속히 실시하자고 요구하였고, 노재봉 정치특보와 최병렬 정무수석 등 여당 내 일각에서도 중간평가 실시를 통해 여소야대 국면을 정면으로 돌파하자는 주장이 제기되었다. 이러한 흐름 속에서 1989년 3월 17일 민정당 의원 및 위원장 합동회의는 역대 국민투표에서 여당이 패배한 적이 없다는 점을 들어 신임을 연계한 중간평가를 조기에 실시할 것을 대통령에게 건의하기로 결정하였다. 하지만 노태우 대통령을 비롯한 청와대와 주류세력들은 4·26총선에서 나타난 정부여당에 대한 낮은 지지도를 고려할 때 신임연계의 중간평가는 위험부담이 따르고, 승리를 위해서는 천문학적 액수의 선거자금이 필요하다는 점을 들어 여야합의를 통한 정치적 타결방식을 선호하였다. 그렇다고 최대공약사항이자 현안으로 부각되었던 중간평가를 일방적으로 취소할 수도 없는 상황이었다. 따라서 정부여당으로서는 중간평가를 유보하기 위해서는 야3당의 협조가 필수적이었고, 이는 3당 합당 추진의 중요한 배경으로 작용하였다.*

집권당인 민자당의 또 하나의 골칫거리는 5공 청산문제였다. 5공 청산의 직접적 계기는 5공과 6공 세력 사이의 권력 갈등에서 촉발되었다. 전두환은 퇴임 이후에도 일정한 영향력을 확보하기 위해 몇 가지 안전판을 마련해놓았다. 먼저 그는 노태우의 대통령 취임 이전인 2월에 총선을 조기 실시하여 공천권을 행사하려 했고, 국가원로자문회의라는 막강한 헌법상 기구를 신설해 권력이원화를 의도하였다. 또한 그는 대통령 선거 직후인 12월 26일에 대대적으로 군 수뇌부 인사를 단행해 소위 자신의 인맥을 요직에 남겨놓기도 하였다. 당시 인사 내용은 합참의장에 최세창 3군사령관, 3군사령관에 고명승 보안사령관, 보안사령관에 최평욱 7군단장, 수방사령관에 김진영 3사관학교장 등을 임명하는 한편, 박희도 참모총장과 민병돈 특전사령관은 유임시켰다. 문제는 이들이 대부분 전두환 대통령에게 충성을 바치는 측근으로 분류되는 인물들이라는 점이었다. 관례를 벗어난 인사에 분노한 노태우 대통령은 출범과 동시에 전임자가 구축한 군 인사체

---

* 1989년 3월 결국 노태우 대통령은 안정적 국정 운용을 위해 중간평가 유보조치를 발표하였다. 1989년 3월 10일 박철언-김대중 비밀회담에서 김대중은 중간평가가 헌정 위반의 가능성이 있어 반대한다는 입장을 개진하였다. 중간평가를 강하게 주장하였던 김영삼은 '전두환의 백담사 증언, 광주사태 책임자와 5공 비리 핵심인사의 처리를 전제로 중간평가 무용론을 제의'하였고 대통령이 수락하는 형태를 제시하였다. 이러한 협상과정을 걸쳐 6공 전반기 뜨거운 쟁점이었던 중간평가 문제가 해소되었다.(박철언, 2005a, 379~396쪽)

계를 허물기 시작하였다. 그는 취임하자마자 임기가 6개월이나 남아 있던 박희도 육군참모총장을 경질하고, 자신의 경북고 후배인 이종구 대장을 임명했다. 이후 최평욱 보안사령관을 교육사령관으로 좌천시키고 그 자리에 조남풍 소장을 임명했다. 아울러 6공에 공개적으로 비판을 제기한 육사 교장 민병돈과 김진영 수방사령관을 퇴진시켰다.(『중앙일보』 1994년 12월 23일자)

거부하기 어려운 민주화라는 시대적 압력과 치열한 권력 갈등이라는 두 가지 요소는 신임 대통령으로 하여금 자신의 정치적 기반인 5공을 스스로 부정하게 만드는 모순된 상황을 연출시켰다. 1987년 11월 17일 당시 민정당 후보였던 노태우는 대통령 선거공약 발표회에서 국민의 원성을 산 권위주의체제의 유산을 척결할 것임을 밝혔고, 12월 4일 KBS 대통령 후보 연설을 통해 "부정부패를 척결하는 데 있어서는 국가원수를 포함한 어느 누구도 성역이 있어서는 안 된다"라고 강조하였다. 그의 상징이 된 '보통 사람' 역시 야권 후보였던 3김보다는 오히려 국민의 원성이 자자하였던 전임 대통령과 차별성을 부각하기 위해 고안된 것이었다.(박종열, 1992, 20~29쪽) 정권 내부의 갈등에서 촉발된 5공 단절론은 정치적 상황이 급변하면서 5공 청산론으로 확대되었다. 특히 소위 6공의 신실세로 불렸던 최병렬 정무수석, 이병기 의전비서관, 현홍주 주미대사, 손주환 공보수석 등 민간 출신의 정치인들이 5공 청산론을 내부에서 주도하였다.(박철언, 2005a, 370~371쪽) 이 과정에서 전두환 전 대통령을 비롯한 5공 세력은 격렬하게 반발하였다. 장세동 안기부장과 이양우 변호사 등을 통해 정치자금 폭로 등 협박을 가하기도 하였다. 6·29선언이 전두환 대통령의 작품이었다는 『월간조선』의 보도는 이러한 반격의 일환이었다.(조갑제, 2007a, 121쪽)

정리하자면, 두 차례 선거에 대비한 선거전략으로서 내부로부터 제시되었던 5공 단절론은 총선 결과로 나타난 여소야대 국면과 야3당의 적극적인 정치공세 속에서 정권의 애초 의도와 통제범위를 넘어 5공 청산론으로 확대되었다. 노태우 정부는 권력 내부의 갈등 해소와 여론에 밀려 5공 비리를 전담할 특별수사부를 설치하였고, 특별수사부는 친인척 및 관련 공직자 47명을 구속, 기소하기에 이르렀다. 전두환과 관련된 주요 인물로는 새마을운동본부 관련 비리의 전경환(동생)과 손춘지(전경환의 처), 노량진수산시장 강제인수 관련 비리의 전기환(맏형)과 이규승(처삼촌), (주)동일 특혜 비리의 이창석(처남), 평화농장 특혜 관련 비리의 이규동(장인), 이철희·장영자사건 관련 비리의 이규광(처삼촌), 전 씨 일가 재산 해외도피 관련 비리의 김상구(동서), 동아건설 권력결탁 관련 비리의 홍순두(동서) 등이 있다.*

이렇듯 정부여당은 정권 내부의 균열을 심화시키고 시민사회의 저항을 고조시킬 5공 청산론의 조기 마무리가 시급한 상황이었다. 이를 위해서는 야당의 협조가 필수적이었고, 3당 합당은 5공 청산을 둘러싼 정치적 협상과정에서 은밀하게 추진되었다.

---

* 그러나 실질적으로 복역한 인물은 전기환, 전경환, 염보현(서울시장), 최열곤(서울시교육감) 등 단 네 명뿐이었다. 나머지는 법원에서 집행유예 판결을 받고 석방되거나 신병 때문에 구속집행정지 또는 보석으로 풀려났다.(『동아일보』 1990년 3월 6일자)

2
노태우 정부의 대응:
공안정국과 3당 합당

방북사건과 1차 공안정국(1989~1990)

노태우 정권이 여소야대 국회의 개혁적 흐름을 거부할 수 없는 시대적 추세로 수용하면서 그냥 체념하고 있었던 것은 아니다. 오히려 1987년 6월 민주항쟁 이후의 정치민주화와 여소야대라는 거대한 변화의 흐름을 제지하고, 나아가 역전시키기 위하여 다양한 방법을 모색하였다. 3당 합당과 공안통치라는 두 개의 프로젝트가 바로 그것이다. 공안통치란 의회와 선거 등 절차적 민주주의가 유지되는 정치적 조건 속에서 공안기구의 주도권이 관철되는 억압적 통치방식을 말한다. 이 시기에 나타났던 공안통치는 주체와 성격에 따라 세 개의 소단계로 구분할 수 있다.

첫번째 단계는 여소야대 국면을 가져온 13대 총선 이후 문익환 목사의 방북사건(1989. 3. 25)까지의 시기로, 공안통치를 통한 반격의 배경시기에 해당된다. 6월민주항쟁 이후 여소야대 국면과 5·6공 세력의 분열, 노동운동의 성장 등 한국 사회의 발전과정은 냉전수구세력으로서는 자신들의 기득권을 박탈하고 전통적 가치관을 붕괴시키는 위협적인 사건으로 인식되었다. 특히 이 단계에는 군 출신 5공 인사들의 불만과 저항이 노골적으로 표출되었다. 최초의 사건은 1988년 8월 6일 육군정보사 현역 군인들에 의한 『중앙경제신문』 오홍근 사회부장 테러사건에서 시작되었다. 당시 이 사건은 군사문화를 비판한 중견 언론인의 기사에 불만을 품은 현역 군인들이 자행하였다는 점과 아울러 정보사라는 정보기관에 의해 조직적으로 모의된 계획적 사건이었다는 점 때문에 엄청난 파장을 몰고 왔다. 이 사건은 기사에 불만을 가진 일부 군 인사의 우발적 행위로 마무리되었지만, 민주화라는 당시의 정치적 상황에 대한 군 조직의 움직임을 이해할 수 있게 해준다. 또 하나의 사건은 1989년 3월에 있었던 김용갑 총무처장관의 사퇴 파동이었다. 그는 3월 14일의 기자회견에서 여소야대 정국과 시민운동세력의 활성화를 동시에 겨냥하여 '좌경세력에 대한 강경대처'와 '국회해산권 도입을 위한 개헌'을 강력히 요구하면서 장관직을 사임했다. 김용갑 장관의 강경발언이 있은 지 일주일 만에 발생한 민병돈 육사교장의 대정부 비판 역시 동일한 맥락 속에서 이해할 수 있다. 5공 인물로 분류되고 있는 육사 15기 출신의 민 교장은 3월 21일의 육사 졸업식 치사를 통해 노태우 정권의 야심작인 북방정책과 대야당정책을 "적과 우방을 구별하지 못하는 정책"이라며 정면으로 비판했다. 현역 군 장성인 육사교장이 그것도 육사 졸업식장에서 치사를 위해 참석한 대통령과 정부를 겨냥해서 정치적 발언을 하였다는 점에서 그의 발언은 충격적이었다. 그의 발언은 5공과 6공의 갈등을 전제로 한 권력집단 내부의 이견 표출인 동시에 야당과 재야에 대한 강력한 대응을 정부에 요구하였다는 점에서 당시 주류 보수세력의 강경한 입장을 반영하는 것이었다.

본격적인 공안정국 단계는 문익환 목사의 방북(1989. 3. 25) 시점부터 임수경이 귀국한 8월 15일까지 공안합동수사본부가 설치되어 일련의 방북 사건을 총괄 지휘한 시기이다. 앞 시기의 특징이 정부의 일부 강경세력에

표2　공안합동수사본부의 조직 및 구성

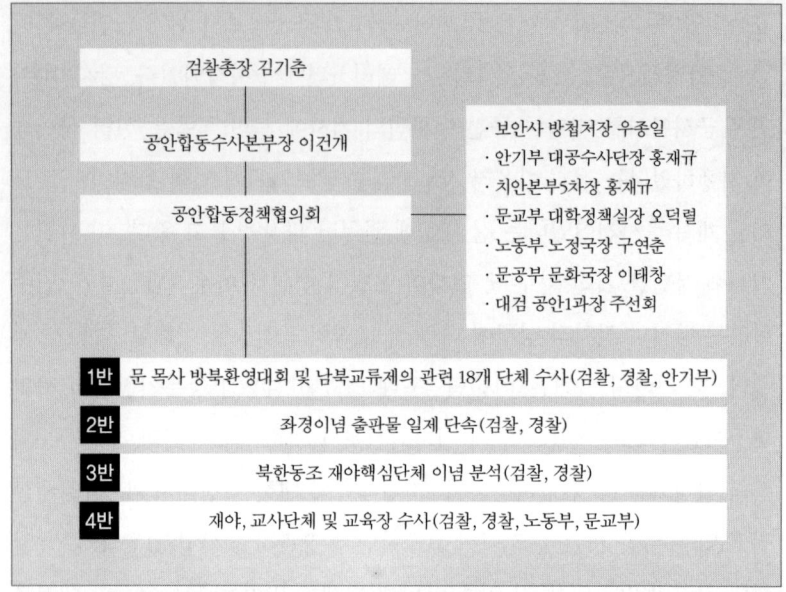

검찰총장 김기춘

공안합동수사본부장 이건개

공안합동정책협의회

· 보안사 방첩처장 우종일
· 안기부 대공수사단장 홍재규
· 치안본부5차장 홍재규
· 문교부 대학정책실장 오덕렬
· 노동부 노정국장 구연춘
· 문공부 문화국장 이태창
· 대검 공안1과장 주선회

1반	문 목사 방북환영대회 및 남북교류제의 관련 18개 단체 수사(검찰, 경찰, 안기부)
2반	좌경이념 출판물 일제 단속(검찰, 경찰)
3반	북한동조 재야핵심단체 이념 분석(검찰, 경찰)
4반	재야, 교사단체 및 교육장 수사(검찰, 경찰, 노동부, 문교부)

출처: 민주주의법학연구회, 1989, 2쪽: 손중양, 1989, 23쪽에서 재작성

의한 선동적 발언과 돌출적 시도였다면, 이 단계에서는 공안통치로 상징되는 강경대응방식이 정부의 공식입장으로 정리되고, 이를 담당할 구체적인 공안기구가 설립되어 정국을 주도하였다. 문익환 목사의 방북사건에 대한 정부의 대응은 신속하고도 단호했다. 정부는 4월 3일에 공안합수부를 설치해 방북사건뿐 아니라 통일운동과 관련된 모든 재야운동단체에 대한 전면적 조사에 착수했다. 공안합수부는 형식적으로는 검찰기구를 중심으로 편제되었다. 대검공안부장을 본부장으로 하고, 전국 12개 지방검찰청에 공안담당 부장검사를 부장으로 하는 '지역공안합동수사본부'를 설치하였다. 또 관계기관들의 정책협의를 위해 설치된 '공안합동정책협의회'가 있다. 이 정책협의회는 집단사태 대처와 좌경척결을 내세우고 있는 만

표3 정권별 구속 노동자 수 (단위: 명)

연도	노태우 정부(2,348)				김영삼 정부(632)					김대중 정부(878)				
	1988	1989	1990	1991	1993	1994	1995	1996	1997	1998	1999	2000	2001	2002
건수	147	946	691	564	87	188	165	149	43	219	129	97	241	192

큼, 이와 관련된 기관들이 총망라되어 있었다.

당시 노태우 정권은 공안합수부 설치와 함께 계엄상태를 연상시키는 삼엄한 조치들을 연이어 발표했다. '공공시설에 대한 습격, 방화 시 무기 사용' '전국 지·파출소에 M16과 실탄 지급' '정당·교회·학원을 막론하고 불법시위에는 공권력 투입' 등 초강경조치를 발표하면서 위기감을 한껏 고조시켰다.(손중양, 1989, 21쪽) 한편, 서경원 의원 방북사건(1989. 6. 27)과 임수경 평양축전 방북사건(1989. 6. 30)이 연이어 발생하면서 공안합수부의 권한과 기능은 점차 확대되어갔다. 합수부는 문 목사 방북사건을 계기로 이재오(전민련 조국통일위원장)와 이부영(전민련 공동의장) 등 재야인사 수십 명을 구속하고, 임수경 방북사건을 빌미로 학생운동 지도부 63명을 검거하고 19명을 구속하였다. 또한 검찰은 서경원 의원 방북사건을 계기로 김대중 총재의 대북친서 전달설과 북으로부터 공작금 전달설 등을 유포하면서 김대중 총재에게 구인장을 발부하고 불고지죄와 외환관리법 위반죄를 적용하여 불구속 기소(1989. 8. 22)하였다. 하지만 위의 〈표3〉이 보여주는 것처럼 공안통치는 무엇보다도 노동운동에 가혹한 탄압을 가하였다.

마지막 단계는 공안합수부가 해체된 1989년 가을부터 3당 합당이 발표된 1990년 1월까지의 기간으로 여야 간의 물밑협상이 진행되면서 공안정국이 소강상태에 접어들었다. 이 시점에 이르러 5공 청산에 대한 야3당의 요구와 이에 대한 민정당의 반대를 정치적으로 절충하기 위한 목적에서 공안정국 초기에 설치되었던 여야 중진회담이 재가동되기 시작했다. 1989년 11월에 개최된 회담 당시의 협상은 방북사건을 빌미로 5공 청산의 수위를 낮추려는 공안당국의 요구와 5공 청산문제를 고리로 공안정국을 소멸시키려는 야3당의 요구 사이에서 전개되었다. 협상은 12월 들어 가속화되었고, 연말을 앞둔 12월 15일의 4당 총재회담을 통해 11개 항의 합의에 기초한 이른바 '12·15대타협'으로 마무리되었다. '12·15대타협'의 핵심은 전두환 전 대통령의 국회 증언으로 지난 1년 동안 야3당이 줄기차게 요구해온 5공 청산문제를 매듭짓겠다는 것이었다. 이러한 귀결을 고려할 때 이 시기는 공안정국과 3당 합당 및 야3당의 공조체제와 정계개편이 동시에 공존하였던 국면이다.

3당 합당을 통한 보수대연합 구축

1990년 1월 22일 당시 집권당의 노태우(민정당)와, 김영삼(민주당), 김종필(신민주공화당)은 청와대 회동 직후 3당 합당을 발표하였다. 3당 합당의 결과, 13대 총선에서 형성된 여소야대의 4당 체제가 일시에 해체되면서 민주자유당(약칭 민자당)이라는 개헌선을 상회하는 거대여당이 결성되었다.[*]

3당 합당의 직접적 계기와 목표는 분점정부하의 여소야대 국면을 보

---

* 통합, 합당, 연합이라는 용어는 두 개 이상의 정당이 공동의 목표를 달성하기 위하여 협력한다는 측면에서는 공통되나 의미는 서로 다르다. 통합이나 합당은 두 개의 정당이 기존의 정당을 해체하고 새롭게 하나의 정당을 만든다는 의미를 갖고 있다. 합당은 외형적인 기구나 조직의 물리적·제도적·형식적 결합의 성격이 강한 반면, 통합은 기구와 조직뿐 아니라 지지기반이나 지지세력들의 융합이라는 보다 적극적인 측면을 갖고 있다. 그러나 연합은 통합이나 합당과는 달리 기존 정당의 정체성을 유지한 상태에서 정당 간에 일시적 협력관계를 유지하는 것을 의미한다. 당연히 3당 간의 결합을 통해 형성된 민자당은 연합이 아니라 통합이나 합당이다. 본고에서는 화학적 융합을 의미하는 통합보다는 법적·형식적 측면을 강조하는 합당이라는 개념을 사용한다. 이러한 구분에 대해서는 조정현, 1995, 81쪽을 참조할 것.

수대연합 국면으로 전환하는 것이었다. 이는 정부 내에서 3당 합당이 최초로 공식 거론된 것이 1988년 4·26총선 다음 날인 4월 27일 대통령 주재 청와대회의였다는 점에서 드러난다. 당시 박철언 정책보좌관은 민주발전, 국민화합, 민족통합을 위해 보수대혁신의 보혁구도로 정계를 개편할 것을 주장하였고, 노태우 대통령은 홍성철 비서실장 중심으로 공화당, 민주당, 평민당과 연합하는 정계개편 방안을 준비하라고 지시하였다.(박철언, 2005a, 312~313쪽) 이 당시만 해도 야당과의 연합이라는 큰 방향에서 일부 여권인사(유혁인 대사, 박철언 보좌관, 박세직 안기부장)와 야권인사(김영삼, 김종필, 김덕룡)들을 중심으로 가능성이 타진되는 수준이었다. 3당 합당이 보다 본격화된 계기는 1988년 7월 2일 국회 본회의에서 정기승 대법관의 임명동의안이 부결된 사건이었다. 이 사건을 계기로 야3당은 공조강화를 통해 중간평가와 5공 청산을 압박하였고, 정부의 정국주도권과 협상력은 적지 않게 손상되었다. 이 사건 이후 1988년 하반기부터 여야 합당을 위한 김영삼-박철언의 비밀회동이 본격화되었다.

한편, 3당 합당은 보수야당이었던 민주당과 공화당의 정치적 이해와도 부합하였다. 가장 중요한 행위자인 민주당이 제3당에 불과하였기 때문에 항상 평민당의 주도권 장악에 불만을 가졌던 점, 특히 양 김 간의 라이벌의식과 견제심리 등이 추진 요인으로 작용하였다. 결국 김영삼은 3당 합당이라는 현상타파를 위한 파격적 결단을 내렸다.(김용호, 1994, 126~127쪽) 반면, 구여권인사들이 중심이 된 공화당은 체질적으로 보수적이었고 집권당이 되는 것이 제4당으로서 의회에서 캐스팅보트를 행사하는 것보다 수지맞는 대안이라고 판단하였다.

특히 이 과정에서 내각제가 서로 다른 이해관계를 조정할 제도적 대안으로 적극 추진되었다. 마땅한 유력후보가 없던 민정당은 내각제를 통해 집권연장을 보장받으려 하였고, 김종필은 초대 대통령과 내각제하에서 캐스팅보트를 행사하고자 하였다. 하지만 김영삼은 내각제를 처음부터 3당 합당의 명분과 조건으로 받아들였을 뿐이지 지향해야 할 확고한 목표나 이행과제로 인식하지는 않았다.

이 과정에서 흥미로운 점은 김영삼의 이중적 처신이었다. 김영삼은 한편으로는 야3당 공조를 통해 중간평가 조기 실시, 5공 청산 등을 강력하게 압박하면서, 한편으로는 물밑대화에 적극 나섰다. 이미 1989년 3월 16일의 김영삼–박철언 회동에서 자유민주주의 수호와 발전을 위해 구국적 차원에서 양당 합당에 원칙적으로 합의하였고, 홍성철–황병태 회동 (3. 31)에서는 김영삼의 미·일·소 방문 이후인 6월 말경 공식 발표하기로 잠정 합의하기도 하였다. 또한 3당 합당의 분위기를 조성하기 위해 청와대는 김영삼에게 적지 않은 정치자금을 건넸다고 한다.(박철언, 2005a, 405~417쪽) 예상보다 합당이 다소 지연된 데에는 민주당 일각의 야권통합파를 다독이는 데 시간이 필요했고, 무엇보다도 5공 청산 마무리가 요구되었기 때문이다. 1989년 12월 15일 여야 총재회담을 전후로 3당 합당이 급물살을 탔다. 이틀 뒤 4인회의(박철언, 박준병, 황병태, 김덕룡)에서 초안이 작성되었고, 합당방식과 지도체제, 내각제 추진을 명기한 합당각서가 작성되었다.

흥미로운 점은 3당 합당 당시 합의되었던 내각제는 일본 자민당식의 보수대연합 구축을 염두에 두고 추진되었다는 점이다. 당시 민정당, 평민당, 민주당, 공화당 그리고 원외 재야세력인 진보정치연합(약칭 진정연)의 정치이념을 좌우의 기준으로 나누어보면, 민정당과 공화당은 극우, 민주당은 우, 평민당은 약간 좌, 진정연은 좌에 속한다고 할 수 있다. 따라서 민정당, 민주당, 공화당의 합당은 이념적 거리에 근거한 보수대연합 형성으로 볼 수 있다.(길승흠, 1990, 49쪽) 3당 합당의 당사자들이 일본식의 보수대연합을 모델로 상정하였음은 최근 출간된 자서전이나 회고록이 입증하고 있다. 당시 협상의 배후에서 롯데그룹의 신격호 회장이 김영삼과 청와대를 연결하는 역할을 하였는데, 신격호는 일본식 보수연합을 모델로 설명하였고, 여야 총재회담(1989. 5. 31)에서 김영삼은 노태우 대통령에게 일본의 보수연합을 예로 들면서 합당의 필요성과 방식을 적극적으로 설명하였다.(박철언, 2005a, 418쪽) 일본과의 차이가 있다면, 일본의 경우 이데올로기가 분명한 혁신정당들의 성장이 위협적이었던 반면, 한국은 그렇지 못했다는 점이다. 13대 총선에서 나타난 혁신정당들의 득표율을 보면 한겨레민주당은 1.28%, 민중의 당은 0.33%에 불과하였다. 이 때문에 이들 정당은 선거 후 정당등록이 자동으로 취소되었다. 이들이 위협적으로 느낀 것은 의회진입을 목표로 준비하고 있던 진보정당이 아니라, 급격히 조직화 양상을 보이고 있던 민주화운동세력과 제1야당이었던 평민당의 연계 또는 1987년 이후 조성된 민주화라는 거센 역사적 조류였다.* 요약하자면, 당시 통일운동과 노동운동을 위시한 민중운동의 급진화와 중산층의 보수화 속에서 보수세력의 위기의식이 심화되었고, 이는 정당의 경계선을 넘어 보수정치세력의 결집을 요구하는 사회구조적인 압력으로 작용하였다.(이상식, 1992, 265~294쪽)

　　1990년대 한국 정당정치의 파행을 예고한 3당 합당이 가져온 결과는 적지 않은 것이었다. 가장 가시적이고도 직접적인 효과는 의회정치의 실종과 각종 개혁입법의 후퇴로 나타났다. 합당의 결과, 헌정사상 가장 개혁적이던 국회는 곧 보수적인 국회로 돌변하게 되었고, 국가와 의회 사이의 힘의 균형이 정부 여당으로 이동하면서 다양한 영역에서 권위주의적 정책

* 김대중의 평민당이 일차적, 또는 주요한 합당의 대상이었다는 일각의 주장은 사실과 다르다. 그 이유는 6공 주류세력의 김대중에 대한 이념적 의혹과 김영삼의 강한 인간적·이념적 불신을 들 수 있다. 실제 여야 영수회담과 박철언-김원기 라인에서 논의되었던 1차적 의제는 3당 합당 추진문제가 아니라 중간평가나 5공 청산문제였다. 서경원 의원의 방북사건이 터지고 공안정국이 조성되면서 평민당과의 합당은 원천적으로 불가능하게 되었다.

으로 회귀하는 양상이 나타났다.(최장집, 1996, 232쪽) 3당 합당 직전 여야 영수가 합의하였던(12월 15일의 대타협) 지자제 실시는 무기한 연기되었고, 국가보안법과 안기부법 개정을 포함한 악법 개폐는 민자당에 의해서 거부되거나 의회에서의 날치기 처리를 통해 단계적으로 파기되었다. 3당 합당 이후 처음 개최된 150회 임시국회에서는 '국군조직법 개정안' '정부 추경예산안'이 민자당 단독으로 처리되었으며, 7월 14일 본회의에서는 상임위에서 날치기 처리되어 올라온 무려 26개 법률안이 30초 만에 통과되는 파행 양상을 보였다. 아울러 3당 합당 이전에 발의된 주요 개혁법안들 ('양심수사면복권특별법' '새마을운동본부폐지법' '안기부법 개정안' '삼청교육대특별조치법')은 대부분 회기 내에서 처리되지 못하고 계류되었으며, 13대 국회 임기 만료와 더불어 자동 폐기되었다.

이어 3당 합당의 보수적 퇴행은 행정과 정책 영역에서도 가시화되었다. 3당 합당 직후 단행한 전면 개각은 공안통치와 성장주의 정책을 예고해주었다. 성장주의 정책은 당에 의해 금융실명제 유보 건의로 제시되었고, 정부에 의해 금융실명제 전면 보류(1990. 3. 17)로 나타났다. 한편 이 시기 이후 점차 공안통치의 경향이 드러나기 시작하였는데, 구체적으로는 전노협에 대한 탄압, 무노동 무임금 강행, 파업 요건을 강화하기 위한 노동법 개정이 시도되었다. 전반적으로 시위가 26%나 감소하였지만 최루탄 사용량은 전년 대비 27%나 증가하였다는 사실과, 1990년도에 들어 시국사범이 대량 발생하였다는 사실에서 정국의 경직성이 드러났다.

보다 중요한 정치적 의미를 갖는 것은 3당 합당을 계기로 민주화를 중심으로 한 개혁적 대립구도가 지역주의적 대결구도로 전환되었다는 사실이다. 3당 합당은 타협적 여·야 관계를 바탕으로 한 수평적 4당 체제의 정치지형을 호남 대 비호남의 지역대결 구조에 기반을 둔 수직적 양당체제로 전환시켰다. 그 결과, 유권자의 규모가 선거를 포함한 정치현상을 좌우

하는 인구정치의 경향과 담론이 강하게 부각되었다. 평민당이 재야운동세력과 상대적 친화성을 갖는 민주적 개혁정당의 이미지를 갖고 있었음에도, 3당 합당은 평민당을 호남지역에 국한된 지역당으로 고착시켰다. 그 결과, 1980년대를 관통해온 반민주에 대한 민주적 대안, 군부에 대한 민간적 대안, 지역주의에 대한 전국적 대안의 가능성은 사실상 소멸되었다.(정대화, 1995, 288쪽)

1991년 5월투쟁과 2차 공안정국

노태우 대통령은 1990년 10월 13일 '새 질서 새 생활 실천모임'을 주재하는 자리에서 "우리 공동체를 파괴하는 '범죄와 폭력에 대해 전쟁'을 선포하고, 헌법이 부여한 대통령의 모든 권한을 동원, 이를 전면 소탕해나갈 것"이라고 밝혔다. 여기에는 88올림픽 이후 사회개방의 흐름 속에서 각종 범죄가 급증했다는 사실이 배경으로 작용했다. 특히 1980~1989년 동안 가정파괴나 부녀자들을 대상으로 한 강도, 강간과 인신매매 사건은 무려 183.3%나 격증하는 현상을 보였다.(경찰청 편, 1991) 범죄와의 전쟁이 선포된 이후 검찰과 경찰의 공안통치가 재현되었다. 경찰은 방범 역량을 보강하기 위해 경찰청 보안부를 방범국으로 개편하고, 각 지방청과 경찰서 보안과를 방범과와 방범지도과로 개편하였다. 1990년 한 해 동안 4,000여 명의 경찰을 충원하였고, 1992년까지 1만 2,000명을 충원키로 했다. 범죄와의 전쟁은 단순범죄나 조직폭력배만을 목표로 한 것은 아니었다. 한때 '물태우'라고 조롱받았던 노태우 정권이 3당 합당을 계기로 정국주도권을 쥐었고, 범죄예방과 선제적 진압을 명분으로 학생운동과 노동운동에 대한 공세적 대응에 나섰다는 의미도 있다. 결국 3당 합당 이후 조성된 2차 공

대형 걸개그림과 영정을 앞세운 강경대의 운구행렬

안정국은 1991년의 5월투쟁을 낳은 구조적 원인으로 작용했다.*

1991년 5월투쟁은 경찰의 무리한 진압으로 명지대생 강경대 타살사건이 발생한 4월 26일부터 투쟁지도부가 명동성당에서 완전히 철수하는 6월 29일까지 대략 60여 일에 걸쳐 공안정국의 와중에 전개되었다. 이 기간에 전국적으로 2,361회의 집회가 열렸고, 6공화국 이후 최대 규모의 시위들이 연속적으로 개최되었다. 특히 그 과정에서 학생, 빈민, 노동자 등 11명이 분신했고, 한진중공업 박창수 노조 위원장의 의문사와 성균관대 김귀정의 강경진압에 의한 질식사까지 포함하여 모두 13명이 사망했다.(김정한, 2002, 46쪽) 이에 대해 정부는 양면전략을 구사하였다. 먼저, 1987년 6월 민주항쟁으로 대중의 대규모 직접투쟁을 경험하였던 정부는 기민하게 대응하였다. 이례적으로 사건 이튿날인 4월 27일 안응모 내무부장관을 전격 경질하였고, 사건 관련 서장 및 중대장을 직위 해제하였다. 또한 5월 2일 대통령이 간접적인 사과의 뜻을 밝혔고, 검찰은 진압전경 5명을 즉시 구속하였다. 야당의 요구를 수용하여 5월 22일에는 '범죄와의 전쟁'을 총괄하였던 노재봉 국무총리의 자진사퇴를 수리하였고, 25일에는 정원식을 국무총리서리에 임명하는 등 4개 부처 장관을 경질하여 내각을 개편하였다. 이어 5월 28일에는 민심수습대책을 발표하면서 내각제 개헌 포기를 명시하였다. 노태우 정권은 이번 사건이 궁극적으로 불법폭력시위에서 비롯된 것이며, 일부 전경의 감정적인 과잉진압에 의해 발생한 우발적 사건으로 해석하면서 사태를 조속히 마무리하고자 하였다.**

---

* 범국민대책회의는 1991년 5월투쟁을 "노태우 군사독재정권의 민중에 대한 전쟁 선포 이후 지속된 공안통치의 필연적 결과"라고 규정하였다.(김정한, 2002, 49쪽)

** 이러한 노태우 정권의 적극적 대응은 야당과 민주화운동의 분리를 낳았다. 실제로 야당은 노재봉 내각 교체로 공안정국이 종식되었다는 인식을 갖고 있었다. 투쟁참여자가 급증하고 투쟁의 목표가 정권타도로 고조되면 될수록 초기에 범국민대책회의의 상임대표까지 맡았던 야당은 점차 소극적이고 형식적인 자세를 보였다. 김대중 신민당 총재(평민당의 후신)는 "국민 대다수가 부도덕하고 무능한

하지만 또 다른 한편으로는 '정권퇴진'을 내건 민주화운동세력을 법과 질서를 해치는 불법폭력집단으로 비난하면서, 이들에 대해 대량 검거와 구속이라는 강경대응으로 일관하였다. 또한 1차 공안정국이 방북사건으로 인한 이념적 공세였다면, 2차 공안정국은 민주화운동세력에 대한 도덕적·윤리적 비판이라는 점에서 일정한 차이가 있다. 정부의 도덕적 담론 비판을 낳은 첫번째 사건은 소위 '강기훈유서대필사건'이었다. 이 사건은 1991년 5월 정권퇴진을 요구하며 서강대 본관 옥상에서 분신자살한 김기설(전민련 사회부장)의 유서를 대신 써준 혐의 등으로 강기훈(전민련 간부)이 기소돼 유죄(징역 3년)가 선고되었던 사건이다.* 당시 연달아 발생한 분신사건의 배후가 있음을 전제하는 유서대필 논쟁은 논쟁이 제기되었다는 그 자체만으로도 대단히 충격적인 것이었다. 그 이유인즉 하나는, 순교적 형태의 죽음이 갖고 있는 순수한 동기가 의심받았다는 것이고, 다른 하나는 분신이라는 죽음의 형태를 결정하는 데 타인의 의지가 개입될 개연성을 주장하고 있었기 때문이다.(강정인, 2002, 14~15쪽) 더욱이 최초로 문제를 제기한 이가 1970년대 민주화운동의 상징이었던 김지하 시인이었다는 점에서 상당한 사회적 파문이 일었다.

젊은 벗들. 잘라 말하겠다. 지금 곧 죽음의 찬미를 중지하라. (……) 지금 당신들 주변에는 검은 유령이 배회하고 있다. 그 유령의 이름을 분명히 말

노 정권의 퇴진을 바라고 있지만, 국민들은 한편으로 선거에 의한 정권교체를 원하고 있다. 따라서 재야·학생들에 의한 정권퇴진 주장에는 동의할 수 없"다는 것을 분명하게 밝혔는데, 이는 장외의 급진적 사회운동과 장내의 제도화된 야당 사이의 분열의 근저에 상황 인식의 차이를 넘어 대안의 차이가 있음을 보여준다.(『한겨레신문』 1991년 5월 7일자)

* 이 사건은 아직 종료되지 않았다. 2009년 9월 16일 서울고법 형사10부(이강원 부장판사)는 유죄를 선고받았던 강기훈의 재심청구를 18년 만에 받아들였다. 재판부는 결정문에서 "김 씨의 유품으로 새로 발견된 전대협 노트와 낙서장 및 2007년 국립과학수사연구소 감정 결과, 진실화해위원회의 진실규명 결정, 경찰청 과거사위의 중간조사 결과 등은 강 씨의 무죄를 인정할 명백한 증거에 해당"한다고 밝혔다.

한다. '네크로필리아' 시체선호증이다. 싹쓸이 충동, 자살특공대, 테러리즘과 파시즘의 시작이다. (……) 열사호칭과 대규모 장례식으로 연약한 영혼에 대해 끊임없이 죽음을 유혹하는 암시를 보내고 있다. 생명말살에 환각적 명성들을 씌워주고 있다. 삶의 행진이 아니라 죽음의 행진이 시작되고 있다.(『조선일보』 1991년 5월 5일자)

나아가 김기설이 분신자살한 당일인 5월 8일, 서강대 박홍 총장은 기자회견을 자청하여 성경에 손을 얹은 채 "배후에 분명히 죽음을 조종하는 선동세력이 있다"라고 발언하여 김지하의 예단을 기정사실화함으로써 이후의 사태전개에 결정적 공헌을 하였다.(『세계일보』 1991년 5월 9일자) 급기야 당시 검찰총장 정구영은 김기설이 분신자살한 날 분신을 부추기는 조직적 세력이 있는지 철저히 조사하라는 긴급지시를 내렸다. 유서대필 논쟁이 촉발된 5월 18일을 고비로 대규모 가두시위의 열기나 참여 군중은 눈에 띄게 감소하는 양상을 보였다.

또 하나의 사건은 소위 '정원식총리서리폭행사건'이었다. 6월 3일 마지막 강의차 외국어대에 간 정원식 총리서리가 학생들로부터 봉변을 당한 사건이 언론을 통해 '스승을 몰라보는 반인륜적 행위'로 대대적으로 매도됨으로써, 기존 제도권 정치에 대한 운동권 학생들의 도덕적 우월성은 순식간에 사라지고 말았다.(강정인, 2002, 16쪽) 이 사건은 일부 운동권 학생들에 의해 저질러진 우발적 사건이 분명함에도, 당시 보수언론의 상징이었던 한 일간지는 총리의 봉변사태를 다음과 같이 온갖 상상력을 동원한 수사적 표현을 써서 보도함으로써 운동권 학생들을 매도하는 데 앞장섰다.

극좌파 운동권 학생들이 반백의 노인 스승을, 어른으로 더구나 정부 권위의 최고 상징인 현직 총리를 달걀과 밀가루 세례, 발길질, 목조르기로 인질 취급하여 먹살잡고 끌어내 개 끌 듯 이리저리 끌고 다니며, 옆차기, 좌치기, 이단옆차기로 무차별 수모와 린치를 가함으로써 모욕감을 증폭시킨 계획된 조직적인 집단폭행으로 반인륜적, 반지성적, 비민주적, 반교육적 패륜이 인륜을 짓밟았다.(『조선일보』 1991년 6월 4일자)

결국 노태우 정권은 이러한 담론투쟁 과정을 거쳐 재야의 운동권을 혁명적 목적을 위해서는 생명을 무자비하게 희생시키는 것은 물론, 유교적 전통이 중시하는 스승에 대한 존경도 일거에 무시해버리는 반인륜적 존재로 부각시키는 데 성공하였다. 정권의 이데올로기 공세가 효력을 발휘하게 되면서 5월투쟁에 참여하였던 일반시민들의 참여와 호응은 급격히 감소하였다.

3
보수대연합의 귀결,
김영삼 정부의 출범

3당 합당 이후 거대여당과 분화된 소수야당의 정치구조는 야당에 연이은 선거패배의 결과를 안겼다. 3당 합당이 선거에 미친 직접적 효과는 1991년 6월 20일에 실시된 지방의회 선거에서 나타났다. 민자당은 41% 득표에 566명이 당선, 65%의 의석을 차지하였지만, 평민당의 후신인 신민주연합 당(약칭 신민당)은 22% 득표에 165명만이 당선되었고, 3당 합당을 거부하고 남아 있던 의원들로 구성된 민주당은 14%를 득표하고도 겨우 21명만 당선되었다.* 특히 신민당은 호남지역을 석권하였지만 부산, 대구, 강원, 충북, 경북, 제주 등에서는 단 한 석도 확보하지 못하였다. 6·20지방선거 결과는 반민자·비호남 유권자를 겨냥한다는 민주당의 희망이나, 일부 재야인사 영입을 통해 전국정당화를 지향하여온 신민당의 구상에 근본문제가 있음을 확인시켜주었고, 야당통합의 압박요인으로 작용하였다.(심지연, 2004, 154쪽) 결국 1년 이상 끌던 신민당과 민주당의 협상은 1991년 9월

---

* 민자당 불참을 선언한 당시 민주당은 꼬마 민주당이라고 불렸는데, 여기에는 이기택, 김광일, 김정길, 노무현 의원과 무소속의 박찬종, 이철, 홍사덕 등 7명의 현역 의원과 조순형, 정기욱 전 의원이 주요 멤버였다.

표4 14대 총선과 대선의 정당별 의석 수

		민주자유당 김영삼	민주당 김대중	통일국민당 정주영	신정치개혁당 박찬종	무소속
총선	합계	149	97	31	1	21
	지역구	116	75	24	1	21
	전국구	33	22	7	0	0
	득표율	38.5%	29.2%	17.4%	1.8%	11.5%
대선	득표수	9,977,332	8,041,284	3,880,067	1,516,047	
	득표율	41.4%	33.4%	16.1%	6.3%	

출처: 중앙선관위 역대선거정보시스템

10일 김대중 총재와 이기택 총재의 통합선언으로 극적으로 성사되었고, 그 결과 민주당이 출범하였다.

민주당 창당은 호남에 근거를 둔 평민당과 3당 합당을 거부한 영남의 민주계, 1970~1980년대 민주화운동을 주도하였던 재야의 세 축이 결합한 결과였다. 신민당과 (구)민주당, 재야의 통합에 의한 새로운 민주당의 출현은 3당 합당 이후 지속되어온 거대여당 앞에 무기력하게 분열된 군소 야당의 약체 이미지를 극복할 계기가 마련되었음을 의미하였다. 이는 그동안 수세적 위치를 벗어나지 못하였던 야당이 여권에 대한 공세를 강화하고 다가올 총선 전열을 가다듬을 조건을 제공하였다.(정기영, 1998, 159쪽) 14대 총선은 〈표4〉에서 알 수 있는 것처럼 민자당 참패, 민주당 승리, 국민당 약진으로 나타났다. 통합 당시 218석이었던 민자당은 과반에 못 미치는 149석을 얻어 무소속 영입에 나서게 되었다.

14대 총선에서 여당이 참패한 것은 분명하지만, 그렇다고 해서 야당이 승리했다고 하기에는 분명한 한계가 있었다. 민주당은 수도권과 호남, 충청지역에서 선전하였지만, 부산·경남, 대구·경북에서는 단 한 석도 얻지 못하였기 때문이다. 보다 중요한 점은 3당 합당으로 인한 정당과 유권자 사이의 지지 패턴과 관계에 근본적 변화realignment가 발생하였다는 점이다. 직접적으로 그것은 유신 이후 반독재투쟁을 전개하여왔던 신민당이라는 야당의 양분과, 영남에 근거한 야당 지지층의 해체와 약화가 여전히 진행되고 있다는 사실을 보여주었다.

3당 합당 이후 보수적 집권세력에 의한 호남 고립전략의 효과는 1992년 14대 대선에서 다시 극명하게 나타났다. 이 선거에서 김대중 후보는 영남지방에서 부산 12.5%, 대구 7.8%, 경남 9.2%, 경북 9.6% 등 한 자릿수 득표에 그쳤고, 그 결과 압도적인 득표 차 193만 6,048표로 패배하였다.

노태우 정권은 유약하고 수동적이라는 당시의 여론이나 이미지와는 달리 공격적이고 선제적인 정국운용을 구사했다. 대외적으로는 88올림픽 개최와 공산권의 붕괴라는 전환기적 상황에서 북방정책을 통하여 한·소, 한·중 수교를 맺었고, 남북한의 유엔동시가입과 "남북 사이의 화해와 불가침 및 교류·협력에 관한 합의서"(1992. 2. 19)를 체결하였다. 또한 3당 합당과 공안통치를 통하여 보수정권의 기반을 안정시켰다. 그러나 이러한 당파적이고 근시안적인 정권연장의 부작용은 민주화세력은 물론 보수세력에도 심각한 해악을 미쳤다. 정당정치의 후퇴나 지역주의의 심화는 물론이고 공적 활동으로서 정치와 정치인에 대한 신뢰를 붕괴시켰기 때문이다.

제**2**장

노태우 정권하의 민주화운동

1
민주화 '이후' 운동의 활성화

5공 청산문제와 민주화운동

5공 청산 청문회 개최의 역동성과 민주화운동 1988년 4월 26일의 국회의원 총선거 결과는 이른바 '여소야대' 국회와 청문회 정국을 탄생시켰다. 광주 청문회 실시의 일차적이고 직접적인 원인은 전두환-노태우 간의 정권 내부 갈등과 정치사회 내 역관계의 변화라고 할 수 있지만, 결정적인 원인은 아래로부터의 지속적인 투쟁이라고 할 수 있다. 노태우 정권의 계산은 5공 청산의 압력을 전두환 세력의 무력화에 활용하고, 올림픽 무드에 편승하여 이른바 '북방외교'와 남북관계의 성과를 통해 정국의 주도권을 확보한다는 것이었다. 이에 대해 민주화운동 진영은 노태우 정권의 5공 청산을 '국민적 공분을 희석하기 위한 고도의 정치사기극'으로 규정하고, "전두환·이순자 구속처벌은 특별입법에 의한 특별재판기구를 설치해 국민에 의해 심판해야 한다"라고 주장하고 나섰다. 그 과정에서 '5·18광주민중항쟁동지회'에 의해 5·18관련 혐의자에 대한 형사상 책임을 묻는 최초의 법적 시도가 이루어지기도 했다.*

1988년 10월 2일 88서울올림픽 폐막과 함께 국회가 국정감사를 시작하고, 대학생들이 그동안 대중적 호응이 약했던 남북학생회담을 일단 접어두고 '전·이 구속처벌'을 새로운 운동목표로 설정하면서 새로운 투쟁의 국면이 전개되었다.[**] 1988년 10월과 11월 전국에서는 "구속 전두환! 퇴진 노태우!"의 함성이 터져 나왔고, 학생운동의 선도적 투쟁에 힘입어 서울, 부산, 대구, 광주, 대전 등 전국의 주요 대도시에서 '광주학살·5공 비리 원흉처단투쟁' '전·이 구속처벌투쟁'이 전개되었다. 학생들은 10월 하순까지 대학마다 '광주학살·5공 비리 주범 전두환·이순자 구속처벌 특별위원회'를 속속 결성했다. 10월 28일 서울지역총학생회연합(약칭 서총련) 소속 학생들은 건국대에서 '부정비리 주범 전·이 구속처벌 및 광주학살 5적 처단을 위한 서울지역 학생투쟁연합'(약칭 학투련)을 발족하고, 그 산하에 '전·이 체포결사대'를 구성하여 조직적으로 투쟁을 준비하였다. 한편, '서울민족민주운동협의회 준비위원회'를 비롯한 서울지역 15개 운동단체들도 10월 15일 '광주학살·5공 비리 주범 전두환·이순자 구속처벌을 위한 투쟁본부'(약칭 투쟁본부)를 결성하여 전·이 구속을 요구하는 서명운동을 벌이는 등 투쟁을 시작하였다.[***]

- 피고소인은 전두환(보안사령관 겸 중앙정보부장서리), 노태우(수도경비사령관), 정호용(공수특전사령관), 박준병(제20사단장), 신우식(공수특전단 제7여단장), 최웅(공수특전단 제11여단장), 최세창(공수특전단 제3여단장), 윤흥정(전남북계엄분소장), 소준열(전남북계엄분소장) 등이다. 괄호 안의 직책은 1980년 5월 당시의 것이다.
- 당시 학생운동과 상당수의 운동단체들은 '하반기 투쟁의 중심적 내용을 이루는 반독재민주화투쟁의 매개는 크게 광주학살·5공 비리 문제 해결을 둘러싸고 진행되는 애국세력과 매국세력의 공방'이며, '광주학살 진상규명 및 책임자 처벌의 문제는 유력한 반미투쟁의 거점'이고, ''80년 광주학살의 문제는 청년학생의 총궐기와 국민 대중의 궐기로써 가능'한 것으로 인식하면서, 전·이 구속처단투쟁을 1988년 하반기 투쟁의 중심고리로 설정했다.(한국기독교사회문제연구원 편, 1988i, 51~52쪽)
- 투쟁본부 결성 논의과정에서 전국노동운동단체협의회를 대표하여 서울노동운동단체협의회는 전·이 구속처벌투쟁과 반민주악법 개폐투쟁 결합을 위한 단일한 투쟁조직 결성을 요구했으나, 일부 운동단체들에 의해 거부당하기도 했다. 이후 각 지역 노운협은 11월 1~6일을 노동법 개정을 위한 가두서명운동 기간으로 정하고 본격적인 서명운동을 전개하였는데, 가두서명운동을 전두환·이순자 구속처벌을 위한 서명운동과 함께 실시함으로써 노동법 개정투쟁과 전·이 구속처벌투쟁을 결합하여 전개했다.

광주학살과 5공 비리 주범의 구속처벌을 촉구하는 전두환·이순자 구속촉구 2차 시민궐기대회에 참가한 민통련 관계자들

이처럼 학생들의 선도적 투쟁이 계속되고 전·이 구속처벌에 대한 사회적 요구가 계속 확산되는 가운데, 투쟁본부는 11월 5일 제1차 시민궐기대회를 개최하였다. 전국 15개 도시에서 동시다발로 진행된 1차 궐기대회는 일반적 예상보다 훨씬 대규모(연인원 5만여 명)로, 또 치열한 양상으로 전개되었다. 그리고 11월 3일까지의 시위가 주로 학생 중심이었다면, 11월 5일부터의 시위에서는 시민들이 적극적으로 운동의 주체로 나서는 한층 발전된 모습을 보여주었다. 1차 시민궐기대회로부터 11월 9일과 10일의 학생궐기대회를 거쳐 19일의 2차 시민궐기대회에 이르기까지 2주일 동안 전·이 구속처벌을 요구하는 서명운동이 꾸준히 전개되었다. 뿐만 아니라 민중문화운동연합 등 6개 문화단체, 전국교수협의회, 민주사회를 위한 변호사모임, 22개 대학 민주동문회, 32인의 재야원로 등 각계각층에서 전·이 구속처벌을 촉구하는 내용의 성명을 발표하는 등 운동의 열기가 확산

되는 모습을 보였다.

11월 19일 2차 시민궐기대회는 서울을 비롯한 전국 18개 도시에서 열렸는데, 시민·학생·노동자 등 모두 3만여 명이 참여했다. 서울지역 궐기대회에서 투쟁본부를 비롯한 25개 운동단체들은 "전두환 일당의 구속처벌은 여야 정치인에게 맡길 수 없으며 맡겨서도 안 되는 민족적 과제"이므로, "국민의 손에 의한 범국민적 심판만이 단군 이래 최대 도적 전두환·이순자를 처단할 수 있는 유일한 길"임을 선언했다. 그러나 2차 시민궐기대회 이후 11월 21일의 미문화원 타격투쟁, 11월 26일의 서울 가락동 민정당 연수원 점거농성*이 있었지만, 국회 광주청문회가 개최된 가운데 투쟁의 기세는 더 이상 높아지지 않았다. 오히려 11월 26일 3차 궐기대회 이후부터 서서히 수그러들었다. 특히 이 기간에는 11월 13일의 '노동법 개정을 위한 전국노동자대회', 11월 16일의 '제5·6공화국 재개발비리만행 폭로규탄 및 깡패철거 결사저지 결의대회', 11월 17일의 '농축산물 수입개방 저지 및 제값받기 전국농민대회' 등이 열려 전·이 구속처벌투쟁의 저변을 확대시켰다.(한국기독교사회문제연구원 편, 1988i, 51~52쪽)

5공 청산 청문회의 종결과정　　1988년 11월 18일 광주 청문회가 개최되었다. 텔레비전으로 전국에 생생하게 전달된 5공 청산 청문회는 노무현 등 청문회 스타를 배출하면서 많은 얘깃거리를 던져주었다. 예컨대 사건의 진상을 당사자들의 증언을 통해 밝힘으

---

* 1988년 11월 26일 오전 7시 15분경 서울대와 연세대 등 서울지역총학생회연합 산하 '애국결사대' 소속 대학생들을 주축으로 한 16개 대학 42명이 서울 송파구 민주정의당 중앙정치연수원 본관 옥상을 점거, 농성을 벌이다 오전 11시 40분쯤 전원 경찰에 연행됐다. 학생들은 대형 태극기와 "광주학살 원흉 노태우는 퇴진하라"라고 적은 대형 플래카드를 옥상에 내걸고 "전두환 구속" "미제 축출" 등의 구호를 외쳤다.

5공 특위 일해재단 청문회에서 증인들을 신문하고 있는 노무현

로써, 그동안 5공 독재세력의 5·18담론이 거짓이었음을 드러냈으며, "기억이 나지 않는다"로 일관된 증언자들의 답변은 그들의 무책임성과 부도덕성을 폭로했다. 또한 청문회가 비록 진상을 제대로 규명하지는 못했지만, 민중들 위에 군림하던 자들이 불과 8년 뒤에 초라한 행색으로 국민 앞에 불려와 비굴한 변명을 늘어놓는 것을 보면서 역사의 위력을 실감케 했다.

그러나 광주 청문회는 결과적으로 군부독재 유산의 척결에 대한 국민적 요구와 기대에서 출발했음에도, 그 역사적 의미가 제도정치권 일반의 정략적 계산에 의해 훼손되어 인적·법적·제도적 청산의 과제를 고스란히 남긴 채 '6공 최대의 희극'으로 마감된 측면도 있었다. 즉, 너무도 명백한 사건들이 청문회 질의응답의 말장난 속에서 진상이 드러나기는커녕 오리무중이 되거나 지루한 공방전으로 일관하였다. 원칙과 기준을 포기한 정치권의 대야합 행진과 그에 따른 기만적인 5공 청산의 종결극에 대해 '참새들의 입방앗간'으로 규정한 박노해의 표현(1989, 216쪽)은 이를 잘 드러내준다고 하겠다.

연일 40%를 넘나드는 시청률을 기록한 국회 청문회와, 가두의 대중투쟁으로 표출된 범국민적 차원의 '광주학살, 5공 비리 진상규명 및 책임자 처벌'에 대한 광범한 열기는 노태우 정권에 커다란 정치적 부담과 함께, 정권 내부의 갈등을 증폭시켰다. 노태우 정권은 11월 전두환의 사과성명 발표°와 백담사 은둔, 노태우의 대국민 특별담화 발표와 12월의 양심수 석방 등을 통해 범국민적 요구를 무마하는 한편, 국회 내 5공 비리 특위와 광주 특위 등의 활동을 조기에 종결하려고 했다. 즉, 전두환의 대국민 사과성명을 계기로 정부여당은 5·18과 5공 비리 문제가 종결되었다고 선언하고, 청문회 활동을 여야 지도자들 사이의 협상과 타협을 통해 정치적으로 해결하려 하였다.

노태우 정권은 1989년 1월 검찰에 5공 비리 특별수사부를 설치하여 1월 31일, 비리 관련자 47명을 구속하고 29명을 불구속하는 것으로 그 활동을 종결하고, 5공 청산을 사법적으로 끝냈다고 주장했다. 이와 함께 민주화운동 진영에 대한 용공성 시비를 불러일으켜 청문회로 모아진 정국의 초점을 돌림으로써 이른바 '공안정국'을 조성했다.

• "이러한 일들이 당시의 국가적 비상시국하에서 아무런 준비와 경험도 없이 국정의 책임을 맡게 되었고, 또한 오랜 병폐를 하루빨리 뿌리뽑고 기강을 바로잡아서 사회의 안정과 국가발전을 도모해야 한다는 마음이 앞선 나머지 시행착오를 가져오게 된 것이라고 솔직히 인정합니다"(『동아일보』 1988년 11월 13일자)라는 내용의 전두환 사과성명은 변명으로 일관되었기 때문에 오히려 국민적 분노를 증폭시켰다.

1989년 공안정국의 도래와 민주화운동

노동운동, 통일운동이 활성화되던 1988년 말, 노태우 정권은 대통령의 체제수호선언과 민생치안에 관한 특별지시로 정국 반전의 분위기 조성을 시도하였다. 그러나 1988년 내내 노태우 정권을 밀어붙였던 민주화운동세력은 1989년에 들어서도 투쟁의 고삐를 늦추지 않았다. 1월 21일 전국민족민주운동연합(약칭 전민련)이 결성되었고, 전민련 산하 조국통일위원회는 북한에 범민족대회를 제의하여 통일운동의 포문을 열었다. 또한 2월 13일 여의도 농민시위, 24일 현대 파업노동자들의 상경투쟁, 3월 16일 지하철 노조 파업 등 기층민중의 진출이 가속화되었고, 전민련을 중심으로 한 재야세력도 노태우 정권 중간평가를 앞두고 노태우 불신임투쟁을 적극적으로 전개했다.

하지만 1989년 초 노태우 정권 중간평가를 둘러싸고 야3당 공조체제가 이완된 가운데, 황석영 작가,* 문익환 목사, 임수경, 문규현 신부** 등의 연이은 방북사건 및 서경원 의원 방북 발언*** 등이 이어지자 노태우 정권은 민주화운동 진영에 대한 이데올로기적·물리적 대공세 등을 펼치면서 공안정국을 조성하여 수세에 몰렸던 정국을 반전시키고자 하였다. 그

---

* 소설가 황석영은 1989년 방북하였다가 이후 독일·미국 등지에서 체류, 1993년에 귀국하여 방북사건으로 복역하다가 1998년 석방되었다.
** 한국가톨릭교회 전주교구청 소속으로 미국에 유학 중이던 문규현 신부는 6월 5일 북한을 방문하였다. 방북의 가장 큰 목적이 통일염원미사를 남과 북에서 동시에 올리는 것이라고 말했다. 8월 15일 임수경과 함께 분단 이래 최초로 판문점을 넘어 귀국하였다. 그러나 군사분계선을 넘자마자 미군에 의해 연행되어 곧바로 구속되었다.
*** 농민운동가 출신 서경원 평민당 국회의원은 1988년 8월 2박 3일 동안 북한을 비밀리에 방문, 김일성·허담 등과 회담을 하였다. 1989년 6월 말 서 의원 스스로 밀입북 사실을 밝히고 안기부에 자진 출두함으로써 뒤늦게 밝혀진 이 사건은 현역 국회의원임에도 방북 사실이 10개월 이상 감춰져왔다는 점에서 큰 파문을 일으켰다. 총 14명이 구속된 이 사건으로 서경원 의원은 대법원에서 징역 10년을 선고받았으며 의원직을 상실했다.

리하여 5·18문제를 포함한 5공 청산문제는 정치적 주요 의제에서 밀려나기 시작했고, 민주화를 향한 사회적 분위기가 냉각되는 가운데 아래로부터의 민주화투쟁 또한 위축되었다.

노태우 정권은 3월 20일 중간평가 연기를 일방적으로 선언하고 민주세력에 대한 탄압을 한층 강화하였다. 노태우 정권의 민주세력에 대한 탄압은 노동자들의 임금인상투쟁에 대한 무차별적 공권력 투입과 이른바 '좌경세력'에 대한 대대적인 수사 착수로 특징지어졌다. 문익환 목사의 방북사건은 노태우 정권에 공안합동수사본부(약칭 공안합수부) 발족과 함께 공안정국 조성의 빌미를 제공하였다. 문익환 목사 방북사건이란 전민련 상임고문인 문 목사가 북한의 조국평화통일위원회의 초청을 받아 1989년 3월 25일부터 4월 3일까지 통일민주당 당원 유원호와 평론가 정경모 등과 함께 정부의 허가 없이 평양을 비밀리에 방문한 사건을 말한다.

노태우 정권은 문 목사가 정부와 사전협의 없이 비밀리에 방북한 데다, 평양 도착성명에서 "존경하는 김일성 주석" 등의 표현을 사용하고, "남쪽 민중들은 독재세력과 막강한 군사력·경제력을 구사하는 외세와 싸워……" 등의 표현으로 한국 정부를 일방적으로 비방했다 하여 국가보안법상 반국가단체잠입죄로 의법 조치하겠다는 입장을 밝혔다. 문 목사 방북사건을 직접적인 계기로 안기부, 검찰, 경찰, 보안사로 구성된 공안합수부는 좌경세력 발본색원이라는 명분을 내걸고 민주화운동 진영에 대해 각개격파식의 탄압을 가했다. 공안합수부는 이에 대한 수사를 계기로 이부영, 이재오 등 재야 핵심 인물들을 차례로 구속하였다. 남북작가회담 예비회담이 예정된 날인 3월 27일 남쪽의 회담대표 고은·백낙청·신경림·현기영·김진경 등 26명이 전세버스로 판문점을 향해 가다가 통일로에서 경찰에 의해 연행되었고, 대표단 다섯 명이 불구속 입건되었다. 불구속으로 끝난 이 사건은 문 목사 방북으로 몰아닥친 공안한파 속에서 다시 문제가 되어 이재오와 고은이 국가보안법상 회합미수죄로 4월 3일 구속 수감되었다. 4월 16일에는 『한겨레신문』의 입북 취재계획과 관련해 리영희 한양대 교수까지 국가보안법 위반 혐의로 구속하였는데, 이는 정부에 비판적인 『한겨레신문』을 탄압하려는 의도가 있었기 때문이다.(박원순, 1992, 87~88쪽)

문 목사 방북사건은 5월 들어 '북한에 의한 정치공작'에 기초한 '간첩사건'으로 규정되었고, 8차에 걸친 공판은 9월 18일 결심공판에서까지 변호인단의 재판부 기피 신청, 재판부의 궐석재판 진행, 법정소란 등으로 진통을 거듭했다. 문익환 목사 등 피고인들은 변호인단의 재판부에 대한 항의에 동조해 법정을 떠났고, 결국 최후진술도 하지 못한 채 궐석으로 무기징역이 구형되었다. 문익환 목사는 선고공판에서 징역 7년을 선고받고 복역하다가 1993년 3월 6일 사면되었다.*

1989년 일련의 방북사건에 대한 민주화운동 진영의 평가는 상반되었다. 재야와 학생운동 일부에서는 남북 간 통일논의의 신기원을 연 것이자 조국통일운동의 일대 전기를 마련한 것이라며 적극적인 환영의 뜻을 표하기도 했다. 일련의 방북과 이를 통해 이룩된 자주적 교류가 노태우 정권의 북방정책의 허구성을 폭로하면서 통일에 대한 국민적 관심을 환기시켰고, 또 그것을 정치쟁점화하면서 민주화운동의 중심과제로 부각시켰다는 것이다.

하지만 그러한 성과에도 불구하고 일련의 방북사건이 통일운동의 대중화를 저해했다는 평가도 있다. 이 시기 통일운동에 대한 핵심적 비판은 당시 통일운동에 '선도투쟁적 편향성'이 있다는 것이다. 예컨대 선언적 형

---

* 이 사건을 처리하는 과정에서 노태우 정권은 세간의 비난을 사기도 했는데, 그것은 정주영 현대그룹 명예회장이 금강산 공동개발 문제 등을 추진하기 위해 북한을 다녀왔다는 것과 비교해볼 때 형평에 어긋난다는 것이었다.

식의 고립된 투쟁은 더 이상 국민적 공감대를 얻지 못하며, 보다 대중적인 참여가 보장되고 대중적인 정당성을 획득하는 통일운동방식이 만들어져야 한다는 반성이 제기되기도 했다. 이와 함께 일련의 방북사건이 노태우 정권의 안정적 지배체제를 공고화하는 데 기여한 측면이 없지 않다고 평가되기도 한다. 즉, 방북을 빌미로 조성된 공안정국은 통일운동을 비롯한 민주화운동 전반을 무력화했을 뿐 아니라, 노태우 정권으로 하여금 5공 청산과 광주문제를 매듭짓고 정계개편을 신속하게 추진할 수 있게 만들었다는 것이다.

전대협과 전민련의 활동

학생운동의 실천과 NL-PD의 정파 갈등

1987년 7월 5일, 이한열 군 장례식 절차를 논의하기 위해 연세대에 모인 전국 각 대학 총학생회장들은 전국적인 대중조직 결성이 필요하다는 데 합의하였다. 이후 세 차례의 사전모임을 거쳐, 8월 19일 NL계가 다수파를 형성한 가운데 전국대학생대표자협의회(약칭 전대협, 1기 의장 이인영)*이 발족하였다. 전대협 발족의 중심에는 서울지역대학생대표자협의회(약칭 서대협)가 있었다. 1987년에 들어서면서 대중노선의

• 전대협은 명칭에서 알 수 있듯이 협의체 조직이며, 대학의 대표자(총학생회장)를 회원으로 하였다. 전대협은 발족 선언문을 통해 "청년 학도의 전국적 대동단결은 군부독재정권과 제국주의자를 이 땅에서 완전히 쓸어버릴 엄청난 역사의 급류로 돌변할 것"임을 선언하고, 활동방향으로 ① 자주적 민주정부 수립을 위해 외세를 배격하고 독재를 종식시킬 것, ② 조국의 자주적 평화적 통일을 앞당기는 데 기여할 것, ③ 민중이 주인되는 세상을 만들기 위해 그들과 강력히 연대할 것, ④ 학원의 자율과 자유를 되찾을 것, ⑤ 전국학생총연합 건설의 토대를 마련할 것 등을 천명했다. 전대협은 전국을 8개 지역, 26개 지구 및 1개의 특별지구로 구분하고, 각 대학 학생회를 기본단위로 지역총련-지구총련-총학생회-단대학생회-과학생회로 내려가는 위계적 형태로 구성되었다. 모두 180여 개 대학과 2개 단체가 가입하였다.

기치하에 학생 대중의 이해와 요구에 기초한 정치적·경제적 제 투쟁이 각 대학 총학생회를 중심으로 전개되었다. 이를 내용으로 각 대학 학생 대표들이 협의를 통해 학교 간의 통일·단결의 연대를 모색·실현한다는 목적하에 1987년 5월 8일 연세대에서 서울 25개 대학 1,500여 명이 참석한 가운데 서대협(1988년 4월 10일 해소)을 발족하였다. 서대협은 소수 대학생 대표들의 협의체에 지나지 않았지만, 1987년 6월민주항쟁에서 핵심적인 역할을 수행하였으며, 이를 밑거름으로 전대협을 발족시킬 수 있었다.

학생운동의 경우 1989년 말~1990년부터 CA(제헌의회)계열과 NL(민족해방)계열 간의 갈등에서 NL계열과 PD(민중민주)계열 간의 갈등으로 내부정파 갈등의 중심축이 변화하였다. NL계와 PD계 및 좌파 학생운동은 한국 사회의 성격과 변혁의 내용 및 과제를 둘러싼 세계관, 조직노선과 정치노선, 구체적인 전략과 전술, 그리고 운동주체의 구성과 역량편성, 학생운동의 역할과 조직형태 등에 있어서 상당한 관점의 차이를 드러냈다. NL계의 운동론이 일제강점기 민족해방운동의 전통 및 해방 후 종속적 한미관계 속에서 형성된 사상이론적 기초와 접맥되어 있다면, PD계의 운동론은 자본주의의 변화와 특히 제3세계에 대한 소련의 이론적 성과를 기초로 해방 이후 한국 사회의 역사적 과정과 투쟁 경험을 접목시킨 것이라고 할 수 있다.(이재화, 1990, 254쪽)

예컨대 NL계의 경우, 남한 사회의 성격을 국가권력이 실질적으로 미국에 의해 장악되어 있고 생산수단 역시 미국과 일본이라는 외세와 매판독점자본에 의해 장악되어 있는 식민지 사회이며, 정치적·경제적으로 봉건성과 반동성이 강하게 온존되어 있는 반半자본주의 사회, 즉 식민지 반자본주의 사회라고 파악하고 있다. 이런 관점에서 NL계는 반反외세투쟁과 조국통일투쟁을 강조하며, 민족자주정권의 선결적 수립을 주장한다. 이와는 달리 PD계는 한국 사회를 독점강화와 종속심화가 병행되는 신식민지

국가독점자본주의 사회로 규정한다. 이러한 관점에서 이들은 당면 변혁운동의 중심을 NL계의 민족해방이 아니라 예속독점자본의 지배를 물리치고 민중민주권력을 쟁취하는 PDR(민족민주혁명)로 설정한다. 이러한 관점의 차이와 양대 정파 간의 논쟁은 학생운동의 분열을 가속화했으며, 또 현실에 기초하기보다는 추상적인 수준에서 진행됨에 따라 다수의 대학생들을 소외시킨 채 일부만이 참여하는 논쟁이라는 문제점을 드러내기도 했다.

1986년부터 본격화된 NL계의 운동노선은 "반전반핵 양키고홈"의 선명한 반미 슬로건을 내걸고 반전반핵투쟁, 전방입소거부투쟁 등 반외세투쟁을 전면화했다. 그리고 개헌투쟁과 관련해서는 '기회주의적 보수세력'으로 적대시하던 신민당의 직선제 개헌투쟁을 공개적으로 지지하고 나섰다.* 그 과정에서 NL계의 학생운동은 급속하게 세를 확산하면서 학생운동의 다수파를 형성했다. 6월민주항쟁의 분위기 속에 출범한 전대협은 NL계의 주도 아래 평화통일 논의, 반독재투쟁과 반미투쟁,** 학원민주화, 노동문제를 비롯한 사회민주화운동에 적극 참여하는 한편, 1988년 8·15남북학생회담 시도, 1989년 임수경의 평양축전 참가, 1990년 8·15범민족대회 추진 등 한반도의 자주·민주·통일을 위한 학생운동의 선봉에 섰다.

학생들의 투쟁은 노태우 정권의 탄압 속에서 많은 희생과 죽음을 낳았다. 한 예로 1982년 숭실대에 입학, 민중후보 선거대책위 선전국장, 민중정당 결성 학생추진위 선전국장, 인문대 학생회장 등으로 활동하던 박래전은 1988년 6월 4일 숭실대 학생회관 옥상에서 "광주는 살아 있다" "청년

---

* 이에 대해 다른 계열의 학생운동에서는 레닌의 말을 빌려 '자생성에의 굴종'이라며 격렬히 비난하고 나섰고, "파쇼하의 개헌반대, 혁명으로 제헌의회"라는 슬로건으로 맞섰다. 학생운동 진영 내부의 이러한 양대 정파 간 갈등구조는 1987년 4·13호헌조치 발표에 이르기까지 큰 변화 없이 지속되었다.

** 1988년 학생들의 반미투쟁은 노태우 정권 출범 하루 전인 1988년 2월 24일 반미청년회 소속 청년학생 구국결사대의 미문화원점거사건으로 시작되었다. 이들은 "부정선거로 당선된 노태우의 집권을 앞두고, 독재 지원, 내정 간섭, 수입개방 압력을 계속하는 미국과 노태우 정권에 항의하기 위해 미문화원을 점거했다"라고 밝혔다. 노태우 정권 출범 이후에도 학생들의 반미투쟁은 지속적으로 전개되었다.

평양에서 열린 제13차 세계청년학생축제에 참가한 임수경

학도여, 역사가 부른다. 군사파쇼 타도하자"라고 외친 후 분신을 기도했으며, 결국 6월 6일 사망했다. 노태우 정권하에서 발생한 죽음 가운데는 의문사들도 있었는데, 이철규(조선대), 우인수(성균관대), 이내창(중앙대), 남현진(한국외국어대), 송종호(서울대) 등은 의문사하거나 의혹 속에 세상을 떠난 학생들이다.

한편, 평화통일문제와 관련하여 1988년 3월 29일 서울대 총학생회장 후보로 나온 김중기는 "김일성대학 청년학생에게 드리는 공개서한"을 통해 "88올림픽을 민족대화합의 통일대제전으로 만들며, 이를 통해 통일의 힘찬 물결로 굽이쳐 나아가기 위하여…… 북한의 김일성대학 청년학도 여러분께 민족화해를 위한 남북한 국토종단 순례대행진과 민족단결을 위한 남북한 청년학생 체육대회"를 개최할 것을 제안하였다. 노태우 정권은 김중기를 국가보안법 위반 혐의로 수배하였다. 정권의 탄압에도 불구하고 청년학생의 통일의지는 4월 18일 4월혁명 26주년을 기념하여 고려대-수유리 구간에서 서총련 산하 서울지역 대학생 2만여 명이 참석한 가운데 열린 통일구국대장정 마라톤대회를 거치며 차츰 구체적인 대중실천운동으로 발전해나갔다. 5월 15일에는 '양심수 전원석방 수배해제 촉구대회' 중 명동성당 구내 가톨릭교육관 옥상에서 미제 축출, 조국통일, 공동올림픽 쟁취 등을 외치며 서울대생 조성만이 할복, 투신자살한 사건이 일어났다. 6월 9일에는 전대협 주최의 '6·10남북학생회담 성사를 위한 백만학도 총궐기대회'가, 8월 15일에는 남북학생회담 출정식이 연세대에서 개최되었다.(전국대학생대표자협의회 편, 1991, 59~61쪽)

통일운동과 관련한 1980년대 후반 NL계의 활동은 임수경의 방북으로 대표될 수 있다. 일본, 독일을 거쳐 1989년 6월 30일 평양 순안공항에 도착한 임수경(한국외국어대)은 제13차 세계청년학생축전에 전대협 대표로 참가한 뒤, 6일간의 단식농성 끝에 8월 15일 문규현 신부와 함께 판문점을 통해 귀환함으로써 일련의 방북사건의 파장은 절정에 달했다. 안기부는 임수경을 국가보안법상의 지령 수수·탈출 잠입·이적단체 가입 및 형법상의 일반 이적죄 등을 적용하여 구속했다. 검찰은 임수경방북사건과 관련, 문 신부를 북한에 파견한 천주교정의구현전국사제단 소속 남국현 신부 등 신부 세 명 역시 국가보안법 위반 혐의로 구속하는 등 강경대응책을 구사했다. 이러한 정권 차원의 탄압에도 전대협에 의한 방북은 계속 추진되었는데, 1991년 8월 15일 평양에서 열린 청년학생통일회담에 전대협 대표로 방북한 박성희·성용승은 조국통일범민족청년학생연합(약칭 범청학련) 결성이라는 합의를 이루어내기도 했다.*

전대협의 역사는 구속과 수배의 역사라고 해도 과언이 아닐 정도로 핵심 간부들에 대한 노태우 정권의 탄압은 지속되었다. 그럼에도 매년 1회씩 거행되는 전대협 발족식은 해마다 그 규모가 커져 1992년에는 6만여 명의 대학생들이 참여했다. 전대협은 출범 이후 통일운동 및 각종 반정부시위를 주도해오다가 안팎의 정세 변화 속에서 그 세가 약화되었다. 이에 조직 역량과 위상 강화를 위해 1989년부터 조직을 협의체에서 연합체로 개편한 데 이어, 1993년 5월 강력한 중앙지도부 구축 및 전국적인 조직체계 확보를 목적으로 한국대학총학생회연합(약칭 한총련)으로 재발족하면서 활동을 마감했다.

한편, NL계열과 대립하던 CA계열의 전국반제반파쇼민족민주학생연맹(약칭 민민학련)은 1988년 4월 12일 서울대, 성균관대 등을 중심으로 서울지역 대학생총연합 건설추진위원회(약칭 서건추)를 결성했지만, 다수파와 소수파로 분리된 채 서총련에 흡수되었다. 이후 학생회연합체운동의 경우 NL계열이 완전히 장악했다. 이후 학생운동은 NL계열이 전대협을 통해 압도적인 우위를 점하는 가운데, 그 반대를 PD계가 소수파로서 대표하는 형국으로 전개되었다.

사실 PD계의 학생회는 NL계에 비해 늦게 주목받았다. 민중민주학생회PDH 건설추진위(약칭 건추)의 노력은 1989년 말 선거에서 서울대와 전북대를 비롯한 전국 39개 대학에서 PD계 혹은 ND파가 당선됨으로써 결실을 맺었다. 서울대의 경우 2개 단과대를 제외한 전 단과대 학생회 선거에서 PD계열이 당선됐고, 과학생회에서도 힘이 컸다. 그러나 당시 비NL 좌파 학생운동 진영은 전대협과는 다른 독자적인 새로운 학생운동의 질서 구축을 생각하지 못했다. 즉, 전대협의 노선은 비판했지만 조직 자체를 비

• 1991년 11월 베를린에 공동사무국이 설치되었고, 1992년 8월 15일 각계각층이 참석한 가운데 서울대에서 개최한 제3차 범민족대회를 통해 범청학련이 결성되었다. 이 단체는 ① 민족연방제로 남북통일, ② 주한미군과 핵무기 철수, ③ 국가보안법 철폐, ④ 북한과 미국 간의 평화협정 체결 등을 주장하였고, 이후 통일축전을 위해 한국대학총학생회연합 대표의 방북을 주도하였다. 서울과 평양을 잇는 중간기지 역할은 베를린 공동사무국이 했는데, 그 핵심 임무는 팩시밀리 교환으로 남·북·해외 청년학생들의 회의를 성사시키고 남북 대학들의 자매결연을 주선하는 것이었다.

판하는 데까지는 나아가지 못했으며, 좌파 학생회가 다수를 차지하면 전대협도 '좌파화'된다는 바람을 갖고 있었다.

민민학련이 사라진 자리를 대체한 PD계열의 소수파 학생운동은 사상적 분화 경향의 가속화 및 자기 정체성의 혼란 속에, 그리고 내부 헤게모니 정파의 부재 속에 무수한 정파가 분립했다. 바로 이런 상황에서 새로운 학생운동 질서에 대한 모색이 PD계열 내부에서 부분적으로 시작되었지만, 통합 추진 움직임은 좌절되고 말았다. 그리고 이런 학생운동의 상황은 학생운동을 가장 중요한 행동부대로 하는 전민련, 민주통일국민연합, 민중당, 민주주의민족통일전국연합(약칭 전국연합) 등 운동 내부의 흐름에 있어서도 좌파의 무기력을 가져왔다.

재야운동과 전국민족민주운동연합의 활동　　　1987년 대선과 1988년 총선을 거치는 동안 민주화운동 진영은 심각한 분열상을 드러냈다. 이에 노동운동 등 다양한 영역에서 전개된 부문운동의 활성화에 힘입어 각종 부문운동을 묶어세우기 위한 새로운 구심으로서 전국민족민주운동연합(약칭 전민련, 상임공동의장 이부영, 공동의장 이창복)이 창설되었다. 전민련은 노동자와 농민 등 부문단체와 전국의 지역단체가 총망라되어 결성된 최대 규모의 민족민주운동연합체라고 할 수 있었다. 1987년 10월경부터 민족민주세력의 새로운 구심을 형성하기 위한 전국민중운동연합 건설논의를 시작하여, 1988년 9월 2일 전국민족민주운동협의회 추진위원회를 발족시켰고 1989년 1월 21일 전민련 결성대회를 가졌으며, 민통련은 논란 끝에 발전적으로 해소되었다.

"자주·민주·통일을 민중의 힘으로 달성한다는 민통련의 이념을 계승한다"라고 밝힌 전민련은 결성문을 통해 "근로 민중이 중심이 되고 청년학생들이 투쟁의 동력이 되며, 양심적인 교사·문인·종교인·법조인·언론인·의료인·과학인들과 중소상공인·해외동포들이 참여하는 애국적 민족민주운동역량의 총결집체로…… 이 땅의 진정한 민중해방과 자유·평등사회를 위해 자주화운동·반독재민주화운동·조국통일운동에 매진할 것"을 선언했다. 노동자·농민 등 8개 부문단체와 전국 12개 지역단체 연합으로 결성된 전민련은 개별단체 200여 개를 망라한 해방 이후 최대의 민족민주운동단체로, 1970년대의 명망가 위주 재야운동의 한계를 극복하고 민중운동의 토대 위에서 운동을 새롭게 발전시키려는 노력으로서 중요한 의의가 있었다. 그럼에도 여전히 노선과 입장의 대립과 불일치가 남아 있다는 점, 전민련에 가입된 각 부문 및 지역단체의 역량이 전반적으로 부실하다는 점, 통일전선운동으로서의 전민련 활동을 이끌어나갈 주도세력이 부재하다는 점 등의 한계를 안고 출범하였다.

전민련은 첫째, 5공 청산과 광주학살책임자 처단투쟁을 통해 노 정권의 동요의 폭을 극대화한다, 둘째 대중투쟁에 대한 지원을 강화하고 정치투쟁으로서의 진전을 위한 반민주악법개폐투쟁을 전개한다, 셋째 미-노일당의 기만적 북방정책의 본질을 폭로하고 두 개의 한국정책을 지지한다 등을 과제로 설정하고, 그러한 목표 아래 5공 청산과 광주학살 원흉처단투쟁, 반민주악법개폐투쟁, 조국통일촉진투쟁* 등을 전개하였으며, 또한 8월 18일 영등포을구 재선거에 참가하였다. 그러나 1989년 4월 12일부터 5월 8일 사이에 이부영(상임의장), 조성우, 권형택, 이재오, 이창복, 배종렬, 지선 스님 등 핵심 간부들이 국가보안법 위반 혐의로 구속됨으로써 그 활동역량이 급속하게 저하될 수밖에 없었다. 이는 내부원인과 맞물리면서

* 1989년 3월 2일 남북한 범민족대회 예비회담에 참석하기 위해 판문점 평화의 집으로 가던 전민련 대표단이 경찰에 연행되었다. 이 가운데 이재오 조국통일위원장과 백기완·계훈제·박형규 등 지도급 인사에 대해 경찰은 구속품신까지 하였으나 검찰에 의해 불구속 조치되었다.

결과적으로 정치력 또는 정치적 지도력과 투쟁력 상실을 초래했으며, 전민련은 1991년 12월 전국연합이 결성되면서 해체되었다.

전민련 약화의 내부원인을 바라보는 견해는 당시 크게 두 가지로 갈렸다. 첫번째 견해는 전민련이 역량통일에 의해 일사분란한 투쟁대열을 형성하여 상황 변화에 기민하게 대처하는 전술적 유연성을 구사하지 못한 문제점을 지적하면서, 그 원인으로 의사결정 과정이 지나치게 복잡한 조직의 구조적 취약성, 더 크게는 전문성 부족에 기인한다고 보았다. 그리고 이에 대한 해결책으로 정치력 발휘, 구체적 정책 청사진 제시, 대체세력으로서의 가능성에 대한 인식 제고를 강조하였다. 이는 '대체정치세력의 가능성 부각=대체정치세력화의 문제'로, 결국 전민련이 가진 문제는 합법정당 건설을 통해서만 해결될 수 있다는 주장으로 귀결되었다. 두번째 견해는 투쟁과정에서 대중의 적극적 참여가 촉발되지 못하고 투쟁의 급속한 확산과 진전이 제약된 이유로 지배권력의 분할지배전술, 대중을 대상화시키는 운동진영의 오류, 운동의 전망과 전략적 과제에 대한 모호함과 통일의 결여, 조직운동의 미흡함과 한계 등을 지적하면서 전민련의 조직강화를 해결책으로 제시하였다.

각 부문운동의 활성화

1987년 이후 한국 사회는 아래로부터의 운동에 의한 민주화에서 위로부터의 민주화 경로로 진행되었다. 권위주의 시대에서 민주주의 시대로의 전환, 즉 민주화 이행은 그 진행 경로에 따라 차이가 있긴 하지만 그동안 억눌려왔던 많은 사회적 요구와 이해관계를 분출시킬 수밖에 없었다. 이처럼 국가권력에 의한 억압이 부분적으로 이완되는 상황에서 각 부문운동은

새로운 조직화를 통해 활성화되다가 1989년 공안정국하에서 일시적으로
위축되었다.

먼저 노동운동의 경우 87노동자대투쟁에 힘입어 노동법 개정투쟁을
비롯하여 서울지하철노조의 전면 파업투쟁, 현대중공업 노동자들의 파업
투쟁, 전교조 결성투쟁, 1988년 8월 26일 MBC노조의 방송사상 첫 파업 단
행과, 공영방송 쟁취를 위한 KBS노조의 파업투쟁 등이 잇따라 전개되었
다. 이와 함께 조직결성도 진행되었는데, 서울지역노동조합협의회(1988년
5월 29일), 전국노동운동단체협의회(약칭 전국노운협, 1988년 6월 7일), 인
천지역노조협의회(1988년 6월 18일), 지역별·업종별 노동조합전국회의 및
산하 노동법 개정 및 임금인상 투쟁본부(1988년 12월 22일), 전국노동조합
협의회(약칭 전노협, 1990년 1월 22일), 대기업노조연대회의(1990년 12월),
전국노동단체연합(1991년 6월) 등이 출범했다.

농민운동의 경우도 노동운동과 마찬가지로 투쟁의 전개와 조직결성을
병행하였다. 1988년 10월 30일 13개 농민단체들이 모여 전국농민단체협
의회(약칭 전농협)를 결성하였고, 11월 17일에는 여의도 광장에서 2만여
명이 참가한 가운데 '농축산물 수입개방 저지 및 제값받기 전국농민대회'
개최 및 농협중앙회 점거와 가두투쟁을 전개하였다. 1989년 3월 1일에는
전국농민운동연합(약칭 전농련)이, 12월 18일에는 전국여성농민위원회가
결성되었다. 이어 1990년 4월 24일에는 전국농민운동연합과 전국농민협
회의 단일조직 건설 합의에 힘입어 전국농민회총연맹(약칭 전농)이 결성되
었다. 전농은 1991년 11월 26일 장충단공원에서 수만 명이 참가한 가운데
'쌀값보장 전국농민대회'를 개최하였다. 1992년 1월 6일에는 쌀시장 개방
반대 전국시위가 전개되었다.

빈민운동의 경우, 빈민들이 주체가 되어 건설한 최초의 자주적 빈민대
중조직인 서울시철거민협의회(약칭 서철협)와 도시노점상연합회를 모태로

한 전국노점상연합회(약칭 전노련)가 출범하면서(1988년 10월) 도시빈민운동의 연대가 모색되었다. 1988년 7월 기독교도시빈민선교협의회(약칭 기빈협), 천주교도시빈민회(약칭 천도빈), 빈민지역의 민중교회 등이 서철협, 전노련 등과 결합하여 도시빈민공동투쟁위원회를 결성하였다. 도시빈민공동투쟁위원회는 1988년 11월 16일 '제5, 6공화국 재개발 비리만행 폭로 규탄 및 깡패철거 결사저지대회'를 개최하였다.(한국기독교사회문제연구원 편, 1988i, 178~182쪽) 철거민투쟁에 노점상이 참가하고, 노점상투쟁에 철거민이 결합하면서 도시빈민 상호 간에 연대와 단결의 기운이 고양되었다. 이를 바탕으로 1989년 11월 11일 전국빈민연합(약칭 전빈련)이 결성되었으며, 전빈련은 빈민운동의 흩어진 역량을 결집한 뒤 투쟁을 전개하였다.

청년운동의 경우, 1989년 1월 19일 전국청년단체대표자협의회(약칭 전청협, 의장 이범영)를 창립하였는데, 전청협은 1987년 6월민주항쟁을 계기로 결성된 민주화운동 청년단체들의 전국적인 협의체라고 할 수 있었다. 1987년 이래 청년대중운동이 발전하면서 청년단체들 내부에서는 전국 청년들의 통일단결이 절실하게 요구되었다. 1987년과 1988년을 거쳐 새로운 청년단체들이 전국 각지에서 결성되고, 이전에 결성되었던 민청련 등 청년단체들 간의 현황 파악 및 공동활동에 대한 요구가 높아졌다. 이런 상황에서 1988년 11월 25일 전국청년단체 대표자회의에서 연합조직을 결성하기로 합의하고, 민주화운동청년연합(약칭 민청련), 전남민청, 부산민청, 충남민청 등 4개 단체가 준비소위를 구성했다. 그리고 준비소위에 나라사랑청년회와 인천민주청년회가 새롭게 참여하면서 전국청년단체대표자협의회를 결성하기로 결정하고, 14개 참가단체와 3개 참관단체가 모여 전청협을 발족했다. 이후 전청협은 1989년 5월의 광주순례, 평양세계청년학생축전 참가투쟁 등을 전개했다. 1992년 8월 15일에는 범청학련 남측본부(의장 윤기진)가 설립되었다.

학계를 중심으로 한 지식사회 조직화와 실천활동도 활발하게 전개되었다. 1987년 7월 21일 "학문의 자유와 대학의 자율이 사회의 민주화와 표리관계에 있음을 직시하고 양자의 동시적인 달성을 위해 공동 노력을 전개할 것"을 천명하면서 출범한 '민주화를 위한 전국교수협의회'(약칭 민교협)는 이후 사회와 대학의 민주화를 위한 성명 발표, 학문과 사상과 출판의 자유에 대한 공청회, 제반 악법 개정에 대한 여론 주도, 그리고 대학별 조직기반 구축과 전문 연구영역별 사회변혁적 대안 수립 등을 당면과제로 삼고 활동을 전개했다. 1989년 5월에는 교직원노조 건설 범국민후원회에 참여하여 적극적인 활동을 수행하고, 전국교직원노동조합(약칭 전교조)이 건설된 후에는 직접 전교조에 가입하고 대학위원회를 구성하여 초·중등교원과 대학 사이의 교량역할을 맡기도 했다. 한편, 1988년 11월 5일 서관모 교수 검찰 소환사건*을 계기로, 학술연구단체 간의 상호 교류와 공동연구, 조직적 활동을 통하여 한국 사회의 학문발전과 사회민주화에 기여하려는 목적으로 1988년 11월 5일 10여 개 단체가 참여한 가운데 학술단체협의회(약칭 학단협)가 창립되었다. 창립 이후 학단협은 그 목적에 맞는 실천활동과 비판적 연구활동을 꾸준하게 전개하면서 역사적 진실의 학술적 규명과 함께 학문세계의 지평을 확장하는 데 기여했다.

1988년 12월 23일에는 민족예술을 지향하는 예술인들의 상호 연대와 공동실천을 위해 한국민족예술인총연합(약칭 민예총, 공동의장 고은)이 창

• 진보적 학술단체들이 1988년 6월 3일과 6월 4일 이틀간 연합심포지엄을 개최하였다. 이 심포지엄에서 발표된 논문 가운데 충북대 서관모 교수의 논문인 「중간 제계층의 구성과 민주변혁에서의 지위」를 문제 삼아 검찰이 서 교수를 소환하겠다는 의사를 밝힘으로써 파문이 크게 일었다. "우리 사회 민주화의 요체라고 할 수 있는 진보적 사상, 비판의 자유에 대한 중대한 위협"을 골자로 하는 교수들의 항의서명이 확대되자, 서울지검 공안부 이경재 검사는 출석 대신에 우편진술요망서를 보내 조사하려 하였다. 그러나 검찰의 소환조치 철회를 요구하는 언론과 야당, 교수들의 항의가 거세어졌고, 이에 검찰은 사실상 소환을 포기하였다.

립되었다. 1987년 이후 노동자를 비롯한 민중운동 진영의 활발한 진출이 이루어지자, 그동안 민족·민중예술을 지향해왔던 예술인들 사이에서 민중의 삶에 기초한 민족문화 건설을 위해 공동실천과 상호 연대를 강화할 필요성에 대한 논의가 전개되기 시작했다. 1988년 9월 30일 문학, 연극, 춤, 미술, 음악, 건축, 영화 분야 예술인들이 간담회를 갖고, 민족민주운동의 원칙을 견지하면서 대중사업을 전개할 수 있는 조직체를 건설하자는 데 인식을 같이했다. 이후 몇 차례의 간담회를 통해 1988년 11월 26일 민예총 발기인대회가 열렸고, 12월 23일 창립총회를 거쳐 발족하였다. 민예총은 창립선언문을 통해 "민중과 확고히 결합된 투쟁의 현장에서…… 민중의 정서, 민중의 미의식을 배우고 민족민주운동·통일조국건설운동의 대의를 체현하며…… 소수의 예술가만이 아니라 민중 전체가 보다 높은 예술적 가치를 공유할 수 있는 참민중적 민족문화예술의 기틀을 건설할 것"이라고 밝혔다. 이후 민예총은 국내 민족민중예술의 대중화를 위해 활발한 활동을 벌이면서 1989년 4월 남북작가회담을 주도하였으며, 한국의 진보적 예술운동의 대외창구로서 국제교류활동도 활발히 전개했다.

2
1991년 5월투쟁과 그 이후

1991년 5월투쟁[*]

1989년 공안정국이 지속되는 가운데 1990년 3당 합당으로 거대여당 민자당이 탄생함으로써 보수대연합의 기도가 전면에 드러났다. 이런 흐름에 대해 재야단체와 대중운동조직들은 보수대연합이 기본적으로 민중진영을 비롯한 모든 민주세력에 대한 전면적인 탄압의 성격을 띠고 있으며, 이에 민중의 생존권과 민주적 기본 권리를 지키기 위해 모든 민주세력이 결집한 대중투쟁전선 구축이 시급하다고 판단했다. 그리하여 1990년 2월 1일부터 21일까지 네 차례에 걸쳐 '민자당 장기집권음모 분쇄와 민중기본권 쟁취 대책회의'를 개최했다. 대책회의는 2월 24일과 25일 전국적으로 '반민주 3당 야합 분쇄와 민중기본권 쟁취 국민대회'를 개최하는 한편, "모든 민주세력을 결집하기 위해 선차적으로 민족민주세력의 공동투쟁기구를 구성할 것"에 합의하였다. 그 결실로 1990년 4월 21일 민중운동세력을 포괄

---

[*] 이 부분은 조현연(1993; 2002)의 내용을 수정, 보완한 것임.

하는 광범한 대중정치투쟁을 전개해나가기 위한 한시적인 상설 공동투쟁
체인 '민자당 일당독재 분쇄와 민중기본권 쟁취 국민연합'(약칭 국민연합)
이 전민련, 전노협, 전농, 전빈련, 전교조, 전대협 등 10여 개 단체가 참가
한 가운데 결성되었다. 국민연합은 스스로의 위상을 '당면 민자당 일당 독
재 분쇄와 민중 기본권 쟁취를 위한 한시적 공동투쟁체'로 설정하고, 구성
원칙을 전국적으로 조직된 기층민중의 대중운동체를 중심으로 여성, 언
론, 종교, 법조 등 단체와 시민 및 개별 인사를 광범하게 참여시키는 것으
로 확정했다. 결성 이후 국민연합은 '물가, 토지, 주택문제 해결을 위한 캠
페인' 'KBS, 현대중공업 노동자 지원투쟁'과 1991년의 5월투쟁을 주도해
나갔다.

1991년 5월투쟁은 노태우 정권을 정치적 위기상황으로 몰아간 6공화
국 최대의 대중투쟁으로, 이른바 '백골단'에 의해 강경대사망사건이 발생
한 4월 26일부터 투쟁지도부가 명동성당에서 완전히 철수하는 6월 29일까
지 약 60여 일에 걸쳐 전개되었다. 1991년 5월투쟁은 명지대생 강경대 군
치사사건이 대중적 공분을 획득하면서, 이를 계기로 노태우 정권 집권 후
반기에 집중적으로 표출된 공안통치적 폭압과 각종 비리와 실정(수서비리
사건과 페놀사건, 민자당 당권 다툼 등), 그리고 물가폭등과 주택문제 등 민
생파탄의 지속에 대한 누적된 분노가 반독재민주화투쟁과 결합되어 표출
된 사건이다.

노태우 정권의 공안통치는 반정부활동을 경찰기구와 안기부, 기무사
등 정보기구의 물리력으로 제압하면서 반공·반북 이데올로기 공세를 강화
하는 것이 특징이었다. 공안통치의 대상에는 야당 역시 예외일 수 없었고,
그 결과 제1야당인 평화민주당(약칭 평민당)의 총재조차 국가보안법 위반
으로 기소될 정도였다. 이러한 공안통치는 1989년 상반기에 현대중공업을
비롯한 노동운동과, 문익환 목사와 임수경의 방북을 계기로 통일운동이

상당히 고양된 시점에 본격화되었다. 공안통치는 1990년 상반기 민자당 출범 이후에 더욱 강화되었는데, 계속되는 실정에 따라 쌓인 국민들의 불만을 정부여당은 공안통치의 강화로 억누르려고 한 것이다.

다른 한편으로, 공안통치는 노태우 정권이 추진하려 한 내각제 개헌의 사전 정비작업을 위한 유력한 수단이기도 했다. 하지만 내각제 개헌문제를 둘러싼 민자당 내 계파 간의 권력 다툼은 기득권 제도정치에 대한 대중들의 불신을 심화시켰다. 정치권에 대한 대중들의 반감을 더욱 부추긴 것은 수서비리사건이었다. 이 사건을 통해 6공의 경제정책에 대한 국민들의 불만이 누적되어갔다. 더욱이 비리사건에 민자당과 함께 신민당이 관련됨으로써 제도정치권 전체에 대한 국민들의 실망을 불러일으켰고, 이러한 국민들의 정서는 기초의회와 광역의회 선거에서의 낮은 투표율로 표현되었다.

한편, 노태우 정권의 경제정책은 서민들의 기본적인 생존과 생활의 문제를 해결해주지 못했다. 강경대사망사건이 대중적 분노와 투쟁을 불러일으킬 수 있었던 것은 계속되는 물가폭등, 부동산문제, 수입개방 압력, 공공요금 인상과 같은 민생문제와, 페놀사건에 이은 원진레이온 공장에서 산업재해로 노동자가 사망한 사건과 같은 공해문제가 국민들의 일상생활에서 불만으로 잠복되어 있었기 때문이다. 당시 서민들의 생활고는 대단히 열악한 상태에 빠져 있었다. 노동자와 농민들의 생존권투쟁이 고양되었고, 다수 도시 서민들이 정권의 경제정책에 대해 불만이 누적된 상태에서 강경대사망사건을 비롯한 위기정국이 촉발되었기 때문에 국민적 분노가 확산되었다.

이처럼 1991년으로 접어들면서 의원외유사건, 수서비리사건, 페놀사건과 계속되는 물가고 등의 악재에 시달리며 10% 미만의 지지율을 기록하던 민자당이 기초의회 의원선거를 정면 돌파하여 겨우 숨을 돌린 직후에 발생한 강경대사망사건은 노태우 정권을 최대의 정치적 위기로 몰아갔다. 더욱이 11명이나 분신자살하는 일찍이 없었던 사건이 이어지면서 정국은 첨예하게 긴장되었다. 그 와중에 발생한 한진중공업노조 위원장 박창수의 의문사와 성균관대생 김귀정이 시위 도중 사망한 사건은 노태우 정권을 더 깊은 수렁으로 빠지게 했다.

투쟁의 개시 및 확산기(4월 26일~5월 4일)　　　이 시기는 길게는 1989년 공안정국과 1990년 3당 합당을 통한 여대야소 정국의 창출 이후부터, 가깝게는 1991년 상반기 노태우 정권의 탄압에 의한 반독재민주화운동 진영의 침체와 수세적 상황이 강경대사망사건을 계기로 공세로 전환되는 시기이다. 이 시기는 6공화국 공안통치의 '폭력성'에 초점을 맞춰 투쟁의 접점이 형성되는 시기였으며, 이 시기에 운동진영은 정부의 초기 무마책을 무력화하고 주저하던 야당을 견인해내어 의식적으로 투쟁을 고양시켜갔다.

4월 26일 명지대에서 시위 도중 사복체포조인 이른바 '백골단'이 휘두른 쇠파이프에 의해 강경대사망사건이 발생하면서 숨 가쁜 5월이 시작되었다. 전국을 한 달 남짓 '태풍정국'으로 내몰았던 강경대사망사건은 등록금 인상반대투쟁을 벌이다 전격 구속된 명지대 총학생회장의 석방을 요구하며 교문시위를 벌이는 과정에서 발생했다. 4월 26일 강경대는 대학 교문을 사이에 두고 경찰과 충돌, 백골단에게 집단구타를 당한 뒤 길에 쓰러져 동료 학생들이 신촌 세브란스병원으로 옮겼으나 사망하고 말았다. 많은 사람들은 강경대의 죽음이 '우연적인 치사'가 아니라, 정부여당이 통치 말기의 권력누수현상을 막고 장기집권 구상을 관철하기 위한 6공화국의 이른바 '공안통치'에서 비롯되었다는 인식을 갖고 있었다. 왜냐하면 오랫동안 노태우 정권은 공안통치를 통해 국민들의 불만을 억압하고 민주화운동 세력의 반정부활동을 탄압해왔기 때문이다.

강경대사망사건 바로 다음 날인 4월 27일 '고 강경대 열사 폭력살인 규탄 및 공안통치 종식을 위한 범국민대책회의'가 결성된 것을 시작으로 전국적으로 20여만 명이 참여한 5·4살인규탄집회에 이르기까지 이어지는 상황전개는 급격한 투쟁의 고양을 주도한 운동진영의 의식적인 노력의 결과라고 할 수 있다. 이 시기에 운동진영은 규탄투쟁의 수위를 조절하고 비폭력을 중심으로 한 투쟁전술을 구사함으로써 야당을 포괄하는 광범위한 투쟁주체를 형성하고 대국민 호소력을 확장하려 하였다.

강경대사망사건 발생 직후부터 규탄집회와 가두시위가 이어졌으며, 박승희·김영균·천세용의 잇따른 분신 등으로 투쟁은 점차 확산되었다. 4월 29일 명지대·서울대·부산대·전남대 등 전국 60여 개 대학에서 5만 명이 학교별로 규탄집회와 시위를 전개하였으며, 이어 서울에서는 '고 강경대 열사 폭력살인 규탄과 공안통치 분쇄를 위한 범국민결의대회'가 5만여 명의 시민과 학생들이 참가한 가운데 열렸다. 이어 5월 1일에는 노동자, 학생들이 메이데이투쟁과 결합하여 전국적으로 집회와 가두시위를 벌였고, 서울의 경우 2만여 명의 노동자와 학생들이 주축이 되어 투쟁을 전개하였다. 5월 4일 '백골단 전경 해체와 공안통치 종식을 위한 범국민궐기대회'가 서울·부산·광주 등 전국 21개 지역에서 20여만 명의 학생, 재야인사, 시민들의 참여와 호응 속에 진행되었다. 이렇듯 시일이 경과하면서 투쟁은 규모와 수위에 있어서, 그리고 대중들과의 결합력에 있어서 증폭되는 양상을 띠었다. 이처럼 투쟁은 점차 전국적으로 확대, 발전되는 양상이었지만, 투쟁의 중심세력은 학생운동으로, 기층 대중운동과의 결합은 사안적 연대 또는 계기적 결합 수준을 뛰어넘지 못했다.

투쟁의 고양기(5월 9일~5월 18일) 　　노태우 정권에 대한 이 시기 규탄
투쟁의 수위가 정권퇴진투쟁으로
상향 조정된 이후 연일 대규모의 반정부시위가 전국적으로 계속되었다.
이 시기에 특기할 만한 것으로 기층민중 진영의 조직적 참여가 가시화된
것을 들 수 있다. 5월 9일 '민자당 해체와 공안통치 종식을 위한 범국민결
의대회'는 전국적으로 42개 시·군에서 30여만 명이 참여한 6공 이후 최대
규모의 조직적 시위였다. 또한 이날의 시위는 규모 면에서뿐 아니라 시위
참여자의 성격 면에서도 일정한 변화와 발전상을 보여주었다. 부산지역의
경우 10만여 명의 인파가 시위에 동참, 서울에서 지역으로의 확산추세를
보여주었다. 전교조는 전국 4,000여 개의 학교에서 점심시간 토론회 이후
초·중·고등학교 교사 2만 5,000명이 참여하였다. 특히 전노협의 경우 소
속 98개 노조 4만 4,000명은 시한부 파업을, 360개 노조 18만 명은 점심시
간 집회와 잔업거부를 하는 등 458개 노조 22만 명이 집회에 참여한 것으
로 알려졌다. 5월투쟁이 학생 중심에서 노동계급으로 확산되는 양상을 보
여주었지만(조현연, 1993, 273쪽), 학생운동과 민중운동의 조직적 연대는
여전히 취약했다.

　　투쟁은 노태우 정권의 폭력성과 정치·경제·사회 전반에 대한 불신과
불만을 기본 동력으로 하면서, 6월 박창수 노조 위원장의 의문사, 김기설·
윤용하·김철수·이정순의 잇따른 분신, 전경의 양심선언, 각계각층의 서명
운동과 성명서, 단식농성들을 계기로 확대되면서 더욱 고조되었다. 그 와
중에 5월 13일 전대협 구국결사대 소속 서울대·연세대·서강대 등 7개 대
학 47명의 학생들이 민자당 중앙당사를 점거하고 농성에 돌입했다. 학생
들은 엘리베이터와 계단을 통해 3층 기자실과 5층 조직사무국, 10층 정책
위 부의장실로 나뉘어 들어가 5층과 10층의 대형유리창 10여 장을 깨고
"강경대를 이대로 보낼 수 없다"라고 쓴 대형 플래카드를 내건 뒤 "해체 민

자당 타도 노태우" 등의 구호를 외치며 농성하다가 전원 연행되었다.

한편, 5월 14일로 예정되었던 강경대 장례식은 경찰의 저지로 치러지지 못했다. 그러나 전국 30만에 달하는 학생, 시민, 재야인사들이 규탄시위에 참가하여 정권의 강경한 탄압에도 불구하고 투쟁이 여전히 확산되고 있음을 보여주었다. 대학교수, 교사, 종교인, 노동조합 등 각계각층의 시국선언이 잇따르는 가운데 15일, 16일, 17일 연일 학생운동을 중심으로 전국적인 집회와 가두시위가 전개되었다. 5월 18일 5·18국민대회와 2차로 치러진 강경대 장례식은 전국 81개 시·군의 40여만 명의 학생·노동자·농민·재야·정당 등 각계각층의 참여 속에 전개되어 5월투쟁의 최정점에 이르렀다. 9만여 명의 노동자들의 총파업이 있었고, 시·군 단위에서 농민의 참여가 이루어졌으며, 전교조·전노협·여성단체연합·예술인 등 각계각층의 시국선언과 서명운동이 잇따랐다.

이 시기에 노태우 정권은 수세적 상황을 돌파하고 국면을 공세적으로 전환하기 위한 시도를 하였다. 즉, 정국의 주도권을 장악하기 위해 '치사-분신정국'을 선거정국으로 전환하면서 대중의 정치적 관심을 선거공간으로 몰아가고, 거리로부터 야당의 이탈을 가속화함으로써 투쟁공간 축소와 운동진영의 고립화를 모색한 것이다. 또한 투쟁의 수위를 낮추기 위해 노재봉 내각을 부분 개편하고, 투쟁의 확산과 국민대중과의 결합을 차단하기 위해 언론공작을 강화했다. 주목할 것은 고양되는 정세 속에서 전면적이고 노골적인 탄압 대신에, 투쟁의 발전을 차단하고 냉각시키는 언론조작과 이데올로기 공세가 치밀한 계획 아래 이 시기에 집중적으로 나타났다는 점이다.

투쟁의 퇴조기(5월 25일~6월 29일)　　　이 시기는 5·18대회 이후 범국민대
　　　　　　　　　　　　　　　　　　책회의가 상설연대기구로 재편되
고 명동성당으로 투쟁의 중심을 옮겨 투쟁의 새로운 국면이 형성된 시기
이다. 그와 동시에 투쟁의 열기가 점차 약화되는 시점에 노태우 정권의 수
세국면 돌파시도가 본격화되었던 시기이기도 하다. 노태우 정권은 투쟁지
도부인 범국민대책회의에 대한 공개수사와 '강기훈유서대필조작사건'•을
날조하여 공방을 벌이는 등 대중들과 투쟁지도부를 분리시키고, 개각에
이은 광역의회 선거로 제도야권을 견인하여 선거국면으로의 전환을 모색
했다. 이런 와중에 운동진영은 '김귀정압사사건'을 새로운 정치쟁점으로
삼아 대정부공세를 지속하려 했지만, 투쟁력은 점차 약화되는 경향을 보
였다.

　　강경대 장례식이 끝난 5월 18일을 전후하여 범국민대책회의는 '공안
통치 분쇄와 민주정부 수립을 위한 범국민대책회의'로 명칭을 변경하고,
10대 강령을 내걸고 명동성당 농성투쟁에 돌입하였다. 5월 20일 새벽 광
주에서 권창수가 경찰의 곤봉에 맞아 의식불명 상태로 병원에 실려가고,
5월 25일 '폭력살인 민생파탄 노태우 정권 퇴진 제3차 국민대회'에서 경찰
의 무차별적인 진압작전에 포위되어 김귀정이 질식사하는 사건이 터졌다.
제3차 국민대회가 경찰의 원천봉쇄로 일부 지역을 제외하고는 성사되지
못한 가운데 전국적으로 투쟁의 파고가 현격하게 축소되는 상황에서 6월
3일 '정원식 총리(서리) 밀가루·달걀 투척사건'이 발생하였다. 이 사건은
'패륜행위'라는 이름으로 언론에 대대적으로 보도되었고, 이를 계기로 5월

• 이 조작사건은 1991년 5월 8일 당시 전민련 사회부장 김기설이 노태우 정권 퇴진을 외치며 분신하자 그
　의 유서 두 장을 전민련 총무부장 강기훈이 대필했다고 검찰이 기소한 사건을 말한다. 강기훈은 1992년
　7월 대법원에서 징역 3년, 자격정지 1년 6개월을 확정받고 1994년 8월 만기 출소했다. 2007년 11월 진
　실·화해를위한과거사정리위원회는 치밀한 필적 재감정을 통해 "유서대필이 아니다"라고 밝혔으며,
　이후 서울고법에서 재심 개시 결정을 내렸다.

투쟁은 급격히 퇴조했다. 사실 정원식 총리가 학생들에게 밀가루와 달걀 세례를 받은 것은 평소 같으면 일간신문 사회면 구석에 하나의 해프닝으로 다루어질 수준의 사건이었다. 그러나 이 사건은 광역의회 선거를 앞두고 전전긍긍하던 노태우 정권에게는 다시없는 정세역전의 호재가 되었다. 보수언론의 대대적인 여론공세로 이 사건은 끝없이 확대되고 과장되었다.*

　　1991년 5월투쟁의 정세역전에 결정적으로 쐐기를 박은 것은 6월의 광역의회 선거였다. 선거가 집권여당인 민자당의 압승으로 끝나면서 어느 해보다 길었던 1991년 5월과 6월의 투쟁은 종결되었다. 이미 기초의회 선거 결과를 보고서 적지 않은 사람들이 지방자치선거의 한계를 걱정했지만, 광역의회 선거는 그래도 기초의회 때와는 다르지 않겠느냐는 일말의 기대 또한 있었던 것이 사실이다. 정당이 본격적으로 개입할 수 있고 더구나 민주화투쟁의 폭발적인 고양을 목격한 사람들은 선거가 3당 합당과 공안통치에 대한 국민적 심판의 장이 되리라고 기대했던 것이다. 그러나 결과는 민자당의 41% 득표와 65%의 의석 차지로 나타나면서 그 기대는 여지없이 무너져 내렸다.

1991년 5월투쟁의 결과와 영향　　　　1991년 5월투쟁은 집권세력에 의한 민주주의 왜소·불구화 또는 일종의 '역전'과정이 성공하는 대신, 민주주의를 향한 '변혁적' 열기가 가라앉는 마지막 분수령이기도 했다. 이 기간에 전국적으로 2,361회의 집회(비공식 집계)가 열렸고, "해체 민자당, 퇴진 노태우"라는 구호 아래 대규모의

---

* 이유경(2002, 78~79쪽)은 이에 대해 이 시기가 일명 언론권력의 '맹아적 시기'와 맞물린다는 점에 주목해야 한다면서, 여전히 군사정권의 폭압이 극심했지만, 상대적으로 약화되어가는 정치권력의 빈자리를 바로 언론이 서서히 메우기 시작했다고 지적하고 있다.

시위들이 잇따라 터져 나왔다. 그 과정에서 학생, 빈민, 노동자 등 11명이 분신했고, 한진중공업 박창수 노조 위원장의 의문사와 강경진압으로 인한 성균관대 김귀정의 질식사까지 포함하여 모두 13명이 사망하였다.

5월투쟁 정국은 공안통치의 폭압에 의해 침체를 벗어나지 못했던 범민주진영이 강경대사망사건을 계기로 정부에 대한 도전과 공세를 강화하는 한편으로, 노태우 정권이 이에 맞서 자신이 처한 정치적 수세를 이른바 '민심수습 방안'으로 돌파하고 광역의회 선거국면으로의 전환을 통해 정세주도권을 재장악해가는 양상이었다고 요약할 수 있다.

이처럼 6공화국을 위기로 몰고 간 1991년 5월투쟁은 한 대학생의 죽음이 가져다준 대중적 공분이 그동안 잠재해 있던 정권에 대한 불만과 결합하여 촉발된 대규모 투쟁이었다는 것, 학생운동이 중심이긴 했지만 노동조합 등 대중운동조직에 기반을 둔 의식적이고 조직적인 투쟁이자 가두에서 벌어진 대중투쟁이었다는 점, 전국에서 대규모로 완강하게 진행되었다는 점, 야당의 역할이 축소되고 민중운동이 주도권을 행사한 투쟁이었다는 점, 분신이라는 극한적인 선택까지도 불사했다는 점 등을 특징으로 꼽을 수 있다.

그러나 5월투쟁의 의미나 특징을 떠나 투쟁과정에서 발생한, 역사상 전례 없는 타살과 자살의 비극적 반복이 대중들에게 준 충격은 실로 큰 것이었다. 청년들의 죽음과 분신은 노태우 정권의 공안통치에 대한 저항의 원동력이 되기도 했지만, 다른 한편으로 '투쟁의 의미는 정당화될 수 있을지 몰라도, 분신이라는 수단은 절대 합리화될 수 없다'는 여론이 형성되기도 했다. 즉, 죽음이란 것이 지배적인 언어였다는 사실은 어떤 면에서 5월투쟁의 '재앙'이었는데, 그것은 투쟁을 촉발하기는 했지만, 5월투쟁을 소멸시키고 또 의식적으로 망각하게 만든 기폭제가 되었기 때문이다. 노태우 정권은 이러한 분위기를 운동진영의 도덕성과 신뢰성의 붕괴에 초점을 맞춰 5월투쟁을 소멸시키는 정세역전의 카드로 활용하였다.

한편, 5월투쟁은 노태우 정권의 집권 후반기 정국운영 및 정권 재창출 계획에 일정한 타격을 주기도 했다. 예컨대 출범 이래 최대의 정치적 위기 상황에서, 집권 후반기 정국운영 구상에 맞춰 등용한 노재봉 국무총리를 정국수습용으로 사퇴시킨 것이 그것이다. 또한 이러한 위기상황은 집권세력 내부의 역학관계를 변화시키는 동력으로 작용하기도 했는데, 김영삼이 정치적 입지를 강화하고 민자당 내부 대권경쟁에서 최종 승리한 것도 바로 이러한 상황에 힘입은 것이라고 할 수 있다.

1991년 5월투쟁 이후의 민주화운동

재야운동과 전국연합의 활동　　　경찰의 폭력적인 탄압과 함께 김근태(전민련 집행위원장)가 구속되고 이수호(국민연합 집행위원장)가 수배되는 등 주요 활동가들에 대한 정권의 공세에 의해 재야인사들의 활동은 위축되기 시작했다. 이에 민주화운동 진영은 국민연합과 전민련, 비상시국회의* 등으로 분산되어 있는 전선체운동의 통합 필요성을 절감했다. 이에 1991년 6월 6일 국민연합 대표자회의에서 상설연합 건설을 위한 논의를 추진하기로 결정한 후, 6월 24일 전노협, 전교조, 전청협 등의 '대중조직 일선 대표자회의'에서 상설연합 결성을 결의하고, 7월 24일 국민연합 대표자회의에서 10개 부문조직과 13개 지역조직으로

---

* 운동의 위축을 막고 새롭게 힘찬 대중정치투쟁의 공세를 펴나가기 위해 국민연합은 야당을 포함한 '비상시국회의'를 제안하였다. 비상시국회의는 국민연합, 평민당, 민주당, 민중당, 천주교정의구현전국사제단, 전국목회자 정의평화실천협의회, 민족자주통일 불교운동협의회, 12개 업종노조회의 등 모두 5개의 정당과 사회단체로 구성된, 반민자당 민주연합투쟁전선 성격의 기구이다.

'상설연합 건설추진위'가 구성되었다. 이어 10월 22일에는 준비위가 결성되었고, 그 활동을 기초로 12월 1일 전국연합(공동의장 고광섭·지선·권종대·한상열)이 발족함으로써 민족민주운동 진영은 단일한 전선체로 통합을 이루었다.

출범 이후 전국연합은 자주통일투쟁, 민권민생투쟁 등을 활발하게 전개했다. 남북한과 해외동포가 8월 15일을 전후로 함께하는 공동행사, 북한동포돕기운동, 북미 핵 합의와 그 이행을 둘러싸고 조성된 한반도 긴장을 완화하고 영구적 평화체제를 수립하기 위한 평화협정체결운동, 주한미군의 범죄를 근절하기 위한 한미주둔군지위협정 개정을 위한 운동, 미군기지 되찾기 운동 등 자주통일운동을 전개하면서 자주권을 지키기 위해 지속적인 노력을 기울여왔다. 그리고 전노협에 대한 정권의 파상적 공세에 대응하고, 주거권 실현을 위한 철거민들과 도시빈민들의 생존권투쟁을 지지하고 지원했으며, 쌀과 기초농산물 수입개방 저지투쟁(1993), 5·18학살자 처벌을 위한 활동, 전교조 해직교사 복직과 전교조 합법화 및 교육대개혁운동 등 민권민생투쟁을 노동자, 농민, 도시빈민과 연대해 전개했다.

한편, 기층민중조직을 중심으로 한 민족민주운동 투쟁의 구심이자 정치적 대표체라고 자임한 전국연합은, 1992년 총선 당시 '민중 주도 민주대연합'이라는 원칙하에 전국연합 자체 후보와 범민주진영 후보단일화를 위한 연합공천을 추진했지만 실패로 끝나고 말았다. 당시 민주당은 연합공천에 대해 소극적인 태도로 일관하였고, 전국연합은 민주당에 연합을 강제할 수 있는 역량을 지니고 있지 못했다. 총선 당시 전국연합 자체 후보는 6명 중 1명을 제외하고는 모두 8% 미만의 저조한 지지를 얻었고, 범민주 단일후보 26명 중 6명이 당선되었지만 이들은 모두 민주당 소속이었고, 선거 결과에 미친 전국연합의 영향력은 아주 미미했다.

1992년 대선에서도 전국연합은 '대중정치투쟁을 중심으로 선거후보

전술을 결합한다'는 정치적 방침과, '민중 주도의 민주대연합을 통한 민주정부 수립'이라는 정치적 목표하에 민족민주운동의 정치적 대표체의 자격으로 민주당과의 정책연합을 시도하면서 범민주세력의 단일전선 형성과 그에 기초한 '범민주 후보단일화'를 꾀했다. 그러나 기존 야당의 한계를 인정하면서도 민주대연합 실현만이 민자당의 장기집권 음모를 분쇄할 수 있는 유력한 방도가 될 수 있다는 전국연합의 정치방침은 선거과정과 그 결과에서 또 한 번의 좌절을 겪었다.

학생운동과 주요 부문운동　　　　1991년 5월의 이른바 '분신정국'은 사회적으로 많은 충격과 혼란을 불러일으켰으며, 5월투쟁 기간에 전국의 대학들은 시위와 수업거부 등을 통해 노태우 정권을 압박했다. 그러나 1991년 5월투쟁 이후 학생운동은 집권세력과 보수언론이 획책한 여론조작에 의해 '좌경·용공·극렬·폭력'을 넘어 '반도덕·반인륜' 등의 상징으로 신속하게 고정되어갔다. 그런 흐름을 막기에는 역부족인 상태에서 학생운동의 힘은 점차 약화되었다. 어쨌든 1991년 5월 이후에도 학생운동 내의 갈등구도는 기본적으로 NL계열과 PD계열의 대립이 유지되는 상황이었으며, 이런 상황에서 1991년 7월 노태우 정권은 김종식 의장 등 전대협 간부 8명을 연행하고, 전대협 산하의 중앙위원회, 조국통일위원회, 정책위원회를 이적단체로 규정한 뒤 간부 81명을 지명수배했다.

당시 전대협은 한편으로는 통일운동 강화를 통해, 다른 한편으로는 양대 정파로 나뉜 구조를 쇄신하여 새로운 조직으로 탈바꿈을 모색했다. 그 과정에서 1993년 3월 대의원 총회를 통해 전대협을 해체하고 '한국대학총학생회연합 건설준비위원회'를 발족하기로 결의한 뒤, 5월에 '생활, 학문,

투쟁의 공동체' '민족의 운명을 개척하는 불패의 애국 대오'를 내걸고 한총련을 발족시켰다. 전대협이 각 대학 총학생회 간의 조직체였던 데 비해 각 대학 단과대학까지 총망라한 조직인 한총련의 경우 조직의 결합 수준은 전대협보다 높았으나 전체 역량은 전대협과는 비교가 안 되게 위축되었다.*

한편, 1992년 1월 국회의원 총선을 앞두고 좌파 계열의 10여 개 정파가 연합한 민중후보 투쟁기구로 '총선 민중후보 지원과 민중진영 독자정당 지지 선거투쟁연합'(약칭 선투련)이 발족되었다. 그러나 대규모의 좌파 공동활동의 틀을 이루어냈음에도 한 차례의 전체 집회와 선전책자 발간 이외에는 어떠한 실천적 성과도 남기지 못한 채 활동을 마감했다. 선투련 해소 이후 좌파 학생운동은 다양한 흐름을 보였는데, 민중후보 추대를 위한 전국 학생추진위원회(약칭 학추위), 민중의 독자적 정치세력화와 민중 대통령 후보 추대를 위한 학생연대(약칭 학생연대), 민중당 청년학생위원회와 진보학생연합(약칭 진학련), 한국적 사회주의를 위한 전국학생정치연합(약칭 전학정련), 진보학생정치연합(약칭 진학정련), 수도권 민중회의 학생위원회(약칭 수민학위) 등이 그것이었다.

청년운동의 경우는 '전국청년단체협의회 건설준비위원회'의 활동성과

---

* 한총련의 활동은 5,000명이 넘는 학생들이 연행되고 이 가운데 465명이 구속된 1996년 8월 연세대 사태 (8월 12일부터 20일까지 연세대에서 열린 제7차 범민족대회와 제6차 청년학생통일축전에 대한 정부의 강경진압사태)와 1997년 한양대에서 벌어진 이석치사사건을 계기로 급격하게 퇴조했으며, 그 후 국가보안법상 이적단체로 규정되기도 했다. 물론 한총련의 활동이 위축된 데는 소련과 동유럽 사회주의 국가들의 붕괴도 상당한 역할을 했다. 사회주의 실험이 실패함으로써 변혁운동의 이념적 대안이 사라졌기 때문이다. 여기에 민주화 이후 김영삼 정권의 등장은 반독재민주화라는 학생운동의 목표에 혼선을 가져왔다. 한총련은 이러한 상황을 극복하기 위해 통일운동에 더욱 매진했으나, 분위기를 반전하기는 어려웠다. 노동자 및 민중들과의 연대를 중시하는 PD진영은 NL계가 주도하는 한총련에 대해 공공연하게 비판의 소리를 높였다. 뿐만 아니라 시민운동이 활성화되면서 대학생들의 생활상의 구체적 요구에 부응한 새로운 학생운동을 모색하는 흐름들이 나타나기 시작했다. 하지만 한총련은 독선적인 활동과 조국통일투쟁 일변도의 관행에 머물러 있었다. 현실의 변화에 둔감한 것은 PD진영도 마찬가지였다. 그러는 동안 학생들은 한총련과 학생운동에 대한 참여와 지지 의사를 철회하기 시작했다.

에 힘입어 1992년 2월 23일 세종대에서 '한국민주청년단체협의회'(약칭 한청협)의 창립대회가 개최되었고, 8월 15일 제3차 범민족대회에서 범청학련 설립 및 '범청학련 남측본부' 설립이 선포되었으며, 남측본부 의장으로 윤기진이 선출되었다. 범청학련은 (1) 민족연방제로 남북통일, (2) 주한미군과 핵무기 철수, (3) 국가보안법 철폐, (4) 북한과 미국 간의 평화협정 체결 등을 주장하였고, '통일축전'을 위해 한총련 대표의 방북을 주도하다가 1998년 9월 20일 해산되었다.

노동운동의 경우, 1991년 10월 9일 전노협·전국업종노동조합회의(약칭 업종회의)·전국노운협·전국노동운동단체연합(약칭 전국노련) 등 4개 단체가 중심이 되어 'ILO기본조약비준과 노동법개정을 위한 전국노동자 공동대책위원회'(약칭 ILO공대위)를 결성하였다. 11월 10일에는 6만여 명이 참가한 가운데 '노동법 개정을 위한 전국노동자대회'를 개최하였다. 1992년 5월 2일에는 '노동절 기념 총액임금제 저지 결의대회'가, 11월 8일에는 전국노동자대회가 개최되었다. 이러한 성과를 계승하여 1993년 6월 1일 전노협, 업종회의, 현대그룹노동조합총연합(약칭 현총련), 대우그룹노동조합협의회(약칭 대노협) 등 민주노조 진영이 결집한 전국노조대표자회의(약칭 전노대)가 발족하게 되었으며, 이 흐름은 1995년 민주노총 창립으로 이어졌다.

농민운동의 경우, 1991년 11월 26일 전농 주최로 장충단공원에서 전국 91개 군농민회 농민들이 참가한 가운데 '쌀값보장 전국농민대회'가 개최되었다. 1992년 1월 6일에는 전농·가톨릭농민회·전농협 등 농민단체들이 전국적으로 쌀시장 개방반대 시위를 전개하였다. 11월 12일에는 전국여성농민회총연합이 '쌀 전량수매 학교급식 완전실현 92전국여성농민대회'를 개최하였으며, 1993년 2월 15일에는 '우루과이라운드 협상거부·쌀 전량수매 쟁취를 위한 전국농민대회'가 열렸다.

3
시민사회의 변화와
새로운 운동 흐름의 출현

정치세력화를 향한 두 가지 실험

1987년 민주화 이행 이후 두 가지 새로운 운동의 흐름이 출현하였다. 시민 사회의 변화 속에서 기존 운동 흐름과의 차별을 선언하면서 등장한 시민 운동이 그 하나라면, 다른 하나는 정치사회의 일정한 변화 속에서 등장한 새로운 정치적 실험이 그것이다.

1987년 정치적 개방 이후 노태우 정권하에서 민주화운동 진영은 두 가지 정치적 실험을 하였다. 즉, 재야입당파의 출현과 독자적 창당운동이 그것이다. 먼저, 기성 야당에 교두보를 만들어 개혁을 실현하겠다는 기치 를 내건 재야입당파는 '평화민주통일연구회' - '범민주통합수권정당추진회 의'(약칭 통추회의) - '민주연합' - '민주개혁정치모임'으로 이어졌다. 평화민 주통일연구회(약칭 평민연)는 13대 대선에서 비판적 지지론을 옹호했던 문 동환, 박영숙, 조승형, 서경원, 양성우, 박석무, 김영진, 이철용, 이상수, 정 상용, 이해찬 등 98명의 재야인사들이 1988년 2월 3일 평민당에 입당하여 결성한 단체였다. 이들은 1988년 13대 총선에서 15명의 국회의원을 배출함으로써 처음으로 제도정치에 입문했고, 민주당에 입당한 강신옥, 노무현, 이인제 등도 국회로 진출하면서 재야입당파의 합법 정치활동의 문을 열었다.

한편, 1989년 8월 18일 영등포 을구 재선거 참여를 직접적인 계기로 전민련 내부에서 합법 진보정당 결성논의가 본격화되었다. 합법정당 결성을 둘러싸고 반대론과 찬성론이라는 두 흐름이 충돌하는 과정에서 전민련을 탈퇴한 합법정당 건설론자들은 '민중의 정당 건설을 위한 민주연합추진위원회'(약칭 민연추) 결성으로 힘을 모았다. 민연추의 경우, 제도 야당과의 관계정립 순서를 둘러싸고 선통합론과 선창당론의 갈등이 있었으며, 5월 30일 선통합파가 탈퇴함으로써 일단 마무리되었다. 민연추를 탈퇴한 이부영, 제정구, 유인태 등 선통합파가 야권통합을 주장하며 추진한 통추회의는 1990년 12월 21일 공식적으로 해체되었으며, 이후 이부영과 유인태는 '민주연합'을 거쳐 이기택 중심의 옛 민주당과 통합하고, 제정구는 신민-민주당 통합 이후 민주당에 입당하였다.

다음으로 노태우 정권 시기의 독자적 창당운동은 '민중의 당'(1988. 3. 7)과 '한겨레민주당'(1988. 3. 29)-민연추(1990. 4. 13)-'민중당'(1990. 4. 13)-'통합민중당'(1992. 2. 7)의 정치실험으로 이어졌다. 재야의 독자적인 정당운동은 1988년 민중의 당 및 한겨레민주당 창당과, 특히 1989년 8월 영등포 을구 재선거 참여를 계기로 이루어진 합법정당 결성논의로부터 시작되었다. 1988년 3월 6일 1987년 대선 당시 독자후보운동의 추진주체들이 결성한 민중의 당(최고대표위원 정태윤, 공동대표위원 송경평)은 1988년 4·26총선 당시 10여 개 지역구에서 후보를 냈지만 한 명도 당선되지 못했고, 득표율 0.33%(출마한 지역의 평균득표율은 4.3%)밖에 얻지 못해 해산되었으며, 총선 이후 '민중정당재건추진위원회'로 전환되었다.

1990년 4월 13일 민연추(집행위원장 이부영, 조직위원장 장기표)가 출범하였다. 민연추는 각계각층의 지지자들이 모이는 가운데 6월 21일 6대 창당원칙—민중주체, 민주쟁취, 민권수호, 민주세력연합 주도, 민중재정 확립, 진취적 당풍 확립—을 천명하였으며, '민중당 창당준비위원회'로 탈바꿈하였다. 1990년 9월부터 10월에 이르기까지 각 지구당 창당대회를 거쳐, 11월 10일 2,000여 명이 참석한 가운데 '민중주체 민주주의'의 깃발 아래 민중당이 정식 출범하였다. 전당대회를 통해 상임대표위원에 이우재, 대표위원에 김상기, 김낙중 등이 선출되었고, 백기완을 당 고문에 추대했다.

한편, 1991년 7월경 PD계열의 비합법 노동운동 조직체 중에서 '한국사회주의노동당 창당준비위원회'가 결성되었다. 여기서 노동자계급이 중심이 되어 독자적인 합법정당을 건설하고 이러한 합법정당을 통해 의회민주주의의 정치공간을 활용함으로써 '민주적 계급투쟁'을 적극적으로 전개하겠다는 이른바 '신노선'이 천명되었다. 이러한 논의 결과에 따라 합법적 노동자정당을 건설하는 것으로 방향전환을 할 것을 결의하고, 1991년 12월 15일 '한국노동자정당 건설추진위원회'(약칭 노정추)를 발족하였다. 이어 1992년 1월 19일 5,000여 명이 참석한 가운데 '한국노동당(가칭) 창당준비위원회'(약칭 한노당 창준위, 위원장 주대환)가 공식 발족되었다.

1992년 2월 7일 민중당과 한노당 창준위는 서로 통합한다는 내용의 기자회견문을 발표하였다. 정치적으로 명확히 구별되는 다른 두 세력이 서로의 필요조건에 의해 선거를 불과 50여 일 앞두고 통합을 성사시킨 것이다. 1992년 3·24총선은 민중당이나 한노당 창준위 모두에게 새로운 전환점을 창출할 수 있는 좋은 계기였다. 그러나 통합민중당은 51명의 후보를 내세웠지만 국회 진출에 실패했을 뿐 아니라, 득표율에 있어서도 그 성과(전국적으로 31만 9,041표를 얻어 유효득표율의 1.5% 획득, 출마지역 평균 득표율 6.5%)는 아주 저조하였으며, 결국 법적 해산을 당하게 되었다. 이후 이 흐름은 1992년 14대 대선에서 전면적 독자후보론을 주창하며 백기완을 민중독자 후보로 선출하여 선거운동을 전개하기도 했지만, 전노협 등 기층 대중조직의 적극적인 지지를 획득하지 못하는 한계를 드러냈다. 그리고 득표 면에서도 전체 투표자의 1% 수준인 23만 7,000여 표를 얻는 데 그치고 말았다.

시민운동의 등장

1987년 민주화 이행을 계기로 기존의 민중운동과는 다른 성격을 띤 시민운동의 출현으로 운동노선의 분화가 진행되었다. 즉, 1989년 경제정의실천시민연합(약칭 경실련, 사무총장 서경석)과 한국공해추방운동연합(약칭 공추련, 공동위원장 최열) 창립을 필두로 시민운동이 본격화되기 시작하여 10년이라는 짧은 기간에 양적으로나 질적으로나 비약적인 성장을 이룩했다.

경실련은 1989년 11월 4일 부동산투기에 따른 불로소득이 다수의 성실히 일하는 사람들을 박탈감과 생계위협 속에 몰아넣고 있는 상황에서, 공정한 시장경제질서와 경제정의 및 실사구시의 기치를 내걸고 시민운동의 첫발을 공식적으로 내디뎠다. 경실련은 창립 당시 팽배했던 이념적 사회운동과는 다른 방식의 활동을 전개할 것을 선언했는데, 예컨대 경제정의를 실천하기 위해 비폭력적이며 평화적인 시민운동을 대중적이고 합법적인 방식으로 전개하겠다는 것이었다.

경실련은 "부동산투기, 정경유착, 불로소득과 탈세를 공인하는 금융가명제, 극심한 소득차, 불공정한 노사관계, 농촌과 중소기업의 피폐 및 이 모든 것들의 결과인 부와 소득의 불공정한 분배, 그리고 재벌로의 경제적 집중, 사치와 향락, 공해 등 이 사회에 범람하고 있는 경제적 불의를 척결하고 경제정의를 실천함은 이 시대 우리 사회의 역사적 과제"라는 전제 아래 결성되었다. 금융실명제 운동은 경실련의 대표적인 활동이었으며, 출범 당시에 벌인 토지공개념 입법운동은 1990년 들어 부동산투기 근절과 공평과세 확립을 위한 세제개혁과 함께, 음성적이고 투기적인 불로소득을 차단하기 위한 운동의 출발이었다. 경실련은 1990년 3월 4일 '임대료 인상 규제촉구 시민대회'를, 3월 16일 '도시빈민 주거안정 촉구를 위한 시민대회'를, 12월 1일에는 '불로소득 척결을 위한 세제개혁 촉구 시민대회'를 개최하였다. 1991년에 들어와서는 2월 23일 '수서사건 재수사 촉구 및 정경유착과 부패 척결을 위한 시민대회'를, 11월 16일에는 각계 20여 개 시민사회단체와 공동으로 '경제위기 극복을 위한 경제개혁 촉구 시민대회'를, 12월 5일에는 미국대사관 정문 앞에서 '쌀시장 개방반대 캠페인'을 진행하였다. 1992년에는 7월 18일 '정보사 땅 부정 진상규명대회 및 금융실명제 실시 촉구 시민대회'를 열었으며, 11월 6일 "정책 대결의 선거문화를 위한 밤" 행사를 열고, 금융실명제 즉각 실시, 재벌의 소유 분산 및 소유와 경영 분리 등 '차기정부 13개 개혁과제'를 발표하기도 했다.

한편, 1989년 9월 10일 공해추방운동청년협의회와 공해반대시민운동협의회가 통합하여 발족한 공추련은 공해문제를 유발하는 기업들을 사회문제화시킴으로써 공해문제의 심각성을 널리 알리기 시작했고, 원전 건설과 영덕의 핵폐기물처리장 건설반대사업에 적극적으로 동참하였다. 공추련은 1990년 4월 15일 '전국 핵발전소 추방운동본부' 창설에 적극 가담하고 핵발전소 건설반대 100만 명 서명운동을 벌여, 정부가 동해안에 핵폐기물처리장을 건설하려던 계획을 백지화시키는 성과를 거두는 등 괄목할 만한 활동을 해왔다. 이 과정을 통해 공추련은 조직을 정비하고, 또한 많은 지역의 민간 환경운동단체를 발족시키는 모태 역할을 하기도 했다. 특히 1991년 이후로는 공해 피해주민의 입장에서 대중과 함께 실천해나간다는 대중성의 원칙과 함께 전문성과의 결합을 새로운 문제의식으로 제기하여,

'대중성과 전문성의 결합'을 위해 노력하였다. 공추련은 다양한 공개행사 및 환경교육, 피해지역 주민들의 환경운동 지원, 지역단위의 반공해단체 들과의 연대 등을 통해 한국 환경운동의 지도적 위치를 확보하게 되었다.

1993년 4월 2일 그동안 수도권을 중심으로 활동해온 공추련을 중심으로 전국 8개의 환경단체(서울 공해추방운동연합, 부산 공해추방시민운동협의회, 진주 남강을지키는시민의모임, 광주 환경운동시민연합, 대구 공해추방운동협의회, 울산 공해추방운동연합, 마산·창원 공해추방시민운동협의회, 목포녹색연구회)가 통합되어 전국적 규모의 환경단체인 '환경운동연합'을 결성함으로써 그 역할을 일단락 지었다.

5

각 부문의 민주화운동

1980

1992

신군부의 등장과 '서울의 봄' • 10·26정변 이후 유신세력의 대응과 12·12군사반란 • 한국민주화운동의 전개와 신군부의 집권 추진 • 민중투쟁의 확산과 학생들의 개헌친위투쟁 • 박정희의 지역주의와 김대중 • 5·18민중항쟁의 발발과 전개 • 광주시민들의 투쟁의 지배구조 • 1980년대 학생운동의 시각 • '무림'과 '학림' • 구국학생연맹 시대의 무장투쟁 • 5·18민중항쟁의 의의와 명예회복 • 5공화국의 성립과 전두환 정권운동의 고조 • 2·12총선과 민주화운동의 약진 • 한일안보경제 반대투쟁 • 민통련 결성 • 개헌 국민운동 • 정치권의 변화와 민주정부 결성 • 유화국면 이후 민주화학생조직 결체투쟁 • 5·18고문조작 폭로와 민주대연합 강화 • 6·10국민대회 • 평화·민주·자주·통일운동 • 개헌 요구의 고조 • 노동자대투쟁 • 6·29선언과 6·29이후 • 6·29이후 이중간 이데올로기 민주화연합의 이완 • 1987년 노동자대투쟁 • 민주 개헌과 1987년 한반의 • 6·29선언과 김영삼·김대중의 분열 • 제13대 대통령 선거 • 노태우 정권민주정부 수립의 실패와 지역주의정서의 등장 • 3당 합당의 국민운동과 보수대연합 • 현실사상 최초의 여소야대를 가져온 • 1988년의 9·26 총선 • 여소야대 국회의사와 밤 • 제도 개막 • 노태우 정부 내부 권력의 심화·강화 • 공안정국과 3당 합당 • 방북사건과 1차 공안정국 • 3당 합당을 통한 보수대연합 • 1991년 5월투쟁과 2차 공안정국 • 보수대연합의 기점, 김영삼 정부의 출범

제**1**장

종교계의 민주화운동

1
5·18민중항쟁과 종교인들

항쟁의 과정과 종교인들

5·18민중항쟁은 1980년대 민주화운동에 깊은 영향을 미쳤다. 5·18민중항쟁은 사회운동의 급진화를 촉진하는 계기로 작용하기도 했지만, 무엇보다도 독재정권을 향한 저항에 동력을 제공하는 마르지 않는 원천이었다. 1980년대 내내 광주항쟁의 성격과 책임 소재, 희생자들의 명예회복문제 등을 둘러싸고 독재정권과 민주화운동 진영 사이에 치열한 각축이 전개되었다. 말하자면 광주항쟁은 1980년대 '기억의 정치'에서 중심적인 자리를 차지하고 있었다. 우리는 일부 종교인들이 항쟁의 과정에 개인적·집단적으로 참여했고, 항쟁 이후에도 추모미사나 예배 등을 통해 광주항쟁을 둘러싼 기억의 정치에도 중요한 역할을 담당했다는 사실에 주목할 필요가 있다.

　민중항쟁 직전의 광주에는 다양한 운동그룹들이 존재하고 있었고, 종교계 역시 여기서 중요한 비중을 차지하고 있었다.* 종교인들은 그들 상호 간에, 그리고 비종교인 지도자들과도 촘촘한 인적 연결망을 구축하고 있었다. 인적 연결망은 대체로 다음과 같이 구성되어 있었다. (1) 1976년 5월 창립된 광주대교구 정의평화위원회(약칭 정평위)가 진보적인 신부와 평신도를 엮는 망이었다면(김재영, 1988, 347~348쪽), 1974년 6월에 설립된 광주기독교연합회(약칭 광주NCC)[**]는 진보적 개신교 지도자들을 한데 묶어주는 조직네트워크였다. (2) 광주지역 개신교와 천주교의 진보적 인사들을 통합하는 연결고리는 광주항쟁 직전인 1980년 4월에 조직된 '사회선교협의회'(약칭 사선)였다. (3) 광주지역에서 '개신교-천주교-재야인사'의 세 축을 하나로 결합시킨 조직은, 1977년 12월 지방에서는 처음 결성된 '광주앰네스티'였다. (4) 개신교-천주교-재야 간 3자 연대, 나아가 광주지역의 다른 운동권 그룹들을 연계시킨 또 다른 주역은 '광주 YWCA'였다. 광주대교구 정평위, 광주NCC, 사선, 광주앰네스티가 '인적' 연결망을 제공했다면, 광주 YWCA는 '공간적' 연결망을 제공했다고 할 수 있다.[***]

광주지역의 농민운동 및 노동운동 영역에서도 종교계의 비중과 영향력이 컸다. 주지하다시피 1970년대 말까지 한국 사회에서 조직화된 저항적 농민운동은 천주교의 가톨릭농민회(약칭 가농)가 유일했다. 특히 서경원 회장과 노금노 총무를 중심으로 한 가농 전남연합회는 이미 1976~1978년 2년에 걸친 고구마 피해보상운동(함평고구마사건)을 성공적으로

---

[*] 문병란(1988, 67쪽)은 1970년대의 민주화운동 과정에서 상호 간의 결속을 다져온 '광주운동권'의 15개 그룹을 열거한 바 있는데, ① NCC계통 그룹, ② 헌정동지회 그룹, ③ 녹두서점 그룹, ④ 현대문화연구소 그룹, ⑤ 앰네스티 그룹, ⑥ 양서협동조합 그룹, ⑦ 해직교수 그룹, ⑧ YWCA 그룹, ⑨ 노동운동 그룹, ⑩ 송백회 그룹, ⑪ 문화운동 그룹, ⑫ 농민운동 그룹, ⑬ 들불야학 그룹, ⑭ 극단 광대 그룹, ⑮ 천주교 정평위 그룹 등이 그것이다.(문병란, 1988, 67쪽) 종교인들의 존재는 'NCC계통 그룹' 'YWCA 그룹' '천주교 정평위 그룹'은 물론이고, '앰네스티 그룹'과 '농민운동 그룹' '노동운동 그룹'에서도 두드러졌다.

[**] 한국기독교교회협의회(KNCC)의 광주지역 지부격인 조직임.

[***] 『광주매일신문』에 의하면, 금남로 주변인 광주시 동구 대의동에 위치했던 3층 건물의 광주 YWCA 회관은 1970년대 후반 '광주시민들의 공회당'이었다.(광주매일정사5·18특별취재반, 1995, "종교계·사회단체 활동" 부분 참조)

이끌면서 조직을 다진 바 있다. 당시 대규모 농민집회의 무대는 대개 계림 동성당이나 북동성당 등 광주시내였다. 함평고구마사건이 끝나기 직전인 1978년 3월에는 개신교계 최초의 농민운동조직인 '전남기독교농민회'가 창립되었다. 전국적인 개신교계 농민조직이 등장한 것은 그로부터 4년 후의 일이었다.(『시민의소리』 2007년 1월 14일자) 1980년대 초까지도 한국의 노동운동은 종교계 노동운동의 강력한 영향을 받고 있었다. 개신교계 노동운동조직인 도시산업선교회(약칭 산선)가 대부분 수도권 지역에 집중되어 있었으므로, 광주지역 노동운동에서는 이미 1960년대 중반부터 활동해 온 천주교조직(가톨릭노동청년회 JOC)이 상대적으로 강했다. 특히 'JOC여성노동자모임'이 지역 섬유업계의 노조들을 주도하고 있었다.(광주매일정사5·18특별취재반 편, 1995, "노동운동" 부분 참조; 이준수, 1989, 179~181쪽)

광주NCC로 결집한 개신교 지도자들, 광주 YWCA와 광주 YMCA 지도자들, 광주대교구 정평위로 결집한 천주교 인사들, 그리고 개신교와 천주교가 결합한 사선, 개신교·천주교와 재야인사들을 결합시킨 광주앰네스티 등 이런 일련의 조합은 1980년 5월 22일 오전에 모습을 드러낸 이른바 '남동성당파 수습대책위원회'로 귀결된다. '남동성당파 수습대책위원회'가 형성되는 과정, 이들이 벌인 주요 활동은 〈표1〉에 요약되어 있다.

'남동성당 측 수습대책위원회'는 5월 25일 오후부터 기존의 '도청 시민수습대책위원회'를 해체시킨 후 기존 위원 일부를 흡수하는 형식으로 주도권을 행사하였다. 개편된 수습대책위원회는 전체 위원 25명 중 19명이 남동성당 측 인사로 구성되었고, 위원장(홍남순 변호사)과 대변인(김성용 신부)도 남동성당 측 인사들이 맡았다. 또 남동성당 대책모임의 규모가 5월 22~23일에는 11~12명 정도였지만, 5월 25일에는 19명으로 늘어난 것도 주목된다. 5월 25일 발표된 "최규하 대통령 각하에게 드리는 호소문"에 나타나 있듯이, 이들이 제시한 수습방안은 (1) 이번 사태가 정부의 잘못 때문

표1 남동성당파 수습대책위원회의 형성과 활동

일시	장소	참석자	특징 및 논의사항
5월 21일(수) 오전 11시경	호남동 성당	김성용, 조철현, 남재희, 장옥석, 이영수, 이천수, 박상수, 백용수	· 광주시내 신부 모임 · 도청까지의 독자적 가두시위를 결의했다가 포기
5월 22일(목) 오전 10시경	남동성당 (사제관)	명노근, 조아라, 이애신, 이기홍, 이영생, 김천배, 이성학(이상 개신교), 김성용, 조철현(천주교), 송기숙, 홍남순, 정태성	· 매일 오전 10시 회합키로 합의 · 관민합동의 거도적 대책위를 구성키로 하고 도청 측 수습위와 논의, 도청 측이 마련한 7개 항 수습조건을 계엄사와 논의키로 하고 해산
5월 23일(금) 오전 10시경	남동성당 (유치원)	이기홍, 조아라, 이애신, 이영생, 김천배(이상 개신교), 김성용, 조철현(이상 천주교), 홍남순, 조봉환, 위인백, 장기언	· 계엄사에 요구할 8개 항을 결의하고 이를 관철하기 위해 도청 수습위와 논의했으나 의견불일치
5월 23~24일	도청	김성용, 남재희(신부), 장세균(목사), 이종기(변호사), 송기숙, 명노근	· 김성용, 남재희, 장세균, 이종기는 무기회수 활동 · 송기숙, 명노근 교수는 22~23일 학생수습위 구성에 협조
5월 25일(일) 오전 11시경	YWCA (총무실)	명노근, 이기홍, 이성학(이상 개신교), 장두석(천주교), 송기숙, 홍남순, 박석무, 윤광장, (정상용, 윤상원: 학생 대표)	· 학생 대표들이 천주교를 제외한 재야인사들에게 요구사항 전달
5월 25일(일) 오후 2시경	남동성당	명노근, 송기숙, 이기홍, 조아라, 이애신, 김천배(이상 개신교), 김성용, 조철현, 장두석, 오병문(이상 천주교), 홍남순, 장사남, 김갑제	· 전체가 도청으로 합류하기로 결정
5월 25일(일) 오후 5시경	도청	이애신, 조아라, 이영생, 윤영규, 김천배, 이성학, 이기홍, 명노근(이상 개신교), 정규완, 김성용, 조철현, 장두석(이상 천주교), 위인백, 홍남순, 송기숙, 조봉환, 장사남, 김갑제, 정태성(이상 남동성당 측 위원), 이종기, 신 교수(조선대), 장세균, 김재일(목사)[이상 도청 측 위원], 이양현, 오재일(이상 학생 측 위원)*	· 남동성당 측 위원을 주축으로(전체 25명 중 19명), 기존의 도청 측 및 학생 측 수습위원회를 통합 · 개편된 수습위 위원장은 홍남순 변호사, 대변인은 김성용 신부로 결정
5월 25~26일 (철야)	도청	이성학, 김천배, 이영생, 윤영규, 이기홍, 방철호, 장세균(이상 개신교), 김성용, 조철현, 장두석, 오병문(이상 천주교), 홍남순, 위인백, 장사남, 이종기 등 17명	· 도청에 회수된 무기와 탄약의 보호를 위해 철야. 또 이를 위해 신자 청년들을 도청으로 소집
5월 26일(월) 오전	도청~ 상무대	위와 같음	· 계엄군의 무력진압을 막기 위한 이른바 '죽음의 행진'을 전개
5월 26일(월) 오후	도청	조아라, 이애신, 윤영규, 김재일, 장세균, 김신근(목사)[이상 개신교], 조철현, 오병문(이상 천주교), 이종기, 장사남	· 저녁 8~9시경 이종기 변호사를 제외한 조철현 신부, 오병문 교수, 조아라 장로, 이애신 총무가 마지막으로 도청에서 철수

* '광주사태수습대책위원 일동' 명의의 "최규하 대통령 각하에게 드리는 호소문"에 수록된 명단

임을 시인할 것, (2) 광주시민들에게 사과하고 용서를 청할 것, (3) 모든 피해에 대해 정부가 보상할 것, (4) 어떠한 보복조치도 하지 않을 것으로 집약된다.(『1980년대 민주화운동』6, 173~174쪽) 물론 이런 요구는 받아들여지지 않았다. 5월 26일 오전에는 계엄군의 무력진압을 막기 위해 17명의 위원들이 농성동 농촌진흥원까지 함께 걸어가는 이른바 '죽음의 행진'까지 감행했지만, 이 역시 무력진압을 단 하루만 늦추는 효과가 있었을 뿐이다. 계엄군에 의해 광주항쟁이 진압된 후 남동성당 측 대책위원들은 대부분 구속되었다.

광주항쟁 당시 개신교계 차원의 역할은 (1) NCC계열 지도자들의 남동성당 측 수습대책위 참여, (2) 보수교단 소속 교회 지도자들의 도청 측 수습대책위 참여, (3) 부상자 치료를 위한 NCC계열 교회들의 모금운동, (4) '기독교대책위원회'를 중심으로 한, 보수 교단 소속 교회들의 모금운동, (5) 목포와 강진지역 교회들의 항쟁 참여, (6) 서울의 한국기독교교회협의회 KNCC 인권위원회와 일부 개신교계 학생들의 움직임 등으로 구분해서 살펴볼 수 있다. 남동성당 측 수습대책위에 참여한 인사들을 논외로 한다면, 신승균, 박영봉, 장세균, 김재일, 한완석, 김신근 등 보수 성향의 목사들이 도청 측 수습대책위원으로 참여했다.(『1980년대 민주화운동』7, 421·428·432쪽) 그러나 잘 알려져 있다시피 도청 측 수습대책위원들은 광주시민들에 의해 '어용'이나 '투항파'로 불신받아 5월 25일을 전후하여 대부분 수습대책위에서 탈락했다. 특히 침례교 소속인 장세균 목사는 25일 이른바 '독침사건'을 일방적으로 발표하여 항쟁지도부를 궁지로 모는 결과를 낳기도 했다.(월간조선 특별취재반, 1985, 256쪽)

방철호 목사의 증언에 의하면, 5월 21일에 광주시내의 목회자 71명이 한완석 목사가 시무하던 광주제일교회에 모였고, 이튿날인 22일에는 '광주시 기독교 수습대책위원회'를 조직했다고 한다. 보수교단 소속인 개신교

목회자들은 23일에도 광주제일교회에 다시 모였고, 1,000만 원을 목표로 모금을 시작한 가운데 일단 모여진 100만 원을 사망자를 위한 관棺 구입비 명목으로 같은 날 도청에 전달했다.(방철호, 1990, 50쪽) 이 단체는 5월 26일에 30여 명의 목사들이 참여한 가운데 '광주시 기독교 비상구호 대책위원회'로 개칭되고 임원도 개편되었다.(윤선자, 2002, 241~242쪽) 항쟁과정에서 광주지역의 보수적인 교계가 담당했던 역할은 사망자나 부상자를 위한 모금활동, 그리고 도청 측 수습대책위에 참여하는 일 정도에 그쳤던 것 같다. 또한 광주제일교회를 중심으로 한 기독교 수습대책위원회와 도청 측 수습대책위에 참여한 보수계열 개신교 지도자들은 서로 연결되어 있었던 것으로 보인다.* 한편, NCC계열 교회들은 5월 24일 '부상자 돕기 1,000만 원 모금운동'을 전개할 것을 결의하고, 25일부터 모금을 시작했다.(한국기독교교회협의회 인권위원회 편, 2005, 168쪽) 5월 25일 광주 한빛교회에서 열린 '쌀 모금을 위한 기도회'에서는 130만 원이 모금되었고, 개신교 목회자들은 이날 밤 빵과 음료수 등을 도청의 시민군에게 전달했다.(김준태, 1988, 132쪽)

목포와 강진에서는 개신교 신자들이 항쟁을 주도했다. 우선 목포에서는 5월 22일 오전에 개신교 지도자들과 재야인사들이 중앙교회에서 모임을 가졌으며, 1970년대 말 한국기독교장로회청년연합회(약칭 기청) 전국 회장을 역임한 안철은 재야인사 및 청년들과 '시민민주투쟁위원회'를 구성했고, 이 자리에서 위원장으로 추대되었다. 시민민주투쟁위원회는 같은

* 보수계열의 기독교대책위원회는 광주항쟁 종결 이후 '광주시 기독교비상구호위원회'로 개편된 것으로 보인다. 이 단체는 1980년 5월 29일에 광주시장, 목사들, 유족들과 함께 47구의 시신을 운구하여 망월동 묘지에서 합동장례식을 거행하였고, 전국 교회들에서 모금한 7,000여만 원으로 5월 30일부터 10월 24일까지 병원(민간인 및 군인 부상자), 경찰서, 사망자·구속자 가족, 교도소 등을 방문하여 위로금을 전달하는 활동을 계속하다가 11월 8일에 해산했다. 그러나 이 단체는 같은 해 8월 3일에는 광주실내체육관 앞 광장에서 5만 명의 신자들이 참여한 가운데 '나라를 위한 연합예배'를 거행하는 등 대체로 친정부적인 행보를 보였다.(방철호, 1990, 50쪽)

날 오후에 목포역 광장에서 '제1차 민주헌정 수립을 위한 시민궐기대회'를 열었다. 같은 날 강진에서도 강진읍교회를 중심으로 개신교계와 일반 청년·학생 수천 명이 시위를 벌였다. 일요일인 5월 25일 목포역 광장에서는 '목포시 기독교연합회 비상구국기도회'가 열렸고, "광주시민혁명에 대한 목포지역 교회의 신앙고백적 선언문"이 발표되었다. 광주항쟁에 대해 발언한 기독교인들의 최초 문건인 이 선언문은 광주항쟁을 "동학혁명, 3·1 운동, 광주학생사건, 4·19와 명동 민주구국선언의 법통을 잇는 역사적인 시민혁명"으로 규정했다. 목포시민들은 광주에서의 항쟁이 계엄군에 의해 진압된 후인 5월 27일에도 오전 11시에 '제5차 민주헌정 수립을 위한 목포시민 궐기대회'를 열었고, 저녁 8시에는 횃불시위를 벌이는 등 마지막까지 저항을 계속했다. 목포에서의 항거는 5월 28일 새벽에 군인과 경찰들이 목포역 시위본부를 습격하여 시위대를 체포함으로써 막을 내렸다.(『1980년대 민주화운동』 6, 99~101·113·121·181~182쪽; 『1980년대 민주화운동』 7, 606~611쪽: 한국기독교교회협의회 인권위원회 편, 2005, 168~171쪽)

항쟁기간 중에 광주를 제외하고는 개신교계 차원에서의 대응은 미진한 편이었다. 예컨대 1970년대 개신교 민주화운동의 선두에 서 있었던 KNCC 인권위원회는 항의성명서를 발표해달라는 광주지역 목회자들의 요청에도 불구하고 침묵을 지켰다.(김흥수, 2007, 164쪽) 광주항쟁 기간 중 서울에서 있었던 개신교계의 움직임은 1980년 5월 25일 서울 한빛교회의 대학부 소속 학생 세 명과 박윤수 전도사가 광주 학살사건 관련 유인물을 배포하려다 적발되어 모두 구속된 것(『암흑 속의 횃불』 4, 204쪽), 5월 26일에 광주항쟁 대책을 마련하기 위해 KNCC 인권위원회가 열렸던 것 정도에 그쳤다. 인권위원회는 5월 26일의 회의에서 시국에 대한 KNCC 차원의 견해를 표명하기 위해 인권위원회와 교회와사회위원회 연석회의를 28일에 열고, 당국자와의 면담을 추진하며, '광주사태대책위원회'를 구성하기로 결정했지만, 당국의 집회 불허로 인권위원회·교회와사회위원회 연석회의가 무산되면서 어떤 결정도 실행에 옮겨지지 못했다.(한국기독교교회협의회 인권위원회 편, 2005, 171쪽)

광주항쟁과 관련된 천주교회의 다양한 노력은 개신교회의 노력보다 한층 조직적이고 지속적이었다. 해당 지역교회인 광주대교구와 바로 이웃한 전주교구의 사제들, 그리고 김수환 추기경과 서울대교구의 정의구현사제단 소속 신부들의 활약이 돋보였다. 특히 광주대교구는 윤공희 대주교를 중심으로 공고하게 단결하면서, 대체로 항거에 나선 시민들의 입장을 대변하는 방향에서, 항쟁 초기부터 사태수습에 적극적으로 나섰다. 교구청이 자리한 가톨릭센터가 지리적으로도 항쟁의 한복판에 놓여 있었으므로, 광주대교구의 개입은 어쩌면 불가피한 상황이기도 했다. 광주대교구는 광주항쟁의 과정에서 중요한 역할을 담당했을 뿐 아니라, 1981년부터는 매년 남동성당에서 교구 정평위의 주도로 대규모 추모행사를 개최했다. 광주대교구의 추모행사는 망월동 묘역과 연계되어 전국적인 순례의 대상이 되었으며, 이를 통해 광주항쟁의 열기와 가치를 이어가는 데 크게 기여했다. 항쟁기간과 그 직후 광주대교구를 중심으로 한 천주교의 활동을 간략히 정리하면 다음과 같다.

항쟁 첫날인 5월 18일 광주대교구 사목국장이던 이영수 신부는 전라남도 경찰국장에게 전화를 걸어 폭압적인 시위진압에 강력하게 항의하는 등 사태수습의 전면에 나섰다.(윤선자, 2002, 228쪽) 5월 21일에는 광주시내의 8인 신부모임이 호남동성당에서 있었으며, 이들은 모두 장백의長白衣를 입고 현수막을 앞세워 시민과 계엄군이 대치하는 도청 앞까지 행진하여 중재에 나설 계획을 추진했다. 이에 따라 호남동성당 주임신부이자 교구 부주교였던 장옥석 신부가 계엄사령부에 연락하여 사제들의 행진에 발포하지 말 것을 요구했지만, 계엄군 측의 미온적인 대답으로 계획을 포기할 수밖에 없었다. 5월 20일 서울에서 광주로 돌아온 윤공희 대주교는 5월 22일 계엄분소장인 소준열 사령관에게 전화를 걸어 군인들의 과잉진압을 인정하고 사과하는 것이 사태수습책임을 강조하였다.(윤선자, 2002, 230쪽) 천주교회 측은 같은 날 도청에서 열린 수습대책위원회 회의에 윤 대주교, 정규완 신부(북동성당), 이영수 신부, 조철현 신부(계림동성당) 등이 참여했는데, 이 자리에서 윤 대주교는 천주교회 측 대표로 조철현 신부를 임명하여 사태수습을 돕도록 했다. 그리고 이날부터 김성용 신부의 주도하에 남동성당 모임이 시작되었다. 5월 23일에는 국무총리가 광주를 방문한다는 소식을 들은 윤 대주교가 국무총리를 만나 대책을 협의하기 위해 도청에서 대기하다 돌아오기도 했다. 같은 날 서울에서는 주교단이 모임을 갖고, '광주사태'에 대해 깊은 우려를 표명하고 신자들에게 특별기도를 요구하는 "호소문"을 김수환 추기경 명의로 전국 교회에 보내기로 결정했다. 김수환 추기경은 이와 별도로 "광주에서 많은 사람이 다쳤다는 소식을 듣고 걱정이 크다. 어려운 상황이지만 평화적으로 잘 해결됐으면 좋겠다"라는 취지의 편지를 1,000만 원을 동봉하여 윤 대주교에게 보냈다. 이 편지는 5월 25일 군종신부를 통해 광주교구에 전달되었고, 함께 전해진 돈은 교구 정평위를 통해 부상자 치료와 구속자 영치금 등으로 쓰였다.(『연합뉴스』 2009년 2월 18일자) 윤 대주교는 5월 24일 광주시민들에 대한 하느님의 자비를 빌자는 호소를 담은 사목 서한을 교구 소속 교회들에 보냈고, 이 문건은 일요일인 25일의 미사 중에 일제히 낭독되었다. 5월 26일에도 윤 대주교는 자신의 사목 서한과 함께 추기경의 호소문을 교구 교회들에 배포했다. 같은 날 김성용 신부는 광주의 진상을 전국적·국제적으로 알리고, 추기경 및 대통령과 면담하여 사태수습책을 논의하기 위해 광주를 탈출하여 서울로 향했다.(『암흑 속의 햇불』 4, 29~342쪽)

항쟁기간 중에 전주교구의 움직임도 활발했다. 5월 20일에 소집된 전주교구 정평위 상임위원회는 대표를 광주교구에 파견하여 위문하고, 광주항쟁에 대한 올바른 계도활동을 전개할 것을 결의했다. 이에 따라 교구장인 김재덕 주교와 김봉희 신부가 5월 21일에 광주를 향해 출발했으나 군당국의 통제로 되돌아갔다. 5월 22일에는 교구 사제총회가 소집되었고, 사제들은 정부에 대해 항의성명서를 발표함과 동시에, 조선대 민주투쟁위가 작성한 "전두환 광주 살육 작전"이라는 제목의 유인물을 1만 부 인쇄하여 각 성당에 배포했다. 5월 23일에도 긴급 사제총회가 열렸는데, 광주항쟁으로 희생된 민주시민들을 위한 위령미사 거행, 부상자들을 위한 헌혈운동 전개, 광주항쟁에 대한 올바른 계몽에 주력하기로 결의되었다. 이에 따라 같은 날 김재덕 주교의 집전으로 60여 명의 교구사제단이 참여한 가운데, 전주 중앙성당에서 위령미사가 거행되었다. 이 미사는 광주항쟁 희생자를 위한 추모의례로는 최초로 거행된 역사적인 행사였다.(『암흑 속의 횃불』 4, 60쪽)

일부 불교 승려와 신자들도 광주항쟁에 적극 참여했다. 예컨대 화엄사의 진각 스님은 광주시민들의 요구를 담은 현수막 제작과 의료봉사활동을 전개하다 총상을 입어 중추신경이 절단되는 중상을 입었다. 증심사의 신자들은 성연 스님의 인솔하에 초파일에 쓰일 음식을 리어카에 싣고 나와 시민군에게 나눠주며 항쟁에 참여했다.(이광영, 1988, 138쪽) 5월 26일 도청 앞에서 열린 5차 시민궐기대회에서는 증심사의 한 젊은 승려가 연단에서 "불교인인 자신이 왜 싸우자고 할 수밖에 없는가"를 역설했으며, 그는 27일 새벽에 계엄군에 의해 피살되었다.(『1980년대 민주화운동』 6, 115쪽)

5·18민중항쟁 계승을 위한 종교계의 노력

5·18민중항쟁이 비극적으로 종결된 직후부터 종교인들의 저항이 시작되었다. 개신교계의 움직임을 먼저 살펴보자. 1980년 5월 29일 고려대 기독학생회 회원 16명이 광주학살을 고발하는 "800만 서울시민에게 고함"이라는 제목의 유인물을 살포하려고 논의하다 전원 연행된 데 이어, 다음 날인 5월 30일에는 서울 형제교회 신자이자 기독교대한감리회 청년회전국연합회(약칭 감청)와 한국기독청년협의회EYCK의 농촌분과위원장이던 서강대생 김의기가 "동포에게 드리는 글"이라는 제목의 유인물을 살포하고 서울의 기독교회관에서 투신자살했다. 같은 해 6월 2일에는 김의기의 장례식장에서 유서를 인쇄하여 살포한 감리교신학대 학생 장석재가 구속되었다. 6월 9일에는 성남 주민교회 청년회 회원이자 성남 한울야학 출신인 노동자 김종태가 신촌 이화여대 입구에서 유신잔당 퇴진, 계엄령 해제, 구속인사 석방 등을 요구하는 내용의 "성명서"를 뿌리고 분신자살했다. 김종태는 "광주 시민·학생들의 넋을 기리며"라는 제목으로 유서를 남겼다.(『암흑 속의 횃불』4, 192·204~205쪽; 한국기독교교회협의회 인권위원회 편, 2005, 175~178쪽)

KNCC 인권위원회는 1980년 6월 4일 5·18민중항쟁의 진상을 조사하기 위해 오충일 인권위원과 이경배 사무국장을 광주로 파견했고, 7월 4일에는 조남기 인권위원장과 이경배 사무국장이 전두환 보안사령관을 면담하여 관련자 석방을 요구했다. 진상조사는 더 이상 진척되지 못했고, 전두환과의 면담에서도 성과를 얻지 못했다. 이후 인권위원회는 1984년 6월까지 광주항쟁과 관련된 별다른 활동을 펼치지 못했다.(한국기독교교회협의회 인권위원회 편, 2005, 171~172쪽) 기독교대한감리회(약칭 기감) 선교국은 1980년 6월 9일부터 한 주간을 광주항쟁을 기억하는 '기도주간'으로 정했고, 전북 전주의 교회들은 6월 8일 완산교회에서 2,000여 명이 참가한 가운데 초교파적인 기도회를 가졌다.(김흥수, 2007, 166쪽)

1980년 8월 5일에는 광주항쟁의 진상을 알리는 유인물을 제작하여 청주지역에 살포한 혐의로 청주산업선교회 조순형 전도사를 비롯하여 이유근, 김창규, 이관복 등이 구속되었다. 같은 해 10월 8일에는 광주항쟁 당시 숨진 한신대 학생 류동운의 추도식에서 한신대 학생들이 "피의 선언문"을 낭독한 뒤 "계엄철폐" 등을 외치며 시위를 벌이던 중, 경찰과 충돌한 후 강당에서 농성을 벌이다 146명이 연행되어 9명이 구속되고 6명은 순화교육을 받는 일이 발생했다. 10월 22일에는 광주학살의 진상을 알리는 "십자가의 성전을 선언한다"와 "폭력을 논함"이라는 제목의 유인물을 제작하여 서울 마포 일대에서 살포한 한빛교회 신도 양화수와 대학생 두 명이 구속되었다. 12월 23일에는 한국기독교장로회 총회가 광주항쟁 피고인들에 대한 극형 면제를 정부에 청원했다.(『암흑 속의 횃불』4, 192~194·206~207쪽)

1981년 3월 3일 광주교도소에서 5·18민중항쟁 관련자들이 석방되었을 때, 광주 한빛교회는 이들을 환영하는 예배를 거행했다. 같은 해 5월에는 역시 한빛교회에서 비교적 소수의 시민과 학생이 모인 가운데 광주항쟁 1주기 추도예배가 열렸다. 이후 한빛교회는 광주NCC와 연합하여 광주항쟁 추도예배를 거행하는 중요한 장소로 부각되었다. 한편, 서울에서는 1981년 5월 20일에 EYCK가 기독교회관 내 사무실에 광주항쟁 희생자 분향소를 설치하자, 경찰이 사무실로 난입하여 십자가, 모금함, 성경, 촛대 등을 압수하고, EYCK 간사 권진관, 총무 이영우, 부회장 최경란과 김철기, 변광순 등을 연행했다. 5월 21일에는 감리교신학대 학생들이 예배시간에 "레기온(군대귀신)을 몰아내자—광주의거 1주기를 맞이하여"라는 제목의 유인물을 배포했는데, 이 일로 송규의와 인태영이 구속되었다.(『암흑 속의 횃불』4, 443쪽) 같은 해 8월 12일부터 15일까지 '기청 전국청년교육대회'

가 전남 계림국민학교에서 "죽은 자 가운데서 일어나라"라는 주제로 열렸는데, 대회 참석자 800여 명은 "5·18 구속자 석방"을 요구하며 농성을 벌였다.(『5·18광주민주화운동자료총서』 2, 272~276쪽 참조)

1982년 5월 18일에는 광주 YWCA회관 강당에서 광주NCC와 기장 전남노회 교회와사회위원회, 광주EYC의 공동주최(KNCC, EYCK 후원)로 '2주기 광주 5·18 추모예배'가 열렸다. 2,000여 명의 신자와 유족, 시민들이 참여한 예배가 끝난 후 1,000여 명이 항쟁의 현장인 도청 앞 분수대까지 행진을 시도하다 18명이 연행되고, 이 가운데 기장 전남노회 교회와사회위원회 총무 김경식 목사, 광주EYC 회장 김영진, 성공회대 신학생을 비롯한 학생 두 명 등 네 명이 구속되었다. 당일 설교를 맡았던 고영근 목사도 연행되었다.• 이 행사는 광주항쟁 이후 개신교계의 역량이 결집된 본격적인 추모예배였을 뿐 아니라, 항쟁 이후 광주에서 열린 최대 규모의 정치집회였다. 1983년 5월 16일 열릴 예정이던 '광주사태 3주기 추모예배'의 경우, 예배 설교자인 문익환 목사를 비롯한 다수의 개신교 지도자들이 공안당국에 의해 연금되거나 감시당했다. 1984년 5월 18일에는 '5·18 4주기 추모예배'가 광주NCC, 기장 전남노회 교회와사회위원회 주최로 광주 한빛교회에서 거행되었다.(김명배, 2009, 219~220쪽)

1982년 8월 1일에는 강신석 목사의 도움을 받아 광주 무진교회에서 '5·18부상자회'가 결성되었으며, 사무실은 광주 YWCA회관 내에 개설되었다. '5·18광주의거청년동지회'도 1986년 4월에 무진교회에서 창립되었고, 이 단체의 사무실 역시 YWCA회관 내에 설치되었다. 1987년 8월 현재 17개 사회운동단체들이 사무실을 두고 있었을 정도로, 광주 YWCA회관은

• 『1980년대 민주화운동』 6, 270~271·273쪽; "5·18 추모예배 사건 경위서"(1982); 민주화운동기념사업회 홈페이지의 '민주화운동 아카이브' 자료 등을 참조.

광주·전남 사회운동의 공회당으로 재생했다.(『5·18광주민주화운동자료총서』 12, 310·323·328·345~346·359·371쪽 참조)

광주지역을 넘어 범개신교 차원에서 광주항쟁문제가 본격적으로 제기된 것은 1985년부터였던 것으로 보인다. 개신교계의 진보세력들이 폭넓게 참여했던 '기독자민주쟁취대회'가 산하에 '5월광주민중항쟁기념위원회'를 두고 1985년 5월에 다양한 활동을 전개했던 것이다. 5월광주민중항쟁기념위원회는 학살의 진상규명, 희생자의 명예회복, 희생자·유족·부상자에 대한 보상, 미국의 사과 등을 요구하면서, 이해 5월 12일부터 27일까지를 '광주민중항쟁 기념기간'으로 정하고, 개신교 신자들을 대상으로 한 홍보물 배포, 항의농성 등의 활동을 벌였다.•

한편, 항쟁이 진압된 5월 27일부터 그해 7월 하순까지 천주교의 주요 활동은 〈표2〉에 요약되어 있다.

광주대교구는 교구 사제들이 대거 구속되거나 연행된 1980년 6월부터 매주 '월요미사'를 거행했다. 이 월요미사는 이듬해인 1981년 8월까지도 계속되었다. 한국 천주교회는 아울러 광주항쟁의 배후로 지목되어 사형선고를 받은, 천주교 신자이기도 한 김대중을 위한 구명운동도 지속적으로 전개했다. 천주교정의구현전국사제단(약칭 정구사)과 정평위, 남녀 수도회들이 주도한 이런 움직임은 1980년 9~10월에 특히 활발하게 전개되었다. 교황 요한 바오로 2세가 전두환 대통령에게 김대중을 구명하기 위한 편지를 두 차례(1980년 12월 11일과 1981년 2월 14일) 보낸 사실도 특기할 만하다.(『연합뉴스』 2009년 5월 19일자)

1980년 12월 9일에는 광주미문화원방화사건이 발생했다. 정순철(분회

• 기독자민주쟁취대회가 발표한 "광주의 피는 보상되어야 한다"(1985. 5), "아! 광주여! 민족의 십자가여!"(1985. 5), "5월 광주민중항쟁 기념주간을 맞아 전국 교우 여러분께 드립니다"(1985. 5. 15), "5월 광주민중항쟁 5주년을 기리는 농성에 들어가면서"(1985. 5. 23) 등을 참조.

표2 천주교계의 광주항쟁 관련 움직임(1980. 5. 27∼7. 21)

일자	주요 활동
5. 27	김성용 신부, 서울 도착. 5월 31일까지 "광주항쟁, 분노보다 슬픔이……"라는 제목의 '일지'를 기록하고 녹음테이프 제작
5. 27	주교회의 정평위, ① 사망자 시신의 가족 인계, ② 부상자를 광주 외의 병원에서도 치료, ③ 체포자에 대한 관용과 석방을 계엄사에 요구
5. 27	전주교구 사제 6명과 정평위 위원 2명이 광주항쟁의 진상을 파악하기 위해 광주로 향했으나 계엄군의 저지로 무산
5. 29	전주교구, 김재덕 주교와 교구 사무처장, 정평위 회장이 광주교구를 방문하여 윤공희 대주교와 교구 신부들을 위로하고 성금 전달
5. 30	광주대교구 구호대책위원회, 부상자와 가족들에게 보내는 담화문 발표
6. 1	전주교구, 광주교구로 보내기 위한 특별헌금 모금과 헌혈운동 전개
6. 2	주교회의 정평위, '민족 내부의 화해를 지향하는 기도회' 개최하기로 결정. 그러나 당국의 저지로 실패
6. 2	윤공희 대주교, 최규하 대통령에게 보내는 "탄원서"를 "호소문"과 함께 제출
6. 2	주교회의 상임위, 윤공희 대주교로부터 항주항쟁 진상을 보고받고 대통령에게 보내는 건의서 전달
6. 6	일본 정평위, 한국 교회 인사가 비밀리에 전달한 "찢어진 기폭" 문건을 일본어로 번역하여 발표
6. 8	전주교구, 교구 주보를 통해 광주항쟁에 대한 홍보, 각 본당·기관별 위령미사와 기도, 특별헌금과 모금, 헌혈 요청
6. 8	목포 북교동성당 서상채 신부, 5·18 관련 미사를 개최하려다 당국의 저지로 중단. 이를 계기로 광주교구 성당들에서 계엄령 해제를 요구하거나 정의로운 민주정치 실현을 강조하는 미사 계속 진행
6. 10	로마의 한국인 성직자와 수도자들이 광주교구 성직자, 교우를 위로하는 서한을 보내옴.
6. 14 ∼23	광주항쟁 수습대책위원으로 참여했던 6명의 광주교구 사제들이 연행·구금됨.(조철현, 김성용, 남재희, 정규완, 이영수, 장지권 신부)
6. 16	미국 주교회의 의장인 퀸(John R. Quinn) 대주교가 한국 교회의 인권옹호 노력을 지원하겠다는 내용의 서한을 김수환 추기경과 윤공희 대주교에게 보내옴.
6. 23	광주교구 계림성당, 시국미사 성격의 미사 거행
6. 25	광주항쟁 진상을 알리던 전주교구 여산성당 박창신 신부가 괴한 네 명에게 테러를 당함.
6. 25	김수환 추기경, 한국전쟁 30주년을 맞는 시국담화문을 발표하여 광주항쟁의 치유책을 제시
6. 28	전주교구 정평위, 총회를 열고 광주항쟁과 박창신 신부 피습사건에 대한 결의문 채택
6. 30	광주교구, 남동성당에서 열 계획이던 시국미사가 경찰에 의해 제지당함. 교구 신부들은 장소를 옮겨 철야기도에 돌입
6. 30	광주교구 사제단, 광주항쟁 진상에 대한 "보고서"(1차) 배포
6. 30	정구사, 광주 사제단의 보고서 내용을 지지하는 성명서 발표
7. 1	전주교구 대학생연합회, 전주 노송성당에서 광주항쟁 희생자를 위한 위령미사 거행
7. 5	광주교구 사제단, 광주항쟁 진실규명과 공정한 처리, 공정한 수습을 위한 9일 기도 시작
7. 7	광주교구 방인(邦人) 사제단, 구금된 사제들의 고통에 동참하겠다는 결의를 교구장에게 피력

일자	주요 활동
7. 9	전주 가톨릭센터에서 전국의 사제와 수녀들이 참석한 가운데 윤공희 대주교와 20여 명의 사제로부터 광주항쟁의 진상 청취
7. 12	"찢어진 기폭" 유인물과 녹음테이프를 제작·배포한 서울교구 오태순 신부, 양홍 신부, 김택암 신부, 안충석 신부, 장덕필 신부, 노동문제상담소 정양숙 수녀가 광주항쟁에 대한 유언비어 유포 혐의로 연행됨. 같은 날 광주교구 신동성당 정형달 신부도 연행됨.
7. 15	광주교구, 남동성당에서 '구속 사제를 위한 기도회' 개최. 광주교구 사제단, "보고서"(2차) 발표
7. 17	광주교구 사제단, 주교단에게 사제단 구금사태에 적극 대처해달라는 건의문 발송
7. 21	1967년 서품 신부들, 서울 이문동성당에서 '구속 사제들을 위한 기도회' 개최

장), 김동혁(가농 전남연합회 회장 역임), 윤종형, 박시영, 임종수 등 가농 전남연합회 광주분회 회원 다섯 명이 "계엄군의 광주학살 당시 군사작전권을 갖고 있던 미국에 대해 최종적으로 책임을 묻고 응징하기 위해" 벌인 일이었다.(『1980년대 민주화운동』 6, 337~345쪽; 정성헌·정재돈, 2007, 376~377쪽) 말하자면 한국에서 '반미反美운동의 봉화'를 올린 일이었고, 광주항쟁의 연속선상에서 발생한 일이기도 했다.

5·18민중항쟁과 관련된 활동은 1981년 들어서도 광주대교구를 중심으로 계속되었다. 이해 1월 25일에는 광주대교구 정평위가 광주항쟁 관련 사형자 구명 및 구속자 감형을 위한 서명운동을 시작했다.(『5·18광주민주화운동자료총서』 2, 190쪽) 광주항쟁 관련 구속자 석방을 요구하는 서명운동을 전개한 독일 천주교 및 개신교 인사들이 1981년 3월 18일 서명자 명단과 성금을 광주교구 정평위로 보냈으며, 같은 해 4월 10일에는 2차 서명부를 보냈다.(『5·18광주민주화운동자료총서』 2, 191~192·209쪽) 광주항쟁 관련자 상고심 선고공판을 앞둔 1981년 3월 30일 남동성당에서 열린 월요미사에서 윤공희 대주교는 "다시 한번 정당한 판결을 기대하며"라는 제목으로 강론을 했다.(『5·18광주민주화운동자료총서』 2, 195~197쪽; 『5·18광주민주화운동자료총서』 12, 351쪽)

1981년 5월 9일 광주교구 사제단은 "광주사태 1주기를 맞는 우리의 주장"이라는 제목의 성명서를 발표했다. 다음 날인 5월 10일에는 서울 명동성당에서 광주항쟁의 진실을 알리기 위해 광주교구 사제단이 공동으로 집전하는 미사가 열렸는데, 이 미사에는 약 3,000명이 모였다. 이 미사의 강론은 윤공희 주교가 행했다.(『5·18광주민주화운동자료총서』2, 210~214쪽: 『5·18광주민주화운동자료총서』12, 351쪽) 이 미사는 광주항쟁과 관련해서 광주 바깥에서 열린 최초의 대규모 행사였던 것으로 추측된다. 5월 18일에는 광주 남동성당에서 1,000여 명이 참여한 가운데 윤공희 대주교 집전으로 '광주사태 1주기 추도미사'가 열렸다. 미사를 마친 광주교구 사제단은 김성용 신부 등 광주항쟁 관련 구속자 석방을 요구하며 21일까지 나흘간 단식농성에 돌입했다.(『5·18광주민주화운동자료총서』2, 215~216쪽: 『암흑 속의 횃불』4, 365쪽) 광주교구 정평위는 1981년부터 1997년까지 매년 남동성당에서 광주항쟁 희생자 추도미사를 거행했고, 교구 사제단도 매년 이에 맞춰 성명서를 발표했다. 남동성당은 해마다 5월 18일이 되면 전국적으로 민주인사들이 집결하는 민주성지聖地가 되어갔다.＊

　　그러나 광주항쟁과 그 희생자들을 기억하려는 광주교구의 지난한 노력은 한국 천주교회 안에서조차 외로운 것이었다. 1980년대 초에 한국 천주교의 최고 지도층은 조선교구 설정 150주년(1981년), 한국 천주교회 창립 200주년과 한국인 순교자 시성諡聖, 최초의 교황 방한(1984년) 등 정부와의 협조가 중요시된 대규모 이벤트들을 앞두고 정부와의 공공연한 충돌을 꺼리고 있었다. 교황의 한국 방문이 이른바 '유화국면' 조성에 기여함으로써 결과적으로 교회 '밖' 민주화운동의 활성화에 부분적으로 기여한 측면이 있을지라도, 교회 '안'의 민주화운동에 대해서는 오히려 질곡으로 작

＊ 남동성당은 2005년에 광주시 사적지보전위원회에 의해 광주항쟁의 25번째 사적지로 지정되었다.

용했던 것이다. 그리하여 함세웅 신부의 고백대로, "온통 모든 것이 조선 교구 설정 150주년 행사로 초점이 맞추어 있었으니, 자연히 광주의 비극에 대한 기억은 흐려지고 독재정권에 대한 질타는 약해질 수밖에 없었다." (『암흑 속의 햇불』 4, 347쪽)

광주항쟁 추도미사나 기념행사가 광주교구를 넘어서 다른 교구들로 확산되어간 시기가 1985년부터였던 것은 바로 이런 맥락에서 이해될 수 있다. 1985년 5월 17일에는 전주교구 정평위가 주최한 '광주의거 5주기 추모미사'가 전주 가톨릭센터에서 박정일 주교 집전으로 거행된 것을 비롯 하여, 광주항쟁을 기념 혹은 추모하는 행사들이 광주대교구, 전주교구, 인 천교구, 안동교구, 원주교구 등에서 열렸다.(『경향잡지』 1985년 7월호, 125~ 127쪽; 『가톨릭신문』 1985년 5월 26일자) 1986년 5월 18일을 전후해서는 추 모미사 혹은 기념행사가 서울대교구, 전주교구, 인천교구, 원주교구, 춘천 교구 등에서 열렸고,(『암흑 속의 햇불』 7, 65~67쪽 참조), 1987년에는 거의 모든 교구에서 추모미사와 기념행사가 열렸다.(『암흑 속의 햇불』 8, 82~85쪽 참조) 김승훈 신부가 박종철고문사망사건이 조작되었다는 내용의 성명을 발표함으로써 6월민주항쟁을 촉발시켰던 것도 명동성당에서 열린 '광주 의거 7주기 추도미사'에서였다.

2
각 종교계의 민주화운동

개신교계의 민주화운동

1979년 10·26정변이 발생하자 이해 11월 5일 KNCC 인권위원회가 당시 투옥되어 있던 문익환·문동환·조화순·고영근·강희남·인명진·백윤석·김경섭·조석희·강공익 목사 등 모든 양심수를 석방할 것을 요구했다. 11월 15일과 16일 EYCK, KNCC가 각각 유신체제의 조속한 청산과 민주화를 요구하고 나섰고, 11월 19일에는 윤반응 목사 등이 '민주수호기독자회'를 구성하여 민주화와 정치범 석방을 촉구했다. 11월 24일에는 서울 YWCA 강당에서 '통대선출 저지 민주화 촉구대회'(일명 YWCA 위장결혼식사건)를 열어 거국민주내각을 구성할 것을 주장했다. KNCC 인권위원회는 12월 17일 여전히 석방되지 않고 있던 양심수들을 석방할 것을 재차 요청했다. 일단의 기독청년들은 1980년 2월 9일부터 '계엄령 해제를 위한 편지쓰기 운동'을 시작했고, KNCC는 2월 17일 반도유스호스텔에서 '헌법개정에 대한 협의회'를 갖고 정치발전에 관한 교회 입장을 정리하는 작업에 착수했다. 그러나 이런 일련의 노력들은 계엄령 확대와 강화된 정치적 억압으로 인

해 결실을 보지 못했다.(황인성, 2007, 228~230쪽)

　　1980년대 개신교계의 민주화운동은 '5·18민중항쟁'과, 다수의 교계 지도자들이 구속된 '국가전복내란음모사건'이 일어난 엄혹한 상황에서 출발했다. 1980년 초에는 전년도에 발생했던 'YWCA위장결혼식사건'과 '크리스챤아카데미사건', '한국기독학생회총연맹KSCF집회사건' 등과 관련하여 다수의 개신교 지도자들이 감옥에 갇혀 있었다. 1980년 5월 17일 비상계엄령 전국 확대 조치와 더불어 서남동, 인명진, 문익환, 이해동, 한완상, 안병무 등 다수의 개신교 지도자들이 '국가전복내란음모사건' 관련자로 구속되었다. 부산인권선교협의회 회장이었던 임기윤 목사는 이 사건으로 부산지구 계엄합동수사단에서 수사를 받던 중 1980년 7월 26일에 의문사했다.[*] 경찰은 1981년 4월에는 대전지방 성서연구모임인 '한울공동체' 회원 30여 명이 기독교 초기 공동체를 본떠 모임을 가진 것을 '공산주의식 공동체'로 몰아, 이들을 연행하여 한 달간 조사한 후 박재순과 이규호 등 6명을 구속시키고 3명을 불구속 기소했다.[**] 박정희 정권에 이어, 전두환 정권 역시 초기부터 산업선교에 대한 집요한 탄압과 이념 공세를 가했으며, 이런 상황이 1982년까지 계속되었다. 1983년 여름부터는 이른바 '야학연합회사건'을 비롯, 교회 계통 노동야학들에 대한 대대적인 탄압과 이념공세가 행해졌다.(민주화운동기념사업회 연구소 편, 2006, 409쪽)

　　여러 사건들로 인해 유난히 구속자가 많았고 해직교수 또한 많았던 개신교계는 1980년대 초에 김대중내란음모사건 등과 관련된 구속자 석방과 해직교수 복직문제에 집중하는 모습을 보였다. 1970년대와 마찬가지로 이

[*] 정부는 1998년 4월 임 목사를 '광주민주화운동 관련자'로 인정한 데 이어, 2001년 9월에는 의문사진상규명위원회가 "민주화운동 과정에서 위법한 공권력의 행사로 사망하였다고 인정"하는 결정을 내렸다.(한국기독교교회협의회 인권위원회 편, 2005, 180쪽)

[**] 그러나 이 사건은 1982년 8월 31일 대법원에 의해 파기되었다.(『암흑 속의 횃불』 4, 354쪽)

런 활동에서 KNCC 인권위원회가 중심적인 역할을 담당했다. 이것은 광주항쟁문제에 상대적으로 많은 관심과 노력을 경주했던 같은 시기의 천주교계의 민주화운동과 대비된다. 천주교의 경우 김대중사건과 관련해서는 김승훈 신부와 함세웅 신부가 1980년 5월 17일 연행되었다가 7월 12일에 석방되었을 뿐 피해자가 많지는 않았다.(『암흑 속의 횃불』 4, 45쪽)

1979년 12월 이후 중단되었던 '금요기도회'가 1980년 초에 재개되었으나, 당국의 개입과 불허조치로 인해 자주 중단되었다. 당시 기독교회관에서는 매주 금요일 구속자 가족들이 모여 기도회를 열고 있었는데, 1980년 8월 16일 기관 요원들이 구속 민주인사 가족들의 기독교회관 출입을 금지시켰다.(『암흑 속의 횃불』 4, 47쪽) 1981년 5월 18일에도 KNCC 인권위원회 주최로 석방자 환영대회와 예배가 열릴 예정이었으나, 경찰이 '예배금지 통고'로 무산시켰다. 1981년 10월 23일의 금요기도회, 11월 6일의 금요기도회 역시 경찰의 방해로 열리지 못했다.(『암흑 속의 횃불』 4, 355·358~359쪽) 하지만 기도회는 1982년 2월부터 '목요기도회'로 정례화되었고, 1970년대와 마찬가지로 목요기도회는 국내외 언론의 주목을 받으면서 한국에서는 유일하게 서울의 한복판에서 매주 합법적으로 열리는 '반정부집회'로 자리잡았다. 또한 이 기도회가 열린 기독교회관은 천주교의 명동성당과 함께 한국민주화운동의 성지聖地요, 아고라agora로 기능했다.

개신교계의 민주화운동은 이미 1970년대부터 노동운동·농민운동·도시빈민운동과 같은 민중운동, 청년운동과 학생운동, 지식인운동 등을 망라하는 '포괄성'과 '광역성'廣域性을 특징으로 보여주었다. 1980년대에는 새로운 개신교운동조직들이 속속 등장했다. 기존의 학생운동KSCF이나 청년운동EYCK 외에도, 개신교 농민운동조직으로 1982년 3월 출범한 한국기독교농민회총연합회(약칭 기농), 진보적인 성직자운동조직으로 1984년 7월 등장한 전국목회자정의평화실천협의회(약칭 목협 혹은 목정평)를 비롯

표3 1980년대에 등장한 주요 개신교 사회운동단체들

창립시기	단체명	비고
1982. 1. 7	한국YMCA중등교육자협의회	1985년 5월 『민중교육』 창간
1982. 3. 18	한국기독교농민회총연합회(기농)	1989년 2월, '한국기독교농민회'로 개칭
1984. 7. 10	전국목회자정의평화실천협의회(목협 혹은 목정평)	
1985. 2. 3	한국기독노동자총연맹(기노련)	
1985. 2. 17	한국기독교야학연합회(기야연)	
1986. 3. 28	전국신학대학생연합회	
1986. 7. 4	기독여민회(기여민)	
1986. 11	기독교도시빈민선교협의회(기빈협)	
1988. 7. 11	한국민중교회운동연합(한민연)	
1989. 3. 20	한국기독교사회운동연합(기사련)	1996년 3월, '한국기독교사회선교협의회'로 개칭 2000년 9월, '기독시민사회연대'로 개칭 2002년 1월, '기독교사회선교연대회의'로 개칭.

하여, 개신교 노동운동조직으로 1985년 2월 창립된 한국기독노동자총연맹(약칭 기노련), 개신교 여성운동조직으로 1986년 7월 창립된 기독여민회(약칭 기여민), 개신교 빈민운동조직으로 1986년 11월 창립된 기독교도시빈민선교협의회(약칭 기빈협), 민중교회운동조직으로 1988년 7월 출범한 한국민중교회운동연합(약칭 한민연) 등이 그것들이다.

개신교계의 확대된 운동역량은 1985년 2월 12일로 예정된 제12대 국회의원 선거를 앞두고 '기독자민주쟁취대회'라는 형태로 결집되기 시작했다. 1984년 11월 26일 제1차 기독자민주쟁취대회가 기독교회관 소강당에서 열려 "기독자 민주쟁취 선언"을 채택한 것을 시작으로, 같은 해 12월 21일 영등포 성문밖교회에서 열린 제2차 대회에서는 대회의 의장단과 집행위원회를 구성하는 등 조직을 정비했다. 선거 하루 전인 1985년 2월 11일에는 기독교장로회 총회 회의실에서 제3차 기독자민주쟁취대회가 열렸다.

기독자민주쟁취대회는 이때까지 3회에 걸쳐 소식지를 발행하였고, 개신교계 노동자(1984. 11. 29), 농민(1984. 12. 7), 목회자(1985. 1. 10, 1. 28~29, 2. 4), 학생(1985. 1. 16~19), 청년(1985. 1. 17, 1. 20, 2. 1, 2. 4) 그룹들이 연이어 '민주쟁취'를 주제로 한 대회나 강연회, 기도회를 개최했다. 기독자민주쟁취대회를 위한 조직은 1985년 5월까지 유지되었다. 목회자 그룹과 기독청년운동 그룹이 이 운동을 주도했던 데 비해, 학생, 농민, 노동자 그룹의 참여는 다소 부족했던 것으로 평가되었다.*

1986년 들어 개신교계 내부의 연대활동은 더욱 발전된 양상을 보여주었다. 1986년 초부터 개신교계는 언론민주화운동의 일환으로 'KBS시청료거부운동'을 본격화하는 한편, '개헌 서명운동'을 전개하기 시작했다. 이해 1월 20일 김지길 KNCC 회장을 본부장으로 하는 'KBS-TV시청료 거부 기독교 범국민운동 본부'가 선구적으로 결성되어 이 운동이 전국적으로 확산되는 결정적 계기를 마련했다.** 이 단체는 시청료에 관한 교육 세미나를 개최하거나(4월 1일) "목회서신"을 채택하고(4월 8일) 가두 캠페인을 전개하는(7월 11일) 등 여러 활동을 펼쳤다. 한편, 1986년 2월 12일 야당과 민주화추진협의회(약칭 민추협)가 '대통령 직선제 개헌 1,000만 명 서명운동'에 돌입하자, 개신교계 역시 이에 호응하여 2월 17일에 '기독교 민주헌법 개정 서명운동 추진본부' 결성 준비회의를 가졌다. 같은 해 3월 13일에는 KNCC가 개헌 서명운동에 동참한다고 발표했다.(민주화운동기념사업회 연구소, 2006, 449~463쪽) 개신교계는 1986년 6월 발생한 '부천서 성고문 사건'에 대해서도 단독으로, 혹은 천주교계, 여성단체 등과 연대하여 단합

---

* 기독자민주쟁취대회가 발표한 "기독자 민주쟁취대회 경위서"(1984. 11. 26)와 "전국 기독자 민주쟁취대회 경과보고"(1985. 2)를 참조.
** 사실상의 KBS시청료거부운동은 1984년 4월 전북 완주군 고산천주교회의 박병준 신부와 가농 회원들에 의해 시작되었다. 1985년 8월에는 KNCC 시국대책위원회가 KBS시청료거부를 범국민운동으로 확산시키기로 결정한 바 있다.(유시춘 외, 2005b, 96쪽)

된 대응을 보였다.

1986년에 점화된 개신교계의 민주화운동 분위기는 1987년으로 이어졌다. 6월민주항쟁을 이끌었던 '민주헌법쟁취국민운동본부'(약칭 국본) 발기인 2,191명 중 31.2%(683명), 집행위원 506명 중 38.9%(197명)가 종교인들이었을 정도로 종교계의 적극적인 참여가 돋보였다.(윤상철, 1997a, 128쪽 참조) 특히 개신교의 경우, 오충일 목사가 집행위원장을 맡는 등 국본에서 중추적인 역할을 담당했다. 더욱이 국본은 1987년 5월 27일 명동 향린교회에서 결성되었고, 이후 국본의 사무실은 종로 기독교 회관에 자리잡았다. 국본은 6월 10일의 '박종철 고문살인 은폐조작 규탄 및 호헌철폐 범국민대회' 장소를 정동 성공회 서울대성당으로 정했다. 6·29선언 이후 개신교 진영은 '민주쟁취기독교공동위원회'(약칭 기공위)로 총집결했다. "선거를 통한 민주혁명"을 기치로 내건 기공위는 1987년 8월 4일에 결성되어 1988년 1월 11일 해체될 때까지 약 5개월 동안 존속했으며, 1987년 11월 13일에는 산하에 '공정선거감시전국본부'를 조직하기도 했다.[*]

개신교계의 연대활동은 1988년 9월 9일 열린 '전두환·이순자 구속처벌 및 평화구역 철폐를 위한 기독자 결의대회'를 계기로 결성된 '민족자주와 민주쟁취를 위한 기독교 사회운동 공동투쟁위원회'로 계승되었다. 여기에는 목협, 기농, 기노련, 기빈협, 기여민, EYCK, KSCF, 전국신학대학대표자협의회 등 8개 단체가 참여했다. 이 조직은 신애전자 노동조합 탄압 대책활동, 교계 쇄신운동 지원 등의 활동을 전개하였지만, 1988년 12월 말

---

[*] 민주쟁취기독교공동위원회가 발표한 "민주쟁취기독교공동위원회 결성(보고서)"(1987. 8. 4), "민주쟁취기독교공동위원회 결성대회 보고서(회의록)"(1987. 8. 4), "민주쟁취기독교공동위원회 결성선언문"(1987. 8. 4), "'민주쟁취기독교공동위원회'의 역할과 향후 활동방향"(1987. 9), "민주쟁취기독교공동위원회"(1987. 11), "민주쟁취기독교공동위원회 공정선거감시전국본부 발대식!!!"(1987. 11. 23), "성명서 – 민주쟁취기독교공동위원회를 발전적으로 해체하면서"(1988. 1. 11) 등을 참조.

문익환 목사의 방북사건 1차 재판이 열리는 서소문 법원 앞에서 '조국통일운동의 선구자 문익환 고문'의 석방을 요구하는 시민단체 회원들

부터 활동이 정체되었다. 하지만 "대선 이후 크게 와해되었던 기독교 사회운동의 연합투쟁을 기독교사회운동협의회의 건설 속에서 복원시키는 거점을 마련"했다는 평가를 받았다.(민족자주와 민주쟁취를 위한 기독교사회운동 공동투쟁위원회 편, 1989)

1980년대를 거치면서 더욱 넓어진 운동 네트워크를 갖추게 된 개신교 내 진보세력은 1980년대 말에 이르러 '부문·지역운동들의 연합체'를 형성했다. 1년여의 준비과정을 거쳐 1989년 3월 창립된 '한국기독교사회운동연합'(약칭 기사련)이 그 결실이었다. KSCF, EYCK, 기농, 목협, 기노련, 기빈협, 한민연 등이 기사련에 참여했으며, 1993년에는 기여민도 합류했다.(한국기독교사회운동연합 편, 1994, 13쪽)

1970년대 중반부터 개신교계의 사회참여와 민주화운동을 정당화해왔던 민중신학이 1980년대 이후 본격적으로 개화되었고, 주로 청년과 학생

표4 민중교회의 창립연도별 현황

연도	1970~ 1975	1975~ 1980	1981~ 1983	1984~ 1985	1986~ 1987	1988~ 1989	1990~ 1991	합계
교회 수	3	2	5	21	24	35	29	119

출처: 노창식, 1992 「3000교회운동으로서의 민중교회의 성장과 과제」『한국기독교장로회 회보』 제332호, 57쪽(최종철, 1994, 183쪽에서 재인용)

층을 중심으로 개신교 사회운동에 실제적인 영향을 미치기 시작했다. 아울러 1980년대 중반부터 '민중교회운동'이 개신교 사회운동의 새로운 흐름으로 등장하였다. 위의 〈표4〉에서 보듯이, 1970년대에 등장하기 시작한 민중교회들은 1980년대 중반부터 급속하게 확산되었다. 1991년 말까지 설립된 119개의 민중교회 가운데 91.6%가 1984년 이후 등장한 것이다. 이런 성장세에 기초하여, 1988년 7월에는 '한국민중교회운동연합'(약칭 한민연)이 창립되었다. 그러나 민중교회의 숫자는 1993년경부터 감소추세로 돌아섰다.(최종철, 1994, 178쪽)

민중교회 관계자들은 민중교회를 "성서의 중심사상인 민중해방 전통을 이어받아 민중과 함께 사셨던 예수의 삶을 실천적으로 계승하여, 민중의 생활현장에서 민중이 주체가 되어 하느님 나라 곧 민중이 주인되는 세계를 건설해나가려는 교회공동체"로 정의한다.(최종철, 1994, 177쪽) 민중교회운동에서 중추적인 역할을 담당한 임진철 목사에 의하면, 민중교회운동이 본격화할 즈음 민중교회들이 '노동교회'를 지향함에 따라 '기독노동운동'의 주요 활동가 대부분이 민중교회운동에 뛰어들었지만(임진철, 1992, 18쪽) 1987년 이후에는 노동운동과 도시빈민운동을 결합하는, 혹은 노동선교와 주민선교를 병행하자는 이른바 '양 날개 선교론'이 확산되었다.* 또한 민중교회운동은 '대안적 교회공동체'를 지향했다는 점에서, 당시 개신교 안에서 '교회개혁운동'이 활성화되었음을 보여주는 징표이기도

했다.

1985~1986년에 걸쳐 '한국YMCA중등교육자협의회'를 중심으로 전개된 선구적인 교육민주화운동도 주목할 만한 움직임이었다. 1982년 1월 창립된 이 단체는 1985년 5월 비정기 무크지인 『민중교육』을 창간했다. 교육당국과 국가안전기획부는 7월부터 『민중교육』의 내용을 문제 삼아 출판기념회를 봉쇄하고, 관련자들을 소환 혹은 연행하며 좌경 이데올로기 공세를 펼쳤다. 결국 김진경·윤재철 등 두 명의 교사와 실천문학사 주간이 구속되었고, 『민중교육』은 폐간되었다. 1986년 5월 10일에는 다시 한국 YMCA중등교육자협의회를 중심으로 450여 명의 교사들이 서울 YMCA에 모여 "교육민주화선언"을 발표했고, 부산, 광주, 춘천에서도 선언문 발표가 감행되었다. 정부는 즉각 참여교사들에 대한 징계방침을 밝혔지만, 각계의 강력한 항의로 인해 주동자 다섯 명을 경징계하는 데 그쳤다.(민주화운동기념사업회 연구소 편, 2006, 437·459쪽)

한편, 1980년대 학생운동의 이념적 급진화와 비종교적 사회운동의 급격한 성장에 영향을 받으면서, 개신교 민주화운동세력 가운데서 다양한 운동론들이 출현했다. 특히 1980년대 초부터 운동론에 관한 논쟁과 토론이 활발하게 전개되었다. 변혁지향적인 민중운동이 급속히 성장하는 가운데 '기독운동의 상대적 독자성'을 어느 정도 인정할 수 있으며, 그것을 어떻게 구체화할 것인가를 둘러싸고, KSCF를 중심으로 1980~1983년에 걸쳐 진행된 '크리스천 아이덴티티'Christian Identity 논쟁이 대표적이었다. 이와 유사한 논쟁이 1986년 초 KSCF와 EYCK를 중심으로 재연되었다.(EYC

● 임진철 목사(1992, 13쪽)는 이 변화를 다음과 같이 설명한다. "초기에 노동교회의 위상을 가지고 출발한 민중교회는 노동자교육, 문화 프로그램을 중심으로 활동과 사업을 전개해나갔다. 그러나 1987년 노동자대투쟁 이후 전문적 노동운동 외곽기관이 기하급수적으로 설립되면서, 민중교회는 지역노동자, 빈민의 주민운동적 요구에 부응하는 역할과 폭을 넓히며 상대적으로 탁아소, 어린이공부방, 주민도서실 등과 같은 사업과 활동에 역량을 집중하게 되고, 노동선교와 주민선교의 양 날개 선교론이 대두된다."

정책실, 1988, 166~167쪽)* 일련의 논쟁은 활동가들 사이에서 개신교운동에 대한 이해를 심화하고 운동의 전략적 과제를 명료하게 만들기도 했지만, 논쟁과정에서 보다 급진적인 일부 활동가들이 개신교 운동권을 이탈함으로써 개신교계 사회운동 역량의 약화를 초래하기도 했다.

1987년 이후 비종교적(세속적) 사회운동이 급격히 활성화되고, 종교조직이 제공하는 우산에서 벗어나면서, 개신교계의 민주화운동 진영은 한국민주화운동 전반에서 차지하는 비중이 축소되는 가운데 역할재조정을 요구받게 되었다. 이런 가운데 개신교계 진보 진영의 대응은 종전의 민주화운동을 지속하는 가운데, 통일운동이나 환경운동과 같은 새로운 운동영역으로의 진출, 좀더 온건한 '시민운동' 개척 등으로 다양하게 나타났다.

개신교계는 1980년대에 통일운동의 등장과 발전에 선구적인 역할을 담당했다. 환경운동 역시 통일운동과 함께 1980년대에 개신교계의 민주화운동에서 새로 출현한 운동영역이었다. 또한 1987년을 계기로 한국 사회에서 민주화 이행기가 시작된 이후 이른바 '시민운동'이 전통적인 '민중운동'과 분화되기 시작했으며, 이런 시민운동의 등장 및 확산에서도 개신교가 중요한 역할을 담당했다. 특히 1989년 7월 창립된 경제정의실천시민연합(약칭 경실련)이 그 대표적인 사례였다. 개신교운동의 성격과 진로를 둘러싼 1980년대의 논쟁에서 'IT그룹' **으로 분류되었던 서경석, 유종성, 신대균, 그리고 새문안교회의 청년·학생 신자 그룹에 일부 복음주의 계열이 가담함으로써 '시민운동'의 주체들이 형성되었다.(조병호, 2005, 161·

---

* 이 논쟁의 핵심 쟁점을 EYCK 정책실은 전체 민족민주운동에서의 기독교운동의 위상과 역할로, 임진철은 "기독교운동이 한국 변혁운동의 주체역량 편성구도 설정에서 하나의 독자적인 사상운동 단위로 서야 하느냐 마느냐의 여부, 전략적 세력화론의 타당성 여부의 문제로 규정했다.(EYC 정책실, 1988, 165쪽; 임진철, 1992, 4쪽)

** '아이덴티티 그룹'(identity group)의 약칭이다. 이들은 개신교 신자로서의 주체성과 정체성이 보다 뚜렷하게 드러나는 기독교운동을 추구함으로써, '크리스천 아이덴티티' 논쟁에서 상대적으로 온건한 입장을 취했다.

167·194쪽)

　온건한 시민운동의 등장이 개신교계 진보진영의 분화를 가져왔다면, 개신교계 보수진영 안에서도 두 가지 상이한 흐름이 나타났다. 그 하나는 '진보적 복음주의'라 부를 수 있는 흐름이고, 다른 하나는 '수구적 성격의 정치적 행동주의'로 지칭될 수 있을 것이다. 여기서 전자의 움직임은 진보진영의 시민운동 그룹과 결합했다. 1980년대 이후 개신교에서 중도보수적인 부문의 시민운동 참여라는 새로운 현상이 나타나기 시작했다. 이들은 KNCC를 중심으로 한 전통적인 개신교계의 민주화운동세력과는 구분되며, 복음주의적 사회운동세력 혹은, 보수교단들에서 분화되어 나온 '개혁적 보수파들'로도 불릴 수 있다. 6월민주항쟁 직후인 1987년 11~12월의 공정선거감시운동은 이들이 본격적으로 전개한 민주화운동의 효시였다.(조병호, 2005, 179쪽) 또한 전통적으로 정교분리 혹은 성속이원론을 내세우며 교회의 사회참여에 반대해왔던 개신교 보수세력들이 1980년대 말 이후 교회의 사회적 책임을 내세우며 '보수적 사회참여' 노선으로 전환했다. 이는 1989년 12월 창립된 한국기독교총연합회(약칭 한기총)의 등장이 결정적인 계기가 되었다. 이후 개신교계의 민주화운동세력과 사회참여 지향적인 보수세력 사이의 갈등·경쟁이 심화되었다.

천주교계의 민주화운동

1980년 '서울의 봄'을 맞아 천주교계는 한국의 민주화가 착실히 진행되어야 한다는 입장을 표명했다. 이해 5월 8일 주교단이 시국담화문을 통해 민주정치 정착을 위해 비상계엄령을 해제할 것을 요구하고 나선 것이 대표적인 움직임이었다. 1981년으로 다가온 조선교구 설정 150주년 기념행사,

1984년으로 예정된 한국 교회 창립 200주년 기념행사, 그리고 이 행사의 하이라이트인 103위 순교복자들의 시성식과 교황 방한 등을 앞두고 주교단이 광주항쟁 이후 신중하고 조심스러운 태도를 견지하고, 일부 교구가 군사정권에 영합하는 듯한 태도를 보이기도 했던 것은 사실이다.* 그러나 민주화에 대한 한국 천주교회의 지지 입장은 1980년대 내내 견지되었다. 특히 광주항쟁과 관련하여 광주대교구와 전주교구, 그리고 정의구현사제단은 추모미사를 계속하면서, 진상규명과 책임자 처벌, 구속자 석방, 희생자들의 명예회복을 위한 활동을 꾸준히 전개했다.

천주교계의 청년운동과 학생운동은 1970년대 천주교계의 민주화운동에서 약세弱勢와 후발성後發性을 면치 못했지만, 1980년대에는 이 두 부문에서 운동의 비약적인 성장이 진행되었다. 이로 인해 천주교계 민주화운동의 전체적인 역량이 크게 제고되었다. 1975년 2월 창립된 대한가톨릭학생전국협의회(약칭 전협)와 그 후신으로 1985년 5월 창립된 대한가톨릭학생총연맹(약칭 총연맹), 그리고 1978년 창립된 명동천주교회청년단체연합회(약칭 명청)가 그 중심에 있었다. 특히 천주교계의 학생운동은 1984~1985년에 걸쳐 개신교 청년·학생단체 및 일반 청년운동단체들과 연대하여 가장 활발하게 민주화운동을 전개했다.(강인철, 2008, 297쪽) 1980년대에, 특히 1980년대 말에 다양한 천주교 청년운동단체들이 조직되었다. 그러나 다음의 〈표5〉에서 보듯이, 교구 단위의 공식적인 청년조직은 여전히 미약한 편이며, 교회의 승인과 상관없이 청년들이 자발적으로 결성한 단체들은 내적 역량의 취약성을 드러내며 잦은 부침浮沈에 시달렸다.

---

* 대구교구가 대표적인 사례였다. 1980년 6월 30일 전국 각 교구 사제단과 정구사가 공동명의로 광주대교구 사제단의 광주항쟁 "진상보고서"를 지지하고, 민주헌정 수립 등을 요구하는 내용의 성명서를 발표하였을 때, 대구대교구, 대전교구, 제주교구의 사제단은 동참하지 않았다.(『암흑 속의 횃불』 4, 67쪽) 한편, 쿠데타세력이 초헌법적으로 세운 입법회의에는 천주교에서 유일하게 대구대교구의 신부 두 명(이종홍, 전달출 신부)이 참여했다.

표5　1980년대에 등장한 천주교 청년운동단체

창립 시기	단체명	특징과 변화
1984. 12	인천교구 청년회	1996년에 교구 대학생연합회 등과 함께 '인천가톨릭청년연대'로 통합
1986. 8	광주대교구 광주지역 청년연합회	
1988. 12	가톨릭직장청년회	창립 당시 단체명은 '천주교청년사도회'였으나, 1989년에 개명
1989. 2	전국가톨릭청년단체협의회	정평위와 천사협의 권고로 결성된, 최초의 전국적인 청년운동단체
1989. 2	서울대교구 지구대표자협의회	1987년의 '교구청년연합회준비위원회'가 개편된 조직으로, 1990년경 해산
1989. 4	가톨릭민주청년공동체	1990년대 초 해산
1989. 11	애국크리스챤청년연합	1997년 해산
1989. 11	우리신앙공동체	1988년 '젊은이성서모임'으로 출발, 이후 '민족가톨릭청년학생연합'으로 개칭, 1990년대 초반 해산
1989. 12	청주교구가톨릭청년연합회	

　　1980년대에는 천주교계의 노동운동과 도시빈민운동, 문화운동에서도 중요한 발전이 있었다. 기존의 가톨릭노동청년회JOC 외에 새로운 노동운동조직으로서 1984년 3월 창립된 가톨릭노동사목전국협의회(약칭 노사목), 최초의 독자적인 천주교 도시빈민운동조직으로 1985년 3월 창립된 천주교도시빈민회(약칭 천도빈, 1988년에 '천주교도시빈민사목협의회'로 개칭), 그리고 1986년 4월 창립된 가톨릭문화운동협의회(약칭 가문협) 등이 이런 발전을 주도했다. 1988년 11월 창립된 '천주교인권위원회'도 1980년대 천주교계의 민주화운동에서 중요한 역할을 담당했다. 천주교인권위원회는 처음에는 천주교정의구현전국연합(약칭 천정연) 산하의 '인권소위원회'로 출범했지만, 1994년에는 천정연에서 독립적인 조직으로 발전했다.

　　개신교와 마찬가지로, 그리고 개신교보다 더욱 빠르게, 다양한 천주교 민주화운동세력을 부문·지역 차원에서 연대시키는 연합조직이 나타났다. 1984년 4월에 창립된 천주교사회운동협의회(약칭 천사협)가 최초의 연합

조직이었으며, 1988년 11월에는 천정연도 창립되었다. 두 단체는 1991년 12월에 통합되었다. 1987년 10월에 결성된 '민주쟁취국민운동 천주교공동위원회'(약칭 천공위)를 비롯하여, 1991년 5월의 '폭력살인 규탄과 공안통치 종식을 위한 천주교대책위원회', 1992년 12월의 '천주교 공정선거 감시단' 등 특정한 현안에 따른 천주교 연합조직들도 등장했다.

1980년대에도 천주교계의 민주화운동에서 가장 중심적인 역할을 담당했던 것은 정구사였다. 정구사는 1980년 봄 김지하 석방운동과 김재규 구명운동에 나서는 한편, 김병상 신부 등을 중심으로 동일방직 해고자들을 위한 대책을 마련하고자 노력했다. 1980년대 초에 상대적으로 침체되어 있던 정구사는 그런 와중에도 광주항쟁의 진상규명과 책임자 처벌, 피해자들의 명예회복과 보상을 위한 다양한 활동을 전개했고, 김대중내란음모사건 관련자들의 석방을 위해 지속적으로 노력했다. 1982년 부산미문화원방화사건에 이은 최기식신부구속사건이 발생했을 때도 전국적인 순회기도회를 조직하여 군사정권의 억압에 저항했다. 1986년 8월 4일에는 부천서 성고문사건과 관련하여 '성폭행 고문 진상규명과 인권회복을 위한 미사'를 거행하고, 이 자리에서 "이 사회의 민주화와 인간화를 거듭 호소한다"라는 제하의 성명서를 발표하기도 했다. 또 정구사는 1986년 9월 9일 명동성당에서 민주언론운동협의회와 공동으로 기자회견을 열어 '보도지침'을 중심으로 한 문화공보부의 언론통제 실상을 폭로했다.* 정구사는 1986년부터 전개된 직선제 개헌운동, 특히 1987년 5월의 박종철고문사망사건 폭로와 뒤이은 6월민주항쟁을 통해 한국민주화운동에 탁월한 기여를 했다. '4·13호헌조치' 발표 직후인 1987년 4월 21일 광주교구 사제단 소속

---

* 서울대교구는 1987년 5월 '가톨릭자유언론상'을 제정하고, 보도지침 폭로로 구속 중인 세 명의 인사들 (김태홍·신홍범·김주언)을 첫번째 수상자로 선정했다.(『가톨릭신문』 1987년 6월 7일자)

18명이 직선제 개헌 등을 요구하며 단식기도에 돌입한 일은 전국 교구로 신부들의 단식기도가 확산되는 기폭제가 되었을 뿐 아니라, 전국 각지의 재야인사, 목사, 청년, 학생들로 단식투쟁과 기도회가 확산되는 계기로도 작용했다.(윤상철, 1997a, 126쪽) 1987년 5월 18일 명동성당에서 열린 '광주의거 7주기 추도미사'에서 김승훈 신부를 통해 박종철고문사망사건이 조작되었다는 내용의 성명을 발표함으로써 6월민주항쟁을 촉발시킨 것도 정구사였다.

1970년대 정구사와 함께 천주교계 민주화운동의 양대 축 가운데 하나였던 정평위는 1980년대에도 활발한 모습을 보였다. 1980년 초부터 정평위는 헌법개정, 크리스찬아카데미사건 관련자와 김지하 등 구속자 석방, 동일방직 해고자들의 복직을 위한 노력을 전개했다. 1980년대에 정평위의 주된 역할은 개신교의 KNCC 인권위원회와 유사하게 시국사건 관련 구속자들과 그 가족들을 돌보는 일이었다. 1986년 10월에는 인천 5·3항쟁으로 수배된 이부영 민주통일민중운동연합 사무처장을 숨겨준 혐의로 이돈명 정평위 회장이 구속되기도 했다. 한편, 1970년대에 천주교계 민주화운동의 주역 중 하나였던 한국천주교평신도사도직협의회(약칭 평협)는 1982년 2월 보수적인 집행부가 들어서면서 사실상 민주화운동의 대열에서 이탈했지만, 1986년 2월 한용희 교수가 전국 평협 6대 회장으로 선출되면서 상황은 다시금 반전되었다. 이후 평협은 언론민주화운동의 일환으로 펼쳐진 1986년의 KBS시청료거부운동에서 중요한 역할을 담당했으며, 직선제 개헌운동과 1987년의 6월민주항쟁에도 적극적으로 참여했다.

1986~1987년에 걸쳐 명동성당은 '고문, 성고문, 용공조작 범국민폭로대회'를 비롯하여, 보도지침사건, 박종철고문사망사건, 6·10국민대회 등 한국 사회의 시국변화를 가장 극적으로 보여주는 무대가 되었다. 나아가 6월민주항쟁 이후 명동성당은 한국 사회의 독보적인 '정치적 성역聖域'

으로 발돋움했다. 1980년대에 지방교구(광주대교구, 전주교구, 인천교구 등)의 주교좌성당이나 가톨릭센터 등도 명동성당과 유사한 기능을 수행했다. 앞서 보았듯이, 광주대교구의 남동성당은 5·18민중항쟁과 연관된 성지聖地가 되었다. 개신교와 더불어 천주교에서 (전통적인 '종교적 성지'와는 구분되는) '정치적 성지'들이 탄생한 것은 1980년대의 매우 주목할 만한 현상이다.

개신교에서와 유사하게, 천주교계의 민주화운동 진영에서도 1980년대 들어 거시적인 운동노선을 둘러싼 활발한 논쟁과 토론이 내부에서 전개되었다. 이런 움직임은 학생운동과 청년운동 그룹들에 의해 주도되었다. 같은 시기에 천주교계의 민주화운동을 정당화하는 신학에 대한 성찰도 계속되었다. 특히 한국 교회의 민주화운동을 주도해왔던 세력들은 1981년 초부터 개시되어 1984년 11월의 폐회식으로 막을 내린 약 4년간의 '200주년기념 사목회의' 준비과정에 적극적으로 참여하여, 그들의 사회사목적 역량을 집대성해냈다. 아울러 청년층을 중심으로 제2차 바티칸공의회의 문헌과 신학에 대한 학습이 광범위하게 진행되었고, 이런 움직임은 해방신학 문헌 번역을 포함한 진보적 신학에 대한 활발한 학습과 병행되었다.

6월민주항쟁 이후 주교단 내에서 보수 성향 인사들의 주도성이 강화되면서, 민주화운동에 대한 교회 상층부의 지지·지원이 감소되거나 민주화운동 자체를 억압하는 흐름이 형성되었다. 다시 말해 1980년대를 거치면서 천주교회 상층부(특히 주교단)에서 보수세력의 헤게모니가 현저해지면서, 민주화운동을 주도해온 천주교단체들에 대한 위로부터의 통제와 배제 움직임이 1980년대 말부터 두드러지게 나타났다. 천주교회의 권위주의적이고 중앙집권적인 권력구조로 인해, 이 같은 변화는 '천주교의 보수화'(천주교회 그 자체의 보수화)로 나타나기 쉬웠다. 이런 사정을 반영하여

1980년대 후반에는 교회 내부에 심각한 진보-보수 갈등이 진행되었고, 이 과정에서 평협과 일부 교구 정평위들이 천주교 민주화운동 대열에서 사실상 이탈하게 되었다.

이런 상황에서 천주교계의 민주화운동단체들은 제도교회의 영향력으로부터 자율적인 조직들로 발전해갔으며, 특정 사안에 따라 평신도·수도자·사제들 사이의 광범위한 연대를 모색했다. 아울러 정구사를 중심으로 통일운동이 두드러진 발전을 보였으며, 환경운동이나 인권운동의 흐름도 점차 강화되었다. 한편, 1980년대 말부터 천주교 내 보수적 분파들이 사회참여에 나서기 시작했다. 특히 평협을 중심으로 한 '도덕성 회복운동', 그리고 주교단이 적극적으로 후원한 '생명운동'이 그런 대표적인 영역이었다. 이 역시 천주교 내에서 민주-반민주 세력 간의 갈등을 초래했다. 교회 내 민주-반민주 세력 간의 갈등과도 연관되면서, 1980년대 중반 이후 천주교계의 민주화운동 내에서는 '교회쇄신' 담론들이 활발하게 제기되었다. 특히 1987년 이후 교회 기관들에서 노동조합이 결성되고 노사분규가 빈발함에 따라, '사회민주화'와 함께 '교회민주화'를 요구하는 움직임이 강화되었다.

종교계 민주화운동의 외연 확장: 불교와 원불교

1970년대 종교계의 민주화운동은 '개신교와 천주교만의 민주화운동'과 다름없었다. 그러나 1980년대 종교계의 민주화운동은 개신교와 천주교에만 국한되지 않았다는 특징을 보여준다. 이제는 불교와 원불교의 진보세력들까지 민주화운동에 가세했고, 그로 인해 종교계 민주화운동의 주체가 한층 다양해졌다. 이것이 1980년대를 기점으로 이전과 이후의 종교계 민주화운동이 보여준 가장 두드러진 변화였다고 말할 수 있을 것이다. 이로 인해 종교계의 민주화운동 역량은 전반적으로 강화되었고 외연도 확대되었다.

1980년대 불교계(특히 조계종)에서는 다양한 성직자단체, 청년단체, 학생단체 등이 새로 등장했거나 진보적인 성격으로 전환되었다. 불교계의 민주화운동은 1970년대부터 간헐적으로 전개되었지만, 그것이 본격화된 것은 1980년대 이후였다. 유신체제가 붕괴하자 불교계의 민주화운동세력이 뚜렷하게 모습을 드러냈다. 1980년 4월 9일 서울대 총불교학생회는 고은을 강사로 초청하여 "민중불교"를 주제로 한 '4·19기념강연회'를 열었다.(『5·18광주민주화운동자료총서』 1, 631쪽) 같은 해 5월에는 '한국민중불교연합회'라는 단체 명의로 "부처님 오신 날을 맞아"라는 제목의 유인물이 살포되기도 했다.(『5·18광주민주화운동자료총서』 2, 26쪽) 5·18민중항쟁이 일어나자 광주 일원의 일부 승려와 신자들이 거기에 적극 참여했으며, 광주항쟁 직후 조계종 관계자들이 그 현장을 방문하여 아픔을 같이하고자 했다. 그리고 범불교적 차원에서 광주시민돕기운동을 벌이기도 했다.(이용성, 2007a, 288쪽)

1980년대 초 불교계의 민주화운동은 한국대학생불교연합회(약칭 대불련) 회원 및 출신자들이 중심이 되어 전개했던 이른바 '사원화운동'으로 대표된다. 사원화운동은 베트남 불교의 '파고다 모델'과 1970년대 개신교계 학생운동의 '교회대학생회 모델'을 한국 불교의 현실에 맞게 응용한 것이다.(조성렬, 2002, 434~435쪽) 서울대 총불교학생회, 동국대 만해사상연구회, 조계사학생회 동문회에 속한 일곱 명이 1979년 12월 말 법련사에 모여 '사찰을 근거지로 한 새로운 불교운동'을 모색했던 것이 이 운동의 시초로 평가된다. 이후 1980년 초부터 1981년 말까지 서울의 칠보사, 개운사, 묘각사 등에서 사찰대학생회가 조직되었고, 이들을 중심으로 서울·전북·부산에 소재한 불교계 야학들의 연합조직인 '전국불교야학연합회'가 결성되었다. 1980년 10월 24일에는 사원화운동을 주도하던 노일현, 김지형, 이희선이 동국대에서 "광주민중항쟁을 계승하여 전두환 신군부를 타도하고 민주주의 쟁취하자"라는 취지의 시위를 하다 구속되었다. 1981년 12월부터 정부는 전국불교야학연합회를 좌경단체로 몰아 탄압하기 시작했다. 이 과정에서 관련자 150여 명이 연행되어 조사를 받았고, 법우 스님, 신상진, 최연 등 세 명이 구속되었다.(조성렬, 2002, 428~436쪽; 이용성, 2007a, 286쪽) 그럼에도 대불련은 중앙승가대학의 진보적 소장 승려들과 함께 1980년대 중반부터 본격화되는 불교계 민주화운동의 지도자들을 배출하는 가장 중요한 원천으로 기능했다.

개신교계와 천주교계의 민주화운동가들이 5·18민중항쟁에 자극받았다면, 불교계의 진보적 인사들은 이른바 '10·27법난法難'에 크나큰 충격과 자극을 받았다. '10·27법난'은 신군부세력이 '불교계 정화'를 추진한다는 명분으로 계엄사령부 합동수사단을 내세워 1980년 10월 27일에 군인과 경찰 3만 2,000여 명을 투입하여, 전국의 사찰과 암자 5,731곳을 수색하고 조계종 승려 등 불교계 인사 153명을 강제로 연행했던 사건을 가리킨다. 이 과정에서 무차별적인 폭력과 고문이 자행되었고, 연행자 일부는 삼청교육대로 끌려가기도 했다. 이때부터 불교계의 민주화운동은 군사정권으로부터 종단의 자율성을 수호하려는 '불교자주화운동'과 밀접한 관계를 맺었다. 1980년대 불교계의 민주화운동은 사회민주화, 불교자주화, 불교(교단)개혁을 3대 과제로 표방했지만, 불교개혁운동에 앞서 불교의 자주화가 선결과제라는 인식이 확산됨에 따라 사회민주화와 불교자주화를 양대과제로 설정하였다.(조성렬, 2002, 418·423~426·442쪽)

한편, 1980년대 불교계의 민주화운동은 1963년 9월 22일 창립된 대불련과 그 출신 인사들이 중심 역할을 담당한 평신도 중심의 민중불교운동,

소장 승려들을 중심으로 한 불교자주화운동으로 대별된다.[*] 그리고 두 흐름은 1983년 7월 17일 범어사에서 열린 '전국청년불교도연합대회'를 통해 결성된 '청년불교도연합'으로 합류했다. 나아가 불교의 진보적인 평신도(재가)와 성직자(승가)들은 1980년대부터 강화된 운동역량을 기초 삼아 1985년 5월 4일 '민중불교운동연합'(약칭 민불련)이라는 폭넓은 연합조직을 결성했다. 의장 여익구, 부의장 진관, 김래동, 집행위원장 서동석, 기획위원장 현기 등 창립 당시 민불련에는 재가와 승가가 고루 참여하고 있었다.(『불교신문』 2009년 3월 21일자) 창립식장에서 140여 명이 경찰에 연행되는 등 시작부터 정부와의 격렬한 충돌을 거쳐야만 했던 이 단체는 이후 불교계 민주화운동의 구심체로 기능하였다.[**] 그로부터 약 1년 후인 1986년 6월 5일에는 215명의 소장 승려들이 "승려시국선언"을 발표하고 '불교정토구현전국승가회'를 발족함으로써 진보적인 승려들의 독자적인 결집이 이루어졌다.

1986년부터 "불교 악법 철폐" 요구로 집약되는 불교계 자주화운동과 "민주헌법 쟁취" 주장으로 대표되는 사회민주화운동이 불교계에서 본격화되었다. 1986년 5월 9일 152명의 조계종 승려가 시국선언문을 발표했고, 민불련과 대불련 회원 2,000여 명이 제등행렬에 참가하여 반정부시위를 벌였다. 바로 위에서 밝혔듯이 같은 해 6월 5일에는 215명의 승려들이 다시금 시국선언을 발표했고, 6월 19일에는 광주 원각사에서 무려 4만 5,000명

[*] 소장 승려들의 의식화와 조직화에는 중앙승가대학 학승들이 조직한 '중앙포교연구회'와 그 후신인 '포교연구부'가 핵심적인 역할을 담당했다. 그리고 대불련의 간사진 역시 승가대 학승들의 의식화 교육에 참여했으며, 대불련 회원들과 승가대 학승 출신들은 대불련 지도법사단을 매개로 인적으로 결합했다.(조성렬, 2002, 444~445쪽)

[**] 1989년 6월 노태우 정권은 민불련 기관지인 『민중법당』 제5호에 실린 운동론을 근거로 민불련 자체를 '이적단체'로 규정했고, 제3기 임원들을 모두 보안법으로 구속했다. 이로 인해 민불련 조직은 거의 마비상태에 빠졌고, 결국 그 여파로 민불련은 1991년 5월에 공식적으로 해체를 선언하였다.(『불교신문』 2009년 5월 2일자)

이 참가한 가운데 '호헌철폐 및 구속자 석방을 위한 법회'가 열렸다. 바로 이런 열기가 이듬해의 6월민주항쟁에 대한 불교계의 적극적인 참여로 이어졌으며, 1987년 6월 16일에는 불교계의 운동세력이 총집결한 '민주헌법 쟁취 국민운동 불교공동위원회'가 결성되었다.

1986년 9월 불교계 자주화운동이 폭발적으로 전개되었다. 이해 9월 7일에 조계종이 합천 해인사에서 '불교 관계법 철폐 및 전면 개정을 위한 전국 승려대회'를, 9월 11일에는 동국대 학생 700여 명이 '불교 제반 악법 철폐를 위한 실천 투쟁대회'를, 9월 16일에는 승려 500여 명이 서울 개운 사에서 '불교 관계 악법 철폐운동 대책위원회'와 '100만 서명운동 추진위 원회' 발대식을 각각 거행했다.(민주화운동기념사업회 연구소 편, 2006, 457 ~466·478쪽) 불교 신자인 박종철의 고문사망사건이 발생하자, 1987년 1월 20일부터 49재 날인 3월 3일까지 조계종 총무원을 비롯한 불교계 전반이 저항에 동참했으며, 특히 정토구현승가회, 민불련, 대불련, 중앙승가대학 학생회, 동국대 석림회 등 불교계의 진보적 단체들이 모두 참여하여 결성 한 '고 박종철 영가 49재 봉행준비위원회'가 이런 움직임을 주도했다.(이 용성, 2007b, 106~111쪽)

비교적 짧은 역사에도 불구하고 불교계의 민주화운동은 매우 빠른 속 도로 성장했다. '보수, 어용으로만 치부되어'오던 대한불교청년회(약칭 대 불청) 중앙회도 1989년 임시대의원대회에서 진보적인 인사 중심으로 조직 이 개편되면서 불교계 민주화운동의 흐름에 합류했다.* 개신교계나 천주 교계의 민주화운동과 비교할 때, 불교계 민주화운동의 가장 중요한 특징

* 대불청 홈페이지(www.kyba.org)의 "연혁"과 "대불청 역사" 참조. 불교 청년조직은 1920년 6월 '조선 불교청년회'라는 이름으로 시작되었지만, 이 단체는 1938년 11월에 일제당국에 의해 해산되었다. 조선 불교청년회는 해산된 지 10년 후인 1948년 11월에 재건되었고, 1950년대는 불교계 분규 속에서 침체기 를 보내다가, 1962년 6월 '대한불교청년회'로 명칭을 바꾸면서 활기를 되찾았다.

은 그 '놀라운 발전속도'에서 찾을 수 있을 것이다. 이로 인해 불교계 민주화운동의 역량은 1990년대에는 군사정권과 유착관계를 맺어온 보수적 불교 종권세력을 위협할 정도가 되었다. 1994년 봄 서의현 총무원장 체제를 무너뜨리고 송월주 스님을 새로운 총무원장으로 한 '개혁종단'을 출범시킨 일은 대표적인 사건이다.

불교에서 민주화운동 참여를 정당화했던 이데올로기적 기제는 1970년대 등장하기 시작한 '민중불교' 사상과 '실천불교' 사상이었다. 민중불교, 실천불교 사상은 1980년대에 본격적인 체계화 과정을 거쳤다. 1980년대 말에 이르면 『민중불교 철학』(여익구, 1988년), 『민중불교의 탐구』(홍사성 등 7인, 1989년), 『앎의 해방 삶의 해방: 근본불교의 인식론과 실천론』(법성, 1989년)과 같은 민중불교론의 이론서들이 등장하기에 이르렀고, 1988년 3월에 창립된 '한국불교사회연구소'와 같은 연구 인프라도 어느 정도 구축되었다. 이런 상황에서 『불교신문』이 1988년 2월부터 7회에 걸쳐 "민중불교란 무엇인가"라는 특집을 게재하고, 1989년 5월에는 '한국교수불자연합회'가 "민중불교 어떻게 볼 것인가"라는 주제로 공개토론회를 여는 등 불교계 전반에서 민중불교를 둘러싼 토론이 활발해졌다. 이를 통해 민중불교라는 용어 자체가 불교계 안에서 점차 대중화되었다. 그럼에도 '민중불교'라는 어휘가 풍기는 급진적인 이미지를 탈피하고자, 1990년대 불교계의 진보적 인사들은 실천불교라는 용어를 즐겨 사용하였다.(조성렬, 2002, 417쪽) 청년운동과 학생운동 그리고 승려운동을 중심으로 전개되었던 불교계의 민주화운동은 1980년대 후반부터 통일운동과 환경운동, 종단 민주화운동 등으로 확산·심화되었다.

한편, 원불교계의 민주화운동 참여는 1987년의 6월민주항쟁이 직접적인 계기가 되었다.* 1987년 직선제 개헌운동 과정에 참여했던 성직자 그룹 가운데 같은 해 9월 20일 공식조직으로 출범한 '원불교사회개벽교무단'이 그 선두에 있었고, 이 무렵 진보적으로 탈바꿈한 청년조직과 대학생조직도 원불교계 민주화운동 진영의 한 축을 형성하였다. 1964년 7월 5일 창립된 '원불교청년회'(약칭 원청)와 1978년 8월 4일 창립된 '원불교전국대학생연합회'(약칭 원대연)가 그 주역들이었다. 원청의 경우, 1970년대에 문맹퇴치운동과 농촌계몽운동에 참여한 데 이어, 1980년대는 민주화운동, 공명선거활동, 환경보전활동에 주도적으로 참여했다.(『원불교신문』 2000년 6월 9일자)

원불교사회개벽교무단이 탄생한 직접적인 계기는 6·10국민대회 직후인 1987년 6월 17~18일 전북 익산의 원불교 중앙총부 대각전에서 열린 '시국토론 철야기도회'였다. 이 자리에 모인 100여 명의 교무들은 직선제 개헌문제 등 사회의 현안들에 대해 원불교 성직자로서 적극 목소리를 내기로 의견을 모았고, 그 결과를 원불교 최초의 "시국선언문"으로 발표했다. 이렇게 결집된 교무들의 역량이 그해 9월 20일 대전교구에서의 원불교사회개벽교무단 창립으로 이어졌던 것이다. 상대적으로 적은 규모의 단체임을 감안하여, 이후 사회개벽교무단은 주로 다른 종교들과의 연대, 혹은 시민사회단체들과의 연대활동에 주력했다.(『경향신문』 2006년 8월 24일자)

• 그 이전인 1982년에는 광주미문화원방화사건과 관련하여, 원불교 신자인 김봉진이 범인은닉죄로 구속되어 집행유예 선고를 받은 바 있었다.(『암흑 속의 횃불』 4, 51쪽)

3
부문운동과 종교계

이 절에서는 노동운동, 농민운동, 도시빈민운동, 통일운동, 환경운동의 다섯 부문을 중심으로 종교계의 활동과 기여에 대해 살펴볼 것이다. 1980년대 들어 활성화된 종교계의 여성운동, 그리고 '종교계 민주화운동의 심화'로도 평가될 수 있는 '교단 내 민주화운동'에 대한 서술은 지면사정을 고려하여 생략한다.

　　1970년대의 한국노동운동은 산선과 JOC에 대한 고려 없이는 제대로 서술될 수 없다. 그러나 1970년대 후반부터 1980년대 초에 걸친 산선과 JOC에 대한 대대적인 탄압과 용공容共 선전으로 인해 노동계에 대한 이들의 활동은 점차 위축될 수밖에 없었다. 1976년부터 시작되어 1978～1979년에 더욱 강화된 공격으로 인해,* 동일방직사건에 깊이 개입하고 있던 인

---

* 산선과 JOC에 대한 공격은 1976년 초부터 보수적 개신교인들이 집필한 문서나 책자들을 통해 시작되었고, 정부기관이 이들 문서나 책자들을 확산시키거나 언론을 통해 그 내용을 증폭시키는 방향으로 전개되었다. 이들 문서나 책자를 집필한 이들은 기독교사조사에서 발간했던 월간 『현대사조』와 예수교장로회 합동교단이 발행하던 『기독신보』 등을 무대로 활동했던 홍지영을 비롯하여, 서울시경 국장이던 김재국 장로, 보수교단 소속의 박병훈 목사와 외국인 선교사인 라보도(Robert S. Rapp) 등이었다. 당시 『현대사조』의 발행인 겸 편집인은 국토통일원 장관을 지낸 유상근 장로였으며, 김인득·최태섭·최창

천산선은 1978년에 사실상 노동운동을 포기했다. 그리고 1978년 말부터 일부 교회들이 산선에 대한 재정지원을 중단했고, 1979년에는 구미 등 일부 지방 산선이 활동을 중단하는 일들이 발생했다.(장숙경, 2009, 263~307쪽) 전두환 정권 역시 '정화조치'라는 명목으로 산선 관계자들을 해고·연행하고 블랙리스트를 작성하여 노동현장에서 추방했다. 그리고 '제3자 개입 금지 조항'을 넣어 노동 관련법을 개정하는 등 산선과 JOC에 대한 공격을 더욱 강화했다. 예컨대 경찰은 1980년 10월 28일 동일방직노조사건 재판 방청 후 다방에서 대화 중이던 조화순, 김동완 목사와 EYCK 간사 김철기를 연행했고, 1981년 7월 23일에는 전국민주학생연맹·전국민주노동연맹 사건으로 산선 실무자들이 대거 연행되었으며, 영등포산선의 신철영은 구속되었다. 1981년 12월 30일에는 경찰이 인천교구 나길모 주교와 윤수산나의 지도 아래 성당에서 노동자를 위한 차트를 제작 중이던 JOC 부평특수사목팀 15명을 연행하여, 나 주교와 윤수산나는 공산주의사상을 가지고 지하조직을 하고 있으니 관계를 끊으라고 강요했다.(『암흑 속의 햇불』 4, 50·357·359쪽) 1982년 3월 발생한 부산미문화원방화사건의 주동자들을 천주교 신부가 은닉해주었던 일, 산선과 JOC 등 신·구교 연합조직인 사선이 발표한 성명서 "부산미문화원방화사건에 대한 우리의 견해", 그리고 같은 해 7월 다국적기업인 콘트롤데이타의 한국 철수 결정 등이 맞물리면서

근·서정한 장로 등 친정부적인 '한국기독실업인회'의 주축이던 이들이 기독교사조사의 이사로서 재정적인 뒷받침을 하고 있었다. 그러나 1978년부터는 정부가 직접 나서서 산선을 공격하기 시작했다. 1978년에는 인명진 목사 구속, 사무실 장부와 서류 조사를 통한 벌금·세금 부과, 신용협동조합 인가 취소, 조지송 목사 불구속 입건, 선교사 추방 등 영등포산선에 대한 전면적이고 대대적인 탄압, 동일방직 노동자투쟁을 지원하던 인천산선의 조화순 목사 구속, 다른 지방 산선에 대한 시찰 강화와 왜곡 비방이 이어졌다. 1979년에는 4월에 노동운동을 지원해왔던 크리스챤아카데미의 간사 여섯 명과 정창렬 교수를 구속하고, 같은 해 8월 9일부터 여성노동자들이 신민당사에 들어가 농성을 벌인 YH사건이 일어나자 대통령 특별명령으로 '산업체에 대한 외부세력 침투 실태 특별조사반'이 편성되는 등 산선과 JOC에 대한 정부와 여당(공화당, 유정회)의 공격이 절정에 이르렀다.(장숙경, 2009, 5장 2절)

정부의 공격은 최고조에 달했고, 같은 해 5월부터 12월 사이에 MBC와 KBS 등 방송을 동원한 용공선전도 쏟아져 나왔다. 이를 계기로 영등포산선이 속한 예수교장로회 통합교단의 보수세력은 1982년 9월 총회(67회)에서부터 산선을 교단 내에서 축출하기 위한 노력을 노골화하였고, 결국 1984년 9월 총회(69회)를 통해 '산업선교'를 (노동운동과 상관없는) '산업전도'로 되돌려놓는 데 성공했다.(장숙경, 2009, 308~334쪽)

이처럼 1980년대 초에 산선과 JOC가 파상적인 공세에 눌려 활동 위축을 강요당했고, 1980년대 초부터 청계피복노조, 콘트롤데이타, 원풍모방 등 종교계의 지원을 받던 마지막 민주노조들마저 차례차례 무너졌다. 그러나 노조가 해산된 후에도 청계피복노조 노동자들은 형제교회, 제일교회, 시온교회, 초원교회, 경동교회 등 평화시장 인근 교회들의 노동야학 학생들을 중심으로 비밀리에 소모임들을 조직해나갔다. 1981년 1월 청계피복노조가 해산된 후 같은 해 12월 14일에는 '전태일기념관건립추진위원회'가 결성되었는데, 겉으로는 기념관 건립을 위한 모금활동을 표방했지만, 실제 활동은 구속자 석방운동과 지원, 노동자들이 모일 수 있는 공간 마련과 바람막이, 청계노조 재건 지원 등이었다고 한다.(박승옥, 2007, 318~326쪽) 전태일기념관건립추진위원회의 창립총회는 동대문성당에서 열렸고, 당시 회장에 공덕귀, 부회장에 김승훈 신부, 사무국장에 김동완 목사가 선출되었다. 이 단체는 천주교·개신교 연합체인 사선에 의해 조직된 사실상의 종교단체였고, 사무실도 기독회회관의 사선 내에 두었다. 이후 '전태일기념관건립위원회'로 이름이 바뀐 이 단체는 1983년 5월 회장이 문익환 목사로 교체되었고, 당시 부회장은 김승훈 신부, 이우정, 김준영, 사무국장은 김동완 목사, 모금기획위원은 이창복 등이었다.* 결국 청계피복 노동자들은 1984년 4월 8일 명동성당에서 노조복구대회를 가짐으로써 노조를 재건해냈고, 같은 해 5월 1일에 형제교회에서 '청계피복노동조합 합법

성에 관한 공개토론회'를 열었다.(박승옥, 2007, 328~329쪽)

1984년에 '유화국면'이 조성되면서 신규 노동조합 결성이 활발해지고 '어용노조 민주화운동'이나 노동쟁의 또한 잦아졌다. 특히 1985년에는 4월의 대우자동차 노동자들의 파업과 6월의 구로동맹파업과 같은 대규모 파업사태가 전개되었다.(박승옥, 2007, 330~349쪽) 이런 일련의 과정에서 종교계 노동운동의 존재감은 빠르게 감소되어갔다. 산선이나 JOC, 크리스챤 아카데미 등의 영향력을 찾아보기가 어려운 반면, 학생운동 출신 노동자들의 영향이 더욱 뚜렷했기 때문이다. 하지만 1984년 3월 10일 과거의 민주노조 핵심 간부 출신들이 이전의 고립분산적 노동운동을 극복하고 광범위한 노동자 연대를 형성하기 위해 '한국노동자복지협의회'(약칭 한국노협)를 결성했을 때 종교계 노동운동의 유산遺産이 재차 모습을 드러냈다. 한국노협 구성원들이 과거 산선이나 JOC와 깊은 유대를 맺었던 이들이었기 때문이다. 이 단체는 홍제동성당에서 창립대회를 열었고, 창립 당시 지학순 주교를 이사장으로, 박형규 목사를 부이사장으로, 조지송 목사, 김승훈 신부, 함세웅 신부, 최기식 신부, 안병무, 이효재, 이우정을 이사로 영입하는 등 이사진 대부분을 종교 지도자들로 채웠고, 사무국장도 천주교계 인사인 이창복을 선임했다. 임원진 역시 대부분 산선이나 JOC 출신들이었다. 이후 구성된 한국노협 인천지역협의회(약칭 인천노협)가 성당 안에 사무실을 두는 등 종교와 돈독한 관계를 유지하는 지역 지부들도 있었다.(장남수, 2007, 357~359쪽 참조) 천주교의 경우, 기존의 JOC 외에, 1984년 3월에는 노사목이 창립되는 등 노동운동 지원 역량이 더 강화된 측면도 있

＊ "전태일기념관건립추진위원회 활동보고서"(1982), "전태일기념관을 건립합시다"(1983. 5. 23), "초청의 말씀: 전태일기념관건립위원회 총회"(1983. 3. 21), "전태일 12주기 추도식에 관한 건"(1982. 11. 2) 등 관련 문건 참조. 이 문서들은 민주화운동기념사업회 홈페이지의 '민주화운동 아카이브'에서 찾아볼 수 있다.

었다.

1970년대에 농민들의 민주화운동을 독보적으로 이끌어왔던 가농은 1980년대에도 외국농축산물 수입반대운동 등 농민운동에서 주도적인 역할을 담당했다. 1977년에 창립된 '가톨릭농촌여성회'는 1984년에 '가톨릭여성농민회'로 발전하면서 여성농민운동을 선도해나갔다. 앞서 언급했듯이, 광주항쟁의 연장선상에서 '반미투쟁의 봉화'를 올린 광주미문화원방화사건은 가농회원들에 의해 결행된 일이었다. 가농은 1980년 겨울부터 1982년 봄까지 이어진 부당농지세 납부거부와 농지세제 시정운동을 이끌었고, 1970년대부터 주력해왔던 농협민주화운동의 일환으로 1983년 7월부터 '농협조합장 직선제 실시 100만 서명운동'을 개시했다. 가농은 1985년 초부터 소값 폭락 피해보상을 위한 '군 단위 연속 소몰이 시위투쟁'을 비롯한 외국농축산물 수입저지운동에 나섰다. 1986년에는 미국농축산물 수입저지운동을 계속하는 한편, 농가부채해결운동, 민주헌법쟁취운동에 주력했다. 가농은 1987년 5월 말 국본이 결성될 당시 서경원(공동대표), 이길재(사무처장), 정성헌(상임집행위원), 이병철(조직국장) 등을 파견하였고,* 가농의 전국적인 조직망을 활용하여 단기간 내에 90여 개에 달하는 시·군지부 결성에 크게 기여했다. 가농은 개신교 농민조직과 협력하여 1989년 3월에 '전국농민운동연합'을 결성하는 데 주도적인 역할을 담당했다.(정성헌·정재돈, 2007, 389쪽)

한편, 1970년대 개신교계의 민주화운동은 농민운동 부문에서 취약성을 드러냈지만, 1980년대에는 급속한 발전양상을 보여주었다. 1976년에는 YMCA 역시 '농촌개발사업'이라는 형식으로 농민운동을 시작했다.(정

---

* 개신교에서는 기독교농민회총연합회를 대표하여 배종열이 공동대표로 참여했다.(정성헌·정재돈, 2007, 388쪽)

성헌·정재돈, 2007, 368쪽) 1970년대 중반부터 태동한 개신교계의 농민운동은 1978년 3월 최초의 지방조직(전남기독교농민회)이 등장한 이래, 1980년 5월 전북기독교농민회, 1982년 3월 충북기독교농민회가 발족되는 등 조직이 확산되었다. 이런 성과에 기초하여 1982년 3월에는 전국적인 농민운동 조직으로서 '한국기독교농민회총연합회'가 창립되었고, 같은 달 경북기독교농민회, 1983년 3월 충남기독교농민회가 각각 창립되었다.〔한국기독교농민회총연합회, "한국기독교농민회총연합회에 대하여"(발표 시기 미상)〕 이후 한국기독교농민회총연합회는 농가부채 탕감운동, 외국농축산물 수입반대운동, 농산물 제값받기 및 직거래 알선사업 등의 경제적 활동, 농민의 정치적 권리를 확보하기 위한 운동 등을 전개했다. 한국기독교농민회총연합회는 1989년 2월에 '한국기독교농민회'(약칭 기농)로 개편되었다. 개편될 당시 기농은 6개 도와 25개 군 단위 조직을 갖춘 단체로 성장했다.

아시안게임과 올림픽을 앞두고 도시재개발과 빈민촌 철거의 광풍이 몰아치는 가운데, 기독교인들은 국가권력의 폭압에 맞선 해당지역 도시빈민들의 생존권투쟁과 조직화를 적극 지원했다. 1984년의 목동 철거반대투쟁, 1986~1987년의 상계동 철거반대투쟁 등 전국적인 관심을 모았던 도시빈민들의 생존권투쟁 현장에는 종교인들의 헌신적인 지원이 뒤따르곤 했다. 특히 김수환 추기경은 1986년 성탄전야 미사를 상계동의 철거민 천막에서 거행하는 등 가난한 이들의 보호자로 나섰다. 또한 목동에서 집을 잃은 이들 가운데 일부는 제정구가 이끄는 복음자리마을로 이주했으며, 상계동 주민 78세대는 1987년 4월 재개발조합 측이 완전철거를 강행하자 명동성당의 공터에 천막을 치고 장기농성을 벌이기도 했다.

1970년대에는 천주교 신자들이 앞서가는 개신교 도시빈민운동을 학습하는 양상이었지만, 1980년대에는 제정구, 정일우, 김혜경, 김영준, 박재천 등 천주교 신자들이 좀더 적극적인 양상을 띠었다. 특히 천주교의 도시빈민 사목 종사자들은 목동 철거반대투쟁을 계기로 1985년 3월 '천주교 도시빈민사목협의회'(약칭 천도빈)를 결성하고, 도시빈민문제를 체계적으로 이론화하고 운동방식을 모색하기 위해 '천주교 도시빈민연구소'를 설립하는 등 운동의 조직적·이론적 기반을 강화하고자 했다. 목동 철거반대 투쟁 과정에서 천주교와 개신교 활동가들은 공동으로 '한국주민선교협의회'를 조직하기도 했다. 허병섭 목사 등 개신교 지도자들은 1984년의 '기독교주민선교협의회'를 거쳐, 1986년 11월에 '기독교도시빈민선교협의회'(약칭 기빈협)를 창립함으로써 독자적인 조직을 마련했다. 창립 당시 기빈협의 기반은 8개 빈민지역에 국한되었지만, 1988년에는 15개 지역으로 늘어났다.〔"기빈협 연혁, 활동 소개 및 당면과제……"(저자와 발표 시기 미상); "도시빈민선교를 되돌아보며·기빈협을 중심으로"(김광수, 발표 시기 미상) 참조〕

하지만 1987년 6월민주항쟁을 계기로 종교적 색채를 띠지 않는, 나아가 종교계가 주도한 이전의 도시빈민운동을 비판적으로 문제시하는 '서울시철거민협의회'(약칭 서철협)가 등장한 이후 도시빈민운동 안에서 종교계의 역할과 비중은 크게 감소되었다. 천주교와 개신교 도시빈민운동을 각각 대표하던 제정구와 김진홍 목사가 공동의장을 맡은 '주거권 실현을 위한 국민연합'(약칭 주거연합)이 1990년에 출범하고 여기에 종교계 인사들이 결집함에 따라, 도시빈민운동은 보다 급진적인 그룹과 상대적으로 온건한 그룹 등 뚜렷하게 구분되는 두 개의 흐름으로 분화되어갔다. 천주교의 정일우 신부와 제정구는 빈민지역에서 헌신적으로 활동한 공로를 인정받아 1988년에 막사이사이상의 지역지도자상을 받기도 했다.(소준섭, 2007)

종교계는 1980년대에 통일운동이 등장하고 발전하는 데서도 선구적인 역할을 담당했다. 여기서 우리는 종교계의 통일운동이 민주화운동과 밀접한 연관 속에서, 또한 종종 민주화운동의 일환으로 행해졌다는 사실에 유의해야 한다. 그런 면에서 종교계의 통일운동은 북한체제 붕괴에 기여하는 한 수단으로 활용된, 반공주의적이고 사실상 분단질서를 고착화하는 '북한 선교' 혹은 '북한 포교'와는 명확히 구분된다. 우선, 개신교에서는 이미 1970년대부터 문익환을 비롯한 일부 인사들이 분단질서 극복 없이는 한국에서의 진정한 민주화도 불가능함을 지적하고 있었다.(이유나, 2009) "민주화운동과 통일운동을 분리해서 볼 수 없고, 민주화를 위해서도 통일을 이룩하지 않으면 안 된다는 인식", 혹은 "분단체제하에서의 민주화에는 한계가 있다는 인식"이 점차 확산되었던 것이다.(조병호, 2005, 151·166쪽) 1981년 6월 서울 아카데미하우스에서 "분단국에서의 그리스도의 고백"이라는 주제로 열린 한·독교회협의회가 "민족분단을 극복하고 평화적 통일을 이루는 것이 최우선의 선교적 과제"임을 천명한 것이 개신교계 통일운동의 시발점을 이룬다고 할 수 있다. KNCC는 이 협의회의 결정에 따라 이듬해에 통일문제를 전담하는 기구를 설치했으며, 그 활동성과를 모아 1985년 2월에 "한국 교회 평화통일 선언"을 발표했다. 그리고 이를 더욱 발전시켜 1988년 2월에는 "민족의 통일과 평화에 대한 한국기독교교회 선언"이라는 기념비적인 문서를 발표했다. 1985년의 선언을 통해 KNCC는 "정권유지를 위해 악용되어온 분단이데올로기는 민족의 주체적 민주발전을 저해하였고, 사회정의와 인권을 근본적으로 제약하였으며, 독재정치를 정당화시키고 정치, 사회, 경제, 문화의 삶의 모든 국면을 군사화하여 민중의 고난을 가중시켰다"라고 고발한 바 있다. 한편, 1981년부터 해외에 거주하는 개신교 신자들이 북한 개신교인들과 대화를 개시했다(조국통일을 위한 북과 해외동포 기독자와의 대화). 1986년부터는 한반도 바깥에서 세계교회협의회wcc를 매개로 한 남북한 개신교인들의 직접적인 대화와 교류가 시작되었고(글리온회의), 1989년부터는 '북미주기독학자회의'라는 새 교류채널도 등장했다. 1989년 초에는 문익환 목사가 북한을 방문하여 김일성 주석과 회담을 갖는 사건으로 이어졌다.(정성한, 2003) 1983년 12월에는 한국기독교사회문제연구원(약칭 기사연)이 수행한 교과서의 통일 관련 부분에 대한 연구, 현직 교사 대상의 통일교육으로 인해 원장인 조승혁 목사와 해직교수인 리영희·강만길이 국가보안법 위반혐의로 연행되는 사건이 발생했다.(민주화운동기념사업회 연구소 편, 2006, 412쪽) 진보적인 개신교 청년운동을 대표하는 EYCK도 1984년 2월에 "분단 상황을 구실로 자행되는 온갖 비민주적 억압"을 지적하는 "조국과 민족의 통일에 관한 기독교청년선언"을 발표한 바 있다.(조병호, 2005, 247~249쪽 참조)

1970년대 천주교계의 민주화운동을 주도해왔던 정구사는 한국 교회 창설 200주년에 즈음하여 1984년 1월 『북한선교와 통일』이라는 사목연구자료집을 펴냄으로써 통일문제에 관한 대응을 본격화한 것으로 보인다. 정구사는 이 자료집에 게재된 "통일문제"라는 글을 통해 "'선통일 후민주'냐, '선민주 후통일'이냐?"라는 문제를 제기하면서, 통일을 열망하는 남북의 민중과는 달리 양측 권력집단은 모두 분단과 남북대결을 이용하고 있다는 전제 아래, 낭만적인 통일지상주의와 '선통일 후민주론'을 모두 비판하고, '민주화 과정을 통한 통일의 점진적 성숙'이라는 대안적인 입장을 개진하였다.(천주교정의구현전국사제단 편, 1984, 65~69쪽) 1988년 11월에 '민족의 평화·통일을 위한 제1차 심포지엄'을 개최한 정구사는 1989년으로 접어들면서 보다 적극적인 행동으로 돌입하였다. 정구사는 1989년 6월 6일 임진각에서 '통일염원미사'를 거행하면서 "민족통일을 위한 우리의 기도와 선언"을 발표하는 동시에, 미국에서 유학 중이던 문규현 신부를 평양으로 파견하여 북한 신자들과 함께 동일한 시기에 동일한 지향의 미사를 봉헌하도록 하였다. 정구사는 바로 한 달 후 평양청년학생축전에 참여하기 위해 방북 중이던 임수경과 함께 귀환하도록 문규현 신부를 재차 파북

派北하기로 결정하였고, 문 신부 일행은 8월 15일을 기해 판문점을 통해 남한으로 귀환했다. 정구사의 이런 행동은 문 신부뿐 아니라, 이 과정을 주도한 혐의로 남국현, 구일모, 박병준 등 세 명의 신부가 함께 구속되어 실형에 처해지는 결과를 낳았다.

또 세 사제의 구속은 한편으로 정구사가 주최하는 여러 차례의 시국미사로 이어졌고, 다른 한편으로 촛불기도회와 서명운동 등을 포함하여 국가보안법 철폐와 구속사제 석방을 위한 평신도 차원의 조직적인 대응을 불러왔다. 같은 해 8월 12일에는 모두 24개 평신도단체들이 참여한 가운데 '국가보안법 철폐와 구속사제 석방을 위한 천주교서울대교구 평신도공동대책위원회'가 구성되었으며, 경남과 제주에서도 이와 유사한 조직이 구성되었다. 9월 6일에는 이 공동대책위원회가 재야 및 청년·학생 단체들과 연대하여 '국가보안법 철폐와 양심수 석방을 위한 국민운동본부 준비위원회'를 발족하였다.(국가보안법 철폐와 구속사제 석방을 위한 천주교서울대교구 평신도공동대책위원회 편, 1989, 5~9쪽)

한편, 서울올림픽을 앞둔 1988년 5월 15일, 광주항쟁을 기념하는 '오월제'가 열리고 있던 명동성당에서 명청 산하 가톨릭민속연구회의 회장이었던 조성만이 양심수 석방, 미국 축출, 광주학살 진상규명과 책임자 처벌, 남북 공동올림픽 개최 등을 요구하며 할복 후 투신자살한 사건은 평신도 통일운동의 기폭제로 작용했다. 그의 돌발적인 죽음으로 인해 명청과 가톨릭대학생연합회, 천사협을 비롯한 천주교 사회운동세력들은 엄청난 충격에 휩싸였으며, 이들을 중심으로 즉각 장례준비와 함께 성명서 발표, 양심수 석방을 위한 농성, 단식기도회 등이 이어졌다.(통일열사 고 조성만(요셉) 1주기 추모사업준비위원회 편, 1989)

1980년대 말부터 불교계 역시 통일운동에 뛰어들었다. 1982년 3월 대불청 소속 청년 불자들이 부산에서 임진각까지 '조국통일 기원 국토종단

행진법회'를 벌이기도 했지만,* 불교 통일운동의 본격적인 개화開花는 1988년부터였다고 보는 게 타당할 것이다. 불교계의 통일운동은 1988년 5월 올림픽 남북공동개최를 목적으로 결성된 '민족화합 공동올림픽 추진 불교본부'가 모태 역할을 담당했고, 이 단체의 주역들은 같은 해 12월 4일에 '민족자주통일불교운동협의회'(약칭 통불협)를 창립했다.(조병활, 2000)

　　1980년대 이후 종교계는 환경운동의 발전과정에도 크게 기여했다고 평가할 수 있다. 특히 개신교와 천주교의 연합조직인 사선은 1982년 5월 한국 최초의 환경단체인 '한국공해문제연구소' 창립을 지원했다. '맑고 푸른 금수강산을 이룩하여 하느님의 나라를 세워가는 것을 목적으로 한다'라는 정관에서 보듯이, 이 연구소는 종교적 색채를 분명히 드러냈다.(유기쁨, 2009, 131쪽) 이후 한국공해문제연구소는 한편으로 공해추방운동연합(1988년)과 환경운동연합(1993년)으로 발전하면서 점차 탈종교화되었지만, 다른 한편으로는 한국반핵반공해평화연구소(1988년), 한국교회환경연구소(1992년), 기독교환경운동연대(1997년)로 이어지는 종교계 환경운동의 맥 또한 계속 살아남았다.(유기쁨, 2006 ; 2009, 135～139쪽)

　　불교계의 환경운동 참여는 '한국불교환경교육원'이 창립되는 1991년 9월부터 시작되었다고 말할 수 있다. 불교계의 환경운동은 1990년대 중반 이후 사찰 주변의 난개발과 환경훼손을 막으려는 '사찰환경수호운동'과 맞물리면서 급속하게 활성화되었다.

　　민주화 대열에 뒤늦게 동참한 원불교의 경우, 1990년대에 두드러지게 활성화된 분야가 바로 환경운동이었다. 특히 정부가 원불교의 성지로 간주되어온 전남 영광지역에 원자력발전소 건설을 강행하자 이에 맞서 반핵운동을 시작했으며, 이는 핵 폐기장 설치반대운동으로 이어졌다.

● 대불청 홈페이지(www.kyba.org)의 "연혁" 참조.

4

1980년대 종교계 민주화운동의
특징과 의의

개신교와 천주교를 중심으로 한 종교계는 1970년대부터 한국민주화운동에서 독보적인 존재감을 과시했다. 1970년대에는 특히 노동운동, 농민운동, 도시빈민운동 등 민중운동 분야에서 그런 존재감이 두드러졌다. 1970년대에 '종교 사회운동의 제도화'를 거침으로써, 종교계의 민주화운동이 지속성과 안정성, 전문성을 갖추게 되었다는 점도 중요하다. 1970년대 민주화운동에서 종교계와 양대 산맥을 이루었던 학생운동 출신 활동가들이 끊임없이 종교 사회운동으로 충원되었던 것도 종교계의 민주화운동을 지속적으로 강화시킨 중요한 요인이었다. 종교계는 이런 숙련된 활동가들로 채워진 '제도화된 사회운동 부문들'을 기반으로 1980년대 이후의 민주화운동에서도 중요한 역할을 담당했다.

개신교계와 천주교계의 민주화운동 영역에서, 1970년대에 상대적으로 취약했던 운동 부문들이 1980년대에 빠른 속도로 발전했다. 1970년대에는 개신교계의 경우 농민운동이, 천주교계의 경우 청년운동과 학생운동이 약세를 면치 못했지만, 1980년대에 이 부문들이 급속하게 성장했던 것이다. 천주교계가 민중운동 부문에서 취약성을 드러냈던 도시빈민운동도

1980년대에 비약적으로 발전했다. 그로 인해 개신교계와 천주교계의 운동 역량은 전반적으로 강화되었다.

1970년대와 마찬가지로 1980년대에도 개신교와 천주교를 중심으로, 국제적인 협력 및 지원 구조가 한국민주화운동의 외곽 지원세력으로 기여 했다. WCC와 같은 국제기구, 한국에 선교사를 파견한 서구 교회들, 일본 의 기독교인들, 그리고 해외의 진보적인 한국인 기독교 지도자들이 이러 한 국제적 네트워크를 구성하고 있었다. 이미 1970년대부터 개신교계와 천주교계의 민주화운동은 노동운동·농민운동·도시빈민운동과 같은 민중 운동, 청년운동과 학생운동, 지식인운동 등을 망라하는 '포괄성'과 '광역 성'을 특징으로 보여주었다. 1980년대에 개신교계와 천주교계의 진보세력 은 이런 포괄성과 광역성을 조직화하여, 천사협이나 기사련과 같은 '광범 위한 부문·지역운동들의 연합체' 구성으로 나아갔다.

1980년대 들어 불교와 원불교 인사들이 민주화운동에 가세함으로써, 전체적으로 종교계의 민주화운동 역량은 더욱 커졌다. 불교계의 경우, 민 주화운동에 참여한 다양한 단체들의 연합조직으로 '민중불교운동연합'이 등장하기도 했다. 그러나 전체적으로 볼 때, 불교계와 원불교계의 민주화 운동세력은 그 주체와 범위 면에서 성직자들과 지식층, 그리고 청년·학생 들에 대체로 국한되었다. 민중운동(노동운동, 농민운동, 도시빈민운동)의 상 대적 부재는 개신교·천주교의 민주화운동과 비교되는, 불교·원불교 민주 화운동의 중요한 특징이자 한계이기도 했다.

한국의 민주화운동에서 종교세력의 압도적인 존재감과 주도성은 민주 화 이행이 본격화되는 1987년경까지 유지되었다. 그러나 1987년 이후 민 주화운동에서 종교세력의 비중은 비교적 빠르게 감소하기 시작했다. 그럼 에도 1980년대 말 새로 등장한 '시민운동'을 개신교세력이 주도적으로 개 척하는 등 종교세력은 민주화 이행이 시작된 후에도 여전히 중요한 민주화운동 부문 중 하나로 남아 있었다. 1970년대에 종교계 안팎의 민주화운동 주역들 사이에 형성된 인적 연결망human network은 1980년대에도 종교계의 민주화운동세력이 한국민주화운동 전반에 영향력을 지속시킬 수 있는 중요한 자산으로 작용했다. 종교계에서는 1980년대 이후 통일운동, 환경운동, 그리고 부분적으로는 여성운동과 같은 새로운 부문운동들이 등장하기도 했다. 특히 1980년대 초부터 점점 활성화된 남북 개신교 지도자들의 대화와 교류, 그리고 1989년 문익환 목사와 문규현 신부의 방북은 한국의 통일운동 전반을 활성화한 주요 계기가 되었다.

1980년대 이후 천주교계와 개신교계의 민주화운동에서는 다양한 교회개혁 및 교회쇄신 담론들이 등장했다. 이것은 종교계의 민주화운동이 '사회 차원의 민주화'뿐 아니라, '교회 차원의 민주화'로 분화됨을, 다시 말해 개신교계와 천주교계 민주화운동의 대상이 '대외적인' 것과 '대내적인' 것으로 분화됨을 의미했다. 또한 종교계가 한국 사회의 민주화 과정에 크게 기여했지만, 한국 사회의 '정치적 민주화'는 역으로 '종교적 민주화'로의 구조적 압력을 조성했다고 볼 수 있다. 1980년대 말부터 개신교계와 천주교계 내부의 보수세력들 가운데 일부는 온건한 사회운동으로, 일부는 극우적인 정치적 행동주의로 전환했다. 이로 인해 개신교계와 천주교계 내부에서는 보수 대 진보의 갈등과 경쟁이 치열하게 전개되었다. 전반적으로 볼 때, 이전의 민주-반민주 대결구도는 1980년대 이후 훨씬 복잡하게 변용되었다.

1
신군부의 언론탄압에 대한 저항

언론검열철폐 요구와 제작거부투쟁

각 언론사별 저항　　박정희 대통령 사망으로 언론의 암흑기였던 긴급
　　　　　　　　　　　조치 시대가 끝나자, 언론계는 일정 수준 언론자
유를 회복했다. 하지만 12·12군사반란으로 등장한 신군부는 계엄 상황을
이용하여 보도검열을 실시하였다. 보도검열단의 검열지침은 (1) 발표문
이외 내용, (2) 비상계엄과 관련하여 목적을 부당하게 왜곡, 비방, 선동하
는 내용, (3) 국민 여론 및 감정을 자극하는 사항, (4) 치안 확보에 유해로
운 사항, (5) 군 사기를 저하시키는 사항, (6) 군 기밀에 저촉되는 사항, (7)
공식 발표하지 않은 일체의 계엄 업무사항, (8) 기타 국가이익에 반하는 사
항 등의 보도를 통제하겠다는 것이었다. 위 조항들은 내용이 구체적이지
않기 때문에 검열단의 주관에 의해서 오용될 수 있는 소지를 안고 있었다.
또 보도방침은 (1) 북한의 도전 봉쇄와 국가 보위, (2) 국민 생활 안정, (3) 국
민 총화로 조국 근대화 발전 등 세 가지였다. 계엄사는 이를 실행하기 위하
여 더 자세한 보도검열기준을 만들어 집행하였다.(정종찬, 1989, 27~31쪽)

하지만 언론인들은 비록 계엄 상황이라 하더라도 보도검열에 조직적으로 저항하였다. 비록 언론사별로 이루어졌다는 한계가 있기는 했지만, 검열에 저항하고, 이를 실천하는 방법으로 제작거부를 하기도 했다.(윤덕한, 2000, 494~495쪽; 고승우, 2006, 11~13쪽; 고승우, 2005, 50쪽 참조)

우선 검열을 피하기 위해 일차로 서울시청에 나가 있던 기자들이 철수했다. 그리고 일선기자들은 아예 취재하지 않거나, 취재했더라도 그것을 본사에 송고하지 않는 취재거부, 기사가 송고됐더라도 인쇄를 하지 않거나 공백으로 놔두고 인쇄하는 제작거부운동을 전개하였다. 그것은 신군부에 대한 정면 도전이었다. 이외에도 각 언론사들의 상황에 따라 언론자유를 회복하기 위해 다양한 운동을 펼쳤다.

『경향신문』 기자들은 1979년 11월 편향보도에 항의하다가 인사조치됐던 표완수 기자를 비롯한 세 기자의 복귀를 요구하는 서명작업을 벌여 이를 관철했다. 1980년 5월 8일에는 국장단을 포함한 100여 명의 기자들이 총회를 열어 계엄사의 검열에 대한 대응방안을 토의하고, 10일 계엄해제, 언론검열철폐, 기관원 출입금지를 요구하는 내용의 결의문을 채택했다. 비록 제작이 완전 중단될 경우 신문 폐간조치가 내려질 것을 우려한 부장·차장단들이 자신들 중심으로 제작을 진행하기는 했지만,『경향신문』기자들의 투쟁은 사원 전체 차원의 저항이었다. 특히『경향신문』기자들은 검열에서 삭제된 부분을 공백으로 두고 신문을 제작함으로써 1980년 계엄후 검열에 처음으로 정면 저항했다.『동아일보』기자들도 1980년 3월 19일 언론검열철폐를 주장하는 내용의 유인물을 제작·배포한 뒤, 4월 19일에는 전체 기자회의를 열고 자유언론을 위한 선언문을 채택했다.

한국기자협회(약칭 기협) 동양통신 분회는 계엄사가 1980년 4월 8일 기사내용을 문제 삼아 조홍래 외신부장을 비롯한 두 명의 기자를 연행하자, 총회를 열고 자유언론과 언론인 신분보장을 요구하는 내용의 결의문을 채택했다. 기협『한국일보』 분회도 1980년 3월 29일 분회장 선거를 치러 체제를 정비한 후 이를 기반으로 언론민주화운동을 펼쳤다. 사실보도에 방점을 둔 『한국일보』 기자들은 편집진에게 지면구성에 변화를 요구하는 한편, 편집과 경영의 분리를 주장하며 투쟁을 펼쳤다. 또 5월 8일 이후 세 차례의 기자총회를 통해 계엄문제, 기자정신 진작, 저임금 해소 등을 논의하였으며, 12일에는 보도검열철폐, 사이비 언론인의 퇴진, 해직기자의 명예로운 복귀 등 3개 항의 결의문을 채택했다.

방송국 기자들도 투쟁을 전개했다. 동아방송 보도국 기자들은 1979년 11월 22일 자유언론 실천을 결의하고 이를 유인물로 발표했다. 이들은 결의문에서 "현 언론은 제도언론의 굴레를 벗어나지 못하고 여전히 나락을 헤매고 있다"라고 현실의 문제점을 질타하며 성실한 보도를 다짐했다. KBS도 1980년 5월 12, 13, 16일 세 차례에 걸쳐 보도국장 등 기자 대다수가 참여한 가운데 토론회를 열고 6개 항의 결의문을 채택했다. 이들은 편집권 침해 배제, 정당한 뉴스 편집에 대한 압력 배제 등을 결의하고, 보도국 간부와 일선 기자들이 공동 참여하는 회의를 상설 운영토록 결의했다. 기독교방송은 1980년 5월 9일 기자총회를 열고 비상계엄 조속 해제를 비롯한 5개 항의 결의문을 채택했다.『국제신문』 편집국 기자 전원은 1980년 5월 6일부터 4일에 걸쳐 편집권에 대한 사내외의 부당간섭 배제, 급여인상 등의 요구조건을 내걸고 철야농성을 벌인 끝에 5월 9일 5개 항의 결의문을 채택했다.

주로 서울지역 언론사들이 중심이 되어 검열 및 제작거부 행동으로 저항했으며, 부산을 비롯한 일부 지역의 언론인들도 동조했다. 1980년 5월 2일 부산진경찰서 출입기자들이 "부마항쟁 당시 민중으로부터 돌팔매를 맞았던 한국 언론이 아직도 역사와 민중의 요구를 외면한 채 유신체제의 껍질 속에서 안주하고 있으며, 기자들은 언론자유를 요구하기 앞서 역사

앞에 단죄하고 참회해야 한다"라는 요지의 선언문을 발표한 것이 그 사례이다.

기자협회의 저항결의　　　기자협회(약칭 기협)는 기자들의 조직으로, 각 언론사 기자들의 투쟁을 뒷받침하는 데 노력을 기울였다. 기협은 1980년 4월 초부터 정치권에서 활발해진 헌법개정 논의에서 언론자유보장 조항 명문화를 촉구하기 위해 강연회와 공청회를 개최했다. 그리고 5월 초에는 5개 항의 기협 시안을 만들어 국회와 정부에 제출했는데, 5개 항의 시안에는 아래와 같은 내용이 포함되었다.(고승우, 2005, 50쪽)

- 모든 국민은 진실을 알고 양심적 의사를 표명할 권리를 가진다.
- 언론출판과 집회 및 결사의 자유를 제한할 수 없고, 언론출판에 대한 허가나 검열을 금지한다.
- 언론의 독점 금지와 편집·편성권의 독립을 보장한다.
- 언론 종사자들은 취재와 보도, 논평 및 제작 활동에서 부당한 간섭을 받지 않는다.

또 언론사들의 노력에도 검열 상황이 별로 달라지지 않자, 기협은 5월 16일 김태홍 회장 주재로 회장단·운영위원회·분회장·보도자유분과위원 연석회의를 열고 대책을 논의했다. 이날 회의에는 동아언론자유수호투쟁위원회(약칭 동아투위)와 조선언론자유수호투쟁위원회(약칭 조선투위)의 위원들도 참석했다. 그리고 5월 20일 자정을 기해 검열을 거부한다는 요지의 결의를 했다.(윤덕한, 2000, 496~498쪽) 결의내용은 5월 20일 자정부터 모든 신문·방송·통신은 계엄사의 검열을 거부하고, 언론인 스스로의 양식과 판단에 따라 자유롭게 취재·보도하며, 검열거부 관철을 위해 필요하면 제작거부에 들어간다는 것이었다. 하지만 거부결의를 한 다음 날, 신군부는 비상계엄을 전국으로 확대하고 민주인사 검거에 나섰다. 기협 간부들 대부분도 남영동 치안본부 대공분실로 연행되었다. 기협 회장인 김태홍은 자신을 학생운동의 배후로 하는 사건이 조작되고 있다는 정보를 들은 기협집행부의 권고로 피신했지만, 부회장 정교용, 이홍기, 고영재, 이수언, 감사 박정삼, 편집실장 김동선은 5월 17일에, 안양노 편집실 기자는 5월 18일에 각각 계엄사에 연행되었다. 김태홍은 8월 27일 강진에서 붙잡혔고, 부회장 노향기는 피신 42일 만에 성북경찰서에 자수했다. 김태홍, 노향기, 김동선, 박정삼, 안양노 등은 실형을 받았고, 나머지는 기소유예로 석방되었다.(한국기자협회 편, 1994, 252쪽)

5·18민중항쟁 기간의 제작거부투쟁　　　신군부가 비상계엄을 전국으로 확대하자 이에 저항하여 광주에서 항쟁이 일어났다. 신군부는 각 언론사에 광주시민을 난동분자, 폭도로 표기할 것을 강요하기 시작했다. 이에 제작거부가 필요하다는 판단 아래 5월 20일부터 『경향신문』『중앙일보』를 중심으로 많은 언론사가 제작거부투쟁을 펼쳤다.(윤덕한, 2000, 499쪽; 고승우, 2006, 11~13쪽 참조) 제작거부투쟁을 가장 격렬하게 전개했던 『경향신문』에서는 평기자 대부분이 제작거부에 동참했다. 그러나 부장과 차장 등 소수의 간부들이 변칙적으로 신문을 제작하여 발행이 중단되지는 않았다. 『조선일보』에서도 젊은 기자들이 중심이 되어 21일 기자총회를 열려고 했으나 사측의 방해로 실패했다. 하지만 다음 날 총회를 강행하여 제작거부를 결정하고 이를 결행했다.

중앙매스컴 계열사들인 『중앙일보』와 동양방송에서도 기자, 국장단과 부장단이 참석한 가운데 19일 총회를 개최하여 5·18민중항쟁에 대한 왜곡보도를 시정하고 진실이 보도될 때까지 제작을 거부한다고 결의한 뒤 20일부터 25일까지 제작을 거부했다. 하지만 기자들은 제작거부에 참여하지 않은 소수가 제작한 신문에서 왜곡과 은폐가 심해지고 있다고 판단하고 27일 제작에 복귀했다.

『한국일보』에서도 19일 기자총회를 열고 20일부터 차장 이하 기자들이 참여한 가운데 검열·제작 거부에 들어갔다. 하지만 검열·제작 거부가 일주일을 넘기자, 광주를 유혈 진압한 신군부에 의해 폐간당할 수 있으므로 검열거부투쟁을 중단할 것을 주장하는 쪽과 끝까지 투쟁할 것을 주장하는 쪽이 대립하게 되었다. 결국 표결에 들어가 근소한 차이로 검열거부투쟁이 부결됐다.

통신 쪽에서도 검열·제작 거부투쟁을 전개했다. 동양통신 기자들은 5월 19, 20일 연이어 기자총회를 열어 5·18민중항쟁에 대한 진실보도를 촉구하며 21일부터 검열·제작 거부에 돌입했다. 5일간의 제작거부투쟁 후 기자총회를 열어 제작복귀를 결정했다. 합동통신 기자들 역시 21일 기자총회를 열고 만장일치로 제작거부에 돌입했다. 기자 전원이 검열·제작 거부에 참여하기로 서명했다. 검열거부를 위해 시청에 나가 있던 기자를 철수시키고, 유신언론인 퇴진을 요구하며 그들의 명단을 작성하는 등의 투쟁을 벌였다. 사측이 제작·검열 거부에 대해 재논의할 것을 기협 분회에 요구했다. 이에 기자들이 장시간에 걸친 회의를 한 끝에 표결에 부쳤지만 다시 가결됐다. 이들의 검열·제작 거부는 27일까지 이어졌다. 『현대경제』『일요신문』 같은 특수신문에서도 광주항쟁이 벌어진 뒤 5월 21일 기자들이 편집국에서 기자총회를 갖고 기자협회 결의를 만장일치로 채택했다. 24일부터 기자들이 검열·제작 거부에 돌입하고 부장·차장급들만 제작에 임했다.

계엄이 전국으로 확대되면서 언론검열이 강화되었고, 이 때문에 광주 현지 언론들도 18, 19, 20일자에 계엄군의 폭거와 시민저항 등을 보도하지 못했다. 광주항쟁 이틀째인 19일 처절한 참극현장을 목격한 『전남매일』일부 기자들은 다음 날인 20일자 신문에 "19일의 특전사의 민간인에 대한 만행" 보도를 관철하기로 결의했다. 계엄군의 잔학상에 대해 편집판까지 만들었으나 인쇄 직전 회사 중역실 간부의 저지로 무산됐다. 21일부터 회사 문이 닫히자 일부 기자는 지하신문을 만들기로 했지만 이 또한 실행에 옮기지는 못했다.

방송의 경우, 문화방송 보도국 기자들이 20일에 총회를 열어 격론 끝에 기사 제작·송고를 거부키로 결의하고 이날부터 시행했다. 그에 따라 일부 프로그램의 방송이 중단되고 뉴스 방영도 단축됐다. 라디오의 경우도 CBS 기자들이 총회에서 결의하여 광주항쟁 기간에 검열·제작 거부투쟁을 벌였다.

광주항쟁 이후
언론민주화운동에 대한 탄압

언론계는 5·18광주민중항쟁 기간에 제작을 거부했던 기자들에게 보복이 있을 것이라고 예상했다.(윤덕한, 2000, 502~523쪽)『경향신문』의 경우, 1980년 6월 9일 오전 9시 30분경 합동수사본부 수사관 서너 명이 편집국으로 들어와 외신부에서 기사를 정리하던 기자 홍수원, 박우정과 편집부 기자 박성득을 연행했다. 이어 조사국장 서동구, 외신부장 이경일, 경제부 기자 표완수 등도 연행했다. 같은 계열사였던 문화방송 보도국 부국장 노성대, 사회부 기자 오효진 등도 연행했다. 이후 수사 당국은 "베트남은 망한 것이 아니라 통일되었다" "고려연방제는 통일의 밑거름이다" 등의 악성 유언비어를 유포하여 국론통일과 국민적 단합을 저해한 혐의가 있어 연행 구속했다는 내용의 보도자료를 내보냈다. 그러나 이러한 탄압은 해직이라는 강수를 두기 위한 절차에 불과했다. 경향신문사 사장 이진희는 1980년 6월 25일 취임 당시 "언론인은 국가관이 투철해야 하며 체제의 수호자가 되어야 한다. 이를 받아들이지 않는 사람은 스스로 물러나야 할 것"이라고 발언했으며, 7월 10일에는 다시 "반국가 언론인 정화하겠다"라고 선언했다. 이어 1980년 7월 18일 차장 이하 56명을 해직시켰다.

신군부는 1980년 7월 29일과 31일 두 번에 걸쳐 '한국신문협회' '한국방송협회' '한국통신협회' 등 3개 협회로 하여금 자율정화 결의형식을 빌려 (1) 언론의 국익 우선, (2) 사회정화에 대한 언론계의 참여, (3) 새로운 언론풍토 조성, (4) 언론인 재교육이라는 4개 항의 당면 실천목표를 제시하도록 했다.(한양대학교 신문방송학과 편집위원회 편, 1984, 137쪽) 그리고 이 결의를 실천하는 작업으로 검열거부, 제작거부에 동참했던 언론인들을 정리하도록 했다.

8월 16일 당시 이수성 문화공보부 공보국장이 작성한 공식문건인 "언론인 정화 결과"에 의하면, 언론인 대량해직조치의 희생자는 총 933명이었다. 이 과정에서 보안사 언론대책반이 소위 '정화조치'를 요구한 해직대상자는 모두 336명이었다. 하지만 이 중 38명은 "군사정권에 절대 충성하겠다"는 내용의 각서를 쓰고 '구제'되어, 실제로 보안사가 작성한 명단에 의해 해직된 언론인은 298명이었다. 933명 가운데 298명을 뺀 나머지 635명은 보안사의 정화조치 요구에 편승해 언론사주가 소위 '끼워 넣기'를 한 것이다. 635명 가운데 보도제작 요원은 427명, 업무사원이 208명이었다.

1980년 해직기자 30여 명은 1984년 3월 24일 '80년해직언론인협의회'를 발족시켰다. 당시 그들의 주장은 민주화의 조속한 실현과 언론자유 보장, 침해당한 생존권의 정당한 회복, 해직언론인 원상회복 등이었다.(한양대학교 신문방송학과 편집위원회 편, 1984, 141쪽)

2
전두환 정권 시기
언론출판계의 민주화운동

언론계의 민주화운동

일상적 언론통제:　　　　　　전두환 정권은 언론인 강제해직, 언론 강
'보도지침'과 기자 연행　　　제통폐합, 언론기본법 제정 등 언론통제
　　　　　　　　　　　　　　　의 세 가지 수단을 완비한 후, 언론을 통제
하기 위해 문화공보부 내에 홍보조정실이라는 상설기구를 설치했다. 계엄
해제 후 정부의 대언론 창구를 문공부로 일원화하고, 언론협조체제 구축
을 꾀하는 등 언론조정체제를 갖출 목적으로 만든 것이다. 당시 청와대 비
서실에서 대통령의 재가를 받아 1981년 1월 6일 직제 개정안을 만들고, 국
무회의 의결을 거쳐 1981년 1월 19일 업무를 개시했다.(이광표, 1988, 30쪽)
　　홍보조정실은 당시 12명이던 문공부 내의 부이사관 중 9명을 배치한
비대한 조직이었으며, 언론기관의 보도협조 및 지원에 관한 종합계획을
수립한다는 명분을 앞세웠다. 하지만 홍보조정실은 협조를 명분으로 보도
통제를 하기 위한 기구로서 협조요청 사항은 곧 '보도지침'으로 작용했다.
홍보조정실 설치가 갖는 의미는 언론통제를 정부부처의 공식적인 업무활

동의 하나로 편입했다는 것이다. 유신정권 시절의 언론통제보다 더욱 적극적이고 조직적인 여론조작을 가능하게 한 것으로 주로 기자 출신으로 구성했다.* 언론사 출신이 작성하여 보낸 보도지침은 언론사가 피해가기 어렵게 아주 구체적으로 이루어져 언론통제에는 매우 효과적이었다. 그래서 이행률도 좋았다. 당시 6대 중앙지 중 여권 성향의 2개 신문(『서울신문』 『경향신문』)의 보도지침 이행률이 평균 92.9%였고, 4대 일간지(『조선일보』 『중앙일보』『동아일보』『한국일보』)의 이행률은 71.2%에 이르렀다.(김동규, 1988, 167쪽) 보도지침은 대개 "대통령과 관련하여 좋게 써달라"는 내용처럼 언론사에 일상적으로 전달되는 협조요청서지만, 민감한 사안이 발생하면 그 강도가 달랐다. 보도지침이 언론을 이념공세의 수단으로 활용하기에 매우 효율적인 장치였기 때문이다. 부천서 성고문사건 당시 문공부가 내보낸 보도지침 일지는 정권유지를 위해 홍보조정실이 보도지침을 활용했음을 보여주는 적절한 사례이다.

보도지침 내용을 세심하게 살펴보면 전두환 정권의 성격을 그대로 이해할 수 있다. 보도지침은 크게 반민족성, 반민중성, 반민주성의 성격을 띠고 있다.(김주언, 2009, 495~498쪽) 보도지침이 반민족성을 드러낸 사례는 다음과 같다. 즉, 보도지침은 한미무역마찰과 관련한 기사와 제목을 냉정하게 다루고 가급적 1면 톱을 피하라고 지시했으며(1985년 10월 26일), 협상이 타결되자 사실과 달리 "통상현안 일괄타결"로 제목을 뽑고, 외신기사에 "미국의 압력에 굴복"이라고 나오더라도 "우리 측의 능동적 대처"라고 쓰라고 지시했다.(1986년 7월 22일) 이뿐 아니라 이규호 주일대사가 '일본 천황 방한'을 요청했다는 일본 언론의 보도를 묵살하라고 지시했고(1985년

---

* 『조선일보』 1988년 12월 6일자. 1981년 홍보조정실을 설치했지만 보도지침이 본격화한 것은 1985년 2월 12일 총선 이후 이원홍 당시 KBS 사장이 문공부장관으로 부임하고 나서부터였다고 보는 견해도 있다.

표6 부천서 성고문사건 보도지침 일지(1986년)

7월 9일	부천서 형사의 여피의자 폭행(추행)사건은 당국에서 조사 중이고 곧 발표할 예정. '성폭행사건'으로 표현하면 마치 기정사실화한 인상을 주므로 '폭행 관련 주장'으로 표현할 것.
7월 10일	현재 운동권 측의 사주로 피해 여성이 계속 허위진술. 검찰서 엄중 조사 중이므로 내주 초 사건 전모를 발표할 때까지 보도를 자제해줄 것. 기사 제목에서 '성폭행사건'이라는 표현 대신 '부천사건'이라 표현하기 바람.
7월 11일	부천서 성폭행사건 검찰발표 때까지 관련된 모든 기사를 일체 보도하지 말 것. 검찰의 부천서사건 발표 시기에 관한 것이나 부천사건 항의시위, 김대중의 부천사건 언급 등 이와 관련된 일체의 보도를 하지 말 것.
7월 12일	부천서 성고문 관계는 발표 때까지 일체 보도자제 요망. 모든 보도를 자제할 것.
7월 17일	오늘 오후 검찰이 발표한 조사결과 내용만 보도할 것. 이 사건의 명칭을 성추행이라고 하지 말 것. 성모욕 행위로 할 것.

출처: 월간말 편집부 편, 1986a, 54~56쪽

10월 31일), 문공부장관이 발표한 '저작권협정 가입방침' 운운한 것에 대한 출판인들의 반박성명을 보도하지 말라고 지시했다.(1986년 1월 18일)

보도지침의 반민중성의 예로는 (1) 전기·통신·우편·시외버스 요금 등의 인상에 대해 제목에 '○○% 인상'으로 쓰지 말고 '○○원 인상'으로 쓰게 함으로써 높은 인상률에서 오는 심각성을 은폐하도록 지시한 것(1985년 1월 17일, 1985년 11월 29일), (2) 소값 파동 등 농촌경제의 심각성을 연말 특집으로 다루지 말도록 한 것(1985년 12월 12일), (3) 탄광노동자들의 투쟁을 보도하지 말라고 지시한 것(1986년 7월 27일), (4) "경상수지 계속 흑자"라는 한국은행 발표는 1면 톱으로 다루라고 지시한 것(1985년 10월 21일) 등을 들 수 있다. 앞서 언급한 부천서 성고문사건 은폐 보도지침 역시 반민중성의 한 예이다.

보도지침의 반민주성은 (1) '민주화추진위원회 이적행위'라는 검찰 발표를 1면 톱기사로 다루라고 지시한 것(1985년 10월 29일), ② 서울대 학생 시위를 비판적 시각으로 다루라고 지시한 것(1985년 11월 1일), ③ 대학생들의 민정당 연수원 점거 기사는 비판적 시각으로 다루되 격렬한 구호가 실린 플래카드가 사진에 나오도록 하고, 치안본부가 발표한 '최근 학생시위 적군파 모방'을 크게 다루되 특히 '적군파식 수법'이라는 제목을 붙이라고 지시한 것(1985년 11월 18일) 등에서 잘 드러난다. 보도지침은 또 당국의 학생들 유인물 분석 자료인 "좌경 극렬화……" 운운하는 자료는 박스기사로 취급하도록 요구하고(1986년 2월 7일), 전국 대학 학생회 사무실 수색결과 관련 기사는 제목을 "유인물 압수"보다는 "화염병과 총기 등 압수"로 뽑으라고 지시했으며(1986년 2월 15일), 김수환 추기경의 강론 중 "개헌 빠를수록 좋다"라는 부분은 삭제하라고 지시했다.(1986년 3월 10일)

보도지침을 통해 언론을 철저히 통제한 결과, 당시 신문·방송은 내용과 형식에서 천편일률적이라는 평가를 받았다. 이렇게 내용통제를 하는 와중에도 안전기획부는 언론사 및 언론인에 대한 사찰을 계속했으며, 보도지침을 지키지 않는 문제기사가 발생하면 영장이나 구인장도 갖추지 않은 채 임의동행 형식으로 불법 연행하여 조사하고, 심지어 폭력을 행사하기까지 하였다.* 그것은 기사내용 자체가 실정법에 저촉됐기 때문이 아니라 당국의 '협조요청' 또는 보도지침을 따르지 않은 데 대한 보복 차원이거나, 만약 보도지침이 내려가지 않은 경우는 취재원을 밝혀내기 위해 저지른 만행이었다. 그럼에도 간혹 보도지침을 어기거나 당국의 미움을 받을 만한 기사가 나온 것은 언론으로서 최소한의 기능을 수행하고자 하는 언론인들의 소극적인 저항이었다. 소극적이나마 언론의 본질적 기능을 회복하려는 노력의 결과로 보이는 대표적인 사례는 『조선일보』의 이철희·장영

---

* 불법연행, 폭력조사였지만, 조사를 받고 나온 기자들은 한결같이 '있었던 사실'에 대해 함구했다. 그 이유에 대해 한 경험자는 이렇게 얘기했다. "기억하고 싶지 않을 정도의 비인간적인 대우, 수모, 법과 제도의 테두리에서 이 같은 불법행위가 자행될 수 있는 현실에 대한 환멸, 신은 과연 알 것인가에 대한 강한 의문 때문이다."(월간말 편집부 편, 1988a)

자사건 방담기사나, 『경향신문』의 학원안정법 기사, 그리고 『한국일보』 안의섭화백탄압사건 등이다.(한국기자협회 편, 1994, 316~323쪽 참조)

『조선일보』 사회부 부장 안병훈, 기자 이혁주, 김창수는 1982년 7월 18일 10면에 실린 "칼날 같은 검찰 신문 안 보였다"라는 제목의 이철희·장영자사건 방담기사와 관련하여 안기부에 연행돼 기사 게재 의도와 취재원 출처 등에 관해 집중심문을 받고 다음 날 풀려났다. 이·장사건은 청와대와 관련이 있다는 의혹을 받던 것으로 검찰의 공판태도를 다룬 기사였다.

『경향신문』의 편집국장 손광식, 사회부장 강신구, 정치부장 홍성만, 정치부 차장 이실, 정치부 기자 김지영 등은 1985년 7월 25일 "학원안정법 제정이 추진되고 있다"라는 기사를 보도한 것과 관련하여 연행돼 1박 2일 동안 조사를 받고 나왔다. 이들 역시 고문과 함께 취재경위 및 '소스' 등에 대해 추궁을 받았다.

만화가 안의섭은 1986년 1월 19일자 『한국일보』 11면에 레이건의 종양수술과 관련된 내용으로 게재한 4단 만화 "두꺼비"가 문제돼 안기부에 연행됐다. 안 화백은 안기부에서 "이 만화가 국내 상황을 연상시키려는 의도로 그려진 것이 아니냐"라는 등의 추궁을 받고 21일 새벽 풀려났다. 이 사건에 대해 『한국일보』 편집국 기자 100여 명은 안기부의 안 위원 연행을 규탄하는 철야농성을 벌였다. 전두환 정권의 엄혹한 탄압 속에서도 안의섭을 지키기 위해 동료 언론인들이 공동행동을 한 사례라는 점에서 주목할 만한 사건이다. 결국 안 위원이 집필하던 『한국일보』 "사회만평"과 "두꺼비" 연재는 1987년 8월 24일까지 1년 7개월여 동안 중단됐다.

**민주언론운동협의회 결성과
월간지 『말』 창간**

전두환 정권이 전술한 보도지침 등을 통해 언론을 통제하자, 제도언론은 천편일률적인 찬양일색의 기사를 내보낼 뿐 제대로 된 비판기능을 수행하지 못하였다. 이에 동아투위와 조선투위는 1984년 10월 24일 "「10·24 자유언론실천선언」 10주년을 맞아"라는 제목의 성명서를 발표했다. 이들은 성명에서 언론기관들이 1975년과 1980년 두 차례에 걸쳐 권력과 야합하여 언론의 자유를 주장하던 기자들을 대량 축출함으로써 노골적으로 자기 정체성을 부정하고 독재권력을 유지하는 유력한 도구인 제도언론으로 전락했음을 지적하였다. 그리고 이런 언론의 반민주주의적·비민주주의적 보도태도, 사대주의적 보도태도, 반민중적·민중경시적 보도태도 역시 비판하였다.(한양대학교 신문방송학과 편집위원회 편, 1984, 138~140쪽) 이어 동아투위와 조선투위, 80년해직언론인협의회, 진보적인 출판단체(금요회 등) 등은 1984년 12월 19일 제도언론을 감시·비판하고, 민중언론을 지향하는 민주언론운동협의회(약칭 언협)를 창립했다. 언협은 강령을 통해서 "권력과 자본을 대변하는 반민주 제도언론에 맞서 싸우는 민족민주언론의 구현" "민족민주언론을 지향하는 모든 양심세력과 함께 국민언론운동에 매진" "민족민주세력과 연대하여 조국의 자주, 민주, 통일을 위해 노력" 등 진보적이고 민중지향적인 목표를 설정하였다.(임동욱, 1995, 194쪽) 언협은 이러한 목표를 달성하고 제도언론의 한계를 극복하기 위해 대안언론으로서 잡지 『말』을 창간하였다. 물론 『말』은 애초 언협의 기관지 성격으로 출발하였지만, 나중에 대표적인 민중지향적 언론으로 자리매김하였다. 『말』은 발행될 때마다 압수수색을 당해야 했고, 편집인이 연행돼 일주일씩 구류를 살아야 했다. 언협은 구류를 번갈아 살기 위해 구류 담당 편집인의 순서를 미리 짜놓기까지 했다. 그 순서에 따라 성유보, 신홍범, 최장학, 김태홍이 차례로 구류되었다.

1980년대의 엄혹한 상황에서 언협과 『말』지가 많은 기여를 했지만, 그 중에서도 가장 중요한 것은 보도지침을 폭로한 일이다. 『말』지가 보도지침의 존재를 폭로하기 전부터 전두환 정권이 언론에 협조요청서라는 이름의 보도지침을 보낸다는 것은 이미 알려져 있었지만 그 실체를 확인할 수는 없었다. 보도지침을 폭로한 김주언은 편집국에서 우연히 발견한 보도지침철을 민주통일민중운동연합(약칭 민통련) 홍보기획실장 김도연에게 보여 주었다. 김도연은 이를 민통련 간부들과 회람한 뒤 매우 중요한 문건이지만 민통련에서 폭로하기보다는 언협에서 자료로 발간하는 것이 좋겠다고 결론을 내렸다.

김도연은 언협 사무차장이던 이석원과 상의했고, 언협에서는 보도지침 복사본을 놓고 논의하여 보도지침을 『말』지 특집호로 발간하기로 결정하였다. 이석원과 김태홍을 비롯하여 언협 간부였던 신홍범, 백기범, 홍수원, 박우정 등이 회합하여 편집과 폭로 방식을 논의하였다. 그 결과 『말』지의 편집책임을 맡고 있던 홍수원과 박우정이 책임을 맡고, 박성득, 이석원, 최민희, 김태광, 정의길, 김기석, 권형철 등이 '아랫다방'이라고 불리던 언협의 비밀편집실에서 편집작업에 들어갔다. 이들은 3개월간 688건의 보도지침을 항목에 따라 분류하고 해설을 붙여 편집을 끝냈다. 『말』지 특집호를 극비리에 인쇄하여 마침내 1986년 9월 6일에 발간하였으며, 대학가와 재야 및 종교단체 등에 배포하였다.(김정남, 2005, 545쪽) 특집호를 맡았던 이들은 보도지침을 폭로하면, 전두환 정권이 이것을 날조로 몰아붙일 것이며, 언론통제나 보도지침 시달은 "있을 수도 없고 있어서도 안 될 일"이라며 시치미를 떼다가 역효과가 우려되면 언론의 자발적 협조를 구하기위한 '언론 협조요청'이었다고 둘러댈 것이라고 예측했다.(월간말 편집부편, 1986, 6쪽) 그리고 폭로 이후 정권의 대응은 예측대로였다.

보도지침 폭로로 관련자들은 수배 또는 체포되었다. 전두환 정권은

1986년 12월 10일 김태홍을 체포하여 남영동 치안본부 대공분실로 연행했고, 그의 진술에 따라 12일에는 신홍범, 15일에는 김주언을 연행해 구속했다. 보도지침 공개로 비난을 받게 된 것에 대한 정치보복으로 권력당국은 이들에게 국가보안법을 적용했다.* 국가보안법상의 국가기밀누설죄(국가기밀누설죄는 기소과정에서 법리상 적용이 어려워 삭제됨)와 외교상 기밀누설죄, 그리고 집에서 찾아낸 영문서적을 걸고 넘어져 이적표현물 소지죄 등을 적용했다. 여기에 '집회 및 시위에 관한 법률' 위반과 외신 기자들과 회견을 했다는 이유로 국가모독죄를 추가했다.(김주언, 2009, 431~435쪽)

김주언과 언협 사무국장 김태홍, 실행위원 신홍범 등 세 명은 1심에서 집행유예 또는 선고유예를 받고 풀려났다. 이어 1995년 말에 이르러서야 항소심과 상고심이 마무리됐다. 1986년 9월 6일 당시 언협의 기관지였던 『말』지를 통해 전두환 군사정권의 언론통제 실상이 폭로된 지 9년 3개월여 만인 1995년 12월 5일 대법원에서 무죄 확정판결을 받았다.

하지만 이 과정에서 법정싸움이 오랫동안 지속되었고, 이들은 1심 판결까지는 구속재판을 받아야 했다. 이에 천주교정의구현전국사제단을 비롯한 종교단체와 국내의 모든 재야단체들이 언협의 보도지침 폭로를 지지하고 구속된 언론인들을 석방할 것을 촉구하는 내용의 성명을 발표했다. 가톨릭은 옥중의 김태홍, 신홍범, 김주언에게 가톨릭자유언론상을 수여했고, 김수환 추기경은 강론에서 보도지침 폭로는 정당한 것이라고 선언했다. 국제사회에서도 이 사건에 지대한 관심을 표명했고, 국제앰네스티,

---

* 공소장에 적시된 바에 따르면, F-16기 1차분 7일 인수식, 국방부 발표 때까지 보도하지 말 것(1986년 3월 5일), 미 국방성 '핵무기 적재 전투기 각국 배치'에서 우리나라는 빼고 보도할 것(1986년 7월 10일), F-15기 구매와 관련, 뇌물공여 조사차 내한하는 미 하원 전문위원 세 명 관련 기사 보도 억제(1985년 11월 20일), 미 FBI 국장 방한 사실 일체 보도 억제(1986년 1월 11일), 북한의 국회회담 제의, 당국 발표 시까지 보도통제(1985년 10월 20일) 등 11개 항을 공개한 것이 외교상 기밀누설과 국가보안법 위반이라는 것이다.

표7　구속자 석방을 위한 외국기관들의 활동내역

날짜	활동내역
1987. 1. 5	국제앰네스티가 『말』지 사건으로 구속된 3인의 언론인 즉각 석방을 촉구
1987. 1. 9	미국 언론인보호위원회가 드레이크 사무국장 명의로 된 서한을 미국 언론인들에게 발송, 보도지침 관련 구속자 3인의 석방을 촉구하는 운동을 벌이자고 호소
1987. 1. 12	국제출판자유위원회는 한국의 언론 현실을 비난하고, 3인의 석방을 촉구하는 공한을 김경원 주미 한국대사에게 발송
1987. 1. 14	미국·캐나다 신문협회가 전두환 대통령과 이웅희 문공부장관·김성기 법무부장관에게 공한을 보내 3인의 즉각 석방을 촉구
1987. 1. 22	국제기자연맹(International Federation of Journalist)이 『말』지 사건과 관련, 3인의 언론인 구속사태에 대해 깊은 우려를 표명하고 2월 23일부터 28일까지 홍콩에서 열리는 아태지역회의에서 한국 기협과 대책을 협의하자고 제안
1987. 3. 18	미국 상원이 한국 관계 청문회를 개최하고 '보도지침'사건을 자세히 청취
1987. 3. 20	미국 언론인보호위원회가 각국의 언론단체에 서한을 발송, 한국의 언론자유 실현과 구속 언론인 석방을 위한 활동 요청
1987. 3. 21	미국 언론인보호위원회가 구속언론인 석방과 언론탄압 중지를 요구하는 서한을 청와대로 발송

미국 언론인보호위원회, 국제출판자유위원회, 미국과 캐나다의 신문협회 등은 이들의 석방을 촉구했다.(윤덕한, 2000, 521~523쪽) 구속자 석방을 위한 외국기관들의 활동은 위의 〈표7〉과 같다.

　정당성이 부족한 전두환 정권이 얼마나 언론통제에 집중했는지는 『말』지의 보도지침 폭로 이후 이에 대해 국내외의 비판과 관심이 집중되어 있는 상황임에도 계속해서 각 언론사에 보도지침을 전달했다는 사실에서 알 수 있다. 『말』지는 1987년 10월호(14호)에서 1987년 7월부터 9월까지 보도의 불공정사례 10여 건을 발표하고, 불공정한 보도는 MBC에 시달된 보도지침에 의한 것이라며 보도지침이 계속되고 있음을 다시 폭로했다. 그리고 이 사례들을 외부압력과 청탁에 의한 것과 경영진의 압력에 의한 불공정보도사례로 나누어 제시했다. 또 이를 주제별로는 정치 관련 기사 6건, 노동쟁의 2건, 사회문제 3건, 대학생 시위 관련 1건으로 분류했다.(월간말 편집부 편, 1987, 11쪽)

민중언론을 통한 언론자유 실천운동　　언론이 정권의 통제를 받거나, 정

권과 유착하여 제 역할을 하지 못

하면 사회 제 분야의 언로는 막힐 수밖에 없다. 이러한 상황이 유신정권부

터 전두환 정권에 이르기까지 지속되면서 많은 단체들은 자신들의 활동과

의견을 알릴 수 있는 자체 발간물을 직접 제작하기 시작하였다. 소위 민중

언론이 많아진 것이다. 여기서 '민중언론'이란 '제도언론'에 대항하는 개념

이고, 비공식성을 띤다. 이들 언론은 정기적으로 발행되기도 했고, 특정 상

황에서 단발성으로 발행되기도 했다. 공통점은 등록을 하지 않고 발행했

다는 것이다. 이들이 등록되지 않은 상태에서 발행된 것은 이들 발간물이

사회적 모순구조를 폭로, 비판하고 이를 변혁하고자 하는 뚜렷한 목적을

지니고 있었기 때문이라고 판단해야 마땅하다.(김기태, 1990)

　　주목할 만한 민중언론을 언급해보면 다음과 같다. 민주화운동청년연

합(약칭 민청련)은『민주화의 길』이라는 제목의 유인물을 정기적으로 발행

하고, 이를 통해 사회민주단체들의 활동 현황과, 군부·정치·경제·사회·문

화·노동·농민 등 모든 분야의 문제점을 보도, 분석, 비판하였다. 또 그들

은『민중생활소식』이라는 제목의 유인물도 발행하는 한편, "정치권력과 부

정부패"라는 특집을 만들어 배포했다. 민중문화협의회는『민중문화』라는

제목의 유인물을 정기적으로 제작, 배포했다. 원풍모방노동조합에서는

『원풍소식』을 제작, 배포했으며 한국노동자복지협의회에서는『민주노동』

이라는 제목의 유인물을, 한국공해문제연구소에서는『공해연구』라는 제목

의 유인물을, 한국기독교교회협의회 인권위원회에서는『인권소식』을, 전

라북도민주운동협의회에서는『민주의 함성』을, 한국기독교농민회총연

합회에서는『함성』을, 콘트롤데이타노동조합에서는 "다국적 기업의 정체"

를, 그리고 한국노동자복지협의회, 한국가톨릭노동청년회, 한국사회선교

협의회, 대구NCC 인권위원회, 민청련이 공동으로 「대구택시기사시위사건

진상보고서」를, 한국기독교학생총연합 등 5개 단체에서는 「강제징집문제 공동조사보고서」를, 민청련 등 5개 단체에서는 『일본문제자료집: 일본군 국주의가 다시 오고 있다』를 각각 제작, 배포했다.(한양대학교 신문방송학과 편집위원회 편, 1984, 142쪽) 노동언론은 노동자의 의식과 생활, 그리고 노동문제, 노동현장에서 일어난 사건 등을 널리 알리고 노동운동에 대한 사회적 연대를 확보하는 데 목적을 두고 있었다.

물론 이런 민중언론은 그 중요성에도 불구하고 전문성 결여, 빈약한 재정, 대중성 확보 실패 등의 문제점을 지니고 있었다. 그럼에도 1980년대 는 '게릴라 언론'의 시기 또는 대항언론의 전성시대로 부를 만큼 민중언론 이 활성화되었다.(정군기, 2001, 87~88쪽) 이들 민중언론의 활동은 그 자체로 언론자유 실천운동이다.

민중언론은 그 발행 주체 및 대상에 따라 노동자·농민·학생·종교·재야 등으로 구분하고, 형태에 따라 신문, 소책자, 자료집, 유인물, 대자보 등으로 구분할 수 있다.(정군기, 2001, 85쪽) 이를 간략히 정리하면 다음의 〈표8, 9, 10〉과 같다.

전두환 정권 시기 시작된 시민언론운동　　　　전두환 정권의 언론통제는 역으로 시민언론운동의 발 전을 촉진하는 계기를 마련해주었다. 그중에서 1986년 1월부터 시작하여 1988년까지 지속된 시청료거부운동, 노태우 정권 시기이기는 하지만 각 언론사 노조들의 연맹체인 전국언론노동조합연맹(약칭 언론노련)과 연대 하여 수행한 1992년 선거보도 감시활동 등이 중요하다. 이들 시민언론운 동은 단계적 성장을 이루었다고 할 수 있다. 우선은 KBS시청료거부운동과 이로부터 연결된 1987년 대선, 1988년 총선에서의 선거보도 감시활동을

표8 노동운동 관계 민중언론 매체 현황

제호	형태	발행주체	창간일자
민주노동	신문	한국노동자복지협의회	1984. 3
청계노보	신문	청계피복노동조합	1985. 7. 17 복간
노동청년	신문	한국가톨릭노동청년회	1970
서노련신문	신문	서울노동운동연합	1985. 9. 7
원풍소식	신문	원풍모방노동조합	1983. 12

출처: 성지혜(1990)에서 재구성(정군기, 2001, 85쪽에서 재인용)

표9 사회운동 관계 민중언론 매체 현황

제호	형태	발행주체	창간일자
민주·통일	소책자	민주통일민중운동연합	1985. 2. 10
민중의 소리	신문	민중민주운동협의회	1984. 10. 18
공해연구	신문	한국공해문제연구소	1982. 9
여성평우	신문	여성평우회	1984. 6. 18
민중문화	신문	민중문화운동협의회	1984. 6. 9
민주화의 길	소책자	민주화운동청년연합	1984. 2
민중생활소식	신문	민주화운동청년연합	1984. 9. 19
광주	신문	전남민주청년운동협의회	1985. 1. 20
광주의 소리	소책자	전남민주청년운동협의회	1984. 11

출처: 성지혜(1990)에서 재구성(정군기, 2001, 87쪽에서 재인용)

표10 종교집단 관계 민중언론 매체 현황

제호	형태	발행주체	창간일자
교회와 사회	신문	한국기독교장로회 전남노회	1985. 6. 26
기장회보	신문	대한기독교장로회	1984. 9. 1
민중교육	신문	가톨릭야학연합회	1985. 5. 20
사선소식	신문	한국교회사회선교협의회	1979. 8. 31
인권소식	신문	한국기독교교회협의회 인권위원회	1978. 6. 23
민중법당	신문	민중불교운동연합	1985. 5. 14

출처: 성지혜(1990)에서 재구성(정군기, 2001, 87쪽에서 재인용)

꼽을 수 있다. 다음은 언협의 언론학교 출신 회원과 한국기독교교회협의회, 여성민우회, 한국사회언론연구회 등이 참여한 1992년 선거보도감시운동과 경실련·YMCA가 주축이 되었던 공명선거실천협의회의 선거보도 감시활동이다.(최민희, 1999, 122~124쪽)

　　그중에서도 시민언론운동의 효시라고 할 수 있는 'KBS시청료거부운동'은 1980년대 시민언론운동에서 매우 상징적인 의미가 있다. 그 참여범위가 방대한 대중운동의 성격을 확실히 보여주었기 때문이다. 1985년 8월 말과 9월 초 한국기독교교회협의회 산하 시국대책위원회가 시청료거부운동을 제안하고, 이를 범국민운동으로 전개할 것을 결의하면서, 'KBS시청료거부운동'이 구체화되었다. 그리고 1985년 2·12총선 과정에서 전두환 정권의 언론통제와, 언론의 여론조작·왜곡과 편파보도 등이 아주 노골화하자, 이에 대한 불만에서 1986년 1월 20일부터 'KBS시청료거부운동'이 본격적으로 시작되었다.

　　1986년 1월 20일 'KBS-TV 시청료거부 기독교 범국민운동본부'가 결성되고, 보도지침 폭로를 계기로 반정부투쟁세력을 총망라한 '시청료거부 및 자유언론공동대책위원회' 발족으로 확대되었다. 시청료거부운동은 언론민주화를 촉구하는 언론에 한정된 운동이 아니라, 권위주의적 군사정권에 저항하고 사회민주화를 지향하는 국민운동이었고, '6·29선언'을 이끌어내는 데에도 기여했다. 하지만 'KBS시청료거부운동'은 1987년 6월 이후 민주화운동단체들이 대거 빠지면서 'KBS-TV 시청료거부 범시민운동 여성연합'이 주도하는 여성운동단체 중심의 전문운동으로 변모하였다가 1989년에 이르러 활동이 소멸되었다.(김기태, 1989: 강상현, 1993, 105쪽)

　　이외에도 시민언론운동의 주류 중 하나는 모니터운동이었다. 모니터운동은 언론감시운동이지만, 초기 모습은 사회운동의 하부조직으로서 모니터를 통해 언론의 내용 시정을 촉구하는 운동 수준이었다. 1984년 11월 한국여성단체협의회 매스컴모니터회가 제1회 모니터교육을 실시하고, 1985년 10월 YMCA가 제1회 TV모니터강습회를 실시한 이후 모니터운동을 벌인 것들이 그 예이다. 비록 계급적으로나 사회의식에서 한계가 있었지만, 시민들이 언론을 비판하고 감시할 필요성에 공감하고 참여하도록 하는 역할을 수행했고, 시청료거부운동에 여성단체들이 적극 참여할 수 있는 기반이 되었으며, 1987년 대통령 선거와 1988년 국회의원 선거 시 선거보도 감시활동의 뒷받침이 되는 활동이었다.(강상현, 1993, 106쪽)

출판계의 민주화운동

신군부에서 노태우 정권에 이르는 출판탄압

신군부는 언론통제의 일환으로 1980년 7월 말 각 언론단체에 자체적으로 정화를 결의하도록 강제하였다. 그에 따라 신문, 방송협회 등이 자율을 가장한 채 7월 29일, 31일에 걸쳐 "언론 자율정화 및 언론인 자질 향상에 관한 결의문"을 채택하였다. 언론단체들의 자율결의에 맞춰 신군부는 7월 31일 '사회불안 조성' '계급의식 조장' '음란 저속' 등의 이유를 내세워 주간 15종, 월간 104종, 격월간 13종, 계간 16종, 연간 24종 등 172종의 정기간행물을 강제 폐간하였다. 폐간된 매체에는 『씨올의 소리』 『뿌리깊은나무』 『창작과 비평』 『기자협회보』 『문학과 지성』 등 비판적인 논조로 지식인들의 사랑을 받던 매체들이 포함되었다.(고승우, 2005, 137쪽) 게다가 서적 700여 종 압수, 47명의 출판인 구속, 출판사 폐업 및 등록취소 11건 등의 탄압조치로 출판의 암흑기가 시작되었다. 따라서 출판계도 당연히 위축될 수밖에 없었다. 이후 전두환 정권은 다양한 방식으로 출판탄압을 지속하였다. 하지만 이는 역으로 엄혹한 상황에서도 출판

압수된 금지서적들

을 통한 운동이 그만큼 이루어졌다는 반증이기도 하다.(한국출판문화운동
사 편집위원회 편, 2007, 45~100쪽)

출판에 대한 탄압을 유형별로 보면 출판사에 대해서는 사전검열, 발간
후 내용수정 요구, 세무사찰, 압수수색, 불법연행·장기구금·구류·구속 등
인신탄압, 등록취소와 신규등록 규제, 경영방해 등이 있었고, 도서유통과
관련해서는 납본필증 미교부, 출판사에 도서시판중지 종용, 서점에 도서
시판중지 종용, 서점탄압, 광고기회 봉쇄 등의 방법이 동원되었다.

출판사에 대한 탄압 중의 하나인 사전검열은 '출판사 및 인쇄소의 등록
에 관한 법률 시행령'에 따라 판매 15일 전에 납본하게 되어 있는 조항을 악
용하여 실질적으로 내용을 검열하는 것이지만, 경우에 따라서는 원고상태로
사전에 심의받을 것을 종용하거나 국가보안법 수사를 빌미로 압수수색하는
등의 방식으로 진행되었다. 발간 후 내용수정 요구는 책과 출판사에 대한 신
뢰도를 저하시키고 저작자의 권리를 침해하는 결과를 초래했다. 세무사찰은

당시 열악한 출판사의 사정으로 체계적인 장부조차 없었던 점을 악용하여 출판사에 압력을 가하는 방식이었다. 압수수색은 주로 경범죄처벌법 1조 44호인 유언비어 날조 및 유포 조항을 적용하여 이루어졌다. 경영방해는 출판금고의 대출을 방해하거나 기관원의 상주로 인한 업무마비, 언론을 활용한 인문사회과학 출판물에 대한 용공매도 등의 방식으로 이루어졌다.

도서유통에 대한 탄압은 사실상 출판물과 독자들을 격리하는 방법으로 매우 유용하였다. 우선 납본제도는 출판신고제하에서 도서유통의 실태를 알기 위해 시행하는 것이지만, 납본필증이 없이는 도서를 유통시킬 수 없는 상황을 고려하면 납본필증 교부는 실질적으로 출판허가제에 해당하는 것이었다. 시판중지는 출판사 관계자를 문공부 간행물심의실로 불러 "시판중지각서"를 요구하는 것이었다. 시판중지는 전량 회수, 초판 한정판매 허용, 일부 내용 수정·삭제 후 재발행 요구 등으로 구분할 수 있다. 서점에 대한 통제는 '사단법인 전국서적상조합연합회'나 '한국출판협동조합'에 "간행물 판매 통제에 관한 협조 의뢰" 공문을 보내 판금서적을 판매하지 않도록 유도하는 것이다. 일반서점에 대한 압박은 출판사에 비해 사회의식이 약한 고리를 타격하는 방식이었다. 물론 이런 협조요청에도 서점들이 판매를 지속할 경우 서점에 대한 압수수색 또는 대표자 연행 등의 방법으로 탄압했다. 그리고 연행한 사람들에게는 "이념서적을 판매하지 않겠다"라는 내용의 각서를 요구했다. 마지막으로 판금서적에 대한 일간지 광고를 금지하여 사실상 도서유통을 약화시켰다.

1980년대에 구속 수감된 출판인의 수는 100여 명, 판금된 서적은 1,300여 종, 압수된 서적의 양은 약 300만 권에 달하였다.(한국출판문화운동사 편집위원회 편, 2007, 144쪽) 1987년 10월 19일 전두환 정권은 '출판활성화 조치'를 통해 판금종용도서 해제, 납본필증 즉시 교부, 출판사 등록 개방 등을 약속하고 판금도서 650종 중 431종을 해금 조치하였다. 이 조치는 민주화운동세력의 성장에 따른 수세적 조치였지만, 동시에 국가보안법과 같은 법을 악용했던 사법통제로 넘어가려는 절차에 불과했다. 전두환 정권은 특히 국가보안법을 적용하여 출판인을 연행하거나 구속하였다. 그중 북한 원전 출간을 빌미로 구속하는 경우가 대다수였다. 출판사와 더불어 연구자들에 대한 탄압도 심했다. 『한국근현대 민족해방운동사』의 저자 이재화, 『사회구성체론과 사회과학방법론』의 이진경(본명 박태호), 「해방 직후 문학운동 조직노선과 노동자계급 헤게모니의 문제」(『노동해방문학』)의 임규찬 등을 구속한 경우가 대표적 예이다. 문인의 경우 아직 창작 중인 작품을 이유로 구속하기도 했는데, "어머니의 길"을 창작하던 문학평론가 백진기를 비롯해 6인을 구속한 경우가 대표적이다. 그리고 이념도서를 소지한 죄로 독자를 구속 기소한 것은 국가보안법 남용의 대표적 사례이며 가장 많은 경우에 해당한다. 전두환 정권은 저자에서 독자에 이르기까지 출판행위 전 과정을 통제하였다.

노태우 정권하에서도 출판물 압수수색은 지속되었다. 아니 오히려 1985년에서 1990년 5월까지 조사한 자료에 따르면, 1989년 압수수색 건수가 가장 많았다.(한국출판문화운동사 편집위원회 편, 2007, 117쪽 표 참조) '정기간행물의 등록 등에 관한 법률'의 12조(등록 취소 심판의 청구 등)를 악용한 발행정지조치 방식의 탄압도 자주 사용되었다. 6공화국 들어서는 '출판 활성화 조치'의 일환이라는 명목으로 행정지도 대신 출판물에 대한 사법심사 의뢰가 끊이지 않았다. 예를 들어 문공부가 인문사회과학 전문가 13인으로 도서특별심의위원회를 구성하여 181종의 불온도서를 선정하고, 이들 서적의 이적성 여부를 심사해달라고 사법부에 의뢰하는 방식 같은 것이다.* 보안사나 안기부와 관련한 도서에 대해 당사자인 보안사나 안

---

* 문공부는 전문가 13인이 2개월간 면밀하게 검토한 것임을 강조하였다.

기부가 압수수색을 하고, 『보안사』의 저자 김병진, 『의혹의 KAL기 폭파사건』을 출판한 도서출판 '힘'의 대표 김연인을 재판에 회부하는 등의 보복성 출판탄압도 있었다.(한국출판문화운동사 편집위원회 편, 2007, 104~133쪽) 그 외 세무조사, 납본제도 악용, 출판금고 이용 규제, 광고기회 봉쇄, 진보적 이념도서 출판에 대한 좌경용공 공세 등도 6공화국에서 여전히 이용된 탄압의 방식이었다.

출판탄압에 저항한 출판계의 민주화운동　　　　대량으로 잡지를 무기 정간 또는 폐간시키는 상황에서 출판사들이 정상적으로 비판적인 잡지를 발행하기는 어려웠다. 이런 어려운 상황의 탈출구 중 하나가 무크MOOK: Magazine Book지 발행이었다.

　1980년대의 동인지 등 소집단 활동과 무크지 출판행태는, 진보적 문예활동에 대한 신군부의 억압기제에 맞서 정기간행물 형태의 잡지 발간이 어려운 현실적인 제약을 뛰어넘으려는 문학가들의 대응양식이었다. 정상적인 출판이 불가능한 시점에 편법을 통해 수세적으로 대응한 측면도 있지만, 이 매체가 갖고 있는 강한 현장성과 기동성, 문화 게릴라적 성향 등의 적극적 의미도 간과할 수 없다. 『실천문학』 창간에서 비롯된 부정기 간행물 '무크'라는 신개념 자체가 신군부의 폭압적인 정치행태와 그 문화적 표현인 검열에 대항하는 문인들의 자구책이자 문화적 저항의 방식이었다.(김성수, 2004, 44쪽)

　특히 1980년대는 학생운동권 출신의 진출과 이념서적 출판이 활성화되었다.(한국출판문화운동사 편집위원회 편, 2007, 153~154쪽) 『동아일보』와 『조선일보』의 해직언론인 중 일부와, 정권에 의해 쫓겨난 해직교수들, 현실 비판적인 일부 문인들 그리고 학생운동 출신 인물들은 소규모 자본으로도 가능한 출판사를 창업하였으며, 이들이 모여 인문사회과학 출판사 집단을 형성하였다. 이들은 정보를 교환하고 격려하며, 유사시 집단적 대응을 하기 위해 출판 관련 단체를 만들었다. 해직기자, 교수, 문인 등을 중심으로 결성된 '수요회'가 대표적이다. 이들은 수요회를 통해 정보를 교환하고 친목을 도모하는 등 연대를 하였다. 1983년에는 이에 참여하지 못하고 나중에 출판에 뛰어든 학생운동권 출신들이 중심이 되어 '금요회'를 결성하였다. 초기에 참가한 출판사는 일월서각(최옥자, 김승균), 풀빛(나병식), 형성사(이호웅), 석탑(최영희), 기사연, 동녘(이건복), 돌베개(임승남), 거름(박윤배), 백산서당(김철미), 한울(김종수), 지양사(박경희), 청사(함영회), 이삭(소병훈), 사계절(김영종) 등이며, 나중에 청년사(정성현), 아침(정동익), 공동체(김도연, 나혜원), 녹두(신형식) 등도 참가하였다. 금요회는 회장 김승균이 1984년 언협 공동대표로 참여하면서 해직언론인들이 만든 재야언론단체와 활동을 연계하고, 창작과비평사 등록취소사건 때에는 공동으로 항의성명을 발표하고 농성에 참여하는 등 출판운동을 해나갔다.

1986년 1월 17일에는 출판편집자협의회인 '문맥회'가 창립되었다. 동녘출판사 편집부장 이기열을 회장으로 고세현(창작과비평사), 유대기(거름), 양상현(사계절), 홍종도(돌베개), 김명인(풀빛), 장종택(일월서각), 남경태(백산서당) 등이 중심이었다. 문맥회는 창립선언문에서 설립취지를 민중언론 역할, 비판적 대중교육의 매개 역할, 전체 민족운동과 발맞추는 문화운동의 한 부문운동으로서의 역할 수행에 있다고 밝혔다.

1980년대 출판민주화(문화)운동에서 한 획을 그은 것은 한국출판문화운동협의회(약칭 한출협)의 창립이다. 이 단체의 창립배경에는 전두환 정권의 강력한 출판탄압이 존재하였다.(한국출판문화운동사 편집위원회 편, 2007, 155~161쪽) 2·12총선 결과에 긴장한 전두환 정권은 1985년 5월 1일 서울대 근처 광장서적을 압수 수색하고, 일월서각 대표 최옥자, 풀빛출판사 대표 나병식 등을 연행하는 것을 시작으로 3일간에 걸쳐 대학가 서점, 출판사, 인쇄소 등에 대해 이념서적 단속을 진행했다. 이에 5월 4일 민중문화운동협의회, 자유실천문인협의회, 천주교정의구현전국사제단 등 14개 단체, 5월 6일 서울 시내 24개 대학 총학생회 홍보분과위원회, 신민당과 민주화추진협의회에서 각각 성명을 내어 비판했다. 피해 출판사 대표들도 모여 정부의 무더기 단속을 비판하였다. 5월 16일 풀빛출판사에서 발행하려던 『죽음을 넘어 시대의 어둠을 넘어—광주 5월 민중항쟁의 기록』의 인쇄물 2만 부가 압수되자, 출판인들은 출판자유수호대책협의회를 구성하여 "출판자유 수호를 위한 우리의 주장"이라는 제목의 성명을 내어 저항하였다.

전두환 정권은 1986년 들어 3월 12일에 대학가 서점 14개소를 압수수색하여 51종 1,200부를 압수하고 서점주인 9명을 연행하였다. 이 중 6명에게 국가보안법 위반 혐의로 구류형을 선고하였다. 20개 출판사 사람들과 서점주인 6명이 자유실천문인협의회 사무실에서 농성에 들어가고, 피해출판사들은 "서적 압수, 국가보안법 입건 사태에 대한 대정부 공개질의서"로 대항하였다. 이어 경찰이 청사출판사에서 펴낸 김대중의 『대중경제론』 3,278부를 압수하고 발행인 함영회를 연행한 뒤 구류 10일을 선고하자, 언협 사무실에서 당시 이루어지고 있던 여러 탄압에 항의하는 철야농성을 하고, '출판자유 수호와 외국인 저작권 보호 반대* 대책준비위원회'를 구성한 뒤 선언을 발표하였다.

정권의 거센 탄압에 공동 대응하는 과정에서 출판탄압에 조직적으로 맞설 단체가 필요하다고 판단한 출판관계자들이 한출협을 결성하였다. 한

* 당시는 미국의 압력에 따라 저작권에 대한 치욕적인 한미상호협정을 위한 협의가 이루어지고 있던 시점이었다. 미국은 한국에 대해 자국이 취하지 않고 있던 소급적용과, 주권국가인 한국의 저작권법 개정을 명시적으로 요구하였다.

출협은 발행인들의 모임인 금요회와 편집자들의 모임인 문맥회에 더하여 영업자들의 모임인 인문사회과학영업자협의회, 서점들의 협의체인 인문사회과학서적상연합회 등의 연합체로서 정부의 출판탄압에 대항해 투쟁하였다. 한출협은 특히 1987년 6월 10일 전두환 정권의 출판탄압의 실상을 담은 『출판탄압백서』를 발간하였다.

1980년대 인문사회과학출판사들의 출판운동이 가능했던 것은 출판유통의 한 축을 이루는 대학교 인근의 인문사회과학 서점들이 늘어났기 때문이다.(조상호, 1997, 187~188쪽) 무엇보다도 이 서점들은 단순한 상품유통의 매개처가 아니었다. 서점들은 인문사회과학 출판사들과 이들의 가장 안정적인 독자집단인 대학생들을 연결해주는 고리였다. 이 서점들이 출판운동의 전파매체로 기능했다고 볼 수 있는 이유는 다음 세 가지이다.

첫째, 인문사회과학 서점을 운영한 이들은 직업적인 서점상이라기보다는 대학에서 학생운동을 했던 경험이 있었고, 운동의 연장으로 서점을 경영한 사람들이었다. 둘째, 이 서적상들의 경영목표는 영리가 아니라, 이념 전파와 조직 운영이었다. 셋째, 대학가의 인문사회과학 서점들은 공공연하게 이루어진 학원사찰로 인해 학교 안에서는 찾기 어려웠던, 학생들 간의 자율적인 문화공간을 제공해주었다. 서울대 근처의 '전야'는 집회에서 돌아온 학생들이 자신의 무용담을 편하게 펼칠 수 있는 막사였고, 깃발, 피켓, 심지어 쇠파이프 같은 집회물품을 편하고 안전하게 보관할 수 있는 창고이기도 했다.(맹문재, 1995, 218쪽) 다른 대학 인근의 인문사회과학 서점의 상황도 별반 다르지 않았다.

이들 인문사회과학 서점은 인문사회과학 출판사의 서적들을 배포할 수 있는 배포처이자, 영세한 출판사들을 운영하는 데 필요한 자금의 유입처라는 성격을 동시에 지니고 있어, 출판계 민주화운동의 중요한 한 축이었다. 당시 출판운동의 주체로서 적극 참여했던 서점들은 다음의 〈표11〉과 같다.

표11 출판운동에 또 다른 주체였던 서점들

위치	서점명 및 대표
서울대 앞	광장서적(이해만), 대학(김익수), 오월(양재원), 그날이오면, 전야 등
연세대 앞	오늘의 책, 알(이재욱)
광화문	민중문화사, 논장서점(백완승)
고려대 앞	집현, 장백, 황토, 한마당(김원표, 장창호)
이화여대 앞	다락방(김태문)
서강대 앞	서강인(배노연)
한양대	한마당, 겨레터
홍익대 앞	이어도(김현)
성균관대 앞	논장(오근갑), 풀무질(방은호)
동국대 앞	녹두
외국어대 앞	죽림
경희대 앞	지평
중앙대 앞	청맥, 창조, 젊은 예수
건국대 앞	인
대구	일청담, 마가(권형우), 청산글방(김석호), 신우, 한양, 근우, 하늘북(권오국)
부산	다락방(조지훈), 산지니(남성철), 여명(신종관)
마산	학문당, 우리시대
인천	새벽과 광야(곽한왕), 일터, 만두리(김용환), 상록수
수원	아대앞 서점
청주	무심천, 민사랑
대전	창의(이외원, 임일)
광주	백민, 황지, 남녘
춘천	춘천서점
전주	금강서점(노동길)

출처: 한국출판문화운동사 편집위원회 편, 2007, 162~163쪽 자료에 한양대와 대구 쪽 자료 추가, 위치에서 대학 순은 무순

3
6월민주항쟁 이후의
언론민주화운동

언론사 노조결성과 민주화운동

언론사 노조결성 과정   신문사의 노조결성 시도는 이미 해방 초기 부터 반복되어왔다. 전국출판노조의 지부로 가입한 적도 있지만 오래 지속하지 못했고, 이후 다시 가입하려다 정권의 방해공작으로 실패한 적도 있다. 그런 의미에서 1987년 10월 29일 한국일보사에서 노조가 결성되고 지금까지 이어져오고 있는 것은 상징적 의미가 있다고 하겠다. 한국일보사의 노조결성은 노동자대투쟁이 한창이던 1987년 8월 공무국, 수송국 노동자들의 임금인상투쟁이 직접적인 계기가 된 것은 사실이다. 하지만 결성취지문에서 "노동조합을 통해서만이 부당한 대우와 인사조치 등이 사라지고 춘추필법을 담아내는 언론이 되살아날 것"이라고 밝혀, 노동조건 개선은 물론 사내민주화를 통해 공정보도를 확보하고, 그럼으로써 사회민주화에 기여함을 겨냥하고 있음을 밝혔다.(김동민, 1990, 122~123쪽) 이어 동아일보사에서도 노조가 결성되었다. 한국일보사와 달리 동아일보사의 노조결성은 매우 공개적으로 이루어졌다. 1987년

9월 이후락 전 중앙정보부장 인터뷰 기사를 빌미로 안기부가 인쇄소를 점거한 이른바 '신동아 사태'에 적극적으로 대응하여 승리하자, 동아일보사에서는 기자조직을 중심으로 노조결성 준비작업이 진행되었다. 이러한 동아일보사의 공개적인 노조결성 움직임이 한국일보노조를 자극하여 먼저 조직을 띄우게 했다고 평가하기도 한다.(새언론포럼, 2009, 21~22쪽) 이어 12월 1일 중앙일보사에서, 12월 9일 서울MBC에서, 12월 14일 코리아헤럴드에서 뒤를 이어 노조가 결성되었고, 1988년 1월 한 달 동안 마산MBC, CBS, 부산일보사, 목포MBC에서 잇따라 노조가 설립되는 등 이런 흐름은 더 이상 거스를 수 없는 대세가 되었다. 동아일보사처럼 회사의 묵인 아래 노조를 설립한 곳도 있지만, 회사 몰래 진행한 곳들도 있다. 특히 중앙일보사는 회사경영진이 매체정리를 내세우며 설립을 반대했고, 목포MBC는 회사의 방해공작을 벗어나기 위해 양동작전을 펴야 하기도 했다.

노조결성 그 자체가 사회적 파급효과를 일으켰던 서울MBC와 KBS의 노조결성은 쉽지 않은 과정이었다.(새언론포럼, 2008, 23~38쪽) 서울MBC에서는 1987년 6월민주항쟁 이후 방송민주화를 위해 기자들이 7월 13일 "방송 언론의 민주화를 위한 우리의 다짐"을 발표하고, 사장 황선필 등 관선 경영진 즉각 퇴진, 기관원 사내 출입 전면 금지, 1980년도 해직기자 전원 복직 등을 주장하였다. 7월 14일에는 PD, 15일에는 아나운서들이 성명을 발표하고, 7월 16일 방송민주화추진위원회(약칭 방민추)를 결성하였다. 방민추는 육사 출신 광주MBC 윤명현 사장 퇴진, MBC 진로에 대한 공청회 등을 요구하며 활발하게 활동을 펼쳤으나, 공동대표였던 기자 유우근이 9월 중순 자진퇴사 형식으로 쫓겨나면서 해체되었다. 이런 경험을 바탕으로 하고, 신문사들의 노조설립에 자극을 받아 12월 8일 기자협의회 총회에서 노동조합 창립대회를 개최하였다. 물론 회사 측은 노조집행부에 대해 본연의 업무와 무관한 부서로 부당 인사조치 하는 등 탄압을 하였다. 그런 방해를 무릅쓰고 설립된 서울MBC노조는 방송사 최초의 노조라는 의의를 갖는다.

KBS는 1985년 4월 올림픽 방송요원으로 들어온 연수생들이 연수회에서 기존에 금지된 KBS 정체성 관련 질문을 하는 등 동요가 있었고, 이에 힘입은 기존 PD들이 PD협회를 결성하려고 노력하였지만 무산되고 말았다. KBS 사원들은 이러한 경험과 더불어 서울MBC노조 결성에 자극을 받아 KBS노조 결성을 시도하였다. KBS에서는 우선 1987년 7월 17일 PD 총회가 개최되어, 7월 20일 이형모 PD를 회장으로 PD협회를 구성하였다. PD들의 움직임에 자극을 받아 기술인협회, 아나운서협회, 경영협회 등이 구성되었고, 이들을 기반으로 1988년 5월 20일 고희일 PD를 위원장으로 노조를 결성하였다.

이처럼 6·29선언 이후 민주화로의 이행이 진행되는 과정에서 언론민주화는 필연적인 요구였고, 국가권력은 물론 자본과 경영으로부터의 자유 보장과 자율성 확대가 제기되었다. 한국의 언론노조는 언론민주화 과정에서 우선 그 민주화를 거부하는 권력과 경영자를 동시에 비판하고 저항하는 모습을 보였다. 경제투쟁보다는 '편집'이라는 정신활동의 권리와 자유를 되찾겠다는 정치투쟁을 전개한 것이다. 1987년 이후 언론사 노조결성의 특수성은 다음과 같다. 첫째, 사회와 정치의 민주화 과정에서 독재언론 내지 비민주적 언론을 거부하고, 그것을 변혁하려는 의도와 목적에서 조직·구성되고 활동하기 시작했다는 점이다. 둘째, 그 활동의 궁극적 목표가 편집권·편성권 독립이나 언론자유의 확대에 있다는 것이다.(방정배, 1990, 71~72쪽)

노조결성 못지않게 중요한 것은 방송사 내 직능별 단체결성과 연합회 결성이다. 직능단체들이 각 직능분야의 이익을 도모하기 위해 결성한 측면이 전혀 없다고 할 수는 없으나, 1987년 6월민주항쟁과 87노동자대투쟁을 겪으면서 전두환 정권에 대항하는 정치적 성격을 더 강하게 띠고 있었다. 따라서 1990년대 방송민주화 과정에서 직능단체의 역할은 노조에 못지않았다고 하겠다.

언론사 내부를 민주화하기 위한 활동　　노조결성 자체가 이미 언론인의 노동자성을 주장한 민주화운동이었지만, 언론사 노조는 경제적 목표 추구 못지않게 언론민주화라는 또 다른 목표를 내걸고 있었고, 이를 쟁취하기 위한 투쟁을 벌여나갔다. 대부분의 신문사 노조들은 편집권 독립을 위한 노력을 펼쳐나갔고, 그 방향은 편집국장 직선제 또는 편집책임자 임기제 등이었다. 그리고 대부분의 신문사에서 이런 노력은 성공을 거두었다. 한겨레신문사와 충청일보사는 직선제, 부산일보사와 경남신문사는 추천제, 매일경제신문사 등은 임명동의제, 서울MBC는 탄핵과 중간평가제 등을 획득하였다.(방정배, 1990, 70～75쪽) 그 외에도 노조는 우리사주제 도입(한국일보사), 비리 사주 퇴출(한국일보사, 충청일보사), 5공 인물 퇴출(제주신문사) 등을 내세우며 언론민주화운동을 지속해나갔다.

　　그중에서 MBC가 이루어낸 지배구조 개선은 언론민주화운동의 큰 성과다.(새언론포럼, 2008, 45～58쪽) 서울MBC는 1988년 6월 24일 노사 상견례를 시작으로 단체교섭에 들어갔다. 회사는 공정방송과 인사에 관한 노조의 요구를 완강히 거부했다. 이에 MBC노조는 황선필 사장 퇴진 요구로 방향을 틀어 성명을 내고 투쟁했다. 그리고 8월 10일 쟁의발생신고를 했다. 쟁의발생신고에 대해 사장 황선필이 간부회의에서 "노조활동이 MBC의 존폐를 결정지을 것"이라는 협박성 발언을 했다고 판단한 노조는 준법투쟁 일주일째인 8월 17일 황 사장 퇴진 서명운동을 벌이는 한편, 노조 위원장 정기평은 단식에 들어갔다. 단식투쟁 사흘째인 8월 19일 대화가 재개되었으나, 경영진은 노조가 요구한 편성·편집권은 담당이사에게 있고, 국장추천제는 사원 간의 불신을 초래한다는 이유로 거부하였다. 이에 8월 25일 파업 찬반투표를 통해 88.4% 투표, 90% 찬성으로 방송사 최초로 파업을 결의하였다. 이후 회사 측은 황 사장 퇴진과 국장 중간평가제를 제시하였고, 노조는 이를 받아들였다. 하지만 정부는 김영수를 사장으로, 최석채를 회장으로 결정하였다. 김영수는 1973년 낙하산으로 서울신문사에서 문화방송으로 온 인물로 유정회 국회의원을 역임했으며, 최석채는 문화방송·경향신문 통합 회장을 했던 인물이다. 이에 저항하여 노조는 출근 저지투쟁을 성공적으로 이끌었고, 그 결과 김영수의 사장 취임은 무산되고 말았다. 이후 정부는 5·16장학재단과 유사한 한국장학재단을 설립하여 MBC를 귀속시키려 하였는데, 이를 확인한 노조는 다시 파업 찬반투표를 통해 전면 파업을 결의했다. 이에 국회 문공위는 12월 14일 방송문화진흥회법안을 확정했다. 그리고 12월 19일 법이 통과되어 26일부터 시행되었다. 이 법안은 11조에서 진흥회의 업무를 "방송문화의 발전 및 향상을 위한 사업, 방송문화진흥기금의 운용·관리, 기타 공익목적의 사업, 제1호 내지 제3호의 업무에 부대되는 사업"으로 규정하였다. 즉, 주주권 행사 외에 문화방송 편성, 제작, 운영에 간섭하지 못하게 함으로써 소유·운영의 분리 원칙을 명시한 것이다. MBC 언론민주화의 승리였다.

MBC노조는 1992년 다시 한번 대규모 언론민주화운동을 벌였다.(새언론포럼, 2008, 129~149쪽) MBC노조는 1991년 노조 위원장이 해고당하자 단체교섭을 불성실하게 하고 심지어 위원장 해고까지 한 사측에 항의하는 의미로 9개월여 동안 집행부 전원이 철야농성을 벌였는데, 1992년에도 38회의 교섭 중 5회만 참석한 사측에 항의하여 쟁의발생신고를 하였다. 물론 단체교섭의 주요 쟁점은 해고된 노조 위원장 안성일과 간부 김평호의 복직과 보도·편성·제작 국장 추천제의 존속 여부였다. 추천제는 회사 측이 폐지를 주장함으로써 쟁점이 되었다. 이에 노조는 1992년 8월 17일 쟁의발생신고를 하고, 8월 29일에 파업 찬반투표를 실시하여 투표율 83.8%에 92.05%의 찬성으로 파업을 결의했다. 서울MBC노조의 파업은 전국 MBC로 확산되었다. MBC노조의 파업은 또한 시민사회의 연대를 불러왔다. 경실련, 한국기독교교회협의회 언론대책위원회, 민예총, 전국업종노동조합회의 등 20여 개 시민사회단체가 'MBC 공정방송실현을 위한 범국민대책회의'(약칭 범국민대책회의)를 구성하여 공정방송투쟁 지지와 지지모금운동을 펼쳤다. 국제자유노조총연맹ICFTU이 격려차 방문하였고, 국제방송예술인노조ISETU와 국제언론인연맹IFJ 등도 지지성명을 보내왔다. 9월 19일 사측은 조합 간부와 조합원 등 15명을 업무방해와 노동쟁의조정법 등 위반으로 고소하였다. 이에 노조는 9월 22일 '부당노동행위로 인한 노동조합법 39조 위반 혐의'로 맞고소했다.

KBS노조도 9월 22일 대의원대회를 열어 파업동참을 결의하는 내용의 성명서를 발표하였다. 이는 후술하는 1990년 KBS노조 파업 당시 MBC노조의 동조파업에 보답하는 형식이었다. 검찰은 9월 30일까지 노사 간 대화의 결실이 없으면 경찰력을 투입하겠다고 공언하고 있었다. 결국 정부는 1992년 10월 2일 경찰병력을 투입하여 400여 명의 노조원을 연행하였다. 이때 고소를 당해 구인 대상이었던 노조원은 이완기, 박영춘, 정찬형, 최상일, 손석희, 김종국, 박승규, 최용익, 이채훈, 고민철, 함윤수 등이었다. 이 사건으로 지방MBC노조협의회 소속 19개 노조가 긴급운영위원회와 총회를 열어 무기한 제작거부에 들어갔다. 각 시민사회단체는 항의성명을 내놓았다. 노조원들은 여의도 MBC 본관 앞으로 몰려가 공정방송 요구와 구속자 석방을 외치는 시위를 하였다. KBS노조도 탄압규탄집회를 열어 힘을 보탰다. MBC노조는 10월 15일 지방MBC노조협의회와 CBS, EBS 노조와 더불어 여의도 수석공원에서 'MBC 정상화와 공정방송 실현을 위한 전국 방송인 대회'를 개최하였다. 10월 16일에는 범국민대책회의가 '공정방송 촉구 범국민 서명운동'을 벌였다. 이러한 노력에도 불구하고 10월 21일, 파업은 50일 만에 불완전한 타협으로 끝났다. 사측은 보도, 편성, 텔레비전 기술국 국장 3인 추천제를 단체협약에서 삭제할 수 있었다. 반면, 노조는 그동안 유명무실했던 공정방송협의회(약칭 공방협)를 활성화한다는 약속을 얻어냈다. "불공정 프로그램 책임 여부에 대해 노사 의견이 동수이더라도 충분한 사유가 인정되면 사장이 노조 쪽의 보직 변경 요구를 수용하며, 같은 국장이 3개월 안에 두 차례 이상 노조에 의해 보직 변경 요구를 받을 경우 사장은 특별한 사유가 없는 한 이를 수용한다"라는 내용의 단체협약을 맺은 것이다.

KBS에서는 각 협회들이 결성된 이후 1988년 1월 27일 KBS 사내 민주화 추진 사원협의회를 구성하고, 3월 5일에는 'KBS 발전 추진 총협의회'를 구성하여 KBS의 고질적인 문제였던 정치특채자 문제를 거론하기 시작했다. 즉, 사내의 모든 비민주적·관료적·권위적 요소를 척결할 것을 주장한 것이다. 그리고 5월 28일 노조를 결성하였다. 노조는 다시 사장과 경영진에게 거취를 명예롭게 결정할 것을 요구하였다. 이에 KBS 경영진은 노조 대의원 선출이 예상되었던 이건환을 춘천방송국으로 발령내는 등 인사조치로 탄압했다. 이에 대해 노조는 "정(구호) 사장 퇴진"을 주장했고, 경영진은 정 사장 퇴진을 제외한 대부분의 노조 요구를 수용했다. 이 합의내용은 7월 27일 밤 9시 뉴스에 노조활동 등 KBS 내부민주화 활동을 보도할 것, 공정방송 약속과 불공정방송에 대한 사과문 방송, 특채자 일부 면직, 그리고 노사가 생방송 심야토론에 참여할 것 등이었다. 관영방송과 다를 바 없었던 KBS가 공영방송으로 가기 위한 첫 요구가 받아들여진 것이다. 하지만 이어 벌어진 단체교섭은 1988년 8월 11일 첫 회의부터 불참한 데다 이후 회의에서도 일방적으로 퇴장하는 등 사측의 불성실한 대응으로 결국 결렬되고 말았다. 이에 KBS노조와 MBC노조는 8월 17일 "방송민주화를 위한 우리의 결의—국민 여러분께 드리는 말씀"이라는 제목의 공동 성명을 통해 공정방송, 편성보도책임자 추천제 등을 요구하였다. 8월 30일 14차 단체교섭까지 결렬되자 KBS노조는 비상대의원 총회에서 92.1%의 지지로 쟁의발생 결의를 했다. 100개 요구사항 중 미타결된 본부장 추천제, 국장 직선제, 공정방송위원회 설치 등이 관건이었다. 결국 노사는 9월 5일 본부장 임명 시 새로 구성되는 공정방송위원회가 수렴한 의견을 회사가 받아들인다는 선에서 단체교섭을 마무리하였다.(새언론포럼, 2008, 59~70쪽) 미흡하나마 편집권·편성권과 인사를 중심으로 한 노조의 언론민주화운동이 이룬 성과였다.

KBS노조의 언론민주화 노력은 1990년에 매우 중요한 전기를 맞이하였다.(새언론포럼, 2008, 107~129쪽) 1989년 법정수당 116억 원 중 잔액 42억 원을 지급하기 위해 시간외 수당 서류를 조작했다는 감사원의 감사 결과에 따라, 공보처는 1990년 3월 2일 사원들의 신망을 받던 서영훈 사장의 사표를 종용하여 수리하고, 4월 3일 서기원을 사장으로 임명 제청하였다. 이에 노조가 제작거부와 더불어 출근저지투쟁을 벌였다. 검찰은 노조위원장 안동수 등 노조 간부 6명을 포함하여 9명을 업무방해 혐의로 불구속 입건했다. 4월 26일에 이르러서는 각계 인사 70명으로 구성된 'KBS 지키기 시민모임'이 발족되었다. 준비위원은 서울대 교수 손봉호, 한상진, 성균관대 교수 정진수, 변호사 박인제, 조영황, 박홍 신부, 이범산 스님, 여성계 이효재, 시인 김규동, 소설가 김홍신, 경실련 서경석 목사, 서울국민운동본부 김희선 등이었다. 그리고 방송위원회 위원장 강원룡은 서기원 사장의 퇴진과 KBS 방송정상화를 촉구했다.

4월 30일 경찰병력이 진입하여 사원들을 서울시내 경찰서로 분산 수용하자, 민주화실천가족운동협의회(약칭 민가협), 일본 매스컴 문화정보노조, 조선일보노조, MBC노조, CBS노조 등으로 그 연대가 확산되었다. 경찰은 4월 30일 KBS 비대위가 사용하고 있던 MBC노조 사무실에까지 난입하여 KBS 전영일 국장을 연행했다. 하지만 동맹파업에 들어갔던 MBC와 CBS 노조가 파업을 풀고, 5월 6일 KBS노조 사무처장 고범중, 아나운서협회장 이계진, 노조 운영위원 최선규, 구속 중인 기협 KBS분회장 이임호 등이 방송정상화에 관한 성명서를 발표함으로써 진정국면에 들어서고, 안동수 노조 위원장을 비롯해 김철수 비대위원장 등이 구속되었다. 5월 11일 KBS 자주권 수호 비상대책위원회가 방송제작에 참여키로 하면서 이후 서명운동, 노태우 대통령 면담 요청, 사장 퇴진투쟁 지속, 방송민주실천위원회(약칭 민실위) 출범 등을 주장하였으나 사실상 파업국면은 종료되고 말았다. KBS노조의 파업은 비록 퇴진투쟁에서 실패로 끝났으나 전 사회적인 연대를 이끌어낸 KBS노조 최대의 언론민주화운동이고, 이후 민실위 등을 중심으로 한 언론민주화투쟁을 지속하는 출발점으로서 의의가 있다.

MBC와 KBS만이 아니라 다른 방송사에서도 노동운동을 통해서 공정방송을 쟁취하려는 노력이 있었다. 이러한 각 단위 방송사의 투쟁들은 상당히 중요하다. 하지만 이 투쟁들보다 더 중요한 의미를 지니는 것은 투쟁과정에서 다른 방송사들과 동조파업 또는 성명서, 결의대회 등을 통해 연대의식을 다졌다는 점이다.

국민주 형식의 신문 등장

전두환 정권 시절 기존 언론에 대한 시민사회의 문제제기 수위가 높아졌고, 기존 언론사 기자들은 정상적인 언론기능이 훼손된 것은 권력과 경영진의 부당한 압력에 있다고 규정하였다. 이는 기존 언론에 대한 시민사회의 불신이 심화되면서 언론자본의 내부검열 메커니즘의 하나로 강조된 위계질서와 기자들의 샐러리맨화를 둘러싼 언론내부의 갈등으로 비화되었다. 즉, 자본과 권력으로부터 자유로운 언론이 되기 위해서는 보도기능을 담당하는 편집국이나 보도국에서 편집권·편성권을 행사해야 한다는 주장이 제기되었다.(김해식, 1994, 235쪽) 따라서 편집권이 독립된 언론을 이루는 것은 언론민주화운동의 핵심이었다. 그 하나가 언론내부 민주화로서 노조결성투쟁으로 나타났다면, 또 하나의 길은 편집권이 독립된 언론 창간이었다.『한겨레신문』은 기존 언론에 대한 불신의 기반 위에서 탄생한 것이다. 이러한 현실은『제민일보』역시 마찬가지였다.『한겨레신문』은 정권의 방해를 받았음에도 시민사회세력의 지지와 국민주에 기반을 두고 창간했다는 점에서 권력에 대한 일종의 언론민주화운동의 산물이라고 봐야 할 것이다.(고승우, 2002, 79~86쪽)

전두환 정권은『한겨레신문』의 창간을 물리적으로 방해하지는 않았지만, 행정집행 지연이나 홍보방해와 같은 조치를 취했다. 통상 신청 일주일 만에 발급하던 사업자등록증을 신청 석 달 만에야 발급해주는 식이었다. 이것은 새 신문의 창간비용을 증대시켰다. 새 신문 창간 사무국은 사업자등록증이 없어 윤전기 등 각종 기자재의 구매 계약, 지사와 지국 계약 등에 어려움을 겪어야 했다. 또한 홍보용 TV광고방송도 불허 조치했다. 이에 등록증을 교부받기까지『한겨레신문』발행인 송건호는 기자회견을 두 번 하고, 문화공보부장관을 세 번 방문해야 했으며,『한겨레신문』의 기자들과 사원들은 두 차례에 걸쳐 시위를 벌였다.

1987년 10월 30일, 민주주의 실현, 분단의식 극복과 통일 등을 지향점으로 삼겠다는 결의에 따라 3,319명의 창간발기인들이 서울 명동 YWCA 대강당에서 창간발기인대회를 열었다. 기존 언론이『한겨레신문』창간과

한겨레신문사 직원들이 '언론 탄압 분쇄'라고 쓴 머리띠를 두르고 안기부의 압수수색을 막는 모습

정을 외면하자 사회지도층의 지지성명 등이 발표되었다. 김수환 추기경 등 각계 원로 24명과 한국여성단체연합, 대학교수들이 새 신문 발의를 환영하고, 시민들의 적극적인 참여를 당부하는 지지성명을 연이어 발표했다.

창간주체의 홍보노력을 보면, 새 신문 창간준비사무국은 창간준비과정을 알리기 위해 1987년 10월 이후 13회에 걸쳐 소식지를 만들어 배포, 창간기금 모금상황과 유명인사의 지지 선언, 시민사회단체의 동조 등을 홍보했다. 이는 『한겨레신문』 창간의 필요성과 기존 언론의 부적절성을 시민사회에 알리는 적극적 행위였다.

『한겨레신문』은 그 형식과 내용에서 기존 신문과 다른 민주언론을 지향하기 위해 노력했다. 우선 『한겨레신문』이 국민주주 형식으로 주식은 한 주당 5,000원, 주주 한 사람의 출자상한은 창립자본금 50억 원의 1% 이내로 제한하기로 한 것은 정치권력과 특정 자본으로부터의 독립을 제도적으로 보장하기 위한 것이다.(고승우, 2002, 86쪽)

또 『한겨레신문』은 1988년 1월 12일 편집진용을 일부 확정하였다. 초대 편집위원장에 『동아일보』 해직기자 성유보를 선임하고, 편집위원 전원을 해직기자들로 구성하였다. 『한겨레신문』은 편집국을 회의제로 운영하기로 방침을 정하고, 편집위원에 교열 이종욱李鍾旭*(『동아일보』 해직), 민생인권부 홍수원(『경향신문』 해직), 정치경제부 성한표(『조선일보』 해직), 여론매체부 이기중(『동아일보』 해직), 사회교육부 김두식(『동아일보』 해직), 문화과학부 이종욱李宗郁(『동아일보』 해직), 그리고 편집위원보로 민족국제부의 박우정(『경향신문』 해직) 등을 선임하였다.(월간말 편집부 편, 1988a, 62쪽) 한겨레신문사는 편집권 독립과 민생, 민족을 강조한 신문사로서 다른 신문사와 달리 편집위원제를 운영하고, 부서도 민족국제부, 민생인권부, 여론매체부와 같이 기존 언론에서 찾아볼 수 없는 부서를 설치하였다. 『한겨레신문』으로서는 이러한 조직 자체가 기존 언론에 대항하는 새로운 언론(민주화)운동이었다.

1990년 6월 2일, 제주도에서도 『한겨레신문』과 같이 언론민주화운동의 일환으로 『제민일보』가 창간되었다. 『제민일보』는 『제주신문』에서 강제 해직된 기자들이 도민주 모금형식으로 자본을 모아 창간하였다.(강홍균, 1990, 84~86쪽) 제주신문노동조합은 5공 인물 김대성 사장의 취임에 반대하는 투쟁을 전개하였는데, 이로 인해 1990년 1월 6일 110명의 사원이 집단 해고당했다. 회사는 경영악화를 해고이유로 내세웠지만, 기자단이 민주언론투쟁위원회를 결성하여 투쟁한 것이 그 이유였다. 해고된 사원들은 제주참언론동지회를 구성하였다. 이들은 김지훈이 출연한 자본금 5,000만 원을 기반으로 2월 9일 회사체제로 전환하고, 도민주 공모를 통해 신문사

---

* 동아투위 소속 『동아일보』 해직기자에는 두 명의 이종욱이 있었고, 모두 『한겨레신문』 편집위원이 되었기에 이름을 한자로 구분하여 명기한다.

를 설립하기 위한 준비작업에 들어갔다. 도민주 공모에 2,753명이 참여하여 예정자금 15억 원을 2억 원이나 초과하는 성과를 올렸다. 『제민일보』는 제주인이 당당하게 역사의 주체로서 등장하는 데 일조하겠다는 창간취지를 갖고 있었다. 따라서 『제민일보』에는 기존 지방신문과 달리 거의 전 지면에 지방기사가 실렸다. 또한 단편적 사실의 전달에 머물지 않겠다는 인식 아래 기획물들을 많이 연재했으며, 특히 제주4·3사건을 적극 발굴해나갔다. 또한 제주의 문화를 적극 소개하는 기사를 싣는 등 도민일보다운 모습을 갖추려 노력하였다. 이러한 『제민일보』의 등장은 변방으로 인식되던 제주도에 새로운 인식을 심겠다는 일종의 민주화운동의 연속선상에 있는 사건이었다고 할 수 있다.

시민언론운동의 성장

1987년에는 민주헌법쟁취국민운동본부 공정감시단 산하에 언론감시위원회가 설치되고, 시청료거부 범시민운동 여성연합 산하에도 모니터그룹이 결성되어 선거보도 감시활동을 전개하였다. 하지만 당시의 선거보도 감시활동은 독자적이고 체계적으로 언론의 문제점을 파악하고 왜곡편파보도의 시정을 요구할 만한 조건이 아니었다는 한계를 안고 있었다. 선거와 관련한 시민운동의 일부로서 기획과 인력의 한계를 보였던 것이다. 하지만 당시 제도언론이 보여준 왜곡편파보도에 대한 시민진영의 공분은 매우 큰 것이었다. 시민언론운동 진영은 선거보도 감시가 매우 중요하다는 것을 인식하고, 1992년 3월 총선부터 독자적인 선거보도 감시활동을 전개하였다.

종교계, 여성계, 학술단체들은 서로 협력하여 선거보도 감시를 위한 언론운동을 시작하였다. 1992년 2월 20일 언협, 한국기독교교회협의회 언

론대책위원회, 한국여성민우회, 한국사회언론연구회, 중앙언론연구회 등
이 공동으로 '선거보도감시연대회의'(약칭 선감연)를 결성하였다. 총 23회
의 보고서 작성, 『선거보도감시』 제호의 홍보신문 발간, "선거보도감시정
화" 스티커 제작 및 배포, "공정보도는 국민의 힘으로"라는 구호를 앞세운
가두홍보, 심포지엄 개최 등 모니터만이 아니라 대시민 홍보활동 등 다양
한 활동을 전개하였다. 이들 단체가 선감연을 결성하여 선거보도 감시에
나설 수 있었던 것은 'KBS시청료거부운동' 과정에서 각 시민단체들이 모
니터교육을 통해 모니터 요원을 교육하고 실제 모니터를 해오는 등 경험
을 축적한 것에 힘입은 바 크다.(김기태, 1992, 81~83쪽)

　총선 선거보도 감시를 끝낸 선감연 단체들은 각 선거 때마다 선거보도
감시를 할 필요를 느끼고, 13대 대선보도 감시를 위해 1992년 9월 2일 언
협, 한국기독교교회협의회 언론대책위원회, 한국여성민우회, 한국사회언
론연구회와 더불어 가톨릭매스컴위원회와 불교언론대책위원회 등이 새로
참여하여 선감연을 다시 꾸렸다. 이때도 3개 방송사와 10개 중앙일간지,
15개 지역일간지를 대상으로 모니터하여 74회의 보고서를 내보내고, 『선
거보도감시』 신문과 『언론 알고 봅시다』라는 제목의 팸플릿, "언론사 항의
전화첩" "전화번호전단" 등을 제작·배포하였다. 그리고 언론사 항의방문,
문화공연, 심포지엄 등도 진행하였다.(강상현, 1993, 106~108쪽) 이들 선
감연의 활동이 보여준 가장 큰 성과는 전두환 정권까지 정권의 통제 속에
어쩔 수 없이 왜곡보도를 했던 것이라고 간주되던 주요 신문들이 이미 자
본의 논리에 따라 변질되고 오히려 체제수호에 앞장서고 있음을 일반대중
이 확연하게 깨닫는 계기를 만들어주었다는 점이다. 그리고 이러한 경험
은 이후 1990년대 말에서 2000년대에 이르는 시민사회단체, 언론노조, 각
언론 직능단체연합회 등이 벌인 언론개혁운동의 시발점이 되었다.

　앞에서 살펴본 바와 같이, 전두환 정권에서 노태우 정권에 이르기까지

의 언론민주화운동은 1980년 신군부의 등장으로 인한 언론민주화운동(검열·제작 거부투쟁), 1980년대 중반 이후의 민중언론운동, 1987년 이후 전두환 정권에서 제도언론으로 전락한 언론사의 노조결성과 편집권·편성권 쟁취 및 공정방송 쟁취를 위한 언론민주화운동 등으로 대별해볼 수 있다. 1980년의 언론민주화운동은 비록 아쉽게 실패로 끝났지만, 1984년 언협 결성의 주요한 자원이었던 해직언론인들을 양산했다. 그리고 1980년대 민중언론의 등장은 제도언론의 각성과 노조결성의 기폭제가 되었으며, 6공화국 들어서 확산된 노조결성은 언론개혁의 시발점으로 작용했다. 1980년대 중반부터 형성되기 시작한 시민운동은 1990년대 들어 노조운동과 결합하면서 스스로를 언론민주화에 일익을 담당하는 주체로 정립하기 시작했다고 할 수 있다. 더불어 『한겨레신문』 『제민일보』와 같은 국민주 신문의 등장도 중요하다. 이는 새로운 신문의 창간이라는 의미보다 자본의 논리에 종속되는 기존 언론의 한계를 극복하려는 언론민주화운동의 성격을 띠는 것이었다.

제**3**장

교육계·학계의 민주화운동

1
1980년대 교수·교사 사회

유신체제의 종말과 함께 맞이한 1980년 새 학기에 박정희 독재정권에 저항했다가 해직되었던 교수들이 복직하고 제적된 학생들이 복교하였다. 전반적인 민주화의 기대 속에 많은 대학에서 대학 구성원의 자치와 자율을 요구하는 학생과 교수들의 움직임이 봄꽃처럼 만개했다. 1971년 하반기에 국립대학 교수들이 제기하였다가 유신체제의 폭압 아래 오랫동안 유예되었던 대학민주화의 과제들이었다.[*] 학생들은 어용교수들의 퇴진을 요구하기도 했다. 이른바 '안개정국'으로 민주화의 전망이 불투명한 가운데 여러 대학의 교수 시국선언에 이어 4월 24일, 서울지역 14개 대학 교수 361명 명의의 "학원사태에 대한 성명"의 주요 내용도 교수협의회 구성, 교수재임용제 폐지, 군사교육 폐지, 사학재단 횡포와 부패 척결 등 대학의 민주화와 자율성 회복에 초점을 맞춘 것이었다. 그러나 5·18민중항쟁을 유혈로 진

---

[*] 1971년 8월 18일 서울대 문리대 교수들을 필두로 주요 국립대 교수협의회는 9월 초까지 순차적으로 '대학 자치의 제도화' 등을 요구하는 "자주선언"을 발표하였다. 교수들의 저항은 유신체제하에서도 간헐적으로 이어졌고, 박정희는 1975년 긴급조치 9호 발동 이후 반체제 교수들을 무더기로 해고했다.(민주화운동기념사업회 연구소 편, 2009, 463쪽)

압하고 내란으로 권력을 잡은 신군부세력은 '서울의 봄'이라는 정치적 해방공간에서 이루어진 교수들의 시국선언*을 빌미로 14명의 교수를 구속하고 70여 명을 해직시켰다.** 이로써 대학교수 사회는 다시 기나긴 굴종과 침묵의 계절로 접어들었다.

학생운동이 실질적으로 군부독재에 대항하는 가장 중요한 세력이었던 1980년대 전반기에 군사정권은 학생운동의 진압에 골몰했다. 학도호국단이 부활되고 군부대 입소훈련이 교육과정에 포함되었다. 졸업정원제를 실시하고 학원안정법 제정을 기도하기도 했다. 이런 상황에서 전두환 정권은 교수들에게 "학생 탄압의 졸도로 내몰아 학생들의 동태를 보고"하는(송기숙, 1986, 38쪽) '망원'의 역할을 강요했다. 총·학장은 그 선두에서 지휘를 맡았다. 교내에서 학생시위가 일어나면 교수들은 학내에 상주하는 기관원들과 함께 이들을 포위, 체포, 해산하는 일에 동원되었다. 학생들은 이런 교수들을 스승으로 인정하지 않았다. 유신체제가 만든 교수재임용제는 여전히 살아 기승을 부렸다. 국가보안법은 1990년대까지 진보적인 교수들의 학문활동을 위협했다. 지식생산과 교육을 담당하는 교수들에게 냉전이데올로기하에서 체제가 허용하는 것 이상의 학문의 자유는 원천적으로 주어지지 않았고(김명환·조희연, 1990, 344쪽), 교수들이 대학의 학사 운영에 참여할 제도도 미비하였다.*** 대학의 자율화는 요원한 과제였다. 요컨대 "대학은 중앙집권적 관료체제의 종속물로서 반민주 반민족적인 독재체

● 일련의 선언을 위해 대학 간 교수들을 연결한 것은 1975년 출범한 '다산연구회' 회원들(이우성, 강만길, 김진균, 이만열, 정창렬, 정윤형 등)이었다.(서울대학교교수민주화운동오십년사발간위원회 편, 1997, 109쪽)

●● 이들은 '서울의 봄' 시국선언 참여 교수, 1970년대 해직교수협의회 주도 교수, 5·18민중항쟁 관련 교수 등이다.

●●● 국립대에 '교육에 관한 중요사항을 심의하기 위하여 각 단과대 학장과 총장이 위촉한 40인 이내의 보직교수와 교육에 저명한 인사로 구성되는 국립대학교 평의회'(교육법 제117조)가 있었지만 유명무실했다.

제의 유지를 위한 정신교육장이며, 기계적인 사회구조의 부품가공 공장"
에 지나지 않았다.("민주화를 위한 전국교수협의회 창립 성명문")

교수 사회는 열패감과 무기력, 그리고 무사안일주의에 사로잡혀 있었
다. 그러나 교수와 학생들 사이에는 봉건성과 권위주의가 온존하여 대부
분의 교수들은 대학(원)의 교육과정 운영에서 학생들 위에 군림하였다. 그
결과 교수와 학생들의 공동토론은 있을 수 없고, 일방적 교화의 과정만 있
을 뿐이었다.(이규환, 1985, 136쪽) 특히 "미국 중심의 세계체제를 재생산
해내는 문화적 대리자로서 충실히 복무해온 한국 사회의 주류 과학은 객
관성이라는 이름으로 자신과는 상이한 방법론적 지향과 세계관에 입각한
논리체계를 학문사회에서 배제"하고, 학생들에게 주류 이론과 방법론 강
좌 이수를 강제하였다.(김동춘, 1988a, 16~17쪽)

보통교육을 담당하는 교사들의 처지는 1961년 한국교원노조운동의
좌절* 이후 20년 동안 달라진 것 없이 참담하였다. 헌법에 명시된 교육의
자주성, 전문성, 정치적 중립성 보장은 법적·제도적으로 실현되지 못하였
다. 교육에 관한 의사결정권과 지도감독권은 국가(문교부)가 독점하고 있
었다. 언제나 관료주의 교육행정이 교사들의 교육활동의 상위에 있었다.
"교사는 교장의 명을 받아 학생을 교육한다"(교육법 제75조)는 법 조항에
기대어 '봉건 영주'처럼 교사들 위에 군림하는 교장들도 허다했다.(『말』 제
3호) 성실·복종·품위유지 따위의 의무를 강요하는 국가공무원법의 통제
아래 놓인 교사는 국가와 특별권력 관계에 묶여 있다는 법리해석이 지배
하는 가운데, 결사의 자유, 집회·시위의 자유, 노동3권 등 자유민주주의
체제의 일반시민권을 향유하는 것이 불가능했다. "교육민주화선언"〔한국

● '한국교원노조사건' 관련 재심법원인 대구지법(김성수 판사)은 2010년 4월 21일 5·16쿠데타 직후 '특
수 반국가 행위'로 기소되어 10년형을 선고받고 5년을 복역한 이목(한국교원노조 사무국장)에게 무죄
를 선고했다.(『한겨레신문』 2010년 4월 22일자)

YMCA중등교육자협의회(약칭 Y교협))*의 표현에 따르면, 교사들은 결국 '극도로 통제된 관료기구의 말단'에 불과하였다. 교육자본의 피고용자인 사립학교 교원도 "복무에 관하여는 국공립학교 교원에 관한 규정을 준용" (사립학교법 제55조)한다는 조항에 의해 통제되었다. 사학 교원의 신분은 국공립학교 교원보다 더욱 위태로웠다. 유일 합법 교원단체의 지위를 누리던 대한교육연합회(약칭 대한교련, 한국교원단체총연합회의 전신)는 회원의 절대 다수인 평교사들의 이해에 충실하지 않았다.** 교원들의 요구를 대변할 교원조직은 사실상 존재하지 않았다.

유신체제의 교육목표를 그대로 계승하여 1981년 "국민정신교육의 강화" "반공·안보교육의 내실화" 따위를 교육정책지표로 내걸었던 전두환 정권하에서는 수업 중 발언이나, 학습 소모임 활동, 교과서 분석, 교육현실과 모순을 비판하는 출판행위 등으로 인하여 많은 교사들이 조작된 공안사건의 희생자가 되었다. '아람회사건'(1981), '부림사건'(1981), '오송회사건'(1982)***, '상록회사건'(1983),**** 『민중교육』지 사건(1985), '민족민

---

* 1986년 5월 10일 현직 교사 477명의 서명을 받아 Y교협이 발표한 이 선언은 교육의 정치적 중립 보장, 교사·학생·학부모의 교육권 보장, 비민주적 교육행정 배제와 교육자치제 실시, 자주적 교원단체 설립 자유 보장, 비교육적 잡무 제거, 보충수업과 심야학습 철폐를 요구했다. 문교부는 참여교사 중징계 방침을 발표했으나, 반대 여론에 밀려 손제석 문교부장관은 중징계 방침을 철회하고, 5월 24일 교원 잡무 경감, 학급당 인원 수 감축, 교과전담교사제 확대, 일선교사의 학교 운영 참여 방안 마련 따위의 무마책을 발표했다.(『동아일보』 1986년 5월 12일~5월 24일자; 『중앙일보』 1986년 5월 12일~5월 24일자; 『한국일보』 1986년 5월 12일~5월 24일자)

** 대한교련은 제30회 대의원대회(1973. 1. 12)에서 "박정희 대통령 각하의 영도 아래 추구되는 모든 노력을 전적으로 지지"하기로 결의하였고, 전두환 정권 출범 후 열린 제40회 대의원대회(1981. 12. 18)에서 "역사의 일대 전환을 마련한 7·30교육정상화 조치의 의의를 새롭게 인식, 국민정신교육에 총력을 경주할 것"을 결의했다.

*** '오송회사건' 재심법원(2008. 11. 25, 광주고법 제1형사부(이한주 부장판사))과 '아람회사건' 재심법원(2009. 5. 21, 서울고법 형사3부(이성호 부장판사))은 관련 교사 전원의 무죄를 선고하고, "가상의 반국가단체 구성원으로 몰아 중형을 선고했던 것은 사법부의 과오였다"라는 판결을 내렸으며, 민사소송 법원은 국가의 배상을 판결했다.

**** 상록회사건이란 한국기독교사회문제연구원의 주관으로 교과서 속의 통일 관련 내용을 분석한 교사들이 남영동 서울시경 대공분실에 연행되어 조사를 받은 세칭 '교과서 분석사건'으로, 리영희, 강만길 교수와 조승혁 목사(기사연 원장)가 이 사건으로 구속되었다.

주교육쟁취투쟁위원회사건'(1986) 등이 대표적이다. 이런 사건을 터뜨릴 때마다 정권은 권력의 통제를 받는 '제도언론'을 동원하여 관련 교사들을 좌경용공세력으로 몰아붙였다.

교육내용에 대한 감시와 통제는 더욱 철저하여 각 학교의 교과용 도서는 문교부가 저작권을 가졌거나 검정·인정한 것으로 제한했다.(교육법 제 157조) 교과서 내용에 대한 분석이나 교육의 이념과 체제, 교육현장에 대한 비판은 용납되지 않았다. 교사들의 자율적이고 창의적인 교육활동조차 극도로 제한되었다. 교장·교감은 교사들의 수업지도안과 시험지까지 검열했다. 시험지나 학급문집, 학급신문, 학급의 급훈 내용이 교사 해직과 부당 전보의 빌미가 되기도 했다.

군사문화가 만연한 학교 안에서 교사들은 학생들에 대한 또 다른 억압자가 되었다. 중고등학생의 두발자유화(1981)와 복장자율화(1983) 조치가 시행되었지만, 학생들의 학교생활은 별로 나아지지 않았다. 학생들은 교사들의 일상화된 폭력과 차별에 시달렸다. 학생들을 볼모로 삼아 학부모로부터 금품을 뜯어내는 사립학교들도 있었다. 학생들의 불만이나 요구를 반영할 민주적 학생자치기구는 없었다. 학생들은 대통령의 송·환영 행사*를 비롯하여 프로스포츠나 86아시안게임 등 각종 체육행사에 수시로 동원되었다.

폭압통치를 자행하던 내란세력은 1980년 7월 30일, 느닷없이 이른바 교육개혁조치를 발표하였다. 과외금지, 대학졸업정원제 실시, 대입본고사 폐지와 내신성적 반영 등을 주요 내용으로 한 이 조치는 한국 사회에서 여론의 흡입력이 무엇보다 강한 교육정책을 독재정권이 정치적인 국면전환의 수단으로 써먹던 수법을 재탕한 것이었다. 전두환 정권 출범 후 발표된

---

* 1986년 6월 18일자 "보도지침"은 "전두환 대통령 해외순방 7차례에 동원 학생 182만 명 기사는 보도하지 말 것"을 담고 있었다.(『교육과 실천』 2호, 4쪽)

중고등학생들의 두발자유화와 복장자율화 조치도 같은 맥락에서 나왔다. 대학입시의 '병목현상'으로 꽉 막혔던 수험생과 학부모들의 숨통이 7·30 교육개혁조치로 잠시 트였으나, 대입전형에 고교 내신성적을 반영하게 되자 학생들 간의 경쟁은 더욱 살벌해졌다. 학생들은 보충수업과 심야자율학습까지 더하여 엄청난 학습노동에 시달렸다. 점수에 대한 강박관념으로 시험을 치다 오줌을 지리는 학생이 있는가 하면, 학교 인쇄실에 침입하여 시험지를 훔치는 일도 일어났다.(전국교직원노동조합 편, 1990, 38쪽) 이런 와중에 해마다 100명이 넘는 초·중·고 학생들이 성적 경쟁과 비인간적인 학교생활의 압박을 못 이겨 자살을 하여 사회문제가 되었다. 교육 모순에 눈을 떠 조직적으로 그 해결을 모색하던 젊은 교사들 수백 명이 모여 자살학생위령제*를 올리기도 했다. 1986년 1월, 한 여중생이 유서에 남긴 "행복은 성적순이 아니잖아!"라는 외마디 항변은 많은 사람들의 심금을 울렸다.

    1980년대 중반 교사운동의 맹아가 드러났을 때, 전두환 정권은 학생들의 눈높이에서 열성적으로 교육활동을 한 교사들을 '문제교사'(서중석, 1986, 285쪽)나 '의식화교사'로 매도했다. 그러면서 정권이 직접 학생들의 정치의식화를 강화하는 조치를 취했다. 문교부는 학생들에게 '국민정신교육 9대 덕목'**을 암기시키고 초·중등학교에 아람단(초), 누리단(중), 한별단(고) 따위를 조직하여 군부대 입소, 땅굴 견학, 극기훈련과 같은 각종 집단훈련을 강요하였다.(이철국, 1986, 127쪽) 결과적으로 "진리를 탐구하고 심신이 건전한 인간미 넘치는 공동체의 성원으로 자라야 할 학생들은

---

* 자살학생위령제는 1986년 5월 31일, 명동성당 사도회관에서 YMCA 산하 초·중등교육교사모임, YWCA사우회, 흥사단교육문화연구회 등 서울지역 교사 공개단체가 주관한 행사이다. 서울시교위는 이 행사를 막기 위해 주동교사들을 납치하기도 했다.(『민주교육』 10호)
** '국민정신교육 9대 덕목'의 내용은 국민교육헌장의 변형으로, 떳떳한 한국인─주인의식·명예심·도덕심, 다 함께 사는 보람─협동정신·사명감·준법정신, 나라와 겨레의 나아갈 길─애국심·반공정신·통일의지 등이다.(문교부, 1984, 「국민정신교육 추진 자료」)

비정한 점수 경쟁과 물질만능의 상업주의 문화의 홍수에 시달리며", 국가가 일방적으로 선정한 경색된 가치만을 주입당할 뿐, 민주시민의 자질을 함양할 기회를 갖지 못했다.("교육민주화선언")

교육의 주요 주체인 학부모들이 교육정책 수립이나 학교 운영에 참여할 제도는 전무했다. 오랫동안 학부모와 학교, 학부모와 교사의 관계는 '치맛바람'이나 '촌지'로 은유되었다.[*] 학부모들은 수업료와 육성회비를 비롯한 각종 잡부금을 부담하고, 국가와 사학재단이 소홀히 하는 교육재정의 상당 부분을 감당해야 했다. 전두환 정권은 대도시 초등학교의 과밀학급 해소, 중학교 의무교육 실시, 고등학교 시설 개선, 사립·공립 중고교 지원, 교원 처우개선 등을 위해 1991년 교육세를 도입했다. 그러나 문교부 예산은 교육세 도입 이전보다 오히려 줄어들었고, 문교부 예산의 11.9%를 차지한 교육세 수입은 그 절반 이상이 본래 목적 밖으로 전용되었다.(민혜리, 1989, 429~430쪽) 그 결과, 열악한 교육환경 개선은 여전히 뒷전으로 밀려났다. 사람들은 열악한 교육환경을 빗대어 "19세기 학교에서 20세기 교사가 21세기 학생을 가르친다"라고 풍자했다. 1984년 민정당의 요구로 보충수업과 과외금지의 빗장이 풀리고 입시경쟁이 치열해지면서, 사교육은 다시 가계를 압박하기 시작했다. 수시로 변하는 교육정책과 제도[**]로 인한 고통의 원인과 교육 모순의 본질을 파악할 여유도 없이, 학부모들은 당면한 과열경쟁 속에 자신과 사랑하는 자녀의 인간다운 삶을 저당 잡힐 수밖에 없었다.("교육민주화선언")

---

[*] 비밀과외가 성행하고, 내신성적을 놓고 교사와 학부모 사이에 촌지 수수와 같은 반교육적인 거래가 있었다.(이철국, 1986, 127쪽)

[**] 1985년 11월 국회 문공위원의 질의에 오덕열 문교부 기획관리실장은 정부 수립 후 입시제도가 열두 번가량 바뀌었다고 답변했다.(이철국, 1986, 128쪽)

2
교육민주화를 위한
교사운동의 전개

6월민주항쟁 이전의 교사운동

1980년대 초, 5·18민중항쟁에 대한 부채의식과 민주화라는 시대정신, 그리고 교육현장에서 느끼는 교육 모순을 마주한 일단의 젊은 교사들이 그해결책을 찾아 여기저기서 응집하기 시작했다. 학생운동의 연장선상에서 변혁 지향의 교육운동을 모색하는 비공개 지역소모임, YMCA 산하 초·중등교육교사모임, 흥사단교육문화연구회(1984), YWCA사우회와 같이 시민단체에 기댄 공개소모임, 민요연구회(1985)와 같은 문화운동단체, 교사수양회(1978), 한국글쓰기교육연구회(1983)와 같은 참교육실천모임, '5월시' '삶의 문학' '분단시대'와 같은 문학동인, 교내 독서모임까지 그 형태는 다양하였다. 이들 중에는 유신체제하에서 학생운동을 직·간접으로 경험했거나 노동자 야학운동에 참여한 경우가 많았다. 개중에는 취학률이 낮은 제3세계의 다른 나라와 달리 30만 명의 교사들과 1,000만 명의 학생들이 있는 학교가 바로 민중교육의 현장이라는 인식을 갖고 본격적으로 교육운동을 하기 위해 목적의식적으로 교직을 선택한 경우도 있었다.(이철국,

1985, 88쪽) 5·18민중항쟁에 직접 참여하여 구속되고 갖은 고초를 겪은 해직교사들도 있었다. 여기에 더하여 반독재민주화투쟁을 대학생활 중 직·간접으로 경험한 젊은 교사들이 1980년대 중반 취학률이 급증함에 따라 대거 발령을 받았고, 이에 따라 대도시 학교에서는 관료적 통제에 저항하는 교사들의 움직임이 나타나기 시작하였다.

폭압정권의 감시와 탄압 속에 차츰 성장해온 교사운동의 실체는 1985년의『민중교육』지 사건과 1986년의 "교육민주화선언"사건을 통해 표면화되었다. '교육민주화'를 특집으로 하여 1980년대 초반 젊은 교사들의 교육관과 교육실천, 그리고 교육현장의 문제들을 주로 다룬 부정기 간행물『민중교육』발행에는 '5월시'와 '삶의 문학' 동인, 그리고 Y교협 회원 교사들이 주로 참여했다. 이들은 민족·민주·인간화 교육의 이념을 세워나가는 한편, 교육을 보는 관점의 근본적 변화, 교육자와 학생의 인간으로서의 권리 회복, 도구적 인간관 혁파를 주창했고, 교사, 학생, 학부모를 교육의 주체로 자리매김하는 데서 한국 교육이 새 출발을 해야 함을 강조했다. 이러한 문제의식은 1년 후에 나온 "교육민주화선언"에 고스란히 반영되었다. 그러나 정권은 관련 교사 17명을 해직시키고,* 기획에 앞장서서 주요 논문을 게재한 김진경·윤재철과, 책을 펴낸 실천문학사의 주간 송기원을 구속했다. 당시 '제도언론'으로 지탄받던 KBS는 8월 6일 특별 보도 프로그램 "민중교육, 당신의 자녀들을 노린다"를 방영하여 교사들을 좌경용공세력으로 몰아붙였다.**

이 같은 정권의 탄압에도 불구하고『민중교육』지 사건은 젊은 교사들

---

* 정권은 필자뿐 아니라 좌담 참석자와 단순히 원고 전달의 심부름을 한 교사도 파면하였다.
** 사법부는 김진경의 논문 「해방 후 지배집단의 성격과 학교교육」이 "반국가단체인 북한 공산집단의 선전·선동 활동에 동조함으로써 이를 이롭게 하였다"라고 하여 징역 1년 6개월을 선고했다.(한승헌, 2006, 467~468쪽)

을 교육민주화운동의 흐름으로 더욱 결집시켰다. 그 결과는 1년 후에 나타났다. 개헌을 둘러싼 논란 속에 각계각층의 민주화 요구 성명 발표와 집회 시위가 이어지던 1986년 상반기, Y교협이 서울, 광주, 춘천, 부산에서 5월 10일 '교사의 날'* 집회를 열고 "교육민주화선언"을 발표한 것이다. 주요 신문을 통해 널리 알려진 이 선언은 누적된 교육문제를 부각시켜 교육민주화운동에 대한 관심을 새로운 교육주체들에게 대중적으로 확산시키는 계기가 되었다. 교사들의 선언이 강릉, 충청, 전북으로 이어져나가고, Y교협이 각 지역별로 '민주교육실천대회'를 조직해 들어가자, 정권은 안기부를 중심으로 관계기관대책회의를 가동하여 'Y교사'들의 움직임에 본격적으로 대처하기 시작했다.(국정원과거사위원회 편, 2009) 문교부에는 이른바 '교원정보부'가 설치되었다.(1988년 문교부 국정감사 자료) 학교마다 교사들에 대한 감시가 강화되었고, 전국적으로 Y교협 탈퇴 압박이 심해졌다. 7월 15일 안기부는 1980년대 교사운동의 핵심으로 지목한 유상덕**을 전격 연행하여 서울대 이병설교수간첩단사건으로 엮어 구속하였다. 또한 9월 2일 전남도교위의 징계와 부당전보에 항의한 윤영규(Y교협 회장)와 회원 두 명을 구속한 정권은 9월 24일 서울지역 교사 여섯 명을 고문하여 이른바 '민족민주교육쟁취투쟁위원회사건'을 조작, 발표하였다. 2학기 내내 Y교협 회원과 민주교사들에 대한 탄압은 그치지 않았다. 전두환 정권은 "교육민주화선언"을 주도하거나 동참한 교사들 100여 명을 파면, 해임, 정직,

---

* 교육민주화운동에 참여한 젊은 교사들은 학생이나 학부모의 선물을 받는 날로 변질된 스승의 날을 부끄럽게 생각했다. Y교협은 이런 정서를 반영하여 '교육의 본질과 교사의 참 역할을 모색하는' 교사의 날을 스스로 제정하였다.

** 유상덕은 Y교협을 설립하여 전국 조직으로 키웠으며, 『민중교육』지 사건으로 파면되었다. 이후 민주교육실천협의회를 조직하고 사무국장을 맡았다. 검찰로 송치된 유상덕은 9월 11일 영등포교도소에서 단식농성으로 안기부의 사건조작을 폭로하였다. 검찰은 결국 이적표현물 소지죄만을 적용하여 기소하였다.

감봉, 견책, 부당전보 등 국가공무원법에 명시되어 있는 모든 종류의 징계를 동원하여 탄압하였다. 집요한 정권의 탄압은 결국 민주화에 대한 소신과 의지를 굽히지 않고 싸운 이순덕(서천 서면중 교사)을 죽음에 이르게 했다. 1986년 여름방학을 앞두고 시작된 탄압은 이듬해 3월까지 이어졌다. Y교협을 비롯한 교사운동 진영의 공개활동이 일시 위축되자, 해직교사들이 중심이 되어 1986년 5월 15일 결성한 '민주교육실천협의회'(공동대표 성내운, 문병란, 이오덕)가 1986년 하반기부터 1987년 9월 전국교사협의회(약칭 전교협)의 결성에 이르기까지 교육민주화운동을 이끌었다.

전국교사협의회의 결성과 활동

6월민주항쟁이 시민의 승리로 일단락된 직후, 교사운동 진영은 새로운 정세 속에 펼쳐나갈 운동을 본격적으로 모색하기 시작했다. 7월 11일 광주와 7월 14일 서울에서 열린 '교사 대토론회'에는 연인원 1,600여 명의 교사들이 운집하여 교육민주화를 위한 당면과제에 대해 토론하였다. 교사들은 자주적 교원단체 결성, 교육악법 철폐, 해직교사 원상복직, 교사 탄압 관료 퇴진, 어용 대한교련 회비 거부, 사립학교 교사 단결, 여교사 권리 획득, 학교 예산·결산 공개, 학생 자치활동 보장, 강제 보충수업·심야학습 폐지 등을 촉구하고, 학교교사협의회(약칭 평교사회) 결성과 비민주적이고 비교육적인 학교 운영 척결, 민주·민족 교육 성취 등을 결의했다. 그 힘은 곧바로 교사협의회 창립운동으로 이어졌다. 전교협이 기존 Y교협 지방조직을 근간으로 하여 9월 중 대부분의 시·도 교협을 창립해나가자,* 서명원 문교부장관은 9월 24일 전교협이 "기존 교육을 전면 부정하고 있다"라며 불법단체로 규정하고, "국기적國基的 차원에서 교육 발전을 저해하는 행위로 간

주하고 강경대응도 불사하겠다. 대한교련을 통해 순수교육과 교원의 사회
경제적 지위향상을 기하는 것이 바람직하다"라는 내용의 서한을 전국의
교사들에게 보냈다. 하지만 전교협은 9월 27일 서울 수유리 한신대 교정에
서 경찰의 봉쇄를 뚫고 결성대회를 치렀다. 전교협은 교협의 정당성 인정,
교사의 노동3권 보장, 교사의 정치적 권리와 사회경제적 지위 보장, 진정
한 교육자치제 실시, 입시 과열경쟁 교육 지양과 학교교육 정상화, 교장·
교감 임기제 실시와 학교민주화 보장, 교육세 전용 금지, 교육투자 확대,
교육환경 개선, 사학교원 신분보장, 문교부의 대한교련 일방적 지지 철회
등을 촉구하였다.

전교협은 1987년 하반기의 노동자대투쟁과 대통령 직선제 실시로 달
아오른 전반적인 민주화의 열기 속에 급속하게 조직이 확대되었다. 10월
1일 『전국교사신문』을 창간하여 매달 3만 부를 전국의 학교로 배포하였다.
많은 학교에서 교사들이 자발적으로 평교사회를 만들었다. 각 시·도 교협
은 시·군·구별 교사협의회 건설에 박차를 가하여 1989년 3월까지 130개
가 조직되었다. 평교사회와 각 단위 교협은 학교장이나 재단, 그리고 교육
청과 교섭을 하여 요구사항을 관철하는 사례를 만들기도 했다.(『전국교사
신문』 제4호(1988년 2월 5일자)) 전교협은 1989년 상반기까지 약 3만 명의
회원을 가진 조직으로 성장했다.

전교협의 조직세가 커지게 된 데는 사립학교 정상화투쟁도 큰 몫을 했
다. 6월민주항쟁 이전 교사들의 양심선언과 투쟁**으로 알려진 부패·비리

---

* 8월 22일 전국초등민주교육협의회(회장 이규삼, 자문위원 이오덕)가 창립되고, 9월 5일 전남(회장 윤
  광장, 부회장 정해직, 정병관), 19일 강원(회장 황시백, 부회장 곽대순), 20일 충남(회장 김지철), 22일
  서울(공동대표 이수호, 이주영, 심성보), 25일 인천(회장 조용명), 26일 부산(회장 이광호)·광주(회장
  송문재, 부회장 이효영)·전북(회장 김윤수)에서 지부가 각각 창립되었다.

** 1984~1985년 의정부 복지중·고, 1985~1986년 목포여상, 1986~1987년 나주 세지중, 1987년 공주
  신풍중·종고 교사들과 학생들의 투쟁이 있었고, Y교협과 민교협은 이들의 투쟁에 대한 지원활동을
  했다.(『교육과 실천』 2·3호)

사학의 참담한 실체가 6·29선언 직후 여러 학교에서 연이어 폭로되기 시작했다. 1987년 7월 1일 파주 여종고 학생들이 "재단비리 시정, 학교장 퇴진, 학내 민주화"를 요구하며 50일간 투쟁한 것을 필두로 하여, 1989년 5월까지 전국적으로 60여 개 사립 중·고등학교에서 교사와 학생들의 학교운영 정상화투쟁이 벌어졌다. 특히 1988년 여름부터는 이른바 '채용기부금' 반환투쟁이 일어나 사학재단과 문교당국을 전전긍긍하게 만들었다. 문교부는 10월 28일 기부금 반환투쟁과 관련하여 '쌍벌죄'를 적용해 29개교의 이사장을 해임하고, 303명의 해당교사를 징계하도록 교위에 지시했다.(전국교직원노동조합 편, 1990; 『교육과 실천』 6호) 같은 시기에 동의대, 효성여대, 조선대, 호남대 등 많은 사립대학에서도 민주화투쟁이 전개되었다.

1987~1988년 동안 교사운동은 크게 두 축으로 진행되었다. 하나는 전교협을 중심으로 한 교육법 개정투쟁이고, 또 하나는 교육과정과 교육내용에 대한 교과모임연합의 활동이었다. 그 밖에도 전교협은 각 단위 교협, 그리고 학교 평교사회를 중심으로 대한교련 탈퇴투쟁, 부교재 채택료·촌지 거부운동, 육성회 찬조금 부당징수 반대투쟁, 보충·자율학습 철폐투쟁, 도 학력고사 폐지·개선투쟁, 근무평정 폐지투쟁, 관제연수 개선투쟁(연수비 정상지급 요구), 유치원 교사 신분보장 요구투쟁을 전개했다. 학교 평교사회는 학교인사위 설치, 장학지도 개선, 법정교원 수 확보, 연구지정학교제도 개선, 학교안전공제회 개선 요구 등 교사들이 일상 느껴온 문제들을 우후죽순으로 제기하고 일부 관철하기도 했다.

전교협은 교육의 자주성, 전문성, 정치적 중립성을 보장하는 헌법의 원리를 저해하고 교사들의 자주성과 일반 시민적 권리를 제약하는 법령들을 교육악법으로 규정하고, 교육법 개정투쟁에 조직역량을 총동원했다. 이 투쟁은 1988년 4·26총선에서 여소야대 국면이 조성되면서 탄력을 받게 되었다. 7월 3일 열린 '민주교육법 쟁취와 보충자율학습 폐지를 위한

'전국교사대회'(성균관대)는 4월혁명 시기의 한국교원노조운동 이후 최대 규모(2,000여 명)의 교사집회였다. 2학기에 들어 투쟁은 더욱 뜨겁게 전개되었다.

전교협이 교원의 노동3권 보장을 요구하고 나오자, 대한교련은 법적 구속력이 없는 '협의교섭권 또는 교섭협의권'을 내건 '교원 지위에 관한 특별법'을 들고 나왔다. 대한교련은 "교원은 전 국민에 대한 봉사자이기 때문에 집단행동은 안 된다"라고 주장했고, '교사는 노동자'라는 관점 자체를 부정하였다. 전교협은 일반교사들을 상대로 노동3권과 교원노조에 대한 이해를 높이고, 대한교련의 '물 타기 작업'의 허구성을 폭로하는 동시에 대한교련 탈퇴투쟁에도 집중했다. 대한교련은 자기 회원 대다수(73.9%)로부터도 불신을 받아,* 수많은 교사들이 대한교련을 탈퇴했다.

이런 와중에 '노동관계법 개정을 위한 야3당 공동위원회'가 9월 28일 '교원과 공무원의 노동2권＋제한적 단체행동권 부여'를 포함한 시안을 마련하여 교사들을 고무시켰다. 전교협은 정기국회가 열리는 동안 교육법 개정투쟁에 총력을 다하기 위해 비상체제에 돌입하였다. 9월 초부터 각 단위교협별로 교육법 개정을 위한 공청회, 토론회, 결의대회, 촉구대회, 가두행진 등을 동시다발로 진행했다. 전국에서 연인원 1만 5,000여 명의 교사들이 각종 집회에 참가했고, 서명운동과 함께 투쟁기금 모금운동도 펼쳤다. 교사는 물론 교대·사대의 예비교사들까지 결의를 모아나갔다. 야3당도 1988년 10월 31일 문공위 차원에서 13대 국회에 야당 단일안으로 교육

---

* 1989년 2월 임시국회를 앞두고 국회 문공위원장 정대철 의원과 한국외대 김홍규 교수가 서울 초중등 교사 1만 1,572명(교련 회원 51.7%, 전교협 9.9%, 무소속 32.4%, 평교사회 5.2%)을 상대로 설문조사한 결과, 79.5%가 유일한 합법단체를 자처하는 대한교련을 부정적으로 평가했고, 교련 회원의 73.9%가 교련을 불신하고 있음이 드러났다. 그즈음 교련 사무국 직원 23명은 2월 10일 노조 결성대회를 갖고 11일 설립신고서를 제출하였다. 이들은 결성 취지문에서 "정통성 없는 변태적 압력과 교련 집행부 및 간부들의 내부적 탄압으로 32만 교원의 의사는 심하게 왜곡되거나 묵살되었다"면서, "노조를 통해 교원의 의사를 민주적으로 수립할 것"이라고 밝혔다.

법 개정안을 상정하기로 합의했다.

전교협의 교육법 개정투쟁 열기는 11월 20일 여의도 광장에서 열린 '민주교육법 쟁취 전국교사대회'에서 최고조로 달아올랐다. 전국에서 모인 교사, 교수, 강사, 예비교사들은 집회의 규모(1만 3,000여 명 참가)에 놀라움을 금치 못했다. 해방 후 교육계 최대 규모의 집회였다. 1986년 5월 10일 두려움 속에 "교육민주화선언"에 참여했던 소수의 교사들이 2년 남짓 만에 군사정권의 갖은 탄압을 겪으며 이루어낸 성과였다. 한 교사는 그날의 감격을 이렇게 노래했다.

백묵 가루가 가슴 가득 / 하얀 먼지로 쌓여도 / 바튼 기침조차 내뱉지 못하던 / 기나긴 침묵, 40년 / 마침내, 여기, 동지여 / 침묵을 가르는 용트림이 있으니 / 듣는가! 이 여의도의 함성을 / 보는가! 힘차게 나부끼는 / 참교육의 깃발을……〔작자 미상, 『(서울)동북부교협신문』〕

대회 참가자들은 국회의사당 앞으로 행진하여 '교육법개정 촉구대회'를 개최한 후, 4개 조로 나누어 각종 구호를 두른 100여 대의 버스에 타고 서울시내 차량행진에 들어갔다. 서울지역 교사들은 시내 주요 지점에서 시민들의 호응을 받으며 가두홍보를 전개하였다. 교사대회 사상 전무후무한 쾌거였다.

그날 '민주화를 위한 전국교수협의회'(약칭 민교협)는 공동의장단 명의로 성명을 발표하여 전교협의 교육법 쟁취투쟁을 적극 지지하였다. 성명은 "대한교련, 사학재단연합회, 사립학교교장단회의 등의 교육귀족집단 내지 신식민지 노예화 교육에 집착하는 반동집단들이 추호의 반성과 참회의 빛이 없이, 반사회적이고 반역사적인 자기논리의 지배를 관철시키려는 작태"를 보이는 것을 규탄하였다.(전국교직원노동조합 편, 1990, 139쪽)

야3당도 '민주교육법 쟁취 전국교사대회'의 열기에 밀려 11월 22일 전교협 안을 대폭 수용하여 교장선출 임기제, 교무회의 의결기구화, 학생의 학습권을 침해하지 않는 범위 내의 단체행동권 보장 등에 대해 합의했으나, 대한교련, 교장단, 사학연합회가 반발하자 공화당과 민주당은 여론수렴이라는 명분으로 단일안 제출을 유보했다. 전교협은 12월 4일 제4차 중앙위(대구)의 결의에 따라 5일부터 각 교협별로 농성을 시작했고, 8일 전국 각지에서는 집회와 시위에 이어 각 지구당사와 중앙당사 점거농성에 들어갔다. 민교협도 12월 3일 사립대학교수협의회연합(약칭 사교련), 국립대교수협의회회장단(약칭 국교협)과 '교육관계법령 개정 공청회 및 결의대회'를 여성백인회관에서 가진 뒤, 12월 5일부터 사당동 사무실에서 농성에 들어갔다. 교수들의 첫 농성이었다.(민주화를 위한 전국교수협의회 편, 1997) 민교협은 전교협, 사교련, 국교협과 연대하여 12월 22일 공동투쟁위원회를 결성하고, 1989년 1월 15일 교육관계법 개정안을 마련하였다. 이 법안의 골자는 교육의 목표를 '민족·민주·통일 교육의 실현'으로 하고, 1년간의 유아교육을 의무교육으로, 교육공무원의 교육위원 겸임 허용, 교무회의와 교수협의회 의결기구화, 각종 학교장 직선, 교원의 정치활동 자유, 선출직 겸임권 부여, 교사는 "교장의 명을 받아 학생을 교육한다"를 "진리와 양심에 입각하여"로 개정, 자주적 교원단체 결성권 신설, 학생 징계 변론권 부여, 학부모 단체의 학교운영 협의권 신설, 국정교과서 폐지, 시간강사를 교원에 포함시키는 것 등이었다.(민주화를 위한 전국교수협의회 외, 1989, 91~160쪽)

교육법 개정투쟁의 열기가 뜨거워지자 대한교련, 사학재단연합회, 교장단은 반대입장을 담은 신문광고를 계속 내는 등 집요하게 방해했다. 일부 언론은 그들의 입장을 옹호했다. 그러니까 1988년 하반기 정기국회 회기 동안 교육법개정을 둘러싸고 문교부·대한교련·사학재단·교장단, 수구언론과 민정당을 한편으로, 교사·교수·대학강사·사대생·교대생과 민주단체를 다른 한편으로 하는 민주−반민주의 작은 전선이 형성되었던 것이다. 야3당은 그 전선에서 계속 동요했다.

교과별 교사모임의 탄생과 '교과모임연합' 결성

교육과정과 교육내용의 민주적 개선을 과제로 한 운동은 1988년 교과별 교사모임의 결성으로 탄력을 받기 시작했다. "교육의 민주화가 사회민주화의 토대이며 완성"("교육민주화선언")이라는 교사들의 자각은 학교에서 가르치는 지식의 생산·분배·통제 과정에 대한 문제제기로 이어졌다. "학교에서 가르치는 가치, 신념, 판단, 지식은 누구의 이익을 대변하는가? 교과서 집필자는 정치권력과 어떤 관계에 있으며 그 선정과정과 기준은 무엇인가?"(민중교육편집위원회 편, 1985, 358쪽)라는 질문을 던진 교사들은 효과적인 교수학습방법론에 머물고 있던 교육과정에 대한 논의를 교육내용의 사회적 성격에 관한 논의로까지 발전시켰다. 교사들이 교과별 모임을 추진한 것은 교육과정과 내용을 국가가 독점하는 구조를 타파하고, 사회 각 이해집단이나 학부모, 그리고 교사들의 참여가 가능한 제도를 수립하겠다는 의지의 표현이었다.(전국교직원노동조합 외, 1989, 367∼368쪽)

교과모임 조직의 첫 결실은 1988년 3월 27일 창립한 '국어교육을 위한 교사모임'이었다. 3월 15일 『우리말, 우리글』을 발간하여 회원확보에 나섰던 국어교사모임은 5월에 회지 『교과교육』을 발간하여 다른 교과모임 창립을 유도하였다. 창립 시 50명이던 회원 수는 1년 만에 1,000명을 넘었다. '역사교사모임'(7월 15일 결성), '영어교사모임'(9월 13일 결성), '지리교사모임'(11월 5일 결성)이 뒤를 이었다. 이후 도덕, 사회, 기술, 미술, 음악교사 모임 등이 결성되어, 1989년 5월 11일에 창립한 '교과교육을 위한 교사모임연합'(약칭 교과모임연합)에 동참했다. 교과별 교사모임은 역량에 따라 급별·지역별 모임으로 확산되었다. 그들은 교과내용 연구, 올바른 수업활동 개발, 교과서 내용 비판작업을 한 뒤, 그 성과를 회보, 부정기 간행물, 교육자료집에 담아 전국의 교사들과 나누는 일에 주력했다. 교과모임연합은 12월 3일 '통일교육 심포지엄'을 열어 1988년 내내 확산일로에 있던 통일운동에 대한 교육현장의 실천방안을 모색했고, 1989년 2월 16일에는 '민주적 교과서 제도를 위한 심포지엄'을 전교협과 공동으로 개최했다.

1988년은 노태우 대통령의 7·7선언과 서울올림픽 개최로 통일에 대한 대중적인 열망을 한껏 키운 해였다. 이런 열망과는 달리 문교부가 5차 교육과정 개편 계획에 따라 펴낸 초등학교 1·2·3학년 개편 실험용 교과서는 민족공동체 의식 함양이나 평화통일 지향보다는 북에 대한 적개심을 고취하는 내용으로 가득했다.(『한겨레신문』 1988년 6월 25일자) 문교부의 이런 시각은 국어교사모임이 1989년 3월에 펴낸 『민족·민주교육을 위한 개편 교과서 지침서』(중학교 국어 1-1)의 관점과 충돌할 수밖에 없었다. 문교부는 이 지침서를 '교과용 도서에 관한 규정' 위반으로 매도하면서, 3월 31일 전국 시도 학무국장회의에서 해당 교사들을 징계하라고 지시하고, 5월 11일에는 처벌방침을 발표했다. 이에 전교조준비위 교과위원회는 처벌의 근거로 제시된 교육법 제157조 등이 헌법 제21조와 제22조 등에 위배된다고 헌법소원을 제출했고, 9월 5일 헌법재판소는 이유 있다고 받아들여 전원 재판부의 심리에 붙였다.(전국교직원노동조합 편, 1990, 382쪽) 그러나 교육부는 1995년 역사교사모임이 발행한 역사교육론 『우리 역사, 어떻게 가르칠까?』(푸른나무)가 "유물론, 계급사관, 민중사관을 바탕으로 만들어져, 학생에게 그릇된 역사관을 심어주고, 사상을 오염시킬 우려가 있다"라는 이유로 사용금지 공문을 전국 학교에 또 내려보냈다.

전국교직원노동조합 건설과 정권의 탄압

교육법 개정투쟁에 혼신의 힘을 쏟은 전교협은 1989년 2월 19일 제2차 정기대의원대회(단국대)에서 참석 대의원 369명 중 280명이 "상반기 중 교직원노조 건설"을 공식적으로 최종 의결함으로써 정치권과 정부를 압박했다. 3월 9일 야3당이 주도한 13대 국회 본회의에서는 경찰·군인·소방·교정직을 제외하고 "6급 이하 공무원을 포함한 근로자는 노동조합을 조직하거나 이에 가입할 수 있고, 단체교섭을 행할 수 있다"라는 내용의 노동조합법 개정법률안을 통과시켰다. 그러나 3월 말 민정당은 교원노조 절대 불허 방침을 확인했고, 대통령은 거부권을 행사했다.

합법적인 경로가 막히자 교사들은 "악법은 어겨서 깨뜨린다"라는 구호를 걸고 교직원노조 건설에 돌입했다. 5월 14일 전국 10개 지역에서 발기인 1만여 명이 운집한 가운데 28일 '전국교직원노동조합 결성대회' 사수를 결의하였다. 연세대 노천극장에서 열린 수도권 대회에서 축사를 한 노무현 의원은 "민중이 쟁취하지 않은 권리를 국회 스스로 입법한 예가 없다"라면서, 전교조 합법화 역시 교사들의 주체적 노력에 달려 있음을 강조하였다.(『전국교사신문』 제19호, 1989년 5월 15일자)

5월 28일, 결성대회장인 한양대 주변은 계엄사태를 방불케 하였다. 전국의 버스터미널, 역, 고속도로 입구 등 서울로 오는 길목마다 상경하는 교사들을 막느라 경찰들과 교육관료들이 삼엄한 경계를 펴고 있었다. 조직의 지침에 따라 결성대회를 사수하려는 발기인들의 열정은 상상을 초월했다. 고속터미널이 막히자 박종기는 부산에서 10만 원짜리 택시를 타고 상경했다. 박태숙은 품고 다니던 은장도를 꺼내 자결해버리겠다고 위협하고 제지하는 손아귀에서 벗어났다. 투쟁기금으로 아기 백일 금반지 세 개를 내놓은 여교사도 있었다.(『교육희망』 2008년 3월 29일자) 전국대학생대표

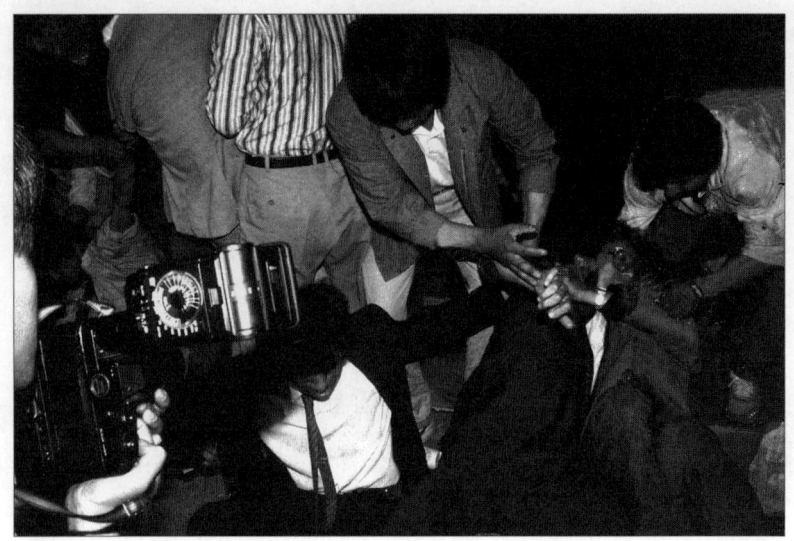

전교조 결성식을 급습하여 관련자들을 연행하는 사복경찰들

자협의회(약칭 전대협)는 전교조 결성대회를 엄호했다. 전교조는 경찰을
따돌리고 오후 1시께 200여 명의 조합원과 함께 연세대 도서관 앞 민주광
장에서 결성대회를 성사시켰다. 뒤늦게 대회장을 침탈하는 경찰을 대학생
들이 막았다. 연세대에 미처 진입하지 못한 2,000여 명의 교사들은 이날
오후 2시 30분께 건국대에 모여서 '전교조 결성 보고대회'를 개최하였다.
결성대회 전날부터 한양대에 미리 들어와 있던 300여 명의 교사들은 1시
20분경 난입한 교육관료와 사복경찰에게 무차별 구타를 당하고 줄줄이 연
행되었다.

　1989년 9월 국정감사에서 민주당의 이철 의원이 폭로한 바에 따르면,
노태우 정권은 청와대를 정점으로 법무부, 내무부, 안기부, 문교부, 총무
처, 경제기획원, 감사원, 문공부 등 거의 모든 국가기관이 동원된 '교원노
조 분쇄를 위한 대책기구'를 가동하였다. 청와대는 "정치적 타협에 의한 해
결 방지"를 원칙으로 견지하였다. 청와대는 '경제계 협조'라는 명목으로

전국경제인연합회(약칭 전경련)로부터 18억 원을 갹출하였다. '홍보 순회 강연' 방침에 따라 8월 28일부터 9월 2일에 걸쳐 청와대 측에서 김학준 사회, 문희갑 경제, 최창윤 정무수석, 노재봉 정치수석 비서관이 참여하고, 내각에서는 조순 부총리, 이계성 재무, 최영철 노동, 김종인 보사, 이홍구 통일원, 현홍주 법제처 장관 등이 동원되었다. 청와대는 안기부와 검찰을 포함한 차관급을 실무로 하는 관계기관대책회의를 정례화하고, 당정회의를 통해 민정당의 전 조직을 동원한 탈퇴공작을 지휘하였다. 노태우 대통령이 직접 KBS 라디오 주례방송을 통해 전교조 비난에 나섰다. 안기부는 공안 차원에서 전교조를 내사하고, 국가보안법을 동원한 교사 구속과 대국민홍보심리전을 수행하였다. 안기부는 이른바 '교육정상화 지역대책협의회'에 안기부 직원을 빠짐없이 배치하였고, 대책협의회를 실질적으로 구성하고 지도·감독하였다. 예를 들어 전북도의 경우, 안기부의 주도하에 도지사가 위원장으로, 법원장, 검사장, 도경국장, 전북대학 총장이 위원으로 활동하였다. 시·군 단위 지역대책협의회는 보안대장, 바르게살기운동협의회, 자유총연맹, 새마을어머니회, 주부클럽, 농협장 등으로 구성했다.

경제기획원은 문교부가 '89년 홍보예비비'로 요구한 19억 원을 조속히 지원하여, 문교부가 제작·배포한 6종의 전교조 비방 유인물 제작비 13억 원의 일부를 조달하는가 하면, '90년 홍보예산'으로 26억 원을 확보해주기도 하였다. 경제기획원은 '경제계 협조'의 실무선으로 경제인들을 사주하여 자금동원은 물론, 노조대응을 위한 선전강화 및 공동대처를 주도하였다. 감사원은 문교부를 비롯한 각 시·도교위가 편법으로 조성한 홍보비 집행 관련 감사 시 '융통성을 인정'하여 사실상 탈법적인 예산집행을 묵인하는 등 전교조 탄압에 가세하였다. 총무처는 해직교사들이 소청을 제기하면 기계적으로 기각하면서, 소청 제기자가 전교조활동을 포기한다는 의사표시를 하면 구제해준다는 양면전술을 구사하였다. 내무부는 일반 행정기관 동원은 물론 반상회 조직까지 활용해 탄압에 가담하였다. 문공부는 국립영화제작소를 통해 〈좌익폭력혁명 세력의 실상〉이라는 제목의 26분짜리 비디오를 제작·배포하였다.* 문공부는 '언론기관협조' 사항으로 조작된 여론조사 자료를 언론기관에 제공하고, TV 방송에 편향 보도하도록 강요하였다. 또한 '전교조 발행 간행물 제재'라는 지침에 따라서『전교조신문』『언론노보』등 5개 단체 간행물을 정기간행물법 저촉으로 고발조치하였다. 전교조 탄압에는 재벌기업도 관여하였음이 밝혀졌다. 이철 의원이 입수한 '전교조 서명운동에 대한 대책'이라는 부제가 붙은 "89 비상노사관리 지침"(1989. 8. 22)이라는 문건은 삼성재벌이 전 그룹 차원에서 소속 사원들의 전교조 지지운동을 차단·봉쇄하는 지침을 담고 있었다.

문교부는 5월 20~21일 주요 일간지에 "선생님들의 노동조합 결성은 이래서 옳지 않습니다"라는 광고를 게재하였다. 내무부는 5월 25일 반상회를 열고, "이른바 참교육이란 무엇인가"라는 제목의 유인물 800만 부를 배포하였다. 유인물의 내용은 왜곡과 날조로 가득 차 있었다. 윤영규 위원장의 기자회견 내용인 "참교육이란 첫째, 비민주적 교육에서 민주적 교육으로 돌아서는 것, 둘째, 지난 20년간의 군사문화적 교육에서 벗어나는 것, 셋째, 현재의 반민중적인 교육에서 벗어나는 것"을 "민중교육이란 민중들이 자신을 억누르고 있는 사회의 여러 제약을 인식하고, 이에 대항하기 위한 계급의식과 저항의식을 길러주는 교육이다. 자본주의 체제를 변혁시키기 위한 혁명적 계급의식을 심어주는 교육이다"라고 말한 것으로 표현되어 있었다.(전국교직원노동조합 편, 1990, 505쪽)

6월 1일 오후 전교조는 노동부에 노조설립신고서를 제출하였으나, 노

---

* 이 비디오는 지역 유선방송을 통해 방영하게 하였고, 민방위 훈련장, 자유총연맹 등에도 배포하였는데, 주요 내용은 전교조 활동과 여의도 농민시위 등이었다.(『전교조신문』 1989년 10월 11일자)

동부는 전교조 결성이 실정법 위반이라면서 6월 3일 반려하였다. 정권은 결성대회 전부터 지도부 구속과 징계에 착수하였다. 5월 2일 이른바 '북침설'• 주장 혐의를 씌워 교사들을 구속한•• 정권은 6월 9일에는 민주당사에서 단식농성투쟁을 벌인 윤영규 위원장을 비롯한 지도부를 구속하였다. 1989년 4월에서 1990년 4월까지 전교조 관련으로 구속(수배)된 사람은 모두 84명(국보법 위반 8명)이었다. 정권은 공무원과 친인척을 동원하고 부모와 가족까지 괴롭히며 조합탈퇴를 강요했다. 부산에서는 교장이 자신의 딸을 '빨갱이'로 몰아붙이는 것을 참지 못하고 자살한 아버지도 있었다. 문교부는 전교조의 대화제의를 거절하고, 탈퇴시한을 1차 7월 15일, 2차 8월 5일로 못 박아 압박했다. 징계와 탈퇴압력에 몰린 전교조 조합원들은 7월 9일 '전교조 탄압저지 및 합법성 쟁취를 위한 제1차 범국민대회'를 여의도 둔치에서 개최한 뒤, 1,800여 명이 경찰서에 연행되어 묵비권을 행사하는 단결력을 보여주었다. 그리고 7월 11∼15일 사이 590개 학교의 약 5,000명이 단식수업을 감행했다.

전교조 사수투쟁은 600여 명의 조합원이 참여하여 11일간(7월 25일∼8월 5일) 진행된 명동성당 단식농성에서 정점에 올랐다. 연인원 교사 1,000여 명, 교수 70여 명이 참여하여 총 250명이 탈진하고 15명이 병원에 후송되었으며 180여 명이 수액주사로 응급처치를 받았던 명동성당 단식농성투쟁의 성과는 실로 컸다. 각계각층 수많은 사람들의 지지와 성원이 있었다. 총 200여 개 단체에서 1만여 명이 격려 방문을 했고, 총 1,500만여 원의 지지성금이 답지했으며, 전국 각지에서 학생·교수·졸업생·사대생들의 동조단식농성이 잇따랐다. 강요에 의해 탈퇴각서를 제출했던 400여 명의 교사가 양심선언과 동시에 탈퇴무효를 선언했으며, 100여 명에 이르는 신규 가입자를 이끌어냈다. 교수들의 지지 또한 계속되어서 연인원 500여 명이 명동성당을 비롯한 전국 각처에서 동조 농성, 성명 발표, 격려 방문을 했다. 민교협은 전교조 엄호에 나서 교수 486명을 전교조에 가입시키고, 8월 4일 명동성당 단식농성장에서 전교조 대학위원회 결성 총회를 개최했다. '전교조 탄압저지 및 참교육 실현을 위한 공동대책위원회'(6월 17일 결성, 약칭 '전교조 공대위')도 이 기간에 15개 시·도 지부별 결성을 완료했다. 국내외 언론의 관심 또한 집중되었다.＊

징계저지투쟁은 1989년 2학기 초까지 이어졌다. 조합원이 많은 사립학교에서 교사와 학생들이 징계저지투쟁을 전개하자, 상당수의 학교에서 징계위도 거치지 않고 '직권면직'이라는 편법으로 조합원을 해직시켰다. 서울·광주 등지에서는 문교부가 설정한 8월 5일의 시한을 넘어 9월에도 징계가 진행되었다. 온갖 시련을 겪고 조직을 지키기 위해 해직의 길을 택한 조합원은 1990년 1월 8일 현재 1,519명(파면 164, 해임 939, 직권면직 416; 초등 135, 중등 1,384; 국공립 721, 사립 663)에 달하였다.(전국교직원노동조합 편, 1990, 834~854쪽) 해직교사들은 2학기 출근투쟁을 시작으로 노태우 정권의 폭력성을 드러내는 산 증거가 되어 참교육의 전령사로 전국을 뛰었다. 교사 시인 도종환은 옥중에서 다음과 같이 노래했다.

서슬 푸른 칼날에 수천의 목이 잘리고 / 이 나라 땅의 곳곳이 새남터가 된다 하여도 / 우리는 이 감옥에서 칼날에 꺾이지 않는 / 마지막 이름으로 남을 수 있습니다. / 이 세상의 가장 낮은 곳으로 쓰러져 있어도 / 빛나고 높은 그곳을 향해 우리는 이 길을 곧게 갑니다.(「정 선생님, 그리고 보고 싶은

＊ 『조선일보』(1989년 8월 1일자)는 "솥단지 걸어 놓고 먹고 자는 천막촌"이라고 왜곡 보도하여 단식투쟁 중이던 교사들의 분노를 불러일으키기도 했다.(전국교직원노동조합 편, 1990, 446쪽)

여러 선생님께」 중에서, 『전교조신문』 '호외'(1989년 8월 1일자))

전교조에 탄압의 채찍을 휘두른 정부는 교원들에게는 당근을 던졌다.
노태우 대통령은 5월 15일 스승의 날 표창을 받은 교원들 앞에서 "일부 급
진 성향의 교사들은 학생들에게 부정적이고 편향된 인격 형성을 초래할
의식화 교육을 자행하고 있어 사회의 심각한 우려를 낳고 있다"라고 하면
서, "정부는 앞으로 교육자들이 안심하고 교육에 정진할 수 있도록, 쾌적
한 교육환경 조성과 교원의 처우개선에 최대한 노력을 기울여나갈 것"이
라며, "GNP 3.4% 수준이던 교육지원비를 1992년에는 4% 수준인 7조 원까
지 늘리겠다"라고 밝혔다. 정부와 민정당이 5월 20일 전교조대책회의에서
'교원지위 향상을 위한 특별법'*과 '교육환경 개선을 위한 특별회계법'**
제정 방침을 확정하자, 대한교련은 5월 31일 "교원노조는 해결책이 아니
다. '교원지위향상법' 제정하라"라는 내용의 성명서를 주요 일간지에 게재
했다.(전국교직원노동조합 편, 1990, 406쪽)

교원노조 결성을 막기 위해 국가기구가 총동원된 사례는 세계사에서 찾
아보기 힘든 일이다. 전교조는 본의 아니게 1989년 초 문익환 목사의 방북사
건으로 시작된 노태우 정권의 공안몰이 탄압에 저항하는 전위가 되어 공안
정국에 위축되었던 민족민주운동 진영과 노동운동 진영을 결집시키는 계기
가 되었다. 졸업생(동문회), 대학생, 교수, 학부모 등을 비롯하여 노동자, 농
민, 도시빈민, 언론, 출판, 종교, 법조, 보건의료, 여성, 문학, 예술, 정치 등

* 당시 안기부는 "전교조 징계조치 이후 전망과 대책"에서 "민정당에서 공화당의 협조를 받아 '교원지
위 향상을 위한 특별법안'을 국회에 상정시켜 새로운 홍보여건을 조성"할 것을 제시했다.(국정원과거
사위원회 편, 2009, 375쪽)
** 1990~1992년 간 매년 3,700억 원을 투입하여 낡은 책걸상 교체, 교실 난방시설 수리, 교무실 확충, 여
교사 탈의실 설치, 교사 20명당 1대꼴로 전화기 증설 등을 하겠다는 내용이다. 이런 내용은 당시의 학
교 교육환경의 열악성을 반증한다.

수많은 조직과 단체가 각각의 처지와 조건에 따라 연대하였다. 연대전선의 중심에는 '전교조 공대위'가 있었다. '전교조 공대위'는 전교조 결성을 "이 나라 교육이 독재정권의 정책을 수발 선전하는 시녀이자, 사대주의, 출세주의, 분단교육의 앞잡이로 전락한 지 40여 년 만에 이룩된 민족 전체의 쾌거"로 보고, "정권의 무도한 탄압 아래 싹조차 피지 못하고 짓밟혀버릴 지경에 놓인 참교육 전교조를 지키"고자 나섰던 것이다. '전교조 공대위' 가입단체는 전국농민운동연합, 전국농민협회, '전국노동조합 노동법개정 및 임금인상 투쟁본부', 전국언론노동조합연맹(약칭 언론노련), 전국병원노동조합연맹, 전국연구전문직노동조합, 전국사무금융조합연맹, 전국노동운동단체협의회, 전대협, 대학원학생회, 민교협, 대학강사협의회, 민주동문회, 학술단체협의회(약칭 학단협), 민주화운동청년연합, 민족문학작가회의, 한국민족예술인총연합, 범민족평화문화협의회, 한국여성단체연합, 민주화실천가족운동협의회, 민주쟁취국민운동서울본부, 한국기독교사회운동연합, 천주교사회운동협의회, 민족자주통일불교운동연합, 전국민족민주운동연합 등 120개 단체가 넘었으며, 10월 말까지 52개 지역조직으로 확산되었다. '전교조 공대위'는 전교조 홍보·선전, 설명회, 서명운동, 모금운동, 집회, 시위 등으로 전교조를 엄호했다. 1989년 7월 9일 여의도 둔치에서 교사 중심으로 '부당징계 철회 및 전교조 합법성 쟁취 범국민대회'가 개최되었고, 9월 24일 각 지역에서 분산 개최된 '전교조 탄압 저지와 노동악법 교육악법 철폐를 위한 제2차 범국민대회'에는 모두 4만여 명이 참여했다. 10월 28~29일 업종연맹 중심으로 열린 '참교육을 위한 걷기 대회'는 처음으로 경찰이 봉쇄하지 않았고, 1만 명이 넘는 중고생들이 참교육의 깃발을 들고 행진했다.

학부모들도 연대전선에 조직적으로 동참하였다. 1989년 3월 24일 '참교육을 위한 마산학부모회'를 시작으로 대구, 의정부, 서울, 전북, 광주, 부천 등지로 확산되어, 9월 22일 창립한 '참교육을 위한 전국 학부모회'(회장 김영만)는 1980년대 교사들의 참교육운동의 소중한 성과였다. 1987년 5월 완전발령쟁취투쟁을 통해 결성된 '전국국립사대학생연합'과 1988년 3월 결성하여 의무발령제를 목표로 싸워온 '서울지역 사대학생회협의회', 그리고 1987년 9월 발족한 '전국 교대학생대표자협의회' 소속 예비교사들도 '참교육 실현과 전교조 사수투쟁'의 주요한 연대세력이었다. 특히 서사협은 정권이 교원임용 통제를 위해 내놓은 '교원종합대책안' 반대투쟁에 전교조와 공동전선을 펼치기도 했다.

1980년대 교사운동에 참여한 젊은 교사들은 "학생 위에 군림하지 않고, 다만 그들의 올바른 성장을 도울 뿐"("이 시대 우리 교사의 다짐" 제1항)* 이라는 학생관을 표방했다. 이런 관점으로 학생들을 대하며 학생들과 소통하기 위해 다양한 교육실천을 한 '선생님'이 쫓겨나게 되었을 때 학생들의 반응은 격렬하였다. 전교조 결성 다음 날부터 서울 신일고, 광주 광덕고 등에서 시작된 학생들의 항의집회, 농성, 시위투쟁에 그해 말까지 250여 개 학교에서 연인원 약 50만 명의 학생들이 참가했다. 6월 12일 서울 구로고 2,000여 명의 학생들이 시위하던 도중 두 명이 3층에서 투신한 사실이 보도되어 큰 충격을 주었다. 일부 언론은 전교조 교사의 사주라고 허위보도를 했다.(한국기독학생운동연합 편, 1989, 14~16쪽)

교사징계가 본격화되었을 때 초·중등 학생들이 주로 정서적인 반감을 표현했다면, 고등학생들은 호흡이 긴 집단적 투쟁을 조직해 들어갔다. 1987년 6월민주항쟁을 전후하여 학생자치활동 보장, 보충자율학습 철폐, 사학비리 척결 등의 요구를 내걸고 시작된 고등학생운동(양돌규, 2006, 1쪽)은 전교조사수투쟁에 동참하면서 전국적인 조직으로 발전했다. 1989년 하반기에 나주, 목포, 부산, 마산, 창원, 서울 등지에서 고등학생들의 조직

---

* "이 시대 우리 교사의 다짐"은 서울지역 공개단체가 1986년 5월 31일 '자살학생위령제'에서 발표하였다.

이 결성되기 시작했다. 학생들의 투쟁이 최고조에 올랐던 7월 20일, 전남대에서 열린 고교생 2만 5,000여 명의 연대집회는 29일 광주지역고등학생대표자협의회(약칭 광주고협, 의장 강위원) 결성으로 이어졌다. 고교생들은 자신들이 '교육의 주체'임을 분명히 선언하고, 자신들이 당해온 "교육현장의 소외와 억눌림이 교원노조의 참뜻과 함께 폭발한 것"임을 밝히며, 참교육과 민주교육을 학생들의 권리로 인식하고, 교원노조 지지를 넘어 "학내의 비민주적 요소들을 척결하고 학내민주화를 쟁취하려는 한 차원 높은 싸움을 온몸으로 전개할 것"임을 주장했다. 부산고등학생대표자협의회(약칭 부산고협, 의장 황순주)와 광주고협은 '참교육을 열망하는 지역별 고교생 모임'의 이름으로 8월 28일 공동성명서를 발표하였다. 공동성명서는 각지역 고교생들의 참여를 촉구하고, 전국 300만 고교생들의 단결투쟁의 구심으로 '전국고등학생협의회'를 건설할 것을 제안하면서, "제반 반민주적 교육현실을 타파하고, 민족·민주·인간화교육 쟁취의 그날까지 단결 투쟁할 것"을 천명했다. 9월 30일에는 마산·창원지역고교생대표자협의회(의장 조성호)가 결성되어 투쟁에 호응해왔다. 고교생들의 조직적인 움직임에 놀란 정권은 주동학생들을 구속하고 징계했다. 유민수, 강위원, 김일수, 임희용, 이준범이 구속되고 200여 명의 고교생들이 불구속 입건(12명), 퇴학, 권고 자퇴, 무기정학, 유기정학, 근신 등의 처벌을 받았다. 이러한 탄압에 맞서 11월 22일부터 이형준, 황순주, 김설준, 전경국이 평민당 중앙당사에서 11일간 단식농성에 들어갔고, 각 지역마다 수백 명의 고교생들이 동조 단식농성 또는 집회를 조직했다. '참교육 1세대'를 자임한 고등학생들은 1990년 2월 졸업식장에서까지 참교육 지지투쟁을 전개했다. 이러한 투쟁의 연장선상에서 김수경(대구 경화여고, 1990년 6월), 심광보(충주고, 1990년 9월), 김철수(전남 보성고, 1991년 5월)가 고등학생운동 탄압 중단, 참교육 실현, 노태우 정권 퇴진 등을 요구하며 투신 또는 분신 자살했다.

3
교수·연구자들의 민주화운동

'민주화를 위한 전국교수협의회' 결성과 활동

1980년 신군부의 집권과정에서 학원의 자율과 자치, 정치민주화를 요구하는 선언을 주도한 교수들이 탄압을 받은 이후, 교수사회는 오랫동안 침묵과 굴종, 냉소와 무관심에 젖어 있었다. 전두환 정권의 폭압에 학생들이 온몸을 던져 저항하는 동안, 교수들은 학생들의 집회와 시위를 막는 데 동원되는 수모를 겪기까지 했다. 교수사회의 일부가 오랜 침묵을 깨고 집단으로 발언을 하게 된 것은 개헌을 둘러싼 정치적 긴장이 고조되었던 1986년 상반기였다. 3월 28일 고려대 교수들의 시국성명을 시작으로 4월 30일까지 전국 28개 대학 783명의 교수가 참여한 일련의 시국선언이 이어졌다. 1980년 5월 24일 고립된 광주의 아픔을 전하기 위해 발표한 전남대 교수들의 선언* 이후 6년 만의 일이었다.〔『말』 제6호(1986. 5. 20)〕 1980년 해직

---

* 전남대 교수 일동 명의의 성명서 "대한민국 모든 지성인에 고함"은 "몇 발자국 떨어져 있는 곳에서 내 나라 사람들이 이렇게 비인간적인 상황에서 죽어가고 있는 것을 방관만 하고 있다면, 도대체 학문이, 교육이, 양심이, 지식이 다 무슨 소용이겠습니까. 이 나라의 운명이, 이 나라의 장래가 어떻게 더 존재할 수 있겠습니까"라고 물었다.

되었다가 1984년에 복직한 해직교수협의회(약칭 해교협) 소속 교수들이 선도한 시국선언은 대체로 "대학 자율화" "평화적이고 비폭력적인 학생운동" "개헌논의 재개" 등을 촉구하는 절제된 내용을 담았지만 사회적 파장은 컸다.(허은, 2003, 55쪽) 일단 터진 교수들의 발언은 계속되었다. 인천 5·3항쟁으로 전두환 정권이 공안정국을 조성하여 민주화운동을 대대적으로 탄압했을 때, 전국 23개 대학의 교수 265명은 6월 2일 정치·경제·사회·교육·대학의 실질적 민주개혁을 촉구하는 "우리의 뜻을 다시 한번 밝힌다"라는 제하의 연합선언문*을 발표하여 수세에 몰린 기층 민중운동과 민족민주운동을 엄호하고 정권을 압박했다. 이 선언문은 개헌추진, 인권보장, 혁신세력 합법화, 사회정의, 자주경제체제 모색, 노동악법 철폐와 노동운동 탄압 중지, 언론·출판·표현의 자유 보장, 교육민주화 실현, 미국에 대한 경고 등 당시 우리 사회의 주요 과제를 포괄적으로 망라하였다. 교수들은 특히 정치적 이데올로기를 포함한 온갖 금기의 폭을 먼저 축소하고 사회 각 부문의 자율적 비판 기능을 부여할 것과, 정부나 일부 권력기관이 독점해온 좌경 이데올로기에 대한 연구와 논의를 대학에 허용할 것을 촉구하였다.

전두환 정권은 교수 시국선언이 전국 주요 대학으로 확산되자, "학생들을 지도해야 할 위치에 있는 교수들이 집단적인 행동을 해 사회불안을 조성하는 것은 유감스러운 일"이라며, 법의 테두리를 벗어나면 의법 조치하겠다고 엄포를 놓았다. 실제로 일부 대학에서는 서명교수들을 보직 해임시키고, 총장이 자제를 요구하는 서한을 보내기도 하였다.(『말』 제6호, 23쪽) 연합선언문이 발표되자 정부는 "대학교수 연합선언문 분석 내용"을

* 연합성명은 해교협 출신 교수들이 제안하고 각 지역 소장 교수들이 관계망을 통해 참여를 조직했다. 내용도 대학별 시국선언을 획기적으로 넘어선 것이었다. 이 성명 참여 조직은 이후 민교협 결성의 주요한 기반으로 작용했다.

통하여 연합선언문이 "우리의 국시인 반공을 노골적으로 부정하고, 자유민주주의 정치체제와 자본주의 경제체제를 근원적으로 회의하며, 급진좌경분자들의 반제·반핵을 옹호하는 등, 국체 부정의 논리적 방만성을 기조로 삼고 있는 위험천만한 반체제 선언"이라고 규정하면서, '교묘한' 표현 방식으로 국가보안법 등 실정법의 법망을 피하려고 하지만, 민주화를 구실로 한 자가당착적 논리 전개로 자신들의 급진좌경사상을 위장하고, "북괴의 줄기찬 혁명선동의 논리까지도 노골적으로 수용하고 있다"라고 맹렬한 비난을 퍼부었다.(『교육과 실천』 창간호, 65쪽)

하지만 1987년 4월 13일 전두환의 '호헌조치' 발표 이후 이에 반대하는 각계각층의 서명과 농성, 시위가 연달아 일어나자 교수들의 시국선언도 재개되었다. 이번에도 각 대학은 선언에 참여한 교수들에게 보직 사퇴 강요, 승진 보류, 출장이나 연구비 지급 유보 따위로 압박을 가했다. 교수 재임용제로 해직압력을 넣는 사립학교도 있었다.

1986년 6월 2일의 연합시국선언 발표 직후 소장 교수들과 복직교수협의회 소속 교수들을 중심으로 전국 단위의 교수조직을 건설하기 위한 논의가 시작되었다. 예상되는 정권의 탄압에 공동 대처하고, 빈발하는 시국사건에 대해 사회적 발언을 때맞추어 하기 위해서였다.* 이 논의에 탄력을 붙인 것은 그해 여름에 열린 '86한길대토론회'(8월 10~12일, 병산서원)** 자리였다. 논의가 영글어 교수들은 6월민주항쟁의 열기가 최고조로 오른 1987년 6월 26일 '민주화를 위한 전국교수협의회' 창립대회를 시도하였다. 전두환 정권은 무장경찰을 동원하여 행사장(평창면옥)을 봉쇄했다. 결

---

* 교수들은 1986년 7월에 발생한 이른바 '부천서 성고문사건'에 대한 공동대응이 불발에 그쳐 상설적인 교수단체 결성의 필요성을 더욱 절감했다.
** 김진균, 강돈구, 이수인, 유초하 등이 제안하여 추진된 "우리 학문과 사상의 민족화 문제" 토론회에는 70여 명의 교수와 연구자가 참여하였다. 형식적으로는 한길사의 '오늘의 사상신서' 101호 출간기념 토론회였지만, 실제로는 전국교수협의회 결성을 심도 있게 토론하는 자리였다.

국 정식 창립총회는 1987년 7월 21일 성균관대 교수식당에서 개최되었다. 그날 전국 30개 대학 443명의 교수들이 위임장을 제출한 가운데, 28개 대학에서 80명이 참석하였다. 창립총회는 6·29선언 이후의 정세를 반영하여, "6·29선언의 실질적 추진" "정부의 통일논의 독점 반대, 사회 발전과 통일을 저해하는 제도 철폐" "공정분배 경제제도 실현" "사회 민주화 촉진을 위한 언론 출판의 맹성猛省" "대학의 자율화, 민주학생 징계해제와 전면적 복학"을 촉구하고, "총·학장 선출과 대학 운영의 주요 주체로 평교수협의회 결성"을 결의했다. 특히 6월민주항쟁 기간에 준비한 "대미성명"을 대신하여 "미국 정부는 한국 상황에 대하여 기회주의적 태도를 버릴 것"을 촉구했다.(이세영, 1997, 39~40쪽; 민교협 편, 1997, 308~310쪽)

한편, 회원 523명으로 출범한 민교협은 1989년까지 조직세가 1,637명으로 급격히 늘어났다.* 민교협은 활동의 축을 사회민주화와 교육(대학)민주화로 잡고 연두성명, 창립기념성명, 대의원대회 결의문 등을 통하여 당면 운동 정세에 조응하는 방향과 과제를 꾸준히 제출하였다. 민교협의 주요 성명서에는 '민주 자주 통일'의 관점이 일관되게 관통하였다.(허은, 2003, 75쪽) 교육관계법개정운동을 치열하게 전개하고 맞이한 1989년, 민교협은 연두성명 "한국 사회의 참된 변혁을 위하여"에서 "교육관계법의 민주적 개정은 사회의 민주화를 위해 필수불가결"함을 전제로, 교원의 노동3권 보장, 정치활동의 자유 보장, 교육자치제 실시, 교수(협의)회의 총·학장 선출, 교장선출 임기제 실시, 사학재단 구성 민주화, 사립교원 신분보장 등을 주장했다. 1990년 민주자유당(약칭 민자당)의 등장부터 1992년까지 연두성명과 창립기념성명에서 일관되게 제기한 주장은 민자당 해체, 노태우 정권 퇴진, 국가보안법 폐기, 안기부법·노동관계법·언론관계법 등 민

---

* 당시 4년제 대학 전체 교원 수는 2만 3,957명으로 민교협의 조직세는 6.8%에 이르렀다.

주적 개폐, 노조의 정치활동 보장, 독점재벌 해체와 민중생존권 보장, 전노협·전농·전교조·언론노련 등 민주단체 합법화, 핵무기 철거와 미군 철수, 남북 불가침협정·평화협정 체결, 군비감축 실시, 민중 중심 통일운동 추진, 북한 고립 북방정책 불용, 교육관계법 민주적 개정, 방송장악 음모 중단과 언론 자율성 보장 등이었다. 민교협의 활동은 성명발표에 머무르지 않고, 집행부를 중심으로 운동과제 실현을 위해 다른 부문운동과 조직적으로 연대하였다. 요컨대 민교협은 교수 집단의 명망성을 자원으로 지배집단의 이데올로기 공세로부터 민족민주민중운동 진영을 방어하고 정권을 타격하는 '운동정치'* 단체로서의 자기 역할을 충실히 수행하였다.

교육민주화의 측면에서 민교협은 교수협의회 결성, 대학 교양교육과정 개편, 교육관계법 개정, 사학정상화 지원 등에 주력했고, 사회민주화운동의 측면에서는 노동운동을 비롯한 기층 민중운동 지원을 중심기조로 삼았다. 민교협은 민주주의 확산과 발전을 위해서는 학문·사상·언론·출판의 자유가 절대적으로 보장되어야 한다는 입장을 견지하면서, 이들 자유의 기반을 침식하는 대표적인 악법으로 국가보안법을 규정하고, 민주화를 위한 변호사모임, 학단협을 비롯한 관련 단체와 연대하여 법 폐지를 위한 다양한 활동을 전개해나갔다. 6월민주항쟁 이후 각 대학의 교수협의회 조직을 사실상 이끈 민교협은 국립대교수협의회연합과 사립대교수협의회연합 결성을 주도하였다. 1988년 8월 3일에는 대학강의의 절반을 담당하면서도 교원의 신분조차 누리지 못하고 극심한 생활상의 압박을 받는 대학강사들이 전국강사협의회를 결성하여 학계민주화운동의 대열에 합류하였다.**

---

* '운동정치'란 제도정치권과 구별하여 사회운동 제 영역의 활동을 표현하는 개념이다.(허은, 2003, 25쪽)
** 전국대학강사협의회는 1990년 4월 28일 전국대학강사노동조합(서울대에서 26개교 105명 참석, 위원장 조재희)으로 단결의 질을 높였으나, 1994년 7월 19일에 이르러서야 비로소 합법성을 획득한다. 전강노는 2002년 4월 27일 '한국 비정규직교수 노동조합'으로 변경하여 당면과제인 교원지위획득투쟁에 집중하고 있다.(김영곤, 2010, '비정규교수노조의 역사' http://cafe.daum.net/kipuku)

학술단체협의회 결성과 활동

5·18민중항쟁 후 생산대중이 주체가 되는 민중운동이 급속히 성장해감에 따라 이에 자극받은 지식인, 연구자들 사이에 진보적 학술연구 경향이 차츰 나타나기 시작했다. 변혁운동이 전개되고 있는 우리 사회의 현실을 올바로 해석할 이론과 그에 근거한 사회적 실천을 갈망하던 30세 전후의 소장 연구자들이 자신들의 사회적 책무를 자각하고 민중의 대의에 입각한 과학적이고 혁명적인 이론을 모색하기 시작한 것이다. 전두환 정권의 졸업정원제와 대학원 증원의 결과물인 이들은 실업·반실업 상태에서 생활상의 어려움과 심리적 좌절에 시달리며 현실비판의식이 강한 연구집단을 형성했다. 이들은 학문과 사상의 자유를 억압하는 반공·냉전 이데올로기와 비민주적인 제약조건에 대한 불만이 컸다. 학생운동의 영향을 받은 이들은 "운동은 대중적이고 조직적이며 과학적 이념에 기초한 변혁적 운동으로 재정립되어야 한다는 인식"을 갖고(김명환·조희연, 1990; 허은, 2003, 38쪽에서 재인용), 사회변혁운동을 위한 학문적 작업의 중요성과 필요성을 자각하고 목적의식적으로 학계에 들어갔다.(조희연, 1990, 343~344쪽)

이들은 1980년대 초 음성적 연구 소모임을 구성하여 한국 사회의 금기영역에 속했던 마르크스 이론을 비롯하여 주류 학문 연구체제가 배제해온 다양한 이론을 섭렵하였다.(한국현대사료연구소 편, 1990; 허은, 2003, 38쪽에서 재인용) 이들의 활동은 사회과학 분야 해직교수들의 연구실*을 중심으로 결집되었다. 1983년 하반기 유화국면이 조성되자 음성적 연구 소모임들은 진보적 연구자들의 집단화라는 문제의식을 공유하면서 공식적

---

* 해직교수들의 제자들이 스승의 연구공간으로 마련하여 개설된 변형윤(경제학)의 '학현연구실', 이효재(사회학)의 '아현연구실', 김진균(사회학)의 '상도연구실'은 진보적 학문연구의 구심체 역할을 했다.

조직의 모습을 갖추기 시작했다.

가장 앞선 움직임은 '한국산업사회연구회'(약칭 산사연)의 창립(1984년 7월 20일, 회장 김진균)이었다. 김진균의 '상도연구실'이 모태가 되어 탄생한 산사연은 "한국 사회에 관한 심도 있는 연구와 분석이 행해질 수 있는 공동의 지적 광장을 조성"하는 것을 목적으로 내세웠다. "민족적이고 민중적인 학술활동에 있어 하나의 획을 긋는 일"이라는 평가를 받은(조희연, 1990, 354쪽) 산사연은 당시 유일한 진보적 연구자 대중조직으로서 그 아래에 사회학, 경제학, 정치학 등 사회과학 전반에 걸쳐 많은 연구자들이 결집하였다.* 주류학계의 이데올로기적 헤게모니에 맞설 작은 대안적 토대 하나가 형성된 것이었다. 초창기 산사연의 월례발표회(매월 첫째 토요일)는 국내 연구자나 해외 유학 후 귀국한 연구자들이 자신의 연구성과를 발표하는 장으로서 기능했는데, 여기에서의 발제와 토론은 진보 사회과학계 전체의 화제가 되었다.(한국산업사회연구연구회 편, 1994a, 222쪽)

산사연에 이어 공식화된 것은 역사학 분야의 소장연구자들이 문을 연 '망원한국사연구실'(1984년 12월 설립)이었다. 식민사관의 잔재 청산과 올바른 민족사학의 기틀을 수립하기 위한 한국사학 분야의 노력을 계승한 소장연구자들은 역사문제연구소(1986년 2월 21일 설립), 한국근대사연구회(1987) 등을 연이어 만들어나갔다. 6월민주항쟁 이전에 결성된 '농어촌사회연구소'(1985년 12월)**는 농민운동의 과학적 토대 제공과 자주적 농민조직 결성에 기여했고, 6월민주항쟁 이후에는 각 분야별로 문학예술연구회(1987), 사회철학연구실(1987), 여성사연구회(1987)와 여성한국사회연구회(1987), 한국정치연구회(1987), 보건과사회연구회(1987), 한국사회

---

* 이들은 1987년을 전후하여 각 학문별 연구회나 학회로 분화·독립했다.
** '농업문제연구회'와 '한국농업근대화연구회'를 계승하여 이우재, 장상환, 박진도, 권영근, 허헌중 등이 주도하여 결성했다.

언론연구회(1988), 교육문제연구회, 공간환경연구회, 한국사회연구소 (1988) 등이 학술운동체로 자기위상을 정립하며 연이어 창립되었다.

학술운동의 조직적 활동이 차츰 모습을 갖추어가던 시기에 '한국 사회 변혁논쟁'이 촉발되었는데, 산사연을 비롯한 많은 소장연구자들이 이에 골 몰하였다. 이 논쟁은 한국 사회를 총체적으로 파악하는 데 일정한 기여를 했 으나 전문적 연구성과로는 이어지지 못했다.(한국산업사회연구회 편, 1994a, 224쪽)

6월민주항쟁 직전 전두환 정권은 망원한국사연구실과 젊은 역사연구 자들이 펴낸 『한국민중사』(풀빛)를 판금 조치하고, 출판사 대표를 구속하 였다. 진보적 학문활동에 대한 노골적인 탄압이었다. 재판과정에서 학문· 사상의 자유를 둘러싼 법리논쟁을 벌였으나, 학술운동 진영은 조직적 대 응을 하지 못했다. '민중미학연구소사건' 등 유사한 다른 사건에 대해서도 무력하기는 마찬가지였다. 이러한 경험은 연구단체들로 하여금 최소한의 자기방어를 위한 연대 틀의 필요성을 자각하게 했다. 1987년 가을 11개 학 술단체 대표들이 모여 연락기구를 설치하고, 연합심포지엄 준비위원회(위 원장 이균영, 홍보·섭외 정현백, 주제설정 서관모)를 구성했다. 준비과정에 서 참여단체들은 공동으로 주제를 선정, 분담하고 각각 집단작업의 틀을 만들어 약 반년간 공동연구를 수행했다. 주제는 '80년대 한국인문사회과 학의 현 단계와 전망'이었다. 1988년 6월 3~4일 한양대에서 제1회 연합심 포지엄이 열렸다. 기조발표를 포함하여 모두 18개 소주제의 논문이 발표 되었다. 기조발표를 맡은 김진균은 기존 학계의 이론적 관점과 연구방법 이 사회 전체의 종속화와 맞물려 학문적 종속화로 치달아왔음을 반성하 고, 한국 역사 현실에 뿌리박은 '민족적·민중적 학문'을 제창하였다. 이틀 동안의 '학술잔치'에 연인원 3,000여 명의 청중이 참여하여 성황을 이루었 다. 인문사회과학의 학문적 깊이와 이념적 폭을 획기적으로 심화·확대할 수 있는 중요한 계기가 된 이 심포지엄을 통해 연구단체들은 비판적 학술연구의 상호 교류와 협조체제 발전의 필요성을 더욱 공감하게 되었다.

이러한 공감대가 추동력이 되어 학단협 결성으로 나아가는 과정에서 검찰이 서관모 교수(충북대)를 소환하는 사건이 발생했다. 연합심포지엄에서 발표한 「중간 제 계층의 구성과 민주변혁에서의 지위」 제하의 논문을 문제 삼은 것이다. 『조선일보』는 심포지엄을 보도하면서, "한국의 사회성격을 신식민지국가독점자본주의로, 변혁의 성격을 민족해방민중민주주의혁명으로 규정"한 논문의 내용을 부각시켰고, 『조선일보』 6월 8일자의 김동길(연세대) 칼럼이 색깔론으로 공격하면서* 사건이 시작되었다. 심포지엄 준비위원회는 이를 학문과 사상의 자유를 침해한 사건으로 규정하고, '학문과 사상의 자유를 위한 공동대책위원회'**를 구성하여 전국 교수 서명운동을 조직해나갔다. 교수운동 1세대의 중견교수들은 '범교수공동대책위'를 결성하여 여론을 환기하며 검찰을 압박하였다. 주요 언론과 야당도 당국의 처사를 비판하고 검찰의 소환 철회를 촉구하였다. 논문에 대한 필자의 포괄적인 의견서를 제출하는 것으로 마감된 이 사건은 학술연구에서 연구자들이 겪어온 언어의 장벽을 상당 부분 깨는*** 계기가 된 동시에 학단협 결성을 서두르게 하는 촉진제가 되었다.

이 사건이 일단락된 직후 '학문과 사상의 자유를 위한 공동대책위원회'가 중심이 되어 학단협 건설추진위를 구성하였다. 조직력의 미흡함을 극복하고 우여곡절 끝에 1988년 11월 5일 이화여대에서 학단협 창립대회

---

* 1974년 해직되어 유신반대투쟁에 동참했던 김동길은 서관모의 논문을 문제 삼아 "대학교수가 북한 당국의 '혁명노선'과 크게 다를 바 없는 이론을 공공연하게 내세워도 잡혀가지 않는 그런 세상이 되었다"라고 비난하는 등 인식의 한계를 드러내었다.
** 공동대표는 최장집, 김대환, 김인걸, 박호성, 이균영, 장하진, 정헌백, 장상환, 조희연, 김광식 등이었다.
*** 이전에는 계급투쟁, 민중민주주의 변혁, 자유주의적/반동적 부르주아지, 프롤레타리아 헤게모니와 같은 용어를 학술연구에서 공공연히 사용하기 어려웠다.(학술단체협의회 편, 1998, 59쪽)

가 열렸다. 창립회원단체는 문학예술연구회, 보건과사회연구회, 사회철학연구회, 여성사연구실, 역사문제연구소, 한국농어촌사회연구소, 한국사회언론연구회, 한국산업사회연구회, 한국역사연구회, 한국정치연구회 등 10개였다. 학단협 공동대표에는 정석종(영남대 역사학), 이우재(한농연 소장), 최장집(고려대 정치학), 안병욱(성심여대 사학)이 맡았고, 대표간사로 박호성(서강대 정치학), 총무간사에는 김재훈(성균관대 경제학)이 위촉되었다.

학단협은 창립선언문을 통해 "모든 비민주적 지배질서와 반민족적 분단체제를 극복하기 위한 기나긴 투쟁 속에 단련되고 성장한 민중운동의 도도한 흐름"이 거역할 수 없는 역사의 대세임을 밝히고, 진리의 참된 구현을 가로막는, 학문과 사상의 자유에 대한 가혹하고 집요한 탄압에 단호히 맞서, "학문을 통해 사회민주화와 민족통일의 달성에 기여"하겠다고 천명하였다. 아울러 두 가지 수행과제를 확인하였다. 하나는 "역사발전의 편에 서서 인간해방의 길로 나서야 할" 당위를 외면하고 상아탑 속에 안주해온 기성학계의 실상을 타기하면서, "연구활동의 조직화를 통해 과학적 인식을 획득하여 대중과 공유하는 일"이었다. 또 하나는 "대중에게 올바른 역사 전망을 제시하고, 사회현실이 요구하는 참된 과학을 정립하는 것"을 연구자의 역사적 사명으로 자각하고, "민주주의와 민족통일의 대의에 복무하는 이들과 연대하며 진정으로 민중적이고 민족적인 학문세계의 신기원을 여는 것"이었다. 학단협의 회원단체는 『6공화국 백서』를 발간하고 공청회를 개최한 1992년까지 16개로 늘어났다. 연구회는 차츰 학회로 개편되었다. 그리고 학단협의 성과 있는 활동은 여러 지역에 진보적 학술운동조직 발족에 자극이 되어 '지방사회연구회'(대구), '호남사회연구회'(전주), '전남사회연구회'(광주), '지역사회연구회'(부산)가 출범하였고, 이들은 1989년 11월 상층 협의기구로서 '지역사회연구단체협의회'를 결성하기도 했다.(조희연, 1990, 360쪽)

조직결성 이후 학단협은 깊이 있는 학문적 성과를 위한 공동조사 및 학문·사상의 자유를 위한 대외연대 사업, 정기강좌와 심포지엄 등의 사업을 펼쳐나갔다.(조희연, 1990, 359쪽) 그중에 가장 심혈을 기울인 사업은 연례 연합심포지엄 개최였다. 제2회 연합심포지엄(1989. 9. 8~9, 연세대 백주년기념관)의 주제는 "1980년대 한국 사회의 지배구조"였다. 발표자들은 6공이 독점자본과의 이해관계 속에서 취한 사회 각 부문에 대한 지배형태와 정책을 실증적으로 분석하여 지배구조의 본질을 이론적으로 밝히고, 이를 바탕으로 과학적인 민족민주운동의 모색을 도모하였다. 제3회 연합심포지엄(1990. 9. 13~14, 연세대)의 주제는 "사회주의 개혁과 한반도"였다. 이 심포지엄은 당시 전개된 사회주의권의 변화와 독일 통일과정 등 세계사적 급변의 원인을 주체적으로 인식하고, 이 사태가 한국 민족의 장래에 미칠 영향을 짚고 올바른 대응방안을 찾는 것을 목적으로 하였다. 북한 사회를 검토대상으로 삼은 것은 처음이었다. 제4회 연합심포지엄(1991. 10. 18~19)의 주제는 "자본주의 세계체제와 한국 사회"였다. 당시 한국 사회에는 세계 사회주의의 위기를 빙자하여 자유주의와 자본주의 예찬론이 대두하고 있었다. 심포지엄의 중점은 자본주의 세계체제 비판과 그 구조하에서 자본주의적 계급 모순과 민족 모순을 이중으로 겪고 있는 한국 사회의 실상을 구체적으로 분석하고 규명하는 데에 놓였다. 1992년 10월 10일 열린 제5회 연합심포지엄은 대선을 앞두고 "한국 사회의 민주적 변혁과 정책적 대안"을 주제로 잡았다. 거대담론이 주조를 이루었던 이전과는 달리 이 심포지엄에서는 소득분배·독점재벌·토지·주택 문제, 언론·군축·여성·노동 문제, 교통·사회복지·교육·환경 문제를 다룬 논문들이 발표되었다. 학단협 4기 운영위원회는 이런 시도를 진보적 학술연구의 영역이 더욱 풍부해지는 출발점으로 평가했다.

4
민자당의 출현과
교육계·학계 민주화운동의 대응

교육계와 학계의 민주화운동은 1990년대에 들어 지배세력의 새로운 도전에 직면하였다. 1990년 1월 22일 전노협이 건설되던 날 '3당 야합극'으로 출현한 거대여당 민자당이, 교육법 개정투쟁 과정에서 교육민주화운동 진영이 제기한 일체의 요구를 외면하고, 3월 16일 사학재단의 권한을 대폭 강화하는 내용으로 사립학교법을 개악한 것이 그 첫번째 사건이었다.* 이 사건은 한국 현대사를 관통하는 뿌리 깊은 '정·관·학'의 유착구조가 그 모습을 드러내게 만들었으며, 교육민주화가 사회민주화의 핵심 과제임을 새삼 입증했다.(최갑수, 2007, 332쪽) 사립학교법이 개악되자 사립학교의 교권탄압이 다시 기승을 부리면서 수십 명의 교사가 해임되었다. 상지대를 비롯한 여러 대학에서 부패 비리 재단을 상대로 한 민주화투쟁이 전개되었는데, 전노협 건설 지원에 주력해온 민교협은 다시 교육민주화의 과제를 붙들고 이 상황에 대처하지 않을 수 없었다.

　　노태우 정권은 교육현장의 요구가 전교조 건설투쟁으로 집중되던

---

* 당시 사학재단연합회의 대국회 로비활동이 집중되었고, 이 법안은 평민당의 묵인 아래 통과되었다.

1989년 초 대통령 직속으로 교육정책자문회의와 국무총리 직속 교육개혁추진위원회를 설치했다. 하지만 그 본격적인 가동은 전교조 사태가 소강상태에 들어간 1990년으로 미루었다. 노태우 정권은 전교조 봉쇄의 일환으로 교원의 임용과정에서 국가의 통제를 강화하는 한편,* 학교 현장에서 외면당하는 한국교원단체총연합회(약칭 한국교총) 살리기에 나섰다.** 노태우 정권은 1990년 10월 8일 헌법재판소의 국공립 교육대와 사범대 학생의 우선임용 조항의 위헌판결 직후 교원임용고시를 법제화하고, 1991년 말에는 '교사자격 심사제'를 도입하였다. 그리고 1991년 5월에는 한국교총이 요구한 교원지위향상특별법을 제정하고, 12월에는 한국교총 회장 윤형섭을 문교부장관으로 임명하였다. 노태우 정권은 1991년 지방자치 실시와 더불어 지방교육자치제를 도입했으나 주민참여가 배제되어 교육민주화운동 진영의 요구를 외면하였고, 교장선출임기제 요구에 대해서는 임기제만을 도입하여 학교민주화를 바라는 교사들을 실망시켰다.

고교평준화 제도에 손을 대기 시작한 것도 이때였다. 문교부는 1991년 춘천, 원주, 목포, 안동, 군산, 이리를 비평준화 지역으로 전환하여 고교입시를 부활시켰다. 오늘날 사교육의 원흉으로 논란이 되고 있는 외국어고등학교를 특목고로 지정한 것도 1992년이었다. 사실상 고교평준화 제도가 해체되기 시작된 것이다. 노태우 정권은 1991년 대학의 학생선발 자율권을 확대한다는 허울을 씌워 1994년부터 본고사를 부활한다고 발표하였

---

* 신규 임용교사에 대한 보안심사를 통해 단순 시위 경력자들도 교원선발 과정에서 탈락시키게 했다. 문교부 내에 설치된 이른바 교원정보부 실무담당자도 "당시 안기부가 보안심사 결과를 통보하면, 문교부에서는 반영할 수밖에 없었다"라고 술회했다.(국정원과거사위원회 편, 2009, 369쪽)

** 안기부는 교원노조 관련 대책방안의 일환으로 '대한교련 조직 활성화'를 적극 도모하고, 대한교련에 대한 (교사들의) 기대감을 조성하기 위해 '대한교련 장기발전계획안'을 발표할 것을 제안했다.(국정원과거사위원회 편, 2009, 373쪽) 전교조 결성 후 대한교련은 한국교원단체총연합회로 간판을 바꾸어 달았다.

다.* 아울러 중산층의 교육적 이해를 충실히 반영하여 입시경쟁교육에서 필수적으로 수반되는 사교육을 그나마 제한해왔던 '과외금지조치'도 완전히 해제하였다.**

조직을 사수하고 법외노조로 활동을 시작한 전교조는 이와 같은 노태우 정권의 교육정책에 직접 개입할 법적·제도적 장치를 갖지 못했다. 전교조는 1만 명이 넘는 현직 조합원과 3만 명 이상의 현직 교사 후원회원과 각 지역별 시민후원회의 물적 토대를 바탕으로 조직을 안정적으로 운영하면서 참교육 실천의 구체적인 성과들을 하나하나 쌓아나갔다. 아울러 전교조는 1990년부터 우리 사회의 총체적 변혁과 민주정부 수립을 위한 전체 민족민주운동과 노동운동의 발전을 위해 적극 연대하였다. 전교조는 1990년 전노협에, 그리고 4월 21일 결성된 '민자당 장기집권 음모 분쇄와 민중기본권 쟁취 국민연합'에 집행위원장을 비롯한 실무단을 파견하였다. 1991년 4월 27일 51개 민주사회단체와 정당으로 구성된 '고 강경대 열사 폭력살인 규탄과 공안통치 종식을 위한 범국민대책회의'에도 실무단을 파견하고 투쟁에 동참했다. 전교조는 민교협과 함께 1991년 12월 1일 결성된 민주주의민족통일전국연합(약칭 전국연합)에도 참여했다. 그리고 14대 대통령 선거를 앞둔 1992년에는 그때까지의 교육민주화의 요구를 종합하여 '교육대개혁안'을 수립하고 교육대개혁투쟁을 전개하였다. 아울러 정치권을 압박하기 위한 방안으로 '교육대개혁과 해직교사 원상복직을 위한

---

* 본고사는, 이를 처음부터 반대하였던 김영삼 정권에 의해 1997년부터 다시 폐지되었다. 그러나 특목고인 외국어고등학교는 이후 계속 확대되어 입시경쟁교육을 선도함으로써 한국 교육을 파행으로 이끄는 주범이 되었다.

** 과외금지조치는 1981년 예·체능계 및 기술·기능계, 취미활동 과외교습 허용, 1983년 하위 5%의 학습부진 학생 보충수업 허용, 1984년 고교 3학년 겨울방학 중 외국어학원 수강 허용 등 전두환 정권에서 이미 허물어지고 있었는데, 노태우 정권은 1988년 학교 보충수업 허용, 1989년 대학생 과외와 재학생 방학 중 학원수강 허용, 1991년 재학생 학기 중 학원수강 허용 등으로 과외금지조치를 사실상 완전히 폐지해버렸다.

'범국민 서명운동'을 전개하여 전교조 사상 가장 많은 102만 3,426명이 서명하는 큰 성과를 이루기도 했다. 이 과정에서 민교협 교수 1,580명, 종교인 1,341명, 정치인·법조인·의료인 958명, 문인 847명 등 각계각층의 인사 4,726명이 4회에 걸쳐 일간지에 지지성명 광고를 내어 이 투쟁에 동참했다. 전교조는 대통령 선거가 '교육대개혁과 전교조 인정, 해직교사 복직' 요구를 실현할 아주 중요한 계기로 보고 전국연합과 '민주대개혁과 민주정부 수립을 위한 국민회의'의 방침에 따라 대통령 선거에 적극 참여하였다.

5
교육계·학계 민주화운동의
성격과 의의

한국전쟁 이후 한국 사회가 '반공규율사회'(조희연, 1998a, 1장 2절; 김진균 외, 2003, 104쪽)로 재편되면서 우리 사회에는 극우 반공주의적 인식이 지배 이데올로기로 존재해왔고, 이데올로기적 국가장치의 하나인 대학(서관모, 1997, 246쪽)과 학교교육은 분단고착화와 반공의식을 각인하고 대미의존이라는 모순구조를 강화하는 주요 기제로 작용해왔다. 해방공간에서 한국전쟁에 이르는 시기를 통해 좌파세력과 급진세력이 소멸됨으로써 공론의 공간에서 급진주의적 인식도 사라졌다. 그 후 오랫동안 우리 사회는 학문연구 차원에서조차 급진주의를 대표하는 마르크스주의적 인식과 패러다임은 '친북적인' 것으로 '금압'의 대상이었다. 한국 사회의 모순구조에 대한 급진주의적·진보주의적 저항론은 1970년대 중·후반에 이르러 민중론의 이름으로 출현하고 발전하기 시작했다. 그러나 본격적인 급진주의적 인식이 나타난 것은 5·18민중항쟁 이후였다. 1980년대에 들어 반독재민주화투쟁이 심화되어가면서 단절되었던 마르크스주의가 복원되는 방식으로 저항사상이 급진화했다. 학생운동과 노동운동의 활동가들을 중심으로 정치경제적 체제 인식, 외세 인식 등에 마르크스주의적 패러다임이 대거 도입된 것이다. 이러한 인식은 사회구성체 논쟁, 혁명론 논쟁*으로 발전하였다. 논쟁은 교육계·학계의 민주화운동 진영에도 영향을 미쳐 진보적인 교수들과 많은 소장연구자들의 관심을 촉발하였고, 차츰 교사운동 활동가들에게까지 전파되었다.

이와 같은 상황에서 1987년 6월민주항쟁 전후 교사, 교수, 소장학자가 주체가 되어 시작한 교육계와 학계의 민주화운동은 우리 사회의 지배세력에 적지 않은 부담으로 작용했다. 지배세력의 부담감은 특히 교사들의 교육민주화운동과 그 연장선상에서 추진된 교원노조 결성투쟁에 대한 일반의 상식을 초월한 정권의 대응으로 표현되었다. 전두환 정권이 임의단체에 불과한 전교협 결성을 "국기적國基的 차원에서 교육발전을 저해하는 행위로 간주하고" 방해한 데서 몇 발짝 더 나아가, 노태우 정권이 전 국가기구와 지배세력을 동원하여 전교조 와해작전을 펼친 이유는 교육에 대한 지배세력의 통제력이 약화되거나 없어질 수 있다는 우려에서였다. 교육에 대한 통제력 상실은 곧 정권기반에 대한 위협으로 이어진다고 본 것이다. 또 지배세력은 교육의 자주성과 정치적 중립성이 실질적으로 확보되면, 그동안 은폐되어 있던 한국 사회의 모순의 실체가 자라나는 세대에게 적나라하게 드러나는 것을 두려워한 것이다. 그러니까 전두환, 노태우 정권이 교사들의 사소한 교육활동마저 좌경·용공 의식화 교육으로 몰아붙이고 공안사건으로 조작할 정도로 신경질적인 반응을 보인 것은 일종의 두려움의 표현이었다고 하겠다. 나아가 권위주의 정권과 한국 사회의 지배세력이 교원노조를 와해시키기 위해 총력을 쏟은 까닭은 그 허용으로 초래할 사회적 파급력에 대한 우려 때문이었다. 그들은 공무원인 교사가 노조를

---

* 1980년대 혁명주의적 인식은 크게 나누어 반제통일전선을 강조하는 민족해방(NL)적 인식과 마르크스-레닌주의의 흐름인 민중민주주의(PD)적 인식으로 표출되었다.

결성하게 되면 역시 그동안 금지했던 하급직 공무원의 노조결성을 막을 명분이 없어지며, 이는 정권의 기반을 송두리째 흔들 수 있다고 판단했던 것이다.(전국교직원노동조합 편, 1990, 505~506쪽)

전교조 건설투쟁은 교사 대중의 요구 수준이 투쟁과정에서 차츰 높아지면서 도달하게 된 1980년대 교사운동의 필연적인 귀결이었다. "교육민주화선언"과 임의단체로서 전교협 결성 시기의 교사들의 요구가 교육의 관료적 통제를 극복하고 교사의 초보적 자율성을 신장하는 수준이었다면(장신미, 1998, 139쪽), 전교조 건설을 통해 제출된 요구는 교육노동자로 자임한 교사들이 강력하게 단결하고 그 단결된 힘을 통해 교육 부문에서 일정한 권력을 쟁취하여 좀더 근본적인 자주성의 신장을 이루자는 것이었다. 교사들의 주장은 처음 교장선출임기제나 교무회의 의결기구화, 사학교사 신분보장 등 학교 단위의 민주화 차원에서 1980년대 후반으로 갈수록 관료의 행정적인 통제를 극복하고 노동3권 쟁취, 참교육─민족·민주·인간화 교육의 실현으로 그 수위가 높아갔다. 이 요구가 바로 전교협을 전교조로 전환하게 한 동력이었다. 전교협 시기 교사들의 대정권투쟁이 교육관료의 통제 극복이라는 낮은 수준에 있음을 반영하여 국지전의 양상을 띠었다면, 교사들의 요구가 노동3권을 통한 교육 부문의 일정한 권력을 쟁취하는 데 있기 때문에 정권과의 전면적 충돌이 불가피하게 되었던 것이다.(『전교조신문』 1991년 5월 21일자)

전교조는 1989년, 우리 사회에 민주─반민주, 진보─수구의 거대한 대립전선으로 부상하였다. 지배세력의 관점과 달리 민족민주운동 진영은 전교조 건설이 "전체 운동세력의 반격을 매개 지은 확고한 힘"이었고, "지배권력의 음흉한 기도를 좌절시킨 날카로운 비수"였으며, "지배 이데올로기의 유력한 기구인 제도교육의 허위와 기만을 폭로해내고, 참 민주교육 선전을 통해 민족민주운동의 대항 이데올로기 전선을 확장"했다고 평가하였다.(『전교조신문』1989년 12월 12일자) 노동운동 진영은 1989년 11월 전교조에 '전태일노동자상'을 수여하였다. 전태일기념사업회 운영위원회는 1989년을 '전교조의 해'로 명명하면서, 노동운동의 주체와 지지자를 확장한 점(1,000만 학생들을 노동운동의 열렬한 지지자로 만듦), 전국 단일 산별 노조로 출발하여 노동조합 조직방식에 획기적 진전을 이룩한 점, 정권의 반노동자성을 폭로하여 노동운동의 필수불가결한 임무인 정치적 역할을 훌륭히 수행한 점, 다양한 투쟁전술을 광범위하게 구사, 전술의 새 지평을 연 점 등을 높이 평가하였다.(『교육희망』2008년 7월 13일자) 4월혁명기의 한국교원노조운동이 처절하게 좌절을 겪은 이후, 28년 교사운동 불모의 세월을 뛰어넘어 건설된 전교조는 그 존재 자체만으로 교육민주화를 넘어 사회민주화를 획기적으로 진전시킨 사건이었던 셈이다.

1980년대 교수들의 민주화운동은 4월혁명기 이승만의 하야를 촉구한 "교수단 성명" 이후 연면히 이어져온 군사독재정권에 대한 교수들의 저항운동에 뿌리를 두고 있었다. 그러나 1980년대 학계의 민주화운동은 그 이전 지식인 운동과 양적·질적 측면에서 대비가 된다. 1970년대 박정희 독재정권의 장기집권 음모와 유신체제에 항거한 지식인들의 민주화운동은 극소수의 엘리트 교수들이 종교계와 연계하여 학원민주화와 자유주의적 가치를 '회복'하고 '수호'하는 방어적 성격이 강했던 반면(민주화운동기념사업회 연구소 편, 2009, 481쪽), 1980년대의 교육계·학계 민주화운동은 군부독재 30년간 독재에 항거하고 학원민주화를 위해 싸웠던 선배 교수들의 전통을 계승하면서도 그 한계를 뛰어넘는 것이었다. 민교협은 기층 민중운동의 진전에 조응하여 사회변혁의 담론을 공유하면서 정치·사회의 민주화, 교권수호, 대학민주화를 위해 활동하는 한편, 민중운동의 성장을 뒷받침하고 연대함으로써 '진정한 민중의 벗'이 되고자 노력한 '민중운동을 선도하는 교수·지식인 대중조직'이었던 것이다.(민교협, 2007, 75·331쪽)

1980년대 교육계와 학계가 추구한 민주화운동의 최대 강령적 목표는 한국 사회의 총체적 변혁에까지 가닿았으나, 실천적 목표는 교육과 학문 분야에서 자유민주주의적 기본권을 쟁취하는 것, 즉 대학의 자율과 자치, 최소한의 학문과 사상의 자유, 집회·결사·표현의 자유 확보와, 교사·학생·학부모의 민주적 교육권을 획득하는 것 정도였다. 목표에 비추어 획득한 성과는 보잘것없었다. 비록 교수들의 운동보다 학생운동의 공이 압도적으로 컸지만(서관모, 1997, 247쪽), 지배세력을 상대로 한 지난한 투쟁의 결과 학문연구의 영역에서 표현의 자유가 다소 신장되었고, 1988년부터 일부 대학의 '유신 교양' '5공 교양'으로 풍자되던 교양교육과정이 개편되고, 부패 비리 사학의 민주화, 학생회나 교수협의회와 같은 대학구성원의 자치영역 확대 등에서 일정한 성과를 올리기도 했다. 그러나 무엇보다도 1980년대 교육계·학계 민주화운동이 거둔 가장 중요한 성과는 극우적인 '반공규율사회'의 지배 이데올로기 재생산구조 바깥에 지속적이고 조직적으로 진보적 담론투쟁을 전개할 수 있는 진지를 구축한 것이다. "한국 사회의 사회·경제적 토대에 대한 구체적 분석, 사회적 제 모순과 갈등관계에 대한 이해, 이들 모순의 경향적 발전에 대한 예측과 사회의 바람직한 발전방향에 대한 비전의 제시"를 절실한 책무로 자각한(김동춘, 1988, 366쪽) 지식인들의 항구적 진지가 구축되어 새로운 지식을 생산하고 교육활동을 통하여 이를 전파·공유하게 됨으로써 한국 사회가 세계 보편적 가치를 향유하는 정상적인 사회로 발전할 가능성은 그만큼 커졌다고 하겠다.

　　문민정부 출범 후 1994년 신학기에 1980년대 참교육운동의 상징이며 움직이는 선전대였던 전교조 해직교사들이 복직했다.* 군사정권이 끝났다

---

*　교육계 수구세력인 사학재단연합회, 한국교총, 교장단의 극심한 반대로 해직교사들은 전교조 탈퇴 형식을 취해야만 했다. 탈퇴각서 제출을 거부하고 복직을 포기한 경우도 있었고, 길옥화(서울 신양중학교에서 1989년 8월 해임)의 경우는 극심한 갈등 끝에 투신자살로 굴욕을 거부했다.(『전교조신문』 제

고는 하지만 국가보안법이 엄존하고 분단체제가 계속되는 현실에서 학문·사상·표현의 자유는 여전히 학문연구활동을 제약했다.** 그리고 1995년 이른바 '5·31교육개혁안'이 발표되었다. 교육현장에 수요자 중심 논리가 도입되고, 학부모와 교사, 지역사회의 참여로 학교장의 전횡을 제어할 수 있는 학교운영위원회 제도가 설립되었다. 학교교육에 대한 국가영역의 통제는 상대적으로 이완되었으나, 시장영역이 강화되었다. 교육을 상품으로 보는 이른바 신자유주의 논리가 파고들기 시작한 것이다. 1999년 전교조가 단결권과 제한된 단체교섭권을 보장받고 합법화되었으나, 국가와 시장 영역에 비하여 교육에 대한 시민영역의 참여공간은 여전히 협소했다. 그러니까 1980년대 내내 줄기차게 전개되어온 교육계·학계의 민주화운동은 성과에 비하여 더 많은 미완의 과제를 떠안고 있는 셈이었다.

128호(1993. 10. 11)〕
** 1994년 북핵사태와 김일성 주석 사망에 즈음하여 공안당국은 서강대 총장 박홍의 광란적 마녀사냥 행태에 부응하여 사상·표현의 자유에 대한 탄압을 자행했다. 이른바 신공안정국이 민교협을 강타했다. 『한국사회에 대한 이해』사건(1994. 7. 27), 유초하교수사건(1994. 8. 26), 정현백교수사건(1994. 10. 5)이 연이어 일어났다. 민교협은 창립 7주년 성명으로 신공안정국 조성의 중지를 촉구하는 내용의 성명을 발표하고, 국교협, 작가회의, 민변, 전강노, 전국대학원생협, 사교련, 언론노련, 출판의 자유를 생각하는 모임, 학단협, 민예총과 함께 8월 9일 '학문 사상 표현의 자유 수호를 위한 공동대책위원회'를 결성하여 대응, 관련 교수들의 무혐의를 이끌어내었다.(민교협, 1997, 64~65쪽)

제**4**장

문화예술운동

1
패배의식을 극복하기 위한
문화운동론* 모색(1980~1983)

전두환 정권의 '문화통치'에 대한 대응

전두환 정권의 '문화통치'　　　전두환 정권은 계엄군을 통한 무력지배를
바탕으로 '문화통치'를 내세우기 위해 여
러 조치들을 취하였다. 비판적 정기간행물 등록취소(1980. 7), '10·27법
난'(1980. 10),** 언론통폐합(1980. 11) 등의 직접적인 문화탄압과 더불어
화려한 대중문화를 통한 우민화愚民化정책과 관제 문화를 통한 허구의 문
화의식 주입을 시도하였다. 컬러텔레비전 방송(1980. 12), KBS 광고방송

---

*　일반적으로 문화운동이라고 하면 예술·언론·출판·교육·종교를 대상으로 하는 문화운동을 의미한
다. 그리고 보다 넓은 의미의 문화개념을 사용할 경우에는 언어·관념·신앙·관습·규범·제도·기
술·예술·의례 등의 생활양식 모두가 포함된다. 그러나 운동주체의 성격을 고려해보면, 1980년대 문
화운동은 대개 지식인문화운동의 테두리 속에 있다. 그중에서도 이 글에서는 민주화운동에 참여한
예술인들의 문화운동을 중심으로 서술한다. 그럼에도 문화운동, 또는 문화예술(문예)운동이라는 용
어를 사용하는 것은 1970년대부터 그 개념을 사용하여왔고, 단순히 예술문화운동이라고 하기에는 그
관심영역이 민주화라는 사회의식과 생활의식의 변화에 이르기까지 폭넓게 펼쳐져 있기 때문이다.

**　'10·27법난'이란 1980년 10월 27일 조계종 승려 등 불교계 인사 153명을 강제로 연행하고, 전국의 사
찰과 암자 5,731곳을 수색하는 등 불교계를 탄압한 사건을 말한다.

실시(1981. 2), 88서울올림픽 유치(1981. 9), 한국프로야구위원회 창립 (1981. 12) 등이 흔히 우민화의 수단이라고 이야기되는 3S(Screen, Sports, Sex)정책의 일환이라고 볼 수 있다. 마찬가지로 '문화예술 향수기회 확대' 라는 명분으로 내세워진 관제 문화로는 '국풍81'(1981. 5), 예술의 전당 건립 발의(1982. 1) 등을 들 수 있다. '국풍81'은 이후 각 지역에 주민화합을 명분으로 하는 주민점고식 관제 문화축제를 양산하는 계기가 되었다. 예술의 전당 건립 또한 구체적 삶에 뿌리박지 못한 고급예술계를 정권 내로 끌어안음과 동시에 이후 전국의 문예회관들을 화려한 거대시설 중심으로 유도하는 데 일조했다.

현장문화운동 방법론　　민주화운동 진영에서는 극단적인 힘의 열세 속에서 이를 뒤집을 수 있는 사회변혁의 방법들을 찾았고, 1970년대 중·후반 이후 학생운동 진영에서 '현장론'이 대두되었던 것과 마찬가지로 '현장으로'의 경향이 가장 설득력 있게 제기되었다. 문화패*들 역시 1970년대 말부터 농민운동이나 노동조합 단위의 현장문화활동과 연계한 경험들이 있었기에 그 나름대로의 연결고리를 찾을 수 있었다.

　하지만 신군부는 노동조합 간부들에 대한 정화조치, 일제수사, 순화교육 등의 물리적 규제와 노동관계법 전면 개악(1980. 12)을 통해 규제를 강화하였다. 민요반이 있었던 청계피복노동조합, 연극반이 있었던 반도상사

---

* '문화패'라 함은 탈춤·연극·풍물·민요·무용·노래·놀이 등의 문화적 기능을 가지고 민중문화운동을 담당하는 사람들을 의미하였다. 1970년대 대학 문화패들이 졸업한 뒤, 그 연장선상에서 1980년대 문화운동을 담당하였고, '문화패'라는 명칭도 그대로 사용하였다. 하지만 1980년대 초반 '민중 속으로'라는 슬로건과 함께 문화운동의 주체 역시 일반대중들이 스스로 문화운동을 해야 한다는 주장이 생겨났다. 즉, 노동자 문화패, 농민 문화패가 문화운동의 중심에 놓여야 한다는 주장이었다. 그렇지만 문화적 표현의 기능적 전문성을 고려할 때 문예운동에서 전문 문화패의 역할이 부차적일 수는 없었다. 따라서 이 글에서는 생활 문화패의 활동을 서술하되, 전문 문화패와의 관계 속에서 기술하고자 한다.

노동조합, 탈춤반이 있었던 콘트롤데이타코리아노동조합, 탈춤반이 있었던 원풍모방노동조합 등이 안타깝게도 차례차례 와해당했다. 이는 1970년대 말에서 1980년대 초반까지의 단위 민주노조운동의 종식이자 같은 기간에 전개된 문화패 노동현장활동의 붕괴와 좌초를 의미하는 것이었다.

탈춤, 풍물, 마당극 등의 연행예술에서 출발하였던 문화운동의 방법들도 현장과 만나면서 좀더 접근하기 쉽고 다양한 형식으로 확대·심화되었다. 판화, 만화, 노래 테이프, 그림 옷 등이 활용되었고, 극 놀이(촌극), 노래가사 바꿔 부르기, 탈 얼굴 그려서 놀기, 민속체조 등이 개발되어 현장문화활동에서 요구되는 교육, 놀이, 집회, 예배, 운동회, 야유회는 물론 관혼상제에 이르기까지 민중문화운동의 새로운 형식들을 만들어내고자 하였다.(김성진, 1983)

대학가의 대동놀이　　위에서와 같은 현장문화활동의 경험은 대학가로 전달되면서 대동놀이론으로 확산되었다. 학교 내에 기관원들과 경찰병력이 상주하던 시절, 문화집회는 주눅 들어 있던 대학생들의 가슴속에 통쾌한 기분을 심어주기에 충분했다. 대동놀이론은 전통시대 공동체문화에서 대동놀이의 구성원리를 '길놀이-난장-군무-탈놀이-뒤풀이'로 해석하여, 현장문화활동의 경험을 바탕으로 한 민중정서의 풍성한 표현기법들을 두루 활용함으로써, '마당굿론'(채희완·임진택, 1982)에서 지향하던 총체적 연희로 나아가는 모습들을 보여주었다.

1982년 대학가의 가을축제에서부터 대동놀이의 구성형태들이 나타나면서 몇 년 사이에 전 대학으로 퍼져나갔다. 대학가의 1970년대가 탈춤의 시대였다면, 1980년대 초반은 대동놀이의 시대라 해도 과언이 아니었다.(문호연, 1984)

항쟁의 되새김, 〈님을 위한 행진곡〉　　　1980년 5월 광주의 기억은 민주화 운동 진영의 모든 인사들의 뇌리에 지울 수 없는 각인으로 남았다. 살아남은 자들은 먼저 간 영령들에 대한 죄책감에 어쩔 줄 몰라 했고, 전두환 일당에 대한 분노로 칼을 갈았으며, 무기력하고 나약한 자신에 대한 자괴감에 괴로워했다.

5·18민중항쟁 기간에 광주의 문화패들은 문화선전대로서 언론 부재의 상황을 타개한 회보 발간, 항복의 분위기를 항쟁으로 바꾼 궐기대회 준비, 마지막 날 밤까지 홍보의 중요성을 놓치지 않았던 가두방송 운영 등을 담당하였다. 항쟁이 진압당하자 일반대중들은 다시 숨을 죽이고 일상의 생활로 돌아가게 되었다. 항쟁기에 앞장서서 문화선동을 담당했던 문화패들도 일단 고개를 숙일 수밖에 없었다. 그러나 숨을 죽이고 살아가는 일반대중들에게 새로운 희망의 불씨를 남겨놓는 것도 문화운동의 역할이다.

그렇게 해서 〈님을 위한 행진곡〉이 만들어졌다. 이 노래는 1982년 4월에 만들어진 '넋풀이'라는 노래굿 공연 테이프에 수록되어 전국으로 퍼져나갔다. '넋풀이'는 1980년 5월 27일 새벽 도청에서 계엄군의 총탄에 숨진 당시 시민군 대변인 윤상원 열사와, 그의 들불야학 후배로 1979년 노동현장에서 일하다 숨진 박기순의 영혼결혼식을 내용으로 하고 있다. 광주 문화패들의 후견인 역할을 하고 있던 소설가 황석영의 운암동 집 2층 서재에서 카세트 녹음기로 녹음되었다고 한다. 이 테이프는 당시에는 흔치 않았던 '더블데크'로 몰래 복사되어 전국으로 퍼져나갔고, 노래가 알려지면서 입에서 입으로 전파되었다. 방송이나 신문 등의 대량전달 매체와는 달리 '작은 매체'가 가지는 또 다른 대중적 파급력을 확인할 수 있는 실례라고 할 수 있다.

현실에 발언하기 시작한 문화소집단의 확산

무크지 시대　　　'민중 속으로'를 실천하기 위해 현장으로 '존재
　　　　　　　　　　이전'을 시도한 문화패들도 있었지만, 자신의 문
예적 전문성을 유지하고자 했던 문화패들은 '문화소집단운동'이라고 이야
기되는 창작집단을 만들어 활동하였다. 기동성이 강한 시 동인들이 먼저
창작성과를 내놓았다. 이들은 『반시』『시운동』『시와경제』『오월시』『젊은
벗들』『목요시』『자유시』『열린시』 등과 같은 이름의 공동시집을 냈다. 이
들의 독자적인 시집 발간은 『창작과 비평』 등의 정기간행물 폐간조치에 대
한 대응이기도 하였다. 이른바 무크지의 형태를 통해 저항시의 언로를 확
보하고자 한 것이었다.

　　그들은 기존의 전통적인 문인 등단제도(신춘문예, 신인추천, 신인상 등)
를 밟지 않고 문단에 출현한바, 동인지와 무크지를 비롯한 각종 소집단 문
학운동을 벌이면서 이미 제도화·관성화된 기존의 문단에 균열을 내어
1980년대의 진보적 문학운동을 주도해나갔다. 이들의 활동 중에는 동인지
를 내는 것 이외에도 벽시운동이나 민중 속에서의 공동 시 창작에 대한 구
상들도 있었다. 시 동인지 이외에도 1980년 3월 25일 발행된 『실천문학』은
"민중의 최전선에서 새 시대의 문학운동을 실천하는 부정기 간행물"이라
는 뚜렷한 방향성을 표방한 무크지운동의 시초였다는 점과 다른 무크지가
연쇄적으로 출간되게 하는 도화선 역할을 했다는 점에서 중요한 역사적
의의를 지닌다.

　　이처럼 새롭게 등장한 문학동인지와 무크지 활동은 문학의 외연을 확
장시켰다. 전통적 문학 장르 외에 르포, 수기, 전기 등 일종의 '생활 글' 혹
은 '노동자 글쓰기'로 명명되는 보고문이 새로운 문학운동의 양상으로 부
각되었다. 이러한 형태의 글쓰기는 당시 민중의 고달픈 현실을 생동감 있

게 사실적으로 포착해냄으로써 기존의 지식인 중심의 문학에서 담아내지 못했던 부분을 예각적으로 짚어내는 것을 가능하게 했다. 이들 생활 글의 생명인 현장성, 생동성, 기동성 등은 무크지의 성격과 맞물려 상승효과를 나타내면서 무크지운동에 활력을 불어넣었다.

전시회에서 걸개그림까지　　미술운동의 시작은 1979년에 결성된 '현실과 발언' 동인에서부터다. 이후 1980년 '민주화의 봄'을 거치면서 보다 젊고 다양한 미술소집단이 생겨났다. 대표적인 것으로는 광주의 '광주자유미술인협의회'(1979. 12)를 들 수 있다. 이들은 특이하게도 미술전시회에만 국한하지 않고 판화를 대중적 미술장르로 개발하여 시민미술학교(1983)를 운영하거나 판화달력을 보급하기도 했다. 또 광주의 미술공동작업집단 '토말'(1982. 7)이 결성되어 '젊은 벗들'과 함께 벽시작업(1982. 12)을 하고, 대형그림을 공동 제작하여 전시회를 갖기도 했다.

이외에도 '임술년'(1982), '두렁'(1983. 7), '시대정신'(1983. 4), '시각매체연구소', 전국의 활동가 협의체인 '미술공동체' 등의 소집단이 속속 결성되었고, 이어서 각 대학 내에 민화반과 판화반이 구성되는 등 동아리 조직이 활발하게 결성되었다.

민중 판화가 널리 활용되면서 강력한 선전수단이 되었고, 만화가 등장해서 정치적 상황을 풍자하는 미술로 인식되었으며, 한편으로는 걸개그림이나 깃발그림을 통해 시위현장의 광범위한 미술운동으로 자리잡았다. 그리고 지속적인 전시가 가능한 벽화가 등장하기도 했다. 그 내용들도 대개 사회의 모순, 미제의 억압, 굴곡의 한국 현대사, 군부독재정권의 탄압, 민중의 삶 등을 그 소재로 했다. 여기서 더 나아가 미술운동은 각 운동단체에

연세대에서 열린 이한열 추모제에 등장한 대형 걸개그림

서 발행하는 회보, 팸플릿, 벽보 등을 제작하는 데 참여함으로써 대중성을
획득해나갔다.

연행예술집단과 소극장운동 　　1970년대의 탈춤·마당극 운동의 경험을
　　　　　　　　　　　　　　　　가진 연행예술집단들도 새로운 단체를 만
들거나 기존의 틀을 재정비하였다. 서울의 '한두레'(1974. 5)는 1980년 봄
극단 연우무대와의 합동공연(《장산곶매》) 이후, '한두레' 신협을 준비하던
사무실이 5월 17일 계엄확대로 폐쇄당하면서 잠시 활동이 주춤해졌지만,
1983년 애오개소극장을 만들 때까지 비공식적 회합을 지속하면서 전국의
연행예술운동을 연계하는 역할을 하였다. 광주에서는 극단 '광대'(1978.
10)가 항쟁에 직접 참여함으로써 이후 활동이 불가능해졌으며, 나머지 구
성원들이 목포의 '민예'(1981. 4)와 놀이패 '신명'(광주, 1982. 7)으로 활동
을 이어갔다.

　다른 지역에서도 많은 연행소집단이 새로이 결성되었다. 원주의 '원주
민'(1981. 1), 전주의 '백제마당'(1982. 6), 부산의 '파랑새'(1983. 5), 제주의
'수놀음'(1980. 11) 등이 활동하였다. 이들은 대부분 마당극을 공연하였는
데, 기존의 연극과 달리 관객과의 벽을 허물고 적극적으로 민중과 소통하
고자 하여 현장순회공연과 대중에 대한 문화강습을 병행하였다. 그 결과,
연행소집단운동은 자연스레 소극장운동으로 진전하였다.

　소극장운동은 극장이 공연장으로만 활용되는 데 그치는 것이 아니라,
예술인과 민중이 만나는 문화의 교두보가 되도록 하는 것을 목표로 했다.
1983년 3월 애오개소극장이 한두레 참가자들에 의해 개관되어 다양한 문
화행사와 대시민 문화강습을 하는 공간으로 거듭났고, 광주에서는 일과놀
이소극장(1983. 8)이 개관되었다. 특히 일과놀이소극장은 탈춤교실, 풍물

교실, 노래마당, 탈 공방, 판화 공방, 문학교실 등의 문화교육 프로그램을 개설하고, 이 프로그램 참가자들을 회원으로 재조직해내는 한편, 산하에 극단 일과놀이, 도서출판 일과놀이를 두어 연극공연과 출판활동을 병행하며 현장활동에도 주력하여 광주·전남 지역의 공장과 농촌을 돌면서 노동자·농민에 대한 문화강습과 현장 문화패를 조직하는 등 현장운동 활성화에도 기여하였다.(박영정, 1991, 245쪽) 이런 소극장은 이후 전국으로 번져, 전주의 '놀이판 녹두골'(1984. 3), 대전의 '놀이판 터'(1984. 11), 진주의 '놀이판 큰들'(1985), 부산의 '자갈치 소극장'(1985. 12) 등으로 이어졌다.

노래운동과 영화운동　　　1980년대 초반 노래운동도 많이 신장되었다. 1970년대에 이미 존재했던 서울대의 '메아리'와 이화여대의 '한소리'에 이어, 급격하다고 할 만큼 많은 대학에서 노래패가 결성되었다. 고려대의 '석화'(1980), 성균관대의 '소리사랑'(1983), 연세대의 '울림터'(1984), 부산대의 '소리터'(1984), 숙명여대의 '한가람'(1984) 등이 결성되었고, 여기서 더 나아가 사회문화소집단으로서 민요연구회(1984)가 결성되었다. 노래 자체의 양적 확대도 이루어졌고, 〈님을 위한 행진곡〉 같은 운동가요들이 본격적으로 창작되기 시작하였다.

노래운동 성장의 결정적 계기는 '새벽'(1984. 10)의 결성이었다. 그 이전 세대에 비해 분명한 운동성을 지닌 노래패들이 대학을 졸업한 후 노래운동을 전문적으로 하는 단체를 최초로 결성한 것이다. '새벽'이 결성되던 해에 간행된 무크지 『노래·I』은 노래운동의 이론적 근거를 제시하였다.

다른 장르에 비해 영화운동은 아직 걸음마 단계에 있었다. 최초의 대학 영화동아리인 '얄라셩' 멤버들이 주축이 되어 결성한 '서울영화집단'(1982. 3)은 영화의 사회 비판적인 기능에 주목하면서 사회로 진출한 최초의 영화운동단체라고 할 수 있다. 그들은 주로 단편영화 제작을 통해 주류 방식에 반발하면서 새로운 미학을 탐구하였다.

2

민민운동 조직화와
민중문화운동협의회(1984~1987)

공개 문예운동단체 결성

민중문화운동협의회 창립　　　　5·18민중항쟁 이후 문화소집단이 전국 각 지역에서 조직·결성되어 활동하였다. 그러나 1980년대 초반의 문화소집단운동은 장르별 부문운동으로서 이를 매개하는 몇몇 개인 간에는 교류가 활발하게 진행되기도 하였지만 전체적으로 '고립분산'이라는 한계를 보였다. 이러한 문제점을 극복할 수 있는 '협의회' 구성에 관한 논의가 1984년 1월 광주에서 시작되었다. 1970년대 이래 문화운동에 관심을 가진 전국의 문학인·예술인·청년 문화패들을 3박 4일 정도의 대회에 초빙하여, 유화宥和국면으로의 변화 조짐을 보이고 있는 상황에 적극적으로 대처할 "문화선언"을 채택하자는 것이었다.

　학생운동과의 관계를 가졌던 경험이 있는 젊은 문화패들은 민주화운동청년연합(약칭 민청련) 내부에 문화부문을 조직화하는 것에 대해 논의하였다. 다른 한편에서는 장르별 '문화소집단'들을 조직화하기 위해서는 문화운동의 독자적인 협의체 구성이 필요하다는 의견이 제기되었다. 이에 따라 문화운동의 일선에서 활동하는 사람들로 내부토론회를 갖기로 하였으며, 정치선전적인 한 번의 선언보다는 문화운동의 방향을 지속적으로 논의해갈 '협의회'를 구성하자는 쪽으로 의견이 모아졌다. 2월에는 협의회 구성을 성숙시키기 위해 지역별로 개별 토론이 진행되었으며, 3월 4~5일 이틀간에 걸쳐 서울 서대문에 있던 선교교육원에서 "현 단계 문화운동의 과제"라는 제목으로 토론회를 개최하였다. 이 토론회에서 '운동의 대중성 획득'이라는 기조 아래 협의회 구성의 필요와 원칙에 대해 정리하였다.

1984년 4월 14일 서울 흥사단 강당에서 100여 명의 회원이 참석한 가운데 민중문화운동협의회(약칭 민문협)의 창립총회가 열렸다. 민문협은 창립선언에서 "문화독점구조의 극복은 문화의 창조와 전파와 향유의 주권이 민중에게 있고, 마땅히 그러해야 한다는 문화적 민주화의 추구에 다름 아니"므로, "우리는 문화 전반에 걸쳐 독점의 부당성을 비판하고 그 폐해를 민중에게 알릴 것이며, 관심을 가진 모든 사람들과 함께 민중참여의 확대를 관철시키고자 노력할 것이다"라고 밝혔다.〔"민중문화운동협의회 창립발기문", 『민중문화』 창간호(1984. 6. 9), 22쪽〕

창립 당시의 민문협 조직은 실행위원회와 사무국으로 외화되었다. 실행위원에는 문예운동의 선배 세대(송기숙, 황석영, 채광석, 원동석, 채희완)뿐 아니라 문화운동에 애정을 가지고 있는 종교인(허병섭 목사, 호인수 신부, 여익구 불교인), 그리고 언론출판인(김종철, 김학민, 최민화) 등도 포함되어 있었다. 이는 외연을 넓혀 공개활동에 따른 외압을 막아보자는 의도에서 비롯된 것이기도 하지만, 한편으로는 문화운동이 생활 전반을 아우르는 넓은 의미의 문화를 포괄한다고 보았기 때문이기도 하다.

민문협은 다음과 같은 세 가지 방향으로 활동을 전개했다. 첫째, 기존의 장르 소집단운동을 민중예술 창조와 보급이라는 측면에서 더욱 활성화하는 방향이었다. 민문협의 민중예술 창조와 보급 활동은 대개 장르 소집단들의 활동을 외화시키는 형태로 전개되었다. 노래패 '새벽'의 경우, 노래 극 〈또다시 들을 빼앗겨〉를 민문협 이름으로 순회공연을 한다거나, 노래 테이프를 제작하여 민중가요를 각 계층에 보급하였는데, 이로써 노래운동 이 획기적으로 발전하였다. 이외에도 춤패 '신', 풍물패 '터울림', 미술패 '두렁', 놀이패 '한두레', '민요연구회', 굿패 '비나리', '서울영화집단' 등 거의 전 장르의 소집단들이 당국의 직·간접적 압박 위험을 민문협이라는 창구를 통해 공동 대응하면서 조금씩 활동지평을 넓혀나갔다.

둘째, 기존의 현장문화활동(농촌두레패 조직활동이나 문화야학활동)을 노동·농민 운동에 대한 협력지원의 측면에서 체계화하여 기층운동과의 조 직적 연대를 강화하는 방향이었다. 그러나 1980년대 중반까지도 노동현장 에서의 소모임 활동조직들은 공개를 꺼리고 있었기 때문에 민문협의 현장 지원활동 역시 소집단 구성원들의 개인활동 차원으로 숨겨져 있었다. 따 라서 민문협의 현장지원활동은 공개적으로 활동하는 노동운동단체들과 공동으로 노동문화제나 문예강습회 등을 개최하는 형태로 전개되었다.

셋째, 당면한 현실변혁의 과제에 문화운동이 복무하기 위해서는 매 시 기 민족민주운동이 수행해야 할 정치적 과제들을 문화예술이라는 수단으 로 대중에게 선전 선동해야 한다는 정치적 문화투쟁의 방향이었다.

자유실천문인협의회의 새로운 출범　　민문협의 출범과 함께 민족문학 진 영에서도 공개조직이 결성되었다. 자유실천문인협의회(약칭 자실)가 재발족된 것이다. 1984년 11월 18일의 창립 10주년 기념식을 앞두고 신구 세대 문학인들은 광주항쟁 이후 눈에 띄는 활동을 해오지 못한 자실을 재건할 것인지, 이 기회에 새로운 문학운 동조직을 건설할 것인지에 대해 의견을 나누었다. 『창작과 비평』 폐간 이후 무크와 동인지 등을 통해 새로이 등장한 청년 문학인들도 알음알음으로 모여들어 논의에 참가했다.

마침내 12월 19일 '84문학인대회 및 민족문학의 밤'이 열렸다. 평론가 채광석의 사회로 시작된 대회에서는 "'84문학인선언"을 만장일치로 채택하였다. 선언문은 "유신체제의 극렬한 억압 아래 보다 인간다운 세계를 추구하는 문학인의 기본적인 양심에 따라 자실을 결성하고, 이 땅의 민중, 그리고 모든 양심세력과 더불어 민족의 통일, 민주주의, 민중의 자유와 생존권을 실현하고자 싸워온 지 10년이 지났건만, 우리가 보는 현실은 참담하기 짝이 없다'라고 지적하고, 김남주 시인을 비롯한 모든 민주인사 석방, 표현의 자유 보장 등을 요구하였다.(김남일, 2003)

"'84문학인 선언"을 통해 읽을 수 있듯이, 자실은 5·18민중항쟁 이후 주춤거렸던 민족문학운동을 반성하면서 조직적 역량을 튼실히 다지고, 이후 민족문학운동을 힘차게 전개했다. 사실 민문협으로서도 자실의 재발족은 "민중문화운동에 있어서 새로운 출발과 연대를 의미하는 것이며, 동시에 문화운동의 각 부분에 있어서 역량 확산을 뜻하는 것으로 평가"(『민중문화』 5호(1984. 12. 28), 19~22쪽)할 정도로 공개 문예운동단체로서의 부담을 나눌 수 있는 계기가 되었다.

"한국미술, 20대의 힘" 전시회 탄압과 민족미술협의회 창립   1985년 7월 13일, 서울 경운동 아랍미술회관 전시장에 20대의 작가 40여 명의 작품 100여 점이 걸리면서 "한국미술, 20대의 힘" 전시회가 시작되었다. 20대의 젊은 작가다운 힘과 성실하고 대담한 의욕이 넘쳐나는 전시회로 여러 사람들에게 공감을 불러일으켰다. 관객들의 다양한 반응 속에 전시회가 순조롭게 진행되던 중 7월 18일자 『동아일보』 지면에 "여름잠 화단畵壇에 젊음의 선풍"이라는 제목의 기사가 보도되었다. 이 기사는 특히 노동현장의 분규 등을 다룬 작품을 소개하고, 이 작품을 팔아 구속노동자를 돕는다는 내용도 보도하였다. 이때부터 당국이 주목하기 시작하여 전시마감을 이틀 앞둔 20일, 경찰들이 전시회장에 난입하여 강제 철거하면서 바닥에 떨어진 작품을 짓밟는 만행을 저질렀다.

전시 기획자들과 출품 작가들은 '힘전 탄압대책위원회'를 구성하고 종로경찰서를 항의 방문하는 한편, 민문협 사무실에서 철야농성에 돌입하였다. 양대 텔레비전 방송을 비롯한 언론들은 민중미술과 민중문화 전반에 대해 용공으로 몰아붙이면서 매도에 가까운 극심한 왜곡보도를 하였다. 하지만 민문협 농성장은 각 장르단체 회원들의 지지방문으로 열기를 더해갔고, 동지애를 확인하는 계기가 되었다.

이로부터 한 달 뒤인 8월 17일, 서울 수유리 아카데미하우스에서 '민족미술인대토론회'가 열렸다. 이 토론회에서 "민족미술의 방향을 정립하고 그것을 실현하려는 미술인의 굳은 의지와 단결을 도모할 수 있는 협의체의 필요성"에 대한 합의가 이루어져, 민족미술협의회(약칭 민미협) 창립을 위한 준비모임이 그 후 수차례 지속되었다. 그 결과, 11월 22일 여의도 여성백인회관 강당에서 "미술문화의 민주적 발전과 자주적인 민족미술을 정립하고, 나아가 민족문화에 기여할 목적"으로 민미협이 창립되었다.〔『민중문화』 제10호(1985. 12), 42쪽〕

노동현장 문예운동의 새로운 흐름

생활문화운동   5·18민중항쟁을 통해 대중운동의 중요성을 절감
한 노동운동 진영은 1980년대 초반 폭압적 상황
에서 현장소모임운동이라는 새로운 활동방식을 채택하였다. 이 방식은 단
위사업장을 중심으로 하는 대중운동이 거의 없고, 몇몇 단위 민주노조마
저 와해된 가운데 극심한 탄압을 피하면서 노동자를 의식화·조직화하기
위한 것이었다. 현장소모임운동은 초기에는 야학 졸업생과 강학들 중심으
로 이루어졌으나, 점차 조직적 현장 이전과 현장대중활동을 통해 충원된
사람들에 의해 주도되었다. 바로 이 지점에서 야학과 민중문화운동이 접
목되었다. 문화활동가가 강학으로 야학에 참여하여, 문화교육 프로그램을
개발하고 소모임 단위의 공동체놀이를 만들어나가면서 생활문화운동을
주창하였다. 『공동체놀이』(연성수, 1985)가 이러한 활동의 결과를 모아놓
은 대표적인 예라 하겠다.

생활문화운동은 사회변혁의 기초 역량을 이루는 소모임을 건설, 강화
하는 데 구성원들의 자주성과 집단성을 제고시킬 수 있는 문화교육 및 조
직방안이 유용하다는 관점에서 생활공동체문화를 진흥시켜나갔다. 실제
로 생활문화운동은 노동자들을 쉽게 친해지게 했으며, 소모임 육성의 토
양을 마련해주었다.•

• 생활문화운동은 초기 단계에서는 구성원들에게 공동체의식을 부여함으로써 조직 내 결속력을 확보하
는 몫을 하지만, 노동운동을 과학적으로 추동할 수 있는 기본 역량 형성과 심도 있는 의식 개발에는 한
계를 드러냈다는 비판을 받기도 하였다.(최승운, 1986)

문예운동과 노동운동 간의 위상정립　　노동자 문화활동이 노동운동의 발전과 함께 성장하자, 전문 문화활동 간의 관계설정에 대한 논쟁이 일어났다. 첫번째 견해는 문예운동을 지식인운동의 하나로 보고, 지식인인 전문예술인을 조직대상으로, 노동자·농민을 주 활동대상으로 설정하였다. 두번째 견해는 문예운동은 각 계급운동의 총체이므로, 문예운동집단은 각 계급운동의 문화예술활동 담당자들의 모임이어야 하고, 노동자·농민은 문예운동의 활동대상일 뿐 아니라 조직대상이기도 하다고 주장하였다. 즉, 민중주체의 문화운동을 주장한 것이다.

이 논쟁은 연행예술운동의 여러 소집단들의 실질적인 협의체였던 민문협 내부에서 1985년 여름부터 1년 반 동안이나 진행되었다. 첫번째 견해의 지지자들은 두번째 견해에 대해, 노동운동 내 문예활동의 지도 중심을 노동운동의 지도부가 아닌 문예운동의 지도부로 설정하는 것은 노동자 문화활동의 조직과 지도상에 큰 혼란을 불러일으킬 주장이라고 비판했다. 이에 대해 두번째 견해의 지지자들은 문예운동의 조직대상을 지식인인 전문예술인으로 한정짓는 것은 문화예술을 노동자의 삶이나 운동과 유리시키는 지식인적 견해라고 비판했다.

논쟁 결과, 첫번째 견해가 다수로 결정되었다. 그리하여 문예운동의 주임무는 자신의 전문성을 동원하여 노동자의식을 드러내는 예술작품을 창작·보급하고, 예술교육 등을 통해 노동운동을 지원·협력하는 것으로 정리되었고, 이는 공단지역 노동자 문화공간의 문예 프로그램을 적극적으로 생산하는 계기로 작용하였다.(라원식, 1989)

공단지역 노동자 문화공간 1986년 무렵부터 노동현장의 공개 문화예술활동도 활발해지기 시작했다. 임금인상투쟁의 의의와 노동조합의 중요성을 인식시키는 한편, 다양한 대중활동을 전개할 수 있게끔 야유회와 등반대회 그리고 대동문화제가 적극 시도되었다. 또한 지역 노동자 문화공간이 여럿 생겨났으며, 여기에서는 노동자문화교실과 소규모 문화집회가 정례적으로 개설되었다. 지역의 노동자 문화공간으로는 서울 대림동의 '살림마당', 구로지역 산돌교회의 '일꾼마당', 청계피복노동조합의 '평화골한마당', 부천의 '그루터기', 주안성당의 '문화 한마당', 부평 백마교회의 '부평골 열린마당' 등을 꼽을 수 있다.

노동문예 생산에 적극적인 자세를 가지게 된 연행소집단들은 이러한 노동자 문화공간에 새로운 창작물들을 보급하였다. 예를 들면 극단 천지연의 〈쇳물처럼〉(같은 제목의 소설을 정식 발간하기에 앞서 각색), 놀이패 한두레의 마당극 〈어떤 생일날〉, 노래패 새벽의 노래극 〈평온한 저녁을 위하여〉 등이다. 이와 같이 전문 문예단체들의 창작물들은 민문협이 직접 운영에 참여하던 '살림마당'에서의 공연과 더불어, 유사한 활동을 하는 지역 노동자 문화공간들에 제공되어 노동문예의 질적 수준을 높임으로써 참가대중의 관심을 고조시켰다.

6월민주항쟁과 문화 6단체

정치적 문화투쟁의 확산 1985년 봄을 넘기면서 대학생과 노동자들의 가두시위는 이제 일상적인 일이 되었고, 반독재민주화투쟁의 열기도 고양되어갔다. 민문협도 1985년 3월에 창립된 민주통일민중운동연합(약칭 민통련)에 회원단체로 가입하여 각 사회운동단체와 연대를 강화하는 한편, 집회의 문화적 형식을 제공하기 시작하였다. 대학을 졸업하고 사회로 진출하는 학생 문화패 '출신 인자'들을 회원으로 받아들여 투쟁역량을 강화하였고, 가두시위에 회원들을 동원하기도 하였다.

이와 같이 민민운동권의 활동이 활발해지자 막강한 물리력과 반공 이데올로기를 앞세운 전두환 정권의 탄압은 날로 도를 더해갔다. 문화운동단체들도 예외는 아니었다. 1985년 5월부터 서적 압수, 민중언론 탄압, '힘전'사건, 『실천문학』 폐간, 이삭출판사 등록취소 등으로 정치권력의 야만성은 더욱 노골적으로 드러났다. 이어서 민중불교운동연합의 우란분절(백중) 행사를 못하게 막더니, 이 행사에 사용하려던 감로탱화 등 그림 여러 점을 불법 압수하고, 작가를 연행하여 유언비어 유포 혐의로 구류를 살렸다. 또 민문협 회보 『민중문화』 9호를 압수하고, 자실이 개최해오던 "민족문학의 밤" 행사를 못하게 막는가 하면, 급기야 민문협과 민주언론운동협의회(약칭 민언협), 자실이 공동으로 펴낸 『문화탄압백서』를 압수하고 민언협과 민문협의 사무국장을 유언비어 유포 혐의로 구류 처분하였다.〔『민중문화』 제10호(1985. 12), 35쪽〕

민문협은 앞에서 소개한 바와 같이 문예운동과 노동운동 간의 위상정립에 대한 논의를 전개하면서 자체의 운동논리도 심화시켰다. 선도적 정치투쟁과 가두선전선동에 부응하는 '정치적 문화투쟁'에 대한 동의도 확산되었다.

1986년의 인천 5·3항쟁은 민통련으로 결집되어 있던 제 운동세력과 군사독재정권 간의 전면전을 방불케 하는 대투쟁이었다. 민문협도 여러 가지 선전물들, 즉 걸개그림, 손깃발, 만화전단 등과 풍물패에서부터 대중집회의 사회자에 이르기까지 한 달 여에 걸쳐 철저하게 준비하여 참가하였다. 이에 민통련 파괴공작을 비롯한 군사정권의 탄압은 더욱 거세어졌다.

문화운동권 역시 수배자가 늘어났지만 정치적 문화투쟁에 대한 요구도 높아져 공개된 사무국의 활동과는 별개의 조직이 필요해졌다. 민문협은 '양키·매판문화 척결 및 민족민중문화수호투쟁위원회'를 젊은 회원들로 꾸려 문화부문에서 독자적인 투쟁계획을 세우고, 86아시안게임에 즈음하여 '차 없는 거리'로 분위기를 조성하고 있던 대학로에서 가두투쟁을 벌이기도 하였다.(박인배 외, 2005, 167쪽)

문화 6단체 상설협의체 구성　　『문화탄압백서』를 공동으로 펴낸 민언협, 자실, 민문협이 1985년 가을 문화탄압에 공동 대응한 문화 3단체라면, 여기에 1985년 11월 22일 민미협이 결성됨으로써 문화 4단체가 되었다.

　　실천문학사에서 발간한 『민중교육』의 내용이 문제되어 좌담에 참여하였던 교사들이 파면 등의 징계를 당하였고, 실천문학사 주간 송기원을 비롯한 몇 명은 국가보안법이 적용되어 구속되었다. 실천문학사는 문인들이 운영하던 출판사인 관계로 이 사건에 항의하는 농성이 자실 사무실에서 진행되었다. 이후 1986년 스승의 날(5월 15일)을 기하여 창립된 '민주교육실천협의회'(약칭 민교협)는 자연스럽게 문화 5단체에 합류하였다. 마지막으로 한국출판문화운동협의회(약칭 한출협)가 1986년 6월 21일에 창립되어 문화 6단체가 구성되었다.

　　문화 6단체로 결집된 문화운동권은 1986년 6월 28일 여의도 여성백인회관 강당에서 '민족·민중문화 실천대회'를 개최하였다. 이 대회에서 "민중 해방과 민족자주화로 가는 문화대투쟁을 위하여"라는 제목의 결의문을 발표하고, 문화부문에서의 당면투쟁을 위한 조직적 준비에 들어갔다.

　　'문6모임'은 각 단체의 사무국장들이 주요 구성원이었지만, 사무국장이 바쁘거나 구속·수배 중일 경우 다른 사람 누구라도 참석할 수 있었다. 그만큼 이들 단체 사이에는 신뢰가 쌓여 있었고, 이 신뢰는 6월민주항쟁에 이르는 전 과정을 통해 문화인의 광범위한 연대를 만들어내는 중요한 역할을 하였다.(김영철, 2007) 1987년 들어 '문6모임'은 2월 7일의 박종철 추도식, 3월 3일의 박종철 49재와 '고문추방 국민평화대행진' 등에 공동으로 참여하였다.

1987년 4월 말 문화 6단체는 4·13호헌조치에 맞서 각 단체 대표와 간부, 일선 주요 활동가들이 모두 참여하는 공동결의대회를 서울 서대문 기독교선교문화원에서 개최하고, 공동조직을 꾸려 정권에 맞설 것을 결의하였다. 5월 27일 민주헌법쟁취국민운동본부(약칭 국본)가 2,191명의 발의로 조직되자, 이에 발맞추어 문화 6단체도 단체별로 1~2명의 대표급 인사를 국본 상임집행위원으로 파견하고, 6월 8일 민주헌법쟁취 문화인공동위원회를 발족시켰다. 문화예술 고유 부문의 역할도 있었지만 회원 총동원 체제를 가동하기 위함이었다. 공동위의 출범 선언에는 각 단체에서 가입 서명을 받은 400여 명의 분야별 명단도 포함되어 있었다.

6월민주항쟁기의 문예활동　　　　6월민주항쟁기 홍보활동에서 미술분야가 하나의 역할을 맡았다. 국본이 발간하는 홍보전단의 만화작업은 만화가 다섯 명의 공동작업을 통해 이루어졌으며, 만화신문이 3호까지 제작되었다. 문화 6단체와 각 협의체는 시위피켓, 만화전단, 만화피켓, 플래카드, 걸개그림 등 가두시위에서 사용되는 선전물 제작뿐 아니라, 제작에 필요한 인원을 조직하고 동원하는 것에 대한 논의를 진행하였다. 풍물패를 비롯한 공연단들은 시위의 시작 시간에 꽹과리를 두드려 집결신호를 보내었으며, 대학별 출정식에서는 다 같이 노래 부

© 박용수

서울대 6·26평화대행진 출정식에서 열정적으로 춤을 추고 있는 이애주 교수

르기와 공연 등이 이루어졌다. 특히 서울대에서 펼쳐졌던 이애주의 〈바람맞이〉 춤 공연은 6월 10일을 열어젖히는 상징이 되었으며, 이한열 장례식에서 연세대 앞 노제에서부터 시청 광장까지의 행진을 이끌었다. 엄숙한 장례식이되 힘차게 부활하는 북소리를 울리며 해방의 몸짓으로 전진함을 드러내었다.

6월민주항쟁의 결과, 6·29선언이 발표되었다. 6·29선언의 기만성은 의심할 여지가 없었지만 항쟁의 열기는 주춤하였고, 이한열 장례식을 정점으로 일단락되었다. 민중문화운동연합(약칭 민문연, 1987년 2월 총회에서 단체명을 '협의회'에서 '연합'으로 바꾸었음)은 6·29선언으로 합법적인 활동 공간이 보다 확대될 것이라는 전망을 가지고 있었다. 이를 확인하고 민중예술의 대중적 확산을 시험하기 위해 7월 13일부터 15일까지 사흘 동안 여의도 여성백인회관 강당에서 '민중예술한마당' 행사를 개최하였다. 6월민주항쟁의 여파로 일반대중의 민중예술에 대한 관심은 매우 높았고, 몰려오는 관객을 한정된 공간에 모두 수용할 수가 없어 여의도 고수부지로 나아가서 공연할 정도였다. 다음 날부터는 2회 공연을 하기도 하였다.

'민중예술한마당'의 기획진은 그 같은 일반대중의 기대를 다시 확인하기 위해 8월 21일과 22일 이애주 한판 춤 〈바람맞이〉 공연을 연세대 노천극장에서 열었다. 6월민주항쟁의 중심에 서 있었던 이애주 춤을 다시 보기 위해 연세대 노천극장에는 수만 명의 관중이 몰려들었고, 거대한 공연장의 열기는 박종철고문사망사건에서부터 6월민주항쟁까지의 의미를 다시 한번 새기게 해주었다.

3

대중운동고양기의
문화예술운동(1988~1992)

한국민족예술인총연합 결성

대중화 지향　　　　　　　1987년 6월민주항쟁과 87노동자대투쟁을 거치
　　　　　　　　　　　　는 동안 문예운동 역시 새로운 활동방식을 요구
받았는데, 그것은 보다 광범위한 대중화였다. 특히 1988년 봄, 국회의원
선거에서 여소야대의 구조가 형성되고, 일부 판금도서 해제와 공연의 사
전심의제도 철폐가 이루어짐으로써 합법적인 활동공간이 넓어졌다. 그리
고 민주화운동 과정에서 확보한 문화예술적 성과를 제도권 문화예술계로
확산할 수 있는 가능성도 생겨났다.

　"80년대의 예술 각 분야는 경험의 축적 정도에 따라, 또 각 매체의 고
유한 성질에 따라 장르마다 운동의 질과 수준 및 포괄범위는 상이"하였지
만, "전체적으로 볼 때 민족의 편에 서서 민중의 이익에 복무하려는 예술
가들의 활동은 이제 거대한 전선을 이루기 시작하고 있으며, 그것은 80년
대를 마감하는 이 시점에서 통일적인 조직으로 떠오를 만한 역량으로 성
장"한 것으로 판단되면서(염무웅, 1989), 새로운 예술인 조직 결성의 필요

성이 제기되었다. 1988년 9월 30일 1차 간담회(예술극장 한마당)와 10월 6일 2차 간담회(그림마당 민)를 거쳐 한국민족예술인총연합(약칭 민예총) 창립에 관한 의견을 모았고, 조직·규약(김용태), 인선(황석영), 재정(오종우), 지역연락(채희완), 대회준비(임진택) 등 5개 소위를 구성하였다. 그해 11월 2일 발기취지문을 작성하여 장르별로 839명(문학 153명, 미술 185명, 민족극 149명, 영화 102명, 음악 123명, 춤 37명, 건축 67명, 사진 23명)의 발기동의 서명을 받았다. 이어 11월 24일 세실 레스토랑에서 기자회견을 한 뒤, 11월 26일 여의도 여성백인회관에서 발기인대회를 개최하였다.(한국민족예술인총연합 편, 1998, 122쪽)

민예총은 1988년 12월 23일 서울 YWCA 강당에서 창립총회를 개최하고 공식 출범하였다. 민예총은 "민중과 확고히 결합된 투쟁의 현장에서, 우리는 대중성이 무엇이고, 운동성이 무엇이며, 진정한 예술적 가치가 무엇인지를 비로소 생생하게 자각할 수 있게 될 것"이라는 활동방향을 내세우면서, "민족민주운동, 통일조국건설운동의 대의를 체현하며 끊임없이 자신의 기량을 갈고닦음으로써, 소수의 예술가만이 아니라 민중 전체가 보다 높은 예술적 가치를 공유할 수 있는 참 민중적 민족문화예술의 기틀을 건설해낼 것"을 창립선언문(한국민족예술인총연합 편, 1993, 3쪽)에서 다짐하였다.

장르단체들의 창작조직화　　　　민예총은 개인들의 연합체적 기구를 표방하였으나, 실질적인 조직의 근간은 1980년대의 장르운동에 토대를 두고 있었다. 그리고 이 단체들 또한 1987년 이후 변화되는 활동공간 속에서 새로운 위상의 조직으로 재탄생하고 있었다. 또한 다음에서 살펴볼 논의들은 민예총 창립논의에 앞서서 또는 병행하여 진행되었다.

1974년에 결성되었다가 1984년에 재조직된 자유실천문인협의회가 탄압에 대처하여 '농성'하는 '협의체' 수준의 구성이라고 지적하면서, 민족문학의 정당성·계승성·영속성을 보증하는 상설적 문학인 조직을 결성해야 한다고 주장하는 견해가 6월민주항쟁을 전후하여 제기되었다. 그리하여 1987년 9월 17일 서울 명동 YWCA 강당에서 400여 명의 문인이 참석한 가운데 '민족문학작가회의'가 새롭게 창립되었다. '자유실천'이라는 저항적 투쟁조직의 성격에서 문학인조직으로 변화된 민족문학작가회의는 변화된 현실에 더욱 밀착한 민족문학운동을 벌여나가기 위해서 1988년 7월 2일, '남북작가회담'을 개최할 것을 북한의 조선문학가동맹에 제안하고, 1989년 3월 27일 남북작가회담을 갖기 위해 판문점으로 향했다. 결국 남한 정부의 탄압으로 몇몇 회원이 구속되면서 남북작가회담은 무산되기는 하였으나, 민족문학 진영은 민족문학작가회의라는 대중적 조직을 통해 민족문학운동의 실천적 지점을 확보해나갔다.

미술 부문의 경우, 1985년 11월 22일 민미협을 창립하여 활동을 유지하고 있었다. 하지만 1987년 하반기 창작방법론 논쟁 속으로 빠져들게 된다. 1987년 제2회 통일전에 출품된 광주시각매체연구소의 〈백두산 자락 아래〉 등의 작품을 놓고 비판과 옹호의 설전 속에서 부각되기 시작한 '민족형식론'과 '민중적 현실주의' 논쟁은 그해 말 대통령 선거과정에서 비판적 지지론, 후보단일화론, 독자후보론 등과 혼재되면서 감정의 골이 더욱 깊어지는 결과를 가져왔다. 그 과정에서 비판적 지지파 중 민족형식론자들은 민미협을 이탈하여 '민족민중미술운동전국연합'의 이름으로 활동하게 된다.(이종률, 2005, 84쪽)

하지만 민중적 미술운동은 지역미술운동의 성장과 함께 운동역량을 발휘하였다. 광주전남미술인공동체를 필두로 충북, 대구, 제주, 인천 등지에서 지역 민미협이 차례로 둥지를 틀었고, 이 자생력은 대중과 직접 대면하면서 그 힘을 길러나갔다. 이 힘이 '오월거리전'(광주), '김복진미술제'(충북), '황해미술제'(인천) 등으로 결집되었을 뿐 아니라, 이후 지역 민예총 결성의 토대가 되기도 하였다.

1970년대 탈춤부흥운동에서 출발하여 1980년대 마당극운동을 거치면서 서울을 비롯한 지역의 주요 도시에는 많은 연행소집단들이 생겨났다. 이들은 1980년대 중반 이후 민중연희의 전통을 창조적으로 계승하여, 모순된 민족의 현실을 극복하고자 하는 '민족극운동'의 개념을 확립하고, 1987년 이후 변화된 환경 속에서 그동안의 성과를 연극제로 모아 '전국 민족극 한마당'(1988년 3~5월, 서울 미리내소극장)을 개최하였다. 그 결과에 자신감을 얻은 이들은 공개적인 공동모금을 통해 '예술극장 한마당'(서울 신촌, 1988년 8월)을 설립하고, 전국적인 교류와 연대의 틀을 다지기 위해 새로운 조직 구성에 관한 논의를 진행하였다. 한편, 각 지역의 문예활동가들과 함께 민예총 결성에 조직적으로 참여하기 위해 1988년 12월 1일 '전국민족극운동협의회'(약칭 민극협)를 창립하였다. 이후 민극협은 '전국 민족극 한마당'을 각 지역을 순회하며 개최함으로써 지역 간 연행예술운동 교류와 지역문화운동 활성화를 도모하였다.

보수대연합의 탄압에 맞서기 위한 장르협의체적 연합

1989년에는 우리 사회에 통일운동의 열기가 후끈 달아올랐다. 전국대학생대표자협의회(약칭 전대협)를 대표해서 임수경이 평양축전에 참가했고, 문익환 목사는 분단 반세기의 벽을 넘고자 북으로 가 김일성 주석을 만났다. 문 목사와 비슷한 시기에 당시 민예총 대변인이었던 소설가 황석영도 북으로 갔다. 이런 상황을 노태우 정권은 신공안정국을 조성하는 빌미로 삼았고, 민예총은 대변인 황석영의 방북으로 직접적인 탄압의 표적이 되었다.

이런 상황에서 민예총은 창립 초기 개인의 참여를 통해 외연을 확대하겠다던 조직노선을 재검토할 수밖에 없었다. 기존의 개인회원 참여 형태로는 거대 탄압세력에 맞서 조직적인 활동을 펼치기가 힘들었다. 1990년 2월 17일 흥사단 강당에서 열린 민예총 2차 정기총회에서 민예총의 위상을 '장르조직을 구성하고 있는 실질적인 조직(장르예술단체)들의 연합체'로 전환하고, 이를 위해 조직구도를 장르 간 '협의체적 연합'으로 개편하였다. 이로써 개인회원들이 구성하던 장르위원회 조직이 그 실질적 역할을 담당할 장르예술단체로 대체되었다. 그리하여 민족문학작가회의, 민미협, 민극협이 해당 장르조직을 담당하게 되었다.

이러한 장르협의체적 연합은 여러 장르를 아우르는 활동을 활성화할 수 있게 하였고, 그러한 공동활동의 성과로 '민족음악협의회'(약칭 민음협) 창립이 견인되기도 하였다. 그리고 문화예술인 및 문화예술활동 탄압에 대한 공동대처도 용이해졌다. 민예총은 다시 진보문예운동의 상징적 전선체로서의 위상을 굳건히 지킴으로써, 이후 예술장르 간 논의를 공식화하고, 장르운동 간의 공동활동을 확산시키는 중심축이 되었다.

대중운동 속에서의 문예활동

노동자 문예운동의 급부상　　　1987년 여름의 노동자대투쟁과 함께 노동자문화운동에 대한 요구도 급속하게 증가하였다. 급작스럽게 치러진 그해 여름의 파업에서는 군가나 유행가의 노래가사를 바꿔 부르는 것이 고작이었다. 하지만 그 이전에 노동자 문화활동의 경험이 있었던 곳에서는 공동체놀이와 운동가요 보급과 풍물패 육성을 위해 노력했다. 비공식적이나마 여기저기서 노동자 문화학교가 개설되어 노동자들의 문화활동에 대한 폭발적인 수요에 부응하였다.

여러 매체가 보급되던 중에서도 대중투쟁의 열기와 가장 먼저 결합해 들어갈 수 있었던 것은 풍물이었다. 풍물이 가지는 집단적 신명의 선동성과 길군악으로서의 투쟁성은 새롭게 고양되고 있던 노동자의식과 잘 맞아떨어졌다. 그래서 새로이 생겨난 민주노조의 현판식에는 으레 풍물패를 불러서 풍물고사를 지내는 것이 유행으로 자리잡았고, 그러한 노조에는 대개 노조풍물패가 결성되었다.

이러한 노동자문화운동의 조직, 즉 노동자 문화패의 확산은 1988년 봄의 임금인상투쟁 과정에서 더욱 두드러졌다. 이 시기 임투에서는 이른바 '준법투쟁' '합법적 쟁의'가 많아졌는데, 긴 투쟁기 동안 투쟁의 열기를 지속시키고, 파업투쟁을 통한 교육의 효과를 증폭시키기 위해서는 풍부한 내용의 노동자문화가 필요하였다.

이와 같이 노동자문화활동에 대한 요구가 높아지자 문예운동단체들도 노동자문화활동에 대한 상담과 기획, 지원연대활동을 활발하게 진행하였다. 또한 노동현장을 순회하는 노동연극 전문 극단들이 만들어져 파업장과 집회장에서 공연하였다.(라원식, 1989)

파업투쟁을 통해 각성된 노동자의식이 급속도로 확산됨으로써 노동자문예가 광범위하게 보급될 토대가 마련되었다. 여기에 〈단결투쟁가〉〈동지가〉를 비롯하여 새로이 창작된 노동가요가 퍼져나갔다. '노동자노래단' '예울림'과 같은 전문 노래패가 파업투쟁의 열기를 담은 새로운 노동가요를 창작하여 테이프로 보급함으로써 수천수백 명이 함께 부르며 투쟁정서를 공유할 수 있게 하였다. 각 노조에도 풍물패에 이어 노동자 노래패가 여럿 생겨났다.

전문 문예운동단체들의 노동자문화활동에 동참하는 경우도 늘어나 '생활문화운동'을 기반으로 했던 한국문화운동연구소가 각 지역에서 활동하던 노동자문화단체들과 함께 전국노동자문화운동단체협의회(약칭 노문단)를 결성하였다.(1988년 11월) 그리고 실질적인 노동문예의 전문 창작집단들과 서울지역 노조 문화패들이 결합하여 서울노동자문화예술단체협의회(약칭 서노문협, 1989년 7월)가 창립되었고, 민문연이 노동자문화예술운동연합(약칭 노문연)으로 조직체계를 전환(1989년 9월)하였다. 이로써 노동문예의 엄청난 확산과 축적이 이루어졌다. 문학잡지 등에서도 노동소설·시·르포의 수록지면이 늘어났고, 『노동해방문학』이 월간으로 창간(1989년 4월)되어 노동문학의 기치를 드높이 내세웠다.

대규모 집회 형식의 공연　　　1980년대 중반 이후 학생운동이 활발해짐에 따라 집회의 규모는 점차 커졌고, 이들 집회에서 정서적 공감대를 유지하도록 한 것은 '노래 같이 부르기'였다. 이를 위해 다양한 '민중가요'가 창작·보급되었으며, 1987년 노동자대투쟁 이후 노동가요의 확산이 이루어졌듯이 통일운동이 고양됨에 따라 '통일가요'도 늘어났다.

이러한 연장선상에서 민예총은 1990년 4월 연세대 노천극장에서 〈다시 서는 봄〉을 공연하고, 이를 전국 주요 도시를 돌며 공연하였다. 보수대연합의 탄압에 맞서기 위해 장르협의체적 연합으로 조직구성을 전환한 민예총의 각 장르단체들이 효과적으로 결합하였다.

이렇게 단순 대중집회가 아니라 집회형태의 문화공연이 생겨나게 된 배경에는 당시 정권의 대대적인 탄압과 사회주의권의 붕괴에 따른 민민운동세력의 위축이 겹쳐 있었다. 대형 집회는 있었지만 참여도가 떨어지고 있었고, 이제 단순한 정치적 구호만으로는 대중들에게 깊은 각성을 촉구할 수 없다는 판단에서 문화공연을 통해 대중들에게 정서적으로 접근하고자 하였고, 그에 따라 수요가 늘어난 것이다.

〈자, 우리 손을 잡자〉는 이런 공연의 대표적인 경우로 꼽힌다. 1990～1992년 동안 매해 대규모 집회공연이 이루어졌다. 연세대, 한양대 등의 노천극장에서 열린 이 공연은 노래패만의 공연이 아니라 민예총의 전 장르를 규합한 공연이라는 데 그 의미가 있다. 관객으로는 학생운동권과 노동조합의 참여가 가장 큰 비중을 차지하였다. 그리하여 이러한 집회형식의 대형 공연은 학생들의 집회나 노조문화제 등의 구성에 큰 영향을 미치기도 하였다.

노동문예단체들도 1990년 전국노동조합협의회 결성에 즈음하여 1989년 12월 종합공연물 〈노래판굿 꽃다지〉의 막을 올렸다. 이후 5년간 〈노래판굿 꽃다지〉는 그해의 투쟁사례를 빼어나게 형상화한 연극장면들과 새롭게 창작된 노동가요를 선보이는 야외공연이자 11월 노동자대회로 넘어가는 10월의 문화행사로서 노동자 문화패들의 활동에 필요한 창작의 정형을 보급하는 역할을 하였다.

〈파업전야〉 상영투쟁　　〈파업전야〉는 젊은 영화인들의 모임인 '장산곶매'가 1990년 노동절 101주년을 기념해 제작한 16밀리 독립영화다. 광주항쟁을 다룬 〈오! 꿈의 나라〉에 이은 장산곶매의 두번째 장편영화로, 어려운 여건에서 노동자들이 노동조합을 결성하고 파업을 조직하는 과정을 묘사했다.

노태우 정권은 영화의 내용이 파업을 선동하고 있다는 이유로 상영을 금지하였으며, 상영을 하면 형사처벌을 하겠다고 발표하였다. 제작진들에게는 수배령이 내려졌다. 영화소집단들과 각 지역의 민중문화운동연합들로 구성된 '영화 파업전야 탄압분쇄를 위한 공동투쟁위원회'가 꾸려져 전국 동시상영이 추진되었다. 대학가를 중심으로 상영장소가 잡혔고, 상영을 저지하려는 경찰들과 숨바꼭질을 하며 이른바 '상영투쟁'이 전개되었다. 총 관객 수는 30만 명에 달한 것으로 추산되었다.

지역으로의 확산　　　1980년대 초반에도 지역을 기반으로 하는 문화소집단들의 활동이 있었다. 그리고 1984년 민문협의 결성과정에는 광주의 문화패를 비롯한 전국의 문예운동단체들이 공동으로 참여하는 분위기였지만, 실제 활동에서는 서울지역을 벗어나기 어려운 한계를 가질 수밖에 없었다. 이후 각 지역에서도 장르별 소집단이 상호 결합한 형태의 지역문예운동조직이 형성되어 1986년 무렵에는 전국적으로 '지역문화운동단체대표자회의'(약칭 지문회의)를 꾸릴 정도가 되었다. 민예총이 장르단체의 협의체적 연합으로 조직형태를 바꾼 1990년에는 서울 민문연의 연장선상에 있던 노문연, 광주민중문화운동협의회, 전주민중문화운동연합, 충남문화운동협의회, 대구민족문화예술운동연합 등 인천·안양·부산·청주·제주 등 전국 12개 지역에 지역문예운동단체들이 활동하고 있었다.(박영정, 1991, 253쪽)

4

1980년대 민주화운동에서
문화예술운동의 성격과 이후의 향방

시기별 문예운동의 성격

1980년대 초·중반 민주화운동이 새로운 조직의 방향을 모색할 때, 문예운동도 여러 소모임을 활성화하기 위해 문화강습 등의 프로그램을 개발하였다. 그리고 자신들의 활동방식 또한 '문화소집단'의 형태를 취했다. 표현방법에서도 직접 항거하기보다는 풍자나 우화적인 수법, 함께 어울려 공동체의식을 확인하는 대동놀이방식, 그리고 활용하기 쉬운 '작은 매체' 개발과 보급 등이 돋보였다.

1984년부터 6월민주항쟁까지는 민주화운동이 조직적 연대의 틀을 형성해감에 따라 문예운동 진영 역시 각 단체들의 문화선전 역량을 지원하기 위한 문화홍보분과를 담당하였으며, 자체의 조직 또한 문화소집단들을 협의체로 발전시켰다. 문화소집단운동의 결과로 문화운동 활동가들의 층이 두터워졌고, 서로 간의 공동활동의 기회가 늘어났다. 그리고 노동자 현장활동을 기반으로 다양하게 개발된 활동방식이 교류·확산되었다. 당연히 군사독재정권과의 직접적인 부딪힘도 늘어났다. 탄압의 사례가 늘어갈수록 각 문화단체들로서는 공동대응의 필요성이 절실해졌고, 이에 따라 문화 6단체의 협의체를 만들었다. 그를 바탕으로 6월민주항쟁 기간에 필요한 문화선전 역량을 조직하였다.

1987년 이후 보다 많은 문화예술인들을 대중적으로 결집시키기 위해 민예총을 개인 참여 형태로 조직하였다. 그러나 이후 신공안정국이 조성되자 장르별 단체협의체적 연합으로 전환하고, 고양기를 맞이한 대중운동의 정서적 일체감을 확산하는 문예활동을 전개하였다.

1990년 이후 문예운동의 분화

고양기에서 정체 또는 일상적인 활동시기를 맞이한 민주화운동에서 문예운동은 이후 다양한 방향을 모색하며 분화하였다. 우선 예술운동의 관점에서 보자면, 민주화운동과 관련해서는 예술형식의 장르 내적인 전위성이나 실험성보다는 군부독재와 분단시대에 대응하는 사회의식 표현이 중심에 놓여 있었고, 이러한 창작활동을 억압하는 체제에 저항하는 표현의 자유 쟁취투쟁이 부수적으로 놓여 있었다.

둘째, 대중운동이 급속하게 고양되는 과정에서 풍물운동, 노래운동, 장르연합적 대형집회 공연, 영상매체운동 등과 같은 대중투쟁 속의 새로운 문예형식들이 활발하게 생겨났다. 이러한 민주화운동의 긴장된 상황에서 창작경험을 가졌던 많은 예술인들이 그 이후 괄목할 만한 예술적 성과를 대중적으로 인정받게 되었다. 물론 대중예술의 구조로 진입하기 위해 각고의 노력이 필요하였지만, '대중성 확보'라는 창작경험에 힘입은 바가 크다고 보아야 할 것이다.

셋째, 문예운동과 문예형식의 이념 지향성에 대한 논쟁이 심화되었다.

문예운동 자체의 이념 지향성은 민주화운동 일반의 이념 논쟁과 궤를 같이하며 여러 분파가 존재하였지만, 이를 문예형식 논쟁과 연결시켰을 때 더욱 복잡한 창작경향들을 가지게 되었다. 특히 노동문예활동이 급부상하였던 1987년 이후 노동자문예운동의 방향성에 대한 차이와 자주문예운동론 확산 등에서 일정한 성과와 한계를 드러내기도 하였다.

넷째, 장르단체 중심의 결속이 강화되는 경향이 나타났다. 1988년부터 사회 각 영역으로 민주화가 확산되면서 사전검열 등 표현의 자유에 대한 제한이 부분적으로 완화됨에 따라 무엇을 표현할 것이냐에서 어떻게 표현할 것이냐로까지 관심 영역이 넓혀졌으며, 문예운동의 조직구성원 사이에서도 장르 내적인 관심이 높아져 작가회의·민미협·민극협 등 기존의 장르조직들이 민예총 창립 이후 면모를 새롭게 하였다. 그리고 노래운동 단체들이 민음협으로 결속되기도 하였고, 여타의 장르들도 민예총 내에 독자적인 장르위원회를 구성하여 독자적인 장르단체를 구성하였다.

다섯째, 예술인조직으로서 대중적으로 공인받을 수 있는 사단법인으로 전환하였다. 민족문학작가회의가 오랜 기간 사단법인화에 대해 내부논의를 거쳤고, 그 결과를 참고로 하여 민예총도 회원 설문조사를 통해 사단법인화를 추진하기로 결정하였다. 문민정부가 들어선 이후, 두 조직은 사단법인으로 인가받았다. 이를 바탕으로 민예총은 각 지역 지부가 결성되기 시작하여 전국 조직화를 이루었다.

마지막으로 '문화민주주의'의 대안을 마련하고자 하였다. 1980년대 민주화운동은 매우 투쟁적인 시기를 거쳤다. 당연히 그 과정에서 문예는 도구주의적 속성을 피할 수 없었다. 그러나 일상시기, 즉 민주주의가 생활 방식으로 일상화된 시기의 문화는 어떠해야 하는가? 이는 민주화운동이 지속적인 과제인 것과 마찬가지로 우리 사회에서 현재진행형으로 추구해야 할 문예운동의 방향이다.

제 **5** 장

인권운동

1

1980년대의 인권 상황과 '인권운동'

1980년대 '인권운동'의 정의

한국 사회에서 '인권'이라는 개념이 대중적으로 통용되기 시작한 것은 1987년 민주화운동 이후 다양한 사회운동이 발생하면서부터이다. 군사독재 시기의 '인권'은 기본적으로 국가에 의해 독점되고 있었다. 당시에는 인간의 권리를 말하는 것 자체가 반정부와 동일시되었다. 사회운동 진영에서도 국가의 과도한 폭력으로 개인의 삶이 짓밟히는 상황에서 인간의 권리나 개개인의 평등이라는 가치를 일종의 사치로 간주하는 경향이 있었다. 다만 인권을 정치적인 정당성 획득을 위한 전략, 혹은 경제성장을 강조하기 위한 이데올로기로 사용하는 국가에 대해, 종교계를 중심으로 국가권력의 폭력적 행사를 비판하기 위한 저항이념으로 '인간의 존엄성'이 주장되는 정도였다.

하지만 또한 분명한 것은 1990년대 이후 전개된 인권운동의 활성화는 1970년대와 1980년대를 거쳐 전개된 사회운동의 성과 없이는 불가능했다는 점이다. 비록 '인권운동'으로 명명되지는 않았지만 군사독재 시기 민주화를 위해 헌신했던 사람들의 노력은 1990년대 이후 다양한 형태로 분출된 인권운동의 토대가 되었다. 달리 말해 권위적인 국가에 맞서 정치적 권리 획득을 주장했던 저항의 경험은 한국 사회의 민주화와 더불어 자유와 평등의 가치를 새롭게 인식하게 만들었다고 할 수 있다. 그런 의미에서 1970~1980년대의 사회민주화운동은 1990년대 이후 인권운동의 유의미한 전사前史로서 간주될 필요가 있다.

이런 인식 위에서 1980년대의 사회운동을 '인권운동'의 관점에서 재조명할 경우, 다음과 같은 두 가지 사회운동이 주목을 끈다. 하나는 비록 사회운동의 주요 부문을 형성하지는 못했지만 직접적으로 '인권'이라는 가치를 표방했던, 특히 종교계를 중심으로 한 사회운동조직의 활동이며, 다른 하나는 '인권'이라는 용어를 사용하지는 않았지만 신체와 사상의 자유를 억압했던 권위적인 국가에 대해 인간 존재의 권리라는 관점에서 전개된 각종 사회운동이다. 구체적으로 후자의 사회운동이 관심을 두었던 것은 정치적인 이유에서 행해진 국가에 의한 고문, 의문사, 각종 조작사건 그리고 이른바 '양심수'의 문제였다.

이렇게 본다면, 1970년대 중반부터 '인권'이라는 이름으로 전개된 종교계의 민주화운동은 한국 인권운동에서 선구적 의미를 지닌다고 할 수 있다. 개신교와 천주교의 인권위원회를 중심으로 이루어진 이들 운동은 국가권력을 자의적으로 행사한 데서 기인한 인권침해에 적극적으로 대응하면서도, 상대적으로 정권타도와 같은 정치투쟁으로 수렴되지 않는 모습을 보였다는 특징이 있었다. 이것은 전체로서의 교회가 동질적인 집단이 아니었고, 진보적인 교회일지라도 '영적 양육'과 '사회운동' 사이에서 균형을 유지하려는 태도에 따른 것으로 보인다.* 그러나 한편으로 이런 성격은 종교계를 국가의 견제로부터 상대적으로 자유롭게 보이도록 하였고, 그 덕분에 다양한 민주화운동세력들이 종교계를 울타리로 활용할 수 있었다.

국가폭력으로 피해를 입었지만 어디에도 마땅히 도움을 청할 수 없었던 피해자 가족들에게도 인간의 권리라는 명분은 자신들의 사정을 대중적으로 알리는 데 유력한 수단이었다. 이들은 국가폭력으로 사상과 양심의 자유, 신체의 자유가 짓밟혔다는 사실을 통해 대중적인 지지와 호소력을 얻고자 하였다. 결국 이 시기의 인권운동은 개개인의 행복을 극대화하고 권리를 확대하는 문제보다, 국가의 정치적인 폭력으로부터 시민적·정치적 권리를 확보하고, 나아가 그런 정권을 타도하여 민주주의를 이루는 것을 가장 중요한 목표로 했다고 할 수 있다.

인권 상황: 조작간첩사건, 고문, 의문사

1980년대 한국의 인권 상황은 1970년대 유신체제기와 거의 달라진 것이 없었다. 군부쿠데타로 집권한 전두환 정권은 1974년의 대표적인 조작사건인 '민청학련사건'과 같은 수많은 조작간첩사건을 만들어냈다. 정부를 비판하고 저항하는 이들에 대해서는 '국가보안법' '반공법' '사회안전법' 등으로 구속하며 탄압하였다. 정부는 정권의 정당성을 '반공'에서 찾으며, 북한과의 대치 상황을 내세워 공안정국을 조성하였다. 그 과정에서 불법연행이나 감금, 가혹행위, 폭행, 고문은 물론이고, 수사과정에서 불법행위가 빈번하게 발생하였다. 경찰은 범죄수사 과정에서 경찰서별로 구속자 수를 할당하는 '구속할당제'를 만들어 경찰의 실적으로 평가할 정도로 공권력을 남용하였다.

※ 이에 대해서는 민주화운동기념사업회 연구소에서 펴낸 『한국민주화운동사』 2(2009, 돌베개)의 제3부 제1장 종교계의 민주화운동을 참조할 것.

당시의 대표적인 조작사건으로는 1981년의 김대중내란음모사건과 전국민주학생연합(약칭 전민학련)·전국민주노동자연맹(약칭 전민노련)사건, 1982년 3월 부산미문화원방화사건, 1983년 9월 민주화운동청년연합(약칭 민청련)사건 등이 있다. 정권은 이들 단체와 개인을 불법으로 구금하고 잔혹하게 고문하여, 국가를 전복하고자 한 용공좌경분자로 조작하였다. 피의자들은 법정에서 자신들은 고문으로 허위 자백했다고 주장하였지만, 사법부는 이에 대해 심리하지 않고, 임의적인 증거를 채택하여 사형, 무기징역 등의 무거운 형량을 선고하였다.

이렇게 반국가단체 조직 혐의로 여러 사람을 묶어서 구속하였을 뿐 아니라, 일반개인에 대해서도 고문과 폭행 등으로 간첩사건을 조작했다. 돈을 벌기 위해 친지를 통해 일본을 방문한 경험이 있거나 일본 친지에게 전화 통화한 내력을 가지고, 정권은 조총련과 접선하여 국가기밀을 누설한 것으로 사건을 조작하였다. 1982년 8월에 차풍길이 2개월간 밀실수사로 고초를 겪은 후 국가보안법 위반 혐의로 7년 6개월간 구속된 사건이 이에 해당한다. 당시 차풍길은 재판과정에서 '고문에 의한 허위자백'이라고 항변했지만 받아들여지지 않았다.*

1980년대 당시에는 민주화운동에 투신하던 중에 수배를 받아오던 양심적 인사들이 실종되거나 의문사하는 사건들도 많이 발생했다. 1985년 10월에는 민주화추진위원회(약칭 민추위)사건으로 수배를 받아오던 우종원이 경부선 철도변에서 변사체로 발견되었고, 1986년 6월에는 경찰에 의해 연행된 인천 연안가스 근로자 신호수가 전남 여천군 대미산 중턱 동굴 속에서 시체로 발견되었다. 또한 부산 송도 매립지에서 서울대생 김성수

---

* 차풍길은 2007년 진실·화해를위한과거사정리위원회의 권고로 서울중앙지법에 재심을 청구하여 2008년에 무죄를 선고받았고, 억울한 간첩 누명에 대해 국가를 상대로 손해배상을 청구하여 2009년 위자료를 받았다.

표12   제1심 형사공판사건―접수(국가보안법·반공법 기소인원)

연도	1980	1981	1982	1983	1984	1985	1986	1987	1988	1989	1990	1991	1992
국가보안법	23	169	171	153	93	176	318	432	104	312	414	357	342
반공법	136	65	13	–	3	2	5	–	–	–	–	–	–
계	159	234	184	153	96	178	323	432	104	312	414	357	342

출처: 법원행정처 편, 1981~1993 『사법연감』; 민주화실천가족운동협의회 편, 2004, 30~36쪽 등에서 재인용 및 편집

가 몸에 콘크리트를 매단 채 익사체로 발견되었다. 하지만 가족들은 이들 사건에 대해 문제제기조차 할 수 없었다. 경찰은 사건을 자살로 결론짓고 수사를 종결해버렸다.

이런 상황에서 1987년의 민주화투쟁은 과거의 인권 상황을 조금이나마 개선할 수 있는 실마리를 제공하였다. 국민들의 직접투표로 선출된 노태우 정권은 5공화국과의 차별성을 부각시키려 하였다. 그리하여 정권 초기에는 사회 전반에 걸쳐 자율성이 신장되고 권위주의적 요소가 제거되는 것처럼 보였다. 그러나 6공화국의 인권 상황은 5공화국과 별 차이가 없었다. 위의 〈표12〉에서 드러나듯, 구속자 수도 노태우 정권하에서 훨씬 늘어났다.

인권 상황은 더 나아지지 않았지만, 인권침해에 대한 국민의 관심과 분노는 오히려 약화되었다. 그것은 노태우 정권이 인권문제를 '체제수호' 문제로 대치하면서 새로운 헌법체제에 대한 국민대중의 기대를 부당하게 이용하였기 때문이다. 노태우 정권이 국민의 직접선거에 의해 선출됨으로써 형식적으로나마 전두환 정권에 비해 정통성에 대한 의문이 적어지고, 제도언론이 활성화되고 권위주의적인 사회분위기가 개선되면서, 점진적인 민주화의 가능성을 믿게 된 것도 국민들이 정부의 인권침해에 둔감해진 중요한 요인이다.(대한변호사협회 편, 1991, 30쪽)

2
조직적인 인권운동의 등장과 발전

양심수 가족들의 피해자 가족 중심운동

당시는 조작사건, 의문사, 고문 등 총체적인 인권의 위기 상황이었지만, 정권의 억압과 폭력을 정면으로 비판하기는 어려운 분위기였다. 남편이나 자식들이 불법 감금되어 면회조차 허락되지 않는 상황에서 증거도 없이 고문으로 사건이 조작된다고 하더라도, 피해자 가족들은 진정서를 내며 억울함을 호소할 뿐 달리 방도를 찾지 못하였다. 오히려 그들은 간첩 가족으로 몰려 주위의 따가운 시선을 받으며 숨죽여 살아야 했다. 이런 상황에서 정권의 정치공세로 갈 곳 없는 가족들이 도움을 청할 수 있었던 곳이 바로 1974년 민청학련사건 이후 조직된 한국기독교교회협의회의 인권위원회(약칭 KNCC 인권위)였다.

KNCC 인권위는 긴급조치 이후 민청학련사건이 발생하여 학생들이 무더기로 구속되자 그 대책을 모색하고자 조직되었다. 민주화운동 과정에서 구속자들이 늘어남에 따라 '민청학련 관련 구속자'와 '인혁당 관련 구속자' 가족들이 모여 조직을 구성하였다. 이미 1974년 4월에 특별위원회

형태로 발족된 KNCC 인권위 내에는 구속된 가족들이 모여 구속자가족협의회(약칭 구가협)를 조직하고 있었다. 구가협은 유신헌법 철회, 중앙정보부 해체, 학원자유화 등을 요구하며 활동하였다. 그러던 중 명동성당에서 1976년 3월 1일에 미사형식으로 발표한 "3·1민주구국선언"으로 구속자 관련 가족들이 구가협에 참여하면서, 1976년 10월에는 '한국양심범가족협의회'로 명칭을 바꾸었다.

양심수라는 용어는 1980년대 들어 널리 쓰인 말로, 구속자라고 불렸던 사람들이 가장 받아들이기 편한 용어이기도 했다. 구속자에서 양심범, 양심범에서 양심수로 용어를 바꾸어 사용하면서 구속자 가족운동도 변화를 경험하였다. 구속자가족협의회에서는 양심범이라는 용어를 사용하면서 '사상과 양심에 따라 행동하는 이들의 가족'이라는 의미가 강해져서 민주화운동 내에서도 조직적인 힘을 가질 수 있게 되었다.(김설이·이경은, 2007, 179~180쪽)

피해자가족운동은 1983년 민청련사건 관련 구속자에 대한 고문을 폭로하는 '고문 및 용공조작 저지를 위한 공동대책위원회' 창립 이후에 또 한 번의 변화를 겪었다. 민청련 구속자 가족들은 심각한 고문으로 후유증을 앓는 피해자들을 보며 가족들이 나서서 고문과 조작사건의 진상을 알려야 한다고 생각했다. 그리하여 양심범가족협의회와 손을 잡고 1985년 12월에 민주화실천가족운동협의회(약칭 민가협)를 조직하였다. 민가협은 각 부문 운동별 구속자 가족모임의 상위조직으로서, 양심수 석방을 요구하고 정권을 비판하는 활동을 전개하였다.

종교적 울타리를 필요로 했던 1970년대와 1980년대 초의 구속자 가족들이 구가협을 창립한 이래로 그들의 활동무대는 주로 교회와 성당이었다. 특히 정기적이고 일상적으로 모임을 가진 곳은 기독교회관이었다. 구가협 이후 양심범가족협의회로 이름을 바꾼 뒤에도 가족운동조직을 주도

"광주학살 책임지고 전두환 물러가라"라고 쓴 현수막을 들고 시위를 벌이는 민가협 회원들

적으로 이끈 사람들은 대부분 기독교 신자였다.

민가협이 조직된 이후에 민가협 내에는 필요에 따라 새로운 조직이 만들어지기도 하였다. 시위과정에서 분신·투신하거나 경찰의 최루탄 파편이나 곤봉에 맞아 사망한 이들, 혹은 정권에 의해 의문사를 당한 이들의 가족을 중심으로 1986년 8월 민가협 내에 민주화운동유가족협의회(약칭 유가협)가 만들어졌다.

창립회원 열 명으로 시작된 유가협은, 1970년 민주화와 민중의 생존권 보장을 요구하며 분신한 전태일의 정신을 실천하려는 가족들이 모여 조직되었다. 이들은 의문사 진상규명을 요구하고 장례투쟁을 통해 독재정권의 폭력성을 알렸다. 인권운동가인 박래군의 경우는 1988년 6월, 광주학살 책임자 처벌과 민주화를 외치며 분신한 동생 박래전의 장례 이후 유가협과 인연을 맺게 되면서 노동운동가에서 인권운동가로 활동하게 되었다.(박래군, 2008, 68~69쪽) 1991년 강경대사망사건 이후 '분신정국'에서도 유가협은 재야민주화운동단체들과 연대하여 민주화운동에 앞장섰다. 그 이후에도 학생운동, 노동운동, 민주화운동 과정에서 죽어간 수많은 이들의 가족들이 참여하였다.

구가협, 민가협, 유가협 등의 피해자가족운동을 중심으로 1980년대의 인권운동을 서술하는 것이 다소 협소하게 여겨질 수도 있을 것이다. 그러나 이 시기에 종교계와 연대한 소규모 피해자가족운동조직들이 이후 한국사회에서 전문화된 인권운동조직으로 성장, 분화할 수 있는 주춧돌이 되었다는 점에서 그 의의가 크다고 할 수 있다.

고문사건 폭로와 인권운동조직 결성

1970년대에 민주화운동을 이끌었던 청년활동가들을 중심으로 1983년 9월에 공개적인 사회운동단체인 민청련이 결성되자, 전두환 정권은 이들에 대해 심각한 폭력을 행사하였다. 상임위원장 김병곤, 부위원장 이을호와 전 의장 김근태 등이 불법 연행되었고 이후 감금되어 폭력행위와 고문을 당했다. 김근태는 불법 연행된 뒤 약 보름간 10여 차례에 걸쳐 장시간의 물고문, 전기고문과 성적 모욕을 당하는 고문에 시달렸다. 그는 당시의 고문실상을 상세히 기억하여 기록으로 남겼고 탄원서를 작성하기도 하였다.(김근태, 1988) 김근태와 함께 연행된 이을호는 고문으로 인한 정신병으로 발작을 하기도 하였다. 이들에 대한 고문사실은 김근태의 부인 인재근이 기독교회관의 목요기도회에서 폭로하며 세상에 알려지게 되었다.

김근태에 대한 고문사실이 세상에 알려지면서 민통련, 민청련 등이 나서서 1985년 10월에 '고문 및 용공조작 저지를 위한 공동대책위원회'(약칭 고문공대위)를 만들었다. 여기에는 KNCC 인권위, 천주교정의구현전국사제단, 민청련 지도위원회, 한국기독학생총연맹, 대한가톨릭학생총연맹 등이 참여하였다. 각 민주화운동단체별로는 철야기도회, 항의성명 발표, 농성, 고문사례 및 고문에 관한 공동설교문 배포 등의 활동을 전개하였다.(송건호, 1987, 23쪽) 고문공대위의 중심적인 역할은 민통련 간부, 민청련 회원과 그 가족들이 맡았는데, 이 조직은 이후 고문사건이 있을 때마다 중요한 역할을 담당하였다.

당시 김대중과 김영삼이 공동의장으로 있었던 민주화추진협의회(약칭 민추협), 신한민주당, 고문공대위 등은 1985년 10월 "고문 및 용공조작은 즉각 중단되어야 한다"라는 제목의 성명서를 발표하여, "반인간적이고 반문명적인 고문행위와 인권유린을 영원히 추방하기 위해서 모든 인류와 더불어 싸워나갈 것"을 선언했다. 그리고 류형택을 위원장으로 한 대한변호사협회(약칭 변협) 인권위원회는 1985년 12월 24일 김근태 고문사실에 대한 조사단을 서울구치소로 보내 고문과 불법구속 등 인권침해를 확인하고, 1985년 9월 4일부터 25일까지 김근태에 대한 국가보안법 위반 피의사건 조사에 관계한 경찰관 여덟 명을 고발하였다. 김근태고문사건에 대해서는 미주『한국일보』기자가 미국 언론과 인권단체에 그 사실을 폭로하여 세계의 인권단체들이 강력하게 항의하기도 하였다. 하지만 인간으로서의 자존심을 짓밟는 심각한 고문은 그 후에도 사라지지 않았다.

김근태고문사건이 일어난 지 얼마 지나지 않은 1986년 6월에 전두환 정권의 고문과 강압수사가 다시 한번 사회적으로 충격을 준 사건이 발생하였다. 일명 '부천서 성고문사건'이 그것이다. 서울대 제적학생으로 주식회사 '성신'에 취업했던 권인숙은 주민등록을 신고하지 않았다는 통장의 신고로 부천경찰서 형사들에게 불법 연행되었다. 권인숙에 대해서는 주민등록증 위조 등의 경위를 확인하는 것으로 1차 조사가 끝났지만, 인천노동자투쟁위원회 수배자들과의 관계를 조사하면서 권인숙은 문귀동 경장으로부터 성고문을 당했다. 그는 이 사실을 동료들에게 알렸고, 70여 명의 양심수와 함께 문귀동 구속을 요구하는 단식투쟁을 시작했다. 그 과정에서 구속자 가족들이 부천경찰서를 찾아가 항의농성을 벌였고, 박원순, 조영래, 황인철 등의 변호인단이 문귀동을 고발하면서 이 사건은 사회에 알려지게 되었다.

국민의 인권을 보호해야 하는 공권력이 인간의 수치심을 자극하는 방식의 성고문을 했다는 사실이 폭로되었지만, 검찰은 이를 은폐하기 위해 "폭언·폭행만 있었고 성적 모욕은 없었다"라고 발표하며 사실을 왜곡하였다. 전두환 정권은 이 문제가 사회적으로 확산되는 것을 막기 위해 "부천 성고문 관계 기사는 일체 자제할 것" "고문 관계는 일체 쓰지 말 것" "성고문 고소장은 일체 보도하지 말 것"이라는 구체적인 보도지침을 통해 언론을 통제하였다.(『말』1986년 9월호)

이 사건에 대해 검찰은 "권양의 고소 사실 중 성적 모욕을 가했다는 부분은 인정할 수 없으나 폭언과 폭행 사실만은 확인되었다"라고 발표하며, 문귀동 경장에 대해 기소유예 처분을 내렸다. 이 판정에 대해 우리나라 사법사상 최대 규모인 166명의 변호인단이 재정신청을 냈으나 기각되고 말았다.(『동아일보』1986년 9월 2일자) 그 과정에서 사건을 맡은 변호인단과 김근태고문사건 이후에 조직된 고문공대위는 '성고문대책위원회'로 이름을 바꿔서 고문철폐와 민주화를 위해 활동하였다.

여성단체들도 공동으로 이 문제에 대응했다. 이미 1984년 11월에 경희대와 연세대 여학생들이 시위를 벌이고 연행되는 과정에서 전경들로부터 성적 추행을 당한 사건이 있었다. 그리고 여성단체를 중심으로 '여대생추행사건대책협의회'가 조직되어 있었다. 여학생들은 경찰서에 연행되어 상의를 벗게 하는 등 집단으로 추행당한 사실을 폭로하였는데, 오히려 그것이 유언비어 유포죄가 되어 학생들이 수배를 당하였다. 이에 '여대생추행사건대책협의회' *는 각 지역에서 규탄대회와 서명운동을 전개하였고, 이후 권인숙성고문사건을 위한 '성고문대책위원회'에서 함께 활동하였다.

성고문사건의 피해자 권인숙은 정부로부터 받은 배상금과 사건의 변호를 담당했던 조영래 변호사를 비롯한 각계 인사들이 마련한 기금으로 1989년 사단법인 '노동인권회관'을 설립하였다. 노동인권회관은 산업재해, 체불임금 및 해고된 노동자들이 처한 각종 문제에 대해 상담하고 지원하며 노동자를 대상으로 하는 교육사업, 출판사업 등을 담당하였다. 부천서 성고문사건은 불법 취업한 운동권 여대생이 사회를 혼란시키고자 한 문제로 왜곡됨으로써 인권침해문제로 부각되지는 못하였다. 그러나 당시 한국 사회에서 만연해 있던 인권유린의 치부를 보여주는 것으로, 한 여성이 부도덕한 정치권력에 정면으로 대항한 양심투쟁이었다고 평가받고 있다.

전두환 정권의 고문은 결국 무고한 대학생이 사망하는 사건으로 치달았다. 1987년 1월 공안사건 관련 피의자로 경찰에 연행되어 조사를 받던 박종철이 경찰의 물고문과 구타로 사망하는 사건이 발생하였다. 경찰은 사망경위에 대해 "물을 한 컵 마시고 쇼크사한 것 같다" "책상을 탁 하고 쳤더니, 억 하고 쓰러졌다"라는 등 해명에만 급급하였다. 그러나 시체를 부검한 담당의사가 사건을 문제화하는 데 결정적인 역할을 하면서 상황은 반전되었다. 물고문에 의한 사망이라는 사실이 밝혀지면서 사건축소와 조작의혹 문제까지 덧붙여져 공권력에 대한 비난이 높아졌다. 이 사건으로 고문추방운동이 일어났고, 자백을 받아내기 위해서라면 갖은 편법과 불법수사를 동원하는 관행을 비판하면서 "자백의 증거능력을 배척해야 한다"

* 이 협의회에 참가한 단체는 한국기독교교회협의회 여성위원회, 한국교회여성연합회 인권위원회, 한국여신자협의회, 한국기독교장로회 여신도회전국연합회 인권위원회, 한국기독교장로회 여교역자협의회, 여성평우회, 여성의전화, 한국기독학생총연맹, 한국기독청년협의회 여성선교위원회, 민주화운동청년연합 여성부, 인천지역사회운동연합 여성부 등이다.

라는 주장이 제기되었다.

고문에 의해 대학생이 사망한 사실은 국민들에게 큰 충격을 주었고, 그 과정에서 인간의 존엄성과 권력과의 관계에 대한 논의가 공개적으로 활발해졌다. 언론에서는 공권력에 의한 무리한 조사를 비판·감시하는 기관이 없었기 때문에 고문으로 인한 사망사건이 일어났다고 비판하였다. 이런 분위기에서 KNCC 인권위, 민가협, 변협 등이 연대한 '고 박종철 고문치사 공동대책위원회'는 '고문추방 범국민기구' 결성을 제안하였다.

당시 고문에 대한 사회적인 비판이 거세어지자, 전두환 정권은 인권특별위원회를 국회에 설치하겠다며 특별법을 제정하여 사건을 책임있게 해결하겠다고 약속하였다. 국회에서도 '인권특위는 인권과 관련된 모든 문제를 다루는 국회 내 상설기구'라는 데에 합의하였으나, 상설기구라는 합의 이외에 다른 문제에 대해서는 여야 간의 의견차가 커지면서 인권특별위원회 설립은 결국 무산되었다. 그리고 김만철 북한 탈출사건을 계기로 새로운 공안정국이 형성되면서 인권특위 설립문제는 서서히 잊혔다. 그 후 25여 년이 지난 2000년에 와서야 인권위원회에 대한 논의가 본격화되어 2002년에 국가인권위원회가 설립되었다.

3
6월민주항쟁 이후
인권운동의 변화

부문운동으로서의 인권운동의 성장

1987년 6월민주항쟁 이후 인권운동 영역에서 일어난 가장 큰 변화는 인권운동이 부문운동으로 성장했다는 점이다. 직선제 개헌으로 정권이 교체된 이후에도 인권침해는 줄어들지 않았지만, 구속수사 과정에서 실질영장심사제의 도입문제, 고문, 임의동행 등 국가의 억압과 제한에 대해 각종 논의가 활발해졌다. 나아가 외국인 노동자의 인권침해나 일본군 위안부 문제, 참정권 문제 등 인권운동의 내용이 확대되었다. 또한 민주화가 진행됨에 따라 국민의 권리에 대한 인식이 향상되면서, 인간의 기본적 권리에 천착한 사상·양심의 문제, 신체의 자유문제 등을 다루는 인권운동조직들이 '인권위원회'라는 이름으로 활동하게 되었다.

개신교계가 중심이 되었던 인권운동에서 1988년에는 천주교정의구현전국사제단과 별도로 평신도들의 모임인 '천주교정의구현전국연합'이 만들어졌고, 그 산하에 인권소위원회를 두어 활동을 시작하였다. 초기에는 문규현 신부와 임수경의 방북사건에 대한 법률구조, 남한사회주의노동자동맹(약칭 사노맹) 관련자 시국변론 등을 담당하다가, 1991년 12월에 천주교정의구현전국연합이 천주교사회운동협의회와 통합하여 천주교정의구현전국연합(약칭 천정연)으로 재발족하였다. 천정연 산하 인권위원회 위원장으로는 김형태 변호사가 선출되었고, 활동도 개신교와 크게 다르지 않아서 양심수 등 시국사건에 대해 변호하는 법률구조를 주로 담당하였다. 천정연의 인권위원회는 1993년 2월부터 '천주교인권위원회'라는 독자 명칭을 사용하다가 1994년 독립하였다.* 천정연 산하에는 인권위원회뿐 아니라 장기수들을 지원하기 위한 '장기수가족후원회'도 1989년에 만들어졌다. 이처럼 개신교와 천주교를 중심으로 인권운동조직이 형성, 분화되면서 인권운동의 외형이 확대되어갔다.

천주교계에 이어 불교계에서도 1990년 10월, 진관 스님이 주축이 되어 불교인권위원회를 조직하였다. 불교인권위원회는 위안부 할머니들의 안식처인 '나눔의 집' 건립에 앞장섰으며, 비전향장기수 송환, 사형제 폐지 등의 여론을 조성하였다. 불교인권위원회는 경제적 가치보다 생명의 존엄성이 우선시되어야 한다는 관점에서 사회적 소수자의 권리 보호를 중요시하였다.(불교인권위원회 편, 1994)

종교계뿐 아니라 재야사회운동단체에서도 독립적으로 인권위원회를 두기 시작한 것은 인권문제에 대한 전문적인 운동의 필요성을 인식했기 때문이다. 27개 사회단체의 연합조직인 '민주주의민족통일전국연합'(약칭 전국연합)은 1991년 12월에 특별위원회로 인권위원회를 두었다. 이 시기 인권단체들이 주력했던 것은 불법연행이나 고문 등 수사과정에서 일어나는 인권침해에 대처하기 위한 기본 교육이나 피해자에 대한 법률구조활동이었다. 전국연합 인권위원회는 오랫동안 정치적 권리를 침해받은 피해자에 대

---

* 천주교인원위원회 홈페이지(http://www.cathnights.or.kr) 단체소개란 참조.

한 법률구조 및 지원활동과 출판홍보, 인권교육 등을 담당하였고, 2006년에 한국진보연대라는 새로운 상설연합체를 출범시키면서 해산되었다.

1980년대 후반과 1990년 초에 걸쳐 종교계를 중심으로 특별위원회 형태로 인권운동의 외양이 확대되면서 인권운동은 인간의 생명 존중, 사회적 약자 보호로 확대되었다. 이 시기의 특징은 국가폭력으로 개인의 인권이 심각하게 침해받는 상황에서 피해자 가족들이 중심이 되어 인권침해의 현실을 알리는 가족 중심의 운동에서 분화·성장하여, 전문적으로 인권침해문제를 어떻게 구제할 것인가 하는 법률구조에서부터 인권교육까지, 이슈를 적극적으로 생산하기 시작한 시기라고 할 수 있다.

인권운동 영역의 확대

6월민주항쟁 이후 인권운동 영역에서 나타난 두드러진 또 하나의 특징은 개신교계뿐 아니라 천주교계, 불교계에서도 위원회의 형태로 인권 영역을 전문화했다는 것과, 그와 더불어 인권운동의 영역이 확대되고 다양해졌다는 것이다. 대표적으로 1980년대의 수많은 고문사건마다 변호인단을 구성하여 인권변호에 앞장섰던 이들이 1988년 민주사회를 위한 변호사모임(약칭 민변)을 결성하였다. 민변은 유신치하에서부터 인권변론을 담당해온 중견변호사와 30대의 소장변호사 51명을 회원으로 출발하였다. 1986년에 이미 문제의식을 가진 몇몇 변호사들이 구로동맹파업사건의 공동변론을 계기로 '정의실천법조인회'(약칭 정법회)를 조직하였다. 정법회는 공식적인 조직은 아니었지만, 1987년 6월민주항쟁 무렵까지 김근태, 권인숙, 박종철 등에 대한 고문사건을 폭로하고 인권변론을 담당하면서 반독재민주화투쟁에서 중요한 역할을 담당하였다.

정법회 이외에 1980년대 중·후반에 배출된 소장변호사들이 '청년변호사회'를 조직하였는데, 공식적으로 활동하지는 못하고 1988년 5월, 정법회와 함께 민변으로 흡수되었다.* 민변은 결성 이후부터 시국사건 변론을 넘어서 연구·조사 사업, 악법개폐사업, 연대사업, 출판사업, 국제인권사업 등으로 그 외연을 점차 확대해나갔다.(민주사회를 위한 변호사모임 편, 1998, 9~33쪽)

앞에서 잠깐 언급한 사단법인 노동인권회관은 1989년 10월 부천서 성고문사건의 피해자 권인숙이 정부로부터 받은 배상금과 각계의 기금으로 설립한 단체이다. 이들은 열악한 노동인권의 실태에 주목하여 정치적인 고문이나 폭력문제만이 아니라 인간다운 삶을 보장받을 권리를 지켜야 한다고 주장하였다. 주로 노동상담과 노동자들의 법률구조사업에 중점을 두었으며, 산업재해나 체불임금, 부당노동행위로 해고된 노동자들에 대한 상담과 지원활동을 하였다. 노동자를 대상으로 교육사업, 출판사업을 하면서 『노동인권보고서』도 발간하였다. 1990년에 발간된 『노동인권보고서』 제1집에 따르면, 노동인권은 정부에 의해서만 탄압을 받는 것이 아니라 고용불안문제 등 사용자에 의해서도 탄압을 받고 있다. 또한 노동관계법 중 악법 조항을 분석하였으며, 산업재해문제, 여성노동자 차별과 노동자의 주택문제 등 노동인권 전반을 다루었다.(노동인권회관 편, 1991)

한국의 열악한 노동인권 실태를 인권적 관점에서 접근한 조직이 노동인권회관이라면, 1992년 5월에 조직된 '외국인 노동자 인권을 위한 모임'은 외국인 노동자들의 인권 향상을 목적으로 한 단체이다. 이 모임은 자양

---

* 민변의 창립 의의를 민변은 다음과 같이 두 가지로 요약하고 있다. 첫째, 변호사 업무의 개별적·분산적 성격으로부터 나오는 단점을 극복하여, 구조적으로 행해지는 인권침해에 대해 지속적이고 조직적으로 대응토록 하였다. 둘째, 전체 민주화운동세력 안에서 법률가 단체로서 전문성과 합리성을 살려 우리 사회의 개혁과 진보를 위한 비판과 건설적인 대안 제시에 기여할 수 있게 되었다.(민변 홈페이지 http://minbyun.org 참조)

동성당에서 필리핀 노동자들을 대상으로 상담을 하던 활동가들이 노동자들의 장시간 노동과 임금차별, 불법체류 과정에서 겪는 인권침해 문제를 해결하고자 노동정책연구소의 부설단체로 활동을 시작하였다. 주로 외국인 노동자들이 한국에 거주하면서 겪게 되는 문제에 대해 상담하였는데, 단순한 상담활동으로 끝나는 것이 아니라 임금체불, 산업재해, 국제결혼, 여권문제 등을 해결하기 위해 공동으로 노력하였다. '외국인 노동자 인권을 위한 모임'은 1998년 7월에 (사)노동인권회관의 부설단체로 편입되었고, 이때부터 노동정책연구소의 박석운 소장이 노동인권회관의 소장을 겸임함으로써 2001년 9월 노동인권회관과 통합·운영되고 있다.

1990년 11월에는 일제강점기 일본군 위안부에 대한 진실을 규명하고, 이들의 생존을 지원하기 위해서 37개의 여성·시민·종교·학생 단체들이 모여서 정신대문제대책협의회(약칭 정대협)를 만들었다. 정대협은 일본군 위안부의 진상규명과 전쟁범죄 인정, 일본의 공식사죄, 전범자 처벌, 추모비와 사료관 건립, 피해자 배상 및 역사교과서에 기록할 것 등을 요구하며 활동하였다. 1991년 8월에는 김학순 할머니의 일본군 위안부 활동에 대한 기자회견을 시작으로 피해 신고전화를 개설하였고, 그해 12월에는 일본정부를 상대로 국제법정에 제소하기도 하였다. 정대협은 1992년 1월부터 매주 수요일 일본대사관 앞에서 '일본군 위안부문제 해결을 위한 정기수요시위'를 벌였다.

1999년 민간인학살대책위원회가 구성되기 10년 전인 1989년에 산청·함양 양민희생자 유족회가 결성된 것도 특징적이다. 산청·함양사건은 한국전쟁이 한창이던 1951년 2월, 국군병력이 지리산 공비토벌 명목으로 산청군 주변에서 주민 705명을 통비분자로 간주하여 집단학살한 사건이다. 유족회는 1987년 6월민주항쟁 이후 민주화된 분위기에서 그동안 억눌려 있던 주민들의 직접행동으로 조직되었으며, 법 제정 등을 요구했다.

또한 6월민주항쟁 직후인 1987년 12월에는 그동안 한국 사회에서 전혀 주목받지 못했던 장애인 인권운동단체가 처음으로 조직되었다. 그동안 장애인에 대해서 국가는 물론이고 사회운동 진영 내부에서도 관심을 갖지 못해왔는데, 장애인권익문제연구소가 설립되면서『함께 걸음』이라는 잡지를 발간하여 장애인에 대한 사회적 차별을 철폐하려고 노력하였다.

이처럼 1987년 6월민주항쟁 이후에는 이전 시기와 비교해보았을 때, 인권운동의 영역이 확대되고 다양화·전문화되었다. 정권의 억압과 폭력에 저항하며 사회민주화를 위해 싸워왔던 운동에서 이제는 인권운동단체가 먼저 인권의 의제를 만들어, 다양한 주제와 대상에 집중하는 전문화된 인권운동이 등장하기 시작한 것이다.

4

1980년대 인권운동의 성격

주지하는 바와 같이, 1980년 전두환 정권이 등장한 이후에도 한국 사회는 1970년대 유신체제와 마찬가지로 국가에 의한 정치적인 폭력이 반복되는 상황이 지속되었다. 그런 과정에서 군사정권, 독재정권에 대항하여 노동운동, 학생운동, 여성운동, 교원운동 등 다양한 영역의 사회운동들이 민주화운동이라는 더욱 광범위한 대열에 결집하였다. 반면, 인권운동은 1980년대 전반까지도 부문운동으로서의 독립성을 충분히 확보하지 못했다. 여전히 1970년대 후반 인권운동의 연장이라는 성격이 강했다. 1974년 민청학련사건 이후 조직된 KNCC 인권위를 매개로, 주로 정부의 조작사건으로 강제 연행되어 고문을 받거나 의문사한 피해자 가족들이 정권의 폭력을 폭로하고 사건의 진실을 알리는 활동을 전개하였다. 이런 활동은 이후 1985년 구속학생학부모협의회, 구속노동자가족협의회, 구속청년민주인사가족협의회, 양심수가족협의회 등에 의한 민가협의 조직으로 이어졌고, 뒤이어 1986년에는 유가협도 결성되었다. 민가협은 1986년부터 『민주가족』이라는 회지를 창간하여 국가폭력의 실상과 구속자 가족들의 활동을 알리기도 하였다.

한편, 국가에 의한 고문이라는 문제에 대해 철야기도회와 항의성명, 고문사례에 관한 공동설교문 배포 등의 활동을 전개하였던 KNCC 인권위, 천주교정의구현전국사제단, 한국기독학생총연맹, 대한가톨릭학생총연맹 등의 종교계에서는 1985년 재야단체를 망라한 '고문공대위'로 조직의 규모를 확대하였다. 또한 김근태고문사건 이후 조직된 고문공대위는 권인숙 성고문사건을 계기로 '성고문대책위원회'로 활동의 영역을 넓혀나갔고, 여성계도 이런 흐름에 호응하여 여성단체연합 산하에 성고문대책위원회를 설치하였다. 박종철고문사망사건 이후에는 종교단체와 여성단체로 분리되어 있던 고문대책위원회가 재야의 사회운동조직과 연계하여 '고문공동대책위원회'로 통합되었다.

1980년대 인권운동에서 빼놓을 수 없는 것은 1985년부터 변협이 매년 발간했던 『인권보고서』이다. 앞서도 언급한 바와 같이, 민변의 전신이었던 정법회의 회원들이 개별적으로 고문사건마다 인권변론에 나섰을 때에도 변협은 그것을 공식적인 활동으로 추인하지 않았다. 따라서 인권보호에 소극적이라는 이미지를 갖고 있던 변협이 『인권보고서』를 내놓았다는 것은 화제를 끌기에 충분했다. 1985년부터 작성된 변협의 『인권보고서』는 현재까지도 매년 발간되고 있다.

앞에서 언급한 이런 활동들은 1987년 6월민주항쟁을 기점으로 커다란 전환을 맞이하였다. 무엇보다도 인권운동을 전담하는 조직이 급격하게 늘어났다. 개신교계 중심의 활동에 자극을 받은 천주교계와 불교계에서도 각각 특별위원회 형태로 인권위원회를 전문화하였으며, 이들 조직은 분화되어가는 인권운동의 모태가 되었다. 여기에 1987년에는 장애인권익문제 연구소가 발족되었고, 1988년에는 변호사들에 의해 민변이 조직되었다. 1989년을 경과하면서 많은 인권운동조직들이 기존의 조직에서 분화되거나 새롭게 조직되었다. 장기수들을 후원하는 '장기수가족후원회'가 천주교인권위에서 독립하여 활동을 시작하였고, 외국인 노동자 인권모임과 노동인권회관도 1989년에 만들어졌다. 4월혁명 때 잠시 공론화되었던 한국전쟁 시기의 민간인학살문제도 1989년에 들어오면서 다시 제기되었다. 즉, 당대의 인권문제뿐 아니라, 과거에 있었던 국가폭력에 의한 피해도 민주화운동의 성장 속에서 다시 주목을 받게 된 것이다. 과거사 문제와 관련해서는 1990년에 정대협이 결성되어 일본의 군위안부 문제를 본격적으로 제기하기 시작하였다. 전국연합에서는 1991년에 특별위원회 형태로 인권위원회를 두었으며, 이곳에서 활동하던 서준식을 중심으로 1993년에 전문적인 인권운동단체인 '인권운동사랑방'이 조직되었다. 이렇게 1990년대에 들어서 인권운동은 운동의 전망과 활동방식에 따라 다양한 형태로 분화를 거듭해갔다.

인권운동조직의 분화현상은 동시에 인권운동이 다루는 영역도 다양화되었다는 점을 시사한다. 1987년 이전의 인권운동은 정권의 폭력에 의해 희생된 피해자 가족들이 중심이 되어 고문의 실상을 폭로하고 사상과 양심의 자유를 주장하는 것을 주요 과제로 삼았다. 예를 들어 이 시기의 인권운동을 대표하는 조직인 민가협은 억울하게 구금된 가족들이 수사기관과 교도소에서 고문 등으로 심각한 인권침해를 당했다는 것을 고발하는 한편, 이른바 '양심수' 석방활동에 주력하였다. 하지만 1987년 이후에는 그동안 당대의 정치적 폭력과 시민적 권리 침해 등과 같은 문제에 가려 주목받지 못한 장애인들, 민간인학살 피해자들, 일제강점기의 군위안부들이 자신의 문제를 인간권리의 침해문제로 제기하기 시작하였다. 해묵은 문제들이 당사자들의 노력에 의해 새로운 사회문제로 등장하였고, 그것이 '인권문제'로서 공론화되었다는 점이 이 시기 인권운동의 중요한 특징이라고 할 수 있다.

1987년 이후 인권운동의 변화를 생각할 때, 인권운동의 조직과 내용의 다양화와 함께 인권운동의 활동방식이 적극적으로 변하면서 기존에는 없었던 새로운 의제가 창출되기 시작했다는 점도 결코 간과할 수 없다. 국가에 의한 통제와 억압이 일상화되어 있던 시대에 인권문제의 공론화 과정은 폭력과 고문에 의한 희생이 발생하면 뒤이어 재야세력과 민주화운동 단체들이 결집하여 그것을 인권문제로서 제기하는 형식이었다. 반면, 1987년 이후에는 사건이 발생한 후에 문제에 대처하는 방식만을 고집하지 않고 보호받아야 할 인권의 내용을 일상적으로 교육하고 홍보하는 활동의 비중이 높아졌다. 또한 국가와 인권문제를 대립적인 관계로 보는 관점에서 벗어나 국가가 보장해야 할 인권의 내용과 항목이 문제시되기 시작하였다. 결국 이러한 변화는 인권을 국가로부터의 폭력이 있을 때 지켜내야 할 소극적 개념으로 해석하던 것에서 인권의 영역을 사회적 약자, 교육문제, 과거사 청산 등 다양한 분야로 확산시키며 새로운 의제를 만들어가는 기폭제 역할을 했다고 볼 수 있다.

제**6**장

노동운동

1

1980년대 전반기의 상황

1980년대 전반기 사회경제 상황

경제 상황의 변화　　　한국 경제는 1970년대 말 제2차 석유파동으로 위
기에 직면하였다. 경제성장률은 1980년에 −4.8%
로 곤두박질쳤고, 물가는 무려 39.0%나 치솟았으며, 완전실업률은 5.2%로
급상승하였다. 경제성장률은 1981년에 6.6%로 회복되었지만 1985년까지
매년 등락을 거듭하면서 연평균 7.2%에 그쳤다. 석유파동을 계기로 촉발
된 경제위기의 진원지는 부실하게 진행된 중화학공업화였다. 유신정권은
막대한 차관을 들여와 중화학공장을 건설했지만, 제대로 가동되지 않아
빚을 갚을 수 없었고, 석유파동으로 존폐위기에 몰리게 된 것이다. 외채상
환 불능은 국가적인 문제로 대두했고, 정권은 미국과 일본의 지원 아래 대
량의 외채를 도입하여 다른 외채를 갚는 방식을 택했다. 이에 따라 외채 총
액은 1979년 203억 달러, 1980년 272억 달러, 1982년 371억 달러, 1985년
468억 달러로 급증하였다.(『한국통계연감』 1988, 86∼88쪽) 국민총생산액
과 비교한 외채의 비중은 1980년 45.1%에서 1983년 57.2%에 이르렀으며,

1986년에도 46.7%나 되었다.

이와 아울러 정권은 재정·금융긴축과 중화학공업 구조조정 등을 주요 내용으로 하는 '경제안정화정책'을 강행하였다. 하지만 정권은 경기회복을 이유로 긴축정책을 곧 포기하였다. 그리고 대폭적인 금리인하와 환율 조정을 통한 수출대기업 지원정책으로 전환했다. 중화학 부문의 구조조정에는 천문학적인 재정·금융상의 특혜가 제공되었고, 부실기업을 인수한 독점재벌은 몸집을 더욱 키웠다. 정권은 부실기업 인수를 위해 통화를 발행하여 그 부담을 국민들에게 전가하고, 노동통제를 강화하였다. 이로 인해 자본의 집적과 집중은 더욱 원활해졌다. 농업경제의 구조조정은 농산물 가격통제와 복합영농정책, 시장개방을 통해 이루어졌다. 이 세 가지 정책은 농수축산물을 공급과잉상태로 만들어 가격을 폭락시키거나 경작을 포기하게 만들었다. 이에 따라 호당 평균 농가부채는 1978년 11만 1,000원에서 1980년 33만 9,000원으로 증가하였고, 1987년에는 239만 원, 1989년에는 389만 9,000원을 넘어섰다.(한국사회연구소 편, 1991, 403쪽) 이에 못 견딘 다수의 농민들은 농촌을 떠나 도시로 몰려들었다.

이와 같이 전두환 정권의 위기극복을 위한 구조조정은 막대한 외채 도입, 노동통제 강화, 농산물 가격통제 등 '생산 및 분배 과정에서의 민중수탈과 대기업에 대한 특혜를 통해 독점자본의 축적을 원활히 해주기 위한 것이었다. 이렇게 정비된 국내의 축적조건은 세계 경제 상황의 변화에 따른 3저 현상과 맞물려 1986년 이후 비약적인 경제성장의 동인이 되었다.

1986년 이후 3년간 한국 경제는 '단군 이래 최대 호황'을 누리면서, 연평균 12.8%의 고도성장에 연평균 100억 달러 내외의 무역흑자를 기록하였다. 그러나 이 같은 대호황이 곧 생산자의 처지개선으로 연결된 것은 아니었다. 생존비 이하의 저임금과 억압적인 노동통제로 성장의 주역이면서도 그 혜택에서 배제되고 있다는 박탈감이 노동대중 사이에 퍼져나갔다. 더구나 국내경기가 과열되고 부동산 등 각종 투기와 과소비가 성행하며 비생산적 부문이 번영을 누리자 상대적 궁핍감은 더욱 높아질 수밖에 없었다. 경제개발에서 소외된 노동대중의 불만은 바로 3저 호황의 열기 속에서 폭발의 비등점에 다가서고 있었고, 결국 6·29선언으로 억압체제의 이완이 가시화되자 활화산처럼 폭발하였다.

노동자계급의 성장과 노동자 생활상태   1970년대 말 경제위기에도 불구하고 한국 경제의 규모는 계속 확대되었고, 임금노동자 수도 크게 증가하였다. 취업자 총수는 1980~1987년 사이에 1,370만 6,000여 명에서 1,635만 4,000여 명으로 19.3% 증가하였고, 임금노동자는 같은 기간 648만 5,000여 명에서 919만 1,000여 명으로 270만 6,000여 명(41.7%)이나 증가하였다. 그중 상시고용자는 1987년 현재 83%, 일시고용자는 17% 수준이었다.(『노동통계연감』 1981, 4·18쪽; 1988, 12·54쪽) 완전실업자 수는 74만 9,000여 명에서 51만 9,000여 명으로 줄었고, 실업률은 5.2%에서 3.1%로 낮아졌다. 산업별 취업자를 보면, 농림어업의 비중은 1987년 현재 21.9%로 줄어든 대신 제조업은 27.0%로 늘었고, 사회간접자본 및 기타 서비스업은 50% 수준에 이르렀다.

기업 규모별로 보면, 제조업의 경우 500인 이상의 대기업 비중이 줄어들고, 100인 미만 사업장이 늘어나고 있었지만, 500인 이상 규모의 비중은 1987년에도 35% 이상의 높은 수준을 유지하고 있었다. 연령별로는 18~29세가 1987년 현재 전체 노동자의 58.8%로 대종을 이루었지만 1980년의 66.4%에서 현저히 감소했고, 30세 이상은 1980년의 27.0% 수준에서 1987년의 34.2%로 늘어났다. 학력별로는 1980~1987년 중졸 이하가 57.4%에서 39.1%로 크게 줄고, 고졸은 같은 기간에 30.4%에서 44.1%로 크게 늘어났으며, 대졸 역시 9.7%에서 12.3%로 늘어났다.

그러나 임금노동자의 생활상태는 여전히 열악하였다. 제조업 노동자의 명목임금은 1980~1987년 14만 6,000여 원에서 32만 8,000여 원으로 연평균 13.6%씩 상승하였으나, 실질임금은 연평균 4.7% 증가에 그쳤다. 그에 비해 같은 기간에 노동생산성은 매년 12.8% 증가함으로써 실질임금 상승률의 두 배를 웃돌고 있었다.(이원보, 2004, 591쪽) 그 결과로 노동소득분배율은 1970년대 말 50%를 웃돌던 수준에서 1980~1982년 47% 수준으로 떨어졌고, 1983~1986년에도 49%대에 머물러 있었다. 이러한 낮은 수준의 임금과 상승률은 1980년 전반기 내내 노동자들에게 노동력 재생산 자체마저 어려운 적자생계를 강요하고 있었다. 전 산업노동자의 임금수준은 1987년 현재에도 정부가 발표한 실태생계비의 90.9%에 불과하였고, 한국노동조합총연맹(약칭 한국노총)의 최저이론생계비를 가구원 수로 조정한 생계비와 비교할 경우, 그 충당률은 1975년 57.2%에서 1987년 64.4% 수준으로 증가하는 데 그쳤다.(한국사회연구소 편, 1991, 369쪽) 여기다 부동산 투기로 인한 집값과 전·월세금 폭등, 내구소비재 가격 인상, 사회보험 부담금 증가 등으로 가계의 적자폭은 더욱 늘어나고 있었다. 이 때문에 노동자들은 소비 자체를 줄이고 문화생활을 축소하거나 포기함으로써 노동력 자체가 재생산되기보다는 철저하게 마모되는 삶을 살고 있었다.

1980년대 전반기 노동자들의 근로시간은 전체적으로 1970년대보다 늘어났다. 전 산업노동자의 월평균 근로시간은 1975년 217.0시간에서 1987년 225.4시간으로 늘었고, 주당 노동시간도 1975년 50시간에서 1987년 52시간으로 증가하였다. 제조업의 경우, 월평균 근로일수가 1987년 25.0일로 1980년 24.8일보다 늘어났고, 월평균 근로시간은 1980년 230시간에서 1987년 234.6시간으로, 주당 노동시간도 해마다 늘어나서 1980년 53.1시간에서 1987년에는 54.0시간에 이르렀다.

한편, 생산과정에서 새로운 설비와 물질의 사용이 늘어남으로써 산업재해와 직업병 발생의 위험성은 크게 증대하였다. 산업재해자 수는 1980년 11만 3,375명(11만 2,111건)에서 1984년 15만 9,306명(15만 7,985건)으로 늘었다가, 1987년에는 14만 2,596명(14만 1,495건)으로 줄었다. 1987년 현재로 치면, 하루에 387건 이상에 390명 이상이 재해를 당한 셈이다. 사망자 수는 1980년 1,273명에서 매년 늘어 1987년 1,761명에 이르렀고, 신체장애자도 1980년 1만 4,873명에서 매년 증가하여 1987년 현재 2만 5,244명이나 되었다. 하루에 5명 정도가 산업재해로 숨지고 69명 이상이 장애자가 된 것이다. 직업병은 통계상으로는 매년 증감을 되풀이하는 것으로 나타나지만, 많은 새로운 물질의 등장으로 유해성을 증명하기가 어려운 점을 고려한다면 실제는 훨씬 많은 것으로 볼 수 있다. 특히 소음과 TV·컴퓨터 등 전자정밀산업의 증대에 따라 신경·감각기 계통의 질병이 새롭게 등장하기 시작하였다. 여기에 갈수록 증가하는 환경공해에 노출됨으로써 노동자들의 건강은 계속 위협받고 있었다.

노동정책과 기업 노무관리　　유신체제의 위기에 직면하여 1980년 봄 노동자들의 폭발적 투쟁을 묵인할 수밖에 없었던 신군부정권은 5·18민중항쟁을 억누르고 정권을 찬탈한 뒤, 노동운동에 대해 강력한 통제수단을 구사하기 시작하였다. 그 시발점은 1980년 하반기 '노동조합 정화조치'와 노동관계법 개정이었다. 노동조합 정화조치는 두 가지 경로로 진행되었다. 하나는 한국노총과 산별노조 상층부 간부들을 축출하고 지역지부를 해체하는 것이었고, 다른 하나는 1970년대 노동운동을 주도해온 민주노조를 파괴하는 것이었다. 한국노총은 적극적인 저항을 하지 못하였으나, 민주노조들은 정화조치를 거부하였다. 하지만 오래 견디지 못하고 끝내는 조직 자체마저 와해되었다.

1980년 12월 31일 신군부정권은 노동조합운동 자체를 원천 봉쇄하기 위해 노동관계법을 대폭 개정하였다. 주요한 것을 보면 노조 결성과 운영, 노동쟁의와 관련한 '제3자 개입 금지' 조항 신설, 기업별 노조 강제와 노조 설립 요건 강화, 노조 임원 자격 제한과 조합비 사용 제한, 단체교섭 위임 금지, 단체협약 유효기간을 1년에서 3년으로 연장, 유니온숍(노조 의무가 입 조항) 규정 삭제, 쟁의 냉각기간 및 알선기간 연장, 직권중재 대상의 대폭 확장 등이었다.

이와 함께 신군부정권은 다양한 정책적·행정적 통제수단을 동원하여 노동운동을 억압하였다. 정권은 임금 가이드라인을 설정하여 임금인상을 억제하고, 중앙과 지방에 '노동대책회의'를 설치·운영하여 노동자들의 움직임을 감시·봉쇄하였다. 노조 간부들을 현장에서 분리해내는 방법으로는 블랙리스트가 활용되었다. 블랙리스트는 1978년 동일방직사건 때 나온 것인데, 신군부정권은 1980년 5·17쿠데타 이후 1,000여 명의 해고노동자 명단을 각 사업장과 노동부 및 정보기관에 두고 이들의 취업을 차단하였다. 대학생들이나 노조운동가들의 취업에 대해서도 강화된 신원조회를 통해 위장취업자라는 이름으로 사법 조치하였다. 이 밖에 정권은 언론기관을 동원하여 노동자들의 저항을 일부 불순분자들의 배후조종에 의한 것이라고 매도하고, '노학연대'를 반국가 좌경분자들의 행위로 몰아붙였다.

한편, 신군부정권의 노동배제정책의 그늘 아래 기업의 노무관리는 강권적·전제적인 통제가 일반화하였다. 기업들은 기술혁신과 합리화에 따라 노동강도를 높이고 탈숙련화함으로써 노동과정에 대한 노동자들의 통제를 박탈하였다. 노동비용의 비중은 여전히 낮았고, 사업 내 복지는 질적 내용은 고사하고 양적으로도 극히 빈약하였다. 이런 조건에서 기업들은 자발적 참여를 가장한 다양한 분임조 활동, 각종 소그룹 활동, 기업 내 교육,

사보의 제작·배포, 각종 사원가족 프로그램 등을 개발하여 저임금과 노동 강화를 순순히 받아들이도록 다양한 관리수법을 활용하였다. 또한 독점대 기업들은 병영적 규율을 통한 복종 강요에 온정주의적 시혜에 의한 통제를 가미하는 방식을 사용하고, 시혜의 여유가 없는 중소영세기업은 가부장적인 방식에 의존하되 노동자가 이를 거역할 때는 가혹한 폭력적 제재를 가하는 방식을 동원하였다. 그 결과로 1980~1987년 부당노동행위구제 신청건수는 1970년대 10년 동안의 844건보다 2.5배가 넘는 2,164건에 이르렀다. 부당노동행위는 훨씬 노골적이고 폭력적으로 행해졌다.

이상에서 본 바와 같이, 1980년대 전반기 기업의 노무관리는 국가권력의 강압적인 노동정책하에서 통제를 위한 '채찍'만이 사용되고 있었다. 노동조합운동은 질식상태에 빠지게 되었고, 노동조건은 열악한 수준을 벗어날 수가 없었다. 그러나 노동자들은 탄압을 뚫고 서서히 투쟁의 불꽃을 일구어갔으며 지식인들도 여기에 가세하였다. 1980년대 전반기 노동운동은 새로운 가능성을 향해 걸음을 내딛기 시작하였다.

1980년대 전반기 노동운동의 전개

1980년 민주화의 봄과 노동쟁의의 격화　　　　1979년 10·26정변과 제2차 석유파동의 엄습으로 정치적·경제적 위기가 노골화한 가운데 1980년대의 막이 올랐다. 1980년 초에 접어들자 정치계는 12·12군사반란에 성공한 신군부세력이 실세로 부상하고, 권력쟁탈을 둘러싼 치열한 암투가 전개되기 시작했다. 유신세력은 '이원집정부제' 등을 중심으로 권력유지를 획책하고, 재야세력은 즉각적인 유신헌법 철폐를 요구하였다. 한편, 김대중과 김영삼을 중심으로 대권장악을 향한 경쟁 양상도 두드러졌다. 이러한 정치권의 움직임 속에서 3월 들어 대학생들이 민주화를 요구하며 투쟁의 전면에 나서기 시작했다. 대학생들은 학생회 부활, 학원 내 언론자유 보장, 어용교수 퇴진, 사학재단 운영혁신 등 학원민주화를 요구조건으로 내걸고 격렬한 점거농성과 교내시위를 벌였다. 4월 들어 대학생들은 병영집체훈련제도 폐지를 요구하며 훈련을 거부하고, 계엄령 즉각 해제, 언론자유 보장, 양심수 석방 등 보다 정치적인 요구를 내세워 농성시위를 전개했다. 5월에 들어서자 대학생들은 교문을 박차고 거리로 뛰쳐나가 '민주화대행진'을 벌이기 시작했다. 대학생들은 유신세력 타도, 계엄 즉각 철폐, 이원집정부제 개헌 반대, 노동3권 보장 등 정치적 요구를 내세우며, 군부의 잇따른 경고를 무시하고 경찰력을 무력화시켜나갔다. 학생들의 시위투쟁은 전국으로 확산되었으며, 5월 15일 이른바 '서울역 회군'이 이루어지기까지 격렬하게 전개되었다.

　1980년 봄철 내내 민주화를 요구하는 투쟁열기가 고조되는 상황에서 10·26정변 이후 침묵을 지켜오던 노동자들이 투쟁에 나서기 시작했다. 노동청은 1980년 한 해 동안 407건의 노사분규가 발생했다고 집계했으나, 5월 17일 이후에는 군사정권의 억압으로 사실상 노동쟁의가 없었다는 점에서 407건은 1월부터 5월 중순 사이에 일어난 것으로 볼 수 있다. 한국노총은 10월 28일까지 1,870건의 노사분규가 발생했으며(『사업보고』 1980, 28쪽), 1980년 한 해 동안 2,168건의 노사분규가 발생했다고 집계했다.(김진옥, 1985, 301쪽) 또 다른 자료는 5·17쿠데타 이전까지 897건의 노동쟁의가 발생하여 20만여 명이 참가했다고 기술하고 있다.(김장한 외, 1989, 21쪽) 이런 사실은 정부의 통계보다 훨씬 많은 노동쟁의가 일어났음을 시사한다.

　노동자들은 노조결성 보장, 임금인상, 체불임금 청산, 휴폐업 및 해고 반대, 어용노조 민주화, 해고자 복직 등을 요구하며 파업, 농성, 시위 등 단체행동을 벌였다. 이 가운데는 잔업 거부, 중식 거부, 퇴근 거부와 같은 소극적 방식을 비롯하여 방화, 파괴, 지역 점거, 경찰과의 대결 등 전에 없던 적극적 방식들도 포함되어 있었다. 노동자들은 노동조합이 있는 곳과 없는 곳에 관계없이 합법·비합법을 가리지 않고 다양한 투쟁을 벌여나갔다. 투쟁열기는 5월 17일 계엄이 확대되기 직전까지 고조되었다. 1980년 노동자들의 투쟁은 노동조합 결성투쟁, 임금인상·노동조건개선 투쟁, 체불임금 청산과 휴폐업·해고반대 투쟁, 노동조합 민주화투쟁 등으로 유형화할 수 있다.

노동조합 결성투쟁은 1980년 3월 4일 서울 구로공단의 남화전자노조 결성을 발화점으로 시작되어 5월 17일 계엄확대 직전까지 전국으로 확산되었다. 한국노총과 산업별 노조들은 적극적으로 조직화사업에 나섰다. 조직화는 이리수출자유지역, 대구, 서울 구로공단 등 전국 주요 공단의 제조업 사업장에서 두드러지게 이루어졌다. 서울 구로공단 내에 있는 서통 노동자들은 어용노조 반대농성 끝에 5월 17일 계엄확대 2시간 전에 노조 결성을 마쳤고, 경기도 오산의 대성모방 여성노동자 3,000여 명은 5월 4일 노조결성 보장을 요구하며 가두시위를 벌였다. 노조 무풍지대였던 마산수출자유지역의 일본인 기업체에도 노조가 설립되었고, 이 자유지역 내 84개 업체 가운데 17개 업체에서 노조를 결성하고자 하는 움직임이 일어났다. 울산공업단지에서도 한국카프로락담 등 7개 업체에 노조가 들어섰다. 3월부터 5월 중순까지 조합원은 약 8만 명 이상 늘어났고, 많은 노조들이 활력을 되찾았다.

제도적 억압이 이완되고 불황이 엄습하여 생활고가 가중되는 와중에 임금을 인상하고 노동조건을 개선하기 위한 투쟁이 활발하게 일어났다. 투쟁방식은 대체로 행정관청에 조정신청을 내고 집단행동을 벌이는 준법투쟁과, 곧바로 파업을 벌이는 탈법투쟁 등 두 가지로 나뉘었다. 조정신청을 통해 성과를 거둔 대표적인 예는 화학노조가 해태제과 등 식품업계를 상대로 8시간 노동제를 관철해낸 일이었다. 조정결정 내용은 임금을 인상하고 과거 12시간 노동의 임금을 8시간 기본급으로 지급한다는 것이었는데, 실제 임금인상률이 남자 39.8%, 여자 평균 48.5%에 이르렀다.(『동아일보』 1980년 4월 25자) 그 반면에 낮은 조정결정에 항의하여 준법투쟁에서 집단행동으로 발전한 경우도 많았고, 노조가 없거나 투쟁지도부가 없는 경우에도 노동자들은 집단행동을 벌였지만 사용자 회유에 쉽게 무너지기도 했다.

한편, 법률상 규정을 뛰어넘는 탈법투쟁은 수많은 사업장에서 파업, 태업, 농성, 시위 등 다양하고도 격렬한 방법으로 전개되었으며, 때로는 경찰력과 정면 대결하는 양상도 나타났다. 탈법투쟁은 1월부터 5월 중순에 걸쳐 대한모방 등 78개 제조업 기업과 탄광에서 일어났고(김진옥, 1985, 265~275쪽), 택시와 서비스 업종에서도 치열하게 전개되었다. 탈법투쟁은 노동조합이 없는 사업장에서도 많이 일어났고, 마산수출자유지역에서도 일어났다.

임금인상투쟁에서 특히 주목을 끈 것은 청계피복노조가 8일간에 걸쳐 농성, 시위투쟁을 벌인 끝에 10인 이하 영세사업장의 퇴직금 지급제도를 쟁취한 것이었다. 그 밖에 회사·경찰·어용노조에 맞서 사북읍을 장악하는 등 격렬한 투쟁을 벌인 동원탄좌 광부들의 투쟁, 낮은 임금인상에 반대하다 경찰력과 격렬하게 맞선 동국제강 노동자들의 파업시위투쟁, 임금인상·해고자 복직 등을 요구하며 파업농성을 벌인 인천제철 노동자들의 투쟁이 이어졌다. 이들 투쟁은 1970년대와 달리 남성노동자들을 중심으로 격렬하게 전개됨으로써 노동자들의 불만과 의식이 변화해가고 있음을 보여주었다.

체불임금 청산과 휴폐업·해고 반대투쟁은 당시 불황에 큰 타격을 입은 중소기업에서 많이 나타났다. 노동자들은 진정, 농성, 파업 등으로 절박한 사정을 호소했고, 일부에서는 채권을 확보하거나 기계, 시설물 등을 내다팔기도 하였다. 국내 최대 목재공장인 부산 동명목재 노동자들은 조업단축에 반대하여 시위농성을 벌였으나, 5월 17일 계엄확대로 농성을 풀 수밖에 없었고, 그 후 회사는 문을 닫았다. 이 밖에 1970년대 말 동일방직에서 해고된 여성노동자들이 복직을 요구하며 한국노총 위원장실에서 무기한 농성에 돌입한 결과, 노동청장의 복직언명을 받아냈다. 하지만 이 또한 5월 17일 계엄확대로 무산되고 말았다.

1980년 4월 22일 사북 동원탄좌 광부들의 격렬한 투쟁을 전후하여 노동조합 민주화투쟁이 전개되었다. 각 사업장에서는 어용노조 간부의 퇴진을 요구하는 투쟁이 확산되기 시작하였다. 이들 투쟁은 파업, 농성, 시위, 기물 파괴, 사무실 점거 등 매우 격렬한 양상을 띠었다. 사업장 단위 노동조합에서의 어용노조 반대투쟁은 낮은 임금인상 합의에 대한 반대와 함께 많이 일어났다.

사업장에서의 노조민주화투쟁은 상급노조로 번졌다. 섬유노조에서는 원풍모방, 동일방직 등 민주노조들의 적극적인 참여 속에 '전국섬유노동조합정상화추진위원회'가 결성되어 김영태 노총위원장의 사퇴와 의법조치를 요구하였다. 4월 하순 자동차노조의 일부 지부장들도 '전국자동차노조정상화추진위원회'를 구성했고, 금속노조에서는 25개 지부장 및 분회장들이 '민주노조쟁취위원회'를 구성하여 김병룡 위원장의 사퇴와 조직민주화를 요구하였다.

이러한 노동자들의 민주화 요구투쟁이 번지는 가운데, 한국노총은 5월 13일 '노동기본권 확보 궐기대회'를 노총 대강당에서 개최하였다. 대회에는 섬유노조, 금속노조의 민주노조 간부들이 대거 참여하여 어용노조 간부들의 즉각 사퇴와 노동기본권 확보투쟁을 요구하며 농성에 돌입하였다. 철야농성 끝에 학생시위가 절정에 오른 다음 날, 농성에 참가한 각 조직의 대표 10여 명은 농성을 계속할 것인지의 여부에 대한 회의 끝에 농성을 중단하기로 결정하고, 오후 6시경 결의문을 채택한 후 농성을 마무리하였다.(원풍모방해고노동자복직투쟁위원회 편, 1988, 222쪽) 노동조합 민주화투쟁은 전 조직으로 확산되면서 어용 간부들을 압박해가고 있었지만, 5월 17일 계엄확대와 함께 단절되었다.

이와 같이 1980년 봄 짧은 기간의 폭발적인 투쟁 속에서 노동자들은 묶여 있던 노동기본권을 사실상 쟁취해가고 있었다. 노동자들은 지역 점거, 경찰력과의 직접적인 대결, 시설파괴와 방화 등 1970년대의 모습과는 전혀 다른 적극적인 모습도 나타냈다. 또한 노동자들의 투쟁에서 중화학공업의 대기업 남성노동자들의 진출이 두드러짐으로써 노동운동의 중심이 1970년대 경공업의 여성노동자들로부터 중화학공업의 남성노동자들로 옮겨가고 있음을 예시해주었다.

1980년 봄의 이러한 투쟁 양상은 1970년대에 잠재되어 축적된 역량의 폭발적 표현이었다. 그럼에도 이 시기의 노동운동은 뚜렷한 방향성을 내보이지 못한 채 자연발생적이고 비조직적인 성격을 극복하지 못하였을 뿐 아니라, 경제적 차원에 머물렀다. 또한 투쟁은 사업장 단위에서 이루어지고 산업별 또는 지역적인 연대로 발전하지 못하였다. 이들 특성은 노동자계급의 폭발적 에너지를 담보해낼 수 없을 만큼 오랫동안 노동조합운동을 지배해온 허구적인 이념과 지도체계의 필연적 산물이었다. 또한 밑으로부터의 전체 노동자계급의 요구와 지향을 담아낼 정도로 민주노조운동의 주체역량이 아직 성숙되지 않았음을 반영한 것이기도 하였다. 1980년 봄 노동자들의 투쟁은 5월 17일 계엄확대로 급속히 잦아들었고, 이어진 신군부정권의 혹독한 탄압 아래 노동조합운동은 처참하게 유린되었다.

신군부정권의 대탄압과 노동운동의 침체

민주노조 파괴

1980년 6월 1일 출범한 국가보위비상대책위원회(약칭 국보위)는 노동운동을 전면 금지하고 노동운동에 대한 대대적인 탄압에 나섰다. 그 방향은 기존 어용 간부 청산과 민주노조 파괴, 노동관계법 개악을 통한 제도적 통제 강화였다. 먼저 신군부정권은 노동청을 통해 8월 21일 '노동조합 정화지침'을 시달하였다. 그 내용은 첫째 산별위원장급 12명의 즉시 사퇴, 둘째 산별노조 산하의 지역지부 즉각 폐지, 셋째 노동조합 정화운동의 지속적 추진 등이었다. 이에 따라 한국노총 및 산별노조의 위원장급 상층 간부 12명은 곧바로 사직서를 내고 떠났다. 그리고 9월 15일까지 105개의 지역지부가 해산되었고, 조합원은 14만여 명이나 급감하였다.

이어서 신군부정권은 191명의 정화대상자(정화대상자 121명, 자진사퇴자 70명)를 선정하고, 이들에게 9월 18일경부터 노조 간부직을 사퇴하고 현장에 복귀하라고 명령하였다. 여기에는 원풍모방 등 민주노조와 노조민주화에 앞장섰던 주요 간부들이 모두 포함되었다. 민주노조 간부들은 정화조치를 거부하였다. 하지만 회사는 유니온숍을 들어 이들을 해고하였고,* 행정당국과 상급노조는 즉각적인 사퇴를 강요하였다. 이와 함께 신군부정권은 민주노조 파괴작업의 전 단계로 12월 8일부터 원풍모방, 반도상사, 서통, 한일공업, 태양금속, 청계피복, 삼성제약 등의 민주노조 간부 및 조합원들을 대거 연행하였다. 계엄사는 이들에게 협박과 폭행을 가하여 사표를 받았고, 일부는 삼청교육대로 끌고 가 혹독한 형벌을 가하였다.

또한 신군부정권은 1980년 12월 31일 노동관계법을 전면 개정하고,

---

* 노조에서 제명되면 즉시 해고조치가 가능한 제도를 악용한 것.

노사협의회법을 새로이 제정·공포하였다. 그리고 곧바로 민주노조들을 파괴하기 시작하였다. 이에 민주노조들은 온 힘을 다해 저항하였다. 신군부 정권은 청계피복노조에 대해 1981년 1월 6일 해산명령을 내리고, 전투경찰을 동원하여 노조 사무실을 폐쇄하였다. 청계피복노조원 21명은 1월 30일 미국노총 산하기구인 아시아아메리카자유노동기구AAFLI 사무실을 점거하고, 노조해산명령 철회 등을 요구하며 농성에 돌입하였다. 그러나 하루 만에 경찰에 의해 강제 해산되고 11명이 구속되었다. 반도상사와 콘트롤데이타도 노조 정화조치에 이은 폐업으로 1981년 3월과 1982년 6월에 각각 깃발을 내리지 않으면 안 되었다. 서통노조에 대해서는 정화조치 등을 이유로 노조 간부들을 연행, 구속, 해고하고 노조를 어용화하였다.

신군부정권의 폭력적인 민주노조 파괴는 원풍모방에서 절정을 이루었다. 신군부정권의 민주노조 파괴작업은 1980년 9월 지부장·부지부장 정화조치→섬유노조의 제명 결정→회사의 해고조치의 순서로 이어졌다. 이어 신군부정권은 12월 8일부터 12월 30일까지 상무집행위원 전원과 대의원 및 기숙사 임원 거의 대부분을 연행하였다. 이들 중 14명으로부터 강제사표를 받고, 4명은 삼청교육대로 보냈다. 회사는 1981년 조직을 분열시키고 단체협약을 무력화하였으며, 1982년 9월에 이르러서는 무차별 폭력을 휘두르면서 총공격을 감행하였다. 9월 27일 대낮에 회사 사주를 받은 사원 100여 명이 노조 사무실을 점거해 노조 간부들을 폭행하고 기물을 파괴하였다. 9월 29일과 10월 1일 추석날 새벽에는 전투경찰까지 합세하여 노동자들을 난폭하게 끌어내 길거리에 내동댕이쳤다. 그리고 경찰은 조합장을 비롯한 노조 간부 전원을 전국에 지명 수배하였다. 노동자들은 이에 굴하지 않고 10월 7일 1차 출근투쟁과 영등포 가두시위를 벌였다. 경찰은 노동자와 대학생 134명을 연행하여, 이들 중 4명을 구속하고, 34명을 구류 처분했으며, 38명을 해고했다. 노동자들은 10월 13일 경찰과 폭력배들의 잔혹한 폭력에 맞서면서 2차 출근투쟁을 벌였고, 경찰은 192명의 조합원을 연행하여 2명을 구속하고 12명을 구류에 처하였다. 이후 회사와 경찰은 수배 노동자들을 색출한다는 명목으로 조합원들을 연행, 협박하고 가족까지 동원하여 자진 사퇴하도록 압력을 행사했다. 결국 9월 27일 이후 수많은 노조원들이 연행, 구속, 구류, 수배되고, 500여 명이 해고되었다. 이후 노조 간부들은 재기를 준비하였으나, 11월 12일 핵심 간부 11명이 전원 체포됨으로써 재기 시도는 좌절되고 말았다. 경찰은 5명을 구속하고, 5명에 대해서는 20일간의 구류에 처하였다.(원풍모방해고노동자복직투쟁위원회 편, 1988, 285～329쪽)

이와 같이 민주노조들은 노동자들의 처절한 저항에도 불구하고 원풍모방노조를 마지막으로 모두 파괴되었다. 그러나 이것으로 노동운동의 명맥이 완전히 끊긴 것은 아니었다. 노동자들은 얼마 후 자신들이 해온 운동의 성과와 한계를 인식하며 새로운 노동운동을 추진하기 시작하였다.

노동조합 무력화와 노동운동의 침체

1981년 이후 노동운동의 침체는 조직의 격감으로 나타났다. 노동조합 수는 1979년 4,947개에서 1980년 2,618개, 1981년 2,141개로 급감하였다가, 1982년부터 조금씩 증가하여 1987년 6월 2,725개에 이르렀다. 조합원 수는 1979년 108만 8,061명에서 1980년 94만 8,134명으로 줄어들었다가 다시 증가하기 시작하여, 1987년 6월에는 105만 201명에 이르렀다. 그러나 그 증가세는 극히 미미하여 1980년부터 1987년 6월 말 사이 단위노조 수는 107개, 조합원 수는 10만 2,067명 불어나는 데 그쳤고, 1987년 6월 말 현재까지도 1979년 수준에 크게 못 미치고 있었다. 조직률이 1979년 16.8%에서 1987년 11.7%로 낮아진 것은 그 때문이었다. 조직 감소는 노조 지역지부 해산과 기업별 노조로의 개편에서 비롯되었지만, 개정된 노동법에 의해 노조결성이 사실상 불가능해진 것이 큰 원인이었다. 또 어렵게 노조를 만든다 해도 고립무원한 기업별 노조의 특성과 사용자의 부당노동행위로 무너지기 일쑤였다.

기존 노동조합들의 활동도 거의 마비되었다. 과거 중앙집권적이었던 산별노조는 재정력과 하부조직에 대한 통제력을 일거에 상실한 채, 기업별 노조의 연락협의체로서 기업 단위노조에 자료와 정보를 제공하고 지원하는 것으로 그 역할이 축소되었다. 단위노조 역시 노동관계법의 삼엄한 규제 아래 고립되어 극도로 약화되었다. 그 결과로 노조들은 자본의 힘에 눌려 오래 버티지 못하고 무너지거나 무력해지는 한편, 조직 상호 간의 단절현상도 갈수록 깊어지고 있었다.

노동운동의 침체는 단체교섭과 노동쟁의에서도 나타났다. 합법적인 단체교섭과 노동쟁의는 1982년부터 허용되었지만 극도로 부진하였다. 그 원인은 주로 노동관계법의 제약과 고립분산적인 기업별 노조의 교섭력 약화 그리고 가혹한 사용자의 부당노동행위와 제재에서 비롯되고 있었다. 이 때문에 노동조합들은 주로 노사협의회를 통해 문제를 해결하는 경향을 보이게 되었고, 그 결과 당초의 요구에서 훨씬 후퇴한 선에서 타협하는 예가 일반화하였다. 노사협의회에서 임금, 근로시간 등 노사 간에 이해가 상반되는 문제를 협의하는 경우가 전체 조사사업장의 24%이고, 노사협의 사항과 단체교섭 사항을 함께 협의하는 경우가 51%나 된다는 조사 결과가 이를 잘 말해주고 있다.(『노동백서』 1980, 52~53쪽) 그 결과로 임금인상은 저조하고, 단체협약은 개선되기는커녕 현상유지조차 어려워졌다.

노동쟁의는 1982~1983년 2년 동안 45건에 불과했고, 1984~1986년에는 각각 28건, 32건, 25건으로 수적으로는 늘어났지만, 총 130건 가운데 쟁의행위가 한 건도 없을 만큼 그 강도는 극히 약했다. 노동쟁의의 원인은 임금인상이 85건으로 가장 많았고, 그다음으로 단체협약 관련 29건, 상여

임금체불에 관한 항의집회를 갖는 대우자동차 노조원들

금 8건, 기타 8건의 순이었다.

　노사분규는 1981년 186건, 1982년 88건으로 급속히 감소하였다가, 1983년 98건, 1984년 113건, 1985년 265건, 1986년 276건으로 매년 증가하였다. 이들 노사분규를 원인별로 살펴보면, 임금체불이 278건으로 전체의 27.1%나 차지하고 있었으며, 임금인상 194건(18.9%), 근로조건 개선 175건(17.1%), 해고 78건(7.6%), 휴폐업과 조업단축 49건(4.8%), 부당노동행위 39건(3.8%)의 순이었다. 그리고 택시 운전기사들의 사납금문제를 포함한 기타가 213건(20.8%)이었다. 이와 같은 요구조건을 해결하기 위해 노동자들이 취한 투쟁유형은 작업거부와 농성이 각각 525건, 395건으로 전체의 89.7%를 차지했고, 시위도 매년 꾸준히 이어져 모두 68건을 나타냈으며, 기타는 38건이었다.

　요컨대 1980~1986년의 노동운동은 합법적인 쟁의는 크게 저조하고 노사분규는 증가→침체→증가의 추세로 전개되었다. 1983년 이후 조직 결성과 노사분규가 증가한 것은 노동조건이 개선된 결과가 아니라, 정치적으로 유화국면이 전개되고 현장노동자들과 함께 지식인, 학생들이 대거 노동현장에 들어가 활동을 벌인 결과였다. 그러나 임금과 노동조건은 여전히 열악하였고 사용자의 횡포는 갈수록 심해지고 있었다.

이와 같이 1980년대 전반기 노동운동은 권력과 자본의 위세 아래 극도로 침체하였고, 노동조건 개선은 정체되었다. 이러한 정세 변화와 신군부 독재정권의 위압 아래 한국노총은 적극적으로 대응할 수 없었다. 1980년 대대적인 정화파동 이후 한국노총은 1984년 12월 노동조합법 시행령 개정을 요구한 회원조합 대표자 농성, 1985년 노동법 개정추진 궐기대회와 100만 조합원 서명운동, 1986년 11월 노동관계법 개정촉구 전국 대표자 궐기대회 등을 벌였다. 하지만 한국노총은 반독재민주화투쟁을 외면하고 내부의 개혁요구를 거부하였다. 그 상징적인 예가 갈수록 빈번해지는 조합원 농성을 차단하기 위해 노총회관에 철문을 설치한 것과 내부활동가 5명에 대한 해고였다.(한국기독교사회문제연구원 편, 1985, 144~145쪽) 그리고 1987년 6월민주항쟁의 거대한 파도 속에서 전두환 대통령의 4·13호헌조치를 지지하는 내용의 성명을 발표함으로써 또다시 조직 안팎으로부터 비난의 표적이 되었다.

노동운동의 재기와 새로운 모색

전민노련과 소그룹운동
전두환 정권의 극렬한 탄압과 노동조합의 무력화 속에서도 노동현장에는 불만과 분노가 누적되고 있었고 끊임없이 저항이 일어나고 있었다. 또한 지식인들 사이에서는 노동운동의 새로운 싹을 키워가고 있었다. 학생운동 출신 지식인 가운데에는 5·18민중항쟁을 비롯한 1980년 봄의 투쟁을 정리하면서 한국 사회의 근본적인 민주화는 노동운동을 중심으로 한 변혁운동에서 찾아야 한다는 주장이 제기되었다. 이에 따라 학생운동 내부에는 학생운동 중심의 정치투쟁론과, 노동현장에의 투신과 노동운동을 강조하는 '현장론' 또는 '준비론'이라는 흐름이 형성되었다. 1970년대 지식인들이 개인적인 결단에 따라 노동현장에 투신한 것과 달리, 1980년대 초에는 사회변혁을 목적으로 한 목적의식적인 조직활동의 하나로 노동현장 투신이 행해지기 시작했다.

이런 상황에서 1980년 5월, '전국민주노동자연맹'(약칭 전민노련)이 등장하였다. 이 조직은 학생운동 출신 활동가들과 1970년대 민주노조의 간부들로 이루어졌다. 이들은 1980년 초 기존의 노동자투쟁을 반성하고, 민중해방이라는 변혁 지향적 관점에서 노동운동을 전개할 것을 주장하면서, 노동자와 지식인이 결합한 비공개조직 건설, 합법적 경제투쟁을 통한 미조직대중 조직화 및 노동조합 민주화, 민주적인 제2노총 건설 등을 지향하였다. 전민노련은 신군부정권의 삼엄한 폭력정치의 공간에서 활동을 전개하고자 하였지만, 현장조직이 취약한 근본적인 약점으로 인해 곧 조직원이 모두 검거되어 붕괴되었다. 하지만 당시로서는 관념에 그치고 있던 변혁운동의 관점을 구체적으로 제시한 새로운 시도였으며, 활동가들에게 깊은 인상을 심어준 것으로 평가되었다.

전민노련의 흐름과는 별도로 경인지역의 노동자들 사이에는 소그룹을 통한 학습이 이루어지고 있었으며, 종교계의 지원 아래 노동야학도 지속되고 있었다. 방학을 이용하여 공장활동을 벌이거나 현장으로 직접 들어가는 학생들도 늘어나고 있었다. 이 같은 움직임 속에서 전민노련의 실패를 배경으로 새로운 조직방식이 모색되었다. 바로 '소그룹운동론'이 그것이었다. 이들은 사회변혁을 위해서는 노동자의 의식화와 조직화가 필요한데, 운동역량이 취약하고 운동에 대한 탄압이 심한 상황에서는 전민노련과 같이 전국적 조직을 구축할 것이 아니라 개별적인 소그룹 형태를 통해 현장의 주체역량을 축적하는 것이 긴요하다고 보았다. 이들은 노동조합만이 노동운동의 유일무이한 수단은 아니며, 노동조합이 선택적인 수단으로 생각될 정도로 역량이 확보되었을 때 노조결성이나 노조민주화를 시도해야 하고, 그 이전에는 노조 이외의 다양한 형태를 모색하면서 소그룹을 발전시켜야 한다고 주장했다.

소그룹운동론은 극도의 폭력적 탄압 상황에서 경제투쟁이나 노조결성조차 상당한 투쟁역량의 축적 없이는 성공할 수 없다는 인식에 근거하고 있었다. 그러므로 소그룹을 만들어 친목적 그룹에서 경제투쟁적 그룹을 거쳐 정치투쟁적 그룹으로 질적 발전을 하고, 이러한 소그룹이 확산될 때 자연스럽게 지역단위의 소그룹도 기대할 수 있다고 생각하였다.(홍승태, 1994, 121~122쪽) 소그룹운동은 경인지역에 널리 자리를 잡아나갔다. 이 과정에서 노동야학 특히 '자취방야학'이 학생운동과 노동운동의 구체적 접점으로 인식되어 광범하게 확산되었다. 그러나 소그룹운동론은 1984년 이후 노동자투쟁이 격화되는 시점에 노동자들의 요구를 담아 일상투쟁으로 연결하지 못함으로써 그 한계를 드러내었고, 1983년 8월 이후 전두환 정권이 '야학연합회사건'을 조작하여 대대적인 탄압을 가하자 크게 약화되었다.

유화국면과 노동운동의 활성화

1983년 말 민주화운동이 활성화되는 가운데 대학생 또는 대학 졸업생들이 서울과 수도권의 공장지대를 중심으로 노동현장에 대거 들어갔다. 정권과 자본가에게 위장취업자로 불린 이들 지식인 노동자는 1986년 10월 말 현재 전국적으로 373개 업체에서 699명이 적발되었을 정도로 광범하게 분포되어 있었다.(부천상공회의소 편, 1987, 41쪽) 이들은 노동 경험을 익히고 야학을 비롯한 소그룹활동을 벌이면서 노조결성, 노동쟁의 등에 참가하기도 하였고 노학연대투쟁에 나서기도 하였다. 이 무렵 노동문제의 심각성과 노동자의 요구를 알리는 선전매체 또는 노동관계 출판물들이 급속히 늘어났다. 이러한 상황 변화와 함께 노동운동은 재기의 새로운 모습을 나타내게 되었다.

먼저 1983년 말 정치적 유화국면과 함께 활동공간이 넓어지자 1970년대 운동경험을 토대로 노동운동을 지도하고 지원할 조직체를 만들어야 한다는 움직임이 나타났다. 또한 1984년 초 블랙리스트 철폐운동 과정에서 새로운 운동공간 확보가 주요한 과제로 등장하였다. 이에 따라 공개적인 노동운동단체 결성이 추진되는데, 그 첫번째 결실이 1984년 3월 10일 출범한 '한국노동자복지협의회'(약칭 한국노협)였다. 한국노협의 중심은 1970년대 민주노조의 간부들이었고 지식인 출신 활동가들이 가세하였다. 한국노협은 창립선언문에서 800만 노동자를 옹호, 대변하기 위하여 "비조직적이고 고립분산적인 한계를 극복하고 노동운동의 주체성, 통일성, 연대성을 드높이겠다"라고 선언했다.(김용기·박승옥 편, 1989, 124~125쪽) 한국노협은 독자적인 사무실을 갖고 기관지 『민주노동』을 발간하였으며, 교육, 선전, 상담, 법정투쟁 지원 등과 함께 블랙리스트 철폐투쟁, 청계피복노조 복구투쟁 및 노동법 개정운동을 전개했다. 1985년 2월 '한국노동자복지협의회 인천지역협의회'(약칭 인천노협)를 결성하여 전국 조직의 면모를 갖추고자 하였고, 당시 새로운 노동운동을 추구하는 자주적 공개기구로서 주목의 대상이 되었다. 한국노협은 이후 꾸준히 활동을 벌이다가 1989년 1월 15일 '한국민주노동자연합'으로 이름을 바꾸어 활동을 계속하였다.

이어 1985년 2월 3일에는 '한국기독노동자총연맹'(약칭 기노련)이 창립되었다. 기노련의 중심은 교회 노동청년과 산업선교회 회원들이었다. 기노련은 창립선언문에서 "그리스도의 복음정신에 따른 노동자의 주체적·중추적 조직"으로 "근본적이며 구조적인 사회의 모순과 일을 지배하는 모든 세력에 대항하여 싸워나갈 것"이라고 천명하였지만, 대중운동 지도 조직이라기보다는 공개적인 운동지원단체에 그쳤다.

다음으로 이 시기 노동운동에는 제도개선투쟁이라는 새로운 형태가 등장하였다. 그 출발점은 블랙리스트 철폐투쟁이었고, 이어 청계피복노조 합법성 쟁취투쟁, 노동법 개정운동이 추진되었다. 블랙리스트 철폐투쟁은 이리 태창메리야스 해고 여성노동자들이 시작하여 인천 등지로 번져갔고, 숱한 연행·구속 사태에 이어 1984년 1월 10일 '민주노동자 블랙리스트문제대책위원회'가 구성되어 정부에 문제해결을 요구하였다.

1981년 1월 해산명령에 대해 극렬한 저항투쟁을 벌였던 청계피복노조는 1984년 4월 8일 명동성당에서 '청계피복노조 복구대회'를 개최하고 사무실을 열었지만, 경찰이 사무실을 폐쇄하였다. 이에 노조는 민주화운동 단체와 함께 청계피복노조의 합법성에 관한 공개토론회를 개최하였고, 이어 9월 19일, 10월 12일과 1985년 4월 12일에 '청계피복노조 합법성 쟁취대회'를 열어 대규모 가두시위를 감행하였다. 시위는 1980년 5월 이후 서울에서 전개된 시위 중 가장 큰 규모로 격렬한 양상을 빚었으며, 대학생들이 대거 참여함으로써 노학연대투쟁의 전형을 보여주었다.

또 하나의 제도개선투쟁은 한국노협이 주도한 노동법 개정운동이었다. 한국노협은 1984년 10월 국회의원 18명의 서명을 받아 노동법 개정 청원서를 국회에 제출하는 한편, 전국 주요 도시에서 노동법 개정 촉구대회를 개최하고 서명운동을 전개하였다.

이 시기 현장노동자들의 투쟁은 주로 기업별로 이루어졌지만, 지역적인 대규모 투쟁도 등장하였다. 노동자들이 제시한 요구조건은 주로 노조 인정, 어용노조 민주화, 임금인상 등이었다. 이를 관철하기 위해 파업농성과, 정부기관이나 정당 또는 상급노조 점거농성을 빈번하게 벌였다. 이러한 투쟁방식은 노동자들의 요구를 억누르려는 권력과 상급노조에 대항하기 위한 것이었다. 이러한 투쟁은 한국노총에 충격을 주어 내부개혁을 요구하는 소리가 높아졌다.

정치적 유화국면과 함께 노조설립요건이 간소화되는 등 노동통제가 다소 완화되자, 노조결성이 활발해져 1984년 한 해 동안 134개의 노조(1만 7,091명)가 결성되었다. 1981년 이후 3년간에 이루어진 신규 조직보다 더 많은 노조가 결성된 것이다. 하지만 노조결성이 순조롭게 이루어진 것만은 아니었다. 신고절차가 완화되어 신고필증은 잘 나오는 편이었지만, 사용자들은 노골적으로 노조를 파괴했으며 때로는 폭력을 동원하기도 하였다. 예컨대 이화섬유에서는 노조결성장에 회사 측이 난입하여 플래카드를 찢고 카메라와 회의서류를 탈취하였다. 금강제화도 결성식장에서 난동을 부리고 강제로 '적색노조규탄궐기대회'를 열어 노조를 매도하였다. 부당노동행위는 대기업이 더 심해서 대우정밀, 풍산금속, 동서기연 등의 노조들은 결성 후 곧 파괴되었으며, 대우어패럴, 대한마이크로 등의 노조는 큰 시련을 겪었다.

그럼에도 노조결성은 계속 확산되었으며, 몇몇 노조는 치밀한 준비를 거쳐 민주노조 결성에 성공하기도 하였다. 그 대표적인 예가 대우어패럴 노조, 대한마이크로노조, 가리봉전자노조, 선일섬유노조, 효성물산노조 등이었다. 이들은 대부분 조합원 교육과 소모임활동을 통해 의식을 높이고 핵심 활동가들을 양성하였으며, 노조 상호 간에 소모임의 상호 교류와 합동교육활동을 진행하여 연대를 강화하였다. 이 밖에 대우자동차, 영창악기, 이천전기 등에서는 대중투쟁의 결과 노조가 결성되었고, 한일스텐

레스 노동자들은 투쟁과정에서 현장조직을 만들고, 이를 바탕으로 민주노조를 건설하였다.

이처럼 민주노조가 확산되자 전두환 정권은 1984년 9월 이후 다시 억압의 고삐를 당기기 시작하였다. 대표적인 방법이 설립신고서 반려와 노조해산이었다. 유니전 노동자들은 회사의 탄압을 무릅쓰고 노조설립신고서를 냈다. 하지만 9월 8일 구로구청은 회사명칭이 '한국유니전'으로 잘못 기재되어 있다는 등의 이유로 신고서를 반려하였다. 이후 노조는 파괴되고 어용노조가 결성되었다. 이런 상황은 협진양행 전자공장에 이어 1985년에도 경동산업, 성원제강, 동일제강, 세화상사, 한국음향기기, 대한상운 등에서 비슷하게 벌어졌다.

이 시기에는 어용노조 민주화투쟁도 활발하게 일어났다. 그 대표적인 예로는 3월 2일 이후의 석탄공사 장성광업소, 3월 9일 해태제과, 4월 25일 이후 창원 통일산업 등에서 전개된 노동자들의 투쟁을 들 수 있다. 장성광업소 광부 300여 명과 가족 200여 명은 3월 2일부터 5일간 지부장 직선제를 요구하며 경찰의 제지를 뚫고 광업소 주변을 장악한 채 파업농성을 벌였다. 창원 통일산업 노동자들은 어용노조를 불신임하고 학생운동권 출신인 문성현을 위원장으로 선출하였다. 회사가 문성현을 위장취업자라고 징계하려 하자 노동자들은 농성을 벌였다. 경찰은 6월 26일 노조 간부 18명을 연행하고 위원장과 사무장을 구속하였다. 회사도 15명을 해고하였다. 그럼에도 노동자들은 '(주)통일노조수호투쟁위원회'를 결성하고, 『통일노조 소식』이라는 신문을 매개로 노조민주화투쟁을 전개하였다.

1984년도 노동쟁의조정법의 절차에 따른 노동쟁의는 임금인상 요구를 중심으로 전년도의 15건에서 28건으로 급증하였고, 1985년에는 32건으로 다시 늘어났다. 그러나 요구조건을 관철하기 위한 쟁의행위는 한 건도 없었다. 이에 비해 비합법적 쟁의를 포함한 노사분규는 1983년의 98건에서 1984년의 113건으로 증가하였다. 분규 참가자 수도 1만 1,100명에서 1만 6,400명으로 증가하였고, 노동손실일 수도 8,671일에서 1만 9,900일로 급증했다. 이를 원인별로 분류하면 임금체불 39건, 임금인상 17건, 근로조건 개선 14건의 순이었다. 1985년 들어 노동탄압정책이 강화되었음에도 노동자들의 저항투쟁은 더욱 고조되었다. 노동쟁의는 모두 265건으로 전년에 비해 120%나 급증하였으며, 참가자 수와 노동손실일 수 역시 2만 8,700명, 6만 4,300일로 전해에 비해 2~3배 이상 늘어났다.

이처럼 노동자들의 개별투쟁이 활발해지는 가운데 지역단위의 큰 투쟁들도 폭발했다. 1984년 대구 택시운전사 파업과 1985년 인천 대우자동차 노동자 파업 그리고 구로동맹파업이 그것이다. 대구 택시운전사들의 파업시위투쟁은 1984년 5월 25일 새벽, 사납금 인하, 부제 완화, LPG충전 자율화, 노조탄압 중지, 퇴직금제도와 의료보험제 실시 등을 요구하며 시작되었다. 택시운전사들의 파업으로 대구시내 교통은 전면 마비상태에 빠졌다. 택시운전사들의 투쟁은 삽시간에 부산, 경산, 구미, 대전, 포항, 서울, 광주, 영주, 강릉 등으로 번졌다. 그 결과로 각지의 택시사업주들은 자진하여 스스로 사납금을 인하하고 노동조건을 부분적으로 개선하기도 하였다. 또한 이 투쟁은 이후 다수의 노동조합이 결성되는 것으로 연결되었다. 대구의 경우 5월 25일 파업 당시 12개였던 택시노동조합이 7월 중순에는 50여 개로 늘어났다. 전국적으로도 1984년 4월 말 330개에서 6월 말 현재 423개로 불어나게 되었다. 그러나 택시사업주들의 착취와 억압은 계속되었고, 1984년 11월 30일 서울 민경교통 박종만 기사는 노조 간부 복직과 노동조건 개선을 요구하며 단식농성을 하던 중 분신자살하였다. 택시노동자들의 투쟁은 정권과 사용자들에게 심대한 충격을 주었고, 노동운동을 촉진하는 주요한 계기가 되었다.

대우자동차 노동자 파업투쟁은 1985년 4월 16일부터 열흘간 전개되었다. 당초 투쟁은 1984년 저임금, 통근버스 이용, 상여금문제, 예비군문제 등 열악한 노동조건과 누적된 불만이 폭발하면서 진행되었다. 하지만 기존의 노조가 무력하게 대응하자 대학생 출신 노동자들이 중심이 되어 노조 집행부 반대세력을 형성한 뒤, 1985년 임금인상투쟁을 주도하였다. 노동자들은 회사 측 분열공작과 경찰의 위협을 뚫고 투쟁을 전개하여 임금 18.2% 인상 등 당초 요구를 대부분 관철했다. 경찰은 8명을 구속하고, 회사 측은 해고 1명, 자진사퇴 1명, 3개월 정직 4명 등 징계조치를 취하였다. 대우자동차 노동자들의 파업투쟁은 막강한 재벌기업에 맞서 요구를 쟁취한 점, 지식인 주동자들이 헌신적인 노력으로 현장의 지지를 획득하고 철저한 사전준비를 통해 탈법적인 투쟁을 감행하였다는 점, 투쟁의 시작에서 종결까지 철저하게 현장 내 노동자들의 경제적 요구를 중심으로 일관했다는 점 등이 특징이었다.(임영일, 1998, 83쪽) 대우자동차 노동자들의 투쟁은 당시 노동운동에 큰 영향을 미쳤다. 대우자동차 노동자들의 투쟁은 다른 사업장 노동자들의 투쟁을 촉진하여 전두환 정권과 자본의 임금가이드 라인을 무력화했고, 노동법 개정에 대한 논의를 촉발했다. 또한 대우자동차의 지식인 노동자들은 처음부터 끝까지 자신을 드러내고 투쟁을 주도함으로써 당시 풍미하던 소그룹운동 방식에 큰 충격을 주었다. 그럼에도 이 투쟁은 기업 내 경제투쟁에 머물렀고, 합의내용도 향후 운동의 발전을 확보하지 못했다고 하여 "경제주의자들의 최후의 발악"이라는 비난을 받기도 했다. 하지만 이러한 평가는 당시 대우자동차 노동자들의 주체적인 역량과 노동운동의 발전 수준, 객관적인 정세를 배제한 이론적 판단이라는 지적도 있다. 노동자들의 과오가 아니라 운동의 한계라는 것이다.(홍승태, 1994, 130~132쪽)

대우자동차 노동자들의 투쟁으로부터 한 달 후 구로공단에서는 10개 노조, 2,500여 명의 노동자가 동맹파업에 돌입하였다. 6월 24일부터 일어난 동맹파업의 발단은 경찰이 대우어패럴노조 위원장(김준용) 등 세 명을 구속한 일이었다. 1984년 6월 7일 결성된 대우어패럴노조는 회사 측의 파괴공작과 탄압에 맞서 진정, 고발, 구제신청, 한국노총회관 및 민한당사 점거농성 등 다양한 투쟁으로 조직을 지켜왔다. 그러던 중 1985년 임금인상 시기를 맞이하여 시위, 농성 등 단체행동을 통해 요구조건을 관철하고자 했다. 결국 40일간의 투쟁 끝에 임금인상은 마무리되었다. 그런데 임금인상교섭이 끝난 후인 6월 22일 서울 남부경찰서는 임금인상투쟁 때 두 차례 철야농성을 벌였다는 이유로 노조 위원장 등 세 명을 연행하여 구속했다. 노조원들은 회사 측에 항의하는 한편, 철야회의 끝에 24일 파업에 돌입했다. 인근의 가리봉전자, 효성물산, 선일섬유 노조 간부들은 경찰의 탄압을 민주노조를 각개격파하기 위한 신호탄으로 인식하고, 24일부터 동맹파업에 돌입하였다. 이날 배포된 "노동조합 탄압저지 결사투쟁선언"에서 노동자들은 "구속자 석방, 민주노조운동을 짓밟는 악법 철폐, 부당해고자 전원 복직, 정책적인 어용노조 설립 즉각 중단, 임금동결정책 포기와 최저생계비 보장, 노동부장관 사퇴" 등을 요구했다. 6월 25일에는 남성전기, 세진전자, 롬코리아 노조가 연대투쟁에 동참하였고, 6월 27일에는 성수동에 있는 삼성제약노조가 중식거부농성을, 6월 28일에는 부흥사노조가 출근과 동시에 연대투쟁에 돌입했다. 연대투쟁에 참가한 노조는 10개에 달했다. 또한 구로지역노조민주화추진위원회연합, 노동운동탄압저지투쟁위원회, 청계피복노조, 민주통일민중운동연합, 한국노협, 민주화운동청년연합, 가톨릭노동청년회, 민중불교운동연합 등 민주화운동세력들은 성명을 발표하고 농성과 가두시위를 벌여 노동탄압 중지와 구속자 석방을 요구하며 동맹파업을 엄호하였다. 동맹파업은 6월 29일 사복경찰과 폭력배들이 대우어패럴 노동자들을 강제 해산함으로써 막을 내렸다. 이 투쟁과정에서 43명이 구속, 38명이 불구속입건, 47명이 구류처분을 받았으며, 700여 명

의 노동자들이 해고되거나 강제사직을 당하였다.(김장한, 1989, 85쪽)

구로동맹파업은 경공업, 중소기업 분야의 여성노동자들이 중심이었다. 이 투쟁은 위기에 직면하여 갑자기 발생한 것이 아니라, 각 노조의 충실한 일상활동과 지속적인 연대활동의 결과물이었다. 구로동맹파업은 정치적 요구를 제기하고 국가권력을 상대로 했다는 점에서 정치투쟁의 성격을 나타냈으며, 다른 부문의 민중운동과 노동운동의 연대 가능성을 제시했다. 또한 노동운동을 경제적 이익 중심의 단순한 부문운동으로만 파악하는 시각을 벗어나는 계기를 제공했으며, 기업별 노조라는 정책적 틀에 함몰되지 않고 연대투쟁과 정치투쟁을 할 수 있다는 노동조합운동의 발전 가능성을 제시했다. 구로동맹파업은 1980년대 전반기 노동운동의 집약된 결실이면서 동시에 노동운동의 질적 전환을 위한 하나의 분기점이었다. 그러나 구로동맹파업은 그에 참여한 활동가들이 모두 구속되고, 수백 명의 노동자들이 해고되며 노동조합도 모두 와해되는 결과를 초래했다. 이에 노동조합운동의 한계를 느끼고, 대중적·선도적 정치투쟁을 사회변혁의 방도로 인식하고 실천하는 하나의 경향이 등장하였다.

변혁적 노동운동의 지향: 대중정치 선도투쟁의 대두

1984년 이후 재야노동운동단체들이 결성되고 신규 조직이 급증하였으며, 노동쟁의도 활발하게 전개되었다. 또한 대학생들을 비롯한 지식인들이 대거 노동현장에 투신하고 소그룹활동이 폭넓게 확산되었다. 하지만 1984년 하반기 이후 정치권력이 다시 탄압을 강화하자 모처럼 활발해지던 노동운동은 큰 어려움에 봉착하였다. 이에 대응하여 노동운동가들 사이에는 노동조합과 다른 대중운동 틀을 만들어야 한다는 주장이 나왔고, 그 노력의 하나로 나온 것이 지역투쟁의 틀이었다.

이에 따라 지역투쟁조직이 추진되었는데, 1985년 4월과 6월에 출현한

'노동운동탄압저지투쟁위원회'(약칭 노투)와 '구로지역노조민주화추진연합'(약칭 구민연) 등이 그 예들이다. '노투'는 경인지역 해고 노동자들이 만든 조직이고, '구민연'은 구로공단지역에서 민주노조 및 민주노조 추진세력들이 만든 조직이었다. 이 조직들은 해고자들을 결집하여 현장투쟁을 지원하고, 선도적인 각종 투쟁을 통해 역량을 키우면서 지역적 결집을 모색하였다. 하지만 현장기반을 갖지 못하고 운동이념도 분명하지 않은 채 활동하다가 이후 결성된 '서울노동운동연합'(약칭 서노련)에 참여하였다. 이어 소그룹운동을 비판하는 '지역노동운동론'이 대두했다. 이들은 당시 상황이 노동대중의 분노와 투쟁욕구가 팽배해 있음에도 대부분의 활동가들이 고립분산된 채 수공업적인 활동에 그쳐 성장하는 대중의 투쟁역량을 올바로 지도·지원해내지 못하고 있다고 지적하면서, 지역별·산업별 노동운동지도부가 건설되어야 통일적인 투쟁이 전개될 수 있고, 투쟁과정에서 생겨난 역량을 계속 조직화해갈 수 있다고 주장하였다.

이러한 상황에서 청계피복노조, 노투, 구민연, 노동자연대투쟁연합 (1985. 7. 23) 등의 단체들이 1985년 8월 25일 서노련을 결성하였다. 그리고 1986년 2월 7일에는 '인천지역노동자연맹'(약칭 인노련)이 결성되어 서노련과 결합하였다. 이것이 '서인노'였다.

서노련은 창립선언에서 노동자가 억압받지 않는 사회를 건설하는 것이 노동운동의 궁극적 과제이며, 어떤 합법적 민주노조도 파괴되는 탄압 상황에서는 새로운 형태의 대중조직을 건설해야 한다고 선언하였다. 서인노는 고도로 무장된 전위들이 정치조직을 만들어 선도적인 정치투쟁을 행함으로써, 대중의 정치의식을 고양시키고 정치투쟁에 참여시켜야 한다고 주장하였다. 서노련은 '전국노동자민중민족통일헌법쟁취위원회'(약칭 전노삼민통)를 결성하고 학생운동과 연대하여 노동자가 주도하는 개헌투쟁을 추진하였다. 서노련은 대중정치투쟁을 확산시키고 지역조직들을 묶어 '전국적 노동자조직'을 건설할 목적으로 『서노련신문』을 발간하였다. 『서노련신문』은 1986년 3월 『노동자신문』으로 통합, 개편되었다.

서인노는 민주화운동 역량이 급속하게 성장하고 노동운동세력이 크게 확장되는 추세 속에서 구로동맹파업이라는 경험과 성과를 토대로 결성되었기 때문에, 노동운동을 주도하는 위치에 설 수 있었고, 많은 활동가들을 결집하였다. 서인노는 정치적 폭로와 선전·선동 투쟁을 전투적으로 감행하고, 노동운동의 전국적 통일을 의욕적으로 추진하였다. 그러나 전선통일을 이룩하지 못한 채 남서울노동운동연합(약칭 남노련) 같은 세력들의 반발에 부딪혔다.

서인노에 대한 반발과 비판은 1986년도 임금인상투쟁이 저조한 결과로 나타나면서 고조되었다. 1986년도 임금인상투쟁은 서인노와 다른 세력의 분열경쟁 속에 전개되었다. 노동쟁의가 급격히 늘어났고, 서울 신흥정밀에서는 노동자 박영진이 임금인상투쟁 도중에 자기 몸을 불사르는 극한적인 저항투쟁도 발생하였다. 서인노를 비판한 내용들은 대중을 무시하고 선도투쟁만으로 나갔다는 것, 현장투쟁을 무시하고 정치투쟁으로 노동자들을 몰았다는 것, 다른 조직들을 거느리려는 패권주의에 빠졌다는 것, 조직 내 민주주의를 실현하지 않았다는 것 등이었다. 여기에다가 전두환 정권이 1986년 인천 5·3항쟁을 계기로 운동단체들에 대해 대대적인 탄압을 가하자 서인노는 심대한 타격을 입게 되었으며, 얼마 후에는 자체 내부 논쟁이 격화되면서 소멸하기에 이르렀다.

한편, 서노련이 출범하기 전인 1984년 무렵부터 학생운동가와 지식인들 사이에는 사회변혁을 둘러싸고 사회구성체 논쟁이 치열하게 벌어지기 시작했다. 논쟁의 핵심은 우리 사회를 규정하는 기본 모순이 제국주의 외세와 우리 민족과의 모순인가 아니면 민족 내부의 계급적 모순인가 하는 것이었다. 이 논쟁은 1985년 후반기부터 민족해방민중민주주의혁명론

NLPDR 그룹, 제헌의회CA 그룹으로 나타났고, 학생운동은 반제국주의 직접투쟁론을 중심에 둔 '반미자주화반파쇼민주화투쟁위원회'(약칭 자민투)와 민족민주주의혁명론NDR 계통의 흐름을 이어받은 '반제반파쇼민족민주투쟁위원회'(약칭 민민투)로 나뉘었다. 이 같은 논쟁은 노동운동에도 영향을 미쳤는데, 그 내용은 사회성격과 변혁노선, 정치조직·대중조직 건설에 대한 실천적 관점의 차이였다. 서인노는 노동운동의 조직과 투쟁에 대해, 대중노선을 강조하면서 노동조합의 중요성을 내세운 NLPDR의 주장을 관념론이라고 비판하고, 자신들의 대중정치투쟁론의 정당성을 주장했다.

서인노가 와해되고 노동운동권 내에는 입장을 달리하는 다양한 서클이 형성되었다. 일부 서클들은 대중을 지도할 전위조직을 건설할 것을 주장하며 이를 실천하고자 했으나, 대중적 기반이나 실천적 지도력 등 지도조직의 조건을 갖추지 못해 실패했다. 그 밖의 서클들은 대부분 지역 차원의 분파적 집단으로 존재했다. 이들은 선진적 노동운동가들을 훈련하는 데 일정하게 기여했으나, 정치적 입장에 따라 지역에 분산되어 사회변혁을 위한 전략·전술 논쟁에 더 많은 관심을 기울이고 있었다. 그러나 모든 그룹과 운동가들이 서클 위주의 골방 논쟁에만 매몰되어 있지는 않았다. 일부 지역에서는 실천적 과제를 중시하며 정치적 입장의 차이를 넘어서 집단적이고 통일적인 활동을 위한 체계를 세우고 대중조직을 건설하는 데 힘을 집중하기도 했다.

이런 상황에서 1986년 하반기 대중정치조직과 서클 중심 활동의 한계를 극복하고 새로운 운동조직체를 건설해야 한다는 논의가 다양하게 전개되었다. 전위조직건설론, 정치적 대중조직건설론PMO, 비공개노조론, 투쟁위원회론, 민주노조론, 자주노조론 등이 그것들이었다. 논의의 쟁점은 대체로 전위조직을 먼저 구축해야 한다는 쪽과 대중조직 건설이 우선이라는 쪽의 두 방향으로 나뉘었고, 대중조직으로는 노동조합과 정치적 대중

조직이 제기되었다. 대중조직 논쟁은 1987년의 노동자대투쟁을 거쳐 민주
노조로 정리되었고, 정치조직 논쟁은 대중운동의 진출과 상황의 변화에
따라 전선체운동과 합법 또는 비합법적 정치조직 건설 등의 모습으로 변
화하였다.

2

87노동자대투쟁

대투쟁의 점화와 폭발(6월 말~8월 초순)

1987년 여름 노동자대투쟁 시기에 대해서는 앞에서 본 바와 같이 7~8월 또는 7~9월로 혼재되어 있으나 여기서는 후자에 가까운 세 단계, 즉 6월 말 또는 7월 초에서 8월 초, 8월 초에서 8월 말, 8월 말에서 9월 말로 구분한다. 그것은 노동자들의 투쟁이 6·29선언 이후 대두되기 시작하여 8월에 최고조로 분출되었다가, 9월 중순 이후에 수그러들었고, 그 이후에도 투쟁의 여진이 계속되었기 때문이다. 또한 비록 짧은 기간이지만 노동자들의 투쟁을 노사정 간의 권력관계를 배경으로 노동운동의 관점에서 투쟁의 촉발, 고양, 쇠퇴로 파악할 수도 있기 때문이다. 물론 논자에 따라서는 구체적으로 날짜까지 명시하여 구분하기도 하지만 큰 차이는 없어 보인다.*

첫번째 투쟁시기는 6·29선언과 함께 국가의 억압적 통제기구가 이완

---

* 김유선은 투쟁단계를 6. 30~8. 7, 8. 8~8. 27, 8. 28~9월 말로 보고 있고, 장홍근과 노중기는 6. 30~8. 10, 8. 11~8. 27, 8. 28 이후로 보고 있다.(최영기 외, 2001, 87쪽)

되고, 정치적으로는 이한열 추모기간과 김대중 사면복권문제, 사회적으로는 태풍과 장마로 인한 수해가 주요 이슈였고, 노동문제는 아직 관심의 대상에서 멀리 떨어져 있는 듯한 분위기인 상황에서 노동자들의 투쟁이 점화되면서 점차 확산된 시기다. 그 때문에 투쟁은 전반적으로 완만하게 진행되었고, 그 구체적 발화점은 현대엔진노조 결성(7. 5), 현대미포조선 노조설립신고서 탈취사건(7. 16) 등이라 할 수 있다.

　노동자대투쟁은 초기에는 크게 세 갈래로 전개되었다. 첫째는 울산 현대엔진노동조합 결성을 시작으로 부산·마산 등지로 번져나간 제조업 노동자들의 투쟁이고, 둘째는 각 지역 택시노동자들의 연대파업·시위 확산이며, 셋째는 강원도 지역을 중심으로 한 광산노동자들의 투쟁이다.(박석운, 1997, 3~4쪽)

　'6·29선언'이 발표된 직후 맨 먼저 투쟁을 벌인 것은 택시노동자들이었다. 경기도 성남시의 택시노동자들은 6월 29일 시민들과 합세하여 심야까지 가두시위를 전개하면서 임금인상투쟁을 승리로 이끌었고, 7월 4일에는 광주 택시노동자들이 기존 노조가 체결한 임금협정의 부당성을 주장하며 가두시위를 전개했다.(박석운, 1997, 4쪽) 택시노동자들의 요구조건은 사납금제 폐지와 완전월급제 실시로 모아졌다. 7월 20일에는 택시노조 조합장 105명이 자동차노조연맹의 조직운영을 민주적으로 개혁할 것을 요구했다.(『중앙일보』 1987년 7월 20일자)

　버스 분야에도 투쟁이 일어났다. 운수노동자들의 투쟁은 8월 중순부터 정부의 적극적인 개입으로 소강상태에 접어들었지만 기업주 측의 미봉책과 노조민주화 요구가 상존한다는 점에서 여전히 불씨를 안고 있었다.(한국노총 편, 1988, 150~151쪽)

　제조업 부문에서는 7월 1일 서울 서영산업 노동자와 그 가족들이 '어용노조' 위원장의 퇴진을 요구하며 농성을 벌였다.(노중기, 1997, 187쪽) 7월 중순부터는 인천, 경주 등지에서 개별 사업장 간 연대 동조파업이 일어났으며(『중앙일보』 1987년 7월 20일자), 8월에 들어서면서 전주, 군산, 성남, 춘천, 대전, 청주, 제주, 부산, 대구, 광주, 부천, 서울 등 거의 모든 대도시에서 지역별 총파업으로 확산되었다.

광산노동자들의 투쟁은 7월 16일 동원탄좌 해고자들의 무기한 단식농성으로부터 시작되었다. 이어 7월 16일 태백시 동해탄광과 사북 동원탄좌, 7월 18일 태백시 한보탄광, 7월 21일 태극광업으로 투쟁이 확산되었다. 8월 들어서는 1일에 태백 황지광업소, 4일 전남 화순의 호남탄좌와 대성탄좌 정선광업소, 6일 어룡광업소와 함백광업소에서 투쟁이 벌어졌다. 광산노동자들의 투쟁은 8월 12, 13일을 고비로 소규모 탄광으로 번지다가 8월 20일경에 마무리되었다. 광산노동자들의 투쟁양태는 노조 사무실을 포함한 광업소 내 점거농성에서 가두진출과 철도 및 도로 점거로 발전해갔고, 8월에는 전국으로 번졌다. 노동자들은 단순한 임금인상 등 근로조건 개선 요구에 머무르지 않고, 어용노조 퇴진과 도급제 폐지나 월급제 쟁취와 같은 임금제도 자체의 변경을 요구하기도 하였다.

이러한 일련의 투쟁 속에서 전국적인 투쟁을 촉발한 결정적 사건은 7월 5일의 울산 현대엔진노조 결성이었다. 현대엔진에서 노조를 결성하기 위한 도전은 1986년 소모임과 노사협의회를 통해 시작되었다. 1987년 4월, 6월에 노조설립추진위원회 설립을 거쳐 마침내 7월 5일 101명이 참석한 가운데 노조(위원장 권용목)가 결성되었다. 노조는 결성 직후부터 매일 점심시간에 노조결성 보고대회를 열었고, 마침내 7월 13일 노조설립신고증을 받아냄으로써 국내 굴지의 재벌그룹인 현대그룹에 노조의 깃발을 올리게 되었다. 이어 7월 15일에는 현대미포조선노조가 결성되었다. 그런데 다음 날인 7월 16일 회사 측이 노조설립신고서를 울산시청에서 탈취했고, 이 사건 보도와 함께 울산 현대그룹 계열사에서 잇따라 노조가 결성된 사실이 전국에 알려지게 되었다. 노조설립신고서를 탈취당한 현대미포조선 노동자들은 곧바로 보고대회를 강행한 뒤 농성에 돌입했고, 여론의 압력과 노동자들의 투쟁열기에 떠밀린 회사는 노조설립신고서를 반납했으며, 울산시청은 다음 날 노조설립신고증을 교부했다. 이후 현대중공업(7. 21), 현대자동차(7. 25), 현대중전기(7. 26), 현대종합목재(7. 31), 현대정공(8. 2)에 노조가 연이어 들어섰다.

현대엔진과 현대미포조선에서 노조결성이 성공한 것은 이후 노동자대투쟁의 기폭제로 작용했다. 전두환 정권의 강한 노동통제와 거대 독점자본의 치밀한 노동통제가 중첩되었던 대그룹 계열사에서 노동자들의 자발적인 투쟁으로 민주노조가 결성되었다는 소식은 전국의 노동자들에게 커다란 자신감을 불어넣었다.(노중기, 1997, 187쪽)

현대미포조선노조 결성에 이어 7월 17일과 18일에는 울산 택시노동자들이 택시운행부제 개선투쟁에 돌입하여 택시운행부제를 4부제로 환원하게 만들었다. 노동자대투쟁의 불길은 풍산금속(7. 24), 태광산업(7. 27), 동양나이론(7. 27) 등 울산지역 대부분 사업장으로 번져나갔다. 부산에서도 동아건설(7. 13), 풍영(7. 17), 태광산업(7. 23), 대한조선공사(7. 25), 세진정밀(7. 27), 국제상사(7. 28) 등에서 연쇄적으로 파업농성이 벌어졌고, 마산·창원 지역에서도 7월 26일 동명중공업노조 결성을 시작으로 한국중공업(7. 30), 현대정공 창원공장(7. 30), 효성중공업(7. 31), 세신실업(8. 1), 대우중공업(8. 4), 삼성중공업(8. 4), 기아기공(8. 6), 통일(8. 7) 등에서 파업농성이 벌어졌다.

한편, 인천에서도 7월 12일 한독금속노조 결성을 시작으로 남일금속(7. 13), 서울조구(7. 14), 태원(7. 16) 등의 사업장으로 투쟁이 번지다가, 8월 6일 대우중공업의 파업농성을 계기로 지역 전체로 확산되었다. 투쟁은 7월 말, 8월 초를 지나면서 대구, 구미, 광주, 이리, 성남, 부천, 안양, 안산 등 전국의 산업도시로 번져나갔고, 광산노동자들도 8월 한 달 내내 광산지역 전체에 걸쳐 치열하게 투쟁을 전개했다.

들불처럼 번져가는 투쟁에 대해 사용자들은 '구사대'를 동원하거나 어용노조를 설립하는 등 노조결성과 파업농성투쟁을 무력화하기 위해 갖가지 방법을 동원했으나 역부족이었다. 그것은 노동자들의 투쟁열기가 워낙 폭발적이었고, 6월민주항쟁의 치열한 전개에 따른 정치적·사회적 상황 속에서 오랫동안 억압적이거나 무관심에 젖어왔던 사용자들의 관리방식으로는 폭발적인 투쟁을 쉽사리 수습하기 어려웠기 때문이다.

한편, 노동자대투쟁 초기 국면에서 전두환 정권은 노사분쟁에 대한 개입을 최대한 자제하고 있었다. 과거와 판이하게 달라진 이런 형태는 노동쟁의의 폭발성을 예측하지 못했던 점, 6·29선언 이후 격변하는 정치환경, 정부·여당의 선거전략 등에 기인한 것으로 보인다. 그러나 전두환 정권은 불개입의 이면에서 당면 노동문제에 대응하기 위한 중요한 정책적 결정들을 구체적으로 구상하고 있었다. 즉, 전두환 정권은 급격히 확산되는 노동쟁의에 대한 전반적 대응방향을 마련하고 있었고, 노조설립조건 완화와 통제조항 존속으로 요약되는 노동법 개정의 기본 방향을 이미 이 시기에 결정했던 것이다.(노중기, 1997, 188쪽)

대투쟁의 확산과 민주노조 건설(8월 초순~8월 말)

두번째 투쟁시기는 8월 초순부터 8월 말까지로, 8월 8일 현대그룹노동조합협의회 결성, 거제 대우조선 노동자 파업 등을 기점으로 투쟁이 폭발적으로 일어나, 전 산업·전 지역·전 사업장으로 확산된 시기다. 예컨대 7월 마지막 주에 60건이었던 파업은 8월 첫째 주에 192건으로 급증하고, 8월

셋째 주(8. 17~23)에는 880건으로 폭발적인 증가세를 보였다. 파업 참가자 수는 25만 5,000여 명을 넘어섰으며, 113개의 노조가 새로이 만들어졌다.(노동부 편, 1988, 25~45쪽) 이 시기에 전두환 정권은 적절한 대처방법을 찾지 못한 채 개입 자제와 노사 자율합의만을 강조하다가 8월 중순부터 서서히 고삐를 죄기 시작하였다.

1987년 8월 초순을 지나면서 노동자들의 투쟁은 동·남해안 공단지역에서 전국·전 산업으로 급속히 확산되었다. 6월 29일부터 10월 31일까지의 노동자대투쟁 기간에 벌어진 3,235건의 파업 가운데 약 69%인 2,235건이 이 시기에 발생했다는 사실이 이를 잘 말해주고 있다. 이 과정에서 노동조합 결성도 급속하게 증가했다. 6월 29일~7월 15일에 33개의 노조가 결성되었으나, 8월 한 달 동안 681개로 늘어났으며, 9~10월 두 달 동안에는 319개의 노조가 결성되었다. 노조결성이 가장 왕성했던 8월에는 하루에 22개의 노조가 신설될 정도였다. 그 결과로 노조조직률은 1986년의 16.9%에서 1987년 10월 현재 23.1%로 높아졌다.(최영기 외, 2001, 109쪽) 이처럼 노동자들이 전국·전 산업 분야에서 파업농성을 벌이고 노동조합을 결성하는 등 온 나라가 노동자대투쟁의 물결로 뒤덮였다.

노동자들의 투쟁이 확산됨에 따라 조직과 투쟁방식에도 새로운 변화가 나타났다. 그 대표적인 예가 8월 8일 현대그룹노동조합협의회 결성과, 8월 17일과 18일 울산에서의 현대그룹 노동자 6만 명의 연합가두시위였다. 이 밖에 마산과 창원에서도 사업장 노동자들이 가두시위를 벌여 경찰과 격렬하게 대치하기도 하였다.

국내의 초거대 기업집단인 현대그룹의 노동자들은 오래전부터 보아왔던 현대그룹 경영체제의 속성을 대투쟁과정에서 누차 확인할 수 있었다. 그리고 그에 대응하여 노조가 연대해야 할 필요성을 절감하였다. 곧 현대그룹의 경영과 각 계열사의 경영방침 모두를 그룹 회장이 좌지우지하고,

계열사의 경영실적과 상관없이 그룹 차원에서 임금인상을 결정하며, 그룹의 종합기획실이 전체 계열사를 일괄 통제하는 현대그룹의 중앙집권적·가부장제적 지배질서에 대해 효과적으로 대응하기 위해서는 현대그룹 노동자 전체의 연대와 통일이 필요하다는 사실을 확인한 것이다. 이에 따라 7월 초순 이후 결성되어왔던 11개 노조의 대표자들이 1987년 8월 8일 오후 1시 현대중공업 정문 앞 현대쇼핑센터 3층 예식장에 모여 현대그룹노조협의회(의장 권용목)를 결성했다. 여기서 노조 대표들은 임금인상에 대한 단체교섭을 17일에 최종 합의한다는 계획을 정하고 이를 그룹 종합기획실에 요구했다. 그러나 협상 첫날부터 회사 측은 교섭을 거부했고, 노조는 투쟁준비에 착수했다. 회사 측은 14일 개최될 예정이었던 2차 협상을 무산시키고 홍보공세를 광범하게 펼쳤다. 그럼에도 현장의 분위기는 폭풍전야처럼 긴장되어갔다. 회사 측은 8월 16일 6개 계열사에 대해 무기한 휴업조치를 내렸다. 그리고 공장 출입문을 용접하여 봉쇄하고 중장비차량이 못 나가도록 하는 등 집회시위를 차단하기 위한 만반의 조치를 취했다.

투쟁은 8월 17일 현대중공업 정문에서 시작되었다. 노동자들은 바리케이드를 밀쳐내고 순식간에 정문을 돌파했으며, 현대미포조선 노동자 1,000여 명이 10km를 행진, 현대중공업 운동장에 합류했다. 노동자 연합시위가 시작된 것이다. 노동자들은 경찰의 최루탄 세례를 뚫고 행진을 계속했고, 남목을 거쳐 현대중공업 정문 앞에서 해산했다. 시위행렬의 본대는 해산했으나 노동자들의 투쟁은 새벽까지 계속되었다. 회사 측은 기숙사에 단전, 단수, 식당폐쇄 조치를 취하고, 다음 날 집회를 막기 위해 유인물을 뿌려 전열을 흐트러뜨리려 했다. 하지만 오히려 노동자들의 강한 분노와 반발을 샀다. 안기부와 노동부 지방사무소장이 찾아와 중재를 요청했지만, 정주영 회장이 노조를 비난하는 발언을 하여 노동자들의 분노는 더욱 커지게 되었다.

© 경향신문사

현대중공업 운동장에 모여 민주노조 결성과 임금인상 등을 요구하는 노동자들

8월 18일, 전날보다 더 불어난 현대그룹 노동자들과 3,000여 명에 이르는 가족들이 정문 앞에 집결했다. 이들은 '정주영 회장 및 족벌체제 타도 화형식'을 치른 뒤, 덤프트럭, 소방차, 카고트럭, 지게차, 샌딩머신차 등을 앞세우고 행진을 시작했다. 노동자 대열은 4만 명을 넘어섰다. 전경 4,500여 명이 대기하고 있었지만 행진을 제지하기에는 역부족이었다. 4km가 넘는 대열이 16km에 걸친 행진 끝에 울산 공설운동장에 도착하여 집회를 열었다.

상황이 이에 이르자 한진희 노동부차관이 급히 내려와 협상에 들어갔다. 이날 밤 협상의 결과, 노조협의회 권용목 의장과 노동부차관, 울산시장, 노동부 울산사무소장, 안기부 소장 등 다섯 명의 명의로 합의서가 발표되었다. 그 내용은 (1) 현대중공업 민주노조의 이형건 집행부 인정, (2) 9월 1일까지 임금인상 타결을 정부가 보장, (3) 정주영 회장이 기자회견을 통해 각 계열사 사장들에게 전권을 위임했다는 내용을 발표하고, 위 사항은 정부의 공식적인 입장임을 확인한다는 것이었다. 이 합의에 따라 사상 최초, 최대의 연합시위투쟁은 평화적으로 마무리되었다. 그러나 이런 내용의 합의는 그 뒤 잘 지켜지지 않았을 뿐 아니라, 현대중공업노조 이형건 집행부가 8월 19일 정주영 회장과 서울에서 위의 합의와 다른 내용의 합의를 함으로써 고난의 행군을 시작하게 되었다. 이 조직적 혼란은 1993년 현대그룹노조총연합의 공동 임금인상투쟁에 이르러서야 극복되었다.(최영기 외, 2001, 104~105쪽)

이처럼 노동자대투쟁이 격렬하게 진전되는 상황에서 전두환 정권은 계속 전면적 개입을 자제하는 모습을 보였지만, 후반부로 가면서 보다 강경한 조짐을 보이기 시작했다. 따라서 이 기간은 전두환 정권이 본격적인 대규모 공권력 투입을 위한 사전정비, 즉 이데올로기 공세를 펴고 통제기구들을 준비하는 기간이었다고 할 수 있다.(노중기, 1997, 189쪽) 예컨대 8월 11일 전국경제인연합회(약칭 전경련)는 '폭력·파괴·불법행동'에 공권력 개입을 요청하는 성명서를 냈고, 노동부장관은 "불순세력 개입 시 공권력을 투입하겠다"라는 내용의 담화문을 발표했다. 8월 20일에는 합동수사본부가 설치되었고, 8월 21일에는 치안본부가 '좌경 척결을 위한 3대 방안'을 발표했다. 그 이후에는 보다 강경한 대응이 나타나는데, 8월 22일 국제상사 농성주도자에게 '위장취업자'라는 구실로 구속영장을 발부했고, 25일에는 금성사 평택공장 노동자 다섯 명을 같은 혐의로 구속했다. 신문과 방송은 매일 "불순세력 개입" "좌경용공" "노사분규의 정치적 이용" 등의 표현으로 노동자들의 투쟁을 매도하기에 바빴다. 대우조선 노동자 이석규 장례식 예정 전날인 27일, 김정렬 국무총리는 "좌경용공세력 척결을 위한 담화"에서 대우조선의 노사분규에 대한 외부세력의 정치적 이용을 비난하고, 좌경·불순세력의 침투기도가 매우 심각한 상태라고 주장함으로써 전두환 정권의 통제조치가 임박했음을 시사했다. 같은 날 내무부장관은 '좌경세력 활동사례'를 국무회의에 보고했고, 대검찰청은 '좌경사건 관련 1,618명 소재 파악 수사' 방침을 발표했다.(한국기독교사회문제연구원 편, 1987b, 56쪽)

공권력의 억압과 투쟁의 약화(8월 말~9월 말)

세번째 투쟁시기는 전두환 정권이 공권력을 동원하여 노동쟁의에 본격적으로 개입, 억압함으로써 노동자들의 투쟁이 급속하게 위축된 기간이다. 노동자들의 투쟁이 폭발하자 개입을 자제하던 전두환 정권은 앞에서 본 바와 같이 8월 중순을 지나면서 서서히 강한 반응을 나타냈다. 그리고 이들 반응을 응집시킨 것이 8월 28일 국무총리가 발표한 "좌경용공세력 척결을 위한 담화"였다. 이미 불순 파괴집단의 만행으로 노동자대투쟁을 매도해오던 전두환 정권은 이 담화를 계기로 노동자대투쟁에 대해 강경제압으로 급선회했다.

전두환 정권의 강압적인 대응은 8월 28일 국무총리의 "좌경용공세력 척결을 위한 담화"가 나온 뒤 바로 행해졌다. 그 전환점은 8월 28일 대우조선 노동자 이석규의 장례식이었다. 전두환 정권은 대규모의 이데올로기 공세를 펼치면서 노동쟁의 사업장에 대한 공권력 투입 의지를 실행에 옮기기 시작했다.(노중기, 1997, 189쪽) 여기에 보수언론들은 전두환 정권과 자본 측의 주장을 인용하면서 노동자대투쟁의 '폭력성과 반인륜성'을 대대적으로 부각하여 국민여론으로부터의 고립화를 시도했다. 노동자들과 민주화운동 인사들에 대한 대규모 수사와 구속이 뒤따랐다.

경찰은 대우조선 노동자 장례식과 관련하여 933명을 연행하고 67명을 구속했다. 9월 1일 삼척탄좌 정암광업소 파업농성장에서 500여 명을 강제 연행했고, 서울에서는 택시노동자들의 파업·가두시위를 경찰력으로 강제 해산시켰다. 또 9월 4일 대우자동차와 현대중공업 파업농성장에 경찰병력을 투입하여 대우자동차에서 95명, 현대중공업에서 40명을 구속했다.(박석운, 1997, 6쪽) 그럼에도 울산의 현대중공업과 현대자동차 노동자들은 9월 말까지 저항투쟁을 계속했다.

이처럼 노동운동에 대한 전두환 정권의 공세가 강화되자 9월 5일 이후 노동자들의 투쟁은 전국에 걸쳐 빠른 속도로 위축되어갔고, 9월 말에는 소강상태에 빠지게 되었다. 그 양상은 다음과 같은 지표에서도 잘 나타난다. 즉, 8월 넷째 주에는 쟁의 건수 745건에 16만 1,000명이 참가했지만, 9월 첫째 주에는 444건에 7만 9,000명, 둘째 주에는 70건에 9,000명, 셋째 주에는 49건에 7,000명으로 급격히 감소했고, 신규 노조도 8월 넷째 주 91개에서 9월 넷째 주에는 39개로 줄어들었다.(김유선, 1998, 4쪽)

이 시기 대우조선노동조합 결성 및 이석규 장례 관련 투쟁과 현대중공업 노동자투쟁은 노동자대투쟁과 총자본 대결의 분수령이었다는 점에서 중요한 의미를 갖고 있다. 먼저 대우조선노조 결성과 이석규 장례 관련 투쟁은 다음과 같이 전개되었다.(『전국노동조합협의회 백서』 1, 195~208쪽)

1987년 1월과 2월에 노조결성이 좌절되었던 경남 거제의 대우조선 노동자들의 대투쟁은 1987년 8월 8일 회사로부터 인사조치를 당한 중기공무관리부 이상용이 "민주노조 결성, 임금인상"을 외치면서 발화되었다. 순식간에 노동자들이 모여들어 시위가 확산되었고, 다음 날 노동자들은 노조결성식을 열어 이상용을 위원장으로 선출하고, 임금 50% 인상 등 요구조건을 정했다. 그러나 노조 위원장은 회사 측과 만난 뒤, "외부세력 침투" 운운하면서 유언비어를 퍼트렸다. 이에 노동자들은 회사 측의 휴업공고에도 불구하고 8월 11일 다시 노조를 결성했다. 양동생을 위원장으로 선출하고 온종일 농성한 끝에 거제군청으로부터 노조설립신고증을 교부받았다.

8월 12일 오후, 노동조합은 "임금 7만 원 인상" "생산직 사무직 차별 철폐" 등 13개 요구조건을 확정하고 회사 측에 교섭을 요구했으나, 회사 측은 성의를 보이지 않았다. 8월 20일 노동자 5,000여 명이 연좌농성에 돌입한 가운데 6차에 걸친 협상 끝에 "기본급 1만 원 인상에 불황수당 5천~3만 원 지급" 등 14개 합의사항이 발표되었다. 하지만 노동자들은 이 합의 안을 전면 거부했다. 협상은 결렬되고 회사 측은 무기한 휴업을 단행했다. 노동자들은 서울 본사로 올라가려 했으나 경찰에 막혀 다음 날 새벽까지 공방을 계속했다.

8월 22일, 철야농성을 한 3,000여 명의 노동자들은 단체교섭이 열리고 있던 옥포관광호텔 앞 사거리에서 교섭 팀이 협상결렬을 선언하자 시위에 돌입했다. 시위는 평화적으로 이루어졌지만, 경찰은 노동자들에게 최루탄을 난사했다. 그 과정에서 스물한 살의 노동자 이석규가 가슴에 직격탄을 맞고 쓰러졌다.

노동자들은 즉각 '이석규 열사 사망진상대책위원회'를 구성했다. 8월 22일, 전태일의 어머니 이소선 여사, 이상수 변호사와 노무현 변호사 등이 도착한 뒤, 국민운동본부를 중심으로 장례준비위원회가 발족되었다. 이 위원회는 유족들로부터 장례에 관한 일체를 위임받은 뒤 장지를 '광주 망월동 묘역'으로 결정하고 '선先협상 후後장례'를 요구했다. 8월 23일 노조와 장례위원회는 장례를 7일장으로 하되, '전국 민주노동자장'으로 하고, 장지는 '망월동 묘역'으로 하되 묘지를 구하지 못할 때는 '모란공원'으로 하기로 결정했다. 그런데 8월 24일에, 특전사 소속 육군소령이 친척의 자격으로 유족대표의 한 사람이 되어 나타나, 장지를 전북 남원의 선산으로 하고 가족장으로 하겠다고 주장했다. 회사는 여기에 동조하여 '선장례 후 협상'을 내세웠다. 유족, 회사, 장례위원회 사이에 3일째 대립이 계속되는 가운데, 노조와 장례위원회는 살인자 처벌, 정부의 공식사과, 피해보상 등 14개 항의 문제가 먼저 해결되어야 한다고 주장하며 장례를 무기한 연기 했다. 이 결정이 발표되자 전두환 정권은 '사체를 볼모로 하는 노동쟁의'라고 비난하면서 국민운동본부를 비롯한 재야인사와 노동단체들을 '외부불순세력'으로 매도하고 나섰다.

8월 25일, 3,000여 명의 노동자와 주민들이 모인 가운데 '고 이석규 민주노동열사 순국 경과보고 제2차 국민대회'를 마친 후, 8월 26일과 27일 이틀에 걸쳐 임금인상 노사합의가 이루어졌다. 이어 장례준비에 들어가 마침내 8월 28일 장례식이 치러졌다. 영구차가 광주 망월동 묘지로 향했으나, 경남 고성삼거리 지점에 이르자 경찰들이 달려들어 장의차를 전북 남원으로 강제 유도하여 밤늦게 매장해버렸다.

장례식이 거행된 8월 28일 6시를 기해 전국 주요 도시에서 열릴 예정이었던 '고 이석규 민주노동열사 추모대회'는 경찰의 봉쇄로 이루어지지 못했으며, 밤늦게까지 산발적인 시위가 계속되었다. 추모대회와 관련해서 총 933명이 연행되었고, 이 중 64명이 '형법 제158조'(장례식 방해)와 '노동쟁의조정법'(제3자 개입 금지), '집회 및 시위에 관한 법률' 위반 혐의로 구속되었다. 또 대우조선에서는 이미 해고된 노동자 세 명을 비롯해 일곱 명이 구속되었다.

한편, 8월 28일 임원선거에서 새로 등장한 현대중공업노조 집행부는 9월 1일 오후부터 태업에 돌입한 상태에서 밤늦게까지 교섭을 벌였다. 하지만 회사 측은 성의를 보이지 않고 오히려 노조집행부를 비난하고 나섰다.(『전국노동조합협의회 백서』 1, 187~192쪽) 다음 날 아침 보고대회 후 더 이상 교섭에 진전이 없자, 조합원들은 오토바이-지게차-덤프트럭-크레인-도보 부대 순으로 가두로 밀고 나가기 시작했다. 전투경찰의 저지망을 무너뜨린 노동자들은 "시청으로!"를 외치며 밀고 나갔다. 노조집행부는 회사 측의 공작에 말려들 우려가 있다고 판단하여 공설운동장으로 방향을 돌리려 했다. 그러나 조합원들은 노조 간부들을 제치고 시청을 향해 계속 행진했다.

오후 5시 1만여 명의 시위대가 울산시청 앞마당과 도로를 점거한 가운데, 울산 소재 각 기관장, 군부대 연대장, 노조 대표 등이 회의를 가졌으나, 회사 측이 빠진 상태에서 협상이 진척될 리 없었다. 분위기가 어수선한 가운데 노조 간부들은 강하게 반발하는 일부 조합원들을 설득하여 시위대오를 운동장으로 돌리게 했다. 그런데 갑자기 노동자 몇 명이 "여기서 결판을 내야지, 시청을 벗어나서는 안 된다"라며 유리창을 부수기 시작했고, 노조 간부들을 각목으로 후려쳤다. 노조 간부들이 얻어맞으면서도 출입증을 요구하자 그들은 꽁무니를 뺐다. 그런가 하면 차고에서는 정체를 알 수 없는 10여 명의 남자들이 차량에 불을 질렀다. TV와 신문은 시청, 차고에서 일어난 격한 장면을 보도하면서 현대중공업 노동자들이 난동을 부리고 있다고 보도했다.

한편, 공설운동장에서도 뜻하지 않은 사건이 발생했다. 술 취한 한 운전자가 도로통제반원들을 제치고 차량을 돌진시켜 세 명에게 큰 부상을 입혔으며, 채태창이라는 노동자는 그 자리에서 사망하고 말았다. 9월 3일 새벽 경찰은 이형건 위원장 등 노조 간부 89명을 연행했다가 사태수습을 명분으로 위원장을 석방했다. 이형건 위원장은 집회를 열어 "시청 파괴는 공권력이 한 것"이라고 폭로했고, 경찰은 다시 위원장과 간부들을 연행했다.

9월 5일, 회사 주변에 경찰병력 수천 명이 배치되고, 회사 측은 기숙사에 단전·단수 조치와 식당폐쇄를 단행했다. 이에 5,000여 명의 노동자들이 시위를 벌이자 경찰이 철수하고 노동자와 가족들은 농성에 들어갔다. 9월 10일 채태창의 장례식이 노조의 반대를 무릅쓰고 가족장으로 치러진 후, 회사 측은 울산시청에 "현대중공업노조 해산명령 요청서"를 제출했다.

이유는 임원 선출절차가 잘못되었고, 불법집회를 주도했으며, 시청 방화와 파괴를 선동했다는 것이었다. 그러나 울산시청은 해산명령을 내리지 않는 대신 임원개선명령을 경상남도에 건의했다. 이에 따라 경남지방노동위원회는 17일 임원개선명령을 내렸다.

9월 12일 오후에는 현대엔진노조 사무실에서 열린 현대그룹노동조합협의회 회의에 현대중공업 관리자 여섯 명이 들이닥쳐 무차별 폭력을 행사하였다. 이들은 현대중공업노조 간부를 납치하려다가 현대엔진 노동자 이상남을 차로 깔아 중상을 입혔다. 노조의 강력한 항의에 직면한 회사 측은 현대엔진노조 대의원들에게 공식 사과하지 않으면 안 되었다.

농성 15일째인 9월 16일에야 정주영 명예회장이 수습안을 내놓았다. 구속자 전원 석방을 위한 노력, 현대엔진 수준의 임금인상 등이 그 주요 내용이었지만, 대의원대회에서는 이를 부결시켰다. 조합원들의 핵심 요구는 구속자 무조건 석방이었다. 그런 가운데 9월 17일 경상남도가 임원개선명령을 내렸고, 투옥 중인 이형건 위원장은 '정상조업 방안' 합의서에 서명하고 말았다. 합의사항은 구속자 전원 석방을 위한 노력, 임금 14% 인상, 구속자 가족 생계보장, 회사 측의 임원개선명령 소송비용 제공, 9월 22일 정상조업 등이었다. 회사 측은 9월 19일 합의사항을 발표하고, 21일을 '노사 화합의 날'로 정했다. 그러나 합의사항 중 지켜진 것은 '현대엔진 수준 임금인상' 단 한 가지였다. 이후 현대엔진노조의 현대그룹노동조합협의회 참가 부결, 9월 21일 현대그룹노동조합협의회 차원에서 계획한 울산지역 동맹파업 실패 등이 이어지면서 9월 22일부터 정상조업에 들어갔다. 이로써 파란만장했던 현대중공업 노동자들의 투쟁은 일단 막을 내리게 되었다.

3
87노동자대투쟁 이후

정세의 변화

정치·경제 상황　　　1987년 6·29선언 후 3개월여 전국·전 산업에서
　　　　　　　　　　　폭발했던 노동자대투쟁이 사그라들면서 국민들
의 관심은 대통령 선거로 쏠렸다. 이 틈에 전두환 정권과 자본 측은 노동자
들을 구속, 해고하고 노조를 와해시키는 등 노동운동을 탄압하기 시작했
다. 그 결과로 선거를 전후한 시기에 적지 않은 노조가 파괴되거나 무력화
되었다. 선거과정에서 군부세력과 보수 진영의 지배연합은 지역감정을 동
원하여 '분할지배' 전략을 구사하였지만, 민주화운동 진영은 내부분열로
인해 제대로 대응하지 못하고 자멸하고 말았다. 그 결과, 노태우 정권이 등
장했다.

　　1988년 4월 26일 실시된 총선거를 통해 여소야대 국회가 구성되었다.
이리하여 비록 시민사회와 노동자들의 참여가 배제되고 보수야당과 지배
연합 간의 타협에 그쳐 5공 세력의 일부를 단죄하는 데 머물기는 했지만,
'5공 비리', 5·18민중항쟁 등 과거청산과 민주화 실천에서 일정한 진전을

보게 되었다. 이에 노태우 정권은 1989년 '공안정국'을 조성함으로써 개혁 요구를 위축시키고자 했다. 하지만 지배세력의 통치는 개혁 후퇴에 대한 여론의 저항과 여소야대 국회, 노동운동과 통일운동의 활성화로 불안할 수밖에 없었다. 이 위기를 타개하기 위해 지배세력은 1990년 1월 '3당 합당'을 단행하였다. 3당 합당은 여소야대 정치구조의 모순과 보수세력의 '재집권연합' 구축의 성격을 갖기는 하지만, 1992년 12월 선거에서 김영삼 대통령의 문민정부 출범으로 연결되었다.

한편, 한국 경제는 '단군 이래 최대 호황기'를 구가했다. 경제성장률은 1988년 11.3%로 1986년, 1987년과 비슷한 수준을 나타냈으며, 경상수지 는 사상 최대인 145억 1,000만 달러를 기록했다. 실업률은 2.6%로 사상 최 저 수준이었다. 이들 호황기에 실현된 자본축적은 설비투자로 전환되었지 만, 다른 한편으로는 단기 금융자산, 유가증권, 부동산으로 투입되어 투기 붐을 일으켰다. 이런 상황에서 1987년 민주항쟁과 노동자대투쟁을 통해 표출된 경제민주화 요구가 거센 흐름을 이루었고, 노태우 정권은 토지공 개념, 금융실명제 등 '경제개혁'을 내세웠다. 그러나 1988년 말부터 경기 가 침체국면으로 들어가자 노태우 정권은 '경제위기론'을 내세우면서 민 주화 요구와 노동운동을 억압하려 들었고, 1990년에는 토지공개념과 금융 실명제를 사실상 무력화하거나 폐기하고 말았다.

1990년과 1991년에는 경제성장률 9.6%, 9.1%로 지표상으로는 고도성 장을 이루었지만, 경상수지 적자, 물가불안, 증시폭락, 부동산가격 폭등이 라는 부작용을 낳았다. 이러한 경제 변화는 자금과 노동력의 흐름을 왜곡 하고, 수출과 설비투자의 부진을 초래하였으며, 이는 실물경제, 특히 제조 업의 위축으로 이어졌다. 그 결과, 제조업의 성장이 둔화되고 경공업 부문 이 크게 위축되어 중소영세기업의 휴폐업이 속출했다. 이에 따라 중화학 공업과 경공업, 대기업과 중소기업 간의 격차가 더욱 확대되었다. 그리고 건설업 부문이 급속히 팽창하는 등 산업 부문 간 불균형도 심화되었다. 사태가 이에 이르자 1991년 3월 노태우 정권은 '제조업 경쟁력 강화론'을 내세워 강력한 임금억제정책을 추진했다.

경제성장률 저하와 제조업 부문의 위축은 취업자 수와 피고용자 수의 증가에도 불구하고 노동시장구조에 큰 영향을 미쳤다. 첫째, 석탄산업 사양화가 두드러지고 제조업의 고용비중이 1989년 이후 계속 저하추세를 보인 데 비해, 서비스업 부문 고용의 절대량과 비중이 모두 빠르게 증가하여 취업구조의 서비스화가 두드러졌다. 둘째, 성장둔화에도 불구하고 실업률은 2%대의 낮은 수준이 지속되었는데, 이는 제조업 노동력의 수요 감소 대신에 건설업과 서비스업 부문에서 노동력 수요가 급증하고, 취학률의 증가와 인구구조의 변화 등으로 저연령·저학력 노동력 공급이 크게 감소했던 데 기인한다. 셋째, 중소형 사업체가 증가함에도 제조업 생산직 노동자에 대한 수요는 감소하는 추세를 보였는데, 이는 수년간 계속된 높은 임금인상률과 인력부족, 노사분규 등으로 생산설비 자동화를 적극 추진한 결과였다. 또한 노동집약적인 경공업 분야에서는 선진국 경기의 후퇴와 중국 등 후발 산업국가와의 상대적인 경쟁력 약화 등으로 수출부진과 경영악화를 가져와 휴폐업과 조업단축이 이어졌다. 그리고 고학력화와 저연령층 인구의 감소 등으로 인한 미숙련 노동자 공급의 정체도 작용했다.

이런 변화 속에서 1980년대 후반부터 지적되던 제조업 부문의 인력부족 현상이 1990년 초에 들어서 심화되었다. 특히 이른바 3D 업종의 생산직 미숙련 노동자의 부족이 두드러졌고, 이를 배경으로 노태우 정권은 1991년 외국인 노동자 산업연수생제도를 시행하였다. 이후 외국인 노동자들이 생산직 노동시장에 본격적으로 진출하기 시작했다. 이와 함께 저연령층 신규 노동력 공급률의 둔화, 기업의 신규 채용 감소, 노동력 이동의 감소 등 여러 가지 요인들에 의해 노동력의 중고령화 현상이 나타나기 시작했고, 자동화의 진전과 섬유·조립금속 등 노동집약적인 산업의 감량경영이 확산되면서 대기업 부문의 고용점유율이 낮아졌다.

노동자의 생활　　　　　1987년 노동자대투쟁 이후 노동조합의 교섭력이 강화됨으로써 노동 및 생활조건은 크게 개선되었다. 먼저 전 산업 월평균 명목임금은 1988년에서 1992년 사이에 44만 6,000원에서 86만 9,000원으로 두 배 가까이 올라 연평균 17.6%의 인상률을 보였다. 이 기간에 소비자물가도 연평균 7.4% 올랐으므로 실질임금은 연평균 9.5% 증가한 셈이다. 실질임금 상승률은 같은 기간 연평균 경제성장률 8.3%를 상회했다. 그 결과로 노동소득 분배율은 41.8%에서 47.4%로 올랐고, 임금구매력을 나타내는 임금 패리티 지수(구매력의 균형관계를 나타내는 지수)도 73.4%에서 77.7%로 개선되었다. 임금인상이 급속하게 이루어졌지만, 1987년 이전의 임금수준이 워낙 낮았기 때문에 노동력 재생산비로서의 생계비를 충당하기에는 부족하였다. 게다가 임금내역을 살펴보면, 안정적인 기본급 또는 통상임금 기준이 아니라 1990년대 초반 노태우 정권의 강력한 임금억제정책 때문에 상여금과 비정기적 각종 수당, 임금인상 소급분 등으로 구성되는 특별급여가 임금상승을 주도했음을 알 수 있다. 이는 임금체계가 왜곡되고 노동자들이 누리는 생활상의 불안정이 더욱 심화될 가능성이 많았다는 것을 말해준다.(강순희, 1998, 47~48쪽) 이 시기 대폭적인 임금인상과 함께 남녀 간, 학력 간, 직종 간 임금격차가 완화되는 추세를 보인 반면, 기업규모 간 임금격차는 확대되고 있었다.

　다음으로 노동시간은 매년 단축되는 추세를 보였다. 1986년 현재 노동자들의 노동시간은 연간 2,734시간, 월간 227.8시간, 주당 52.5시간으로 세계에서 가장 길었다. 그런데 1992년 현재 노동시간은 연간 2,478시간,

월간 206.5시간, 주당 47.5시간이었다. 이는 노동운동의 성과를 반영한 것이었다. 1987년 노동자대투쟁 이후 초과근로 선택권은 노동자들에게 돌아갔고, 초과근로 시에 기업은 할증임금을 지불해야 했다. 그리고 노동자들의 요구가 반영되어 1989년 3월 법정 노동시간을 주당 48시간에서 44시간으로 단축하는 내용의 근로기준법 개정이 이루어지고, 단체협약을 통해 대기업들의 노동시간이 단축되었던 것이다.(강순희, 1998, 49쪽) 하지만 여전히 우리나라의 노동시간은 OECD 회원국 중 가장 긴 편에 속할 뿐 아니라, 잔업·특근 등 초과 노동시간에 대한 규제가 없어 획기적인 단축은 이루어지지 않았다.

한편, 산업재해보상보험법 적용사업장이 1987년 이후 점차 늘어 1992년에는 5인 이상 사업장으로 확대되었다. 산업재해율은 1988년 2.48%에서 1992년 1.52%까지 매년 감소추세를 보였으나, 선진공업국에 비해 두 배 이상 많으며, 사망재해를 비롯한 중대재해는 오히려 증가하였다. 사망자 수는 1988년 1,925명에서 1992년에는 2,429명이었다. 이에 따라 경제적 손실액이나 근로손실일 수 역시 매년 증가하였다. 그만큼 노동자들은 아직도 열악한 수준의 노동조건과 산업안전보건 시설 및 투자, 그리고 미비한 제도적 장치 아래 건강과 생명을 위협받고 있었다.

마지막으로 임금수준의 상승과 더불어 노동자의 가계소비지출 구조도 크게 변화하였다. 곧 소비지출 중 식료품비 비중이 30%대에서 20%대로 급격히 낮아진 반면, 외식비 비중은 4%대에서 8%대로 급상승하였으며, 교육, 교양, 오락비와 교통통신비, 특히 개인교통비(자가용)의 비중이 0.5%대에서 5%대까지 급증하였다. 이는 임금상승과 함께 필수 소비지출의 비중은 줄어든 반면, 선택적 소비지출은 증가함으로써 노동자 가구의 생활수준이 어느 정도 향상되었음을 보여주는 것이라 할 수 있다.(강순희, 1998, 54~55쪽)

노동정책과 노무관리　　　1987년 노동자대투쟁의 마무리 단계에서 전두환
　　　　　　　　　　　　정권은 노동운동에 대해 강경책을 구사했지만,
기본적으로는 과거처럼 억압적인 노동통제방식을 고수할 수는 없었다. 그
변화는 1987년 11월 노동법 개정에서 집약적으로 나타났다. 개정내용은
복수노조 및 노조의 정치활동 금지, 제3자 개입 금지 조항 등이 잔존하고
있었지만, 노조 설립요건 완화, 노조 조직형태의 자율 결정, 노조활동에 대
한 행정관청의 개입 축소, 노동쟁의권 확대 등 현실적인 노조활동의 자유
를 어느 정도 보장하는 것이었다.

노태우 정권은 출범과 함께 '건전 노조 육성과 노사공영체제 확립'을
표방하였다. 그 내용은 노사자율과 노사협조적 조합주의에 입각한 건전한
노동운동 정착과 외부 불순세력의 노조침투 차단으로 집약되었다. 이에
따라 주요 노사분쟁에 대한 직접적인 개입은 자제하는 모습을 보였다. 물
론 사안별로 필요에 따라 분쟁에 적극적으로 개입하기도 했고, '무노동 무
임금'을 제도화하려 시도하기도 했다. 그러다가 1988년 말에 들어서면서
노태우 정권은 노동통제를 급작스럽게 강화하였다.

1988년 12월 28일 노태우 대통령은 "민생치안에 관한 특별담화"를 발
표하여 사회질서와 치안을 위협하는 모든 불법행위를 엄단한다고 밝혔다.
이후 1989년 1월 2일 풍산금속 안강공장 노동쟁의에 대규모 경찰력 투입,
2월 18일 노사·학원 관계장관대책회의 개최, 3월 국회의 집단적 노동관계
법 개정안에 대한 대통령 거부권 행사와 서울지하철노조 및 현대중공업노
조 파업에 대한 물리적 강경대처 등의 조치가 이어졌다. 이러한 강압적 노
동정책은 1989년 3월 25일 문익환 목사의 방북사건 이후 잇따른 방북사건
을 빌미로 조성된 공안정국하에서 전국교직원노동조합(약칭 전교조) 탄압
등 노동운동에 대한 억압을 강화하는 것으로 이어졌다. 이 과정에서 수많
은 노동자가 해고, 연행, 구속되는 사태가 반복되었다. 1989년의 구속 노

동자는 611명으로 1988년의 80명에 비해 거의 8배로 늘어났다. 정권과 자본의 공세는 물리적인 억압만이 아니라 이데올로기 측면에서도 대폭 강화되었다. 1989년 공안정국 조성 이후 민주노조운동을 불법으로 몰아붙였다. 그리고 하반기에는 경기가 하강국면에 접어들고 노동집약적 산업의 구조조정이 본격화하면서 '경제위기 노동자책임론' 등을 내세우기 시작했다. 이에 맞추어 전경련과 한국경영자총협회(약칭 경총) 등 사용자단체는 '경제단체협의회'(약칭 경단협)를 구성하고 "무노동 무임금" "노조의 인사 경영권 참여 배제" "노조전임자 임금 부지급" 등을 주장하며 대대적인 공세를 취하였다.(엄주웅, 1994, 178쪽)

1990년 1월에 행해진 3당 합당은 노태우 정권에 보다 적극적인 노동통제를 할 수 있는 정치적 조건을 제공했다. 노태우 정권의 노동정책은 두 갈래로 추진되었다. 그 하나는 임금억제이고, 다른 하나는 노조운동에 대한 통제였다. 먼저 임금억제정책은 임금상승 추세와 노동력 수급 불균형, 우루과이라운드 협상과 선진국의 시장개방 압력에 대응하여 자본의 이해를 반영하기 위한 것이었다. 임금정책은 임금인상 억제와 임금체계 개편을 목표로 추진되었다. 임금인상 억제정책의 내용은 1990년과 1991년에 '한 자릿수 임금인상 억제'(공기업은 5~7%, 민간기업은 생산성 향상 수준 이하 한 자릿수)를 유도한다는 것이 중점이었다. 임금체계 개편은 임금인상을 총액 기준으로 결정하고, 인상수준은 5% 이내로 한다는 이른바 '총액 임금제'로 집약되었다. 그렇지만 이 정책들은 높은 임금인상률(1990년 18.7%, 1991년 17.6%, 1992년 15.1%)에서 보는 바와 같이 노동조합의 강한 반발로 별다른 효과를 거두지 못했다.

다음으로 노동조합 통제정책은 강경한 대응으로 일관하는 것이었다. 1990년 KBS노조의 방송민주화투쟁과 현대중공업 노동자들의 파업에 대한 강경한 대응, 전국노동조합협의회(약칭 전노협) 와해를 노린 대대적인 업무조사, 1991년의 '연대를 위한 대기업 노동조합회의'(약칭 연대회의) 간부들에 대한 구속 사태와 대우조선노조 파업에 대한 강경한 대응, 1992년 총액임금제분쇄투쟁 등에 대한 노태우 정권의 물리적 강경대처 등이 그 예들이다. 그 과정에서 구속된 노동자 수는 노태우 정권 5년 동안 1,973명 (1988년 80명, 1989년 611명, 1990년 492명, 1991년 515명, 1992년 275명)에 이르렀다.(김유선, 1998, 6쪽)

이런 한편에 노태우 정권은 기존의 노동통제방식을 수정·보완하려는 움직임도 보였다. 노태우 정권은 1991년부터 연초에 "사회적 합의를 위한 청와대 토론회"를 개최했고, 상공부와 노동부는 1990년과 1991년에 노동법 개정을 추진하고, 근로자파견법과 시간제근로자법 제정을 시도하는가 하면, 1992년에는 '불합리한 노사관계 시정과 노사관계의 선진화 방안'과 '신노동정책' 구상을 드러냈다. 이것들은 노동통제를 강화하는 방향에서 노사관계제도를 개편·보완함과 동시에, 노동시장을 유연화하고 임금제도를 개편하는 데 목표를 둔 것이었다. 하지만 이 역시 노동조합의 맹렬한 반대로 무산되었다. 노태우 정권은 1991년 12월 국제노동기구ILO에 가입함으로써 노동계의 요구와 시장개방에 대응하고자 했다.

한편, 1987년 노동자대투쟁은 '전제적 공장체제' 또는 '병영적 노동통제'에서 새로운 노동관리체제로 전환하도록 자본 측을 압박했다. 이에 자본은 1990년부터 변화한 조건에 대응하는 통제전략으로서 이른바 '신경영전략'을 추진하기 시작했다. 경영합리화, 경영혁신, 신경영 등의 다양한 이름으로 진행된 신경영전략은 기업 차원에서 1987년 이후 무너진 현장 장악력을 회복하고, 자본의 새로운 헤게모니를 구축하려는 전략적 실천이었다. 주로 독점적 대기업이 주도해온 신경영전략의 주요 내용은 고용유연화전략, 작업조직 재편, 생산공정 합리화, 능력주의 인사제도와 임금제도 도입, 기업문화 혁신 등이었다. 그러나 신경영전략은 노동조합의 완강한 저항과 개입전략으로 대부분 실패하였다.

노동운동의 급성장과 변화

노동조합의 증감 추이

87노동자대투쟁 이후 노동운동에서 나타난 가장 중요한 특징 중의 하나는 활발한 노조결성이었다. 종래 미조직상태에 놓여 있던 노동자들이 다양한 분야에서 조직화를 추진했고, 이런 조직화는 전체 노동조합운동의 판도를 크게 변화시켰을 뿐 아니라 노동운동의 영역을 한층 확대시켰다.(김금수, 1995, 32쪽)

다음의 〈표13〉에서 드러나는 바와 같이 노동자들은 87노동자대투쟁을 거치면서 저마다 노조결성에 나섰고, 그 결과 노조조직률이 급상승하였다. 우선 양적으로 보면, 1986년 말 노조 수와 조합원 수는 2,675개에 100만여 명이었고, 노동자대투쟁 직전인 1987년 6월 말 현재 2,742개, 105만여 명이었다. 그러나 1987년 하반기 이후 노조와 조합원이 급증하여 1989년 말에는 7,883개, 193만 명에 이르렀다. 1987년 7월부터 1989년 말까지 2년 반 동안 노조 수는 5,141개, 조합원 수는 88만여 명이 증가한 것이다. 이에 따라 노조조직률은 1987년 6월 말 11.7%에서 1989년 말 18.6%로 급상승했다. 이러한 조직화의 급진전을 통해 노동자들은 노동운동의 양적 역량 확대만이 아니라, 기존 노조의 개혁과 더불어 새로운 노동운동의 지형을 만들어나갔다.

그러나 노동자조직의 증가추세는 1989년을 정점으로 하여 멈추었으며, 그 이후는 오히려 매년 감소하였다. 그리하여 1992년 현재 노조 수는 7,527개, 조합원 수는 173만 4,000여 명으로 줄어들었고, 조직률 또한 15%

표13 1987년 이후 노동운동 주요 지표

	노조 수	조합원 수	조직률	파업건수	파업참가자 수	노동손실일 수
1986	2,675(개)	1,035,890(명)	12.3(%)	276(건)	47(1,000명)	72(1,000일)
1987.6	2,742	1,050,201	11.7	–	–	–
1987	4,103	1,267,457	13.8	3,749	1,262	6,946
1988	6,164	1,707,456	17.8	1,873	293	5,400
1989	7,883	1,932,415	18.6	1,616	409	6,351
1990	7,698	1,886,884	17.2	322	133	4,487
1991	7,656	1,803,408	15.9	234	175	3,271
1992	7,527	1,734,598	15.0	235	105	1,527

출처: 한국노동연구원, 『KLI 노동통계』, 1989년 이후 각 연도 판에서 재작성

수준으로 내려앉았다. 1989년부터 1992년까지 3년 동안 노조 수는 356개,
조합원 수는 19만 7,000여 명이 줄고, 조직률은 3.6% 낮아진 것이다.

노조조직률이 해마다 감소한 것은 첫째 노동조합의 조직형태가 기업
별 체계여서 중소영세업체와 비정규직 노동자 대부분이 사실상 조직대상
에서 제외되고 있었다는 점, 둘째 공무원과 교원의 노조결성권이 금지되
고 있었다는 점, 셋째 1990년대 들어 구조조정이 본격화되면서 중소영세
업체에서 휴폐업이 잇따랐다는 점, 넷째 노동시장 유연화가 빠른 속도로
진전되면서 정규직이 비정규직으로 대체되고 있었다는 점, 다섯째 사용자
들의 부당노동행위가 끊이지 않았다는 점, 여섯째 기존의 노동조합이 목
적의식적으로 조직확대 사업을 전개하지 않았다는 점 등에서 비롯되었
다.(김유선, 1998, 12~13쪽) 또한 노동시장의 높은 분산성을 포함하는 노
사관계의 제도적 취약성이 노조조직률을 저하시킨 측면도 크다 할 것이
다.(권현지, 1999, 56쪽)

이 시기 노조조직률 감소*의 한 원인인 사용자와 노태우 정권의 노조
파괴 및 무력화 시도는 다양하고 격렬한 양상을 띠고 전개되었다. 경영계

는 그들이 갖고 있는 물적 토대를 근간으로 노태우 정권과 연합전선을 형성하면서 민주노조 진영만이 아니라 한국노총까지도 겨냥하여 대응하려는 의도를 가지고 있었다.(『사업보고』 1990, 490쪽) 공안적·치안적 관점에서 노태우 정권과 경영계의 연합을 나타낸 예로 "좌경운동권 위장취업자의 실체 및 방지요령"이라는 지침서를 들 수 있다. 정보기관이 만들어 각 그룹 기획조정실에 하달된 이 노동운동가 색출 지침서는 좌경 위장취업자 색출을 위한 체크포인트, 좌경 위장취업자 활동양상 및 전략전술, 주요 유인물 분석, 의식화 과정 및 실체 등을 담고 있다.(『월간 노동자』 1989년 6월호, 238~256쪽)

이러한 기조하에 기업주들은 작업장 곳곳에서 다양한 방식을 동원했다. 먼저 기업들은 노동집약적 산업의 업종전환과 해외투자 및 공장 해외이전을 가속화했다. 이는 1980년대 이후 산업고도화에 따른 현상이었지만, 임금인상과 노동쟁의에 대한 대응의 성격도 갖고 있었다.(『매일경제』 1987년 10월 9일·11월 2일자) 아울러 기업은 공장자동화, 부품조달 다변화, 직접금융 의존강화 등을 통해 변화된 경제환경과 노사관계에 대응하고자 시도했다.(『사업보고』 1998, 29~30쪽)

다음으로 기업들이 동원한 보다 직접적이고 폭력적이며 위협적인 수단은 구사대였다. 구사대는 노동자대투쟁 이후 노동현장에 대한 공권력 개입이 어려워지자 회사를 구한다는 명분으로 기업주들이 조직한 폭력집단으로, 대체로 조장·반장급의 생산직 관리자, 회사에 매수된 노동자 및 계열사 종업원, 일당으로 고용된 깡패나 노무자, 청원경찰, 전경, 정체불명

● 노조조직률이 낮을 경우 노조가 노동자 일반을 대표하는 조직으로서 자기위상을 확립하기는 어렵다. 노조는 노동자 일반에 대한 구속력은 물론, 사용자에 대한 교섭력과 노동시장에 대한 통제력을 충분히 행사하지 못하게 된다. 노조가 노동자 일반의 명실상부한 대표기구가 되지 못하면 노조의 사회정치적 영향력이 제약을 받게 된다.(김동춘, 1995, 67~68쪽)

의 백골단 등으로 구성되어 있었다.(현대노사취재부 편, 1988, 59~60쪽) 노조탄압과 노조파괴의 수단으로 일반화되다시피 한 구사대는 구체적으로는 노조 사무실 파괴, 노조 간부나 핵심 조합원에 대한 협박·폭행·사직 강요, 농성장 습격 등 테러를 자행하였다. 노조들은 구노대, 파업자위대, 정당방위대, 선봉대, 경비대 등을 기업별 또는 지역 차원에서 구성하여 맞섰지만, 구사대의 위협을 근원적으로 차단할 수는 없었다.

　기업들이 노동운동을 차단하기 위하여 취한 또 하나의 유력한 수단은 휴업, 직장폐쇄, 위장폐업이었다. 주로 중소기업에서 많이 활용된 이 수단은 경기악화, 적자경영이라는 명분을 내세워 노조가 투쟁을 중지하지 않으면 언제든지 회사 문을 닫아버릴 수도 있다는 인식을 심어줌으로써 노조 스스로 주저앉게 하는 방식이었다.

노동쟁의의 특징　　　1987년에 격렬히 싸웠던 노동자들은 1988년과 1989년에도 투쟁의 강도를 낮추지 않았다. 먼저 정부나 사용자에 의해 이른바 노사분규로 표현되는 노동자들의 투쟁건수(쟁의행위건수)는 1986년 276건에서 1987년 3,749건으로 폭증했으며, 1988년과 1989년에도 1,873건, 1,616건을 기록했다. 그러나 1990년에는 322건으로 급감하였고, 1991년과 1992년에는 각기 234건, 235건으로 1987년 이전 수준으로 되돌아갔다.

　1980년대 후반 급증한 노동자들의 투쟁을 특징별로 나누어보면 다음과 같다. 첫째, 노동자투쟁은 정상적인 노사관계 구조 속에서 일어난 것이라기보다는 노동자들이 스스로의 요구와 불만을 일시에 분출시킨 노동항쟁의 성격을 띠고 있었다. 노동자들은 투쟁을 통해 급속한 조직화를 이루었으며, 조직적이고도 계획적인 투쟁방식을 습득해나갔다. 이에 비해

1990년대에 들어서 노동자들의 투쟁은 눈에 띄게 줄어들었다. 그 이유는 노동자 또는 노동운동 안팎의 사정 변화 등 여러 측면에서 찾아볼 수 있다. 노태우 정권은 앞서 본 바와 같이 1989년 하반기부터 노동운동에 대해 강한 규제와 억압조치를 취했고, 자본 측은 이른바 '신경영방식'을 통한 합리화를 적극 추진하여 통제력을 강화함으로써 노동운동을 위축시켰다. 그리고 노동조합은 1987년 이후 수년 동안의 투쟁을 통해 임금수준과 노동조건이 상당한 정도로 개선, 향상된 데다가 노사 간 힘의 균형이 일정하게 이루어진 상태에서 파업투쟁의 실패에 따른 피해를 줄이고자 스스로 투쟁을 자제하였다.

둘째, 노동자들의 요구조건으로 볼 수 있는 쟁의행위의 원인별 발생 상황을 보면, 1992년까지는 임금인상이 압도적 부분을 차지하며, 그 이후 단체협약이 점점 높은 비중을 차지하고 있다. 또 1988년과 1989년의 경우에는 해고 관련 사항이 쟁의행위의 주요 원인으로 부상했고, 부당노동행위는 1987년에 이어 1988년에도 주요 원인으로 제기되었으며, 1989년까지는 체불임금 청산 요구도 높은 비중을 나타냈다. 이처럼 쟁의행위의 원인이 점차 다양해지고 특히 단체협약을 둘러싼 쟁의가 늘어나는 양상을 보이는데, 이는 노동자의 요구가 임금 이외의 사항으로 확대되고 있는 데다, 단체협약 내용에도 각종 수당 등 임금 관련 부분이 포함되어 있기 때문이다. 무엇보다 경제적 이익을 넘어선 정치적·사회개혁적 요구와 투쟁이 이 시기에 두드러졌다. 1989년의 세계노동절투쟁, 1989년 이후의 전교조 결성투쟁, 1990년의 전노협 사수투쟁, 전노협이 주도한 5월 전국 총파업투쟁, 연대회의 탄압 대응투쟁, KBS노조의 방송민주화투쟁, 1991년의 박창수 한진중공업노조 위원장 옥중사망 진상규명 및 규탄투쟁, 1992년 MBC노조의 공정방송 쟁취투쟁 등이 그 중요한 사례였다.

셋째, 1987년 이후 노동자들이 벌인 투쟁방식은 1989년까지는 농성이 많았으나, 1990년 이후부터는 작업거부의 비중이 훨씬 커졌다. 1987～1989년 사이에 일으킨 쟁의행위 가운데 작업거부의 비중은 32.7%, 36.0%, 39.1%로 매년 늘어났고, 농성의 비중은 67.1%, 63.2%, 55.6%로 감소하였다. 이러한 경향은 1990년 이후 더욱 두드러졌다. 1990～1992년 사이 일으킨 쟁의행위 가운데 작업거부의 비중은 81.0%, 87.6%, 95.3%로 현격히 늘어나고, 농성의 비중은 13.7%, 11.5%, 4.7%로 급감하였다. 1989년까지 노동자들의 농성이 많았던 까닭은 오랫동안 사용자에게 눌려 있다가 노동조합이 급작스럽게 일어서면서 사용자와의 협상에서 집단적인 힘을 과시하기 위해 농성을 선택했기 때문이고, 1990년 이후에 작업거부를 자주 활용한 것은 노사관계가 변화한 상황에서 노조가 집단적인 힘을 행사하기 위해 전술을 바꾸어간 것으로 볼 수 있다.

넷째, 노동자들은 1987년 이후 불법적인 투쟁에서 매년 합법적인 투쟁으로 전환해갔으나, 5년이 지난 1992년에도 상당수의 불법적인 쟁의행위를 전개하였다. 곧, 실정법을 어긴 쟁의행위는 1987년에 전체의 94.1%라는 압도적 비중을 차지했으나, 1988년 79.6%, 1989년 68.5%, 1990년 56.8%로 낮아졌고, 1992년에도 급감했지만 여전히 35.7%라는 상당히 높은 비중을 차지했다. 이는 점차 노동자들이 합법적 투쟁으로 바꾸어갔으나, 아직도 노동자들이 법률적 희생을 무릅쓰고 투쟁에 나설 정도로 절박한 요구가 존재했다는 것을 나타냄과 동시에, 노동자의 단체행동권을 규제하는 제도상의 요소*가 남아 있었음을 말해준다.

다섯째, 쟁의행위에 참가한 노동자 수는 1987년의 126만여 명에서 매년 감소추세를 보이면서 1992년에는 10만 5,000여 명에 이르렀다. 노동손

---

* 이를테면 필수 공익사업에 대한 직권중재제도, 제3자 개입 금지, 노동쟁의의 조정전치주의, 인사·경영 사항의 단체교섭대상 배제, 교원노조의 쟁의행위 금지 등에 관한 규정이 그 예들이다.

실일 수 역시 투쟁에 참가한 노동자 수의 감소에 따라 적어져서 1987년 694만여 일에서 1992년의 152만여 일로 감소하였다. 이는 쟁의행위 건수의 감소에 따른 것이다. 그럼에도 쟁의행위가 지속되는 일수는 매년 늘어나는 추세를 보였다. 곧, 1987년 쟁의행위가 평균 5.3일 동안 지속된 데 비해, 1988년 10.0일, 1989년 19.2일, 1990년 19.1일, 1992년 20.1일로 급격하게 증가하였다.(김금수, 2004, 219쪽) 이는 노동자들의 요구가 법률상 제약에도 불구하고 매우 절박함을 나타내는 한편, 사용자들이 노동자들의 요구를 완강하게 거부한 데서 비롯된 것이라 할 수 있다. 그만큼 노사관계가 첨예한 갈등상태를 지속하였고, 이를 해결하기 위해 노동자들의 투쟁 또한 완강하게 전개되었던 것이다.

민주노조운동의 형성

노조결성의 급증과 민주노조 진영 구축 (1987~1988년)

1987년 여름, 노동자들은 한국노동운동사에서 유례를 찾아볼 수 없는 폭발적인 투쟁을 전개했다. 노동자들은 전제적인 노동통제체제를 무너뜨리고, 노동기본권을 억압해온 노동관계법을 무력화하면서 자신들을 단련하고 의식과 조직을 발전시킨 중요한 계기를 이루었다. 노동자 대중은 스스로 투쟁의 전면에 나섬으로써 자신들을 억압하는 체제와 각종 제도의 구조를 인식하게 되었고, 투쟁을 통해 노동자 자신들의 힘과 단결이 얼마나 큰 의미를 갖는지를 깨달을 수 있었다. 또한 노동자들은 새로이 노조를 만들어내고 기존의 노조를 개혁하는 큰 흐름을 이루면서 새로운 주체를 형성해나갔다. 이른바 '민주노조운동 진영' 구축과 한국노총의 개혁 추진이 그것이다.

민주노조운동 진영의 형성과정은 구축기(1987~1988년), 전노협 건설과 민주노조 사수투쟁기(1989~1992년)로 나눌 수 있다.* 먼저 민주노조운동 진영이 구축되는 과정을 살펴보자.

1987년 노동자대투쟁 때 한국 경제는 1985년 말부터 시작된 3저 호황의 한복판에 있었고, 1988년에도 그 기조는 유지되고 있었다. 그럼에도 1987년 여름의 대투쟁에서 노동자들의 임금인상과 노동조건 개선의 성과는 열기에 비해 부진하였다. 투쟁은 열심히 했지만 준비와 경험이 없었고, 노동조합이 주도한 투쟁도 아니었기 때문이다. 당시 노동자들은 자연발생적으로 파업에 돌입했고, 파업을 전개하는 과정에서 요구를 수렴하고 노조를 결성했다. 자본가들은 들불처럼 번져가는 노조결성과 민주노조의 등장에 속수무책이었고, 정부당국 역시 어쩔 도리가 없었다. 어용노조 퇴진투쟁 역시 격렬하게 전개되었다. 7월 이후 진행된 노동쟁의 가운데 446개가 어용노조 때문에 일어났고, 노조 집행부가 바뀐 곳은 쟁의사업장의 35.7%나 되었다.

노동조합 결성은 1988년과 1989년에도 거침없이 진행되었다. 단순히 노조의 수만 늘어난 것이 아니었다. 이전까지 노조 무풍지대였던 연구전문기관, 병원, 건설, 신문, 방송, 호텔 등 사무 전문직과 공공 부문, 서비스 부문에까지 광범하게 확산되었으며, 특히 무노조의 성역처럼 여겨졌던 재벌기업과 공기업에 대대적으로 노조가 결성되었다. 그리고 학교 교원들이 1960년 이후 29년 만에 전교조를 결성했다.

이 시기 가장 대표적인 노조결성투쟁 사례는 삼성중공업과 전교조였

---

* 김유선은 민주노조운동 진영의 형성과정을 1987년 말부터 1988년까지 새로이 결성된 노동조합들이 새로운 조직체계를 형성하는 시기, 권력과 자본의 탄압에 맞서 민주노조들이 전국적으로 결집하여 연대를 강화하는 시기, 지역별·산업별(업종별)·그룹별 조직을 발전시켜 새로운 전국적 노동운동의 틀로써 전국민주노동조합총연맹을 결성해가는 시기로 나누었다.(김유선, 1998, 8쪽)

다. 삼성중공업 노동자들의 노조결성 시도는 결국 실패로 끝났지만, 삼성 재벌의 무노조 신화에 대한 도전이라는 노동자들의 열망과 사용자 측의 잔혹한 노조파괴 책동의 전형을 보여주었다는 점에서 의미가 크다. 삼성중공업노조 결성은 구사대 동원, 설립신고서 반려, 회유를 통한 사우회 또는 노사협의회 설립이라는 과정을 거쳐 좌절되었다. 또한 전교조 결성과 시련은 국가권력에 의해 노동기본권이 어떻게 유린되고 노조결성이 얼마나 장기간에 걸쳐 억압되는지를 보여주었다. 전교조결성투쟁은 갖가지 난관에도 불구하고 지속적으로 전개되었다. 그것은 교원들이 추진하는 교육개혁운동이라는 성격에 머무는 것이 아니라 노동운동의 새로운 지평 확대라는 의미도 동시에 지니고 있었다.

당시 새로운 노조들은 예외 없이 한국노총을 상급단체로 삼아서 출발했다. 그러나 얼마 안 가 노조들은 한국노총에서 이탈하여 스스로 뭉쳐 자구책을 마련하기 시작했다. 한국노총이 정권과 자본으로부터 자주성을 확보하지 못하고, 노동자들의 요구와 이해를 충실하게 대변하지 못한다고 판단했기 때문이다. 노조들은 자체 조직수호에서부터 노조 운영이나 노동조건 개선을 위해 서로 경험을 공유하고 교류를 넓혀갔다. 그리고 1987년 말부터 지역(제조업), 업종(비제조업), 그룹(대기업)별로 새로운 연대조직을 추진하기 시작했다. 기업 단위 노조들이 사업장 단위로 분산, 고립된 상태로는 자기 기능을 발휘하기 어려울 뿐 아니라 조직 간의 연대를 형성할 수도 없었기 때문이다.

먼저 노조들은 새로운 지역별 조직으로서 지역별노동조합협의회(약칭 지노협)를 결성했다. 지노협 결성은 1987년 12월 마산·창원지역노동조합총연합(약칭 마창노련) 창립을 시작으로 1988년 진주지역노동조합연합(4월), 서울지역노동조합협의회(5월), 인천지역노동조합협의회(6월), 전북노동조합협의회(8월), 경기남부지역노동조합협의회(12월)의 결성으로 이어졌다.

1989년에는 광주지역노동조합협의회(3월), 성남지구노동조합총연합(5월), 부천지역노동조합협의회(7월), 부산지역노동조합총연합(9월), 대구지역노동조합연합(11월) 등 1989년 말까지 모두 11개의 지노협이 결성되었다.*

이들 지역별 조직들은 주로 제조업 부문의 신규 노조들이 주체가 되어 노동운동 탄압에 대한 공동대응과 노조 사이의 연대라는 공동요구를 기초로 결성되었다.(김금수, 1995, 47쪽) 지역협의체는 스스로를 "노동자의 정치적 사회적 경제적 권리를 확보하기 위해 모든 종류의 탄압에 단호히 맞서 싸우며, 지역과 업종을 막론하고 굳건한 연대로서 노동자계급의 전국적인 결집을 위해 노력하는 자주적 민주적 연대조직"으로 규정했다.("서울지역노동조합협의회 강령" 1988)

다음으로 비제조업 부문의 노조들은 1987년 11월 27일 전국사무금융노동조합연맹(약칭 사무금융노련)을 시작으로 1988년에는 민주출판언론노동조합협의회(7월), 전국화물운송노동조합연합(9월), 전국언론노동조합연맹(11월), 전국병원노동조합연맹(12월) 등을, 1989년에는 전국시설관리노동조합협의회(1월), 전국일용공노동조합협의회(4월), 전국지역의료보험노동조합총연합(5월), 전교조(5월), 전국전문기술노동조합연맹(10월), 전국건설노동조합연맹(12월) 등을 결성하였다. 그리하여 1989년까지 11개의 업종별노동조합협의회(약칭 업종협)가 결성되었다.** 업종협의 출현은 단순한 노동조합의 양적 증대만이 아니라 노동운동의 영향력을 급격하게 증대시켰다. 업종협들은 복수노조 금지를 규정한 법률적 제약을 벗어나기 위해 합법성 쟁취투쟁을 전개했다. 이 투쟁은 한국자유금융노조연맹이

---

* 1991년에는 구미지역노동조합협의회, 포항지역노동조합협의회(3월), 경주지역노동조합협의회(10월)가 결성되었다. 하지만 구미지역은 와해되었다.
** 1992년 8월에는 전국대학노동조합연맹이, 1994년 1월에는 전국조선업종노조협의회가, 1994년 3월에는 전국지하철노조협의회가 각각 결성되었다.

1988년 8월 13일 한국노총의 인준증 없이 설립신고증을 교부받은 이래 언론, 병원, 전문기술, 대학연맹 등으로 확산되었고, 1993년까지 대부분의 조직이 합법성을 쟁취하였다. 그러나 전교조는 정부의 강력한 반대에 부딪혀 1993년까지 1,527명의 교사가 해직된 채 합법성을 인정받지 못했다. 전교조의 합법성은 1998년 노사정위원회에서 사회적 합의를 이룬 후 비로소 확보하게 되었다.

단위노조들의 연대조직은 재벌그룹이나 대기업 차원에서도 진전되었다. 현대그룹 계열사 노조들은 1987년 8월 '현대그룹노동조합협의회'를 결성했다가 1988년에는 '현대그룹노동조합연합회'로 개편했으며, 1990년 다시 '현대그룹노동조합총연합'(약칭 현총련)으로 재편했다. 이들 현대그룹 계열사 노조들은 노조결성과 노동조건 개선투쟁 과정에서 재벌 총수에게 권한이 집중되어 있어 개별 교섭과 투쟁으로는 성과가 없음을 인식하고 연대 틀을 마련한 것이다. 곧, 개별 사업장에서 협상하는 과정에서 임금인상이나 단체협약 등 노사 간의 본질적 쟁점이 단위 사업장을 뛰어넘는 그룹 차원의 문제임이 분명해짐에 따라 재벌기업 노동자들이 그룹별 연대조직 건설로 나아갔던 것이다. 특히 현대그룹 노동자들이 선두에 선 것은 1987년 노동자대투쟁에서 폭발적 투쟁을 선도해온 데서 기인하였다.

민주노조들은 지역별·업종별 조직의 연대를 무기로 1988년 임금인상투쟁에 돌입하였다. 임금인상투쟁은 3저 호황의 지속이라는 조건 속에서 87노동자대투쟁에서 쟁취한 바 있는 승리에 대한 자신감으로 시작되었다. 민주노조들은 1987년 말 이후 조직적 연대를 바탕으로 초기에 지역 차원에서 민주노조의 모범적 쟁의와 활발한 지원투쟁으로 발전하다가 4월 1일 대우조선 노동자들의 전면 파업을 계기로 전국적으로 확산되었다.

민주노조 진영의 임금인상투쟁은 노동운동의 성격 변화를 집약적으로 보여주었다. 첫째, 투쟁이 조직적이고 계획적으로 전개되었고, 장기간의 투쟁에서도 높은 규율성이 유지되었다. 둘째, 노동쟁의조정법을 비롯한 실정법의 테두리를 뛰어넘는 적극적이고 과감한 투쟁방식이 확산되었으며, 투쟁방식에서도 농성, 가두시위, 구속결단식, 총회투쟁 등이 동원되었다. 셋째, 지역별·산업별 연대조직체가 결성되면서 지역별 연대투쟁이나 산업별 공동투쟁이 시도되었다.(김금수, 1995, 67~68쪽) 주요 투쟁사례로는 4월의 대우조선 노동자들의 파업과 삼성중공업 노동자들의 민주노조쟁취투쟁, 6월의 서울지하철 노동자들의 파업, 7월의 철도기관사 총파업, 1986년에서 1989년까지 지속된 연합철강노조의 장기투쟁 등을 들 수 있다. 지역적 연대투쟁으로는 마산·창원지역 노동자의 공동임금투쟁과 노동운동 탄압저지투쟁이 대표적이고, 산업별 공동투쟁으로는 '연구전문기술노조협의회' 산하 정부출연기관 노조들의 투쟁이 있다. 1990년에는 현대중공업노조의 128일에 걸친 파업투쟁과 서울지하철 노동자들의 파업투쟁, 전교조 결성투쟁, 세계노동절투쟁 등이 이어졌다. 이런 투쟁을 통해 노동자들은 1988년과 1989년에 각각 15.5%, 21.1%의 임금인상 성과를 거두었는데, 이는 '조합원 대중의 주체적 참여하에 산업별 지역별 공동임투'의 전형을 만들어냈다.(김유선, 1998, 5쪽)

그러나 권력과 자본에 대항하기에는 아직 한계가 많았다. 특히 노동법은 1987년에 일부 개선되기는 했지만 여전히 임금인상투쟁이나 노조결성을 가로막는 장애물로서 극복해야 할 1차적인 대상으로 떠올랐다. 아울러 노동법 개정은 모든 노조의 공통적인 과제였기 때문에 전국적 조직 건설의 매개고리가 될 수도 있었다. 이에 따라 노동법개정투쟁을 민주노조 진영의 중심과제로 삼게 되었다. 그 계기가 된 것은 1988년 3월 현대엔진노조 탄압저지투쟁이었다. 민주노조 진영의 각종 조직과 단체들은 '노동조합탄압 저지 전국노동자공동대책협의회'(약칭 전국공대협)를 구성한 데 이어, 6월에는 '노동법개정 전국노조특별위원회'와 '전국노동운동단체협의회'(약칭 전국노운협)를 출범시켰다. 민주노조 진영에서는 공청회와 '노동법개정 전국대표자회의' 등을 거쳐 10월 6일 '전국노동법개정투쟁본부'(약칭 전국투본)를 결성했고, 복수노조 금지규정을 비롯하여 제3자 개입 금지, 공익사업에 대한 직권중재, 공무원과 교사의 단결 금지, 노조의 정치활동 금지 등 노동법상 노동기본권을 제한한 법률을 철폐할 것을 요구하며, 대중적인 노동법 개정투쟁에 나섰다. 전국투본은 11월 13일 전태일 추모일을 맞아 '전태일 정신 계승 및 노동악법 개정 전국노동자대회'를 개최했다. 서울 연세대에서 열린 이 집회에는 전국에서 수만 명의 노동자들이 운집하였으며, 국회의사당까지 가두행진을 벌였다.

이어 1988년 12월, 전국 각 지역의 민주노조 대표자들은 노동법 개정투쟁과 잇따른 투쟁과정에서 공동투쟁 조직의 한계 극복과 전국적 연대기구 설치의 필요성을 확인하고, '지역별·업종별 노동조합 전국회의'(약칭 전국회의)를 구성했다. 전국회의에는 결성 당시 550개 단위노조에 16개 지노협과 4개 업종협이 참가하였고, 조합원은 20만여 명이었다. 1988년에 추진된 노동법 개정투쟁은 다음 해 3월 임시국회에서의 노동법 개정을 촉진했다. 그러나 1989년 초부터 정권과 자본의 공세가 노골화하면서 노동관계법 개정은 대통령의 거부권 행사로 무위로 돌아갔다. 단지 법정 근로시간을 주 44시간으로 단축하는 것 등을 주된 내용으로 하는 개정근로기준법만 시행하게 되었다.

요컨대 1987년이 노조조직의 확대와 더불어 민주노조운동의 기반이 형성된 해였다면, 1988년은 민주노조 진영이 지역별·업종별 전국조직 건설을 추진한 해이면서, 동시에 임금인상·단체협약·노동법 개정 등 노동조합의 기본 활동을 활발하게 전개한 해였다. 이처럼 1987년 7월부터 1988년 12월까지 1년 6개월 동안 조직과 투쟁 양 측면에서 노조운동이 고양국면을 나타냈던 것은 다음의 요인에 의해 가능하였다.

첫째, 노동자 대중의 투쟁열기가 어느 때보다 높았고, 정권과 자본 측의 대응력은 상대적으로 취약했다는 점이다. 둘째, 6월민주항쟁→6·29선언→12월 대통령 선거에서 노태우 후보 당선→1988년 4월 국회의원 총선으로 여소야대 국회 형성 등의 정치적 격변이 대중투쟁 활성화에 유리한 조건을 부여했다는 점이다. 셋째, 경제적으로 이른바 '3저 호황'이라는 대호황기를 맞았다는 점이다.(김유선, 1998, 6쪽)

전노협 건설과 민주노조 사수투쟁 (1989~1992년)

노태우 정권은 1989년 1월 2일 풍산금속 안강공장노조에 공권력을 투입한 것을 시작으로 노동운동에 대한 대대적인 탄압에 나섰다. 그 결과, 1989년부터 1992년까지 노동현장은 파업→공권력 투입→구속·해고가 일상적으로 되풀이되는 격전지가 되었다. 1988년 한 해 동안 구속된 노동자는 80명 정도였는데, 1989년에는 611명으로 무려 여덟 배가량 증가했다. 이후에도 1990년에 492명, 1991년에 515명, 1992년에 275명이 구속되었는데, 1989년부터 1992년까지 4년 동안 구속된 노동자는 무려 1,893명에 이르렀다.

이어 노태우 정권은 1989년 4월 문익환 목사의 방북을 빌미로 '공안정국'을 조성하면서 민주노조운동을 불법 불순집단으로 매도하기 시작했다. 하반기에는 경제위기의 책임을 노동자에게 떠넘기는 이데올로기 공세를 폈으며, 자본 측도 무노동 무임금을 주장하는 등 대대적인 공세를 취했다. 국가권력과 자본의 탄압은 3저 호황 국면이 경기침체로 전환된 데 기인한 측면도 있지만, 87노동자대투쟁 이후 고양된 노동운동을 위축시키려는 의도를 본질로 하고 있었다. 노태우 정권은 1990~1991년에 한 자릿수 임금인상, 1992년 총액임금제 등 임금억제정책을 추진하는 한편, 노동법

'개악'을 시도하는 등 억압의 강도를 더욱 높여갔다.

가중되는 노동탄압에 대항하기 위한 현장노동자들의 투쟁은 1,616건의 노동쟁의가 말해주듯 거세게 전개되었다. 128일에 걸친 현대중공업 노동자들의 파업투쟁과 서울지하철노조의 '합의각서' 이행을 요구한 전면파업, 전교조 결성투쟁 등이 그 대표적인 예였다. 노태우 정권은 가차 없이 공권력을 동원해 탄압했고, 노동자들은 연대투쟁으로 맞섰다. 연대투쟁은 부천, 구로, 마산·창원 지역에서 벌어졌고, 그 밖에 외자기업 철수반대투쟁, 방위산업체 공동투쟁, 위장폐업 철회투쟁 등이 공동투쟁의 형태로 전개되었다. 이러한 가운데 전국회의는 전국적 차원의 통일투쟁으로서 노동절을 전후한 노동운동탄압 저지투쟁, 5월 28일 결성된 전교조 지원투쟁, 노동법 개정투쟁 등을 전개하였다. 그리고 민주노조 진영은 전국회의를 중심으로 전국적 중앙조직으로서 전노협 건설에 박차를 가하였다.

보수정치권이 3당 합당을 단행하던 1990년 1월 22일 민주노조들은 전노협을 결성하였다. 전노협은 창립선언문에서 "자주적이고 민주적인 노동운동을 전개해나갈 수 있는 한국노동조합운동의 새로운 조직적 주체가 탄생하였음"을 밝히고, 대중적인 노동조합운동을 통해 "노동자의 처지를 근본적으로 변화시킬 수 있는 경제·사회구조의 개혁과 조국의 민주화, 자주화, 평화통일을 앞당기기 위해 제 민주세력과 굳게 연대하여 투쟁해나갈 것"이라고 선언했다. 또한 전노협은 "기업별 노조 체제를 타파하고 자주적인 산별 노조의 전국중앙조직을 건설하기 위해 총 매진할 것"임을 천명했다.(『전국노동조합협의회 백서』 1, 6~7쪽) 전노협은 1970년대와 1980년대의 민주노조운동을 계승한 조직이면서, 1987년 이후 전개된 노동자투쟁을 통해 축적된 조직적 성과였다. 그리고 민주노조운동의 발전을 위한 전국적 구심 역할을 맡게 되었다.(김금수, 1995, 50쪽)

전노협 결성대회는 경찰의 봉쇄망을 피해 수원 성균관대에서 개최되었고, 800여 명의 대의원을 포함한 1,500여 명의 노동자들이 모였다. 전노협은 14개 지역협의체와 2개 업종별 조직, 456개 단위노조, 조합원 수 16만 6,000여 명으로 역사적인 첫발을 내딛게 되었다.

전노협이 결성되어 활동에 들어가자 노태우 정권과 자본 측은 다양한 방법을 동원하여 전노협을 와해시키고자 했다. 그 방법이란 첫째 지노협과 단위노조를 지원하는 행위를 제3자 개입 금지 위반으로 규정하여 처벌하고, 둘째 전노협 건설의 핵심 인물들을 사법처리하며, 셋째 전노협 가입 노조에 대한 대대적인 업무조사와 기부금법 위반으로 사법처리하고, 넷째 전노협 행사를 전면적으로 원천 봉쇄하며, 다섯째 노조 전임자에 대한 임금 지급 거부를 유도하고, 여섯째 파업사업장에 대해 경찰력을 투입한다는 것 등이었다. 이에 따라 노태우 정권은 1990년 들어 노조 간부 262명을 구속했고, 지노협 의장 10여 명을 수배했다. 또 전국 160여 개 사업장 노조에 대해 업무조사를 실시하고 이를 거부한 70여 개 노조를 고발했다.(『전국노동조합협의회 백서』 2, 61쪽) 그리고 전노협을 '불법단체'로 규정하여 전노협이 주최한 모든 집회나 행사를 봉쇄했다.

노태우 정권과 자본 측의 이런 탄압과 통제에 대해 전노협은 다양한 측면에서 투쟁을 전개했다. 1990년 4월 6일부터 8일까지 명동성당에서 전노협 간부 100여 명이 철야 단식농성을 벌였고, 단위노조에서는 간부들이 중심이 되어 농성을 전개했다. 4월 8일에는 단식농성을 끝낸 전노협 간부와 노조 간부 500여 명이 명동성당에 집결하여 '임금교섭 중간보고, 노동부장관 퇴진, 노동운동탄압 분쇄 결의대회'를 열었다. 전노협은 또 노동부의 업무조사에 대해 전면 거부방침을 정하고 적극적으로 대응했다.

이와 더불어 전노협은 노동운동 탄압에 적극 대응했다. 2월 24일과 25일 '반민주 3당 야합 분쇄 및 민중기본권 쟁취 국민대회'를 전국 동시다발로 개최했다. 또 3월 3일부터 5일까지 비상중앙위원회 철야농성에 이어

3월 8일부터 9일까지 지역·지구 단위 농성을 조직하였다. 이를 바탕으로 3월 14일에는 전국 단위 사업장 총회와 동시퇴근투쟁·대국민 선전전을 벌였으며, 3월 18일에는 '노동운동탄압 분쇄와 1990년 임금인상투쟁 승리 전진대회'를 열었다.(『전국노동조합협의회 백서』 2, 116~119쪽) 그리고 전노협은 구속노동자 석방투쟁과 전노협 중앙위원회 '침탈' 규탄투쟁을 통해서도 노동운동탄압 분쇄와 전노협 조직 '사수'를 위한 행동을 추진했다. 전노협은 현대중공업노조와 KBS노조의 투쟁열기를 배경으로 1990년 5월 전국 총파업투쟁을 단행했다. 이 투쟁에서 전노협은 전노협 사수, 노동운동탄압 분쇄, 구속자 석방, 민자당 해체, 노태우 퇴진, 물가폭등 대책, 집값·전세금 안정 등 노동운동탄압 중지와 정치적·경제적 요구를 내세웠다. 투쟁은 5월 1·3·4일에 집중되었고, 총 312개의 노조와 조합원 34만여 명이 참가했다. 그러나 업무조사는 집요하게 진행되어 전노협의 조직력을 훼손시켰다. 업무조사를 받은 사업장은 19개, 전노협 탈퇴 사업장은 29개에 이르렀으며, 고발된 사업장은 59개나 되었다.(『전국노동조합협의회 백서』 2, 96~97쪽)

한편, 전노협에 가입하지 않은 비제조업 부문의 노조들은 1989년 5월 30일 '전국업종노동조합회의'(약칭 업종회의)를 구성했다. 업종회의는 전교조에 대한 정부의 탄압에 대응하는 과정에서 조직기반을 만들 수 있었으며, 1990년 KBS노조의 방송민주화투쟁과 현대중공업노조의 '골리앗 투쟁'을 계기로 같은 해 5월 'KBS와 현대중공업 노동조합탄압 분쇄 업종노련 비상대책위원회'를 구성하면서 본격적으로 조직적인 틀을 세웠다. 이처럼 업종회의는 전노협에 조직적으로 참여하지 않은 12개 사무·전문·서비스 부문 노조 연합단체와 협의체가 구성한 연대조직체로, 조합원 수는 20만여 명이었다. 업종회의는 "사무, 전문, 서비스직 노동자의 단결을 바탕으로 노동자의 정치·경제·사회적 지위 향상과 권익 실현을 위해 공동투쟁

표14 민주노조 진영의 형성 경로

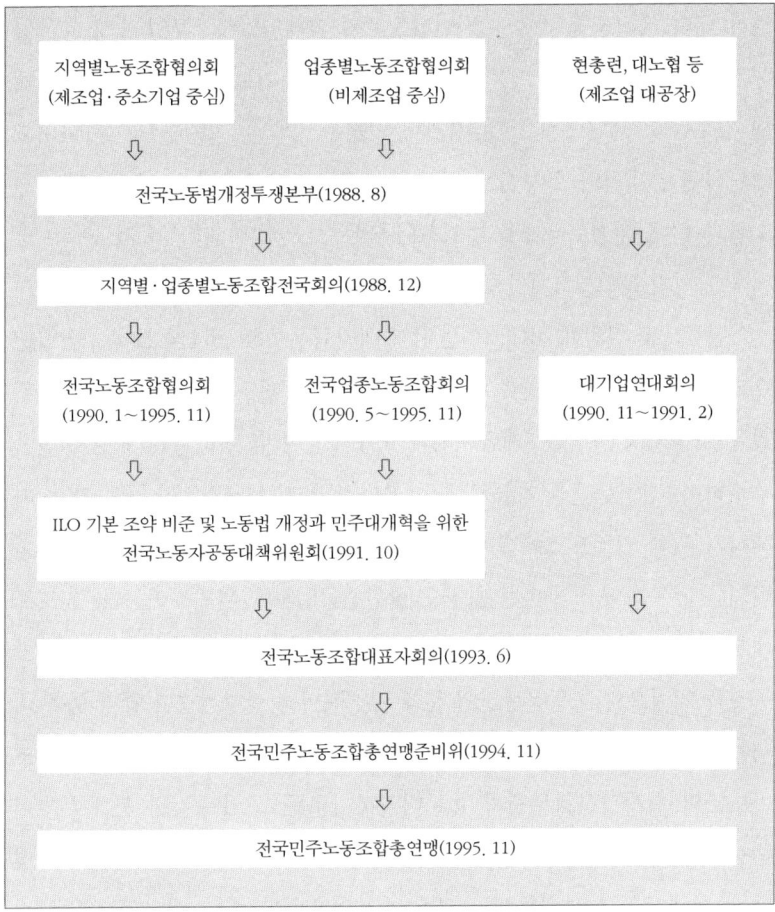

출처: 김유선, 1998, 18쪽에서 재인용

을 하며, 자주적이고 민주적인 노동조합의 발전과 통일을 목적으로 한다"
라고 스스로의 위상을 규정했다.

이렇게 민주노조들이 전노협과 업종회의로 결집해가는 동안 대기업
노조들도 연대를 모색한 끝에 7개 노조들이 1990년 2월 26일 '전국대기업

노조비상대책회의'를 결성하였다. 그러나 이 조직은 단위노조 집행력이 취약한 데다 직권조인 파동이 일어남으로써 와해되었다. '민주파'로 교체된 대기업 노조 대표들은 1990년 12월 9일 연대회의를 결성하였다. 이에 대해 정부는 1991년 2월 10일 경기도 의정부시에서 간부 수련회를 마치고 해산하던 연대회의 소속 노조 간부 67명을 연행, 구속했다. 연대회의는 전노협과 함께 대정부투쟁을 벌였으나, 정부의 강경한 탄압과 지도부의 공백을 이기지 못하고 4개월 만에 사실상 와해되고 말았다.

민주노조 진영에 적대적이었던 지배권력은 1990년 1월 22일 3당 합당으로 안정적인 권력기반을 구축하자 민주노조 진영을 더욱 압박했다. 정권은 민주노조 진영을 "계급투쟁과 노동해방 이념 아래 폭력혁명 노선을 추구하며, 정치투쟁을 목표로 하는 불법집단"으로 규정짓고, 전노협을 와해하기 위해 가입노조에 탄압을 집중했다. 이 와중에 1991년 5월 전노협 탈퇴를 거부하다가 구속된 박창수 한진중공업노조 위원장이 서울 교도소에서 의문의 죽음을 당했다. 이러한 탄압사태에 대해 전노협은 1990년 노동절을 기점으로 노동운동탄압 분쇄, 박창수위원장사건 진상규명 등을 내세우고 총파업투쟁을 전개했다. 이 밖에 현장에서는 1991년에 코리아타코마노조의 회사정상화투쟁과 30분더일하기운동 등 노동강화 분쇄투쟁(이 투쟁의 과정에서 신발제조업체 대봉의 여성근로자 권미경이 사망)이, 1992년에는 총액임금제 분쇄투쟁과 부천 3사(경원세기, 대흥기계, 동양엘리베이터) 노조의 공동투쟁이, 1992년에는 MBC 노동자들의 공정방송 쟁취파업 등이 이어졌다.

민주노조 진영은 노동법 개정을 위해 중앙조직체 결성을 모색했다. 여기에는 정치정세의 변화도 작용하였다. 정부가 1991년 유엔과 ILO 가입을 추진하고 있었고, 1992~1993년에 치를 총선거와 대통령 선거 등이 다가옴에 따라 노동법 개정에 유리한 정세가 형성되고 있었다. 이러한 주관적·객관적 조건의 변화를 배경으로 전노협과 업종회의는 1991년 10월 9일 'ILO 기본 조약 비준 및 노동법 개정을 위한 전국노동자공동대책위원회' (약칭 ILO공대위)를 결성하였다. ILO공대위는 '한시적 공동투쟁체'로서 노동기본권을 실질적으로 확보하기 위한 법 개정과 민주노조운동의 조직발전을 목표로 내걸었다. ILO공대위는 노동법 개정을 위한 공청회, 국회청원 등의 활동을 하였고, 1991년 11월 10일에는 서울 여의도 둔치에서 6만 명의 노동자들이 참석한 가운데 '전태일 정신 계승과 노동법 개정을 위한 전국노동자대회'를 개최하였다. 또한 ILO공대위는 ILO에 한국 정부를 제소하여 노동법을 개정하라는 권고를 이끌어냈고, 민주노조 진영이 한국 노동조합의 일각을 대표하고 있음을 국제적으로 인정받게 되었다.

한국노총의 개혁 시도와 변화　87노동자대투쟁은 한국노총에 큰 충격을 안겨주었다. 조직 안팎의 노동자들의 거센 요구가 한국노총을 향해 있음에도 이렇다 할 대응을 할 수가 없었기 때문이다. 한국노총은 노동자대투쟁을 노동현장에서의 비인간적인 소외와 탄압을 거부하고 실질적인 경제적·사회적 민주주의로 심화·발전시키기 위한 투쟁으로 규정함으로써 그 필연성과 정당성을 시인했다.(한국노동조합총연맹 편, 1988, 1쪽) 그리고 노동자들의 투쟁과정에서 조직 내부의 정통성 시비와 민주화 요구가 현저하게 많이 제기되었음을 솔직히 인정했다.(『사업보고』1988, 24쪽) 이 당시 한국노총은 신뢰 부분에서 딜레마에 빠져 있다고 보고, "변신의 몸부림 속에서 내부 민주화와 운동방향의 정립" (『사업보고』1990, 491쪽)이 가장 긴요하다고 인식했다.

　　그러나 위기에 빠진 한국노총은 현장에서의 민주화 요구에 대응하여 갑자기 변화하기가 쉽지 않았다. 한국노총은 1987년 7월 15일 회원조합

대표자회의를 열고 일부 단위노조에서 물의를 일으키고 있는 소위 민주화실천위원회와 일부 택시노조의 동태를 예의 주시하고, 정부와 경제단체 및 사용자에 대해서는 노동기본권을 확보하기 위해 투쟁하겠다는 결의를 천명하였다.(『사업보고』1989, 411쪽) 이어 8월 27일에는 "노사관계의 자주적 민주적 발전을 위한 우리의 입장"이라는 제목의 성명을 발표하고, 일부 외부세력이 노동자들의 투쟁을 정치적으로 이용하여 노총과 각급 조직을 어용으로 몰아 붕괴시키려는 데 대해 조직력을 총동원해 강력히 응징할 것이라고 경고했다.(『사업보고』1989, 300~301쪽)

조직을 보존하기 위한 이러한 자구노력에도 불구하고 현장에서의 반발과 조직이탈은 가속화하였고, 조직개혁과 새로운 활동방식 모색이 더욱 절실하게 되었다. 이러한 상황 변화를 배경으로 한국노총은 1988년 들어 내부개혁을 가시화하기 시작했다. 2월 27일 열린 대의원대회의 선언문에서 한국노총은 "지난날의 노동운동에 대한 냉철한 자기성찰과 겸허한 자기비판을 통하여 운동태세를 획기적으로 쇄신하고, 전진적이고 창조적인 자기혁신과 발전을 적극 도모하지 않으면 안 될 중차대한 전환기적 시점에 처해 있다"라고 규정했다.(『사업보고』1989, 337쪽)

하지만 한국노총은 전진적·창조적인 자기혁신을 실천하기보다 혼란스러운 모습을 보였다. 김동인 한국노총 위원장은 4월 총선거에서 여당인 민정당 전국구 13대 국회의원으로 진출함으로써 종래 집권여당과의 관계를 되풀이하였고, 6월 24일에 개최된 회원조합 대표자회의는 노조민주화 요구를 일부 재야세력이 조합원을 선동하여 한국노총 및 산별노조를 부정하려는 것으로 규정하고, 이에 대해 강력하고 조직적인 대응책을 강구하겠다고 결의했다.(『사업보고』1989, 530쪽)

한국노총의 충격과 혼란은 1988년 11월 9일 임시대의원대회에서 개혁을 표방한 박종근 집행부가 등장하면서 수습의 계기를 찾았다. 한국노총은 대회선언문에서 내외의 가차 없는 비판과 뼈저린 자기반성을 토대로 "집권여당과 국가권력으로부터 노동조합운동의 자유를 선언하고, 자주적 민주노동운동의 기치 아래 새로운 각오로 자기혁신을 과감히 추진"하고, 무원칙한 타협과 자기비하로 얼룩진 과거를 청산하며, 대외적 자주와 대내적 민주를 실천하기 위해 민주노동운동을 힘차게 전진시켜갈 것임을 천명했다.(『사업보고』 1989, 386쪽) 이런 각오는 "자주적 민주노동운동의 힘찬 전진을 위한 결의문"에서 주요 과제로 집약되었다. 이후 한국노총은 이전과는 다른 역동적인 모습을 보여주었다. 11월 29일에 '부당노동행위 규탄대회'를 열어 전경련 회관과 구로공단에서 시위를 벌였고, 12월 9일에는 '노동악법 개정촉구 및 삼성재벌 규탄 전국대표자회의'를 열고 삼성그룹 사옥 본관과 국회의사당 앞에서 시위를 벌였다.

1989년 정부가 노동운동을 강경하게 탄압하자 한국노총은 반대 자세를 취했다. 한국노총은 1월 9일 발표한 성명에서 정부가 행사하는 공권력의 공정성에 대해 우려를 표명하고, "자칫 공권력의 과잉행사로 인해 합법적인 노조활동이 또다시 위축되는 악순환이 되풀이될 수 없으며, 다가올 임금인상 활동시기는 타율에 의한 억압과 통제의 수단으로 되어서는 안 될 것"이라고 밝혔다.(『사업보고』 1990, 507쪽) 그러면서도 노사문제를 특수목적에 이용하려는 과격급진세력을 거부하고, "자유·민주노동운동의 기치 아래 모든 노동조합이 일치단결하여 동참할 수 있는 문호개방과 대화를 통해 강력한 단일조직을 구축할 것"이라고 천명함으로써 민주노조운동과의 차별성을 강조했다. 한국노총은 1989년도 중점 활동으로 노동관계법 개정을 추진했으나, 대통령의 거부권 행사로 무위로 돌아가고 말았다.

한편, 한국노총은 노동조합의 정치역량 배양과 강화를 목적으로 노총 정치위원회를 설치했으며, 1980년 노조 간부 정화·부당해고·삼청교육 피해자에 대한 원상회복 및 명예회복 활동을 벌였다. 그리고 11월 5일에는 옥외집회 형식으로 '노동악법 개정 및 경제민주화 촉구 궐기대회'를 서울 보라매공원에서 대규모로 개최하는 등 개혁적인 모습을 보였다. 이러한 개혁을 추진하면서도 한국노총은 다른 한편으로는 종전에 지속해왔던 정부지원에 의한 실리주의 활동방식을 고수했다. 1989년 이후 확대된 정부지원의 구체적인 사례들로는 노동은행(평화은행) 설립허가 및 자금지원, 전국 18개 지역에 걸친 노동교육상담소 설치비용 지원, 중앙노동교육원 건립비용 지원, 복지사업을 위한 자금지원 및 기타 행사자금 지원확대 등으로, 그 금액은 1989년 18억 9,700만여 원, 1990년 31억 9,500만여 원, 1991년 57억 4,900만여 원, 1992년 43억 1,200만여 원 등 총 151억 5,300만여 원으로 추산되었다.(노중기, 1995, 294~295쪽) 노태우 정권이 한국노총에 상당한 규모의 재정지원을 한 것은 노태우 정권의 실질적이고 중요한 노조통제강화 방안과 한국노총의 실리적 활동방식이 결합된 결과였다. 하지만 노태우 정권 전 기간을 통해서 국가와 한국노총의 관계는 상당한 긴장을 포함하는 갈등관계로 나타났다.

한국노총은 민주노조 진영에 대해서는 부정적 태도를 취하였다. 단위노조가 제기한 민주화 요구를 거부하였듯이, 민주노조 진영의 전국조직인 전노협을 결성하려는 움직임에 대해서도 같은 맥락으로 대했다. 한국노총은 1989년 12월 17일 "한국노총과 함께 단결하여 전진하자"라는 제목의 성명서를 발표하고, 전노협 건설이 전체 노동자의 단결과 전진을 저해할 수 있다는 점에서 우려스럽다고 비판하였다. 그리고 재야 각급 노동조직은 한국노총의 깃발 아래 한데 굳게 뭉쳐 부당한 권력과 자본을 상대로 공동의 투쟁을 힘차게 전개하자고 제안했다.(『사업보고』 1990, 529쪽) 그러면서도 한국노총은 노동관계법 개정과 관련하여 복수노조 금지 조항과 제3자 개입 금지 조항은 기존대로 존속시키는 내용의 청원을 제출했다.

1990년 2월 22일 정기 대의원대회에서 박종근 위원장의 집행부는 재

신임을 얻었다. 박종근 위원장은 대회사에서 1990년대의 민주발전 속에 과감한 개혁을 추구해야 하는 새로운 전환기를 맞고 있다고 밝히고, '국민 대중 속에 뿌리박는 노총'을 강조했다. 이어 한국노총은 5월을 '자주성 확립과 조직강화 강조기간'으로 정하고, 3월 10일 '근로자의 날' 대신 5월 1일 노동절 기념행사를 치렀다.

한편, 한국노총은 노동정책 전반에 대한 정책을 효과적으로 제안하고 정책결정기구에 대한 참여를 확대하기 위한 방도를 모색하였다. 이 노력은 4월 '국민경제사회협의회'(약칭 경사협) 구성과 출범으로 나타났다. 경사협은 노·사·공익 대표로 구성됐으며, "노동자의 지위 향상과 산업발전을 기하여 균형 있는 국민경제를 이룩하고, 경제주체 간의 협의를 통한 경제사회의 민주화를 실현함을 목적"으로 내세웠다. 그러나 경사협의 성과는 기대에 크게 못 미쳤다. 1990년 경사협의 활동을 보면, 몇 가지 정책 건의에 그칠 정도로 부진했으며(노중기, 1995, 296쪽), 결국은 유명무실한 조직으로 전락했다. 그것은 정부가 사회적 합의기구 참여에 따른 정치적 부담을 회피하려고 끝까지 공식참여를 거부한 데 기인하였다. 이후 한국노총은 노동 관련 정부정책 심의와 노동복지기관 운영에 한국노총 대표의 참가를 요구하였으며, 부분적으로 요구를 관철시켰다. 이와 같이 정부의 통제강화에 대해 한국노총은 협력과 참가로 대응하면서, 다른 한편으로는 저항하는 모습을 보였다. 3월 24일 여의도 광장에서 열린 '노동탄압 분쇄 및 1990년 임투승리 결의대회'는 그 한 표현이었다.

1991년 들어 한국노총은 정기 대의원대회에서 "1990년대 한국노총의 운동기조와 활동방침"을 채택했다. 한국노총은 노동운동의 이념을 '민주복지사회 실현을 위한 노동조합주의'로 설정했다. 민주복지사회 실현을 위한 노동조합주의란 첫째 자주적·민주적 노동운동의 전개, 둘째 노동자와 국민 일반의 생존권 보호, 셋째 한국 자본주의의 구조적 개혁 추진, 넷째

국가의 정책결정과정에의 적극적 참여, 다섯째 정치활동 전개, 여섯째 노동조직 통일과 시민운동과의 연대 등을 그 골자로 하고 있었다.(한국노동조합총연맹 편, 1991, 22~89쪽) 이 같은 한국노총의 새로운 이념과 과제는 이전에 비해 훨씬 체계적으로 정리된 것이었으며, 기존의 반공주의적이고 권위주의 협력적인 태도에서 벗어나 개혁 지향적인 기조를 나타낸 것으로 평가되었다.

이 밖에 한국노총이 역점을 둔 활동은 조직이탈 방지와 지방자치제 선거대책, 노동법 개악저지투쟁이었다. 조직이탈 방지대책은 정부가 전노협을 직접적으로 탄압했음에도 자체 조직이 계속 동요하고 있는 데 대한 대응이었다. 예컨대 새로이 등장한 전국언론노동조합연맹(약칭 언론노련)에 대해 고등법원은 상급조직 인준필증 없이도 합법성을 인정하는 판결을 내렸다. 이는 한국노총 산하 전국연합노동조합연맹(약칭 연합노련)을 비롯한 산하조직들이 분할되거나 약화될 위험성을 드러내는 일이었다. 한국노총은 이탈조직을 흡수하기 위한 활동을 전개하였는데, 그 내용은 각급 조직에 대한 홍보물 투입, 전화 걸기, 구속자 면회, 간부에 대한 개별 접촉, 노조 방문, 간부·대의원 교육 강화 등이었다. 그리고 지역순회활동의 일환으로 12월에는 울산에서 현총련과 대화시간을 갖기도 하였지만, 별다른 성과를 거두지는 못하였다. 이와 함께 한국노총은 지방자치제 선거에 자체 조직 후보를 당선시키는 데 힘을 기울였다. 선거 결과, 한국노총 출신은 기초의회 후보 64명 중 26명이 당선되었으며, 광역의회의 경우는 38명의 후보 중 3명이 당선되었다.

이해에 정부의 노동통제 강화정책은 더욱 강하게 다가왔고, 한국노총은 이에 적극적으로 대응하였다. 10월 들어 노동부가 '총액임금제' 실시와 고용유연화를 위한 노동법 개정방침을 발표하자, 한국노총은 10월 11일부터 23일까지 연맹별·지역별로 정부방침저지 결의대회를 가졌다. 이어 11월

1일에는 박종근 위원장이 단식농성에 들어갔고, 각 산별연맹과 지역본부에서 무기한 철야농성을 벌였다. 이어 11월 16일에는 장충단공원에서 노동법 개악저지 궐기대회를 열어 정부방침에 대한 반대의지를 분명히 하였다.(『사업보고』 1992, 315~344쪽)

한국노총의 총액임금제 시행저지투쟁은 1992년으로 이어졌다. 정부는 1992년 임금인상 조정 가이드라인을 총액기준 5%로 설정했다. 이에 대해 한국노총은 5월 1일 서울 장충단공원에서 조합원 2만여 명이 집결한 가운데 '1992년도 노동절 기념 및 총액임금제 분쇄 결의대회'를 개최함으로써 조직적 대응태세를 과시했다. 이처럼 한국노총은 종래의 한국노총-국가권력 관계에서 벗어나 국가로부터 실질적인 지원을 얻기 위해 노력하는 한편, 국가정책에 저항하는 모습까지 보였다. 정부가 추진한 총액임금제나 노동법 개정은 민주노조 진영과 한국노총의 완강한 저항에 부딪혀 결국 무산되고 말았다.

이처럼 한국노총과 국가권력 간의 관계가 변화된 것은 1987년 이후 나타난 노동정세와 국가의 통제전략에 기인하였다. 과거 유일한 공식노조 지위에 안주해왔던 한국노총은 1987년 이후 민주노조운동 활성화와 더불어 조직적 기반이 크게 약화되었고, 상대적으로 그 위상이 크게 추락했다. 한국노총은 국가의 통제정책에 동원되는 데 대한 확실한 반대급부를 원했으나, 노태우 정권은 이를 거부했다. 결국 노태우 정권은 노동자계급의 내부분열 및 그 일부의 견인을 통해서, 전체를 통제하는 국가조합주의적 통제방식보다는 노동자계급 일반을 배제하는 통제전략을 선택했던 것이다.(노중기, 1995, 298쪽)

이 밖에 한국노총은 한국의 국제노동기구ILO 가입을 계기로 노동관계법 개정활동을 한층 더 강화하였다. 대통령의 지시에 따라 노·사·공익 위원 18명으로 구성된 '노동관계법 연구위원회'가 출범하자, 한국노총은 이기구에 참여하는 것을 통해 노동법 개정을 추진하기로 했다. 아울러 1991년에 이어 1992년에도 한국노총을 이탈한 노조 1,665개, 조합원 68만 7,652명에 대한 흡수활동에 들어갔다.(『사업보고』 1993, 384쪽) 한국노총은 정책결합 모색단계→사업결합단계→조직통합 모색단계를 거쳐 '이탈조직 연합체와의 통합'을 추진한다는 방침을 정했다. 이를 위해 한국노총은 민주노조 진영을 주도하고 있는 대우조선, 서울지하철, 현대중공업, 현총련, 현대자동차노조 등의 대의원대회에 축사를 보내거나 투쟁지지 성명을 내고 구속자 면회를 하는 한편, 토론회를 제의하기도 하였다. 그러나 이 활동들은 별다른 성과를 거두지 못하였으며, 9월 초에 발생한 전국택시노동조합연맹(약칭 택시노련)의 교섭위원 매수와 임금협상 야합사건으로 한국노총은 또다시 타격을 입었다.

이런 중에도 한국노총은 조직강화와 조직형태 전환에 대한 논의를 본격적으로 제기하였다. 한국노총은 1992년도 대의원대회에서 발표한 "조직강화를 위한 특별결의문"을 통해 현재의 기업별 노조형태를 산업별 노조체제로 전환하는 일을 추진한다고 밝혔으며, 회원조합 대표자 정책 세미나에서도 '조직강화 특별위원회'와 실무위원회를 구성하기로 결정하였다.(『사업보고』 1993, 54쪽)

20세기 말 노동운동의 도전과 응전

앞에서 본 바와 같이, 1987년 노동자대투쟁 이후 노동자 계급은 사상 유례 없이 매우 빠른 속도로 스스로를 변화시키고 노사 간 힘의 균형관계를 이룩했다. 노동자들은 새로운 '민주노조 진영'을 구축해내는가 하면 한국노총의 개혁을 촉진했다. 권력과 자본은 다양한 지배·통제 수단을 동원하여 노동운동의 성장을 저지하려 했지만, 노동자들은 "노동해방"을 외치며 완강히 대항하였고, 그 과정에서 법전 속에 잠자고 있던 노동시민권을 확보해나갔다. 이제 노동운동은 한국 사회의 변화와 발전을 추동하는 기본 동인이자 중심축으로 자리하기 시작한 것이다. 그러나 노조조직률은 1989년 이후 계속 하락하고 권력과 자본의 도전은 노동운동의 성장을 방해했다. 무엇보다 1992년 대통령 선거에서 보는 바와 같이, 노동자계급의 정치적 진출은 미약하기 그지없었다. 이런 상황에서 1993년 2월 김영삼 대통령의 문민정부가 들어섰다.

문민정부는 출범과 함께 노동행정 전환과 개혁방침을 밝혔다. 그러나 자본 측의 반발이 거세지자 경기침체를 내세워 고통분담론, 국제경쟁력강화론, 세계화 등을 내세우며 노동통제정책으로 전환했다. 이러한 정책을 배경으로 민주노조 진영의 전국적 통일조직체에 대한 열망은 더욱 높아졌다. 민주노조 진영은 1993년 6월 1일 전국노동조합대표자회의를 발족시킨 데 이어, 1994년 11월 13일 전국노동자대회에서 민주노총준비위원회(약칭 민노준)를 공식 구성했다. 당시 조합원 수는 40만여 명이었지만 자동차, 조선, 공공 부문 등 대규모 국가기간산업의 기업들을 포괄하고 있었다. 민노준은 "투쟁 속에 민주노총을 건설한다"라는 방침 아래 사회개혁투쟁에 힘을 쏟는 한편, 산별연맹과 지역본부 재편을 서둘렀다. 그리고 1995년 11월 11일 마침내 전국민주노동조합총연맹(약칭 민주노총)이 연세대 대강당에서 1,000여 명이 참가한 가운데 역사적인 창립대회를 개최했다. 여기에 참여한 노조는 862개에 조합원 41만 8,153명이었다. 민주노총은 1996년 2월 정기 대의원대회에서 노동법 개정을 적극 추진하고, 1997년 대통령 선거 이전까지 사회개혁 3대 과제를 쟁취하기 위해 대중투쟁을 전개하기로 결의했다. 민주노총은 곳곳에서 문민정부와 갈등을 빚으면서 충돌했다.

문민정부는 1996년 4월 총선거가 끝난 직후 '참여와 협력적 노사관계 구축'을 목표로 설정하고, 5월 9일 대통령 직속 자문기구로 '노사관계개혁위원회'를 발족시켰다. 노·사·공익 위원으로 구성된 이 위원회에서는 정부, 경영계의 노동유연화 요구와 노동조합의 노동기본권 보장이 정면 충돌하여 합의를 이루지 못했다. 그러나 재계의 논리에 일방적으로 편승한 신한국당은 노동운동 역량과 국민적 저항을 과소평가한 나머지, 성탄절 휴가 다음 날인 12월 26일 새벽 노동법 개정안과 안기부법을 날치기 처리했고, 민주노총은 곧바로 총파업투쟁에 돌입하였다. 총파업은 수백만 명의 노동자가 참가한 가운데 다음 해 1월 말까지 진행되었고, 마침내 3월 10일, 날치기 법안은 폐지되고 새로운 개정안이 국회를 통과하였다.

한편, 1987년 이후 개혁을 추진해오던 한국노총은 문민정부의 사회적 합의정책에 의해 추진된 1993년과 1994년의 '노총·경총 합의'로 다시 심각한 도전에 직면했다. 1993년 4월 1일 한국노총과 경총 사이에 조인된 "1993년도 중앙노사조정합의서"는 임금인상률을 각각 4.7%와 8.9%로 하고 노사정 3자는 고통을 분담하기 위해 노력한다는 내용이었다. 한국노총은 이 합의의 의의를 이렇게 규정했다. "중앙단위 노사합의는 노사자율성을 크게 신장하였을 뿐만 아니라 노총의 대정부 위상을 제고하고, 국민경제의 책임 있는 세력으로서 대국민 이미지를 개선하였으며, 대단위 교섭체제의 기초를 마련하여 기업별 노조의 부작용을 완화하는 등의 긍정적인 성과를 거두었다. 또한 이번 중앙노사합의의 부대조건인 금융실명제와 고용보험제는 정부가 약속대로 이행함으로써 이 합의의 위상을 높였다."(『사업보고』 1994, 62쪽) 이어 한국노총과 경총은 1994년 3월 30일, 첫째 임금인상률은 통상임금 기준 5.0%와 8.7%로 하고, 둘째 고용보험제는 1995년 7월부터 30인 이상 사업장, 1998년 이내에 10인 이상 사업장에 적용되도록 하며, 셋째 물가안정, 참여적 노동관계법 개정, 근로자 세 부담 경감, 주거안정, 복지증진을 위해 노력할 것과 사회적 합의에 대해 노사정 간에 실천사항을 점검한다는 것 등을 내용으로 하는 "중앙 노사임금 및 정책 제도 개선을 위한 사회적 합의"를 발표했다.(『사업보고』 1995, 220∼224쪽) 이러한 중앙단위 노사합의에 대해 한국노총 내부에서는 단위사업장 임금교섭을 제약하는 임금억제책에 불과하고 조직 내 민주적 의견수렴 절차를 거치지 않았다는 등의 이유로 항의하는 사태가 일어났으며, 민주노조 진영은 중앙단위 노사합의를 임금을 억제하기 위한 '밀실흥정'으로 규정하고 규탄집회를 열어 강력한 반대의지를 밝혔다.

1995년 한국노총은 '2000년대를 대비한 노총의 운동기조와 활동방침'을 마련하고, 노동계 통합원칙으로 노동자 대동단결의 원칙, 자주성의 원칙, 민주성의 원칙을 설정하여 1996년 2월 중 통합대회를 갖자고 민주노총에 제의했다. 한국노총의 개혁 시도는 박종근 위원장이 집권여당인 신한국당 국회의원에 출마하기 위해 사퇴하는 바람에 1996년 3월 6일 정기 대의원대회에서 선출된 박인상 위원장 중심의 집행부로 넘겨졌다. 박인상 위원장은 1969년 대한조선공사 파업을 주도했다가 구속·해고되었던 사람으로, "현장과 함께하는 강한 노총 건설"을 강조하면서 개혁을 추진했다. 한국노총은 노동운동 분열을 촉진한다는 이유로 반대해왔던 복수노조 금지규정 철폐를 공식적으로 결의하고, 한국합섬 쟁의와 김말룡 의원 사회노동장을 민주노총과 공동으로 집행함으로써 연대의 길을 텄다.

한국노총은 1996년 12월 "날치기 노동악법 철폐"를 요구하며 2단계 총파업투쟁을 전개했다. 사상 초유의 정치총파업에 대해 한국노총은 "일대 혁명적 변화를 일구어냈다"라고 평가했고, 이는 한국노총 개혁의 분기점이 되었다.(김금수, 2004, 208쪽) 이어 박인상 집행부는 1997년 말 제15대 대통령 선거 당시 야당인 새정치국민회의와 정책연합을 구성하고 김대중 후보를 지지함으로써 집권여당만을 줄곧 지지해왔던 종래의 관행을 깨뜨렸다. 아울러 한국노총은 시민운동과의 사회적 연대 강화와 통일운동에도 적극 나서기 시작했다.

1996~1997년의 날치기 노동악법 통과에 항의하여 전개한 정치총파업은 한국 노동운동 역량을 최고조로 발휘한 역사적 투쟁이었다. 그러나 곧바로 외환위기가 닥쳐 국제통화기금IMF 관리체제에 들어가고 김대중 정부가 신자유주의정책으로 기울면서 노동운동은 또다시 크나큰 도전에 직면하였다. 노동운동 진영은 당면과제 해결과 노동운동 발전을 위한 장기전략 모색과 함께 실질적인 개혁을 추진하지 않을 수 없게 되었다.

4
1980년대 노동운동의 특성

1980년대 전반기의 노동운동

1980년대 노동운동은 정치적으로 보면 1970년대 유신체제기의 연장으로
서의 1980년의 봄, 5·18민중항쟁을 잔혹하게 압살하고 권력을 탈취한 전
두환 신군부정권 시기, 그리고 1987년 6월민주항쟁과 노동자대투쟁 후 등
장한 노태우 정권 시기로 나눌 수 있다. 경제적으로는 1980년 초 엄습한
경제위기 후 막대한 외채 도입과 시장개방 및 산업 구조조정을 거쳐 1980
년대 중반 이른바 '단군 이래 최대 호황기'를 경험하다가 1990년대 초반
다시 침체 상황에 이르렀다. 이 기간에 노동자계급은 양적으로 계속 증가
하였고, 내부구성도 산업별·성별·연령별·학력별 등 여러 측면에서 변화
해가고 있었다. 이러한 정치적·경제적 조건의 변화를 배경으로 1980년대
노동운동은 1987년 노동자대투쟁을 분기점으로 하여 세 단계로 나누어볼
수 있다. 곧, 1980년부터 1987년 6월까지의 기간과 1987년 7~9월 노동자
대투쟁 그리고 1987년 하반기 이후의 기간이다.

　　1980년대 초반 불황기부터 1986년 이후 대호황국면에 이르기까지 노

동자들에게는 한계 이하의 저임금과 열악한 노동조건이 강요되었고, 노동자들의 불만은 해를 거듭할수록 쌓여갔다. 물론 1980년 봄, 즉 유신정권의 붕괴에서부터 5·18민중항쟁이 일어나기 직전까지의 짧은 기간에 노동자들은 격렬한 단체행동을 전개했으나 자연발생적·비조직적·분산적인 성격을 벗어나지 못하였고, 요구내용도 경제적 차원의 수준에 머물렀다. 더욱이 5·18민중항쟁을 진압하고 집권한 신군부정권의 탄압이 가해지자 노동운동은 질식상태에 빠졌다. 신군부정권은 잔혹한 탄압과 엄혹한 제도적 장치와 정책을 통해 노동운동을 극도로 억압하였다. 이 같은 억압정책은 반공냉전체제를 유지하고 나라 안팎의 독점자본의 이익을 지속적으로 옹호하기 위한 국가권력과 자본의 지배전략에서 비롯된 것이었다. 그러나 1983년 말 이후 노동자들은 생존권과 노동기본권 보장을 요구하며 치열한 투쟁을 끈질기게 전개하였는데, 그 특징은 다음과 같이 요약할 수 있다.

첫째, 조직형태와 역량이라는 측면에서 한국노총체제를 대체하여 자주적·민주적 결집체를 형성하려는 시도가 있었으나, 통일적인 조직체계를 확립하지 못하였고, 조직역량이 광범하고 공고하게 결집되지 않았다. 또한 권력과 자본에 의해 강요된 기업별 노조체계가 온존되었고, 조직확대 활동도 효과적으로 추진되지 못하였다. 그러나 1970년대에 비해 선진적 의식을 지닌 노동자의 수가 크게 증가하였고, 자주적 조직을 건설하기 위한 시도가 계속되었다. 이 시도들은 하나의 통일된 세력으로 결집되지 못하였으나 조만간 새로운 운동의 구심점이 나타날 수 있음을 시사해주고 있었다.

둘째, 노동조합주의와 개량주의를 극복하고 사회변혁을 지향하는 운동노선이 적극적으로 모색되기 시작하였다. 이런 움직임은 1980년대 초반 이후 일어났으며, 특히 1985년 구로동맹파업은 현장노동자들에 기초한 노조들이 주체가 되어 노동조합주의의 극복을 시도했다는 점에서 중요한 의미가 있다. 또한 자주적 노동자조직을 추진하는 과정에서 변혁 지향적인 운동노선을 확립하려는 노력이 경주되었다. 물론 이 같은 노력은 광범한 노동자의 투쟁을 통해 구체화되지는 않았지만, 장구한 기간에 걸쳐 노동운동을 지배했던 허구와 가식을 타파하고 계급적 관점에서 운동노선을 발전시키는 데 중요한 계기가 되었다.

셋째, 투쟁은 여러 가지 형태가 혼재된 속에서도 자연발생적이고 고립분산적인 형태에서 점차 조직적·계획적인 투쟁으로 변해가고 있었다. 그리고 투쟁의 성격은 경제투쟁이 주류를 이루는 가운데 정치투쟁의 가능성이 부각되었으며, 법률상의 제약을 뛰어넘어 거대자본과 대결하려는 투쟁방식도 나타났다. 1984년 청계피복노조의 합법성 쟁취투쟁, 1985년 대우자동차 노동자들의 투쟁과 구로동맹파업 등은 노동조합투쟁의 양태와 성격을 발전시킨 대표적 사례였다. 물론 대중정치투쟁을 중시한 나머지 대중조직으로서의 노동조합운동을 경시하는 경향도 나타났지만, 스스로의 모순에 함몰되어 소멸하였다.

넷째, 노동운동의 전략전술은 숱한 문제제기와 논쟁에도 불구하고 확고하게 정립되지 못하였지만 올바른 전략·전술을 확립하기 위한 노력은 크게 증가하였다. 이것은 새로운 통일적인 운동주체가 확고하게 구축되지 못하고 대중운동을 지도해낼 수 있는 정치역량이 확립되지 못한 결과였다. 이 문제는 부단한 투쟁을 통해 해결해야 할 과제로 남겨졌다.

다섯째, 노동운동은 다른 부문의 민중운동을 적극 지원하지도 주도하지도 못하였다. 어떤 면에서는 노동운동이 학생운동, 민주화운동, 문화운동 등으로부터 직·간접적으로 지원을 많이 받았다고 할 수 있다. 그런 상황에서 노동자계급이 사회변혁의 주체이며 전체 민중운동을 이끌어가는 핵심체라는 주장과 인식이 확대되었고, 노동운동이 다른 부문의 민중운동을 촉진하는 요소로 성장할 수 있음을 드러냈다.

여섯째, 지식인의 노동운동 참여가 두드러졌다. 지식인들은 야학, 소그룹, 현장활동 등을 통해 노동자들의 의식계발에 기여하였고, 현장에 투신하여 노동자들과 함께 직접 투쟁에 나섰으며, 각종 연대활동을 통해 노동운동을 지원하였다. 이 같은 지식인들의 참여와 헌신적인 노력은 노동운동의 방향전환에 획기적으로 기여하였다. 물론 이 과정에서 지식인들은 스스로의 역량부족과 관념적·급진적·모험주의적 경향 때문에 미흡하거나 부정적인 영향을 미치기도 하였다. 그러나 지식인들이 노동자적인 입장을 스스로 체현하고 지속성과 책임성을 수반하는 실천을 계속하는 경우, 지식인의 노동운동 참여는 계속해서 노동운동을 발전시키는 중요한 계기가 될 수 있음을 입증하였다.

이처럼 노동운동이 변화·발전해가는 가운데 반독재민주화투쟁과 반외세 분단극복을 위한 민족운동과 사회 각 부문의 생존권투쟁이 고조되어 갔다. 이 과정에서 이 사회의 근본적 모순 청산과 사회변혁을 위한 방책들이 치열하게 모색되었다. 마침내 1987년 6월민주항쟁으로 전두환 정권이 물러나자 노동자들은 1987년 여름 석 달 동안 전 지역, 전 산업에 걸쳐 폭풍과 같은 격렬한 투쟁을 전개하였다. 이것이 1987년 노동자대투쟁이었고, 이후 노동운동은 이전과 확연히 다른 양상과 특징을 보이며 전개되기 시작했다.

1970년대에 축적된 역량을 바탕으로 전개된 1980년대 전반기 노동운동은 진통을 겪으면서 1980년대 후반기의 노동운동의 질적인 전환과 고양을 준비해나갔다. 곧, 1980년대 전반기 노동운동은 이념과 노선, 투쟁 전략과 전술, 통일적인 조직역량, 경제투쟁과 정치투쟁 결합, 민중운동 주도 등 노동운동의 주요 측면에서 도약을 위한 치열한 모색의 과정이었다. 이 시기의 실천적 모색은 노동운동의 현재적·잠재적 운동역량을 크게 발전시켰으며, 이러한 역량은 1987년 6월민주항쟁을 계기로 하여 87노동자대투쟁과 그 이후의 발전과정에서 발현되었다.

1987년 노동자대투쟁 이후의 노동운동

1987년 여름 활화산처럼 폭발했던 노동자대투쟁은 노사 간 힘의 관계를 역전시키고 노동자가 사회변화의 중심축임을 확인시킨 역사적 계기였다. 노동자대투쟁은 총자본의 전제적인 통제체제를 무너뜨리고, 노동기본권을 억제해온 노동관계법을 무력화하면서 광범한 노동자를 단련시키고 의식과 조직을 발전시킨 중요한 계기였다. 노동자 대중은 질풍노도와 같이 스스로 투쟁의 전면에 나섬으로써 자신들을 억압하는 체제와 각종 제도의 구조를 인식하게 되었고, 투쟁을 통해 노동자 자신들의 힘과 단결이 갖는 큰 의미를 깨닫게 되었다. 1987년 노동자대투쟁은 이후 노동운동의 주요 측면, 곧 조직·투쟁·이념 등의 여러 측면에서 획기적인 변화를 가져왔다.

첫번째 가장 큰 변화는 민주노조 진영이라는 새로운 주체가 형성되고, 민주노조운동이 본격화하기 시작했다는 사실이었다. 독점대기업들과 언론, 병원, 건설, 정부기관, 대학, 경제단체, 유통 부문의 노동자 조직화는 전체 노동조합운동의 판도를 크게 변화시키고 노동운동의 영역을 확대하였다. 이들 새 노조들은 한국노총체제를 벗어나 지역별·업종별·그룹별 연대와 협력을 모색하면서 전국적 통일을 시도하였고, 그 하나가 전노협이라 할 수 있었다. 국가권력과 자본은 이들 새로운 운동주체들에 대해 집중적인 공격을 가하였지만 민주노조운동의 흐름을 막을 수는 없었다. 민주노조운동의 대두와 확산으로 위기에 직면한 한국노총은 스스로 변화와 개혁을 모색하지 않으면 안 되었다.

두번째 큰 변화는 투쟁주체와 투쟁역량이 광범하게 확대되었다는 점이다. 곧 투쟁의 주체가 종래의 제조업 노동자들로부터 사무·전문·기술 직종 등의 노동자들로 급속히 넓혀졌으며, '언론민주화, 연구자율성 보장, 의료민주화, 학원의 자주화와 민주화, 교육개혁' 등이 투쟁과제로 제기되었다. 또한 투쟁은 1987년 이전 조합원이 주도했던 때와 달리 노조가 주도함으로써 조직적·계획적 성격을 띠게 되었고, 아울러 지역별·산업별·그룹별 연대투쟁과 노동법 개정, 노동운동 탄압저지, 임금억제정책 분쇄, 노동절 부활 등 전국적 통일투쟁도 계획적으로 전개되었다.

세번째, 경제투쟁과 정치투쟁의 결합도가 갈수록 높아졌다. 이는 임금인상이나 근로조건 개선을 위한 사업장 단위의 단체교섭만으로는 권익향상에 한계가 많다는 인식이 넓혀진 데서 비롯된 것이다. 이에 따라 정책제도 개선에 대한 요구가 높아졌고, 노동운동 탄압에의 대응, 경제정의에 대한 국민적 요구와 함께, 정치적 민주화와 경제민주주의 실현, 민족 자주화와 민족통일 달성 등의 과제가 정치투쟁의 영역 속에 자리잡게 되었다. 이처럼 투쟁의 주체와 영역이 확대되고 변화함에 따라 국가권력과의 대결은 갈수록 격렬해졌고, 국가권력과 노동운동의 대립구도는 정치투쟁의 고양 가능성을 높였다.

네번째, 노동운동 이념이 크게 변화·발전했다. 민주노조 진영의 한 중심축인 전노협은 스스로를 노사협조주의와 어용적·비민주적 노동조합운동을 극복하고 자주적이며 민주적인 노동운동을 전개해나갈 수 있는 새로운 조직적 주체라고 규정하고, 경제적 이익을 위한 투쟁과 함께 경제사회구조 개혁과 조국의 민주화와 자주화, 평화통일을 이룩하기 위한 투쟁을 강조하고, 산업별 노조체계를 기반으로 하는 전국 중앙조직 건설을 목표로 내걸었다. 곧, 전노협의 운동이념은 노사협조주의를 배격하고 사회개혁을 지향하였으며, 경제투쟁과 정치투쟁의 결합을 기본 내용으로 하고 있다. 그리고 자본과 권력에 대한 적극적인 투쟁의지를 표명하였으며, 민족문제 해결을 위한 구체적인 목표를 제시하고 있다. 요컨대 전노협의 운동이념은 자본주의체제나 임금제도의 철폐를 전략적 목표로 내세우고 있지 않다는 점에서 혁명적 조합주의라고 볼 수는 없지만, 투쟁성과 정치성을 강하게 띤 사회개혁적 노동조합주의라고 할 수 있을 것이다.(김금수, 1995, 98쪽) 한편, 한국노총은 노동운동의 대내외적 상황 변화에 대응해야 할 현실적 요구에서 실리적 조합주 또는 편협한 경제주의를 극복하고, 노조의 자주성과 민주성 확립, 한국 자본주의의 구조적 개혁, 정책결정기구에의 참여, 정치활동 활성화, 시민운동과의 연대 강화 등을 표방하였다.

다섯번째, 노동운동의 정치적 역량이 크게 증대하고 정치적 진출이 확대되었다. 1988년 이후 민주노조 진영의 투쟁은 조직 결성과 활동을 위한 대정부투쟁, 정책·제도 개선투쟁에 집중되었다. 전노협 사수, 업종회의 소속 연맹들의 합법성 쟁취, 전교조의 교육개혁운동, 노동법 개정, 노동절 부활, 고용 보장, 노동운동탄압 저지, 총액임금제 철회, 노동정책과 경제정책 개선 등이 그 주요 내용들이었다. 아울러 민주노조 진영은 민주적 사회시민단체와의 연대투쟁을 주도적으로 확대하는 한편, '민주주의민족통일전국연합'에 참여함으로써 민족민주운동의 핵심 세력으로 자리매김했다. 한국노총도 선거참여활동에 주력하면서도 시민운동과의 연대강화에 힘을 들이는 변화를 보였다. 이러한 노조정치활동의 확대와 활성화는 노동자의 정치적 요구 해결을 위해서뿐 아니라, 노동운동이 목표로 하는 자본주의체제 개혁을 위해 중요한 의미를 갖는다. 더욱이 국가권력과의 대립과 모순이 심화되고 있는 상황에서 노동운동의 정치적 역량의 강화·발전은 노동운동의 발전을 규정하는 주요 요건이다.

이상에서 보아온 바와 같이, 1987년 이후 한국 노동운동은 민주노조운동이 주도하면서 커다란 변화와 발전을 가져왔다. 민주노조운동은 자주성·민주성·투쟁성·연대성·이념성을 특징으로 한다.(한국산업사회연구회 편, 1994b, 275~281쪽) 자주성은 노조의 자본과 권력으로부터의 주체성과 독립성을 확보하는 것이며, 민주성은 현장 대중 중심 노조 운영의 최고 원칙이다. 투쟁성은 노동자의 요구와 권리를 쟁취하기 위한 적극적 태세를 강조하며, 연대성은 지역별·산업별·그룹별 노조의 결합과 전국적 통일을 위한 결속을 뜻한다. 이념성은 과거 노사협조주의와 개량주의 극복을 전제로 한 사회개혁적·사회변혁적 운동기조를 추구함을 말한다.

이러한 성격의 민주노조운동은 한국 자본주의의 중심축인 독점대기업과 공공 부문의 대부분을 조직적으로 장악하고, 정치적·경제적 민주주의 실현 및 민족문제의 자주적·평화적 해결을 지향하였다. 이것은 보수 기득권세력의 지배질서에 도전한 것으로, 이를 거부하는 총자본과 정면으로 대립할 수밖에 없었다.

민주노조운동은 다른 어떤 사회세력보다 광범한 대중적 지지를 기초로 하기 때문에 계급적 이해 실현만이 아니라, 보수적인 기득권세력의 방해에 맞서 전반적으로 민주화를 추진해야 하는 현실적 주체로서의 책무를 지게 되었다. 1987년 노동자대투쟁을 계기로 형성된 민주노조운동이 조직·이념·투쟁·정치활동 등 노동운동의 주요 측면에서 새로운 방향을 모색하고 실천방안을 추진한 것은 이러한 역사적 변화의 반영이라 할 수 있다. 이제 노동운동은 사회변혁운동의 외곽세력이나 지원대상이 아니라 그 중심에 서게 된 것이다.

이상에서 보아온 바와 같이, 1980년대 한국 노동운동은 1987년 노동자대투쟁을 분기점으로 하여 급격히 고양된 것으로 볼 수 있다. 곧, 1960년대와 1970년대 노동자계급의 잠재적 역량 축적을 바탕으로 1980년대 전반기의 진통기 또는 준비기를 거치며 진행된 노동운동 발전의 결과이자 성과라 할 수 있다. 그런 점에서 1987년 노동자대투쟁은 노동운동 발전에 있어서 획기적인 전환점을 이루었다. 1987년 이후의 노동운동은 침체와 도약의 여러 국면을 나타내기는 했지만, 특히 조직과 투쟁, 운동노선, 정치세력화의 측면에서 괄목할 만한 성취를 이룸으로써, 이 나라의 발전적 변화에 중심축이 되는 위상과 역할을 부여받았으며, 절차적 민주화와 함께 경제적·사회적 민주화의 핵심적 추진세력으로 자리매김하게 되었다. 결국 1980년대 노동운동은 고양과 침체, 도약이라는 운동발전의 합법칙성을 나타낸 것으로 볼 수 있다. 다시 말해 이 시기의 노동운동은 자본축적과 노동자계급 형성, 조직적 결집의 조건을 토대로 하고, 패배와 승리, 정체와 비약의 과정을 거치면서 발전하고 있었다.

그럼에도 민주노조운동은 노동 상황과 총자본의 대응 등 운동 안팎의 정세 변화에 따른 새로운 과제를 안게 되었다. 무엇보다 1989년 이래 감소되고 있는 조직률 추이를 저지하는 문제가 시급했다. 노조조직률의 저하는 노조운동의 기본 성격인 '대중성과 계급성'의 통일을 어렵게 하고, 전체 노동자 대중의 생활과 권리 보호라는 기본 목표 실현을 제약한다는 점에서 가장 기초적인 과제이다.(김금수, 2004, 523쪽) 또한 민주노조운동은 지역별·산업(업종)별·그룹별 통일조직을 추진해왔지만, 조직확대, 교섭력 강화, 조직적 연대와 통일, 정치투쟁 발전을 근본적으로 저해하는 기업별 노조형태를 어떻게 극복할 것인가 하는 문제와, 취약한 조직적 지도역량 상태에서 총자본의 탄압에 정면으로 맞서야 하는 어려운 과제에 직면해 있었다.

또한 1980년대 후반, 투쟁의 주체가 광범하게 확대되고 투쟁의 양태에서 조직성·계획성·연대성이 강화된 한편, 경제투쟁과 정치투쟁의 결합도가 한층 더 진전되었음에도, 대중들의 자발적이고 적극적인 참여보다는 대부분 간부들이 주도하고 노동자 대중은 피동적인 자세를 취하는 모습이 늘어나고 있었다. 당시 노동 상황은 기업별 노조체계가 갖는 폐쇄성과 사업장별 투쟁이 지닌 편협성을 뛰어넘어 공동투쟁과 통일투쟁을 적극 전개하고 국민적 요구를 충분히 담아내는 실천적 노력을 요구하고 있었다.

제 **7** 장

농민운동

1

'녹색혁명형 농업'의 전말

'녹색혁명형 농업'의 전개

1961년 5월 16일 군사쿠데타로 정권을 장악한 박정희는 미국 자본주의가 주도하는 팍스아메리카나 체제하에서 제1차 경제개발5개년계획(1962~1966년)을 시작으로 순차적으로 5개년계획을 추진하였다. 제1차와 제2차 경제개발5개년계획(1967~1971년)의 농업정책에서 가장 우선시한 정책은 '식량의 자급자족을 위한 식량증산' 정책이었다. 하지만 제3차 경제개발5개년계획(1972~1976년) 이후는 '식량의 자급자족에서 주곡자급으로' 후퇴하기 시작하였고, 제4차 경제개발5개년계획(1977~1981년)부터는 '개방농정'으로 대전환하였다.

박정희 정권은 '식량의 자급자족을 위한 식량증산' 정책을 시행하면서 '녹색혁명'을 추구하였다. 1966년부터 다수확이 가능한 새 품종을 개발하기 시작하여 1971년에는 '통일벼'를 성공리에 시험 재배하였다. 통일벼의 수확량은 일반벼의 1.5배가 넘었다. 제3차 경제개발5개년계획 기간에는 '식량증산, 주곡자급, 농어민 소득증대'를 내걸면서 '녹색혁명형 농업', 즉

다수확 품종 개발과 보급을 적극적으로 추진하였다. 나아가 주곡자급에 초점을 맞춘 녹색혁명형 농업을 적극적으로 지원·뒷받침하기 위해 농업용수개발 사업, 경지정리와 관배수시설 개선, 농지 보전과 확대, 농업 기계화 사업, 통일벼를 중심으로 한 농산물 가격지지 정책, 대단위 농업 종합개발사업 등을 지역의 조건이나 지역농민의 의사와는 무관하게 획일적 밀어붙이기식으로 강력히 추진하였다. 그 결과 녹색혁명은 달성되었지만, 이 기간에 추진된 강제농정은 다양한 피해를 가져왔고, 이는 농민들의 불만을 많이 샀다.

제4차 경제개발5개년계획 기간의 농업정책은 밀, 콩, 옥수수 등 부족한 식량 수입을 통한 국민식량의 안정적 공급을 목표로 하고, 쌀·보리 위주의 주곡 중심구조에서 축산물과 과채류 등 경제작물 중심의 상업농구조로의 전환을 추진하였다. 이를 위해 농산물가격 안정사업과 유통구조 개선사업을 본격적으로 추진하기 시작하였다. 그리고 농어민 소득증대사업과 농어촌 생활환경 개선사업을 목표로 제시하였다.

이 기간 이후 가장 초점이 되었던 정책은 '국민식량의 안정적 공급'이었다. 이는 농업의 역할이 축소되는 것을 의미했다. '국민식량의 안정적 공급'을 위해 농산물 수입자유화 정책과 적극적인 농업구조조정 정책을 단행하였다. 1978년 2월 수입자유화 기본 방침을 확정한 뒤, 세 차례에 걸쳐 수입자유화 조치를 취하였다. 그러면서 농산물 수입자유화, 즉 개방농정을 본격적으로 시행하기 시작하였다. 1980년에는 쇠고기와 육용우肉用牛를 도입하고, 고추·마늘·참깨 등 농산물 수입품목도 다양화하였다.

개방농정하에서 경제작물 중심의 상업농 구조로 전환되면서 상업농 시대에 대응하기 위한 유통구조 개선정책으로 가격안정대價格安定帶 제도가 도입되었다. 하지만 실제 운용과정에서는 국내 가격이 높을 때 수입하여 방출하는 것이 주된 기능이었으며, 하한 가격보다 낮을 때에는 충분한 대책을 강구하지 못하였다. 결국 가격안정대 제도란 농민의 소득증대와 삶의 질 향상을 위한 측면보다는, 소비자물가 안정을 위한 측면, 즉 '국민식량의 안정적 공급'을 위한 것이라는 성격이 더욱 강하였던 것이다. 따라서 경제작물의 가격파동이 반복되는 가운데 그 피해는 고스란히 농민만이 짊어지게 되었고, 이는 농가부채의 증가와 이농을 초래하였다.

1977년 4,170만 섬의 쌀을 생산함으로써 쌀 자급의 토대를 마련하는 등 녹색혁명을 통한 주곡자급 달성이라는 꿈은 이루어지는 듯했다. 그러나 그 꿈은 허망하게 끝나고 말았다. 1978~1980년 3년 연속 엄청난 자연재해와 병충해를 입었고, 그에 따라 쌀을 대량으로 수입할 수밖에 없었다. 농민들에게 강제된 통일계 신품종에 변이균變異菌이 출현하였다. 노풍魯豊, 유신維新, 내경來敬 등의 품종은 그 자체에도 문제가 있었던 것이다. 특히 노풍의 피해는 엄청났다. 이에 따라 1979년에 347만 9,000섬, 1980년에 402만 7,000섬, 1981년에는 1,590만 섬이라는 엄청난 양의 쌀이 수입되었다.

쌀 수입과 함께 쇠고기 수입도 급증하였다. 육우는 1981년에 2만 4,920두, 1983년에는 7만 4,164두가 수입되었고, 이로 인해 '소값 하락 파동'이 발생했다. 더구나 1983년의 소 도입물량 중 6.1%에 이르는 4,652두가 폐사하거나 도태함으로써 '병든 소 파동'도 일어났다.

1980년대 이후의 농정은, 개방농정이라는 대전환 속에서 네 가지 큰 흐름으로 추진되었다. 첫째는 '국민식량의 안정적 공급'이라는 것이고, 둘째는 '국민식량의 안정적 공급'을 위해서 농축수산물 수입자유화를 통한 개방농정의 구조를 구축·확립하는 것이었으며, 이를 위해 국내의 정책과 제도 및 행정을 조정·지원하도록 하였다. 셋째는 효율적인 농업구조를 구축·확립하는 적극적 구조조정 정책이다. 이를 위해 다수확 중심의 종자개량·종축개량의 범위를 확대·심화시켰으며, 대규모화 영농구조, 기계화 영농구조, 노동력 절약 등 생력화省力化 농업구조와 각종 농자재의 적기공급 구조 등 유기적 구성이 고도화된(자본장비율이 높은) 영농구조를 확립하였다. 넷째는 농업생산을 통한 농업소득으로는 안정적인 농가소득 보장이 어렵기 때문에 농업 이외 분야에서 농가소득을 올리도록 하는 정책이 추진되었다. 이는 농민의 성격 변화, 즉 농민의 노동자화 또는 농민의 상인화 등을 의미하였다.

제5차 경제개발5개년계획(1982~1986년)은 개방농정 확충 및 농축수산물 수입확대를 통한 농산물 공급안정,* 도농 간 소득격차 축소를 위해 농외소득 증대와 농촌공업화 정책,** 안정된 영농기반 확충과 주곡자급 달성***을 정책목표로 하였다. 이 기간의 주곡자급 달성을 위한 구체적 시책 방향은 단위당 생산성 증대, 적기 영농, 적기적량 시비, 병충해 종합방제체제 확립, 종합토양배양 등을 추진하고 있다는 점에서 과거의 정책수단과 달랐다. 과거에는 다수확 품종의 강제적 재배에 중점을 두었다면, 이 시기 이후에는 소위 과학적 영농수단을 종합적으로 강구했다. 하지만 중화학적인 농자재를 많이 투입하도록 함으로써 여전히 농업의 유기적 구성도를 높였다는 점에서 녹색혁명형 농업의 본질과 다를 바가 없었다. 그리고 파생되는 토양의 열화, 산성화 및 생태계 파괴 그리고 먹을거리의 안전성 등에 대해서는 거의 고려하지 않았으며, 농가소득 증대 시책으로 복합영농 시범사업과 농외소득 증대, 즉 농공단지 조성을 통한 농촌공업 개발에 역점을 두고 있을 뿐이었다.

제6차 경제개발5개년계획(1987~1991년) 중 농업 부문의 특징은 1986

---

* 이는 녹색혁명의 성공으로 식량이 증산되었음에도 공급은 안정되지 않았음을 말해준다.
** 농외소득 증대와 농촌공업화 정책을 시행한다는 것은 녹색혁명을 통해 농가소득 증대가 어렵다는 것을 말해주며, 녹색혁명을 통해 도농 간의 소득격차가 확대되었음을 입증한다.
*** 안정된 영농기반 확충과 주곡자급 달성을 정책목표로 삼았다는 것은 주곡자급 달성이 녹색혁명으로는 곤란하며 안정된 영농기반 구축도 어렵다는 것을 말해준다.

년 3월 농어촌종합대책에 이어 1987년 3월 농어가부담경감대책, 1987년 12월 농어촌경제활성화 종합대책 등을 발표하여, 농외소득 증대를 위한 농공단지 개발, 농어민에 대한 의료보험 실시, 영세농민에 대한 학자금 지원, 정책자금 금리 인하, 수세水稅라고 불리어왔던 농지개량조합(수리조합) 조합비 감축 등을 추진하였다는 것이다. 이러한 조치들은 녹색혁명형 농업의 한계와 문제점을 증명한 것임과 동시에 1987년의 민주화가 어느 정도 이루어진 시점에 그동안의 농민운동의 성과를 수용한 것이라고 하겠다. 여기서 특기할 만한 것은 이제야 농민에 대한 사회보장적 정책이 도입되었다는 점이다. 이것도 역시 농민운동의 성과를 수용한 것이다. 1987년부터는 가트-우루과이라운드GATT-UR협상이 시작되면서, '개방농정'을 뛰어넘어서 '신자유주의 지구화'를 전면적으로 받아들였고, 그 결과 한국의 농업·농촌·농민은 백척간두에 놓이게 되면서 그 지속가능성의 문제가 심각하게 부각되었다.

'녹색혁명형 농업'의 결과

녹색혁명 달성과 그 사회경제적 영향   녹색혁명 달성의 일등공신은 통일벼 수매정책이었다. 쌀 증산과 동시에 정부수매량도 크게 증가하기 시작했다. 1988년에는 농가 출하희망 전량을 수매하도록 한 결과, 1988년산 생산량 전체의 16%에 해당하는 96만 7,000톤을 수매하였다. 수매가격도 1982년산 2만 7,230원(조곡, 54kg 기준)에서 1987년산 2만 6,370원, 1988년산 3만 590원, 1990년산은 통일벼가 3만 5,970원이고 일반 벼는 3만 8,360원이었다. 이러한 결과는 역시 민주화운동과 농민운동을 반영한 것이었다.

녹색혁명 달성을 계기로 여러 가지 변화가 일어났다. 통일벼가 논 재배작물의 주력품종이 되면서 논의 단작화가 형성되었고, 맥류·두류·서류·잡곡 등 식량작물의 재배면적이 급속히 감소하는 추세를 나타냈다. 반면, 채소·과수 등 소득작목의 재배면적이 상대적으로 증가했다.(농림수산부, 1988) 논의 통일벼 단작화는 생물 다양성을 해치고, 유전질의 균일도가 높은 품종은 새로운 병충해를 빈번하게 불러올 위험성이 높다는 것은 선진국의 과거사례가 보여주고 있다. 이는 생태학적 고려를 소홀히 하고 오직 다수확에만 치우친 종자개량 탓이다. 1970년대 후반, 상위 3개 품종의 재배면적이 60% 이상이었는데, 이는 생물 다양성의 축소로 병충해를 확산시키는 한 요인이 되었다. 1981년 이후 상위 3개 품종의 재배면적이 50% 이하로 되면서 과거에 비해 생물 다양성을 보이고 있다.(한국농촌경제연구원 편, 1985)

통일벼 보급으로 보온 못자리 등 육묘기술, 시비施肥기술, 병충해 방제기술, 물 관리기술 등 과학적 농사기술이 확산되었지만, 통일계 벼 품종에 대한 많은 문제점 또한 제기되었다. 1972년도부터 제기된 문제점은, 밥맛이 나쁘므로 상품가치가 떨어진다는 것, 탈립성脫粒性이 높다는 것, 비료를 20~30% 더 주어야 한다는 것 등이었다.

'녹색혁명형 농업' 정책은 경제성장 전략을 뒷받침하기 위해 국가권력에 의해 강제적으로 확산되었다.(권영근 편저, 2000; 권영근, 2009) 군사쿠데타 이후 한국 농업의 전개과정은 '녹색혁명형 농업'의 강제적 확산과정이었으며, 이는 동시에 농업의 축소·쇠퇴와 농촌의 개발·파괴 및 농민의 축출·이농 과정이었다. 이 과정은 국가 공권력에 의해 자행된 평화스러운 모습을 띤 '구조적 폭력'이었다.(Johan Galtung, 1969) 따라서 농민운동은 이러한 비민주적 현실에 맞선 농촌지역 민주화운동이 중심을 이루었다. 강제농정에 맞서며 출발한 농촌지역 민주화운동은 농민에 대한 인권탄압에 저항하는 한편, '녹색혁명형 농업'을 극복하려는 농민운동의 새로운 전개를 준비하고 확산·확립시켜가는 과정이었다.

녹색혁명형 농업의 본질과 그 폐해　　　　'녹색혁명'이란 다수확 품종HYVs, 비료·농약·제초제 등 농화학 자재, 물 관리기술을 조화시킨 증산增産을 목적으로 한 패키지 기술이다. 즉, 녹색혁명은 비료, 농약, 제초제와 물 관리에 민감하게 반응하는 고반응 품종HRV 개발을 통해 수확량을 늘리려는 것이다. 이런 중화학 농자재를 고투입하는 증산기술을 토대로 한 '녹색혁명형 농업'은 유기적 구성이 높은 농업 경영으로 인해 농가부채를 증가시켜 농민으로 하여금 이농케 하여 도시노동자로 전락하게 만듦으로써, 도시와 공업에 편향적인 수입대체 수출주도형 공업화전략을 뒷받침하는 데 정확히 부합되는 농업·농민 수탈전략이었다.

'녹색혁명형 농업'은 한국에서뿐 아니라 전 세계적으로 몇 가지 중대한 문제점을 드러냈다. 첫째, '녹색혁명형 농업'은 석유의존형 농업으로서 '원격지 간 물질순환 체계'를 형성하여, 농자재와 종자도 다국적 기업에 의존하는 등 '지역 내 물질순환 체계'를 파괴했다는 점이다. 녹색혁명에 의해 확립된 '원격지 간 물질순환 체계'는 소위 세계화라는 WTO-FTA체제의 출범으로 최고조로 치달리게 되었으며, 더불어 자유무역이 세계적으로 강화되면서 원격지에서 수입한 석유나 화학자재 및 사료 등을 원료로 한 다양한 제품을 수입·제조·소비·폐기함으로써 수입국의 농촌을 폐기물 처리장으로 만들고 있다. 따라서 수입국의 농촌 생태계를 교란·파괴함으로써 안전한 식료를 공급하는 기지로서의 농촌지역의 역할을 위협하고 있다.

둘째, 비료·농약·제초제·동물약품 등 화학농자재를 대량으로 투입하는 중화학농업인 '녹색혁명형 농업'은 투입자재에 대한 수확량의 비율이 감소하기 시작하여 현재는 마이너스가 되면서 농가부채가 만성화되는 구조를 초래했다. 또한 환금성이 높은 소수의 다수확 품종에 과도하게 의존한 농업 생산체계로 인해 작물 종류의 감소와 더불어 주요 작물에서 다수확 품종에 의한 재래품종 추방은 유전자원 혹은 유전질이 상실되는 위기를 불러오고, 작물의 진화가능성과 생물다양성을 축소시켜왔다. 이는 식료자원의 해외 의존율 증대와 농산물 수입 의존도를 증대시켜서 먹을거리의 안전성·안심성을 위협하고 있다. 재배집단 균질화를 통하여 농업생산기반의 취약성은 증대하게 되고, 병충해의 빈발로 과다한 화학자재 투입을 초래하여 환경과 생태계 파괴로 나타나고 있다.

셋째, '녹색혁명형 농업'의 성과로 당장의 식량부족문제는 해결되었을지 몰라도 지역의 특수성이나 역사성 및 전통성, 고유한 장점, 생태적 다양성 등이 소홀히 취급되거나 무시되는 중앙집권적 농업정책의 집행시스템이 확립되었다. 녹색혁명은 다국적기업이 제공하는 투입재와 생산된 농산물에 대한 정부보조금 지원정책에 의하여 뒷받침되었으나, WTO체제 이후 보조정책은 폐지되고 다국적기업에 의한 투입재 가격인상은 농가경제를 더욱 피폐하게 만들고 있다. 정부는 녹색혁명의 단기적 성과를 창출하기 위해 녹색혁명의 전개과정에 발맞추어 중앙집권적 농업정책을 개발·확산시켰으며, 이러한 농업정책들을 마치 농민·농업 보호정책인 것처럼 호도하였다.

녹색혁명 그 자체만으로는 식료의 안전보장을 달성할 수 없다. 구조조정 지원 프로그램은 수매가격 인상 등의 지원마저도 삭감하는 추세가 되었으며, WTO체제는 이를 국제적으로 제도화하였다. '녹색혁명형 농업', 즉 농촌개발이라는 미명하의 자연정복형 환경전략을 통해 다음과 같은 현상이 초래되었다. (1) 종자 종속, 금융 종속, 식량의존도의 상승과 식량 종속, 에너지 종속, 유전자원 종속 등 다섯 가지 종속을 초래했다. (2) 농촌 지역 내의 계층 간 격차, 농업의 조건이 불리한 지역과 유리한 지역 간의 격차, 도·농 간 격차, 농·공 간의 격차 등 네 가지 격차가 초래되어 소농들이 이농하게 되었다. (3) 생태계·환경 파괴, 소농 파괴, 농민의 가족 파괴, '지역사회의 생산 및 생활 근거지 파괴', 지역의 전통문화 파괴를 통하여 농업과 농촌의 존속가능성이 위협당함으로써 농민들의 생존 및 소비자들의 안전한 먹을거리를 생산하는 '근거지'가 파괴당하였다. (4) 석유 등 에너지와 투입 농자재 및 사료 등 원료의 원격지 조달, 농산물의 원격지 간 대량유통, WTO-FTA를 통해 원격지 간 물질순환 구조가 확립되었다. 이에 따라 지역 내의 물질순환 구조가 파괴되었다. (5) WTO-FTA체제 확립, 내분비 교란화학물질EDCs(소위 환경호르몬), 유전자 조작 생명체GMO, 각종 수입 폐기물 처리 자유화 및 O-157, 사스, 광우병과 신종 독감N1H1 등 다양한 질병 유통의 세계적 자유화 체제가 구축되었다. (6) '녹색혁명형 농업'은 시설이용형 농업, 농자재 다투입형 농업, 에너지 고투입형 농업, 중화학농업을 구축함으로써 석유의존형 고투입·고비용형 농업시스템을 확립하여 '농가부채를 구조화'했다. 따라서 소농들의 급격한 축출·이농은 농촌 지역사회의 지속가능성과 존립가능성을 위협하고 있다.

넷째, '녹색혁명형 농업'은 '근원적 독점'Radical Monopoly이다. '근원적 독점'은 다른 선택이 없기 때문에 '종속'을 초래한다. 이것은 '구조적 폭력'이다. '녹색혁명형 농업'은 소농들의 '근거지 파괴→근거지 축출→근거지 소멸=농촌개발'이라는, '폭력'이라는 느낌 없이 국가 공권력에 의해 '합법적 행위'로서 수행되었다. 결과는 만성적 부채·빈곤, 급격한 이농사태, 농촌학교 폐교, 의료시설 부족, 농민들의 사실상의 실업상태(농민들의 만성적 실업), 대부분의 건강문제(좁은 의미의 환경문제), 노인들의 영양실조, 물 부족 등으로 나타났다. 여기서 농자재 판매기업과 농산물 가공·유통 기업, 생명특허를 가지고 있는 종자 다국적기업(몬산토, 신젠타 등), 농촌개발이라는 미명하의 건설기업 등 기업의 이윤추구는 합법적이며, 기업의 '합법적·구조적 폭력'은 정당화되었지만, 이러한 비민주적·구조적 폭력에 맞서서 민주적인 농촌현실로 만들려는 농민들의 농촌지역 근거지 사수투쟁은 탄압받고 불법·부당하게 취급받아온 것이 농촌민주화운동의 현실적 과정이었다.

다섯째, 한국 정부는 '녹색혁명형 농업'의 성공을 위해, 진흥청·한국수자원공사·농업기반공사·한국토지공사와 가락동 농수산물 도매시장을 비롯한 농산물 공영 도매시장 등을 설립하고 강화하는 데 집중 지원했다. 또한 농민들의 자발적 자치조직인 협동조합도 정부의 감시·통제하에서 '녹색혁명형 농업'을 효과적으로 완수하기 위해 중앙집권적 종합농협이자 정부의 앞잡이Agent 조직*으로 탈바꿈·변질시켰다. '녹색혁명형 농업'이 성공을 거둠에 따라 식량자급률은 점차 하락했고, 농산물 수입이 증가하면서 농수산물유통공사가 설립되고 수입사료 의존적인 축산업·수산업 정책의 집행과 그 음식료품 가공산업 육성이 이루어졌다. 이런 일련의 것들이 한 세트로서 유기적·입체적으로 농촌지역의 근거지를 파괴시킴으로써 농민들이 축출된 현재의 한국 농업·농촌이 초래되었다.

결국 녹색혁명형 농업은 '농업생산의 기본 법칙'과 '공업생산의 기본 법칙' 간에 존재하는 상호 대립적인 본질을 망각한 채 추진된 '농업·농촌의 공업화' 전략이었다. '농업·농촌의 공업화' 전략은 농업생산시스템을 '공장형 농업생산, 공업식 농업생산' 방식으로 변환하는 것이었다. 이러한 '공업식 생산, 공장형 생산'은 '자본의 논리'를 추구할 때만이 가능한 것이

---

* 한국가톨릭농민회와 김태일은 '끄나풀' 조직이라 하였다.(한국가톨릭농민회·한국농어촌사회연구소 편, 1990; 김태일, 1991, 236쪽)

다. 따라서 녹색혁명형 농업은 '자본의 논리'에 따른 '공업식 농업생산방식'이므로 필연적으로 대규모화와 주산단지화, 대규모 도매시장 유통, 기계화와 중화학 농자재를 통한 효율화 등을 추구하게 되어 있다. 농업생산도 '농지'에 제약당하지 않는 농업생산을 추구하게 됨으로써 공업적 화학자재로 된 농자재를 많이 사용하게 되고, 농산물 가공식품도 '농민 부재'의 공업생산으로 '인조식품'을, 나아가서 GMO를 출현시켰으며, 급기야 '농민의 영혼'마저 공업화시켜서 황폐화되고 있다. 결국 '시장과 국가의 복합시스템에 의한 생활세계의 식민지화'가 초래된 것이다.

녹색혁명형 농업으로 주곡자급은 달성되었으나, 식량자급률은 더욱 하락하였다. 양곡자급률은 1970년 80.4%에서 1980년 56%, 1990년 43.1%, 1995년에는 29.1%, 2005년 무렵에는 26% 정도이다. 생산량은 늘어났으나 농업소득의 가계비 충족도는 1982년에 93.0%에서 1985년은 78.9%로, 1991년은 74.7%로 낮아져서, 농사로는 가계비도 충족하지 못하는 실정이다. 따라서 농가 수도 1975년에는 237만 9,000호에서 1980년에는 215만 5,000호로, 1985년에는 192만 6,000호, 1989년에는 172만 2,000호로 급감하였고, 농가인구도 1975년의 1,324만 4,000명에서 1980년에는 1,082만 7,000명, 1985년에는 852만 1,000명, 1989년에는 678만 6,000명으로 급격히 감소했다.

2
농민운동의 전개과정

1980년대 초(1979. 10. 26~1983년 말)

1970년대의 농민운동은 대체로 농민 의식화 교육으로 양성된 활동가들이 지역 현장에서 주로 관료와 지방 상공업자 간의 결탁과 부정부패로 인한 피해보상 요구투쟁에 주력하는 방향으로 전개되었다. 농협강제출자 거부투쟁, 부당농지세 시정투쟁, 경지정리 피해보상투쟁, 함평고구마 피해보상투쟁 등이 이 시기의 대표적인 요구투쟁이었다. 투쟁방법의 측면에서는 피해조사, 진정·건의, 기도회·농성 등 소극적인 요구투쟁이 주된 흐름이었는데, 이러한 투쟁 양상은 1972년의 유신독재체제하 긴급조치라는 폭압적 구조 때문이기도 했지만, 당시 열악한 대중적 조직기반과 활동가의 낮은 투쟁지도력 등에 기인한 바가 컸다. 녹색혁명이 강권적으로 추진되기 시작한 1970년대의 농민운동은 이러한 일련의 녹색혁명형 농업정책의 전개과정에서 나타난 비민주적이고 억압적인 현실에 대한 저항운동으로서 농촌지역 민주화운동의 성격을 띠지만, 한국 농업·농촌에 대한 본질적인 대안운동의 성격은 대단히 미약하였다. 1979년의 '오원춘사건'은 농민운동이 정치투쟁으로 발전해나가야 한다는 것을 보여주었다.

1980년에 들어서면서 농민운동 진영은 농민 대중의 이해가 헌법개정에 반영되기를 바라는 청원운동을 전개하였다. 1980년 1월 11일 농민운동 진영은 신민당이 주최하는 개헌공청회에 참석하였으며, 3월에는 강제농정에 대한 성명서를 발표하였다. 뒤이어 대전과 서울에서는 '민주농정실현 전국농민대회'(1980. 4. 11)와 '헌법 및 농림법령 공청회'(1980. 4. 17)가 각각 개최되었다. 당시 집회에서 제기된 주요 주장은 농민도 헌법 제정의 주체로 참여해야 한다는 요구하에 지방자치 전면 실시, 토지기본법 제정을 통한 토지개혁 실시와 독점규제 등을 헌법 조항에 명시할 것, 농협·수협 임시조치법과 농지개량조합 잠정조치 철폐, 외국 농산물 도입 중지와 저 농산물가격정책 폐지 및 생산비 보장, 농민운동의 합법적 보장 등이었다.

1980년 12월 9일 가톨릭농민회(약칭 가농) 회원에 의한 광주미문화원 방화사건이 발생하였다. 즉, 가농 광주분회원 정순철, 김동혁, 윤종형, 박시영 등이 계엄군의 광주학살 당시 군사작전권을 갖고 있던 미국에 대해 최종적으로 책임을 묻고 응징하기 위해 광주 미문화원에 방화를 한 것이다. 이들은 그해 12월 5일 광주 호남동성당에서 열린 가농 추수감사제 및 농민대회에 참석한 500여 명의 농민회원과 광주우체국 주변에 별도로 학생 100여 명을 동원하여 가두시위투쟁을 기획하였으나, 경찰과 행정력의 방해로 계획이 실패하고 말았다. 이에 이들은 12월 7일 밤, 지금까지의 가두시위투쟁의 한계를 극복하기 위한 새로운 투쟁방법의 하나로 광주미문화원방화투쟁을 계획하고 실행에 옮긴 것이었다. 12월 18일 김동혁, 박시영 등은 광주미문화원방화사건으로 구속 송치되어 하경철 변호사와 함께 법정투쟁을 전개하였고, 정순철, 윤종형 등은 피신하였으나 후에 검거되었다. 이 사건은 반미투쟁의 봉화로서 그 후 서울, 부산, 대구 등지의 미문화원이 투쟁의 표적이 되어 사건화되기 시작했다.(정성헌·정재돈, 2007)

이에 신군부정권은 가농을 용공단체로 조작하면서 농민운동세력에 대한 협박, 회유, 탄압 등을 자행하였다. 이에 대응하여 농민운동 진영은 마을 단위에서부터 다시 조직을 재정비·강화하고, 일상적 경제협동활동의 폭을 넓히고, 문화활동과 교육활동 위주로 대중역량 보위와 확보에 주력하였다. 이러한 활동을 기반으로 1980년대 초 농민들은 농산물 제값받기운동, 농협민주화운동, 부당농지세 시정투쟁 등을 중심으로 투쟁을 전개하였다.

농산물 제값받기운동　　　　농민운동 진영은 저농산물가격정책을 폐지하고 생산비를 보장받기 위해 농산물 생산비 조사사업을 전개했다.

가농 회원들은 1980년 10월, 전국 10개 지역에서 추수감사제를 개최하고, 가농이 산출한 쌀 생산비를 근거로 쌀 생산비 보장을 요구하는 결의문과 "추곡수매에 대한 대정부 건의문"을 발표하였다. 농산물 제값받기운동은 당시의 정치적·사회적 분위기 속에서 지속적으로 전개되지는 못하였지만, 생산비 조사는 계속되었다. 이러한 '대안 제시와 요구 운동'은 매년 반복되는 운동이었다.

부당농지세 철폐투쟁　　　　1982년 한국기독교농민회총연합회(약칭 기농)가 창립되고 산하 도단위 조직인 경북기독교농민회, 전북기독교농민회, 충북기독교농민회 등이 결성되었다. 전국 단위 조직력이 확대되는 것과 동시에 농민 대중투쟁이 다시 농촌 현장에서 시작되었다. 대표적인 투쟁으로는 충북 음성군 농민들의 부당농지세 철폐투쟁과 1983년의 농협조합장 직선제 실시 및 농협민주화 100만인 서명운동을 들 수 있다.

1970년대부터 농민들의 원성이 높았던 대표적인 것이 농지세 부당징수와 농업협동조합 문제였다. 당시 농지세는 크게 두 가지로, 벼 재배 농가에 부과되는 갑류농지세와, 과수·채소·특용작물 등 고소득을 얻을 수 있는 밭작물 중심의 상업적 작물에 부과되는 을류농지세로 구성되어 있었다. 을류농지세는 지방세 수입의 주축이었다. 당시 을류농지세는 지방세 평균 증가율보다도 평균 10% 정도 높게 과중하게 부과되었던 관계로 농민들에게 원성의 대상이 되었다. 당시 농지세는 재산세와 소득세의 복합적 형태를 취하고 있어서 어느 쪽의 혜택도 완전히 받지 못하며, 농지세 기초공제도 불평등하고, 세율에서도 종합소득세율보다도 높게 책정되는 등 모순투성이의 농민수탈적인 조세제도였다. 거기에다가 관변에 서성대는 사람이나 똑똑한 농민이 따지고 항의하면 감면해주는 경우가 많았기 때문에 더욱 원성을 샀다.

음성군 농민들은 고추 재배농가 회원들을 주축으로 하여 1981년 말부터 1982년 중반까지 '부당농지세 시정투쟁'을 전개하였다. 이 투쟁은 5·17 이후 최초의 대중적 현장투쟁이었다. '부당농지세 시정대책위원회'의 주도로 이의異意신청을 통한 준법투쟁과 함께 부당농지세 시정 서명운동을 전개하였다. 이 투쟁에 2,000여 명의 농민들이 참여하였다. 군 당국은 농민들의 이의신청을 묵살하고 차압을 하는 등 탄압에만 급급하였다. 이에 '부당농지세 시정대책위원회'는 1982년 3월 10일 음성군 무극성당에서 1,500여 명의 농민이 참여한 가운데 '부당농지세 시정 농민대회'를 개최하고, 부당농지세제 규탄 및 대정부 건의문을 채택하였다. 그 직후 음성지역의 농지세는 대폭 삭감되었다. 그리고 1984년 9월, 국회에서 농지세제 개정 및 농지세 경감의 제도개선이 달성되는 계기가 마련되었으며, 음성지역의 농민조직 확대도 이루어졌다. 지역 대중의 요구를 통일하여 대책위를 결성하고 준법투쟁과 서명운동 및 대중집회의 투쟁과정을 통해 요구를 관철시켜나간 음성 농민들의 부당농지세 시정투쟁은 대중성 확보를 통해 조직을 정비하는 하나의 계기가 되었고, 각지의 활동조직에 자신감과 대중활동의 중요성을 불러일으켰다.

농협민주화 100만인서명운동　　　이 운동은 지역 단위의 대중활동을 토대로 하여 전국적 규모로 전개된 대표적인 투쟁이었다. 농협은 농민조합원의 문제해결을 위한 자주적·민주적 협동조직임에도, 실제로는 군사독재의 농민통제와 독점자본의 농민 착취 '끄나풀'로 전락하였다. 이에 농민 대중은 농협에 대해 뿌리 깊은 불신을 품게 되었다. 농민들은 조합에 대한 출자강요와 강제적 공제가입, 임직원의 관료적 군림 등에 반발하여, 1980년대에 들어와서 '총대(총회대의원) 바로 뽑기' 등의 조합운영 민주화활동과 함께 전국적 규모의 농협민주화운동을 전개하였다.

가농은 농협민주화추진위원회를 구성하고 1983년 7월 27일 각 도연합회별로 '100만인서명운동 추진결의대회'를 개최하고, 8월 1일부터 '농협조합장 직선제 실시 100만인서명운동'을 전개해나갔다. 이 서명운동은 한편에서는 농협민주화를 위한 제도개선투쟁이면서, 다른 한편으로는 대중성 확보를 위한 선전투쟁이었다. 일반농민들도 서명운동에 적극 참여하는 등 이 운동의 정당성이 확보되어가자, 정부는 전 행정기관과 어용 농민조직을 동원하여 농민들이 서명운동에 참여하지 못하도록 집요하게 방해·탄압하였다. 수십만 명의 서명을 토대로 12월 21일 각 정당 대표들과의 간담회가 개최되었고, 농민들의 요구는 일정한 진전이 이루어졌다. 농협 총회 대의원들이 선출한 9인 추천위원회에서 조합장 후보 2인을 선출하고 그 중 1인을 농협중앙회장이 임명하던 것을, 대의원 총회에서 조합장 후보 1인을 선출하고 중앙회장이 임명하도록 임명절차가 한 단계 줄어들었다.

1980년대 전반기(1983년 말~1985년 말): 대중적 경제투쟁 전개와 투쟁력 강화

대중적 경제투쟁이란 농민 대중의 피부에 와 닿는 이해와 요구를 바탕으로 한 농민투쟁이다. 1983년 하반기 이후 농민운동 진영이 투쟁력 강화를 통한 대중적 경제투쟁을 활발히 전개하고 이를 정치투쟁으로 발전시키려는 시도를 하면서 대중조직운동으로서의 토대가 강화되었다.

1980년대의 농민의 객관적 조건은 광주시민 학살이라는 태생적 과오를 갖고 있는 군사독재정권과, 신자유주의를 채택하고 그로 인해 발생하는 미국 내에서의 농민 희생을 전 세계에 전가시키는 것이 그 목적인 새로운 자본주의체제(PAP, WTO, Globalism)를 시스템화하려는 미국 사이에서 규정되었다. 태생적 과오를 갖고 있는 정권은 미국의 요구를 거부하기가 어려웠다. 신자유주의적 미국 농업정책의 과오와 피해가 한국에 전가된 것이 각종 수입개방으로 나타났고, 그로 인해 발생한 국내자본의 피해는 농민·농업·농촌으로 전가되어서, 다양한 농산물들의 가격을 억제하는 정책으로 나타났다.

각종 농축산물 수입개방과 농산물가격 억제정책으로 많은 문제가 발생했다. 1981년 2만 4,920두의 육우가 도입되었으나 1983년에는 예년의 두 배나 되는 7만 4,164두가 도입되었다. 이로 인해 '소값 하락파동'이 발생하였다. 이에 더하여 1983년의 소 도입 물량 중 6.1%에 이르는 4,652두가 폐사하거나 도태함으로써 '병든 소 파동'마저 일어났다. 1983년 가을 추곡수매가 동결 및 수매량 제한조치가 취해지면서 농산물 가격이 심각하게 폭락하였다. 1984~1985년의 추곡수매가도 3~5% 인상에 그치는 등 살인적인 저곡가정책이 강행되고, 레이건 정권이 신자유주의정책을 강행함으로써 농축산물 수입개방은 확대되었고, 그로 인해 농가경제는 급격히 악화되었다. 이를 계기로 농민운동 진영에서는 일반농민들의 농정에 대한 분노를 대중적 경제투쟁으로 조직화하는 한편, 외부 민주화운동 진영과의 공동투쟁전선에도 참여하고, 농민운동 조직 간의 연대투쟁도 강화하였다. 1980년대 전반에 전개된 대표적인 투쟁으로는 제한수매 거부 및 수매량 확대 요구투쟁, 농가부채 탕감요구 선전투쟁, 9·2함평·무안 농민투쟁, 소 값 피해보상 및 수입개방 저지투쟁 등을 들 수 있다.

수매량 확대 요구투쟁　　　　1983년은 추곡수매가 동결 및 수매량 제한조치와 동시에 외국 쌀 도입으로 인해 누적된 정부미를 방출하여 쌀값 폭락이 심각한 해였다. 농민운동 진영에서는 '쌀 생산비 조사-쌀 생산자 대회-대정부 건의문 채택'이라는 과거의 중앙 단위 '쌀 생산비 보장운동'에서 나아가 지역 단위의 수매량 확대 요구투쟁을 새롭게 전개했다. 전남 무안지역의 추곡 제한수매 거부 및 추가수매 요구투쟁, 전남 구례·경남 진양 지역의 수세 현물 납부를 통한 수매량 확대 요구투쟁 등이 그 대표적인 사례이다.

이 중 진양군 관방마을의 농민들은 마을회의에서 "농지세·수세의 현물 수납과 거절 시 자진 납부"라는 결의를 한 뒤, 벼를 경운기에 싣고 "수세 현물 자진 납부 차량"이라는 현수막을 휘날리며 10여 킬로미터를 가두 행진한 뒤 당국에 자진 납부하였다. 진양지역 농민들의 투쟁은 마을 단위

대중조직을 기반으로 경운기 시위라는 독창적인 투쟁방법으로 요구를 관철함으로써 그 후 대중투쟁 전술의 발전에 큰 기여를 하였다.

농가부채 탕감요구 선전투쟁 농가부채는 농업정책의 결과이다. 미국이 신자유주의정책 집행으로 인한 자국 농민의 희생을 타국에 전가하기 위해 농산물 수입개방 압력을 가하자, 이에 굴복한 정부는 농산물 수입정책을 추진했다. 이로 인해 농가부채가 급증하여 파산위기에 처한 농민들은 부채문제에 대한 불만을 토로하기 시작했다. 1980년에 33만 9,000원이던 농가 호당 부채액은 1982년 83만 원, 1984년 178만 4,000원으로 급증했으며(농림수산부, 1988a), 1985년과 1988년에는 각각 202만 4,000원과 313만 1,000원으로 올랐다.

농가부채가 급증하자 1984년 기농을 중심으로 농가부채 탕감투쟁이 전개되었다. 부채누적의 구조적 원인과 장단기 해결방향에 대한 선전활동과 여론화 작업을 중심으로 전개되는 초기운동 단계였다.

9·2함평·무안 농민투쟁 당시의 농민운동은 중앙조직의 연차총회에서 결정된 사업계획을 달성하기 위한 활동을 중심으로 전개되었기 때문에 기구중심적 운동, 사업주의적 운동이라는 비판을 받았다. 하지만 함평과 무안 지역 농민들의 투쟁은 이런 관례를 벗어나서 몇 가지 핵심적 과제를 설정하고 목적의식적으로 전개되었다. 1984년에 전개된 9·2함평·무안 농민투쟁은 함평·무안 지역 농민의 생존권적 요구를 토대로 하고 있었다. 이 같은 지역 농민의 이해와 요구를 집단적·조직적으로 지역 정치문제로 부각시켰다.

가농·기농 활동가들이 주축이 되어 결성된 '함평·무안 현장문제 대책위원회'는 '함평·무안 농민대회'를 개최할 계획을 세웠는데, 농민대회는 합법공간을 이용한 소극적 투쟁방식에서 벗어나 계획적이고 주체적인 투쟁으로 대중성을 확보해가는 운동방식을 선택하였다. 비공개적인 조직을 동원하여 5일장 장터에서 외국 농축산물 화형식과 가두시위를 전개할 것을 계획하였다. 대회는 선언문에서 그 지역의 주산물인 양파 을류농지세 철회, 생고구마 전량수매, 농가부채 탕감, 외국 소 도입 피해보상, 쌀 수매가 보장, 비농민 토지의 농민 환원, 지방자치제 실시, 대통령 방일 반대 등의 경제적·정치적 요구를 내걸었다. 당국이 폭력적으로 봉쇄·저지하자, 농민들은 가두시위에 이어서 농성투쟁을 전개하였다. 투쟁의 결과, 양파 을류농지세 철회와 생고구마 전량수매는 실현되었고, 현장운동조직이 확산되고 지역 대중의 농민운동 지지기반이 확대되는 성과를 거두었다.

함평·무안 농민투쟁은 지역 대중에 토대를 둔 자주적 지도력에 의한 대중투쟁적 실천의 중요성을 전국 농민운동권에 부각시켰다. 그리고 함평 지역에서는 그 후 종교조직의 외피를 벗고 자주적 농민조직의 기치를 내건 '함평농우회'가 탄생하는 계기가 되었다. 함평·무안 농민투쟁은 1980년대 전반의 대표적인 농민운동 투쟁사례가 되었으며, 현장의 대중적 투쟁운동의 전환점을 형성하였다.

소몰이투쟁　　　　박정희 정권에 의해 1978년 2월 수입자유화 기본방침이 확정되고, 세 차례에 걸쳐 수입자유화 조치가 취해졌다. 1980년에는 육용우와 쇠고기, 고추, 마늘, 참깨 등이 수입되면서 수입품목이 다양해졌다. 이로 인해 고추, 양파, 돼지의 가격폭락 파동으로 농가부채가 누적되었다. 1980년대에 들어와 수입개방 농정이 실시되면서, 쌀을 비롯한 350여 종류의 농축산물이 수입되었다. 당시의 사료용 곡물 수입량은 약 4,000만 석 정도로, 이는 쌀농사가 풍년이 되었을 때의 수확량보다도 조금 많은 양이었다. 1983년과 1984년에는 미국으로부터 50여만 톤의 쌀이 수입되었다. 그리고 1980~1984년에 육우 17만여 두, 젖소 3만 5,000여 두, 쇠고기 2억 7,000여만 근이 수입되었다.

소의 과다 도입으로 소값이 폭락하였고, 120여만 호의 소 사육 농가들은 엄청난 피해를 보게 되었다. 그리고 재고 수입쌀 시중판매를 개시하면서 쌀값이 하락하였고, 이에 농민들이 거세게 저항하였다. 거기에다 1984년에는 바나나 수입이 증가되어 대체재인 참외, 수박 등 여름 과일 재배농가가 연쇄 파산하는 등 농가경제는 파탄의 위기에 빠졌고, 식량자급률은 급격히 떨어졌다.

농민운동 진영은 농축산물 수입으로 인한 농가 파산의 원인이 미국의 신자유주의적 농정이 불러온 농업공황을 해결하기 위한 수출전략과, 군사정권의 신식민지 농정(소위 '개방농정')에 있다고 규정한 뒤, 운동방향을 농민 대중의 당면요구인 소값 피해보상투쟁을 '개방농정 철폐—수입정권·군사독재 타도투쟁'으로 발전시키는 것으로 설정하고, 소값 피해보상 및 농축산물 수입개방 저지투쟁을 조직화하였다.

1985년 1~3월 실시된 가농의 수입 소 피해 실태조사와, 4월 22~23일 양일간에 개최된 기농의 '미국 농축산물 수입개방 강요 규탄대회' 및 미 대사관 시위에서 운동의 방향성이 제시되었다. 기농 회원들은 양일간 미 대사관에 진입하여 "소값 피해 보상하라" "미국은 농축산물 수입개방 압력을 철회하라" 등의 구호를 외치며 항의시위를 벌였다. 기농의 투쟁은 적극적인 투쟁방식과 정치투쟁적인 선도투쟁의 성격을 띠었으나, 투쟁의 대상을 미 대사관에 맞춤으로써 농민운동 전체의 방향 정립에 영향을 주었다.

그 후 농축산물 수입개방 저지투쟁은 7월 1일 경남 고성 농민들의 시

소값 급락으로 생계에 위협을 받은 농민들이 거리로 소를 끌고 나와 시위를 벌이는 모습

위를 필두로, '소몰이투쟁'이라 불린 농민의 생존권적 투쟁으로 광범하게 전개되었다. '소몰이투쟁'에는 7∼8월 사이 안성(경기), 원주·춘천·홍천(강원), 안동·의성(경북), 고성·진양(경남), 강진·무안·함평·해남(전남), 부안·완주·임실·전주·진안(전북), 당진(충남), 괴산·음성·진천·청주(충북) 등 20여 개 시·군에서 총 2만여 명의 농민들이 참여하였다.

　'소몰이투쟁'은 몇 가지 측면에서 특징을 지니고 있다. 첫째, 당시 "소값 피해 보상하라" "외국 농축산물 수입 중단하라" "농가부채 탕감하라" "미국은 농산물 수입을 강요 말라" "지방자치제 실시하라" "농협·농조 민주화하라" 등의 구호가 제창되었는데, 여기에는 정치적 요구도 포함되어 있다. 둘째, 투쟁방식이 매우 적극적이었다. 농민들은 경운기에 방송시설을 설치하고, 소 잔등에 각종 구호를 붙여 가두선전을 하였으며, 경찰저지선을 돌파하여 수십 킬로미터를 시위행진하면서 연도의 농민들에게 자발적 참여를 유도하였다. 그리고 국도차단·도로점거·읍내장터 장악, 군 소재지의 집결지에서 시위·대회·농성 주도 등의 과감한 전술을 구사하는 등 강력한 투쟁 양상을 띠었는데, 이를 '경운기·소몰이 가두시위'라 불렀다. 셋째, 투쟁 성격에 있어서 초기에는 소값 피해보상과 농축산물 수입중지를 내건 생존권 수호적인 성격이 짙었으나, 투쟁이 고조되면서 군사독재 반대라는 정치적 요구를 내건 민주화운동의 성격을 띠게 되었다. 이는 그동안 군 단위 기초조직 강화로 대중투쟁을 주도할 수 있는 중심 역량이 확보된 결과이기도 했다.

각지의 '소몰이투쟁' 중 대표적인 투쟁으로는 경남 고성, 강원 홍천, 전북 진안 등지에서의 투쟁을 들 수 있다. 경남 고성 농민들은 "재벌은 돈밭에, 농민은 똥밭에" "양키 소 몰아내고 한국 소 살아보자" 등의 구호를 플래카드와 소 잔등에 부착하고서 '경운기·소몰이 가두시위'를 전개하였다. 이들의 투쟁은 최초의 '소몰이투쟁'으로서 국도를 차단하는 등 적극적 투쟁의 모델이었다. 강원 홍천 농민들은 '소몰이투쟁'을 전개하면서 수입 개방 저지 농민투쟁의 핵심적 당사자인 양돈협회, 낙우회, 양계협회 등 지역의 축산단체, 즉 지역의 작목별 경제 협동조직체와의 연대투쟁을 전개하였는데, 이는 수입개방 저지투쟁의 대중적 실천방향을 제시하였다. 전북 진안 농민들의 '경운기·소몰이 가두시위'는 주위의 농민들의 자발적 참여를 유도하고, 여성농민들의 적극적인 참여를 확보하는 등 대표적인 대중적 경제투쟁의 양상을 보였다는 점이 특색이다.

7~8월 농민들의 생존권투쟁은 9월 23일 가농이 주최한 전국 농민대회와, 9월 25일 가농·기농·가톨릭여성농민회(약칭 가여농) 등 3개 농민운동조직이 공동 주최한 '소값 피해보상운동 진상보고대회'를 통해 전국 단위에서 수렴되면서 일단 마무리되었다. 1985년도에 전개된 외국 농축산물

수입개방 저지 농민투쟁과 소몰이투쟁이 과거에는 볼 수 없었을 정도로 대중적으로 전개됨으로써 농민들이 제기한 다른 문제들은 상대적으로 주목받지 못한 측면도 있다. 그중에서도 충북 음성과 경남 진양 농민들의 농지개량조합 개혁과 수세투쟁은 다음 단계의 대규모 농민투쟁을 예고하는 것이었다. 또한 동시에 소작료 인하투쟁과 소작토지 무상양도투쟁의 단초들이 곳곳에서 제기되었다.

1980년대 전반기의 농민운동은 생존권적 경제투쟁을 광범하게 전개하고 이를 통하여 대중조직의 역량을 강화하였으며, 전국적·정치적 민주화운동의 연합전선운동에도 참여하였다. 1984년 6월 29일 민중민주운동협의회(약칭 민민협)에 가농과 기농이 참여하였고, 각 도 단위 지역운동 협의체에도 도 단위 농민운동조직들이 참여하였다. 그 후 민민협과 민주통일국민회의의 통합론이 제기되어 1985년 9월 '민주통일민중운동연합'으로 최종 통합되자 기농도 여기에 참여하였다. 이를 계기로 농민운동 진영은 전국적인 민주화운동과 관련하여 지역운동에서 농민운동의 위상과 역할이 무엇이어야 하는가 등에 대해 논의를 해나갔다. 이는 1986년도에 들어오면서 농민운동의 올바른 정치노선 및 조직·투쟁노선 정립으로 나아가게 되었다.

1980년대 후반기(1986년~전농 창립) : 농촌지역의 정치적 민주화운동의 확대·강화와 농민운동의 질적 발전

대중노선에 입각한 대중조직운동 전개 1986년도에 들어서면서 농민운동 진영은 운동방향을 새롭게 정립하였다. 즉, 1985년도의 소값 피해보상과 수입개방 저지투쟁이 대중적 생존권 투쟁으로 전개되었으나, 정치투쟁으로 발전되지 못하고 대중조직화의 전망도 제시하지 못한 것에 대해 반성하고, 그간의 운동에 대한 평가를 바탕으로 자주적 대중조직 건설의 과제를 실천하는 것으로 운동방향을 설정하였다. 농민운동세력은 전국의 민주화운동 진영과의 연대강화를 도모하였다. 1986년 1월 가농은 민중생존권 보장, 민주헌법 쟁취, 민족자주 쟁취를, 기농은 3월 민주헌법 쟁취 및 수입개방 저지 등을 투쟁의 목표로 설정하였다. 이러한 흐름은 5월 가농·기농·가여농 등 3개 전국 농민단체의 공동선언문 "현 시국에 대한 천만 농민의 주장"에 압축적으로 잘 나타나 있다.

1986년도의 농민운동의 특징은 목적의식적으로 대중투쟁 조직화를 위한 투쟁조직을 건설하였다는 점이다. 이 같은 과도기적 전술 단위의 투쟁조직을 중심으로 하여 농산물 수입개방 저지투쟁과 민주헌법 쟁취투쟁을 전개하였다. 예컨대 '강진지역 농협문제 대책위원회' '전남지역 농민생존권 확보 및 민주헌법 쟁취 투쟁위원회' '수입개방저지 및 미국 예속정권 타도를 위한 무안 농민투쟁위원회'(이상 전남), '농축산물 수입저지 영동군 농민위원회' '농민생존권 쟁취 및 농축산물 수입개방 반대 청원군 농민투쟁위원회'(이상 충북) 등이 지방에서 각각 결성되었고, 하반기에는 지방 단위를 수렴하여 '미국 농축산물 수입저지 운동본부' 및 그 지부(가농), '농가부채 문제해결 전국농민대책위원회'(기농) 등 전국 규모의 투쟁조직이 결성되고 전국 규모의 동시다발적인 투쟁이 시도되었다.

그러나 이러한 목적의식적 운동은 대중활동 확산을 목표로 한 선도투쟁이라는 점에서는 그 의의가 있으나, 농촌 현장의 투쟁역량에 걸맞지 않은 높은 구호와 투쟁방침, 대중역량의 취약성 등으로 일시적인 투쟁조직에 머무는 등 투쟁위원회 구조의 한계를 드러냈다. 물론 이는 당시 농민운동의 조직적 취약성을 반영한 것이기도 했다.

1986년 말~1987년 초 사이에 대중노선 관철과 대중투쟁 지도역량 강화를 목표로 '대중노선에 입각한 대중조직운동'이 모색되었다. 가톨릭이나 기독교 등 종교적 틀을 쓰지 않은 군 단위 농민 대중을 중심 토대로 한 자주적 농민 대중조직(자주농) 건설의 중요성이 현장에서부터 부각되었고, '대중노선에 입각한 대중조직운동'이 일어나면서, 자주적 농민대중운동으로 발전하기 시작했다.

이러한 흐름 속에서 1987년 2월 26일 전국농민협회가 창립되고, 산하에 11개 군 농민회가 함께하게 되었다. 그 후 15개 정도 군 농민회가 건설되었다. 그리고 자주적 대중조직운동의 방침하에, 가농 충남 아산군협의회(1986. 8. 24), 경남 의창군 농민협회(1986. 9. 5), 전남 담양군농민회(1986. 9. 12), 경남 거창군농민회(1986. 12. 14), 전북 김제군 동학농민회(1986. 12. 22), 경북 상주군농민회(1987. 2. 27), 충북 청원군농민협회(1987. 1), 경남 함양군농민협회(1987. 3), 전북 부안군농민회(1987. 3. 30), 충북 보은군 자주농민회(1987. 4. 5), 경북 예천군농민회(1987. 4. 22), 가농 경북 의성군협의회(1987. 4. 24), 전북 이리·익산군농민회(1987. 7. 10) 등이 신규로 결성되었다. 이외에도 1987년 8월 말 현재 전남 장성군 농민회 준비위원회(1987. 4. 10)와 경북 성주군 농민회 준비위원회(1987. 4. 10)가 결성되어 조직결성활동 및 대중활동을 벌였다. 이상의 조직 중에서, 강진농문회, 함평농우회, 담양농민회, 김제동학농민회, 부안농민회, 의창군농민협회, 함양군농민협회, 예산농우회, 청원군농민협회 등이 농민협회의 창립조직들이었고, 뒤에 영천군농민협회, 보은자주농민회 등이 새로 참여했다.

전국농민협회의 창립은 가농과 기농에도 일정한 순기능으로 작용하였다. 가농은 1987년 2월, 지역 단위에서 군협의회를 대중조직으로 발전시키되, 산하 면위원회를 강화하여 1면 1분회 조직을 구축하고, 경제협동조직과 정치선전조직으로서의 분회를 기본 조직으로, 군 단위 작목별 생산 자조직을 보조조직으로 하여 대중역량 조직화와 대중투쟁 전개에 나서기로 하였다. 기농도 1987년 3월, 대중노선에 입각한 대중조직운동의 방침을 결의하고, 실천할 활동방침으로는 군 단위 대중조직 건설·확산, 군 단위 조직의 자립성 강화, 현장 단위에서부터의 대중적 실천활동 강화 및 실천적 연대활동 전개, 전국조직의 민주적 운영 등을 결의하였다.

1987년 1월 17일, 박종철고문사망사건이 발생하고, 4월 13일 호헌조치로 군사정권의 장기집권 음모가 드러나자, 직선제 개헌요구와 함께 전국민적 민주화운동이 활화산처럼 타올라서 6월민주항쟁으로 치달았고, 그 결과 6·29선언을 끌어냈다. 이에 농민운동 진영도 한편으로는 반외세·반독재 공동투쟁전선 결성에 참여하고, 다른 한편으로는 민주헌법 쟁취와 수입개방 저지투쟁의 대중적 실천에 집중하였다.

1987년 상반기부터는 1986년 11월 30일에 결성된 '농가부채 문제해결 전국농민대책위원회'(위원장 배종열)를 중심으로 투쟁이 전개되었다. 농촌 현장에서 농가부채 해결투쟁이 새롭게 진전되고, 무안군 몽탄면과 고창군 삼양사의 토지투쟁, 5월 광주추모투쟁, 6월민주항쟁 등에 대중적으로 참여하였다.

다음에는 중앙학원·고려대학교 재단이 소유한 전북 고창 삼양사 소작지 양도투쟁에 대해 살펴보자. 삼양사 소작지 양도투쟁은 1985년 5월부터 시작되었는데, 소작 농민들은 8월 7일 '삼양염업사 소작토지 무상양도 대책추진위원회'의 이름으로 성명서를 발표하고, 고창시내에서 시위를 벌였다. 농민들은 군수와 경찰서장의 간곡한 설득에 따라 3·7제이던 소작료를 2·8제로 인하하는 조건으로 자진 해산하였다. 농민들은 1986년에 조직력과 지도력을 재정비하고, 1987년 1월 31일부터 3일간 고창 삼양염업사 앞에서 대규모로 농성을 벌이면서 투쟁을 재개하였다. 소작 농민들이 요구한 것은, 청원서의 내용*과 동시에 간척지 사업을 할 당시 삼양염업사가 소작 농민들에게 토지소유권을 인정하겠다고 한 약속을 이행하라는 것이었다. 그러나 삼양염업사 측은 소작료 납부를 거부한 소작 농민들을 상대로 가압류 처분과 소작료 불납에 대한 부당이득 반환 청구소송 및 계약 불이행에 대한 토지 인도소송을 제기하였다. 고창군 심원면, 해리면의 소작 농민 300여 명은 상경하여, 1987년 8월 12일 서울시 종로 5가 삼양사그룹 본사에서 38년간 불법으로 차지하고 있는 소작지를 돌려달라는 요구를 관철하기 위해 장기농성에 들어갔다. 장기농성 기간 중에도 시민, 청년, 학생 및 농민운동단체(가농, 기농, 가여농), 여성단체 그리고 재야운동단체의 지원을 받으며 다양한 운동이 전개되었고, 이에 따라 탄압도 자행되었다. 결국 9월 11일, 최종협상 끝에 9개 항의 "약정서"로 타협하였다. 약정서의 내용은 (1) 현재 임대 계약한 간척답에 한하여 각 개인에게 매매하되, 매매가격은 내무부 토지등급 기준 고시가격으로 하고, 대금은 일시불한다. (2) 매매대금 및 임대료는 1987년 12월 10일 이전까지 완납한다. 완납하지 못하면, 매수권은 상실되고 농지도 지주에게 반환된다. (3) 지주 4인(김상준, 김상협, 김상돈, 김병휘)이 지정하는 『조선일보』『중앙일보』『동아일보』 및 『전북일보』 등에 사과문을 게재한다. (4) 이후 지주와 그 선대의 명예를 훼손하거나 삼양염업사에 불이익이 오는 언행을 추호라도 할 경우, 지주들이 보관하고 있는 모든 자료를 근거로 형사고발하여도 이의가 없다는 등으로 농민에게 불평등한 것이었다.

삼양염업사 해리지점의 전신인 삼양사 해리농장은, 1930년 일본인 소유의 해원海元농사주식회사를 인수한 뒤 1936년 4월에 간척 매립사업을

---

* 농민들의 청원내용은 일제강점기 삼양사가 강제 수용한 토지를 되돌려주고, 그동안 지불했던 불법소작료를 반환해달라는 것이었다.

시작하여 14개월 만에 마쳤다. 원래 매립 예정면적은 705정보였으나 실제로는 730정보가 되었다. 여기에 투자된 총공사비는 123만 6,910원인데, 그중 총독부가 지원한 보조금이 38만 원이고, 자기자본금 85만여 원으로, 1974년 기준으로 10억 원 정도였다고 한다.

1939년 9월 4일부로 조선총독부로부터 공유수면 매립공사 준공인가증을 받았는데, 같은 해 관할 정읍세무서 토지대장에 등재된 총면적은 논 587정보와 저수지, 관배수 도랑, 제방, 도로를 포함하여 총 681정보 4반 5묘 8보였다.(삼양사 편, 1974, 156쪽) 해리농장에는 아직 미완성 농지가 남아 있어서 이를 염전으로 전용하려고 1946년 6월 12일자로 소금 제조허가를 얻고, 1947년 2월 본격적인 염전 축조작업을 하였다. 한국전쟁 전까지 95.2정보의 염전 정비작업이 완료되고 지목地目이 변동되어서, 농지개혁 대상에서 제외되었다. 1952년에는 102.2정보, 1954년에는 총 319.1정보의 염전을 완성하였다. •

논 587정보 중 296정보는 1985년 현재 597세대가 소작을 하고 있고, 나머지 291정보 중 10정보 정도가 농지개혁 당시 법을 알고 있던 소작인의 분배요구에 의해 분배되었다.(최호진·김병태, 1986) 따라서 319.1정보의 염전에는 281정보의 논이 지목 변경되어 포함된 것으로 보인다. 1939년 4월에 준공인가증을 받고 저수지까지 완비한 간척지가 10년이 넘어도

• 상공부의 『염백서』(鹽白書, 1964)에 따르면, 8·15해방 직전까지 염전 총 7,087정보 중 5,423정보가 북한에 있었기 때문에, 분단이 되자 소금 부족은 심각했다. 미군정하에서부터, 한편으로는 소금을 수입하고 동시에 민간기업에 의한 천일염 개발을 권장하는 정책을 취했다. 정부수립 후에도 소금 전매사업을 지속하면서 관의 염전개발 독점권을 개방하여, 보조금을 지급하면서까지 민간기업의 염전개발 정책을 추진했다. 그러나 1957년부터는 소금이 과잉 생산되기 시작하였다. 이에 1961년에는 민제 소금 생산 중지를 위해 정부보상금이 지급되었다. 따라서 일부 염업자들은 농지개혁을 피하기 위하여, 농지를 염전으로 지목 변경하면서 정부보조금을 받고, 소금이 과잉 생산되자 정부보상금을 받고 폐전하여 농지로 전환하였다. 결국 일제하에서 해안 주변의 농민들의 농지를 몰수하여 대규모로 간척한 지주들은 농지개혁의 분배대상 농지에서 제외시키고, 농민들에게 환원하지도 않았다.

'미완성'이라는 명목으로 농지개혁 분배대상에서 제외되었거나, 또는 염전으로 지목을 변경하여 분배대상에서 제외될 수 있었다.

삼양사 해리농장은 1947년 6월 삼양염업사 해리지점으로 이름을 바꾼다. 논이 염전으로 지목 변경됨으로써 농지개혁 대상에서 제외되었다. '미완성 간척지'라는 규정 자체가 1951년 4월 26일자로 농림부장관 통첩에 의해 이루어진 것이기 때문에 더욱 문제였다. 1950년에 이미 분배되었어야 할 농지를 분배하지 않고 있다가 1년이 지난 후, 장관의 통첩 하나로 숙전熟田이 된 간척지를 미완성 간척지라고 하면서 분배대상에서 제외한 사실을 소작투쟁을 전개한 현지의 농민들은 납득하지 못하고 있는 실정이었다.*

농민운동 진영은 반외세·반독재 공동투쟁전선 결성에도 참여하였다. 4·13호헌조치를 계기로 결성된 '민주헌법쟁취국민운동본부'는 6월민주항쟁의 성과를 대중조직화로 유지·발전시키기 위해 조직강화에 주력하였다. 이에 농민운동 진영에서는 가농·기농·가여농을 중심으로 1987년 7월 8일 '민주헌법쟁취국민운동 전국농민위원회'를 결성하였다. 전국농민위원회는 민주헌법의 내용에는 "민주적 토지제도의 확립과 독점경제의 전면 수정, 모든 농축산물 수입의 엄격한 규제로 자주민족경제 건설, 주민자치의 원칙에 입각한 지방자치제 전면 실시, 각종 농민 관련 협동조합의 민주화 및 제반 악법 폐지, 농민의 단체결성권·단체행동권 보장 등 천만 농민의 요구가 철저히 보장되어야 한다"고 주장하였다.

1987년 하반기 이후에는 생산자단체 중심의 수입개방 저지투쟁이 전개되었고, 농협민주화투쟁을 위하여 지방 단위에서 농협민주화추진위원회가 결성되었다. '88서울올림픽'을 앞둔 시점에, 그리고 GATT-UR협상이 시작된 시점에, 미국의 농산물 수입개방 압력은 더욱 거세졌다. 정부는

---

* 이상의 삼양사 해리농장에 대한 서술은 삼양사 편, 1974, 128~131쪽에 따른 것임.

1987년 양담배 수입을 허락하고, 동시에 잎담배의 종자공급을 제한하였다. 작목전환을 유도하는 정부정책에 따라 담배와 고추의 주산지인 경북·충북 등의 농민들은 고추를 심게 되었다. 그리하여 1987년에 13만 7,924톤에 불과하던 고추생산량이 1988년에는 20만 8,973톤으로 52%가 증산되었다. 이에 전년도 말 근당 2,500원 선을 유지하던 고추시세가 1988년 수확기가 되자 근당 1,500원으로 폭락하였다. 8월부터 고추 값 보장을 요구하는 농민들의 요구가 영양군 농민회를 시작으로 제기되었다. 정부는 "고추 2만 톤(총 생산량의 9.6%)을 근당 2,000원에 수매한다"고 발표하였다. 하지만 당장 돈이 필요한 농민들은 고추를 시장에 내다팔 수밖에 없었고, 홍수출하로 시장가격은 근당 1,000원 이하로 더욱 폭락하였다. 대표적으로 경북 청송군 안덕시장의 고추시세는 8월 초에는 2,000원 이상이었으나, 8월 말에는 1,600원, 9월 말에는 1,050원, 10월에는 800~900원으로 폭락하였다.(전국농민협회 편, 1988, 14쪽)

농민회원들은 고추 생산비 조사(근당 2,459원)를 근거로 고추 수매가격을 최소한 근당 2,500원으로 해줄 것을 요구했다. 8월에 시작된 고추 제값받기 싸움은 12월까지 총 101회의 집회에 연인원 5만 5,000여 명이 참가하여, 정부의 수매량을 당초 발표한 것보다도 1만 2,000톤을 더 늘리는 성과를 올렸다. 이러한 열기는 수세水稅거부투쟁과 결합되어 전개된 1989년 2월 13일의 여의도 농민시위로 집결되었다.

대통령 선거 시 공정선거 감시단활동이 전개되었으며, 해남과 나주를 중심으로 시작된 수세거부 대중투쟁이 본격화되었다. 1987년의 부당수세 거부투쟁은 농민운동세력이 지속적으로 고심하고 시행착오를 겪으면서 발전시켜온 대규모의 대중투쟁의 참모습을 보여준 대표적인 농민운동 사례이다. 1985년 전남 무안군 몽탄면 400여 농가에서 시작된 수세거부투쟁은 단보당 벼 30.8kg까지 하던 수세를 10kg으로 인하시켰으며, 1987년에

'수세폐지투쟁'으로 전환·계승되었다.

1987년에 이어 1988년에도 수세거부투쟁이 전개되었다. 1987년 11월 26일과 12월 26일 해남 부당수세거부 결의대회와 12월 29일 수세거부 나주농민 실천대회 등을 거치면서 '전남 수세대책위원회'가 결성되었다. 나주농민회는, 마을에서부터 농민들에게 수세에 대한 교육을 하면서 마을 단위 수세거부대책위원회를 결성하였고, 이를 확장·전개하면서 면 단위와 군 단위의 수세거부대책위원회를 건설하였다. 1988년 4월 14일 전남·북 농민 5,000여 명이 참가한 가운데 '수세폐지 전남·북대회'가 열렸다. 1988년 9월 13일에는 6개 도 35개 지역의 대표자들이 모여서 '전국수세폐지대책준비위원회'를 결성하고, 수세폐지-농지개량조합 해체-수리청 신설-적립금 반환 등의 투쟁방향을 결정하였다. 그리고 수세완전폐지투쟁과 수리청 신설이라는 정책대안적 투쟁을 전개하였다. 이어 수세폐지 공청회 등을 갖고 전국 각 지역 수세폐지대책위원회를 건설한 뒤, 11월 1일 '전국수세폐지대책위원회'를 결성하였다. 이후 투쟁주체를 통한 대중투쟁을 전국 62개 군에서 150여 회 이상 전개하였다.

고추 제값받기투쟁, 수세거부투쟁과 함께 토지투쟁도 전개되었는데, 평택 세종대 농장 토지투쟁, 영암 학파농장 토지투쟁, 전북 부안군 하서면 노곡리 수몰민 대토 보상투쟁 등 토지투쟁도 비슷한 처지에 있는 농민들의 토지투쟁이었다. 1987년부터 전개된 토지투쟁은 전국적으로 10여 개 지역에서 지역 단위로 고립분산적으로 전개되었다. 하지만 1988년 9월 '토지 무상양도 전국대책위원회'를 결성하는 등 상호 연대하여 투쟁을 전개하는 형식을 갖추어나갔다.

1988년에는 의료보험제도 시정투쟁도 전개되었다. 노령농가가 늘어나는 농촌현실에서 농민들의 생활상의 요구와 직결된 사회보장문제는 의료보험 개혁문제이지만, 기득권자로서 의약 자본과 병·의원 자본이라는 당사자가 있는 문제이기 때문에 그 해결이 쉬운 것은 아니었다. 연초부터 농민들의 자발적인 보험료 납부거부와 지역의료보험개혁 대중투쟁이 전국적으로 확산되었다. 행정당국은 1988년 1월 직장의료보험을 전 국민에게 확대하기로 하고, 제1단계로 농촌지역에서 의료보험을 전면 실시하였다. 한국농어촌사회연구소나 '건강사회를 위한 약사회' 등이 시·군 단위로 만들어진 의료보험조합을 바탕으로 하는 제도의 문제점을 지적하였지만, 농촌지역 의료보험이 강제적으로 실시되어 납부고지서가 농가에 배달되었다. 그러자 이에 대한 반발이 크게 일어났다.

지적된 문제점은 다음과 같다. 첫째, 도시의 부유한 사람끼리 조합을 결성하고, 농촌의 빈곤한 사람끼리 조합을 결성하여 각각 독립채산제도로 운영하게 되면, 가난한 농민이 도시인보다 보험료를 더 많이 납부해야 한다. 이렇게 되면, 농촌지역의 단위조합은 적자조합이 될 가능성이 높다. 둘째, 도시지역은 월급소득을 보험료 부과의 기준으로 삼는 데 비해 농촌 주민들의 경우 소득과 재산, 가족 수에 따라 보험료를 결정하는 것은 부당하다. 셋째, 농촌은 1차, 2차 진료기관을 거쳐야 3차 진료기관을 이용할 수가 있다. 넷째, 조합의 의사결정기구에 농민 참여가 배제되었다.

한국농어촌사회연구소, 가농, 기농, 농민협회, 가여농, 건강사회를 위한 약사회, 교회빈민의료협의회, 기독청년의료인회, 천주교도시빈민회 등은 함께 '전국의료보험대책위원회'를 결성하였다. 조합비 납부거부, 고지서 수령거부, 조합비 인하 등의 투쟁을 전개하는 한편, 기존의 조합주의 방식을 통합주의 방식으로 개정하는 것을 골격으로 하는 입법투쟁을 활발히 전개했다. 그리하여 1989년 3월, 여야 만장일치로 통합주의를 골자로 한 '국민의료보험법'을 통과시켰다. 그러나 국민의료보험법은 보사부가 허위 정보를 제공하여 언론의 오보를 유도하고, 노태우 대통령이 거부권을 행사하는 바람에 폐기되고 말았다. 이후 농민 대중투쟁은 더 이상의 진전이 없었고, 도시빈민과 의료인 중심으로, 특히 의보노조의 힘찬 투쟁으로 계속적인 입법투쟁이 전개되었다.

1988년에는 농민운동단체와 품목별 생산자 단체 간의 연대가 모색되었다. 88올림픽을 앞두고 외국 농축산물에 대한 수입개방의 폭이 확대되자, 그동안 농민 일반에게 도움을 주는 운동보다도 행정관료를 대상으로 한 로비활동에 집중하였던 품목별 생산자조직들도 운동대열에 참여하게 되었다. 1988년 4월 22일과 5월 26일 두 차례에 걸쳐서 공동보조를 모색한 후, 10월 31일에는 '전국농민단체협의회'를 결성하고, 11월 17일 여의도 광장에서 '농축산물 수입저지 및 전국 농민대회'를 개최하였다. 참가단체는 한국낙농육우협회, 한국육우협회, 대한양돈협회, 전국계우회연합회, 한국포도회, 전국농업기술자협회, 한국유기농업환경연구회, 전국생약재생산농민동우회, 전국육계안전협의회, 가농, 기농, 전국농민협회, 가여농, 농협중앙회노동조합, 축협중앙회노동조합, 전국4-H연구회연합회 등이었다.

1989년에는 수세거부투쟁과 고추 제값받기투쟁이 결합되어 여의도투쟁이 전개되었다. 1989년 2월 13일 '전국수세폐지대책위원회'와 '고추생산지역대책위원회'가 '부당수세 폐지 및 고추 전량수매 쟁취 전국농민대회'(대회위원장 윤치영)를 공동으로 개최하였다. 이 대회는 서부의 평야지역 연합과 동부의 중산간지역 고추 주생산지가 연대하여, 그동안 투쟁해온 것을 서울에서 총집결한 대규모 집회였다. 전국적으로 3만여 명의 농민들이 여의도에 모인 가운데 개최된 이 대회는 지역 대중투쟁의 열기를 전국적 정치투쟁으로 발전시켰으며, 수세를 5kg까지 낮추는 성과를 얻었다. 농민들의 요구는 수세 폐지, 고추 전량수매, 농축산물 수입중지, 의료보험제도 통합일원화 등 의료보장제도 전면 실시 등이었다.

농민들의 저항은 거세었다. 하지만 언론들은 농민들의 폭력성을 부각시키는 데 혈안이었다. 노태우 대통령은 2월 14일 치안본부를 방문하여

'주동자와 배후세력 색출'에 수단방법을 가리지 말 것을 지시했다. 458명이 연행되었고, 구속 6명, 전국 수배자 17명을 포함한 117명이 입건되었다. 그러자 한국농어촌사회연구소와 민주화를 위한 전국교수협의회(의장 김진균), 민주사회를 위한 변호사모임 소속 변호사들은 구속된 농민들에게 변호사를 선임하는 등의 대응을 하였다. 그리고 2일 동안 3,300여 명의 민주인사들에게 서명을 받아서, "농민과 농촌의 실상을 정확히 파악하지 않고, 농민을 폭도로 매도"하는 정부당국과 언론의 대처방식에 문제가 있음을 지적하고, 농민들을 전원 석방할 것을 기자회견을 통해 요구하였다.

2월 13일의 농민들의 여의도투쟁은 농민 대중의 자주적 투쟁진출을 통해 농민의 생존권 확보 및 정당한 정치적 권리 획득을 스스로 나서서 쟁취하는 투쟁의지를 한껏 드러냈다. 그리고 미국-노태우 정권의 반농민성을 전 국민에게 직접 폭로하였다는 점과, 농민운동의 통일단결의 내용을 투쟁을 통해 획득함으로써 전국적 통일조직 건설의 조직적 발전경로를 밝혔다는 점에 큰 의의가 있다.

농민운동의 전국적 단일조직 건설　　　1987년 2월 26일, 전국농민협회가 창립되면서 농민운동의 전국적 단일조직 건설의 첫 단추가 꿰어졌다. '대중노선에 입각한 대중조직운동'이라는 농민운동의 흐름이 대세를 형성하고, 1989년 2·13대회를 치르면서 더욱 가속화하기 시작하였다. 1987년 8월 8일 전남 함평군에서 '함평군농우회'와 '함평군기독교농민회'가 '함평군농민회'로 통합하는 재창립대회를 개최하였다. 이후 전남 무안, 경남 거창, 충남 예산, 충북 영동 등에서도 비슷한 경로를 거쳤다.

전남에서는 1988년 7월 28~29일 양일간 목포 가톨릭센터에서 70여 명이 모여 간담회를 가진 후, '전남 농민운동의 통일단결 방안을 연구하기 위한 소위원회'를 구성하였다. 1988년 11월 1일에는 가농, 기농, 농민협회, 가여농 등이 '전국 농민운동협의체 결성을 위한 간담회'를 개최하고, '농민운동단체대표자회의'를 소집할 것을 결정하였다. 이후 10여 차례의 실무자회의와 대표자회의를 거쳐서, 1989년 3월 1일 전국농민운동연합(약칭 전농련) 창립대회가 개최되었다.

농민협회는 전농련에 불참하였지만, 곧 '군농민단체대표자회의'를 계기로 전농련과 농민협회 간에도 전국 단일조직 건설에 관한 논의가 계속 이루어졌다. 1989년 9월 8일 전농련과 전국농민협회는 합의하에 61개 군의 대표들이 참가하는 '군농민단체대표자회의'를 개최하고, '쌀값보장 및 전량수매 쟁취 전국농민대책위원회 준비위원회'를 구성하였다. 11월 15일에는 건국대에서 '쌀값보장 및 전량수매쟁취 전국농민대회'를 개최하였다. 이어 개최된 평가회에서 전국 농민 단일조직 건설에 관한 논의가 급진전하였다. 1990년 1월 초 전농련, 전국농민협회, 독자농 전국모임은 "전국 단일조직 건설에 관한 입장"을 발표하고 단일조직 건설에 관한 논의를 시작하였다. 1월 31일 3개 단체 대표자 34명이 1박 2일간의 회의를 통해 통합된 전국 단일조직의 성격을 첫째 합법·공개·대중조직으로 할 것, 둘째 군 농민회를 주체로 할 것, 셋째 빈·소농이 주도할 것, 넷째 사회변혁을 지향할 것 등 네 가지 사항에 합의하였다.

2월 13일에는 78개 군 농민회 대표들이 참가하여 '전국농민회총연맹 준비위원회'를 구성하였다. 그리고 4월 10일 준비위원회 총회에서는 '전국농민회총연맹'을 창립하기로 결정하였다. 드디어 1990년 4월 24일, 건국대에서 전국농민운동연합, 전국농민협회, 무소속의 독자적인 대중적 군 단위 농민회, YMCA농민회 등 72개 군 조직의 대의원 230명 중 216명이 참석하여 통합된 단일조직인 '전국농민회총연맹'(약칭 전농)이 출범하였다.

전농에 이어 '전국여성농민회총연합'도 결성되었다. 1977년 농촌 여성지도자 제2차 간담회를 개최한 후 가톨릭농촌여성회가 결성되었으며, 1984년 12월에 개최된 가톨릭농촌여성회 제7차 총회에서 명칭을 '가톨릭여성농민회'로 바꾸었다. 기농도 1984년 12월 기농여성위원회를 구성하였다. 이후 1989년 3월 가톨릭여성농민회와 기농여성위원회를 중심으로 '여성농민조직 활성화를 위한 위원회'가 결성되어 활동을 시작했다. 그 결과 1989년 12월 18일, '전국여성농민위원회'가 결성되었다. 그 후 전국여성농민위원회는 1992년 1월 20일에 개최된 제3차 대의원 총회에서 회칙을 개정하고, 전국여성농민회총연합으로 명칭을 바꾸었다.

새로운 농민운동 모색

전농이 창립된 이후, 농민운동은 전농을 중심으로 전개되었다. 전농이 창립된 시기는 신자유주의가 지구적 규모로 확산되어가는 시기였다. 전농은 출범하면서부터 밀려오는 외세에 대항하여 GATT-UR투쟁을 전개했다. GATT-UR협상은 1986년에 시작되었지만, 정부는 정보를 전혀 공개하지 않았다. 이에 전농은 '우리농업지키기 범국민운동본부'라는 범국민적 연대 틀을 만들어 GATT-UR협상에 대처하였다. 우선 GATT-UR협상이 농민에게만 피해를 주는 것이 아니라 전 국민에게 피해를 준다는 사실을 널리 알렸다. 둘째, 정부는 1989년 4월 8일 발표한 '농축산물 자유화 예시계획'을 통해 1991년까지 243개 품목의 수입을 개방한다고 밝히고, 1990년 1월 1일을 기해 44개 농축산물의 수입을 자유화하기 시작했으며, 이를 토대로 국내 농업 구조조정을 위한 '농어촌발전 특별조치법' 제정을 추진했다. 전농은 이를 분쇄하기 위한 투쟁을 대중적으로 전개했다. 전농은 1991

년부터 시작된 GATT-UR투쟁을 1993년 GATT-UR협상이 타결될 때까지 범국민운동적인 연대투쟁으로 확산시키면서 민중운동 차원으로 부각시켰다. 이는 지금까지 한 번도 없었던 새로운 운동방식이었다. WTO-FTA체제를 확립하려는 선진국 그룹과 민족·민중적인 범국민적 연대와의 싸움을 전개하기 위한 첫 시도였다고 하겠다. 한편에서는, 다국적기업과 국내 집권층을 상대로 하는 민족민중운동 진영 간의 싸움이었다. 전농의 이러한 노력은 민중운동 진영 간의 국제적 연대 모색으로도 나타나는 계기를 이루었으며, 비아캄파시나를 비롯한 외국 농민운동 조직과의 국제연대를 강화하였다. 1995년 이후 WTO-DDA투쟁, 즉 시애틀투쟁, 멕시코 칸쿤투쟁, 홍콩투쟁 등으로 나타났고, WTO-DDA협상이 교착상태에 빠지고 FTA협상이 대세를 이루면서, 다시 한·칠레 FTA저지투쟁, 한·미 FTA투쟁 등으로 전개되었다.

전농은 GATT-UR투쟁을 전개하는 한편, 쌀 수매가격의 한계생산비 쟁취투쟁도 전개하였다. 정부는 쌀 수매가격을 평균생산비로 산정해왔는데, 이 방식은 평균생산비(또는 중위값)를 상회하는, 조건이 불리한 지역의 농민들에게는 매우 불리하게 작용하여 부채누적을 초래하고 농가경제를 압박하는 것으로 나타났다. 전농은 출범 후 추곡수매가를 최열등지의 90% 한계농지에서 생산되는 생산비로 수매할 것을 요구하였고, 이를 관철시켰다. 그 전까지는 생산비 평균에서 척박한 농지 90%까지의 사이에서 생산비가 높게 들어가는 조건 불리 지역의 한계농지를 가진 농민들은 손해를 보았는데, 이를 계기로 똑같이 조건이 불리한 40% 정도의 농민들에게도 혜택이 돌아가게 되었다. 전농은 이 같은 농업경제학의 이론투쟁을 통해 정책적 대안을 요구하는 대안운동도 함께 전개하였는데, 이로써 대중성을 강화하는 새로운 운동의 장을 열었다.

전농은 농촌지역의 생태·환경운동에도 참여하였다. 1992년 브라질의

리우데자네이루에서 유엔환경정상회의가 개최되기 1년 전, 1991년 4월 전농은 출범 1주년 기념행사에서 "농업사수 환경선언"을 선포하였는데, 여기에는 농민운동조직이 아닌 노동운동, 여성운동, 학생운동, 기타 시민운동 조직 등 27개 다른 영역의 부문조직들이 함께 참여하였다. 이 선언은 그때까지 도시지역의 반공해운동 차원에 머물고 있던 한국의 환경운동을 한 차원 높이는 것이었다. 이는 반대·거부투쟁을 중심으로 전개되어온 농민운동을 '대안을 제시하고 요구하는 운동'으로, '농촌지역'의 '생태·환경운동'으로까지 그 지평을 넓히는 새로운 운동을 제시한 것이었으며, 또한 민중운동이 시민운동과 함께 문제의 대안을 모색하는 새로운 연대운동의 차원을 제시한 것이었다. 이를 바탕으로 '우리쌀지키기 범국민운동'과 '우리농업지키기 범국민운동'의 토대가 마련되었다.

그 외에도 전농은 YMCA 전국연맹과 공동으로 "21세기 농민운동 새로운 모색" 심포지엄을 개최하여, 현실에 대한 정확한 진단과 새로운 대안운동의 전망을 제시하였다. 그때 제시된 내용은 가농을 중심으로 전개되어온 우리밀살리기운동(1991년 11월), 우리콩살리기운동(1994년), 우리농촌살리기운동(1994년 출범) 등을 지속하고 확대하며, 생명농업운동 확산과 한살림 등 소비자생활협동조합운동과의 연대경제Solidality Economy운동의 강화, 유기·순환농업운동 확산, 먹을거리 안전성에 대한 계몽운동과 귀농운동과의 연대 등이었다. 이는 '녹색혁명형 농업'을 극복하려는 대안농업운동과, 소비자조직과의 굳건한 연대를 통해 식량자급률을 강화·제고하고자 하는 식량주권운동을 제시하는 것이었다. 끝으로 통일농업운동과 통일운동을 제기하여 농민운동의 수준을 한 단계 높이는 대안적 농민운동을 제시하였다.

3
1980년대 농민운동의 성격과 의의

1979년 한 해를 진동시킨, 한 농민에 대한 군사독재정권의 인권탄압 사태
(오원춘사건)*는 10월 26일 독재권력의 주인공 박정희가 피살되자, 그해
12월 8일 관련자 모두가 면소판결을 받고 석방됨으로써 종결되었다. 이로
써 한 농민운동가에 대한 인권탄압의 허구성이 드러나는 것으로 1980년대
가 열렸다. 이 사건은 1980년대의 농민운동이 농촌지역 민주화운동에서
정치투쟁의 한 부문운동으로도 발전해가야 함을 보여주었으며, 그 후 농
민운동은 그러한 방향으로 전개되었다.

1980년대의 농민운동이 갖는 의의와 성격은 다음과 같다.

첫째, 1970년대에 의식화교육으로 양성된 활동가들의 지사적 개인 중

• 이른바 '오원춘사건'이란 안동가톨릭농민회 청기분회장 오원춘이 납치·테러를 당한 사건을 말한다.
1978년 청기분회는 영양군 당국의 권장으로 재배한 가을감자 농사가 종자 불량으로 망치게 되자, 이에
대한 투쟁을 전개하여 피해액 전액을 보상받았다. 그러나 1979년 5월 5일부터 22일까지 이 보상활동에
앞장섰던 오원춘이 납치·테러를 당하는 일이 발생하였다. 이에 사건대책위원회가 구성되고, 이를 중심
으로 천주교정의구현전국사제단, 천주교 안동교구 정의평화위원회, 가톨릭농민회 안동교구연합회, 안
동교구사제단 등은 사건의 진상을 알리는 문건을 배포하고 기도회를 여는 등 오원춘사건의 진상을 밝
히기 위해 많은 노력을 하였다. 이 사건에 대한 자세한 사항은 『한국민주운동사』 제2권 제3부 제5장
제2절 "농민운동"을 참조할 것.

심의 운동에서 시작된 농민운동은 1980년대에는 대중에 토대를 둔 대중조직운동으로 발전하였고, 과거부터 누적되어온 관존민비官尊民卑라는 관습을 타파하였으며, 농민의 인간화를 개척하는 역할을 하였다. 그러나 여전히 농민의 인권보장은 미흡하다. 멧돼지와 황새의 권리는 보호받아도, 농민의 권리는 보호받지 못하는 것이 현실이다. 따라서 인간안보Human Security도 여전히 충족되고 있지 못하다.

둘째, 냉전구조와 남북분단, 반공법 및 국가보안법이라는 한국적 현실에서, 농촌지역 민주화운동의 중심축으로서의 농민운동은, 초기에는 종교적 방어막 속에서 성장하였으나, 농민 대중들의 조직적 역량의 성장으로 1980년대 후반기에는 그 종교적 외피를 벗어버리고 농민 주체적 대중운동조직으로 발전하였다. 종국에는 작은 차이를 극복하고 대동단결하여 전국적 단일대오를 형성하게 되었다. 1980년대의 농민운동조직의 총결산은 1990년 4월 24일, 전농의 탄생으로 귀결되었다.

셋째, 농촌지역 민주화운동의 중심축으로서의 농민운동은, 1970년대에는 두려웠던 관료조직과의 싸움이었다면, 1980년대에는 농업·농촌·농민의 외부에 존재하는 억압·탄압 세력과의 싸움이었으며, 주로 정치적 민주화운동으로서 총자본의 집중적 표현인 중앙권력의 정책에 대한 비판·개선운동에 집중되었다. 국내의 정치적 민주화, GATT-UR투쟁, 신자유주의·세계화 반대투쟁, 수입개방 저지투쟁, 소몰이투쟁, 수세투쟁, 고추 제값받기투쟁, 의료보험제도 통합일원화투쟁 등이 그러했다. 지방자치제도가 도입되면서, 농민운동 진영의 운동가들도 정치적 진출을 많이 하였다. 하지만 농민운동가 출신의 농민대표를 국회의원에 당선시키는 것은 여전히 대단히 어려운 일로서 인식되고 있는 등 아직도 농촌지역의 민주주의 확립에는 미흡한 점이 많다.

넷째, 1980년대에 농업·농촌·농민의 외부 압박세력과의 싸움에 집중함으로써 농업·농촌·농민의 내부를 민주화하는 운동에는 상대적으로 소홀한 점이 많았다. 농민 전체의 조직화에도 미흡하였고, 농민 전체의 의식화운동에도 미흡한 점이 많았다. 특히 농민들의 자발적 자치조직Association인 농업협동조합을 민주화하지 못함으로써 농민들의 경제적·사회적·문화적 욕구와 열망을 충족시켜야 하는 협동조합 본래의 목적을 실천하는 데는 대단히 미흡하였다. 오히려 농협으로 인하여 농민들의 상대적 처지가 더욱 어려워지는 경우도 많다. "농민 조합원은 망해도 농협은 부자가 된다"고 농민들은 한탄한다. "농민들은 농협의 채무노예가 되었다"고 한탄하는 농민들이 증가하고 있다.

다섯째, '녹색혁명형 농업'의 강제적 확산에 맞서며 출발한 농촌지역 민주화운동은 그로 인해 발생되는 농민에 대한 인권탄압에 저항하고, 다른 한편으로는 '녹색혁명형 농업'을 극복하려는 농민운동의 새로운 단계를 준비하고 확산·확립해나가는 과정이었다. 군사쿠데타 이후의 한국 농업의 전개과정은 '녹색혁명형 농업'의 강제적 확산과정이었으며, 이는 동시에 농업의 축소·쇠퇴와 농촌의 개발·파괴 및 농민의 축출·이농 과정이었다. 이 과정은 국가공권력에 의해 자행된 평화스러운 모습을 띤 '합법적·구조적 폭력'이었다. 농민운동은 이러한 비민주적 현실에 맞선 농촌지역 민주화운동이 중심을 이루었다. 운동의 성격 면에서 보면, 1970년대 및 1980년대 초·중반까지는 농민들의 이해와 요구에 기초한 생활상의 개선운동에서, 1980년대 중·후반에는 사회변혁적 대안사회창출운동으로 발전하였다. 운동의 내용 면에서는 녹색혁명Green Revolution이 실제로는 녹색파멸Green Revocation을 초래하였음에도 녹색파멸이라는 '구조적 폭력'에 대한 투쟁은 거의 없었다. 농민운동은 '녹색혁명형 농업' 거부운동에서 시작되었음에도 '녹색혁명형 농업'에 대한 '거부운동다운 거부운동'이 없었으며, 명확한 거부운동도 하지 못하였다. 따라서 명확한 농업대안을 제시하는 데는 도달하지 못하였다.

　여섯째, 1980년대 중·후반으로 가면서 자기 계급·계층 이기주의적 운동에서, 한국 사회 전체 운동의 흐름 속에 함께 동참하는 연대운동으로 전개되었다. 더욱 중요한 것은 농촌지역 여성농민들이 당당한 운동주체로 확고히 자리잡았다는 점이다.

제**8**장

도시빈민운동

1

1980년대 도시빈민층 상황

3저 호황과 빈민층 상황

1980년대의 서막은 고통과 혼란이었다. 1978년에 시작된 이른바 2차 오일쇼크로 전 세계 경제가 불황에 빠져든 가운데, 1979년의 10·26정변과 뒤이은 1980년의 5·17쿠데타를 거치면서 경제는 더욱 악화되었다. 한국 경제는 1980년, 사상 처음으로 마이너스 성장을 했을 뿐 아니라 1978년부터 1982년까지 5년간은 당시로서는 가장 낮은 연평균 5.6% 성장에 그쳤다. 특히 1982년은 내수경기가 침체되고 빈민층의 생계유지가 어려운 상황이어서, 생계비를 지원하는 취로사업에 역대 가장 많은 수준인 연인원 1,100만 명이 참여했다. 물론 전두환 정권이 빈민층의 사회불안 요인을 방지하려는 측면도 작용했지만, 당시 빈민층의 사정이 어떠했는지 짐작할 수 있다. 역대 빈민층 대상 조사 결과를 비교 분석한 데 따르면, 무직과 단순노동을 합한 비율이 1970년부터 1990년까지 대개 60%선이었는데, 1982년에 실시된 조사에서만은 10% 이상 높게 나타났다. 또한 미래생활이 나아질 것이라는 대답은 36.5%에 그쳤다.(노인철 외, 1995, 114쪽)

그러나 뒤이은 5년은 '단군 이래 최대 호황'이었다 해도 과언이 아니다. 이른바 3저 호황을 바탕으로 1983년부터 5년간 경제성장률은 연평균 9.5%로 역대 최고치를 기록했다. 특히 민주화운동이 격렬했고 노동자대투쟁이 이어졌던 1986~1987년에도 연 10% 이상씩 경제가 성장했다. 이후 노태우 정권 기간에도 이러한 성장기조는 이어져 연평균 8.3%의 경제성장을 이룩했다. 이에 따라 빈민층의 사정도 현격히 개선되었다. 이른바 절대빈곤 극복이 가시화된 것이다. 앞의 수치와 비교해보면, 1990년의 취로사업 참여자는 연인원 179만 명에 그쳤고, 1989년 조사에서는 빈민층이 미래를 낙관적으로 보는 비율도 52.3%로 높아졌다.(노인철 외, 1995, 114쪽) 최저생계비 수준 이하의 인구도 1982년 8.7%에서 1984년 6.4%, 1989년 5.3%로 개선되었다.(임창호 외, 1989, 183쪽) 실업률 역시 1980년의 5.2%에서 1987년에는 3.1%로 낮아지고, 특히 빈민층 20대 중 무직자의 비율은 1981년 14.8%에서 1990년 2.5%로 개선되었다.(박순일 외, 1991, 48쪽)

이렇듯 빈민층 사정이 전반적으로 나아진 듯하지만, 내부구성 측면에서 그 이전의 빈곤문제와는 차원을 달리하였다. 즉, 1970년대까지는 이농인구들이 도시에 적응하는 과정에서 발생한 일시적 빈곤이 문제였지만, 1980년대의 빈곤은 도시 내에서 재생산되었던 것이다. 이농노동자들이 나이가 들면서 노동능력이 떨어져 영세자영업이나 막노동에 종사하는 경우가 늘어난 것이다.(최원규 외, 1989) 이는 빈민층 중 50대 이상의 무직자 비율이 1981년 54.5%에서 1990년 78.9%로 늘어난 것과 무관하지 않다.(박순일 외, 1991, 48쪽) 이는 결국 스스로의 힘으로 빈곤에서 벗어나기 어려운 사람들이 늘어났음을 의미한다. 아울러 빈곤문제에 대한 인식에도 변화가 나타나서, 빈곤의 원인이 잘못된 정부정책 때문이라는 응답자는 1979년에는 5.1%에 불과했으나, 1982년에는 18.6%, 1989년에는 14.3% 수준으로 늘어났다.(노인철 외, 1995, 94쪽)

사정이 이러했지만 정부의 빈곤대책은 거의 달라지지 않았다. 지금은 당연한 것으로 인식되는 연금이나 건강보험 등의 적용대상은 극소수일 뿐이었다. 1989년이 되어서야 전 국민에게 의료보험이 적용되기 시작했고, 연금은 이보다 10년이 더 걸렸다. 그만큼 복지비가 정부 재정에서 차지하는 비중도 미미해서, GDP 대비 사회부조비는 1975년 0.47%, 1980년 0.51%, 1985년 0.44%, 1990년 0.45%로 거의 변화가 없었다.(노인철 외, 1995, 154쪽) 복지수준이 상대적으로 낮은 나라인 미국, 일본도 이 무렵 2~3%였으므로, 한국의 상황을 짐작할 수 있을 것이다. 오직 생활보호제도와 취로사업 정도가 빈민층을 보호하는 안전망이었고, 국가가 해야 할 일은 가족에게 떠맡겨진 상태였다.

　이런 상황에서 빈민층이 살아가기 위해서는 자구책을 찾아야 했다. 그것은 바로 '도시 속의 농촌'이라 불리는 네트워크 형성이었다. 공공의 취업알선이 없어도 알음알음 일자리를 찾았고, 판자촌 인근에 스스로 인력시장을 열었다. 이를 통해 건설일용노동이나 파출부, 부업 등의 일자리를 구했다. 또한 부모가 함께 일을 나가더라도 이웃의 할머니가 아이들을 지켜보았고, 급전은 이웃에게 융통했다. 정상적인 주택은 비싸기도 했지만 가난한 사람들이 살아가기에는 문화적으로도 맞지 않았다. 더구나 이들이 모여 살았던 동네는 자구적인 대책을 넘어, 복지정책을 시행할 의지와 능력이 없었던 정부가 사실상 유도해서 생긴 곳이기도 하다. 1960년대부터 시작된 경제개발정책에 따라 대대적인 이농현상이 일어나면서 도시지역의 주거문제는 악화일로를 걸었다. 싸고 풍부한 노동력을 통해 경제부흥을 추진하려는 정부로서는, 어떻게든 도시 내에 이들을 위한 잠자리를 마련하지 않을 수 없었다. 여기서 무허가 판자촌은 가장 유력한 대안이었다. 국공유지를 무단으로 점거해서 거주하는 것을 '묵인'함으로써 저소득층 주택문제를 완화한 것이다. 특히 1970년을 전후해서 시행한 집단 재정착지 조성 철거이주정책은 정부가 앞장서서 국공유지에 대한 '계획적인' 점유를 유도했던 정책이다. 또 뒤이은 양성화정책은 무단점거를 사실상 합법화하여 점유의 안정성을 높이는 조치였다.

빈민촌 개발 압력과 국제행사

1980년대는 3저 호황과 함께 전반적으로 빈민층이 줄어들기는 했지만, 일단 가난에 빠진 사람들이 상향 이동하기는 쉽지 않았다. 정부의 복지프로그램이 형편없는 상태에서, 한계적인 노동에 종사하거나 노동이 곤란한 사람들의 가난은 오히려 더 깊어갔다. 이들이 그나마 생계를 이어가는 방법은 바로 빈민층 자신들의 네트워크를 이용하는 길이었다. 산동네 판자촌은 그들의 자구적 공동체 공간이었다. 그러나 문제는 1980년대가 바로 이들의 자구적 공간을 근본적으로 파괴하려는 시대였다는 점이다. 빈민층이 정부의 도움 없이도 살아갈 수 있었던 주거지는 재개발사업으로 파괴되고, 거리에서 그나마 장사해서 먹고살던 공간은 국제행사를 앞두고 환경미화의 대상이 되고 말았다.

1970년대 초반에 자리를 잡은 다음 현지개량 등을 거듭하면서 제법 살 만한 동네가 된 산동네 판자촌은 1980년대 초에는 서울 인구의 10% 이상이 거주하는 빈민층 밀집지역이 되었다. 그러다 1980년대의 경제호황과 임금상승 등으로 주택구매력이 높아지자 서울에서는 중대형 아파트 용지가 턱없이 부족해졌다. 1970년대 중반에 시작된 이른바 강남개발 바람이 끝난 것이다. 이제는 그동안 버려져 있었던 도시 내부의 개발가능지로 눈길이 쏠렸다. 10여 년 전 트럭에 실려 강제로 이주하면서 형성된 동네들이 이제는 지하철 인근의 개발가능지로 변한 것이다. 또한 1980년에 시작된 이란-이라크 전쟁과 뒤이은 중동경기 하락으로 건설업이 침체되자, 이들의 유휴장비나 인력을 국내시장에 활용할 필요가 발생했다. 1981년 136억 달러에 달한 해외건설업 수준이 1987년에는 17억 달러로 격감하여(양윤식, 1988, 45쪽) 국내 건설경기 부양이 그만큼 중요했던 것이다. 게다가 88서울올림픽, 86아시안게임을 앞두고 대대적인 도시정비의 명분까지 가세했다.

이에 따라 서울 전역의 산동네 판자촌들은 대대적인 개발과 철거의 압력을 받게 되었다. 1983년 목동 신시가지개발을 시작으로 사당동, 상계동, 돈암동 등 대부분의 산동네들이 합동재개발이라는 이름으로 개발사업의 대상이 되었다. 합동재개발이란 자금이 부족한 무허가주택의 가옥주가 건설업체와 '합동'으로 재개발사업을 시행한다는 취지에서 붙여진 이름인데, 결국 건설업체 주도의 산동네 해체작업이었다. 다만 1970년대 초의 강제철거와 차이가 있다면, 당시에는 무허가주택 소유자(즉 가옥주)건 세입자건 모두 강제이주 대상이었다면, 이번에는 가옥주에 대해서는 상당한 경제적 보상을 했다는 점이다. 물론 그들도 새로 짓는 아파트에 입주할 능력은 안 되었지만, 입주권을 팔면 그럭저럭 주거문제를 해결할 수는 있었다.

문제는 세입자였다. 1970년대 내내 정부가 새로 판자촌이 들어서는 것을 엄격히 통제했기 때문에, 이들은 이전에 형성된 동네에서 방 한 칸을 얻어 생활할 수밖에 없었다. 1980년대 초에 이르면 세입자가 산동네 판자촌 주민의 60%에 이를 정도였다. 그러나 이들에게는 가옥주가 보증금을 돌려줄 뿐 아무런 대책이 없었다. 더구나 다음의 〈그림1〉 ②, ③을 비교하면 알 수 있듯이 1983년부터 시작된 재개발사업으로 판자촌들이 동시다발적으로 개발되어 사라지자, 세입자들의 주거비가 폭등하지 않을 수 없었다. 재개발사업 이후 일반 주거지로 옮기면 전세금이 50% 이상 오르는 게 보통이었다. 이것이 바로 1980년대 철거반대투쟁과 뒤이은 주거권운동의

그림1　서울시내 산동네의 분포

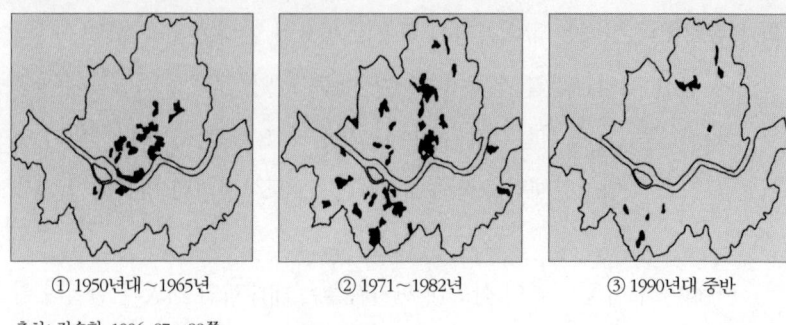

　① 1950년대～1965년　　　　② 1971～1982년　　　　③ 1990년대 중반

출처: 김수현, 1996, 87～88쪽

핵심적인 배경이다.

　이렇게 산동네 판자촌이 해체되자 주거문제 외에도 생계문제까지 부각되었다. 정부의 사회안전망이 형편없는 상황에서 그 자체가 자구적 생계기반이었던 빈민지역이 해체되었기 때문이다. 이러한 사정은 1990년대 초반부터 본격화된 일용건설노동자 조직운동이나 자활공동체사업의 배경이 되었다. 또한 전두환 정권의 정당성을 확보하려는 의미가 담겼던 대규모 국제행사를 앞두고 거리미화 차원에서 노점상 단속이 시작되자, 이에 저항하는 운동이 조직화되었다. 1983년의 국제의원연맹IPU 총회는 이들 국제행사의 시작이었다. 서울역 맞은편의 빈민촌인 양동이 이 무렵 개발되어 힐튼호텔과 그 주차장으로 바뀌었고, 인근의 남대문시장 노점상들은 전시형 단속대상이 되었다. 이에 반발했던 사람들이 결국 1990년 전국노점상연합회(약칭 전노련) 결성의 뿌리가 되었다. 또한 1986년 아시안게임과 1988년 서울올림픽은 노점상들의 생존권운동을 증폭시키는 계기가 되었다.

2

생존권운동의 분출과 발전[*]

1980년대 빈민운동의 개막: 목동 철거반대투쟁

1980년대 빈민운동의 첫 출발지는 서울 목동이었다. 1980년대 초 서울시는 더 이상 대규모 아파트 용지를 얻기 어려워지자 미개발지를 찾기 시작했다. 그중 규모가 가장 큰 지역이었던 목동과 신정동의 안양천변 일대가 후보지로 떠올랐다. 이 지역은 여름이면 안양천이 범람하는 상습침수지역인 데다 무허가 공장 등이 난립해 있어서 당시로서는 버려지다시피 했던 곳이기 때문에 빈민층 사람들이 무허가 판자촌을 지어 보금자리로 이용하고 있었다.

서울시는 1983년 4월 12일, 이 지역 140만 평에 대해 신시가지를 조성하겠다는 계획을 발표하였다. 개발이익을 공공이 환수하여 무주택 서민들을 위해 사용하겠다는 취지로 공영개발방식을 개발방식으로 채택하였다. 즉, 토지와 건물을 모두 서울시가 수용한 다음 아파트를 짓는 방식이다. 하

---

[*] 이 절의 철거반대운동 관련 내용은 별도 표기가 없을 경우, 김수현·전홍규, 1998에 바탕을 두고 있다.

지만 당장 이 지역에 거주하던 5,200세대 3만 2,000명의 주민 중, 약 절반에 이르는 가옥주들은 무허가 판자촌을 싼값에 수용당하면 설령 분양권을 받더라도 입주할 능력이 없었다. 평당 7~14만 원으로 수용당하고 평당 105~134만 원에 아파트에 입주해야 할 상황이었다. 또한 세입자에게는 당시까지 석 달치 생활비와 이사비용을 제외하고는 별도의 보상대책이 전혀 없었다.

이에 우선 무허가주택 가옥주들이 들고일어났다. 보상을 현실화하고, 지역에서 다시 살 수 있도록 임대주택을 짓고 입주권도 보장하라는 요구였다. 세입자들도 같은 값에 집을 구할 수 있는 다른 동네가 없다며 임대주택 건설을 요구했다. 이런 정도의 요구는 자연발생적으로라도 있을 수 있었지만, 목동 주민들의 대응은 이전과 확연히 달랐다. 무엇보다 조직화되고 체계적이었으며, 장기간에 걸쳐 지속되었다. 이전까지의 그야말로 '한 차례 들고일어나는'(一揆) 수준의 철거반대와는 큰 차이가 있었다. 실제 목동 신시가지 공영개발계획을 발표한 지 한 달 만인 1983년 5월, 목동 천주교회 신자들이 중심이 되어 김수환 추기경에게 탄원서를 제출하면서 시작된 목동 철거반대투쟁은 100여 차례가 넘는 집회와 시위를 거치면서 약 2년간 지속되었다. 특히 당시 전두환 군사독재 시절에는 상상하기 어려웠던 가두점거농성이나 구청 진입, 경찰서 앞 시위 등이 수시로 벌어졌다. 예를 들어 1984년 8월 26일에는 주민 대표들이 구청장을 면담하다가 경찰에 연행되자 주민 300여 명이 새벽 2시까지 경찰서 앞에서 농성을 벌였으며, 27일에는 주민 1,000여 명이 양화대교를 점거하다가 모두 500여 명이 연행되기도 했다. 같은 해 12월 18일에도 경인고속도로를 차단했으며, 이 듬해인 1985년 1월에는 300여 명의 주민들이 시청 앞 광장에서 농성하다 187명이 연행되었다. 이런 과정에서 2월 25일 세입자 대표 이종훈, 유영우가 구속되었고, 3월 17일 부구청장을 지역에 '감금'했다는 이유로 7명 구속, 그리고 3월 25일 경찰병력 수백 명이 지역에 상주하는 가운데 가옥주 대표 권용하 등 8명이 구속되기도 했다.

이처럼 예기치 못한 강력한 저항에 정부도 놀랐다. 대학생들도 수백 명 모이기가 쉽지 않은 상황에서 주민들이 1,000여 명씩 모여 도로점거까지 나서자 언론에 대한 보도통제까지 했다고 한다.(손정목, 2003, 324쪽) 서울시 역시 처음에는 종전의 대책을 고집하다가 결국 무허가주택 가옥주에 대한 보상 수준을 높이고, 세입자에게는 '방 한 칸 입주권'*을 지급했다.

이렇게 목동 철거반대투쟁이 체계화·조직화되고 나아가 지속성을 띨 수 있었던 데는 1970년대 빈민운동가들의 지원이 큰 역할을 했다. 1970년대 철거민 집단이주를 통해 경기도 시흥시에 '복음자리' 마을을 만들어 정착했던 제정구, 김영준, 박재천 등은 목동문제가 발생하자 적극적으로 결합하였다. 이들 외에도 기독교사회선교협의회에 소속되어 있던 허병섭, 오용식 목사 등도 역할을 나누어 관여하였다. 그런데 목동에서는 마침 개발지역에 포함된 목동 천주교회가 주민조직화의 일차적 근거지가 되었기 때문에 이들이 접근하기 용이했다. 그중 신학생이었던 박병구의 역할이 컸다. 이들을 통해 천주교·기독교 운동권이 지역주민을 외곽에서 지원하고, 동시에 지역 내부에서도 조직하고 결집하는 일을 맡았다. 또한 1970년대와 달리 학생운동권들도 지역주민들과 결합했다. 서울대에 다니던 권혁영은 이 지역에 살면서 학생들과 주민을 연결하는 역할을 맡았다. 이에 따라 1985년 3월 20일, 주민 대표들이 서울대에서 열린 비상학생총회에 참석하기도 했으며, 같은 날 지역 인근의 오목교에서 학생들이 시위에 나서기도 했다.

• 일종의 보상대책으로 주어진 것으로서, 새로 짓는 아파트가 방 두 개라면 1/2의 입주권을 제공한 셈이었다. 이를 두 장 모으면 아파트 입주자격을 갖추기 때문에, 세입자들은 입주를 원하는 실수요자에게 매도할 수 있었다.

그런데 무엇보다 큰 변화는 '주민 지도자'들의 출현이었다. 1970년대 빈민운동에서도 일부 지역주민들이 빈민지역의 교회 등에 참여하면서 주민 지도자로서의 자질을 갖춰간 경우가 있었다. 하지만 이번에는 실제 운동과정에서, 또한 정부와 대립하고 협상하는 과정에서 리더십을 키웠다. 이들은 구속도 피하지 않았고, 수감생활을 마친 뒤에도 주민들과 함께 집단으로 이주하거나(목동 주민들 중 일부는 복음자리 옆에 '목화마을'을 만들어 이주했다) 공동체운동을 하기도 했다. 나아가 다른 철거지역에 가서 주민들을 조직하는 데 앞장서기도 했고, 이후 서울시철거민협의회(약칭 서철협) 등을 결성하는 데 밑받침이 되었다. 실제 목동의 권용하, 최순옥 등은 당시 지식인 운동가들이 따라가기 어려울 정도의 열성과 지도력을 발휘했다. 또한 목동식 철거반대투쟁은 이후 합동재개발이라는 이름의 본격적인 판자촌 개발사업에 대한 투쟁의 기본 모델이 되었다.

철거반대투쟁의 확산과 서울시철거민협의회 결성

목동 철거반대투쟁은 당시 민주화운동세력에게도 놀랄 만한 사건이었다. 운동의 격렬함이나 지속성은 물론이고, 철거반대라는 생존권투쟁과 민주화운동의 결합 가능성을 보여주었기 때문이다. 이에 고무된 운동권 학생들은 1960년대 주민조직화론을 다시 공부하고, 그 당시 빈민지역에 들어갔던 선배 세대들의 궤적을 찾아보기 시작했다. 이런 과정을 거치면서 목동 투쟁의 경험을 공유한 학생이나 민주화운동단체 관계자들이 아직 철거가 시작되지 않은 빈민지역들에 대한 조직화사업에 나섰다. 또한 1970년대의 주민운동 경험을 가진 기독교 및 천주교 관계자들도 모임을 정비하고, 철거반대투쟁을 본격적으로 지원하기 시작하였다.

목동 다음의 본격적인 철거반대투쟁은 재개발구역이던 사당3동 산24번지에서 일어났다. 이곳 주민들은 1985년 4월 4일 세입자대책위원회를 구성한 뒤, 5월 28일 복음자리를 방문하여 목동 철거반대투쟁 경험을 전수받았다. 이후 구청 앞 시위, 민정당 의원 사무실 농성 등을 계속했고, 1987년 11월 지역이 철거될 때까지 크고 작은 싸움을 이어갔다. 이 지역에서의 투쟁과정에서 1980년대 철거반대투쟁에서는 처음으로 활동가가 구속되었는데, 그는 서울대 대학원에 다니던 김수현이었다. 사당3동 세입자들은 일차적으로 목동 공영개발사업에서 세입자들이 보상을 받은 사례를 들어 최소한 그 이상의 대책을 요구하였다. 그러나 서울시 측은 재개발사업이 민간사업이라는 이유를 들어 대책수립을 거부하였다. 이에 세입자들은 한편으로는 재개발사업 자체를 반대하면서, 다른 한편으로는 (장기)임대주택 건설을 요구했다.

사당3동보다 늦게 시작되기는 했으나 상계5동 173번지에서 1980년대 합동재개발사업에 대한 반대투쟁을 상징하는 투쟁이 전개되었다. 이곳에서도 1985년경 재개발사업이 추진되어 이듬해 3월 21일 철거 계고장이 발부되었다. 이에 주민들은 3월 25일 세입자대책위원회를 결성하고 시위와 집회에 나서기 시작하였다. 5월 13일부터 철거가 시작되자, 이들은 생존권 보호와 철거 중단을 요구하며 거세게 저항하였다. 여기에 천주교 단체들이 적극 결합하여 지역에서 함께 농성하기도 하였다. 특히 김수환 추기경도 이 지역을 방문하고, 정일우 신부, 제정구 등은 상주하다시피 하면서 주민들을 지원하고 조직하였다. 한편, 철거하다 만 주택의 담이 무너져 골목에서 놀던 어린이가 죽었고, 6월 26일에는 철거과정에서 사람이 죽는 일까지 벌어졌다. 이후 여러 차례 철거 공방전이 벌어졌고, 철거반원들의 위협과 폭력이 상시화되다시피 했다. 7월에는 지원투쟁에 나선 외국어대 학생 한 명이 구속되고, 9월에는 황길구, 김진홍, 이판종 등 주민 대표 여섯 명

철거를 저지하려 돌을 던지는 상계동 재개발지역 주민들

이 구속되었다. 주민들의 투쟁에도 불구하고 1987년 4월 14일, 지역의 남은 가옥들이 결국 강제로 철거되었다. 주민들은 명동성당에 천막을 치고 생활하였다. 이후 이들은 6월민주항쟁 한가운데를 명동성당에서 보냈으며, 그 뒤 포천의 축사를 개조한 주택, 부천시 고강동의 임시건물 등으로 뿔뿔이 흩어졌다.

상계5동 철거싸움은 1980년대식 철거반대투쟁의 상징답게 치열하게 전개되었으며, 외부의 지원 역시 체계적이고 조직적으로 이루어졌다. 활동가들은 외국어대의 소준섭을 중심으로 결합했으며, 특히 천주교계와 기독교계는 이를 군사독재정권의 민중생존권 파괴로 보고 그 폭력성을 규탄했다. 또한 학계나 법조계에서도 철거민의 권리를 연구하고, 이를 통해 정부를 압박했다. 서울대 환경대학원의 김형국 교수나 황인철 변호사 등이 그 중심에 있었다.

재개발은 사당3동, 상계5동 외에 서울 전역에서 진행되었다. 건설업체는 재개발사업을 통해 큰 개발이익을 기대할 수 있었고, 서울시나 정부 또한 올림픽 개최를 앞두고 재개발을 서둘렀기 때문이다. 철거싸움도 오금동, 신당동, 사당2동, 돈암동, 창신3동 등지로 확산되어, 1987년의 경우 서울시내에서만 20여 곳에서 철거반대투쟁이 진행되었다. 이제 각 지역들은 서로의 경험을 공유했을 뿐 아니라, 인근 지역에 철거반원들이 들이닥치면 '지원투쟁'을 벌이기에 이르렀다. 이런 연대활동 경험은 각 지역 대책위원회들 간의 연합조직 구상으로 발전하였다. 특히 1987년 6월민주항쟁을 거치면서 철거민들은 7월 17일 서철협을 결성하고, 김홍겸, 유경렬, 강진원 등 학생운동 출신들이 상근자로 참여하는 가운데 더욱 체계적인 운동으로 발전하였다. 서철협의 출범은 철거반대투쟁이 종교계나 1970년대 주민운동 조직가들에 강하게 의지하던 데서 벗어나, 주민들 스스로 조직화 및 투쟁지도의 책임을 맡는다는 것을 의미했다. 특히 초기 집행부인 고광석(가락동 평화촌), 이태교(돈암동), 정을진(도화동), 김을규(양평동) 등은 모두 지역 철거반대투쟁을 이끌었던 주민 지도자였다.

　또한 이 시기의 철거반대투쟁에는 1980년대 민중운동의 지향을 지닌 젊은 활동가와 1970년대 주민조직화 사업의 전통이 결합됨으로써, 철거민운동에는 민주화와 평등 실현뿐 아니라 주민공동체라는 이념도 부여되었다. 그 결과, 대부분의 철거지역에서는 종교계, 학생운동권, 민주화운동단체가 공동으로 지원사업에 나섰다. 또 이 무렵 결성된 '천주교도시사목협의회'나 '기독교도시빈민선교협의회'(약칭 기빈협) 등은 철거민운동을 지원하는 조직으로서, 아직 철거민들의 힘만으로는 조직을 꾸려가기 힘든 상태에서 종교계 및 지식인 자원을 주민들에게 연결하는 매개역할을 수행하였다.

　또 한 가지 특기할 것은 한국의 강제철거에 대해 해외 NGO들이 정부에 항의서한을 발송하거나 조사단(아시아주거권연합)ACHR: Asian Coalition for Housing Rights을 파견하는 등 관심을 갖게 되었다는 점이다. 당시 국내에는 거의 알려지지 않았지만, 1987년 베를린에서 열린 국제주거연맹HIC: Habitat International Coalition 회의에서도 한국은 남아프리카공화국과 함께 '가장 비인간적인 철거를 자행하는 나라'로 지목되는 수모를 겪었다. 더 나아가 이 무렵 유엔인권위원회 회의에서도 한국의 철거문제가 거론되기에 이르렀다. 그리고 올림픽 개최기간 중에는 빈민생존권을 탄압하면서 이루어지는 국제행사에 대한 항의표시로 서철협을 중심으로 각 지역 주민들이 참여하는 '도시빈민 한가위 올림픽'을 개최하기도 했다.

전세금 폭등과 임대주택 쟁취

서철협 결성 이후 철거반대투쟁은 더 많은 지역으로 확대되었다. 1988년에는 사당2동, 돈암동, 창신동, 도화동, 홍은동, 신정동, 전농동 등 재개발구역과 서초동 꽃마을·법원단지·달동네 등의 비닐하우스촌, 석촌동·신가촌·남현동(군부대 이전) 등의 무허가주택 철거까지 수십 개 지역으로 늘어났다. 1988년에 오면 철거반대투쟁은 이미 철거하려는 쪽이나 막으려는 쪽 모두 사생결단식에 가까워졌다. 지역에서의 폭력이 만성화되고 인명사고가 다반사로 벌어졌다. 도화동에서는 세입자대책위원장으로 서철협 회장을 맡고 있던 우종범이 새벽에 귀가하던 중 테러를 당해 전치5주의 부상을 입었고, 1988년 3월 15일 이를 규탄하는 집회에서는 129명이 연행되기도 했다. 또 사당2동에서는 어린이가 둘이나 철거 잔해에 깔려 죽었고, 철거반원에 의해 부상을 당하는 주민과 지원투쟁에 나선 대학생(중앙대, 숭실대)의 수도 늘었다. 그야말로 몽둥이와 칼이 등장할 정도의 폭력이 일상화된 것이다. 특히 1989년 4월 18일에는 주민들 간의 분열을 유도하기 위해 어용세입자대책위가 나서서, 임대주택을 요구하는 주민들을 폭행하는 일도 벌어졌다.

이런 상황은 돈암동·동소문동 재개발구역에서 더욱 심해졌다. 이 지역 주민들은 1988년 5월 세입자대책위원회를 구성하고 서철협과 함께 철거반대투쟁을 벌이고 있었다. 그 과정에서 1989년 2월 22일 대책위원회 부위원장이던 정상률이 가옥주와 언쟁 끝에 칼에 찔려 사망하였다. 깡패들의 폭력은 도를 넘어 주민들의 목숨을 위협할 지경이 되었다. 이후에도 이 지역에서는 폭력, 부상, 구속이 이어졌다. 1989년 10월 9일에는 폭력배들이 다섯 명의 주민을 흉기로 찌르는 사건이 벌어졌고, 11월 14일의 철거 과정에서도 수십 명이 부상을 당했다. 이는 비단 돈암동·동소문동 재개발 구역에 그치는 일이 아니었다. 1988년과 1989년에는 서울 전역에서 수십 명의 주민들이 구속되었고, 수백 명이 부상을 입었다. 김을규, 김홍겸, 정민규, 임석천 등 서철협의 간부진과 활동가들 역시 여러 명이 구속되었다.

그럼에도 "세입자들에게도 임대주택을 제공하라"는 주민들의 간단한 요구조차 받아들여지지 않았다. 서울시는 1987년 10월, 이주비 외에 방 한 칸 입주권을 지급하는 것으로 양보했지만, 이는 서울 전역에서 판자촌이 사라지는 상황에서는 실효성 있는 대책이 되지 못했다. 이에 세입자들은 계속해서 (장기저리)임대주택을 요구했고, 1988년 후반부터는 공공(영구) 임대주택에 대한 요구로 결집되었다.

그런데 주거문제라는 차원에서는 철거민들만 고통을 겪은 것이 아니다. 이 무렵에는 주택가격 자체가 급등하기 시작하였다. 3저 호황에 따른 구매력 상승, 전 세계적인 유동성 확대, 88서울올림픽 개최에 따른 낙관적 경제전망의 확산 등이 뒷받침되어 극심한 투기심리가 발동하게 되었다. 이에 따라 1988년부터 1990년까지 3년 동안 전국의 주택가격은 각각

13.2%, 14.5%, 21.0%나 올랐으며, 특히 강남의 아파트 가격은 1990년 사상 최고로 38.9%나 올랐다. 이렇게 집값이 오르자 전국의 전세금 역시 1988년부터 13.2%, 17.5%, 16.8%씩 연속으로 올랐다.(국민은행 가격통계, www.kbstar.com) 이에 따라 서민들의 주거난은 심각한 상황에 처했고, 급기야 1988년 말부터 오르는 전월세 보증금을 마련하지 못한 빈민층들이 자살하는 사태까지 벌어졌다. 두 달 남짓한 기간에 무려 17명이나 자살하는 일이 벌어진 것이다. 이렇게 빈민층들의 주거난이 더욱 어렵게 된 데는 곳곳에서 벌어진 산동네 재개발사업 때문에 저렴한 주택이 줄어든 것도 큰 원인이었음은 굳이 말할 필요가 없다.

이런 상황이 되자 노태우 정권은 주택문제 해결을 최우선과제로 내세웠는데, 1989년 초에 발표한 200만 호 주택 공급계획이 그것이다. 수도권에 분당, 평촌 등 5대 신도시를 만들어서 주택 공급을 늘리는 한편, 토지공개념을 도입함으로써 부동산투기를 엄중히 다루겠다는 정책을 발표했다. 여기에는 저소득층(영세민)을 위한 25만 호의 영구임대아파트 공급계획도 포함되었다. 바로 한국에서 처음으로 공공임대주택이 공급되는 길이 열린 것이다. 1980년대 후반부터 급격히 악화된 서민 주거난을 더 이상 방치할 수 없게 된 정부가 선진국형 복지정책의 하나인 공공임대주택을 도입키로 한 것이다. 이는 또한 빈민층들의 저렴한 주거지 역할을 해온 산동네가 해체된 데 따른 문제점을 정부가 인정했다는 의미이기도 하다.

이런 변화를 반영하여 1990년 3월 서울시는 마침내 같은 해 5월부터 재개발사업 시행인가를 받는 지역의 경우 세입자들을 위한 영구임대주택을 사업지역 내에 건립하도록 방침을 바꾸었다. 합동재개발사업이 본격화된 지 6년 만에 엄청난 갈등과 비용을 치르고 나서야 대책이 마련된 셈이다. 하지만 정작 이런 대책을 이끌어내는 역할을 했던 지역들은 이미 사업 시행인가가 나버려 혜택을 받지 못한다는 문제가 있었다. 특히 돈암동·동소문동 구역은 가장 격렬한 투쟁지역의 하나였지만, 혜택을 받지 못했다. 이에 이 지역 잔류 철거민들은 그 뒤에도 1년 더 싸움을 계속하여 1991년이 되어서야 결국 영구임대주택 입주를 관철하고 임시거주시설까지 건립하였다.

임대주택 쟁취 이후의 과제와 철거반대투쟁의 분화

세입자들에게 영구임대주택을 공급한다는 큰 틀의 대책이 수립되긴 했지만, 아직 그 실현을 위해 넘어야 할 과제는 많았다. 우선 재개발조합 측이 세입자들을 내쫓는 방편으로 가옥명도家屋明渡 청구소송을 제기할 경우에 대처할 필요가 있었고, 무엇보다 '미해당자' 문제가 쟁점으로 부각되고 있었다. 종전에 세입자대책이 별반 없을 경우에는 적법한 세입자냐 아니냐는 큰 문제가 아니었지만, 영구임대주택이 공급된 이후에는 사업계획결정 고시일 현재 3개월 이상 거주해야 하는 요건을 충족하지 못한 '미해당자' 가구의 반발이 심각하게 대두되었다. 대체로 재개발구역 세입자의 5% 정도에 해당되는 이들은 이전보다 더 강경하게 대책을 요구했고, 철거민운동은 보다 격렬한 양상을 띠었다.

또 한 가지 중요한 요구사항은 철거 이후부터 공공임대주택 건립이 완료될 때까지의 임시거주대책이었다. 물론 모든 세입자들이 이를 요구하지는 않았지만, 영세한 세입자들일수록 임시거주대책을 마련하기가 어려웠기 때문에 이에 대한 요구가 본격적으로 나타나기 시작하였다. 이에 따라 1990년도부터는 참여하는 세입자가 종전에 비해 상대적으로 적기는 했지만, 미해당자문제나 임시거주대책을 요구하는 투쟁의 강도는 이전에 못지않았다. 따라서 상대적 소수에 의한 강력한 철거반대투쟁은 그 역작용으로 더 심각한 폭력사태를 초래하기도 했다. 특히 돈암동·동소문동 철거과정에서부터 정형화된 전문 철거업체들은 상시적인 폭력으로 주민들을 불안에 떨게 했으며, 이 과정에서 잦은 마찰이 빚어졌다. 따라서 폭력문제에 대한 사과와 처벌, 보상 요구가 또 다른 쟁점이 되기도 하였다.

1990년대 초반 위와 같은 문제들을 겪은 지역은 노량진본동, 구로6동, 상계동 1113번지, 신정2동 등이다. 이 중 노량진 재개발사업 과정에서는 세입자 가장이 비관해서 자살했고, 1990년 11월 30일 주민 대표 네 명이 일시에 구속되어 성탄절에 박형규 목사를 초청하여 구속자 석방을 위한 기도회를 열기도 했다. 같은 해 12월 31일 강제철거가 시행되자 주민들이 한강대교를 막고 점거농성을 벌이는 방식으로 저항했지만, 끝내 세입자들이 요구한 가수용단지(임시거주시설)는 확보할 수 없었다. 구로6동은 미해당자문제가 주로 쟁점이 되었으며, 신정2동에서는 세입자용 임대주택을 확실히 보장하는 문제와, 미해당자·임시주거단지 문제 등이 쟁점이 되었다. 특히 신정6동은 1992년 초부터 격렬한 싸움이 벌어져 경찰들의 방조 또는 비호 아래 철거반원들의 폭력이 심각하게 표출되었다. 4월 3일에는 전경 7개 중대, 철거반원 400여 명이 동원되어 빈집 철거가 실시되었는데, 이 과정에서 지원투쟁에 참여한 대학생과 주민 여럿이 부상을 입었다. 이후 6월 9일에는 서울시내에서 대표적인 철거업체로 악명 높던 '적준'이 철거반원 수백 명을 동원하여 대대적인 철거에 나섰고, 서철협은 대학생과 회원지역의 주민들을 동원하여 지원투쟁을 벌였다.

한편, 1990년대 초 신림10동에서는 앞에서 살펴본 지역들과는 다른 차원으로 사업이 진행되었다. 인근에 미리 이주할 수 있는 아파트를 건설한 뒤 철거를 시작하는 순환재개발방식을 도입한 것이다. 이 방법을 적용하면 임시거주문제나 임대주택문제를 한 번에 해결할 수 있는 장점이 있다. 모든 재개발구역에 적용하기는 어려운 방식이지만, 어떻든 신림10동

2-1 재개발구역은 새로운 주거권 보호의 모델이 되었다.

재개발구역은 아니지만 비슷한 유형의 철거문제에 직면한 곳도 있었다. 바로 '비닐하우스촌'이다. 주로 서울, 수도권의 도심지 내 공터나 화훼단지 등을 개조하여 주거용도로 사용해서 통칭 비닐하우스촌으로 불렸던 신종 무허가주택이다. 서초구의 법원·검찰청 부지나 송파구의 서울시 체비지替費地, 개발제한구역 등에 많이 분포했다. 이곳은 재개발구역과 달리 애초 새로 생겨난 무허가주택이었으므로 보상대상이 되지 않았지만, 산동네 재개발로 주거를 잃은 사람들이 많이 모여 살고 있었다. 1990년 무렵에는 수도권 전역에 약 1만 가구 정도가 비닐하우스촌에 살 정도였다. 따라서 이 지역을 개발하려는 지주나 정부는 주민들을 쫓아내기 위해 철거반원을 동원했는데, 이들이 주민을 위협하는 것은 물론이고 고의로 불을 지르는 등의 악행을 저질렀다. 이에 서초동과 서울 동부의 여러 비닐하우스촌들은 대책위를 꾸리는 한편, 서철협에 가입하여 적절한 보상과 임대주택 보장을 요구하는 싸움을 벌여나갔다. 그중 한 지역으로, 후에 대법원이 들어선 서초동 법원단지의 철거와 보상에는 경제정의실천시민연합(약칭 경실련)이 관여하기도 했는데, 당시 시 외곽에 건립된 영구임대주택 입주를 알선하여 자진 철거하게 하는 방식이었다.

이 무렵 새로운 운동방향이 모색되기 시작했다. 그동안 철거가 벌어지는 지역 중심의 활동에서 탈피하여, 보다 장기적인 주거권운동을 모색할 것을 목표로 '주거권 실현을 위한 국민연합'(약칭 주거연합, 공동대표 김진홍·김정희)이 1990년 6월 결성된 것이다. 이는 1990년 초에 세입자를 위한 영구임대주택 제도가 도입됨으로써 핵심 현안이 해결된 데다, 당시 폭등하는 부동산값으로 인해 주택문제에 대한 전 국민의 관심이 고조되고 있었으므로, 철거민운동의 범위를 국민주거권운동으로 확대하려는 시도였다. 그러나 1990년대 초까지는 주거연합도 조직 동력이 주로 철거지역에 바탕을 두고 있었으므로 주택문제를 국민적인 문제로 부각시키고 확대하는 데까지는 크게 확장되지 못한 상태였다. 경향적으로 보면 서철협이 학생운동 출신들과 결합한 강경노선이었다면, 주거연합은 1970년대 주민운동가들이 참여하고 종교계가 결합한 상대적 온건노선이었다. 이런 경향의 차이는 1990년대를 거치면서 더 벌어졌으며, 서철협의 후신으로 1994년에 결성된 전국철거민연합(약칭 전철연)은 이후에도 철거현장에서 대체로 강경노선을 유지하였다. 또한 서철협은 노점상단체 등과 연대하여 1989년 11월 11일 전국빈민연합(약칭 전빈련)을 결성하고 보다 광범위한 민중생존권 쟁취를 목표로 하여 노동자·농민 단체와도 협력해나갔다.

노점상 단속과 조직적인 저항

1980년대 도시빈민들의 생계수단은 무엇이었을까? 1982년 조사에 따르면, 빈곤 가구주의 직업은 무직이 48.3%로 가장 큰 비중을 차지하는 가운데 단순노동자가 22.0%로 그 뒤를 이었다.(노인철 외, 1995, 110쪽) 1989년 조사에 따르면 행상·노점상이 3.5%(임창호 외, 1989, 132쪽) 수준이었지만, 주로 노약자나 부녀자들이 종사했기 때문에 그들의 생계유지 차원에서는 중요한 수단이었다. 서울시의 1984년 조사에 따르면 50대 이상이 27.3%, 40대는 36.0%였으며, 그 숫자는 12만 명에 이르렀다.(서울시 편, 1984)

이런 상황에서 두 가지 위협이 등장했다. 하나는 전두환 정권이 의욕적으로 유치한 이른바 국제행사였다. 1983년 IPU 총회, 1985년 IMF 및 IBRD 총회, 1986년 아시안게임, 1988년 서울올림픽과 같은 행사는 서울을 현대적 도시로 바꿔야 한다는 강박을 주기에 충분했고, 정부와 서울시는 전통적인 방식, 즉 단속을 통해 거리를 가꾸려고 하였다. IPU 총회 기간을 앞두고 며칠 전부터 노점행위를 금지하였다. 간선도로변에서 철거를 강요받은 노점상들은 생계유지의 어려움을 호소하게 되었다.

또 한 가지 위협은 국제행사보다 더 근본적인 문제였다. 바로 경제성장과 함께 삶의 질에 대한 시민들의 욕구가 높아졌다는 점이다. 1980년대 전반의 3저 호황과 후반의 민주화 및 올림픽 열기를 거치면서 쾌적한 공간과 가로에 대한 시민들의 기대가 높아진 것이다. 그야말로 생존권과 시민들의 보행권이 마찰을 일으키는 현상이 나타나기 시작했다고 할 수 있다.

1980년대는 이 두 가지 위협이 본격적으로 문제가 되면서 노점상들에게는 단속과 저항이 반복된 기간이었다. 실제 한국지방행정연구원이 1986년에 실시한 조사에 따르면, 노점상들이 관공서의 단속을 받는 횟수가 매일 한 번 이상이라고 응답한 비율이 41.8%에 이르렀다.

1983년 IPU 총회를 앞두고 노점상 단속이 예고되자, 당시에는 뚜렷한 조직체도 없었지만 사발통문으로 연락을 하여 시청 앞에서 항의시위(일자 미상)를 벌였다. 이에 고무된 남대문시장의 노점상상조회, 민초교회 등이 노점상 조직화를 시도하였는데, 1985년의 IMF 및 IBRD 총회에 대응한 항의시위는 그동안 볼 수 없었던 대규모 수준이었다. 이후 1986년 아시안게임이 끝나자 일부 시장터의 노점상단체가 참여한 '노점상복지협의회'가 12월 29일에 구성되었다. 그러나 당시에는 단속이 있으면 모여서 항의하는 수준이었고, 노점상 조직도 시장별 상조회가 연락하는 단계에 그치고 있었다.

1987년 민주항쟁을 거치면서 노점상복지협의회는 같은 해 10월 19일 '도시노점상연합회'로 조직을 확대하고 그 목표도 생존권 확보와 민주화 등으로 한 단계 높이게 된다. 특히 1988년 4·26총선을 앞두고 노점상들이 많이 분포하던 지역에서는 노점상의 생존권 보장을 지역구 정치인에 대한 요구로 결집시켰다. 이 과정에서 토론회·공청회를 개최했고, 노점상 조직을 적극적으로 확대했다. 이를 바탕으로 6월 13일에는 성균관대에서 노점상 생존권 수호대회를 개최하고, 올림픽을 앞두고 이루어지는 노점상 단속을 중단하라고 요구하였다. 이어 8월 1일에는 노점상 양성화를 위한 대토론회와 시청 앞 평화행진을 개최하고, 8월 4일 서울시로부터 올림픽 기간 중 노점상 단속 중단이라는 약속을 받아냈다. 당시 노점상 조직화와 운동이 계속된 데는 양연수의 역할이 컸으며, 그는 이후에도 노점상단체의 대표를 맡는 등 주도적으로 활동하였다. 또한 상근 활동가로 학생운동권 출신들도 결합하게 되는데, 김건식 등이 대표적이다.

이렇게 88서울올림픽 기간에는 노점상문제로 큰 마찰은 없었지만, 이듬해 1989년에는 본격적인 노점상 단속과 이에 대한 저항이 이어졌다. 앞에서 설명한 시민들의 보행권과 쾌적한 거리에 대한 욕구가 노점상 단속의 빌미가 된 것이다. 이해 7, 8월에는 서울 전역에 걸쳐 대로변 노점상 단속이 계속되었는데, 서울시는 노점상등록제와 가두판매대 설치를 포함해서 근본적인 접근을 시도하였다. 이에 따라 일부 도심 노점상은 철거하여 가두판매대로 대체하거나, 신도림·사당 복개천으로 이전하는 등의 조치가 이루어졌다. 노점상단체들은 노점상 단속 중단과 생존권 보장을 요구하며 명동성당에서 장기농성에 들어갔지만, 노점상의 부정적 측면을 부각시킨 정부의 단속을 막기에는 역부족이었다. 서울시는 노점을 정비·관리하기 위한 조례를 제정하고, 주요 가로의 정비를 마무리했다.

이 과정에서 도시노점상연합회는 서울 이외에 안양, 성남, 인천, 수원, 광주, 부산 심지어 제주에까지 조직을 확대하고, 1990년 2월 전노련으로 이름을 바꾸었다. 또한 전노련은 서철협과 함께 빈민층문제 전반으로 회원들의 관심을 높이면서, 전빈련활동에도 적극적으로 참여하였다. 그러나 1990년대 들어 쾌적한 거리에 대한 시민들의 욕구가 더욱 높아지면서, 시민들의 보행권과 노점상들의 생존권은 지속적으로 갈등을 겪게 되었다.

또한 각 가로별로 기존 노점상들의 배타적인 권리 지키기가 넓은 의미의 빈민층 생존권과 모순된다는 지적 역시 제기되었다. 이에 노점상 등록제나 허가제 등이 검토되기도 했지만, 이후에도 뚜렷한 접점을 찾지 못했다.

3
빈민운동의 새로운 모색

일용노동자운동 모색

1980년대의 조직적인 철거반대투쟁의 성장은 수많은 '주민 지도자'를 배출하였다. 또한 철거과정에서 독재정권과 건설자본의 문제점을 체득한 주민들의 이른바 '자각 수준'은 이전에 비할 바가 아니었다. 물론 철거반대투쟁이 자신이 생활하는 공간에서 일어나는 일이므로, 철거반원과 싸우고 집이 부서지는 데 따른 피해의식이 깊은 상처로 남은 경우도 많다. 그러나 사회운동이라는 점에서 보면 종전과는 비교할 수 없이 광범위한 운동참여 경험을 가진 사람들이 등장한 것이다. 이에 따라 빈민운동권에서는 철거반대투쟁 이후에 빈민들이 일상생활에서 실천하고 참여할 수 있는 운동의 형식을 고민하게 되었다. 특히 먹고사는 문제에서 보다 나은 조건을 쟁취하는 것이 과제였다.

무엇보다, 빈민층의 가장 중요한 생계수단이었던 건설일용노동은 가장 많은 모순을 안고 있는 직종이었다. 건설업은 중층적 하청구조로 설명되는 복잡한 생산과정을 가지고 있다. 건설업은 워낙 다양한 분야가 결합되어 생산이 이루어지는 데다, 계절이나 경기에 따른 변동이 크기 때문에 한 개 업체가 모든 분야를 아우르는 것이 아니라 다양한 하청구조로 연결되어 부담을 분산하게 마련이다. 노동자 또한 상시고용은 극히 적고, 대부분 임시·일일 고용자들이 십장(오야지)과 일꾼의 관계로 연결되어 노동에 참여한다. 이러한 중층적 하청체제는 원청기업의 위험을 하청업체에 전가시키는 구조이며, 건설일용노동 역시 전형적인 불안정노동일 수밖에 없다. 실제 원청업체가 수주한 액수가 100이라면 시공을 맡은 하청업체는 30 ~40 정도로 공사를 한다. 공사에 참여하는 노동자가 일할 수 있는 기간은 1년에 200일 내외이다. 더구나 건설일용노동자들은 퇴직금이 없을뿐더러 연금이나 건강보험의 직장가입대상도 아니다. 장기간 노동에 종사했더라도, 근로자주택구입자금을 지원받을 수 없다. 또한 노동시장이 비공식적인 상태이기 때문에 노동조합을 만들거나 단결권을 행사하는 것도 사실상 불가능하다.

이런 모순적인 상황을 개선하려는 데 빈민운동의 관심이 모아졌다. 1987년 사당3동이 철거된 뒤, 이 지역에서 주도적으로 일했던 사람들이 인근의 봉천동으로 이주했는데, 이들이 중심이 되어 일용노동조합 건설추진위원회를 결성하였다. 영등포 인근 공단에서도 제관, 배관, 용접 일을 하던 노동자 100여 명이 이 무렵 서울일용노동조합을 결성하였다. 포항지역에는 공단지역 플랜트 시공 및 수선을 담당하는 일용노동자들의 조직이 결성되어 있었다.* 그리하여 이들을 포함한 '전국건설일용노동조합'이 1989년 4월 23일에 출범하였다. 이들은 일용노동자수첩제도, 고용보험 적용, 중층적 하청구조 개선과 같은 제도개선을 목표로 정하고 산업재해 보상, 체불임금 확보 등의 조합원 지원사업도 병행하였다.

---

* 이 과정에서 학생운동 출신으로는 백석근의 역할이 컸다.

하지만 공단, 부두 등 대단위 현장이 있는 곳에서의 일용노동운동과 달리, 일반적인 도시지역에서의 운동은 순탄치 않았다. 노사관계가 불분명했기 때문이다. 앞서 설명한 바와 같이 중층적 하청구조에다 노동력 동원구조가 십장이나 인력센터를 중심으로 이루어지다 보니 투쟁대상을 명확히 하기가 어려웠다. 또한 조직화가 쉽지 않은 조건이었기 때문에 조직을 확대해나가기도 어려웠다.

이런 노동운동 방식의 한계를 극복하려는 움직임은 다른 방식으로 나타났는데, 바로 노동공동체운동 시도가 그것이다. 건설업의 중층적 하청구조는 건축주 입장에서는 돈을 다 들이고도 실제 투입되는 공사비가 중간과정에서 사라지는 문제가 있었고, 노동자 입장에서는 중간단계에서 알선비 등을 제함으로써 제 몫을 못 받는 문제가 있었다. 이에 건설노동자들은 스스로 공동체 기업을 만들어 건축주와 직거래를 하는 운동을 시작했다. 월곡동에서 활동하던 허병섭 목사 등은 처음에는 노동조합 결성을 시도하다가 건축주와 직거래하는 방식을 채택하고 노동자공동체 '일꾼 두레'를 조직했다. 도화동 철거민인 정을진은 1990년 마포인력센터를 설치하여 인력소개, 직업교육, 법률상담 등을 하다가 '마포건설'을 설립하고 건설업공동체를 만들었다. 그 외에도 봉천동의 나섬건설 같은 공동체형 건설업체가 이어졌다. 그러나 이들 대부분은 영세한 규모, 경험 부족, 낮은 기능 수준 등으로 인해 경영상의 심각한 애로를 겪었고, 몇 년 못 가서 사업을 중단하고 말았다.

전반적으로 건설일용직 조직화운동은 크게 확산되지는 못하고, 다양한 시도와 실험단계에 머물렀다고 보는 것이 타당하다. 건설업은 구조적으로 노사관계가 불분명하여 노동자의 조직화가 매우 어려운 탓이다. 그럼에도 건설일용직 조직화운동은 이후 빈민운동의 방향성 논의에 많은 영향을 끼쳤다.

공동체운동과 자활지원사업

1960년대부터 종교계에서는 가난한 사람들과 더불어 살며 함께 어려움을 해결하려는 활동이 계속되었다. 1960년대 말에는 연세대 도시문제연구소를 중심으로 많은 지역활동가들이 양성되기도 했다. 정호경, 김혜경, 제정구, 허병섭, 이해학, 김영준 등이 이 시절 주민운동가 세대를 형성했다. 1970년대에는 제정구 등의 복음자리, 김진홍 목사의 남양만 두레마을 등과 같은 주거 및 경제공동체 건설이 추진되기도 했다. 그리고 이들은 다시 1980년대 철거반대투쟁을 지원하고 이끄는 데 중추적인 역할을 했다. 그러나 철거가 빈민들이 겪는 문제의 전부는 아니었다. 생계문제도 있었고, 육아·간병 등 다양한 복지문제도 그대로 남아 있었다. 철거반대투쟁 이외에도 지역공동체를 형성하고 주민들의 주체적인 역량을 키우는 전통적인 빈민운동도 활성화해야 하는 과제가 있었다. 특히 철거반대투쟁의 후속 발전방향의 하나로 생산공동체운동이나 자활지원 등이 본격적으로 논의되기도 했다.

이에 따라 마을의 공부방이나 탁아소 부모모임, 주민학교, 신용협동조합, 계모임, 공동작업장, 공동창업 등의 시도가 이어졌다. 하월곡동의 산돌어머니회, 해님여성회, 햇살어린이집 자모회, 신림7동 난곡희망협동회, 인천 만석동 기찻길옆공부방 부모회, 시흥의 복음자리 신용협동조합, 상계동 어머니학교, 소망·참싹·소나무 공부방, 봉천동 나눔의 집 등이 이때 활발히 활동한 곳들이다. 이들은 관련 주민모임을 통해 조직화를 추진하는 한편, 마을신문 발행, 대동제(단오제), 노래자랑대회, 알뜰시장 개설, 마을버스 운영 또는 마을버스 요금인하 요구, 불우이웃돕기 등의 활동을 통해 지역주민들에게 뿌리내리기 위해 노력했다.(도시빈민연구소 편, 1991)

이들의 지역활동에는 종교계가 적극적으로 나섰다. 천주교 사제나 수녀들은 빈민지역에서 훈련 프로그램을 열었으며, 천주교도시빈민회(약칭 천도빈)나 기빈협 등이 관련 사업을 연계하고 조직화했다. 그중 일부 기능을 수행하기 위해 별도의 단체를 구성하기도 했는데, 지역사회탁아소연합, 지역사회공부방연합 등이 그것이다. 이에 따라 각 지역을 사안별·직업별·연령별로 조직하는 방법을 둘러싸고 위원회 방식인가, 활동별 방식인가 하는 논쟁이 있기도 했다.(도시빈민연구소 편, 1992) 또 대학생들은 방학기간 중에 농촌활동과 유사한 개념으로 빈민활동(이른바 '빈활')을 전개하여, 빈민문제를 이해하는 데 동참하고자 했다. 그리고 1991년 3월 26일 실시된 기초의회 선거에서는 '도시빈민 지자제 공동대책위원회'를 구성하고, 지역활동가들이 직접 후보로 나섰다. 출마한 지역은 난곡(김혜경), 성남 은행2동(이상락), 인천 십정동(홍미영) 등 12개 지역이다.

이후 이들 빈민지역 활동은 경제적 자립을 보다 강조하는 운동으로 발전하였다. 성공회를 중심으로 자활공동체운동이 활성화되었고, 일부에서는 상당히 큰 규모로 자리잡기도 하였다. 이는 앞에서 설명한 건설일용노동운동과 함께 빈민운동이 지향해야 할 영역으로 간주되기도 했다. 또한 빈민들의 생활문제를 적극적으로 제기함으로써, 이후 기초생활보장제도 도입과 같은 빈민층 대책이 수립되게 하는 밑거름이 되었다. 특히 정부는 1990년대 중반에 자활공동체 시범사업을 실시했는데, 이는 2000년대 이후 대대적인 자활후견기관 설치로 이어지는 모델이 되었다.

주거권운동

1980년대 철거반대투쟁은 애초 계획된 것이 아니라, 갑작스러운 개발과 철거 때문에 그야말로 잠잘 곳을 찾기 어렵게 된 빈민층들이 자구적으로 시작한 운동이었다. 혹독한 전두환 정권의 강압통치도 생존권을 보장하라는 빈민들의 외침을 억압만 할 수는 없었다. 그런 점에서 1980년대 빈민운동은 생존권을 지키려는 자구적·자발적 운동이었으며, 이것이 보다 체계적이고 지속성을 갖추게 된 데는 1970년대의 빈민운동·주민운동 세대들의 헌신과 1980년대 학생운동권의 참여가 큰 힘이 되었다. 그렇지만 당시의 철거반대투쟁은 '철거'라는 외부로부터의 충격에서 자신들의 생계와 주거, 공동체를 보호하려는 수동적·방어적 운동이라는 한계를 안고 있었다. 그만큼 일회적이었던 것이다.

그런데 주거와 관련한 문제는 철거에만 국한된 것이 아니라 서민들의 주거생활 전반에 두루 걸쳐 있었다. 소득에 비해 높은 주택가격, 주기적인 가격상승, 불안정한 임대차 등으로 비단 철거가 아니더라도 서민들은 늘 심각한 어려움을 겪고 있었다. 이 때문에 철거반대투쟁은 보다 넓은 의미의 주거권운동으로 발전할 필요가 있었다. 이에 서철협이나 주거연합 등은 1989년 전월세 대란시기에 시민단체와 연대활동을 펼쳤으며, 이후에도 아시아주거권연합ACHR 한국지부를 결성하여 유엔을 비롯한 국제기구의 주거권 관련 행사에 참여하거나 한국 상황을 보고한 바 있다. 이런 맥락에서 1990년대 초 도시빈민연구소(이후 한국도시연구소로 확대)는 주거연합, 천도빈, 기빈협 등 관련 단체와 함께 재개발법 개정이나 주거기본법제정 운동을 추진하기도 했다. 나아가 이들 주거권운동은 이후 최저주거기준 법제화, 공공임대주택 확대도입 등의 성과를 거두기도 했다.

4

1980년대 도시빈민운동의 의의

1980년대는 한국 현대사에서 처음으로 '빈민'이라는 이름의 운동주체가 등장한 시기였다. 빈민은 '노동자'나 '농민'처럼 직업, 즉 생산과 소득활동에 참여하는 방식에 따른 개념이 아니다. 빈민이란 일정 소득 이하 계층을 의미하기 때문에 그 범주 속에는 실직자 외에도 저소득 노동자나 농민, 자영업자들이 포함된다. 따라서 엄밀히 말하면 현대사회에서 '빈민운동'이라는 독립적인 영역이 존재할 수 있는가 하는 문제가 제기될 수 있다.

그러나 분명한 것은 빈민층이 밀집해서 거주하는 지역들이 개발 바람에 떠밀려 해체될 위기에 처했고, 이 과정에서 종전에 볼 수 없었던 조직적이고 강력한 투쟁이 나타났다는 점이다. 노점상 역시 종전에는 그저 단속을 피해 쫓겨 다녔다면, 이때는 조직적인 생존권투쟁의 주체로 성장했다. 이는 1980년대 전반기의 군사독재정권도 억누를 수 없을 정도로 '생존권적 정당성'이 있었기 때문이라고 할 수 있다. 그런데 이들 운동이 1970년대 빈민운동의 자양분 속에서 자랐다는 점도 반드시 기억해야 한다. 당시의 축적된 경험과 인맥, 조직이 있었기에 1980년대의 빈민운동이 민주화운동과 결합되고 또한 발전할 수 있었던 것이다.

철거와 단속 반대 일변도였던 빈민운동은 1970년대 경험의 연장선상에서 임대주택 확대, 주거권 확립과 같은 보다 제도적인 과제를 목표로 삼았고, 건설일용노동자운동, 자활공동체운동으로 발전하기도 했다. 또한 빈민지역에서 서비스 욕구를 충족하기 위해 보육·간병 지원, 어머니학교 운영, 신용협동조합 구성 등 다양한 활동이 이어지기도 했다. 그러나 전반적으로 보면 1980년대 빈민운동은 생존권 침해에 대한 집단적 저항에서 비롯되었기 때문에, 1990년대 중반 들어 산동네 재개발이 사실상 완료되자 뿔뿔이 흩어져 더 이상 과거의 동력을 유지하기는 불가능하게 되었다. 다시 일상의 저소득 시민으로 돌아가버린 것이다.

그런 점에서 1980년대 빈민운동은 당시의 전반적인 민주화운동에 있어 도시빈민 생존권문제의 중요성을 각인시켰고, 나아가 1997년 외환위기 이후 사회안전망확충운동과 주거권운동으로 이어지는 뿌리를 형성했다. 다만 과거와 같은 대규모 조직화를 찾아보기 어렵게 된 것은 문제가 진정 해결되어서라기보다 문제가 소규모화되고 감춰졌기 때문이다. 2009년 초 벌어진 '용산참사'는 20년이 지나서도 계속되고 있는 생존권 침해의 생생한 사례이다.

제9장

여성운동

1
1980년대 여성운동의 성립 배경

민주화운동과 여성문제 인식의 만남

여성운동을 한마디로 정의하기는 어렵지만, "여성이 주체가 되어 여성을 억압하는 사회질서에 대항하여 남녀평등사회의 구현이라는 궁극적인 목적을 달성하기 위해 조직적 활동을 전개하는 사회운동"이라고 요약할 수 있을 것이다.(조형, 1984, 204쪽) 여성운동의 범위와 경계를 어디까지로 보아야 하는가에 대해서는 여러 가지 견해가 존재한다. 여성들이 단체를 조직하여 수행하는 활동 전반을 넓은 의미의 여성운동으로 포괄하는 경우도 있으나(조옥라, 1993, 354쪽), 성별 불평등에 대한 인식과 여성해방의 이념을 여성운동의 핵심으로 본다면 그 범위는 다르게 해석될 수도 있다.(조혜정, 1993, 322쪽)

현실에서 여성들이 집합적으로 추구하는 이념의 성격이나 활동의 내용은 다양하고 시대적인 상황에 따라서 변화를 겪는다. 이와 관련하여 한국 사회에서 민주화운동과 여성운동의 역사적 만남과 문제의식의 상호 침투가 가져온 효과는 대단히 의미심장하며 주목할 만한 것이다. 민주화운동은 여성해방을 지향하는 새로운 여성운동의 형성과 발전을 촉진하였으며, 그 결과 기존 여성단체들의 정치적 보수성을 넘어서는 진보적 여성운동의 흐름이 만들어졌다. 역으로 여성운동의 현실참여는 사회 전반의 민주화를 촉진하였을 뿐 아니라 민주주의의 의제들을 이른바 사적 영역의 일상생활로 확장함으로써, 진보의 역사를 새롭게 쓰고 민주화운동의 지평을 넓히는 데 기여해왔다.

해방 이후 한국 사회에서 진보적 이념에 바탕을 둔 새로운 여성운동이 본격적으로 가시화된 것은 1980년대 초반이지만, 민주화라는 시대적인 열망과의 교감 속에서 여성들이 펼친 생존권투쟁이나 여성문제에 대한 근본적인 성찰은 이보다 앞서 시작되었다. 국가의 권위주의와 가부장적 특성이 한층 강화되는 1970년대는 여성의 성과 노동력을 동원해온 개발독재에 대한 여성들의 저항이 개시되어 기성 단체들의 외곽에서 여성운동의 새로운 흐름이 형성되는 분기점이기도 하다.

이 장에서는 1970년대 이래 민주화운동의 영향 속에서 새로운 여성운동의 문제의식이 형성되는 배경을 개관하고, 1980년 서울의 봄 이후 문민정부 수립에 이르기까지 한국 사회의 민주화에 기여한 진보적 여성운동의 흐름과 여성단체들의 활동을 알아본다.

유신체제하의 국가와 여성운동

해방 이후 한국 사회는 근대화 과정을 거치면서 급속하게 변모되어왔으나, 여성의 삶이 가족 중심의 질서와 성별 분업에 매몰되어 있는 현실은 큰 변화를 겪지 않은 채 지속되었다. 전쟁 직후 여성들은 때로 '전쟁미망인'으로 생계를 책임져야 했고, 농업인의 지위를 인정받지 못한 채 피폐한 농촌살림을 떠맡아 이중노동을 감내하였으며, 어린 나이에 고향을 떠나 '식모살이'로 낯선 도시의 삶을 시작하거나, 공장에 취업하여 낮은 임금과 잔업을 감수하면서 가족의 생계를 보조해야 했다. 일찍이 5·16군사쿠데타로 정권을 장악한 박정희 정권은 조국 근대화와 경제발전의 이름으로 여성들을 호명하고 동원해왔으며, 성별 편향을 내포하는 발전국가의 정책 속에서 여성들은 이중의 잣대에 의해 선별되고 도구적으로 편입되었다.*

1972년 10월에 계엄령하에서 치러진 국민투표에 의하여 이른바 '유신헌법'이 제정되는 것으로 시작한 제4공화국은 박정희의 집권연장을 위해 구축된 총동원체제를 통해서 유지되었다. 여성도 이런 적극적인 동원에서 예외가 될 수는 없었는데, 그 대표적인 사례로 여겨지는 것이 바로 '새마을부녀회'에 대한 통합·정비 작업이다. 유신체제하에서 정부는 충·효·예의 정신을 고취하기 위한 목적으로 1977년 4월에 박근혜를 총재로 하는 '구국여성봉사단'을 발족한 데 이어, 같은 해 7월 8일자 국무총리훈령 제141호에 의거하여 기존의 다양한 관변 여성조직들을 '새마을부녀회'라는 단일조직으로 일원화하는 통합작업에 착수하였다.(서명선, 1989, 83쪽) 그 결과, 전국의 새마을부녀회 조직은 1980년에 이르러 9만 8,000여 개소에 회원 수가 313만 명에 육박하는 거대조직으로 변모하였다.

1970년대에 농촌과 도시를 망라한 새마을운동은 농촌근대화를 명분으로 여성농민에게 어머니, 아내, 며느리로서 봉사하는 가정에서의 역할을 지역사회와 국가로 확대할 것을 권장하고, 여성노동자들에 대해서는 노사화합과 산업역군으로서의 자부심을 강조하면서 가혹한 노동규율과

---

* 군사쿠데타로 집권한 박정희 정권하에서 1961년에 제정된 '윤락행위방지법'은 이른바 '윤락여성'의 매춘을 규제하고 단속하는 금지주의를 표방하였으나, 미군 주둔지의 기지촌이나 외국인을 상대로 하는 관광기생의 외화획득은 사실상 묵인되거나 조장되어왔다. 국가는 이 밖에도 가정의례준칙을 포함하는 국민생활개선운동을 전개하여 건전한 주부의 규범화된 여성상을 보급하는 한편, 인구 억제를 목표로 삼는 가족계획사업을 통해서 피임과 불임시술을 매개로 여성의 몸을 통제하였다.

저임금·장시간의 노동을 희생으로 인내할 것을 주문하였다. 말하자면 "국가와 사회를 넓은 가정으로, 새마을 부녀 지도자는 사회적 주부로 상징하면서" 여성의 사회참여와 근대화에 대한 기여를 가정에서 수행하는 역할의 연장선에서 규정한 것이다.(전경옥 외, 2005, 256쪽)

민주주의의 후퇴를 담보로 성립한 유신체제는 경제적 빈곤이나 정치사회적 무질서의 원인을 국민의 생활태도에서 찾고 정신개조를 요구하는 점에서 권위적이었으며, 전통적인 여성상이 체현하는 인내의 미덕과 자기희생을 사회적인 가치관으로 승화시킬 것을 여성들에게 요구하는 점에서 가부장적이었다. 그러나 중산층 여성들로 구성된 명망가 중심의 기존 여성단체들은 10월유신을 지지하면서 총력안보를 선전하거나 새마을운동에 동참하는 등 정부시책에 협조적인 태도를 취하였다.(서명선, 1989, 87~89쪽) 또한 국가가 위로부터 주도하는 통합과정에서 일부 여성단체들은 조직의 독자성을 스스로 포기한 채 새마을 부녀조직으로 흡수되는 파행적인 모습을 보이기도 하였다.*

그럼에도 여성들의 지위를 개선하고 인권을 신장하기 위한 활동은 꾸준히 이어졌다. 여성계의 오랜 숙원인 '가족법 개정운동'이 1972년부터 다시 활기를 띠기 시작하여 범여성계를 아우르는 연합운동으로 발전하였다. 1973년에 들어와 한국교회여성연합회는 매춘을 외화획득의 수단으로 삼아 기생관광을 해외에 선전하는 정책을 비판하면서, '매춘관광 반대운동'을 활발히 전개하였다. 그러나 가족법 개정 청원은 수차례의 시도에도 불구하고 1970년대 말까지 부분적인 성과에 머무른 채 호주제를 비롯한 많은 쟁점들을 미완의 과제로 남겨두어야 했다.(한국가정법률상담소, 1987, 268~290쪽)

---

* 가령 새마을부녀회 통합·정비 과정에서 한국부인회는 160만 회원의 3만여 분회를 새마을부녀회로 개칭하여 선도적인 역할을 자임하였다.(이승희, 1994, 218쪽)

한동안 활발했던 기생관광 반대운동 역시 이를 반정부활동으로 간주하는 정권의 저지로 말미암아 급속히 냉각되었다.(이현숙, 1992, 82~94쪽)

무엇보다 이 시기의 여성운동과 관련하여 괄목할 만한 진전을 보인 것은 여성노동자들의 생존권투쟁과 민주노조 건설운동이었다. 수출산업화가 본격적으로 진행되는 1970년대에는 생산직에 종사하는 미혼 여성노동자들이 급속히 증가하였는데, 섬유·의복·신발, 고무, 전기·전자 등의 업종에서는 약 50~70%의 비중을 차지하기에 이르렀다. 산업현장에서 일하는 생산직 여성노동자의 수가 이처럼 늘어났지만, 이들은 여성이라는 이유로 남성보다 훨씬 낮은 임금을 받고 더 오랜 시간 일해야 하는 열악한 노동조건에 놓여 있었다.

여성노동자들은 이런 상황을 타개하기 위하여 집단행동을 통해 근로조건 개선의 요구를 관철하였고, 노동조합을 민주화하기 위한 투쟁을 전개하여 일정한 성과를 거두었다.[*] 그러나 민주노조 건설 이후에도 해고 위협과 폭력을 동원한 회사 측의 집요한 노조파괴 공작에 맞서 지난한 싸움이 이어지는 경우가 많았다. 1978년 2월의 '똥물사건'으로 잘 알려진 동일방직 여성노동자들의 투쟁이나, 여성노동자의 죽음을 초래함으로써 유신체제 몰락의 도화선이 된 1979년의 YH사건은 그 치열한 투쟁의 대표적인 사례라고 할 수 있다.[**]

---

[*] 대한모방(1973), 해태제과(1976, 1979), 남영나이론(1977), 방림방적(1977), 진로주조(1978)를 비롯하여 다수의 사업장에서는 장시간의 근로와 휴일근무 등 근로조건 개선을 요구하는 투쟁이 벌어졌다. 또한 동일방직(1972), 한국모방(1972), 컨트롤데이타(1973), 민성전자(1974), 반도상사(1979) 등의 사업장에서는 여성노동자들이 주축이 되어 사측의 비호를 받는 기존의 노조에 맞서 노동조합 운영을 민주화하기 위한 투쟁이 전개되었다.(이옥지, 2001, 176~314쪽)

[**] 노동집약적 수출주도형 산업화는 저임금정책뿐 아니라 저농산물가격정책에 기반을 두고 있으며, 농업정책의 파행으로 한계에 내몰린 영세농민의 부담은 결국 여성농민들의 과중한 노동으로 전가되었다. 따라서 농촌 새마을사업이 전개되는 한편으로 저곡가정책에 항의하고 농가부채 탕감을 요구하는 시위에 참여하는 여성농민들이 늘어났다. 여성농민운동사에 관해서는 엄영애(2007)를 참조.

여성노동자들이 이렇듯 변화의 주체로서 적극적으로 참여하는 모습은 정권과의 유착에서 비교적 자유로웠던 몇몇 여성단체들에 새로운 과제를 던져주었다. 도시산업선교회나 JOC와 같은 몇몇 노동선교단체들이 민주노조운동을 지원했던 것과 마찬가지로, 여성노동자를 비롯하여 기층 여성의 인권문제에 관심을 기울인 것은 인권문제에 대한 감수성이 높았던 여성단체들이다. 1977년에 발생한 남영나이론사건 당시 대한YWCA, 한국교회여성연합회, 여성유권자연맹 등 6개 단체는 11명의 해고된 여성노동자를 복직시킬 것을 요구하고, 회사가 이를 들어주지 않을 경우 불매운동을 전개하기로 결의하여 요구조건을 관철하였다. 또한 1978년의 동일방직사건 때에도 한국교회여성연합회와 여성유권자연맹은 대책협의회에 가입하여 여성노동자들의 투쟁을 지원하였다.

여성문제 인식의 확산과 운동주체의 형성

한국여성운동사에서 1970년대는 흔히 "시대적인 민주화의 유대 속에서 여성들의 인간화 운동이 더욱 첨예화되는 한편, 저변이 확대된 획기적 시기" 또는 "진보운동의 저변 확대기"로 평가된다.(이효재, 1989, 195쪽; 손승영, 1998, 191~210쪽) 말하자면 이 시기는 민주화운동에 동참하는 여성들이 늘어남으로써, 여성운동의 지형이 기존의 공식적인 여성단체의 범위를 넘어 확장되고, 여성운동의 새로운 방향이 모색되는 일종의 전환기라고 볼수 있다.

1970년대에 여성들이 저마다의 위치에서 사회민주화를 위한 활동에 참여하기 시작한 것은 자신들이 경험하는 억압에 대한 저항의 표현이고, 여성이라는 이유로 차별받는 현실에 대한 반응이기도 하다. 여성노동자,

여성농민, 여학생이라는 상이하고 복합적인 주체 위치의 공통분모가 '여성'이듯이, 여성들이 전개하는 노동운동, 농민운동, 학생운동은 성별의 다름이 문제가 되는 현실에 대한 고민과 무관할 수 없었다.

노동현장에서 노동3권 자체가 억압되고 노동조합이 사측의 이해에 굴복하는 것도 문제였으나, 노조의 대표성이 성별 위계와 맞물려 있었기 때문에 여성노동자가 다수를 이루는 사업장의 경우에도 이들의 입장과 요구를 표명할 수 있는 창구가 닫혀 있다는 점이 더욱 문제였다.[*] 저곡가정책과 농가부채에 시달리는 농가의 여성들은 농업경제를 지탱하는 핵심적인 노동력임에도 부녀자라는 이유로 농민으로서의 지위를 인정받지 못하였다. 대학에 다니면서 그들 나름대로 사회문제를 접하게 된 여학생들도 민주화에 대한 관심과 열정을 공유하게 되었다. 그러나 남성 중심의 학생운동조직은 여학생들에게 그다지 개방적인 편이 아니었으며, 심지어 학회와 언더서클에는 여학생을 받아들이지 않는 관행이 자리잡고 있었다.(곽복희, 1995, 19~24쪽) 때문에 여학생들의 학생운동 참여와 조직화가 비교적 활발하게 진행된 곳은 남녀공학이 아니라 여자대학이었다.[**]

1970년대에 이르러 여성문제가 비로소 '문제'로 인식되고 한국 사회의 역사와 현실에 비추어 숙고되기 시작했다는 점은 1980년대 여성운동의 단초로서 중요한 의미를 지닌다. 그 배경에는 국내외적인 상황의 변화가 자리잡고 있었다. 우선 급속한 산업화 과정에서 전통적인 가족질서가 동요하고 여성의 교육기회가 확대됨에 따라서, 가정과 사회에서 여성들이

[*] 1972년 3월 당시 약 450개에 육박하는 한국노동조합총연맹 산하의 지부 가운데 여성 지부장이 단 한 명도 없었다는 사실은 작업장의 성별구조를 단적으로 보여준다.
[**] 이화여대의 경우, '과위'와 '새얼'은 '흥사단아카데미'와 함께 학생운동을 주도한 대표적인 서클이다. 이들 세 서클 외에 기독학생회 등을 포함하여 1970년대에 형성된 이화여대 학생운동권의 인맥은 1980~1990년대의 민주화운동은 물론 여성운동에서 중요한 역할을 담당하는 많은 활동가들을 배출하였다.〔"(긴조 9호세대 비화) 사건전장에서 피어난 꽃들" 『뉴스메이커』 279호(2004. 6. 20)〕

겪는 차별적 지위와 역할 갈등이 더 이상 외면할 수 없는 사회문제로 대두되었다. 또한 범세계적으로 파급된 여성해방운동의 영향 속에서 유엔이 1975년을 '세계여성의 해'로 제정·선포한 것은 한국의 여성들이 현실을 되돌아보고 실천적 행동의 방향을 새롭게 모색하는 계기로 작용하였다.(이효재, 1979, 105~108쪽)

그리하여 1970년대에는 여성 억압의 원인을 분석하고 여성해방운동을 소개하는 각종 번역서들이 출간되는 한편, 1977년 우리나라에서 처음으로 이화여대에 '여성학'이라는 강좌명의 교양과목이 개설되었다. 특히 여성학 교육의 제도적 기반이 마련되기에 앞서, 크리스찬아카데미가 여성들에게 제공한 교육과 토론의 장은 민주화운동에 대한 관심과 여성문제 인식의 만남을 구체적으로 매개함으로써 새로운 여성운동의 주체 형성에 기여하였다는 점에서 주목할 만하다.

크리스찬아카데미는 1965년에 설립된 이래 종교 및 정치적·사회적 현안을 토론하는 각종 대화모임을 주도해왔고, 사회양극화문제를 해소하기 위한 대안의 하나로 중간집단을 양성하는 교육사업에 관심을 갖게 되었다. 그리하여 세계교회협의회WCC의 지원을 받아 1974년부터 여성사회·학생사회·교회사회·산업사회·농촌사회 등 5개 분야에 걸쳐 지도력 양성을 위한 중간집단교육을 시작하였다.*

크리스찬아카데미의 여성사회 부서가 주관하는 '중간집단교육'의 주요 대상은 젊은 여성들이었으며, 대학생뿐 아니라 지역 및 단체에서 활동하는 지도자, 연극인, 종교인, 언론인, 노조 간부, 농촌여성 등 다양한 현장

---

* '중간집단'이란 당시 크리스찬아카데미의 원장이었던 강원룡 목사가 한국 사회구조의 병폐를 양극화로 보고 이를 해소하기 위해 제시한 대안세력으로, "사회개혁에 관심을 가지고 민중의 편에 서서 힘을 조직화·동력화함으로써, 그들과 함께 양극화 사회의 화해와 통합에 기여하는 세력"을 뜻한다. 크리스찬아카데미의 중간집단교육은 강의방식에서 기존의 주입식 강의를 지양하고 분반토론과 전체토론 등에 의한 참여교육이라든가 노래와 촌극 등을 포함하는 것이 특징이었다.(『여성신문』 2004년 11월 26일자)

의 여성들이 교육에 참여하였다. 중간집단교육은 강의 외에도 분반토론, 사례발표, 과제연구 등의 방식으로 진행되었는데, 여성문제에 관한 토론의 장을 쉽게 접하기 어려웠던 여성들에게 4박 5일에 걸친 교육은 각별한 체험을 남겼다. 기록에 의하면, 1차 중간집단교육은 1974년 1월부터 1978년 12월까지 20회에 걸쳐 실시되었으며, 총 581명의 여성들이 교육을 이수하였다. 크리스챤아카데미는 중간집단교육에 이어 1979년 3월부터 '주부아카데미' 과정을 신설하였다. 주부들을 대상으로 3개월 단위로 진행되는 이 교육과정은 단절과 소외감을 느끼는 주부들에게 재교육의 기회를 제공하여 여성문제를 인식하고 지역사회 발전에 참여할 수 있는 길을 열어주었다.(한명숙, 1985, 384~419쪽)

세계여성의 해를 맞이하여 크리스챤아카데미는 1975년 1월 '한국여성운동의 이념과 방향'을 모색하는 대화모임을 주최하였고, 모임 참석자들은 주제 발표와 열띤 토론의 결과를 선언으로 정리하여 "여성 인간선언"을 발표하였다. 이 선언의 기조에서 볼 수 있듯이 여성운동은 단지 여성의 권익만을 추구하는 지위향상운동이나 남성에 대한 투쟁이 아니라, 전체 사회의 인간회복을 지향하는 문화운동으로 이해되었다.

우리의 운동은 문화개혁·인간해방의 운동이다. 남성의 정치적 배려에서의 '은혜'에 불과한 약간의 권리 개선을 의미하는 단순한 '지위향상운동'이 아닌 일체의 주종사상, 억압제도를 거부하고, 여성의 인간화와 인간 전체가 해방된 공동체사회를 지향하는 운동의 일환이다. 〔……〕 이러한 우리의 입장은 노예가 아닌 인간으로 살려는 당연한 인간적 요구이며 자연적 발로이다. 뿐만 아니라 여성해방의 진정한 목표는 인간해방이므로 여성만의 문제가 여성만의 노력으로 이룰 수 없는 전체 인간의 과제인 것이다. 따라서 우리는 남성우위 문화에 대항하는 여성계층의식의 개발과, 본의 아닌 압박자로서의 남성의 의식화에 총집중하여 노예의 윤리를 거부하고 새로운 인류사를 향한 힘찬 걸음으로 일로 전진할 것이다.[*]

크리스챤아카데미의 여성사회교육은 '여성의 인간화'를 통해서 남녀 간의 양극화를 극복하고, 여성해방이 전체 인간의 해방을 지향해야 한다는 이념적 메시지를 던져주었다. 무엇보다 크리스챤아카데미의 교육은 다양한 분야에서 활동하는 여성들이 여성해방의 청사진을 공유하면서 교류할 수 있는 광범한 네트워크 형성을 촉진하였다는 점에서 중요하며(김남조외, 1998, 13~240쪽), 그 영향력은 1980년대 이후의 여성운동 과정에서 여실히 드러난다.[**]

여성사회교육이라든가 1970년대 후반 대학에서 활성화되기 시작한 초기 여성학 교육은 민주화운동과 연관된 학내외의 이념서클이나 종교 및 사회단체의 경험으로 획득된 젊은 여성들의 비판적 감수성을 여성운동으로 수렴하는 효과를 가져왔다. 민주화운동의 영향 속에서 사회인식의 지평을 넓히고 여성노동자들의 열악한 상황과 투쟁을 지켜본 지식인 여성들에게 여성운동은 개인의 자유나 권리의 평등을 넘어서는 사회변화를 필요로 하는 것으로 인식되었다. 따라서 다양한 조류의 페미니즘이 소개될지라도 서구의 이론들은 한국 사회의 역사와 현실에 비추어 비판적으로 평

---

[*] 이 선언의 전문은 한명숙, 1985, 390~392쪽에 실려 있다.

[**] 크리스챤아카데미의 간사와 여성사회교육부장을 역임한 김희선, 이계경, 이현숙 등은 1983년에 '여성의전화' 창립을 주도하였고, 크리스챤아카데미사건으로 옥고를 치른 한명숙 간사는 후일 한국여성민우회 대표로 활동한다. 중간집단교육을 이수한 이미경과 이경숙은 1983년에 여성평우회 창립 멤버가 되었으며, 신혜수, 신인령, 손덕수, 장필화 등의 여성학자와 최순영, 이영순 등 여성 노조활동가들이 크리스챤아카데미의 교육을 경험한 것으로 알려져 있다. 1987년에 창립되어 진보적 여성운동의 구심체로 그 위상을 지켜온 한국여성단체연합의 전·현직 대표 총 15인의 인물 중 1/3에 해당하는 다섯 명이 크리스챤아카데미의 교육과정을 경험한 것을 보더라도 새로운 여성운동의 주체 형성에 미친 이 교육의 영향력을 짐작할 수 있다.(신상숙, 2007, 76~77쪽)

가되고 선별적으로 수용되었다. 이들은 오히려 분단시대의 한국 사회에서 살아가는 기층 민중여성의 삶에 주목하면서 제3세계의 여성운동에 관심을 기울이게 되었으며, 여성 대중의 삶과 유리되지 않는 새로운 여성운동의 방향을 모색하기 시작하였다.

2
1980년대의 개막:
새로운 여성운동의 등장과 초기 조직화

신생 단체들의 출현과 활동

유신체제가 종말을 고하면서 도래한 '서울의 봄'은 너무 짧았다. 1980년대
는 5·18민중항쟁과 함께 시작되었고, 치열한 항쟁기 동안 광주시민이 하
나의 공동체를 형성할 수 있었던 것은 여고생, 유흥업소 여성, 아주머니에
이르기까지 수많은 여성들의 참여와 헌신이 뒷받침되었기 때문이다. 계엄
군의 무자비한 진압에 격분한 여고생들은 수업을 거부한 채 거리로 뛰어
나왔고, 여성노동자들은 차량시위를 벌였으며, 지역의 여성활동가들은 광
주 YWCA를 거점으로 삼아 사태수습 및 지원활동을 펼쳤다.(이수애 외,
2003, 297~314쪽)

　　5·18민중항쟁을 무력으로 진압하고 등장한 신군부의 집권으로 1980년
대 초의 사회분위기는 극도로 경색되어 있었다.● 그러던 중 1983년에 들어

● 이미 1970년대를 거치면서 여성의 인간화와 해방을 지향하는 새로운 여성운동의 필요성이 확인되었으
　나, 사회운동의 공간 자체가 위축되어 있는 상황에서 이러한 기획은 현실화되기 어려웠다. 따라서 여신
　학자협의회의 창립(1980)을 제외하고는 한동안 단체결성의 움직임은 나타나지 않았다.

와 군사정권이 탄압 일변도의 강경책을 다소간 완화하여 이른바 정치적 유화국면이 도래하는데, 민주화운동은 합법적인 공간에서 활동을 재개하고, 여성운동 역시 이때부터 활기를 띠게 된다. 1983년에는 '여성의전화'(1983. 6. 11)가 창립되어 우리나라에서 처음으로 아내 구타 상담활동을 시작하였다. 이로부터 일주일 후 한국 사회의 현실에 기반을 둔 대중적인 여성운동을 주창하는 '여성평우회'(1983. 6. 18)가 창립총회를 갖고 본격적인 활동에 들어갔다. 그 이듬해에는 '또하나의문화'(1984. 11. 4)가 결성되었고, '주부아카데미협의회'(1985. 2. 7), '기독여민회'(1986. 7. 4)와 같은 여성단체들의 창립이 이어졌다. 또한 '민주화운동청년연합(약칭 민청련) 여성부'(1984. 4. 17)의 발족이 그러하듯이, 재야에서 민주화운동을 수행하는 단체들의 산하에도 여성조직이 설치되었다.

1980년대 초반에 여성단체들을 조직함으로써 여성운동의 새로운 지평을 열어간 주역은 비교적 젊은 지식인 여성들이었다. 이들 중 상당수는 일찍이 학생운동에 참여하여 민주화투쟁을 경험하고, 크리스챤아카데미의 여성사회교육이나 대학에서 시도되는 초기 여성학 교육을 통해서 여성문제에 대한 인식을 갖게 된 사람들이며, 이 밖에도 주부라든가 유학에서 돌아온 여성학자들이 포함되어 있었다.*

1983년에 개원한 '여성의전화'는 특정한 과제를 중심으로 일찍이 여성부문운동의 길을 개척해온 대표적인 여성단체라고 할 수 있다. 1980년대 초반만 하더라도 가부장적이고 성차별적인 여성 억압의 현실에 맞서

---

* '여성의전화'는 크리스챤아카데미와의 긴밀한 연관 속에서 여성사회 및 주부교육 수료생과, 여성문제에 관심을 갖는 젊은 여성들의 모임인 '청년회' 회원 등이 주축을 이루어 상담활동을 시작하였다. '여성평우회'는 주로 학생운동의 경험이 있고, 이효재 교수의 영향 속에서 초기 여성학 교과 개발과정에 참여하거나 제3세계 여성운동론을 접한 여성들이 창립멤버가 되었으며, 규약에는 명시되지 않았지만 회원을 충원할 경우 '40세 미만'이라는 자격조건을 두었다. 두 단체의 창립과정에 관해서는 『베틀』 창간호(1983. 10. 1)와 강남식(2003)을 참조.

운동의 차원에서 실질적인 활동을 펼치는 여성단체는 많지 않았다. 이런 상황에서 '여성의전화'가 '아내 구타'라는 이슈를 과감히 제기함으로써 여성인권문제를 환기한 것은 커다란 의미를 지니는 사건이었다. '여성의전화'가 상담을 개시하자 "전화통에 불이 났다"라는 당시 활동가의 말처럼 보이지 않는 곳에서 학대받던 여성들의 전화가 쇄도하였으며, 실태조사나 상담사례를 통해 드러난 여성들의 피해도 매우 심각한 수준이었다. 개원 후 6개월간의 상담사례 가운데 일주일에 한 번 이상 구타당하는 사례가 절반을 넘고, 신체의 여러 부위를 심하게 맞거나 머리카락이 뽑히는 등 최소 통원치료를 필요로 하는 경우가 대부분이었다.(여성의전화, 1984, 3~13쪽)

'여성의전화'와 거의 동시에 창립된 '여성평우회'는 "독자적인 여성운동체로서 여성해방의 이념을 갖춘 조직운동을 분단 이후 최초로 시도하였다는 점"에서 여성운동의 새로운 지평을 연 것으로 평가된다.(이승희, 1994, 226쪽) 여성평우회는 제3세계 여성의 현실과 운동에 많은 관심을 가졌고, 여성운동이 남녀차별의 문제뿐 아니라 모든 비인간적 요소들에 맞서 광범한 사회개혁으로 나아가야 한다고 보았다. 따라서 복합적인 모순들이 중첩된 삶을 살아가는 민중여성들이야말로 여성해방의 과제를 실현할 수 있는 진정한 주체세력으로 간주되었다. 민중의 삶에 근접한 여성운동을 지향하는 여성평우회의 정체성은 그 발기 취지문에서도 잘 드러난다.

여성은 단지 여성이라는 생물학적 이유로 예속적이며 억압적인 삶을 강요당해왔다. 성별 노동분업을 토대로 형성된 가부장제는 남성의 지배와 여성의 복종을 고정시켰으며, 예속을 미화하는 신화와 이념 그리고 사회화를 통하여 내면화된 여성 열등의식은 남녀 불평등 구조를 유지, 강화시켰다. 〔……〕 오늘날 한국 여성은 가부장적 제도의 희생자요, 산업사회의 소외된 계층이고, 또한 국토분단의 비극적 피해자이다. 한국 여성은 값싼 노동력을 제공하는 '근로여성'으로서, 농사일과 가사노동의 이중부담에 시달리는 '농촌여성'으로서, 가난과 폭력의 이중질곡에 빠져 있는 '도시빈민여성'으로서, 가정에 고립되어 가사노동을 전담하는 '도시주부'로서 존재한다. 바로 이들 여성의 저임노동과 무임노동의 토대 위에 한국 경제가 성장하였음에도 불구하고 불평등한 대우를 받거나 받아왔다는 공통의 경험을 가지고 있다. 따라서 우리 여성은 서로의 처지에 대해 무관심할 수 없는 공동운명체임을 자각한다.[여성평우회, "발기취지문"『여성평우』창간호(1984. 6. 18)]

여성평우회는 다양한 사업을 통해서 기층 여성들의 삶에 깊이 파고드는 대중적인 활동방식과 생활정치의 전범을 창출하였다. 창립 직후부터 여성학 교실과 빈민을 위한 공부방을 운영하였고, '여성문화 큰잔치'와 같은 문화운동에 역점을 두었으며, 소식지『여성평우』와 각종 자료 발간사업 등을 통해서 대중적인 여성운동단체로서의 입지를 마련하였다. 특히 여성평우회가 마당놀이나 풍자극의 형식을 빌려 남녀를 차별하는 성차별 문화를 비판하는 등, 문화운동에 역점을 둔 것은 대단히 참신한 시도로 받아들여졌다. 따라서 1984년 10월과 12월에 서울과 부산에서 개최한 '여성문화 큰 잔치: 일하는 여성'은 서울에서만 1,700명이 참여할 만큼 큰 호응을 불러일으켰다.

1984년에 발족한 민청련 여성부는 재야민주세력의 결집체 산하에 만들어진 대표적인 여성조직이라고 할 수 있다. 여성평우회와 달리 민청련 여성부는 대중과의 일상적인 접촉면을 넓히기보다, 주로 이슈를 제기하고 선전하는 활동과 운동론에 입각한 선도투쟁으로 기층 여성을 지원하는 활동방식을 취하였다. 하지만 민주화운동 조직에 속한 여성활동가들에게도 고립되고 분산된 여성들을 결집하고, 여성들의 억압적 상황을 사회운동의 범주 안에서 부각시키는 것은 중요한 과제였다. 이 점은 민청련 여성부의 발족취지문에서도 엿볼 수 있다.

1. 고립분산된 여성 역량을 결집, 체계화하여 여성의 진정한 해방과 민주화운동을 위해 투쟁한다.
1. 기층 여성들이 처해 있는 경제적 성적 억압의 현실을 폭로하고, 이를 여론화하며, 이들의 운동을 지원한다.
1. 바람직한 여성운동을 지향하는 타 여성세력과의 연대운동에 참여한다.
1. 우리의 현실이 요구하는 여성운동의 방향을 창립하기 위한 연구 및 조사활동을 한다.
1. 가부장제 이데올로기에 의해 길들여지고 왜곡된 문화를 지양, 현실에 뿌리내린 건강한 여성문화를 창조한다.
1. 민주화운동세력 내부에도 온존하고 있는 여성차별의 현실을 타개하기 위해 끊임없이 노력한다.〔민청련 여성부, "민주화운동청년연합 여성부 발족에 부쳐"(1984. 4. 17)〕

민주화투쟁을 지지하고 여성해방을 위한 보다 근본적인 사회변혁을 모색하는 여성단체가 소수에 불과했던 1980년대 초반의 상황에서, 새로운 여성운동의 흐름과 방향을 주도한 것은 여성평우회나 민청련 여성부처럼, 지식인 여성들의 왕성한 활동력이 뒷받침되는 신생 조직이었다. '여성의 전화'는 아내 구타 상담이라는 특화된 활동으로 출발하였으나, 공권력이 개입된 성폭력사건에 함께 대응하고 군사독재에 맞서는 민주화투쟁에 합류하게 되면서 대사회적인 활동의 폭이 훨씬 더 넓어지게 되었다.

사회변혁과 여성해방: 이념논쟁의 진통

1980년대 초반에 새롭게 출현한 여성단체들은 여성운동의 독자성을 유지하면서 여성들의 삶과 유리되지 않는 여성운동의 대중화를 추구하였다. '여성의전화'는 매 맞는 여성들의 목소리에 귀를 기울였고, 여성평우회는 여성들의 복합적인 삶의 요구들을 운동에 반영하면서, 여성들이 고립과 분산성을 넘어설 수 있는 대안적 여성문화를 창출하기 위해 노력하였다. 위의 두 단체보다 정치적인 지향이 강한 민청련 여성부도 초기에는 여성문제를 주요 문제 혹은 부차적인 문제로 분류하는 시각 자체가 "남성 위주의 사고방식에서 비롯"된 것이라고 비판하고, 이를 경계하는 데 비중을 두었다. "여성운동이 사회운동 속에서 한 부문운동으로 성립할 필요가 있다는 사실은 현 단계 여성운동의 목표가 민주화를 추구하는 타 사회운동과 기본적인 점에서는 일치하면서도, 여성문제라는 독자적 문제를 해결해나가는 특수성을 지니는 것을 의미"하는 것으로 이해되었다.[*]

그러나 신생 여성운동조직들은 얼마 지나지 않아 이념논쟁의 격랑에 휘말리게 되었고, 여성운동의 독자성에 의미를 부여하던 이론적인 긴장과 균형은 급속히 후퇴하기 시작하였다. 당시 운동 진영과 학계를 아우르는 비판적 지식인들의 담론장에서는 한국 사회의 성격과 모순구조를 규명하고 사회변혁의 방향을 모색하는 논쟁이 가열되고 있었다. 또한 1985년 선거국면 이후 직선제 개헌이라든가 학원안정법 저지를 비롯하여 총력을 기울여야 하는 정치투쟁의 이슈들이 부각되었다.

사회운동 전반의 이런 논쟁적 구도는 신생 여성단체와 그 활동가들에

---

[*] 민청련 여성부, "여성운동의 일보 전진을 위하여" 『민주화의 길』 4호(1984. 8. 23). 민청련 여성부는 여성운동의 방향 정립을 위한 시도로 4회에 걸친 연속기획을 예정하였는데, 4·5·7·10호에 네 차례 글을 싣는 것으로 1985년 8월에 마무리되었다.

게도 영향을 미쳤으며, 여성운동 안에서도 여성문제의 본질과 여성운동의 방향에 관해 이론적·실천적으로 치열한 논쟁이 펼쳐졌다. 가령 당시 국면을 '혁명적 상황'으로 인식하였던 제헌의회CA 정파에 속한 여성활동가들은 『여성』지를 발간하여 기존의 여성운동론에 대한 비판적 개입을 시도하였다. 특히 『여성』 창간호에 실린 심정인의 「여성운동의 방향 정립을 위한 이론적 고찰」(1985)은 성과 계급, 여성해방과 사회변혁의 관계 설정을 둘러싼 논쟁을 촉발하였다.*

여성운동이 대중적인 활동보다 선도적인 정치투쟁에 주력해야 한다는 비판의 목소리가 점차 높아지는 상황에서 민청련 여성부는 성에 대한 계급의 우선성과 정치투쟁의 선차성을 인정하는 방향으로 먼저 입장을 정리하였다. 여성평우회 안에서도 적극적인 정치투쟁 참여를 원하는 젊은 활동가들과, 여성문제를 매개로 여성 대중에게 설득력이 있는 대중운동을 지향하고자 하는 당시 지도부 사이에 치열한 논쟁이 시작되었다.

여성평우회는 일단 정치투쟁에 합의하는 방향으로 입장을 정리하고, 이를 원활하게 수행하기 위하여 민청련 여성부 출신의 젊은 활동가 그룹을 받아들였으나, 입장의 간극을 좁히지 못한 채 선도적인 정치투쟁을 원하는 그룹으로 지도부가 교체되었다. 여성평우회의 새 지도부는 기관지를 『여성평우』에서 『이천만 여성』으로 바꾸고 정치적 선전활동에 주력하였다. 그러나 선도적인 정치투쟁을 지향하는 집단 안에서도 운동노선을 둘러싼 또 다른 사상투쟁이 계속되었다. 그 결과 최초의 논쟁을 촉발하여 지도부를 맡던 그룹이 다시 탈퇴함으로써, 여성평우회는 활동의 마비상태에 이르게 되었고, 1987년에 마침내 해소되었다.(권미혁, 2005; 강남식,

---

* 이후의 논쟁과정에 대해서는 여성사연구회 편집부(1988)를 참조. 이 논쟁은 마르크스주의 페미니즘의 입장에서 사회주의 페미니즘을 비판하는 논의의 구도로 전개되었으며, 성과 계급, 가부장제와 자본주의를 이중체계로 상정하는 것은 개량주의로 비판받았다.

2003, 53~56쪽)

1980년대 초반에 진보적 여성운동의 기수로 급부상한 여성평우회는 해방 이후 단절된 '근우회'의 진보적 정신을 계승하면서 여성운동의 독자적인 위상을 견지해나가고자 하였다. 그리고 여러 가지 실험적인 형식과 내용으로 대중성을 확보하는 성과를 거두었다. 그러나 변혁 이념의 선명성을 다투게 만드는 급박한 정세 속에서 여성평우회가 초기에 추구했던 자율적인 여성운동은 설 자리를 잃어버렸다. 여성평우회가 해소된 것은 안타까운 일이지만, 짧은 시기에 응축된 그 활동의 경험과 운동역량은 이후 한국여성민우회, 한국여성노동자회, 한국여성단체연합(약칭 여연)과 같은 후속단체들의 창립에 밑거름이 되어 진보적 여성운동의 맥을 이어가게 된다.

3
1987년 이전 여성운동의 흐름

사안별 연대활동의 시작: 경찰의 여대생 추행사건

여성해방과 사회민주화를 지향하는 신생 여성단체들은 창립 직후부터 여성인권의 사각지대를 고발하고 차별과 폭력에 대응해왔다. 그러나 정치적 민주화가 봉쇄된 상황에서 노동자, 도시빈민, 농민으로 살아가는 민중여성의 문제는 군사독재정권의 전횡이나 생존권 탄압과 맞물려 있기에 그것에 맞서지 않고서는 해결되기 어려운 경우가 적지 않았다. 따라서 젊은 지식인 여성이 중심이 되는 신생 단체들은 한국교회여성연합회, 한국기독교교회협의회KNCC 여성위원회와 같은 기존 단체들과 협력하여 각종 사건들에 공동으로 대응하며 활동을 펼쳐나갔다.

　　민주화운동의 분수령을 이루는 1987년 6월민주항쟁을 전후로 여성운동의 시기를 대별하여 볼 때, 그 전반기는 아직까지 조직적인 기반이 취약하고 소수에 그치는 신생 단체들이 여성운동의 이념과 방향에 관한 논쟁을 벌이는 한편, 각종 실험적인 활동과 사안별 연대를 모색하는 시기에 해당된다. 그 출발점은 1984년에 발생한 경찰의 여대생 추행사건이었으며,

이 사건은 "여성단체들이 최초로 연대 틀을 구성하여 집단력을 행사하고 정치적 투쟁에 나서는 계기"를 제공하였다는 점에서 중요하다.(이현숙, 1992, 281쪽)

　한국 사회에서 '공권력에 의한 성폭력' 사건이 처음 수면 위로 떠오른 것은 1984년이다. 정치적 유화국면의 사회운동 공간에서는 대중집회뿐 아니라 노동자나 학생들의 시위가 빈번해졌다. 이에 대응하는 경찰의 진압 과정에서는 무차별 구타와 폭행이 따랐고, 여성이라는 이유로 성적인 수치심을 자극하는 멸시와 조롱뿐 아니라 추행을 당하는 일도 적지 않게 일어났다.[*] 1984년 11월 3일 연세대에서는 학생의 날 부활행사가 열릴 예정이었고, 경찰은 이를 사전에 봉쇄하기 위해 학생들을 대거 연행하여 각 경찰서로 분산 배치하였다. 이날 서대문경찰서의 사복형사와 전경들은 연행한 여학생 네 명의 웃옷을 강제로 벗긴 후 다른 학생들이 보는 앞에서 각목으로 구타하고, 다른 경찰서로 이송 중인 여학생의 가슴을 만지며 조롱하였다. 청량리경찰서에서도 만취한 전경이 연행된 여학생에게 욕설을 퍼붓고 머리채를 잡아 흔드는 등, 두 곳의 경찰서에 연행된 여학생들 상당수가 피해를 입었다. 이 같은 사태는 이미 두 달 전에 청량리경찰서에서 유사한 폭력을 경험한 다른 피해자와 여학생들의 공분을 불러일으켰다.[**]

　이에 각 대학의 여학생들은 연합 차원의 진상조사위원회를 구성하고,

---

[*] 여성노동자들의 인권침해 역시 심각한 상황에 놓여 있었다. 1984년 9월 민청련 여성부는 성명서를 내고, 장안동 봉제공장, 한주전자, 신원실업 사건 외에 장진운수 안내양 자살사건을 환기시키고, 이를 규탄했다.〔"여성노동자의 인권을 보호하자. 여성노동자의 인권유린사태에 대한 우리의 입장"(1984. 9. 25)〕

[**] 1984년 9월 4일 외국어대에서는 5개 대학 연합으로 전두환 대통령의 "매국 방일 반대 마당극" 행사가 있었고, 공연 후 가두시위를 저지하던 경찰은 학생들을 강제로 연행하였다. 잠시 다른 곳에 유치되었다가 9월 8일에 청량리경찰서로 끌려간 경희대 여학생 세 명은 생리 중인 여학생이 있었음에도 몸수색을 이유로 옷을 벗을 것을 강요당했다. 또한 이 자리에 여경 외에 다수의 남자 전경들이 들어와 여학생들에게 일어나 앉기를 반복하고 다리를 벌리라고 요구하는 등의 행패를 부렸다.

청량리경찰서 피해자와 함께 기자회견을 통해 사건을 폭로하기에 이르렀다. 서울시내 14개 대학의 여학생회로 구성된 '여학생연합 여학생추행사건 진상조사위원회'는 11월 16일 고려대에서 기자회견을 갖고, "여학생 추행사건 사례보고서: 폭력 경찰의 여대생 및 여성노동자에 대한 성적 탄압 사례"라는 제목으로 경찰의 여대생 추행사례들에 관한 보고를 발표하였다. 하지만 사건이 공개된 다음 날 서울시 경찰청은 즉각 "여학생 추행사건 진상"이라는 발표문을 통해 이를 반박하면서, 학생들이 주장하는 추행설은 사실무근이라고 일축하였다. 게다가 피해 학생과 진상조사위원회의 임원들을 허위사실 유포 혐의로 지명 수배하고, 피해자와 그 가족에 대한 협박과 회유로 거짓 증언을 유도하는 등 집요한 방해공작을 시작하였다.(『조선일보』 1984년 11월 18일자)

사건 소식을 접한 여성단체 대표들은 11월 21일 기독교회관 소회의실에 모여 대책을 협의하였다. 이날 회의에서 10개 단체로 구성된 '여대생추행사건 대책협의회'가 발족되었다.* 피해자들을 접촉하여 사실을 확인한 대책협의회는 11월 23일 내외신 기자회견을 갖고 "경찰에 의한 여대생 추행사건에 대한 우리의 입장"을 발표하였다. 대책협의회는 성명을 통해 (1) 피해자와 여학생연합 진상조사위원회 임원들에 대한 수배와 협박 중단, (2) 경찰의 사실 인정과 공개사과, (3) 국회의 진상조사와 해명, (4) 추행 당사자의 형사처벌 등을 요구하고, 사태의 추이를 주시하며 강력히 대응하겠다는 의지를 표명했다. 이후 대책협의회는 고발, 건의서 제출, 규탄성명, 결의대회 등 여러 가지 방식으로 관련자 처벌과 피해자에 대한 수배

---

* 11월 21일 '여대생추행사건 대책협의회' 구성 당시 참여한 단체는 한국기독교교회협의회 여성위원회, 한국교회여성연합회 인권위원회, 한국여신학자협의회, 한국기독교장로회여신도회 전국연합회 인권위원회, 여성평우회, '여성의전화', 한국기독학생회총연맹, 한국기독청년협의회 여성선교위원회, 민청련 여성부, 인천지역 사회운동연합 여성부 등 총 10개 단체이며, 11월 27일에 한국기독교장로회 여교역자협의회가 추가로 가입하여 총 11개 단체로 늘어났다.

중지 등을 요구하는 한편, 이와 별도로 활동 소식지를 만들어 각 지역에 배포함으로써 여론화의 범위를 넓히고자 하였다.

이처럼 상당히 의욕적으로 진행된 여대생추행사건 대책협의회의 활동은 1985년 2월까지 이어졌으나, 기대했던 문제해결에는 이르지 못한 채 투쟁을 마무리해야 하는 상황을 맞게 되었다. 하지만 경찰의 여대생 추행 사건은 그간 학원가나 노동현장에서 산발적으로 일어난 공권력에 의한 성폭력을 침묵의 수면 위로 끌어올렸으며, 여성단체들이 각종 피해사례들을 수합하고 여성에 대한 폭력의 의미연관을 탐색하는 계기를 제공하였다.[*] 또한 1985년 2월의 총선을 앞두고 발표된 여성유권자 선언에 "여성에 대한 공권력의 성적 폭행을 중지하라"는 요구사항이 명시된 것,[**] 그리고 '3·8세계여성의 날'을 기념하는 한국여성대회가 열릴 수 있게 된 것은 모두 대책협의회의 연대활동이 남긴 중요한 성과라고 할 수 있다.

3·8세계여성의 날 기념 한국여성대회 개최

1985년 3월 8일 YWCA 중강당에서는 세계여성의 날을 기념하는 제1회

---

[*] 1985년부터 여성평우회, '여성의전화', 민청련 여성부 등이 발간하는 기관지나 자료집에서는 여성들이 경험하는 폭력의 피해사례들에 관한 논의가 늘어난다. 또한 아내 구타로부터 경찰에 의한 추행에 이르기까지 여성들이 겪는 다양한 폭력을 망라하는, 성별과 연관된 보다 넓은 의미의 '성폭력' 개념이 여성운동의 담론에서 부상하기 시작한 것도 이 무렵이다.(신상숙, 2007)

[**] 1985년, 2월 총선을 앞둔 시점에 발표된 "제12대 국회의원 총선거에 즈음한 여성유권자 선언"(1985. 1. 25)은 '올바른 투표권 행사를 위한 여성대표자 간담회' 결과로 나온 것이다. '가족법 개정을 위한 여성연합회'가 주축이 되어 보수·진보를 아우르는 범여성계의 입장으로 표명된 이 선언에는 여대생 추행사건 대책협의회에 소속된 11개 단체 가운데 교회여성연합회, '여성의전화', 여성평우회 등 6개 단체가 참여하였다. 이 선언은 공명선거 보장과 선거법 개정 외에도 여성단체의 자율성 보장, 근로여성의 권익 보장과 노동법 개정, 농업정책 시정, 가족법을 비롯한 여성차별법 개정, 공권력의 성적 폭행 중지 등 민주화와 여성해방을 위한 정치적 요구를 담았다.

'한국여성대회'가 개최되었다. '3·8세계여성의 날'은 여성노동자들의 생존권투쟁을 지지하고 여성선거권 획득을 촉진하려는 목적에서 비롯된 20세기 여성운동의 대표적 기념일이다. 우리나라에서는 일제강점기인 1920년대부터 3·8세계여성의 날을 기념하기 시작하였으나, 해방과 분단을 거치면서 이 기념의 전통은 단절되었다.

군사독재의 탄압과 삼엄한 경계 속에서 결행된 제1회 한국여성대회는 3·8여성의 날 기념의 전통을 복원하고 진보적 이념에 바탕을 둔 새로운 여성운동의 좌표와 방향을 선언하는 첫 의례였다는 점에서 중요한 의미가 있다. 이날 발표된 "민족·민주·민중과 함께하는 '85 여성운동선언"은 1980년대 초반에 한국 사회에서 부상한 새로운 여성운동의 기획을 대내외적으로 천명한 문건으로서, 여성운동의 국제적 연대를 확인하고 민족·민주·민중과 함께하는 여성운동의 지향성을 분명히 드러냈다.

세계여성의 날을 맞이하여, 우리는 세계여성운동과의 연대를 확인하며, 동시에 한국여성들이 처해 있는 특수한 상황을 분명히 인식하고, 한국여성운동의 새로운 좌표를 설정하고자 한다. 〔……〕 한국의 여성운동은 단순한 여성지위 향상이나 여가활동의 수준을 벗어나야 한다. 또한 대다수 여성들의 생존권투쟁을 외면한 채 특권층 여성의 점유물이나 출세를 위한 발판이 되어서는 안 된다. 올바른 여성운동은 분단을 고정화시켜 이익을 꾀하는 외세를 물리치는 민족통일운동으로, 정치적 억압으로부터 민주화를 쟁취하고 사회의 민주화와 남녀평등의 민주사회를 이룩하기 위한 민주화운동으로, 그리고 생존권 획득을 위해 투쟁하는 대중적 조직 기반을 갖춘 민주운동으로의 성격을 띠고 나가야 할 것이다.

300여 명의 여성들이 모인 이날 행사에는 14개 참가단체의 관계자들

외에도 현장의 여성들이 직접 나와 노조결성 과정에서의 탄압사례, 철거
반대투쟁, 농민여성의 토지문제, 제주도 매춘관광사례 등을 증언하였다.*
1986년 3월 8일에 열린 제2회 한국여성대회에서는 기층 여성들의 생존권
지원에 대한 의지가 더욱 적극적으로 표명되었다. 대회의 참가단체들은
"생존권 쟁취하여 여성해방 이룩하자!"라는 제목의 결의문을 채택하고, 20
개 단체로 구성된 '여성단체연합 생존권대책위원회'가 이날 발족하였다.
이처럼 여성노동자의 생존권투쟁을 체계적으로 지원해야 할 필요성이 제
기되고 상설적인 연대기구가 구성된 것은 1980년대 중반을 거치면서 여성
노동자에 대한 차별문제가 제기되고 부당해고 등에 맞서는 생존권투쟁의
열기가 점차 고조되었기 때문이다.

여성노동자들의 생존권투쟁과 지원활동

산업화 초기에 저임금 노동력으로 노동집약적 산업에 대거 편입된 여성들
은 대부분 나이가 어린 미혼의 생산직 노동자들이었고, 여성노동자는 결
혼과 더불어 직장을 그만두는 것이 당연시되었다. 산업구조가 변모함에
따라서 1980년대에는 사무직·판매직·서비스직에 종사하는 여성이 늘어
나고 기혼 여성의 취업이 증가하였다. 하지만 결혼 후에도 일을 계속하고
자 하는 여성들에게 노동자로서의 생존권은 여성문제와 직결되어 있었는
데, 단지 여성이라는 이유로 결혼퇴직 각서를 강요하거나 성별에 따라 정

* 제1회 한국여성대회에서는 선언 외에도 목동 주민과 세입자의 철거문제, 유니전 노조 탄압, 제주도 매
  춘관광 등 5개의 '사례발표'가 이어졌고, '도깨비 마당'의 형식을 빌린 사례극이 시연되었다. 이후 3·8
  세계여성의 날을 기념하는 한국여성대회는 여성운동의 입장과 요구를 대외적으로 선언하는 집회의 형
  식에서 문화적 축제로 그 의례의 형식과 내용이 변모하면서 현재까지 지속되고 있다.

년을 차별적으로 적용하는 당시의 관행은 커다란 걸림돌이 아닐 수 없었다.

가령 1985년 4월 무역업체의 영업부 사원으로 근무하다가 교통사고를 당한 사무직 노동자 이경숙의 손해배상청구소송에서 재판부는 "우리나라 여성의 결혼 평균연령인 26세부터는 가사노동에 종사하는 것으로 보아야 한다"라고 주장하면서, 도시 일용근로자의 일당 임금 4,000원을 기준으로 주부의 가사노동 가치를 산정하는 배상판결을 내렸다. 이 사건이 보도되자 여성단체들은 직장 여성의 25세 조기정년을 기정사실화하는 사법부의 부당한 판결에 즉각 항의하고, 여성평우회와 '여성의전화'를 비롯한 6개 단체로 '25세 여성조기정년제 철폐를 위한 여성단체연합회'를 결성하여 다각적인 활동을 펼쳤다.[*]

또한 1985년 6월 9일에는 생산직 여성노동자들에 대한 부당해고와 폭행에 항의하는 불매운동이 전개되었다. 이 사건의 발단은 성도섬유 측이 노동절 행사에 참여했다는 이유로 노동자들을 해고하고, 유령노조 정상화를 요구하며 출근싸움을 벌이는 여성노동자들을 수차례에 걸쳐 모욕, 폭행, 감금한 것에서 비롯되었다. 성도섬유 해고노동자들은 복직투쟁을 계속하는 한편, 각 대학과 단체들에 사태의 부당성을 널리 알리기 위해 애썼다. 이에 교회여성연합회를 비롯한 10개 여성단체와 17개 여학생회가 '성도섬유 부당해고 여성노동자 복직추진위원회'(약칭 복직추진위)를 구성하여 이들을 지원하였다. 복직추진위의 단체들은 교대로 11명의 해고노동자

---

[*] 이 사건은 여성계의 광범한 반응을 불러일으켰는데, 한국여성단체협의회, 여성평우회, 대한YWCA, 한국교회여성연합회 등이 건의문, 질의서, 성명서 등으로 초기에 대응하였고, 7월 15일에 진보적 여성단체들로 구성된 '25세 여성조기정년제 철폐를 위한 여성단체연합회'가 구성되었다. 이 연합회는 9~10월 사이에 세 차례에 걸친 연속토론회를 주최하여 여성노동의 현실과 가사노동문제에 대한 논의를 심화하는 한편, 서명운동, 전단을 통한 홍보작업 등으로 사회적인 관심을 환기시키고 변호사를 선임하는 등 적극적인 활동을 펼쳤다. 이런 다각적인 활동의 결과로 이 사건은 이듬해 3월 14일 항소심에서 '무효 판결'이 내려짐으로써 일단락되었다. (『베틀』 9~12호(1985~1986)의 여성소식과 '25세 여성조기정년제 철폐를 위한 여성단체연합회'의 사건 경과보고 문건 참조)

들과 함께 지원출근을 시도하고, 약 5개월간 톰보이 제품의 불매운동을 전개하였으며, 스티커와 전단 배포, 매장 항의방문, 피케팅 등으로 대응하였다.[*]

　거의 비슷한 시기에 발생한 위의 두 사건 외에도, 1985년 6월 구로지역에서는 노조 간부 구속에 항의하는 대우어패럴노조의 파업농성을 지지하는 동맹파업이 일어나 사회적인 파장을 불러일으켰다. 가리봉노조 등 4개 노조가 전면 파업에 들어감으로써 시작된 이 구로동맹파업은 6일간에 걸쳐 진행되었으며, 다수의 노조들이 결합하여 파업지지 농성과 연대시위를 전개하였다.

부천서 성고문사건과 연대의 확장

군사독재에 저항하는 민주화투쟁의 열기가 점차 고조될수록 정부의 탄압은 더욱 심해졌다. 격렬한 민주화투쟁과 개헌요구의 압박에 시달리던 집권세력은 1986년 5월 3일에 인천에서 있었던 격렬한 집회시위를 빌미로 공안정국을 조성하여 반전을 꾀하고자 하였다.[**] 이른바 '인천 5·3항쟁'에 따른 대탄압의 과정은 대량 구속뿐 아니라 구속자들에 대한 극심한 고문

---

[*] 이 시위의 과정에서 여성단체 대표들과 해고노동자, 학생 등 14명이 연행되어 구류처분을 받았다. 불매운동이 대학가와 사회로 확산되자 성도섬유 측은 완강하던 태도를 바꾸어 대학생 출신 두 명을 제외한 해고자들의 복직이라는 타협안을 제시하였으나, 선별 복직을 해고자 측이 받아들이지 않음으로써 타협이 이루어지지는 않았다. (이현숙, 1992, 286~287쪽)

[**] 1986년 초부터 신민당이 전국 시도지부별로 매주, 혹은 격주 단위로 개최한 개헌추진위원회 결성대회는 공식적인 행사보다 다수의 시민들과 민주화운동 진영이 참여하는 집회시위의 모멘트로서의 의미가 컸다. 5월 3일에 예정된 인천대회에서는 1980년 5월 이후 최대 규모의 시위가 격렬한 양상으로 벌어져 129명이 구속되고 60명이 수배되었다.(『경향신문』 2004년 9월 5일자) 정부와 언론이 시위의 폭력성을 부각시키는 가운데 서울노동운동연합 관련자들에 대한 구속과 고문을 비롯하여 용공조작으로 조직사건들을 엮어 노동운동조직들을 초토화하는 대탄압이 시작되었다.

사례들을 양산하였으며, 불가항력의 고문 상황에서 공권력에 의한 성폭력은 더욱 노골적인 양상으로 자행되었다.

이처럼 인천 5·3항쟁 이후 가혹한 수사과정에서 성적 인권침해가 빈발하자, 여성단체 관계자들은 이에 항의하는 철야농성(1986. 6. 26~6. 28)을 벌이기도 하였다.* 농성에 앞서 '여성단체연합 생존권대책위원회'** 소속 여성단체들은 "여성에 대한 성적 고문을 규탄한다"(1986. 6. 26)라는 제하의 성명서를 발표하고, 인천 5·3항쟁 구속자와 성남 신생 여성노동자에 대한 성고문사례 등을 열거하며 정권의 만행을 규탄하였다.

지난 84년에도 여대생 추행사건으로 물의를 일으킨 현 정권은 생존권을 확보하기 위해 몸부림치는 여성들에 대해 야수보다 못한 성적 폭행과 고문을 자행함으로써, 정권의 부당성을 은폐시키고 민중·민주운동 그리고 여성운동을 탄압하고 있다. 현 정권과 그의 하수인들이 함께 자행하는 고문과 성적 폭행은 가장 잔혹한 인간 말살 행위이다. 경찰서, 치안본부, 안기부, 보안사 등 수사당국과 구치소 교도소에서의 고문과 폭력은 이제 공공연한 것으로 알려져 있으며 그 종류를 헤아리기조차 힘들다.

그런데 농성이 끝날 무렵 전해진 또 다른 사건 소식은 여성단체들을

----

* 여성단체연합 성고문대책위원회의 박영숙 위원장에 따르면, 여성단체들이 처음 부천서 소식을 접하게 된 경위는 이러했다. "우리 여성단체 쪽에서는 처음에 전열이 가다듬어지지 않았지만, 26일부터 28일까지 NCC에서 서노련 소속 여성이 성고문 비슷하게 굉장히 당했다는 것과, 5·3인천시위 관련 여성연행자의 성폭행, 성남노동자의 성고문 건으로 농성을 했었지요. 끝날 때쯤 인천 인권위원회에서 전화가 왔었는데 자세히 듣진 못했어요. 이상수 변호사를 만난 후 부천서에 항의하러 가기로 했는데, 그 전날 가족들이 몽땅 연행되어갔다는 소식을 듣고 못 들어가고 되돌아왔지요."(한국기독교교회협의회 인권위원회 편, 1987a, 84쪽)
** 여성단체연합 생존권대책위는 본래 20개 여성단체로 구성되어 있었다. 그러나 농성 참여 시 발표한 성명서는 서노련 여성부와 지역 민주화운동단체의 여성부들이 제외된 채 16개 여성단체의 이름으로 발표되었는데, 이것은 인천 5·3항쟁 이후 대탄압 국면의 여파 때문이었던 것으로 추정된다.

격분시키기에 충분하였다. 인천지역 노동현장에서 일하던 한 여성이 타인의 주민등록증을 위조하여 취업했다는 이유로 연행되었으나, 부천경찰서 측은 본래의 연행 이유와 상관없이 인천 5·3항쟁 수배자들의 거처를 자백하라고 강요하였다. 당시 조사를 담당한 부천경찰서의 문귀동 경장은 수사에 협조하지 않는다는 이유로 두 차례에 걸쳐 강제로 추행하는 등 참혹한 성고문을 자행하였다. 절망적인 고통에 시달리며 인천교도소로 송치된 피해자는 많은 번민 끝에 자신이 겪은 일을 공개하기로 결심하였고, 이 소식은 6월 말 다른 여성 재소자의 가족을 통해 외부로 전해지게 되었다.

1986년 6월에 발생한 이 '부천서 성고문사건'은 사회적으로 커다란 파장을 불러일으켰으며, 대표적인 시국사건의 하나로서 독재정권에 대한 민심의 이반을 재촉하였다. 사건 공개 이후 피해자는 변호인을 통하여 가해자 문귀동을 고소하였으나, 가해자는 오히려 명예훼손 혐의로 피해자를 맞고소하였다. 이에 피해자를 지지하는 9명의 변호사들은 가해자와 부천서 관계자들을 고발하였고, 이들이 작성한 공개고발장이 각 단체들의 소식지에 실리거나 별도의 전단으로 만들어져 전국에 뿌려지면서 사건의 파장이 일파만파로 확산되었다.

사건의 진실을 둘러싼 공방이 벌어지는 상황에서 군사독재정권의 억압적 국가기구와 집권여당은 피해자를 매도하고 사건을 은폐하기에 급급하였다. 7월 16일에 조사 결과를 발표한 검찰은 피해자의 주장을 거의 부정하고 가해자를 옹호하면서, "성적 모욕의 허위사실 주장은 운동권세력이 상습적으로 벌이고 있는 의식화투쟁의 일환"이라는 식으로 피해자와 운동권을 매도하였다. 또한 제도언론의 각 신문사들은 다음 날 검찰 측의 발표 내용을 일제히 보도하면서 사건의 의미를 철저하게 왜곡하는 정체불명의 '공안당국의 분석'을 함께 게재하였는데, 부천서 성고문사건의 진행과정 전반에 걸쳐 언론에 대한 정부의 보도통제와 여론조작은 매우 치밀하고 집요하게 이루어졌다.*

그러나 검찰의 발표와 공안당국의 분석은 오히려 이 사건이 정치권력의 비호 아래 조직적으로 자행된 것이라는 확신을 갖게 하였고, 시민 대중의 분노가 끓어오르게 만들었다. 검찰의 발표 직후 옥중의 피해자는 즉각 단식농성에 들어갔고, 각종 대책기구와 재야민주세력은 검찰 발표를 전면 거부하는 내용의 성명서와 전단들을 쏟아냈다. 7월 19일에 명동성당에서는 경찰의 저지 속에서 '고문, 성고문, 용공조작 범국민폭로대회'가 열렸으며, 예배·미사·대회 등 각종 형식의 집회 움직임이 7～8월에 거쳐 전국적으로 확산되었다.

부천서 성고문사건의 대응과정에서 두드러진 특징은 여성단체 외에도 구속자 가족, 여학생운동세력, 종교계, 법조계, 재야민주세력, 야당 등이 합세함으로써 광범위한 연대의 전선이 형성되고, 다양한 대책기구가 만들어졌다는 점이다.(신상숙, 2007, 110～111쪽) 사건이 알려진 직후 '5·3사태 구속자가족모임'의 여성들과 여학생들이 부천서에 몰려가 항의농성을 벌이는 등 직접적인 행동으로 진상규명을 촉구하였다. 여성단체연합 생존권대책위원회의 연장선에서 구성된 '여성단체연합 성고문대책위원회'와 종교계의 남녀 인사들이 함께 참여하는 '부천경찰서 성고문 공동대책위원회'는 이 사건의 전개과정 전반에 걸쳐 피해자를 지원하고 투쟁을 조직해나가는 데 기여하였다.

또한 이 사건에 대하여 범민주세력이 적극적인 관심을 보이고 함께 대응해나갈 수 있었던 것은 공권력에 의한 탄압의 가장 가혹한 형태인 '고문'의 문제가 이미 수위를 넘어섰기 때문이기도 하다. 1985년 민청련 김근

---

* 이 같은 사실은 1986년 9월에 발간된 민주언론운동협의회 기관지 『말』 특집호를 통해 '보도지침'의 실체가 보도됨에 따라 알려지게 되었는데, 정부로부터 각 언론사에 시달된 보도지침에는 한 달 남짓 동안 무려 15회에 걸쳐 언급되어 있었다.

태 의장에 대한 고문사건을 계기로 '고문·폭력대책위원회'가 조직되었고, 이 밖에도 종교계, 재야민주세력, 야당 인사들을 망라하는 '고문 및 용공 조작 저지 공동대책위원회'가 구성되어 활동하고 있었다. 이처럼 종교계나 반독재세력이 연대하여 만든 기존의 고문·폭력대책기구와 지방 인권조직 은 성고문 폭로투쟁이 전국적인 규모로 확산되는 데 일조하였다.

그리하여 1986년 부천서 성고문사건을 둘러싼 투쟁은 여성운동의 범 위를 넘어서 보다 확장된 민주적 연대의 틀 속에서 투쟁이 진행될 수 있었 다. 하지만 투쟁에 참여한 주체들이 사건에 부여하는 의미가 동일했던 것 은 아니다.(신상숙, 2007, 115~121쪽) 사건의 피해자와 여성운동은 '순결 이데올로기'가 강제하는 침묵의 장벽을 넘어서 사건을 공론화하는 것에 의 미를 부여하였으나, 독재정권과 민주세력의 대립 속에서 '성의 도구화'를 둘러싼 정치적 공방은 성적 보수주의의 지형에 갇혀 있었으며, 여성의 성 에 대한 이중적 잣대를 벗어나기 어려웠다. 또한 피해자가 '여성노동자'로 서의 정체성을 강조하였음에도, 정작 노동운동계는 이 투쟁에 열의를 보 이지 않았으며, 학생운동권에서도 이 사건을 여성만의 문제로 간주하는 경향이 있었다. 1980년대에 여성들은 독재정권에 대립하여 민주화와 진보 를 위하여 함께 싸웠으나, 이 투쟁의 과정에는 여성에 대한 배제와 젠더 갈 등의 복선이 깔려 있었다. 그리고 이것은 후일 민주화운동의 성별화된 역 사를 되돌아보고, 여성의 이름으로 '진보의 진보'를 다시 외쳐야 할 이유로 남게 되었다.

4

1987년 이후 여성운동의 발전과 변화

한국여성단체연합의 출범

여성단체들은 1984년부터 공권력에 의한 성폭력사건에 공동으로 대처하고 여성노동자들의 생존권투쟁을 함께 지원하는 등, 사안별 연대활동의 경험을 축적해나갔다. 또한 3·8세계여성의 날을 기념하는 '한국여성대회'를 개최하여 진보적 여성운동의 방향과 문제의식을 공유하는 자리를 마련하였다. 어느 면에서 1980년대를 특징짓는 진보적 여성운동의 흐름은 이런 사안별 연대의 시도들이 축적되는 과정에서 형성된 것이라고 말할 수 있으며, 이 연대의 효과는 1987년 2월 진보적 여성운동의 결집체인 '한국여성단체연합'(약칭 여연)의 출범으로 나타난다.

그간 생존권대책위원회, 성고문대책위원회, KBS시청료거부 여성연합 등의 사안별 연대를 통해서 '여성단체연합'의 이름을 걸고 함께 활동해온 여성단체들은 연대조직의 상설화가 필요하다고 판단하게 되었다. 이들은 1987년 2월 18일 합정동에 소재한 '여성의전화' 강당에서 총회를 개최하여 마침내 여연을 출범시켰다.* 여연 10년사에 따르면, 여연 창립 당시 진

민주시민대동제가 열린 명동성당 앞길에서 여연 회원들이 행사 전단을 나눠주는 모습

◎ 여연사

보적 여성운동의 주축을 이룬 집단은 크게 세 부류로 나누어볼 수 있다. 첫째는 1970년대 생산직 여성노동자들의 민주노조설립투쟁의 전통을 잇는 여성노동자 집단, 둘째는 학생운동에 참여하고 여성해방이론을 접한 지식인 여성들, 셋째는 관광기생문제나 양심수 인권문제 등을 다루어온 교회여성운동권이다.(한국여성단체연합 편, 1998, 18~19쪽)

여연은 진보적 여성운동의 구심체로서 상징적 대표성을 인정받게 되었지만, 여연의 조직기반이 처음부터 자리 잡혀 있었던 것은 아니다. 창립

● 여연의 창립 회원단체는 기독여민회, 또하나의문화, 민족미술협의회 여성분과, 민주통일민중운동연합 여성위원회, 민주화실천가족운동협의회, 민주화운동청년연합 여성부, 민중불교운동연합 여성부, '여성의전화', 여성평우회, 전국민주운동협의회 여성위원회, 한국가톨릭농민회 여성부, 한국기독교교회협의회 여성위원회, 한국기독교장로회 여교역자협의회, 한국노동자복지협의회 여성부, 한국여신학자협의회, 공해반대시민운동협의회 여성분과, 주부아카데미협의회, 한국교회여성연합회, 한국기독노동자총연맹 여성부, 한국기독교농민회총연합회 여성부, 가톨릭여성농민회 등 총 21개 단체이다.

당시 여연의 21개 회원단체 가운데 절반이 종교와 관련된 여성운동조직으로, 단체 수만을 놓고 본다면 위의 세 부류 집단 가운데 가장 큰 비중을 차지하는 것이 교회여성운동권이었다. 독립적인 조직의 형태를 갖춘 여성운동단체 역시 절반에 그쳤고, 나머지는 종교 및 재야 민주단체의 여성부나 여성위원회와 같은 분과조직이었다. 또한 지역에 기반을 두고 활동하는 여성운동단체들이 없었기 때문에 아직 전국적인 범위에서 연대의 틀이 형성되었다고 말하기도 어려운 상황이었다.

하지만 1987년에 한국여성노동자회와 한국여성민우회가 창립되어 여연에 가입하고, 지역을 활동기반으로 삼는 여성단체라든가 부문 또는 과제 중심의 여성운동조직들이 여연과 결합하면서 여연의 내부구성이 달라지기 시작하였다. 특히 1987년부터 1990년대 초까지 여연 회원단체의 구성에 현저한 변화가 일어났음을 알 수 있는데, 창립 당시 절반에 가까웠던 종교계와 연관된 여성단체들은 절대 수와 비율이 모두 줄어들어 약 10% 수준에 머무르게 되었고, 독립적인 조직의 형태를 갖춘 단체들이 점차 늘어나 1991년에는 80% 이상을 차지하게 되었다.(신상숙, 2007, 126~127쪽)

비록 창립 초기에 여연의 회원단체 구성은 안정되지 않았고 여성운동의 광범한 이슈들을 포괄하기 어려웠으나, 민주화 이행기에 각 지역과 부문의 조직화가 일어나는 여성운동의 또 다른 확장국면을 거치면서 여연의 조직적 위상은 점차 강화되었다. 진보적 여성운동을 망라하는 연합체의 성립은 1980년대와 1990년대 여성운동을 매개하고, 민주화의 시대적 열망을 여성운동의 토대로 전환하는 기본적인 축이 공고화되는 효과를 가져왔으며, 1990년대의 변화된 정치 상황 속에서 여성운동이 법제화의 정책적 성과에 접근할 수 있는 교두보가 되었다.

지역 및 부문 여성운동의 발전

사회민주화의 열기가 고조되었던 1987년 6월민주항쟁 이후 전국 곳곳에서는 대중운동이 비약적으로 성장했고, 무엇보다 각 지역과 부문을 망라하는 여성운동의 조직화가 활발하게 이루어졌다. 우선, 지역을 기반으로 대중적 여성운동을 추구하는 새로운 여성단체들이 모습을 드러내기 시작했다. 1987년에는 제주여민회, 대전·충남여민회가 창립되었고, 이어 1988년에는 거창여성회, 경남여성회, 대구여성회, 광주·전남여성회, 전북민주여성회, 인천 일하는 여성의 나눔의 집, 부산 근로여성의 집, 대구의 함께하는 주부모임이, 그리고 1989년에는 수원여민회와 충북여성민우회가 결성되었다.

이처럼 1987년 이후에 조직된 각 지역의 여성단체들은 학생운동 출신의 활동가들, 민주화운동단체 및 종교단체의 여성분과, 다양한 계층의 여성소모임 등이 주축이 되어 만들어지는 경우가 많았다. 또 단체마다 편차가 있기는 하지만 생산직·사무직 여성노동자와 주부를 포괄하는 대중적인 여성단체를 지향하는 특징을 보였다. 이렇듯 지역을 기반으로 활동을 개시한 여성단체들은 다른 지역단체들과 연대하는 한편으로, 해당지역 여성들에 대한 상담과 교육을 실시하고 생존권투쟁을 지원하는 등 여성권익의 실현을 위한 다양한 사업을 병행해나갔다.(한국여성단체연합 편, 1998, 144~159쪽; 이승희, 1994, 228~231쪽)

지역운동뿐 아니라 부문운동의 발전도 활발히 이루어졌다. 일찍이 1980년대 초반부터 '아내 구타' 상담활동에 역점을 두고 부문운동을 시작한 '여성의전화'는 민주화운동에 참여하면서 대사회적인 활동의 비중을 점차 늘려왔고, 여성인권운동의 확산에 기여해왔다. 1987년 9월에 회원단체로의 조직개편을 단행한 '여성의전화'는 1986년부터 아내 구타뿐 아니라 가정 밖에서 일어나는 여성문제, 특히 직장 내 차별과 폭력으로 관심을 확대하여 이런 고충을 접수할 수 있는 '여성문제 고발창구'를 개설하였다. 이 고발창구에는 직장 내 성폭력뿐 아니라 학교와 사회복지시설에서 일어나는 성폭력을 비롯한 인권유린사건들도 접수되었는데, 파주 여종고사건 (1987), 영생애육원사건(1988), 혜화학교 보명원사건(1988) 등이 그런 경우에 해당한다. 한편 KBS 징수원 박성혜 씨에 대한 폭행사건(1986), 대한 투자신탁 주소녀 씨의 결혼퇴직 강요사건(1987) 등은 '여성의전화'가 적극적으로 개입함으로써 해결점을 찾게 된 대표적인 사건들이다.(한국여성의전화 편, 1999, 29~40쪽)

1980년대에는 과거와 달리 기혼 여성노동자의 비중이 늘어나고, 생산직뿐 아니라 사무직·서비스직의 증가세가 두드러졌으며, 87노동자대투쟁을 거치면서 여성노동자들의 노조 조직화가 늘어났다. 이로 말미암아 독자적인 여성노동자운동의 필요성이 대두하게 되었고, 생산직과 사무직 여성노동자운동을 지원하기 위한 여성단체들이 조직되었다.

1987년 3월에는 여성노동자운동 조직의 효시라고 할 수 있는 '한국여성노동자회'가 서울지역에서 창립되었다. 한국여성노동자회는 여성노동자운동의 독자적인 영역을 구축하고 역량을 강화하기 위한 노력을 기울이는 한편, 여연의 노동위원회와 협력하면서 주로 생산직 여성노동자들의 노동조건 개선, 노동조합 결성, 노조민주화투쟁 등에 대한 지원활동을 지속해왔다. 서울에 이어 1989년에는 인천, 부천, 성남 지역에서도 여성노동자회가 만들어졌고, 1990년에는 광주, 부산 지역으로 그 움직임이 확산되었다. 그리고 이렇게 지역 단위에서 만들어진 여성노동자회들이 1992년 '한국여성노동자회협의회'를 결성함으로써 전국 조직의 면모를 갖추게 되었다.(강인순, 2001, 476~478쪽; 한국여성단체연합 편, 1998, 72~75쪽)

1987년 9월에 모습을 드러낸 '한국여성민우회'는 창립선언문에 밝혔듯이, 자주적 민주사회 건설, 민족자립경제 수립, 진정한 남녀평등 실현을 목표로 삼아 결성되었다. 창립 당시에는 중간층, 주부, 생산직과 사무직 청년 여성을 대상으로 설정하였으나, 1989년부터는 조직대상이 사무직 여성과 주부들로 집중되었다. 한국여성민우회는 초기에 사무직 여성노동자들의 노조탄압 저지, 결혼퇴직제 반대, 여성 생존권투쟁에 대한 지원활동과 교육, 선전사업에 역점을 두었다. 그러나 1980년대 말 이후 주부활동가 중심의 생활자치운동이나 생활협동조합 활동이 주요 사업영역으로 부상하였고, 1990년대에 들어와서는 미디어 감시라든가 성폭력 및 가정폭력에 관한 상담활동 등으로 영역을 확장해나갔다.(한국여성민우회 편, 2008, 22~29쪽)

이 밖에도 1987년 6월민주항쟁과 민주화운동의 열기 속에서 여성농민운동, 탁아 및 보육 운동, 환경운동과 같은 여타 부문 여성운동 조직화와 발전도 함께 진행되었다. 농촌여성 조직화는 일찍이 1977년 가톨릭농촌여성회, 가톨릭농민회 산하 부녀부의 출범에서 시작되었으나 '여성농민'의 지위에 대한 진지한 고민과 여성농민조직의 발전이 이루어진 것은 1980년대이다. 1984년과 1985년 사이에 이들 조직은 명칭을 변경한 데 이어, 1989년 12월에 '전국여성농민위원회'를 결성하였다. 이로써 독자적이고 통일성을 갖는 여성농민운동이 가능하게 되었다.(엄영애, 2007; 한국여성단체연합, 1998, 99~105쪽)

사회운동 지형의 변화와 여성운동

제5공화국 전두환 정권의 임기가 끝나는 1987년은 군사독재정권과의 일대 접전이 예상되는 시기였다. 그러나 6월민주항쟁과 87노동자대투쟁의 엄청난 파급효과에도 불구하고, 12월의 대선을 통한 군사정권 교체는 실패로 끝났다. 1988년의 제13대 총선으로 여소야대 국면이 펼쳐지자 민족민주운동은 다시 전열을 재정비하여, 1989년 1월 범민주세력의 통일전선체로서 '전국민족민주운동연합'(약칭 전민련)을 결성하였다.

1987년 이후의 민주화 이행기는 진보적 여성단체들의 조직화가 활발하게 이루어지는 한편으로, 여성운동의 해석 틀이나 전략의 측면에서 여러 가지 복선들이 중첩되어 함께 진행되는 일종의 조정기라고 볼 수 있다. 따라서 한편으로 민족민주운동의 자주·민주·통일의 이념과 상징에 대한 진보적 여성운동의 동일시가 한층 강화되는 양상으로 표출되기도 하지만, 다른 한편으로 민족민주운동에 대한 여성운동의 관계 설정이나 실질적인 참여 양상은 점차 변화를 겪게 되었다.

그간 진보적 여성운동은 성(별)과 계급의 관계에 관해서는 대체로 마르크스주의 페미니즘의 입장과 동일시하였지만, 사회변혁에 대한 인식은 민족해방 정파의 인식과 친화성을 보여왔다.* 또한 민족민주운동은 1987년 이후 지역 차원에서 다양한 부문과 계층들을 포괄하는 대중적인 여성단체의 조직화에 영향을 주기도 하였다. 이런 사정으로 말미암아 1988~1989년까지 민족민주운동에 대한 진보적 여성운동의 이념적 동일시는 점차 강화되었다. 그 연장선에서 여연은 1989년에 전민련 가입 여부를 놓고 내부토론을 벌인 끝에 회원단체의 다수결로 가입을 결정하였다.** 그리고

---

* 1986년에 이루어진 여성평우회의 민주통일민중운동연합 가입이라든가, 1987년 대선을 앞두고 여연의 초창기 지도부가 '비판적 지지'의 입장을 표명한 것 역시 같은 맥락에서 해석될 수 있을 것이다. 1980년대 중반 이후 사회운동의 저항담론은 민족주의적 통일전선의 구축에 비중을 두는 NL(National Liberation, 민족해방) 계열과 노동계급의 중심성을 강조하는 PD(People's Democracy, 민중민주주의) 계열의 두 정파적 인식으로 대별된다. 여성운동이 NL적인 노선에 상대적으로 친화성을 보인 것은 여성운동의 대중화라는 목표가 비합법·반합법 투쟁조직이나 중간층을 배제하는 계급운동으로서 PD정파의 선명한 입장과 화해하기 어려운 반면, NL정파의 계급분석이나 변혁론은 그 여지가 상대적으로 넓었기 때문이라고 해석될 수 있다.

여연의 전민련 가입과 더불어 진보적 여성운동은 민족민주운동의 한 부문운동으로서 스스로를 자리매김하고, 전민련의 다른 단체들과 연대하면서 정치투쟁에 참여하게 되었다.

하지만 '여성 대중'을 지향하는 여성운동의 현장이 넓어지고 지역과 부문을 아우르는 각 단체들의 현장활동이 구체화되면서, 민족민주운동과 여성운동의 관계 설정이나 참여 양상은 달라질 수밖에 없었다. 가령 여연은 연합의 수준에서 전민련에 가입하여 함께 정치투쟁을 전개하였으나, 회원단체들의 지원과 참여의 부진으로 이내 어려움을 겪게 되었다. 전민련에 대한 여성운동의 참여는 "현실적으로 상층 지도부 수준의 연대를 넘어서지 못하는 경우"가 많았고, 현장에 기반을 둔 회원단체들의 실제 운동은 정치투쟁보다 여성의 특수과제를 중심으로 한 여성운동의 대중화를 지향하고 있었기 때문이다.(한국여성단체연합 편, 1998, 26쪽)

1980년대 말부터 야기된 사회운동 지형의 변화와 시민운동의 등장은 사회운동 전반을 아우르는 거시적 해석 틀의 후퇴와 운동의 탈중심화를 더욱 촉진하였다. 반독재 전선의 이완이라는 조건은 전민련의 출범과 같이 '전선' 재구축을 위한 시도를 자극하는 동시에 사회운동의 분심화와 주체의 다변화를 가능하게 하였다. 6월민주항쟁의 부분적인 성과로 얻어진 대통령 직선제, 그리고 1988년 총선의 결과로 형성된 여소야대의 국회는 법이나 제도를 활용할 수 있는 가능성을 열어놓았다.

따라서 노동운동이나 민족민주운동의 다른 한편에서 이와 구별되는 시민운동이 출현하게 되고, 전투적이고 급진적인 혁명운동이 아닌 구체적

●● 1987년 이후에 새롭게 결성된 지역여성단체들과 여성노동자단체들은 전민련 가입에 찬성하였으나, 한국교회여성연합회, 또하나의문화, 주부단체들은 반대하였다.(한국여성단체연합 편, 1998, 20쪽) 반대 입장을 표명한 단체들은 이후 참관단체로 전환하거나 여연을 탈퇴하였으며, 특정 사안에 따라 연대하는 방식으로 관계를 정리한다.

인 생활상의 요구들과 관련된 민주적 사회개혁의 시도들이 점차 대중적인 지지를 얻기 시작했다. 그리고 1989년 이후 가시화된 동구 사회주의권의 붕괴와 1991년 소련의 페레스트로이카는 좌파 정치의 이론적 전망에 대한 근본적인 회의를 불러일으킴으로써 이러한 경향을 더욱 촉진하였다.

1990년대로의 길목, 남겨진 과제들

1980년대 초반에 새롭게 등장한 여성단체들은 민중여성과 유리되지 않는 대중적인 여성운동을 모색하면서, 독재정권에 맞서 여성인권의 사각지대를 고발하고 차별과 생존권의 위협으로부터 삶을 방어하고자 투쟁하는 여성들을 지원하였다. 1980년대 후반에 들어와 진보적 여성운동은 연합체 창립을 바탕으로 전개되었고, 지역과 부문을 아우르는 조직적 발전을 토대로 이후 한국여성운동의 흐름을 주도해왔다.

그러나 1990년대의 관점에서 볼 때 1980년대의 여성운동은 성별 권력에 대한 저항과 비판이라는 측면에서 미진한 한계를 안고 있었던 것으로 평가되기도 한다.(조주현, 1996, 143~151쪽; 김혜숙·조순경, 1995, 142~150쪽) 가령 민주화운동 과정에서 '열사―전사'로 표상되는 남성성의 재현 방식은 강력한 상징적 동원을 가능하게 하였으나, 이런 주체 위치를 동일시하기 어려운 운동사회의 여성활동가들은 오히려 모호한 위상에 시달리며 재현의 위기를 겪어야 했다.(김재은, 2003, 70~82쪽) 또한 운동사회가 정치적 이념 면에서 진보적일지라도 사회 일반에 각인된 성역할의 구분, 여성에 대한 배제, 남성중심적인 성문화의 측면에서 자유로울 수는 없었다. 여성운동은 운동사회의 가부장성이나 성차별주의를 극복하지 못한 채 1990년대를 맞게 되었고, 이는 향후 운동이 풀어야 할 숙제로 남았다.

1980년대의 여성운동은 정당성이 없는 국가와의 타협 속에서 성장한 여성단체들에 대한 비판과 부정을 스스로의 출발점으로 삼았으며, 비주류의 위치에 놓인 진보적 여성단체들과 국가의 관계는 대립적이었다. 하지만 1991년의 지방자치 선거, 그리고 문민정부의 출범으로 이어지는 일련의 정치사회적 변동은 유엔을 비롯한 국제기구의 여성인권 레짐이 미치는 영향과 더불어 진보적 여성운동의 정치적 기회구조를 호전시키는 데 기여하였다. 그리하여 과거 군사독재정권과 대립하였던 진보적 여성단체들은 1990년대에 들어와 제도적 절차와 수단을 활용하기 시작하였고, 성폭력특별법 제정을 위한 입법운동은 이 변화의 서곡이었다. 따라서 1990년대에는 '여성운동의 시대'라고 부를 수 있을 만큼 그 어느 때보다 활발하게 여성운동이 펼쳐졌고, 각종 입법과 정책의 성과들이 이어졌다.

1980년대의 여성운동은 민주주의가 외면당하는 시대에 민중의 고통을 껴안고, 여성의 '다름'을 '차별'로 만드는 사회적 조건의 불평등을 바로잡고자 분투하였다. 1990년대의 여성운동은 이런 민주주의의 제도화가 양성평등의 실현을 위한 실질적인 기반이라는 점을 구체적인 성과들을 통해서 보여주었다. 하지만 그 전제가 언제나 동일하게 주어지는 것은 아니다. 신자유주의 시대를 맞아 민주화와 양성평등에 역행하는 또 다른 변화들이 가시화되는 오늘의 상황에서 민주화운동과 여성운동의 관계를 어떻게 설정할 것인가의 문제는 우리가 숙고해야 할 또 다른 현안이 되고 있다.

제10장

통일운동

1
6월민주항쟁 이전
남북대화와 통일운동 모색

남북 당국 간 대화 및 상호 통일방안 제의

1960~1970년대 박정희 정권기의 남북관계는 갈등과 대결 양상을 기본으로 하면서도 남북 간 접촉과 대화가 시도되곤 했다. 1963년 남북체육회담(로잔회담)은 휴전 이후 남북 간 첫 접촉이었다. 특히 1970년대 초 국제적인 데탕트 국면에 전개된 남북대화의 결과, 1972년 7·4남북공동성명을 발표함으로써 남북관계에 커다란 이정표를 마련한 바 있다. 남쪽 사회 내부의 민간 통일논의 역시 단속적으로 전개되었다. 1964년 도쿄올림픽 당시 북쪽 신금단 선수와 남쪽 아버지의 상봉, 『세대』지 필화사건, 1967년 서민호의원구속사건 등은 분단의 비극을 되새기게 하는 동시에 통일논의가 형성되는 계기로 작용했다. 1964년 인민혁명당(약칭 인혁당)사건, 1974년 제2차 인혁당사건 및 민청학련사건, 1979년 남민전사건 등을 통해 어느 정도 드러난 바와 같이 비공개 사회운동세력에 의한 통일논의도 이루어졌다. 군사정권의 '선건설 후통일' 노선과 통일논의 독점에도 불구하고,

1971년 대선 시기 김대중 후보에 의한 '3단계 평화통일론' 주장과 7·4남북공동성명을 계기로 재야세력 사이에서 통일에 대한 논의가 있었다. 그러나 통일논의는 내면화된 상태에 머물 수밖에 없었으며, 대중적인 통일운동으로까지 나아가지는 못하였다. 당국 간 대화 역시 1973년부터 중단되었다가 1970년대 중반 인도차이나사태, 8·18판문점사건, 1978년 팀스피리트 한미군사훈련 실시 등으로 인해 단속적인 남북 간 접촉마저 완전히 끊어졌다.(송건호, 1983, 169쪽)

1979년 10·26정변으로 유신체제가 붕괴되고 신군부가 등장하면서 남한의 정세가 급격하게 동요하기 시작하자, 1980년 1월 북한은 이종옥 정무원 총리 명의로 신현확 국무총리에게 서한을 보내 남북총리회담을 전격제의해왔다. 여기에 남측도 동의함으로써 2월부터 남과 북은 탐색전 차원의 당국 간 접촉을 진행하기 시작했다.

1980년대 초는 남북 간 통일방안 제안이 경쟁을 이룬 시기였다. 북한은 1980년 10월 조선로동당 제6차 대회에서 '고려민주연방공화국 창립방안'(약칭 고민련안)을 제기했다. 북한은 이미 1960년 8·15해방 경축대회에서 '과도적 대책으로서의 남북연방제'를 제안했는데, 20년 후 정식 통일방안으로 남북연방제를 새롭게 내놓았다. 고민련안은 남과 북의 서로 다른 사상과 제도를 인정하고, 남북이 동등하게 참가하는 민족통일정부를 세움으로써 통일을 이루자는 내용이다. 남과 북이 같은 권한과 의무를 가지고 각각 지역자치를 실시하며, 동시에 연방공화국을 창립하는 방식으로 통일문제를 해결하자는 것이다. 즉, '하나의 민족, 하나의 국가, 두 개의 제도, 두 개의 정부' 구상이다.(이종석, 2000, 38쪽) 그러나 이 방안은 동시에 '통일을 위한 선결조건'을 제시하고 있다. 남한에서의 군사파쇼통치 청산과 민주화 실현, 주한미군 철수 등 남측의 변화를 전제로 하고 있기 때문에 당장 고민련안을 현실화하기는 어려웠다.

북한이 적극적으로 통일방안을 제기함에 따라 전두환 정권은 대응방안으로서 1981년 1월 남북정상회담을 제의했으며, 이듬해 1월 22일 "민족화합민주통일방안"을 발표했다. 이 방안은 남북 대표로 '민족통일협의회의'를 구성하고, 이 기구에서 통일헌법을 기초하며, 통일헌법안에 대한 남북자유선거를 실시해 확정·공포하고, 이 헌법에 따라 총선거를 실시함으로써 통일국회와 통일정부를 구성하자는 내용이다. 또한 모든 문제들에 관해 협의하기 위해 남북한 당국 최고책임자회담, 즉 정상회담이 필요하다고 덧붙였다.(국토통일원, 1988, 183쪽)

4일 후 북한의 김일 조평통 위원장은 외국 군대 주둔 등 남북관계의 현실상 총선거가 불가능하다며, 비교적 신속하게 거부의사를 밝혔다. 그는 남한의 통일방안이 독일 방식의 분단고정화 논리라고 비난하며 오히려 주한미군 철수와 민주화, 반공 대결정책 포기 등을 요구했다. 총선거 방식의 통일방안은 과거에도 여러 차례 제기되었으나, 북한은 이를 거절해왔다. 북한의 반응과 상관없이 전두환 정권은 1982년 2월 1일 국토통일원장관의 성명을 통해 '20개 시범 실천사업'을 제시했으며, 25일에는 남북한 고위대표회담 개최를 잇따라 제안했다. 결국 제5공화국에 들어서 제기된 대북 통일정책은 민족화합민주통일방안을 중심으로 하여 통일의 절차와 방법을 제시하고, 남북정상회담을 통해 구체적으로 통일에 접근하고자 하는 모색이라고 집약할 수 있다. 이와 같은 5공 초기 대북 통일정책의 기조는 1980년대에 지속적으로 작용했으며, 제6공화국의 '한민족공동체통일방안'(1989. 9)으로 이어졌다.

남북 간 통일방안이 제기됨으로써 당국 간 통일논의가 형성되던 이 시기에, 다른 한편으로 예상치 못한 상황이 벌어져 분단의 현실과 상처를 생생하게 확인시켜주었다. 1983년 6월 30일 KBS 주최로 시작된 〈이산가족 찾기 생방송〉은 인륜을 저버린 분단의 비극을 여실히 드러냄으로써, 새삼 분단의 고통을 일깨우는 동시에, 남북 화해와 통일의 필요성에 눈뜨게 해주었다. 광복 이후 생사를 알 수 없던 사람들을 찾아주는 "이산가족을 찾습니다"라는 프로그램은 참여자들이 폭증하면서 138일간이나 이어졌으며, 출연 인원 5만 3,162명에 53.9%라는 놀라운 시청률을 기록하였다.(통일노력60년발간위원회 편, 2005, 136쪽)

1984년 북한이 수해물자를 제공하면서 남북관계는 긍정적으로 변화하기 시작하였다. 그해 가을장마에 따른 집중호우로 남쪽이 피해를 겪자 북한적십자사(약칭 북적)가 수재구호물자를 제공하겠다는 의사를 밝혔고, 남측이 이를 수용함으로써 접촉이 재개되었다. 9월 말부터 10월 초에 걸쳐 한국적십자사 측이 북측의 수재물자 인수를 완료함으로써 남북 간의 긴장이 이완되기 시작했다. LA올림픽 및 아시안게임을 앞두고 남북체육회담이 상반기에 세 차례나 진행되다가 남측에서 아웅산테러사건(1983. 10)을 거론해 중단된 상황이었지만 이를 계기로 다시 화해분위기로 바뀌어나갔다.

이때 전두환 정권이 제의한 남북경제회담을 북측이 수락함으로써 1984년 11월 제1차 남북경제회담이 열렸으며, 이듬해 11월까지 다섯 차례에 걸쳐 회담이 진행되었다. 1985년 4월 북측이 제안한 남북국회회담에 남측이 호응함으로써 남북국회회담을 위한 예비접촉도 두 차례 열렸다. 무엇보다 1985년 5월 적십자회담에서 고향방문단과 예술공연단 상호 방문을 합의, 9월에 분단 40년 만에 남북 이산가족 상봉이라는 성과를 거두었다. 각각 고향방문단 50명, 예술공연단 50명을 포함한 151명이 3박 4일간 서울과 평양을 동시 방문하여 가족과 친지들을 만났으며, 양측 예술단이 각각 공연을 함으로써 문화예술 교류의 새 장을 열었다. 하지만 공연 내용에 대한 상호 간의 의견 차이로 더 이상 이어지지는 못하였다.

1985년 당국 간 비공식 대화창구 개설과 남북정상회담 시도는 이 같은 분위기 속에서 가능했다. 남북은 비밀 교섭창구를 마련하여 양측 특사

일행의 서울–평양 비밀 상호 방문과 남북정상회담을 논의했던 것으로 추후에 밝혀졌다. 하지만 전두환 정권이 정상회담을 시도한 것은 서울에서 치러질 86아시안게임과 88올림픽을 안전하게 치르기 위한 대내외적 전략의 일환이라는 측면이 컸다. 1981년 9월과 11월에 올림픽과 아시안게임 서울 유치가 확정되고 대회가 다가옴에 따라 전두환 정권은 불안감에 휩싸였는데, 이를 해결하기 위해 전향적인 자세로 다방면적인 남북대화를 시도해 남북관계의 현상유지에 골몰했다.(통일노력60년발간위원회 편, 2005, 149쪽)

반면, 북한은 대남·대미 평화군축 공세를 적극적으로 전개했다. 1970년 대 말까지 남북미 3자 회담을 반대했던 북한은 1983년 10월부터 3자 회담을 제의하다가, 1984년 이후 3자 회담을 통한 평화협정과 불가침선언 채택, 3자 군사당국자회의, 군축협정 등을 주장하기 시작했다. 이후에도 1985년 핵확산방지조약NPT 가입, 1986년 휴전선에 배치된 북한군 15만 명의 후방 재배치 단행, 1987년 일방적인 군축 발표 단행 등 매우 적극적인 평화·군축 공세를 폈다. 1980년대 중반 이 같은 북한의 적극적인 대화 공세는 미군의 군사력 증강을 억제하기 위해서였을 뿐만 아니라(돈 오버도퍼, 1998, 144~145쪽), 남북관계의 현상을 타파하기 위한 북한 측 정치공세의 일환이기도 했다.

그러나 한미 양국은 북한의 제안을 모두 거절했다. 전두환 정권은 애초부터 3자 회담에 부정적이었을뿐더러 북한의 강력한 평화공세에 호응하기 곤란했다. 전두환 정권은 북한의 적극적인 제안과 주장을 '위장 평화 공세'로 치부하여 외면하고, 오히려 내적으로 반공·반북 정책을 강화해나 갔다. 학생운동의 고조기인 1986년 10월 북한의 금강산댐 건설을 발표함으로써 '수공水攻 위협'이라는 공포분위기를 조성하여 대대적인 반공 소동을 야기하였다. 유성환 의원의 '국시國是 발언'을 문제 삼아 사상검증 논란을 일으킨 것도 이때였다. 신민당 소속의 유 의원이 국회 대정부질의 중 "국가의 이익을 거시적으로 볼 때 이 나라의 국시는 반공보다는 통일이어야 된다"라고 하자, 검찰이 이 발언을 문제 삼아 국가보안법 위반 혐의로 그를 구속했다. 또한 11월 '김일성 사망설' 오보 소동 등을 통해 의도적으로 안보논리 강화를 꾀하였다. 즉, 전두환 정권은 겉으로 남북대화와 교류를 추구하면서도 본질적으로 분단을 극복하기 위한 진실한 자세를 취하지 않은 채, 오히려 정치권력 안정화를 위해 남북관계와 통일문제를 십분 활용해나가는 기만정책으로 일관하였다.

민통련 창립 전후의 통일논의

군사쿠데타로 집권한 전두환은 1981년 3월 대통령에 취임한 후 정통성 없는 정치권력을 받쳐줄 관변기구들을 양산하기 시작했는데, 민간 통일운동 기구로 내세운 민족통일협의회도 그중 하나였다. 전두환 정권은 민족통일협의회를 내세워 남북한 당국 최고책임자회의를 제안했으며, 이듬해 1월 민족화합민주통일방안을 발표했다. 민족통일협의회는 남북한 당국 및 정당·사회단체 연석회의를 제의하는 등 주로 정부의 대북제의를 담당했으며, 대북정책 홍보기구의 성격마저 띠었다. 그 밖에 관변 성격의 민간 통일운동기구로 통일여성안보회, 민족문화통일회, 민주통일촉진회, 북한선교통일훈련원, 민족통일불교협의회 등이 있었다.(통일노력60년발간위원회 편, 2005, 124쪽)

위와 같은 어용적 성격의 관변 통일단체와 달리 순수한 민간 차원의 남북 간 접촉을 시도한 세력은 기독교인들이었다. 1980년대 내내 기독교인들의 통일운동은 선도적이었으며 매우 적극적이었다. 1981년 11월 해외한인 개신교 신자들이 오스트리아 빈에서 제1차 '조국통일을 위한 북과 해외동포 기독자 간의 대화'를 개최한 이후 1984년까지 모임을 이어나갔다. 1984년 3월 고마태오 신부의 평양 방문과 11월 세계교회협의회WCC 대표의 평양 방문을 통해 1986년 9월 남북 개신교 대표가 제1차 글리온(스위스) 남북기독자협의회에 참석함으로써 분단 이후 첫 남북 간 직접 교류라는 만남의 장을 형성하였다.(이만열, 2001, 385쪽) 이때 남측 한국기독교교회협의회KNCC 소속 여섯 명, 북측 조선기독교도연맹 대표 네 명이 세계교회협의회 대표 등과 함께 처음으로 비공식 접촉을 가졌다.

재야통일운동세력은 제5공화국 초기에는 강권적인 지배권력하에서 움츠렸으나 1983년 '유화국면'을 맞이하면서 새로운 활로를 모색하였다. 1984년 1월 한국기독교사회문제연구원(약칭 기사연) 주최의 "통일문제에 관한 교과서 분석" 발표회도 그러한 움직임의 하나였다. 초중고 교사들을 대상으로 "해방 후 남한의 통일정책 변화과정" "분단시대를 어떻게 보아야 할 것인가"라는 주제의 강의도 진행되었다. 그런데 검찰이 강연 내용을 문제 삼아 조승혁 기사연 원장과 리영희 한양대 교수, 강만길 고려대 교수 등을 반국가단체 지지 및 찬양·고무 등의 혐의로 구속하였다. 비록 관련자들은 공소보류로 석방되었지만 민간 통일논의를 용납하지 않겠다는 정권의 태도가 분명히 확인된 사건이었다.

전두환 군사정권하에서 민주화와 통일을 추구하는 재야민주화운동의 중심세력으로 처음 등장한 단체는 1984년 10월 16일 창립된 '민주통일국민회의'(의장 문익환)였다. 이 단체는 창립선언서를 통해 "분단의 극복과 민족통일 없이는 민족의 해방과 민족의 자주가 이루어질 수 없으며, 민주화의 길을 통하지 않고는 분단의 극복과 민족통일이 성취될 수 없다는 것이 우리의 확신"이라는 입장을 표명하였다. 이들은 당시 남북 간에 난무하는 각종 제의와 주장, 단속적인 접촉과 대화의 분위기 속에서 국민적 의사를 수렴, 대변하고자 노력했다.

적십자회담, 경제회담, 체육회담 등 각종 남북대화가 진행되는 와중에 1985년 2월 한국기독교교회협의회는 제34차 총회를 열고 "한국 교회 평화 통일선언"을 발표하였다. 이 선언은 "평화의 길인 분단의 극복, 즉 통일문 제는 집권세력의 전유물이어서는 안 될 것"이라고 지적함으로써 민간 통 일논의의 필요성을 일깨웠다. 사회민주당(대표 김철)과 신정사회당(대표 고정훈) 등도 각각 통일정책을 발표함으로써, 정치권과 민간 차원에서 통 일논의가 차츰 형성되어나가기 시작했다.

1980년대 민주화와 통일운동의 모체로 기능한 단체는 1985년 3월 29 일 창립된 '민주통일민중운동연합'(약칭 민통련, 의장 문익환)이었다. 민주 통일국민회의와 민중민주운동협의회(1984. 6)의 통합에 의해 출범한 민통 련은 다음과 같은 내용의 통합선언문을 통해 '민주화와 통일'을 일치시키 고, 이를 민중운동의 과제로 삼고 있음을 명확히 했다.

> 민족의 분단, 국토의 분단, 자원의 분단, 이데올로기의 분단이라는 험난한 장벽을 안고 있다. 이 치욕의 장벽, 통탄의 장벽은 우리 민족 스스로 세운 것이 아니라 외세가 강요한 것이다. 그리고 지난 40년 동안 반민족적 지배 세력은 이 분단을 이용하여 '안보논리'를 조작, 민중의 통일운동을 탄압하 는 한편 장기 집권의 '명분'으로 악용하였다. 이러한 역사적 경험 때문에 민주화와 통일은 양립된 개념이 아니라 표리일체의 관계에 있는 과제라는 진리가 자명해졌다.(민족민주운동연구소 편, 1988, 7~8쪽)

민통련의 등장으로 재야세력에 의한 통일운동과 논의가 좀더 활성화 되었다. 특히 민통련 대표였던 문익환 목사의 통일론은 주목할 만하다. 문 익환은 1970년대 말부터 민주화와 민족통일문제의 일치성을 강조하였다.

그는 장준하, 함석헌 등과 마찬가지로 민족통일을 당위로 강조하면서 통일의 주도권을 권력자가 아닌 민중이 행사해야 한다고 보고, 민중을 통일운동의 주체로 설정하였다.(이유나, 2009, 107쪽)

1985년 2·12총선에서 야당 돌풍이 일어나고 개헌논의가 서서히 불붙기 시작하면서 1986년의 대학가는 격랑에 휩싸였다. 학생운동 내부에서는 북한·통일 문제에 대한 치열한 논쟁이 전개되었다. 특히 NL(민족해방)계열의 학생들은 자주화투쟁을 정점에 놓고, 민주화운동과 함께 '조국통일촉진투쟁'을 주요 투쟁목표로 설정하고 있었다. 이들은 민주화운동에 집중한 나머지 조국통일운동을 방기해온 과거 운동을 비판하며, 현실적인 당면과제로 통일운동의 전면화를 촉구했다.(일송정 편집부 편, 1988, 119쪽)

1986년 4월 서울대 대학원생 630명은 시국선언을 통해 "개헌의 즉각실현"과 함께 "민주적 통일논의 보장" 등을 요구했다. 같은 해 8월, 민족미술협의회 주최로 '그림마당 민'에서 열린 "통일전"이라는 통일 주제의 전시회도 특기할 만하다. "통일전"은 신인 및 중견 작가 71명이 참여한 대규모 미술전이었으며, "민족미술 대토론회"도 함께 개최되었다. '통일'이라는 주제가 미술에 어떻게 구현되는가를 보여준 전례 없는 문화예술행사였다.

해외에서도 남북대화에 호응하면서 통일논의를 형성하기 시작했다. 1985년 12월 '조국통일을 위한 민족연합 대표자회의'가 오스트리아 빈에서 개최되었다. 이들은 성명을 통해 '두 개의 한국론'과 '반공'의 영향에서 벗어나 민족화해의 길로 나서자고 호소했다.

이처럼 1980년대 중반까지 간헐적인 남북대화의 국면에서 민간 통일운동이 조심스럽게 피어올랐으나, 본격적인 통일운동의 양상은 1987년 6월 민주항쟁 이후부터 나타나기 시작했다.

남북학생회담 및 공동올림픽 개최 요구

1980년대 초 학생운동세력은 5·18민중항쟁을 계기로 민주화와 자주화를 연관 지어 사고하기 시작했으며, 1980년대 중반 이후 반미자주화 통일론에 입각해 통일운동을 추구해나갔다. 1987년 6월민주항쟁 이후 학생운동의 중심은 전국대학생대표자협의회(약칭 전대협)였다. 97개 대학으로 구성된 전대협은 활동 방향의 두번째 항목에서 "조국의 자주적·평화적 통일을 앞당기는 데 기여할 것"이라고 밝힘으로써 적극적인 통일운동을 예고하였다. 이미 6월민주항쟁 기간에 대중적인 시위를 주도했던 학생들은 6·29선언 이후 민주화 승리의 분위기를 조국통일운동의 방향으로 이끌기 시작했다. 이 같은 현상은 일차적으로 학생운동 내부에서 전개된 통일논의와 인식의 변화 등에 기인한 것이었다. 학생들의 통일 지향성은 이미 6월민주항쟁 기간에 나타났다. 6월민주항쟁 과정에서 학생들은 시위 군중과 함께 어느 곳에서나 "우리의 소원은 통일"을 노래하였으며, 민주·자주·통일을 함께 외쳤다. 6월민주항쟁의 경험은 이후 격변에 가까운 통일운동과 통일논의를 가능케 한 근본요인이었다.

6월민주항쟁 이후 각계각층의 민주화 열기가 고조되면서 과거 금기시되었던 통일 욕구가 적극적으로 표출되기 시작했다. 6월민주항쟁 직후 화가 이상호와 전정호는 통일을 주제로 한 그림 "백두산의 산자락 아래 밝아오는 통일의 새날이여" 때문에 구속되었다. 같은 시기, 민주교육추진 서울교사협의회는 '교육관계법 개정을 위한 공청회'에서 "교육이념을 민주주의, 민족주의, 통일로 바꾸어야 한다"라고 주장하여 눈길을 끌었다. 민족문학작가회의는 창립총회 선언을 통해 "통일문제에 대해 정부당국과 일부 외국인들이 논의를 독점하는 사태를 시정할 것"을 지적하였다. 이 같은 사례들은 6월민주항쟁 이후 통일문제에 대한 의식이 민주화 의식과 함께 발전해나갔음을 보여준다. 민주화운동의 진전이 한국 사회의 근본문제인 분단문제에 눈뜨게 한 것이다.

6월민주항쟁 이듬해인 1988년에 폭발한 통일운동의 주인공은 학생들이었다. 특히 1988년 3월 서울대 총학생회장 후보 김중기의 '남북한 대학생 체육대회'와 '국토종단 순례대행진' 제안이 통일운동의 기폭제가 되었다. 김중기는 "김일성종합대학 학생들에게 드리는 공개서한"을 발표하여 큰 파장을 불러일으켰다. 그 글의 내용은 다음과 같다.

(1) '민족화해를 위한 남북한 청년학생 국토종단 순례대행진'을 '88년 8월 1일에서 14일까지 북한 청년학생은 백두에서 판문점까지, 남한 청년학생은 한라에서 판문점까지 순례대행진을 하고, 8월 15일에 판문점에서 서로 만나 한판 대동제를 할 것을 제안합니다.

(2) '민족대단결을 위한 남북한 청년학생 체육대회'를 '88년 9월 15일에서 17일 사이에 서울대와 김일성대 중 한 곳에서 개최할 것을 제안합니다.

(3) 실무회담은 6월 10일 민주화투쟁 1주년 기념일에 판문점이나 제3국(제

네바)에서 서울대 대표와 김일성대학 대표가 만나서 추진하기를 제안합니다.

북한의 김일성종합대학 학생위원회가 4월 초에 동의서한을 보내옴에 따라 남북학생회담은 사회적 이목을 집중시켰다. 각 대학 총학생회에서는 '조국의 평화와 자주적 통일을 위한 특별위원회' 등을 조직하여 학내 통일운동에 앞장서나갔으며, 이때부터 통일문제가 학생운동의 주요 이슈로 떠올랐다. 4월 16일 서울지역총학생회연합(약칭 서총련) 건설준비위원회는 '국민대토론회'를 열고 "청년학생 조국통일투쟁 선언"을 통해 "핵전쟁 군사훈련 팀스피리트 반대와 핵 철수, 평화협정의 체결, 남북 상호 불가침조약 체결, 상호 감군과 군비축소 등을 위해 싸워나갈 것"을 다짐했다.

이 시기 통일운동의 또 다른 이슈는 '남북공동올림픽 개최 요구'였는데, 이는 북측으로부터 나왔다. 1981년 9월 제24회 올림픽 개최 예정지로 서울이 결정되자, 1985년 7월 북한의 정준기 부총리는 올림픽 남북공동개최 및 남북한 유일팀 출전을 제의했다. 대회 명칭 또한 '조선올림픽대회'나 '조선 서울·평양올림픽대회'로 하고, 경기의 절반을 평양에서, 나머지 절반을 서울에서 치르자고 요구함으로써 남북공동올림픽 논의를 촉발했다. 이후 사마란치 IOC 위원장의 중재로 스위스 로잔에서 제1차 남북체육회담을 열고 이 문제를 논의했으나, 남측의 '북한 참가 권유'와 북측의 '공동주최안'이 맞서 합의를 이루지 못했다. 이후 1988년 1월까지 총 네 차례 남북 간 체육회담이 열렸으나 결국 실패하고 말았다.

이 같은 상황에서 학생들을 중심으로 재야세력은 남북학생회담 성사와 공동올림픽 개최라는 두 가지 사항을 요구하며 강력한 대정부투쟁을 전개하였다. 함석헌, 문익환, 송건호 등 재야인사 35명은 1988년 5월 11일 "노태우 대한민국 대통령, 김일성 조선민주주의인민공화국 주석에게 드리는 편지"를 발표하고, "제24회 국제올림픽대회는 남북의 동족이 정치적 부담 없이 만날 수 있는 좋은 기회"라고 하면서, "이 대회에 남북이 함께 참가함으로써 남북 간의 접촉과 대화와 교류의 길이 열리기를 간절히 바라고 〔……〕 남과 북의 정부가 이 일을 놓고 시급히 협상해줄 것을 간곡히 부탁"한다고 호소하였다. 이즈음인 5월 15일 조성만(서울대 화학과) 학생이 통일 주장을 담은 유서 "척박한 땅, 한반도에서 한 인간이 조국통일을 염원한다"를 뿌리며 명동성당에서 할복, 투신하는 안타까운 사건이 벌어졌다. 그가 유서에 담은 주장은 "통일, 미국 축출, 군사정권 퇴진, 올림픽 공동개최" 등이었다.(노중선 편, 1996, 295쪽)

민통련 등 65개 사회단체는 5월 28일, 남북공동올림픽과 6·10남북학생회담 성사를 촉구하는 "조국통일의 대업을 앞당기기 위한 시국선언"을 발표하였다. 이들은 올림픽 공동개최와 남북 간의 자주적인 교류 보장, 학생회담 성사, 광주학살 및 제5공화국 부정비리 진상규명과 책임자 처벌, 양심수 석방 등을 요구하였다. 특히 로잔 남북체육회담 의사록 등 관련 자료 공개를 요청하기도 하였다. 당시 여러 단체들도 성명을 통해 남북체육회담의 진상을 공개할 것을 요구했다. 공동올림픽과 관련된 남북의 제안과 쟁점을 알 수 없었을 뿐 아니라, 북측의 공동올림픽 주장에 대해 언론에서는 오히려 '위장 평화전술'로 규정하며 반공여론을 조성하려 했기 때문이다.

학생들을 비롯한 각계각층에서 통일 열기가 분출하자, 6월 2일 문공부장관은 통일문제에 관한 논의를 적극 개방함과 동시에, 대북제의나 접촉창구는 정부로 단일화한다는 이른바 '창구 단일화' 조치를 발표했다. 다음날 검찰총장은 "무분별한 통일논의 엄단"을 천명하며, 민간 차원의 통일논의와 통일운동에 찬물을 끼얹었다. 같은 날, 통일결사대 소속 대학생들은 판문점 출입허가를 받기 위해 미8군 사령부에서 루이스 메네트리 한미연

남북청년학생 실무회담 성사 및 공동올림픽 개최를 위한 범시민·학생 결의대회에서 구호를 외치는 참가자들

합사령관과의 면담을 요청하다가 경찰에 연행되었다. 이 사건은 판문점 관할 책임이 미국 측에 있다는 사실을 새삼 드러냄으로써 통일문제가 미국과 밀접한 관련이 있다는 사실을 상기시켜주었다.

예정된 6·10남북학생회담 전날, 이홍구 통일원장관은 남북학생교류에 원칙적으로 동의하나 교류의 내용과 방법, 남북왕래 절차 등의 사안을 '남북고위당국자회담'을 통해 해결하자고 하면서, 남북학생회담 문제를 당국자회담으로 흡수하고자 했다. 하지만 전국 25개 대학의 학생 1만여 명은 '6·10남북학생회담 성사를 위한 백만 학도 총궐기대회'를 열고 학생회담 성사를 다짐했다. 6월 10일 당일 학생들은 판문점으로 가는 길이 경찰에 의해 차단되자 서울역 등 시내 도처에서 시위를 벌였다. 이 시위로 전국에서 890여 명이 연행되었고, 그중 32명이 국가보안법 위반 등의 혐의로 구속되었다.

정부당국의 차단으로 6·10남북학생회담에 실패한 전대협 소속 학생들은 이튿날인 6월 11일 '6·10남북학생회담 보고 및 저지규탄대회'를 열고, 다가오는 8월 15일, 또 한 차례의 남북학생회담을 추진키로 했으며, 이를 위한 실무회담 개최를 북측에 제안했다. 그리고 8·15 전날까지 '민족화해를 위한 남북한의 동포 청년학생 국토종단 순례대행진'을 각기 개최할 것과 올림픽 남북공동개최를 주장하였다. 학생들이 정면으로 제기한 통일문제는 그동안 통일논의에 대한 우리 사회의 금기를 깨고 열띤 토론을 유발, 활성화하는 계기를 마련했으며, 통일 및 남북한 문제 접근에 대해 정부가 공식입장을 발표하도록 촉구하고 유도하는 역할도 해나갔다.(이장희, 1999, 46쪽)

노태우 정권은 1988년 2월 대통령 취임사와 광복절 경축사 및 10월 4일 국정연설 등을 통해 지속적으로 남북정상회담을 제의한 바 있었다. '북방정책'을 추구하던 정권의 대북정책은 1988년 7월 7일 "민족자존과 통일번영을 위한 특별선언"(약칭 7·7선언)을 통해 드러났다. 이 선언은 남북교류, 이산가족문제, 남북 간 교역 확대, 우방국의 북한과의 교역 불반대, 남북 간 대결외교 종식, 북방외교 실현 등 6개 항을 포함하였다.

그러나 북한의 반응은 차가웠다. 나흘 후 북한 조평통은 7·7선언이 남측의 기존 통일방안 및 교차승인 주장과 다를 바 없다고 평가절하하면서 거부입장을 밝혔다. 국내의 반발과 비판의 목소리는 7월 20일 민통련 등 11개 단체로 구성된 '조국의 자주적 평화통일을 위한 민주단체협의회'(약칭 조통협)를 통해서 나왔다. 이들은 민족자주권 실현, 한반도 평화와 긴장 완화, 공동올림픽 성사 등을 주장하면서, 평화협정 체결이나 정치군사적 문제에 대한 언급이 없고, 반통일 악법 철폐와 양심수 석방 등에 대한 요구가 없다는 점에서 7·7선언을 기만책이라고 규정하였다. 또한 민족대단결 원칙이 제시되지 않음으로 인해 여전히 반북 대결정책의 저의가 있으며,

정부가 학생들의 남북회담을 불허하면서 남북교류를 선언한 것은 모순이라고 지적했다.(민족민주운동연구소 편, 1988, 286~288쪽)

학생들이 또다시 8·15남북학생회담을 제기하자 정부는 그 나름대로 대화를 추구하려는 자세를 보였다. 국회 통일정책특위는 남북학생회담 관련 국회공청회를 개최했다. 이홍구 통일원장관, 전대협 및 조통협 대표 등 관계자들과 각계 인사들이 통일문제와 민간 차원의 자주적 교류를 놓고 공식적인 토론을 시도했다. 이후에도 비공식간담회를 열었으나 구체적 합의를 이끌어내지는 못하였다.

6·10학생회담 추진 당시 뚜렷한 입장 표명을 유보했던 평화민주·통일민주 두 야당은 8·15남북학생회담이 다시 추진되자 적극 협조하기로 결정했다. 양당은 정부 측에 8·15학생회담 주선을 촉구하는 한편, 전대협의 회담 추진을 적극 지원하기로 방침을 정했다. 문익환 등 재야대표 21명도 8·15남북학생회담 참관인단을 구성했으며, 학생들을 물심양면으로 적극 지원할 것을 결정했다. 민통련은 7월 4일 '남북사회단체회담'을 제의하였으며, 같은 날 천주교정의구현전국사제단도 평화회담, 군비축소, 핵 철거, 군사작전권 회수, 주한미군 철수준비 등 한반도 통일문제에 관한 5개 항을 제시함으로써 통일논의에 불을 지폈다.

야당 및 재야단체들의 지원에도 불구하고 8·15남북학생회담은 정부당국의 불허 방침에 따라 결국 불발에 그치고 말았다. 이날 학생들은 연세대에 모여 출정식을 갖고 판문점으로 향했으나, 경찰의 차단에 막혀 도심 곳곳에서 산발적인 시위를 벌였다. 이날 경찰은 참가학생 중 2,020명을 연행해 이 가운데 987명에 대해 조사를 벌였다.

1988년 두 차례에 걸쳐 추진된 남북학생회담은 비록 당국의 저지로 회담 자체가 무산되었지만, 야당 및 진보정당 등 정치권과 종교계, 문화예술계, 재야단체들의 적극적인 지지를 이끌어내면서 커다란 사회적 이슈를 창출하였다. 또한 남북공동올림픽 개최를 요구함으로써 인류평화의 제전인 올림픽경기를 남북 화해와 통일 분위기를 형성하는 데 적극 활용하고자 하는 능동적 움직임을 보인 점도 국내외적으로 커다란 의미를 부여할 수 있다.(한국기독교사회문제연구원 편, 1988j; 216쪽)

남북학생회담과 공동올림픽 성사운동은 한국 사회에서 금기시되었던 통일논의와 통일운동을 민간 차원의 대중운동으로 전면화한 결정적 계기가 되었다. 1988년 학생들의 선도적인 통일운동은 각 정당, 사회단체, 노동, 농민, 문화예술, 종교 등 각계각층에서 통일문제를 쟁점으로 부각시키는 데에 큰 역할을 하였다. 동시에 통일논의가 북한의 실상을 알기 위한 관심으로 이어지면서 대학가와 지식인 사회 및 언론출판계는 '북한바로알기운동'을 전개하기 시작했다.

북한바로알기운동과 부문별 통일운동 전개

6월민주항쟁을 전후한 시기, 특히 1988년에 학생들의 폭발적인 통일운동이 전개되면서 북한에 대한 사회적 자각이 형성되기 시작했으며, 지적인 호기심 또한 증대되었다. 무엇보다 학생들의 호기심을 자극한 것은 당시 쏟아져 나오기 시작한 북한의 문예작품들과 주체사상 관련 각종 사상서와 이론서, 북한 방문기 등의 출판물이었다. 이처럼 북한에 관한 지적인 욕구가 분출되면서 '북한바로알기운동'이 대학가를 중심으로 확산되었으며, 정부는 북한 관련 자료를 대폭 공개했다.

대학에서는 북한 또는 통일 관련 동아리가 나타나기 시작했고, 북한에 대한 진보적 입장을 제시하는 학회활동과 세미나 등이 열렸다. 학생들의 집회에서 북한 대중가요가 불리기도 했으며, 북한 영화 상영행사도 벌어졌다. 북한바로알기운동은 해방과 분단의 역사에 대한 관심에서 시작하여 북한의 건국과정, 북한의 체제와 사상적·이데올로기적 특징, 북한의 통일 정책, 북한의 경제와 사회문화 등 다양하고 광범위한 분야에 걸쳐 나타났다. 또한 북한 출판물 및 해외출판 서적의 영인본이 등장하고 북한의 주장을 담은 이론서가 나타났으며, 이것들이 분단 및 한국전쟁 등에 대한 기존의 상식과 커다란 충돌을 일으킴으로써 사회 갈등의 요소로 작용하기도 했다.(통일노력60년발간위원회 편, 2005, 188쪽)

1988년 9월 문공부장관은 증대하는 사회적 요구를 수용하여 북한 및 공산권 자료를 대폭 공개하겠다고 발표했다. 그러나 일주일 후 언론기관에 대해 "북한과 공산권 국가에 대한 보도요강"을 발표, 북한과 반국가단체를 이롭게 하고 정부의 대북한정책에 역행하는 보도를 하지 못하도록 규제함으로써 통일문제에 대한 보도통제 의도를 드러냈다. 10월 11일 검찰총장은 북한의 실상이나 고려연방제, 김일성 주체사상, 마르크스·레닌주의 등에 대한 불순한 동기 없이 객관적으로 서술한 행위에 대해서는 문제 삼지 않겠다고 밝혔다. 같은 시기, 이홍구 통일원장관은 '남북교류 및 접촉에 관한 특별조치법' 제정계획을 발표했다. 납북·월북 예술인들의 정부 수립 이전 작품들에 대한 일반 공개를 허용한 것도 이때였다. 이 같은 조치들은 다분히 7·7선언에 따른 후속과정이라고 할 수 있지만, 여기에는 북한에 관해 제대로 알고자 하는 대중의 욕구를 감당하지 못한 정부의 곤혹스러움 또한 반영되어 있었다.

1988년 남북학생회담과 공동올림픽 성사를 위한 운동의 전개, 정부의 7·7선언 등 새로운 정세가 조성되기 시작하면서 각계각층에서 통일논의가 분출했으며, 민간 차원의 다양한 남북교류 움직임이 나타났다. 대중적인 통일논의와 교류운동에 앞장선 세력은 종교인들이었다.

먼저 한국기독교교회협의회는 1985년부터 매년 통일문제협의회를 개최해오다가, 1988년 2월 제37차 총회에서 '민족의 통일과 평화에 대한 한국기독교 선언'을 채택, 발표했다. 이 선언은 1995년을 '평화와 통일의 희년禧年'으로 선포하고, 민족 화해와 통일을 위한 교계의 적극적인 대응을 강조한 중요한 문서이다.(이상규, 2005, 138쪽) 이에 대해 북한 조선기독교도연맹 중앙위원회는 "남조선 기독교인에게 보내는 호소문"을 통해 지지 입장을 밝혔다. 기독교계의 남북교류 움직임 또한 활발했다. '전국 목회자 정의평화실천협의회'는 8월 조선기독교연맹위원장 앞으로 '남북한 목회자 상호 교환방문 예배'를 제안했다. 해외에서는 11월, 세계교회협의회가 주최한 제2차 글리온 남북기독자협의회가 열려 "한반도 평화통일 선언"을 채택하고, 한민족의 평화와 통일을 위한 원칙과 실천적 과제 8개 항을 합의, 발표하였다. 1989년 한국기독교총연합회(약칭 한기총)의 설립 이후 보수적 성향의 교계 역시 북한지원사업 등에 합류해나가기 시작한 점도 큰 특징이다.

천주교정의구현전국사제단과 평신도 중심의 천주교사회운동협의회 등을 중심으로 한 가톨릭계의 통일운동 역시 커다란 영향을 미쳤다.(강인철, 1999, 46쪽) 가톨릭에서는 이미 1982년 한국 천주교 전래 200주년 기념사업의 하나로 북한선교부를 설치했으며, 1988년에 통일사목연구소와 북방선교협의회를 설립했다. 8월 13일 천주교사회운동협의회는 북측에 '남북한 성탄절 공동미사 축제마당'을 제의했다. 또한 민족의 일치와 화해를 위한 기도운동과 교육 및 연구사업 등을 꾸준히 전개했다. 특히 1989년 10월 교황 요한 바오로 2세가 참석해 도라산 전망대에서 평화통일 기원미사를 거행함으로써 한반도 분단에 관한 국제적인 관심을 높였다.

불교계의 경우, 1985년 5월 창립된 민중불교운동연합이 남북의 자주적 평화통일 달성을 위한 노력을 선언함으로써 불교사상에 입각한 통일운동의 방향을 제시해나갔다. 이듬해 5월 '불교정토구현 전국승가회'가 조직되어 대학생조직인 한국대학생불교연합회와 함께 불교계 통일운동을 이끌었다. 1988년 6월 '민족화합공동올림픽추진 불교본부'는 8월 15일에 '조국의 자주적 통일을 위한 남북불자 공동기원법회'를 각각 열자고 제안했다. 11월 '남북불교도 교류추진위원회'를 결성, 남북불교도 합동대법회 등의 행사도 제의했다. 이 같은 움직임은 12월 민족자주통일불교운동협의회(약칭 통불협) 발족으로 이어졌으며, 통불협은 "민족자주의 기치하에 민주·통일된 불국정토를 건설한다" 등의 4개 항을 천명하면서 불교계 통일운동을 주도해나갔다.(신동아 편집부 편, 1990, 190쪽)

미국에 망명했던 최덕신 전 천도교 교령이 1986년 9월 평양에서 영구 체류를 선언함으로써 천도교 통일운동은 새로운 국면을 맞이했다. 이 사건 이후 천도교의 남북교류활동은 오히려 더욱 활기를 띠게 되었다.

종교계뿐 아니라 노동자, 농민, 여성, 언론, 학계 등 각계각층에서 대중적인 통일운동과 교류운동이 나타났다. '노동자 시인' 박노해는 1988년 8월 '남북노동자대표회담'을 개최하자고 선언하였다. 그는 "남북분단으로 말미암아 가장 고통받고 희망을 빼앗긴 노동자이기에 민족사의 운명을 걸머지고 통일운동의 선봉에 나설 수밖에 없습니다"라고 하면서, 노동자 통일운동의 개막을 위해 남북의 노동자가 서로 만나자고 주장했다.

한국가톨릭농민회도 남북농민교류를 공식 제의하면서 종자, 농업기계, 농업기술 등의 교류를 내세웠다. 이듬해 1월 '전국농민운동연합 준비위원회'와 '전국 고추생산자 비상대책위원회'는 "미국의 강압적 대한 농산물 수출과 노 정권의 반민중적 농업정책에 더 이상 기대할 것이 없다고 판단, 우리들 스스로 문제를 해결하기 위해" 북한 농민들과 직접 물물교환을 하겠다고 제안했다.

여성계의 경우, 1987년 창립한 한국여성단체연합이 1990년에 조국통일위원회를 산하조직으로 두면서 통일운동을 적극적으로 전개하였다.

1988년 11월, 전국언론노동조합연맹(약칭 언론노련)은 통일운동을 주요 활동 가운데 하나로 삼았다. 이듬해 1월 한국기자협회, 한국프로듀서연합회 등과 함께 언론노련 산하에 '남북언론교류 특별위원회'를 설치하고 냉전적인 대북보도 개선에 힘썼다. KBS는 통일문제연구소를 설치하고 북한 실상을 담은 프로그램을 방송하기 시작했으며, 이 같은 프로그램은 MBC, CBS 등으로 확산되었다. 신문의 경우도 1980년대 말부터 북한에 관한 보도량이 늘어났으며, 특히 1988년 5월에 창간된 『한겨레신문』은 통일문제에 관해 좀더 적극적인 보도를 하고, 정부당국의 정책을 비판하는 등 통일논의의 확산에 기여해나갔다.

문화예술계의 남북교류 노력도 더해졌다. 재독 음악가 윤이상은 1988년 7월 도쿄에서 기자회견을 열고 남북한 양 당국에 '민족합동 음악축전'을 개최할 것을 제의했다. 남북에서 각기 교향악단 단원을 선발하여 올림픽 후 판문점 부근에서 성대한 연주회를 개최하자고 제안해 이목을 끌었다. 같은 시기, 민족문학작가회의도 '남북작가회담'을 제안하고 나섰다.

위와 같이 1988년 통일운동이 각계각층에 걸쳐서 다양하고 지속적인 양상을 띠면서 전개되어나가자, 재야세력의 중심인 민통련은 좀더 적극적으로 통일논의를 수렴하고자 그해 말 산하기구인 통일위원회 명의로 '남북한 통일안의 기본 틀' 시안을 마련했다. 이 시안은 정치체제의 경우, 과도적 방안으로서 1민족 2국가 연방제를, 경제체제로는 혼합경제를 추구하면서 농업과 공장기업의 협동화를 제시했다. 이 기본 틀은 문익환, 김낙중, 박현채, 노중선, 김선택 등 민통련 통일위원회 위원들의 논의를 바탕으로 한 것이었다.(노중선 편, 1996, 349쪽)

3
탈냉전기 통일운동의 확산과
남북관계의 변화

방북 열풍과 범민련 결성

1989년은 북한 방문 러시현상이 나타난 해였다. 특히 문익환 목사와 임수경 학생의 평양 방문은 1980년대뿐 아니라 전체 통일운동사에 특기할 만한 획기적 사건이었다. 문익환 목사는 1989년 3월 25일 평양을 방문해 김일성 주석을 만났다. 이 사실이 전해지면서 남한 정국은 큰 충격과 논란에 휩싸였다. 전국민족민주운동연합(약칭 전민련)의 고문이기도 한 그는 정경모, 유원호와 함께 북한 조국평화통일위원회(약칭 조평통)의 초청으로 일본을 거쳐 평양을 찾았다. 그의 방북 목적 중 하나는 김일성과의 '만남'이었다.

그의 방북문제는 1989년 초부터 대두되기 시작했다. 북한의 김일성은 신년사에서 '남북정치협상회의'를 제안하였고, 1월 30일 초청 편지를 각각 남측의 4당 총재 및 김수환 추기경, 문익환, 백기완 등에게 보냈다. 2월 4일 문익환과 백기완은 이 제의를 공식 수락하는 기자회견을 했다. 문익환의 경우, 명목상으로만 북측의 제의를 수락한 것이 아니라 이를 실행에 옮긴 것이라고 할 수 있다. 이때는 남북고위당국자회담을 위한 제1차 예비접촉이 2월 8일 판문점에서 열리는 등 당국 간의 대화가 시도되는 상황이었다. 따라서 문 목사의 방북을 일시적인 충동에 의한 즉흥적 행위라고 보기는 어렵다.(김지형·김민희, 1994, 34쪽)

평양을 방문한 문 목사의 가장 큰 성과 중 하나는 4월 2일 북한의 허담 조평통 위원장과 "자주적 평화통일과 관련된 원칙적 문제"에 대한 9개 항의 공동성명을 발표한 사실이다. 한반도 통일은 남북의 주도로 자주·평화·민족대단결의 원칙에 기초해 해결해야 한다는 점(1항), 정치군사적 대결상태 종식, 이산가족문제와 다방면에 걸친 교류협력(3항), 점진적 연방제 통일(4항), 팀스피리트훈련 중지(5항) 등 주목할 만한 합의를 이끌어냈다. 특히 양측은 "공존의 원칙에서 연방제 방식으로 통일하는 것"이 합리적인 통일방도라는 데 의견을 같이했으며, 문 목사가 주장한 '점진적인 연방제 통일방안'에 대해 북한은 '두 개의 조선'을 지향하는 것이 아님을 확인하고 이를 긍정적으로 평가한다고 명시하였다. 이후 김일성은 1991년 신년사를 통해 잠정적으로 연방공화국의 지역자치정부에 더 많은 권한을 부여하는 '느슨한 연방제'를 주장함으로써, 2000년 6·15공동선언 제2항 합의의 배경을 제공했다.(이유나, 2009, 206쪽)

문 목사는 귀국 후 곧바로 연행, 구속되었다. 문 목사의 방북에 대한 반응은 여야를 비롯해 국민들까지도 찬반으로 나뉘는 등 다양했다. 문 목사의 방북사건은 1989년 1월 당국의 허가를 받고 방북한 정주영 현대그룹 회장의 사례와 비교되면서 진보와 보수 세력의 치열한 남남 간 논란을 야기했다. 민주화운동세력 내에서도 5공 청산운동의 초점을 흐리고 탄압의 빌미를 제공했다는 비난이 제기될 정도였다. 이는 결국 민주화운동, 민중운동과 통일운동의 관계에 대한 인식의 차이를 반영한 것이었다.(홍석률, 2005, 104쪽)

문익환 목사 방북을 전후하여 개별적인 평양 방문이 이어졌다. 1988
년 7월 조계종 하와이 대원사의 기대원 스님, 10~11월 장익·정의철 신부,
1989년 2월 박창득·남해근·조영희 신부와 미주 가톨릭 신자 9명, 6월 신
법타 스님 등의 사례가 그러하다. 이들은 대체로 해외에 거주하는 동포들
또는 영주권자들로서 이 같은 사건들은 정부로 하여금 '남북교류협력에
관한 기본 지침'(1989. 6)을 마련케 했으며, 이 새로운 지침에 따라 1989년
7월 이대경 목사의 방북이 성사되기도 했다. 위의 기본 지침은 이듬해 8월
'남북교류협력에 관한 법률' 제정으로 이어져 개별 방북을 법적으로 보장
하는 데까지 이르렀다.

　한편, 문 목사 구속 다음 날 안기부는 한겨레신문사의 북한취재계획과
관련해 리영희 한양대 교수를 국가보안법 혐의로 구속하며 '공안정국'을
야기하였다. 그러자 북한은 각종 남북대화 연기를 발표한 데 이어, 5월 19
일 북한의 조평통은 남측의 대북정책이 문 목사 사건을 계기로 '유화정책'
에서 '반공대결정책'으로 바뀌었다고 비난하면서 남북대화 중단을 선언하
였다.

　문 목사 방북의 '후폭풍'이 채 가시기도 전에 작가 황석영의 방북 소식
이 전해져 또 한 번의 방북 충격을 주었다. 4월 23일 황석영(한국민족예술
인총연합 대변인)은 평양에서 북한의 최영화 조선문학예술총연맹 제1부위
원장과 함께 "북과 남이 민족문학예술을 통일적으로 발전시킬 데 대한 합
의서" 7개 항을 발표했다. 황석영은 "분단의 비극을 가시고 문예부분에서
의 남북교류를 이룩하기 위해" 방북했다고 밝혔다.

　이 밖에 6월 27일 평화민주당 소속 서경원 의원의 방북 사실이 밝혀져
서 의원이 구속되는 사건도 발생했다. 그는 1988년 8월 2박 3일 동안 평양
을 방문, 김일성 주석을 만나 통일문제를 협의했다. 현역 의원의 '밀입북'
사건인 만큼 사회적 파장과 논란이 적지 않았다. 당국은 그를 간첩으로 지

목했으나 서 의원은 이를 부정했다. 가톨릭 신자인 그는 상고이유서에서 "통일과 민주화를 위해 김일성 주석을 만나 진솔한 대화를 하고 싶다는 소망"에 따라 방북했다고 진술하였다.(서경원, 1990, 66쪽)

1989년의 방북 열풍은 평양에서 열린 제13차 세계청년학생축전(약칭 평양축전)에 전대협 대표로 참석한 임수경에 의해 최고조에 이르렀다. 1988년 12월 26일 북한의 조선학생위원회는 평양축전에 전대협의 대표를 공식 초청하였으며, 이를 위한 남북학생회담을 1989년 3월 초순경에 판문점에서 열자고 제안했다. 정부는 전대협 앞으로 온 서한을 접수했으나, '창구 단일화의 원칙' 아래 이를 전달하지 않았으며, 6월 6일 최종적으로 참가 불허를 공식 발표했다. 야당들의 수용 촉구와 각종 단체들의 참가 요청에도 불구하고, 정부는 "평양축전의 정치적 성격에 비추어 어떠한 형태든 참가한다는 것은 우리 체제를 스스로 부정하는 것"이라는 이유로 허용하지 않았다.(노중선 편, 1996, 382쪽)

정부당국의 불허에도 불구하고 6월 29일 전대협은 임수경(외국어대 불어과)의 평양 파견 사실을 공개했다. 7월 1일부터 8일까지 전대협 대표로서 평양축전에 참가한 임수경은 7월 7일 "조국의 자주적 평화통일에 관한 남북청년학생 공동선언문"을 발표하고, 남북의 청년학생들이 "1995년까지 조국통일 위업을 실현하기 위하여 공동투쟁을 벌여나갈 것"이라고 선언했다.

이 사건은 문 목사 방북사건에 이어 정부의 '창구 단일화 논리'를 둘러싼 논쟁으로 비화되었으며, 학생들의 적극적인 통일운동에 대해서도 격렬한 사회적 논란이 야기되었다. 가톨릭 신자인 임수경의 귀환을 돕기 위해, 6월에 방북했던 문규현 신부가 재방북하여 8월 15일 판문점을 통해 함께 귀국함으로써 세계 언론에 한국의 분단 현실이 고스란히 전해졌다.

1989년의 방북 열풍은 각계각층의 통일운동과 남북교류운동을 더욱 확대·강화하는 배경이 되었다. 북한의 직업총동맹이 남측의 전국노동운동단체협의회에 5·1절 공동행사를 제안하고, 전국농민연합이 통일문제 추진 '범국민기구' 구성을 제안하는 등 남북교류와 통일논의가 피어올랐으며, 여러 종교단체들과 사회단체들의 움직임 또한 왕성하였다.

개신교에서는 6월 10일 서베를린에서 남북한의 목사 및 동포 100여 명이 한자리에 모여 통일염원제를 열었다. 남측에서는 안병무(한국신학연구소 소장) 등 5명, 북측에서는 리성봉(평양 봉수교회 목사) 등 4명의 교회 관계자가 참석했다. 또한 천주교정의구현전국사제단이 6월에 임진각에서 신부 50여 명과 3,000여 명의 신자들이 참석한 가운데 통일염원 미사를 드리고 "민족통일을 향한 우리의 기도와 선언"을 발표하였다. '복음전파'와 '공동미사' 등을 위한 교계의 방북 신청도 이어졌다. 불교계의 경우, 정토구현전국승가회 등 9개 불교단체가 8·15기념 통일염원 법회를 개최하고, "조국통일을 위한 불교도선언"을 발표했다. 이들은 불교도의 통일의지를 결집시키기 위해 매년 8월 15일에 통일염원 법회를 개최할 것이라고 밝혔다. 이 밖에 천도교청년회가 1990년 4월 5일 창도기념일에 남북 천도교 청년들의 공동행사 진행을 제안하기도 했다.

문화예술계와 학계도 남북교류를 시도했다. 1989년 3월 민족문학작가회의가 북한의 조선작가동맹에 '남북작가회담' 예비회담을 제안하였다. 이에 노태우 정권은 회담을 불허했을 뿐 아니라 고은 등 대표단 5명과 문인 20여 명을 연행했다. 이 밖에 북한의 조선력사학회의 남북역사학자회담 제안과 고려대·경희대·원광대 등의 남북 학술교류 신청 등이 있었으며, 한국연극협회와 민중극단 등의 남북 연극교류 제안도 시도되었다.

반면, 남북교류를 둘러싸고 남남갈등의 양상도 나타났다. 한국예술문화단체총연합회(약칭 예총)가 "윤이상이 제안한 남북예술축전"의 연기를 발표하자, 한국민족예술인총연합(약칭 민예총)이 예총의 추진 회피는 정부당국의 계책에 놀아나는 작태라고 비난하는 등 동일 부문단체 내 보수와 진보 간에 갈등 양상이 빚어지기도 했다.

1989년 12월 말, 통일원은 민간 부문의 '북한 주민 접촉 및 초청' 승인 현황을 공개했다. 6월 '남북교류협력 기본 지침' 시행 이래 북한 주민 접촉 신청건수 총 39건, 이 중 21건 승인, 15건 불허, 3건은 처리 중으로 나타났다. 이 밖에 40건은 당사자와 협의·계획 단계였다. 1988년 7월 7일 대북교역 개방 이래 1989년 11월 30일까지 북한으로부터 반입된 물자는 63종 2,141만 6,000달러어치이며, 반출은 점퍼 1종 6만 9,000달러어치라고 밝혔다. 그 짧은 기간에 남북교류 의지가 어느 정도였는지 짐작할 수 있다.

1988~1989년 동안 뚜렷한 성장세를 보인 통일운동세력은 자체 조직을 규합하고 확대하기 위한 노력을 본격적으로 기울여나갔다. 1988년 8월 각계 인사 1,000여 명이 서명한 "한반도 평화통일을 위한 세계대회와 범민족대회에 대한 발기 취지문"을 계기로 남·북·해외 동포가 한자리에 모이는 범민족대회를 열기 위한 노력이 시작되었다. 이들의 인식은 "4천만 남한 동포, 2천만 북한 동포, 1천만 해외 동포가 총단결하여 통일운동의 전환적 국면을 맞이하고자, 각계각층의 총단결로 조국통일을 위한 대중적 주체를 건설해야 한다"는 것이었다. 그해 12월 북한의 조평통은 이를 지지하였고, 1989년 1월 전민련은 출범과 동시에 범민족대회 개최를 위한 예비실무회담을 제의했으나, 당국의 원천봉쇄로 무산되고 말았다.〔조국통일범민족연합 남측본부(준) 편, 1993, 23쪽〕3월에는 범민족대회 유럽 추진본부, 북미주 추진본부, 일본 지역본부 등이 결성되었다. 그러나 정작 북측과의 접촉을 이루지 못한 채 전민련, 전대협 등 21개 단체들은 7월에 '8·15 통일염원 범민족축전 추진본부(남측)'를 구성하고, 8·15 '민족자주통일의 날' 선포식을 열었다.

범민족대회는 1990년 8월 15일, 남측의 방북 무산으로 남북이 각각 대회를 진행할 수밖에 없었으며, 판문점 북측 지역에서 제1차 범민족대회가 열렸다. 대회의 결정사항은 연방제 방식의 통일국가 건설 지지, 범민족적인 통일운동단체 결성 추진 등이었다. 같은 해 11월 19~20일 남·북·해외의 통일운동단체 대표들은 분단 장벽이 가신 독일의 베를린에 모여서 3자 실무회담을 벌인 끝에 '조국통일범민족연합'(약칭 범민련)을 결성하기로 합의했다. 그 결과, 민족 구성원의 역량을 어느 한쪽에 치우침이 없이 모아내는 것을 목적으로 하는 상설적인 남·북·해외의 통일운동기구인 범민련이 탄생했다.(전상봉, 1999, 134쪽) 그러나 이후 범민련의 성격을 둘러싼 논의가 본격화되면서 1990년대 전반기에 걸쳐 '범민련 해소론'을 둘러싼 논쟁이 격화되었다. 이 논쟁의 핵심은 결국 통일운동에서 남과 북의 관계를 어떻게 정립할 것인가의 문제, 즉 '대북관'의 차이에 기인한(민경우, 2005, 118쪽) 것이라고 볼 수도 있다.

통일과 남북교류에 대한 갈망과 열정이 넘쳤던 1980년대 말의 한국 사회는 반세기 동안 분단과 냉전, 반공 이데올로기에 수동적으로 반응하던 국민들이 대중적인 통일운동과 통일논의로써 이를 극복하기 위해 몸부림치던 시대였다. 정부당국은 탈냉전 분위기 속에서 솟구쳐 오르는 통일운동에 전전긍긍하였으며, 어떻게든 이를 대북정책에 반영하지 않을 수 없었다. 이는 분단모순이 한국 사회의 내적인 갈등과 대립으로 드러나는 과정이었으며, 동시에 민간 통일운동이 정부의 통일정책과 상호작용을 하는 과정이었다.

남북기본합의서 채택과 통일논의의 확산

1980년대 말 통일운동의 성장 시기는 제6공화국 노태우 정권의 출현과 궤

를 같이하였으며 동시에 세계적 냉전의 해체기였다. 그런 점에서 1988~
1989년 동안 벌어진 폭발적인 통일운동은 냉전의 한복판에 있던 한반도가
탈냉전으로 가는 변화의 길목에서 맞이한 내적 진통이었다.

당시 노태우 정권 역시 국제환경의 변화에 맞춰 '북방정책'을 수립하
였으며, 그것은 1988년 7·7선언과 이듬해 '한민족공동체통일방안'으로 나
타났다. 동유럽 사회주의체제의 붕괴 이전에 이미 헝가리 등과 수교한 한
국은 베를린장벽이 무너지고 소련이 붕괴되는 세계사적 격변 속에서 동유
럽 사회주의권 나라들과 외교관계를 형성해나갔다. 그 후 1990년 10월 소
련과의 수교, 1992년 대만과의 단교 선언과 동시에 중국과 수교함으로써
탈냉전으로 인한 새로운 대외관계 정비를 마무리했다.

북한과의 관계 또한 1988년 노태우 정권의 등장 이후 재정립되기 시
작했다. 노태우는 취임연설에서부터 '전방위 외교' 노선을 표방했으며,
7·7선언을 통해서 대북한 접근전략을 가동해나갔다. 가장 주목할 만한 성
과로는 1989년 1월 방북한 정주영 현대그룹 회장과 북한의 아시아태평양
위원회(약칭 아태) 측과의 "금강산 개발에 관한 의정서" 체결이었다. 이 밖
에 시베리아 개발에의 공동참가, 합작투자회사 설립 추진 등이 합의되었
다. 이후 남북 간 교역은 1990년 관계 법률이 뒷받침되면서 폭발적으로
증가하기 시작했다.

1989년에 들어서서 노태우 정권의 대북접근정책은 다양한 남북대화
의 형태를 띠었다. 1988년 12월 강영훈 총리가 북한의 연형묵 정무원 총리
에게 '남북고위당국자회담'을 제의하는 내용의 서한을 보냈고, 다음 해 1월
연형묵으로부터 '남북고위정치군사회담을 위한 예비회담' 제의를 받았다.
이는 '남북고위급회담'을 여는 단초가 되었으며, 1991년 남북기본합의서
발표로 이어지게 되었다. 그뿐 아니라 남북국회회담 준비를 위한 접촉, 남
북체육회담, 남북적십자회담, 남북경제회담 등이 단속적으로 진행되었다.

그러나 앞에서 살펴본 것처럼 남북학생회담, 평양축전 참가 등 민간 차원의 남북대화와 교류는 철저히 봉쇄함으로써 노태우 정권은 대북정책에서 이중전략을 구사한 것이라고 할 수 있다.

1980년대 말 통일운동이 커다란 사회적 영향력을 행사해나가자, 노태우 정권은 매우 곤혹스러웠다. 1989년 3월 문교부가 발간해 전국 초·중·고교에 배부한 '통일안보교육 지도자료'에 그 같은 정부의 당혹감이 반영돼 있다. 정부는 이 자료에서 북한을 지칭해 "우리에게 이중적 실체임을 분명히 가르쳐야 한다"고 함으로써, 교류협력·통일의 대상으로서의 북한과 체제적·이데올로기적 대립 상황에 있는 북한이라는 '이중적 실체'로 인한 고충을 여실히 드러냈다.(노중선 편, 1996, 363쪽)

노태우 정권은 갈등과 혼란 속에서도 점증하는 남북교류 요구를 수용하기 위한 법적·제도적 장치를 마련하지 않을 수 없었다. 그리하여 1989년 통일원장관을 위원장으로 하는 남북교류협력추진위원회를 설치하였다. 이듬해에는 '남북교류협력에 관한 법률'을 공포하고, 동시에 '남북협력기금법'을 제정하는 등 남북관계 법안들을 마련해나갔다. 특히 1989년 6월 정부가 발표한 '남북교류협력 기본 지침'이 실질적인 남북교류를 뒷받침하였으며, 이후 1990년대 관계 법령의 근거가 되었다.

한편, 1985년 소련의 고르바초프 등장 이후 미소 간 탈냉전 분위기는 미국 내부에서 한반도의 긴장완화와 관련한 논의를 촉발하였으며, 주한미군 재조정 논의까지 불러일으켰다. 1989년 6월 미 민주당은 주한미군 1만 명 감축 법안을 제출했고, 상원은 행정부에 주한미군 감축에 관한 5개년계획을 보고토록 요구했다. 이에 따라 국내 정치권에서도 잇따라 미군 철수와 관련한 입장들을 표명했다. 김영삼, 김종필 등은 주한미군 철수 불가 입장인 반면, 김대중은 주한미군 감축은 안전장치 마련이 병행되어야 한다는 입장이었다.(김대중, 2009, 120쪽) 또한 남북한의 유엔가입문제도 논란이 되었다. 북한은 남북한 단일국가로 유엔가입을 주장한 반면, 남측은 유엔동시가입을 추구함으로써 서로 충돌했다. 이는 1991년 9월 남과 북이 동시에 유엔에 가입할 때까지 남북 간의 대표적인 논쟁거리였다. 남쪽의 대학생들을 비롯한 통일운동세력은 주한미군 철수를 본격적으로 외치기 시작했으며, 유엔동시가입 기도는 영구분단을 국제적으로 정당화하는 위험천만한 시도라고 규정하며 이에 대해 적극적 반대의사를 드러냈다.

1980년대 말 한국 사회에 형성된 통일논의는 북방정책이라는 기조하에 구사회주의권을 향해 적극적인 태도와 자세를 보인 노태우 정권으로 하여금 통일방안을 제시케 하는 데 기여하였다. 1989년 9월 11일 '한민족공동체통일방안'으로 공개된 노태우 정권의 통일안은 이후 남측의 공식적인 통일방안이 되었다. 이 방안은 1982년 제5공화국의 민족화합민주통일방안의 연장에서 제시되었으나, '남북연합' 단계를 설정한 점이 차이라고 할 수 있다. 이 방안에서는 통일 촉진과정을 위해 남북연합기구 설치, 즉 '남북연합'을 제시한 점이 특징이다. 남북연합은 최고결정기구로서 '남북정상회의'를 두고, 쌍방 정부대표로 구성되는 '남북각료회의'와, 남북 국회의원으로 구성되는 '남북평의회' 설치를 권유하고 있다. 이 남북평의회에서 남북이 각각 통일헌법의 초안을 제시하여 합리적인 단일안을 만들어 통일헌법안을 마련한 후 확정·공포하고, 이 헌법에 따라 총선거를 실시하여 통일국회와 통일정부를 구성한다는 계획이다.(통일원 통일정책실 편, 1992, 113~126쪽) 즉, 상호 체제를 인정하는 전제하에 남북연합을 제시한 점, 궁극적으로 통일헌법을 만들어 총선거로 통일정부를 구성해 완전통일을 추구한 점 등이 핵심이다. 특히 남북이 완전통일 이전에 상호 공존하는 과도기로서 '남북연합'을 설정함으로써 대결이 아닌 화해의 틈새를 열어놓았다는 점은 긍정적이다.(심지연, 2001, 85쪽) 그러나 여전히 사회문화적·경제적 교류협력을 통한 정치적·군사적 대립의 해결을 지향한 점에서

'기능주의적 사회통합론' 또는 '흡수통일론'의 한계를 벗어나지 못하였다.

1989년 11월 9일, 동서냉전의 한 상징이었던 베를린장벽이 무너지고 마침내 이루어진 동서독의 통일은 40여 년 넘게 지속된 세계적 냉전체제를 본격적으로 허물어뜨리기 시작했다. 독일 통일의 여파는 같은 분단국인 남북한에 커다란 영향을 미쳤다. 11월 18일 평화민주당 김대중 총재는 남북한 라디오, 텔레비전 상호 시청을 위한 개방을 제안했다. KBS노동조합은 성명을 통해 "남북한 방송교류에 대한 평민당 김대중 총재의 제안과 노태우 대통령의 동의를 환영한다"라며, 방송 개방의 걸림돌이 되는 국가보안법 전면 폐지 등을 주장했다. 탈냉전과 남북교류의 활발한 움직임은 국가보안법의 존폐 논란을 불러왔는데, 국회 법률개폐특별위원회가 이 문제를 놓고 공청회를 열기도 했다.

남북관계는 국제적인 탈냉전에 민감하게 반응하며 1990년대에 들어와 더욱 진전되었다. 남북에서 높아져가는 민족통일과 평화체제 구축의 열망은 단속적이나마 남북교류와 당국 간의 회담으로 이어졌다. 1990년 9월부터 남북고위급회담이 열리기 시작했고, 이듬해 4월 일본 지바에서 열린 세계탁구선수권대회에 남북 단일팀이 참가하여 여성단체전에서 우승한 데 이어, 5월에는 세계청소년축구대회 남북단일팀 구성을 위한 평가전이 서울과 평양에서 번갈아 열린 후 본선에 참가하는 등 체육교류 또한 활발하였다.

1991년 9월 17일에는 남과 북이 동시에 유엔에 가입하였다. 노태우 정권은 1991년부터 유엔가입을 위한 활동을 본격화하였고, 동시가입을 반대했던 북한 또한 탈냉전이라는 국제환경으로 더 이상 반대하기 어려워지자 1991년 5월 27일 "남조선 당국자들의 분열주의적 책동으로 말미암아 조성된 정세에 대처하여 불가피하게" 유엔가입 조치를 취한다는 외교부 성명을 발표했다. 북한의 유엔가입은 변화된 국제관계로 인한 힘의 열세를 인정하고, 체제를 유지하기 위한 자구책이라는 성격이 강하였다.

무엇보다 남북관계는 1991년 12월 13일, 제5차 남북고위급 본회담에서 "남북 사이의 화해와 불가침 및 교류·협력에 관한 합의서"(남북기본합의서)가 채택되고, 이듬해 2월 19일에 정식 발효됨으로써 큰 진전을 이루었다. 양측 수석대표인 정원식 국무총리와 연형묵 정무원 총리가 각각 서명한 이 합의서에서 남과 북은 상대방의 국가적 실체는 인정하되 국가로는 승인하지 않기로 하면서, 남북관계를 "나라와 나라 사이의 관계가 아닌 통일을 지향하는 과정에서 잠정적으로 형성되는 특수관계"로 규정하였다. 또한 상대방 체제의 인정과 존중, 내정 불간섭을 명시하고, 남북 상호 불가침과 교류협력에 관한 여러 사항을 합의하는 등 총 4장 25개 조의 내용에 합의하였다.(통일원 통일정책실 편, 1992, 171~176쪽)

남북기본합의서는 1992년 1월 20일에 "한반도 비핵화 공동선언" 채택으로 이어졌다. 한반도 비핵화 공동선언은 1989년 12월 미국과 소련 간의 중거리핵협정INF: Intermediate Nuclear Forces에 이어 1991년 7월 체결된 전략무기 감축협정에 따른 본격적인 냉전질서 해체 분위기에 크게 영향을 받았다.

위의 두 합의문은 남북이 변화하는 대외적 환경에 적극적이고 능동적으로 대응함으로써 남북교류에서 획기적 이정표를 마련했다는 점에서 그 역사적 의의가 대단히 크다. 1970년대 초 데탕트 정세에서 가능했던 7·4 남북공동성명과 함께 남북기본합의서는 남북의 화해와 통일을 향한 내적 요구가 외적인 상황 변화에 어떻게 조응하여 긍정적 결과로 이어졌는지 확인할 수 있는 귀중한 사례이다. 당시 남측의 통일운동세력도 당국의 역할에 수긍하는 입장을 보였다.(민주주의민족통일전국연합 자주통일국 편, 1992, 41쪽)

반면, 남북기본합의서의 한계 역시 비교적 뚜렷하다. 평화협정 체결

없이 화해와 협력을 논의한다는 것은 사실 '군사적 대치하의 정전상태'에서는 그 실효성이 매우 의심스러운 것이었다.(최성, 1994, 119쪽) 동시에 합의서 발효 이후 국가보안법 폐지가 아닌 '신축적인 운영'을 표방한 노태우 정권의 '반통일적인 본질'도 드러났다.(백낙청, 1992, 56쪽)

1991~1992년에 이르는 기간에 남북관계는 과거와는 달리 질적으로 발전하였다. 신데탕트에 뒤이은 탈냉전의 여파가 한반도에도 영향을 미치는 가운데, 남북한 당국이 대화를 통하여 남북관계를 크게 진전시키는 한편, 민간 차원의 통일운동 또한 이에 적극 영향을 미쳤기 때문이다. 그 결과, 남북한은 남북기본합의서 및 비핵화 공동선언의 결과를 만들어냈다. 남북관계에서 이러한 성과는 갈등에서 화해로, 분단에서 통일로의 전환적 의미를 지니는 것이라 할 수 있다.(정해구, 1995, 300쪽)

4

1980년대 통일운동의 성격과 의의

1980년대 통일운동은 이전 시기 반공 독재권력에 의해 설정된 분단 지향의 역사인식에서 벗어난 장쾌한 진보운동이었다. 권위주의적인 역대 군사정권은 북한에 관한 모든 정보를 독점하면서 대결을 강요했지만, 1980년대 통일운동세력은 이를 부정하면서 북한을 바로 알고자 노력하였고, 민족자주화 의식과 연결시켜나가는 동시에 폭발적인 통일논의와 통일운동을 전개하였다. 과거 정부가 모든 통일논의를 독점하던 상황은 1980년대 말의 대중적인 통일운동에 의해 무너졌다. 소수의 선각자들과 비합법 전위활동가를 자임한 일부의 문제의식과 운동으로부터 각계각층을 포괄하는 다수의 민중적 통일운동이라는 움직임이 뚜렷이 형성되었다. 이 같은 현상은 '민중통일론'이라고 할 만한 지적·실천적 양상으로 나타났다. 따라서 정부의 대북 '창구 단일화론' 등은 낡고 진부한 반통일적인 태도로 인식될 수밖에 없었다. 이는 6월민주항쟁의 직접적 영향이었다. 지배권력의 통일론 독점 현상은 점차 무너졌으며 민중주도적 통일방안의 실질화·구체화가 요구되기 시작했다. 그것은 통일운동이 한 단계 높아졌음을 의미한다.(강만길, 1988, 15쪽)

1980년대 말 통일운동의 눈부신 진전은 당시 사회 전반에 걸쳐 나타난 민주화운동의 양상과 분리하여 이해하기 어렵다. 1980년 5·18민중항쟁을 계기로 한 민주화 의식의 성장과 사회운동의 발전은 한국 사회의 근본적인 문제에 관한 진지한 성찰로 이어졌으며, 그에 따라 분단과 통일문제에 대한 관심의 영역을 확대시켜나갔다. 6월민주항쟁의 주역이었던 학생들이 통일운동의 현장에서 자주 외친 "오월에서 통일로"라는 구호가 단적인 사례이다.

민주화운동의 발전과 성취라는 학습효과는 분단문제 역시 우리의 의식 변화와 통일을 추구하는 노력으로써 가능할 것이라는 생각으로 이어졌다. 학생들은 집회 현장에서 "할 수 있다, 할 수 있다, 조국통일 할 수 있다"를 외쳤다. 이 점에서 1980년대의 통일운동은 민주화운동이라는 밑거름에 기초하여 성장했으며, 민주화운동과 불가분의 관계를 맺으며 상호 발전해나갔다고 할 수 있다. 비록 1980년대의 통일논의와 통일운동이 그 문제제기 방식에 있어서 더러 급진성과 충격적인 양상을 동반하기도 했으나, 그 영향과 역사적 의미는 매우 큰 것이었다. 특히 1980년대 말 최고조에 이른 통일운동은 소수 엘리트에 의한 비합법적인 운동이 아니라 각계각층이 참여한 대중적 통일운동이었다는 점에서 그 의미가 더욱 각별하다. 그 이전까지 일반시민들에게 통일문제란 '자신의 문제'가 아니었으나, 1980년대 말 통일문제 제기로 말미암아 비로소 '우리의 문제'라는 국민적 의식의 변화를 불러왔다.(박현채 외, 1988, 14쪽)

1980년대 통일운동은 민족자주화와 민족대단결이라는 관점에서 추진된 점이 또 하나의 특징이었다. '하나의 민족'을 강조하며 민족 동질성의 회복을 추구하였을 뿐 아니라, 이를 방해하고 억압하는 대상으로서의 외세와 군사정권에 대한 문제의식과 저항이 매우 뚜렷했다. 이는 남북관계의 현상유지 및 흡수통일이라는 과거의 정권 중심적 통일논의와 근본적으로 구별되는 내용이었다. 또한 평화운동·군축운동을 제기함으로써 통일국가를 수립하기 위한 과정에서 전쟁의 위협과 상호 군사적 갈등 양상을 드러내고자 하였다. 1990년대 탈냉전기의 통일운동은 걸프전 등을 매개로 하여 평화운동으로 연계되는 양상까지 보였다. 이 같은 흐름은 통일운동이 새로운 진보운동의 촉매로 작용한 사실을 보여준다.

통일운동은 1980년대를 휩쓸아친 전체 민중운동과의 유기적 연관 속에서 추구되었던 점 또한 커다란 특징이었다. 사회운동 진영에 커다란 논란을 불러일으키는 동시에 생기를 주는 운동이었음에 틀림없다. 자주화운동·민주화운동과 함께 민중운동의 당당한 한 영역으로서 통일운동이 자리매김되기 시작하였다. 그것은 곧 1980년대 사회운동을 통해 민중적 세계관에 입각한 변혁의 인식지평, 반제의 인식지평을 거쳐 1980년대 후반 비로소 통일의 인식지평을 열어감으로써, 한국 사회의 역사와 구조의 구체성에 보다 근접해가는 과정이기도 했다.(조희연, 1990, 156쪽) 나아가 사회변혁운동과 통일운동의 근본적 관계에 주목하면서 사회변혁에 의해 담보되지 않는 진정한 통일은 불가능하며, 또한 변혁에 복무하지 않는 진정한 통일은 존재하지 않는 것이라는 담론으로까지 이어졌다.(정대화, 1991, 126쪽)

1980년대 통일운동의 의의 중 하나는 북한에 대한 새로운 이해를 가능케 했다는 점일 것이다. 대립과 갈등, 미움과 저주의 대상으로부터 통일을 함께 이루어나갈 동반자, 미우나 고우나 내 형제, 내 동포라는 인식이 광범위하게 확산되었고 정착되어나갔다. 과거 정권이 구축한 반공·멸공·적대 정책으로부터 벗어나, 북한의 건국과정과 사회주의, 대외정책 등에 대한 역사적·구조적 이해를 추구했고, 이를 통해 있는 그대로의 북한을 보고 이해하려는 '북한 바로 알기'라는 관점이 정착되기 시작했다. 이러한 이해는 1989년 남북기본합의서에서 확인한 남북한 특수관계라는 관점으로 연결되어 '통일을 지향하는 과정'으로서의 분단, '통일의 대상'으로서의 북한이라는 인식의 기틀을 마련하는 과정으로 이어졌다. 이 같은 인식은 1990년대 이후 탈냉전 속에서 정부와 민간 양측에 의해 진전되었다. 특히 지난 2000년과 2007년 두 차례의 남북정상회담 이후 그 같은 양상은 확고해졌다. 이 또한 1980년대 통일운동의 영향이라고 할 수 있다.

탈냉전은 이데올로기 시대의 종언이라는 세계사적 변화를 인지하도록 했을 뿐 아니라 남북관계의 전망과 진로에 대한 폭넓은 고민과 문제의식을 던져주었다. 즉, 기존 사회주의국가들의 붕괴에 따른 북한의 위기감을 반영하여 통일운동을 전개해나가지 않으면 안 되는 변화된 환경을 자각하기 시작했다. 이에 따라 분단 극복을 위한 논점의 변화가 불가피했다. 또한 자주화운동을 통한 분단 극복에 비중을 둔 인식체계에서 평화체제에 대한 고민과 통일의 방법론을 둘러싼 내적 고민도 본격화되었다. 민족대단결론과 연방제 통일안, 흡수통일의 문제 등을 놓고 한국 사회 내부에서 형성되기 시작한 파생적 논의들도 풍부해져갔다.(고세현, 1992, 49쪽)

남북기본합의서 채택, 남북 유엔동시가입 등의 조치는 이 같은 내외적 환경의 변화에 대한 남북 당국 간 대응이었다. 이 과정에서 통일운동세력은 남과 북, 해외 간의 대화와 소통, 합의를 중심으로 한 새로운 범민족 단위의 통일운동체를 형성함으로써 변화된 상황에 대처하고자 하였다. 반면, 북한과의 직접적인 연계와 접촉보다는 남남갈등이라는 우려스러운 현상에 주목하면서, 남쪽 내부의 다양한 목소리를 반영함으로써 보수와 진보 세력이 단합된 새로운 통일운동을 추구하는 움직임도 출현했다. 탈냉전기 통일운동의 방향이 좀더 다양해지기 시작했고, 이런 측면에서 1980년대 통일운동을 계승하면서도 동시에 분화, 발전적인 흐름으로 재구성되어나갔다고 할 수 있다.

분단 역사 65년 중 40여 년간 통일문제를 공론화하지 못하다가 대중적인 통일논의를 시작한 지 불과 20여 년밖에 되지 않았다. 1980년대가 바로 그러한 토양을 제공한 시대였다. 오늘날 우리 사회의 대다수는 여전히 통일의 당위성을 말하지만 그 과정과 방법, 시기 등에 대해서는 다양한 견해가 공존하고 있다. 이 또한 1980년대의 영향이자 성과일 것이다. 지금도 남과 북은 대립과 갈등이 아닌 화해와 통일을 당연시하며 늘 갈망하고 있다. 1980년대와 같은 문제제기식의 폭발적인 통일운동의 시대는 아니지만, 문제해결을 위한 차분하면서도 지속적인 노력이 절실하다.

참고문헌

『경향신문』, 『광주일보』, 『동아일보』, 『매일경제』, 『서울경제』, 『전남매일』, 『전남일보』,
  『조선일보』, 『한겨레신문』
『교육과 실천』, 『교육희망』, 『말』, 『민주여성』(1987~1999, 한국여성단체연합), 『민주화의
  길』, 『민주교육』, 『민중교육』, 『민중문화』, 『베틀』(한국여성의전화, 1983~1995),
  『시민의소리』, 『여성평우』(창간호~4호, 여성평우회), 『이천만 여성』(창간호~4
  호, 여성평우회), 『전교조신문』, 『전국교사신문』

12·12사건과 5·18사건의 1·2심 및 대법원 판결문
계엄사령부, "계엄상황일지"(1980. 5. 1~5. 31)
_____, "광주사태의 전모"(1980. 5. 31)
"교육민주화선언"(Y교협, 1986)
미 국무부, "광주특위 질의에 대한 80년 미국 역할 답변서" 『서울신문』 1989년 6월 21일자
"민중문화운동협의회 창립선언문"〔『민중문화』 창간호(1984. 6. 9)〕
서울지검, "5·18공소장"
육군 제20사단, "20사단 전투상보"
_____, "충정작전보고―광주사태 진압보고서"
육군 제31사단, "광주사태 전투상보"
육군본부, 1980 "소요진압과 그 교훈"
제2군사령부, "계엄상황일지"
특전사령부, "광주지역 소요사태진압작전"
_____, "특전사 전투상보"

『1970년대 민주화운동』 1~5(한국기독교교회협의회 인권위원회 편, 한국기독교교회협의회)
『1980년대 민주화운동』 6~8(한국기독교교회협의회 인권위원회 편, 한국기독교교회협의회)
『5·18광주민주화운동자료총서』 1~50(광주광역시 5·18사료편찬위원회 편, 광주광역시)
『5·18청문회 회의록』 1~30(국회사무처 편, 『5·18광주민주화운동진상조사 특별위원회
  회의록(증언록)』 1~30)
『6월항쟁을 기록하다』 1~4〔민주화운동기념사업회·(사)6월민주항쟁계승사업회 편,

2007, 민주화운동기념사업회)

『노동백서』 1980~1995 (노동부, 『노동백서』 각 연도판)

『노동통계연감』 1986~1995 (노동부, 『노동통계연감』 각 연도판)

『민주화운동 관련 사건·단체사전 편찬을 위한 기초조사 연구(1980년대) 보고서』 1~2 (조
　　현연·강병익·서복원, 2004, 민주화운동기념사업회)

『사업보고』 1987~1998 (한국노동조합총연맹 편, 『사업보고』 각 연도판)

『암흑 속의 횃불』 1~8 (기쁨과희망사목연구소 편, 가톨릭출판사)

『인권보고서』 1~7 (대한변호사협회 편, 1986~1993, 역사비평사)

『전국노동조합협의회 백서』 1~13 (전국노동조합협의회 백서발간위원회 편, 1997, 전국노
　　동조합협의회)

『전두환시대』 3~4 (이와나미 편집부 편, 1988, 중원문화)

『한국통계연감』 1980~1990 (경제기획원, 『한국통계연감』 각 연도판)

『KLI 노동통계』 1989~2000 (한국노동연구원, 『KLI 노동통계』 각 연도판)

5·18광주민중항쟁유족회 편, 1989 『광주민중항쟁 비망록』, 남풍

5·18기념재단 편, 2006a 『그해 오월, 나는 살고 싶었다』 1, 한얼미디어

＿＿＿＿＿＿＿, 2006b 『그해 오월, 나는 살고 싶었다』 2, 한얼미디어

5월여성연구회 편, 1991 『광주민중항쟁과 여성』, 한국기독교사회문제연구원

6월민주항쟁10주년사업범국민추진위원회 편, 1997 『6월항쟁10주년기념자료집』, 사계절

민주화운동기념사업회·(사)6월민주항쟁계승사업회 편, 2007 『80년 5월에서 87년 6월로』

70년역사편찬위원회 편, 1994 『하나되는 교회 그리고 세계』, 대한기독교서회

80년대전반기학생운동기념문집출간위원회 편, 2006 『5월 광주를 넘어 6월항쟁까지』, 자인

91년 5월투쟁 청년모임 편, 2002 『그러나 지난 밤 꿈속에서 이 친구들이 나에 대하여 이야
　　기하는 소리가 들려왔다 1991년 5월』, 이후

EYC 정책실, 1988 「변혁시대 기독교운동의 이론 정립을 위한 모색」 『노정권의 출범과 민
　　족민주운동의 진로』 (기사연 리포트 6호)

가톨릭정의평화연구소 편, 1990 『한국 가톨릭교회와 소외층, 그리고 사회운동』, 빛고을

강남식, 2003 「여성평우회의 활동과 여성운동사적 의의」 『여성평우회 발자취』, 여성평우
　　회 창립 20주년 기념행사 준비위원회

＿＿＿, 2004 「70년대 여성노동자의 정체성 형성과 노동운동」 『산업노동연구』 10권 2호

강남식·윤정숙·남인순, 1999 「80~90년대 여성운동의 평가와 세기 전환기 여성운동의

전망과 과제」『세기 전환기 여성운동과 여성이론』(한국여성연구소 10주년 기념 심포지엄 자료집)

강만길, 1988 「통일운동의 단계 높임을 위한 제언」『역사비평』 4호

강상현, 1993 「정보화시대의 시민언론운동─현 단계 운동 평가와 미래 전망」『한국사회와 언론』 3호

강성재, 1987 『쿠데타 권력의 생리』, 동아일보사

강순희, 1998 『한국의 노동운동─1987년 이후 10년간의 변화』, 한국노동연구원

강신모, 1999 「한국 JOC의 위기와 방향 모색」『가톨릭사회과학연구』 11집

강신철 외, 1988 『80년대 학생운동사』, 형성사

강원룡, 1993 『나의 삶, 한국현대사의 소용돌이』, 열린문화

강인순, 2001 『한국여성노동자운동사』 2, 한울

강인철, 1999 「종교와 통일운동: 한국 천주교의 사례」『종교문화연구』 창간호, 한신인문학연구소

_____, 2008 『종교권력과 한국 천주교회』, 한신대학교 출판부

강정인, 2002 「정치·죽음·진실: 1991년 5월투쟁을 중심으로」『한국정치학회보』 36집 3호

강준만, 1998 『카멜레온과 하이에나─한국언론 115년사』, 인물과사상사

_____, 2003a 『한국 현대사 산책─1980년대편』 1, 인물과사상사

_____, 2003b 『한국 현대사 산책─1980년대편』 2, 인물과사상사

_____, 2006 『한국 현대사 산책─1990년대편』 1, 인물과사상사

강창성, 1991 『군벌정치』, 해동문화사

강형민, 1990 「1980년대 조직운동의 전개과정에 대한 연구」『경제와 사회』 6호

강홍균, 1990 「창간신문사─제민일보」『신문과 방송』 235호

경찰청 편, 1991 『대범죄전쟁백서』, 신우인쇄

고광헌, 1988 『스포츠와 정치』, 푸른나무

고려대학교 100년사 편찬위원회 편, 2005 『고려대학교 학생운동사』, 고려대학교 출판부

고려대학교민주동우회 엮음, 2008 『고대학생운동①: 구술자료집』, 대동

고세현, 1992 「통일운동론의 몇 가지 쟁점에 대하여」『창작과비평』 77호

고승우, 2002 「한겨레신문의 창간과정에 관한 사회학적 연구」, 고려대 박사학위논문

_____, 2005 「1980년 이후 언론민주화운동 1─광주항쟁과 기자들의 투쟁」『신문과 방송』 415호

_____, 2006「80년 5월 기자들의 신군부에 대한 투쟁, 그리고 26년 동안의 명예회복 노력」『해방 이후 언론탄압에 대한 진상규명과 피해자 명예회복 및 배상에 관한 특별법 제정을 위한 토론회 발표논문집』

고정희, 1988「광주 여성들, 이렇게 싸웠다: 광주민중항쟁과 여성의 역할」『월간중앙』 5월호

고호석, 2007「부산의 6월항쟁」『6월항쟁을 기록하다』 4〔민주화운동기념사업회·(사)6월민주항쟁계승사업회 편〕

곽복희, 1995「독자적 여학생조직을 만들기까지」『여성과 사회』 6호

광주광역시 5·18사료편찬위원회 편, 1998『5·18광주민중항쟁』, 광주광역시

_____, 2001『5·18민중항쟁사』, 광주광역시

광주매일정사(正史)5·18특별취재반 편, 1995『정사(正史) 5·18』 상, 사회평론

광주사회조사연구소 편, 1998『국민이 보는 5·18─특별법 제정에서 사면까지』, 광주사회조사연구소

광주시 편, 『광주시통계연보』 1980년도판, 광주시

교육출판기획실 편, 1986『교육현실과 교사』, 청사

_____, 1989『분단시대의 학교교육』, 푸른나무

교육현장편집위원회 편, 1985『교육현장』, 사계절

국가보안법 철폐와 구속 사제 석방을 위한 천주교서울대교구 평신도공동대책위원회 편, 1989『하나되게 하소서』

국방부, 1985『광주사태의 실상』

국방부과거사진상규명위원회 편, 2007『12·12, 5·17, 5·18사건 조사결과보고서』

국사편찬위원회 편, 2005『한국민주화운동자료목록집』 1~2

국정원과거사위원회 편, 2009『과거와의 화해, 미래와의 대화』(pdf 자료)

국토통일원 편, 1985『남북한 통일 제의 자료총람』 2(1975. 1. 1~1985. 12. 31)

_____, 1988『남북대화백서』

권경우, 2002「죽음의 정치에서 삶의 미학으로: 91년 5월에 대한 문화적 접근」『그러나 지난 밤 꿈속에서 이 친구들이 나에 대하여 이야기하는 소리가 들려왔다 1991년 5월』(91년 5월투쟁 청년모임 편), 이후

권미혁, 2005「여성운동과 민통련」『민통련』(민통련창립20주년기념행사위원회 편)

권영근 편저, 2000『위험한 미래』, 당대

권영근, 2009『지역순환형 사회를 꿈꾸며─Entropy와 Association─』, 흙내

권용목, 「현대그룹노동운동사」『새벽』 1~4호, 석탑

권인숙, 1989 『하나의 벽을 넘어서』, 거름

권현지, 1999 『노조 조직규모의 변화와 조직확대 방안』, 한국노총 중앙연구원

권형철 편, 1990 『한국 변혁운동 논쟁사』, 일송정

기독교사회문제연구원 편, 1983 『교육과 사회』, 민중사

긴급조치9호철폐투쟁30주년기념행사추진위원회 편, 2005 『30년만에 다시 부르는 노래』, 자인

길승흠, 1990 「한국에 있어서 정당정치와 정치문화」『한국논단』 4월호

김경재, 2009 『김형욱회고록』 4, 인물과사상사

김경호, 2000 「조계종 종권분쟁 연구」『불교평론』 2호

김광 외, 1991 『학생운동논쟁사』 1·2, 일송정

김근태, 1988 『김근태 고문 및 옥중기록』, 중원문화

_____, 1992a 『우리 가는 이 길은』, 새날

_____, 1992b 『열려진 세상으로 통하는 가냘픈 통로에서』, 한울

김금수, 1987 「80년대 노동운동의 단계적 상황과 발전을 위한 과제」『실천문학』 8권, 실천문학사

_____, 1988 「한국 노동조합운동의 현단계적 상황과 발전을 위한 과제」『한국 노동운동의 이념』(한국기독교산업개발원 편), 정암사

_____, 1995 『한국 노동운동의 현황과 과제』, 과학과 사상

_____, 2004 『한국노동운동사 — 민주화이행기의 노동운동』 6, 지식마당

김기식, 1997 「1980년대 이후 학생운동세력의 사회진출: 고민과 모색」『역사비평』 겨울호

김기태, 1989 「우리나라 시청자운동의 현황과 성격에 관한 연구」『방송연구』 28호

_____, 1990 「80년대 언론운동론」『언론문화연구』 8집, 서강대학교 출판부

_____, 1992 「선거보도감시운동의 평가와 실천과제」『한국사회와 언론』 2호

김남일, "80년대 문학의 갈피를 들추며"『문화일보』 2003년 11월 5일자

김남조·윤후정·이계경 외, 1998 『강원용과의 만남 그리고 여성운동』, 여성신문사

김대중, 1997 『나의 삶, 나의 길』, 산하

_____, 2009 『김대중의 3단계 통일론』, 아태평화재단

김대중씨납치사건진상조사위원회 편, 1987 『김대중사건의 진상』, 삼민사

김도종, 1997 「1980년대 한국의 정치변동과 학생집단」『사회과학논총』 13집 2호, 명지대학교사회과학연구소

_____, 2004 「한국학생운동의 과거, 현재, 그리고 미래」『내나라』 13권 1호, 내나라연구소

김동규, 1988「뉴스의 결정 양식에 관한 구조적 접근」『언론문화연구』6집

김동민, 1990「한국언론노동운동의 특성에 관한 연구」, 한양대 박사학위논문

김동성, 1994「80년 서울의 봄과 민주화운동의 좌절」『현대사를 어떻게 볼 것인가: 5공 평가 대토론』6(동아일보사 편), 동아일보사

김동욱, 1990「한국자본주의의 모순구조와 항쟁주체」『광주민중항쟁연구』(정해구 외), 사계절

김동춘, 1988「1980년대 이후 학술역량의 성장과 학단협의 출범」『학단협10년사』(학술단체협의회 편)

_____, 1988「학술운동론」『산업사회연구』2집(한국산업사회연구회 편), 한울

_____, 1993「한국노동자의 사회적 고립―1987년 이후 중공업 노동자의 노동조합 활동을 중심으로」, 서울대 박사학위논문

_____, 1995『한국사회 노동자 연구―1987년 이후를 중심으로』, 역사비평사

_____, 1997「1980년대 민주변혁운동의 성장과 그 성격」『6월민주항쟁과 한국사회 10년』1(학술단체협의회 편), 당대

_____, 1998「90년대 학생운동의 현황과 전망」『황해문화』19호

김만흠, 1991「한국의 정치균열에 관한 연구: 지역균열의 정치과정에 대한 구조적 접근」, 서울대 박사학위논문

_____, 1997『한국정치의 재인식』, 풀빛

김말룡, 1984「현대 한국천주교회와 노동운동」『한국천주교회 창설 200주년기념 한국교회사논문집』1집, 한국교회사연구소

김명배, 2009『해방 후 한국 기독교 사회운동사: 민주화와 인권운동을 중심으로, 1960~1987』, 북코리아

김명환·조희연, 1990「진보적 학술운동의 전개와 90년대의 전망」『한국사회운동사』(조희연 편), 한울

김민곤, 「교육민주화운동20년사」『교육희망』2007~2009, 전교조

김민남 외, 1993『새로 쓰는 한국언론사』, 아침

김민호, 1988「80년대 학생운동의 전개과정」『역사비평』3호

김민환, 2002(개정판)『한국언론사』, 나남

김병식, 2007「6월항쟁의 선봉장, 서대협」『6월항쟁을 기록하다』3〔민주화운동기념사업회·(사)6월민주항쟁계승사업회편〕

김삼웅 편저, 2001『서울의 봄 민주선언』, 한국학술정보

김삼웅, 1987 『금서: 금서의 사상사』, 백산서당

_____, 1994 『한권으로 보는 해방후 정치사 100장면』, 가람기획

_____, 1995 『곡필로 본 해방 50년』, 한울

김상근, 2006 「왜 한국기독교교회협의회(KNCC)는 인권·민주화 운동에 나섰나?」 『내일을 여는 역사』 제26호

김서중, 1996 「정기간행물 관계법의 변천과 그 적용에 관한 연구」, 서울대 박사학위논문

_____, 2006 「역대 정권의 언론 탄압의 배경과 사례, 그리고 교훈」 『해방 이후 언론탄압에 대한 진상규명과 피해자 명예회복 및 배상에 관한 특별법 제정을 위한 토론회 발표논문집』

김설이·이경은, 2007 『잿빛시대 보랏빛 고운 꿈』, 민주화운동기념사업회

김성수, 1989 「내향이의 웃음은 누가 찾아줄 것인가?」 『여성동아』 3월호, 동아일보사

_____, 2004 「1980년대 동인지·무크 문학의 운동성」 『국제어문학회 학술대회 자료집』

김성익, 1992 『전두환 육성 기록』, 조선일보사

김성진, 1983 「삶과 노동으로서의 놀이」 『문학과 예술의 실천논리』(고은 외), 실천문학사

김수현, 1989 「1980년대 저소득층 주택정책 변화에 관한 연구」, 서울대 석사학위논문

_____, 1996 「한국 공공임대주택 정책의 전개과정과 성격」, 서울대 박사학위논문

_____, 1998 「서울시 철거민운동사연구」 『서울학연구』 13호, 서울시립대 서울학연구소

_____, 2009 「뉴타운문제의 이해와 근본대안」 『시민과 세계』 15호, 참여사회연구소

김수현·전홍규, 1998 『철거민이 본 철거』, 한국도시연구소

김양오, 1988 『광주보고서』, 청음

김언호, 1987 『출판운동의 상황과 논리―우리 시대의 출판운동에 대한 한 출판인의 현장 보고』, 한길사

김영곤, 2007 「5·3 인천민주화운동과 노동자의 역할」 『인천학연구』 6호, 인천대학교 인천학연구원

김영근, 1985 「현대 한국천주교회와 가톨릭 학생운동」 『한국천주교회 창설 200주년기념 한국교회사논문집』 2집, 한국교회사연구소

김영명, 1986 『군부정치론』, 녹두

_____, 1992 『정치변동의 역학: 한국 현대 정치사』, 을유문화사

_____, 2006 『한국의 정치변동』, 을유문화사

김영배, 1995 『오로지 한길만을』, 과학과 사상

김영수, 2001 『한국헌법사』, 학문사

김영진, 1989 『충정작전과 광주항쟁』 상, 동광

김영철, 2007 「문화인의 연대, 항쟁의 지평을 넓히다」 『6월 항쟁을 기록하다』 2〔민주화운동기념사업회·(사)6월항쟁계승사업회 편〕

김영택, 1987a 「광주사태의 다섯 가지 의문」 『신동아』 9월호

_____, 1987b 「광주사태 의문의 여인―전옥주」 『여성동아』 10월호

_____, 1988 『10일간의 취재수첩』, 사계절

_____, 1989 「광주의 진상 아직도 은폐되고 있다」 『신동아』 2월호

_____, 1990a 「80년 정호용과 정웅의 역할」 『신동아』 1월호

_____, 1990b 『5·18광주민중항쟁』, 동아일보사

_____, 1996 『실록 5·18광주민중항쟁』, 창작시대사

_____, 1999 「5·18광주민중항쟁의 초기 성격」, 국민대 석사학위논문

_____, 2004 「5·18광주민중항쟁 연구」, 국민대 박사학위논문

_____, 2008 「신군부의 정권 찬탈을 위한 공수부대의 5·18 '과잉진압' 연구」 『역사학연구』 34집, 호남사학회

_____, 2010 『5월 18일, 광주―광주민중항쟁, 그 원인과 전개과정』, 역사공간

_____, 「YWCA 위장결혼식 사건과 신군부의 대응」(미발표 자료)

김영호, 2004 『한국 언론의 사회사』 1·2, 지식산업사

김용기·박승옥 편, 1989 『한국 노동운동 논쟁사』, 현장문학사

김용복, 1982 「해방 후 교회와 국가」 『국가권력과 기독교』(한국기독교사회문제연구소 편), 민중사

김용철, "광주민주화운동―10일간의 고투―군부정치 종식 씨앗으로" 『한국일보』 1999년 10월 12일자

김용호, 1994 「민주화와 정당정치」 『전환기의 한국민주주의』(안청시 외 편저), 법문사

김원, 1999 『잊혀진 것들에 대한 기억: 1980년대 한국대학생의 하위문화와 대중정치』, 이후

김원기, 1993 『믿음의 정치학』, 중암기획

김유선, 1998 『노동조합운동의 현황과 과제』, 한국노동연구원

김윤배, 1986 『해뜨는 언덕』, 선경

김윤철, 2002 「91년 5월투쟁, 그 열려진 '역사적 의미짓기'의 장으로 들어서기」 『그러나 지난 밤 꿈속에서 이 친구들이 나에 대하여 이야기하는 소리가 들려왔다 1991년 5월』(91년 5월투쟁 청년모임 편), 이후

김은미, 2000 「한국 지역정치의 변화와 지역운동의 제도화」, 이화여대 박사학위논문

김은숙, 1988 『불타는 미국』, 아가페

김장한, 1989 『80년대 한국노동운동사』, 조국

김재영, 1988 「새출발…다시 외로운 작업을: 천주교 '광주정평위' 12년」 『월간 예향』 5월호

김재은, 2003 「민주화 운동과정에서 구성된 주체위치의 '성별화'에 관한 연구(1985~
1991): 상징정치 담론분석을 중심으로」, 서울대 석사학위논문

김재홍, 1994 『군』 상·하, 동아일보사

김정남, 2005 『진실, 광장에 서다―민주화운동 30년의 역정』, 창비

_____, 2007 「사제단, 고문살인범이 조작되었다」 『6월항쟁을 기록하다』 3〔민주화운동기
념사업회·(사)6월민주항쟁계승사업회 편〕

김정한, 1998 『대중과 폭력: 1991년 5월의 기억』, 이후

_____, 2002 「권력은 주체를 슬프게 한다: 91년 5월투쟁 읽기」 『그러나 지난 밤 꿈속에서
이 친구들이 나에 대하여 이야기하는 소리가 들려왔다 1991년 5월』(91년 5월투쟁
청년모임 편), 이후

김종찬 편, 1988 『불의 기록 피의 기록 죽음의 기록』, 실천문학사

김종철, 1991 「언론이여 스스로 재갈을 물어라」 『말』 7월호

김종철·최장집, 1991 『지역감정 연구』, 학민사

김주언, 2009 『한국의 언론통제』, 리북

김준, 2007 「1980년의 정세발전과 대립구도」 『5·18민중항쟁과 정치·역사·사회』 3(5·18
기념재단 편), 5·18기념재단

김준엽, 1990 『장정: 나의 대학총장 시절』 3, 나남

김준태, 1988 『5월과 문학: 김준태 문학평론집』, 남풍

김지선, 2002 「80년대 초반 노동운동과 5·3 인천항쟁」 『이론과 실천』 6월호

김지형, 2000 「통일운동 세력의 분단 인식과 대응」 『인문과학연구』 5호, 가톨릭대학교 인
문과학연구소

김지형·김민희, 1994 『통일은 됐어: 문익환 목사의 통일 역정』, 지성사

김진경, 1991 「교육운동의 현단계와 과제」 『전교조신문』 75호

김진균 외, 2003 『저항, 연대, 기억의 정치』, 문화과학사

김진옥, 1985 「80년대 노동운동의 전개」 『노동현실과 노동운동』(임채정 외), 돌베개

김충근, 1997 「금남로 아리랑」 『5·18특파원 리포트』(한국기자협회·무등일보사·광주시민
연대 편), 풀빛

김충식·이도성, 1993 『남산의 부장들』 1~3, 동아일보사

김태일, 1991「한국의 농민운동과 국가, 1964-1990」, 고려대 박사학위논문

김해식, 1994『한국 언론의 사회학』, 나남

김현섭·이용호, 1994『권력막후: 제6공화국의 정치비화』, 경향신문사

김현철, 1987『권력의 황혼』, 거름

김형민, 1990「범민족대회의 평가와 통일운동의 방향」『정세연구』14호, 민족민주운동연
　　　구소

김혜숙·조순경, 1995「민족민주운동과 가부장제」『사회평론 길』68호

김흥수, 1996「5월 광주항쟁에 대한 기독교인들의 종교적 반응」『한국기독교와 역사』5호

_____, 2007「한국민주화기독자동지회의 결성과 활동」『한국기독교와 역사』27호

꾸르실료 한국협의회 편, 1987『한국 꾸르실료 20년사』, 가톨릭출판사

나경택, 2003「5·18광주민중항쟁과 보도사진의 역할에 관한 연구」, 광주대 석사학위논문

_____, 2007『앵글과 눈동자』(사진집), 사진예술사

나도은, 2007「항쟁의 징검다리, 명동성당농성」『6월항쟁을 기록하다』3〔민주화운동기념
　　　사업회·(사)6월민주항쟁계승사업회 편〕

남영근, 1985「현대 한국천주교회와 가톨릭노동청년운동」『한국천주교회 창설 200주년기
　　　념 한국교회사논문집』2집, 한국교회사연구소

남영신, 1993『지역패권주의 연구』, 학민사

내외문제연구소 편, 1980『누구를 위한 내란음모인가―김대중 일당사건의 진상』

노동부 편, 1988『1987년 여름의 노사분규 평가보고서』

노동인권회관 편, 1991『노동인권보고서』, 역사비평사

노인철 외, 1995『저소득층 실태변화와 정책과제』, 한국보건사회연구원

노재현, 1994『청와대 비서실』2, 중앙일보사

노중기, 1995「국가의 노동통제전략에 관한 연구: 1987~1992」, 서울대 박사학위논문

_____, 1997「6월민주항쟁과 노동자대투쟁」『6월민주항쟁과 한국사회 10년』1(학술단체
　　　협의회 편), 당대

노중선 편, 1996『연표―남북한 통일정책과 통일운동 50년』, 사계절

노중선, 2000『남북대화 백서―남북교류의 갈등과 성과』, 한울아카데미

노중선, 2005「남한 역대 정권의 통일문제 인식과 통일정책」『내일을 여는 역사』21호

농림수산부, 1988『농림통계연보』

_____, 1988a『농림수산 주요 통계』

대한민국재향군인회 편, 1997『12·12, 5·18 실록』

대한민국정부 편, 1983 『제5차 경제사회발전5개년계획 수정계획 1984~1986』

도시빈민연구소 편, 1990 『건설일용노동자의 노동문제와 노동운동』(월례토론회 자료집, 1990. 12. 6)

_____, 1991 『굴레를 깨고 일어서는 사람들―빈민지역운동 사례집』

_____, 1992 『도시빈민지역운동론』 3

도요한, 2000 「한국 가톨릭교회의 노동운동 참여」『한국 천주교회사의 성찰』(최석우신부 수품 50주년 기념사업위원회 편), 한국교회사연구소

도종환, 1989 「정 선생님, 그리고 보고 싶은 여러 선생님께」『비록 지금 너희 곁을 떠나지만』, 제3문학사

돈 오버도퍼(이종길 역), 2002 『두 개의 한국』, 길산

돈 오버도퍼(뉴스위크한국판뉴스팀 역), 1998 『두 개의 코리아』, 중앙일보

동국대학교 석림동문회 편, 1997 『한국불교현대사』, 시공사

동녘 편집부 편, 1991 『껍데기를 벗고서』 2, 동녘

동아일보사 편, 1988 『동아연감 1988』

_____, 1990 『선언으로 본 80년대 민족·민주운동』, 동아일보사

라원식, 1989 「80년대 노동현장 문화예술활동의 궤적」『문학예술운동』 3집, 풀빛

뤼시마이어 외(박명림·조찬수·권혁용 역), 1997 『자본주의발전과 민주주의』, 나남

류은숙, 2002 「한국 인권운동의 성과와 과제」『세계헌법연구』 7호

류청하 외, 1988 『민족이여 통일이여』 2, 풀빛

마이클 애플(박부권 외 역), 1985 『교육과 이데올로기』, 한길사

마창노련사발간위원회 편, 1999 『내사랑 마창노련』 상·하, 갈무리

마크 피터슨, 1989 「광주는 전두환집권의 단계적 쿠데타였다」『신동아』 5월호

맹문재, 1995 「'전야'를 살리자」『사회평론 길』 62호

명동천주교회 편, 1984 『한국가톨릭인권운동사』, 명동천주교회

문규현, 1997 『한국천주교회사』 3, 빛두레

문병란, 1988 「절규와 격정…객관적 관조가: '5월문학'의 생성과 흐름」『월간 예향』 5월호

문석남, 2001 『지역사회와 삶의 질』, 나남

문용직, 1993 「1990년 3당합당의 분석」『한국과 국제정치』 5권 1호

___, 1994 「한국의 정당정치: 민주화과정을 중심으로(1985~1992)」, 서울대 박사학위 논문

문장순, 2007 『통일시대 북한 종교의 이해』, 대명

문호연, 1984 「연행예술 네 마당의 이야기」 『오늘의 책』 겨울호, 한길사

민가협·민족민주운동연구소 편, 1989 『80년대 민족민주운동 10대 조직사건』, 아침

민경우, 2005 「1980~90년대 통일운동」 『민족21』 10월호

_____, 2006 『민경우가 쓴 통일운동사 1972~2005』, 통일뉴스

민교협 외, 1989 『민주화를 위한 교육백서』, 풀빛

민교협 편, 1990 『대학자주화백서』, 터

_____, 1997 『민교협 10년사』, 대학출판

_____, 2007 『민교협 20년사 2007』, 메이데이

민족민주운동연구소 편, 1988 『민통련, 민주통일민중운동연합평가서—자료편』 1

_____, 1989a 『국민운동본부: 민주쟁취국민운동본부평가서』 1

_____, 1989b 『국민운동본부: 민주쟁취국민운동본부평가서』 2

민족자주와 민주쟁취를 위한 기독교사회운동 공동투쟁위원회 편, 1989 『민족자주와 민주
    쟁취를 위한 기독교사회운동 공동투쟁위원회 활동평가서(1988년 하반기)』(미간
    행 자료)

민주사회를 위한 변호사모임 편, 1998 『민변백서: 민변 10년의 발자취』

민주언론운동협의회 편, 1988 『보도지침』, 두레

민주주의민족통일전국연합 자주통일국, 1992 「범민족적 통일방안을 쟁취해야」 『사회평
    론』 4월호

민주주의법학연구회, 1989 「공안합수부의 탄압과 그 법률적 문제」 『민주법학』 1·2호

민주화실천가족운동협의회 편, 1985~1992 『총회 보고서』(총회자료집)

_____, 1987a 『나의 손발을 묶는다 해도』, 거름

_____, 1987b 『오, 어머니 당신의 눈물은』, 동녘

_____, 2004 『국가보안법적용상에 나타난 인권실태』(국가인권위
    원회 용역보고서)

민주화운동기념사업회 연구소 편, 2006 『한국민주화운동사 연표』, 민주화운동기념사업회

_____, 2009 『한국민주화운동사』 2, 돌베개

민주화운동기념사업회·학술단체협의회 편, 2007 『한국 민주주의의 현실과 도전—6월항
    쟁 그 이후』, 한울아카데미

민주화운동자료관 편, 2000 『한국 민주운동의 전개와 구조』, 성공회대학교 출판부

민주화운동청년연합 편, 1986 『해방되어야 할 또 하나의 성: 성고문, 성폭력에 대하여』(여
    성과 해방 자료집 1)

민중교육편집위원회 편, 1985『민중교육』1호, 실천문학사

민중문화운동협의회, 1984『민중문화』창간호

_____, 1985「계속되는 민중문화탄압과 이에 맞서 더욱 발전하는 민중문화운동」『민중문화』10호

민중불교운동연합 편, 1985『창립총회보고서』, 민중불교운동연합

민중석, 1989『남한 노동운동사』1, 들불

민통련창립20주년기념행사위원회 편, 2005『민통련』, 영신사

박광수, 2005「원불교 사회참여운동의 전개양상과 과제」『원불교사상과 종교문화』30호

박노해, 1989「광주 무장봉기의 지도자 윤상원 평전」『노동해방문학』5월호

박래군, 2006「인권운동의 전망」『인권법』(인권법교재발간위원회 편), 아카넷

_____, 2008「인권운동, 그 영원한 숙제」『인물과 사상』123호, 인물과사상사

박만규, 2003「신군부의 광주항쟁 진압과 미국 문제」『민주주의와 인권』3권 1호, 전남대 5·18연구소

박병태, 1982『벗이여, 흙바람 부는 이곳에』, 청사

박보균, 1994『청와대 비서실』3, 중앙일보사

박상훈, 1999「한국 지역정당체제의 합리적 기초에 관한 연구」, 고려대 박사학위논문

_____, 2000「민주화 이전의 선거와 지역주의」『아세아연구』43권 2호, 고려대 아세아문제연구소

박석운, 1997「87년 노동자대투쟁 평가와 의의」『87에서 97! 그리고 21세기: 노동운동의 전망을 연다』(87년 노동자대투쟁 10주년 기념 심포지엄 자료, 전국민주노동조합총연맹·한국노동연구단체협의회 편)

박세길, 1992『다시 쓰는 한국현대사』1~3, 돌베개

박순일 외, 1991『저소득층의 사회복지 수요 분석』, 한국보건사회연구원

박승옥, 1990「7, 8월 노동자대투쟁을 다시 생각한다」『창작과 비평』14권 2호

_____, 2007「학생 출신 노동자의 정치적 노동운동」『6월항쟁을 기록하다』1〔민주화운동기념사업회·(사)6월민주항쟁계승사업회 편〕

박영정, 1991「80년대 민중문예운동약사」『문예운동의 현단계와 전망』(정이담·박영정 공편), 한마당

박원순, 1992『국가보안법연구』2, 역사비평사

_____, 1996『역사를 바로 세워야 민족이 산다』, 한겨레신문사

_____, 2003『역사가 이들을 무죄로 하리라』, 두레

_____, 2006『야만시대의 기록: 전두환에서 노무현 정권까지』3, 역사비평사

박은정·한인섭, 1995『5·18 법적 책임과 역사적 책임』, 이화여자대학교 출판부

박인배 외, 2005『격정시대의 문화운동─문예운동 30년사』, 민예총

박재순, 1990『민중신학과 씨알사상』, 천지

박종열, 1992『노태우·전두환: 박종열 기자가 파헤친 5·6공 파워게임』, 시간과공간사

박종운, 1989「80년대 전반기 학생운동」『80년대 사회운동논쟁』(한길사 편), 한길사

박준식, 1996『생산의 정치와 작업장 민주주의』, 한울

박찬표, 2002『한국의회정치와 민주주의: 비교의회론의 시각』, 오름

박철언, 2005a『바른 역사를 위한 증언』1, 랜덤하우스중앙

_____, 2005b『바른 역사를 위한 증언』2, 랜덤하우스중앙

박현귀, 1997「1980년대 변혁운동가들의 정체성 형성과정」, 서울대 석사학위논문

박현채·백낙청·양건·박형준, 1988「민족통일운동과 민주화운동」『창작과 비평』가을호

박현채·조희연 편, 1989『한국사회구성체논쟁』1, 한울

박호재·임낙평, 1991『윤상원 평전─들불의 초상』, 풀빛

방정배, 1990「언론노조운동, 어디까지 왔나」『저널리즘 비평』2호, 한국언론학회

방철호, 1990「잃어버린 역사를 다시 찾는 길」『금호문화』5월호

배규찬 편저, 1999『학생운동과 대학생자치활동』, 나남

백낙청, 1992「민중운동과 통일운동」『사회평론』4월호

백태웅, 1997「'제헌의회'노선을 다시 생각한다」『역사비평』여름호

법성 외, 1989『민중불교의 탐구』, 민족사

변진일 편저, 1988『코리아레포트』, 열린글

보안사령부 편, 1980『제5공화국 전사』1~9

부산민주운동사편찬위원회 편, 1998『부산민주운동사』

부천상공회의소, 1987「불순 노동운동: 수도권지역 활동상과 실체」『부천상의소식』1월호

부천지역노동조합협의회 편, 1992『부노협 백서』

불교사연구소 편, 1995『한국 현대불교사 일지』, 중앙승가대학

불교인권위원회 편, 1994「불교인권위원회 활동보고서」

사계절 편집부 편, 1984『80년 전후 한국사회』1, 사계절

_____, 1987『전환』, 사계절

사사편찬위원회 편, 2004『CBS 50년사』, CBS

사상계 편집부 편, 1988『항소이유서』, 사상계

삼양사 편, 1974 『삼양 오십년』, 삼양사

새언론포럼, 2008 『현장기록, 방송노조 민주화운동 20년』

_____, 2009 『현장기록, 신문노조 민주화운동 20년』

서경돈·성명숙·박태범, 2005 『해방 이후 가톨릭교회의 여성 인권운동』, 한국가톨릭신학
학회

서경돈·차기진·이경수·강종훈, 2005 『해방 이후 가톨릭교회의 인권운동』, 한국가톨릭신
학학회

서경원, 1990 「내가 만난 김일성」 『말』 9월호

서관모, 1997 「교수민주화운동의 특성, 민교협의 경우」 『민교협 10년사』(민교협 편), 민
교협

서남동, 1983 『민중신학의 탐구』, 한길사

서명선, 1989 「유신체제하의 국가와 여성단체 — 한국여성단체협의회의 활동을 중심으로」
『여성학논집』 6집

서미라, 2002 「정치적 기회구조의 변화와 '진보적' 여성운동의 제도화」, 성공회대 석사학
위논문

서울노동운동연합 편, 1986 『선봉에 서서』, 풀빛

서울대학교교수민주화운동오십년사발간위원회 편, 1997 『서울대학교 교수 민주화운동 오
십년사』, 서울대학교 출판부

서울시 편, 1984 『서울시 가로경제 부문의 실태분석에 관한 연구』, 서울시

서울YWCA 편, 2002 『서울YWCA 80년: YWCA 100년을 향하여 1922~2002』, 서울
YWCA

서준식, 1998 「인권운동을 이해하기 위하여」 『과거 10년간의 인권 상황 평가와 향후 인권
개혁 과제』(민주사회를 위한 변호사 모임 창립 10주년 기념 심포지엄 자료집)

서중석, 1986 「교육민주운동」 『신동아』 7월호

_____, 1997 「1960년대 이후 학생운동의 특징과 역사적 공과」 『역사비평』 39호

_____, 2005 『한국현대사』, 웅진지식하우스

_____, 2007 『한국현대사 60년』, 역사비평사

성경륭, 1995 「한국정치민주화의 사회적 기원: 사회운동론적 접근」 『전환의 정치, 전환의
한국사회』(임현진·송호근 편), 나남

성공회대 민주화운동자료관 편, 2000 『한국민주화운동의 전개와 구조』, 성공회대학교 출
판부

성지혜, 1990 「80년대 노동자 언론에 대한 연구」, 서울대 석사학위논문

소준섭, 2007 「도시빈민의 조직화」『6월항쟁을 기록하다』 1(민주화운동기념사업회·
(사)6월민주항쟁계승사업회 편)

손석춘, 2000 「언론 권력의 출현과 언론개혁운동」『한국 언론 바로보기』(송건호 외), 다섯
수레

손승영, 1998 「한국여성운동의 변천과 특수성」『동덕여성연구』 3호

손정목, 2003 『서울도시계획 이야기』 3, 한울

손중양, 1989 「공안합동수사본부의 실체」『말』 6월호

손호철, 1995 「5·18광주민중항쟁의 재조명」『한국현대정치사』, 법문사

_____, 1997 『현대 한국정치: 이론과 역사』, 사회평론

_____, 2006 『해방 60년의 한국정치』, 이매진

손홍규, 2004 「수유리 대화문화 아카데미를 찾아서: 대화의 정신, 닫힌 사회를 열어내다」
『희망세상』 19호, 민주화운동기념사업회

송건호 외, 2000 『한국 언론 바로보기』, 다섯수레

송건호, 1983 「60·70년대의 통일논의」『한국민족주의론』 2(송건호·강만길 공편), 창작과
비평사

_____, 1987 「인권옹호와 민주화운동에 커다란 기여가 될 것을 기대하며」『고문·성고문
자료집 I: 우리들의 딸 권양』(한국기독교교회협의회 인권위원회 편)

송기숙, 1986 「시로 생각하고 시로 실천하고」『민족교육의 반성』(성내운선생화갑기념논
총), 학민사

송병헌·전재호·엄관용, 2003 『한국학생운동관련문헌해제』, 민주화운동기념사업회

신금호, 1989 「7·8월 노동자투쟁」『한국노동운동 논쟁사—80년대를 중심으로』(김용기·
박승옥 엮음), 현장문학사

신동아 편집부 편, 1990 『선언으로 본 80년대 민족·민주운동』, 동아일보사

신복진, 2006 『광주는 말한다』(사진집), 눈빛

신상숙, 2007 「한국 반(反)성폭력운동의 제도화와 자율성에 관한 연구」, 서울대 박사학위
논문

신준영, 1990 「10·26에서 무림까지」『말』 2월호

신현익, 2006 「전두환 군부정권 성립과정에서의 미국의 역할」, 고려대 박사학위논문

심원 안병무 선생 기념사업위원회 편, 1998 『갈릴래아의 예수와 안병무』, 한국신학연구소

심정인, 1985 「여성운동의 방향정립을 위한 이론적 고찰」『여성』 1집, 창작과비평사

심지연, 2001 『남북한 통일방안의 전개와 수렴』, 돌베개

_____, 2004 『한국정당정치사』, 백산서당

아놀드 A. 피터슨(정동섭 역), 1995 『5·18 광주사태』, 풀빛

아침기획, 1993 『애창 대중가요 대백과』, 아침

안병욱, 2001 「5·18의 의의와 역사적 평가」 『5·18민중항쟁사』(광주광역시 5·18사료편찬
　　위원회 편)

안부근, 1996 『보이는 선거, 감춰진 선거판』, 명경

안진, 2005 『미군정과 한국의 민주주의』, 한울

양돌규, 2006 「민주주의 이행기 고등학생운동의 전개과정과 성격에 관한 연구」, 성공회대
　　석사학위논문

양병기, 1993 「한국의 군부정치에 관한 연구」 『한국정치학회보』 27집 2호, 한국정치학회

양연수, 1990 「도시빈민운동의 태동과 그 발전과정」 『한국사회운동사』(조희연 편), 죽산

양윤식, 1988 「한국 건설업자본의 전개와 건축」 『청년건축』 2호

양재원, 1989 「민족민주운동의 활성화가 낳았던 정치노선논쟁」 『80년대 사회운동논쟁』
　　(한길사 편), 한길사

엄영애, 2007 『한국여성농민운동사: 농민생존권 위기와 여성농민의 조직적 투쟁』, 나무
　　와숲

엄주웅, 1994 「노동운동의 폭발적 고양과 민주노조운동의 구축」 『1970년대 이후 한국노동
　　운동사』(한국민주노동자연합 편), 동녘

여성모임 사량, 1995 「80년대 여성지식인의 자화상」 『여성과 사회』 6호

여성사연구회 편집부 편, 1988 「한국 여성해방이론의 전개에 대한 비판적 검토」 『여성』 2집,
　　창작과비평사

여성의전화, 1984 『개원 1주년 기념보고서』

_____, 1999 『한국여성인권운동사』, 한울아카데미

여성평우회, 1987a 『여성관계문헌목록집』

_____, 1987b 「한국여성운동의 위상—'86년 여성운동 평가」 『이화』 41집

여성평우회창립20주년기념행사준비위원회 편, 2003 『여성평우회 발자취』

여익구, 1985 『민중불교 입문』, 풀빛

연성수, 1985 『공동체놀이』, 동녘

염무웅, 1989 「진보적 예술인의 대중적 조직문제에 대하여」 『민족예술』 창간호

영등포산업선교회 40년사 기획위원회 편, 1998 『영등포산업선교회 40년사』, 영등포산업

선교회

예춘호, 1996 『서울의 봄, 그 많은 사연』, 언어문화

오근석, 1998 『80년대 민족민주운동』, 논장

오도넬 슈미터(한완상·김기환 역), 1987 『독재의 극복과 민주화』, 다리

오도넬 슈미터·화이트헤드 공편(염홍철 역), 1987 『권위주의 정권의 해체와 민주화』, 한울

오병상, 1995 『청와대 비서실』 4, 중앙일보사

오연호, 1990 「광주간첩 이창룡은 실존인가, 조작인가」 『월간 다리』 5월호

오창헌, 2001 『유신체제와 현대한국정치』, 오름

오하나, 2010 『학출—공장으로 간 대학생들』, 이매진

우종창·최장원, 2005 「김대중 납치사건의 진상」 『과거사의 진상을 말한다』 하(조갑제 외),
　　　월간조선사

울산노동정책교육협회 편, 1995 『울산지역노동운동의 역사』 1·2

원풍모방해고노동자복직투쟁위원회 편, 1988 『민주노조 10년』, 풀빛

월간말 편집부 편, 1986 「보도지침이란 어떤 것인가—권력과 언론의 여론조작 합주곡」
　　　『말』 8호

월간말 편집부 편, 1986a 「1985년 10월 19일~1986년 8월 8일까지의 보도지침」 『말』 8호

_____, 1987 「아직도 보도지침 '엄존'」 『말』 14호

_____, 1988 「5·18계엄군의 작전상황 보고서」 『말』 5월호

_____, 1988 「광주항쟁의 주역은 누구인가」 『말』 5월호

_____, 1988a 「한겨레신문 창간작업 순조」 『말』 20호

월간조선 특별취재반, 1985 「광주사태 관계자들의 증언」 『월간조선』 7월호

_____, 1988 「내가 겪은 80년 5월의 광주: '광주' 주역 36인의 증언」 『월간
　　　조선』 3월호

월간조선사 편, 2005 『한국을 뒤흔든 광주의 11일간』(『월간조선』 2005년 1월호 별책부록)

월간중앙 편, 1990 『80년대 한국사회 대논쟁집』, 중앙일보사

위정철, 1988 「내가 겪은 5월의 광주」 『월간조선』 5월호

윌리엄 글라이스틴(황정일 역), 2000 『알려지지 않은 역사』, 중앙M&B

유광종, 1999 「5·18광주민주화운동 피해보상에 관한 연구」, 전남대 석사학위논문

유기쁨, 2006 「한국 종교생태운동의 전개와 특성」, 한국학중앙연구원 박사학위논문

_____, 2009 「종교계 생태NGO의 사회참여」 『현대 한국의 종교와 정치』(강돈구 외), 한
　　　국학중앙연구원 문화와종교연구소

유승무, 2000 「현대 한국불교 개혁운동의 흐름과 그 특징」『불교평론』4호

유시춘 외, 2005a『70~80 실록 민주화운동—우리 강물이 되어』1, 경향신문사출판본부

_____, 2005b『70~80 실록 민주화운동—우리 강물이 되어』2, 경향신문사출판본부

유시춘, 2007 「성공회대성당, '호헌철폐 독재타도' 함성 폭발」『6월항쟁을 기록하다』3〔민주화운동기념사업회·(사)6월민주항쟁계승사업회 편〕

유재천, 1991 「한국 언론의 생성과 발전과정」『한국의 언론』1(한국언론연구원 편), 한국언론연구원

유지훈 편역, 1998『독일언론이 기록한 격동 한국현대사』, 한국기자협회

윤공희 외, 1989『저항과 명상』, 빛고을

윤덕한, 2000 「전두환 정권 하의 언론」『한국 언론 바로보기』(송건호 외), 다섯수레

윤상철, 1997a 「6월민주항쟁의 전개과정」『6월민주항쟁과 한국사회 10년』1(학술단체협의회 편), 당대

_____, 1997b『1980년대 한국의 민주화 이행과정』, 서울대학교 출판부

윤선자, 2002 「5·18광주민주화운동과 종교계의 역할」『민주주의와 인권』2권 1호

윤순덕, 1975 「한국여성운동의 이념과 방향 대담」『대화』53호

윤일웅, 1984 「실록 가톨릭농민회」『신동아』4월호

윤재걸, 1987『작전명령—화려한 휴가』, 실천문학사

은수미, 2003 「의식화 조직, 사회운동, 그리고 대항이데올로기」『저항, 연대, 기억의 정치』1(김진균 편), 문화과학사

이경재, 1987 「민중의 승리: 5·17에서 6·29까지」『신동아』8월호

이광영, 1988 「금남로 10일, 스님이 겪은 연옥」『월간경향』3월호

이광영·전춘심 외, 1990『광주민중항쟁 증언록—광주여 말하라』, 실천문학사

이광표, 1988 「제144회 국회 문교공보위원회 회의록」14호

이규환, 1985 「대학의 자율화」『민중교육』1호

_____, 1993『한국교육의 비판적 이해』, 한울아카데미

이기봉, 1996 「폭동인가, 좌절된 무산혁명인가」『한국논단』1월호

이기우, 2000 「빈민운동과 한국 천주교회」『한국 천주교회사의 성찰』(최석우신부수품50주년 기념사업위원회 편), 한국교회사연구소

이대수, 1984 「한국 기독청년 에큐메니칼운동의 전개와 현황」『기독교사상』10월호

이덕주, 2007『한국현대사비록』, 기파랑

이만열, 2001『한국기독교와 민족통일운동』, 한국기독교역사연구소

이삼성, 1993 『미국의 대한정책과 한국민족주의』, 한길사

_____, 1996 「광주학살, 미국·신군부의 협조와 공모」 『역사비평』 가을호

_____, 1998 『20세기의 문명과 야만』, 한길사

이상규, 2005 「민족과 교회: 한국교회 통일운동에 대한 복음주의적 평가」 『성경과 신학』 37권, 한국복음주의신학회

이상식, 1992 「한일정당의 파벌에 관한 비교연구: 민자당과 자민당을 중심으로」 『한국정치학회보』 25집 2호

이상우, 1986 『박정권 18년—그 권력의 내막』, 동아일보사

_____, 1988 「12·12세력과 광주」 『신동아』 2월호

_____, 1988 「제5공화국 시대의 반미운동」 『신동아』 4월호

_____, 1988 『군부와 광주와 반미』, 청사

이성형·김수행·조희연·박현채 편, 1989~1992 『한국사회 구성체논쟁』 1~4, 죽산

이수애·한신애·박남순·송경자, 2003 『전남여성 100년』, 다지리

이수원, 1994 『현대그룹노동운동, 그 격동의 역사』, 대륙

이승희, 1994 『분단시대의 여성운동』, 한길사

이신행, 1997 『한국의 사회운동과 정치변동』, 민음사

이영훈, 2000 『파벌로 보는 한국야당사』, 에디터

이옥지, 2001 『한국여성노동자운동사』 1, 한울

이용성, 2007a 「민중불교운동의 횃불」 『6월항쟁을 기록하다』 2〔민주화운동기념사업회·(사)6월민주항쟁계승사업회 편〕

_____, 2007b 「박종철 49재와 불교의 궐기」 『6월항쟁을 기록하다』 3〔민주화운동기념사업회·(사)6월민주항쟁계승사업회 편〕

이우정, 1985 『한국 기독교 여성 100년의 발자취』, 민중사

이원보, 2004 『한국노동운동사—경제개발기의 노동운동』 5, 지식마당

이유경, 2002 「'6·3 외대사건'에 대한 언론의 '상징폭력화' 과정」 『그러나 지난 밤 꿈속에서 이 친구들이 나에 대하여 이야기하는 소리가 들려왔다 1991년 5월』(91년 5월 투쟁 청년모임 편), 이후

이유나, 2009 「문익환의 통일론과 통일운동에 대한 연구」, 성균관대 박사학위논문

이인영, 1997 「학생운동 선도투쟁에서 대중성 강화로」 『역사비평』 여름호

이장희, 1999 「해방후 민간통일운동의 평가와 과제」 『민간통일운동의 나아갈 길』(이장희 편), 아시아사회과학연구원

이재원 편, 1998 『오래된 습관 복잡한 반성』 1·2, 이후

이재화, 1990 「NL–PD 논쟁」 『80년대 한국사회 대논쟁집』(『월간중앙』 1990년 1월호 별책
　　부록 편)

이정노, 1989 「광주봉기에 대한 혁명적 전환」 『월간 노동해방문학』 5월호

이정복, 2006 『한국정치의 분석과 이해』, 서울대학교 출판부

이정훈 외, 1985 『저 들에 푸르른 솔잎을 보라』, 거름

이종률, 2005 「민미협 20년 약사(略史)」 『민미협 20년사』, (사)민족미술인협회

이종석, 2000 『새로 쓴 현대 북한의 이해』, 역사비평사

이종오, 1988 「80년대 노동운동론 전개과정의 이해를 위하여」 『한국노동운동의 이념』(한
　　국기독교산업개발원 편), 정암

이종철, 「80년대 기독학생운동사」 『복음과 상황』 1992년 9월호~1993년 6월호

이준석, 2000 「학생 운동과 집단 창작에 대한 연구: 80년대 후반~90년대 초반 문예운동
　　과 집단 창작의 구조를 중심으로」, 서강대 석사학위논문

이준수, 1989 「노동자는 항쟁에 어떻게 참여했나」 『월간 노동자』 5월호

이철국, 1985 「한국교육운동의 실천적 고찰」 『민중교육』 1집, 실천문학사

_____, 1986 「제도교육의 나아갈 길」 『민족교육의 반성』(성내운선생화갑기념논총), 학민사

이카리 아키라(이상배·윤동욱 역), 1998 『5·18—80년 5월 광주』, 한울

이태복, 1994 「내가 겪은 사건: 노동운동 투신동기와 민노련·민학련 사건」 『역사비평』 25호

_____, 2002 『쓰러져도 멈추지 않는다』, 청년사

이현숙, 1992 『한국교회여성연합회 25년사』, 한국교회여성연합회

이혜숙, 1999 「지역여성운동의 성격과 전개과정」 『사회과학연구』 17집 2호, 경상대학교
　　사회과학연구소

이효재, 1979 『여성과 사회』, 정우사

_____, 1989 『한국의 여성운동—어제와 오늘』, 정우사

이흥환, 2002 『미국비밀문서로 본 한국현대사 35장면』, 삼인

이희호, 2008 『동행—고난과 영광의 회전무대』, 웅진지식하우스

일송정 편집부 편, 1988 『학생운동논쟁사』, 일송정

_____, 1988a 『팜플렛 정치노선』 1·2, 일송정

_____, 1988b 『팜플렛 조직노선』 1·2·3, 일송정

임낙평, 1987 『광주의 넋—박관현』, 사계절

임동욱, 1995 「한국 시민언론운동의 성격과 방향 정립을 위한 시론적 논의」 『한국언론학

보』33호

임영일, 1989 「7·8월 노동자대투쟁과 대중운동의 고양—7·8월 평가논쟁("해설" 부분)」
『한국노동운동논쟁사』(김용기·박승옥 엮음), 현장문학사

_____, 1989 「유화국면의 도래와 노동운동의 새로운 전개—유화국면논쟁과 정투논쟁
("해설" 부분)」『한국노동운동논쟁사: 80년대를 중심으로』(김용기·박승옥 엮음),
현장문학사

_____, 1998 『한국의 노동운동과 계급정치(1987~1995)』, 경남대학교 출판부

임영태, 1998 『대한민국 50년사』 1, 들녘

임진철, 1992 「변화된 상황에서 한국기독운동의 실천적 모색과 대안」(미간행 자료)

임창호 외, 1989 『도시빈곤층 대책에 관한 연구』, 국토개발연구원

임채정 외, 1984 『현실과 노동운동』, 돌베개

임혁백, 1998 『시장, 국가, 민주주의』, 나남

_____, 2000 『세계화시대의 민주주의』, 나남

장남수, 2007 「분산투쟁에서 연대의 장으로: 한국노동자복지협의회 결성」『6월항쟁을 기
록하다』 1〔민주화운동기념사업회·(사)6월민주항쟁계승사업회 편〕

장명국, 1989 「7, 8월 노동자대투쟁과 한국사회의 변화」『한국노동운동 논쟁사』(김용기·
박승옥 엮음), 현장문학사

장숙경, 2009 「한국 개신교의 산업선교와 정교유착」, 성균관대 박사학위논문

장신미, 1998 「교직의 관료적 통제와 자율성 신장 운동」, 서울대 석사학위논문

장준오, 1995 「사회운동 및 환경사회학: 80년대 학생운동의 담론 분석—분석의 대준거틀
로서의 민주주의」『한국사회학회 95년 전기 사회학대회 발표논문집』

장하진, 1995 「70년대 세대의 여성적 체험」『여성과 사회』 6호

장홍근, 1999 「한국 노동체제의 전환과정에 관한 연구(1987~1997)」, 서울대 박사학위논문

재향군인회 편, 1997 『12·12, 5·18실록』

전경옥·유숙란·김은실·신희선, 2005 『한국여성정치사회사』 2(한국여성근현대사 2: 1945
~1980), 숙명여자대학교 출판부

전국교직원노동조합 편, 1990 『한국교육운동백서』, 풀빛

전국교직원노동조합·민주화를 위한 교수협의회·전국대학강사협의회 편, 1989 『민주화를
위한 교육백서』, 풀빛

전국구속·수배·해고노동자 원상회복투쟁위원회 편, 1994 『투쟁자료집: 다시 또 다시』

전국금속노동조합연맹 편, 1988 『1987년도 사업보고』

전국노동조합협의회 편, 1990a『전국노동조합협의회 백서』1

_____, 1990b『전국노동조합협의회 백서』2

전국농민협회 편, 1988『1988년 농산물 제값받기 투쟁, 고추투쟁을 중심으로』

전국대학생대표자협의회 편, 1991『전대협』, 돌베개

전국민족민주유가족협의회·전국민족민주열사회생자추모(기념)단체연대회의 공편, 1997『민족민주열사·희생자 자료집: 살아서 만나리라』

전국평협 출판분과위원회 편, 1988『한국천주교 평협 20년사』, 한국천주교평신도사도직협의회

전국학생총연합 편,『광주민중항쟁의 민중사적 조명』(전학련 연합심포지엄 자료집, 1985. 5)

전남사회문제연구소 편, 1988『5·18광주민중항쟁 자료집』, 광주

전남사회운동협의회 편(황석영 기록), 1985『죽음을 넘어 시대의 어둠을 넘어』, 풀빛

전대협 통학추 편, 1988『우리는 결코 둘일 수 없다』, 남풍

전명혁, 2007「1980년대 비합법 정치조직」『한국 정치와 비제도적 운동정치』(정해구 외), 한울

전상봉, 1999『새천년을 여는 통일운동론』, 살림터

전재호 외, 2004『'91년 5월투쟁과 한국 민주주의』, 민주화운동기념사업회

전재호, 2002「한국민주주의와 학생운동」『국가폭력, 민주주의 투쟁 그리고 희생』(조희연 편), 함께읽는책

전택부, 1979『한국에큐메니칼운동사』, 한국기독교교회협의회

정군기, 2001「정치체제의 변화에 따른 언론의 성격」, 고려대 박사학위논문

정기영, 1998「한국의 민주화와 정당정치에 관한 연구」, 서울대 박사학위논문

정대용, 1988「재야 민주노동운동의 전개과정과 현황」『한국노동운동의 이념』(한국기독교산업개발원 편), 정암사

정대화, 1991「민주변혁과 민중적 통일운동의 올바른 관계」『동향과 전망』11호, 한국사회과학연구소

_____, 1995「한국의 정치변동, 1987~1992: 국가−정치사회−시민사회의 관계를 중심으로」, 서울대 박사학위논문

정동년 외, 1996『5·18 그 삶과 죽음의 기록』, 풀빛

정명기, 1985「도시빈민선교의 이해」『한국역사 속의 기독교』(함석헌 외), 한국기독교교회협의회

정상모, 2007「4·13호헌, 어용단체와 제도언론」『6월항쟁을 기록하다』3〔민주화운동기념

사업회·(사)6월민주항쟁계승사업회 편]

정상용·유시민 외, 1990 『광주민중항쟁―다큐멘타리 1980』, 돌베개

정상호, 2006 『NGO를 넘어서』, 한울

_____, 2007 「시민사회운동과 정당의 관계 및 유형에 관한 연구」『한국정치학회보』 41집 1호

정성한, 2003 『한국 기독교 통일운동사』, 그리심

정성헌, 「가톨릭 농민회와 기독교농민회」(http://blog.daum.net/jjong8562/8858347)

_____, 2000 「한국 천주교회의 농민운동」『한국 천주교회사의 성찰』(최석우신부수품50주 년 기념사업위원회 편), 한국교회사연구소

정성헌·정재돈, 2007 「가톨릭농민회와 기독교농민회」『6월항쟁을 기록하다』 1 [민주화운 동기념사업회·(사)6월민주항쟁계승사업회 편]

정승화, 1987 『12·12사건 정승화는 말한다』, 까치

정신대문제대책협의회 편, 1990 『정대협 활동보고서』

정영태, 1998 「정부의 대북포용정책과 민간단체의 통일운동」『통일문제연구』 20호, 영남 대학교 통일문제연구소

정용길, 2004 「한반도 통일에서 종교의 역할」『한·독사회과학논총』 14권 2호, 한독사회과 학회

정운현, 1997 『호외, 백년의 기억들』, 삼인

정이환, 1986 「저임금구조에 대한 노동자들의 경제적 적응양식」, 서울대 석사학위논문

정종찬, 1989 「80년대 한국 사회의 지배이데올로기에 관한 연구―보도지침 내용 분석을 중심으로」, 고려대 석사학위논문

정진민, 1998 『후기 산업사회 정당정치와 한국의 정당발전』, 한울아카데미

정진상, 1997 「6월항쟁과 한국의 변혁운동」『역사비평』 봄호

정진석, 1992 「한국의 인쇄매체」『한국의 언론』 2 (한국언론연구원 편), 한국언론연구원

정철희 외, 2007 『상징에서 동원으로―1980년대 민주화운동의 문화적 동학』, 이학사

정태인, 1991 「5월투쟁의 평가와 민족민주운동의 과제」『말』 7월호

정해구 외, 1990 『광주민중항쟁연구』, 사계절

_____, 2007 『한국정치와 비제도적 운동정치』, 한울아카데미

정해구, 1992 「민족민주운동의 고양과 5공화국의 몰락」『청년을 위한 한국현대사』(박현채 편), 소나무

_____, 1995 「대화와 갈등의 남북관계」『분단 50년과 통일시대의 과제』(역사문제연구소

편), 역사비평사

_____, 1997「한국정치의 민주화와 개혁의 실패」『6월민주항쟁과 한국사회 10년』 2 (학술
　　　단체협의회 편), 당대

_____, 2001「군 작전의 전개과정」『5·18민중항쟁사』(광주광역시5·18사료편찬위원회 편)

_____, 2002「한국 민주주의와 재야운동—재야의 형성·분화와 민주적 실천」『한국 민주
　　　주의의 구조와 동학: 국가폭력, 민주주의 투쟁, 그리고 희생』(조희연 편), 나눔의 집

_____, 2003「지역주의정치의 평가와 그 변화 전망」『민주주의는 종료된 프로젝트인가』
　　　(학술단체협의회 편), 이후

정해구·김혜진·정상호, 2004『6월항쟁과 한국의 민주주의』, 민주화운동기념사업회

정현상, 1998「광주민주화운동 가두방송 두 여인: 전옥주·차명숙」『신동아』 5월호

정호경, 1984「현대 한국 천주교회와 농민운동」『한국천주교회 창설 200주년기념 한국교
　　　회사논문집』 1집, 한국교회사연구소

_____, 1988「한국가톨릭농민회: 그 역사와 이념」『종교신학연구』 1집

조갑제 외, 2005『과거사의 진상을 말한다』 하, 월간조선사

조갑제, 1988a「공수부대의 광주사태」『월간조선』 6월호

_____, 1988b「한국의 군부」『월간조선』 6월호

_____, 2005『박정희의 마지막 하루』, 월간조선사

_____, 2005『제5공화국』, 월간조선사

_____, 2006『김대중의 정체』, 조갑제닷컴

_____, 2007「영화 '화려한 휴가'의 '화려한 조작'」『월간조선』 10월호

_____, 2007a『노태우 육성회고록』, 조갑제닷컴

_____, 2007b『공수부대의 광주사태』, 조갑제닷컴

조국통일범민족연합 남측본부(준) 편, 1993『범민련 자료집』 1

조대엽, 1999「학생운동: 현실적 관심과 연구의 심화를 위하여」『한국사회학』 33집 4호

_____, 2002「386 세대의 문화와 세대경험」『한국의 문화변동과 가치관』(임희섭 외), 나남

조돈문·박준식·이병훈·장홍근·이민영, 1999『신경영전략과 노동조합의 대응』, 전국민주
　　　노동조합총연맹

조병호, 2005『한국기독청년학생운동 100년사 산책』, 땅에쓰신글씨

조병활, 2000「불교 통일운동의 현 단계」『불교평론』 5호

조비오, 1994『진실을 말해도 안 믿는 세상—사제의 증언』, 빛고을

조상호, 1997『한국출판의 언론적 기능과 시대적 역할에 관한 연구』, 나남

_____, 1999『한국언론과 출판저널리즘』, 나남

조선일보사 편, 1985「미공개자료 조선일보 취재일지」『월간조선』 7월호

_____, 1999『총구와 권력 —5·18수사기록 14만페이지의 증언』(『월간조선』 1999
　　년 1월호 별책부록)

조성렬, 2002「현대 한국의 실천불교: 운동과 이념」『실천불교의 이념과 역사』, 행원

조승혁, 1981『도시산업선교의 인식』, 민중사

조영래변호사를 추모하는 모임 편, 1992『조영래변호사변론선집』, 까치

조옥라, 1993「여성운동의 현황 및 과제」『성, 여성, 여성학』(장상희 편), 부산대학교 출판부

조은·조옥라, 1987『도시 무허가 정착지의 성격과 생활실태』, 서울대부설 인구및발전문제
　　연구소

조정현, 1995「3당통합의 원인」『한국과 국제정치』 11권 1호

조주현, 1996「여성정체성의 정치학 —80~90년대 한국의 여성운동을 중심으로」『한국여
　　성학』 12권 1호

조지훈, 1989『80년대 후반 청년학생운동』, 형성사

조진경, 1988a『민족자주화운동』 1, 백산서당

_____, 1988b『민족자주화운동』 2, 백산서당

조현연, 1993「6공 최대의 국민항쟁: 1991년 5월 대투쟁」『한국현대사 이야기주머니』
　　3(한국정치연구회 정치사분과 편), 녹두

_____, 1995「재야운동과 정당정치의 상호연관성」『한국정당정치론』(안희수 외), 나남

_____, 1997「한국 정치변동의 동학과 민중운동: 1980년에서 1987년까지」, 외국어대 박
　　사학위논문

_____, 2000『한국 현대정치의 악몽 —국가폭력』, 책세상

_____, 2001「1980년대 이후 한국 사회와 '죽음의 정치' —정치적 의문사와 '강요된 자
　　살'로서의 분신」『20세기 한국의 야만』 2(이병천·이광일 편), 일빛

_____, 2002「한국의 국가폭력과 '잊혀진' 91년 5월 투쟁」『그러나 지난 밤 꿈속에서 이
　　친구들이 나에 대하여 이야기하는 소리가 들려왔다 1991년 5월』(91년 5월투쟁 청
　　년모임 편), 이후

_____, 2004「'진보정치세력화' 저항담론과 합법 진보정당운동 —1980년대 이후 '민주연
　　합'으로부터의 분화와 자립을 중심으로」『한국의 정치사회적 저항담론과 민주주
　　의 동학』(조희연 편), 함께읽는책

조형, 1984「한국 여성운동의 비판적 고찰」『이화』 42집

조혜정, 1993「여성운동의 흐름과 전망」『성, 여성, 여성학』(장상희 편), 부산대학교 출판부

조희연 편, 1990『한국사회운동사』, 죽산

_____, 2001a『한국 민주주의와 사회운동의 동학』, 나눔의 집

_____, 2002『국가폭력, 민주주의 투쟁, 그리고 희생』, 함께읽는책

조희연, 1988「80년대 학생운동과 학생운동론의 전개」『사회비평』1권

_____, 1990「통일운동은 민중운동의 주요한 영역이다」『경제와 사회』 4권, 한국산업사회학회

_____, 1995「한국의 민주주의 이행과정에 관한 연구」『전환의 정치, 전환의 한국사회』(임현진·송호근 편), 사회비평사

_____, 1998『한국의 국가·민주주의·정치변동: 보수·자유·진보의 개방적 경쟁구도를 위하여』, 당대

_____, 1998『한국의 민주주의와 사회운동: 비판·실천담론의 복원과 재구성을 위하여』, 당대

_____, 2001「5·18과 80년대 사회운동」『5·18민중항쟁사』(광주광역시5·18사료편찬위원회 편), 고령

_____, 2003「저항론의 변화와 분화에 관한 연구―변혁론을 중심으로」『저항, 연대, 기억의 정치』1(김진균 편), 문화과학사

조희연·조현연, 2001「민주주의 이행 시대의 시민사회와 운동정치」『한국 민주주의와 사회운동의 동학』(조희연 편), 나눔의 집

존 위컴(유은영 외 역), 2000『12·12와 미국의 딜레마』, 중앙M&B

주동황, 1993「한국정부의 언론정책이 신문산업의 변천에 미친 영향에 관한 일고찰―제1공화국에서 제5공화국까지」, 서울대 박사학위논문

중앙선거관리위원회 편, 1988『제13대 국회의원 선거총람』

지학순정의평화기금 편, 2000『그이는 나무를 심었다: 지학순 주교의 삶과 사랑』, 공동선

眞鍋祐子(김영택 역), 2001『광주항쟁으로 읽는 현대 한국』, 사회문화원

眞鍋祐子,「한국민중운동의 한 가운데에 있는 광주」『월간백과』 1996년 10·11월호·1997년 1·4월호

진덕규, 2000『한국정치사서설』, 지식산업사

진실·화해를위한과거사정리위원회 편, 2008「'80년 사북사건」『2008년 상반기 조사보고서』3

짐 스텐츨 편(최명희 역), 2007『시대를 지킨 양심』, 민주화운동기념사업회

차병직, 2001 「국가보안법과 공안정권의 폭력」『20세기 한국의 야만』 2(이병천·이광일 편), 일빛

채희완·임진택, 1982 「마당극에서 마당굿으로」『한국문학의 현단계』(김윤수·백낙청·염 무웅 공편), 창작과비평사

천금성, 1988 『10·26, 12·12, 광주사태』 전·후, 길한문화사

천주교정의구현전국사제단 편, 1984 『북한 선교와 통일』, 천주교정의구현전국사제단

村常男·山本剛士(최현 역), 1987 『한국현대군정사』, 삼민사

최갑수, 2007 「민교협과 교수노조」『민교협 20년사』(민주화를 위한 전국교수협의회 편), 메이데이

최민희, 1999 「시민사회와 언론운동의 과제」(언론학교 강의 자료집)

최성, 1994 「분단시대 남북한의 정치구조와 통일시대 정치적 과제」『분단 50년의 구조와 현실』(기사연통일연구위원회 편), 민중사

최승운, 1986 「문화예술운동의 현단계」『문화운동론』 2(김정환 외), 공동체

최영기·김준·조효래·유범상, 2001 『1987년 이후 한국의 노동운동』, 한국노동연구원

최영진, 1999 『한국지역주의와 정체성의 정치』, 오름

최원규·최일섭·조흥식, 1989 「도시빈민문제와 사회적 대응책」(한국사회복지학회 추계 발 표회)

최장집, 1989 『한국현대정치의 구조와 변화』, 까치

_____, 1993 『한국 민주주의의 이론』, 한길사

_____, 1996 『한국민주주의의 조건과 전망』, 나남

_____, 2002 『민주화 이후의 민주주의』, 후마니타스

_____, 2006 『민주주의의 민주화』, 후마니타스

최재선, 1999 『끝나지 않은 5·18』, 유스티니아누스

최정기, 2004 「5월운동과 지역권력구조의 변화」『지역사회연구』 12권 2호

최정운, 1999 『오월의 사회과학』, 풀빛

최종철, 1994 「'민중교회'의 변화에 대한 사회학적 고찰」『경제와 사회』 24호

최협, 1996 『호남사회의 이해』, 풀빛

최호진·김병태, 1986 『농지개혁 전사』, 학술원

탁경명, 2007 『80년 4월의 사북―사북사태와 그후』, 강원일보사

통일노력60년발간위원회 편, 2005 『통일노력 60년 하늘길 땅길 바닷길 열어 통일로』, 통 일부

통일부 편, 1999 『통일부 30년사』, 통일부

통일열사 고 조성만(요셉) 1주기 추모사업준비위원회 편, 1989 『분단의 넋이여! 통일의
　　　　　동틈이여!』, 통일열사 고 조성만(요셉) 1주기 추모사업준비위원회

통일원 통일정책실 편, 1992 『남북기본합의서 해설』, 통일원

통일위원회 편, 2000 『1980~2000 한국교회 평화통일운동 자료집』, 한국기독교교회협의회

학술단체협의회 편, 1989 『1980년대 한국사회와 지배구조』, 풀빛

　　　　　　　　　, 1997a 『6월민주항쟁과 한국사회 10년』 1, 당대

　　　　　　　　　, 1997b 『6월민주항쟁과 한국사회 10년』 2, 당대

　　　　　　　　　, 1998 『학단협 10년사』, 학술단체협의회

　　　　　　　　　, 1999 『5·18은 끝났는가』, 푸른숲

한강하 외, 1987 『민족이여 통일이여』 1, 풀빛

한국가정법률상담소 편, 1987 『여성의 인간화 삼십년 — 한국가정법률상담소 삼십년사』

한국가톨릭노동청년회 편, 1986 『한국가톨릭노동청년회 25년사』, 분도

한국가톨릭농민회 편, 1986 「한국가톨릭농민회 20년 약사(1964. 10~1986. 10)」 『농민해
　　　　　방과 민족통일을 향하여』(한국가톨릭농민회 창립20주년 기념대회 자료집), 한국
　　　　　가톨릭농민회

　　　　　　　　　, 1999 『한국가톨릭농민회 30년사』

한국가톨릭농민회·한국농어촌사회연구소 편, 1990 『지역사회 지배구조와 농민』, 연구사

한국가톨릭학생운동사 편찬위원회 편, 1995 『한국가톨릭학생운동사』 상, 홍익재

한국교육연구소 편, 1990 『교육비평』, 푸른나무

한국교회사회선교협의회 편, 1986 『한국교회사회선교협의회 15년의 활동과 약사』, 한국
　　　　　교회사회선교협의회

한국기독교교회협의회 도시·농어촌선교위원회 편, 1988 『가난한 이들에게 복음을』(한국
　　　　　교회 도시·농어촌선교 30주년 기념대회 자료집), 한국기독교교회협의회

한국기독교교회협의회 인권위원회 편, 1987a 『우리들의 딸 권양』(고문·성고문자료집 1),
　　　　　한국기독교교회협의회

　　　　　　　　　　　　　　　　, 1987b 『고문없는 세상에 살고싶다』(고문·성고문
　　　　　자료집 2), 한국기독교교회협의회

　　　　　　　　　　　　　　　　, 1987c 『폭력을 이기는 자유의 행진』, 민중사

　　　　　　　　　　　　　　　　, 1994 『한국교회 인권선교 20년사』, 한국기독교교
　　　　　회협의회

_____, 2005 『한국교회 인권운동 30년사』, 한국기독교교
　　회협의회

한국기독교교회협의회 편, 1983 『"가난한 이들에게 복음을": 한국교회 산업선교 25주년
　　기념대회 보고서』, 한국기독교교회협의회

한국기독교백주년기념사업협의회 여성분과위원회 편, 1985 『여성 깰지어다 일어날지어다
　　노래할지어다: 한국기독교여성 100년사』, 대한기독교서회

한국기독교사회문제연구원 편, 1983 『1970년대 민주화운동과 기독교』, 한국기독교사회문
　　제연구원

_____, 1985 『한국의 노동사정』, 한국기독교사회문제연구원

_____, 1986 『개헌과 민주화운동』, 민중사

_____, 1987a 『6월민주화대투쟁』, 민중사

_____, 1987b 『7~8월 노동자 대중투쟁』, 민중사

_____, 1987c 『86노동사회사정』, 민중사

_____, 1987d 『86농촌사회사정』, 민중사

_____, 1988a 『87노동사회사정』, 민중사

_____, 1988b 『87농민사회사정』, 민중사

_____, 1988c 『87한국경제사정』, 민중사

_____, 1988d 『87한국교회사정』, 민중사

_____, 1988e 『대통령선거투쟁』, 민중사

_____, 1988f 『87한국정치사정』, 민중사

_____, 1988g 『87한국정치사정: 별책, 성명서 모음』, 민중사

_____, 1988h 『노 정권의 출범과 민족민주운동의 진로』(한국기독
　　교사회문제연구원리포트 6호), 민중사

_____, 1988i 『5공 청산과 악법개폐운동』, 민중사

_____, 1988j 『조국통일운동의 진전』(기사연 리포트 8호), 민중사

한국기독교사회운동연합 편, 1994 『제6기 기사련 대의원 총회 자료집』, 한국기독교사회운
　　동연합

한국기독교산업문제연구원 편, 1978 『도시산업화와 교회의 사명』, 한국기독교산업문제연
　　구원

한국기독교장로회 역사편찬위원회 편, 1992 『한국 기독교 100년사』, 한국기독교장로회출
　　판사

한국기독청년협의회, 1985 「기독청년운동의 전개과정: 70년대 이후 교청, 교단청년, E.Y.C운동을 중심으로」『한국역사 속의 기독교』, 기민사

한국기독학생운동연합(KSCM) 편, 1989 『우리는 선생님을 사랑합니다』(KSCM 자료집)

한국기독학생회총연맹 50주년 기념사업회 편, 1998 『한국기독학생회총연맹 50년사: 한국 기독학생의 사회와 교회를 위한 발자취』, 다락원

한국기독학생회총연맹, 1985 「기독학생운동의 역사와 과제」『한국역사 속의 기독교』, 기 민사

한국기자협회 편, 1994 『기자협회 30년사』, 한국기자협회

한국기자협회·무등일보사·광주시민연대 공편, 1997 『5·18 특파원 리포트』, 풀빛

한국노동연구원 편, 『연간 노동동향』(각 연도), 한국노동연구원

한국노동조합총연맹 편, 1988 『1987년도 노동쟁의』, 한국노동조합총연맹

_____, 1991 『1990년대 한국노총의 운동기조와 활동방침』, 한국노동조 합총연맹

_____, 1998 『'96~'97, 그해 겨울―총파업에서 정책연합으로―』, 한국 노동조합총연맹

한국농촌경제연구원 편, 1985 『주요 농작물 종자생산 및 공급체계 개선에 관한 연구』, 한 국농촌경제연구원

한국민족예술인총연합 편, 1998 『민예총 10년사』, 한국민족예술인총연합

한국민족예술인총연합, 1993 『민족예술 1989~1992』(합본호), 한국민족예술인총연합

한국사회연구소 편, 1991 『한국경제론: 80년대 한국자본주의의 구조』, 백산서당

한국사회학회 편, 1998 『세계화시대의 인권과 사회운동―5·18 광주민중항쟁의 재조명』, 나남

한국산업사회연구회 편, 1994a 『현대 한국 인문사회과학 연구사』, 한울아카데미

_____, 1994b 『산별노조론』, 미래사

한국신문편집인협회 편, 1987 『한국신문편집인협회 30년사』, 한국신문편집인협회

한국여성노동자회 편, 1987 『한국여성노동의 현장』, 백산서당

한국여성단체연합 편, 1998 『열린 희망: 한국여성단체연합 10년사』, 동덕여대 한국여성 연구소

한국여성민우회 편, 1989 『사무직 여성의 현실과 운동』, 석탑

_____, 2008 『한국여성민우회 20년 운동사: 여성운동 새로 쓰기』, 한울

한국일보 정치부 편, 1994 『빼앗긴 서울의 봄』, 한국문원

한국정치연구회 정치사분과 편, 1993 『한국현대사 이야기주머니』 1~3, 녹두

한국지방행정연구원 편, 1986 『도시 비공식 부문에 관한 연구』, 한국지방행정연구원

한국천주교중앙협의회 편역, 1994 『교회와 사회: 사회교리에 관한 교회 문헌』, 한국천주
교중앙협의회

한국출판문화운동사 편집위원회 편, 2007 『한국출판문화운동사』, 한국출판문화운동동우회

한국출판문화운동협의회 편, 1990 『제6공화국과 출판 탄압』, 한국출판문화운동협의회

한국현대사사료연구소 편, 1990 『광주오월민중항쟁사료전집』, 풀빛

한국YWCA 50년사 편찬위원회 편, 1976 『한국YWCA 반백년』, 대한YWCA연합회

한길사 편, 1989 『80년대 사회운동논쟁』, 한길사

한명숙, 1985 「크리스챤아카데미 20년과 여성운동」 『민주사회를 위한 대화운동』(크리스
챤아카데미 편), 문학예술사

한상범 외, 1997 『12·12, 5·18 재판과 저항권』, 법률행정연구원

한상진 편, 2003 『386세대, 그 빛과 그늘』, 문학사상사

한승헌, 2006 『한승헌 변호사 변론 사건실록』 3, 범우사

한양대학교 신문방송학과 편집위원회 편, 1984 『한국언론운동(1971~1984) 자료모음』,
한양대학교 신문방송학과

한용 외, 1989 『80년대 한국사회와 학생운동』, 청년사

한용원, 1993 『한국의 군부정치』, 대왕사

한용희, 1984 「현대 한국천주교회의 정의·인권운동사」 『한국천주교회 창설200주년기념
한국교회사논문집』 1집, 한국교회사연구소

한홍구, 2002 「녹화사업을 용서할 수 있는가」 『한겨레21』(2002. 8. 1)

_____, 2009 "한홍구 교수가 쓰는 사법부―회한과 오욕의 역사" 『한겨레신문』 2009년 10
월 13일·11월 3·24일자

_____, 2009 『특강: 역사의 한복판에서 길을 묻다』, 한겨레출판

함세웅, 1988 「천주교정의구현전국사제단의 역사와 증언」 『종교신학연구』 1집, 분도

_____, 1993 『멍에와 십자가』, 빛두레

_____, 1996 「정의구현운동의 시대적 배경」 『암흑 속의 횃불: 7, 80년대 민주화운동의 증
언』 1(기쁨과희망사목연구소 편), 기쁨과희망사목연구소

허나윤, 2000 「1990년대 학생운동에 대한 여성주의적 연구」, 이화여대 석사학위논문

허문성, 2003 「한국사회와 학생운동: 전통, 근대, 그리고 탈근대」 『한국정치연구』 12집 1호,
한국정치학회

허은, 2003 「1980~1990년대 교수민주화운동에 관한 연구」, 서울대 석사학위논문

현대노사취재부, 1988 「구사대, 그 현장과 증언」『현대노사』 10월호

현대중공업노동조합 편, 1991 『현중노조사』

홍보부, 1989 「가톨릭학생 운동사」『가톨릭대학생』 4호, 서울대교구가톨릭대학생연합회

홍사성, 1989 「민중불교운동의 평가와 전망」『민중불교의 탐구』(법성 외), 민족사

홍석률, 2005 「민간통일운동의 전개와 쟁점」『내일을 여는 역사』 21호

홍승태, 1994 「광주민주항쟁의 좌절과 진보적 노동운동의 모색」『1970년대 이후 한국노동
　　　운동사』(한국민주노동자연합 편), 동녘

홍현영, 2005 「도시산업선교회와 1970년대 노동운동」『1970년대 민중운동 연구』(차성환
　　　외), 민주화운동기념사업회

황광우, 2007 『젊음이여 오래 거기 남아 있거라』, 창비

황용연, 1995 「민중신학 평전: 기독학생운동의 기독교사상적 기초를 위해서」『시대와 민
　　　중신학』 2호

황의봉, 1986 『80년대의 학생운동』, 예조각

황인성, 1997 「투쟁의 구심 ─ 민주쟁취국민운동본부」『역사비평』 여름호

＿＿＿, 2007 「80년대 전반기 기독교운동」『6월항쟁을 기록하다』 2〔민주화운동기념사업
　　　회·(사)6월민주항쟁계승사업회 편〕

황종건·김녕만, 1994 『1980년 5월, 광주』(사진집), 사진예술사

황종건·신복진·김준태·김녕만·나경택, 2004 『오월, 우리는 보았다』(사진집), 5·18기념
　　　재단

황종렬, 2005 「지학순 주교의 인권과 민주화 운동에 대한 신학적 성찰: 제2차 바티칸공의
　　　회의 영향 관계를 중심으로」『원주교구 설정 40주년 기념 세미나 자료집』, 천주교
　　　원주교구

Billings, Peggy, 1984, *Fire Beneath the Frost: The Struggles of the Korean People and
　　　Church*, New York: Friendship Press

Bruce Cumings, 1989, "The Absortive Abertura: South Korea in the Light of American
　　　Experience," New Left Review, No. 173(Jan/Feb)

＿＿＿＿＿＿, 1997, *Korea's Place in The Sun-Mordern History*, New York: Norton

Chang, Yun-Shik, 1998, "The Progressive Christian Church and Democracy in South
　　　Korea," Journal of Church and State, Vol. 40, No. 2, Spring

Crenson, Matthew A. and Benjamin Ginsberg, 2002, *Downsizing Democracy: How America Sidelined Its Citizens and Privatized Its Public*, The Johns Hopkins University Press

Don Oberdorfer, 1997, *Two Korea–A Contemporary History*, U.S.A., Wesley

Goldstone, J. A., ed., 2003, *States, Parties, and Social Movements*, New York: Cambridge University Press

Hanson, Eric O., 1980, *Catholic Politics in China and Korea, Maryknoll*, New York: Orbis Books

Johan Galtung, 1969, "Violence, Peace and Peace Research," Journal of Peace Research, No. 3

John A. Wickham Jr., 2000, *Korea on The Brink–A Memoir of Political Intrigue and Military Crisis*, Brassays

Kang, In-Chul, 2000, "Religion and the Democratization Movement," Korea Journal, 40.2, Summer

_____, 2004, "Protestant Church and Wolnamin: An Explanation of Protestant Conservatism in South Korea," Korea Journal, Vol. 44, No. 4, Winter

Kenneth M. Wells, ed., 1995, *South Korea's Minjung Movement The Culture and Politics of Dissidence*, University of Hawaii Press

Kim, Nyung, 1993, "The Politics of Religion in South Korea, 1974-89: The Catholic Church's Political Opposition to the Authoritarian State," Ph. D. dissertation, The University of Washington

Kim. S., 1998, "State and Civil Society in South Korea's Democratic Consolidation: Is the Battle Really Over?" in Asian Survey, Vol. 37

Koo, Hagen, 1993, "Strong State and Contentious Society," *State and Society in Contemporary Korea*, edited by Hagen Koo, Ithaca: Cornell University Press

Mainwaring, S., G. O'Donnell and Valenzuela, J. S. eds., 1992, *Issues in Democratic Consolidation*, Notre Dame, Indiana: University of Notre Dame Press

Mair, Peter, 1997, *Party System Change: Approach and Interpretation*, Oxford University Press

McAdam, D., Tarrow, S. and Tilly C., 2001, *Dynamics of Contention*, Cambridge University Press

986

McAdam, Doug, McCarthy, John and Zald, Mayer. eds., 1996, *Comparative Perspectives on Social Movements*, Cambridge: Cambridge University Press

O'Donnell, Guillermo and Schmitter, Phillippe, C. 1986, *Transition from Authoritarian Rule: Tentative Conclusions about Uncertain Democracies*, Baltimore and London: The Johns Hopkins University Press

Ogle, George E., 1990, *South Korea: Dissent Within the Economic Miracle*, London: Zed Books

Park, Chong-min, 1991, "Authoritarian Rule in South Korea: Political Support and Governmental Performance," Asian Survey, Vol. 31

Reuschemeyer, D., Stephens. E. H. and Stephens, J., 1992, *Capitalist Development and Democracy*, Polity Press

Schmitter, Philippe C. and Karl, Terry Lynn, 1993, "What Democracy is ⋯ and is not" in Larry Diamond and Marc F. Plattner eds., *The Global Resurgence of Democracy*, The Johns Hopkins University Press

William H. Gleysteen Jr. 1999, *Massive Entanglement-Marginal Inflence*, Brookings

Williams, Rhys H., 2003, "Religious Social Movement in the Public Sphere: Organization, Ideology, and Activism," *Handbook of the Sociology of Religion*, Cambridge: Cambridge University Press

Zald, Mayer N. and John D. McCarthy, 1987, *Social Movement in an Organizational Society: Collected Essays*, New Brunswick, NJ: Transaction Publishers

眞鍋祐子, 1997『烈士の 誕生』, 平河出版社

眞鍋祐子, 2000『光州事件で讀む現代韓國』, 平凡社

인명 찾아보기

기타 찾아보기